K L M N O P
Löhne
Bischofshagen
Falkendiek
Schwarzenmoor
Vlotho
Exter
Stiftsweg
Herforder Str.
Ablahrt Herford-Ost
Bad Salzuflen
Biemsen-
Ahmsen
Lockhausen
Schötmar
J K L M N O P Q R
3 4 5 6 7 8 9 10 11 12 13 14 15 16 17

Helmert-Corvey · Schuler (Hrsg.)

1200 Jahre Herford · Spuren der Geschichte

Herforder Forschungen
Band 2

Herausgegeben vom
Kommunalarchiv Herford / Archiv für Kreis
und Stadt Herford

Herausgegeben im Auftrag der Stadt Herford
von Theodor Helmert-Corvey und Thomas Schuler

1200 Jahre Herford

Spuren der Geschichte

Maximilian-Verlag · Herford

Abbildungsnachweis
Einband: Der Alte Markt, um 1858, Aquarell von F. G. Müller (Original im Städtischen Museum)
Rückseite: Der Alte Markt, Neuaufnahme 1989
Vorsatzkarten: Vorne: Stadtplan, 1981
Hinten: Plan der Stadt Herford, 1638 (Original im Städtischen Museum)

Karten und Grafiken wurden erstellt von
M. Wardin (nach den Entwürfen der Autorinnen und Autoren): S. 38, 39, 40, 41, 42, 53, 106, 193, 198, 203, 208
M. Goerke: S. 90, 94, 96, 98, 100
U. Möller: S. 176, 439
Die Karten S. 84 wurden mit freundlicher Genehmigung der Aschendorffschen Verlagsbuchhandlung als Ausschnitte dem Buch H. H. Blotevogel, Zentrale Orte und Raumbeziehungen in Westfalen vor der Industrialisierung, Münster 1975 entnommen.
Als Kartengrundlage für die Karten S. 90, 94, 96, 98, 100 diente als einmaliger Nachdruck mit Genehmigung des GSV Städteatlas Verlag, Altenbeken die Verkleinerung der Urkataster-Karte 1 : 2500 aus dem Westfälischen Städteatlas, Blatt 8 Herford.

Fotos und sonstige Abbildungen (Bildgeber, soweit nicht anders angegeben, in Herford ansässig)
Kommunalarchiv Herford, Stadt Herford: S. 21, 23, 27, 31, 33, 34, 43, 48, 50, 57, 61, 64, 71, 73, 86, 111, 113, 115, 120, 121, 127 (R. Hallensleben), 129 oben, 131, 142, 158, 190, 192, 217, 248, 253, 261, 265, 287 (R. Hallensleben), 292, 296, 298, 300, 315, 318, 328 unten, 330, 338, 349, 353, 369, 371, 376, 386, 388, 392, 406, 407, 408, 414, 423, 424, 429, 433, 447, 456, 458, 471, 475
Kommunalarchiv Herford, Sammlung G. Heese: S. 66, 77, 78, 129 unten, 130, 171, 383, 397
Vermessungsamt Stadt Herford: S. 136, 137, 143, 164
Tiefbauamt Stadt Herford: S. 451, 453
Stadtwerke Herford: S. 473
Grundschule Herford-Eickum: S. 201, 205, 207
NW-Staatsarchiv Münster: S. 285, 585, 587
Landesdenkmalamt Westfalen-Lippe, Münster: S. 19
Westfälisches Landesmuseum für Kunst und Kulturgeschichte, Münster: S. 601
Widukind-Museum Enger: S. 289
Imperial War Museum, London: S. 168
Archiv Elektrizitätswerk Minden-Ravensberg (EMR): S. 477, 479
Archiv »Arbeit und Leben« – DGB/VHS: S. 222, 355
Fotostudio KONTAKT: S. 161, 178, 180, 182, 183, 185, 186, 187, 196, 234, 235, 283, 486, 492, 495, 510, 521, 527, 533, 542, 547, 551, 556, 569, 573, 578
Archiv Studio Diekmann: S. 28, 44, 46, 52, 55, 59, 63, 275, 328 oben, 419, 434, 459
Archiv H. Albers: S. 379
J. Escher: S. 69, 76, 366
D. Kupfernagel: S. 91
M. Wemhoff: S. 592
E. Borowka: S. 398
H. Apelt: S. 563

CIP-Titelaufnahme der Deutschen Bibliothek

1200 **[Zwölfhundert] Jahre Herford** : Spuren der Geschichte / Theodor Helmert-Corvey ; Thomas Schuler (Hrsg.). – Herford : Maximilian-Verl., 1989
ISBN 3-7869-0249-6
NE: Helmert-Corvey, Theodor [Hrsg.]

Einbandgestaltung: Regina Daniel-Werner, Vlotho, unter Verwendung der o.g. Abbildungen
Lektorat: Dietmar Buschmann, Herford
Bildredaktion: Ulrich Möller, Herford
Typographie und Produktion: Jörn Heese und Heinz Kameier
Gesamtherstellung: Druckerei Günter Runge, Cloppenburg
Printed in Germany

Inhaltsverzeichnis

Geleitwort der Stadt Herford

Als 1985 die Planungen für die 1200-Jahr-Feier der Stadt Herford koordiniert wurden, stellte sich heraus, daß lediglich ein Sammelband zur Frühgeschichte Herfords in Vorbereitung war. Nicht wenigen schien dies hinter den Ansprüchen zurückzubleiben, die eine Stadt von historischer Bedeutung an ein Jubiläumsjahr stellen darf. So sehr man die »Jubilitis« kritisieren kann, so wenig läßt sich bestreiten, daß runde Zahlen die Wege für die verstärkte Erforschung von Geschichte ebnen und ein breiteres Echo beim Publikum versprechen. Um diese Chancen zu nutzen, beschloß der Kulturausschuß der Stadt Herford am 5. Februar 1986 einstimmig, eine umfassende wissenschaftliche Forschungsarbeit zur Geschichte Herfords in Auftrag zu geben.

Von den wissenschaftlichen Institutionen, bei denen damals angefragt wurde, zeigte vor allem die benachbarte Universität Bielefeld Interesse. Nachdem Herr Dr. Thomas Schuler zusammen mit Herrn Professor Dr. Wolfgang Mager eine ausführliche Konzeption für diese Festschrift erarbeitet und im Kulturausschuß vorgestellt hatte, wurde er mit der Herausgabe des Werkes betraut. Als Herr Dr. Schuler im Frühjahr 1987 überraschend das Angebot erhielt, für seine Heimatstadt Tübingen ein Stadtmuseum aufzubauen und einzurichten, erklärte sich Herr Dr. Theodor Helmert-Corvey vom Nordrhein-Westfälischen Staatsarchiv Detmold bereit, das Projekt als Herausgeber mitzutragen. Seine Wahl zum Leiter des Kommunalarchivs Herford und des Städtischen Museums Herford im Frühjahr 1988 brachten ihn schließlich in eine tragende Rolle bei der Betreuung und Koordination der Autoren sowie der Endredaktion.

Der Dank der Stadt Herford gilt den Herausgebern, dem Verlag und den vielen Autorinnen und Autoren, die neue Aspekte der 1200jährigen Geschichte Herfords entdeckt, erforscht und beschrieben haben.

Wir hoffen, daß so ein Werk entstanden ist, das die Herforderinnen und Herforder gerne lesen, das den Heimatfreunden nützt, das aber auch durch den wissenschaftlichen Anspruch und seine neuartige und ungewöhnliche Konzeption überregional Aufmerksamkeit findet. Wenn etwa im Schlußkapitel die These vorgetragen wird, Welf — der Stammvater des berühmten Geschlechts der Welfen — habe als Schwager des Stiftsgründers Waltger seine letzte Ruhestätte im Herforder Münster gefunden, dann wird der Laie wie der Fachmann aufhorchen und das 1200jährige Herford in neuem Lichte sehen.

Dr. Gerhard Klippstein
Bürgermeister

Ernst Otto Althaus
Stadtdirektor

Dank der Herausgeber

Ordnet man — wie es sich für Historiker ziemt — die Reihe des Dankes nach den Regeln der Chronologie, so ist zuvorderst Herrn Professor Dr. Wolfgang Mager (Universität Bielefeld) zu danken. Er hat durch seinen fachlichen Rat und seine selbstlose Unterstützung wesentlich dazu beigetragen, daß das Projekt in so kurzer Zeit entwickelt und akzeptiert worden ist.
Der Dank geht des weiteren an die Mitglieder des Kulturausschusses und an das Kulturdezernat der Stadt Herford. Ohne die breite Zustimmung in allen Fraktionen, ohne den großen Vertrauensvorschuß und die finanzielle Förderung wäre dieses Werk weder begonnen noch vollendet worden. Einen besonderen Anteil am Gelingen haben Herr Dr. Max Willebrand und Herr Rolf Schröder; sie haben das Projekt mit aus der Taufe gehoben und es engagiert gefördert.
Dank gebührt sodann den Autorinnen und Autoren, die sich vom unbequemen Zeitplan und den Vorgaben der Konzeption nicht abschrecken ließen, sondern sich — oft zum ersten Male — auf die Geschichte Herfords einließen. Das Teamwork und die gute Atmosphäre förderten das Projekt beträchtlich. Uns alle betrübt, daß ein Autor — Jens Jürgen Schulz — das Erscheinen seines Beitrages über »seine« Radewig nicht mehr hat erleben dürfen.
Nicht vergessen werden dürfen die vielen, die uns in den Archiven, Bibliotheken und Museen der Region unterstützt haben. Wenn über 30 Personen die Lesesäle bevölkern, dann fordert das Geduld und Arbeitskraft.
Gedankt sei schließlich auch denen, die die gewiß nicht einfache Abschlußredaktion durch ihre Mitarbeit erleichtert haben: Ulrich Möller für die Bildredaktion, Olaf Schirmeister für den Anmerkungsapparat und Joachim Wibbing für das Register. Dieter Begemann, Christoph Laue und Michael Oldemeier standen bereit, wenn schnelle und unkonventionelle Hilfe nötig war. Bernd Brinkmann und Reiner Mattern vom Fotostudio KONTAKT (Herford), Jürgen Escher und Detlef Kupfernagel zeichnen für die Fotografie. Manfred Wardin erledigte in bewährter Manier kartografische Arbeiten.
Der Maximilian-Verlag, Herford, vor allem Herr Verleger Gerhard Bollmann, hat die Vollendung des Werkes engagiert begleitet. Herr Dietmar Buschmann hat als Lektor manche Ecken und Kanten gerundet. Ein besonderer Dank gilt den Herren Jörn Heese und Heinz Kameier. Sie haben als technische Lotsen das Boot mit zwei Kapitänen und über dreißig Frau / Mann Besatzung in einer zuletzt stürmischen Fahrt in den sicheren Hafen gelenkt.

Thomas Schuler

Einleitung oder: Was diese Festschrift soll und will

Die Vorgaben des Kulturausschusses waren klar, aber nicht leicht zu erfüllen. Gefordert wurde eine Gesamtdarstellung — doch alle Beteiligten wußten, daß dazu eine längere Vorbereitungszeit und eine bessere Erschließung des Stadtarchivs vonnöten gewesen wären. Außerdem stand keine Einzelperson zur Verfügung, die bereit und fähig zu solch einem Vorhaben gewesen wäre; man mußte also den risikoreicheren Weg eines Gemeinschaftswerkes beschreiten.

Die Herausgeber haben die Probleme auf zweifache Weise zu bewältigen versucht. Zum einen entwickelten sie eine Konzeption mit präzisen Grundsätzen und genau umrissenen Aufträgen. Die Mitarbeiterinnen und Mitarbeiter waren deshalb stärker als bei anderen Festschriften einem Generalplan verpflichtet; die Herausgeber hatten mehr als sonst für Abstimmung und Kooperation innerhalb des Teams zu sorgen und bei Sonderwünschen und Steckenpferden zu bremsen. Zum anderen wurde der Anspruch »Gesamtdarstellung« dadurch eingelöst, daß jeder der drei Hauptteile auf seine Weise ein umfassendes Bild vermittelt (näheres dazu in den Vorbemerkungen zu den Hauptteilen).

Dieses Buch bietet also nicht **die** umfassende Geschichte Herfords, **die** Summe des derzeitigen historischen Wissens; dennoch — im Rahmen der gewählten Konzeption — stellt es sehr wohl die Herforder Stadtgeschichte umfassend dar.

Der Kulturausschuß erwartete des weiteren eine wissenschaftliche Forschungsarbeit, die »dem aktuellen Stand der Geschichtswissenschaft« entsprechen, »zugleich jedoch an ein breites interessiertes Publikum gerichtet sein« sollte. Um das wissenschaftliche Herangehen zu sichern, wurden vor allem solche Autorinnen und Autoren ausgewählt, die an einer Universität das Fach Geschichte studiert haben. Außerdem wurde zu Beginn eine umfangreiche Einführung in Wissenstand und Archivsituation zur Verfügung gestellt; auf den Arbeitstagungen wurden regelmäßig Forschungserfahrungen, Tips und Lesefrüchte ausgetauscht.

Nicht nur das Handwerkszeug, sondern auch die Erweiterung unserer Kenntnisse gehört zur wissenschaftlichen Arbeit. Zwar muß eine Gesamtdarstellung vieles gut Erforschte enthalten; doch manche Zusammenhänge werden hier ganz neu gesehen, einige Felder zum ersten Mal beackert. Wer den Umfang einzelner Beiträge miteinander vergleicht, mag sich hin und wieder wundern; doch was auf den ersten Blick als Mißverhältnis erscheinen mag, entpuppt sich beim näheren Zusehen als bewußter Freiraum für bislang zu kurz gekommene Themen. Daß das Kapitel über Wasser, Energie und Verkehr mehr

Seiten umfaßt als das über Politik und Verwaltung ist ebenso gewollt wie die Tatsache, daß eines der längsten Interviews mit einem Türken geführt wurde.
Daß ein wissenschaftliches Werk zugleich ein breites Publikum ansprechen soll, mag vielen wie die Quadratur des Kreises vorkommen. Wir sind jedoch überzeugt, daß ein gut lesbarer und argumentativ führender Text vorzüglich zur Wissenschaftlichkeit paßt. Voraussetzung ist nur, daß man beim Schreiben nicht ausschließlich die Fachkollegen oder passionierten Heimatforscher vor Augen hat, sondern die historisch interessierten Leser! Auch die Anmerkungen berücksichtigen die unterschiedlichen Zielgruppen: Einerseits wollten wir nicht auf Anmerkungen verzichten; denn sie ermöglichen weiteres Forschen ebenso wie kritisches Prüfen. Andererseits haben wir sie in Zahl und Umfang auf das wirklich Nötige begrenzt und an das Ende des Bandes gerückt.
Eine dritte Erwartung wurde ebenfalls mit dem Buchprojekt verknüpft: mehr Aktive für die Beschäftigung mit Herforder Geschichte zu gewinnen. Als im Herbst 1986 deutlich wurde, daß die meisten Herforder Lokalhistoriker — wegen anderweitiger Pläne für das Jubiläum — nicht an der Festschrift mitwirken wollten, begann die Suche nach »neuen Namen«: einerseits nach den Historikerinnen und Historikern, die in Herford wohnen oder arbeiten, sich aber bisher noch nicht mit der Geschichte ihrer Stadt befaßt hatten, andererseits nach Auswärtigen, die bereits über die Ravensberger, Herforder oder Bielefelder Geschichte gearbeitet hatten. In wenigen Monaten gelang es, fast 30 Autorinnen und Autoren zu finden: Dozenten, Archivare, Museumsleiter, Journalisten, Studenten, Doktoranden, Mitarbeiter an historischen Projekten, beamtete und arbeitslose Lehrer.
Erwartungen wurden nicht nur von den Auftraggebern formuliert, sondern auch von den Herausgebern; sie nahmen sich vor, einen neuen Anspruch an die Gattung »Festschrift« zu stellen. Eine Jubiläumsgabe sollte unseres Erachtens nicht nur den Stand des Wissens wiedergeben, sondern auch Geschichtsforschung und Geschichtsverständnis der jeweiligen Zeit bewußt und klar wiederspiegeln. Nach herkömmlicher Auffassung hat eine Jubiläumsfestschrift mehrfache Funktionen:

○ Sie bietet verstärkten Anreiz zu neuen lokalhistorischen Forschungen.
○ Sie schafft einen guten Rahmen, um den Stand des historischen Wissens vor einem größeren Publikum auszubreiten.
○ Sie ist ein öffentliches Bekenntnis zur Wertschätzung von Geschichte.
○ Sie soll nach innen identitätsstiftend wirken.
○ Sie dient der Selbstdarstellung der Stadt nach außen.

Diese Funktionszuweisungen machen Festschriften — mehr als andere historische Publikationen — zum Ausdruck einer bestimmten Zeit. Wer ältere Festschriften durchgesehen hat, weiß darum — doch meistens pflegt man darüber mit einem bedauernden Unterton zu sprechen (»Je mehr Zeitbezug, desto weniger objektiv-wissenschaftlich«), anstatt einmal die Vorteile der Zeitbezogenheit auszuloten. Richtig angegangen, wird eine Festschrift nämlich zur wertvollen Quelle für künftige Historiker; sie zeigt, wie heute Forschung betrieben und Geschichte geschrieben wird.
Dieses Buch will ein Spiegel der späten achtziger Jahre sein. Das heißt nicht, daß die Festschrift das heutige Spektrum der Geschichtsbemühungen in aller Breite vorführen will; Vorrang bekam, was heute als innovativ gilt. Die Ansiedlung des Projekts an der

einer modernen Gesellschaftsgeschichte verpflichteten Bielefelder Fakultät, wie auch eine anspruchvolle, neu entwickelte Konzeption und nicht zuletzt ein junges Autorenteam boten da gute Voraussetzungen.

Das Bemühen um Innovation konkretisiert sich in den zwei Zentralbegriffen der Konzeption dieser Festschrift: »Strukturgeschichte« und »Retrospektive«. Beide Begriffe wenden sich gegen das, was vielen als das historische Verfahren schlechthin gilt: zu erzählen und aufeinanderfolgende Ereignisse miteinander zu verknüpfen, um sie so zu erklären (»chronologisch-genetischer Ansatz«). Unsere Konzeption hingegen greift mit dem Grundgedanken einer historischen Strukturbeschreibung auf eine wichtige andere Tradition zurück. Neben der chronologisch-genetischen Geschichtsschreibung (z.B. Annalen, Chroniken) gab es immer auch die systematisch-strukturelle (z.B. die geographisch-statistischen Beschreibungen von Staaten und Städten); auch ein Gutteil der heimatgeschichtlichen Gesamtdarstellungen des 20. Jh. läßt sich in diese Traditionslinie einordnen. Erstaunlicherweise findet sich dieser Zugriff in der Stadtgeschichtsschreibung der letzten Jahrzehnte recht selten; dies verwundert um so mehr, als »Strukturen« in der Geschichtswissenschaft mehr Konjunktur hatten als je zuvor. Die historiographische Herausforderung besteht also darin, die diesen neuen strukturgeschichtlichen Ansätzen angemessenen Darstellungsformen zu entwickeln.

Das Grundproblem jeder systematisch-historischen Darstellung besteht in der Berücksichtigung der Dimension »Zeit«. Im vorliegenden Buch wird ein ungewöhnlicher Weg beschritten: die Retrospektive, der Rückblick. Es geht also um die in der Gegenwart erfahrbare Geschichte.

Dieser Ansatz birgt durchaus Gefahren in sich. Wer retrospektiv schreibt, richtet seinen Blick allzuleicht auf das Erfolgreiche — das, was sich zu seiner Zeit gegen (reale oder denkbare) Alternativen durchgesetzt hat und Jahrzehnte oder Jahrhunderte Bestand hatte. Wer die historische Dimension der Gegenwart herausarbeiten will, muß sich dieser Blickverengung bewußt sein und gegensteuern. Beim Erscheinungsbild der Stadt z.B. darf es daher nicht nur um die erhaltenen Gebäude gehen, sondern auch um die Wunden im Stadtbild. Bei den Institutionen kommt es darauf an, Brüche und verschüttete Traditionen wahrzunehmen und in das Gesamtbild einzubauen. Und bei den Interviews dürfen die aus Herford vertriebenen Juden nicht fehlen.

Wenn wir aus der Gegenwart zurückblicken, dann geraten das 19. und 20. Jh. viel stärker ins Blickfeld als das Mittelalter. Dementsprechend nimmt bei den meisten Beiträgen Umfang und Differenzierungsgrad der Darstellung mit der zeitlichen Entfernung von heute ab. Lediglich bei der Gründungsgeschichte des Stifts haben wir eine Ausnahme gemacht und ihr einen besonderen Platz eingeräumt; eine Jubiläumsschrift sollte nämlich den Anlaß des Jubiläums nicht ausklammern. Da ein Wissenschaftler in den letzten Jahren intensiv die Frühgeschichte Herfords erforscht und bahnbrechende Ergebnisse erzielt hat, ergriffen wir gern die Gelegenheit, die neuen Argumente und Resultate einer breiten Öffentlichkeit vorzustellen.

Retrospektive heißt nun nicht, daß alle Autoren die Geschichte im Rückwärtsgang erzählen. Eine ungewohnte Darstellungstechnik läßt sich nur in kleinen Dosierungen verkraften. Das Rückschauen ist vielmehr als Blickwinkel, als Herangehensweise zu

verstehen. (Wie dies in den drei Hauptteilen zum Tragen kommt, wird in den Vorbemerkungen erläutert werden.)
Welche Fragen heute an die Geschichte gestellt und welche Forschungswege beschritten werden, zeigt sich besonders deutlich im ersten und im letzten Hauptteil des Bandes. Die »Nachbarschaft« wurde zu einem Lieblingsthema der neuen Geschichtsbewegung; es geht darum, die Prägung der Menschen durch das Wohnumfeld genauer zu untersuchen, die Eigenart und das Image der Quartiere herauszuarbeiten sowie lokale Traditionen und Geschichtsbilder aufzudecken. Unsere Stadtteil-Portraits in Teil I können nicht verleugnen, daß sie von diesen Anliegen inspiriert wurden.
Teil III spiegelt noch stärker die Geschichtsarbeit der Gegenwart wieder — bei der pluralistischen, auf scharfe Geschichtsperspektive zielenden Personenauswahl ebenso wie bei der Methode des Zeitzeugen-Interviews. Manche werden sich über solche Gesprächswiedergaben in einer Festschrift wundern. Doch wieso sollen in einer Festschrift nur die Professionellen zu Wort kommen, die über Herforder Geschichte forschen? Wieso sollen diejenigen, die die Geschichte erlebt und gestaltet haben, nicht ebenso unser Gehör finden? Wenn eine Festschrift nicht nur als Blick der Gegenwart in die Vergangenheit begriffen wird, sondern auch als Zeuge der Gegenwart für die Zukunft, dann werden solche Interviews zum eigenständigen, gewichtigen, ja unverzichtbaren Bestandteil — denn man darf vermuten, daß sie bei der nächsten Jahrhundertfeier mehr Aufmerksamkeit finden werden als unser bis dahin veralteter Wissensstand.

Teil I: Das Bild der Stadt

Die alten Stadtteile

- *Altstadt*
- *Radewig*
- *Neustadt*

Herford in der Mitte des 19. Jahrhunderts
Das Wachstum der Stadt Herford im 19. und 20. Jahrhundert

Neue Stadtviertel

- *Stiftberg*
- *Die »Siedlung«*
- *Links und rechts des Bahndammes*

Bauerschaften — Industriegebiete

- *Elverdissen*
- *Herringhausen*
- *Eickum*

Thomas Schuler

Vorbemerkungen

Die Festschrift stand im Kulturausschuß und in den Zeitungsberichten unter dem Stichwort »Baedeker-Modell«. Diese Charakterisierung verdankt sie dem ersten Hauptteil »Das Bild der Stadt«. So wie die Reiseführer aus dem berühmten Verlag Touristen auf Sehenswürdigkeiten in fremden Städten hinweisen, so sollen die Stadtteil-Portraits auf die Eigenart und die historische Entwicklung in der eigenen Stadt aufmerksam machen. Doch dieser Vergleich bleibt oberflächlich und führt in die Irre. Unsere Autoren schwärmten nicht aus, um romantische Winkel aufzuspüren, Kunststätten mit Sternchen zu etikettieren oder Gasthäuser zu testen. Ihnen ging es weniger um Einzelobjekte, sondern mehr um das Gesamtbild eines Stadtteils.

Daß das Bild der Stadt als Stadtteil-Mosaik entwickelt und daß dieser Hauptteil an den Beginn des Bandes gerückt wurde, dafür gibt es gute Gründe. Zum einen eignet sich Herford gut für dieses Vorgehen. Bei einer Stadt, die seit den Anfängen mit scharfen Binnengrenzen und mit unterschiedlichen Rechtssystemen leben mußte, lohnt es besonders, die Teilstädte, Stadtteile, Siedlungen und Dörfer in ihrer Eigenart zu erfassen. Zum anderen gilt die Beschäftigung mit der eigenen Umgebung und deren historischen Wurzeln seit langem als vorzüglicher Einstieg in die Beschäftigung mit Geschichte. Ob jahrhundertealte und bewundernswerte Gebäude oder gespürlose Modernisierung von Altbauten, ob geschlossene Platzbilder oder Sanierungsschneisen, ob verblaßte Graffiti oder Erzählungen der Oma vom Nachbarhaus — alles macht Geschichte erfahrbar, in allem zeigt sich, wie Geschichte von Menschen gemacht wurde und daß man ganz unterschiedlich mit der Geschichte und ihren Zeugnissen umgehen kann. Der Blick auf das Vertraute, das kleine Detail, zählte zu den Grundprinzipien der alten Heimatkunde, hat viele Lehrpläne geprägt und Generationen von Heimatforschern beflügelt. Doch auch die neue Geschichtsbewegung favorisiert diesen Zugang zur Geschichte: »Grabe, wo du stehst!« heißt eine ihrer frühen Devisen.

Wenn die Geschichte eines Stadtteils von einer lokalen Gruppierung erarbeitet und in einer Ausstellung vor Ort gezeigt wird, dann ist dies jedoch etwas ganz Anderes als eine abgerundete Sammlung von Stadtteil-Geschichten, die von wissenschaftlichen Autoren geschrieben und in einer Jubiläumsfestschrift veröffentlicht werden. Das Ziel des Werkes wäre verfehlt, wenn jeder Herforder nur den Text über »sein Viertel« lesen würde. Auch in diesem Hauptteil geht es um eine Gesamtdarstellung der Stadt, und aus der Summe der Kapitel soll sich ein neues und eigenständiges Bild Herfords gründen. So wichtig es ist, daß jeder sich seiner eigenen Geschichte und der seiner Umgebung besser bewußt wird, so schädlich wäre es, wenn das Interesse sich nur auf die engste Heimat beschränken würde. Die Artikel sollen also auch neugierig machen auf die »Geschichte der anderen« und damit einen kleinen Beitrag zum Verstehen und Akzeptieren der Mitbürger leisten. Wenn Jubelgaben überhaupt Identität stiften können, dann sollen sie dies tun, indem sie nicht alte Gräben vertiefen, sondern Toleranz und Integration fördern.

Der Anspruch auf Gesamtdarstellung bei Stadtteilen findet in der verfügbaren Seitenzahl ebenso seine Grenze wie bei der Ausdauer der Leser. Wir hielten es für hinreichend, die drei Hauptphasen der Ausdehnung des Siedlungsgebietes mit jeweils drei Beispielen vorzustellen: Vom mittelalterlichen Wachstum der Stadt zeugen die Stadtteile Altstadt, Neustadt und Radewig; der Stiftberg, das Gebiet zwischen Vlothoer und Mindener Straße sowie die Zone links und rechts der Köln–Mindener Eisenbahnlinie repräsentieren das räumliche Ausgreifen der Stadt im 19. und 20. Jh.; Eickum, Elverdissen und Herringhausen stehen für die Eingemeindung von selbständigen Ortschaften. Die alte Kernstadt wird umfassender berücksichtigt als die neuen Stadtteile, bei denen wir exemplarisch ausgewählt haben. Wohnviertel von Bürgern (Stiftberg) und Arbeitern (»die Siedlung«) sind ebenso vertreten wie geplante Siedlungen (die »Siedlung«) und ungesteuertes Wachstum (Stiftberg), Garnisonen (Stiftberg) ebenso wie Fabriken (Bahnlinie) — um nur einige Kriterien anzusprechen. Bei den eingemeindeten Orten haben wir versucht, die beiden Grundelemente »agrarisch-dörfliche Lebensweise« und »Industrie« in ganz charakteristischen Ausprägungen zu zeigen: Das Spektrum reicht vom relativ wenig von der nahen Stadt geprägten Eickum über das früh industrialisierte Elverdissen bis zum Reißbrett-Industriegebiet Herringhausen.

Um das aus den beispielhaft ausgewählten Stadtportraits entstehende Gesamtbild weiter abzurunden, haben wir zwei große Zwischenkapitel eingeplant, die die Gesamtstadt behandeln. Auf einen Querschnitt in der Mitte des letzten Jahrhunderts folgt ein Längsschnitt, der die Siedlungs- und Bevölkerungsgeschichte von diesem Zeitpunkt bis in die Gegenwart führt.

Wer Geschichte in der Gegenwart aufspüren will, wie es der retrospektive Ansatz des Werkes fordert, dem stehen mehrere Wege offen. Wären die Stadtteilbeschreibungen alle nach demselben Muster gestrickt, so würde das dem Buch mehr schaden als nützen. Die Herausgeber haben deswegen die Autorinnen und Autoren dazu ermuntert, ganz unterschiedliche Darstellungsweisen und Gliederungen zu entwickeln und sich spezielle Themenschwerpunkte zu suchen. Auf den Tagungen wurden diese Akzentuierungen und Variationen aufeinander abgestimmt. Im Titel jedes Beitrags klingt diese besondere Note an. Die Spannweite reicht von einem Rundgang durch den Stadtteil und der Geschichte der einzelnen Häuser (Radewig, Altstadt) bis zur Darstellung der sozialen Struktur und des politischen Bewußtseins (die »Siedlung«, Stiftberg).

Christoph Birnbaum

Von der Stadt zum Stadtteil: die Altstadt

400 Jahre hat es seit der Gründung der Abtei gedauert, bis Herford in Anlehnung an das Stift zur Stadt wurde. Noch einmal 400 Jahre bis zur Unterwerfung unter den Großen Kurfürsten hielt die anschließende Blüte an. Regionales geistiges und wirtschaftliches Zentrum im Mittelalter — kultureller und politischer Verfall im 17. und 18. Jh.: diese beiden Pole prägen die Geschichte der Stadt.
Das, worauf die Stadt so lange stolz gewesen war, um was sie so lange gekämpft und was sie so lange verteidigt hatte, die mittelalterliche Reichsfreiheit, wurde ihr dabei am Ende zum Verhängnis. Nicht mehr die ummauerte, mit Zinnen und Wehrtürmen versehene selbstverwaltete mittelalterliche Stadtburg entsprach dem Selbstverständnis der Neuzeit, sondern die großzügig angelegte, offene Residenzstadt. Politisch, architektonisch und städteplanerisch war Herford zu Beginn des 17. Jh. zum steingewordenen Anachronismus einer längst vergangenen Blütezeit des deutschen Städtewesens geworden.
»Städte sind ummauerte Dörfer.«[1] So zitiert der Berliner Soziologe und Nationalökonom Werner Sombart den Städtehistoriker von Maurer. Er beschreibt damit einen wesentlichen Aspekt vieler Städtegründungen. Er beschreibt damit gleichzeitig zwei wichtige Kriterien in der Entwicklung von Städten, die auch auf die Geschichte Herfords zutreffen. Zum einen verweist Sombart in seiner Definition auf den ländlichen und bäuerlichen Ursprung vieler Städte. Zum anderen wird in Sombarts Bild der zellenartige Organismus, der sich nach und nach zu einer Stadt verdichtet, deutlich. Dies gilt in besonderer Weise für Herford, denn selbst auf dem Scheitelpunkt städtischer Machtentfaltung, der neuzeitlichen Stadtburg, wie sie uns Matthäus Merian überliefert, zeigt sich die Stadt nur nach außen geschlossen. Hinter den Mauern dominierten die Teilstädte mit Alt- und Neustadt, Radewig und stiftischer Freiheit.

Gründung und Ausbau

Wer heute über den 1982 neugestalteten Marktplatz geht, wird sich nur schwer vorstellen können, daß sich die ersten Siedler am Zusammenfluß der damaligen Werre, der heutigen Bowerre, und der Aa durch morastige Niederungen mühen mußten. Der erhöhte Untergrund im Flußdelta der Reichsabtei bot Schutz vor Angreifern, doch für die

Anlage einer Marktsiedlung wirkten sich die Sumpfgebiete hinderlich aus. Noch heute deuten einige ehemalige, teilweise noch immer existente Straßennamen auf die veränderten geologischen und topographischen Verhältnisse hin. So der »Kletterpohl«, der von der damaligen Grenze des Stifts an der Elisabethstraße in Richtung Gehrenberg floß, und der »Faule Pohl«, die heutige Mittelstraße. Als Rinnsale entwickelten sie sich im entstehenden Altstadtkern nach und nach zu Abwässergräben des mittelalterlichen Straßennetzes.[2] Dies gilt auch für den »Faulen Steg« und den Gehrenberg. Dieser war einst nur ein großer Graben zwischen den Höhen der ersten Ansiedlung.[3] Es fällt schwer, konkrete Aussagen über die Anfänge Herfords als »bestem Abteistadtmodell im Weserraum«[4] zu machen. Allein die Ausrichtung der ersten Ansiedlung auf die stiftische Immunität und die Achslage zu den Fernhandelswegen von Bielefeld und Osnabrück entlang der Bäckerstraße und in Richtung Weser auf der Johannisstraße bilden frühe Konstanten in der Stadtentwicklung. Dort, wo heute im Flächennutzungsplan die Bezeichnung »Innenstadttangentenring« auf den am Stadtzentrum vorbeiflutenden Verkehr verweist, rollten im Mittelalter Handelskarren auf einem künstlich erhöhten Weg über die Hon- oder Hohestraße, die heutige Johannisstraße, in Richtung (Bo-)Werrefurt. Am Schnittpunkt von Bäcker- und Johannisstraße im Süden entstand als eine Folge des aufblühenden westfälisch-nordelbischen Handels das Rennstraßenviertel mit einem sogenannten Dreiecksmarkt.[5] An seinem Ostrand ließen sich im Gebiet der heutigen Lessingstraße, der mittelalterlichen Judenstraße, jüdische Fernhändler nieder. Neben der Kaufleutesiedlung auf der Radewig ist diese Siedlung — und nicht etwa der Markt — der erste Handelsplatz außerhalb der Abtei. Entlang dieser frühen Verkehrsadern hat Rainer Pape Höfe nachweisen können wie etwa den Stiftshof Oldenhervorde beiderseits der heutigen Clarenstraße.[6] Vieles deutet darauf hin, daß sich die kreisförmige Ansiedlung um die Abtei aus anfänglich einzelnen oder im Verbund befestigten »festen« Häusern (oder »Steinwerken«) entwickelte, die wabenartig über das künftige Besiedlungsgebiet verstreut lagen.

Bis 1180 ist Herford wohl nur ein stadtähnliches Gebilde gewesen.[7] Erst in der zweiten Hälfte des 12. Jh. scheint mit dem Zurückweichen des Einflusses der ersten Fernhändler (aus der Radewig) eine deutliche Veränderung unter den Siedlern zu spüren gewesen zu sein. Der Siedlungsschwerpunkt verlagerte sich zunehmend vor das südliche Tor der Abtei. Kleingewerbetreibende und Handwerker hatten sich hier niedergelassen. Der Platz vor der »Mausefalle« wurde so zum neuen Zentrum für den Warenverkehr mit der Abtei. Archäologen fanden bei Ausgrabungen vor dem ehemaligen Geschäft Siepe am Alten Markt 1930 in 2,50 Meter Tiefe ein steinernes Straßenpflaster und einen Bohlenweg aus der Zeit der Jahrtausendwende — ein Beleg nicht nur für den intensivierten Warenaustausch in Richtung »Altstadt«, sondern auch für die andersartige Topographie und das unterschiedliche Bodenniveau.[8]

Um 1100 ist als ein unübersehbares Zeichen des gestiegenen Warenaustausches mit der Abtei die Nikolaikirche am Alten Markt auszumachen. Sie stand auf dem Gelände des ehemaligen Geschäftshauses Osterhage an der nördlichen Stirnseite. Ausgrabungen im Jahr 1968 haben einen romanischen Turmstumpf aus dem 12. Jh. und spätere Fundamente eines gotischen Kirchenschiffes zutage gebracht.[9] Für die Geschichte der Alt-

Der Turm der Marktkirche, um 1830. Nach einer Zeichnung von A.V.W. Rose

stadt und ihre langsame Emanzipation von der Abtei kommt dieser Kirche als einem der ersten festen Gebäude außerhalb der Abtei eine zentrale Bedeutung zu. Sie steht für das gestiegene Selbstbewußtsein und den wachsenden Wohlstand der Kaufleute und Handwerker auf ihrem Weg zu politischem Mitspracherecht. So taucht der jeweilige Pfarrer der Marktkirche (*rector ecclesie forensis*) in den Urkunden als offizieller Abgesandter und Beauftragter der Stadt auf. Das Rechtsbuch von 1375 vermerkt zudem einen *her Arent, kerkhere von der marketkerken*, den der Bürgermeister und die Schöffen als Bevollmächtigten zum Herzog von Sachsen-Lauenburg wegen einer Rechtsbefragung beim Erwerb der Bürgerfreiheit entsandt hatten. Ebenso taucht 1418 ein Marktkirchenherr Arnold Bachmann als Zeuge unter der Abschrift einer Urkunde Kaiser Karls IV. auf. Der Küster der Marktglocke und Turmuhr (*der koster van der marketglocken*) hatte daneben die Aufgabe, Schreib- und Kopierarbeiten für die »Stadtverwaltung« auszuführen. Zusätzlich diente die Kirche als feuer- und diebessicherer Warenspeicher der Kaufleute.[10]

Die in den Quellen bis zur Mitte des 13. Jh. sichtbar werdende adminstrative Abnabelung der (Alt-)Stadt von der Abtei wuchs mit ihrer baulichen Verdichtung. Sie machte ein eigenes Rathaus auf der Altstadt notwendig. Die Anfänge dieses ersten Gebäudes liegen im Dunkeln. Erst mit dem späteren Ausbau im 16. Jh. nimmt der Bau in der Überlieferung und auf alten Ansichten Gestalt an. Ebenso sind die meisten noch heute in der Straßenführung bestehenden 14 großen und *luttiken* Gassen und Wege bereits im 13. / 14. Jh. vorhanden, so die vom Gehrenberg abzweigende Brüderstraße, die zum Augustinerkloster führte, und die Mönchstraße, die im Süden die Bäckerstraße mit dem Franziskanerkloster verband sowie die Gertrudstraße, die ursprünglich den bedeutungsvollen Namen Sögestraße (»Saustraße«) trug.

Die Ausformung der Altstadt vor den Toren der Stiftsburg machte bald die Einzelbefestigungen der verschiedenen vorstädtischen Zellen und der Abtei hinfällig. Um 1256 mußte die Gesamtbefestigung der alten Stadtteile schon so weit fortgeschritten sein, daß die Äbtissin Ida ihr größtes Faustpfand, das Burggericht, an die Stadt abtrat. Im Gegenzug ließ sie sich dafür Schutz und Sicherheit innerhalb der Stadtbefestigung *(infra munitionem nostram)*[11] von den Städten gewähren. Die Stadt war damit endgültig zur »festen« Stadt geworden. Die Mauer bot Schutz nach außen: mit 3 500 Meter Länge (davon rund 1 000 Meter auf der Altstadt) umschloß sie rund 56 Hektar Innenstadtfläche (davon 19 Hektar Altstadt). Schätzt man, daß Herford im 13. / 14. Jh. rund 2 500 Einwohner hatte, so entfallen auf die Altstadt nicht mehr als 1 000 Einwohner. Die mittelalterliche Stadt war klein, in wenigen Minuten zu Fuß zu durchqueren.

Dies galt besonders, wenn sie sich, durch die (Bo-)Werre getrennt, als »Doppelstadt« mit zwei Rathäusern und zwei Marktplätzen darstellte. Erst mit der um 1400 erbauten »Mittelstädter Brücke« (!), die die beiden Stadtteile zwischen Gehrenberg und Höckerstraße miteinander verband, wuchs die »Doppelstadt« auch im Innern zusammen. Rechts von der Brücke lag die »Zwischenstädter Mühle«, die spätere Bexten-Mühle. Sie war bis 1368 im Besitz der Familie von der Mühlen. Durch Kauf kam das Gelände, das später bis zu elf Häuser umfassen sollte, als eigenständiger Rechtsbezirk (Mühlengericht) zur Abtei.

Die Mittelstädter Brücke und der Gehrenberg, um 1910

Von den Städten zur Stadt

Wie sehr die Stadt im Denken der mittelalterlichen Menschen dabei als »geteilte« Stadt gesehen wurde und wie wenig somit von »der Stadt« gesprochen werden kann, mögen zwei Beispiele zeigen. Noch in der Dreierschen Schulordnung aus dem Jahr 1532 wurde das Trennende in der Stadt, das es durch die neue protestantische Einheit im Glauben zu überwinden galt, ausdrücklich betont: *Wir wollen eine Schule für unsere Knaben haben, in der aus beiden Städten die Jugend zusammen kommen möge.* Die Schule sollte auf der Freiheit, an der Münsterkirche eingerichtet werden, *mitten in unserer Stadt, gut gelegen für beide Städte.* [12]

Selbst im Ratseid von 1651 auf den Großen Kurfürsten — 17 Jahre nach der Vereinigung der Verwaltungen von Alt- und Neustadt — heißt es immer noch, daß *Wir Burgermeister, Scheffen und Rhat beyder Stätte Herfordt geloben und schweren zuforderst dem durchlauchtigsten Fursten und Herrn ... des hlg. Röm. Reichs Erz Cammerers und Churfursten ..., dan auch beyden Stätten herfordt getreu, holt und respective gehorsamb zu sein.* [13]

Was sich so auf dem bekannten Stich des Matthäus Merian in seiner *Topographia Westphaliae* von 1647 von weitem wie eine große geschlossene Stadtburg ausnimmt, war in Wirklichkeit ein vielgestaltiger Organismus, den die Städter selbst noch im Zeichen eines landesherrlichen Absolutismus beschworen. Die Vormachtstellung der Altstadt war dabei eindeutig. So heißt es im Rechtsbuch: *Der rad van der nyestad scolen ere recht to dem soken rade van der oldenstad.* Bei schweren Kapitalverbrechen, bei *Blutrunst, Messerstecherei und Schwertziehen* entschied sich das Schicksal von Neustädtern und Radewigern auf dem Alten Markt. Hier wurde unter freiem Himmel vor dem Rathaus und dem Roland das Blutgericht abgehalten. Den Vorsitz führte der Altstädter Bürgermeister. Hier urteilte auch das vogteiliche Schöffengericht und der Gograf im Auftrag des Landesherren. Zu der politischen Übermacht gesellte sich die wirtschaftliche Potenz der Altstädter, kenntlich an der steuerlichen Abgabepflicht. Die Neustadt zahlte für alle städtischen Belange von einem Ohm (Tonne) Wein nur ein halbes Viertel, die Altstadt ein ganzes Viertel an Steuern. Beim Bierbrauen entrichteten die Neustädter acht Pfennig, die Altstädter einen Schilling als Abgabe. [14]

Die nachreformatorischen Jahre hinterließen auch im Stadtbild ihre Spuren. Die Innenstadt streifte sozusagen ihr klösterliches Gewand ab. 1540 wurde die alte Lateinschule am Münster in das Augustinerkloster an der Brüderstraße verlegt. 1626 kam bei den Franziskanern zwischen dem Mühlteich an der Aa, entlang der Fischerstraße (heutige Waisenhausstraße) und der Mönchstraße, ein Armenkloster unter. Bei den Klarissen an der Clarenstraße sollen, so Storch, *ietzo* (= 1748) *ein paar arme Leute ihre freye Wohnung zu haben pflegen.* Auch im Kern der Altstadt traten Veränderungen ein. Kurze Zeit nachdem die evangelische Predigt im Münster Einzug gehalten und die Äbtissin verjagt worden war, setzten sich die protestantischen Stadtherren ein neues Zeichen. Sie errichteten an der Westseite des Rathauses eine mächtige Renaissance-Gerichtslaube und eine große Freitreppe, nachdem erst kurz zuvor die Neustädter ihr eigenes Rathaus gebaut hatten.

Das Rathaus als neues Zentrum der Stadt(teil)herrschaft machte auch die Marktkirche überflüssig. Sie war endgültig zu einem Relikt einer Zeit geworden, in der Fernhändler, Kaufleute und Stift noch auf gegenseitigen Ausgleich bedacht waren. Nach einem Brand im Jahr 1546 wurde sie ihrer weltlichen Funktion ledig. Im Innern des Turms standen nach der Stadtrechnung von 1622 die Herforder Marktwaage mit großen Gewichtsschalen und einem Kranbalken direkt unter dem Glockenseil. Ansonsten diente der Turm als *alte Stadtwarte* dazu, *daß ein Nachtwächter darauf wohnet, der alle Viertelstunden davon abblasen und die Stadt bewachen muß.* Er sollte bis 1825 seinen Dienst verrichten.
Wie unterscheiden sich mittelalterliche und neuzeitliche (Alt-)Stadt? Aus der Rückschau dominiert der Eindruck unveränderlicher Erstarrung. Die frühmittelalterliche Straßenführung zwischen Gehrenberg und Bäckerstraße scheint der Stadt wie ein Stempel aufgedrückt. Die Enge der ummauerten Stadt kennzeichnet auch die Anfänge der Neuzeit. Und doch klaffen äußeres Erscheinungsbild und politische Realität zunehmend auseinander. Das 17. Jh. ist nicht mehr das Zeitalter der selbstverwalteten, freien Städte, sondern der Territorialstaaten.
So wehrt sich die Stadt gegen die Wirren des Dreißigjährigen Krieges mit ihren Mitteln: Nach außen versucht sie, sich von Besetzung und Plünderung freizukaufen, verstärkt die Befestigungen durch neue Rondelle und Bastionen und pocht im Streit mit den Landesherren auf ihren Status als freie Reichsstadt. Nach innen schließt sie sich zusammen:

Das Altstädter Rathaus, um 1875

1634 entscheiden Rat, Beisteher und Amtsleiter von Alt- und Neustadt, daß *es hinfuhro nur ein Rat und Haupt dieser Stadt* geben solle. Er tagt, dem Gewicht von Altstadt und Radewig besonders in Fragen der äußeren Sicherheit entsprechend, im Rathaus der Altstadt. Kurz bevor die Stadt 1651 in Brandenburg-Preußen aufgeht, erlebt sie so in der Stunde äußerster Bedrängnis ihren größten inneren Zusammenschluß, wandelt sich die mittelalterliche »Doppelstadt« zur Gesamtstadt. Der eingangs zitierte Prozeß des Zusammenwachsens »ummauerter Dörfer« findet hier für einen historischen Augenblick seine Auflösung in der neuzeitlichen Stadtfestung. Wenn es einen Unterschied zwischen dem 15. und 17. Jh. gibt, dann ist es das Aufgehen der Teilstädte in der Gesamtstadt als Reaktion auf den landesherrlichen Absolutismus.

Dieser erwies sich jedoch als moderner und durchsetzungskräftiger. So kam die Bestätigung als »freie Reichsstadt« — von Dr. Bernhard Fürstenau 1631 vor dem Reichskammergericht erstritten und von seinem Vetter Anton Fürstenau auf dem Reichstag zu Regensburg 1653 verteidigt — zu einem Zeitpunkt, da die Bedeutung der Stadt im Reich längst hinfällig geworden war. Kann man das Agieren der Fürstenaus auf der politischen Bühne der Landesherren vor diesem Hintergrund noch als Rettung der Stadt bezeichnen? Ähnelte es nicht viel mehr einer Medizin, die die unübersehbaren Anzeichen eines Todeskampfes der Stadt nur noch künstlich zu verlängern suchte? Die Stadt kann ihr Aufgehen in Preußen nicht mehr verhindern. Am 6. Dezember 1647 muß der *Meister auf dem Spiel Thurm (*= Marktkirche*) ... Se. Churfuerst-(liche) Durchl(aucht) verschiedentlich außer- und innerhalb der Stadt anblasen.*

Mehr als 150 000 Reichstaler Schulden (Bielefeld: 48 096 Reichstaler) nahm die Stadt mit in das 18. Jh.[15] Der wachsende Schriftverkehr zwischen Schuldnern und Gläubigern verleiht der (Alt-)Stadt dabei zunehmend detailliertere Konturen. Nach dem Siebenjährigen Krieg steht die Stadt vor dem Bankrott. So sieht sie sich bald gezwungen, ihr größtes Guthaben, die Stadtwälle, zu verkaufen, nachdem am 3. April 1765 Friedrich II. *allerhöchst (den) Verkauff derer Stadt approbiret und (der Mindener Kriegs- und Domänenkammer) damit fortzufahren Befehl ertheilet (hatte), ... daß gedachte Stadtwälle mit Vorbehalt des Wachtganges und der Postenplätze zu allerley gefälligen Gebrauch, zu Anlegung neuer Gärten oder Wiesen, oder gebrauch der Grasung, so wie es die Käuffer selbst convenable finden werden, Stückweise an den Meistbietenden nach Scheffelsaaten dergestalt verkauffet werden sollen, daß anbey denen Käuffern die gekaufften plätze zu verebnen und planiren frey stehen sollen.*[16] Auf Altstadtgebiet werden sechs Wallstücke im Gesamtwert von 1175 Talern verkauft.

Herford stagnierte so in seiner Entwicklung. Noch erwies sich das mittelalterliche Korsett der *Sancta Hervordia* als zu starr. Die Einwohnerzahl für die Gesamtstadt lag im gesamten 18. Jh. — mit leichtem Rückgang um 1780 — bei 2 700 Einwohnern, davon rund 1 500 Bürger auf der Altstadt.[17] Was dieser Stillstand für die Entwicklung der hochverschuldeten Kommune bedeutete, geht aus einem Magistratsbericht an die Mindener Kriegs- und Domänenkammer vom 20. November 1786 hervor. Darin heißt es: *Es beruhet in algemeiner Notorietät, wie sehr seit 40 u. längeren Jahren der Nahrungszustand hiesiger Stadt in Verfall geraten, und die Zahl der Einwohner geschmolzen gewesen ist, und daß dieses einen fast gänzlichen Unwerth der Häuser zu unvermeidlicher*

Folge gehabt hat. Hierdurch geschah es natürlicherweise, daß viele Häuser, in Ermangelung der Bewohner, anfangs leer standen, welche solchergestalt gänzlich baufällig wurden u., endlich gar über den Haufen fielen.[17]

Ein Aktenstück über die Besteuerung aller Häuser und Einwohner der Stadt nach dem Durchzug französischer Truppen 1806 / 7 gibt genaueren Aufschluß über Alt- und Neustadt. Demnach waren fast die Hälfte (46,5 %) aller Häuser in der Neustadt armselige Hütten mit wenig mehr als einem Wohnraum. Sie waren nicht mehr als 125 Taler wert, viele davon, besonders in den Nebenstraßen, nicht einmal 60 Taler. Auf der Altstadt sah das Bild besser aus. Hier fielen nur 36,8 % der rund 310 Häuser unter die Werteskala von 125 Talern. Bei Häusern mit einem Durchschnittswert von 300 bis 1 000 Talern ergab sich ein ähnliches Verhältnis zugunsten der Altstadt. Jedes dritte (auf der Neustadt jedes vierte) Haus gehörte in die gehobene Kategorie.[18]

Vom baulichen Erscheinungsbild stellte sich die Altstadt mithin — nach Radewig und Freiheit, den besseren Quartieren — als ein Stadtteil dar, der ein breites soziales Spektrum umfaßte, jedoch mittelständisch geprägt war. Hier lebten reiche Kaufleute, Handwerker, Tagelöhner und Handarbeiter auf engem Raum zusammen. 1780 wohnten von insgesamt 65 Schuhmachern 33, von 30 Bäckern und Brauern allein 19, von 24 Schmieden 14, von 80 Spinnern und Webern allein 40 und von 41 Kaufleuten immerhin noch 14 auf der Altstadt.

Ein Gang durch die Straßen

Anhand der von Gustav Schierholz erstmals ausgewerteten Bürgerliste von 1748 sowie der späteren Grund- und Adreßbücher lassen sich Profile einzelner Straßen und Wohnviertel aufstellen.[19] Sie erlauben eine Zustandsbeschreibung einzelner Straßenzüge. So befand sich an der Nordseite des Alten Markts (Nr. 12) mit der überbauten Marktkirche das alte Stadtwaagegebäude mit Waageschreiberstube, alter Waageküche und den Wohnräumen des Stadtwaagemeisters. Dem Marktkirchenturm drohte 1722 der *völlige Verfall*, da der Turm *gänzlich verfaulet, . . . Schieffer, Bley und Holtz mehrenteils niedergefallen, indem seit vielen Jahren keine Reparatur daran verwendet* und *alle Dachsparren und Balken abgefaulet* waren.[20] An den Turm schloß sich das Wehmeyersche oder Habecksche Haus mit einer Scheune an. 1719 war das Haus an den preußischen Staat zum Bau einer Billet-, Licent- und Kornwaage mit Fettwaage, Akzise- und Leggebüro verkauft worden. Unter der heutigen Hausnummer Alter Markt 10 existierten früher drei Gebäude, alles kleinere Wohnhäuser. Nr. 14 war das sogenannte Ernst'sche Haus, das einzige bis in die 1950er Jahre erhaltene Fachwerkhaus am Markt; 1748 wohnte hier die Krämerin Witwe Heermann, 1777 Witwe Künnemann und 1786 der Akzisekontrolleur Johann Ludwig Balke. In Nr. 16, auf der Ecke zum heutigen Gehrenberg, sind 1748 Amtschirurg Julius Schläger, 1777 Unteroffizier Schmalhorst und Schneider Bödeker verzeichnet.

Anders sieht das Bild im Westen und Osten des Alten Markts aus. Im Haus Mausefalle

Nr. 2 wohnten 1748 ein *Ackersmann und Brauer*, 1777 ein Fuhrmann, der um 1800 eine weitere Scheune am Markt für seine ausgedehnte Landwirtschaft baute. Zwischen Elisabethstraße und Markt baute er mehr als 36 Scheffel Weizen, Roggen, Hafer, Gerste und Flachs an. Nr. 8 war um 1750 ebenfalls noch Scheune und gehörte zum benachbarten Haus, in dem Regierungsrat und Bürgermeister Friedrich Stoltefoth lebte. Dahinter wurden vier Scheffel Weizen und drei Scheffel Hafer ausgesät. Das Haus Nr. 4 (»Föge«) taucht in den Quellen schon sehr früh als Gaststätte auf. 1748 ist hier der *Landreuter und Ordonnanzwirt* Albrecht Friedrich Saalbeck verzeichnet. Die Häuser Nr. 2 und Bäckerstraße Nr. 30 wurden als Schusterwerkstatt bzw. Wohnhaus genutzt. Auf der gegenüberliegenden Seite dominierte im 18. Jh. die dort seit 375 Jahren nachzuweisende Altstädter Ratsapotheke (Nr. 9). Nebenan wohnte Apotheker Bonorden, in Nr. 7 ein weiterer Schuhmacher und in Nr. 13 (Eckhaus Alter Markt / Rennstraße) ein Kaufmann. Die südliche Seite des Alten Marktes im Schatten des Rathauses war das Stiefkind des Platzes. Das Haus Bäckerstraße Nr. 33 war ursprünglich eine Scheune, die im Jahre 1748 dem Degenmacher Jakob Bennewitz gehörte; das Grundstück wurde erst zwischen 1765 und 1785 bebaut. Das Nachbarhaus war ein Wohnhaus. Das Eckgrundstück Bäcker- / Clarenstraße war 1748 zur Hälfte unbebaut; nebenan wohnte Stadtphysikus und Bürgermeister Dr. Munch, 1798 wird als gemeinsamer Besitzer der Gastwirt Müller aufgeführt. Die Häuser Alter Markt Nr. 1, 3 und 5 waren kleinere Wohnhäuser. Neben der Marktzeile mit Akzise und Legge, der Apotheke und dem Rathaus als zentralen städtischen Gebäuden dominierte eindeutig der ländliche Charakter selbst noch im Herzen der Stadt. Allein fünf Scheunen deuten auf die intensive Nutzung der rückwärtigen Gärten und Felder hin und verdeutlichen mehr als jede Statistik, was die Bezeichnung einer Minden-Ravensbergischen Land- oder Ackerbürgerstadt bedeutete.
Ein ähnliches Bild ergibt sich auch auf der Bäckerstraße: Mit 35 Häusern war sie beidseitig eng bebaut. Neben einigen Kleinhändlern und Krämern lassen sich Bäcker, Schneider, Schuhmacher und Tagelöhner ausmachen. Gegen Ende des Jahrhunderts ändert sich die Zusammensetzung der Anwohner nur wenig. Einige Handwerker kommen hinzu, ebenso kleinere Beamte wie der 1777 als Hausbesitzer geführte Akzisekontrolleur Sermann und der Kreiskalkulator Karlbaum im Haus Nr. 14 sowie der Kontributionsausrufer Schwartz im Haus Nr. 8. An die Bäckerei reichten auch die Gebäude des ehemaligen Fransiskanerklosters mit seinen um 1800 abgerissenen Armenhäusern heran; aus dem Kloster selbst war 1781 das königliche Zuchthaus, 1791 dann ein Militärlazarett geworden. Der Durchschnittswert der Häuser lag hier weitaus niedriger als am Alten Markt. Ein typisches Beispiel für die Geschichte eines Bäckerstraßenhauses ist die Chronologie des Hauses Nr. 24: 1748 wohnte hier der Weißgerber Ziegeler, ein Jahr später wurde das Haus für 400 Taler an den Weißgerber Schmefeld († 1822) verkauft. Hinter dem unscheinbaren Haus verbarg sich ein weitläufiges Grundstück mit einem Nutzgarten und einem kleinen Feld. Ähnliches ist auch beim Haus Nr. 2 des Tischlers Steffen auszumachen. Auf seinem Grundstück zwischen Bäcker- und Elisabethstraße stand 1798 ein Lagerhaus, eine Scheune und ein Brauhaus mit einer weiteren Scheune. Insgesamt 241 Scheunen gibt Carl Ludwig Storch, allerdings für Stadt und Feldmark, im Jahr 1724 an.[21]

Die Bäckerstraße, um 1900

Auch der Gehrenberg bot noch ein vollkommen fremdartiges Bild. Hier reihten sich die Werkstätten von Kleinhandwerkern an schlichte Wohnhäuser. Ein weiteres Charakteristikum wird hier deutlich: Grundstücke und Häuser wurden aufgrund der geringen Größe zusammengelegt, denn es gab, so der älteste Herforder Chronist, Carl Ludwig Storch, *vorzeiten wie anoch in den meisten, fast in allen Häusern, nur eine Stube und darüber eine Cammer und hinter dem haus bey vielen ein großer Saal, worunter ein Keller war.* Z.B. bewohnte der Bürgermeister Johann Christoph Menze das Haus Gehrenberg Nr. 4. Er verband es mit dem Nachbarhaus, in dem 1786 sein Schwiegersohn, der spätere Stadtdirektor Karl Anton Diderichs wohnte — ein Beispiel nicht nur für die häusliche Enge, sondern auch für die verwandschaftliche Verflechtung städtischer Führungsschichten. Gleiches auch bei dem kleineren Kramerhaus Nr. 16: Steuereinnehmer Friedrich Arendt vereinigte es 1777 mit dem Nachbarhaus, in dem 1748 der Tuchhändler Eberhard Budde gelebt hatte. Auch hier sind wieder größere Aussaaten notiert: Nr. 12 je 1 Scheffel Weizen, Gerste und Hafer sowie 2 Scheffel Roggen; bei Nr. 24 wurden sogar 5 Scheffel Weizen und Roggen und 1 Scheffel Hafer angebaut.
Besondere Beachtung sollen zwei weitere Straßen finden: die Johannisstraße und die Renntorwall- und Renntormauerstraße. Je weiter sich ein Besucher der Stadt um 1800 vom Zentrum in Richtung der verfallenen Stadtmauern entfernte, desto mehr änderte sich die soziale Zusammensetzung der Anwohner. In der Johannisstraße dominierten um 1780 Tagelöhner und Handarbeiter (6 Familien), Schuhmacher (10 Familien) sowie Weber- und Spinnerfamilien (7 Familien). Ähnlich ist das Bild auch in den Mauerstraßen sowie in der Claren- und Lessingstraße. Hier sind insgesamt 25 Weber- und Spinnerfamilien und Soldatenfamilien (17 Haushalte) auszumachen. Häuserpreise von 100 bis 250 Taler lassen auf die geringe Größe und bescheidene Ausstattung schließen.

Die Renntormauerstraße, um 1922

Die Sorge um das Stadtbild

Wie seit eh und je herrschte um 1800 der Eigen- und Hausierhandel vor, standen Höker aufgereiht an den Innenstadtstraßen zwischen den Märkten und verkauften ihre Waren. Den Wandel vom Garnmarkt des 18. Jh. zum großräumigen Leinenhandel des 19. Jh. machte die Stadt nicht mit. Der kapitalschwache Kleinbetrieb blieb so ein Charakteristikum der vorindustriellen Stadt. Mangel an Privatkapital und unternehmerischem Wagemut ließen Manufakturbetriebe wie die 1801 im ehemaligen Franziskanerkloster an der Waisenhausstraße von Friedrich Wilhelm Schrewe eingerichtete Maschinennähfabrik zu Ausnahmen werden.[22]
Und doch steht die von Schrewe, später von Schönfeld betriebene Spinnerei für den Eintritt der Stadt in das neue Jahrhundert der Industrialisierung. An dessen Ende wird die Bedeutung der Stadtteile im Bewußtsein der Menschen noch weiter gesunken sein. Die Stadt wird dabei von der neuen Außenstadt vor den Toren, von den Feldmarken, überflügelt. Je mehr Dampfmaschinen und motorisierter Individualverkehr im Stadtbild auftauchen, desto deutlicher tritt ein neuer Zug im Denken der Städter auf: das Bewußtsein um die Gefahren für das gewachsene Bild der Stadt. Der erste Versuch der Historisierung der Altstadt setzt ein. Prüfstein im Streit zwischen Modernisten und Bewahrern ist der alte Marktkirchenturm.[23]
1818 schlugen einige Mitglieder im Rat vor, den Turm für die Kämmereikasse zum Abbruch zu verkaufen. Doch die Mehrheit der städtischen Vertreter zögerte noch. Sie nahmen sogar 1820 wegen der Bezahlung von Ausbesserungsarbeiten ein tiefes Zerwürfnis mit der Mindener Regierung in Kauf. 1842 wurde wieder der Verkauf dieses *Torsos* und *unschönen Überbleibsels* einer seit mehreren Jahrhunderten nicht mehr existenten Kirche vorgeschlagen. Noch sieben Jahre sollte sich die Diskussion um Abriß oder Restauration hinziehen, bis 1849 der Turm einzustürzen drohte. *Das ganze Gebäude hat nicht den geringsten architektonischen Wert, sondern von der Straße ein sehr unschönes Aussehen*, urteilte der städtische Bauinspektor Reimann. Auf Drängen der Mindener Regierung begann dann am 20. August 1848 der Abbruch. Einen Tag später beklagten 250 Bürger in einem Gesuch an den Rat, daß sie ihre Stadt *von einem der älteren, größeren Bauwerke nach dem anderen entkleidet sehen, während man an anderen Orten dieselben nicht allein erhalten, sondern schon sehr baufällig gewordene oft mit großem Kostenaufwand wieder herzustellen bemüht ist. Dieser Wunsch*, so die Interpellanten, *wird um so lebendiger, je allgemeiner wir ihn unter unseren Mitbürgern werden sehen und je weniger an der Stelle der abgebrochenen älteren Bauwerke neue entstehen, die nur einigermaßen eine Zierde genannt werden können*. Mit dem Abriß wurden jedoch alle Diskussionen hinfällig.
Wodurch ist diese Besorgnis um das Erscheinungsbild der Stadt zu erklären? Das neue Jahrhundert brachte neben der Franzosenzeit und der damit verbundenen Aufhebung der Abtei wechselvolle politische Jahre mit sich. Nach der Wiedereingliederung in Preußen folgte eine ungeahnte Bevölkerungsexplosion. Ansätze innerstädtischer Industrialisierung folgten, so auf der Altstadt die erste Zigarrenfabrik von Böckelmann aus dem Jahr 1841 im rückwärtigen Anbau des Hauses Alter Markt Nr. 4. 1861 folgte die

erste mit Dampfbetrieb ausgestattete Möbelfabrik Gustav Kopkas am heutigen Linnenbauerplatz. Noch hinterließen die Anfänge der Herforder Industrie aber nur unwesentliche, wenngleich fremdartige Spuren. Entscheidender ist als Folge des Bevölkerungszuwachses eine Zunahme von Hauskäufen und -verkäufen, von Um- und Neubauten. Besonders in den 1830er und 1840er Jahren schnellten die Preise sprunghaft in die Höhe. Nicht mehr das Kleinhandwerk und -gewerbe dominierte am Markt, sondern der moderne Dienstleistungscharakter zeichnete sich in ersten Umrissen deutlich ab. Dort, wo früher Sattler, Tischler oder gar Bauern gelebt hatten, wo mitten in der Stadt Viehzucht und Ackerwirtschaft betrieben und aus der Deelentür heraus verkauft worden war, entstanden jetzt kleine Kramer- und Kaufmannsläden. Beispiel für diese Entwicklung ist das Haus Alter Markt Nr. 2. 1798 noch im Besitz eines Metzgers Richter, erbte es 1834 der Ökonom Heinrich Otto Richter; 1835 war es im Besitz von Polizeikommissar Hölscher. Ein Jahr später kaufte es der Kappenmacher Wiegers für 500 Taler. Nach seinem Tod mußte schon mehr als das Doppelte für das Haus bezahlt werden: 1142 Taler. Gleiches gilt für das schon erwähnte Haus Alter Markt Nr. 4. 1838 hatte es der Konditor Jobst Heinrich Meyer noch für 1100 Taler gekauft. Als 1841 Wilhelm Böckelmann seine Zigarrenfabrik einrichtete, mußte er schon mehr als 2250 Taler bezahlen.
Kaufmannsnamen wie Karl Wilhelm Dietrichs, Karl August Grimme und Michael Ganz, der für 1435 Taler die ehemalige Akzisestube kaufte, stehen für den Wandel rund um den Markt. 1837 kaufte zudem das königliche Generalpostamt in Berlin für 2000 Taler das Haus Alter Markt Nr. 10 an und richtete dort bis 1854 die Postexpedition ein. Ein Jahr später kaufte es Posthalter Ludwig Wessel für 3000 Taler; 1860 ging es an Buchändler Menckhoff für 4000 Taler. Kaufleute wie Friedrich August Menge, Noah Ostwald, Eduard und Manchem Weinberg, Johann Christoph Petermann, Ernst Budde und Fabrikant Rothe prägten das Bild auf der Bäckerstraße, dem Gehrenberg und der Brüderstraße. Einen Wandel machte auch die Johannisstraße durch. Sie wurde zur »Künstlerstraße«, da hier viele Schausteller ihr Winterquartier bezogen. Abgestellte Wohn- und Packwagen prägten während der Wintermonate das Bild. Allein 12 Fahrgeschäfte der Familien Opitz, Heitmann, Pfeifer, Henning, Behrends und Hattenhorst waren hier und in der Brüderstraße vertreten. So auch die Schießbuden- und Artistenfamilie Oeser, Panoramabesitzer Berg, das Wachsfigurenkabinett von Düblers, das Welttheater der Familie Lorgie und die Menagerie des Italieners Rossi. Pottharst mit seinem mechanischen Figurentheater hatte sich 1868 das Haus Brüderstraße Nrn. 11 bis 13 für 1400 Taler gekauft. Die Johannisstraße blieb aber auch weiterhin die Straße der kleinen Handwerker, Zigarrensortierer, Handarbeiter und Maurer, genauso wie die Mauerstraßen. Die Entwicklung im Stadtzentrum ging an ihnen (noch) vorbei.
1888 überflügelte in der Bevölkerungsstatistik die Außenstadt in den Feldmarken erstmals die Innenstadt, so daß sich die Stadt aus Wettbewerbsgründen gezwungen sah, auf die Verstädterung des Umlandes zu reagieren. Zum ersten Mal in der Geschichte der Kommune griff dabei der Rat in großem Maß stadtplanerisch in das Erscheinungsbild der Stadt ein. In seiner programmatischen Schrift *Zu den brennenden Fragen der Städtischen Verwaltung* (1876) formulierte Bürgermeister Ludwig Quentin: *Gerade der Gemeindeverwaltung ist es zur Aufgabe gemacht, im weitesten Umfange die Lebens-*

Die Johannisstraße, um 1940

Verhältnisse durch Regelung und Hebung der Verkehrsmittel, Förderung der Gesundheit und der Schulbildung zu verbessern und das Leben lebenswerther zu machen.[24] Die finanziellen Voraussetzungen für eine aktive städtische Strukturpolitik waren dabei mit der Begleichung der historischen Stadtschulden gegeben. Stolz vermeldete der Verwaltungsbericht aus dem Jahr 1877 / 78, daß *die letzte Rate der alten Stadtschulden, welche am zweiten Pfingsttag 1683 contrahiret wurden, und einen nicht unerheblichen aber unerfreulichen Abschnitt unserer Lokalgeschichte bilden (. . .) in dieser Summe mit 3 300 Mark an die Fürstl. Lippische Saline zu Salzuflen abbezahlt* wurden.

Bezeichnenderweise setzte Quentin dort an, wo mittelalterliche Enge und städtebauliche Gedrängtheit den Erfordernissen an eine moderne Stadt nicht mehr genügten: am Alten Markt mit seinem Rathaus. Einst Prunkstück und äußeres Zeichen für die wirtschaftliche und politische Machtfülle der Altstädter gegenüber der Abtei, war es baufällig geworden. Nicht umsonst machte Bürgermeister Quentin den Abriß des alten Rathauses sinnbildlich zu einer Kardinalfrage über die Zukunft der Stadt. Er schrieb: *Aeußerlich verfällt dasselbe täglich mehr zur Ruine; jeder Herforder fühlt über den wahrhaft traurigen Anblick dieses ernsten städtischen Gebäudes eine gewisse Scham und der Auswärtige hat stets die Zunge voll Spott und bitteren Hohn über dieses öde alte Haus.* So formulierte ein Bürgermeister, der nicht nur frischen Wind in eine ineffiziente Verwaltung, sondern auch in die Stadt bringen wollte. *Aesthetische und sanitätliche Rücksichten machen in allen eng, winkelig und häßlich gebauten Städten schöne und luftige Plätze äußerst wünschenswerth, ja zu einer Wohlthat für alle Bewohner.*

Der Abriß des Rathauses als Relikt mittelalterlicher Kleinstädterei — heute aus denkmalpflegerischen und kunsthistorischen Gründen betrauert — sollte ein Akt städtebaulicher Hygiene sein und die Stadt auf das nächste Jahrhundert vorbereiten. *Die Gemeinde muß mit Jahrhunderten rechnen und daher einen ganz anderen Maßstab der Rentabilität und Nützlichkeit anlegen,* formulierte Quentin mit Blick auf Alternativpläne zur Restaurierung. Seiner Meinung nach stand die alte Ackerbürgerstadt sich selbst im Weg, da die Industrie *in stetem wenn auch langsamen Fortschritt dem Ackerbau und der Gartencultur mehr und mehr Terrain entrissen hat* und die umliegende Bevölkerung zunehmend zur *Befriedigung ihrer Bedürfnisse auf den auswärtigen Import, auf den Wochenmarkt* angewiesen sei. *Sollen wir da diese günstige Gelegenheit vergessen, diesem Wochenmarkt einen großen, schönen, allen später herantretenden Bedürfnissen entsprechenden Platz zu schaffen?* Mehr als 60 bis 70 Pferdegespanne und Handkarren aller Art versperrten an Markttagen nicht nur den Platz, sondern auch die umliegenden Straßen. *Bauen wir einen Platz wieder zu, so drängen wir über kurz oder lang den Wochenmarkt-Verkehr in die engen Straßen hinein, wenn wir die Besucher nicht gar von uns nach anderen Orten, vor allem Bielefeld, verscheuchen oder uns entschließen sollten, den Verkehr zu zerreissen und einen Theil nach einem anderen städtischen Platz zu verlegen,* resümierte Quentin. *Bei dieser Gelegenheit ist es gewiß unsere Pflicht, die Rennstraße und Todtenstraße (=* Clarenstraße*) frei zu legen, sie aus ihrer kerkerhaften Abgeschlossenheit zu befreien und mit dem Hauptverkehr in innigen Zusammenschluß zu bringen; ist es nicht ferner unsere Pflicht, die so lebhafte Passage in der Bäckerstraße, welche zu soviel Verkehrsstockungen und auch zu Gefahren Veranlassung gegeben hat und weiter geben würde, ganz frei und offen zu legen?*
Am 8. Oktober 1877 wurde der Abbruch des Rathauses durch Ministerialreskript unter der Bedingung genehmigt, daß bestimmte *kunstwerthe Theile conservirt* würden. Für 3 300 Mark wurde es Maurermeister Mohrmann und Kaufmann Manchem Weinberg zugeschlagen. Die Hoffnung Quentins, statt dessen ein neugotisches Rathaus an der Ecke Clarenstraße / Rennstraße im Anschluß an das seit 1855 durch Heinrich Rohde gegründete Hotel zu errichten, erfüllten sich jedoch nicht. Auch der Wochenmarkt — ein wesentlicher Grund für den Rathausabriß — wurde bald verlegt. Am 16. Dezember 1901 siedelte er in die Werkräume der Schönfeldschen Spinnerei um, zwei Jahrzehnte später zieht das Hotel Rohde als Hotel »Stadt Berlin« in die Nähe des Bahnhofs.
Nach dem Rathausabriß entwickelte sich der Markt zum *Mittelpunkt aller patriotischen Ovationen.* Alte Herforder Kaufmannsnamen wie Weddigen, Edelstein, Ranzow, Ganz, Vogelsang, Keil und Siepe dominierten rund um den Platz. Ende des 19. Jh. brannten die Häuser Alter Markt Nr. 6 und 8 (Produktenhändler Heinemann) und die Gebäude Nr. 10 und 12 (Menckhoff, Heilbrunn) ab. Danach wurden die Geschäfte, dem Zeitgeschmack entsprechend, im neugotischen Stil der Jahrhundertwende in der heutigen Form aufgebaut.
Im Gehrenberg fanden sich neben den Kaufleuten Schönenberg, Eick, Raphaelson und Herzfeld auch noch einige heute existierende Namen: Huthändler Backhaus (Nr. 16), Buchhändler Wolff (Nr. 7) und Zigarrenhändler August Wessel (Nr. 28). 1903 eröffnete Hermann Herzfeld im Haus Nr. 15 — die Vorbesitzer waren bis 1878 Kaufmann Wein-

berg, danach Kaufmann Aaron Raphaelson — ein neues Geschäftshaus, das als erstes im Regierungsbezirk Minden in einer Eisenbetonkonstruktion entstand. Der Öffnung für den Verkehr diente auch die *Chaussierung*, Kanalisation und Neupflasterung der Hauptausfallstraßen. In der Altstadt galt dies besonders für die Rennstraße, die nach Ausbesserungsarbeiten 1887 *als eine der gesundesten und besten der Stadt* galt, *während sie früher geradezu ein Schlammloch war.* Bis 1881 wurden auch die Saustraße (= Gertrudstraße) und der größte Teil der Mauerstraßen neu gepflastert.
Der wachsende Wohlstand zeigte sich aber nicht nur entlang der Hauptverkehrsstraßen, sondern auch vor den Toren der Stadt, auf den Wällen. Dort, wo nach dem Verkauf der Verteidigungsanlagen die Ackerbürger ihr Vieh geweidet hatten, entstanden nun großzügige Stadthäuser. Im Verwaltungsbericht heißt es: *Die Baulust für besseren Villenbau nahm (...) einen erheblichen Aufschwung (...), namentlich auch an den Wallgängen (entstanden) zahlreiche geschmackvolle Privathäuser, welche dem Ansehen der Stadt zur Zierde gereichen.* An gleicher Stelle wird aber auch der allgemeinen *Wohnfrage schematisch behördliche Aufmerksamkeit geschenkt.* Mit Blick auf die Situation in stichprobenartig ausgewählten Arbeiterwohnungen zeigt sich, daß immer noch mehr als ein Viertel *als überbevölkert anzusehen waren.* Vor allem die Abortanlagen seien unzureichend (*In einem Haus kamen 25 Personen auf ein Abort!*) und die Düngegruben und Brunnen in schlechtem Zustand. Der Bericht schließt: *Ist demnach auch keine Wohnungsnot in dem Sinne vorhanden (...), so sind die Wohnverhältnisse doch auch heute noch insofern mangelhaft, als noch viele alte unzureichende Wohnhäuser aus früheren Generationen vorhanden und auch neuere Häuser vielfach zu stark bewohnt sind.* Noch konzentrierte sich die städtische Sozialpolitik nicht auf die Bereitstellung von Wohnraum, sondern beschränkte sich allein auf baupolizeiliche Überwachung vorwiegend von Hygienevorschriften.
Das Straßenbild bis zum Ersten Weltkrieg ist geprägt von wachsendem Verkehrsaufkommen. Bis 1911 zählte man 15 Kraftfahrzeuge und acht Krafträder, 1927 stieg die Zahl auf

Der Alte Markt, um 1883

325 Kraftfahrzeuge und 275 Krafträder. Höckerstraße und Gehrenberg mußten zur Entlastung der Innenstadt in Fahrtrichtung Neuer Markt gesperrt werden, die Bäckerstraße blieb nach der Polizeiverordnung vom 6. Februar 1928 Verkehrsstraße erster Ordnung. Hier durften Fuhrwerke und Kraftfahrzeuge nur in Schrittgeschwindigkeit einbiegen. Das Auto eroberte sich so einen immer größeren Platz im Stadtbild. Die ersten offiziell ausgewiesenen Parkplätze entstanden, abgesehen vom Neuen Markt und dem Bahnhofsvorplatz, auf dem Alten Markt und an der Rennstraße in Höhe der Mittelstraße.
Mit Blick auf das nationalsozialistische »Dritte Reich« gilt es, auf einige jüdische Geschäfte zu verweisen, die bis 1938 *arisiert* wurden. So fand sich unter der Hausnummer Gehrenberg 10 die jüdische Schuhwarenhandlung Tack, Konrad & Co., das Nachbarhaus Nr. 12 war bis 1938 das Bettengeschäft Goldberg, Nr. 1 war die Adresse des jüdischen Geschäftshauses Wohlwert. In dem heutigen Geschäftshaus Köhler befand sich das Porzellangeschäft Max Rosenbaum. Am Alten Markt war zudem das Textilhaus Leeser, das Putzgeschäft Minna Sternheim und die Manufakturwarenhandlung Rosenbaum & Co. anzutreffen. Dort, wo früher Herfords »erstes Haus am Platz«, das Hotel Rohde, gestanden hatte, befand sich bis zum 1. Mai 1933 das «Volkshaus« als Zentrum der Arbeiterbewegung in Herford. Nach dem Sturm der SA und SS wurden hier Verwaltungen der DAF und NSDAP untergebracht. Dem Beschluß des Rates der Stadt zufolge hießen seit dem 25. April 1933 der Wall »Unter den Linden« »Adolf-Hitler-Wall«, der »Kaiser-Friedrich-Wall« von der Rennstraße zum Bergertor »Daniel-Pöppelmann-Wall«.

Das Volkshaus am Alten Markt, um 1932

Auf dem Gebiet der Altstadt fielen besonders im Gebiet der Johannis-, Renn- und Brüderstraße sowie im Gehrenberg ganze Straßenzüge den Bomben zum Opfer. Innerhalb von Stunden sprengten sie große Schneisen in das gewachsene Bild der Stadt.
Konnte der Krieg 1945 nur die mittelalterliche Straßenführung unter Schutt und Asche begraben, so drohten der Stadt in den Jahren des Wiederaufbaus neue Gefahren. Zur Aufstellung eines Verkehrsleitplanes wurde der Bielefelder Professor Hans Dustmann zu Rate gezogen. Er sollte den innerstädtischen Verkehr neu ordnen. Der Verwaltungsbericht gibt nur in groben Worten die lebhafte Diskussion über die vorgeschlagene Lösung und Verkehrsführung wieder. Wie zu Zeiten Quentins sollte die Stadt wieder auf die Zukunft vorbereitet werden, diesmal im Zeichen des Individualverkehrs. Dustmanns Pläne sahen eine Ringstraße außerhalb des Stadtkerns vor. Nachdem sie in einer städtebaulichen Ausstellung im Heimatmuseum zusammen mit Vorschlägen der Stadtverwaltung den Bürgern gezeigt worden waren, lehnten diese den Plan als *zu teuer, zu schwierig und auch nicht zweckentsprechend* ab.
Ebenso rückte man von Plänen zur Verbreiterung der Innenstadtstraßen vom Lübbertor über die Höckerstraße, den Gehrenberg zum Alten Markt ab. Im neuen Leitplan, im März 1951 vom Düsseldorfer Ministerium für Wiederaufbau genehmigt, wurde statt dessen die kostengünstigere, direkte Verbindung vom Lübbertor zum Rennplatz über die Johannisstraße und die neue Berliner Straße beschlossen. Beim Ausbau der Johannisstraße entstanden als eines der größten innerstädtischen Wohnbauprojekte die 1949 / 50 errich teten Häuser Johannisstraße 10 bis 12 und 18 bis 22 der Wohnungsgesellschaft Herford-Stadt und die gegenüberliegenden Häuser Nr. 21 bis 27 der Stadtgemeinde Herford sowie der Wohnbau Herford (Johannisstraße Nr. 5 bis 9).
Vorgesehen war, die Innenstadt durch Stichstraßen mit Parkhäusern zu erschließen. Nach der Errichtung des Gehrenbergs und der Bäckerstraße als Fußgängerzonen im Jahr 1968 fanden mit der Fertigstellung des Parkhauses Altstadt (Eröffnung am 2. Oktober 1973, Aufstockung im März 1980) die im Flächennutzungsplan der Stadt von 1972 aufgezeigten Baumaßnahmen für die Altstadt ein Ende. Wie sehr die Stadtplaner dabei von anfänglich euphorischen Planungskonzepten Abstand genommen hatten, zeigt ein Blick in das Strukturgutachten »Herford 1950 bis 1990«. Dort finden sich als Prognosen für die Stadt der Jahrtausendwende: *Die Innenstadt Herfords steht langfristig vor einer starken Nachfrage nach Geschäftsfläche mit der Tendenz zur horizontalen Expansion. Diese sollte daher im wesentlichen vertikal entwickelt werden durch größere Geschoßebenen und höhere Ausnutzungsziffern.*
Daß die Altstadt bis heute in ihrer ursprünglichen Anlage nahezu unverändert blieb, kann als ein Zeichen für die Dauerhaftigkeit und Beharrlichkeit historischer Entwicklungen gewertet werden. Nur so ist zu erklären, daß sie Kriege, Besetzungen, Industrialisierung, Bombardierung und Motorisierung überdauert hat, ohne in ihrem Grundmuster wesentliche Veränderungen zu erfahren. Was bleibt, ist der Gegensatz zwischen mittelalterlicher Metropole und dem neuzeitlichen Niedergang. Für beides findet sich die Erklärung in der Blüte mittelalterlicher deutscher Städte. Eine Blüte, die im Denken und Handeln der Städter zu selbstgenügsamer Zufriedenheit und zum Selbstmitleid gegenüber den »bösen Preußen« gefror. Anders ist nicht zu erklären, daß politische und wirt-

schaftliche Aktivitäten und Zukunftsentwürfe — all das, was besonders die Altstädter des 11. bis 13. Jh. ausgezeichnet hatte — diesem Denken fremd geworden war. Auf der anderen Seite blieb der Kommune ein frühzeitiger Modernisierungsschub erspart, die städtebauliche und verkehrsplanerische Erneuerung wurde so lange hinausgezögert, bis sie mit einem wachsenden Bewußtsein um den historischen Wert alter Bausubstanz zusammenfiel. Die Altstadt hat trotz allem gelitten; wertvolle Gebäude sind abgerissen worden und haben zeitlosen Neubauten Platz gemacht. Ein neues Denkmalschutzgesetz aus dem Jahr 1980 hat aber in der praktischen denkmalpflegerischen Arbeit überall im Stadtkern unübersehbare Zeichen gesetzt, so bei der Restaurierung der Brüderstraße und der Errichtung der städtischen Bibliothek im Gustav-Kopka-Haus (Einzug am 24. Februar 1982). Beide Beispiele stehen für das Bemühen, Altes und Neues in der »alten« Stadt gleichberechtigt bestehen zu lassen, die Altstadt — wenngleich in historisierter Form — neu entstehen zu lassen.

Jens Jürgen Schulz †

Häuser und ihre Geschichte: die Radewig

Die Radewig begleitete die wechselhafte Geschichte der Altstadt seit ihren Anfängen. Als westliche Vorstadt können wir ihr Areal als klar abgegrenzten Rechtsbezirk zurückverfolgen bis auf den fränkischen Königshof *Adonhusa.*[1] Aus diesem Adelshof des 8. Jh. entwickelte sich bis zum 12. Jh. das abteiliche Lehnsgut *Odenhusen* mit dem Marktort gleichen Namens. Als Wurzeln der Vorstadt haben wir den Herrschaftsbezirk mit Mühle, daneben den Markt mit Kirche und einer Vorsiedlung von Hofhörigen anzusehen.

Südlich davon hatte sich eine vermutlich friesische Fernhändlersiedlung gebildet, die 1290 erstmals als *Rodewich*[2] bezeugt wurde und die mit *Odenhusen* zur heutigen *Radewig* verschmolz. Ihr Straßennetz ergab sich aus der Verkehrslage westlich der Aa, deren Furten an der Radewiger Straße und am Janup schon früh eine Bedeutung für das Fernwegekreuz Soest–Minden und Osnabrück–Hameln im Mündungswinkel von Werre und Aa erlangten. Am Gänsemarkt trafen sich die verschiedenen, je nach Wasserstand genutzten Furtwege durch die Aa, um als Fernweg nach Osnabrück dem Verlauf der heutigen Steinstraße / Engerstraße zu folgen. Hieraus erklärt sich die Dreiecksform des Gänsemarktes, die zugleich Beleg für sein hohes Alter ist.

Kaiser Otto der Große bestätigte diesen sehr frühen Markt östlich des Rheins schon 973 (*mercatum, in loco Adonhusa nominato*[3]). Denn bereits um 833 hatte Kaiser Ludwig der Fromme, ein Sohn Karls des Großen, die damals noch königlichen Marktrechte der Herforder Äbtissin als Lehen übertragen und den fränkischen Königshof *Adonhusa* der abteilichen Lehnshoheit unterstellt.

Aus dem Reichtum der Abtei, ihrer kulturellen und regional-politischen Bedeutung als »Bistum im Kleinen«[4], verstärkt noch durch den sprunghaft wachsenden Durchgangsverkehr des Fernhandels zur Mittelelbe und Ostsee während der spätsalischen Zeit im 11. Jh., erklärt sich auch der wirtschaftliche Aufschwung der mittelalterlichen Radewig. Die vermutlich genossenschaftlich organisierten hansischen Kaufleute stießen auf rege Nachfrage, kamen so zu Wohlstand und gewannen politisches Selbstbewußtsein.[5]

Mit dem gestiegenen Wohlstand der jungen Gemeinde wuchsen die Gefährdungen von außen. Häufige Fehden und Überfälle kennzeichneten das 12. und 13. Jh. Sie zwangen zum Bau schützender Wälle, Gräben und Mauern, vereinten die von nun an bürgerlichen Kaufleute und Handwerker zur politisch auftretenden Stadtgemeinde gegenüber der Äbtissin und den Nachbarstädten. Den zeitlichen Ablauf dieser für die Altstadt und die Radewig entscheidenden politischen Entwicklung markieren folgende Daten: um

1220 die erste Erwähnung eines Stadtrates[6], 1246 der Beitritt Herfords zum Norddeutschen Städtebund[7], 1256 die Zusage des Stadtrates, den militärischen Schutz des Reichsstiftes zu übernehmen.[8]

Das mittelalterliche Bürgerhaus

Mindestens gleich bedeutend ist die etwa zeitgleich anzusetzende bauliche Entwicklung der Vorstadt. Geprägt wurde sie nicht nur von der Parzellierung der Grundstücke an den Verkehrswegen durch den Grundherrn, sondern vor allem durch die Verteilung der einzelnen sozialen Gruppen auf bestimmte Wohnbezirke. In der Stadtentwicklung haben diese sozial-räumlichen Strukturen lange Traditionen.[9] Sie lassen sich an baulichen Befunden bis heute nachvollziehen.
Der bürgerliche Wohnbau auf der Radewig, dem unser Augenmerk vorrangig gilt, ist für das 12. bis 15. Jh. nur in Grundzügen darzustellen. Es fehlt schlicht an aussagefähiger Bausubstanz. Erst jüngst veröffentlichte baugeschichtliche Forschungsergebnisse über Lemgo erlauben vorsichtige Rückschlüsse auf frühe Wohn- und Lebensweisen Radewiger Kaufleute und Handwerker.[10]

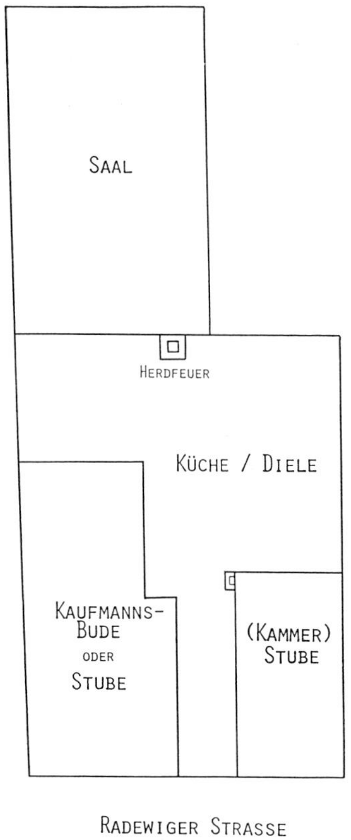

Danach lebten dort bis zur Mitte des 15. Jh. die Familien mit Gesinde in zumeist eingeschossigen Holz-/Lehmhäusern, deren einziger Raum mit offenem Herdfeuer als Lebens-, Arbeits- und Schlafraum genutzt wurde. Kärgliches Tageslicht fiel durch Luken, die durch Holzläden verschließbar waren. Für das Vieh und dessen Futter waren Holz-/Lehm-Scheunen mit Ställen vorhanden; ihnen zugeordnet lag die Mistkuhle mit Abort. Vereinzelte steinerne Hinterhäuser, sogenannte »Saal-Geschoß-Häuser«[11], leiteten dagegen bei wohlhabenden Bürgern die Trennung einzelner Lebensbereiche im Wohnbau ein.
Ab der zweiten Hälfte des 15. Jh. entfaltete sich mit der wirtschaftlichen Blüte dank des hansischen Handels rege Bautätigkeit bis zur Mitte des 16. Jh. In diesen Jahrzehnten dürften die alten Holzbauten an der Radewiger Straße durch Steinbauten ersetzt worden sein und sich im Stein- und Fachwerkbau zahlreiche bautechnische Neuerungen durchgesetzt haben.

Schematisierter Grundriß eines Radewiger Bürgerhauses

Auch erste sozial-differenzierende Ausbauten als »Altenteile« in Neben- oder Hinterhäusern dürfen ab 1500 angenommen werden, dazu im Dielenhaus neben der zentralen Küchendiele seitliche, rauchfreie und beheizbare Stubeneinbauten mit einer darüber liegenden Schlafkammer für die Familie des Hausherrn.[12]

In der zweiten Hälfte des 16. Jh. setzte sich diese Entwicklung in immer komfortabler gestalteten Aus- und Umbauten zu breiteren Dielenhäusern fort.[13] Reich verzierte Fassaden mit Hausinschriften wurden üblich. Sie erlauben damit Datierungen für die meisten der älteren, heute noch vorhandenen Profanbauten auf der Radewig. Die aus dieser Epoche überkommenen hohen Stein- und Fachwerkbauten im Verlauf der unteren Radewiger Straße belegen die hier ansässigen, vorwiegend wohlhabenden patrizischen Adels- und Kaufmannsfamilien. Für den Gänsemarkt und die Steinstraße ist diese eindeutige Zuordnung aus der Bausubstanz nicht mehr möglich. Hier scheinen überwiegend Handwerker und Kleinhändler (Höker) gewohnt zu haben, während die Mauergassen den Haus- und Stadtknechten, den Tagelöhnern und Höfhörigen des Drostenhofes Odenhausen vorbehalten blieben mit ihren meist einräumigen Kleinhäusern, Scheunen und Ställen.[14]

Die Radewig im Wandel der Zeit

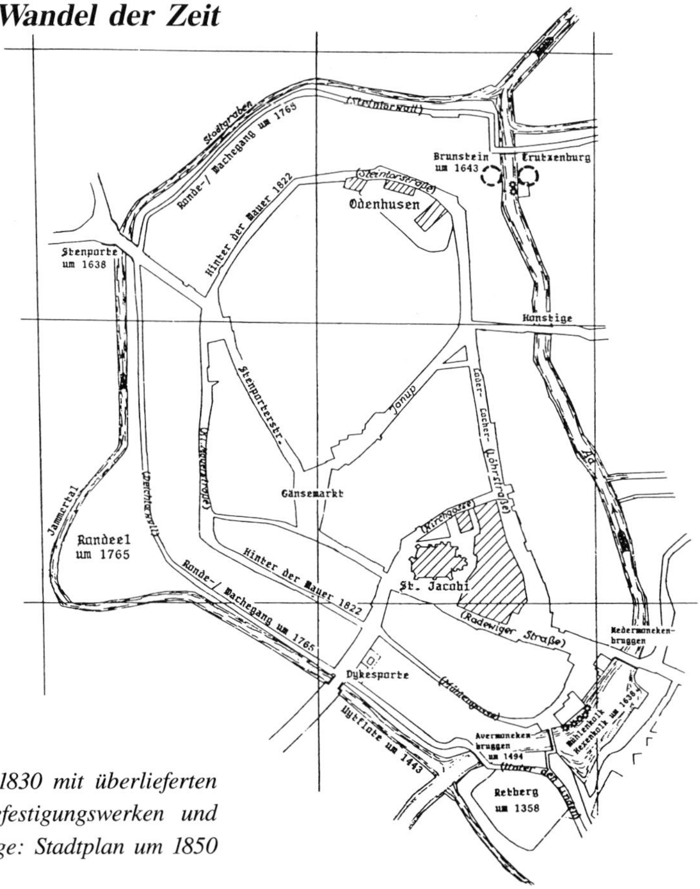

Plan der Radewig um 1830 mit überlieferten Namen von Toren, Befestigungswerken und Straßen. Kartengrundlage: Stadtplan um 1850 (Ausschnitt)

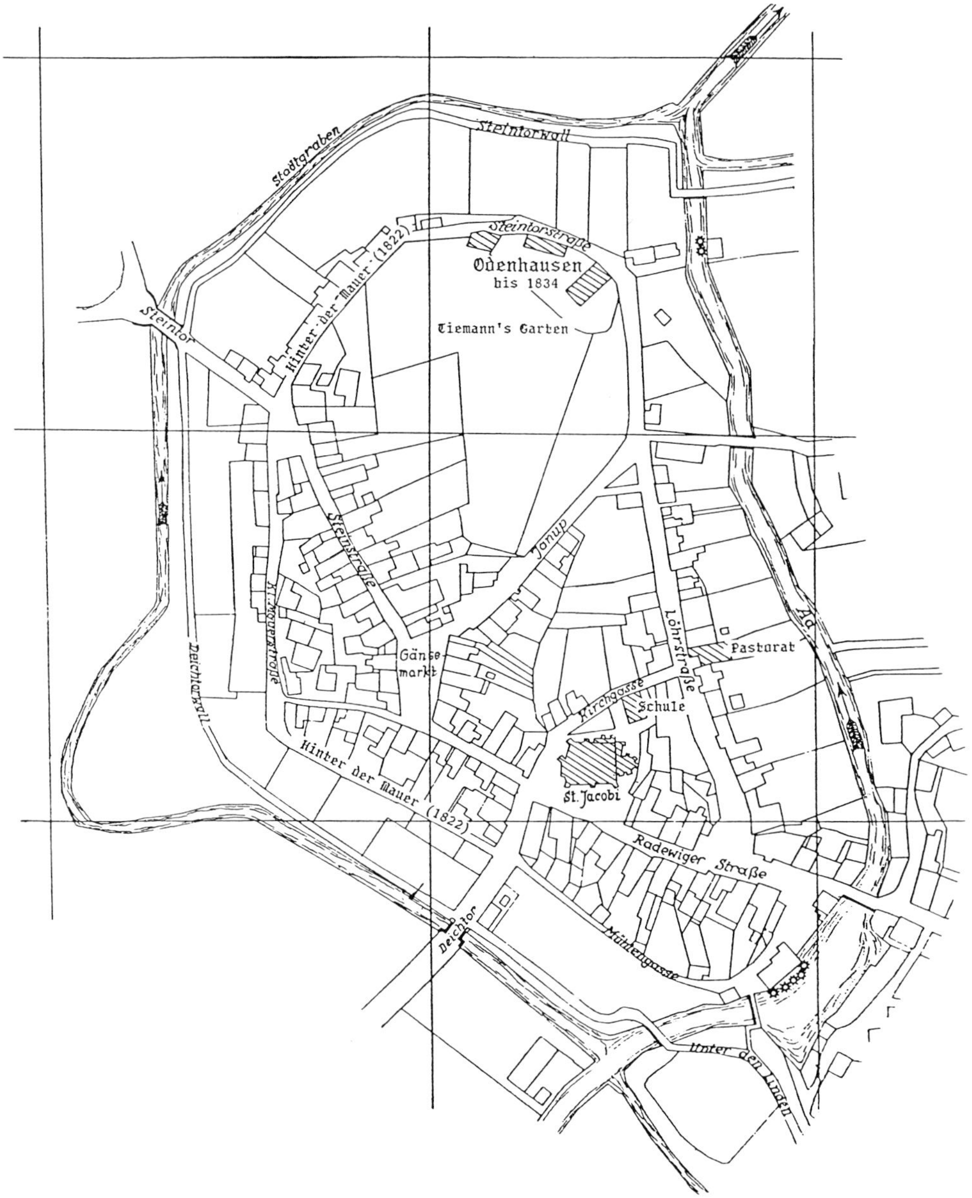

Plan der Radewig um 1850 mit Wallgärten und Grundstücken. Kartengrundlage: Stadtplan um 1850 (Ausschnitt).

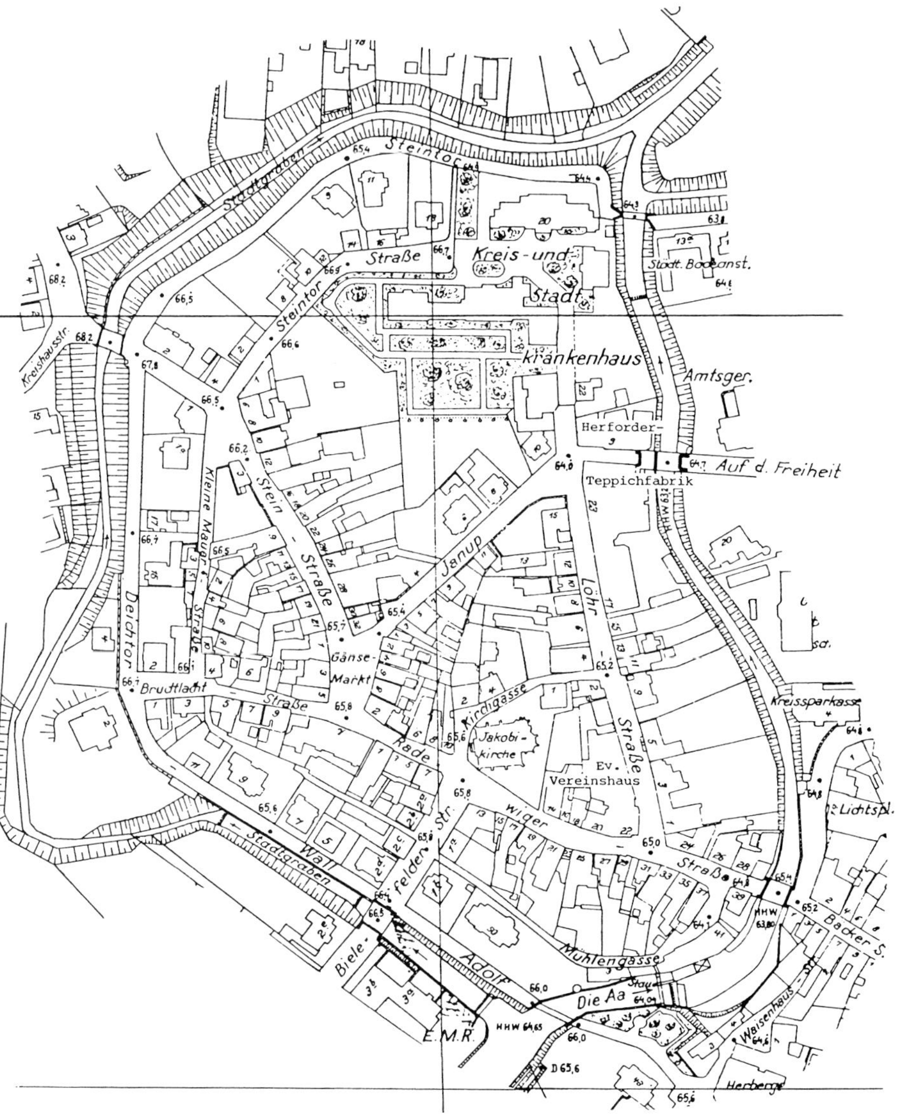

Plan der Radewig von 1936. Ausschnitt aus der Stadtkarte d. J.

Ein Rundgang durch die Radewig

Auf unserem Rundgang durch die Vorstadt innerhalb ihrer Wälle soll die Geschichte der Häuser, dazu die an ihrer Bausubstanz noch nachzuvollziehenden Wandlungen der Wohn- und Lebensweisen seiner Bewohner in den letzten vier Jahrhunderten beispielhaft dargestellt werden. Die Angaben der Straßennamen und Hausnummern entsprechen dem heutigen Gebrauch, wobei die um 1830 eingeführte innerstädtische Durchnumerierung der Häuser mitgenannt wird.

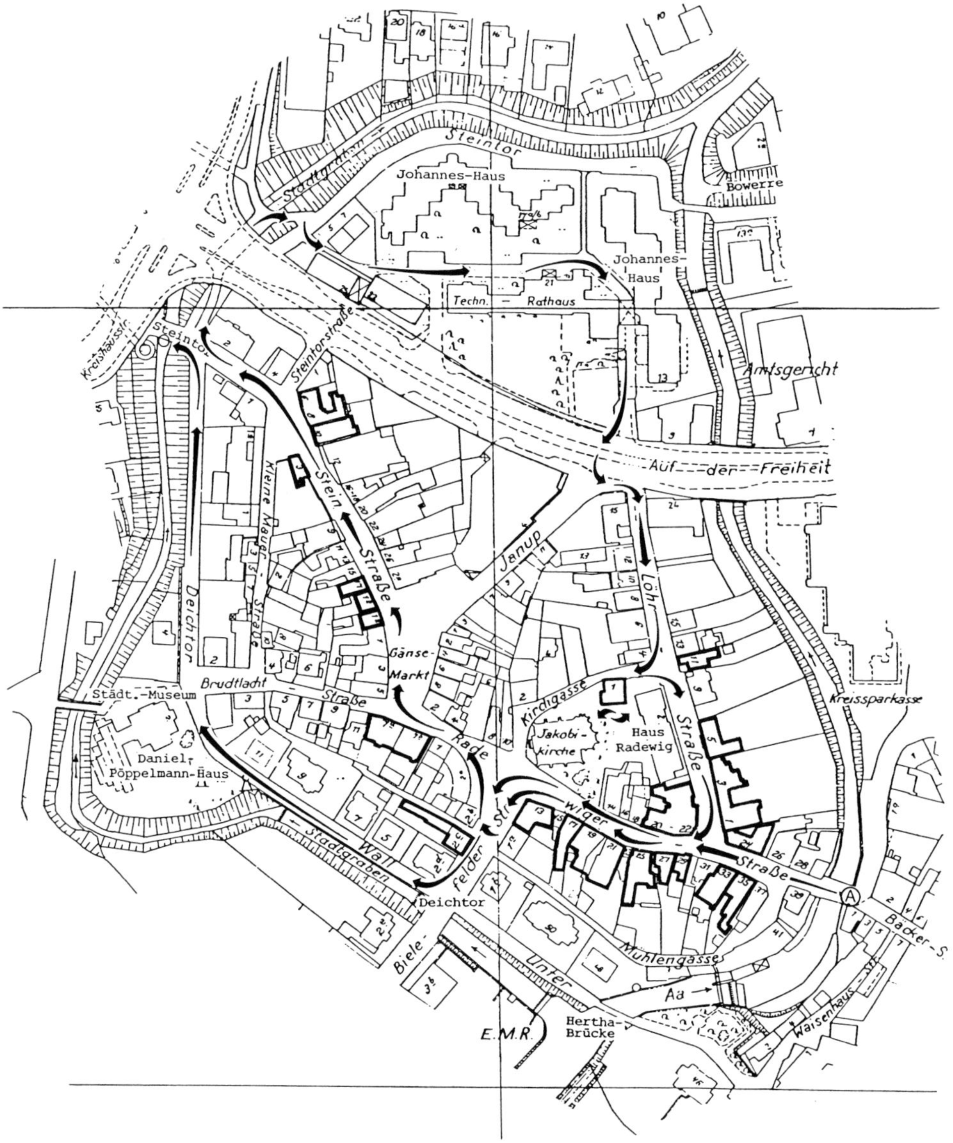

Rundgang durch die Radewig. Kartengrundlage: Stadtkarte von 1988 (Ausschnitt)

Die Radewiger Mühle, um 1907

Unser Weg beginnt in der Altstadt. Über die Radewiger Brücke — im Mittelalter als *Nedermonekenbruggen*[15], d.h. Untere Mönchs-Brücke 1494 urkundlich belegt — betreten wir die Radewig. Das heutige Straßenniveau gewann man durch Aufschüttungen von Brandschutt u.ä., darauf deuten sehr alte Bohlenfunde im Verlauf des Ufergefälles hin.

Nach links blicken wir auf den Mühlenkolk — auch als *Hexenkolk*[16] aus dem 17. Jh. überliefert — eine durch Strudel ehedem ausgewaschene Vertiefung des Flußbettes. Das hier dominierende hohe Gebäude, die ehemalige Radewiger Mühle, wird seit 1979 als Wohn- und Geschäftshaus genutzt. 1912 wurde es in seiner heutigen Größe nach einem Brand wieder aufgebaut. Ursprünglich lag hier eine Hofmühle Odenhausens.[17] Nachweisbar ist sie seit 1224; ab 1350 wurde sie abteilicher Besitz, ab 1604 städtisch. Sie ging in Privathand über, als zur Mitte des 18. Jh. ihr Verkaufserlös zur Tilgung der städtischen Schulden beitragen mußte. Durch das Stauwehr ist ihre Lage an der Aa unmittelbar hinter der Stadtmauer eindeutig ausgewiesen. Das früher hier befindliche, in Fachwerk ausgeführte und auf eingerahmten Pfahlrosten stehende Mühlenhaus mit großem Mühlrad diente als Korn-, Grütz- und Oelmühle, später dann auch als Boke-Mühle zum Walken der Wolltuche zu Filz.

Für die Bewohner der Radewig bestand Mahlzwang, d.h. sie waren verpflichtet, hier ihr Korn mahlen zu lassen. Im Mittelalter übten die Drosten und Grundherren auf Odenhausen die ihnen im Gebiet der Radewig und ihrer Feldmark zustehende Gerichtsbarkeit über Personen und Sachen aus. Im Rahmen dieser *Mühlen-Gerechtigkeit* verfügten sie über Zuzug und Abwanderung, über Zinsung und Erbsteuern, über Kauf, Verkauf und Beschlagnahme von Häusern und Grundstücken.[18] Noch 1733 war dieses Rechtsbewußtsein bei ihnen lebendig.

Patrizierhäuser an der Radewiger Straße

Die Radewiger Straße zeigt heute im unteren Abschnitt von der Aa bis zur Bielefelder Straße neben einigen hohen Giebeln des 16. und 17. Jh., die leider seit dem 18. Jh. teils unter Putz liegen, auch Stilformen des 19. und 20. Jh. Verheerend muß der große Brand von 1638 unter den spätmittelalterlichen Häusern der Radewig gewütet haben. Die meisten waren bis auf die steinernen Umfassungsmauern oder Kellergewölbe niederge-

Die Radewiger Straße, um 1935

brannt. Nur einige im Uferbereich der Aa oder in der Nachbarschaft Odenhausens liegende Bauten wurden verschont.
Dazu zählt das Haus Bollhöfer Nr. 35 / 692, das nach vorgefundener Hausinschrift auf spätgotischem Sandsteintorbogen von *hinricus hoiger 1555* erbaut worden ist.[19] Hier wohnte wohl auch jener 1612 bis 1638 amtierende Bürgermeister Dr. Jobst Hoyer, der die Vereinigung der Alt- und Neustadt 1634 maßgeblich herbeigeführt und außenpolitisch die Herforder Verhandlungsposition im jülich-klevischen Erbfolgestreit mitbestimmt haben dürfte.

Schon im 16. Jh. setzte ein bedeutsamer gesellschaftlicher Umbruch ein, in dem das patrizische Bürgertum die vom Adel vorgelebten sozial-differenzierenden Lebensweisen übernahm. Die bislang übliche enge Hausgemeinschaft der Familie des Hausherrn mit dem Gesinde löste sich auf. Der Wohnbereich der wohlhabenderen Familien verlagerte sich zunächst in das Hinterhaus, das als Steinwerk mit aufgesetztem Fachwerk sowohl eine beheizbare Hinterstube mit darüber ausgebauter Schlafkammer bot, als auch für festliche Anlässe einen hohen, kaminbeheizten Saal mit einem davon zugänglichen eingetieften Keller. Das Gesinde schlief am Arbeitsplatz: die Mägde im Vorderhaus *in der Butze* am Herdfeuer, die Knechte in der räumlich abgetrennten Scheune. Dort hatten sie eine Kammer über dem Stall.[20]
Zugleich waren diese Jahrzehnte von reger Bautätigkeit geprägt. Auf die Umfassungsmauern der Vorderhäuser aus Bruchstein wurden Speichergeschosse in Fachwerk mit neuen hohen Dachstühlen aufgesetzt. Die Schornsteine von Kaminen und Öfen waren zumeist nur zur halben Höhe aufgemauert.[21] Auf dem so von Rauch durchzogenen *Wiemen* und Bodenraum — auch als *Balken* überliefert — konnten Fleischwaren und Getreide zur Trocknung gelagert werden, konservierend und zugleich geschützt vor Ungeziefer. Auch Handelswaren und saisonal genutzte Gerätschaften wie Scheffeln und Körbe, Spinnräder und zerlegte Webstühle wurden hier aufbewahrt. Über eine Seilwinde am Firstbalken wurden schwere Lasten durch Geschoßluken von der Diele auf die Speicherböden hochgezogen.
Die mit der Aufstockung erforderlich gewordene neue Fassade wurde repräsentativ gestaltet. Neben dem hohen steinernen Torbogen wurden kostspielige, zugleich prestigeträchtige und architektonisch dominierende »Glasbahnen-Fenster« eingebaut.[22] Diese großflächigen, drei- bis vierbahnigen, in behauene Sandstein-Gewände gefaßten Fenster erreichten Höhen von bis zu 3,50 Meter, die innen bis dicht unter die Dielendecke reichten. Als zusätzliche Lichtquelle dienten die kleineren Oberlichte über dem Torbogen. Auch für den Wohnbereich wurden jetzt in Blei gefaßte Fenster üblich. Andere wurden noch durch Holzläden, die Lüftungslöcher der Speichergeschosse zumeist durch Holzgitter verschlossen.
Diese dem Komfort der Zeit des ausgehenden 16. Jh. dienenden Ausbauten beeinflußten auch die Innenausstattung. Das an der Bruchsteinrückwand der Diele zentral aufgemauerte Herdfeuer erhielt nun einen reichverzierten, von Kaminwangen getragenen Rauchfang.[23] Es wurde so zum Blickpunkt der Diele und unterstrich mit dem hier plazierten metallenen Gerät und Zinngeschirr den Wohlstand der Familie. Auch einen Brunnen-

schacht, zumeist rund gemauert und bis in die wasserführenden Bodenschichten hinabreichend, dürfen wir im Dielenbereich oder im anschließenden Hof vermuten.
Etwa seit 1670 wurde es üblich, im Dielenbereich weitere Nebenräume als *Stuben* oder *Kaufmannsbuden* seitlich einzubauen.[24] Zusätzlich darüber eingezogene Decken schufen weiteren Raum für Schlafkammern, die von der Diele aus über eine Treppe mit

Radewiger Straße Nr. 35 und 33, um 1950

Galerie erreicht werden konnten. Man ging auch dazu über, die Küche mit Feuerstelle als reinen Arbeitsraum auszusondern, so daß die verkleinerte Diele, nur noch von Oberlichten und dem Kaminfeuer erhellt, vorrangig als Eingangsbereich diente.
Die hier allgemein dargestellten bautechnischen Details und Nutzungsfunktionen von Innenräumen fußen auf den für Lemgoer Bürgerhäuser des 16. Jh. ermittelten Forschungsergebnissen. Mit einigem Vorbehalt darf man sie wohl auch für das dieser Bauperiode entstammende Haus Bollhöfer gelten lassen. Die Fassadenansicht und eine Bauzeichnung von 1894 deuten darauf hin.
Diese Interpretation ist jedoch wenig hilfreich für das nun folgende Haus Radewiger Straße 33 / 693, obwohl auch dessen Bausubstanz nach den Hausinschriften auf das Jahr 1610 zurückgeführt werden kann. Als Erbauer ist Johan Platvoth überliefert[25], dessen weitverzweigte Familie auf der Radewig und in der Neustadt ansässig war und die einige Ratsherren gestellt hat. Ein Kaminsims mit ihrem Familien-Wappen, aufgestellt im Städtischen Museum, zeugt vom Wohlstand dieses Hauses.
Das heutige Erscheinungsbild der Fassade läßt auf umfangreiche, etwa seit Mitte des 19. Jh. anzusetzende Umbauten schließen. Dem steigenden Raumbedarf entsprechend wurde der Eingangsbereich der Diele durch den Einbau von Stahlträgern und -säulen zu einem großflächigen Verkaufsraum mit zunächst seitlich abgetrenntem Flur umgestaltet. Dies erlaubte einen mehrgeschossigen Ausbau mit diversen Etagen-Wohnungen. Im hinteren Dielenbereich ließ man ein wohl älteres Treppenhaus bestehen. Leider verdecken diese und früher anzusetzende Umbauten die ursprüngliche Raumaufteilung. Immerhin gehört es zu den wenigen Gebäuden der Radewig, die 1638 vom Großen Brand verschont blieben.
Dabei wurden über 300 Häuser mit Feuerstellen, dazu Scheunen und Ställe zwischen der Stadtmauer und der Aa beidseits des als *Steynporter Straße* überlieferten Fernweges bis auf das Mauerwerk ein Opfer der Flammen.[26] Der Wiederaufbau setzte trotz der allgemeinen Not des Dreißigjährigen Krieges schon bald danach ein. Aufgrund der Bevölkerungsverluste gerieten sie in diesen Jahrzehnten bedarfsgerecht kleiner. Beispielhaft belegt das noch ein Foto aus der Zeit um 1900 für die beiden Häuser Nr. 27 / 696 als Traufenhaus und die Nr. 29 / 695 in giebelständigem Fachwerk mit Erker (*Utlucht*).
Das zuletzt Genannte ist leider 1955, wenige Jahre nach seiner Renovierung, der Spitzhacke zum Opfer gefallen. An seiner Stelle erhebt sich heute ein nichtssagender Zweckbau der denkmalpflegerisch »berühmt-berüchtigten« 60er Jahre. Aus der photographisch erhaltenen Balkeninschrift seines Fachwerks erfahren wir von den Erbauern um 1640: *Wir bvwen nicht avs lvst sondern avs tringender Noth der Herr hat vns heimgesvcht mit seines Zorns sweren.* Anzunehmen ist, daß sie ihr Hausgerüst und Wandgefüge mit Geschoßüberhang und der gut einen halben Meter vorspringenden *Utlucht* auf älterem Bruchstein-Mauerwerk errichten ließen. Die Anordnung der hier bereits verkleinerten Fenster belegt, daß beim Wiederaufbau auf den bislang üblichen hohen Dielenraum zugunsten kleinerer Wohnstuben mit darüberliegenden Schlafkammern verzichtet wurde. Durch den verkleinerten Hauseingang betrat man nun einen relativ dunklen, mit Sandsteinplatten ausgelegten Flur. Die beiden Lüftungsöffnungen im Giebeldreieck verwei-

Radewiger Straße Nr. 27 und 29, um 1910

sen noch auf die im 17. und 18. Jh. übliche »Rauchwirtschaft«[27]. Denn erst zu Beginn des 19. Jh. — in der Franzosenzeit — wurden die feuergefährlichen »halben Schornsteine« baupolizeilich verboten. Sie mußten zur heute üblichen Höhe aufgemauert werden.

Das nun folgende, von der Familie Calvör erbaute bürgerliche Traufenhaus Radewiger Straße 27 / 696 aus der zweiten Hälfte des 17. Jh. übernimmt bereits die bislang nur bei Adelshöfen anzutreffende, mehrgeschossige und traufenständige Stellung zur Straße. Das Repräsentationsbedürfnis eines wohlhabenden Bürgers und steigender Raumbedarf werden den Bauherrn zu dieser Baugestaltung veranlaßt haben. Die zahlreichen Fenster sowie die verkleinerte Eingangstür deuten an, daß beim Innenausbau die Funktion der Küchendiele nicht mehr gewünscht und nur noch Geschoßflure zu Räumen mit unterschiedlichen Nutzungen führen sollten. Seine Zierschnitzereien belegen zugleich den einsetzenden Stilwandel von der Renaissance zur barocken Hochblüte Herforder Holzschnitzerkunst.[28] Die reich ornamentierten Verstrebungen mit geflügelten Engelsköpfen sind kunstgeschichtlich noch der Renaissance zuzuordnen, während die ergänzenden Wellenranken mit Weintrauben, ferner Blattranken mit einer Blattmaske schon typische barocke Keulenschwünge aufweisen.

Während des Siebenjährigen Krieges (1756—1763) wurde das Haus von seinem Eigentümer verlassen und zerfiel. Daraufhin ist es von der Stadt repariert und an eine Familie vermietet worden, die hier bis ca. 1900 eine »Tabak-Spinnerei« betrieb.[29] Diese Manufaktur mag als Vorläufer der Herforder Zigarrenindustrie gelten. Bei der Verarbeitung wurden die großen Tabakblätter entrippt, zu etwa hammerstieldicken Strängen zusammengedreht, also »gesponnen«, und danach in verkaufsgerechte Strangstücke geschnitten. Dieser Strang-Tabak mußte vom Raucher erst noch zu *Krüll* geschnitten werden, bevor mit ihm Uropas »lange Pfeife« gestopft werden konnte. Doch die Tabakspfeife erhielt zur Mitte des 19. Jh. mit der aufkommenden »feineren« Zigarre eine ernst zu nehmende Konkurrenz, die dazu führte, daß auf der Radewig nun auch Zigarren gewickelt wurden.

Fürstenaus Haus

Die sich anschließende große Giebelfront des Hauses Radewiger Straße 25 bis 23 / 697 mit Nebenhaus und alter Durchfahrt blickt mit ihren zahlreichen Um- und Ausbauten auf eine bemerkenswerte Vergangenheit zurück. Das Haus zählt sicher zu den ältesten Profanbauten der Radewig. Zwar ist die genauere Datierung der Umbauten und einzelner Bauabschnitte des Hinter- und Vorderhauses auf bautechnische Analysen angewiesen, aber einige schriftliche Quellen erlauben doch, die Geschichte dieses Hauses in groben Umrissen zu beschreiben. 1638 ist es bis auf die massiven Umfassungsmauern abgebrannt. Dies belegen der von Johann Kretschmar noch im gleichen Jahr angefertigte Brandplan mit dem beigefügten *Instrumentum über den angerichteten Schaden* und das 1643 vom Notar Hermann Schmackpfeffer aufgestellte Schadensverzeichnis. Einen weiteren Hinweis verdanken wir dem vor 1900 leider abgerissenen mächtigen Sandsteintorbogen. Er trug den eingemeißelten Begrüßungsspruch: *Benedictio salus omnibus intrantibus* (Segen und Heil allen Eintretenden), der sich an jene durchziehenden Pilger gewandt haben dürfte, die bis zum 16. Jh. über Herford zum Grab ihres Schutzheiligen, des Apostels Jacobus des Älteren, nach Spanien wallfahrteten.
Die erhaltenen Grundmauern und Außenwände sind teils in Bruchstein, teils in Backstein aufgemauert. Das wohl ältere Hinterhaus hatte einen kapellenartigen Saal mit Bögen, Pfeilern, Nischen und Postamenten für Heiligenbilder.[31] Sein Obergeschoß, einst als Werkstatt genutzt, wurde wohl erst nach dem Brand von 1638 in Fachwerk aufgesetzt. Auch das Vorderhaus hat Bruchsteinaußenwände mit Strebebögen. Die nicht rechtwinklig angesetzten Seitenwände verbreitern den Grundriß zum großen Hinterhof. Dennoch weist seine Straßenfront die beachtliche Breite von 10,60 Metern auf. Ein 3,80 Meter breiter Anbau, der sich aus einem Torbogen mit Durchfahrt zum Nebenhof für Warentransporte entwickelt haben könnte, zeugt von den Handelsgeschäften. Oberhalb davon erkennen wir im Dachstuhl eine ausgebaute Giebelgaube für die Sack- oder Ballenwinde. Das frontseitige Fachwerk-Giebeldreieck muß zusammen mit dem Dachstuhl nach 1638 erneuert worden sein. Darauf deutet die heute leider unter Putz liegende Hausinschrift hin: *Es ist dir gesagt Mensch was gudt ist und was der Herr von dir fordert näml. Gottes Wort halten ... auch zeigen ... und liebe üben und demütig sein für deinen Gott.* Diesen Spruch dürfen wir Anton Fürstenau als Bauherrn zuschreiben. Der

Radewiger Straße Nr. 29, 27 und Nr. 25 bis 23 (»Fürstenau-Haus«), um 1920

lebte und wirkte in diesem Haus als Kaufmann in der ersten Hälfte des 17. Jh. Zugleich war er *Deche* und damit Vorsteher der führenden Tuchhändlergilde. Als städtischer Abgesandter hatte er in den kriegerischen und politischen Wirren des Dreißigjährigen Krieges erfolgreich die Belange seiner Heimatstadt vertreten. Beim großen Brand der Radewig erlitt er, notariell geschätzt, mit 5 000 Reichstalern den größten Einzelschaden an Gebäuden, englischen Tuchen, Gerätschaften und Hausrat.
Auch politisch scheiterte dieser weltgewandte, sogar mit einem kaiserlichen Schutzbrief ausgestattete Radewiger Patrizier und Diplomat im Kampf um Herfords Neutralität.[33] Er vermochte nicht, Herfords reichsstädtische Freiheiten und Rechte gegen die machtpolitischen Interessen des ungleich mächtigeren Landesherrn und Kurfürsten Friedrich Wilhelm von Brandenburg zu bewahren. Als der Kurfürst 1652 die Stadt schließlich nach einjähriger Belagerung und politisch vielschichtigen Winkelzügen erneut, nun aber endgültig besetzen ließ, wurde das Haus seines politischen Widersachers in Herford *gleich zweimal gestürmt und alles, was wegzubrechen war, wurde bis zum allerletzten genommen.*[34] Seine große Familie verließ für immer die Stadt.
Anton Fürstenau hatte das Haus als Erbe von seinem Großvater Anton Brudtlacht übernommen. Der war von 1588 bis 1611 Bürgermeister der Altstadt und bereits seit 1575 Ratsmitglied. Erst um 1590 hatte dieser das Haus von der Stadt erworben und wohl auch mit seiner Familie bezogen. Von hier aus betrieb er seine offenbar gewinnträchtigen Ge-

schäfte. Daneben verwaltete er zeitlich versetzt verschiedene städtische und kirchliche Ehrenämter, unter anderem als Kirchen-Provisor, Rentmeister, Prokurator der Schöffen und als Lohnherr der Stadt. So lag es nahe, daß man ihm auch die Organisation zur Renovierung der seit 1530 *wüst* und als *domus desolata*[35] überlieferten Jacobikirche übertrug. Nach einem Bildersturm im Zuge der Reformation war nicht nur der katholische Gottesdienst in der Jacobikirche eingestellt worden. Im gleichen Jahr war mit der Auflösung der Jacobiten-Bruderschaft auch deren Haus- und Grundbesitz der städtischen Verwaltung unterstellt worden. Denn zuvor hatten die Jacobiten dieses Haus als Herberge geführt, und auch als Erbauer dürften sie wohl infrage kommen.

Am Radewiger Eck

Ein weiteres Ordenshaus — vielleicht die Kurie der Jacobiten — lag an der Ecke zur Löhrstraße, heute Radewiger Straße 24 / 685, das um 1870 abgerissen worden ist. Sein Erkerzimmer mit *Utlucht* war ehemals von *Wandgetäfel mit alter Mönchsschrift bedeckt.*[36] Ihm gegenüber am Ausgang der Löhrstraße befand sich bis in das Spätmittelalter das Jacobsspital, auf dessen Grundstück seit 1880 das evangelische Vereinshaus steht, dessen Vorderhaus, heute Radewiger Straße 20 bis 22 / 686, erst in allerjüngster Zeit zu einem Wohn- und Geschäftshaus umgebaut worden ist.
Wir folgen nun weiter der Radewiger Straße und sehen schräg gegenüber das nach 1893 im Stil der Neorenaissance erbaute Haus mit seinem modernen Anbau von 1988 und den Hausnummern 21 bis 19 / 698 bis 700 (ehem. Barkhausen). Seine Besitzer handelten mit Wäsche und Leinen. Das Geschäft war bis in unsere Tage die gute Adresse der Radewig für die Aussteuer der Töchter. Das Adreßbuch von 1864 weist sie auch als Leinenfabrikanten und Tuchhändler aus. Der auf diesem Grundstück 1639 errichtete Vorgängerbau war Familiensitz des seit 1328 vorwiegend auf der Radewig ansässigen Ratsherren- und Patriziergeschlechtes derer von Rintelen. Sie stellten acht Bürgermeister in drei Jahrhunderten. Auch ihr Siegel von 1523 ist erwähnenswert[37]: Auf einer Jacobsmuschel zeigt es das Haupt Johannes des Täufers im Strahlenkranz.
Sehr viel bescheidener, aber im Schmuck seines Fachwerks, präsentiert sich uns heute das benachbarte Haus Nr. 17 / 701. Erst 1646 ist es nach dem Brand auf alten Grundmauern dreigeschossig und mit zwei weiteren hohen Böden wieder aufgebaut worden. Unser Foto zeigt die Hausfront vor dem letzten Umbau von 1913. In den drei oberen Geschossen erkennen wir noch die bleigefaßten älteren Fenster. Für den Wohnbereich im Erd- und ersten Obergeschoß waren schon die im 18. Jh. üblich gewordenen Flügelfenster mit Holzrahmen eingebaut worden[38], ebenso wie die in diese Zeit fallenden Verkleinerungen der bislang kirchtürgroßen Dieleneingänge.[39] Dennoch läßt die Plazierung und das Ausmaß der Inschrift *dus Hus hat John. Vos mit Gottes Hilfe erbawet* einen ursprünglich breiteren Dieleneingang vermuten. Und ob sich das Schaufenster des 19. Jh. aus einem einfachen Flügelfensterpaar oder aus einem größeren Fenster mit Bleifassung entwickelt hat, bleibt unbeantwortet. Die wirtschaftlichen Nöte in der Mitte des

17. Jh. mögen dazu beigetragen haben, daß zur Ausschmückung der Fachwerkfassade auf die bislang üppig verzierten Brüstungsbretter verzichtet wurde. Dafür zeigt sie an den schmalen Füllhölzern der drei Geschosse besonders zierliche und feingliedrige Ornamente aus wechselnden Ranken-, Spiralen- und Knollenmotiven.

Radewiger Straße Nr. 17, um 1910

Die sich wandelnden Nutzungsbedürfnisse veränderten im Innenbereich aber auch den Raum der hohen Küchendiele durch mehrfache, zeitlich versetzte Ein- und Umbauten. Rechts vom Eingang wird sich seit dem 17. Jh. der rauchfrei beheizbare Wohnraum mit darüber liegender Schlafkammer für die Familie des Hausherrn befunden haben. Daneben der Eingangsbereich der Diele, der in den Arbeitsraum der Küche überleitete. Von hier führte ein seitlicher Ausgang zum Hof mit Abort. Heute kündet nur noch der Schornstein vom zentral aufgemauerten Herdfeuer. In seinem Bereich hielt man sich tagsüber auf und arbeitete. Irgendwann wurde dann aber ein großer »Kanonenofen« aufgestellt; der beheizte den als Buchbinderwerkstatt genutzten Raum noch bis 1947/48.

Schon zur Mitte des 18. Jh. wurde es üblich — so auch im Hause Frensemeier — von dem bislang freien Dielenraum im vorderen Teil und links vom Eingang einen Ladenraum abzutrennen, so daß zwischen Wohnstube und Laden ein langer, dunkler Flur verblieb. Der führte zur linksseitig angelegten Treppe mit Galerie als Zugang zu den oberen Wohnräumen. Denn durch Einhängen einer Zwischendecke in der zuvor hohen Diele und abgestützt durch die von unten aufgemauerten Zwischenwände gewann man einen erweiterten Wohnbereich des Besitzers mit Zimmern zum Kochen, Essen, Wohnen und Schlafen im ersten Obergeschoß.

Im Erdgeschoß war der Flur zum Treppenhaus und zum Kellereingang mit großen Sandsteinplatten ausgelegt, ebenso der weiterführende Gang zu den sich anschließenden Hinterhäusern. Dort erkennen wir noch das »Saalgeschoß-Haus«

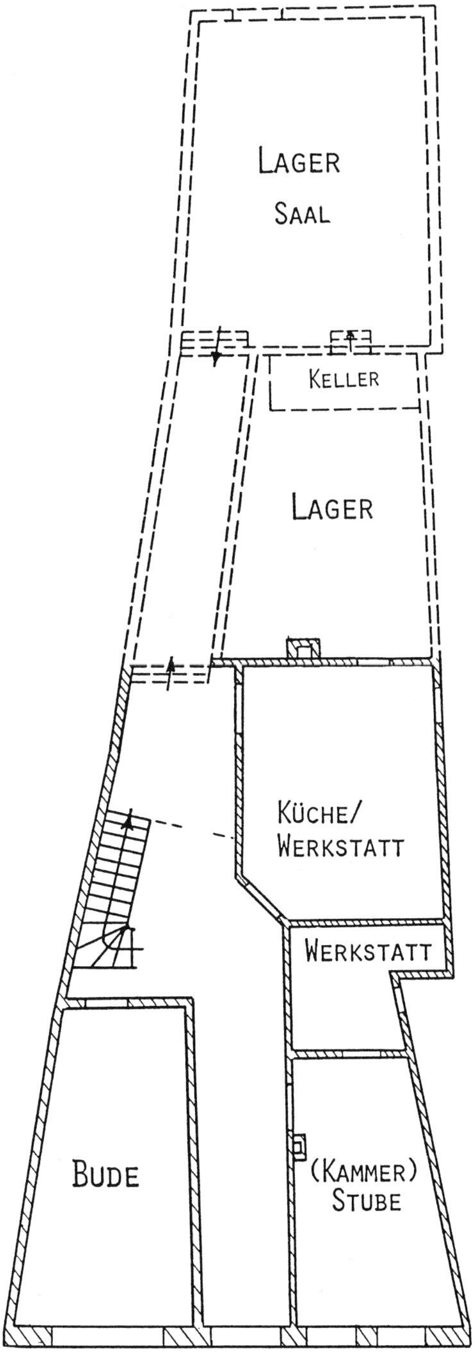

Grundriß des Hauses Radewiger Straße Nr. 17

mit eingetieftem Tonnengewölbe, beide hatten Wohn- und Schlafräume im Obergeschoß. Die aus der Zeit vor 1638 erhalten gebliebene Bausubstanz besteht noch in den asymetrisch verlaufenden, ca. einen Meter starken Bruchsteinwänden der Tonnengewölbe der insgesamt drei Kellergelasse des Vorderhauses.
Der Balkeninschrift zufolge veranlaßte John Vos nach 1638 den Wiederaufbau. Er war Höker für Käse, Fett und Fische u.a., zugleich aber auch *Beysteher* des Rats-Kollegiums von 48 Männern und damit Mitunterzeichner jenes für Herford schicksalhaften Vertrages vom 26. November 1647.[40] Der besiegelte erstmals das Ende der kaiserlich freien Reichsstadt und erkannte in realistischer Einschätzung der politischen Lage den Kurfürsten von Brandenburg als Landesherrn an.
Kaufleute, ehrenamtlich auch als Senatoren und Kirchenprovisoren tätig, wohnten hier bis zur Mitte des 19. Jh. Seit 1864 betrieb dann ein *Schönfärber für Nessel und Leinen-Druckerei* im Haus sein Gewerbe. Ihn löste ein Buchbinder ab, der 1913 den Umbau zu den heute vorhandenen Verkaufsräumen mit Flur und den beiden Eingängen veranlaßte.

Noch um 1900 zählte Haus Nr. 17 / 701 zu einem baulich geschlossenen Ensemble von insgesamt 5 hohen Fachwerkhäusern, dem sogenannten Radewiger Eck.[41] Leider sind zwei Häuser dieser für das 17. Jh. typischen Radewiger Giebelfront, die Nr. 13 und 11, durch einen Brand 1910 vernichtet worden. Auf ihren Grundstücken erhebt sich seit 1915 das Wohn- und Geschäftshaus der Radewiger Apotheke (heute Nr. 13). Den vom Brand verschonten und benachbarten Vorgängerbau Nr. 15 / 702 zerstörte 1940 eine Fliegerbombe.
Besondere Aufmerksamkeit verdient gleich in mehrfacher Hinsicht das nur noch als Foto überlieferte alte Eckhaus zur Bielefelder Straße, vormals Nr. 9 / 705. Auffallend ist das reich strukturierte, nach 1638 aufgesetzte Giebeldreieck, zum einen wegen seiner variantenreichen, sichtbaren Ziegelziersetzung in den Gefachen, dann aber auch wegen seiner üppigen Holzschnitzereien an Brüstungsbrettern und Knaggen bis hinauf in die weit vorragende Giebelspitze. Auch die zahlreichen bleigefaßten Fenster in den Speichergeschossen zeigen den Wohlstand an. Dies überrascht deswegen, weil der Giebel schon 1639 wiedererstand[42], also zu einem Zeitpunkt, als Herforder Bürger seit gut zwanzig Jahren von Krieg, Belagerung und Kontributionen arg »gebeutelt« worden waren. Die Bruchsteinaußenwände, von behauenen Eckquadern eingefaßt, dürften den Brand mehr oder weniger unbeschadet überstanden haben. Sie sind deshalb baulich dem 16. Jh. zuzurechnen. Spätere Umbauten des 18. und 19. Jh. schufen anstelle der anzunehmenden hohen Dielenfenster die beidseitigen Schaufenster. Anstelle des vermutlich vorhandenen hohen Torbogens wurden mit der räumlichen Trennung des großen Dielenraums in zwei Werkstatt- und Ladenbereiche die verkleinerten Eingänge geschaffen. Das bis zur Mühlengasse durchgehend ausgebaute Haus wird in seinem hinteren Teil wie üblich Scheune und Ställe, im mittleren handwerklich genutzte Back- und Braustuben gehabt haben. Noch im 19. Jh. gehörte es einer als Bäcker- und Bierbrauer tätigen Familie.
Der Erbauer, dem wir diesen Giebel verdanken, war Hinrich Furboren / Feuerborn. Er muß ein wohlhabender Radewiger gewesen sein, wenn er diesen Prachtgiebel in jenen

Zeiten finanzieren konnte. Dennoch offenbarte er uns seine ganz persönlichen Nöte, seine Demut und Hoffnungen und ließ sie, für alle sichtbar, vom *Schnittger* in die Balken seines Hauses einschneiden[43]:

Radewiger Straße Nr. 9, um 1905

Anno Dominij 1638 den 25 Julii ahm Tage Jacobi avf den Abend umb die Glocke 8 ist die gantze Radewich weinichevser avsgenommen abgebrandt. Hilf Gott, wie giehets immer zu dass die hassen den ich nich thu und mich vergunnen vd nich ge'n doch mussen sie liden das ich lebe. Hilf Gott avs noth Abgunst gross Menschenhulf ist klein hilft Gott allein.

Anno domini 1638 den 25. Juli ist am Tage Jacobi abends um 8 Uhr die ganze Radewig, wenige Häuser ausgenommen, abgebrandt. Hilf Gott, wie geht's bloß zu, daß die hassen, denen ich nichts tue, und mir nichts gönnen und nichts geben, doch müssen sie zulassen, daß ich lebe. Hilf Gott aus Not, Mißgunst ist groß, menschliche Hilfe ist klein. Hilft Gott allein.

Immer noch sind diese Aussagen ein menschlich ergreifendes Stimmungsbild eines Radewiger Zeitgenossen des Dreißigjährigen Krieges. Nach dem Brand der beiden Nachbarhäuser wurde das Eckhaus an die Stadt 1910 verkauft und danach abgerissen. Seine Inschriftbalken zieren heute aufgearbeitet und konserviert Haus Elim in Diebrock.
Mit dem Verlust dieses Hauses konnte 1912 zunächst einseitig die Straßenflucht bis zum Deichtor, vormals *Dyckport* genannt[44], verkehrsgerecht verbreitert werden. 1944 schuf der Bombenkrieg gleiche Voraussetzungen auf der Gegenseite. Die Einmündung der Mühlengasse, die auf dem Stadtplan von 1822 noch »Hinter der Mauer« hieß, zeigt noch Reste der alten Stadtmauer. Ihre Fortsetzung auf der anderen Straßenseite verkümmerte zur Hofeinfahrt.
Hier verweist eine übermalte alte Wandinschrift am Klinkeranbau des Fachwerkhauses Bielefelder Straße 2c / 706 auf eine frühe Schokoladenfabrik, beispielhaft dafür, aus welch' bescheidenen handwerklichen Anfängen um 1880 die Herstellung von Schokoladen in der Radewig aufgenommen wurden.

Der Gänsemarkt

Wir kehren nun zur Radewiger Straße zurück und wenden uns dem Gänsemarkt zu, der sich hinter dem klassizistischen Würfelbau, dem ehemaligen Hotel zum Kronprinzen, nach rechts hin öffnet. Links an der Stirnseite des länglichen, sich weitenden Platzes ein dominierender Jugendstilbau von 1902. Er wird flankiert von erst kürzlich renovierten Fassaden der Gründerzeit. Den Abschluß zur Nordseite bilden gestaffelte Giebelfronten von Klinkerneubauten, denen sich der Kaufhauskomplex von C. & A. Brenninkmeier anschließt.
Ohne Zweifel hat das Kaufhaus die wirtschaftliche Akzeptanz des Marktplatzes ungemein gestärkt. Sie wird noch zusätzlich gefördert durch vielfältige Angebote der Gastronomie und des Einzelhandels. So wurde der heute nur noch den Fußgängern vorbehalte-

Der Gänsemarkt, um 1910

ne Gänsemarkt in seiner modernen Gestaltung mit Wildgänse-Brunnen, Glockenspiel, Kandelabern, Zierpflasterung und Bänken zum Mittelpunkt der Radewig.
Freilich sind die früheren Proportionen des Platzes durch Abrisse zwischen der Steinstraße und dem Janup erheblich erweitert worden. Als in der zweiten Hälfte des 19. Jh. noch »Echternkamps Pingelwagen« als Pferdebahn einen Pendelverkehr zwischen Bahnhof–Gänsemarkt–Alter Markt aufrecht erhielt, umrahmten den wesentlich engeren Vorstadtmarkt zumeist niedrige Bürgerhäuser. Damals hieß das Eckhaus Radewiger Straße 2 / 775 — erst um 1900 als Hotel zum Kronprinzen neu erbaut — auch noch »Zum scharffen Eck«. Damit umschrieb der Gasthof unmißverständlich die markante Verkehrsführung zum Gänsemarkt. Zugleich versprach er Labsal für heimkehrende, zwei und vierspännig kutschierende Postillons und deren vom Staub der Landstraßen ausgetrocknete Kehlen.
Die Posthalterei, befand sich seit 1790 schräg gegenüber im Vorgängerbau des heutigen Jugendstilhauses Nr. 7 / 714 bis 715. Als Posthalter fungierte ein *Oekonom*, also Ackerbürger, der hier wohnte und zugleich Spinnrad- und Stellmacher war.[45] Ihm oblag auch, das einem Staatsmonopol unterliegende Oeynhauser Salz in Fuhren herbeizuschaffen, um es den staatlich konzessionierten *Sellern*, den Salz-Steuer-Einnehmern und -Verkäufern, zuzuteilen. Als Stellmacher bot er offenbar aber auch die Gewähr für fachgerechte Rad- und Kutschenreparaturen. Daneben mußte er noch ausreichende Stallplätze und Scheunenraum für die im Austausch eingesetzten Postpferde und -kutschen bereitstellen.
1845 standen bei ihm noch bis zu dreißig Pferde im Stall, dazu logierten bei ihm umschichtig bis zu neun Postillons im Alter von 16 bis 36 Jahren. Mit Zunahme des Reiseverkehrs nach 1790 wurde von ihm sogar das Herrenhaus von Odenhausen gepachtet

und als Gasthof genutzt. Für Durchreisende war Herford »Speisestation« mit Übernachtungsmöglichkeit.[46] Ein Ende der »Postkutschenzeit« zeichnete sich ab, als 1847 nach zwei Jahren Bauzeit Herford mit der »Cöln–Mindener–Eisenbahn« an das schnellwachsende überregionale Verkehrsnetz angeschlossen wurde. Die verkleinerte Posthalterei, zwischenzeitlich als »Post-Expedition« an den Alten Markt verlegt, kam nun in die Nähe des Bahnhofs, etwa auf das Gelände des heutigen Busbahnhofs. Von ihr wurden nur noch die regionalen Postdienste angeboten nach Lippe, Bünde und Enger, bis 1874 auch diese von der »Kaiserlichen Post« übernommen wurden.
Seinen Namen verdankt der Gänsemarkt wohl dem hier in früheren Jahrhunderten zu Martini (11. November) stattfindenden Marktgeschehen, einem jener Tage, an dem bäuerliche Naturalabgaben — wohl auch *Martinsgänse* — an die Grundherrschaft fällig wurden und die lehnspflichtigen Bauern zum Abschluß ihrer Feldarbeit in die Stadt kamen, um Eier, Butter und Feldfrüchte in Geld und gewerbliche Erzeugnisse umzusetzen.

Steinstraße

Das Straßenbild der Steinstraße zeigt heute ansehnlich restaurierte Fassaden aus den drei bedeutenden Bauperioden der Radewig: nach 1638, aus der Gründerzeit um 1880 und nach 1950. Dem 17. Jh. zuzuschreiben sind die Häuser von Café Jach, Gänsemarkt 1a / 730, dazu das benachbarte Traufenhaus von Enderstein Nr. 1b / 731 und das angrenzende »Schmuckstück« Steinstraße Nr. 17 / 732.
Das zuletzt genannte, 1639 von Carl Hurrelbrink erbaute sehenswerte Fachwerkhaus zeigt im Torbogen ein Hufeisen mit Zange als werbendes, zunftgebundenes Handwerkssymbol. Der zeitlich frühe Aufbau nach dem Brand von 1638 verdeutlicht die Zahlungsfähigkeit des Besitzers. Mit seinen ornamentierten Knaggen und Brüstungsbrettern zeigt das Haus wieder Stilformen der ausklingenden Renaissance, zugleich erkennen wir in den formenreichen Rankenmustern frühbarocke Kurven.[47]
Offensichtlich profitierten das Schmiedehandwerk wie auch die Bäcker und Brauer mit einigen anderen Handwerken von der von Brand und Krieg begünstigten Konjunktur. Denn die gewaltigen Sachleistungen Herfords an die durchziehenden Heere wurden mit dem örtlichen Handwerk aus dem Stadtsäckel abgerechnet. Dennoch überrascht die Enge des als Wohnung und Werkstatt genutzten Anwesens. So wurden auf und vor dem Herdfeuer der Diele die Hufeisen rotglühend geschmiedet und angepaßt, im Hof die Pferdehufe beschlagen.
Noch bis in die 1960er Jahre hatte sich an der oberen Steinstraße im Bereich der Einmündungen der alten Mauergassen — heute Kleine Mauer-Straße und Steintormauer-Straße — die Fassaden aus dem 18. und 19. Jh. erhalten. Die in Herford häufig anzutreffende Schiefereinschalung älterer Fachwerkhäuser ist erst im späten 19. Jh. aufgekommen und markiert den Übergang vom Fachwerk- zum Steinbau.[48] Ihre Bausubstanz könnte noch aus der Zeit vor 1638 gestammt haben. Darauf deuten ihre Größe und die

Die Steintormauerstraße, um 1950

Die Steinstraße, um 1925

Giebelfronten mit dem Krüppelwalmdach hin. Außerdem wurde überliefert, daß der Brand der Radewig erst von dem nachfolgenden Grundstück Steinstraße 18 / 760 auf die südlich davon gelegene Vorstadt übergriff. Heute steht von diesem Ensemble nur noch der Gasthof »Zum grünen Wenzel«, Steinstraße 3 / 738. Die anderen Häuser — ehemals Hoppe Nr. 10 / 757 und Koch Nr. 8 / 756 und 6 / 755 — wurden abgerissen und durch Neubauten ersetzt. Historisch bedeutsam erscheint, daß in diesem Umfeld die erste frühe Randsiedlung Odenhausens gelegen haben könnte.[49]

Odenhausen

Damit nähern wir uns dem eigentlichen Siedlungskern der Radewig, dem umgangssprachlich in Vergessenheit geratenen Odenhausen. Um dorthin zu kommen, empfehlen wir, zur Umgehung der stark befahrenen vierbahnigen »Auf der Freiheit« den kleinen Umweg zum Steintor einzuschlagen, um von dort noch vor der alten Brücke der rechts abzweigenden Fußgängerunterführung bis zu der von Platanen gesäumten Promenade zu folgen. Über den weiter leicht ansteigenden, gepflasterten Weg zwischen Wohnhaus und Verwaltungsgebäude, dem ehemaligen Schwesternheim, betreten wir das historische Hofareal Odenhausens.
Linker Hand erstrecken sich die modern aufgelockerten, gestaffelten Fronten der Altenwohnstätte des Johanneswerkes. Der hohe Klinkerbau gegenüber beherbergt seit 1971 die technischen Verwaltungen der Stadt, bekannt als Technisches Rathaus. Zuvor diente der Neubau seit 1920 als Erweiterung des zu klein gewordenen Kreiskrankenhauses. In dessen Altbau, der dem Altenwohnheim weichen mußte, wurden seit 1858 die Kranken des Kreises und der Stadt medizinisch versorgt. Bis 1918 hieß es noch (Kaiser) Friedrich-Wilhelms-Hospital. Während des Deutsch-Französischen Krieges 1870 / 71 und in den beiden Weltkriegen war es Reservelazarett.
Mit der angeschlossenen Isolierstation, mit Nebengebäuden, Park und dem schon erwähnten Klinkerneubau von 1920 bildete das Gelände zwischen Steintor-Wall, Aa, Janup und Steinstraße den Bezirk des 1834 abgerissenen Adelshofes Odenhausen mit Herrenhaus und Wirtschaftsgebäuden. Südlich davon lagen seine Gärten und Äcker.
Wo heute städtebaulich geplant und Baugenehmigungen erteilt werden, übten für Jahrhunderte die abteilichen Drosten auf Odenhausen im Umfang der schon beschriebenen *Mühlen-Gerechtigkeit* ihre Grundherrschaft über die Radewig und die Radewiger Feldmark aus.
Noch 1733 behauptete der Hofdrost von Quernheim gegenüber dem Magistrat in einem Rechtsstreit um Weiderechte in der Radewiger Feldmark, ... *daß mein hiesiger Hoff ehende die Gerechtigkeit* (Rechte) *der Hude* (Viehaustrieb) *und Weide gehabt, ehe und bevor die Bürgerschaft zu Herford entstanden, denn da mein Hoff das erste* (!) *Gebäude in der Stadt ist, so läßt sich solches leicht begreifen; und wenn meine Vorfahren nicht in vorigen Zeiten eine große Gewalt hier gehabt hätten, wie hätte es geschehen können, daß sie der hiesigen Bürgerschaft die Pflicht auferlegt, daß jeder Bürger vor jeden*

Hofgebäude in Tiemanns Garten (früher Hof Odenhausen), um 1927

Laden alle Morgen an die zeitigen Besitzer meines Hofes einen Herforder Pfennig erlegen müssen.[50]
Für fünf Jahrhunderte übten zwei Familien diese Grundherrschaft nachweislich über die Radewig aus: Von 1318 bis 1517 die von der Bussche[51] und nach Erbfall die von Quernheim[52] von 1522 bis 1795. Die Äbtissin war ihre Lehnsherrin und damit »Obereigentümerin«. Zum *Lehnsgericht* traten ihre Drosten als Erste vor die Äbtissin, beugten die Knie und baten um Bestätigung ihrer Lehnsgüter.[53] Darauf folgte ihr Treueschwur. Ein Lehnsprotokoll von 1443 nennt in diesem Zusammenhang Sweder von dem Bussche, Sohn des Ludolf.
Als Drosten waren die Herren auf Odenhausen abteiliche Beamte und abgabepflichtige Lehnsvasallen der Äbtissin. Dieses Lehnsverhältnis mag wohl schon seit den Tagen Kaiser Ludwig des Frommen bestanden haben. Denn dieser Kaiser muß in der ersten Hälfte des 9. Jh. den Grundbesitz Odenhausens mit den damals königlichen Rechten über Markt, Zoll und Münze als Lehen an die Herforder Äbtissin übertragen haben. Dies bestätigt eine Urkunde aus dem Jahre 973, ausgestellt von Kaiser Otto dem Großen, die bis zum Beginn des 19. Jh. im Archiv von Odenhausen aufbewahrt worden ist.[54]
Wenn wir nun diesen Herrschaftsbezirk der Radewig durchquert und in Richtung Löhrstraße verlassen haben, dann müssen wir zunächst die vierbahnige und stark befahrene »Auf der Freiheit« passieren. Ärgerlich ist die Namengebung »Auf der Freiheit« für diesen neutrassierten Straßenzug. Denn wie das Flußbett der Aa seit je den Rechtsbezirk der Radewig von dem der Freiheit und der Altstadt trennte, so wechselten die überlieferten Straßennamen an dieser innerstädtischen Grenze.

Löhrstraße

Hier dürfen wir guten Gewissens die Abrisse der bis in die 1970er Jahre dominierenden Großbauten der Herforder Teppichfabrik und des evangelischen Vereinshauses aus der zweiten Hälfte des 19. Jh. begrüßen. Sie verfremdeten den Charakter der Straße, dessen Gesamteindruck nun wieder mehr von jenen Bauten bestimmt wird, die im 18. und 19. Jh. durch die sozial gehobene Stellung ihrer Bewohner geprägt worden ist.
Innerstädtisch verband sie zuvor Odenhausen mit Kirche und Mühle. Ihren Namen führt man auf die seit früher Zeit hier wohl tätig gewesenen abteilichen Lohgerber zurück. Aus dem 17. Jh. wird sie uns als *Loeder Straße* überliefert.[55] Vor allem aber boten ihre hochgelegenen und hochwassergeschützten Ufergrundstücke — seit alter Zeit abteiliche Lehnsgüter — der adeligen Oberschicht angemessene Wohnlagen. Bis zum 17. Jh. hatten die von Kettler als Ministerialen im unteren Abschnitte der Straße ihren Familiensitz[56], weiter oberhalb hatten sich im 18. und 19. Jh. abteiliche und preußische Bedienstete niedergelassen.
Auch die »Kirchen-Beamten« der nach 1590 evangelisch gewordenen Jacobikirche wohnten hier.[57] Das alte Pastorat befand sich im Haus Nr. 11 / 796 B. Es entstammt der Bauperiode nach 1638 und ist in seiner baulichen Bescheidenheit mit *Utlucht* und Raum für einen kleinen Vorgarten ein gutes Beispiel für die Wohnweise des Bildungsbürgers in den von Not und wirtschaftlichen Niedergang gezeichneten Nachkriegsjahrzehnten des 17. Jh. Die Schiefereinschalung erhielt es wohl erst im ausgehenden 19. Jh.
Schräg gegenüber lag an der Ecke zur Kirchgasse das zu Anfang der 1960er Jahre abgebrochene Küsterhaus, das dem modernen Haus Radewig weichen mußte. Dahinter zurückliegend die alte Kantorei, dessen schlichter Fachwerkbau sich zum Kirchplatz öffnet. Bis 1843 beherbergte sie in ihren Mauern die frühere Radewiger Gemeindeschule. In der langen Reihe der Radewiger Kantore, die früher auch als Lehrer tätig waren, wohnte hier Johann Carl Phillipp Schwettmann, der von 1832 bis 1882 sein Amt ausübte. Als Chronist der Radewig und engagierter Heimatforscher hat er sich große Verdienste erworben.
Er hat auch noch der Eröffnung des 1880 erbauten evangelischen Vereinshauses beigewohnt, das sich mit seinem großen Festsaal bis zur Ecke der Radewiger Straße erstreckte. Heute steht davon nur noch das Vorderhaus, das nach Umbauten nun Wohnungen und Geschäftsräume bietet. Im Mittelalter befand sich auf seinem Grundstück, wie schon erwähnt, bis 1520 das Jacobsspital.[58]
Die gegenüberliegende Häuserzeile bilden mehrere im 17. und 18. Jh. als Adelshöfe genutzte Gebäude. Haus Nr. 5 / 799 präsentiert sich standesgemäß mit doppelseitig aufgängiger Freitreppe.[59] Die zahlreichen Fenster im Hochparterre und ersten Obergeschoß offenbaren den gesteigerten Wohnbedarf der Oberschicht, dazu zählten sicher mehrere Wohn- und Schlafzimmer, ebenso ein Arbeitsraum mit Bibliothek für den Hausherrn. Ein beheizbarer »Ahnensaal«, gestaltet nach den Maßen des »goldenen Schnittes« und im Stile des Rokoko, stand für festliche Empfänge zur Verfügung.
Der Personal- und Wirtschaftseingang unter der Freitreppe führte wohl zur alten Küche mit Herdfeuer, daneben befanden sich im eingetieften Untergeschoß weitere Keller-

Löhrstraße Nr. 5, um 1968

räume. Der linksseitig hohe Torbogen wird als Kutscheneinfahrt gedeutet, mit Zugang zu den Unterkünften für Kutscher und Bedienstete. Auf dem benachbarten Grundstück Löhrstraße 3 / 800 erkennen wir noch das zum Hof gehörige Wirtschaftsgebäude mit Scheune und Stall, baulich mit dem Krüppelwalmdach und der linksseitig tiefer herabgezogenen Dachtraufe eindeutig als solche ausgewiesen.
Das heute eingeschalte, um 1648 nach dem Radewiger Brand als Fachwerk auf alten Grundmauern wiederaufgebaute herrschaftliche Anwesen wurde für die Zeit um 1757 als der von Quernheimsche Hof überliefert.[60] Nachfolgender Bewohner war ein Major von Pröck. Durch Heirat mit Henriette Friederike von Ledebur hat es dann der preußische Kriegs- und Steuerrat von Hohenheim erworben. Beider häufiger Gast soll die letzte Herforder Fürstäbtissin Friederike Charlotte Luise von Preußen gewesen sein. Aus dieser Zeit ist es als der Hohenheimsche Hof bekannt.[61]
Auch das heute als Stiftung Brand für Vortragsveranstaltungen und Kammerkonzerte genutzte Nachbarhaus Nr. 1 / 801 verweist mit seiner klassizistischen Fensterfront und dem Anbau mit Mansarddach auf herrschaftlichen Ursprung. Erst 1821 wurde es Privatbesitz. Der damals nebenan lebende von Hohenheim erwarb es, ohne jedoch selbst dort gewohnt zu haben, angeblich weil es nicht unterkellert war. Von baulichem Interesse ist aber noch, daß in diesem Haus ein alter Brunnenschacht erhalten blieb. »Seit alter Zeit Lehnsgut der Abtei« ist es in den Jahrzehnten des 18. Jh. von der Äbtissin an abteiliche und preußische Beamte verlehnt worden, so 1768 an den Kriegsrat von Rosen, aus der Reihe preußischer Spitzenbeamter im Herforder Magistrat.

Die Wälle

Sein Vorgänger, der Kriegsrat und erste Bürgermeister J.F.E. Haevermann (1747 bis 1766), war Befürworter eines preußischen Landeskredites mit entscheidenden Folgen für die zukünftige Nutzung der Radewiger Wälle.[62] Ihre Anlage in der heutigen Gestaltung verdanken wir dem »Herforder Verschönerungs-Verein«, der sich nach 1871 für ihre Verbreiterung einsetzte, so daß beide Abschnitte 1883 und 1889 als Promenade freigegeben werden konnten. Auf diese Weise wurde zu gesuchtem Bauland, was zuvor als Garten- oder Weideland genutzt worden war.

Mehrere Stadtansichten aus dem 17. Jh. zeigen die Radewiger Wälle, wie sie sich damals den Ankommenden darboten. Noch um 1626 waren sie durch drei vorgelagerte, hochaufragende Bastionen verstärkt worden. Für den älteren Stadtgraben — zur Mitte des 15. Jh. als *uytflot* belegt[63] — mußten vor dem Deichtor Schwemmsande, im anschließenden Abschnitt zwischen Städtischem Museum und Steintor ein Hügelrücken bis zu einer Tiefe von gut 8 bis 12 Metern ausgehoben werden. Im Volksmund hieß er deshalb »Jammertal«.

Doppeltore vor und hinter den hölzernen Zugbrücken schützten — mit Wachen in jedem Torhaus — die beiden Einlässe am Deichtor und Steintor. Die Aa-Durchlässe überbaute man mit Laufbrücken am »Retberg« (heute: Hertha-Brücke)[65] und am »Brunstein« (heute: Altenwohnstätte).[66] Die Stadtmauer krönte den »oberen und unteren Wall«. Innerstädtisch überragte die Mauer etwa 8 bis 10 Meter das Niveau der durchgehenden Mauergasse.

Mehr als sechs Jahrhunderte hatten die alten Wälle Bestand bis sie privatisiert wurden. Als Gemeinschaftsanlage des 12. Jh. mit Graben und Mauerring markiert ihr Bau den Zusammenschluß der Bewohner Odenhausens mit denen der Radewig zur Vorstadtgemeinde Herfords.

Die Radewig, 1647. Ausschnitt aus dem Kupferstich der Stadt Herford von M. Merian

Jutta Brandtmann

Klöster, Bürger und Gewerbe: Die Neustadt

Das Gelände der Neustadt war zur Zeit der Stadtgründung sumpfig und wenig einladend. Durchzogen vom ursprünglichen Lauf der Werre, der heute zugeschütteten Bowerre, und der kleinen Werre, die zwischen Creden- und Bergertormauerstraße verlief, sowie weiteren Nebenarmen erschien es zunächst weder als Acker- noch als Bauland geeignet. Die Erweiterung des Herforder Stadtgebietes wurde jedoch notwendig, um die zu Beginn des 13. Jh. stark zunehmende Bevölkerung anzusiedeln. Die Herforder Äbtissin Gertrud II. zur Lippe entschloß sich um 1220 im Einvernehmen mit dem Kölner Erzbischof Engelbert, eine planmäßig angelegte Siedlung in unmittelbarer Nähe zur bestehenden Stadt zu gründen.[1] Im Gegensatz zur langsam gewachsenen Altstadt war es auf der Neustadt von Beginn an möglich, stadtplanerische Vorentscheidungen zu treffen. Die Hauptstraßen Komtur- und Credenstraße sowie Hämelinger Straße und Petersilienstraße, die alle in den Neuen Markt einmünden, verbanden den wichtigen Fernhandelsweg Johannisstraße mit der Freiheit. Frühherrenstraße, Holland, Endebutt, Fidelen-, Rosen- und Bergertormauerstraße besaßen als Verkehrswege nur untergeordnete Bedeutung und dienten eher zur Erschließung des Stadtgebietes. Die Lübberstraße bildete die Ausfallstraße in Richtung Minden, während die Höckerstraße bis zum Bau der Mittelstädter Brücke um 1400 nur eine Stichstraße war.

Süstern und Fraterherren

Erste Siedler der Neustadt waren Ministeriale der Fürstabtei und die sogenannten *homines ecclasiae*, Eigenhörige der Kirche, die für den Bau der Münsterkirche eingesetzt wurden. Archäologische Funde haben im Gebiet zwischen Holland und Hämelinger Straße Baubuden und Werkstätten nachgewiesen, die bereits vor der eigentlichen Gründung der Neustadt existiert haben müssen.[2]

Bald darauf wurden kirchliche Niederlassungen ein prägendes Element des Stadtbildes. Bereits 1231 siedelten sich die Johanniter in Herford an und errichteten in der Komturstraße ihre Kommende. Ab 1309 sorgte das Heiliggeistspital an der Bergertorstraße für Arme. Wenig später wurde wohl das Gertrudengasthaus für Pilger an der Komturstraße, 1430 der Studentenhof an der Petersilienstraße gegründet. 1414 fand das Kollegiatstift St. Johann und Dionys aus dem unsicher gewordenen Enger Schutz in den Mauern der

Neustadt: Es wurde mit der Johanniskirche vereinigt, die gegenüber dem bisherigen Status einer einfachen Pfarrkirche nun als Stiftskirche zweifellos eine Aufwertung erfuhr. In der weiträumigen Bebauung der Neustadt — zwischen den ersten Häusern und Höfen gab es große freie Flächen — entstand so eine beachtliche Dichte von Häusern, die kirchlichen Einrichtungen dienten und damit eine rechtliche Sonderstellung hatten. Äbtissin und Rat sahen offensichtlich in der Ansiedlung dieser Häuser Vorteile für die Stadtentwicklung. Daher erhob auch der Rat offenbar keine Einwände, als der Osnabrücker Priester Konrad Westerwolt 1428 auf dem abteilichen Hof Varenkamping am Holland ein Fraterhaus gründen wollte. In Osnabrück war die Gründung eines Fraterhauses wegen Unstimmigkeiten mit dem dortigen Rat gescheitert.[3] Die Fraterherren veranlaßten 1453 den Bau eines Süsternhauses, das ebenfalls am Holland an der Einmündung der Petersilienstraße einen Platz fand.[4] Fraterherren (»Brüder«) und Süstern (»Schwestern«) waren Vereinigungen von Menschen, die sich unter Verzicht auf persönliches Eigentum zusammenschlossen und eine *vita religiosa* — ein gottfälliges Leben — anstrebten. Sie vertraten die spätmittelalterliche Religiosität der *devotio moderna*, die aus der Kritik am weltlichen Erscheinungsbild der Kirche dieser Zeit hervorgegangen war. Nicht vergessen waren zudem die Pestepidemien des 14. Jh., die auch in Herford viele Opfer gefordert hatten und vielen Menschen als ein Signal zur Rückbesinnung auf ein an religiösen Kategorien ausgerichtetes Leben erschienen.
Zunächst gab es für Bürgerschaft und Rat keinen Anlaß, gegen diese Häuser einzuschreiten. Als Vereinigungen von Laien und Klerikern waren sie im Gegensatz zu den nach festen Regeln lebenden Klöstern eng mit der Stadt verbunden. Auf diese Gemein-

Reste der Kapelle des Süsternhauses am Holland, um 1965

schaften konnte die Stadt Einfluß nehmen. Das sollte sich mit der Regulierung des Zusammenlebens dieser Konvente ändern. Die Fraterherren nahmen 1431[5], die Süstern 1456[6] die Augustinerregel an. Sie erhielten damit das Recht, auf ihrem Hof eine eigene Kapelle zu errichten, einen Tragaltar zu benutzen und die Messe zu lesen. Vom Besuch der Johanniskirche, der zuständigen Pfarrkirche, wurden sie befreit. Die Süstern durften neben einer »Mutter« als Leiterin des Hauses einen Beichtvater wählen, während bei den Fraterherren ein Kleriker aus dem eigenen Haus dieses Amt übernahm. Damit wurden die Angehörigen beider Häuser von dem Pfarrbezirk relativ unabhängig. Diese Entwicklung lag aber nicht im Interesse der Bürgerschaft. Zwar schuf die Vielzahl der das Stadtbild prägenden Kirchen, Klöster und Konvente den Begriff *Sancta Herfordia* oder *Hilliges Herwede* — die »Heiligkeit« der Bürgerschaft hatte jedoch ihre Grenzen. Je selbstbewußter die Bürger wurden, um so mehr störten sie sich daran, daß ihr Stadtgebiet durchsetzt war mit Häusern, die von der Stadthoheit ausgenommen und direkt der Fürstabtei unterstellt waren.

Zur rechtlichen Unabhängigkeit kamen finanzielle Aspekte hinzu. Durch urkundliche Verträge vom 31. Mai 1473 und 29. August 1479 wurden Fraterherren und Süstern gegen Festlegung einer regelmäßigen Zahlung von vier Mark, die zwischen Martini und Weihnachten zu leisten war, von allen städtischen Abgaben befreit. Dies bedeutete für die Stadt einen nicht unerheblichen Einnahmeverlust. Mit der Abgabenbefreiung erhielten die Süstern zudem das Recht, zu walken sowie Kleider und Futterstoffe herzustellen und an festgesetzten Tagen zu verkaufen. Statutengemäß waren sie verpflichtet, sich durch ihrer Hände Arbeit zu unterhalten. Diese Konzession beeinträchtigte jedoch die ökonomischen Grundlagen der Bürgerschaft. Die Süstern scheinen recht erfolgreich gewirtschaftet zu haben, obwohl sie weder fertige Kleider noch zugeschnittene Stoffe anbieten durften. Sie erwarben mehrere Häuser.

Gegen diese wirtschaftlichen Erfolge intervenierte der Rat. 1491 wird die Zahl der grauweiß gekleideten Süstern in Herford auf 50 begrenzt, da bei der Fürstäbtissin Klagen des Rates über die zu große Zahl der Schwestern laut geworden waren. Mehrfach beschuldigte der Rat das Kloster vor der Äbtissin der Vertragsübertretung. Zudem scheinen die Süstern versucht zu haben, das Recht der Bürger, die an der Wedemühle mitwalken durften, einzuschränken. Am 6. Juni 1500 regelten beide Parteien noch einmal ihre Rechte vertraglich. An der Walkmühle wurde eigens eine Markierung angebracht, anhand derer der Pegelstand überprüft werden konnte. Walken — die Herstellung von Filz aus Wolle — ist ein Vorgang, zu dem relativ viel Wasser benötigt wird. Verständlich also, daß beide Parteien sehr auf die Einhaltung ihrer Rechte bedacht waren. Doch auch dieser neuerliche Versuch einer einvernehmlichen Regelung schlug fehl. Am 28. September 1517 verklagte der Rat erneut das Kloster wegen Vertragsverletzung. Um die vertraglich festgesetzte Zahl der Schwestern kontrollieren zu können, führte der Sekretär der Äbtissin künftig eine Namensliste der in Herford lebenden Süstern. Ihnen wurde verboten, weitere Häuser oder Ackerland zu erwerben. Der Verlauf dieser Auseinandersetzungen dokumentiert, daß auch eine keineswegs sehr bedeutende Gemeinschaft durchaus Anlaß für Konflikte in einer Stadt sein konnte, wenn die jeweiligen wirtschaftlichen Interessen kollidierten.

Ähnlich wie die Süstern gerieten auch die benachbarten »Brüder vom gemeinsamen Leben« in Gegensatz zur Bürgerschaft der Neustadt. Auch hier scheinen wirtschaftliche Aspekte eine nicht unerhebliche Rolle gespielt zu haben. Obwohl auch das Fraterhaus mit Landbesitz ausgestattet war, kam ein Teil der Einkünfte aus dem Erlös handwerklicher Arbeit. Oblatenbäckerei, Bierbrauen, Papierherstellung, Schreibarbeiten und Buchdruck waren die traditionellen Erwerbsquellen der Fraterherren. Aus Schreibarbeiten erlösten sie beispielsweise zwischen 1446 und 1525 den Betrag von 4554 Gulden.[7] Derartige Beschäftigungen konnten das Fraterhaus nicht in nennenswerte Konkurrenz zur Bürgerschaft bringen, da vermutlich nur wenige Bürger das Schreiben beherrschten. Mit der Verbreitung des Buchdrucks und dem damit verbundenen Rückgang der Schreibarbeiten scheint aber die amtierende Fürstäbtissin Anna von Limburg befürchtet zu haben, die Fraterherren würden auf andere handwerkliche Tätigkeiten ausweichen und damit Auseinandersetzungen mit der Bürgerschaft provozieren. Am 20. Mai 1532 begrenzte sie daher die Zahl der Fratres, so daß sie sich aus eigener Arbeit und Besitz versorgen konnten. Zum Besitz des Fraterhauses gehörte auch eine Mühle, die an der Einmündung der kleinen Werre in den Hauptfluß gelegen war. Diese Mühle wurde bis in das 20. Jh. hinein genutzt, zuletzt als Antriebskraft für die Maschinen der Tischlerei Quest.[8] Die Fraterherren hatten sie am 12. März 1462 von der Abtei im verfallenen Zustand gekauft und zur Papierherstellung instand gesetzt. In der Verkaufsurkunde wurde ausdrücklich festgelegt, daß die Fraterherren die Wasserrechte anderer nicht stören dürften.

Zu offenen Konflikten zwischen Bürgerschaft und Fraterherren kam es aber erst mit der Übernahme reformatorischen Gedankenguts in Herford. Die Fratres standen schon früh in Korrespondenz mit Martin Luther. Der erste erhaltene Brief datiert vom 26. Juli 1523.[9] Die der Reformation sehr aufgeschlossen gegenüberstehende Bürgerschaft beeindruckten diese Kontakte jedoch offensichtlich wenig. Sie sahen in der Reformation eine Chance, ihr Stadtgebiet von den der Stadtherrschaft nicht unterstehenden kirchlichen Niederlassungen zu befreien. 1530 wurde Johann Blomberg vom Rat als erster lutherischer Prediger in der Johanniskirche eingesetzt.[10] Die Bestrebungen der Stadt gingen weiter. Wie auf der Altstadt sollten auch in der Neustadt den Klöstern und Konventen das Pfarrecht entzogen werden. Luther intervenierte mehrmals in Briefen an Rat und Äbtissin zugunsten der Fraterherren und mahnte die Stadt, nicht in *fremde Obrigkeit* einzugreifen. Das Fraterhaus sollte nicht gegen den Willen der Brüder aufgelöst und in eine Schule umgewandelt werden, da es sich bei den Fraterherren um ehrsame alte Leute handele. Dennoch hielten die Auseinandersetzungen an. Der zweite lutherische Pfarrer der Neustadt, Jost Deterding, beschimpfte die Fraterherren von der Kanzel grundlos als *Teufelsseminarium*, das *gottlose Messen* praktiziere.[11]

Einen Teilerfolg konnte die Bürgerschaft bei der Säkularisierung des Süsternhauses verbuchen. Unter dem Einfluß der Reformation nahm die Anziehungskraft des Hauses ständig ab. 1560 gab es nur noch 10 Bewohnerinnen des Hauses, die alle bereits über 60 Jahre alt waren. Am 22. April 1565 hielt in dem Haus eine Kinderschule Einzug, die eng an die Neustädter Kirche angeschlossen war; dort sollten die Kinder während der Gottesdienste Psalmen singen.

Das Neustädter Rathaus, 1989

Die fortdauernde Existenz des Fraterhauses blieb der Bürgerschaft ein Dorn im Auge, auch wenn dessen Bedeutung nicht mehr an frühere Zeiten heranreichte. 1658 protestierte der Herforder Magistrat gegen die Hochzeit des Fraterherren Anton Backhaus mit der Bürgertochter Margarete Diebrock und untersagte den städtischen Predigern die Trauung. Die Hochzeit konnte nur in der Immunität der Fürstabtei geschlossen werden. Daraufhin verbot der Magistrat Backhaus, Beerdigungen vorzunehmen und verschloß dem Fraterhaus somit eine wichtige Einnahmequelle. Der Fall wurde von der juristischen und theologischen Fakultät der Universität Jena behandelt und zuungunsten der Stadt entschieden.[12] Die Bürgerschaft war offensichtlich sehr darauf bedacht, das Fraterhaus aus dem Leben der Stadt zu verdrängen. Die Fraterherren hielten aber auch von sich aus Distanz, da sie der Stadtherrschaft nicht trauten und keine Angriffsflächen bieten wollten. Im Gedächtnisbuch des Hauses wurde vermerkt, daß keine Herforder aufgenommen werden sollten, solange die Stadt die Meinung verbreite, das Fraterhaus sei nur gegründet worden, um heiratsunwillige Herforder Bürgerkinder auf Lebenszeit aufzunehmen.[13] Die Fraterherren wurden auch in Bagatellangelegenheiten streng überwacht und mußten ständig mit Einsprüchen der Bürger rechnen.[14] In den Gildebüchern der Stadt findet sich eine Klage vom 2. November 1701, worin das Haus beschuldigt wird, widerrechtlich Essig verkauft zu haben. Die Gilde präsentierte eine Bürgerin, die im Fraterhaus Essig erworben hatte. Am selben Tag — so der Vermerk — erhoben die Gildebrüder beim Rat Klage und baten um Bestrafung.

Glanz und Armut

Diese Auseinandersetzungen verdeutlichen, wie sehr sich die Machtverhältnisse seit Gründung der Neustadt zugunsten der Bürgerschaft verschoben hatten. Ausschlaggebend für diesen Zuwachs war nicht zuletzt die besonders im 16. und 17. Jh. zunehmende Wirtschaftskraft der Herforder Bürgerschaft. Von der Mitte des 16. Jh. an unterstrichen die Kaufmannsfamilien der Neustadt ihr gesteigertes Machtbewußtsein durch den Bau repräsentativer Wohn- und Geschäftshäuser. 1560 entstand das Wulferthaus am Neuen Markt, 1538 das Bürgermeisterhaus in der Höckerstraße, um 1600 der Neubau des Neustädter Rathauses und 1589 das Haus der Kaufmannsfamilie Crüwell an der Lübberstraße, das 1957 als Verkehrshindernis abgerissen wurde. Die Fassaden dieser für die Stadt neuen Steinbauten, die sich von den traditionellen Fachwerkbauten der kleinen Handwerker und Ackerbürger eindrucksvoll abhoben, waren reich verziert. Diese Gebäude überstanden auch den großen Brand vom 25. Juli 1638, dem der Turm der Johanniskirche und etliche Häuser an der Hämelinger Straße und Petersilienstraße zum Opfer fielen.

Der Wiederaufbau des Kirchturmes bis 1669 und die anschließende Neugestaltung des Innenraums der Johanniskirche war die letzte größere Baumaßnahme, durch die die Bürgerschaft ihr Selbstbewußtsein dokumentierte. In der Johanniskirche, als einziger Kirche der Stadt, befinden sich Emporen mit den Amtsstühlen der Gilden. Leineweber,

Die Neustädter Kirche, 1895

Schuhmacher, Schneider, Bäcker und Kaufleute errichteten eigene Amtsstühle, die durch Wappen und Verzierungen die Bedeutung der Ämter symbolisieren sollten. Auch die Ratsherren besaßen ein eigenes Ratsgestühl. Der seit der Reformation entstandene Machtzuwachs der Bürgerschaft, aus dem das Patronatsverhältnis und so ein gewisses Mitbestimmungsrecht des Magistrats bei der Besetzung der Pfarrstellen an der Johanniskirche resultierte, artikulierte sich in selbstbewußten Inschriften im Inneren der Kirche. Mehrfach weist der Rat auf finanzielle Hilfen bei der Ausgestaltung der Kirche hin.[15] Dennoch war damals die Zeit der größten Macht- und Prachtentfaltung des Bürgertums der Neustadt bereits nahezu abgelaufen. Seit dem Ende des Dreißigjährigen Krieges war die wirtschaftliche Bedeutung Herfords ständig gesunken. Ein beachtlicher Teil der Bürgerschaft war auf die Einkünfte aus Leinenspinnerei, Leinenweberei und Leinenhandel angewiesen. Der wirtschaftliche Niedergang des Stadtteils wirkte sich auch auf die Pfarrkirche aus. 1820 fiel eine der zwei Pfarrstellen der Johanniskirche weg: Die Einkünfte reichten nicht mehr aus, zwei Pfarrer zu besolden.[16]

Äußerlich wurde die Auflösung der mittelalterlichen Strukturen am Verfall der alten Befestigungsanlagen deutlich. Zu Verteidigungszwecken waren Wall und Stadtmauern spätestens seit Beginn des 18. Jahrhunderts nicht mehr zu gebrauchen. Die Sicherung der Stadt war ohnehin zu einem großen Teil nicht mehr die Angelegenheit der Bürgerschaft, sondern die der in der Stadt liegenden Garnison. Deren Kommandeur erbat sich von König Friedrich Wilhelm I. die Genehmigung, die Wälle der Stadt unentgeltlich nutzen zu dürfen; der Magistrat aber wollte die Stadtkasse durch den Verkauf der Wallanlagen sanieren. In einer Vereinbarung vom 21. Mai 1765 zwischen Stadt, Regierung und Vertretern des v. Mosellschen Regiments wurde zunächst vorgesehen, den Wall zwischen Lübbertor und Bergertor als Exerzierplatz für die Garnison zu nutzen.[17] Bereits am 15. Juli 1765 stand der Wall stückweise zum Verkauf. Auf dem Gebiet der Neustadt nahm die Stadt daraus 384 Taler ein. Umstritten blieb ein Grundstück am Bergertor, das die Witwe Schrader erwarb (später wohnte hier Bürgermeister Rose). Dieses Stück hatte sich Major von Pfuhl als Gemüsegarten eingerichtet, da er *in Herford Gartenfrüchte nicht kaufen könne*. Der Major bekam die Hälfte des Grundstückes zugesprochen, versuchte aber weiterhin, vertraglich gesicherte Rechte der Bürger — so den Durchgang auf dem Wachgang — zu unterlaufen. Anhand dieser politisch weniger bedeutenden Kontroverse wird deutlich, daß die Bestrebungen der Bürger, ihre Interessen durchzusetzen, sich nicht mehr auf Auseinandersetzungen zwischen Gruppen innerhalb des Stadtteils beschränken konnten. Die Abgrenzung gegenüber kirchlichen Institutionen innerhalb der Stadt hatte an Bedeutung verloren, die Artikulierung gesamtstädtischer Interessen gegenüber dem Landesherrn war jetzt wichtiger. Die außerhalb der Stadthoheit stehenden geistlichen Häuser, die im Verlauf der Reformation noch nicht aufgelöst worden waren, verschwanden nach der Säkularisation aus dem Stadtbild. Das Fraterhaus, lange im Zentrum der Auseinandersetzungen, wurde ab dem 4. Dezember 1802 abgebrochen, weil an seiner Stelle ein Landarmen- und Zuchthaus errichtet werden sollte.[18] Der letzte Pater des Fraterhauses, Karl Friedrich Bismeyer, wurde Anstaltsgeistlicher im Landarmenhaus, obwohl er zunächst gegen die Bedingungen seiner Übernahme protestiert hatte.[19]

Aus der schwierigen wirtschaftlichen Situation von Stadt und Bürgerschaft ergaben sich ohnehin neue Probleme. Die Erwerbsquellen der Bürgerschaften waren zu diesem Zeitpunkt minimal. Auf der Neustadt gab es keine Manufakturen oder Fabriken, in denen konkurrenzfähig Stoffe produziert werden konnten. Über die traditionelle Heimarbeit heißt es im Jahresbericht der Industrie- und Handelskammer Bielefeld von 1851: *Die Hausspinnerei hat abgenommen. Früher spannen im Winter nicht nur die Heuerlinge, sondern auch der größere und kleinere Grundbesitzer selbst, mit Weib und Kind, mit Knechten und Mägden. Jetzt ist die Hausspinnerei auf den Heuerling, d.h. denjenigen Teil der Bevölkerung beschränkt, der im Winter keine andere Beschäftigung kennt und, um nicht müßig zu gehen, spinnen muß, die eigentlichen Bauern haben sich von dem früher so beliebten Spinnrad abgewandt. Und auch die Heuerlinge spinnen nur solang und soviel sie müssen. Wer irgend Gelegenheit zu anderer Arbeit ausfindig machen kann, wendet sich dieser zu.* Andere Arbeit war im Herford der ersten Hälfte des 19. Jh. praktisch nicht zu finden. Daraus folgte eine katastrophale wirtschaftliche Situation der unteren Bevölkerungsschichten ohne Landbesitz oder Einkünfte aus handwerklicher Arbeit. Diese sozialen Mißstände erschienen auch den bessergestellten Bürgern Herfords nicht tragbar. Der Neustädter Pfarrer Hermann Ameler schrieb 1848 in seinem *Not- und Hülfsbüchlein* über die Notlage der Tagelöhner seiner Gemeinde: *Die immer mehr um sich greifende Not unserer Tagelöhner kann keinem, der mit den häuslichen Verhältnissen derselben bekannt ist, verborgen bleiben. Wer sie nicht kennt, der gehe einmal im sogenannten hungrigen Vierteljahr in die Arbeiterwohnungen, er sehe sich um auf dem Boden, im Keller, im Wiemen, in der Küche, im Stalle. Da findet er meistens auf dem Boden kein Korn und kein Stroh, keine Rübe, keine Wurzel und keine Kartoffel im Keller, kein Speck im Wiemen, keine Ziege im Stalle und oft in der Küche kein Feuer. Hier ist nichts und da ist nichts. Aber die Leute wollen doch leben. Sie leben auch. Willst Du wissen wie, so geh in die Stube. Kommst Du des morgens, so trinken sie Kaffee und Cichorienwasser, so schwarz weg ohne Milch und essen ein Stück trocken Brot dazu. Kommst Du des mittags, da gibt's wieder schwarzen Kaffee und schwarzes Brot — und neben dem Kaffeetopf liegt leider oft die Brandweinsbuddel, kommst Du des abends, so gibt's schwarzen Kaffee und schwarzes Brot. Den ganzen Tag über nichts Rechtes in den Leib und nichts Rechtes auf dem Leib, dann geht's mit hungrigem Magen nicht immer ins Bett, sondern oft aufs Stroh und unter die Lumpen. Daß da mancher nicht mit einem Abendgebet sondern mit schwarzen Gedanken einschläft, das läßt sich wohl denken.*[20]

Hermann Ameler, von 1847 bis 1897 Pfarrer der Neustadt

Industrialisierung — ein Intermezzo

Ameler und Gleichgesinnte hielten diese Zustände aus religiösen und gesellschaftspolitischen Überlegungen heraus für untragbar. Der Pfarrer und sein Presbyter Friedrich August Wilhelm Humfeld wollten durch Arbeitsbeschaffung Abhilfe schaffen. Sie initiierten den *Herforder Verein für Leinen aus reinem Handgespinnst*, eine Aktiengesellschaft, die am 14. Mai 1852 beim Herforder Amtsgericht eingetragen wurde.[21] Der mit einem Grundkapital von 150 000 Talern ausgestattete Verein vertrieb über sein Geschäftslokal im Humfeldschen Haus Holland 29 zunächst nur Leinen, das in reiner Handarbeit gefertigt wurde, da die Gründungsmitglieder Bedenken gegenüber den technischen Neuerungen des Maschinenzeitalters hegten. Da der Umsatz jedoch nach erfolgreichem Beginn sank, war ein Einstieg in die Mechanisierung unvermeidlich. Der Verein schaffte Webstühle an, die mit einer Dampfmaschine betrieben wurden. Damit war ein bescheidener Anfang zur Industrialisierung der Neustadt gemacht. Weitere Betriebe folgten. Bevorzugte Standorte für frühe Industrieansiedlungen auf der Neustadt waren die Komturstraße und die Hämelinger Straße entlang der Bowerre, die Lübberstraße und der Holland mit seiner Nähe zur kleinen Werre. Die modernen Produktionsmethoden unter Einsatz von Dampfkraft waren von der Nähe zu Wasserläufen abhängig. Noch hatten die neu angesiedelten Unternehmer Schwierigkeiten, Arbeitskräfte zu finden. Im städtischen Verwaltungsbericht der Jahre 1885 bis 1890 heißt es: *Auch in der vergangenen Berichtsperiode haben Arbeiterentlassungen im hiesigen Bezirk nicht stattgefunden, im Gegenteil überwog noch immer in den meisten Industrien die Nachfrage nach Kräften das Angebot, vor allem im Handwerk, in welchen Kreisen man viel über zu geringen Zuzug guter Kräfte klagte und deshalb möglichst Motore (Gasmotore) zur Anwendung brachte.*

Die verbesserten Erwerbsmöglichkeiten für die Bevölkerung veränderten indes das Bild der Stadt nur allmählich. Produktionsstätten und Wohnungen lagen in unmittelbarer Nachbarschaft. Anhand der Adreßbücher der Stadt Herford läßt sich verfolgen, wie nahe beieinander in der zweiten Hälfte des 19. Jh. die Häuser von Fabrikarbeitern, Zigarrenarbeitern, Handwerkern und die jeweiligen Erwerbsstätten angesiedelt waren. Doch gab es bald erste Differenzierungen. Im Adreßbuch des Jahres 1891 wird bereits deutlich, daß Bergertormauerstraße, Endebutt, Rosenstraße und Fidelenstraße hauptsächlich von Arbeitern bewohnt wurden. Fabrikanten und Kaufleute siedelten sich mit ihren Wohnhäusern bevorzugt am Wilhelmsplatz und dem Lübbertorwall an, während die übrigen Straßen Mischgebiete blieben.[22]

Für den Platzbedarf der industriellen Produktion reichte das Stadtgebiet der Neustadt bald nicht mehr aus. Die Firmengründer, die vorwiegend in kleinem Rahmen mit ihren Unternehmen begonnen hatten, mußten sich bald nach Baugelände mit besseren Expansionsmöglichkeiten umsehen. Ein typisches Beispiel ist die Küchenmöbelfabrik Poggenpohl. Seit 1905 fertigte der Bielefelder Tischlermeister Friedemir Poggenpohl im Humfeldschen Haus Holland 29 Küchenmöbel, nachdem der zuvor dort ansässige *Verein für Leinen aus reinem Handgespinnst* 1878 aufgelöst worden war, weil er nicht mehr rentabel arbeitete. Schon 1913 mußte die Firma Poggenpohl in die Außenbezirke der Stadt umziehen, zunächst zum Wellbrocker Weg, ab 1920 zur Bünder Straße. Auch Tischlermeister Friedrich Stüker wurde offensichtlich vom wirtschaftlichen Erfolg seines 1885 am Lübberbruch gegründeten Betriebes überrascht. Eine Verlegung der Firma in die Häuser 5 und 7 brachte nur kurzfristig räumliche Entlastung. Durch verstärkten Maschineneinsatz brauchte auch dieses Unternehmen mehr Grundfläche, die die relativ kleinen Grundstücke der Neustadt nicht ohne Probleme bieten konnten. Bereits 1908 zog Stüker mit seinem Unternehmen an die Engerstraße, wo er wegen der großen Nachfrage seiner Produkte mehrfach erweitern mußte.[23]

Der Aufbau der Herforder Industrie brachte soziale Konflikte mit sich. Über die Ursache vom *sozialen Unbehagen* in der Arbeiterschaft heißt es im Verwaltungsbericht der Jahre 1885 bis 1890: *Diese Steigerung der Mißstimmung und diese Ausbreitung sozialistischer Anschauungen war, wenigstens hiesigen Orts, weniger in trüben und ungenügenden materiellen Verhältnissen zu suchen, als in der systematischen Agitation und Bearbeitung der Massen durch die Presse, Vereine und Versammlungen. Zahlreiche sozialistische Schriften und Zeitungen wurden trotz aller Verbote unter den Arbeitern verbreitet und von diesen als einzige geistige Nahrung — Widerlegungen und Meinungsaustausch durch andere Presseorgane zeigten sich die meisten nicht zugänglich — benutzt. Zahlreiche sozialistische Agitatoren — Josef Zwiener aus Bielefeld, die Reichstagsabgeordneten Singer–Berlin, Meister–Hannover ... hielten hier in der Berichtsperiode öffentliche Versammlungen, in welchen sie nicht nur auf mancherlei gewiß zu berücksichtigende Gesichtspunkte für die Verbesserung der Lage der Arbeiter aufmerksam machten, sondern vor allem systematisch die Unzufriedenheit und Unversöhnlichkeit schürten, unerfüllbare Hoffnungen weckten und wirtschaftlich ganz gesunde Existenzen zu eingebildeten Kranken machten. Mächtig wirkten auch hier die Impulse von dem gewaltigen Bergarbeiterstreik im Westfälischen Kohlenrevier Frühling 1889.* In der 1861 gegründeten Möbelfabrik Gustav Kopka am Ufer der Bowerre, der heutigen Stadtbibliothek, kam es 1896 zu einem Streik. 62 Tischler hatten die Arbeit niedergelegt, um die Rücknahme von Lohnkürzungen durchzusetzen, die mit den Kosten für die Modernisierung des Betriebs begründet worden waren. Darüber hinaus forderten die Arbeiter eine zehnprozentige Lohnerhöhung, Herabsetzung der täglichen Arbeitszeit von 10 auf 9 1/2 Stunden und die Garantie, nicht wegen des Streiks gemaßregelt zu werden. Von Ende Mai bis Juni 1896 ruhte die Arbeit bei Kopka. Der Firma gelang es, den Streik durch die Einstellung auswärtiger Tischler zu brechen. Daraufhin nahm auch ein Teil der unorganisierten heimischen Tischler die Arbeit wieder auf.[24]

Auf derartige Situationen mußte auch die Kirche reagieren. War es noch Hauptanliegen des Pfarrers Ameler gewesen, für die Bevölkerung seines Stadtteils Erwerbsquellen zu schaffen, wurde es zu Beginn des 20. Jh. notwendig, die Gottesdienstzeiten den geänderten Arbeitszeiten anzupassen. Die Bedeutung der Kirche für die Wahrung des sozialen Friedens wurde von der Stadtverwaltung gewürdigt: *Die Verlegung der Passionsgottesdienste von 5 auf 8 1/4 Uhr hat sich sehr gut bewährt und die Teilnahme von Angehörigen des Arbeiterstandes sowie der Dienstboten wurden erfreulich gesteigert,* heißt es im Verwaltungsbericht 1900 bis 1905. Positiv hervorgehoben wurde außerdem die große Resonanz, die der Kindergottesdienst der Johanniskirche fand, an dem jeden Sonntag ungefähr 250 Kinder teilnahmen. Finanzielle Unterstützung für die Neustädter Kirchengemeinde beim Neubau ihres baufälligen Kirchturms versuchte die Stadt dagegen abzuwälzen. War es im 17. Jh. noch Ausdruck des Bürgerstolzes gewesen, für den Kirchenbau Geldzahlungen zu leisten, sah die Stadt in ihrem Schreiben vom 21. Juni 1904 keinerlei Zahlungsverpflichtungen aus den alten Patronatsrechten mehr. Die daraus resultierenden Verpflichtungen seien mit einer einmaligen Zahlung von 10 000,— Mark abgelöst worden.

Schlachterei Deppe, 1989

Nach der Gründungsphase der Industrie auf der Herforder Neustadt bis zum Beginn des Ersten Weltkrieges verschwanden die Firmen wegen der unzureichenden Expansionsmöglichkeiten wieder aus dem Stadtbild. Tiefgreifende Umgestaltungen blieben für gut 50 Jahre aus. Wie auf der Altstadt entstanden in den Erdgeschossen der Wohnhäuser zunehmend Ladengeschäfte, deren Angebot den geänderten Konsumbedürfnissen Rechnung trug. Die neugewonnene Wirtschaftskraft vieler Bewohner des Stadtteils drückte sich in der architektonischen Ausgestaltung dieser Geschäfte aus. Als einziges typisches Beispiel ist die Jugendstileinrichtung der Schlachterei Deppe in der Lübberstraße erhalten.

Abriß und Neubau

Die bislang letzte einschneidende Veränderung erfuhr der Stadtteil in den Jahren nach dem Zweiten Weltkrieg, als den Erfordernissen des ständig wachsenden Verkehrs Rechnung zu tragen war. Außerdem mußten möglichst schnell Wohnungen gebaut werden, um Flüchtlinge und Vertriebene unterzubringen. Für diese Zwecke kaufte die Stadt etliche Grundstücke an. Der Bau der Berliner Straße bis zum Stephansplatz bedingte einschneidende Veränderungen im Stadtbild der Neustadt. Die Bergertormauerstraße verschwand völlig, Lübberstraße und Hämelinger Straße wurden gekappt, der Holland und Endebutt praktisch vom Stadtkern abgeschnitten. Der Erhalt dieser Straßenzüge erschien unter den damaligen stadtplanerischen Prioritäten nicht notwendig. *Die Führung*

Die Berliner Straße, um 1960

der neuen Straßen erfaßt in erster Linie abgängige innerstädtische Bauquartiere und erleichtert deren Sanierung, heißt es im entsprechenden Verwaltungsbericht.[25] Die Stadt kaufte eine Grundfläche von fast zwei Hektar Größe für den Bau der neuen Straße an, darunter 35 bebaute Grundstücke. Besonders an der Bergertormauerstraße riß man eine große Zahl von Häusern ab. Diese Straße galt als *sozialer Brennpunkt*, was dem Rat die Entscheidung für eine Sanierung durch Abriß und Neubau sicherlich erleichtert haben

An der Bergertormauerstraße, um 1963

dürfte. Dieser Teil des Vorhabens allerdings mißlang. Die Lösung der Verkehrsprobleme konnte dagegen wenigsten zum Teil realisiert werden. Bereits 1956 begannen die Bauarbeiten an der Berliner Straße mit dem 200 m langen Teilstück von der Bowerrenbrücke an der Hämelinger Straße bis zur Einmündung der Petersilienstraße. Mit der Freigabe des letzten Teilstücks im Juni 1965 war der Bau der Durchgangsstraße vollendet. Die Wohnbebauung längs dieses Abschnittes zwischen Berger- und Lübbertor sollte — so die architektonische Intention — optisch an die alten Befestigungsanlagen erinnern.
Bis heute ist die Umgestaltung der Neustadt entlang der Berliner Straße nicht abgeschlossen. Während Kerngebiete wie die Höckerstraße, die Lübberstraße und der Neue Markt im Zuge des Baues der Fußgängerzone seit 1968 verkehrsberuhigt wurden, vernachlässigte man die abgetrennten Straßen Holland und Endebutt. Dort blieb die Gestaltung des Stadtbildes weitgehend privater Initiative überlassen. Gerade an diesen beiden Straßen — wie auch an der Creden- und Komturstraße — wird deutlich, daß es für das Stadtbild auch vorteilhaft sein kann, wenn Straßenzüge von Planungen ausgenommen werden. Die städtebaulichen Vorstellungen der 1960er und 1970er Jahre wurden hier nicht verwirklicht. So blieb ein Mischgebiet mit Wohn- und gewerblicher Bebauung erhalten, das noch heute einen Eindruck von den Wohnformen vergangener Zeiten vermittelt.

Im Holland, um 1958

Die städtebaulichen Vorstellungen der 1960er Jahre erwiesen sich dagegen als sehr kurzlebig. Ein typisches Beispiel ist das Gebäude der Stadtsparkasse an der Berliner Straße, über das es 1960 hieß: *Schon die ersten Gebäude an dieser neuen Straße, die Stadtsparkasse und das Haus von Dr. Stockhausen sowie das fünfstöckige Bürohaus, das die Wohnbau GmbH hier errichtet, zeigen, daß die Berliner Straße ein moderner und großzügiger Straßenzug wird, der dem Gesicht der Herforder Innenstadt in diesem Teil ein durchaus großstädtisches Gepräge gibt.*[26] Bereits 1986 baute die Stadtsparkasse im Stile der Postmoderne neu und orientierte sich damit an den Resten des historischen Häuserbestandes, der heute nicht mehr als unerwünschtes Relikt aus Herfords wirtschaftlich schlechter Zeit gilt.

Michael Goerke

Herford in der Mitte des 19. Jahrhunderts

»... der Verarmung entgegen«?

Um Ihnen den statistischen Beweis zu liefern, daß die meisten kleineren und größeren Städte Westphalens, selbst diejenigen, welche früher ihren Wohlstand auf den Ackerbau stützten, immer mehr der Verarmung entgegengehn, theile ich Ihnen eine Uebersicht über die Besitzverhältnisse der Einwohner der Stadt Herford mit, mit dem Wunsche, daß ihr bald mehrere über die Zustände der übrigen Städte der Provinz nachfolgen möchten. So beginnt ein häufig zitierter Korrespondenzartikel vom August 1847 im »Westphälischen Dampfboot« und fährt nach einführenden Bemerkungen über die Krise der Handleinenproduktion im Ravensbergischen fort: *Jetzt reicht der tägliche Arbeitslohn für das Spinnen ... kaum zum Ankauf des täglichen Bedarfes an Brod hin; die Menge der Armen und Bettler ... strömt in die Stadt, um sich bei den Einwohnern derselben das Nothdürftigste zusammenzubetteln. Niemals habe ich aber größere Schaaren von Bettlern gesehen, als in diesem Jahre; in einem Hause belief sich die Zahl der Bettelnden, ... die nach einander an demselben Morgen sich einstellten, auf 250!*

Da *nichts geschieht, um Arbeit und Lohn den Arbeitsfähigen zu beschaffen* oder *durch frühzeitige Vorkehrungen gegen Theuerung und Noth vorzubeugen*, bietet sich dem Verfasser ein trauriges Bild der Stadt, welches er mit Angaben zur Besteuerung zu belegen sucht: Von den *1 092 Familien* Herfords seien mehr als 60%, nämlich 679, *steuerfreie und unpfandbare Familien*; von den *zahlungsfähigen Familien* würden lediglich 6 mit *einem Einkommen über 1 500 Thlr.* klassensteuerpflichtig in der ersten Hauptklasse veranlagt. Der *Handelsverkehr* der Kaufleute sei *gering*, und man könne bei den Handwerkern annehmen, daß *3/7 arbeitslos, daher arm und unterstützungsbedürftig sind!* Auch der Wert der 800 Wohngebäude sei *so gering, daß der durchschnittliche Reinertrag nicht volle 12 Thlr. beträgt.* Herford sei somit *unter den 4 Hauptstädten des Regierungsbezirks, als Minden, Paderborn, Bielefeld, Herford, die geringste nach der Seelenzahl und die ärmste*, in ihr schwinde *die Möglichkeit, durch Erwerb, Handel und Thätigkeit ein gewisses materielles Wohlsein zu gründen und zu erhalten, immer mehr.*[1]

Entspricht das Bild Herfords als einer verarmten, in der Mitte des 19. Jh. von zunehmendem wirtschaftlichen Verfall gezeichneten Stadt aber der historischen Realität? War sie tatsächlich die unbedeutendste der vier genannten ›Hauptstädte‹ des Regierungsbezirks? In den folgenden Abschnitten wird die Argumentation des Korrespondenzartikels vom August 1847 anhand heute verfügbarer Quellen überprüft.

Die Klassen- und Einkommenssteuer

Die Krisenjahre 1845 bis 1847 markierten den Höhepunkt des Pauperismus; der Korrespondenzartikel kann also nur als schlaglichtartige Beschreibung der Situation von 1847 gelten. Schlechte Ernten der Jahre 1845 und 1846 hatten — verstärkt durch Spekulationsinteressen des Handels — zu stark steigenden Getreide- und Kartoffelpreisen geführt, die große Teile der städtischen Bevölkerung unter die Hungergrenze zwangen. Die steigenden Lebensmittelpreise ließen die Nachfrage bei gewerblichen Produkten deutlich zurückgehen; daher war mit zeitlicher Verzögerung auch das Handwerk betroffen. Diese dramatische Verschlechterung der Existenzbedingungen vor Augen, rechnete der Verfasser für 1847 völlig zu Recht auch die *551 Familien, die bloß vom Tagelohn leben* (in der untersten Klasse mit 1 1/4 Silbergroschen monatlich veranlagt, aber unpfändbar), zu den zahlungsunfähigen. Der harte Kern der Armut war mit 128 Haushalten erheblich kleiner. Die krisenhafte Zuspitzung der Einkommensverhältnisse bei den unteren Schichten betraf dabei jedoch alle Städte Preußens und war keineswegs auf Herford beschränkt;[2] so erhielten beispielsweise 1849 in den größeren Städten Preußens im Durchschnitt zwischen 20% und 50% der Bevölkerung öffentliche Armenunterstützung.[3]

Doch auch außerhalb solcher Krisenjahre war das Problem städtischer Armut in der Mitte des 19. Jh. kein Herforder Spezifikum, wie ein Vergleich mit den drei anderen Städten des Regierungsbezirks anhand der Angaben zum Klassensteueraufkommen dieser Kommunen zeigt. Die Klassensteuer war laut Gesetz vom 30. Mai 1820 eine *klassifizierte Familien- und Personensteuer*, nach der *ohne genaues Eindringen in die Vermögensverhältnisse . . . die verschiedenen Klassen der Pflichtigen nach einer auf wenigen und leicht erkennbaren Merkmalen beruhenden Abstufung* zu veranlagen waren. Als *allgemeines Kennzeichen* der ersten, obersten Klasse genügte beispielsweise *der Besitz eines solchen Vermögens oder Gewerbes*, der es den Steuerpflichtigen ermöglichte, *eine bequeme und unabhängige Existenz* zu gewähren. 1851 wurde für diese erste Hauptklasse eine klassifizierte Einkommenssteuer eingeführt. Sie sah bei geschätzten Jahreseinkünften von 1 000 und mehr Talern eine Steuerhöhe von ca. 3% vor, für die anderen Hauptklassen blieb die alte Form der Besteuerung im wesentlichen erhalten. Aus der Ende 1858 erfolgten Steuerveranlagung ergibt sich folgende Tabelle:

Stadtbevölkerung von Herford, Paderborn, Bielefeld und Minden, gegliedert nach der Klassen-/Einkommenssteuerveranlagung für 1859[4]

		davon steuerfrei				es unterlagen der			
	Personen	Militär		Arme		Klassensteuer		Einkommenssteuer	
Herford	9726	331	3,4%	972	10,0%	8250	84,8%	173	1,8%
Paderborn	11051	363	3,3%	782	7,1%	9459	85,6%	447	4,0%
Bielefeld	12222	872	7,1%	1334	10,9%	9398	76,9%	618	5,1%
Minden	13587	1710	12,6%	643	4,7%	10565	77,8%	669	4,9%

Die Tabelle zeigt deutlich, daß Herford mit einem Anteil von 10 % an armenunterstützten Personen keine Sonderstellung einnahm, Bielefeld lag mit 10,9 % sogar leicht höher. Paderborn wies mit ca. 7 % einen geringeren, Minden sogar einen weitaus niedrigeren Anteil auf. Auch in anderen Jahren zwischen 1846 und 1866 waren in Herford nie mehr als 11 % der Bevölkerung armutshalber steuerbefreit, so daß kaum von einem besonders hohen Anteil städtischer Unterschichten ausgegangen werden kann.[5] Auch die Zahlen der in der untersten Stufe besteuerten Bevölkerung, die im Artikel des »Westphälischen Dampfbootes« 1847 zu den nicht Zahlungsfähigen gerechnet werden, unterschieden sich 1858 / 59 in den vier Städten kaum: Den 20,4 % in Herford standen Anteile von 21,8 % in Bielefeld, 21,7 % in Paderborn und 16,8 % in Minden gegenüber. Weitaus bemerkenswerter ist dagegen Herfords niedriger Prozentsatz an Einkommenssteuerpflichtigen und ihren Angehörigen, lediglich knapp 2 % der Bevölkerung verfügten jährlich über mehr als 1 000 Taler. In Paderborn waren es dagegen doppelt so viele, in Minden und Bielefeld war der Anteil mehr als zweieinhalbmal so hoch.
Herford unterschied sich in seiner Einkommens- und Vermögensstruktur in der Mitte des 19. Jh. also durch seine weniger besitzende Oberschicht von den anderen großen Städten des Regierungsbezirks, nicht durch erheblich höhere Verarmung. Berufe sowie Art der Einkünfte bei einkommenssteuerpflichtigen Personen zeigt folgende Tabelle:

Einkommensteuerpflichtige Herfords im Jahre 1852 (Jahreseinkommen: mindestens 1 000 Taler)[6]

Name, Beruf, Hausnummer	Jahres-Einkommen (geschätzt)	Einkommen aus Grundbes.-/Kapitalertrag	Einkommen aus Erwerbstätigkeit
Weihe, Dr. med., 245	3 800	1 200	2 600
Fr. Aug. Menge, Kaufmann, 757	2 500	520	1 980
Ludwig Beckhaus, Justizrath, 677	2 300	1 000	1 300
Wilh. Siekmann, Kaufmann, 89	2 300	2 000	300
von Borries, Landrath, 836	2 200	2 350	1 000
Joh. Brandorff & S., Zigarrenfabr., 18	1 800	100	1 700
Hoffbauer, Kreisgerichtsrath, 800	1 500	450	1 100
Schauenburg, Domainenrentmeister, 821	1 500	50	1 500
Galster, Staatsanwalt, 22	1 450	250	1 200
Beckhaus, Kreisgerichtsdirektor, 834	1 400	50	1 400
Manchen Weinberg, Kaufmann, 346	1 380	380	1 000
Rose, Bürgermeister, 238	1 360	410	1 000
Wilh. Koch, Kaufmann, 429	1 300	640	660
Friedr. Kulemann, Kaufmann, 105	1 300	350	950
Schemel, Rentier, 18	1 300	1 300	-
Leop. Consbruch, Kreissekretär, 629	1 200	1 600	600
Reimann, Bauinspektor, 797	1 150	250	950
Dr. Aschoff, Apotheker, 90	1 100	100	1 000

Name, Beruf, Hausnummer	Jahres-Einkommen (geschätzt	Einkommen aus Grundbes.-/Kapitalertrag	Einkommen aus Erwerbstätigkeit
Ernst Budde sen., Bäcker, 687	1 100	700	400
M.D. Ganz, Kaufmann, 633	1 100	700	400
Christian Klingenberg, Brauer, 705	1 100	540	460
Franz Klingenberg, Bäcker, 705	1 100	540	460
Kress sen., Schönfärber, 36	1 100	640	460
Herm. Matthias, Kaufmann, 520	1 100	320	780
Ernst Budde, Kaufmann, 658	1 000	100	900
Levi Elsbach, Kaufmann, 349	1 000	200	800
Engelbrecht, Gastwirt, 660	1 000	1 000	-
Ernst Grote, Kaufmann, 337	1 000	100	900
Hackmann sen., Rentier, 629	1 000	1 000	-
Fr. Hölscher, Stadtsekretär, 630	1 000	400	600
Höpker-Aschoff, Apotheker, 627b	1 000	100	900
Christian Kress, Kaufmann, 101	1 000	100	900
Ludwig Münter, Kaufmann, 709	1 000	100	900
Arnold Schultze, Justizrath, 801	1 000	400	800
Schönfeld, Fabrikbesitzer, 799	1 000	-	1 000
Stallforth, Fabrikbesitzer, 825	1 000	-	1 000
Stedefeder, Tabacksfabr., 696	1 000	600	400

Auffällig ist die hohe Zahl von Beamten unter den reichsten Herforder Bürgern. Sie machten die Hälfte der ersten zehn Steuerpflichtigen aus; zwei Kaufleute sowie ein Unternehmer, ein Rentmeister und ein Arzt gehörten außerdem dazu. Insgesamt verfügten zu etwa gleichen Teilen im Jahre 1852 über jährliche Einkünfte von mindestens 1 000 Talern: zwölf Kaufleute und ein Gastwirt, elf Beamte bzw. leitende Angestellte und acht Unternehmer bzw. reiche Handwerker. Diese Angaben verdeutlichen die Schwäche der Herforder Wirtschaft. Weder der Handels-, noch weniger der Gewerbebetrieb war kapitalkräftig genug, um über Einkünfte zu verfügen, die nennenswert über denen von Staatsdienern lagen, deren überwiegende Einnahmequelle ihre Besoldung war. So nahm sich das geschätzte Jahreseinkommen des reichsten Kaumanns Menge mit ca. 2 500 Talern geradezu bescheiden gegenüber den Summen aus, die den reichsten Bielefelder Kaufleuten zur Verfügung standen: diese lagen bei ca. 10 000 Talern und mehr.[7]

Die Gewerbesteuer

Der Gewerbesteuer unterlagen *der Handel, die Gastwirthschaft, das Verfertigen von Waaren auf den Kauf, der Betrieb von Handwerken mit mehreren Gehilfen, der Betrieb von Mühlenwerken, das Gewerbe der Schiffer, der Fracht- und Lohnfuhrleute, der Pferdeverleiher und diejenigen Gewerbe, die von umherziehenden Personen betrieben werden;* sie wurde in 12 Klassen veranlagt. Das platte Land und die Städte waren *nach Maaßgabe der Wohlhabenheit und Gewerbsamkeit* in vier Abteilungen eingestuft, in denen jeweils unterschiedliche Durchschnittssteuersätze galten. Bis 1848 gehörte Herford zusammen mit Bielefeld, Minden und Paderborn zur zweiten Abteilung, seit 1849 ebenso wie Gütersloh, Lübbecke, Vlotho und Wiedenbrück zur dritten.[8]

Zahl der gewerbesteuerpflichtigen Kaufleute und Handwerker in Herford, Paderborn, Bielefeld und Minden zwischen 1843 und 1864[9]

	Einwohnerzahl				Handel mit kaufmännischen Rechten (A)				Handel ohne kaufmännische Rechte (B)				Bäcker/Fleischer (D/E)				sonstige Handwerker (H)			
	HF	PB	BI	MI	HF	PB	BI	MI	HF	PB	BI	MI	HF	PB	BI	MI	HF	PB	BI	MI
1843	8 182	8 692	9 427	9 742	43	71	87	92	84	70	111	148	38	50	56	54	20	103	83	100
1846	9 082	9 135	9 922	10 670	45	74	95	108	85	66	113	147	41	46	56	50	22	100	83	113
1849	9 940	9 525	10 210	12 935	50	77	107	122	85	64	107	139	40	51	54	51	17	93	67	125
1852	10 109	11 017	11 277	13 636	57	83	117	129	88	69	100	156	39	54	53	54	17	111	62	129
1855	9 842	10 932	11 623	14 265	69	88	115	132	90	74	103	168	37	54	52	52	25	114	54	93
1858	9 923	11 167	12 661	14 189	85	92	122	140	93	75	114	176	38	56	53	52	58	110	67	88
1861	10 717	12 271	13 846	15 453	91	98	144	152	139	96	148	230	44	61	50	52	56	104	80	72
1864	11 346	11 931	16 523	17 527	101	102	184	168	148	113	185	256	47	62	59	52	62	106	117	79

In 21 Jahren wuchs die Bevölkerung in Bielefeld und Minden um ca. 75% bzw. 80%, in Paderborn und Herford um knapp 40%. Dieses Wachstum verlangsamte sich allerdings nach 1852 — verbunden mit dem endgültigen Zusammenbruch der Handleinen-

industrie — in allen genannten Städten bzw. verkehrte sich in einen leichten Rückgang. Herford erreichte sogar erst 1861 wieder eine höhere Bevölkerungszahl als 1852. Nur bei den größeren Kaufleuten der Kategorie A, zu denen auch Fabrikinhaber und Apotheker gerechnet wurden, übertraf das prozentuale Wachstum in allen vier Städten die Bevölkerungszunahme. Der Kaufleuteanteil an der Bevölkerung erhöhte sich dabei in Herford zwischen 1843 und 1864 von 0,5% auf 0,9% um mehr als 2/3, während er in den anderen Städten mit einer höheren Ausgangsbasis nur geringfügig anstieg (in Paderborn von 0,8% auf 0,9%, in Bielefeld und Minden von 0,9% auf 1,1% bzw. 1,0%). Die mittleren und kleinen Betriebe, besteuert in Kategorie B, wuchsen durchweg schwächer als die der großen Handelshäuser. Bäcker- und Fleischerbetriebe nahmen lediglich in Paderborn und Herford zu, bei den sonstigen gewerbesteuerpflichtigen Handwerkern war die Lage sehr uneinheitlich: Ein Vergleich der Jahreswerte zeigte noch stärkere Schwankungen als die Dreijahresdurchschnitte der Tabelle. Insgesamt wies Herford die geringste Dichte an besteuerten Handels- und Gewerbebetrieben auf, hatte allerdings als einzige Stadt einen beinahe in allen Tabellenkategorien steigenden Gewerbeanteil an der Gesamtbevölkerung. Dieses Gewerbewachstum Herfords im Spiegel der Steuerlisten erklärt sich freilich überwiegend aus der niedrigen Zahl besteuerter Betriebe zu Beginn des Zeitraums: Besonders die Gruppe der Handwerker sowie die Gruppe der Kaufleute mit kaufmännischen Rechten waren um 1843 deutlich niedriger besetzt als in den anderen Städten. Die Zahlen der steuerpflichtigen Händler nahmen sogar schon vor 1840 in Herford zu: von knapp 60 Betrieben der Kategorien A und B zu Beginn der 1820er Jahre auf zusammen 111 Betriebe im Jahre 1840. Auch die Gesamtzahl aller besteuerten Betriebe wuchs ständig.[10]

Verglichen mit den anderen, etwa gleichgroßen Städten hatte Herford zweifellos die geringste Bedeutung im Handels- und Gewerbebetrieb. Daß Herford *immer mehr der Verarmung entgegen* ging, kann durch diese Angaben jedoch nicht bestätigt werden. Nimmt man die Gewerbesteuerpflichtigkeit als Indikator für Betriebe, die ein zumindest mittelmäßiges Auskommen sicherten, so stieg deren Zahl in der Mitte des Jahrhunderts kontinuierlich. Bezogen auf den gewerblichen Anteil an der Bevölkerung — Herfords Einwohnerzahlen stiegen zwischen 1817 und 1840 von 6020 auf 7946[11] — wird man von einer Konsolidierung auf niedrigem Niveau ausgehen können.

Herford als Mittelzentrum

Welche Bedeutung hatte Herford in der ersten Jahrhunderthälfte als Stadt in der Region? Im 18. Jh. und in der ersten Hälfte des 19. Jh. war Ravensberg durch wachsende ländlich-heimgewerbliche Leingarn- und Leinwanderzeugung, starke Bevölkerungszunahme und steigende landwirtschaftliche Produktivität geprägt. Die dynamische Entwicklung des platten Landes ging mit dem Rückgang der städtischen Textilproduktion und bis zur Jahrhundertwende stagnierenden Einwohnerzahlen in den Städten einher. Während noch zu Beginn des Jahrhunderts Herford als Marktort für den überregionalen Leingarnabsatz Bedeutung gehabt hatte, wandelte sich bis zur Jahrhundertmitte die Funktion des Garnmarktes durch zunehmende Konkurrenz maschinengesponnener

Baumwollgarne völlig: Die exportorientierten Leingarnhandlungen gingen ein, in Herford wurde nur noch Garn für die Versorgung des näheren Umlandes gehandelt. Auch gelang es nicht, Bleichereien oder andere das Garn weiterverarbeitende Betriebe im großen Stil anzusiedeln.[12] So konsolidierte sich die Stadt lediglich als Gewerbestandort für den lokalen Markt, die Handels- und Dienstleistungsbetriebe versorgten die nähere Umgebung. Auch die in den dreißiger Jahren gegründete Maschinenspinnerei Schönfeld, Stallforth & Co. änderte daran zunächst wenig, da sie mit erheblichen Anfangsschwierigkeiten zu kämpfen hatte. Über die Wirtschaft hinaus hatte Herford für sein Umland natürlich auch kulturelle Bedeutung und wies ferner wichtige Verwaltungseinrichtungen auf: Um 1848 zählten hierzu das Gymnasium, eine Mittelschule sowie Stadt- und Landgericht, Zollamt, Kreisgefängnis und Zuchthaus.

Die beiden Karten zeigen die zentralörtliche Funktionsausstattung zur Jahrhundertmitte. Eine ordnet die wirtschaftliche Bedeutung der Orte, die andere stuft das gesamte Ensemble ihrer Verwaltungs-, Kultur-, Verkehrs- und Wirtschaftsfunktionen ein und bewertet die Entwicklung ihrer relativen Bedeutung seit 1800. Die Karten wurden für ganz Westfalen und Umgebung erstellt, abgedruckt sind hier nur Ausschnitte. In dieser Zeit hatten nur Münster und Düsseldorf die Position von ›starken höheren Zentren‹ (Stufe 2), lediglich Köln konnte als ›Großzentrum‹ eingestuft werden.[13]

Zentrale Orte im östlichen Westfalen

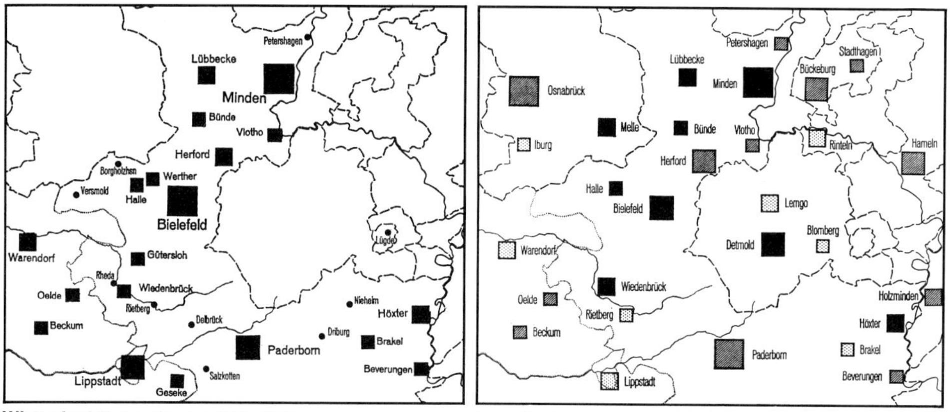

Wirtschaftliche Zentralität 1849

Entwicklung der zentralen Orte in ihrer relativen Bedeutung 1800-1850

Stufen der zentralen Orte
(Stand um 1848)

1 = Großzentrum

2 = Höheres Zentrum (stärker)

3 = Höheres Zentrum (schwächer)

4 = Mittelzentrum (stark)

5 = Mittelzentrum (normal)

6 = Mittelzentrum (schwach)

7 = Unterzentrum (stark)

zunehmend

etwa gleichbleibend

abnehmend

0 10 20 30 km

Quelle: H. H. Blotevogel, Zentrale Orte. Münster 1975. S. 94, 195

Wie aus der linken Karte ersichtlich, wird Herfords wirtschaftliche Bedeutung in der Mitte des Jahrhunderts deutlich schwächer als die von Bielefeld und Minden eingeschätzt, auch Paderborn rangiert noch eine Stufe höher. Gleichrangig mit Höxter, Lübbecke und Warendorf hatte Herford die Position eines ›normalen Mittelzentrums‹ inne. Auf der rechten Karte — unter Berücksichtigung aller, also auch der Verwaltungs-, Kultur- und Verkehrsfunktionen — nimmt die Stadt wie Bielefeld die Stellung eines ›höheren Mittelzentrums‹ ein. Waren die Sektoren im Falle Herfords ausgeglichen verteilt, lag Bielefelds dominante Funktion eher bei Handel und Handwerk, und zwar mit steigender Tendenz. Die Verwaltungsstadt Minden (seit 1817 Sitz des Regierungspräsidenten) und die Bischofsstadt Paderborn (seit 1817 Sitz eines Oberverwaltungsgerichts) werden — eine Stufe höher — als untere Oberzentren (Stufe 3) bewertet; Mindens Rang nahm in dieser Zeit leicht zu, Paderborn konnte ihn trotz des Verlusts seiner Residenzfunktion beibehalten.
Herfords Bedeutung für die Region war somit auf das nähere Umland begrenzt; es behauptete diese Position auch in der ersten Jahrhunderthälfte. Den nach wie vor ackerbürgerlichen Charakter der Stadt illustriert folgendes Zitat aus einem Schreiben des Bürgermeisters Rose vom 28. April 1835 an die Regierung in Minden. Über die Aussichten eines regelmäßigen Wochenmarktes in Herford heißt es:

... Die hiesigen Einwohner bestehen zum Größtenteil aus Grund- und Ackerbesitzern; denjenigen welche keine Grundstücke besitzen, ist ein vorzüglicher Gegenstand des Strebens sie zu erwerben ....
Es gibt daher keine gewöhnliche Bürgerfamilie, welche nicht wenigstens Gartenbau triebe und selbst unter den Beamten gibt es nur sehr wenige, welche nicht possessioniert sind, von diesen aber sind nur einzelne, welche es vorgezogen haben, ihre Bedürfnisse zum Teile anzukaufen, wozu es allerdings nicht an Gelegenheit fehlt. ...
Die wenigen Einwohner, welche nicht auskömmlich Winterfrüchte und Kartoffeln selbst bauen, finden überall billige Gelegenheit zum Ankauf und ohne Ausnahme ersteht jeder, der nicht zu den actuell Armen gehört oder dem augenblicklich nicht die Geldmittel fehlen, schon im Herbst die Vorräte an Holz, Korn, Kartoffeln, Gemüse usw., derer er bis zur neuen Ernte bedarf.
Ankauf jener Gegenstände zum täglichen Bedarf in kleineren Quantitäten ist hier nicht üblich und gilt, wo er in einzelnen Fällen stattfindet als ... Mangel von Mitteln und Sparsamkeit, (was nach der einmal herrschenden Ansicht nicht unwichtig ist).[14]

Das Bild der Stadt

Ein Blick auf den Alten Markt um 1845

Wie aber sah es nun in Herford zur Jahrhundertmitte aus? Wie spiegelte sich Herfords Bedeutung in seinen Straßen, was prägte das damalige Stadtbild? Einen guten Ausgangspunkt bietet das Titelbild dieses Buches, ein Ende der 1850er Jahre entstandenes Aquarell. Es gewinnt an Aussagekraft, wenn es mit Informationen aus den zeitlich nächstliegenden Quellen zur Gebäude-, Gewerbe- und Klassensteuer verknüpft wird.[15]
Bewohnt wurden diese sechs Häuser von den Haushalten des Kleinhändlers Frehe (627a), des Apothekers Höpker-Aschoff (627b), des Bäckers Hackmann und des Kreissekretärs Consbruch (629), des Polizeikommissars Hölscher (630), des Kaufmanns Ernst und der Pastorenwitwe Mumperow (632) sowie des Kaufmanns Ganz (633). Das Haus Nr. 627a unterlag einer Gebäudesteuer von 11 Talern jährlich, für Nr. 632 waren 28 Taler zu entrichten und alle anderen waren mit 42 oder mehr Talern eingeschätzt.[17]
Diese Steuern wurden nach einem den Nutzungs- und Verkehrswert klassifizierenden Gebäudeertrag in zwölf Stufen erhoben. 1845 waren von 795 steuerpflichtigen Herforder Wohnhäusern 40 (5%) in den höchsten Stufen mit 42 und mehr Talern veranlagt. Etwa ebenso viele waren wie Nr. 632 in der sechsten Stufe eingeschätzt (41), während 574, also beinahe 3/4 aller Wohnhäuser, in den untersten vier Stufen mit 11 Talern (wie Nr. 627a) oder weniger rangierten. Ihrer Gebäudequalität nach spiegeln die dargestellten Häuser des Alten Marktes also klar die herausgehobene Stellung dieses Platzes, wenn auch den großen, geräumigen und repräsentativen Gebäuden sich einige bescheidenere hinzugesellen.

Alter Markt (F.G. Müller, ca. 1858/60)[16]

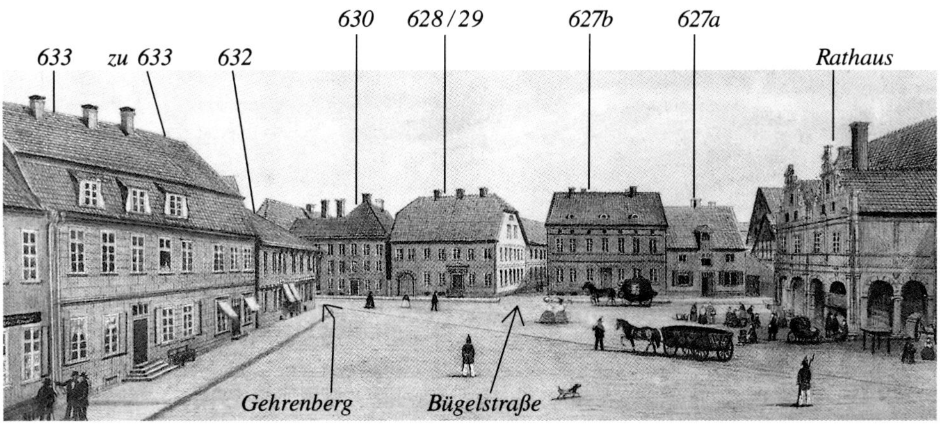

Wie setzten sich die Haushalte dieser Marktbewohner zusammen, wovon bestritten sie ihren Lebensunterhalt? Im Haus Nr. 632 — die Klasseneinteilung beschrieb diese Gebäude generell als *kleinere Häuser mit 2 Stock, wovon der oberste zum Vermiethen an eine kleine Familie in der Regel sich eignet* — wohnten im Haushalt des Kaufmanns Ernst neben seiner Ehefrau und drei kleinen Kindern zwei Dienstmägde und drei bei ihm beschäftigte Putzmacherinnen, alle nicht älter als 24 Jahre. Als mit *Putz- und Manufakturwaren* handelnder Kaufmann wurde er bis November 1845 in der Gruppe der *Kaufleute ohne kaufmännische Rechte*, danach *mit kaufmännischen Rechten* besteuert. Die Markisen an der Hausfront weisen auf seinen Ladenbetrieb hin. Auch im Haushalt der Pastorenwitwe Mumperow wurden zwei weibliche Gesindepersonen beschäftigt, eine *Demoisell* Struwe und die Dienstmagd Schäffer.

Im Eckhaus Nr. 628 / 29 des Bäckers Hackmann wohnte man dagegen weitaus großzügiger, zwei Haushalte mit je 8 Personen lebten dort. Derart besteuerte Gebäude wurden charakterisiert als *zweistöckige, regelmäßig aufgeführte und gut ausgebaute Häuser, mit einem Saal und mehreren guteingerichteten Zimmern; dazu an gelegen Straßen.* Auch wenn dieses Haus keinen Saal gehabt haben mag, wird allein aus der Beschreibung der krasse Qualitätsunterschied zu Nr. 632 deutlich, das Bild bestätigt dies ebenfalls. Dieses Haus wurde 1831 neu errichtet, zuvor waren zwei geringer besteuerte Gebäude (vorherige Nr. 628 und 629) abgerissen worden. Auf dem Bild ist an der linken, marktzugewandten Seite des Hauses ein großes Tor zu erkennen, das eine Deele oder Durchfahrt dahinter vermuten läßt: ein Hinweis auf den Bäckereibetreib. Nun verzeichnet die Einwohnerliste beim Haushalt Hackmanns allerdings auch drei Kühe, so daß der ackerbürgerlich geprägte Charakter Herfords selbst in solch bevorzugter Wohnlage hervortritt. Den Haushalt des Bäckers Hackmann bildeten der 72jährige Johann Hackmann, sein Sohn Ludwig mit Ehefrau und drei kleinen Kindern sowie zwei Dienstmägde. Bemerkenswert ist das Fehlen von Gesellen und Lehrlingen im Haushalt. Selbst im Lebensmittelhandwerk war zu dieser Zeit der Alleinmeisterbetrieb durchaus verbreitet. Von den 20 Bäckern Herfords im Jahr 1845 beschäftigten lediglich die Hälfte insgesamt 12 Gehilfen. Bei den Fleischern war die Situation noch krasser, in 11 Haushalten finden sich nur 4 Gesellen. Im Haus Hackmann wohnte auch der stellvertretende Landrat, Kreissekretär Consbruch, mit seiner Ehefrau und fünf Kindern zwischen 4 und 14 Jahren, in diesem Haushalt war eine Dienstmagd beschäftigt.

Im Nebenhaus Nr. 630 (Polizeikommissar Hölscher) lebte das Ehepaar mit seinem Sohn und zwei Mägden. Bei diesem Haushalt wird ebenfalls Vieh verzeichnet, zwei Schafe oder Ziegen — die Liste unterscheidet nicht näher — sind aufgeführt. Das Gebäude wurde in der dritten Steuerstufe mit 54 Talern veranlagt; auch auf dem Bild scheint es nicht so großzügig angelegt wie das Eckhaus Nr. 628 / 29.

Benachbart wohnte der Apotheker Höpker-Aschoff, sein Haus Nr. 627b war 1845 in der dritthöchsten Stufe mit 42 Talern besteuert. Er gehörte zu den wohlhabenderen Kaufleuten, hatte mit 24 Talern einen der höchsten Gewerbesteuerbeträge jährlich zu entrichten und wohnte mit Ehefrau und fünf Kindern, einem 26jährigen Gehilfen, einem 25jährigen Kindermädchen und einer 22jährigen Dienstmagd zusammen in einem Haushalt.

Im Bild rechts neben Höpker-Aschoff befand sich das Wohnhaus des Kleinhändlers Frehe, der mit Manufakturwaren handelte und in der Gruppe der kleineren Kaufleute besteuert wurde. Dieses Gebäude war in der viertletzten von 14 Klassen mit 11 Talern veranlagt. In dieser Stufe gab es damals immerhin 108 (13,6%) steuerpflichtige Wohnhäuser, *welche nebenher zum Ackerbetrieb benutzt ... werden*. Auch dieser Haushalt, der aus dem Ehepaar Frehe mit zwei Kindern und einem 16jährigen Knecht bestand, verfügte über Vieh: Die Liste führt eine Kuh auf.
Diese Beispiele von Haushalten in bevorzugter, repräsentativer Lage können, vergleicht man sie mit den auf die ganze Stadt bezogenen Daten, in manchen Punkten als durchaus charakteristisch gelten: Die überwiegende Familienform war die aus Eltern und Kindern bestehende Kleinfamilie; komplexere, über die Eltern-Kind-Konstellation hinausgehende Familienformen kamen fast überhaupt nicht vor. War von den Haushaltsvorständen am Alten Markt der mit der Familie seines verheirateten Sohnes zusammenlebende Bäcker Hackmann sen. (Nr. 628 / 29) die einzige Ausnahme, so gab es in der gesamten Stadt von 994 Familien mit Kindern lediglich 59, die durch weitere mitwohnende Verwandte ergänzt wurden. Auch wohnten äußerst selten fünf oder mehr Kinder bei ihren Eltern, noch nicht einmal bei jeder zehnten der 994 Familien war dies 1845 der Fall, der Durchschnitt betrug dort weniger als 2,5 Kinder. Über die durch zusammenwohnende Verwandte gebildeten Familien hinaus wurden die Haushalte — gemeint sind damit alle zusammenlebenden, gemeinsam konsumierenden Personen (vgl. Anm. 15) — noch durch beschäftigtes Personal, jedoch fast nie durch Inwohner ergänzt. Große und mittlere Gewerbetreibende wohnten zumeist mit ihren Gewerbegehilfen gemeinsam im Haushalt; in fast allen bessergestellten Familien lebten auch Gesindepersonen. Das Gesinde war überwiegend weiblich: 288 Dienstmägden standen 91 Knechte in 265 Haushalten gegenüber, wobei der Anteil der *Hausknechte* wohl ziemlich gering war. Knechte dürften größtenteils für agrarische bzw. gewerbliche Zwecke beschäftigt worden sein. Andererseits waren wiederum drei Putzmacherinnen wie im Haushalt des Kaufmanns Ernst nicht die Regel, die 297 Gehilfen in Handwerk, Handel und Gastwirtschaft waren überwiegend Männer.
Über die genannten Angaben hinaus mögen die Ziffern für die gesamte Stadt demonstrieren, wie hoch der Grad der Selbstversorgung zur Jahrhundertmitte in Herford war: Von den insgesamt 1400 Haushalten der Einwohnerliste verfügten 720, also mehr als die Hälfte, über mindestens ein Stück Vieh. Allerdings waren es nur in 166 Haushalten auch Kühe bzw. Pferde, in den anderen 554 lediglich Schafe oder Ziegen.

Die gesamte Stadt um 1845

Die Angaben zur Gebäudebesteuerung — fortgeschrieben auf den Stand des Jahres 1845 — erlauben einen ersten Überblick über die Wohnsituation in dieser Zeit.[18] Obwohl die Bevölkerung zwischen dem Zeitpunkt der ursprünglichen Aufnahme (1830) und 1845 um mehr als zehn Prozent zugenommen hatte,[19] blieb die Zahl der besteuerten Wohnhäuser in dieser Zeit nahezu konstant, sie sank sogar leicht von 801 auf 795. Lediglich 16 Neubauten entstanden in diesem Zeitraum, in kaum mehr als 30 Fällen kam es über-

haupt zu einer veränderten Gebäudebesteuerung. Spiegelt schon die dürftige Bautätigkeit den erwähnten Kapitalmangel der Stadt, so wird dieser noch deutlicher, wenn man auch hier die vier Städte des Regierungsbezirks miteinander vergleicht. Der Verkehrswert der Herforder Wohngebäude war äußerst gering: Während von Herfords Wohnhäusern lediglich 5% mit 42 und mehr Talern eingeschätzt wurden, waren in Bielefeld ca. 24% mit mehr als 40 Talern registriert. In Minden und Paderborn gehörten sogar ca. 30% der Wohnhäuser zu der Gruppe mit mehr als 40 Talern. Auch erreichten die höchsten Steuerstufen der anderen Städte deutlich größere Werte als in Herford.[20]
Auf der folgenden Karte 1 ist zunächst die deutliche Vorrangstellung der Durchgangsstraße von Bielefeld nach Minden abzulesen: Im Südwesten am Deichtor auf der Radewig beginnend machte sie schnell einen Knick nach Osten, um als Radewiger und Bäckerstraße zum Alten Markt zu führen. Nach Überquerung des Marktplatzes verlief sie über den Gehrenberg und die Höckerstraße zum Neuen Markt, danach auf geradem Wege weiter über die Lübberstraße im Nordosten der Neustadt bis zum Lübbertor. Ein großer Teil der höchstbesteuerten Wohnhäuser befand sich entlang dieses Weges; geringere Bedeutung hatten die Ausfallstraßen nach Lippe in Richtung Renntor (im Süden der Altstadt) und Berger Tor (im Osten der Neustadt). Die Steinstraße auf der Radewig, der Weg nach Enger, hatte keine vergleichbare Sonderstellung. Außerhalb dieser Hauptverkehrswege findet man hochbesteuerte Häuser nur noch auf dem Holland im Norden der Neustadt, auf der Radewig am Beginn der Löhrstraße in Richtung Norden und auf dem Gebiet der abteilichen Freiheit. Da die Freiheit jedoch weitaus weniger dicht besiedelt war als die anderen drei Stadtteile, fallen hier die Symbole nicht so stark ins Auge wie an den genannten Durchgangsstraßen. Dabei machten die sieben in den vier höchsten Stufen besteuerten Wohnhäuser der Freiheit immerhin dort mehr als 15% aller 42 Häuser aus, während es in den anderen Stadtteilen nie mehr als 5% aller Wohngebäude waren. Daß auf der Freiheit in den untersten drei Kategorien auch nur knapp 40% der Wohnhäuser veranlagt waren, verglichen mit ca. 60% in der restlichen Stadt, unterstreicht die bevorzugte Wohnlage in diesem Stadtteil.
Komplementär zu den hochbesteuerten Wohnhäusern der wenigen wohlhabenden Bürger, die wir an den großen Verkehrswegen und auf der Freiheit finden, lagen die kleinsten Wohnhäuser entlang der Mauern am Rande der Stadt und in der Rosen- sowie der Fidelenstraße (Querstraßen zwischen Creden- und Bergertormauerstraße, heute Berliner Straße). Insgesamt wurden 466 aller 795 besteuerten Wohnhäuser oder 58,6% im Jahre 1845 in den untersten drei Stufen mit 8 und weniger Talern jährlich veranlagt. Sie wurden etwa als *Wohnhäuser für 2 Tagelöhnerfamilien eingerichtet und von den Besitzern an solche vermiethet* (8 bzw. 5 Taler, 430 Häuser) sowie als die *aller kleinsten Häuschen mit einem Stübchen* (2,4 Taler, 36 Häuser) bei der Klassifizierung charakterisiert. Nach dem Abriß der alten Mauerreste in der zweiten Hälfte des 19. Jh. verlor der Bereich entlang des alten Stadtrandes dann durch Neubauten und Grünanlagen viel von seinem Armutscharakter.
Die Karte mit den Gebäudewerten Herfords zeigt, daß die Stadt in der Jahrhundertmitte durch die diagonal von Südwesten nach Nordosten verlaufende Durchgangsstraße Bielefeld-Minden mit Ballungspunkten im Bereich der Radewiger Kirche, am Alten und

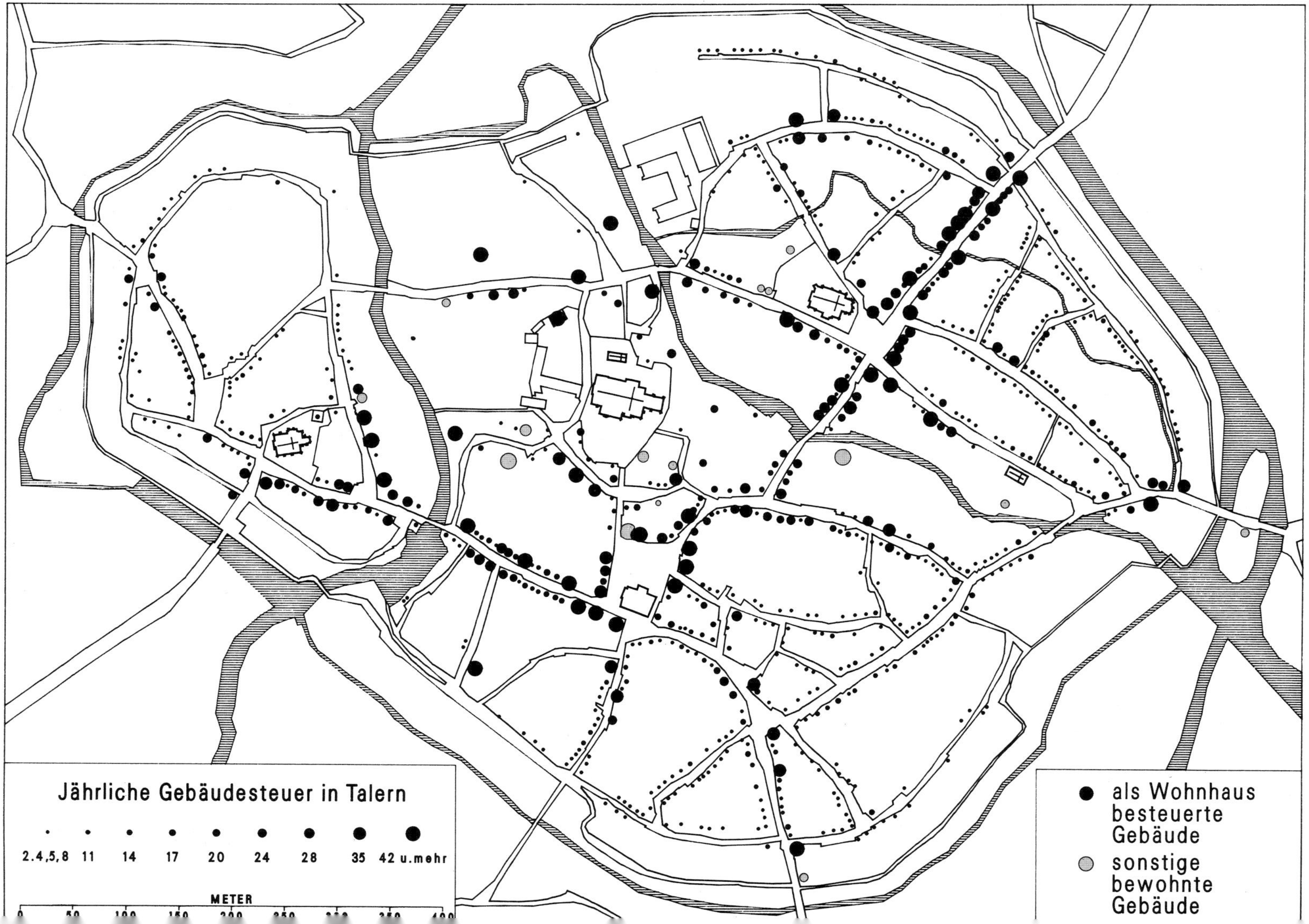
Jährliche Gebäudesteuer in Talern
2.4,5,8 11 14 17 20 24 28 35 42 u.mehr
METER
als Wohnhaus besteuerte Gebäude
sonstige bewohnte Gebäude

◁ *Karte 1: Gebäudewerte der Wohnhäuser in Herford 1845*

am Neuen Markt deutlich gegliedert wurde. Von dieser und den anderen Durchgangsstraßen entferntere Gebäude füllten dann das Stadtgebiet zu seinen Rändern hin mit den kleineren Häusern der ärmeren Bewohner bis an den Stadtrand auf, wobei die lockere Bebauung der Freiheit aus diesem Bild deutlich herausfällt.
Sieht man von den aufgelassenen Wällen einmal ab, so ist auch heute noch im südlichen Teil der Stadt der alte Straßengrundriß weitgehend erhalten, so daß es keine Mühe macht, Details der Karte von 1845 auch im gegenwärtigen Herforder Stadtbild zu lokalisieren. Im nördlichen Teil der Stadt ist jedoch die Orientierung durch die Verbindungsstraße vom Steintor im Westen zum Lübbertor im Osten wie durch zahlreiche Verwaltungsbauten erheblich erschwert. Anhaltspunkte bieten immerhin die Kirchen sowie der Verlauf von Aa und Bowerre. Auf dem Luftbild kann man außerdem relativ leicht den Weg des alten Stadtgrabens verfolgen; er umschließt auch heute noch die Radewig und ist im Süden der Altstadt, obwohl zugeschüttet, an der Bebauung gut zu erkennen. Schlecht zu lokalisieren ist dagegen der Verlauf der ebenfalls weitgehend zugeschütteten Bowerre. Aus der Luft betrachtet, bestimmt heute das burgähnliche Rathaus Herfords Stadtbild, daneben fallen die großen Verkehrsadern, drei große Parkhäuser sowie der Alte Markt ins Auge, dessen Rathaus bereits im vorigen Jh. abgerissen wurde.

Luftbild der Herforder Innenstadt 1989 (freigegeben vom RP Münster 747–1 [*89*]*)*

Gliedert man die Angaben der Einwohnerliste zur Zivilbevölkerung — Militärpersonen und deren Angehörige sowie Gefängnisinsassen wurden nicht erfaßt — nach den einzelnen Stadtteilen, so ergibt sich folgende Tabelle:

Personen, Haushalte und bewohnte Gebäude in Herford 1845 (Zivilbevölkerung)[20a]

	Neustadt		Altstadt		Radewig		Freiheit		Summe
Gebäude:	291	37,5%	323	41,6%	113	14,5%	50	6,4%	777
Haushalte:	517	36,9%	583	41,6%	217	15,5%	83	5,9%	1 400
Personen:	2 144	37,7%	2 334	41,0%	855	15,0%	356	6,3%	5 689

Berechnet man aus dieser Tabelle die durchschnittlichen Personenzahlen je Haushalt bzw. je Haus, werden die Unterschiede zwischen den Stadtteilen deutlicher: 4,3 Personen pro Haushalt und 7,1 Personen pro Haus wohnten damals auf der Freiheit, es folgten Neustadt (4,1 und 7,1 Personen), Altstadt (4,0 und 7,4 Personen) sowie die Radewig (3,9 und 7,6 Personen). Die günstigeren Wohnverhältnisse auf der Freiheit kommen durch größere Haushalte und geringere Hausbewohnerzahlen zum Ausdruck; dieser Befund entspricht der besonderen Stellung dieses Stadtbereichs bei der Gebäudebesteuerung. Bezogen auf die Gebäudewerte ergeben sich folgende Durchschnittszahlen, die von den gerade erwähnten erheblich nach oben und unten abweichen: In den Häusern der drei untersten Steuerstufen wohnten in 816 Haushalten 2 947 Personen, also etwa die Hälfte der Bevölkerung; durchschnittlich wurden ihre Haushalte aus 3,6 Personen gebildet. Dagegen lebten in den 66 Haushalten der höchstbesteuerten Häuser (die der obersten vier Stufen) 414 Personen: Ihre Haushalte waren mit durchschnittlich 6,3 Personen beträchtlich größer. Diese Gebäude boten im Durchschnitt 9,9 Personen Platz zum Wohnen, im Mittel lebten dort 1,6 Haushalte. Deutlich höher war dagegen die durchschnittliche Haushaltsdichte in den Wohnhäusern der drei niedrigsten Stufen: Fast immer teilten sich zwei Parteien den Wohnraum, insgesamt wohnten im Durchschnitt 6,8 Personen in jedem Haus.

In den allermeisten Fällen wiesen die größeren Haushalte in den besseren Häusern auch Gesindepersonal auf. In den kleineren Gebäuden aber war es kaum zu finden; jedoch wurden die geringeren Ziffern in den Wohnhäusern der Ärmeren ebenso durch die niedrigere Zahl der mit ihren Eltern zusammenlebenden Kinder beeinflußt. Gesinde und Gehilfen konzentrierten sich zudem keineswegs allein auf die höher besteuerten Häuser. Auch in den Gebäuden der mittleren Kategorien erforderte die Betriebsführung von Händlern und Handwerkern häufig die Anwesenheit und Mitarbeit mindestens einer familienfremden Person im Haushalt. Insgesamt herrschte die Form von Eltern-Kind-Familien vor, jedoch wurden immerhin 18,1% aller Haushalte aus alleinstehenden Haushaltsvorständen ohne eigene Kinder gebildet. In ca. 24% der Haushalte lebten ›unvollständige‹ Eltern-Kind-Familien, in denen entweder ein Elternteil oder die Kinder fehlten. Zusammen mit den 709 ›vollständigen‹ Kernfamilien machten sie 3/4 der Haushalte aus.

Zur Sozialtopographie der Stadt

Will man die Beschreibung der Herforder Zivilbevölkerung zum Herbst 1845 benutzen, um die Konsequenzen ökonomischer Ungleichheit für die Wohnsituation räumlich ins Bild zu bringen, so muß man auch nach Erwerbs- und Einkommensgruppen differenzieren. Auf vier Karten ist die Verteilung der Haushalte in Ober- und Unterschicht (Karte 2), der Handel treibenden Bevölkerung (Karte 3) und der Handwerksbetriebe (Karten 4a, 4b) dargestellt.

Auf Karte 2 gehören zur Oberschicht die großen Gewerbetreibenden (25 Haushalte), die höheren Beamten und Akademiker (44 Haushalte) sowie die von Kapital- oder Renteneinkünften lebenden, also nicht erwerbstätigen Personen (24 Haushalte). Gesondert markiert sind die 22 Haushalte, deren Vorstände im Jahr 1852 der Einkommensteuer unterlagen (vgl. Tabelle oben).[21] Die Gruppe der Unterschicht bilden alle 80 Handwerksgesellen, die einen eigenen Haushalt führten, 264 Handarbeiter- und Spinnerinnenhaushalte sowie 119 derer, die durch Armengeld unterstützt wurden; letztere sind von den sonstigen Unterschichthaushalten durch ein anderes Kartensymbol unterschieden.[22] Die Symbolgrößen der Karte 2 beziehen sich auf die Personenzahl in den Haushalten. Deutlich erkennbar sind die großen Haushalte der Oberschicht auf die Durchgangsstraßen und das Gebiet der Freiheit konzentriert. Am Rand der Stadt, an den Mauern, aber auch in Querstraßen der Neustadt (Rosen- und Fidelenstraße) sowie im Süden der Altstadt (Johannis- und Lessingstraße) lagen die kleineren Haushalte der Unterschicht. Jedoch gab es auch zahlreiche kleinere Haushalte in der Gruppe der Oberschicht, nämlich die Haushalte der nicht Erwerbstätigen mit einem hohen Anteil von verwitweten Frauen: Durchschnittlich lebten dort 2,9 Personen, Ehepaare wohnten in lediglich 4 der 24 Haushalte, alle übrigen Haushaltsvorstände waren alleinstehend. Völlig anders war die Wohnsituation bei den großen Gewerbetreibenden; zu ihnen gehörten die reichen Kaufleute, die Spinnfabrikbesitzer Schönfeld und Stallforth, die beiden Apotheker Aschoff und Höpker-Aschoff sowie der größte Gastwirt Engelbrecht. Ihr Gewerbesteueraufkommen betrug 30 oder mehr Taler im Jahr. Bis auf wenige Ausnahmen waren sie der jeweils einzige Haushalt im Haus; sie beschäftigten durchschnittlich 3,9 Personen als Gesinde und Gehilfen. Mit ihnen lebten im Mittel 3,4 Kinder, der Durchschnitt dieser Haushalte betrug 9,4 Personen. Die übrige Oberschicht, zu der die höheren Beamten (Landrat, Gerichts- und Zuchthausdirektoren, Gymnasiallehrer usw.), Pastoren und Ärzte rechnen, lebte in weniger großen Haushalten. Durchschnittlich 5,7 Personen wohnten dort, davon waren ca. 2,3 Kinder; jeder zweite Haushalt teilte sich das Haus mit weiteren Parteien. Auch in den großen, hochbesteuerten Wohnhäusern — der durchschnittliche Steuerbetrag von Gebäuden mit Oberschichthaushalten betrug ca. 42 Taler — unterschieden sich die Haushalte also erheblich. Je nach Form der Erwerbstätigkeit wohnten dort auch Gesindepersonen oder Gehilfen. Die benachbarten Gebäude Nr. 660 und Nr. 662 in der Bäckerstraße an der südwestlichen Ecke des Alten Marktes sind dafür ein gutes Beispiel. Im Eckhaus Bäcker- / Clarenstraße befand sich das Hotel Berlin des Gastwirts Engelbrecht, mit 54 Talern in der dritthöchsten Steuerstufe eingeschätzt.

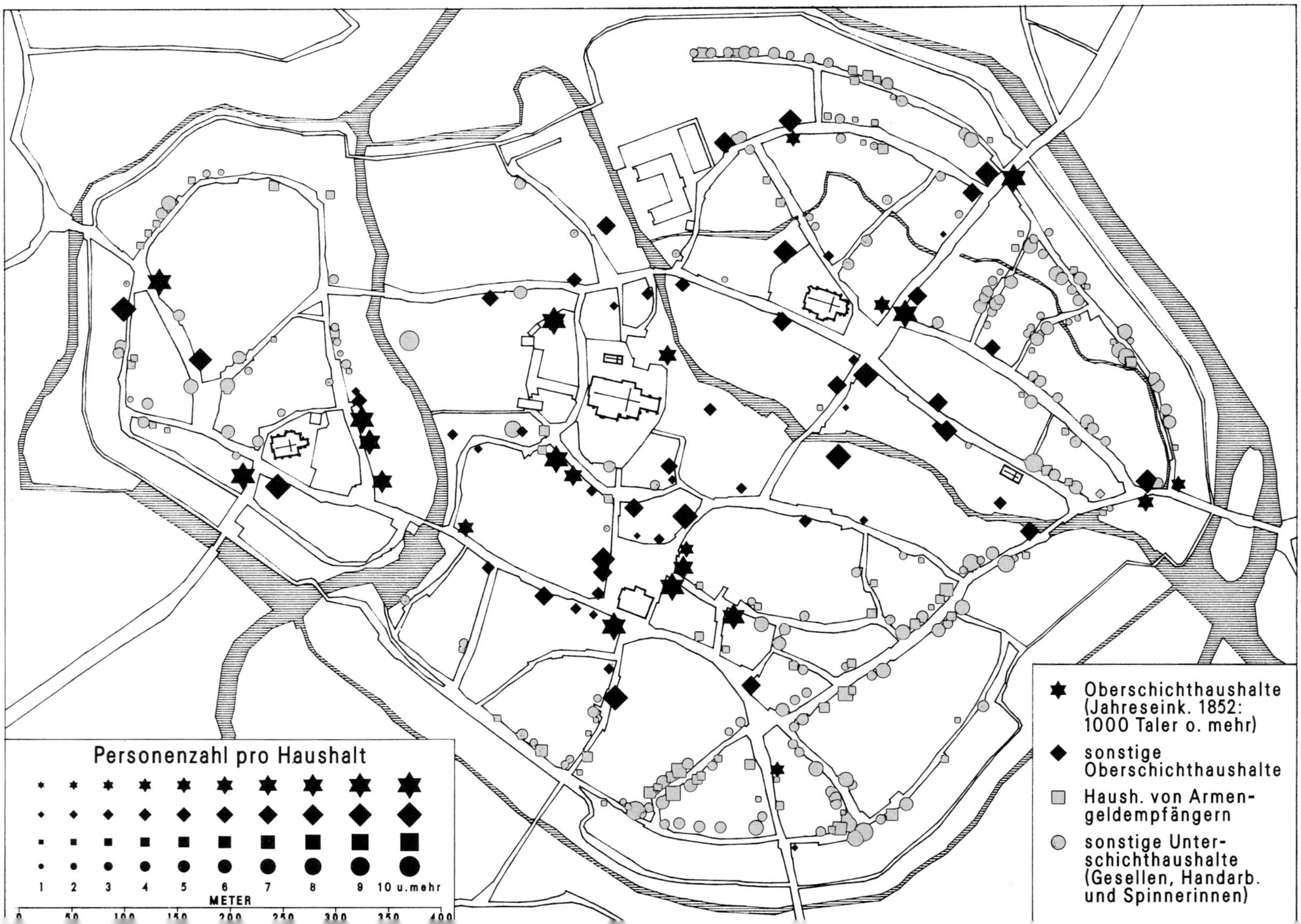
Personenzahl pro Haushalt
1
2
3
4
5
6
7
8
9
10 u. mehr
METER
0
50
100
150
200
250
300
350
400
Oberschichthaushalte (Jahreseink. 1852: 1000 Taler o. mehr)
sonstige Oberschichthaushalte
Haush. von Armengeldempfängern
sonstige Unterschichthaushalte (Gesellen, Handarb. und Spinnerinnen)

◁ *Karte 2: Ober- und Unterschichthaushalte in Herford 1845*

Im Haushalt des Gastwirtes — Wohn- und Betriebsstätte in einem — lebten: das Ehepaar Engelbrecht, seine 10 Kinder (zwischen 3 und 20 Jahre alt), eine Mutter und eine Schwester sowie eine Köchin, ein Kellner, ein Knecht und drei Dienstmägde, insgesamt also 20 Personen. Links daneben im Haus Nr. 662, mit 72 Talern noch eine Stufe höher veranlagt, wohnten jedoch bloß vier Personen. Zwei alleinstehende Frauen mit je einer Magd bildeten zwei Zwei-Personen-Haushalte: das 47jährige *Fräulein* Thugendreich von der Golz und das 51jährige *Fräulein* Charlotte Bornemann.

Ebenso deutlich waren die Unterschichthaushalte durch ihre schlechte ökonomische Lage gekennzeichnet: In Häusern, die mit ca. 7 Talern besteuert waren, teilten sich fast drei Parteien den geringen Wohnraum, die durchschnittliche Personenzahl betrug 3,5. Nur wenige Kinder lebten mit ihren Eltern zusammen, im Durchschnitt konnten nur 1,6 Kinder im Haushalt versorgt werden. In der Regel werden beide Ehepartner in häufig wechselnden Beschäftigungsverhältnissen tätig gewesen sein, um den Lebensunterhalt der Familie zu sichern. Sobald einer der Eheleute durch Tod oder Trennung diese Funktion nicht mehr ausüben konnte, war das Auskommen bedroht: In der Gruppe der insgesamt 119 Unterstützungsbedürftigen gab es 88 alleinstehende Haushaltvorstände, also knapp 75 %; 45 von ihnen hatten Kinder im Haushalt zu versorgen. Ein besonders extremes Beispiel für die bedrängte Wohnsituation der Herforder Unterschicht war das Haus Nr. 561 am westlichen Ende der Lessingstraße. In einem mit 8 Talern besteuerten Gebäude, laut Klassifikation *für 2 Tagelöhnerfamilien eingerichtet und ... vermiethet*, wohnten 27 Personen in sieben Haushalten: Ein *Ausrufer* oder *Bekanntmacher* mit Ehefrau und fünf Kindern; drei Handarbeiterehepaare mit einem, zwei, bzw. sechs Kind(ern); ein *Seiler und Handarbeiter* mit seinem 20jährigen Sohn, ebenfalls als *Seiler und Handarbeiter* bezeichnet; eine 44jährige Witwe mit einer 17jährigen Tochter; eine alleinlebende Ehefrau, deren Mann gerade Soldat war. Der Haushalt des *Ausrufers*, zwei Handarbeiterfamilien mit zwei und sechs Kindern sowie die Witwe mit ihrer Tochter erhielten Armengeld. Insgesamt zählten zu den Unterstützungsempfängern allerdings nicht viele kinderreiche Familien: Nur in neun der 119 Haushalte lebten vier oder mehr Kinder. Dagegen war die Situation der Witwe mit ihrer Tochter durchaus typisch: 40 der 45 alleinstehenden steuerbefreiten Personen, die mit eigenen Kindern zusammenwohnten, waren Mütter, in 77 der 119 Haushalte war der Haushaltsvorstand eine Frau.

Karte 3 zeigt die räumliche Verteilung des Handels in Herford, die Symbolgrößen geben die Zahl der arbeitsfähigen Personen (14 Jahre und älter) im Haushalt an. Leicht zu erkennen ist, daß Handelsbetriebe und Gastwirtschaften auf der Freiheit fast völlig fehlten. Es erstaunt kaum, daß große wie kleine Kaufleute die Lage an den Durchgangsstraßen bevorzugten, ebenso die Gast- und Schankwirte; allerdings verteilten sich auch zahlreiche kleinere Händler auf die Randbereiche der Stadt.[23] Die vierte Gruppe, die umherziehenden Trödler und Tauschhändler wohnten abseits der großen Verkehrswege; kartiert sind alle 47 Gewerbebesteuerten, die durch Umherziehen Handel trieben und mit acht oder weniger Talern jährlich besteuert wurden. Diese Gruppe, insbesondere die *Tauscher*, hatte einen deutlichen Schwerpunkt im südlichen Teil der Altstadt, in der

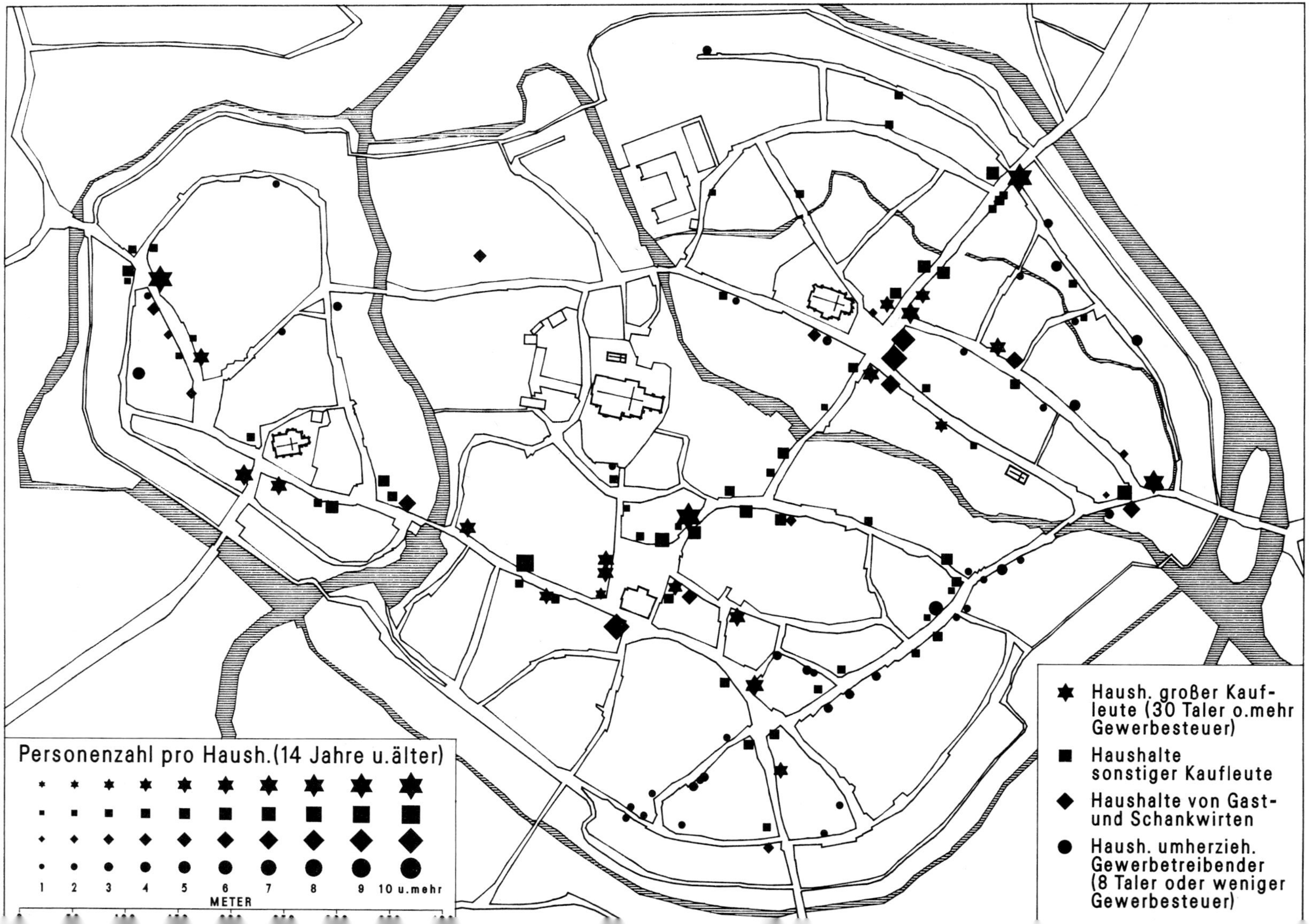
Personenzahl pro Haush. (14 Jahre u. älter)
1 2 3 4 5 6 7 8 9 10 u. mehr
METER
Haush. großer Kaufleute (30 Taler o. mehr Gewerbesteuer)
Haushalte sonstiger Kaufleute
Haushalte von Gast- und Schankwirten
Haush. umherzieh. Gewerbetreibender (8 Taler oder weniger Gewerbesteuer)

◁ *Karte 3: Haushalte der Händler und Gastwirte*

Johannis- und Lessingstraße. Tauschhändlern war der Gewerbeschein ausgestellt, um *Lumpen und Hede zu sammeln,* und *gegen Semmeln, Dochtgarn, Radschnüre, linnen Band, Häringe, ordinaires irdenes Geschirr, grobe hölzerne Waaren* zu tauschen, *und mit frischem Obst und wollenen Strickgarn zu handeln.*[24] Sie schafften für die Spinnerei Schönfeld, Stallforth & Co. das Rohmaterial herbei.
Trödler- und *Tauscher*haushalte bestanden zu fast 80% aus Eltern-Kind-Familien, familienfremde Personen sind fast nie in diesen Haushalten zu finden. Von den durchschnittlich 4,6 Haushaltsmitgliedern waren ca. 2,6 Personen 14 Jahre und älter. Die Kaufleute und Gastwirte hatten dagegen erheblich höhere Zahlen arbeitsfähiger Haushaltsmitglieder. Ihren Betrieben standen im Durchschnitt 6,9 (große Kaufleute), 5,0 (Gast- und Schankwirte) und 3,7 (kleine Kaufleute) Arbeitskräfte zur Verfügung. Davon waren durchschnittlich 1,7 Personen bei den Gastwirten und 1,1 Personen bei den kleinen Kaufleuten Gesindepersonal bzw. Gehilfen, 4,0 Personen dagegen bei den großen Kaufleuten. Das bedeutet, daß die Zahl mitarbeitender Familienmitglieder in der Gruppe der Gast- und Schankwirte am höchsten war: Sie bewirtschafteten mit durchschnittlich 3,3 Verwandten ihre Betriebe. Da auch dort mit ca. 70% die Eltern-Kind-Familien ohne weitere mitwohnende Angehörige die Regel waren, konnte mehr als ein Kind im elterlichen Haushalt tätig werden.
Die Karten 4a/4b enthalten Angaben über Arbeitskräfte und Steuerpflicht bei den Handwerkern. Alle Betriebe, wo Gesellen oder Lehrlinge zusammen mit dem Inhaber wohnten, sind auf Karte 4b verzeichnet; alle Haushalte, in denen familienfremde handwerkliche Hilfspersonen fehlen, sind in Karte 4a aufgeführt. Bäcker- und Fleischerbetriebe der bis 1844 mahl- und schlachtsteuerpflichtigen Stadt unterlagen immer der Gewerbesteuer, während sonst Betriebe nur aufgrund der Beschäftigung von mehr als zwei Hilfspersonen oder durch das Führen eines *offenen Ladens* gewerbesteuerpflichtig waren. Die städtischen Weber wurden besteuert, sofern sie drei oder mehr Webstühle in Betrieb hatten. Nur 80 von 376 Handwerkerhaushalten unterlagen der Gewerbesteuer. In diesen 376 Haushalten lebten 207 Gesellen und Lehrlinge, allerdings nur 88 von ihnen in den besteuerten Betrieben. Kleinbetriebe waren die Regel. Die zeitgenössischen Klagen über die Kümmerexistenz vieler selbständiger Handwerker sind Legion, das Ausmaß ihrer tatsächlichen Notlage ist durch die neuere geschichtswissenschaftliche Forschung bestätigt.[25] In Herford waren die Wohnverhältnisse abseits des Durchgangsweges zwischen Bielefeld und Minden durchweg ärmlich; kleine Haushaltsgrößen überwogen. Das ›Alte Handwerk‹, wo Meisterfamilie, Gesellen und Lehrlinge gemeinsam arbeiteten und wohnten, war in Herford zur Jahrhundertmitte höchst selten noch Realität, — doch keineswegs infolge ›modernerer‹ Betriebsformen, sondern wegen der schlechten ökonomischen Lage dieser Betriebe. So beschäftigten bloß zwei Maurer- und zwei Zimmereibetriebe sowie eine Lohgerberei sechs oder mehr Gesellen und Lehrlinge; in keinem der Fälle wohnten die Gehilfen im Haushalt des Betriebsinhabers. Ansonsten kam es nur selten vor, daß Gesellen nicht im Meisterhaushalt lebten, so bei drei Färbereien, einem Fleischer, einem Schneider sowie einem weiteren Maurer.

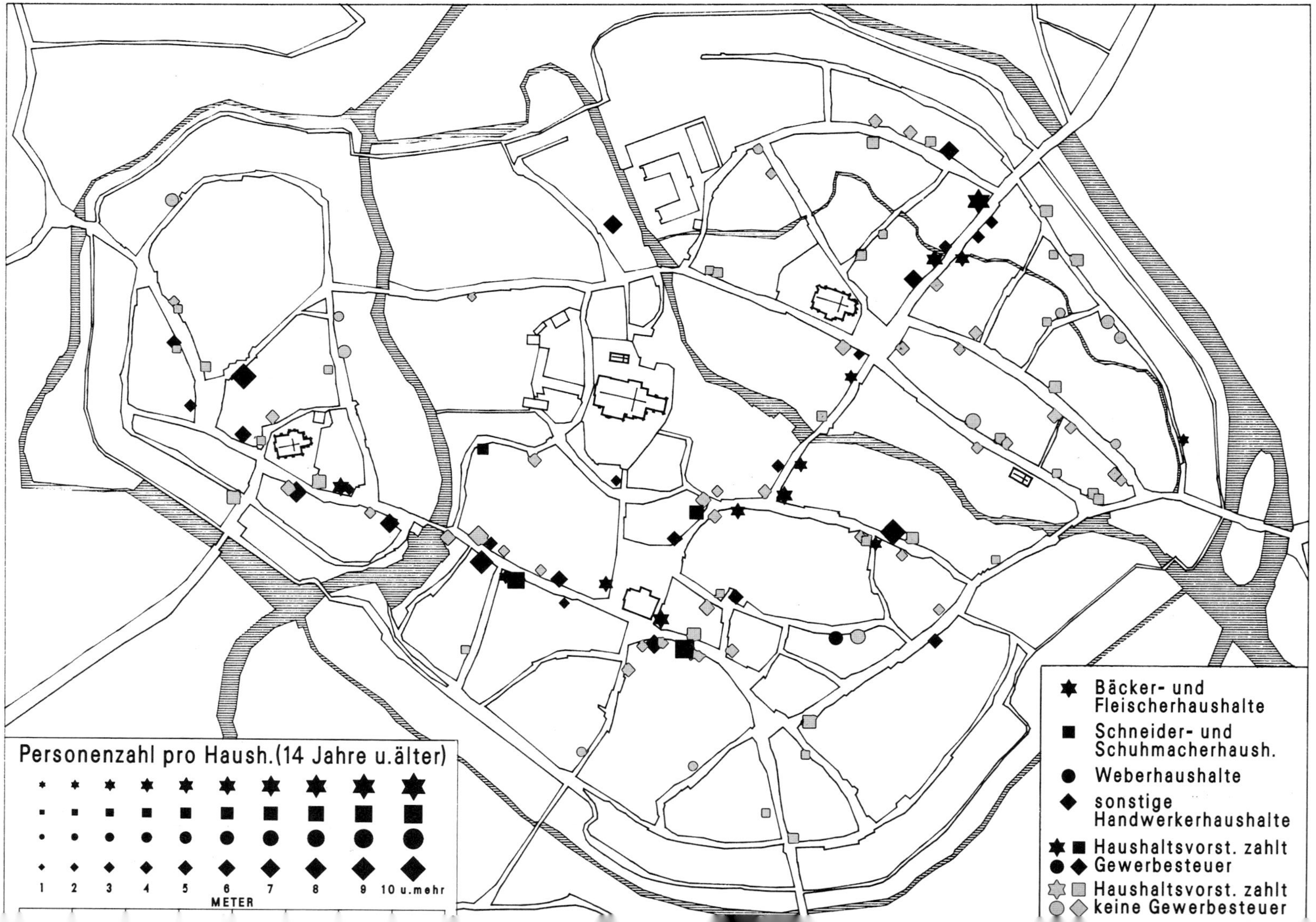

Personenzahl pro Haush.(14 Jahre u.älter)
1 2 3 4 5 6 7 8 9 10 u.mehr
METER
Bäcker- und Fleischerhaushalte
Schneider- und Schuhmacherhaush.
Weberhaushalte
sonstige Handwerkerhaushalte
Haushaltsvorst. zahlt Gewerbesteuer
Haushaltsvorst. zahlt keine Gewerbesteuer

◁ *Karte 4a: Handwerkerhaushalte ohne Gesellen und Lehrlinge*

Durch die Form der Gewerbebesteuerung bedingt, gibt es auf der Karte 4a nur wenige Symbole für Haushalte, deren steuerpflichtige Betriebsinhaber ohne Gesellen und Lehrlinge wohnten. Diese Haushalte beschränkten sich auf 18 Alleinmeisterbetriebe der Bäcker und Fleischer, 5 Bauhandwerker und einen Lohgerber, ihre Handwerksgehilfen bildeten eigene Haushalte. Weiter waren es diejenigen 13 Handwerker, die ihre Waren im Ladenbetrieb verkauften oder Lager hielten und deshalb als Kleinhändler besteuert wurden. Sie wirtschafteten nahezu ohne Gesellen und Lehrlinge: sechs *Tabacksspinner* (Tabakwickler) sowie jeweils ein Drechsler, Nagelschmied, Optiker, Posamentierer, Schneider, Seifensieder, Zichorienfabrikant. In sämtlichen gewerbesteuerpflichtigen Haushalten ohne Gesellen und Lehrlinge war auch wenig Gesinde beschäftigt: Durchschnittlich eine familienfremde Person wohnte dort. Das Gesindepersonal war überdies auf Lebensmittelbetriebe, *Tabacksspinner* und diejenigen Handwerkerhaushalte beschränkt, deren Betriebsorganisation zu einer Trennung der Arbeits- und Wohnbereiche geführt hatte. Der Arbeitskräftebedarf jener steuerpflichtigen Handwerkerhaushalte, die Wohn- und Arbeitsstätte vereinten, gleichwohl ohne Gesellen oder Lehrlinge lebten, wurde offensichtlich auch durch arbeitsfähige Kinder gedeckt. Besonders deutlich scheint dies bei den Bäckern und Fleischern der Fall gewesen zu sein: Im Durchschnitt standen 4,3 Arbeitskräfte in diesen Haushalten zur Verfügung, davon waren lediglich durchschnittlich 1,1 Personen als Gesinde beschäftigt. Da nur vier dieser 18 Haushalte einen alleinstehenden Haushaltsvorstand hatten, wohnte im Schnitt mehr als ein arbeitsfähiges Kind im Haushalt seiner Eltern.
Die Symbole für die Haushalte unbesteuerter Handwerker ohne Gesellen und Lehrlinge sind durchschnittlich noch kleiner; dort standen selten mehr Personen als das Handwerkerehepaar selbst als Arbeitskräfte zur Verfügung. 2,4 Personen betrug der Durchschnitt der über 14jährigen; beschäftigtes Gesinde kam fast überhaupt nicht vor. Die Wohnhäuser dieser Haushalte waren im Schnitt mit ca. 8 Talern besteuert und lagen überwiegend abseits der Durchgangsstraßen. Diese Gruppe unbesteuerter Haushalte ohne mitwohnende Gewerbegehilfen wird mitunter auch außerhalb ihres Handwerks tätig gewesen sein. Da die bloße Berufsbezeichnung in der Einwohnerliste — etwa *Tischler* — nichts darüber aussagt, ob der in Frage kommende Haushalt sein Einkommen durch selbständigen Handwerksbetrieb oder aber durch Tagelohntätigkeit erwarb, kann über die Form der Erwerbstätigkeit keine zuverlässige Aussage gemacht werden. Insbesondere viele der Schneider und Schuhmacher werden längst nicht mehr als Handwerker tätig gewesen sein, da 1845 die Gewerbesteuerliste 72 unbesteuerte Betriebe dieser Art aufführt, die Einwohnerliste aber 119 Haushaltsvorstände mit diesen Berufen verzeichnet. Bei allen anderen Zahlenangaben über nicht gewerbesteuerpflichtigen Handwerksbetrieb — läßt man die Weber unberücksichtigt — kommen jedoch kaum Unterschiede zu den Berufsnennungen der Einwohnerliste vor. Die räumliche Verteilung dieser existenzbedrohten Alleinmeister-Haushalte zeigt kaum Symbole in den Wohngegenden der Unterschicht (vgl. Karte 2), die an der Stadtmauer gelegenen Randlagen wurden deutlich gemieden. Wenn auch in einigen Straßen die Haushalte der Unter-

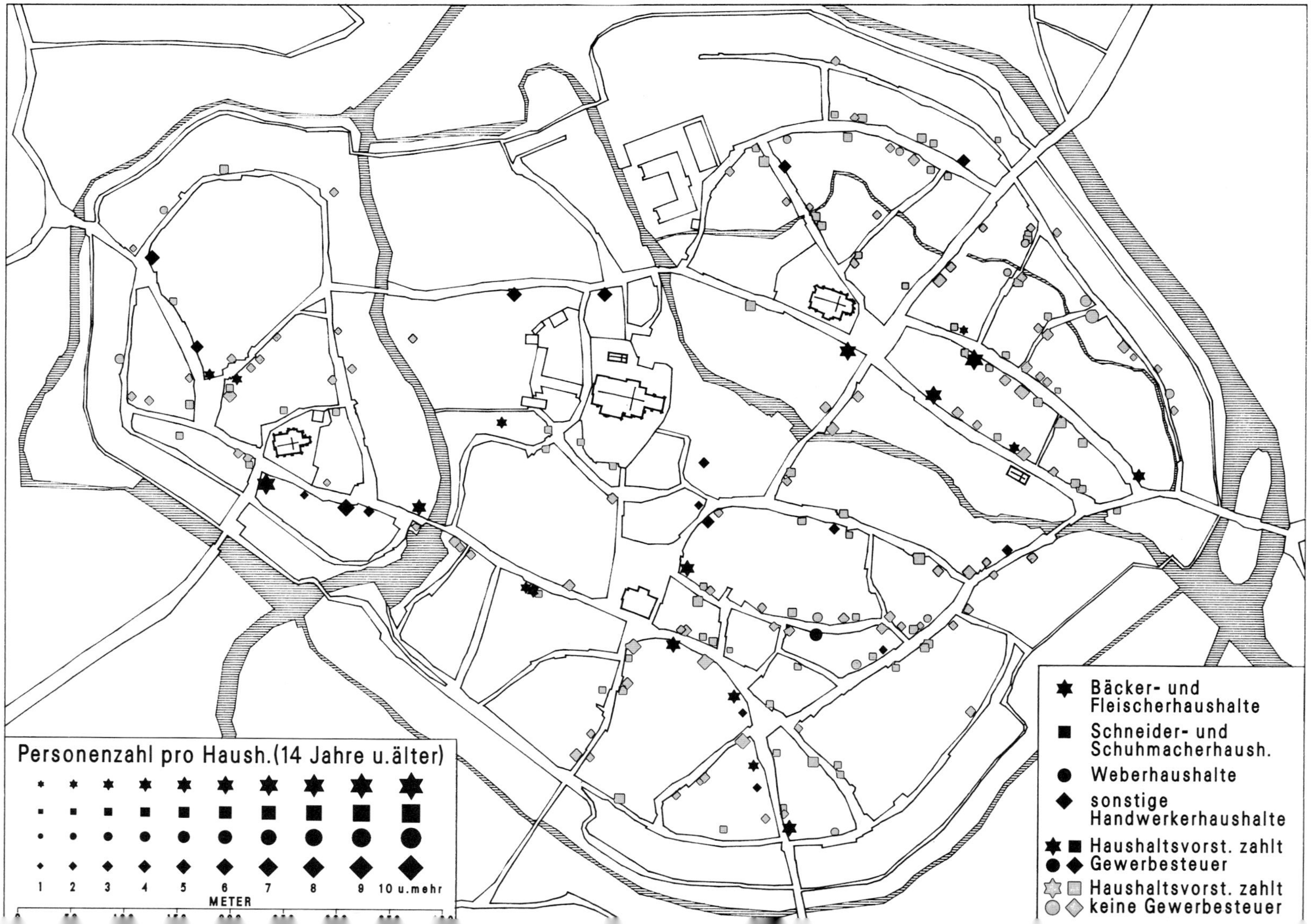
Personenzahl pro Haush.(14 Jahre u.älter)
1 2 3 4 5 6 7 8 9 10 u.mehr
METER
Bäcker- und Fleischerhaushalte
Schneider- und Schuhmacherhaush.
Weberhaushalte
sonstige Handwerkerhaushalte
Haushaltsvorst. zahlt Gewerbesteuer
Haushaltsvorst. zahlt keine Gewerbesteuer

◁ *Karte 4b: Handwerkerhaushalte mit Gesellen oder Lehrlingen*

schicht in enger Nachbarschaft zu denen der kleinen Handwerker, besonders der Schuhmacher und Schneider, zu finden sind, so gab es doch Bereiche, die nicht von den unteren Schichten, wohl aber von Handwerkern bewohnt wurden: in der Creden- und Komturstraße der Neustadt, in der Brüder-, der Triben- und Rennstraße der Altstadt sowie entlang der Durchgangsstraße von Bielefeld nach Minden.
Dieses Bild räumlicher Trennung verstärkt sich durch die Haushalte von Handwerksbetrieben, in denen Gesellen oder Lehrlinge lebten (Karte 4b). Die meisten Symbole konzentrieren sich auf die Durchfahrtswege, fast keine Markierung findet sich am Stadtrand oder in den armen Gegenden. Da auch diese Handwerker in Häusern wohnten, die noch im unteren Bereich der Gebäudebesteuerung lagen, wird man den Grund dieser Trennung wohl eher bei Erfordernissen der Betriebsführung oder im handwerklichen Selbstverständnis vermuten dürfen als in existenzsicherndem Wohlstand.
Auch diese Haushalte hatten relativ bescheidene Betriebsgrößen. Die Durchschnittszahlen der beschäftigten Gesellen und Lehrlinge lagen in allen vier Gruppen deutlich unter zwei Personen: Über ca. 1,2 Gewerbegehilfen verfügten die Lebensmittelhandwerker, die übrigen Betriebe beschäftigten zwischen 1,6 und 1,8 Personen als Gesellen oder Lehrlinge. Der Durchschnitt der Gebäudesteuerwerte lag bei ca. 9 Talern in den Gruppen der Schuhmacher und Schneider sowie der Weber. Nur bei den Bäckern und Fleischern überschritt das Gebäudebesteuermittel knapp 20 Taler, in der Gruppe der restlichen Handwerker lag es bei ca. 14 Talern.
Besonders die besteuerten Handwerksbetriebe, sogar drei der vier Schumacher und Schneider, finden sich an den großen Verkehrswegen; diese Haushalte bewohnten dort in der Regel die Häuser allein. Sie boten durchschnittlich 5,8 Menschen Arbeit, von denen ca. drei Gesindepersonen oder Handwerksgehilfen waren. Auch in diesen Haushalten war die Eltern-Kind-Familie vorherrschend, nur fünfmal standen diesen Haushalten Alleinstehende vor und ebenfalls nur in fünf der 43 Familien lebten Eltern und Kinder zusammen mit weiteren Verwandten. Die durchschnittliche Kinderzahl lag in den Handwerkerhaushalten aller Gruppen zwischen 1,5 und 2,2; lediglich die Lebensmittelhandwerker, die keine Gesellen oder Lehrlinge beschäftigten, hatten mit 2,9 einen deutlich höheren Durchschnittswert.

Zusammenfassung

Zieht man Bilanz, so bot Herford in der Jahrhundertmitte weder ein besonders armseliges Bild, noch das eines besonderen Wohlstandes. Mit starken ackerbürgerlichen Elementen versehen, hatte die Stadt während der ersten Jahrhunderthälfte lediglich Bedeutung für ihr näheres Umland. Im Lauf der ersten Industrialisierungsphase wurde Herfords Stellung im Vergleich zu Bielefeld eher noch schwächer, gegenüber Minden und Paderborn verbesserte sie sich leicht. Das Straßenbild, soweit es sich heutiger sozialtopographischer Analyse erschließt, bot noch in der Jahrhundertmitte den Eindruck einer Mittelstadt frühneuzeitlicher Prägung; es hatte sich über Jahrhunderte hinweg in

Städten dieses Typs kaum verändert. Soziale Ungleichheit strukturierte das Stadtbild nach vorindustriellem Muster: Die Durchgangsstraßen bildeten die Hauptachsen — bevorzugt von der Oberschicht bewohnt —, am Stadtrand lebte die Unterschicht, und handwerkliches Kleinbürgertum verteilte sich auf den Rest der Stadt.[26] Auch die soziale und wirtschaftliche Situation der Stadtbevölkerung wies keine Besonderheiten auf. Herford hatte zu dieser Zeit kaum Bedeutung als Fernhandelsstadt, seinen Kaufleuten stand wenig mehr Kapital zur Verfügung als einem großen Teil der höheren Beamten, und große Kapital- oder Grundbesitzer gab es nicht. Die Einwohnerschaft lebte zu sehr großen Teilen am Rande des Existenzminimums. Nur geringe Teile der Handwerkerschaft sowie etliche Handeltreibende verfügten über ein vergleichsweise gesichertes mittelständisches Auskommen; viele Haushalte dieser Bevölkerungsschichten, ebenso die der Oberschicht, beschäftigten Gesinde und wohnten gemeinsam mit ihrem Dienstpersonal.

Auch Handelsgehilfen ebenso wie Gesellen und Lehrlinge — sofern sie nicht bei Bauhandwerkern beschäftigt waren — lebten üblicherweise in den Haushalten ihrer Arbeitgeber; die Betriebsgrößen in Handel und Handwerk überschritten sechs Personen nur selten. Die vorherrschende Familienform war die der Eltern-Kind-Familie, fast nie lebten drei Generationen unter einem Dach. Alleinstehende, die ohne Ehepartner den Haushalt bestritten, gab es fast nur in Oberschicht- oder Unterschichthaushalten. Selten wohnten viele Kinder bei ihren Eltern, sie waren überwiegend in wohlhabenderen Haushalten zu finden.

In der alten Stiftsfreiheit besaß Herford dennoch eine Besonderheit, die nicht nur durch die Münsterkirche das Bild der Stadt charakterisierte. Auf dem Gelände der säkularisierten Abtei entstand die erste moderne Fabrik der Stadt. Hier lebten auch in der Mitte des 19. Jh. kaum Handwerker, dagegen überdurchschnittlich viele Personen, die in der höheren Verwaltung tätig waren. Die Freiheit bot mit ihrer lockeren Bebauung viel Raum, der seit dem Ende des vorigen Jahrhunderts für den Bau innerstädtischer Verwaltungsgebäude genutzt wurde.

Ging die Stadt in der Mitte des Jahrhunderts der Armut entgegen, wie es der Autor des eingangs zitierten Artikels im »Westphälischen Dampfboot« 1847 behauptete? Keineswegs: Herford war vielmehr auf dem Wege, die charakteristischen Merkmale vorindustrieller städtischer Armut zu verlieren und durch die Industrialisierung in der zweiten Hälfte des 19. Jh. sein Stadtbild gravierend zu verändern.

Michael Oldemeier

Das Wachstum der Stadt Herford im 19. und 20. Jahrhundert

Nach den Napoleonischen Kriegen gab es innerhalb der Grenzen des Deutschen Bundes nur drei Großstädte mit mehr als 100 000 Einwohnern: die beiden Hauptstädte Wien und Berlin sowie die Hansestadt Hamburg. Die meisten Menschen wohnten und arbeiteten in kleinen Gemeinden oder auf dem Land, der Anstieg der deutschen Bevölkerung von 15 auf 35 Mio. zwischen 1750 und 1850 war somit weitgehend ein ländliches Phänomen. Noch 1871 lebten 75 % der Reichsbevölkerung in Gemeinden mit weniger als 5 000 Einwohnern.

In der zweiten Hälfte des 19. Jh. wandelte sich das Deutsche Reich innerhalb weniger Jahrzehnte vom Agrar- zum Industriestaat. Immer mehr Menschen zogen vom Land in dic Stadt, wo sic in dcn Fabriken der neuen industriellen Ballungszentren Arbeit fanden. Während die Reichsbevölkerung zwischen 1871 und 1914 um rund 60 % wuchs (von 41 auf etwa 65 Mio.), stieg die Zahl der Menschen, die in Gemeinden mit mehr als 5 000 Einwohnern lebten, um fast 230 % (von 9,7 auf 31,7 Mio.). Der Anteil der städtischen Bevölkerung an der Gesamtbevölkerung hatte sich somit in nur rund vier Jahrzehnten mehr als verdoppelt und lag 1910 bei etwa 50 %. Die Zahl der Großstädte mit mehr als 100 000 Einwohnern stieg in diesem Zeitraum von 8 auf 48, womit das Reich vergleichbare europäische Länder am Vorabend des Ersten Weltkriegs weit übertraf (Großbritannien 39, Rußland 19, Frankreich 15, Italien 11).

Während dieses rapiden Verstädterungsprozesses wuchsen vor allem die traditionellen »zentralen Orte«. Alte Handelsstädte (beispielsweise Hamburg, Köln oder Leipzig) sowie die zahlreichen Residenzen (z.B. Dresden oder München) expandierten, weil sie ihre traditionellen Funktionen im Bereich des Handels und der Verwaltung behaupten und ausbauen konnten.

Mit der »Industriestadt« entstand in der zweiten Hälfte des 19. Jh. gleichzeitig ein völlig neuer Städtetyp, dessen Bewohner sich zunächst fast ausschließlich aus den Beschäftigten der in der Nähe aus dem Boden gestampften Industriebetriebe rekrutierten. Die späteren Stadtriesen an der Ruhr waren um die Mitte des 19. Jh. noch kleine Industriedörfer, aber zwischen 1850 und 1910 wuchs beispielsweise allein die Stadt Essen von 9 000 auf fast 300 000 Einwohner. Die Entstehung neuer Industriegroßstädte war allerdings die Ausnahme, Ludwigshafen und Oberhausen sind zwei der wenigen Beispiele. In der Regel gliederte sich die Industrie an bestehende Standorte an, wandelte dabei jedoch deren Charakter und Funktion. Beispiele hierfür sind Städte wie Dortmund, Hagen, Bielefeld und, im kleineren Maßstab, Herford.

Der rapide Verstädterungsprozeß kam in Deutschland bereits vor dem Ersten Weltkrieg weitgehend zum Abschluß. Seitdem stagniert der Anteil der Groß- und Mittelstädte (über 50 000 Einwohner) an der Gesamtbevölkerung (1925: 37 %, 1970: 39 %), während die mittelgroßen Städte (mit 5 000 bis 50 000 Einwohnern) zehn Prozent hinzugewannen (1925: 21 %, 1970: 31 %). Die Grenzen zwischen städtischer und ländlicher Sphäre sind heute weitgehend fließend, wobei erhöhte Ansprüche an die allgemeine Lebensqualität und dem daraus resultierenden Verlangen nach einer Wohnlage »im Grünen« diese Tendenz begünstigen. Die Stadtzentren der Gegenwart werden dabei nicht mehr von Industrieanlagen, sondern von Dienstleistungsbetrieben und Freizeiteinrichtungen dominiert. Autogerechte Einkaufscenter, ausgedehnte Sportanlagen und die Vergnügungsstätten der Freizeitindustrie sind heute für das Stadtbild ebenso charakteristisch wie die rauchenden Fabrikschlote vor 100 Jahren.[1]

Die Zeit des Kaiserreichs (1871 bis 1914/18)

Bevölkerungswachstum

Während des rapiden Verstädterungsprozesses in der zweiten Hälfte des 19. Jh. wandelte sich auch Herford vom kleinen »Ackerbürgerstädtchen« zur mittleren Industriestadt und veränderte sich in wenigen Jahrzehnten radikaler als jemals zuvor in seiner mehr als tausendjährigen Geschichte. Dieser tiefgreifende Wandlungsprozeß wurde vor allem durch drei Faktoren geprägt:

- ein rasches Bevölkerungswachstum,
- den Beginn der Industrialisierung sowie
- die räumliche Ausdehnung des Siedlungskörpers.

Da die meisten der folgenreichen Entwicklungen in den Jahrzehnten zwischen 1870 und 1914 ihren Anfang nahmen, soll dieser Zeitraum innerhalb des folgenden Kapitels eingehender betrachtet werden.

Die Einwohnerzahl der Stadt Herford wuchs zwischen 1870 und 1910 von rund 11 000 auf fast 33 000. Dieses rasante Bevölkerungswachstum ist in der Geschichte der Stadt einmalig, weder die mittelalterliche Expansionsphase noch die hohen Geburtenziffern der 1950er Jahre bewirkten ähnlich hohe Zuwachsraten.

Die Wachstumsquoten der Herforder Bevölkerung lagen zwischen 1870 und 1910 deutlich über denen des Kreises, des Preußischen Staates und des Deutschen Reiches: In den 1880er Jahren beispielsweise wuchs die Bevölkerung in Herford viermal schneller als in Preußen und im Reich.[2] Verglichen mit dem lokalen Umfeld sowie in überregionaler und nationaler Perspektive profitierte die Stadt somit eindeutig von den demographischen Verschiebungen im Zuge des Verstädterungsprozesses.

Im Vergleich zu anderen Städten verlief die Entwicklung der Herforder Bevölkerung zwischen 1870 und 1914 dagegen weniger spektakulär. Obwohl die Stadt in diesem Zeitraum schneller wuchs als jemals zuvor in ihrer Geschichte, konnte sie mit den rasanten Zuwachsraten anderer Städte nicht mithalten. Im Jahre 1818 lag Herford unter den zehn größten westfälischen Städten noch an fünfter Stelle, war aber bereits 1843 auf den siebten und 1858 auf den neunten Platz gerutscht.[3] Seit 1871 war Herford nicht mehr unter den zehn größten Städten Westfalens vertreten, wobei auch Orte wie Minden, Paderborn und Soest ihre einstmals bedeutende Stellung verloren und von Bochum, Gelsenkirchen und Witten verdrängt wurden. Seit 1871 war Dortmund, das noch 1843 weniger Einwohner als Herford gehabt hatte, die größte westfälische Stadt.

Die Herforder Entwicklung wurde somit weniger von spektakulären Sprüngen als von kontinuierlichen Zuwachsraten geprägt. 1871 gehörte die Stadt zu der Gruppe mit 10 000 bis 25 000 Einwohnern, die 53% aller preußischen Gemeinden umfaßte. 1905 war Herford in die Kategorie der Orte mit 25 000 bis 50 000 Einwohnern aufgerückt, zu der zu diesem Zeitpunkt ebenfalls rund 50% der Gemeinden Preußens gehörten. Das Bevölkerungswachstum der Stadt Herford verlief somit in der zweiten Hälfte des 19. Jh. in einem Ausmaß, das für den Großteil der preußischen Städte charakteristisch war.

Welches waren die Gründe für das rasche Anwachsen der Herforder Einwohnerzahl um die Jahrhundertwende? Zwischen 1870 und 1913 wuchs die Bevölkerung des Deutschen Reiches um fast 60%. Der rapide Anstieg der Einwohnerzahl in Herford fiel somit in die Phase des größten absoluten Bevölkerungsanstiegs in der deutschen Geschichte. Ein wesentlicher Faktor war dabei der sogenannte »demographische Übergang« von der vorindustriell-agrarischen zur industriellen Bevölkerungsweise. In früheren Jahrhunderten waren sowohl die Sterberate (Mortalität) als auch die Geburtenrate (Natalität) sehr hoch, d.h. es starben sehr viele Menschen infolge von Hunger, mangelhafter Hygiene oder schlechter medizinischer Versorgung, gleichzeitig aber wurden sehr viele Kinder geboren, da Empfängnisverhütung weitgehend unbekannt war und Kinder vor allem auf dem Land auch einen Zuwachs an Arbeitskräften bedeuteten. Das Wachstum der Bevölkerung war aber sehr gering, da sich die hohe Sterberate und die hohe Geburtenrate wechselseitig neutralisierten.

Die sogenannte »industrielle Bevölkerungsweise« der Gegenwart wird dagegen durch niedrige Mortalität bei gleichzeitig niedriger Natalität geprägt. Zwar sterben weniger Menschen infolge verbesserter Ernährung, öffentlicher Hygienemaßnahmen und umfassender medizinischer Versorgung. Gleichzeitig werden aber erheblich weniger Kinder geboren, so daß auch in der Gegenwart das Bevölkerungswachstum stagniert oder sogar rückläufig ist.

Zwischen 1870 und der Jahrhundertwende verlief dagegen die Phase des »demographischen Übergangs« von hoher zu niedriger Mortalität und Natalität. Die Sterberate sank dabei wesentlich schneller als die Geburtenrate, d.h. es starben wesentlich weniger Menschen, während nach wie vor sehr viele Kinder geboren wurden. Daraus resultierte ein starkes Bevölkerungswachstum, bis sich nach der Jahrhundertwende Mortalität und Natalität auf dem niedrigen Niveau der Gegenwart einpendelten.

Die Sterberate in der Stadt Herford begann seit den 1880er Jahren vor allem infolge verbesserter öffentlicher Hygienemaßnahmen zu sinken: Als 1896 das städtische Wasserwerk eröffnet wurde, sank die Sterberate innerhalb eines Jahres schlagartig um ein Drit-

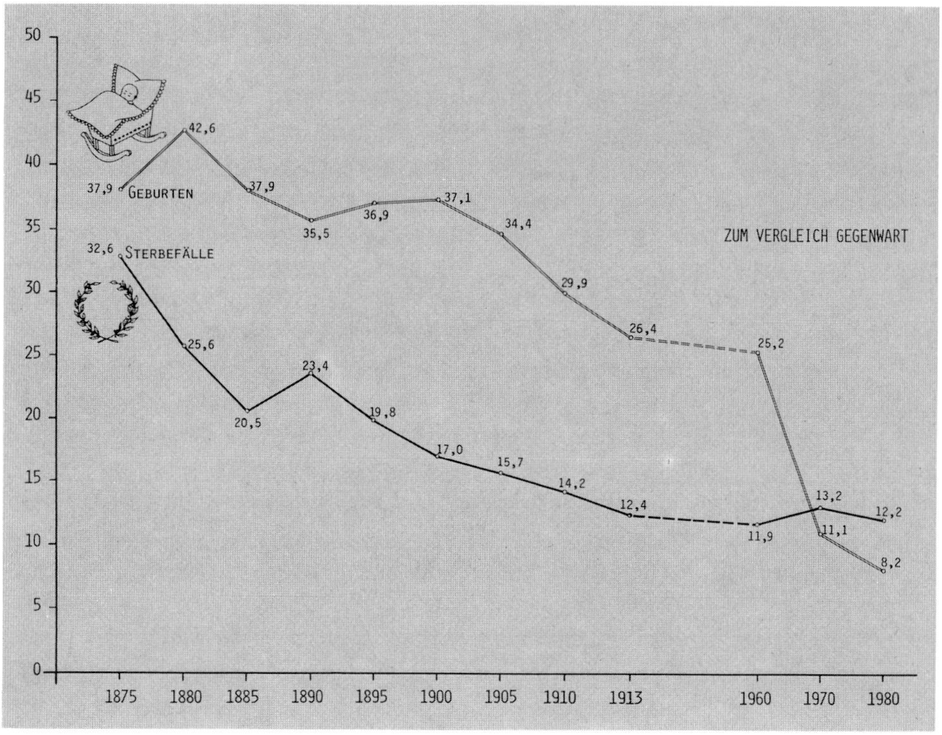

Anzahl der Geburten und Sterbefälle auf 1 000 Einwohner in der Stadt Herford 1875–1913

tel; sie lag um die Jahrhundertwende konstant unter dem Reichsdurchschnitt und übertraf 1913 nur knapp den Wert des Jahres 1980.

Der Rückgang der Sterberate bedeutete in Herford vor allem eine erhöhte Lebenserwartung, die Kindersterblichkeit blieb dagegen weiterhin erschreckend hoch: Noch 1910 waren rund 30% aller Gestorbenen Säuglinge und Kleinkinder unter zwei Jahren (zum Vergleich: 1970 lag dieser Wert bei etwa 2%).

Die Geburtenrate in der Stadt Herford zeigte etwa seit der Jahrhundertwende eine rückläufige Tendenz und folgte somit der sinkenden Sterberate mit einer Phasenverschiebung von rund 20 Jahren.[4] Während dieser zwei Jahrzehnte erhöhten sich die Geburtenüberschüsse beträchtlich, da die Zahl der Sterbefälle zurückging, während die Geburtenzahlen auf einem hohen Niveau stagnierten. Diese Geburtenüberschüsse markieren somit für Herford die charakteristische Phase des demographischen Übergangs und waren der entscheidende Faktor bei dem raschen Bevölkerungswachstum um 1900.

Die Zuwanderung aus anderen Gegenden spielte dagegen nur eine geringe Rolle, wie ein Vergleich mit der Stadt Bielefeld dokumentiert[5]:

Wanderungsgewinn und -verlust 1872 bis 1933

	Gewinn	Verlust
Stadt Herford	+ 1419	
Kreis Herford (incl. Stadt Herford)		−10466
Zum Vergleich		
Stadt Bielefeld	+30135	
Kreis Bielefeld	+15557	

Der Wanderungsverlust des Kreises Herford zeigt jedoch, daß zweifellos zahlreiche Menschen aus der ländlichen Umgebung nach Herford zogen, um in der aufstrebenden Industrie der Stadt Arbeit zu finden.

Industrialisierung

Der systematische Einsatz von Maschinen im Verlauf der Industrialisierung verdrängte die bis dahin dominierende Handarbeit und revolutionierte in kurzer Zeit die gesamte gewerbliche Güterproduktion. Die kostspielige technische Ausstattung erzwang dabei die Konzentration der Arbeitskräfte in zentralisierten Produktionsstätten, in Fabriken. Die Industrie als Arbeitgeber und Steuerzahler war somit der entscheidende Faktor für das rasche Anwachsen der städtischen Bevölkerung in der zweiten Hälfte des 19. Jh., wobei nach Werner Sombarts »Gesetz vom doppelten Stellenwert« jeder neugeschaffene Arbeitsplatz im produzierenden Gewerbe einer Stadt die Schaffung einer weiteren Stelle im Dienstleistungsbereich nach sich zog.
Der Industrialisierungsprozeß war in Herford durch einige spezifische Besonderheiten gekennzeichnet, wobei die Stadt an eine jahrhundertealte gewerbliche Tradition anknüpfen konnte.[6] Seit dem Mittelalter läßt sich im Minden-Ravensberger Raum die Produktion und Vermarktung von Leinwand nachweisen. Der Rohstoff (Flachs) wurde in der Region selbst erzeugt, von der Landbevölkerung verarbeitet und von städtischen Kaufleuten vermarktet. Die ökonomische Bedeutung Herfords reduzierte sich jedoch seit dem 17. Jh. auf das angrenzende Umland. Der materielle Aderlaß im Verlauf des Dreißigjährigen Krieges und der gewaltsame Anschluß an Brandenburg-Preußen hatten die Stadt in die wirtschaftliche und politische Bedeutungslosigkeit absinken lassen, so daß sich der überregionale Handel mit den hochwertigen Tuchen in Elberfeld und im benachbarten Bielefeld konzentrierte. Von diesem profitablen Geschäft waren die Herforder Kaufleute weitgehend ausgeschlossen. Der daraus resultierende Mangel an Kapital zeigte sich beispielsweise daran, daß die erste *Band- und Zwirnfabrik* in Herford 1791 von einem Bielefelder Kaufmann, Karl Albrecht Delius, gegründet wurde. Das Unternehmen blieb jedoch für die Geschichte der Herforder Industrialisierung ohne langfristige Bedeutung.
Produziert wurden die Garne und Tuche auf dem Land, wo vor allem die Angehörigen der unterbäuerlichen Schichten neben ihrer landwirtschaftlichen Tätigkeit häufig einen Webstuhl betrieben (*Linnenbauer*). Als das ostwestfälische Leinengewerbe unter dem Druck der mechanisierten englischen Konkurrenz in den 1840er Jahren zusammen-

brach, hatte dies für Tausende von heimgewerblichen Spinnern katastrophale Folgen. Ihrer materiellen Existenzgrundlage beraubt, blieb vielen keine andere Wahl als die Heimat zu verlassen: Um die Mitte des 19. Jh. gehörte Minden-Ravensberg zu den Regionen mit der höchsten Auswandererquote in Preußen.

Die jahrhundertealte heimgewerbliche Tradition hat den Verlauf der Industrialisierung im Herforder Raum mit geprägt. Zwar gelang nur wenigen ehemaligen Kaufleuten der Sprung zum Industrieunternehmer, für den Erwerb betriebswirtschaftlicher Kenntnisse war der Leinenhandel dagegen für zahlreiche Herforder Fabrikanten von großer Bedeutung, auch wenn sie ihre unternehmerischen Aktivitäten später auf andere Bereiche konzentrierten. So ließ sich beispielsweise Gustav Kopka, der 1861 die erste Herforder Möbelfabrik gründete, 1859 einen Wandergewerbeschein für den Handel mit bedrucktem Leinen und Nessel ausstellen.

Da der Handel mit Leinen in Herford jedoch nie dieselbe Bedeutung wie in anderen Orten gehabt hatte, prägte die Textilbranche trotz ihrer großen Bedeutung die Wirtschaftsstruktur nicht in demselben Maße wie beispielsweise in Bielefeld. Die dichte Besiedlung und das Vorhandensein einer verarmten ländlichen Unterschicht im Herforder Raum als Folge der heimgewerblichen Textilproduktion garantierte zudem ein ausreichendes Arbeitskräftepotential, das in gewissem Umfang an gewerbliche Tätigkeiten gewöhnt war.

Neben dieser historisch bedingten Ausgangslage war vor allem der Ausbau des Verkehrswesens für die Entwicklung der Herforder Industrie von großer Bedeutung.

Die Stadt wurde bereits 1847 an die Köln-Mindener Eisenbahn angeschlossen und verfügte damit frühzeitig über eine ausgezeichnete Verbindung zum expandierenden Industrierevier an Rhein und Ruhr.

Dessen Bevölkerungszahl hatte sich zwischen 1843 und 1871 auf rund 1,8 Mio. verdoppelt und stieg bis 1925 auf fast 7 Mio. Diese für ganz Europa beispiellosen Wachstumsquoten erzeugten einen Nachfragesog für Konsumgüter aller Art: Der wichtigste Absatzmarkt für die Produkte der Herforder Textil-, Möbel- und Nahrungsmittelindustrie lag für lange Zeit im Gebiet zwischen Rhein und Ruhr.

Im Jahre 1875 wurde die Eisenbahnstrecke Hildesheim-Löhne-Osnabrück eröffnet, wodurch die Zigarrenindustrie einen direkten Zugang zu den holländischen Häfen erhielt, die für den Tabakimport von großer Bedeutung waren. 1880 wurde die Strecke Herford–Detmold in Betrieb genommen, nach Vollendung des Anschlußstücks bis Altenbeken existierte damit eine direkte Eisenbahnverbindung nach Mittel- und Süddeutschland, nach dem Bau der Linie Herford-Bünde 1904 auch zum Seehafen Bremen.

Für den Regionalverkehr erlangten die um 1900 gebauten Herforder Kleinbahnen eine große Bedeutung. Da es zu jener Zeit kein öffentliches Nahverkehrsnetz gab und der Individualverkehr noch für Jahrzehnte bedeutungslos blieb, waren die Kleinbahnen ein wichtiger Faktor bei der Rekrutierung von Arbeitskräften aus dem umliegenden Kreisgebiet.

Die Herforder Wirtschaftsstruktur wurde bis zur Jahrhundertwende von der Textil- und Bekleidungsindustrie geprägt, die direkt an die jahrhundertealte heimgewerbliche Tradition anknüpfte und bis in die Gegenwart hinein eine große Bedeutung behalten hat.

Die Entstehung einer arbeitsteiligen Wirtschafts- und Sozialordnung im Verlauf der Industrialisierung förderte neben der maschinellen Herstellung der Garne und Tuche auch die zentralisierte Produktion der Kleidungsstücke. Da die Bevölkerung der wachsenden Städte im Gegensatz zu früheren Zeiten ihre Bekleidung nicht mehr selbst herstellte, artikulierte die industrialisierte Gesellschaft somit spezifische Konsumbedürfnisse, die von der Bekleidungs- und Wäscheindustrie befriedigt wurden. Der Arbeitskittel aus blauem Leinen blieb bis in die 1880er Jahre das wichtigste Erzeugnis der Herforder Bekleidungsunternehmen, bevor sich die Produktpalette allmählich erweiterte. Tausende von Arbeitern, die in der Schwerindustrie des Ruhrgebiets und an der Saar beschäftigt waren, bildeten zudem ein unerschöpfliches Käuferpotential für grobe Hemden, Röcke und Hosen. Der blaue Leinenkittel ist heute fast völlig verschwunden, aber zur zweckmäßigen Form des »Blaumanns« erweitert und aus Baumwolle hergestellt, prägt er bis heute die Berufskleidung aller Metallbranchen.[7]
Die ersten Unternehmen der Herforder Bekleidungs- und Wäscheindustrie entstanden in den frühen 1870er Jahren (Firma Angenete u. Scholle, gegründet 1866; Firma Elsbach & Co., gegründet 1873), meistens aus ehemaligen Leinenhandlungen. Die Kleidungsstücke wurden in der Fabrik zugeschnitten und anschließend von Heimarbeiterinnen zusammengenäht. Auch als seit der Jahrhundertwende die Produktion stärker zentralisiert wurde, blieb die Heimarbeit noch jahrzehntelang von großer Bedeutung.
Bis in die 1880er Jahre waren fast die Hälfte aller Herforder Industriebetriebe Wäsche- und Konfektionsfabriken. Seit etwa 1890 verbreiterte sich jedoch die Palette und im Jahre 1910 gehörten von 213 Industriebetrieben nur noch 37 zur Wäsche- und Konfektionsbranche. Mit der Firma Elsbach & Co. entwickelte sich jedoch in der Zeit vor dem Ersten Weltkrieg ein Bekleidungsunternehmen zu dem mit Abstand größten Herforder Industriebetrieb.
Daneben entstanden seit dem ausgehenden 19. Jh. zahlreiche Fabriken der Möbel- und der Nahrungsmittelbranche, die für die Geschichte der Herforder Industrialisierung von zumindest gleichrangiger Bedeutung waren. Bis heute ist die Wirtschaftsstruktur der Stadt durch eine breite Produktpalette gekennzeichnet.
In vorindustrieller Zeit wurden Möbel ausschließlich in Handwerksbetrieben hergestellt. Die wachsenden Industriestädte an der Ruhr eröffneten jedoch einen Markt für den massenhaften Absatz von Einrichtungsgegenständen, so daß in den folgenden Jahrzehnten zahlreiche Herforder Tischlereien ihre Produktion mechanisierten. Gustav Kopka gründete 1861 die erste Möbelfabrik in Herford. Sein Betrieb war der erste dieser Art zwischen Köln und Berlin und wurde zum Ausgangspunkt zahlreicher weiterer Unternehmen, die von ehemaligen Mitarbeitern gegründet wurden. Der charakteristische Zyklon (Späneabsauger) auf den Dächern der Fabrikgebäude prägte lange Zeit das industrielle Antlitz der gesamten Herforder Region. Bis 1910 stieg die Zahl der Möbelfabriken in der Stadt auf 28 und lag damit hinter den Betrieben der Bekleidungsbranche an zweiter Stelle.
Die Herstellung von Küchenmöbeln hatte innerhalb der Produktionspalette die größte Bedeutung. Die für die Arbeiterhaushalte im Ruhrgebiet typische »Wohnküche« mit dem Herd war in vielen Fällen der einzige beheizte Raum und somit Dreh- und Angelpunkt

des familiären Lebens. Die Küche wurde deshalb bevorzugt möbliert, so daß vermutlich daher in diesem Bereich eine erhöhte Nachfrage bestand.
Die dritte große Gruppe der Herforder Betriebe umfaßte die Unternehmen der Nahrungs- und Genußmittelbranche. Zählt man die zahlreichen Zigarren-, Senf-, Schokoladen- und Keksfabriken sowie die Brennereien und Brauereien zusammen, so gehörten 1910 fast ein Viertel aller Herforder Unternehmen zu diesem Industriezweig. Im Jahre 1842 gründete der Kaufmann Wilhelm Böckelmann die erste Zigarrenfabrik in Herford. Die große Masse der arbeitslosen Spinner um die Mitte des 19. Jh. war ein wesentlicher Faktor bei der Verlagerung der Tabakindustrie von Hamburg und Bremen in den hiesigen Raum. Als in der zweiten Hälfte des 19. Jh. infolge höherer Löhne immer mehr Arbeitskräfte von der Holz- und Bekleidungsbranche absorbiert wurden, verlagerte sich die Produktion in andere Gegenden des Kreises: Deshalb wurde Bünde und nicht Herford zum Zentrum der deutschen Zigarrenindustrie.
Die Süßwarenindustrie enstand in Herford seit den 1860er Jahren. Schokolade war in vorindustrieller Zeit ein reiner Luxusartikel. Erst die erhöhte Kaufkraft breiter Bevölkerungsschichten im Verlauf der Industrialisierung ließ auch in diesem Bereich eine massenhafte Nachfrage entstehen, die eine industrielle Produktion rentabel machte.
Die sich seit den 1870er Jahren entwickelnde Herforder Metallindustrie erhielt ihre wesentlichen Impulse durch den technischen Ausrüstungsbedarf der anderen in der Stadt vertretenen Industriezweige. Die Firma Meyer & Schwabedissen, hervorgegangen aus einem kleinen Schlossereibetrieb, produzierte beispielsweise zunächst Sägegatter und Holzbearbeitungsmaschinen, später auch Dampfmaschinen, Transmissionsanlagen und einen Großteil des maschinellen Ensembles, das in den Herforder Fabriken benötigt wurde. Die metallverarbeitenden Betriebe erreichten in Herford jedoch nicht die Bedeutung der Konsumgüterindustrie.
Insgesamt gesehen vollzog sich die Industrialisierung in Herford nicht in Form eines revolutionären Veränderungsprozesses, sondern war durch eine Phase des allmählichen Übergangs gekennzeichnet. Die Kapitalknappheit erschwerte die Gründung von Fabriken, zumal die billige Arbeitskraft der heimgewerblichen Spinner lange Zeit die Anschaffung kostspieliger Maschinen unrentabel erscheinen ließ. Langfristig konnte die Wettbewerbsfähigkeit gegenüber der englischen Konkurrenz jedoch nur durch eine Übernahme der mechanisierten Produktionsweise gesichert werden.
Bereits 1801 richtete der Herforder Kaufmann Friedrich Wilhelm Schrewe im ehemaligen Franziskanerkloster an der Waisenhausstraße eine Baumwollspinnerei nach englischem Vorbild ein. 1810, als der Betrieb in das Gebäude der ehemaligen Abtei verlegt wurde, beschäftigte Schrewe bereits rund 300 Arbeiter. Im Vergleich zur Masse der heimgewerblichen Spinner und Weber war dies eine geringe Zahl. In Herford war Schrewes Fabrik jedoch die erste mit Wasserkraft betriebene Produktionsstätte, die im größeren Umfang lohnabhängige Arbeiter beschäftigte. Nach 1815 wurde der Druck der englischen Konkurrenz zunehmend größer, so daß Schrewe 1833 Konkurs anmelden mußte. Im Jahre 1834 wurde die Spinnerei von Friedrich Ludwig Schönfeld und dessen Schwager Stallforth übernommen. Sie blieb für mehrere Jahrzehnte eines der bedeutendsten Unternehmen in Herford.

Das Gebäude der ehemaligen Spinnerei Schönfeld und die Münsterkirche, um 1910

Nur wenige Herforder Fabriken entstanden in der ersten Phase des deutschen Industrialisierungsprozesses bis 1870 / 73. Bei einer Gewerbezählung 1855 dominierte eindeutig die Zahl der Handwerksbetriebe, wobei 258 gewerbsmäßig betriebene Webstühle mit 469 Arbeitern die nach wie vor starke heimgewerbliche Verflechtung dokumentierten.[8] Der systematische Einsatz von Maschinen erzwang jedoch auch in Herford die Konzentration der Produktion in Fabriken. Der Übergang erstreckte sich jedoch über mehrere Jahrzehnte. Das Weiterbestehen heimgewerblicher Strukturen in der Bekleidungs- und der Zigarrenindustrie ist dafür ebenso ein Indiz wie die zunächst geringe Größe der meisten Fabriken. In einer Liste aus dem Jahre 1885 hatten von 93 aufgeführten Betrieben mit insgesamt 1 119 Arbeitskräften nur 11 mehr als 20 Beschäftigte[9]:

Betrieb	Arbeitskräfte
F.L. Schönfeld, Spinnerei	207
E. Schönfeld, Jute-Spinnerei	131
Kranefuhs u. Mier, Zigarrenfabrik	55
Wüllner u. Bach, Zigarrenfabrik	73
Sievers u. Stadtländer, Näherei	39
G. Kopka, Holzschneiderei u. Möbelfabrik	31
Velhagen u. Weihe, Zigarrenfabrik	30
Korte u. Comp., Teppichfabrik u. Färberei	27
Niebaum u. Gutenberg, Maschinenfabrik	25
Weddigen, Mechanische Weberei	24
Busse u. Niederstadt, Tütenfabrik	22
Summe	664

Zwar ist die Zahl von rund 1 100 Fabrikarbeitern Mitte der 1880er Jahre erstaunlich hoch, von diesen waren jedoch fast 60% in nur etwa 10% der Betriebe konzentriert. Vier Fünftel der Herforder Industriebetriebe beschäftigten dagegen nicht mehr als 10 Arbeitskräfte und glichen eher mechanisierten Handwerksbetrieben als Fabriken. Die Kontinuität und Expansion traditioneller Gewerbeformen (Handwerk, Manufaktur) war somit für die Herforder Industrialisierung entscheidend, nicht die Gründung großer Produktionsstätten mit Hunderten von Arbeitern.
Selbst die lange Zeit dominierende Bekleidungsindustrie war hauptsächlich durch mittelständische Firmen geprägt, wobei in Herford vor dem Ersten Weltkrieg nur eine Aktiengesellschafft existierte. Aber selbst dabei handelte es sich nicht um eine Neugründung, sondern um den Abschluß einer längeren Entwicklung: Als die Firma Elsbach 1907 in eine Aktiengesellschaft umgewandelt wurde, hatte sie bereits mehrere Jahrzehnte als kleines und mittleres Familienunternehmen existiert.
Für die Entwicklung der mittelständischen Herforder Wirtschaftsstruktur war die Einführung neuer Antriebstechniken von großer Bedeutung. Die Dampfmaschine war an eine bestimmte Betriebsgröße gebunden, da die teure Anschaffung und ihre hohen Betriebskosten einen Einsatz sonst unrentabel machten. Für kleinere Unternehmen gewann deshalb der Gasmotor im späten 19. Jh. eine große Bedeutung. 1884 wurde von der Firma Leprince & Sieveke der erste Gasmotor in Herford angeschafft, um 1900 hatte sich ihre Zahl auf 50 erhöht. *Der ... Gas-Motor ... wurde insbesondere von größeren Handwerksmeistern, die ihren Betrieb auf diese Weise leicht und billig zu vergrößern imstande waren, mit Eifer mehr und mehr angewandt*, hieß es dazu in einem städtischen Verwaltungsbericht aus der Zeit der Jahrhundertwende.
Diese quasi zweite Mechanisierungswelle förderte den Prozeß der Arbeitsteilung in den mittelständischen Herforder Betrieben wahrscheinlich stärker als die Einführung der Dampfkraft. Vor allem der Aufstieg der holzverarbeitenden Industrie (die Zahl der Möbelfabriken stieg zwischen 1900 und 1910 von 10 auf 28) verlief dabei parallel zu der Ausbreitung der Gasmotoren. *Die bedeutenden Betriebe der Tischlerei nehmen eine Umwandlung vor, indem sie sich immer mehr der maschinellen Einrichtung zuwenden... Infolge dessen wird auch die Vorbildung bzw. Beschäftigung der Lehrlinge und Gesellen eine andere, nämlich auf bestimmte Verrichtungen zielende (der eine hat die Kreissäge zu bedienen, der andere das Herrichten der geschnittenen Stücke zu besorgen, der dritte das Zusammenfügen usw.).*[10]
Nach 1890 gewann daneben der Elektromotor eine große Bedeutung. Er ermöglichte den Übergang vom zentralen Antrieb mit Transmissionriemen zum Einzel- oder Gruppenantrieb, der den spezifischen Bedürfnissen des einzelnen Betriebs wesentlich besser angepaßt werden konnte. Die Zahl der Elektromotoren in der Stadt Herford stieg bis 1910 auf 459 (!) mit einer Gesamtleistung von 807 PS.
Die zahlenmäßige Überlegenheit kleinerer und mittlerer Unternehmen war auch um die Jahrhundertwende ungebrochen, wobei zu dieser Zeit Indizien eines zweiten Industrialisierungsschubs in Herford erkennbar waren. Zwischen 1895 und 1910 erhöhte sich die Zahl der gewerbesteuerpflichtigen Betriebe von 477 auf 684. Dabei handelte es sich

hauptsächlich um kleinere und mittlere Firmen, aber auch die Zahl der größeren Unternehmen der höchsten Steuerklasse stieg von 2 auf 16.
Verbesserungen im Bereich der Kreditwirtschaft waren dafür eine entscheidende Voraussetzung. Die seit 1845 existierende Kreissparkasse konzentrierte sich auf das Geschäft mit Hypotheken und Staatsanleihen, da die Guthaben nur mündelsicher angelegt werden konnten. Für die Finanzierung von Industrieunternehmen war daher erst die seit den 1870er Jahren in Herford ansässige Diskonto-Bank von größerer Bedeutung, deren Umsatz zwischen 1874 und 1900 von 11 auf 75 Mio. Mark stieg. Aber erst die Errichtung einer Reichsbanknebenstelle im Jahre 1886 schloß die Herforder Wirtschaft an den überregionalen Kapitalmarkt an. Die rasante Umsatzsteigerung der Bank von 22 auf 284 (!) Mio. Mark in nur eineinhalb Jahrzehnten (1888 bis 1904) dokumentiert, daß die Emanzipation von den Beschränkungen des regionalen Kapitalmarktes einen wesentlichen Faktor für den Aufschwung der Herforder Industrie nach 1890 bildete.
Die Zyklen der Industrialisierung in Herford lagen dabei im Trend der allgemeinen wirtschaftlichen Entwicklung, die nach dem Aufschwung zu Beginn der 1870er Jahre in eine Phase stagnierenden ökonomischen Wachstums übergegangen war, um seit den frühen 1890er Jahren in eine erneute Wachstumsperiode einzutreten, die bis zum Ersten Weltkrieg anhielt.

Räumliches Wachstum

Nach der Fertigstellung der Herforder Stadtmauer im 13. Jh. blieb die Zahl der Grundstücke und Wohnhäuser innerhalb des Befestigungsgürtels für mehr als ein halbes Jahrtausend unverändert. Die Mauer begrenzte eine Fläche von rund 56 Hektar, die Entfernung zwischen dem Steintor und dem Bergertor betrug nur ca. einen Kilometer. Die Stadt war von ihrer Feldmark ringförmig umgeben, die mit 2 500 Hektar den weitaus größten Teil der städtischen Gesamtfläche umfaßte. Äußerlich mehr dem Mittelalter als der Neuzeit angehörend trat Herford ins 19. Jh.
Die Konturen dieses jahrhundertealten Stadtbildes wurden nach 1870 innerhalb weniger Jahrzehnte gesprengt. Um 1900 empfing den Besucher nicht länger ein Mauerkranz, ge-

Herford von der Bünder Straße aus, um 1870. Lithographie von C. Frühsorge

krönt von Stadttoren und Kirchtürmen, vielmehr prägten auch in einer Kleinstadt wie Herford zunehmend Fabrikgebäude, Schornsteine und Eisenbahnanlagen die Silhouette der Stadt.
Bereits in den 1870er Jahren übernahm der Magistrat die alleinige Planung des Straßennetzes und schuf somit erste Voraussetzungen einer kommunalen Raumordnung. Das progressive Projekt einer ringförmigen Umgehung des Stadtkerns spricht für den planerischen Weitblick der Herforder Kommunalbehörden um 1900: *Die Sophienstraße ist ein Teil einer großen, die eine Seite der Stadt umziehenden Ringstraße, in welcher sich der Verkehr mit der voraussichtlichen Entwicklung der Stadt wesentlich heben wird; eine spätere Erbreitung dieser Straße muß unbedingt im Auge behalten werden.*[11]
Detaillierte Bebauungspläne stießen dagegen bei den Stadtverordneten auf wenig Interesse, da sie die Eigentumsrechte der Haus- und Grundbesitzer (die in der Stadtverordnetenversammlung als Konsequenz des preußischen Dreiklassenwahlrechts überproportional vertreten waren) zu sehr eingeschränkt hätten. Auch waren die planerischen Kapazitäten durch die praktischen Herausforderungen einer permanenten Stadterweiterung größtenteils ausgeschöpft, so daß langfristige Konzepte im Bereich städtebaulicher Planung vernachlässigt wurden. Ein im Jahre 1910 erlassenes Ortsstatut *gegen die Verunstaltung der Straßen und Plätze der Stadt Herford* zeigt jedoch, daß bereits zu diesem Zeitpunkt erste korrigierende Maßnahmen erforderlich waren, um eine völlig unkontrollierte Umgestaltung des Stadtbildes zu verhindern.
Die Baulandreserven innerhalb der alten Ummauerung waren bereits in den 1870er Jahren erschöpft: Die Anzahl der Hausnummern stagnierte seit etwa 1875. Das rasche Bevölkerungswachstum erzwang deshalb eine Ausdehnung des Siedlungskörpers in die angrenzende Feldmark.
Herfords Feldmark war mit 2 500 Hektar überdurchschnittlich groß, der Mittelwert deutscher Städte lag bei ca. 2 000 Hektar. Ausreichende Baulandreserven waren somit garantiert, so daß eine Angliederung neuer Stadtteile erst im Rahmen der kommunalen Neuordnung 1969 erfolgte.
1875 befanden sich rund zwei Drittel aller Herforder Gebäude innerhalb der mittelalterlichen Stadtmauer, aber bereits 20 Jahre später hatte sich dieses Verhältnis fast umgekehrt: 58% der Hausnummern lagen nun in der Altstädter, Neustädter und Radewiger Feldmark (1905: 69%; 1921: 75%). Bereits 1885 lebte hier die Hälfte aller Herforder, gleichzeitig sank der prozentuale Anteil der Innenstadtbewohner an der städtischen Gesamtbevölkerung von 58% (1880) auf 23% (1918). Das starke Wachstum der Herforder Bevölkerung fand im späten 19. Jh. somit ausschließlich auf dem Gebiet der Feldmarken statt.
Die Bevölkerungsdichte (berechnet auf das gesamte Stadtgebiet) stieg zwischen 1858 und 1880 von 387 auf 520 Einwohner pro Quadratkilometer (E / km^2), verdoppelte sich in den nächsten zwei Jahrzehnten und lag 1905 bei 1 150 E / km^2. Der Durchschnittswert der preußischen Städte lag ca. 25% niedriger (bei 825 E / km^2). Herford war somit um die Jahrhundertwende ausgesprochen dicht besiedelt, wobei 1904 ein knappes Drittel der Bevölkerung, rund 8 400 Menschen, innerhalb der alten Ummauerung lebte, die weniger als einen Quadratkilometer umfaßte.[12]

Der Bahnhof, um 1900

Die Industrie und die Eisenbahn gaben der Entwicklung der städtischen Außenbezirke die entscheidenden Impulse. Bereits in den 1880er Jahren hatte sich ein Großteil der Herforder Unternehmen in der Feldmark angesiedelt. Die Eisenbahn, die den alten Stadtkörper westlich umgeht, verwandelte das Gebiet rechts und links des Bahndamms in einen bevorzugten Gewerbestandort. Die Radewiger Feldmark entwickelte sich deshalb bereits vor dem Ersten Weltkrieg zu einer Gegend mit hoher Bevölkerungsdichte und intensiver Bebauung. 1894 lebten hier fast 4 500 Menschen, mehr als in der doppelt so großen Neustädter Feldmark.
Die Eisenbahn hatte somit eine starke städtebauliche Magnetfunktion, denn an ihrem Verlauf orientierte sich das räumliche Wachstum Herfords bis zum Ersten Weltkrieg.

Der neue Bahnhof, 1902

Gleichzeitig entwickelte sich der Bahnhof zum repräsentativen Brückenkopf der Stadt gegenüber der Außenwelt: Als 1905 erstmals Elektrizität für die öffentliche Beleuchtung genutzt wurde, lag der geeignete Ort für eine solche spektakuläre Neuheit nicht mehr im traditionellen Stadtzentrum um den Alten Markt. Die ersten vier »Dauerbrand-Bogenlampen« wurden statt dessen auf dem Bahnhofsvorplatz installiert.
Die Erschließung der freien Flächen zwischen Stadtgraben und Bahnkörper begann in den 1870er Jahren. Ein privates Konsortium errichtete 1873 die sogenannte Bügelbrücke (über den Stadtgraben) und 1878 die Schillerbrücke (über die Aa). Damit wurde der ehemalige Befestigungsgürtel erstmals von einer Durchgangsstraße durchbrochen, die nicht durch eines der alten Tore führte.
Das von Werre und Aa scherenförmig umschlossene Gebiet nördlich der alten Stadtmauer (die Gegend um den heutigen Wilhelmsplatz und entlang der Augustastraße) entwickelte sich zu einer bevorzugten Wohngegend, wobei die zahlreichen Villen architektonischer Ausdruck des neuen Wohlstands und des Sozialprestiges ihrer Bewohner waren. Westlich der Aa setzte sich die exklusive Bebauung fort, allerdings siedelten sich im Gebiet um die heutige Kurfürsten-, Schiller- und Goebenstraße seit den späten 1880er Jahren auch zahlreiche Fabrikbetriebe der Konfektionsbranche an.
Seit der Mitte der 1890er Jahren gruppierte sich zwischen der heutigen Bielefelder Straße und der Wittekindstraße eine zunehmend dichtere Bebauung um das neu errichtete Kreishaus. Damit war um die Jahrhundertwende die Lücke zwischen der alten Stadtbefestigung und dem Bahndamm ausgefüllt.
Die durch die Mauer deutlich markierte geschlossene Siedlungsform der mittelalterlichen Stadt war damit endgültig durchbrochen. Innere Stadt und Feldmark verschmolzen zu einer homogenen Einheit. An die Stelle historisch gewachsener kleinräumiger Siedlungsbezirke (Altstadt, Neustadt, Radewig, Freiheit) trat nun die einheitliche administrative Erfassung des gesamten Stadtgebiets. An den Häusern ließ sich diese Veränderung deutlich ablesen: *1887 wurden sämtliche Straßen der Stadt mit dauerhaften Namen-Schildern von Emaille versehen und 1895 wurde im ganzen inneren Stadtbezirk die straßenweise Umnumerierung der Häuser nach einem sorgfältig ausgearbeiteten Plane vorgenommen.* [13]
Die Bauweise der Wohnhäuser und somit auch das städtebauliche Erscheinungsbild der Stadt Herford wurden im späten 19. Jh. von der traditionell starken heimgewerblichen Arbeits- und Siedlungstradition geprägt. Zahlreiche Familien zogen in den 1880er und 1890er Jahren in die Feldmark, um in den Herforder Fabriken Arbeit zu finden. Die Gebundenheit an das »eigene Stück Land« in Verbindung mit den großen Baulandreserven vor den Toren der Stadt favorisierte dabei eine gestreute Siedlungsweise, überwiegend mit Ein- und Zweifamilienhäusern. In der Stadtmitte wurde dagegen um 1900 die traditionelle Bebauung allmählich durch Etagenbauten ersetzt, *so daß man hier vereinzelt schon zu großstädtischer Bauart mit 4 Geschossen überging.* [14]
Die aufgelockerte Bebauung der Feldmarken ersparte Herford weitgehend die Probleme sozialer Ghettobildung, wobei einzelne Straßenzüge, aber keinesfalls ganze Stadtviertel von bestimmten sozialen Gruppen dominiert wurden. Die Herforder Wälle verwandelte man seit den 1870er Jahren planmäßig in breite Promenaden, die sich

schnell zu bevorzugten Wohngegenden des gehobenen Bürgertums entwickelten. Parallel dazu konzentrierte sich das soziale Elend in Herford nicht in ganzen Stadtvierteln und war deshalb weniger auffällig als etwa in den Berliner Mietskasernen. Dennoch waren auch hier die Wohnverhältnisse für einen Großteil der Bevölkerung schlecht, lebten vor allem die Angehörigen der Unterschichten in den überfüllten Wohnungen baufälliger Häuser, deren Fachwerkfassade die soziale Realität häufig romantisierend verdeckte.
Der Wohnungsbau hatte in Herford mit der wachsenden Einwohnerzahl nicht Schritt halten können. Während die Bevölkerung zwischen 1875 und 1913 um rund 200% wuchs, hatte sich die Zahl der Wohnhäuser nur um 125% erhöht (von 1481 auf 3339). Im Jahre 1910 gab es in Herford 210 Wohnungen pro 1000 Einwohner, dieser Wert lag noch unter dem Reichsdurchschnitt von 222 Wohnungen (zum Vergleich: 1985 kamen in der Stadt Herford ca. 460 Wohnungen auf 1000 Einwohner).[15]
Hinter diesen nüchternen Zahlen verbarg sich eine Lebenswirklichkeit, die im besten Falle trotz räumlicher Enge das bürgerliche Wohnverhalten nachzuahmen versuchte.

So entstand die kleinbürgerliche »gute Stube«, ein meist winziger Raum, mit dem obligatorischen »Puttengemälde« an der Wand, eingerichtet nach den überladenen Geschmackskriterien jener Zeit und meist nur an Sonn- und Feiertagen beheizt (»kalte Pracht«).
Für den Großteil der unteren Bevölkerungsschichten in Herford bedeutete Wohnungsnot das Zusammenleben kinderreicher Familien in wenigen, dürftig ausgestatteten und verwohnten Räumen. Die nackte materielle Not erzwang die Aufnahme zusätzlicher »Schlafburschen« oder »Kostgänger«, um auf diese Weise das Geld für die Miete aufbringen zu können. Die Wohnungsnot führte nicht nur zu finanzieller Ausbeutung, räumlicher Enge und den daraus resultierenden psychischen Belastungen, sie hatte vielmehr auch eine erschreckend deutliche gesundheitspolitische Dimension. Um 1880 zählte in Herford zu den Ursachen der grassierenden Lungenschwindsucht (Tuberkulose) *in erster Linie der Aufenthalt in schlechter Luft, wie solche nothwendig in einer großen Zahl von Wohnräumen vorhanden ist, die abgesehen von ihrem bei dem Mangel jeglicher, selbst natürlicher Ventilation völlig ungenügenden cubischen Raumes vielfach nicht bloß des Sonnenlichts, sondern selbst jeden Lichtes entbehren.*[16]
Angesichts dieser sozialpolitischen Defizite begannen in Herford am Ende des 19. Jh. Bestrebungen, den Wohnungsbau auf genossenschaftlicher Basis zu organisieren. 1893 wurde der *Bau- und Sparverein, eingetragene Genossenschaft* als gemeinnützige Gesellschaft zur Errichtung von Arbeiterwohnhäusern gegründet. Bis 1910 errichtete der Verein insgesamt 42 Häuser, die Zahl der Mitglieder stagnierte seit der Jahrhundertwende bei etwa 130. Vermutlich lag die benötigte Eigenkapitalsumme von 200 Mark für den durchschnittlichen Arbeiter doch außerhalb seiner Möglichkeiten. Trotz seiner begrenzten Bedeutung erinnern die vom Verein errichteten Häuser und die Namen der von ihnen flankierten Straßen (z.B. die Genossenschafts- und die Bauvereinstraße) bis heute an die Anfänge eines an sozialen Kriterien ausgerichteten Wohnungsbaus in der Stadt Herford.

Moderne Zeiten: Herford im Wandel

Nach der Skizzierung des Bevölkerungswachstums, der Industrialisierung und der räumlichen Ausdehnung sollen in diesem Abschnitt einige weitere Entwicklungen kurz im Zusammenhang dargestellt werden, die den »Charakter« der Stadt im späten 19. Jh. ebenfalls entscheidend geprägt haben.
Eine der einschneidendsten Folgen des Industrialisierungsprozesses war die Entstehung neuer gesellschaftlicher Gruppen, wodurch die städtische Sozialstruktur in Bewegung geriet. Die meisten Herforder Unternehmer des 19. Jh. stammten aus der Stadt selbst oder der näheren Umgebung. Das lag nicht in einer angeblich spezifisch westfälischen »Bodenständigkeit« begründet, vielmehr bot die von Anfang an mittelständische Gewerbestruktur nicht genügend Anreize, um Unternehmer aus weiter entfernt liegenden Gebieten anzulocken.
Entsprachen die Herforder Unternehmer in den seltensten Fällen dem Image des charismatischen Patriarchen, so wird ihnen andererseits das Klischee provinzieller Schwerfälligkeit ebensowenig gerecht. Vor allem die Söhne aus Kaufmannsfamilien hatten in der Regel vor dem Eintritt in das väterliche Geschäft oder der Gründung einer eigenen Firma längere Zeit in auswärtigen Unternehmen gearbeitet, einige sogar (z.B. Friedrich Schönfeld, der Gründer der gleichnamigen Spinnerei, oder Gustav Ernstmeier, der 1882 an der Mindener Straße eine Appreturanstalt gründete) mehrere Jahre in England verbracht. Eine gewisse Weltläufigkeit erklärt auch die Aufgeschlossenheit gegenüber neuem Gedankengut: Der 1869 gegründete *Gewerbe-Verein* brachte es bis zum Jahre 1910 auf 700 Mitglieder. Er organisierte nicht nur die erste Herforder *Gewerbe- und Industrieausstellung* 1870, sondern war durch Vorträge über die *Deutsche Patentfrage, Das Telephon und seine Anwendung* oder *Kraftmaschinen für kleinere Gewerbe* vor allem ein Forum innovativen Gedankenguts in der westfälischen Provinz.
Gleichzeitig schuf die konsequente Mechanisierung und Arbeitsteilung im Verlauf der Industrialisierung auch in Herford eine Schicht lohnabhängiger Arbeiter, die die städtische Sozialstruktur in zunehmendem Maße prägte. Im Jahre 1856 wurden in der Stadt *für sämtliche hier arbeitende Handwerksgesellen und Fabrikarbeiter . . . Kranken- und Unterstützungskassen eingerichtet*[17], wobei 1863 von den insgesamt 646 Mitgliedern der 6 Krankenkassen 364 als Handwerksgesellen und nur 282 in Fabriken beschäftigt waren, von diesen allein 150 in der Spinnerei Schönfeld. Im Spiegel der Krankenkassenlisten entwickelte sich die Zahl der Industriearbeiter in Herford bis zum Ersten Weltkrieg wie folgt[18]:

	Mitglieder insgesamt	davon beschäftigt Handwerk	Industrie
1863	646	364	282
1876	1 097	665	432
1880	1 155	726	429
1885	2 357	603	1 749
1890	2 942	926	2 016
1895	3 387	1 000	2 387
1900	4 659	1 100	3 559
1905	7 211		
1911	8 409		rd. 6 000

In diesen Daten sind Hunderte von Heimarbeiterinnen nicht enthalten, deren genaue Zahl nur schwer zu bestimmen ist. Schätzungen überschreiten dabei leicht die Grenze zum Spekulativen. Einzelne gesicherte Angaben dokumentieren jedoch die große Bedeutung der Heimarbeit, vor allem in der Bekleidungs- und Wäscheindustrie: Als die Elsbach AG im Jahre 1913 eine Kapitalerhöhung beantragte, mußte sie auch Angaben über die Zahl der Beschäftigten machen. Das Unternehmen hatte danach 160 »Beamte« (Angestellte), 850 Betriebsarbeiter und -arbeiterinnen sowie 4 500 (!) Heimarbeiterinnen.[19]

Vor allem in der Wäsche- und Bekleidungsindustrie konnte sich die Heimarbeit neben der zentralisierten Fabrikarbeit (die nur wenige Fertigungsprozesse wie die Zuschneiderei oder den Versand umfaßte) bis weit ins 20. Jh. hinein behaupten. Die in der Herforder Industrie beschäftigten Heimarbeiterinnen kamen nicht nur aus der Stadt und dem Kreis Herford, sondern sogar aus dem Kreis Lübbecke und aus Lippe. Die Heimarbeit war eine spezifisch weibliche Tätigkeit, wie die folgende Tabelle der *Hausarbeiter im Kreis Herford (ohne Stadt Herford)* aus dem Jahre 1913 dokumentiert[20]:

	Anzahl der Hausarbeiter		
Art des Gewerbebetriebs	männlich	weiblich	insgesamt
Wäschekonfektion	6	1 242	1 248
Kleiderkonfektion	39	553	592
Zigarrenindustrie	2 656	4 220	6 876
Zuckerwarenindustrie	—	3	3
Möbelindustrie	28	—	28
Seidenweberei	33	23	56
Summe	2 762	6 041	8 803

Heimarbeit wurde gegenüber einer Tätigkeit in der Fabrik allgemein bevorzugt. Das häufig anzutreffende Klischee einer unabhängigen Tätigkeit in den eigenen vier Wänden steht dabei im eklatanten Widerspruch zur nüchternen und entbehrungsreichen Realität.

Das Überangebot an Arbeitskräften hielt das Lohnniveau konstant niedrig. Die Arbeit des Ehegatten, eine eigene Landparzelle, ein Schwein im Stall — das waren die Grundlagen familiärer Existenz. Heimarbeit war dabei — bis heute — nur ein Nebenerwerb. Die Heimarbeiterinnen, denn in der Mehrzahl handelte es sich ja um weibliche Arbeitskräfte, kannten keine soziale Absicherung und keine gesetzlichen Schutzbestimmungen. Nur die Heimarbeit in der Zigarrenindustrie war krankenversicherungspflichtig, Beschränkungen der Arbeitszeit wie in den Fabriken gab es nicht, weder für die Heimarbeiterin, noch die mithelfenden Familienangehörigen, vor allem Kinder und Jugendliche. Für Frauen galt zudem bis kurz vor dem Ersten Weltkrieg das Verbot politischer Selbstorganisation, wobei die Doppelbelastung von Beruf und Familie sowie die soziale Rollenverteilung ohnehin ein Engagement für die eigenen Interessen weitgehend ausschlossen.[21] Für den Verlauf der Industrialisierung im Herforder Raum waren die Arbeitskraft und die manuelle Geschicklichkeit Tausender von Heimarbeiterinnen jedoch von entscheidender Bedeutung.

Der Arbeitsrhythmus der Fabriken normierte zunehmend den Tagesablauf der Herforder Bevölkerung. Diese Konformität war bereits um 1890 in Form einer »Rush Hour« auch äußerlich erkennbar: *Über die Handhabung der Straßen-Polizei — insbesondere zu den Schlußzeiten der Fabriken — ist viel und mit Recht geklagt und wird beabsichtigt, nach der jetzt bevorstehenden Vermehrung der Polizeikräfte zu diesen Stunden in den lebhafteren Verkehrsstraßen und über die öffentlichen Plätze Patrouillen zu schicken.*[22] Der expandierende Verkehr wandelte auch in Herford die Straßen von Stätten nachbarschaftlicher Kommunikation zu reinen Verkehrsadern. Bei der Errichtung neuer Häuser wurde deshalb *überall möglichst auf Erbreiterung der Bürgersteige gehalten, da die völlige Trennung des Fußgängerverkehrs von dem Verkehr der Last- und anderen Fuhrwerke bei den ganz wesentlich veränderten Verhältnissen zu einer unbedingten Notwendigkeit geworden ist.*[23]

Im Gehrenberg während des Autorennens Paris–Berlin, 1901

Der Gehrenberg, um 1910

Gleichzeitig konzentrierte sich der Einzelhandel bereits um 1900 in bestimmten Straßenzügen der Innenstadt. *An den Hauptstraßen blieben nur noch wenige Privathäuser ohne Laden-Anlagen, die Läden in den alten Häusern waren zu beschränkt für das reiche Warenangebot. Die Laden-Einrichtungen und Ausstattungen (elektrisch Licht), das Angebot in Quantität und Qualität gestalteten sich immer großstädtischer ... Die Kleinbahn-Verbindung ist für unser offenes Geschäft nicht ohne Nutzen geblieben.*[24] Bereits in den 1890er Jahren galt der Gehrenberg als *eine der wichtigsten und lebhaftesten Passagen der Stadt.*

Die einschneidenden Veränderungen im späten 19. Jh. bewirkten auch erhöhte Anforderungen im Bereich öffentlicher Daseinsfürsorge. Der kommunale Verwaltungsapparat hatte sich seit den 1870er Jahren infolge zahlreicher neuer Aufgaben ständig vergrößert (Standesamt, Bauamt, Schulamt etc.). Durch eine Verbesserung öffentlicher Hygienemaßnahmen gelang es der städtischen Administration, trotz steigender Bevölkerungszahlen den Ausbruch größerer Epidemien zu verhindern. Der Ausbau des Kanalnetzes und eine gesundheitlich einwandfreie Trinkwasserversorgung (Eröffnung des städtischen Wasserwerks 1896) gehörten ebenso dazu wie die Anfänge einer zentralen Fleischbeschau in dem 1890 eröffneten Schlachthof und die Einrichtung eines städtischen Fuhrparks zur Reinigung der Straßen und Kanalschächte im Jahre 1897. Angesichts überfüllter Wohnquartiere eröffnete erst das im selben Jahre errichtete *Städtische Brausebad* für viele Herforder das Zeitalter der Körperhygiene.

Die Auswirkungen einer zunehmenden Technisierung prägten bereits im späten 19. Jh. weitgehend den alltäglichen Lebensrhythmus. Eisenbahn und elektrische Telegraphie standen dabei am Anfang einer Entwicklung, in deren Verlauf auch Herford aus der räumlichen Isolation eines »Ackerbürgerstädtchens« herausgerissen und im steigenden Maße in die sich verdichtende überregionale Kommunikation einbezogen wurde. Die Normen internationaler Verflechtung erreichten um die Jahrhundertwende auch die westfälische Provinz, und in Herford begann im wahrsten Sinne des Wortes eine neue Zeit. Der Verwaltungsbericht jenes Jahres beschrieb diese mehr als symbolische Veränderung mit nüchternem Pragmatismus: *Am 1. April 1893 trat auch für unseren Bahnhof die mitteleuropäische Zeit in Kraft, die Fahrpläne der Station Herford notierten hiernach sämtliche Züge um 25 Minuten später gegen bisherige Uhr.*[25]

Das schnelle Wachstum der Stadt, der wirtschaftliche Wohlstand sowie die zunehmende Effizienz des kommunalen Verwaltungsapparats führten im Herford des späten 19. Jh. auch zu einem erhöhten kollektiven Selbstbewußtsein. Noch in den 1870er Jahren sah sich die Stadt in ihrer Entwicklung gefährdet. Sie fühlte sich wie *zwischen zwei großen Bäumen, zwischen Bielefeld und Minden*, wobei man *ein wenig Sonnenlicht vom Staate, ein wenig Unterstüzung durch denselben durch Domicilierung* (Ansiedlung, M.O.) *größerer staatlicher Institute sehr wohl gebrauchen* könnte.[26]

Bereits 1895 hatte die Stadt jedoch eine ausreichende Bedeutung und genügend Selbstbewußtsein entwickelt, um den XIX. Westfälischen Städtetag in ihren Mauern auszurichten. Im Jahre 1911 schied Herford aus dem Kreisverband aus. Obwohl primär von finanziellen Motiven getragen, dokumentierte dieser Entschluß nicht nur eine juristische, sondern auch eine bewußt symbolische Emanzipation des ehemaligen »Ackerbürgerstädtchens« von seinem agrarischen Umland.

Der feudale Repräsentationsstil des in den Jahren 1914 bis 1917 auf dem Gelände der ehemaligen Abtei errichteten Rathauses war einerseits architektonischer Ausdruck dieses neuen Selbstbewußtseins und der neuen Größe. Die bauliche Gestaltung des Zentrums kommunaler Selbstverwaltung entsprach jedoch gleichzeitig dem aristokratischen Charakter des Dreiklassenwahlrechts, das bis 1918 breite Bevölkerungsschichten weitgehend von jeder kommunalpolitischen Mitverantwortung und Einflußnahme ausschloß.

Die Zwischenkriegszeit

Das rasante Wachstum der Herforder Bevölkerung hatte sich bereits vor 1914 abgeschwächt. Die Auswirkungen des Ersten Weltkriegs führten sogar zu einem Rückgang der Einwohnerzahl von rund 35 000 (1915) auf etwas über 33 000 (1920). Bis 1939 stieg dann die Bevölkerung auf ca. 42 000 Personen, erhöhte sich also im Verlauf von zwanzig Jahren um 27 %. Gegenüber den zwei Jahrzehnten vor dem Ersten Weltkrieg, in denen die Einwohnerzahl um über 60 % gestiegen war, hatten sich die Wachstumsquoten also deutlich verringert. Vor allem der Geburtenüberschuß war erheblich zurückgegangen. Er lag im Jahre 1915 bei 0,6 Promille, während die Quote im letzten Friedensjahr noch

14,2 Promille betragen hatte. Dieser kriegsbedingte Einbruch war wohl der entscheidende Faktor beim Rückgang der Herforder Bevölkerungszahl im Verlauf des Ersten Weltkriegs.
Auch nach 1918 erreichte der Geburtenüberschuß nicht einmal annähernd die Werte der Vorkriegszeit. 1920 lag er nur noch halb so hoch wie 1913, selbst der höchste Wert aus dem Jahre 1939 lag weit unter den Quoten der Jahrzehnte vor dem Ersten Weltkrieg. Die Bevölkerungspolitik der Nationalsozialisten konnte diesen Trend teilweise aufhalten, aber nicht umkehren. Im Zeitraum zwischen 1935 und 1939 stieg die Geburtenquote in Herford zwar leicht an, sie lag aber nicht signifikant über den Werten der frühen zwanziger Jahre. Obwohl die Zahl der Heiraten in Herford 1939 einen einmaligen Höchststand erreichte, gelang es den nationalsozialistischen Machthabern somit nicht, die Kinderzahl pro Ehe durch sozialpolitische Maßnahmen entscheidend zu beeinflussen.
Während des Ersten Weltkriegs wurden auch in Herford die industriellen Kapazitäten ganz auf den Bedarf des Heeres umgestellt. Unternehmen der Metallbranche produzierten Munition, die Wäsche- und Konfektionsbetriebe fertigten Uniformen, während die Zigarren-, Margarine- und Schokoladenfabriken den Bedarf der Soldaten an Nahrungs- und Genußmitteln deckten.
Nach Kriegsende regenerierte sich das Herforder Wirtschaftsleben trotz der Umstellung auf die Friedensproduktion und des Verlustes ausländischer Absatzmärkte überraschend schnell. Die Belegschaft des größten Herforder Unternehmens, der Elsbach AG, war zu Beginn der zwanziger Jahre jedoch nur noch halb so groß wie 1913. Die galoppierende Inflation verdeckte zunächst die Instabilität der wirtschaftlichen Situation. Bereits im Mai 1921 warnte jedoch das Herforder Kreisblatt vor *Illusionsgewinnen der Industrie.* Die Stabilisierung der Währung nach 1923 bewirkte auch in Herford einen konjunkturellen Einbruch. Die plötzliche Kapitalknappheit führte zu zahlreichen Firmenzusammenbrüchen und einem Anstieg der Arbeitslosenzahl. Mit einer durchschnittlichen Erwerbslosenziffer von 2400 Personen wurde 1926 die Talsohle erreicht. Angesichts der großen materiellen Not wurden in der ersten Hälfte der zwanziger Jahre mehrere Tausend Arbeitslose bei kommunalen Baumaßnahmen beschäftigt, beispielsweise bei der Anlage des neuen städtischen Friedhofs (»Ewiger Frieden«) oder im Deich- und Straßenbau.
Nach einer konjunkturellen Erholung erschütterten die Auswirkungen der Weltwirtschaftskrise nach 1929 auch in Herford das soziale und ökonomische Gefüge. Der Rückgang der Massenkaufkraft führte zu einem erheblichen Umsatzrückgang in der Konsumgüterindustrie. Die Zahl der Arbeitslosen verdreifachte sich 1929/30 innerhalb eines Jahres von 900 auf knapp 3000. Die zunehmende Erwerbslosigkeit dokumentiert folgende Tabelle der Arbeitssuchenden in der Stadt Herford[27]:

1927/28:	926
1931/32:	3018
1932/33:	3616
Ende 1933:	5896

Die wirtschaftliche Depression führte auch in Herford zur Verelendung breiter Bevölkerungsschichten. 1932 erhielten 2 617 Personen mit insgesamt 5 843 Familienangehörigen eine Unterstützung vom Wohlfahrtsamt. Das waren fast 15% der Bevölkerung. Im Jahre 1927 hatte diese Quote bei etwa 3% gelegen. Die Arbeitslosenziffer in Herford sank nach 1933 wesentlich schneller als im Reichsdurchschnitt[28]:

Arbeitslose auf 1 000 Einwohner

	Bezirk Herford	Westfalen	Deutsches Reich
Anfang 1933	93,0	96,4	96,4
Ende 1935	21,4	35,1	38,0

Die heterogene Wirtschaftsstruktur der Stadt hat diese Entwicklung zweifellos begünstigt. Im Jahre 1933 waren über 60% der Herforder Erwerbstätigen im sekundären Wirtschaftssektor (d.h. in Industrie und Handwerk) beschäftigt. Dieser Wert lag erheblich über dem Reichsdurchschnitt (40%) und dokumentiert den prägenden Einfluß der Industrie auf die Herforder Sozialstruktur. Die Arbeitskräfte verteilten sich prozentual auf die einzelnen Branchen wie folgt[29]:

	Stadt Herford	Landkreis Herford
Bekleidungsindustrie	25,4	9,4
Holzindustrie	22,7	16,2
Baugewerbe	11,2	9,4
Metallindustrie	11,0	2,9
Nahrungsmittelindustrie	10,5	8,2
Textilindustrie	6,6	2,7
Zigarrenindustrie	1,5	47,6
Sonstige	11,1	3,6

Die Heterogenität der Wirtschaftsstruktur sowie die große Zahl der Beschäftigten im produzierenden Gewerbe — vor allem in Betrieben der Konsumgüterindustrie — war somit auch in den 1930er Jahren ein Charakteristikum der Herforder Region. Im Kreisgebiet war zudem nach wie vor die Heimarbeit von großer Bedeutung, der Anteil der berufstätigen Frauen lag dort über dem Reichsdurchschnitt.[30]

Die wirtschaftliche Struktur in Herford zeigte somit in den zwanziger und dreißiger Jahren eine eindeutige Kontinuität zur Vorkriegszeit.

Vor dem Ersten Weltkrieg hatte sich der Herforder Siedlungskörper vor allem in der Radewiger Feldmark sowie entlang des Straßennetzes der Altstädter Feldmark ausgedehnt. Die Feldmark der Neustadt war dagegen zu Beginn der zwanziger Jahre noch sehr dünn besiedelt, abgesehen von der kleinen Verdichtung um den Stiftberg. Das hügelige Gelände erschwerte eine verkehrstechnische Erschließung, zumal die Entfernung vom Bahnhof für die Ansiedlung von Industriebetrieben zu groß war. Die großen Baulandreserven in der Neustädter Feldmark begünstigten in den dreißiger Jahren so-

mit die Errichtung ausgedehnter Kasernenbauten, vor allem aber die Planung und Ausführung größerer Siedlungsprojekte nach dem Ersten Weltkrieg.[31]
Die angespannte Lage auf dem Herforder Wohnungsmarkt hatte sich während des Krieges weiter verschärft, da die Bautätigkeit stagnierte. Ein katastrophaler Wohnraummangel war die Folge. 1919 standen in Herford 1 400 Familien auf der Liste der Wohnungssuchenden. Vor allem Drei- und Vierzimmerwohnungen waren knapp, die überwiegend von Familien mit Kindern bewohnt wurden.

Zahl der Wohnungssuchenden in der Stadt Herford[32]

	1.1.1921	1.1.1922	1.1.1927
Nachfrage insgesamt	720	1 105	953
davon nach 3- und 4-Zimmerwohnungen	565	809	708

Vor dem Ersten Weltkrieg war der wichtige Bereich des sozialen Wohnungsbaus aus stadtplanerischen Konzepten weitgehend ausgeklammert worden. Erst im Zuge des politischen Umbruchs nach 1918 begannen zahlreiche Gemeinden zur Behebung der akuten Wohnungsnot Baugebiete aufzuschließen und zu besiedeln. Nur wenige Wochen nachdem sich in Herford ein Arbeiter- und Soldatenrat gebildet hatte, stellte die Stadt im Dezember 1918 ein 185 000 Quadratmeter großes Gelände zwischen Bismarckstraße, Ortsieker Weg und Mindener Straße für Siedlungszwecke zur Verfügung. Im Gegensatz zur organischen Entwicklung der Altstädter und Radewiger Feldmark wurden hier planmäßig komplette Siedlungskomplexe angelegt und somit erstmals eine strikte funktionale Trennung von Wohn- und Industriegebieten praktiziert.
Bei der Planung und Ausführung orientierte man sich an den Gedanken der Gartenstadtbewegung, die eine aufgelockerte Bebauung innerhalb ausgedehnter Grünflächen propagierte. Bereits im Kaiserreich waren die exklusiven Villen des Herforder Bürgertums entlang der parkartigen Promenade auf den ehemaligen Wallanlagen errichtet worden. Zu Beginn der zwanziger Jahre wurde im Zuge der Werreregulierung neues Bauland entlang der Wiesestraße erschlossen. Die regelmäßige Anordnung der Straßen mit dem repräsentativen Platz am Werreufer im Verlauf der Hardenbergstraße dokumentiert bis heute die planmäßige Anlage dieser Siedlung. Vor dem Panorama des Flußlaufs und des ansteigenden Stiftbergs mit der thronenden Kirche entstand hier eine exklusive villenartige Bebauung inmitten großer Gartenanlagen.
Mit der neuen »Siedlung« zwischen Bismarckstraße und Mindener Straße wurde erstmals der Versuch unternommen, das Modell einer »Gartenstadt« bei der Ansiedlung breiter Bevölkerungsschichten zu realisieren. Unter der Leitung des Chefs des städtischen Bauamts, Wilhelm Messerschmidt, wurde 1919 mit dem Bau der ersten Häuser begonnen. Die dabei entwickelten Vorstellungen unterschieden sich in bemerkenswerter Weise von der Kälte und Phantasielosigkeit des sozialen Wohnungsbaus ein halbes Jahrhundert später. Bei der aufgelockerten Bebauung mit Einzel- oder Doppelhäusern wurde *in der Hauptsache darauf Bedacht genommen, gut belichtete und besonnte Räume zu schaffen*[33], so daß man die Linienführung der Wohnstraßen danach ausrichtete. Die

gekrümmten Straßenzüge verhinderten eine schachbrettartige Schematisierung, wobei sie vor allem dem Anliegerverkehr dienen sollten, während der Durchgangsverkehr auf die flankierenden Hauptstraßen abgedrängt wurde.
Die Planung der Wohnhäuser mit einem Stallanbau reflektierte die weiterhin starke agrarische Verflechtung. Die eigene Landparzelle bildete auch in den dreißiger Jahren einen wichtigen Bestandteil des häuslichen Einkommens und prägte deshalb bis weit ins 20. Jh. hinein die Siedlungsstruktur der Herforder Feldmarken.
In der Zeit von 1920 bis 1927 wurden in der Stadt Herford 515 Wohnhäuser mit insgesamt 760 Wohnungen errichtet. Daß diese Anstrengungen bei weitem nicht ausreichten, dokumentieren die oben aufgeführten Zahlen der Wohnungssuchenden. Die wirtschaftliche Depression zu Beginn der dreißiger Jahre führte zu einem erheblichen Rückgang der Bautätigkeit. Zwischen 1930 und 1933 wurden nur noch etwa halb soviel Wohnhäuser errichtet wie im Zeitraum von 1927 bis 1930. Erst seit der Mitte der dreißiger Jahre nahm die Bautätigkeit wieder zu, wobei zahlreiche Gebäude zwischen Vlothoer Straße und Mindener Straße, sowie nördlich der Umgehungsstraße (In der Ottelau, Bandelstraße, Am Ziegelofen) errichtet wurden.
Die Ausdehnung des Herforder Siedlungskörpers erforderte in der zweiten Hälfte der zwanziger Jahre den Aufbau eines öffentlichen Nahverkehrssystems. Die erste Omnibuslinie, die am 1. Mai 1927 eingerichtet wurde, begann nördlich der heutigen Umgehungsstraße, berührte an der Mindener Straße die »Gartenstadt-Siedlung« und führte danach durch die Innenstadt am Bahnhof vorbei in die Radewiger Feldmark. Die Siedlungsschwerpunkte wurden dadurch mit dem Stadtzentrum und der Reichsbahn verbunden.

1930 wurde eine weitere Strecke vom Bahnhof zur »Maiwiese« eingerichtet und somit die Siedlung zwischen Mindener Straße und Bismarckstraße durch eine eigene Verbindung an die Innenstadt angeschlossen. Diese beiden ältesten Buslinien in der Stadt Herford existieren bis heute.
Gleichzeitig entwickelte sich der Individualverkehr bereits in den zwanziger Jahren zu einem Problem. Das enge, unübersichtliche Straßennetz der Innenstadt war dem steigenden Fahrzeugaufkommen nicht gewachsen, so daß zur Erhöhung der Verkehrssicherheit zahlreiche Einbahnstraßen eingerichtet wurden.

1913 gab es in Herford lediglich 60 Führerscheininhaber, die Anzahl der zugelassenen Kraftfahrzeuge entwickelte sich bis 1939 wie folgt[34]:

Jahr	Kräder	PKW	LKW
1910	2	15	
1913	18	66	
1925	275	325	
1930	393	559	110
1935	591	952	203
1939	905	1 347	359

Das Auto bestimmte zunehmend das Bild der Stadt, wobei verkehrstechnische Einrichtungen, die heute längst zur alltäglichen Selbstverständlichkeit geworden sind, im städtischen Verwaltungsbericht zu Beginn der dreißiger Jahre noch in Anführungszeichen gesetzt wurden: *Zum Aufstellen von Fahrzeugen wurden an verschiedenen Stellen der Stadt besondere »Parkplätze« eingerichtet.*[35]

Die Zeit nach 1945

Im Gegensatz zum Ende des Ersten Weltkriegs, der zu einer Abnahme der Herforder Bevölkerung führte, lag die Einwohnerzahl der Stadt 1945 mit fast 47 000 Personen deutlich über dem Wert des Jahres 1939 (rund 42 000). Bereits während des Krieges waren zahlreiche Menschen aus den Ballungszentren in den relativ sicheren Kreis Herford evakuiert worden. Ostwestfalen war von den Zerstörungen des Krieges weitgehend verschont geblieben und mußten deshalb auch eine überproportional große Zahl von Flüchtlingen aufnehmen. 1948 lebten in Herford fast 7 000 Flüchtlinge aus den ehemaligen deutschen Ostgebieten und der sowjetischen Besatzungszone. Zu Beginn der fünfziger Jahre lag der prozentuale Anteil der Vertriebenen an der Gesamtbevölkerung im Raum Herford überproportional hoch[36]:

	1950	1954	1956
Stadt Herford	13,3	16,5	
Kreis Herford	14,9	15,7	
NRW	6,1		14,2

Der Neue Markt, um 1939

Von 1948 bis 1955 erhöhte sich Herfords Einwohnerzahl um mehr als 7000 Personen, sie lag 1960 bei etwa 56000. Die hohen Geburtenraten aus den Jahren des »Wirtschaftswunders« lagen dabei zwar über den Werten der Zwischenkriegszeit, blieben aber weit unter den Zahlen aus der Zeit vor 1914. Selbst der höchste Geburtenüberschuß während des »Babybooms« Ende der fünfziger Jahre lag unter dem Minimalwert des Jahres 1913. Die Eingemeindungen des Jahres 1969 führten zu einem letzten Anstieg der Einwohnerzahl, die seitdem stagniert und sogar rückläufige Tendenzen zeigt. Nach dem Ergebnis der Volkszählung lebten 1987 rund 61 000 Menschen in der Stadt Herford, 4500 weniger als 1970.

Die gemischte ökonomische Struktur der Herforder Region erleichterte nach 1945 den Anschluß an die konjunkturelle Aufwärtsbewegung. Während der ersten Nachkriegsjahre war zudem der Personalbedarf der britischen Besatzungsbehörden (1948 waren dort fast 8000 Personen beschäftigt) ein entscheidender Faktor auf dem Herforder Arbeitsmarkt. Bis heute hat der produzierende Wirtschaftssektor im Kreis Herford eine große Bedeutung. 1970 arbeiteten hier 60% aller Beschäftigten im Handwerk oder der Industrie (NRW 43%). Bis 1981 war dieser Anteil auf 55% gesunken, lag aber im Vergleich zum Landesdurchschnitt von 41% noch immer sehr hoch. Der Nordosten Westfalens mit der Stadt Herford ist heute eine der industriereichsten Regionen der Bundesrepublik Deutschland.[37]

Am Ende des Zweiten Weltkriegs standen in Herford von den 10800 Wohnungen des Jahres 1939 nur noch rund 9000 zur Verfügung, davon 4000 leichtbeschädigt. Der Rest war den Bomben zum Opfer gefallen oder von der britischen Besatzungsmacht beschlagnahmt worden. Der Wohnungsbestand hatte sich somit gegen 1939 um rund 20% verringert, gleichzeitig lag die Einwohnerzahl infolge des Zustroms der Evakuierten, Flüchtlinge und Vertriebenen rund 12% über dem Vorkriegswert. Der Wohnungsnot konnte man zunächst nur durch administrative Maßnahmen (die Wohnraumbewirtschaftung in der Stadt Herford wurde erst 1962 aufgegeben) und einer Instandsetzung der beschädigten Wohnungen begegnen.

Nach der Währungsreform begann ein umfassendes Bauprogramm. Bis 1960 waren rund 5000 neue Wohnungen bezugsfertig, wodurch die Bautätigkeit der Zwischenkriegszeit erheblich übertroffen wurde. In den fünfziger Jahren wurden vor allem Mehrfamilienhäuser errichtet. Die neuen Siedlungen zwischen Ortsieker Weg und Lübberlindenweg, an der Mozartstraße, der Wiesestraße, am Osterfeuer sowie dem Gebiet zwischen Nachtigalstaße und Umgehungsstraße unterschieden sich daher deutlich von der gestreuten Bebauung mit Ein- und Zweifamilienhäusern aus der Vorkriegsszeit. Parallel zur Ausdehnung des Siedlungskörpers verdichtete sich das kommunale Nahverkehrsnetz. Die Zahl der Buslinien erhöhte sich zwischen 1950 und 1960 von 3 auf 13.

In den sechziger und siebziger Jahren wurden das Gebiet zwischen Stadtholzstraße und Salzufler Straße sowie der Hamscheberg Schwerpunkte der Besiedlung. Die Industriestandorte verlagerten sich in dieser Zeit zunehmend vom Stadtkern an die Peripherie und seit Anfang der siebziger Jahre in neue Industriegebiete in den Außenbezirken. Die umfangreiche Bautätigkeit nach 1945 hat das Herforder Siedlungsbild der Gegenwart somit entscheidend geprägt.

Neubauten an der Lützowstraße, um 1957

Verkehr am Rathausplatz, um 1962

Bau der Berliner Straße am Lübbertor, um 1963

Im Gleichschritt der Modernisierung verlor das Herforder Stadtbild viel von seiner Individualität. Planerische Konzepte wurden zunehmend von den Belangen des Straßenverkehrs dominiert, gleichzeitig ereignete sich nach dem Zweiten Weltkrieg auch in Herford das Wunder des Konsums. Seit Beginn der fünfziger Jahre wurde das Konzept einer auto- und einkaufsgerechten Stadt energisch vorangetrieben. Die Zahl der Kraftfahrzeuge explodierte in den sechziger Jahren, berechnet auf 1 000 Einwohner lag sie 1960 bei 91 und stieg bis zum Ende des Jahrzehnts auf 223 (zum Vergleich: 1930 gab es in Herford nur 15 Kraftfahrzeuge auf 1 000 Einwohner).
Fußgängerzonen erleichterten das Einkaufen. Zur Entlastung der dazu benötigten innerstädtischen Straßen wurde eine mehrspurige Verkehrsachse mit unglaublicher Brutalität mitten durch den alten Stadtkern geführt. Bis heute bleibt dieser »Innenstadt-Tangentenring« ein verkehrstechnisches Fragment; ob er je vollendet wird, ist fraglich. Die Aufteilung der Stadt in verschiedene Funktionsbereiche (Wohnen, Arbeiten, Einkaufen, Freizeit) prägt das Herforder Siedlungsbild der Gegenwart. Nach amerikanischem Vorbild wurden Einkaufszentren vor den Toren der Stadt errichtet, aber es ist wohl der Freizeitbereich, der gegenwärtig das Bild der Stadt am deutlichsten prägt.
Mit Anglizismen wie »Go Parc« oder »Phoenix Music Hall« sowie zahlreichen »Squash Courts« und »Bodybuilding Studios« verheißen die Betriebe der Unterhaltungsindustrie auch dem bodenständigen Westfalen kosmopolitisches Flair und physische Eleganz. Im Zuge einer »post-urbanen Erneuerung« bemüht man sich zudem um dieEinrichtung »verkehrsberuhigter Zonen« und entdeckt bei zahlreichen »Straßenfesten« die behagliche Atmosphäre kleinräumiger Individualität. Gleichzeitig beginnt man sich in Zeiten eines rapiden sozialen und ökonomischen Wandels verstärkt für die Geschichte des vertrauten lokalen Umfelds zu interessieren.

Dieter Begemann

Eine rote Hochburg mit »möglichst viel Sonnenseite«: Die »Siedlung«

Wohnungsmangel in Herford

Im Verlauf der Erweiterungen des Stadtgebietes während des letzten Jahrhunderts hat sich das Erscheinungsbild Herfords grundsätzlich verändert. Durch die Bebauung der früheren Feldmarken entstanden rund um den alten Stadtkern neue Wohnviertel. Wenn es unter der Vielzahl der neu erbauten Siedlungen eine gibt, die bis heute nicht nur von ihren Bewohnern als »die Siedlung« bezeichnet wird, so weist dies auf eine besondere Bedeutung hin, die mit diesem Stadtteil zwischen Mindener Straße, Bismarckstraße und Ortsieker Weg verbunden ist. Die Geschichte der Siedlung ist eine Geschichte des Herforder Alltags. Eine alltägliche Geschichte ist sie jedoch nicht. Und sie ist älter als die Häuser, von denen die ersten vor siebzig Jahren dort gebaut wurden.
Bereits seit den 1870er Jahren hatte der Wohnungsbau in der Stadt nicht mehr mit der wachsenden Bevölkerung mithalten können. Von 1875 bis 1913 hatte sich die Einwohner-

Die Johannisstraße, um 1910

zahl von 12 000 auf 35 000 beinahe verdreifacht. Im gleichen Zeitraum war die Zahl der Wohnhäuser jedoch nur um weniger als das Anderthalbfache, von 1 481 auf 3 339, angestiegen.[1] Folgerichtig ergab eine Stichprobe im Jahre 1896, bei der 61 Wohnungen in 14 Häusern überprüft wurden, daß mehr als ein Viertel dieser Wohnungen überbelegt waren. Über die sanitäre Ausstattung wurde festgestellt, *daß die Abort-Anlagen oft unzureichend waren*, in einen Hause war für 25 Personen sogar nur ein Abort vorhanden![2] Die soziale Wirklichkeit sah insbesondere für die »kleinen Leute« völlig anders aus, als sie von Fotos aus der sogenannten »guten alten Zeit« vermittelt wird. Verwinkelte Gassen mit Fachwerkhäuschen und Kopfsteinpflaster bildeten eine Fassade, die für oberflächliche Betrachter heute anheimelnd und gemütlich wirkt. Innerhalb und außerhalb der Häuser hatten die Zeit und das Leben vieler Generationen zuvor bereits ihre deutlichen Spuren hinterlassen. Häufig lebten fünf und mehr Personen in kleinsten, vielfach feuchten Wohnungen, durch deren Butzenscheiben kaum genug Sonnenlicht drang, um die Zimmer ausreichend zu beleuchten. Ein Ansteigen der Zahl chronischer Krankheiten, wie die als *Schwindsucht* bezeichnete Lungentuberkulose, war die zwangsläufige Folge. Alles steuerte erkennbar auf eine Situation zu, in der man offen vom *Wohnungselend* in Herford sprechen sollte. Dieses Elend hatte in Herford ein anderes Gesicht als in den Mietskasernen Berlins und anderer Großstädte. Geringer war es zumeist jedoch nur in der Zahl der Betroffenen.

Die äußerst bescheidenen Anfänge des sozialen Wohnungsbaus in Herford konnten in dieser Lage kaum mehr bewirken als der oftmals zitierte »Tropfen auf dem heißen Stein«. 1893 wurde der *Bau- und Sparverein, eingetragene Genossenschaft* als eine gemeinnützige Gesellschaft zur Errichtung von Arbeiterwohnhäusern gegründet. Allerdings konnten sich die 131 Mitglieder, die bis 1910 der Genossenschaft beitraten, nicht auf eine besondere staatliche oder kommunale Förderung stützen. Die Stadt sicherte lediglich im Einzelfall durch kommunale Bürgerschaften Kredite ab, die vom Verein aufgenommen wurden. Dennoch gelang es dem Verein bis 1910, immerhin 92 Zweifamilienhäuser an der Genossenschafts-, Bodelschwingh-, Schulze-Delitzsch- und Bauvereinstraße zu errichten.[3]

Zwar hatte der Bau- und Sparverein an sich selbst den Anspruch gestellt, Arbeiterwohnungen zu errichten. In der Wirklichkeit konnten davon jedoch diejenigen, die am meisten unter der Wohnungsnot litten, kaum profitieren. Für einen Arbeiterhaushalt war die Minimalsumme von 200 Mark Eigenkapital für den Baubeginn eines Wohnhauses nur selten und unter größten Opfern aufzubringen. Das durchschnittliche Haushaltseinkommen einer Arbeiterfamilie im Deutschen Reich lag 1907 bei 1 835,38 Mark, einschließlich aller Nebeneinkünfte. Dem standen jedoch durchschnittliche Ausgaben von 1 835,06 Mark gegenüber, die in der Hauptsache für die Deckung der Grundbedürfnisse Nahrung, Kleidung und Wohnung entstanden.[4] Durchaus zutreffend, aber ohne die eigene Untätigkeit zu erwähnen, beklagte sich die Stadtverwaltung zusätzlich darüber, *daß die Unterstützung* (des Bau- und Sparvereins, D.B.) *seitens der Arbeitgeber nicht so lebhaft ist, als sie sein müßte.*[5]

Die Situation war den Verantwortlichen der Stadt also durchaus bekannt und als Mangel bewußt. Um sie zu verändern, hätte es des politischen Willens bedurft, der jedoch von der Stadtverordnetenversammlung, die sich nach dem preußischen Dreiklassenwahlrecht zusammensetzte, nicht aufgebracht wurde. Die katastrophale Wohnungssituation in der Stadt wurde erst zu einem Thema für das Stadtparlament, nachdem 1910 fünf sozialdemokratische Mitglieder in die dreißigköpfige Stadtverordnetenversammlung gewählt wurden. Zunächst begnügte sich die Mehrheit des Parlaments damit, die Verwaltung abermals mit einer Erhebung zu beauftragen, die, so beschreibt es Fritz Schmidt, der Chronist der »Herforder Monatsblätter«, *wie vorauszusehen, den bestehenden Mangel an gesunden Arbeiterwohnungen nur zu bestätigen vermochte.*[6] Während das Ergebnis dieser Erhebung den Vorsitzenden der SPD-Stadtverordnetenfraktion dazu veranlaßte, in einer ausführlichen Denkschrift Abhilfe zu fordern, beließen es die Mehrheit der Stadtverordneten und der Magistrat bei einer unverbindlichen Aussprache, in der ein Magistratsmitglied immerhin den Kauf eines größeren Grundstücks für den Bau von Ein- und Zweifamilienhäusern *in Aussicht stellte.*[7]

Tatsächlich unternahmen Magistrat und Stadtverordnetenversammlung jedoch auch in den folgenden Jahren nichts, um diese Ankündigung zu verwirklichen. Darüber konnte auch die Tatsache nicht hinwegtäuschen, daß sich die Stadtverwaltung mit der publikumswirksamen, aber unverbindlichen Anregung an die Westfälische Bauberatungsstelle in Münster wandte, in Herford eine *Ausstellung für Wohn- und Siedlungswesen* durchzuführen. Für den Teil der Herforder Bevölkerung, der von der Wohnungsnot betroffen war, blieb es folgenlos, daß den Besuchern der Ausstellung im Februar 1914 für drei Tage *durch Beispiel und Gegenbeispiel die zweckmäßige Gestaltung von Wohn- und Wirtschaftsgebäuden vor Augen geführt* (wurde).[8]

Es waren nicht allein der fehlende Wille und die Auswirkungen des im August 1914 beginnenden Weltkriegs, die ernstzunehmende städtische Initiativen zur Beseitung des Wohnraummangels verhinderten, sondern offenkundig auch die Tatsache, daß ein anderer baulicher Mangel von den Verantwortlichen bedrückender empfunden wurde als die Wohnungsnot großer Bevölkerungsteile: Das Fehlen geeigneter Räumlichkeiten für die Unterbringung der Stadtverwaltung, deren Ämter auf verschiedene Gebäude im Stadtgebiet verteilt waren. So kam es dazu, daß in den Jahren von 1915 bis 1918 auf dem ehemaligen Abteigelände für 1,2 Millionen Reichsmark in repräsentativem Baustil das heutige Rathaus und die Markthalle gebaut wurden, in einer Zeit also, in der die Herforder Bevölkerung in einem kaum vorstellbaren Maß unter den Auswirkungen des Krieges zu leiden hatte. Zur Linderung der Not der Arbeiterschaft und ihrer Familien wurde in der neuerbauten Markthalle eine Kriegs- und Stadtküche eingerichtet, in der während des Jahres 1918 / 19 wöchentlich bis zu 15 000 Essensportionen ausgegeben wurden.[9]

Ab 1916 ruhte der private Wohnungsbau in Herford, der bereits mit Beginn des Krieges nahezu bedeutungslos geworden war, für die nächsten fünf Jahre fast völlig. Alle noch verfügbaren Bauarbeitskräfte, soweit sie nicht für *Gott, Kaiser und Vaterland* Soldaten wurden oder an der *Heimatfront* für den Krieg produzieren mußten, wurden ebenso für den Rathausbau benötigt wie die immer knapper werdenden Rohstoffe. In einem Aufsatz *Die Wohnungsnot in Herford* beschrieb Fritz Schmidt im Januar 1919 die Auswirkungen für die Wohnungssituation: *Durch das Ruhen der Bautätigkeit in den Kriegsjahren hat sich, wie gesagt, der Mangel an Wohnungen von Jahr zu Jahr gesteigert und ist, wie vorauszusehen war, mit der Zeit auch auf die bessersituierten Kreise hinübergesprungen, welches wiederum eine Abwanderung in die kleineren Wohnungen zur Folge hatte und damit die Wohnungsnot der unbemittelten Volksschicht schier unerträglich gestaltete. Ganz zweifellos hätten die Zustände noch eine beträchtliche Verschlechterung erfahren, wenn nicht gesetzgeberische Maßnahmen dagegen unternommen worden wären, die in dem allgemeinen Verbot der Wohnungskündigung gipfelten.*[10] Die Vergabe des vorhandenen Wohnraums erfolgte nach den Gesetzen des »freien« Marktes oder, in den Worten Fritz Schmidts, *durch offene Aus- oder Überbietung* und damit *natürlich zu erhöhten Preisen.*[11]

Die Wohnungssituation in Herford hatte sich zu einem erheblichen sozialen Sprengstoff entwickelt. Dieser drohte für die Verantwortlichen zu einer um so größeren Gefahr zu werden, als bei Kriegsende 1918 während der Novemberrevolution auch in Herford ein Arbeiter- und Soldatenrat gebildet wurde. Zwar stellte sich sehr bald heraus, daß es dem Herforder Revolutionsorgan — trotz roter Fahnen auf Rathaus und Bahnhof — nicht um die Übernahme der Macht in der Stadt ging, jedoch kontrollierten die in Volksversammlungen gewählten Arbeiter und Soldaten nun die wichtigsten städtischen Dienststellen, die für die Versorgung von entscheidender Bedeutung waren: die Ämter für Lebensmittel- und Brennstoffversorgung, das Bekleidungs- sowie das Militär- und Einquartierungsamt.

Die *Rückkehr von den heimkehrenden jungen Kriegern, die jahrelang, täglich, stündlich ihr Leben für die Heimat einsetzten und jetzt einen eigenen Hausstand zu gründen beabsichtig(t)en*, verschärften die Wohnungsnot nochmals.[12] In dieser Situation überwand der Herforder Magistrat überraschend schnell seine jahrelange Untätigkeit und beschloß am 3. Dezember 1918, nicht einmal einen Monat nach der Novemberrevolution, den Kauf eines rund 185 000 Quadratmeter großen Grundstücks für Siedlungszwecke an der Bismarckstraße.[13]

In der Stadt setzte nun auch eine öffentliche Diskussion der Wohnungsfrage ein, die im Dezember 1918 von dem Architekten Köster ausgelöst wurde. In einer von ihm einberufenen öffentlichen Versammlung bezeichnete Köster die hohen Kosten für Baumaterial und Löhne als Gründe, die der Bautätigkeit entgegenstünden. Um dennoch nicht untätig zu bleiben, empfahl er die Rückbesinnung auf einfachste Bauverfahren mit Bruchstein und Fachwerkbau für die Errichtung von Ein- und Zweifamilienhäusern, die als Arbeiterwohnungen nur in Frage kommen könnten. In der Diskussion, die sich an Kösters Ausführungen anschloß, wurde die Ansicht vertreten, auf die Anlegung neuer Wegeflächen zu verzichten und statt dessen den Bau von Arbeiterwohnungen im *Koloniebau* an den bereits *vorhandenen ausgebauten Straßen in den Feldmarken* durchzuführen.[14] Es wurden jedoch auch vereinzelte Stimmen laut, die die Meinung vertraten, aufgrund der hohen Kosten für Baumaterial und Löhne sei der Bau neuer Wohnungen unrentabel. Fritz Schmidt, der in den »Herforder Monatsblättern« diese Diskussion kritisch begleitete, machte *einflußreiche Kreise* in der Stadt für derartige Meinungsäußerungen verantwortlich. An *die, die es angeht,* richtete Schmidt ironisch die *ganz bescheidene Anfrage: Sollen wir wirklich erst russisch-bolschewistische Zustände in Herford erhalten, unter denen dem besitzlosen Stande die herrschaftlichen Wohnungen angewiesen werden*

und die Herrschaften zur Abwechslung einmal in den Armenvierteln Aufenthalt nehmen müssen?[15]
Während in der Öffentlichkeit bereits, wenn auch nicht von besonderem Einfallsreichtum geprägt, über konkrete Maßnahmen zur Verbesserung der Wohnungssituation debattiert wurde, hatten die städtischen Organe, trotz des Grundstückskaufes an der Bismarckstraße, noch nicht einmal über die grundsätzliche Frage entschieden, ob es überhaupt eine besondere Förderung des Wohnungsbaus durch die Stadt geben sollte. Es war der Fabrikant Karl Nolting, der in der Stadtverordnetenversammlung am 24. Januar 1919 erstmals die Forderung erhob, *daß die Stadt den Bau von Kleinwohnungen selbst in die Hand nimmt,* und an den Magistrat den Antrag richtete, *die Vorarbeiten für den Bau von Kleinwohnungen unverzüglich in die Wege zu leiten.*[16] Obwohl es eine formelle Abstimmung nicht gab, wurde im Sitzungsprotokoll *allgemeine Zustimmung* zu dem Antrag Noltings festgehalten. Während der Debatte hatte der SPD-Stadtverordnete Nadig dem Magistrat anheimgestellt, von seinem Recht Gebrauch zu machen, Wohnungen zu beschlagnahmen, in denen nur wenige Personen lebten, und außerdem in leerstehenden Fabriken Notwohnungen einzurichten. Daß Oberbürgermeister Busse darauf mit der Ankündigung reagierte, auch *diese Vorschläge werden durchgeführt werden müssen*[17], charakterisiert das mittlerweile dramatische Ausmaß der Wohnungsnot und dürfte die widerspruchslose Zustimmung zu städtischen Maßnahmen erleichtert haben.

Die Entstehung der »Siedlung«

Es erwies sich als eine weitsichtige Maßnahme des Herforder Magistrats, nach jahrelanger Untätigkeit in dieser Frage nicht in hausbackenen Aktionismus zu verfallen, sondern Sachverstand von außen in die Stadt zu holen, um, so Oberbürgermeister Busse, *die ganze Frage einheitlich lösen* zu können.[18] Wenige Wochen später wurde der Stadtbaumeister Ernst Messerschmidt eingestellt, der es verstand, den Bau einer für Herford neuen Siedlungsform zu einer Prestigeangelegenheit für die Verantwortlichen zu machen. Messerschmidt ließ sich dabei von der Idee einer Gartenstadt leiten, die seit 1898 von dem englischen Baumeister Ebenezer Howard unabhängig von wirtschaftlichen Interessen als *Siedlungsform der Zukunft* propagiert wurde.[19]
Nach den Vorstellungen Howards sollte ein Park das Zentrum einer Gartenstadt bilden, an dessen Rand öffentliche Gebäude und Versorgungseinrichtungen für die Bewohner angeordnet werden sollten, deren Wohnhäuser sich um diesen Mittelpunkt herum gruppierten. Allerdings war mit dieser, im Vergleich zu bisherigen (und vielen späteren) Siedlungsformen fortschrittlichen Konzeption ebenfalls ein nicht weniger wichtiger politischer Inhalt verbunden. Man erhoffte sich von der Beseitigung des sozialen Sprengstoffs, den das Wohnungselend in den Innenstädten bildete, auch *die Verhinderung der kollektiven Organisation der Arbeiter.* Sie sollten, wie man es nannte, *an die »eigene Scholle« gebunden werden.*[20]
In diesem Sinne entwickelte Messerschmidt seine Vorstellungen für das Siedlungsgelän-

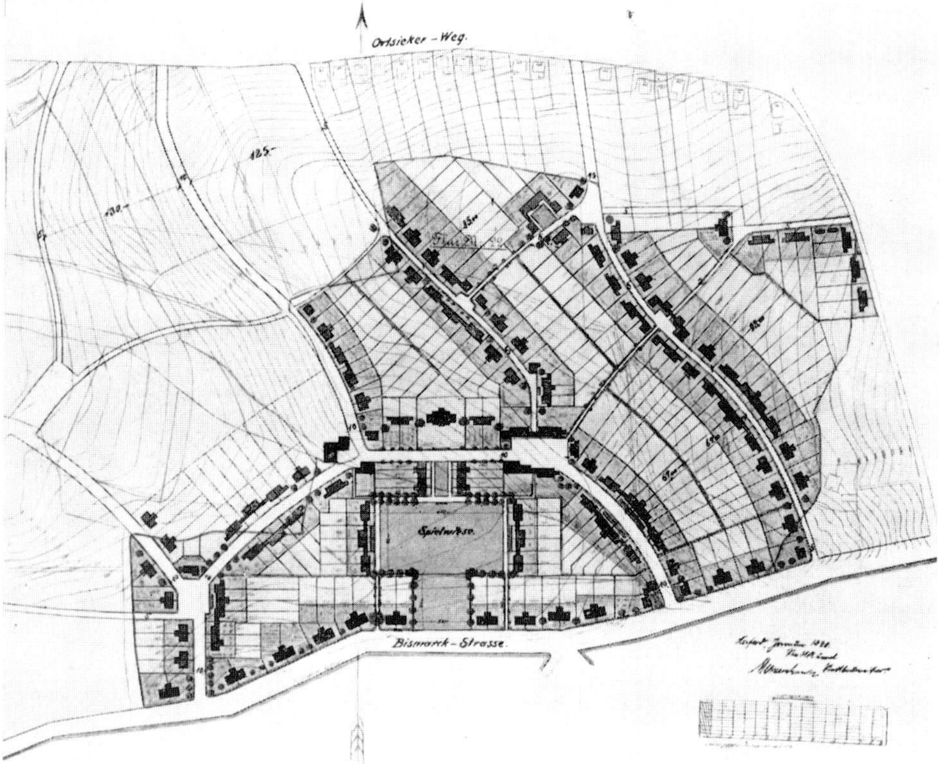

Erster Lageplanentwurf für die Siedlung an der Bismarckstraße (nicht in allen Einzelheiten verwirklicht)

de an der Bismarckstraße, die 1920 sogar in Buchform veröffentlicht wurden.[21] Zum Mittelpunkt der Siedlung wählte er eine feuchte Wiesenfläche, die seit Jahrhunderten als Kuhweide genutzt worden war. Durch Drainierung sollte hier eine große Spielwiese entstehen, die dem *Beschauer von der Bismarckstraße aus . . . einen freundlichen Blick auf die Siedlung* (eröffnet).[22] Rund um dieses Zentrum sollten Geschäfte und ein größeres öffentliches Gebäude — in seinen ersten Entwürfen nannte Messerschmidt eine Schule — erbaut werden. Verglichen mit der zuvor beschriebenen Wohn- und Lebenssituation im damaligen Herford kündigte sich hier ein bemerkenswerter Wandel an, den der Stadtbaumeister jedoch eher zurückhaltend beschrieb: *Für die Aufteilung des Siedlungsgeländes sind lediglich Gründe der Zweckmäßigkeit und neuzeitliche Anschauungen über Kleinwohnungsbau maßgebend gewesen. Jede Künstelei und Überschreiten des Einfachen ist vermieden worden. In der Hauptsache wurde darauf Bedacht genommen, gut belichtete und besonnte Räume zu schaffen.*[23]
Dafür sollte *die Linienführung der Wohnstraßen in den Richtungen von Süd-Ost nach Nord-West und Süd-West nach Nord-Ost* verlaufen. *Wo reine Nordlage einer Häuserfront nicht zu vermeiden war, wie z.B. an der Bismarckstraße, ist einmal in der Grundrißgestaltung der Wohnungen hierauf Rücksicht genommen, zum anderen erfolgte an diesen Stellen die Bebauung . . . . nur durch freistehende Doppelhäuser, um möglichst viel Son-*

nenseite zu gewinnen . . . An allen übrigen Straßenzügen soll die Bebauung in kleineren und größeren Gruppen im Interesse möglichster Billigkeit erfolgen.[24]
In seinen ersten Entwürfen ging Messerschmidt davon aus, daß in 230 Häusern, gebaut in vier Haustypen, rund 250 Wohnungen entstehen sollten. Für jede Wohnung mit Stallanbau wurden durchschnittlich 700 Quadratmeter Grundstücksfläche, vor allem als Gartenland, veranschlagt. Die Rückseiten der Grundstücke sollten durch schmale Wirtschaftswege verbunden werden, die später als *Zwichten* in den täglichen Sprachgebrauch der Siedlungsbewohner eingingen.
Wenn in der späteren Bauausführung auch nicht alle in Messerschmidts Entwürfen genannten Ideen berücksichtigt wurden, so wurde durch sie jedoch der Anstoß zum Bau einer Siedlung gegeben, die von Städtebaufachleuten noch heute als vorbildlich bezeichnet wird. Dabei ist insbesondere die Anlage der Straßen zu beachten, die nicht von den Vorstellungen rationeller Planung mit dem Lineal am Reißbrett diktiert wurden. Vielmehr wurde das Ziel verfolgt, *ansprechende und freundliche* Straßenbilder zu schaffen, *die den Anliegern das Bewohnen in jeder Beziehung angenehm machen*. In der gesamten Siedlung wurde nur eine gerade verlaufende Straße, die heutige Ebertstraße, angelegt. Allerdings achtete man auch hier darauf, durch einen »Sommerweg«, der je zur Hälfte der Straßenlänge auf der einen, dann auf der anderen Fahrbahnseite angelegt wurde, keine Monotonie entstehen zu lassen.
Die übrigen Straßen wurden dem Gelände angepaßt und durch leichte Kurvenführungen abwechslungsreich gestaltet. So wurde es möglich, daß selbst an jeder Stelle des knapp 200 Meter langen Heckenwegs für den Betrachter ein ständig neues Straßenbild entsteht. Fast alle Straßen wurden auf zentralen Plätzen zusammengeführt, die neben ihrer Funktion als Treffpunkte für die Bewohner in den ersten Jahren eine weitere Aufgabe hatten, die sich auch aus dem Zwang zur sparsamen Bauweise ergab. Sie waren Ausweich- und Wendeplätze für Fuhrwerke und größere Fahrzeuge (Möbelwagen usw.), die auf den

Skizze des Straßenbildes. Von W. Messerschmidt

schmalen geschotterten und von Seitengräben gesäumten Straßen nicht aneinander vorbeifahren konnten. Rücksichtsvolle Fahrweise und eine »natürliche« Verkehrsberuhigung waren in den Planungen des Stadtbaumeisters bereits berücksichtigt, bevor dort das erste Haus entstand. Jahrzehnte bevor die Folgen des technischen Fortschritts diese Fragen wieder aktuell machen sollten, notierte Messerschmidt zu seinen Entwürfen, die Straßen der Siedlung sollten *lediglich dem inneren Verkehr dienen.*[25]
Die bisher geschilderten Planungen und Überlegungen waren geprägt von der Idee eines variantenreichen, aber in sich geschlossenen Bauvorhabens. Die tatsächliche Entstehung der Siedlung gestaltete sich in den folgenden Jahren jedoch als ein Spiegelbild der oftmals katastrophalen wirtschaftlichen Entwickung mit Brüchen, Widersprüchen und heute kaum mehr nachvollziehbaren Folgen für alle Beteiligten. Obwohl Magistrat und Verwaltung noch kein endgültiges planerisches und finanzielles Konzept für den Bau von Kleinwohnungen entwickelt hatten und obwohl der neue Stadtbaumeister zu dieser Zeit erst wenige Wochen im Amt war, beauftragte die Stadt bereits im April 1919 heimische Bauunternehmen damit, vierzehn Doppelhäuser (zwölf an der Bismarckstraße und zwei an der Sandbrede) zu errichten.[26] Der Baustil dieser ersten Häuser trägt bereits unverkennbar die »Handschrift« Messerschmidts. Die Tatsache, daß bei der ersten Kommunalwahl nach Kriegsende am 2. März 1919 die SPD mit der größten Fraktion im Rathaus einzog, dürfte nicht unerheblich zur Beschleunigung beigetragen haben.
1921 wurden aus einer Liste von 74 Interessenten die 32 Käufer dieser ersten Häuser ausgewählt. Dabei gibt die Rubrik *Stand* der Käufer Aufschluß darüber, daß nun tatsächlich erstmals in Herford die sogenannten kleinen Leute die Möglichkeiten erhielten, ein »eigenes Dach über dem Kopf« zu erwerben. Neben den dort aufgeführten Berufen wie Bäcker, Schreiner, Maler, Tischler, Arbeiter, Former, Briefträger, Hausdiener und andere finden sich ebenfalls kleine Selbständige wie Schneidermeister und Schuhmachermeister sowie Kriegsbeschädigte, die eine besondere finanzielle Unterstützung erhielten.[27] Zu welchen Bedingungen die Häuser an ihre neuen Besitzer verkauft wurden, kann nicht angegeben werden, da sowohl private Dokumente als auch entsprechende Archivunterlagen bisher nicht aufzufinden waren.

Spielende Kinder in der Sandbrede während der zwanziger Jahre

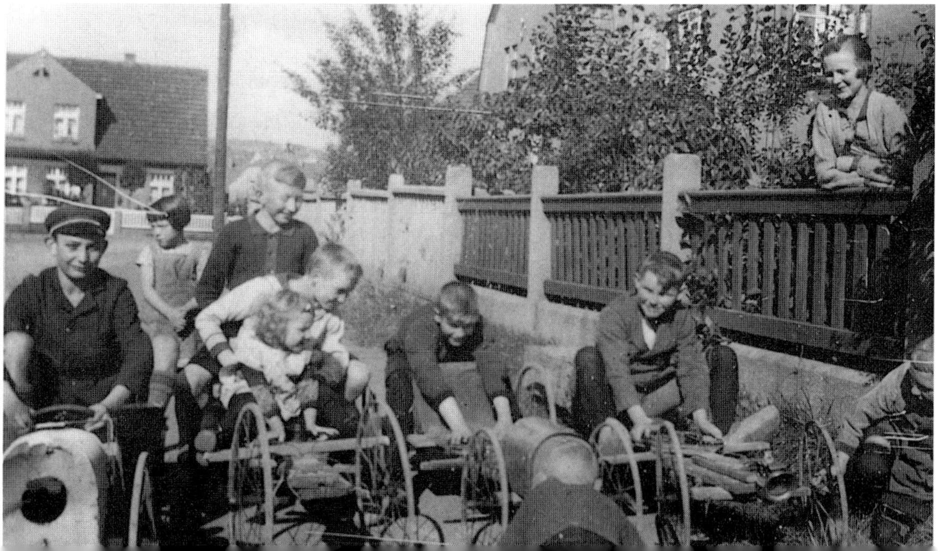

1920 begann der Bau der ersten Häuser an der Sandbrede durch private Bauherren, die jedoch aus demselben *Stand* kamen wie die Käufer der durch die Stadt gebauten Häuser. Die Baugrundstücke waren dafür von der Stadt unentgeltlich zur Verfügung gestellt worden. Es kann davon ausgegangen werden, daß die Stadt ebenfalls, wie bei den späteren Privatbauten in diesem Bereich, zinsgünstige Hypotheken für die Baukosten zur Verfügung stellte. Magistrat und Baukommission der Stadt gingen Anfang des Jahres 1920 davon aus, daß der Bau von 75 bis 80 Kleinwohnungen, 12 Mittelwohnungen und die Erschließung des Gebietes mit Straßen und Kanalisation rund 5 Millionen Mark an Kosten verursachen würde. Dabei war eine Reserve von 500 000 Mark bereits berücksichtigt. Die Kosten für den Bau einer Kleinwohnung wurden mit 37 500 bis 40 000 Mark angesetzt. Die Gesamtkosten des Projektes sollten zu einer Million aus einem Reichsdarlehen zur Schaffung neuer Wohnungen und aus einer städtischen Anleihe von vier Millionen aufgebracht werden.[28]
Trotz der beschriebenen besonderen Förderung durch die Stadt, die gegenüber den vorherigen Bedingungen einen geradezu revolutionären Fortschritt bedeutete, war der Bau dieser ersten wie auch der späteren Privathäuser nur unter größten Opfern möglich. Der Zwang zum Sparen stellte erhebliche Anforderungen an die körperliche Leistungsfähigkeit, den Einfallsreichtum und das Improvisationstalent der Bauherren. Der größte Teil der privat errichteten Häuser mußte ganz oder überwiegend unter Bedingungen erbaut werden, die nach heutigen Rechtsnormen den Straftatbestand der »Schwarzarbeit« erfüllen würden. Ohne diese Form der Nachbarschaftshilfe, bei der der Maurer dem Tischler half und der Maler dem Dachdecker, wäre für die Mehrzahl der neuen Bauherren die Verwirklichung der »eigenen vier Wände« jedoch unmöglich gewesen. Daß Familienangehörige, Freunde und Nachbarn anfassen mußten, wenn es nach Feierabend und am Wochenende »auf den Bau« ging, war ohnehin selbstverständlich.
So entstanden die meisten Privathäuser vom ersten Spatenstich bis zum Auflegen des letzten Dachziegels in reiner Handarbeit. Oftmals waren neben dem Ausschachten der Baugrube mit Spaten und Schaufel umfangreiche Erdbewegungen nötig, um aus dem vorherigen Brach-, Weide- und Ackerland jeweils ein bebaubares Grundstück zu machen. Dabei stellte die unterschiedliche Bodenbeschaffenheit auf der 185 000 Quadratmeter großen Siedlungsfläche ebenfalls erhebliche Anforderungen. In den Überlieferungen aus dieser Zeit wird sowohl von leichtem Sandboden, der zwar das Ausschachten leicht machte, aber die Gründung der Häuser erschwerte, als auch von schwerem Lehmboden, der für jeden Spatenstich mit Spitzhacke gelockert werden mußte, sowie von schieferartigem felsigem Untergrund berichtet.[29]
Sparsamkeit und der Mangel an Baustoffen veranlaßten die Hausbauer dazu, dem Sprichwort *Aus der Not eine Tugend machen* immer neue Inhalte zu geben. Stieß man beim Ausschachten auf Sand — beispielsweise im Bereich der Straße Sandbrede — so wurde der Aushub der Baugrube gleichzeitig als Baustoff verwendet. Tonartiger Lehm eignete sich zum »Verputzen« der Kellerwände oder, vermischt mit Stroh, als Dämmaterial für Holzdecken. Die hohen Zementpreise und der Mangel an diesem wichtigen Baustoff führte dazu, daß die Innenwände hauptsächlich mit einem Gemisch aus Sand und Kalk verputzt wurden. Dort, wo es die Sparsamkeit verlangte und der feste Lehmboden

hergab, verzichtete man auf einen Betonsockel und gestaltete den Kellerboden »naturbelassen«.[30]
Trotz der beschriebenen, häufig einfachsten und sparsamsten Bauweise war die Entstehung der Siedlung von Anfang an bedroht durch die größte Inflation in der Geschichte. Die Auswirkungen der Inflation werden deutlich sichtbar an der Entwicklung des Dollarkurses, der sich vom Januar 1920 bis zum Juli 1922 verzehnfachte. Um die Bauvorhaben nicht zu gefährden, sah sich der Herforder Magistrat veranlaßt, Zusatzdarlehen an die *Baulustigen* zu bewilligen, um die gestiegenen Baukosten aufzufangen. Eine Handwerkerrechnung der Firma Gottlieb Meyer, Baugeschäft und Dampfziegelei, vom Dezember 1921 gibt Auskunft darüber, wie sich die Kostensteigerungen für die Hausbauer auswirkten. Danach wurde der Kostenanschlag von 47 000 Mark für Material- und Baukosten eines Hauses an der Bismarckstraße um eine Teuerungszulage von 7 300 Mark, also rund 17 Prozent, überschritten. Diese Inflationszuschläge wurden nach offiziellen Wochenlisten errechnet. Dabei ist anzumerken, daß die Einkommen der abhängig Beschäftigten bereits zu dieser Zeit kaum der inflationären Entwicklung nachkamen.
Die katastrophalen Auswirkungen der Hochinflation begleiteten ebenfalls den Bau von weiteren 100 Wohnungen in der Siedlung, für die sich die Verantwortlichen eine neue Finanzierungsvariante einfallen ließen. Mittlerweile verstand man das gesamte Bauvorhaben in der Siedlung auch als ein kommunales Beschäftigungsprogramm, von dem zunächst das Baugewerbe und später andere Wirtschaftsbereiche, unter anderem die im Herforder Raum stark vertretene Möbelindustrie, profitieren sollten. *Es sollte deshalb versucht werden*, heißt es in einem städtischen Verwaltungsbericht *durch Heranziehung von privatem Kapital den Baumarkt stark zu beleben*[32] Zu diesem Zweck wurde am 18. Februar 1921 die *Gemeinnützige Siedlung Herford GmbH* gegründet, deren Aufgabe es sein sollte, *unter Heranziehung aller Bevölkerungskreise ... nach einheitlichen künstlerischen Plänen Siedlungen zu errichten*. In den Aufsichtsrat der Gesellschaft wurden Oberbürgermeister Busse, Stadtsyndikus Ochs, die Fabrikanten Nolting und Bokelmann, Sparkassendirektor Baruch, Baugewerksmeister Gresselmeyer und der Gewerkschaftssekretär Kley gewählt.[33]
Für den Bau dieser Siedlungshäuser griff die Gesellschaft jedoch nicht auf die Entwürfe des Stadtbaumeisters Messerschmidt zurück, der neben dem Stadtkämmerer Tiemann zu einem der Geschäftsführer ernannt wurde. Statt dessen wurde ein Architektenwettbewerb ausgeschrieben, bei dem am 26. Mai 1921 der Bielefelder Architekt Hessinger den mit 3 000 Mark dotierten ersten Preis gewann. Von den insgesamt 100 Wohnungen sollten 40 mit Küche und zwei Zimmern, 50 mit Küche und drei Zimmern und die restlichen 10 mit Küche und vier Zimmern ausgestattet werden.[34]
Über die finanzielle Entwicklung dieses gemeinnützigen Bauvorhabens, für das bis zum Dezember 1921 von Wohnungsinteressenten, in der Hauptsache aus der Arbeiterschaft, ein Stammkapital von 1,3 Millionen Mark eingezahlt worden war, berichtet die Stadtverwaltung: *Sehr bald nach der Vergebung der Erd-, Maurer-, Dachdecker- und Zimmererarbeiten an hiesige Bauunternehmer stellte sich heraus, daß mit den zur Verfügung stehenden Mitteln die Durchführung des Bauvorhabens nicht gesichert werden konnte. Die*

Kosten beliefen sich für eine Zweizimmerwohnung auf 58 000 Mk., eine Dreizimmerwohnung auf 75 000 Mk. und eine Vierzimmerwohnung auf 92 000 Mk.[35] Ohne die von der Stadt zugesagten Erschließungsmaßnahmen der ohnehin kostenlos überlassenen Grundstücke betrugen die zu erwartenden Kosten allein für die dringend benötigten Wohnungen bei Baubeginn also fast 7 Millionen Mark. Bei den vorhergehenden Planungen war man von einer Summe von 5 Millionen Mark ausgegangen, von denen 3,25 Millionen durch Zuschüsse der Stadt abgedeckt werden sollten. Über die weitere Entwicklung berichtete die Verwaltung ebenso kurz wie treffend: *Die dann in der Folgezeit einsetzende starke Geldentwertung brachte es mit sich, daß alle Berechnungen und Finanzierungspläne zunichte gemacht wurden.*[36]

Zunächst hatte die Gemeinnützige Siedlung GmbH im August 1921 noch versucht, von Magistrat und Baukommission die Genehmigung zu erhalten, statt der geplanten 100 nur 64 Wohnungen zu errichten. Dieses Ansinnen wurde von den Gremien der Stadt jedoch abgelehnt, die sich statt dessen bereit erklärten, eine weitere Pauschalsumme von 2,2 Millionen Mark zu bewilligen. Damit hatte sich der städtische Zuschuß je Wohnung für die Gemeinnützige Siedlung auf 54 500 Mark erhöht und lag damit weit über der Höchstförderungssumme von 45 000 bzw. 37 800 Mark, die bis zu diesem Zeitpunkt an private Kleinwohnungsbauer vergeben wurde.[37] Als die Siedlungsgesellschaft abermals in finanzielle Schwierigkeit geriet, verweigerte die Stadtverordnetenversammlung die weitere Unterstützung. Statt dessen wurde beschlossen, daß die Stadt die gesamten Verpflichtungen der Gesellschaft übernahm, *um die bereits hergestellten Bauwerke nicht verfallen zu lassen.*[38]

Da ein großer Teil der Wohnungsinteressenten in der Gefahr stand, die bereits eingezahlten Gelder zu verlieren, übernahm die Stadt in einem komplizierten Vertragswerk die Gesellschafteranteile und führte in der Folgezeit das gesamte Bauprojekt der Gemeinnützigen Siedlung GmbH uneingeschränkt zu Ende. Nach der Fertigstellung der ersten Gebäude wurde im Oktober 1922 beispielsweise ein Zweifamilienhaus mit je zwei Zimmern und Küche an der August-Bebel-Straße für nun bereits 400 000 Mark an die vorherigen Mitglieder der Wohnungsgesellschaft verkauft. Allerdings konnten die neuen Besitzer nur über eine der Wohnungen ihres Hauses verfügen. Die Auswahl der Mieter für die zweite Wohnung behielt sich das städtische Wohnungsamt vor.[39]

Angesichts der mittlerweile riesigen Kaufsumme, die durch städtische Hypotheken abgesichert wurde, ist zu berücksichtigen, daß sich der Dollarkurs allein in den vier Monaten vom Juli bis Oktober 1922 erneut verzehnfacht hatte. Die Tatsache, daß in der Hauptsache kinderreiche Familien aus der Arbeiterschaft und Kriegsversehrte, die eine besondere Unterstützung erhielten, diese Häuser kauften, zeigt, daß der hohe Kaufpreis keinen entscheidenden Einfluß haben konnte. Dennoch kam es vor, daß Familien aufgrund von Arbeitslosigkeit oder persönlicher Ereignisse mit der Schuldenzahlung in Rückstand gerieten und ausziehen mußten.[40]

Zwei Beispiele geben einen Eindruck von den Finanzierungsbedingungen, die in der Folgezeit noch weitaus chaotischere Formen annahmen. So erhöhte sich zum einen der Preis für (vermutlich vier) Vierfamilienhäuser an der Eugen-Richter-Straße (heute: Ebertstraße) bis 1923 auf 1 848 000 000 000 000 (= 1 848 Billionen) Mark. Für dieses

Inflationsgeldscheine der Stadt Herford aus dem Jahre 1922

Vorhaben waren bei Baubeginn immerhin bereits 270 Millionen Mark bewilligt worden.[41] Zum anderen beschwerten sich im August 1923 sechzehn Hauskäufer an der August-Bebel-Straße unter anderem über Schäden am Außenputz ihrer Häuser. Als die Stadt daraufhin von einer der verantwortlichen Firmen die Beseitigung der Schäden verlangte, antwortete das Unternehmen, es könne ihm *wohl nicht zugemutet werden, daß wir das Zehnfache für Wiederherstellen des abgefrorenen Putzes bezahlen, als die beiden von uns ausgeführten Gebäude bei der Fertigstellung im Ganzen gekostet haben.* Mit einer ähnlichen Begründung zog sich auch die Stadt aus der Verantwortung für die mangelhafte Bauausführung. Sie teilte den Beschwerdeführern mit, daß sie es *mit Rücksicht auf den heute kaum noch nennenswerten Kaufpreis der Häuser ablehnt, irgendwelche Arbeiten auf ihre Kosten ausführen zu lassen.*[42]
Nach dem Ende der Hochinflation im November 1923 wurde die Schuldentilgung für die Häuser an der August-Bebel-Straße und der Eugen-Richter-Straße neu geregelt. Dokumente über diese Neuregelung liegen bisher nicht vor. Deshalb kann an dieser Stelle nur angegeben werden, daß in mündlichen Überlieferungen davon berichtet wird, der reale Kaufpreis für ein Zweifamilienhaus mit je zwei Zimmern und Küche habe 6 000 Mark betragen.[43] Im Vergleich dazu lag das durchschnittliche Jahreseinkommen der abhängig Beschäftigten 1925 bei 1 710 Mark.[44]
Die Inflation mit ihren vernichtenden Wirkungen war nach Aussage der Stadtverwaltung dafür verantwortlich, daß die Stadt nach der Beendigung dieses Projektes keine Woh-

nungen mehr in eigener Regie erstellen ließ.[45] In den folgenden Jahren fand die Bebauung des Siedlungsgeländes, bei weiterhin kostenloser Überlassung der Grundstücke und finanziert durch sogenannte Hauszinssteuerhypotheken der Stadt, ausschließlich durch private Bauherren und die Bielefelder Wohnungsbaugsellschaft Ravensberger Heimstätte statt. Die Wohnblocks dieser Gesellschaft mit durchschnittlich sechs Mietwohnungen je Hauseingang hatten in ihrer einfallslosen, allein auf den Wohnzweck ausgerichteten Bauweise nur noch wenig zu tun mit den vielfältigen gestalterischen Überlegungen, die am Beginn der Siedlung standen. Die abwechslungsreiche Straßenführung und die Entscheidung, die Wohnblocks nicht in einer Fluchtlinie anzuordnen (beispielsweise in der Graf-Kanitz-Straße), sorgten allerdings dafür, daß dennoch keine Monotonie im Straßenbild eintrat.

Selbstversorgung

Abgesehen von den planerischen Besonderheiten, die das Bild der Siedlung noch immer prägen, stellt sich dieses Wohngebiet heute mit seinen Häusern, die von gepflegtem Grün umgeben sind, kaum anders dar als andere Siedlungsgebiete. Obstbäume, die noch vor wenigen Jahren in fast allen Gärten standen, sind an vielen Stellen pflegeleichtem Rasen und Ziersträuchern geopfert worden. Dieser vorwiegend repräsentative Charakter der Gärten ist erst im Verlauf der letzten zwei Jahrzehnte entstanden. Zuvor waren sie als Nutzgärten für die Selbstversorgung der Bewohner unverzichtbar. Aber auch diese

Luftaufnahme der Siedlung, 1936. Im Vordergrund rechts das noch unbebaute Meierfeld.

Gärten mußten erst geschaffen werden. Eine frühere Anwohnerin der Sandbrede berichtet: *In den ersten Jahren war das, was heute alles Gärten sind, hinter unserem Haus eine große Wiese. Da stand der einzige Baum weit und breit. Wenn wir dann im Sommer mal nach draußen gehen wollten, haben wir uns auf eine Decke unter diesen Baum gelegt. Sonst gab es ja nirgends Schatten.*[46]

Zäune, Hecken und Mauern zum Nachbargrundstück, die heute zum alltäglichen Erscheinungsbild auch dieser Siedlung gehören, waren in den ersten Jahren eine Ausnahme und wurden eher als hinderlich empfunden: *Früher ging der Briefträger hier durch die Gärten von Haustür zu Haustür. Heute muß man ja erst über die Straße gehen, wenn man den Nachbarn nebenan besuchen will, weil überall Zäune stehen.*[47]

Viele der Siedlungsbewohner pachteten unter anderem im Meierfeld zusätzliches Gartenland, das nach Feierabend und an den Wochenenden bearbeitet wurde. Auch Straßenflächen, die sich im Besitz der Stadt befanden, aber noch nicht ausgebaut waren, wurden als Ackerflächen genutzt. Dort, wo sich heute der Virchowplatz und die Miquelstraße befinden, wuchsen früher Kartoffeln und Gartengemüse.[48] Welchen Stellenwert diese Art der Selbstversorgung auch in den folgenden Jahrzehnten besaß, geht aus einem Beschluß des SPD-Ortsvereins Herford-Siedlung aus dem Jahr 1957 hervor. Da die Mitglieder in den Sommermonaten im eigenen Garten arbeiten mußten, einigten sie sich darauf, während dieser Zeit nur einmal vierteljährlich zu politischen Versammlungen zusammenzukommen.[49]

Kaninchen, Hühner und Schweine, die mit den Erzeugnissen aus dem eigenen Garten und mit Essensresten gefüttert wurden, dienten ebenfalls der Selbstversorgung. Ein Stallanbau gehörte fast zu allen Häusern. *Wir hatten immer zwei Schweine im Stall,* erinnert sich eine Anwohnerin.[50] Wenn die Tiere während der Wintermonate in der eigenen Waschküche geschlachtet wurden, war dies, neben der damit verbundenen Arbeit zumeist ein Fest für die ganze Familie. Auf den Dachböden oder in den Kellern zahlreicher Häuser befanden sich kleine Kammern, in denen Schinken und Würste geräuchert wurden. Nicht selten gehörte auch eine Ziege als »Kuh des kleinen Mannes« zum Tierbestand, die auf den umliegenden Wiesen grasen konnte oder einfach an der Straßenböschung *angepöhlt* wurde. Güter des täglichen Bedarfs, die nicht selbst produziert werden konnten, kauften die Bewohner der Siedlung in den zwei Läden der Konsumgenossenschaft, die sich an der Sandbrede und an der Ecke Ortsieker Weg / Kleines Vorwerk (heute: Damaschkestraße, Volksbank) befanden. An der Sandbrede befand sich ebenfalls ein kleiner Kurzwarenladen. Die heute vorhandenen privaten Lebensmittelgeschäfte entstanden erst in den Jahren nach 1945, 1930 wurde die Siedlung durch die zweite in Herford eingerichtete Buslinie direkt an den öffentlichen Nahverkehr angeschlossen. Sie führte von der Spielwiese durch die Innenstadt zum Bahnhof.[51]

Die neuen Hausbesitzer in der Siedlung waren von der Wohnraumbeschlagnahmung ausgenommen, die im übrigen Stadtgebiet während der zwanziger Jahre immer wieder angeordnet wurde. Allerdings war dieses Privileg nahezu bedeutungslos, da ohnehin jeder verfügbare Wohnraum ausgenutzt wurde. Es war durchaus normal, daß ein Einfamilienhaus von zwei Familien bewohnt wurde. Oftmals wurden einzelne Zimmer und Wohnungen abgeteilt oder das Dachgeschoß ausgebaut und vermietet, um mit den zusätzlichen Einnahmen die Hypotheken abtragen zu können. Um die finanziellen Verpflichtungen zu erfüllen, die die Bewohner mit dem Hausbau eingegangen waren, war es ebenfalls normal, daß die Ehefrauen und Mütter *mitarbeiten mußten*. Häufig geschah dies durch Heimarbeit, beispielsweise für die zahlreichen Herforder Nähereien, zumal viele Frauen das Haus nicht verlassen konnten, weil sie auf die Kinder achten mußten.[52]

Ein »gefährdetes Gebiet«

Nachdem sich die Wohnungssituation in Herford, verursacht durch den Bevölkerungszuzug und die Untätigkeit der Verantwortlichen, bis zu dem Punkt entwickelt hatte, an dem offen über das herrschende *Wohnungselend* gesprochen wurde, war in den Jahren von 1920 bis 1930 durch die Siedlung an der Bismarckstraße ein Wohngebiet für diejenigen entstanden, für die der Traum von den »eigenen vier Wänden« zuvor unerfüllbar war. Dieser neuentstandene Stadtteil, in dem es keine sozialen Unterschiede gab, hatte eine eigene, besondere Entstehungsgeschichte, die für die Mehrzahl der dort Lebenden mit erheblichen persönlichen Opfern verbunden war — eine Geschichte, die ihm eine Bedeutung gab, die über seine eigentlichen Grenzen hinausging, auch wenn sich seine Bewohner keineswegs als etwas Besonderes fühlten. Diese Siedlung war fast von Anfang an »die Siedlung«, und so wurde sie auch genannt. Es kann jedoch ebenfalls nicht verschwiegen werden, daß es in einflußreichen Kreisen der Stadt *Mißtrauen gegen die Gründer der Siedlung*[53] gab, das nach Meinung der Stadtverwaltung auch zum bereits beschriebenen Scheitern der städtischen Siedlungsbaugesellschaft beitrug. Dieses Mißtrauen dürfte, da keine anderen Gründe zu erkennen sind, politisch begründet gewesen sein.

Durch die soziale Herkunft der Bewohner war dort zwangsläufig eine politische Hochburg für die Arbeiterparteien, in erster Linie für die SPD, entstanden. Bei den Reichstagswahlen im November 1932, als die SPD ihr schlechtestes Wahlergebnis in der Weimarer Republik zu verzeichnen hatte, betrug ihr Stimmenanteil im Herforder Wahlbezirk 8 (deckungsgleich mit der Siedlung) noch immer 52,8 Prozent und lag damit um mehr als 16 Prozent über dem Durchschnitt in der Stadt Herford. In keinem der übrigen Herforder Wahlkreise erzielten die Sozialdemokraten ein besseres Ergebnis. Dabei ist zu berücksichtigen, daß auch die KPD in der Siedlung immerhin 13,4 Prozent der Stimmen erreichte. Gegenüber den beiden Arbeiterparteien nahm sich der Stimmenanteil der NSDAP mit 23 Prozent eher bescheiden aus, zeigt jedoch gleichzeitig, daß den Nazis auch in diesem Gebiet ein Einbruch gelungen war, der eindeutig auf Kosten der übrigen Rechtsparteien ging. Allerdings lag das Ergebnis der Hitlerpartei in der Siedlung um fast 12 Prozent niedriger als im übrigen Herford.[54]

Diese eindeutige politische Ausrichtung der Mehrzahl der Siedlungsbewohner war bereits 1929 für die Marien-Gemeinde Stiftberg ein Anlaß, die Siedlung zu einem *gefährdeten* Gebiet zu erklären. Im Dezember 1929 schrieb die Gemeinde an den Superintendenten des Kirchenkreises Herford: *In den letzten Jahren ist die Stiftberger Gemeinde durch die Siedlung sehr gewachsen. Diese Neusiedlung umfaßt heute wohl 3 000 Menschen. Sie finden oft schwer den Weg zur Kirche. Kriegsbeschädigte, viele sozialistische Arbeiter und Parteisekretäre wohnen dort und betreiben energische Propaganda. Schon lange drängte sich dem Presbyterium die Pflicht auf, in diesen gefährten Gebieten mit energischer Arbeit einzusetzen.*[55] Nachdem auf diese Weise die für die Kirchenoberen unliebsame politische Situation zum Anlaß für seelsorgerisches Handeln erklärt wurde, heißt es in dem Schreiben weiter: *Wir wollen zunächst — um bei der Jugend anzufangen — dort einen Kindergarten errichten: dann später noch, wenn möglich, in Verbindung mit diesem einen Saal für Vereine, Frauenhilfe, der zugleich als Turnhalle zu gebrauchen ist.* Obwohl die Marien-Gemeinde 1930 zu diesem Zweck vier nebeneinanderliegende Grundstücksparzellen mit insgesamt 3 374 Quadratmetern (es handelte sich hauptsächlich um die Fläche der heutigen Ernst-Barlach-Schule) kaufte, wurden die beabsichtigten Bauvorhaben dort nicht verwirklicht.

Julius Finke

Von dem in der Siedlung vorherrschenden politischen Selbstverständnis zeugt ebenfalls ein bemerkenswerter Vorgang aus dem Jahre 1933. Bei einer der Wahlen seit Beginn der Nazi-Diktatur, vermutlich handelte es sich um die Kommunalwahlen am 12. März 1933, prangte am Wahlsonntag ein quer über die Sandbrede gespanntes Transparent mit der Aufschrift: *Die Siedlung bleibt rot.*[56] Obwohl die Urheber dieses trotzig-selbstbewußten Protestes nicht bekannt wurden, dürfte für die Nazis einer der dafür Verantwortlichen festgestanden haben. Am Ort des Geschehens wohnte der sozialdemokratische Parteisekretär und Reichstagsabgeordnete Julius Finke. Eine Woche nach der Wahl wurde der Herforder SA-Standartenführer Pantföder beim Leiter der Ortspolizeibehörde, Oberbürgermeister Althaus, vorstellig und erklärte, die SA werde Finke in *Schutzhaft* nehmen, wenn dies nicht durch die Polizei besorgt werde.[57]
Den formellen Anlaß für die Verfolgung Finkes lieferte nicht das Transparent über der Sandbrede, sondern ein Rundschreiben und eine Anzahl Informationsschriften, die er am 18. März 1933 als Parteisekretär der SPD an alle Ortsgruppenleitungen seiner Partei im Unterbezirk Herford-Halle verschickte. Darin schrieb er: *Durch Zeitungsverbote ist es uns unmöglich gemacht, auf dem sonst üblichen Wege unsere Funktionäre zu unterrichten über den Ausfall der Wahlen* (gemeint war der Wahlausgang, D.B.) *Ebensowenig waren wir imstande, den Mitarbeitern den Dank der Partei für die gerade bei den letzten Wahlen so ungemein großen Erfolge auszusprechen, die deshalb besonders gewertet werden müssen, weil absolut keine Möglichkeit zu irgendwelcher öffentlichen Propaganda nicht bestand (...) Das Mitteilungsblatt soll also nicht nur informieren, sondern gleichzeitig aufzeigen, daß die Partei lebt. Wir kämpfen weiter für unser großes Ziel der Menschheitsbefreiung in dem festen Bewußtsein, daß auf die Dauer die Freiheit sich leuchtend Bahn brechen wird.*[58]

Die Information eines Denunzianten ermöglichte es der Herforder Polizei, am 18. März 1933 bei der Post 43 dieser Briefe zu beschlagnahmen. Daraufhin wurden das Büro der sozialdemokratischen Tageszeitung »Volkswacht«, das SPD-Parteibüro im »Volkshaus« am Alten Markt sowie Finkes Privatwohnung von der Polizei durchsucht. Gegen Finke wurde ein Strafverfahren wegen Verstoßes gegen das Reichspressegesetz eingeleitet.[59] Statt im Interesse des Rechtes dem NS-Terror entgegenzutreten, kam der Herforder Oberbürgermeister Althaus, wie er dem Regierungspräsidenten in Minden mitteilte, im *Interesse der Erhaltung der öffentlichen Ruhe, Sicherheit und Ordnung* der Nazi-Forderung nach und ließ den Reichstagsabgeordneten der SPD am Sonntagmittag durch den Kriminalbeamten Berg polizeilich verhaften. Beim Auftauchen der uniformierten NS-Sturmabteilungen, die seit dem Reichstagsbrand am 28. Februar 1933 als Hilfspolizisten eingesetzt wurden, wäre es, wie Althaus befürchtete, *in einer Siedlung, die zum allergrößten Teil von seinen* (Finkes, D.B.) *Parteifreunden und Gesinnungsgenossen bewohnt wird, ... vermutlich zu Ausschreitungen gekommen.*[60] Die Aussage eines alten sozialdemokratischen Arbeiters bestätigt, daß Althaus in der Tat Grund zu der Annahme hatte, für die Bewohner der Siedlung wäre, im Gegensatz zum Oberbürgermeister, die Bewahrung von Ruhe und Ordnung zweitrangig gewesen, wenn dort die SA den demokratisch gewählten Reichstagsabgeordneten verhaftet hätte: *Bevor die Nazis an der Macht waren, traute sich keiner von denen einzeln in Uniform hierhin. Und wenn mal ein ganzer Trupp Braunhemden mit dem Lastwagen kam, dann wurde laut gepfiffen, und von überall her flogen Steine. Schotter gab es auf der Straße ja genug.*[61]

Der eigentliche Grund für das Vorgehen gegen Finke dürfte jedoch nicht allein in einem Racheakt der Herforder NSDAP oder in der von Oberbürgermeister Althaus heraufbeschworenen *Abwehr einer unmittelbar bevorstehenden polizeilichen Gefahr* zu suchen sein. Die wirkliche »Gefahr«, die von Julius Finke ausging, bestand darin, daß er zwei Stunden, nachdem er verhaftet wurde, nach Berlin abgereist wäre, um an einer Sitzung der SPD-Reichstagsfraktion teilzunehmen. Vier Tage später sollte dort jene denkwürdige Sitzung des Reichstages stattfinden, bei der das »Ermächtigungsgesetz« verabschiedet wurde. Um die dafür erforderliche Zwei-Drittel-Mehrheit herzustellen, waren die Nazis daran interessiert, die Zahl der zu erwartenden Nein-Stimmen gering zu halten. Zu diesem Zweck wurden zunächst die 81 Mandate der KPD für ungültig erklärt und die Verhaftung der kommunistischen Reichstagsmitglieder angeordnet. Die weitergehende Überlegung von Hitlers späterem Reichsmarschall Hermann Gö-

Julius Finke,
Reichstagsabgeordneter der SPD

ring, am Sitzungstag notfalls SPD-Abgeordnete aus dem Saal zu weisen, um die Mehrheit sicherzustellen, erwies sich als unnötig, da der Terror der NS-Organisationen ohnehin dafür sorgte, daß 26 Sozialdemokraten der Sitzung *unentschuldigt* fernblieben, wie es fälschlicherweise im Reichsprotokoll heißt. Zu ihnen gehörte Julius Finke. Ein SPD-Antrag, die inhaftierten Abgeordneten freizulassen, wurde von der Nazi-Partei gemeinsam mit dem katholischen Zentrum abgelehnt. Damit war der Weg frei, um mit den Stimmen der NSDAP und aller bürgerlichen Parteien die Ermächtigung Hitlers zur Diktatur zu beschließen.
Finke wurde bis zum 23. Mai 1933 im Gefängnis an der Eimterstraße festgehalten, wo während dieser Zeit ebenfalls rund fünfzig weitere Herforder Sozialdemokraten und Kommunisten *zum Schutz von Volk und Staat* eingekerkert wurden. In verschiedenen Schreiben, unter anderem an Oberbürgermeister Althaus, hatte er zuvor vergeblich seine Entlassung verlangt. Nachdem der Regierungspräsident in Minden am 22. Mai 1933 die Überprüfung der Schutzhaft für Finke anordnete, wurde dieser einen Tag darauf aus dem Gefängnis entlassen. Zuvor hatte er die damals übliche Verpflichtungserklärung zu unterschreiben: *Ich verpflichte mich, mich in Zukunft jeder staatsfeindlichen politischen Betätigung, insbesondere jeder Teilnahme an hoch- oder landesverräterischen Umtrieben zu enthalten.*[62] Zusätzlich wurde ihm auferlegt, Herford nicht zu verlassen und sich täglich auf der Polizeiwache im Rathaus zu melden.[63]
Nach seiner Entlassung wurde deutlich, daß auch in der Siedlung der NS-Terror nicht ohne Folgen für das Zusammenleben geblieben war. Manche früheren Freunde, auch SPD-Mitglieder in seiner Nachbarschaft, mieden nun den Kontakt mit dem ehemaligen Reichstagsabgeordneten, der auch in den folgenden Jahren mehrfach, jeweils für kurze Zeit, verhaftet wurde. Das Gefühl, allein gelassen zu sein, insbesondere von Sozialdemokraten mit denen er früher eng zusammengearbeitet hatte, ließ Finke resignieren, zumal er es bei seiner Entlassung aus der Haft abgelehnt hatte, ein Papier zu unterschreiben, mit dem er sich verpflichten sollte, auf jeden Kontakt mit seinen Parteigenossen zu verzichten.[64] Außerdem hatte er vorgesorgt, daß den Nazis die Namen von SPD-Mitgliedern nicht bekannt wurden. Die Mitgliederkartei des SPD-Unterbezirks Herford, über die er als Parteisekretär verfügte, hatte er zunächst in Sicherheit gebracht und, wie er gegenüber der Polizei angab, am 5. März 1933 verbrannt.[65] Arbeitslos und ohne Einkünfte, fand Finke erst nach Jahren wieder einen Arbeitsplatz als Tischler.
Die Verfolgungen und Verhaftungen blieben auch in der Siedlung nicht auf prominentere Politiker wie Julius Finke beschränkt. In den ersten Monaten des NS-Regimes wurden Wohnungen von KPD- und SPD-Mitgliedern in der Rudolf-von-Bennigsen-Straße, Rudolf-Virchow-Straße und Sandbrede durchsucht. Die Arbeiter Karl Steingrube und Wilhelm Dunker wurden als Kommunisten bereits Anfang März 1933 in *Schutzhaft* genommen. Die Listen der verdächtigen politischen Personen, die im Februar 1933 von der Herforder Polizeiverwaltung angelegt wurden, wiesen die Namen weiterer Gewerkschaftssekretäre und -vorsitzenden auf, die in der Siedlung wohnten.[66]

Der 1. Mai 1933

Angesichts der beschriebenen politischen Situation in diesem Gebiet mußte es als eine zusätzliche Einschüchterung und Demonstration ihrer Macht wirken, daß die braunen Machthaber am 1. Mai 1933 ihre bis dahin größte politische Kundgebung in Herford auf der Spielwiese, dem Zentrum der Siedlung, durchführten. Zuvor hatte das NS-Regime den 1. Mai, den Kampftag der Arbeiterbewegung, als *Tag der deutschen Arbeit* zum nationalen Feiertag erklärt, eine Maßnahme, die an Demagogie kaum zu überbieten war, weil eine große Zahl von Arbeitern und ihrer Führer währenddessen in Gefängnissen und Zuchthäusern festgehalten wurden.
Die Maikundgebung wurde mit einem großen propagandistischen und organisatorischen Aufwand betrieben. Unter der Überschrift: *So marschiert Herford am 1. Mai* widmete das mittlerweile »gleichgeschaltete« Herforder Kreisblatt beinahe eine ganze Zeitungsseite den Vorbereitungen.[67] Dabei ist es bemerkenswert festzustellen, daß die Nazis versuchten, volkstümliche Traditionen für sich zu nutzen und so weite Teile der Bevölkerung einzubeziehen. Die Feierlichkeiten begannen bereits am Vorabend des 1. Mai

Tanz der »Maikönigin« bei den NS-Feiern zum »Tag der deutschen Arbeit« auf der Maiwiese

mit dem Einholen des Maibaums auf dem Lübberbruch (heute Stadttheater und Ravensberger Gymnasium). Anschließend marschierten die nationalsozialistischen Jugendorganisationen HJ (Hitler-Jugend), BDM (Bund Deutscher Mädel) JB, Jungarbeiter und Jungarbeiterinnen *mit der Maikönigin und dem Maibaum in der Mitte* durch die Herforder Innenstadt zum *Festplatz Maiwiese*. Gemeint war die Spielwiese an der Bismarckstraße, die, durch Magistratsbeschluß vom 25. April 1933, diese neue, unpolitisch wirkende Bezeichnung erhalten hatte, ohne daß es von einer größeren Öffentlichkeit bemerkt wurde.[68] Dort begann um 19.15 Uhr die sogenannte Vorabendfeier, bei der nach Fanfarenmusik, offiziellen Reden, Liedern (*Der Mai ist gekommen*) der Maibaum aufgerichtet wurde. Es folgten *Volkstänze unter dem Maibaum* und der obligatorische *Schlußmarsch*.
Die Spielwiese in der Siedlung wurde am 1. Mai Schauplatz der offiziellen Kundgebung. Zuvor waren, angeführt von Wehrmacht und NS-Verbänden, in sieben Marschsäulen die sogenannten Betriebsgemeinschaften durch die Innenstadt zur neuerkorenen Maiwiese marschiert. Dort begann nach dem *Abschreiten der Fronten* und dem *Fahneneinmarsch* der *Festakt* mit einem feierlichen Feldgottesdienst, der von Pastor Meinhold (Münsterkirchengemeinde) auf einer mit Hakenkreuzfahne und Maigrün geschmückten Kanzel gehalten wurde. Über den Inhalt von Meinholds Predigt berichtete die »Herforder Zeitung für Stadt und Land« voller Pathos: *Der Geistliche fand zu Herzen gehende Worte von dem Wert und dem Adel deutscher Arbeit, er betonte, daß man dienen müsse, statt immer nur verdienen zu wollen, sprach ernste Worte von den Knechten der Arbeit und dahingegen auch von den Herren der Arbeit. Würdigte auch die Tatsache besonders, daß Gott dem deutschen Volke in schwerster Zeit einen Mann geschickt habe, der es vom Abgrunde zurückriß.*[69] Nachdem Meinhold die Fahnen der NS-Betriebsorganisationen geweiht hatte, wurde aus Lautsprechern die Rundfunkrede Hitlers zum 1. Mai übertragen. Mit dem Absingen der Nationalhymnen *Horst-Wessel-Lied* und *Deutschland, Deutschland über alles* sowie dem Ausmarsch der Fahnen war die Veranstaltung beendet.
Die Wirkung dieser Art von NS-Massenveranstaltungen auf die Bewohner der Siedlung war unterschiedlich. Während sie insbesondere auf junge Menschen einen großen Reiz ausübten und für viele die Teilnahme zur Pflicht wurde, weil sie sich ihrer mitmarschierenden »Betriebsgemeinschaft« nicht entziehen konnten, blieben vor allem ältere Bewohner zu Hause. Eine ehemalige Bewohnerin der Sandbrede berichtet: *Wir waren doch für die SPD. Zu den Nazi-Veranstaltungen ging keiner von uns.*[70]

Widerstand

Wie Zeitzeugen berichteten, traten in der Folgezeit auch in diesem Wohngebiet überzeugte und fanatische Anhänger der NSDAP auf. Allerdings trafen sie hier nachweislich auf mehr Gegner als im übrigen Stadtgebiet, auch wenn das Herforder Kreisblatt versuchte, mit der Berichterstattung aus *der ehemals roten Hochburg Herfords, die in nichts an Flaggen- und Girlandenschmuck hinter den Straßen im Stadtinnern zurückstand*[71], einen anderen Eindruck zu erwecken. Davon konnte sich die Öffentlichkeit letztmalig am 12. November 1933 überzeugen, als in den Herforder Tageszeitungen die Ergebnisse der tags zuvor durchgeführten Pseudo-Volksabstimmung und Reichstagswahl veröffentlicht wurden. Statt die allein kandidierende NSDAP zu wählen, hatten fast 26 Prozent der Wähler in der Siedlung ihren Stimmzettel ungültig gemacht.[72] Und auf die in der Volksabstimmung vorgelegte Frage: *Billigt das deutsche Volk die ihm in einem besonderen »Aufruf der Reichsregierung an das deutsche Volk« vorgelegte Politik seiner Reichsregierung und ist es bereit, diese als den Ausdruck seiner eigenen Auffassung und seines eigenen Willens zu erklären und sich feierlich zu ihr zu bekennen?* antworteten sogar 30 Prozent der Wähler in der Siedlung mit Nein. Im Vergleich dazu wurden im Herforder Wahlbezirk »Unter den Linden« nur 4,9 Prozent Ablehnung ermittelt, was dem Ergebnis im gesamten Deutschen Reich entsprach. Die durchschnittliche Zahl der Nein-Stimmen in Herford lag demgegenüber bei beachtlichen 15,9 Prozent.[73]

Trotz der überdurchschnittlich großen Zahl von Gegnern des NS-Regimes blieben auch in der Siedlung diejenigen, die sich zum aktiven Widerstand entschlossen, eine kleine Minderheit. Die große Mehrheit der politisch Interessierten zog sich zurück. Manche diskutierten heimlich bei Familientreffen oder Nachbarschaftsbesuchen die Lage, oftmals begleitet von der bangen Sorge der Angehörigen. *Meine Mutter hatte immer Angst und schimpfte mit meinem Vater* berichtet die Tochter eines sozialdemokratischen Arbeiters, *wenn er sonntagsmorgens mal zu Z.'s ging, um da politisch zu reden. Der alte Z. war Kommunist.*[74]

Wegen Widerstands gegen das Naziregime wurden im Verlaufe des Jahres 1934 die Arbeiter Wilhelm Dunker, Karl Steingrube, Karl Wessel und Friedrich Brockmeyer verhaftet. Dunker, Steingrube und Wessel hatten versucht, die Widerstandsarbeit der KPD in Herford neu zu organisieren. Steingrube, wohnhaft am Rudolf-Virchow-Platz, hatte nach der ersten Verfolgungswelle wieder damit begonnen, Beiträge von den Mitgliedern der verbotenen KPD zu sammeln, mit denen die illegale Arbeit der Partei finanziert werden sollte. Nachdem Steingrube sich am 24. Juni 1934 in Minden mit einem Kurier getroffen hatte, der 460 Flugblätter betitelt *Brief an alle Mitglieder der KPD Bezirk Bielefeld* mit sich führte, wurden die beiden dort verhaftet. Bei Steingrube fand man 21 Exemplare der illegalen KPD-Zeitung »Der Kämpfer« vom Juni 1934.[75]

Ein Exemplar dieser Zeitung wurde wenige Tage später bei einer Hausdurchsuchung in der Wohnung von Wilhelm Dunker (sen.) an der Sandbrede, gefunden. Sein Sohn, der gemeinsam mit Karl Steingrube die Zeitung auf einem Abziehapparat hergestellt hatte, tauchte daraufhin unter und arbeitete in der Folgezeit illegal als Kurier der KPD-Bezirksleitung in der Nähe der holländischen Grenze. Am 14. September 1934 wurde

Wilhelm Dunker in Nordhorn verhaftet. Seine Verhöre durch die wegen ihrer Brutalität gefürchtete Gestapo in Recklinghausen zogen sich mindestens bis zum Dezember 1934 hin.[76] Wahrscheinlich im Zusammenhang mit diesem Fall wurde im Januar 1935 für kurze Zeit auch der Vermieter der Dunkerschen Wohnung, Hermann Tielking, verhaftet, der zuvor bereits wegen seiner SPD-Mitgliedschaft von den Nazis als Arbeitsamtsdirektor entlassen worden war.[77]

Unter dem Druck der monatelangen Gestapo-Verhöre gab Dunker die Namen von Karl Wessel und Friedrich Brockmeyer preis, die ebenfalls am Widerstand in Herford beteiligt waren. Wessel, wohnhaft in der Graf-Kanitz-Straße, hatte Flugblätter und Zeitungen der KPD verteilt.[78] Bereits im September 1933 waren in der Graf-Kanitz-Straße Flugblätter gefunden worden mit der Forderung: *Gebt Thälmann und die 50 000 politischen Gefangenen frei!*[79] Brockmeyer, der im Heckenweg wohnte, war bis 1933 Vorsitzender der Herforder Ortsgruppe der Sozialistischen Arbeiterpartei (SAP), die 1931 von enttäuschten SPD-Mitgliedern gegründet worden war. Im Sinne seiner Partei hatte sich Brockmeyer bereits vor der Machtübergabe an die Nazis besonders für die Schaffung einer Einheitsfront aller Arbeiterparteien auch in Herford eingesetzt. Auch bei seinen späteren Kontakten zur illegalen KPD ging es ihm darum, den Widerstand gegen das Naziregime zu verbreitern und insbesondere ehemalige SPD-Mitglieder einzubeziehen.[80]

In drei Prozessen, die 1934 und 1935 vor dem Oberlandesgericht in Hamm stattfanden, wurde die Widerstandsarbeit dieser vier sowie des Leiters der illegalen KPD-Ortsgruppe Heinrich van Ackeren, der in der Innenstadt wohnte, als *Vorbereitung eines hochverräterischen Unternehmens* gewertet. Wilhelm Dunker wurde zu 11 Jahren Zuchthaus, Karl Wessel zu 3 Jahren und sechs Monaten Zuchthaus, Karl Steingrube zu drei Jahren Zuchthaus, Heinrich van Ackeren zu zwei Jahren Gefängnis und Friedrich Brockmeyer zu einem Jahr und acht Monaten Gefängnis verurteilt.[81] Wegen *politischer Unzuverlässigkeit* kam Karl Wessel während des Krieges in das Strafbataillon 999. Er starb am 18. September 1945 in französischer Kriegsgefangenschaft.[82]

Musterkindergarten und Lagerbaracken

Das NS-Regime trat in der Siedlung jedoch nicht nur durch Verfolgung, Unterdrückung und durch propagandistische Massenveranstaltungen in Erscheinung. Am 27. September 1937 wurde, unter den Klängen der NS-Hymnen und des preußischen Präsentiermarsches, der Kindergarten Maiwiese eröffnet. Erneut hatten alle, die in Herford eine Nazi-Uniform trugen — von den *Pimpfen* der Hitler-Jugend bis zu den Sturmabteilungen der SA —, antreten müssen, um bei der Einweihung dieses *Musterkindergartens* des Nationalsozialistischen Amtes für Volkswohlfahrt (NSV) dabeizusein. Nach den Rassevorstellungen der NS-Politik, die die Erziehung der Jugend zu hingebungsvollen Nationalsozialisten verlangte, waren kranke und behinderte, sowie jüdische Kinder vom Besuch des Kindergartens ausgeschlossen. Angesichts dieser Vergangenheit ist es verständ-

Eröffnung des »NS-Musterkindergartens« an der Maiwiese, 1937

lich, daß die *Pflegestätte nationalsozialistischen Volkstums*[83], wie NSDAP-Kreisleiter Nolting den Kindergarten bei seiner Eröffnung bezeichnete, 1945 von den Besatzungsmächten geschlossen wurde, als auch Herford von der Nazi-Diktatur befreit wurde. Erst im Jahre 1952 wurde dort durch die Eröffnung der Kindertagesstätte Maiwiese eine neue, menschliche Tradition der Kindererziehung begründet.
Während der Bau des Kindergartens dazu bestimmt war, der NS-Politik einen sozialen Anstrich zu geben, enthüllte die letzte, bis Kriegsende in der Siedlung durchgeführte Baumaßnahme den tatsächlichen Charakter des Nazi-Staates auf besondere Weise. Es handelte sich um den Bau von etwa acht größeren Holzbaracken auf der Westseite des Ortsieker Weges. Aufgrund des hohen »Bedarfs« an Lagerbaracken dieser Art waren die Lieferbetriebe bereits dazu übergegangen, entsprechende Standardmodelle anzubieten.

Barackenlager für Zwangsarbeiter während des Zweiten Weltkrieges am Ortsieker Weg

Dabei gab die Typenbezeichnung Hinweise auf die Qualität der jeweiligen Ausstattung. An dieser Stelle entschied man sich für das Modell »Pferdestall«. Dort lebten von Stacheldraht umzäunt, während des Krieges Zwangsarbeiter aus den von der Hitler-Wehrmacht besetzten Ländern, die in Herforder Betrieben Kriegsmaterial gegen ihre eigenen Völker produzieren mußten. Nach dem Ende des Krieges waren dort Flüchtlinge und Vertriebene untergebracht sowie Bewohner des Stiftbergs, deren Wohnungen von den britischen Besatzungsbehörden beschlagnahmt worden waren.[84]

Nach 1945

Als in den fünfziger Jahren aufgrund der Zerstörungen des Krieges und des Zustroms von Heimatvertriebenen und Flüchtlingen aus dem ehemals deutschen Ostgebieten erneut Wohnungselend und die Beschlagnahme von Wohnraum an der Tagesordnung waren, wurden auch die noch vorhandenen Freiflächen in der Siedlung bebaut. 1951 begann die Bebauung des Meierfeldes mit der Errichtung von 56 Wohnungen an der Robert-Koch-Straße durch die Herforder Wohnungsgenossenschaft, die 1954 mit dem Bau von 30 Wohnungen in der Straße Im Meierfeld fortgesetzt wurde. 1953 wurden von

der Wohnungsgenossenschaft 24 Wohnungen Im Großen Vorwerk und 1954 36 Wohnungen in drei Wohnblocks am Ortsieker Weg errichtet.
Die dortige Bebauung, unter anderem auf dem vorherigen Barackengelände, wurde von 1954 bis 1956 durch den Bau von weiteren 90 Wohnungen durch die neugegründete Wohnbau GmbH fortgeführt. Diese Wohnungen wurden zur Hälfte, wie es damals hieß, *an die Elendsfälle unter der einheimischen Bevölkerung vergeben.*[85] Gemeint waren damit die Herforder, die durch die Bombenschäden des Krieges — allein 570 Wohnungen wurden so zerstört — und durch die Zwangsräumung des Stiftbergs nun mit 5 bis 6 Personen in einem Zimmer einer beschlagnahmten Wohnung oder in ehemaligen Zwangsarbeiterbaracken lebten. Ihre Wohnungen wurden fast ausschließlich mit städtischen Mitteln errichtet. Die andere Hälfte der neuerbauten Wohnungen wurde, aufgrund der Finanzierungszuschüsse des Landes Nordrhein-Westfalen, an Flüchtlinge und Vertriebene vergeben.
Zweckmäßigkeit mußte vor Luxus rangieren[86], heißt es in einer Veröffentlichung der Stadtverwaltung des Jahres 1960, die einerseits den berechtigten Stolz auf das Geschaffene erkennen läßt, andererseits jedoch bereits nach ersten Begründungen für die häufig phantasielose, nur auf den Wohnzweck ausgerichtete Gestaltung der Wohnquartiere in der Nachkriegszeit sucht. Überlegungen zur Planung und Gestaltung, die drei Jahrzehnte zuvor in ähnlicher Situation am Beginn der Siedlung gestanden hatten, galten als *Luxus* und wurden deshalb nicht angestellt. Aus durchaus nachvollzichbaren Gründen war die Zeit bestimmt vom »Ärmel aufkrempeln und zufassen«. Angesichts der Verwüstungen, die zwölf Jahre Nazi-Barbarei hinterlassen hatten, waren die Ansprüche an das Neue, das entstehen sollte, geringer geworden. Um dem eigenen Handeln dennoch einen »höheren« Sinn zu geben, erinnerten sich einige, wenn auch noch merklich ungeübt und eher verkrampft, wieder der Tradition der Dichter und Denker, die zuvor zwölf Jahre lang mit Füßen getreten und mißbraucht worden waren. An den Beginn eines Rückblicks, der 1960 unter dem Titel »15 Jahre danach« veröffentlicht wurde, stellte man in Herford das Goethe-Wort aus dem Faust: *Am Anfang war die Tat.*[87]
Das äußere Erscheinungsbild der Siedlung hat sich auch in den letzten Jahren trotz zahlreicher Um- und Anbauten an den Häusern und trotz breiterer Straßen kaum verändert. Dort, wo Veränderungen vorgenommen wurden, sind sie vornehmlich auf die Folgen des technischen Fortschritts zurückzuführen. An der Spielwiese beispielsweise, wo einstmals dem Beschauer ein freundlicher Blick auf die Siedlung eröffnet werden sollte, ist der frühere Eingangsbereich einem Maschendrahtzaun und einer sogenannten Abpflanzung mit Bäumen und Sträuchern gewichen. Der Grund für diese Maßnahme ist der notwendige Schutz spielender Kinder vor den Gefahren des Straßenverkehrs auf der Bismarckstraße. Diese war, nach ihrem zwischenzeitlich wieder rückgängig gemachten vierspurigen Ausbau, zu einer innerstädtischen »Rennstrecke« geworden, auf der Geschwindigkeiten bis zu 120 km / h gemessen wurden. Mit dem Schließen dieses Zugangs zur Siedlung wurde gleichzeitig die Bushaltestelle um einige hundert Meter zur Sandbrede verlegt. Dennoch heißt dieser Haltepunkt — Traditionen sind beharrlich — nach wie vor »Maiwiese«.
Dieses Beispiel zeigt, daß viele Dinge, die in Jahrzehnten »gewachsen« sind, ihren Platz

im alltäglichen Leben haben, obwohl sich die Menschen, die mit ihnen umgehen, der »historischen« Bedeutung vielfach gar nicht bewußt sind. Auch in der Siedlung ist mit dem Wechsel der Generationen manches von dem Wissen um die Geschichte dieses Wohnviertels verloren gegangen. Kaum jemand, der heute durch die geschwungenen Straßen fährt, käme beispielsweise auf die Idee, daß sie diese Form haben, um den Bewohnern der Häuser links und rechts *möglichst viel Sonnenseite* zu schenken. Und nur die wenigsten Menschen fragen etwa danach, weshalb zum Beispiel die Maiwiese gerade diesen Namen trägt. Aber gerade deshalb ist es notwendig festzuhalten, daß Geschichte mehr ist, als das Wissen um Haupt- und Staatsaktionen. Dafür ist die Geschichte dieses Herforder Stadtteils nur ein Beispiel.
Die Geschichte der Siedlung nimmt sich mit ihrer zweistelligen Jahreszahl 70 ausgesprochen bescheiden aus neben dem 1 200jährigen Jubiläum der Stadt Herford. Jedoch wäre die jüngere Geschichte Herfords zweifellos ärmer ohne die Dinge, die mit diesem Stadtteil verbunden sind. Es sind Ereignisse, Hintergründe und Zusammenhänge, die diesem Wohnviertel ein eigenes, charakteristisches Gesicht geben: ein menschliches Gesicht, das die Siedlung — dieses Geständnis sei dem Autor erlaubt — nicht nur wegen ihrer Sonnenseiten liebenswert macht.

Wolfgang Günther

Zwischen Kirche und Kasernen: Der Stiftberg

Im Mai 1937 erhebt die evangelisch-lutherische Marien-Kirchengemeinde Stiftberg eine Klage beim Bezirksverwaltungsgericht Minden. Der Anlaß für diesen Rechtsstreit ist die Frage, ob die Gemeinde zur Zahlung von Straßenbaukosten an die Stadt verpflichtet ist. Zum wesentlichen Inhalt dieser Auseinandersetzungen wird jedoch die Entwicklungsgeschichte des Stiftbergs. Die Richter haben die Frage zu klären, ob der Stiftberg, wie die Stadt behauptet, als eine neue Siedlung der Stadt mit einem neuen Straßennetz anzusehen ist oder ob sich die Kirchengemeinde mit ihrer Ansicht im Recht befindet, wonach das dortige Wegenetz als historische Straßen zu werten ist. Die Tatsache, daß bei diesem Streit nahezu die gesamte Entwicklungsgeschichte des Stiftbergs einer juristischen Prüfung unterzogen wird, läßt es als angebracht erscheinen, im folgenden einige wesentliche Inhalte der Prozeßschrift des Rechtsanwalts Kurt Lepper wiederzugeben, der die Interessen der Kirchengemeinde vertritt.[1]

Lepper führt aus, daß die Siedlung Stiftberg im Jahre 1011 mit der Gründung eines Stiftes für adlige Frauen entstand. Um eine Kirche herum sei eine festumrissene Siedlung mit eigenem Straßennetz herangewachsen. Um Umfang und Art von Siedlung und Straßennetz zu belegen, beruft sich der Rechtsanwalt auf alte Herforder Überlieferungen. So zitiert er unter anderem aus der Stadtchronik von Hagedorn aus dem Jahr 1748: *Die Stiftskirche lieget auf einem Berge und ist etwa 600 Schrit von der Stad oder dem Bergertore nach Nordosten entfernt. Der kleine Hügel vor der Kirche nach der Stadt heisst eigentlich Luttenberg. Man vermutet, dass vormals der ganze Berg ungebaut, folglich vor Anlegung des Stifts und der Kirche gar keine Häuser daselbst befindlich gewesen. Nachdem aber die Abbatissin Godesta im Jahre 1011 solche Anlegung wenigstens veranlasset, der damalige Bischof zu Paderborn auch die Kirche hierauf eingeweihet: so sind vor und nach mehr Häuser angebaut worden. Die Anzahl der gemeinen Häuser nach der Nummer beläuft sich heutzutage etwa an die 30; die 6 Stiftshäuser, Kurien oder besonderen Wohnungen der Fräuleins nicht mitgerechnet.*

Um die in Jahrhunderten gewachsene Einheit des Stiftbergs gegenüber der Stadt zu dokumentieren, beruft sich Lepper weiterhin auf eine siedlungsgeographische Untersuchung von 1936[2] und zitiert: *Der Stiftberger Komplex gruppiert sich nach der Art alter abgerundeter Siedlungskerne um die Marienkirche, die als alte Kulturstätte noch bis heute das dortige Siedlungsbild beherrscht. Namen wie Stiftbergstraße, Stiftskamp, Marienstraße, Visionsstraße, Visionswiese und Baulichkeiten wie Pastorate, das alte Kantorhaus, das Gemeindehaus, im weiteren Sinne die Stiftberger Schule, das Oberly-*

Die Stiftberger Kirche, um 1934

zeum im Gebäude des früheren Lehrerseminars verleihen der Siedlung äußerlich das Gepräge der Geistigkeit, die in ihrem Verkehr zwischen Berg und Stadt weniger durch materielle Lasten beschwert und behindert wird. An der Kirche fehlen zum »Ausspannen« für die Bauern auch nicht die traditionellen Wirtschaften. Dazu kommen unterhalb der Kirche noch drei bis vier enge Gässchen mit kleineren, dicht bewohnten Häusern (Kesselstraße pro Person 1,1 m^2*, Notholdstraße pro Person 1 m*^{2}*), die wohl seit altersher die Wohnungen kleinerer Handwerker waren, von denen sich typischerweise aber keiner zum selbständigen Geschäftsmann oder größeren Kaufmann aufgeschwungen hat. Kleinere Bäckereien, Lebensmittelgeschäfte, ein Schuhladen, ein Buchladen (Schule) usw. haben nur örtliche Bedeutung. (. . .) Der Neustädter Gemeinde gegenüber bildet Stiftberg eine vollkommen unabhängige, selbständige Kirchengemeinde, die im ganzen Stadtverband seit jeher eine Sonderstellung einnahm.*

Nachdem im Jahre 1806 das Stift auf dem Berge säkularisiert worden war, so führt Lepper aus, hätten sich die Stiftberger erfolgreich gegen ihre Eingemeindung in die Neustadt gewehrt und so ihre Selbständigkeit erhalten. Die Stiftbergstraße sei die Hauptstraße des in sich geschlossenen Siedlungskerns gewesen, an der Kirche, Pächtescheune, mehrere Kurienhäuser, die Häuser von Kantor und Pfarrer, die Ortswirtschaft, das Rollhaus, mehrere Privathäuser, die Schule und der Stiftberger Feuerlöschteich lagen. Seit 1750, so der Rechtsanwalt weiter, habe sich das Straßenbild kaum verändert, und cr fährt fort: *Die alte Chaussee von Vlotho nach Herford ging über den Kattenschling und heutige Bismarckstraße. Die jetzige Vlothoer Straße war vorher Kirchweg. Die Umleitung um den Luttenberg herum in ihrer jetzigen Gestalt war zwar ein breiterer Weg, aber doch nicht der Hauptverkehrsweg von der Siedlung Stiftberg zur Stadt. Dieser Verkehrsweg war vielmehr der Steinweg. Bei der Durchführung der Vlothoer Straße durch die Siedlung Stiftberg wurde die alte Ortsstraße des Stiftbergs in die neu ausgebaute Straße mit hineingenommen.*

Der Fortgang des Rechtsstreits zwischen der nationalsozialistischen Führung der Stadtverwaltung und der Kirche, in dessen Verlauf auch ein Bauverbot für das Gemeindehaus verhängt wurde, ist für die weiteren Betrachtungen nebensächlich. Wichtig ist dagegen der von Rechtsanwalt Lepper geäußerte Verdacht, die Stadt Herford verlange nur deshalb Straßenbaukosten von der Kirchengemeinde, weil durch die kurz zuvor durchgeführte Ansiedlung der Wehrmachtskasernen auf dem Stiftberg *viel kostspielige Aufwendungen* für die Stadt entstanden seien. Lepper lehnt es ab, diese Kosten auf die Anlieger des Stiftbergs abzuwälzen und verlangt statt dessen, sie *auf die Gesamtheit der Steuerzahler in Herford zu verteilen, in deren Interesse das Militär ja auch im wesentlichen hergeholt worden ist.* Im übrigen habe die Stiftberger Kirchengemeinde *für das Militär schon außerordentlich viel geleistet.*

Wie es zum Bau der Kasernen auf dem Stiftberg kam und welchen Anteil die Mariengemeinde daran hatte, wird später zu untersuchen sein. Zunächst sollen an dieser Stelle Leppers Beschreibungen der Entwicklung des Stiftbergs ergänzt werden.

Bis in die dreißiger und vierziger Jahre dieses Jahrhunderts wurde der größte Teil der Fläche des heutigen Stadtteils Stiftberg landwirtschaftlich genutzt. Die größeren Gehöfte lagen zum Teil in der Feldmark verstreut, die kleineren dagegen meist an den befestig-

ten Straßen. Es handelte sich dabei vornehmlich um Ausfallstraßen wie die heutige Salzufler Straße, Stadtholzstraße und Bismarckstraße. Diese waren auch das Ziel weitergehender Bebauung mit Wohnhäusern. 1913 begann die Stadt Herford mit einem Zusammenlegungsverfahren[3], um die vielfach verstreut und in sogenannter Gemengelage befindlichen Ländereien neu zu ordnen und durch ausreichende Wirtschafts- und Verkehrswege zu erschließen. Dagegen wehrten sich hauptsächlich die Besitzer der kleineren Höfe aus Angst vor einer zusätzlichen Reduzierung ihrer Grundflächen. Viele von ihnen sahen in der »Flurbereinigung« nur einen weiteren Versuch der Stadt, Einfluß auf die Entwicklung des Stiftbergs zu nehmen und Baugelände für die Stadtbewohner zu schaffen. Gleichzeitig fürchteten die Bewohner des Stiftbergs die Kosten der Zusammenlegung, da die entstehenden Straßenbau- und Erschließungskosten von den Anliegern aufgebracht werden mußten und nicht von der Stadt oder den späteren Bauwilligen übernommen wurden.
Obwohl die ehemalige Gemeinde Berg, allen Widerständen zum Trotz, bereits 1884 nach Herford eingemeindet wurde, war der Wunsch nach Eigenständigkeit und die Ablehnung städtischer Planungen noch immer weit verbreitet. Mit der Eingemeindung wurde gleichfalls die Bebauung des Stiftbergs mit Villen an der heutigen Schützen-, Jahn- und Parkstraße zum Langenberg hin fortgesetzt, die mit dem Abbruch der Stadtmauer begonnen hatte. Dieses Gebiet wurde allmählich zur »guten Stube« Herfords. Da das Bevölkerungswachstum in der zweiten Hälfte des 19. Jh. die Wohnungssituation in Herford jedoch immer mehr verschärfte, gingen die Planungen zur Nutzung des Stiftberger Gebietes weit über diese genannte Bebauung hinaus. So wurde 1885, ein Jahr nach der Eingemeindung, das neue Gebäude der Grundschule Stiftberg bezogen, das sich aber schon bald als zu klein erwies, weshalb weitere Schulen an der Mindener Straße und an der Salzufler Straße gebaut werden mußten. Es folgten der Bau des Schützenhofes und des Lehrerseminars in der Kirchenbrede (das heutige Königin-Mathilde-Gymnasium).
Zu einer wirklich gezielten Siedlungspolitik der Stadt kam es jedoch erst mit Beginn der Weimarer Republik, als offen von einem Wohnungselend in Herford gesprochen wurde. Während sich die städtischen Maßnahmen zum Arbeiterwohnungsbau insbesondere auf das Gelände zwischen Bismarckstraße und Mindener Straße richteten, wurde der Stiftberg zunehmend zum Objekt des freien Grundstücksmarktes. Dementsprechend errichteten hier, wie in einem Planungspapier der Stadt 1934 festgestellt wird, *Beamte, Freischaffende, Angestellte, Rentner und ähnlich positionierte Leute*[4] ihre Ein- und Mehrfamilienhäuser. Da es keine Bauleitplanung im heutigen Sinne gab, entstanden Häuser unterschiedlichster Stilrichtung. So wurde beispielsweise 1932 an der Vlothoer Straße das erste Flachdachhaus im Bauhausstil in Herford errichtet. Unter der nicht geringen Zahl Herforder, die sich in ihrem Ordnungsempfinden durch den bis dahin ungewohnten Baustil gestört sahen, kursierte damals der Zweizeiler: *Von der Maas bis an die Memel / baut keiner so verrückt wie Tremel.* Gemeint war der Eigentümer des Hauses, das heute zu den denkmalsgeschützten Objekten der Stadt gehört.
Um die Entwicklung des Stiftbergs zu einem, wie es genannt wurde, *Kleinvillengebiet* zu verhindern und die damit verbundene Grundstücksspekulation zu stoppen, versuchte

Villa im Bauhaus-Stil, Vlothoer Straße Nr. 19, 1989

die Stadtverwaltung die Möglichkeiten zu nutzen, die ihr die Wohnsiedlungsgesetze in der Zeit des Nationalsozialismus boten. Am 26. April 1934 beantragte der Herforder Oberbürgermeister für das gesamte Gebiet der Stadt außerhalb der Wälle die Erklärung zum Wohnsiedlungsgebiet. Eine solche Erklärung bewirkte, daß Wohnungsbauten nur noch im Rahmen eines Gesamtsiedlungsprojektes möglich waren. Am 12. März 1937 ordnete der Regierungspräsident eine Bausperre an, die bis 1939 in Kraft blieb.[5] Danach verhinderte der Zweite Weltkrieg die Ausführung größerer privater Baumaßnahmen.

Im Bereich des Stiftbergs beantragte der Oberbürgermeister im Dezember 1936 die Enteignung des Geländes oberhalb der heutigen Mozartstraße zwischen Vlothoer Straße und Bismarckstraße.[6] Hier sollten Ein- und Zweifamiliendoppelhäuser durch den Herforder Bau- und Sparverein und das Wohnungsbauunternehmen »Gemeinnützige Kriegersiedlung« des Nationalsozialistischen Kriegsopferverbandes (NSKOV) errichtet werden. Es handelte sich um unerschlossenes Gelände, das lediglich vom Stiftskamp, der damals noch ein nicht ausgebauter Verkoppelungsweg war, erreicht werden konnte. Die geplanten Häuser, ausgestattet mit einem Stallanbau, in dem auch die Futterküche und der Abort untergebracht wurden, waren vor allem für Arbeiterfamilien bestimmt. Um jedoch nicht eine Siedlung zu errichten, die in ihrer Schlichtheit völlig der bisherigen Bebauung des Stiftbergs widersprach, sollten auf diesem Gelände nur 30 sogenannte Kleinsiedlungsstätten entstehen. Daneben beabsichtigte man 40 Eigenheime und 40 sogenannte Volkswohnungen zu bauen, die etwas großzügiger ausgestattet waren. Auf diese Weise sollten insgesamt rund 200 Wohnungen entstehen.

Nachdem die Enteignung am 5. Juni 1937 ausgesprochen worden war, befanden sich im Februar 1939 24 Kleinsiedlungshäuser und 40 Eigenheime bzw. Volkswohnungen im Bau, als fehlende Baustoffe zunehmend die Fertigstellung des Projektes behinderten und später völlig stoppten. Allein der Mangel an Bauholz sorgte für eine Verzögerung um ein halbes Jahr. Erst 1949, vier Jahre nach Kriegsende, konnte das Gelände, das inzwischen durch einen Grundstückstausch an die Kirchengemeinde übergegangen war, durch günstige Erbpachtverträge Flüchtlingsfamilien zur Verfügung gestellt werden. Ihren Namen »Klein Österreich« verdankt die Siedlung der Tatsache, daß die dort vorhandenen Straßen während der NS-Zeit im Zeichen des »Anschlusses« Österreichs an das nationalsozialistische Deutsche Reich benannt wurden (Österreicher Straße, Braunauer Straße, nach dem Geburtsort Hitlers usw.). Auch an anderen Stellen erfolgte die Benennung von Straßen im Sinne nationalsozialistischer Ideologie. Rund um die Kasernen wurden die Straßen nach Schlachten und vermeintlichen Helden des Ersten Weltkriegs benannt: Julius-Märker-Straße (heute: Hardenbergstraße), Tannenbergstraße (heute: Schumannstraße), Boelckestraße (heute: Brahmsstraße). Sofort nach dem Ende der Diktatur wurden diese Straßen umbenannt und erhielten ihre heutige Bezeichnung.

Stiftberger Hurra — die Soldaten sind da!

Am 16. März 1935 führte das Naziregime die allgemeine Wehrpflicht ein. Diese Maßnahme bedeutete einen offenen Bruch des Versailler Friedensvertrages. Darin hatte sich das Deutsche Reich nicht nur zur Vernichtung seines Bestandes an schwerem Kriegsgerät verpflichtet, sondern auch dazu, nicht mehr als 100 000 Soldaten in der Reichswehr unter Waffen zu halten. Insbesondere die politische Rechte in Deutschland, die den Vertrag als *Schandvertrag* und *Schmach* bezeichnete, der Deutschland gegenüber anderen Staaten *diskriminiere* und angeblich *wehrlos* mache, hatte mit solcher Agitation den Boden dafür bereitet, daß der Vertragsbruch von einem großen Teil der Bevölkerung begrüßt wurde. Dieser Schritt stellte ein weiteres Glied in einer Kette von Maßnahmen zur Kriegsvorbereitung dar, die auch in Herford in Form umfangreicher Kasernenneubauten nicht zu übersehen waren. Bereits am 3. Oktober 1935 zog das Ausbildungsbataillon des Infanterieregiments 58 in die neuerrichtete *Volksbildungsstätte deutschen Geistes* ein, wie die Kaserne vom Regierungsbaumeister Tillmann bezeichnet wurde.[7] Aus dem vorher ruhigen Stadtteil, der als eine der »besten Wohngegenden« Herfords galt, wurde das Soldatenviertel der Stadt. Folgt man den damaligen Zeitungsveröffentlichungen, dann freuten sich die Herforder, sich wieder mit dem Status einer Garnisonsstadt schmücken zu können, den man 68 Jahre zuvor verloren hatte. Seinerzeit war das Füsilierbataillon von Herford nach Detmold verlegt worden. Nun wurde die Rückkehr des Militärs mit Transparenten gefeiert, auf denen unter anderem zu lesen war: *Stiftberger Hurra — die Soldaten sind da!*

In Wirklichkeit war die Anwesenheit von Soldaten jedoch nur für den Stiftberg etwas Neues. Das betreffende Infanterieregiment war bereits ein Jahr zuvor in Herford stationiert worden. Bis zur Fertigstellung der Kasernen hatten die Soldaten unter anderem Notunterkünfte in Fabrikräumen gefunden, die aufgrund der Wirtschaftskrise nicht genutzt wurden. So waren eine Maschinengewehrkompanie in der Schönfeld'schen Fabrik an der Goebenstraße, eine andere Einheit in der Schokoladenfabrik Nolting (auf dem Gelände des heutigen Arbeitsamtes) untergebracht. Um die längst begonnene Erhöhung der deutschen Truppenzahlen gegenüber dem Ausland zu verschleiern, hatte das NS-Regime zunächst noch auf die herkömmliche Nummerierung der Truppeneinheiten verzichtet und durch eine bloße Namensgebung ersetzt. Das in Herford stationierte Infanterieregiment führte die Bezeichnung *Osnabrück*, bevor es ab März 1935 die Nummer 58 erhielt.

Bei den Bestrebungen, Herford wieder zu einem offiziell anerkannten Militärstandort zu machen, ging es auch in der ostwestfälischen Provinz um einiges mehr als um die Vorstellung von einem militärisch wiedererstarkten Deutschland und um die Befriedigung des lokalen Hurra-Patriotismus. Auch wenn es hier keine »Schlotbarone« gab, die mit ihren »Waffenschmieden« auf die erwartete Rüstungskonjunktur setzten, spielten wirtschaftliche Interessen dennoch eine wichtige Rolle. Immerhin gab es bei den Kasernenbauten ein Auftragsvolumen in der Gesamthöhe von drei Millionen Reichsmark zu verteilen: eine Summe, von der man sich im Rathaus ebenso wie in den Kreisen der örtlichen Industrie und des Handwerks wesentliche Auswirkungen auf das infolge der Weltwirtschaftskrise erheblich angeschlagene Wirtschaftsleben der Stadt versprach.[8]

An der späteren Bauausführung waren denn auch unter anderem die Herforder Baustoffirma Scheidt, die Tischlereien Althoff und Lakemeier, Stranghöner, Deppendorf, Reitemeier sowie das Sanitätshaus Kurt Schierbaum beteiligt. Wie sich später zeigen sollte, waren auch die Hoffnungen von Betrieben anderer Branchen auf lukrative Aufträge nicht unbegründet. So wurde beispielsweise die Bäckerei Tappe zum regelmäßigen Brotlieferanten der Kasernen, und im Schuhhaus Tscheche wurden Militärstiefel angefertigt. Das Militär wurde auf diese Weise, schon Jahre vor dem Beginn des Krieges 1939, zu einem wichtigen Wirtschaftsfaktor in der Stadt.

Die Entscheidung für den Garnisonsstandort Herford fiel, nachdem bereits im Mai 1934 ein Ausschuß unter der Leitung des späteren Standortältesten und Bataillonskommandeurs in Herford, Major Karst, entsprechende Untersuchungen durchgeführt hatte. Neben Herford stand auch die Stadt Rheine zur Auswahl. Die Militärs glaubten, ihre Pläne am besten auf einer größeren Geländefläche zwischen Vlothoer Straße und Stiftskamp (heute: die britische Hammersmith-Kaserne) verwirklichen zu können. Da die begonnenen Aufrüstungsmaßnahmen jedoch noch vor dem Ausland getarnt werden sollten, begannen die Planungs- und Bauvorhaben unter höchster Geheimhaltung. Wirklich geheimzuhalten war ein militärisches Projekt jedoch nicht, das, wie im Falle Herfords, Auswirkungen auf das Leben einer ganzen Stadt hatte. Immerhin erfolgten die Bauarbeiten im Drei-Schicht-Betrieb rund um die Uhr, nachts unter Scheinwerferlicht. Noch vor der offiziellen Einweihung der Kasernen berichtete Radio Luxemburg von Gerüchten, in denen von der Belegung Herfords mit Militär die Rede war.[9] In einer umfassenden Dokumentation über die damaligen Rüstungsbauten im Deutschen Reich wurden in der November / Dezember-Ausgabe 1934 der *Deutschland-Berichte* des Prager Exilvorstands der SPD auch die Herforder Kasernenneubauten genannt.[10] In dieser Veröffentlichung maß man bereits damals den Rüstungsmaßnahmen im gesamten westfälischen Raum *für einen Truppenaufmarsch im Westen größte Bedeutung* zu. Solche Enthüllungen der deutschen Kriegsvorbereitungen veranlaßten Major Karst bei der Einweihung der Kaserne darüber zu klagen, daß sich die Bevölkerung nicht nach der militärischen Devise: *Halt's Maul!* verhielte.[11]

Nachdem die Standortfrage zugunsten Herfords entschieden war, fiel der Stadtverwaltung die Aufgabe zu, durch eine, wie es im Amtsdeutsch heißt, gezielte Grundstückspolitik die Voraussetzungen für den Kasernenbau zu schaffen. Bis zum 15. Juli 1934 sollte das erforderliche Gelände der Heeresverwaltung »baureif« zur Verfügung gestellt werden. Um den knappen Zeitplan einhalten zu können, hatte sich die Stadt eigens durch den Regierungspräsidenten die Erlaubnis erteilen lassen, selbständig Enteignungen nach dem sogenannten vereinfachten Verfahren durchzuführen. Dieses Recht erwies sich in den Verhandlungen mit den privaten Grundstücksbesitzern als ein geeignetes Mittel, um die Verkaufspreise zu drücken. So konnten sich die Verhandlungsführer der Stadt im Laufe der Enteignungsverfahren das zweifelhafte Eigenlob aussprechen, die Grundstücke weit unter dem angemessenen Preis erworben zu haben.[12] Lag das Preisniveau

Luftaufnahme des Bereichs Vlothoer Straße-Stadtholzstraße-Ulmenstraße, 1937. Die Kasernen südlich der Vlothoer Straße sind gerade fertiggestellt.

für Bauplätze in diesem Gebiet zuvor noch bei drei bis sechs Mark pro Quadratmeter, so drückte die Stadt nun den Preis auf 1,50 Mark.
Demgegenüber erwiesen sich die Verhandlungen mit der Stiftberger Marien-Kirchengemeinde, die ebenfalls über einen großen Teil des benötigten Geländes verfügte, als schwieriger und im Ergebnis für die Stadt deutlich nachteiliger. Ob diese Situation entstand, weil es die städtische Seite am zuvor gezeigten Eifer fehlen ließ, oder ob dafür ein besonderes Verhandlungsgeschick der Vertreter der Kirchengemeinde verantwortlich war, ist heute nicht mehr festzustellen. Jedenfalls waren die Schwierigkeiten nicht etwa darauf zurückzuführen, daß die Stiftberger Kirchenleitung sich den Militärmaßnahmen des Nazi-Staates widersetzt hätte. Vielmehr bekannte sich das Presbyterium der Gemeinde sogar eindeutig zu den beabsichtigten Kasernenbauten. In ihrer Begründung erklärten seine Mitglieder es für unbedingt notwendig, daß die Stadt Herford bei der Erhöhung der Truppenzahlen berücksichtigt und Militärstandort würde.[13]
Für das weitere Verfahren wurde eine Kommission gebildet, die den Wert des Geländes ermitteln und die Verhandlungen mit der Stadt führen sollte. Die Verhandlungen endeten mit dem für die Kirchengemeinde überaus erfreulichen Ergebnis, daß sie auf dem Tauschwege für eine 51 587 Quadratmeter große Grundstücksfläche nicht nur ein über 17 000 Quadratmeter größeres Gelände, sondern zusätzlich eine schriftliche Bauerlaubnis für eine größere Parzelle an der Stadtholz- und Peterstraße (heute Weidenkamp) erhielt. Dagegen endete im Juni 1936 ein weiterer Grundstückshandel zwischen Stadt und Kirche als Verlustgeschäft für die Kirchengemeinde. Bereits rund ein halbes Jahr nach dem Einzug in die neue Kaserne hatte das Militär nach Erweiterungsflächen verlangt. Erneut kam es zu einem Grundstückstausch, bei dem die Kirchengemeinde für ihre 15 355 Quadratmeter große Fläche zwischen Vlothoer Straße und Stadtholzstraße kein wertvolles Baugelände, sondern landwirtschaftliche Fläche zurückerhielt, die sie unter anderem für die Erweiterung des Erikafriedhofes verwendete. Auf dem neuen Militärgelände entstanden dann das Offizierskasino und die Kaserne für das Stammbataillon des Infanterieregiments 58 (heute: die britische Wentworth-Kaserne). Der dort zuvor vorhandene Bauernhof wurde abgetragen und in Vlotho wieder aufgebaut. Er diente in der NS-Zeit als Heim der Hitler-Jugend und ist heute die Bildungsstätte »Jugendhof Vlotho«.
Nicht nur der Alltag und die wirtschaftliche Situation der Stadt veränderten sich durch die Tatsache, daß Herford zum Garnisonsstandort geworden war; auch das sogenannte gesellschaftliche Leben wurde zunehmend durch die Anwesenheit des Militärs geprägt. Daß das Militär während der NS-Zeit bei allen nur denkbaren Anlässen, von den Feiern des »Führergeburtstages« über die Maikundgebungen der »Deutschen Arbeiterfront« bis zur Einweihung eines Kindergartens, zumindest durch seine Repräsentanten in Erscheinung trat, war ohnehin selbstverständlich. Von nun an waren jedoch auch die Garnisonsbälle, die im Schützenhof gefeiert wurden, gesellschaftliche Höhepunkte, die in unregelmäßiger Folge um Kompaniefeste, Fuchsjagden, Feiern zur Manöverheimkehr und des sogenannten Heldengedenktages ergänzt wurden. Während einfachen Soldaten der Zugang zu den »besseren Kreisen« der Stadt verschlossen blieb, waren die Offiziere umworben, beispielsweise Mitglieder des Herforder Weinclubs (ehemals neben dem frühe-

ren Postamt Auf der Freiheit) zu werden. In »standesgemäßer« Umgebung hatte man dort die Möglichkeit zum zwanglosen Umgang mit Honoratioren und einflußreichen Personen der Stadt, woraus sich dann und wann auch die Gelegenheit ergab, mit einer der Herforder Töchter »aus gutem Hause« bekanntgemacht zu werden.
Ein anderer Beitrag zur Integration der Soldaten in das Leben der Stadt und insbesondere des Stadtteils Stiftberg waren die monatlich stattfindenden Gottesdienste in der Marienkirche. Der Stiftberger Ortspfarrer Kunst wurde vom Superintendenten Niemann gleichzeitig zum Standortpfarrer der Garnison ernannt: eine Aufgabe, die von Pfarrer Kunst nicht nur die seelsorgerische Betreuung der Soldaten, sondern auch die Wahrnehmung repräsentativer Pflichten im Rahmen des Militärs verlangte.
Es ist hier unmöglich, eine umfassende Darstellung des Verhältnisses zwischen den Instanzen des NS-Staates, des Militärs und einer Ortskirche wie der Stiftberger Mariengemeinde zu geben. Zwangsläufig war dieses Verhältnis immer von der aktuellen politischen Situation, den tatsächlichen und vermeintlichen Sachzwängen, den jeweiligen Handlungsmöglichkeiten und der Charakterstärke der beteiligten Personen bestimmt. Trotz dieser Einschränkungen kann die grundsätzliche Feststellung getroffen werden, daß die Verantwortlichen der Gemeinde, zumindest in den ersten Jahren nach 1933, gegenüber dem Naziregime eine Haltung einnahmen, die von traditioneller obrigkeitsstaatlicher Treue zur Regierung geprägt war. In ihrer Zusammenarbeit mit den staatlichen Organen und ihrer grundsätzlichen Unterstützung der Maßnahmen des Regimes unterschied sich die dortige Kirchengemeinde daher kaum von den übrigen Herforder Gemeinden und von der protestantischen Kirche als Ganzem im Deutschen Reich.
Die Gemeindemitglieder versuchten, gute und gehorsame Volksgenossen des NS-Staates zu sein und gleichzeitig aufrechte, gläubige Christen zu bleiben, in den meisten Fällen sicherlich, ohne sich der Unmöglichkeit dieses Vorhabens wirklich bewußt zu sein. Bei diesem Versuch, »Feuer und Wasser zu versöhnen«, war widersprüchliches Handeln unvermeidlich. Von solcher Widersprüchlichkeit zeugt beispielsweise der Inhalt der Ansprachen, die Pfarrer Kunst bei der Vereidigung der Soldaten auf die neue Reichskriegsflagge am 7. November 1935 und bei der Verabschiedung des »Stahlhelms« am 14. November des gleichen Jahres hielt. In ihnen erklärte er mit dem Pathos jener Zeit, das deutsche Heer zu einer *dem Führer des Volkes verschworenen Kampfgemeinschaft* und Adolf Hitler zu einem von Gott mit reichen Gaben zur Führung des Reiches beschenkten Manne.[14]
Das grundsätzliche Einverständnis mit der NS-Politik in dieser Zeit traf jedoch dort auf Grenzen, wo das Regime den Anspruch erhob, den Inhalt der eigentlichen Kirchenarbeit der Gemeinde zu bestimmen. Von den mit solchen Konflikten verbundenen Gefahren war insbesondere jener Teil der Kirchengemeinde bedroht, der sich der »Bekennenden Kirche« zugehörig fühlte. Allerdings wurden derartige Auseinandersetzungen auch von diesem Personenkreis nicht als politische Auseinandersetzungen verstanden, sondern als Fragen, in denen die ureigensten Belange der Kirche berührt waren. Demgegenüber sah das NS-Regime diese Auseinandersetzungen sehr wohl als politische Konflikte, was zwangsläufig diejenigen mit Verfolgung bedrohte, die sich dem Allmachtsanspruch des Regimes widersetzten.

Am 2. Dezember 1937 wurde der Stiftberger Vikar Max Lackmann verhaftet und nach zwei Vernehmungen durch die Gestapo unter dem Vorwurf, Schriften der Bekennenden Kirche empfangen und weitergeleitet zu haben, in das Untersuchungsgefängnis des Herforder Amtsgerichts gebracht. Nachdem er am 23. Dezember 1937 von dort entlassen worden war, verhaftete man ihn im Januar 1938 erneut. Ein Gemeindemitglied hatte ihn wegen des Inhalts seiner Predigten bei der Gestapo denunziert. Lackmann hatte unter anderem von der Kanzel aus die Beamten aufgefordert, nicht in der Hoffnung auf eine berufliche Karriere aus der Kirche auszutreten. Im Zuge einer Amnestie, die das NS-Regime nach dem »Anschluß« Österreichs an das Deutsche Reich erließ, wurde Lackmann nach vier Monaten Haft, die er im Untersuchungsgefängnis Bielefeld verbrachte, erneut freigelassen und anschließend von der Kirchenleitung nach Dortmund versetzt. 1940 konnte Lackmann nach Herford zurückkehren, wo er bis 1942 in der Mariengemeinde Stiftberg, der St. Jacobi-Gemeinde Radewig und der Münsterkirchengemeinde predigte. Dann brachten ihn erneut seine mutigen Kanzelreden, in denen er unter anderem die Euthanasie als Mord bezeichnete, in Widerspruch zum NS-Staat. Er wurde verhaftet und im November 1942 in das Konzentrationslager Dachau geschafft, wo er bis zur Befreiung des Lagers am 29. Februar 1945 blieb.[15]

Besonders hervorzuheben ist in diesem Zusammenhang die moralische Unterstützung, die Lackmann während seiner Haft- und Konzentrationslagerzeit aus der Stiftberger Gemeinde erhielt und an der Pfarrer Kunst einen entscheidenden Anteil hatte. So spielte am ersten Adventssonntag 1937 der Posaunenchor der Mariengemeinde vor dem Gefängnis des Herforder Amtsgerichts, und neben zahlreicher Grußpost von Gemeindemitgliedern, die er im Verlauf seiner gesamten Gefangenenzeit erhielt, bekam er während seiner zweiten Haftzeit unter anderem eine große Zahl handgemalter Postkarten von Stiftberger Kindern.

Das starke Zusammengehörigkeitsgefühl, das in diesen Solidaritätsaktionen zum Ausdruck kommt, ist sicher in hohem Maße auf die Glaubensarbeit der Gemeinde zurückzuführen. Dabei hatten die regelmäßig dienstags unter großer Beteiligung stattfindenden Bibelabende einen bedeutenden Stellenwert: Veranstaltungen, die kaum auf Gegenliebe bei den Nazis treffen konnten, weil in ihnen auch das Alte Testament behandelt wurde, das insbesondere von der NS-Ideologie als *jüdisch* und *artfremd* bezeichnet wurde.[16]

Die genannten Beispiele zeigen, daß sich das Verhältnis zwischen der Stiftberger Kirchengemeinde und dem NS-Regime keineswegs als so widerspruchs- und konfliktfrei gestaltete, wie es das anfängliche *Stiftberger Hurra* auf die Soldaten und die Zustimmung zu den militärischen Maßnahmen vermuten lassen könnten. Dieses Verhältnis war vielschichtig und problematisch, und es bedarf der weiteren Erforschung. Leider ist bisher die Geschichte der Kirchengemeinde während dieser Zeit nicht nennenswert aufgearbeitet worden. Ohne das Wissen um diesen Teil der Stiftberger Vergangenheit sind jedoch auch die Ereignisse nach 1945 nicht richtig zu verstehen, die das Leben dieses Herforder Stadtteils grundsätzlich veränderten und ihn auf eine völlig andere Weise als zuvor zum Militärviertel machten.

Der Stiftberg in der Nachkriegszeit

Am 4. April, einen Monat vor der endgültigen Kapitulation Deutschlands, wurde Herford von amerikanischen Truppen besetzt. Abhängig vom jeweiligen politischen Standort empfanden die Herforderinnen und Herforder dieses Ereignis entweder als Befreiung von Krieg und nationalsozialistischer Diktatur oder als endgültige Niederlage. In der Folgezeit wurde Deutschland von den Siegermächten der Anti-Hitler-Koalition in militärische Besatzungszonen aufgeteilt, wobei Herford zur britischen Zone gehörte. Im Mai verlegte die britische Militärregierung ihre Dienststellen der »Control Commission for Germany« (CCG) in die Städte Bad Oeynhausen, Minden, Lübbecke, Detmold und Herford.[17] Der Grund für diese Maßnahme war die zentrale Lage dieser Region innerhalb der britischen Zone und die Tatsache, daß der Krieg hier vergleichsweise wenig Zerstörungen hinterlassen hatte. Dabei bekam der beinahe völlig intakte Stiftberg eine besondere Bedeutung. Hier gab es in einem überschaubaren Rahmen durch die vorhandenen Kasernen bereits eine militärische Infrastruktur und genügend Gebäude, deren Bausubstanz (vielfach Villen und großräumige Wohnhäuser) zur Aufnahme der Verwaltungen und als Wohnungen geeignet waren.

Am 16. Mai 1945 bekamen die Stiftberger einen Räumungsbefehl, der sie aufforderte, bis zum 20. Mai ihre Häuser zu verlassen. Am 19. Mai wurde der Stadtteil mit Stacheldraht umzäumt und zur militärischen Sperrzone erklärt. Nur das Notwendigste konnten die Bewohner mitnehmen. Viele fanden provisorisch Unterkunft bei Verwandten und Bekannten. Einige mußten jedoch auch in Notunterkünften (Zelten) in der Mergelkuhle am Stuckenberg oder in ehemaligen Zwangsarbeiterbaracken am Ortsieker Weg untergebracht werden. Insgesamt wurden in Herford 626 Häuser beschlagnahmt, einige davon auch außerhalb des Stiftbergs. Rund 6 500 Menschen waren betroffen, was zwangsläufig dazu führen mußte, daß sich die Wohnungssituation in der Stadt katastrophal veränderte. Ohnehin war durch die Einwirkungen des Krieges 18 bis 20 Prozent des Wohnraumes in der Stadt zerstört worden, und aus den ehemaligen deutschen Ostgebie-

Französische und englische Offiziere bei einer Truppenparade in den Wentworth Barracks, 1946

ten strömten, wie auch an anderen Orten, ständig neue Flüchtlinge und Vertriebene nach Herford.
Bald bildete sich eine Notgemeinschaft als Interessenvertretung der Besatzungsverdrängten, die sich jedoch aufgrund der eingeschränkten Versammlungs- und Vereinigungsfreiheit erst am 19. Oktober 1947 offiziell konstituieren konnte. Diesem Beispiel — es war die erste im gesamten Bundesgebiet — folgte man bald auch in anderen betroffenen Städten. Den Zusammenschluß zu einem Landes- und einem Bundesverband betrieb insbesondere Pfarrer Kunst, der sich später in Bonn als Bevollmächtigter des Rates der Evangelischen Kirchen am Sitz der Bundesregierung sehr stark für die Belange der Besatzungsverdrängten engagierte.
In den ersten fünf Jahren gelang es der Notgemeinschaft jedoch nicht, in nennenswertem Maße eine Freigabe von Wohnraum zu erreichen. Gegen Ende des Jahres 1949 schienen ihre Mitglieder einen bemerkenswerten politischen Erfolg erzielt zu haben, der Pfarrer Kunst zu der euphorischen Stellungnahme verleitete: *Die Sonne leuchtet in den Häusern aller Vorsitzenden von Notgemeinschaften.*[18] Diese Hochstimmung hatte seinen Grund in der Zusage des damaligen Bundeskanzlers Adenauer, am 14. Januar 1950 auf einer Kundgebung der Besatzungsgeschädigten in Bad Oeynhausen zu sprechen und sich sowohl dort als auch in Herford ein Bild von der örtlichen Situation zu machen. Im Anschluß daran wollte der Bundeskanzler auf einer Versammlung der Herforder CDU sprechen.
Nachdem jedoch der Besuchstermin Adenauers bereits auf den 8. Februar verschoben worden war, warteten Tausende an diesem Tag vergeblich auf den Kanzler. Wie die Zeitungen berichteten, hatten das Bundeskanzleramt die Veranstalter erst in den Mittagsstunden darüber informiert, daß der Regierungschef seine Zusage nicht einhalten würde. Der Öffentlichkeit wurde mitgeteilt, Adenauer sei wegen dringender Gespräche mit dem amerikanischen Hohen Kommissar McCloy und wegen der Vorbereitung einer Bundestagssitzung verhindert. Tatsächlich hatte der Bundeskanzler jedoch auf Druck britischer Stellen seinen Besuch bereits einen Tag vorher abgesagt. In einer Telefonnotiz über das Gespräch mit dem Kanzleramt hielt die Sekretärin des Herforder Oberbürgermeisters Holzapfel am 7. Februar fest, Adenauer verzichte auf seinen Besuch, *da die Engländer erklärt haben, daß er dadurch die Lage erheblich verschärfen würde.*[19] Statt dessen wurden die Repräsentanten der Notgemeinschaft am 3. März weniger öffentlichkeitswirksam zu einem persönlichen Gespräch beim Bundeskanzler empfangen.
Greifbare Erfolge für die Stiftberger Besatzungsverdrängten zeigte schließlich die Zusammenarbeit im Deutsch-Englischen Ausschuß, in dem der britische Oberst Russel einen großen Einfluß ausübte. In diesem Gremium entstand der sogenannte Herforder Plan, der ein Modell für das künftige deutsch-britische Zusammenleben sein sollte. Er sah ein Miteinander von deutschen Besitzern und britischen Besatzern als Mieter in einem Haus vor, sofern die Hausgröße dieses zuließ. 85 Familien konnten so auf den Stiftberg zurückkehren, bis in den Jahren 1952 / 1953 von britischer Seite wieder Vorbehalte gegen das enge Beieinander geltend gemacht wurden. Daneben gab es jedoch auch erhebliche Proteste aus der Herforder Bevölkerung gegen dieses Modell, da es nur die Hauseigentümer, aber nicht die früheren Mieter auf dem Stiftberg berücksichtigte.

Nach einem Wechsel der britischen Mitglieder im Deutsch-Englischen Ausschuß wurde es für die Notgemeinschaft noch schwerer, die Interessen ihrer Mitglieder zu vertreten. Oberst Russels Nachfolger, Mr. Whetmore, weigerte sich sogar, die Vorstandsmitglieder der Notgemeinschaft zu empfangen. Nun mußten die Verhandlungen über einen städtischen Ausschuß für Besatzungsverdrängte geführt werden. Nach der Bekanntgabe des Freimachungsplans der Briten, der die Freigabe der zweihundert letzten noch besetzten Wohnungen für 1958 vorsah, löste sich der Vorstand der Notgemeinschaft am 20. Mai 1956 auf.

Um die Besatzungsverdrängten unterzubringen und Ersatzwohnungen für die Briten zu errichten, begann man schon bald mit der Durchführung von Wohnungsbauprogrammen, die erneut das Bild des Stiftbergs veränderten. Schon 1949 errichtete die Westfälische Heimstätte GmbH dreißig Wohnungen für britische Militärbedienstete an der Goethestraße.[20] Nach Abzug der militärischen Verwaltungsstellen hätten diese dem deutschen Wohnungsmarkt zur Verfügung gestellt werden sollen. Sie werden jedoch bis heute als Offizierswohnungen der Briten genutzt. Bis 1953 stellte die Wohnungsbaugesellschaft 84 weitere Wohnungen für Besatzungsverdrängte an der Schumann- und Meierstraße, Im großen Vorwerk und In der Ottelau fertig. Am Langenberg wurden Siedlungsbauten auf einem Gelände errichtet, das die Kirchengemeinde der Stadt auf dem Tauschwege zur Verfügung gestellt hatte. Sowohl mit staatlichen Wohnungsbauprogrammen von deutscher (sogenannte Schäffer-Programme für Besatzungswohnbauten) wie von britischer Seite (Build-Programm) sollte die Wohnungsnot in Herford gelindert werden. Tatsächlich wurden diese Programme jedoch durch bürokratische Verzögerungen der deutschen Behörden und Auseinandersetzungen vor Ort teilweise jahrelang blockiert wie im Fall der Bebauung an der Ulmenstraße. Dieses Beispiel zeigt gleichfalls, mit welchen Interessen- und Zielkonflikten für die Stadtentwicklung ein solches Projekt in dieser Zeit verbunden war.[21]

Das dortige Gelände, das zu einem großen Teil der Stiftberger Kirchengemeinde gehörte, wurde am 5. August 1954 für den Bau von Unteroffizierswohnungen durch das Schäffer- und das Build IX-Programm beschlagnahmt. Es handelte sich bereits um die zweite Beschlagnahmung, nachdem die britische Besatzungsmacht dort im Februar 1951 Fußballplätze anlegen wollte. Auf Drängen der Kirchengemeinde, die an dieser Stelle eine dringend notwendige Erweiterung des Erikafriedhofs vornehmen wollte, wurde dieser Plan fallengelassen. Nun war das dortige Gelände, da es sozusagen auf halbem Weg zwischen den Kasernen an der Vlothoer Straße und denen im Stadtwald lag, für die Bebauung ausgewählt worden. Diese Maßnahme ging auf einen Vorschlag der Stadtverwaltung zurück, die es abgelehnt hatte, die benötigten Unteroffizierswohnungen auf städtischem Boden in der Berger Heide oberhalb der Siedlung »Klein Österreich« (östlich der Mozartstraße) zu errichten. Ein Bau dieser Wohnungen auf ebenfalls städtischem Gelände südlich der Stadtholzstraße wurde verworfen, möglicherweise, weil von britischer Seite Rücksicht auf geplante Baumaßnahmen der Stadt genommen wurde. Für die Kirchengemeinde entstand so der Eindruck, die Stadt Herford wolle durch den Bau der Unteroffizierswohnungen nicht belastet werden.

Um in dieser Angelegenheit dennoch voranzukommen, fand am 8. November 1954 ein

Gespräch mit einem Beauftragten der Landesregierung statt. Dabei wurde vereinbart, den Beginn des Bauvorhabens, für das die entsprechenden Aufträge bereits vergeben waren, um vier Wochen zu verschieben. Die Stadt Herford verpflichtete sich, vor Baubeginn Ersatzland für die geplante Friedhofserweiterung zu beschaffen. In der Folgezeit ruhte die Angelegenheit, und es dauerte fast ein Jahr, bis wieder Bewegung entstand. Obwohl die Stadt ihrer Verpflichtung zur Ersatzlandbeschaffung nicht nachkam, wurde Oberstadtdirektor Meister beim Landesfinanzministerium vorstellig, damit dieses bei den zuständigen britischen Dienststellen auf den Baubeginn drängte. Dieser Schritt rief wiederum die Kirchengemeinde auf den Plan, die ihrerseits den Briten vorschlug, die benötigten Wohnungen auf städtischem Gelände zwischen Wüstener Weg und Stadtholzstraße am Weidenkamp zu bauen. Aber auch der Hinweis, dort sei *das schönste und gesündeste Wohngebiet mit dem besten Klima im Herforder Raum*, konnte letzlich nicht verhindern, daß die Bemühungen der Kirche scheiterten, ihr Land für die Friedhofserweiterung zu behalten. Um wieder einmal einer drohenden Enteignung zuvorzukommen, willigte die Kirchengemeinde am 17. Februar 1956 in den Verkauf ihres gesamten Grundvermögens an der Ulmenstraße an die Bundesrepublik Deutschland ein.
In diesen Jahren entstanden auf den städtischen Grundstücken links und rechts der Stadtholzstraße durch die Herforder Wohnungsgenossenschaft Siedlungsbauten im Rahmen des sozialen Wohnungsbaus. In diesem Bereich erhielt der Stiftberg ein völlig neues Gesicht. Auch im Kernbereich des Stadtteils kam es durch Baumaßnahmen zu Veränderungen, die sich jedoch von der Bebauung »am Rande« deutlich unterschieden. Auf Grund-

Wohnungsbau an der Ulmenstraße, um 1960

stücken, die die Kirchengemeinde verkaufte, entstanden an der Lutherstraße auf der einen Straßenseite vornehmlich die repräsentativen Wohnhäuser von Kaufleuten und Fabrikanten, auf der anderen Seite hauptsächlich Einfamilienhäuser, in denen vornehmlich Lehrer und andere Beamte wohnten. Da die Kirchengemeinde für den Bau der Christuskirche dringend Geld benötigte, verlangte sie, trotz der herrschenden Wohnungsnot, bis zu acht Mark je Quadratmeter und sorgte so, wenn auch wahrscheinlich unbeabsichtigt, dafür, daß die Exklusivität dieses Gebietes und das vorhandene soziale Milieu erhalten blieben.[22]

Das »Stiftberger Selbstbewußtsein«

Die vorstehenden Kapitel zeigen, daß die Kirchengemeinde wesentlichen Einfluß auf die Entwicklung des Stiftbergs ausübte und gleichzeitig ein entscheidender Faktor für das Traditionsbewußtsein und das Selbstverständnis der Stiftberger war. Der dortige Pastor Mumperow faßte diese Zusammenhänge im Jahre 1811 bei einer Beschreibung der Gemeinde in die Worte: *Übrigens legen die Eingepfarrten einen sehr hohen Wert darauf, by der von ihren Vätern ererbten Kirche zu verbleiben und würde sich kein einziger der entfernt liegenden Kirchspielbewohner vertauschen und zu einer näher liegenden Kirche schlagen lassen.*[23] Damit waren insbesondere die Mitglieder der Stiftberger Kirchengemeinde gemeint, die, obwohl sie in Löhne oder Exter lebten, einen anderthalbstündigen Weg zum Gottesdienst auf sich nahmen, um bei »ihrer« Kirche zu bleiben. Gestärkt wurde dieses besondere Zusammengehörigkeitsgefühl noch durch die Auseinandersetzungen mit der Stadt Herford. Besonders ab 1808 war die Eigenständigkeit der politischen und auch der kirchlichen Gemeinde Stiftberg durch den drohenden Anschluß an die Herforder Neustadt gefährdet. Damals setzte man alles daran, nicht in die finanzielle Abhängigkeit der Stadt zu geraten. So konnte beispielsweise der drohende Abbruch der Kirche wegen Baufälligkeit 1815 nur durch den Verkauf von Einrichtungsgegenständen zur Finanzierung der notdürftigsten Reparaturen verhindert werden.
Dieses Streben nach Abgrenzung und Unabhängigkeit verstärkte sich seit der zweiten Hälfte des 19. Jh. noch durch die Ansiedlung jener sozialen Schichten, denen in dieser Zeit der Bau von Wohngebäuden überhaupt möglich war. Auf dem Stiftberg gab es in der damaligen Zeit den Platz für den Bau von Fabrikantenvillen und großzügigen Wohngebäuden, weitab von den Teilen der Stadt, in denen Industrie und städtische Enge verbunden mit sozialem Elend die Lebenswelt bestimmten. Diese bürgerliche Schicht konzentrierte sich aus ihrem Selbstverständnis heraus auf die Kirche als eine der Trägerinnen ihrer kulturellen und auch politischen Wertvorstellungen. Demensprechend gestaltete sich ihr Einfluß auf die Gemeinde. Unübersehbar ist jedoch auch der Anteil der Stiftberger Gemeindepastoren an der Entwicklung des »Stiftberger Selbstbewußtseins«, verbunden mit einem Zusammengehörigkeitsgefühl, das für die aktiven Gemeindemitglieder vor allem in den schweren Zeiten während und nach dem Zweiten Weltkrieg wie auch für andere Herforder ein wichtiger Orientierungspunkt war.

Ulrich Möller

Links und rechts des Bahndammes: Produktionsstätten und Kunstdenkmäler

Das Gebiet links und rechts des Bahndammes ist weitgehend durch Industrie und Gewerbe geprägt. Dies wird auf den ersten Blick deutlich durch die große Anzahl alter und neuer Fabrikgebäude, die sich in der Nähe der Bahnanlagen befinden. Beschränken wir das Gebiet *achter de Bahn* auf den Bereich zwischen Goebenstraße und Bünder Straße, auf das Bahnhofsviertel bis zum Stadtgraben, das Kreishausviertel bis zur Bielefelder Straße und die Anfänge der Enger- und Diebrocker Straße, so sind innerhalb dieses Bezirkes eine Reihe von Fabriken verschiedenster Branchen entstanden. Das Adreßbuch von 1987 verzeichnet für dieses Gebiet fast 30 Betriebe des produzierenden Gewerbes, verschiedene ehemalige Fabrikationsgebäude sind anderen Zwecken zugeführt (u.a. die Hauptpost und eine Großdiskothek). Auch Handel und Dienstleistungen sind stark vertreten.

Im Bahnhofsviertel, an der Goebenstraße und besonders in den Straßenzügen um das Kreishaus fallen eine Reihe repräsentativer Villen der Jahrhundertwende mit den charakteristischen Stilmerkmalen ihrer Zeit ins Auge. Sie sind Zeichen dafür, daß das Bahngebiet nicht immer eine Industrie- und Gewerbezone mit geringer Wohnqualität wie heute gewesen ist, sondern in früherer Zeit durchaus auch für wohlhabende bürgerliche Schichten als Wohngebiet attraktiv war. Das Gebiet Borriesstraße–Amtshausstraße ist über weite Strecken von Villenarchitektur geprägt; die Gebäude um das 1904 erbaute Kreishaus dienen jedoch heute meist nicht mehr Wohnzwecken, sondern verschiedenen Ämtern der Kreisverwaltung als Dienststellen.

Das Nebeneinander von Industrie- und aufwendigen Wohnbauten ist ein Phänomen der 1880er bis 1920er Jahre. Wohngebäude, die nach dieser Zeit errichtet wurden, sind kaum vorhanden.

Die Radewiger Feldmark als Entwicklungsgebiet der Stadt

Der Streckenabschnitt Hamm–Minden der *Coeln-Mindener Eisenbahn* wurde am 15. Oktober 1847 eröffnet. Er führte über Bielefeld und Herford, hier durch das landwirtschaftlich genutzte Gebiet der Radewiger Feldmark. Der Bahnhof war etwa 300 Meter vom Steintor und der inneren Stadtgrenze entfernt errichtet worden. Streckenverlauf und Bahnhofsstandort weit vor der Stadt waren kennzeichnend für die meisten Ortschaf-

ten entlang der Bahnlinie, weil die Bahn weite Flächen für ihre Anlagen benötigte. Der Bahnhof des benachbarten Bielefeld wurde auf einem Situationsplan von 1850 sogar als »Bahnhof bei Bielefeld« bezeichnet.
Die gesamte Radewiger Feldmark als etwa 598 Hektar umfassender Großraum des Bahngebietes war weitgehend unbebaut und hatte noch 1864 erst 89 Häuser (im gesamten Stadtgebiet 1 215).[1] Die Flurkarten von 1867, in denen Straßen, Wege und Gebäude eingezeichnet sind, zeigen den Bahnhof noch 20 Jahre nach der Streckenfreigabe isoliert vor der Stadt liegend; die einzige befestigte Straßenverbindung war die Bahnhofstraße, die vom Steintor zum Empfangsgebäude führte.[2] Die Kreisstraßen nach Enger, 1854 angelegt, und nach Bünde von 1844 waren noch keine Straßen im heutigen Sinne, sondern breitere Feldwege mit Schotterbelag. Die intensive Bebauung der Radewiger Feldmark setzte erst nach 1870 ein.

Häuser in der Radewiger Feldmark von 1864 bis 1910
(gesamtes Stadtgebiet in Klammern)[3]

1864	1876	1881	1886	1892	1905	1910
89 (1 215)	130 (1 324)	215 (1 513)	266 (1 634)	423 (2 077)	708 (2 912)	859 (3 301)

Die Einwohnerzahl erhöhte sich von 790 (11 147 im gesamten Stadtgebiet) im Jahre 1864 auf 6 837 (27 954 insgesamt) im Jahre 1904. In diesem Zeitraum wurde das unmittelbare Bahndammgebiet durch Straßen erschlossen. Das geschah anfangs zum Teil durch private Anlieger, die die Zufahrtswege zu ihren Grundstücken nach ihrem Gutdünken ausbauten. Der Bau dieser Privatstraßen wurde von der Stadtverwaltung nicht reglementiert, solange öffentliche Interessen nicht verletzt wurden. Durch Vorschriften und Gesetze geordnet wurde der Straßenbau erstmalig 1873 durch einen Fluchtlinienplan der Stadt Herford, 1875 durch das Preußische Fluchtliniengesetz und besonders durch das *Ortsstatut betreffend die Kosten neuer Straßenanlagen* vom März 1876.[4] Das Fluchtliniengesetz gab *den städtischen Behörden das Recht, die Fluchtlinien der öffentlichen Straßen und Plätze zu bestimmen und gibt ihnen zugleich das Expropriationsrecht betreffs des Terrains, welches über die Fluchtlinien hinaus nach der Straße zu liegt.*[5]
Das Ortsstatut von 1876 regelte die Kostenfrage bei neuen Straßenbauten. § 3 des Statuts verpflichtete die *Adjacenten* (= Anlieger) dazu, die Kosten für Regulierungen je nach der Länge der jeweils angrenzenden Grundstücke zu übernehmen. Umfang und Art der Regulierungen setzte der Magistrat fest. Bei noch nicht bebauten Grundstücken hatte die Kämmereikasse die Regulierungskosten auszulegen und später bei bauenden Grundeigentümern wieder einzutreiben (§ 7).
Gemäß dieser Vorschriften wurden bis zur Jahrhundertwende die meisten heutigen Straßen im Bahnhofsgebiet gebaut, so die Neue Bahnhofstraße (heute Kurfürstenstraße), die Schillerstraße, die Straße *Am Bahndamm* und die Luisenstraße, die im Winter 1886 / 87 *mit 7 Meter breiter Fahrbahn, 5 Meter breiten Trottoirs und Bordstein- und Gossenpflasterung für 2 778 Mark, zur Gänze von Adjacenten getragen, reguliert wurde.*[6] Die Kreisstraßen wurden ebenfalls mit Pflasterung versehen.

Neben der starken Bebauung mit Wohnhäusern, besonders mit aufwendigen Villenbauten — der Verwaltungsbericht von 1887 spricht von einer *Baulust für den besseren Villenbau* —, wurde das Bahndammgebiet immer mehr zum Industriestandort. Motor und Vorreiter dieser Entwicklung (zwar noch in unmittelbarer Nähe der alten Stadtbefestigung bzw. der Wälle, aber doch mit einer Hausnummer der Radewiger Feldmark) waren die Firmen Julius Weddigen, Friedrich Raabe und Engelbrecht & Veerhoff. Im Adreßbuch von 1864 sind diese drei Firmen als einzige überhaupt mit einer Feldmark-Hausnummer (RF) angeführt: die Firma Weddigen, 1831 in Barmen gegründet, unter der Rubrik *Kaufleute* mit der Nummer 62 RF (heute Kreishausstraße 15), die Leinenfabrik und -handlung Raabe, 1861 gegründet, unter *Leinen-Fabrikanten* mit der Nummer 61 RF (heute Bielefelder Straße 3) und Engelbrecht & Veerhoff, ebenfalls mit dem Gründungsjahr 1861, unter *Stärkefabrikanten* mit RF ohne Nummer (diese Firma befand sich an der heutigen Kurfürstenstraße 10).[7] Die Firma Weddigen war zwar später ein reines Wäschegeschäft, betrieb aber zu dieser Zeit noch mehrere Webstühle. In ihrem 1856 / 57 errichteten Wohn- und Geschäftshaus ist heute das Rote Kreuz untergebracht, die Gebäude der beiden anderen Betriebe sind abgerissen.

Im Adreßbuch des Jahres 1876 sind für die Radewiger Feldmark bereits acht Fabriken verzeichnet, darunter zwei Maschinenfabriken (Meyer & Schwabedissen, Niebaum & Gutenberg), eine Maschinenölfabrik (Leprince & Siveke) und eine Eisengießerei (Oechelhäuser).

Diese Entwicklung setzte sich in den folgenden Jahren verstärkt fort. Das Bahndammgebiet wurde nicht nur immer mehr zum Anziehungspunkt für die zahlreichen, oft sehr kurzlebigen Firmenneugründungen der sogenannten »Gründerzeit«, sondern auch für expandierende Betriebe aus dem Innenstadtbereich, die sich aus kleinen Handwerksbetrieben bzw. in der Bekleidungs- und Wäscheindustrie meist aus Leinenhandlungen mit -fabrikation entwickelten.[8] Von den insgesamt 38 Firmen in der Radewiger Feldmark im Jahre 1891 sind 24 Neugründungen vor Ort, 14 sind aus der Innenstadt hierher gezogen.[9] Die nach Zahl der Beschäftigten größten waren die Jute- und Werggarnspinnerei E. Schönfeld mit 131 und die Maschinenfabrik Niebaum & Gutenberg mit 25 Arbeitern.[10]

Infolge des lockeren Nebeneinanders von Wohn- und Fabrikbauten vermittelte das Bahngebiet zu dieser Zeit nicht unbedingt das Bild einer ausgesprochenen Industriezone. Ein großer Teil der Feldmark westlich der Bahn wurde noch als Acker- und Weidefläche genutzt. Der Bezirk Kurfürstenstraße—Schillerstraße—Goebenstraße als Zentrum der größten Herforder Branche, der Konfektions- und Wäscheindustrie, mit der um 1900 wahrscheinlich höchsten Fabrikdichte in der ganzen Stadt — nach dem Adreßbuch von 1899 mindestens 13 Firmen — wirkte wohl eher wie ein gutbürgerliches Viertel. Die Konfektionsbetriebe arbeiteten hier in kleineren, villenähnlichen Gebäuden oder Anbauten, was zum einen die geringe Größe der meisten Betriebe, zum anderen die wichtige Rolle der Heimarbeit dokumentiert. Große »Fabriken« im Sinne von vielgeschossigen, weiträumigen Komplexen, etwa die der Firmen Elsbach (heute Bundespost) und Alfermann & Jacobi (heute Hotel »Stadt Berlin«), entstanden erst später, meist durch Aufstockungen und Umbauten.

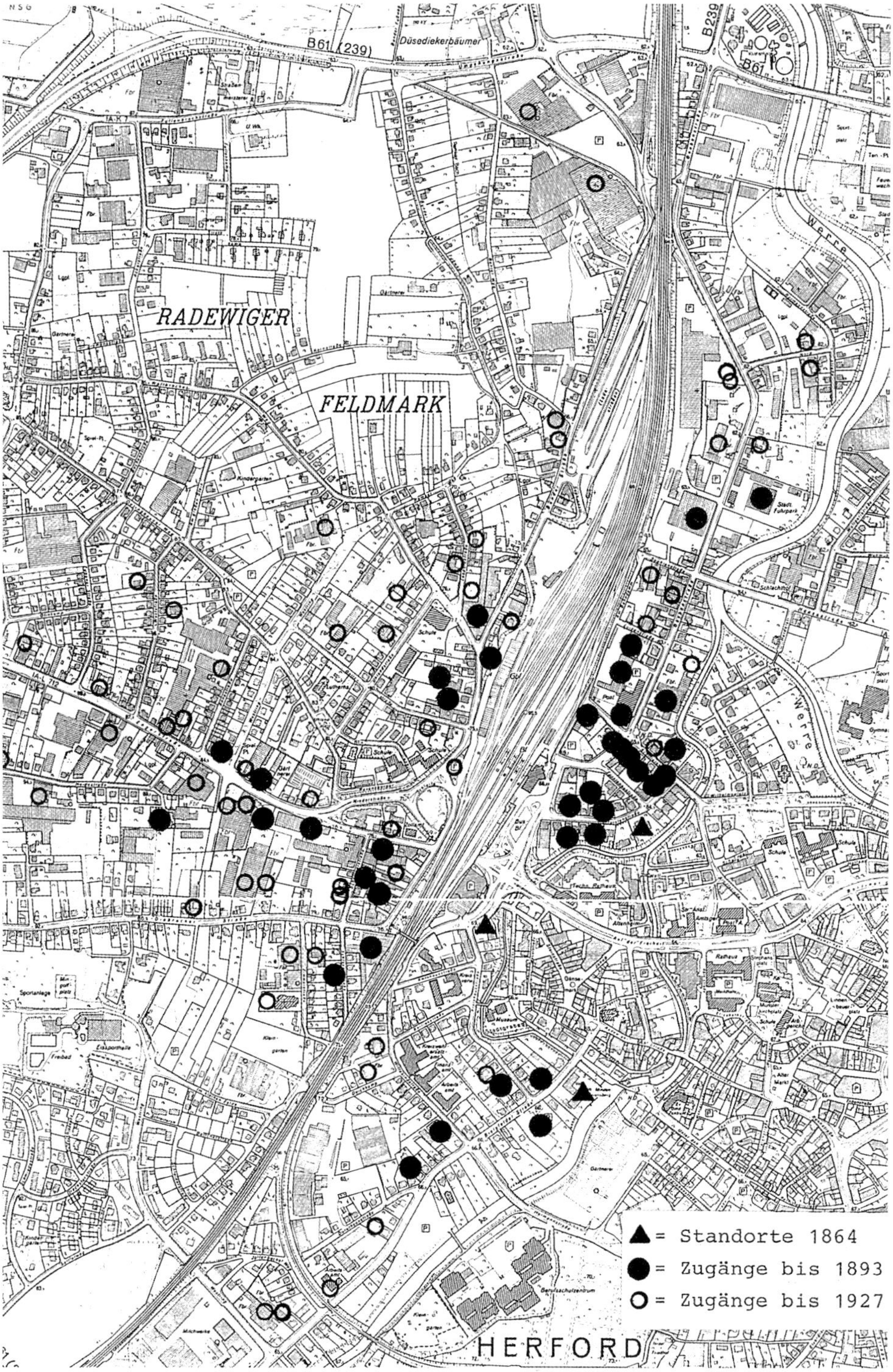

Industriestandorte in der Radewiger Feldmark 1864 bis 1927.
Kartengrundlage: Deutsche Grundkarte Maßstab 1 : 5 000 von 1984 (verkleinert), Vervielfältigung mit Genehmigung des Katasteramtes Herford vom 17. Januar 1989, Kontrollnummer 557

Außerhalb des *Kleiderviertels* am Bahnhof, in dem die Industrie nicht störend wirkte — die hier ansässige Branche produzierte ja auch weitgehend emissions- und geräuschfrei —, hatten sich die Firmen besonders an den Ausfallstraßen nach Enger, Bünde und Diebrock angesiedelt. Über flächenmäßig größere Produktionsanlagen verfügten hier fünf Betriebe. An der verlängerten Goebenstraße ist neben der bereits genannten Spinnerei Schönfeld die Weberei Knemeyer & Co. wegen des Umfangs ihres Areals erwähnenswert.[11] Knemeyer & Co. produzierten an dieser Stelle seit 1887.
Etwa um die Jahrhundertwende war ein Großteil der Flächen in unmittelbarer Nähe des Bahndammes belegt. Der Straßenblock Bahndamm–Schillerstraße–Goebenstraße–Luisenstraße z.B. war geschlossen bebaut und genutzt durch drei Firmen (Elsbach, Schaper & Blumenthal, Barmeier & Flachmann) und mehrere Villen.
Das Wachstum der Stadt mit neuen Straßenregulierungen setzte sich zunächst in den Gebieten zwischen Wittekindstraße und Kreishausstraße, zwischen Diebrocker Straße und Wellbrocker Weg und dann weiter Richtung Stadtgrenze fort. Der Zuzug von Firmen hielt unverändert an, besonders von denjenigen der stark anwachsenden Möbelindustrie, die hier auch architektonische Akzente setzte. An der Bünder Straße verdeutlichen noch heute die Reste der Kopka'schen Möbelfabrik auf dem Gelände von Streuber & Lohmann und das ehemalige Betriebsgebäude der Firma Poggenpohl aus den 1920er Jahren die Expansion der holzverarbeitenden Betriebe. Beide Firmen sind wie viele andere in der Innenstadt gegründet worden.
Die Mischstruktur der Radewiger Feldmark als die eines Industrie-, Gewerbe- und Wohngebietes hat sich erhalten. Das Wohngebiet liegt heute zwar nicht mehr so direkt an der Bahn wie im 19. Jh., dafür um so mehr etwa zwischen Engerstraße und Wellbrocker Weg. Die Nachbarschaft von Fabriken und Wohnhäusern, die sich historisch entwickelt hat, stellt hier ein nicht unerhebliches Problem der Stadtplanung dar.

Industrie und Architektur

Zeugen der Entwicklung einer Industrieregion sind die Fabrikgebäude. Sie können Informationen über Firmen geben, wenn auch nicht so eindeutige wie Firmenarchive, Steuerakten, Handelsregister usw. Informationen und Aussagen sind unter anderem möglich über a) »technische Verhältnisse und Entwicklungen«, b) »wirtschaftlich-ökonomische Verhältnisse«, c) »soziale Verhältnisse«, d) »ökologische« und stadtplanerische Verhältnisse und e) »künstlerisches Verständnis«.[12] Der Umfang des Firmenareals und des Baubestandes vermittelt Hinweise auf die Bedeutung und Größe der Firma, Bautechnik und Gestaltung lassen Rückschlüsse auf das Alter, die Funktion, das Selbstverständnis des Bauherrn und städtebauliche Zusammenhänge zu. Die Architektur spricht für vieles, wenn auch eine Ergänzung durch Daten der Firmen- und Baugeschichte nicht zuletzt wegen der heute oft veränderten Eigentums- und Nutzungsverhältnisse der Gebäude notwendig ist.[13]
Das Interesse an Fabrikbauten in den letzten 20 Jahren hat auch in die Denkmalschutz-

gesetzgebung Eingang gefunden. Eine Reihe solcher Gebäude in Herford ist vorläufig in die Denkmalliste aufgenommen worden, verschiedene sind bereits unter Schutz gestellt bzw. »im Verfahren«. Dabei spielen geläufige Denkmalbegriffe wie »schön« oder »ästhetisch wertvoll« keine Rolle; das nordrhein-westfälische Denkmalschutzgesetz bezieht ausdrücklich auch Gebäude und Einrichtungen technischer und anderer Funktion ein, die natürlich auch künstlerisch gestaltet sein können, zumindest in bestimmten Epochen der Architekturgeschichte.[14]
Die folgenden Beispiele sind alte Namen der Herforder Industrie. Sie wurden hauptsächlich unter architekturhistorischen Aspekten im Sinne einer Bestandsaufnahme ausgewählt.[15]

A. Ruben, heute Hega-Möbelhandlung, Luisenstraße 1

Die Firma Abraham Ruben wurde als Leinenhandlung im Jahre 1843 in der Lübberstraße gegründet. Sie gehörte zu den ältesten Betrieben der Leinen- bzw. später der Konfektionsbranche. In den 1850er Jahren nahm sie die Produktion von Leinenstoffen auf, 1854 waren 40 Webstühle in Betrieb. Um 1880 stellte die Firma Herrenkonfektion aus Baumwoll- und Leinenstoffen sowie Arbeitskleidung her. 1886 zog sie in die Schillerstraße, also in das Bahnhofsgebiet, um. 1903 waren hier 12 Arbeiter beschäftigt, die

Näharbeiten wurden — wie auch in den folgenden Jahrzehnten — größtenteils von Heimarbeiterinnen durchgeführt. 1903 erwarben Hermann Ruben, Hugo Ruben und Max Eichwald, die inzwischen die Firma leiteten, von der Firma Heinrich von Nordheim ein Grundstück mit einem 1895 erbauten Geschäftshaus an der Luisenstraße 1. 1911 nahm man einen großangelegten Um- und Erweiterungsbau in Angriff unter der Planung des Architekten W. Köster, der damals führend auf diesem Sektor in Herford war. An das bestehende Gebäude wurde ein Neubau in annähernd gleicher Länge angesetzt, dann der Altbau umgebaut und in seinem Äußeren angeglichen. Im Kellergeschoß befand sich ein Bügelraum, ein Pack- und Lagerraum, die Knopflochnäherei und ein Eßraum für die Belegschaft, im Erdgeschoß die Zuschneiderei, das Strickwarenlager, die Ablieferungen für die Heimarbeiterinnen und Kontore. Im Obergeschoß war die Expedition und im Dachgeschoß die Näherei untergebracht.

Auf eine Anfrage der Polizeiverwaltung Herford berichtete die Firma Ruben 1912, daß *in unserem Betriebe 10 Bügler, 3 Hausdiener, 7 Zuschneider und 5 Näherinnen über 16 Jahre und 4 Näherinnen unter 16 beschäftigt werden. In Anwendung kommen 2 Electro-Motore.*

In den 1920er und 30er Jahren stellte die Firma Sport- und Tropenkleidung, hauptsächlich aber Trenchcoats her. 1922 waren 80 Arbeiter und Angestellte und 190 Heimarbeiterinnen beschäftigt. 1938 wurde die Firma A. Ruben unter ihrem letzten Inhaber Hugo Ruben im Zuge der Zwangsmaßnahmen gegen jüdische Betriebe unter Druck aufgelöst und in »arische« Hände übergeben. Ab diesem Jahr produzierte O. Tovote im Firmengebäude Luisenstraße 1 und im danebenliegenden Wohnhaus H. Rubens, Goebenstraße 13, das er mit übernommen hatte, Anzüge und Uniformen.

Das langgestreckte, zweigeschossige Firmengebäude mit Mansarddach und drei zu zehn Fensterachsen ist noch heute in gutem Zustand. Es ist aus um die Jahrhundertwende häufig verwendeten rotbraunem Klinker errichtet. Der Haupteingang mit einer Freitreppenanlage befindet sich an der Südseite, die mit derjenigen zur Goebenstraße die »Schauseite« darstellt und wesentlich schmuckvoller ausgebildet ist als die Flächen zur Bahn hin.

Die Achsen der Segmentbogenfenster sind durch Lisenen betont, von denen einige mit Ankerplatten in Form von gebündelten, stilisierten Blumen versehen sind. Die Fassaden sind in der Länge gegliedert durch ein umlaufendes Sohlbankgesims und durch Kopfsteinbänder mit farblich abgesetztem Material. Bemerkenswert ist die vorspringende Dachzone mit einer kassettenartigen Ausbildung. Die Giebelflächen sind in den Mansardbereich hinaufgezogen.[16] Das schlichte Gebäude stellt ein ansprechendes Beispiel für den Fabrikbau vor dem Ersten Weltkrieg dar und ist als Industriedenkmal in die Denkmalliste eingetragen.

J. Elsbach & Co., heute Deutsche Bundespost, Goebenstraße 1 bis 5

Die Anfänge der Firma J. Elsbach & Co. lagen ebenfalls in der Lübberstraße. Hier begannen die Brüder Josef und Hermann Elsbach im Jahre 1873 mit der Produktion von Herren-, Damen- und Kinderwäsche, branchenüblich hauptsächlich in Heimarbeit. 1887 wechselte die Firma in ein Geschäftshaus an der Ecke Goebenstraße / Schillerstraße, das sie von der in Konkurs gegangenen Konfektionsfabrik Matthias und Rumpel erworben hatte. 1907 betrug die Zahl der Heimarbeiterinnen einschließlich der der verschiedenen Filialen 2 300 (Arbeiter und Angestellte im Innenbetrieb 400), 1914 schon 4 500 Heimarbeiterinnen (im Innenbetrieb 1 200). Im Februar 1907 wurde die Firma in eine Aktiengesellschaft mit zwei Millionen Mark Grundkapital umgewandelt. Sie war lange Zeit das größte Industrieunternehmen Herfords, wahrscheinlich die größte Textilfabrik Europas. Unter anderem wegen rationalisierter und auf Maschinen umgestellter Produktion sank die Zahl der Heimarbeiterinnen im Jahr 1929 auf 100, die Zahl der Angestellten und Arbeiter im Jahre 1933 auf 1 057.
In den Jahre nach der nationalsozialistischen Machtergreifung geriet das jüdische Unternehmen zunehmend in Schwierigkeiten. Der Absatz ging zurück, da jüdische Textilgeschäfte und Warenhäuser als Kunden immer mehr ausfielen. Öffentliche Aufträge wurden nicht mehr erteilt. 1938 wurde das Vorstandsmitglied Kurt Elsbach gezwungen, von der Geschäftsleitung zurückzutreten. Zunächst verhaftet, konnte er später emigrieren.

Die Familie Elsbach mußte ihr Aktienpaket unter Wert veräußern. Der von Adolf Ahlers — dieser war schon vorher im Besitz von Elsbach-Aktien gewesen — gezahlte Preis wurde beschlagnahmt und der Firmenname in »Herforder Wäschefabriken AG« umgewandelt. Herfords größter Betrieb war auf diese Weise — nach der damaligen Terminologie — »arisiert« worden.
Nach dem Krieg erhielt die Familie Elsbach ihre Aktienmehrheit durch einen Vergleich im Rückerstattungsverfahren zurück und trat sie im Jahre 1964 an die Adolf Ahlers Bekleidungswerke GmbH ab. Das Firmengebäude wurde an die Deutsche Bundespost verkauft. Die »Elsbach Wäschefabriken GmbH und Co. KG« arbeiten zur Zeit an der Normannstraße.[17]
Die Baugeschichte des heutigen Postgebäudes an der Goebenstraße 1 bis 5 beginnt mit dem Geschäftshaus der Firma Matthias und Rumpel an der Schillerstraße 17 (Baujahr 1873, Architekt G. König). Die ältesten Briefköpfe der Firma Elsbach zeigen ein relativ kleines, zweigeschossiges Gebäude im historistischen Stil mit vorspringendem Eingangsportal, das bereits 1889 durch einen Erweiterungsbau zur Goebenstraße und 1897 durch einen weiteren an der Westseite Veränderungen erfuhr. 1909 ließ die Firmenleitung die Villa auf dem Grundstück Goebenstraße 1, das sie 1902 erworben hatte, abreißen und durch den Architekten W. Köster einen viergeschossigen Neubau errichten, der den Altbau an der Ecke Schillerstraße / Goebenstraße um zwei Stockwerke überragte und ältester Bestandteil der heutigen Fassade ist. Da das Gebiet 50 Meter rechts und links der Schillerstraße nach der *Polizei-Verordnung betreffend Wohnviertel* von 1908 den Wohngebieten zugerechnet wurde, mußten Auflagen der städtischen Baukommission berücksichtigt werden, *keine Verunstaltung des Straßenbildes oder Beeinträchtigung des Villencharakters durfte erfolgen.*[18] Bereits 1910 kam im Anschluß an den jüngsten Neubau ein neuer Erweiterungsbau auf dem Grundstück Nr. 3 dazu, diesmal durch den bekannten Architekten Rudolf Friedrichs, der die weiteren Bauvorhaben der nächsten Jahre leiten sollte. Friedrichs (1860 bis 1924) war seit 1910 ehrenamtlicher Senator der Stadt Hannover und ist durch eine Reihe von Kaufhausbauten hervorgetreten.
Den Maßnahmen des Jahres 1913 und weitgehend dem Stil dieses Architekten verdankt das Firmengebäude mit dem charakteristischen Giebel seine heutige Gestalt. Der Altbau mit der Front zur Schillerstraße wurde in diesem Jahr abgerisssen und in gleicher Stockwerkhöhe wie die Bauten der Vorjahre neugebaut. Die Wäschefabrik stellte nun einen geschlossenen Baukörper über Eck dar, der zwar als Ganzes einheitlich wirkte, aber in vielen Details unterschiedlich ausgeformt war. Der repräsentative Haupteingang befand sich an der Schillerstraße (heute verändert), zwei Hofdurchfahrten mit danebenliegenden Treppenhäusern und einem Nebeneingang an der Goebenstraße. Weit über 10 000 Quadratmeter Betriebsfläche standen inzwischen zur Verfügung, die im Jahre 1925 noch einmal durch einen Erweiterungsbau (Goebenstraße Nr. 5) vergrößert wurde. Verantwortlich waren jetzt die beiden Herforder Architekten Jakob Friedmann und Friedrich Adolf Seher, die hier den von Friedrichs vorgezeichneten Stil beibehielten. Die Bundespost wandelte ab 1966 nach und nach Teile des Gebäudes in Postbetriebsstellen um. Bei den Renovierungsarbeiten wurden die Fensteraufteilung und die Tür des südlichen Treppenhauses wieder in den Originalzustand versetzt.

Die ehemalige Elsbachsche Fabrik gilt als eines der schönsten Gebäude dieser Art im ostwestfälischen Raum. Die uneinheitliche, trotzdem harmonisch wirkende Fassade spiegelt die verschiedenen Bauphasen wider. Die ältesten, mittleren Bauteile mit den beiden außenliegenden Treppenhäusern haben vier bzw. drei Fensterachsen mit Dachhäusern unter flachgeneigtem Satteldach. Die Fassade ist hier durch Lisenen, die im dritten Obergeschoß zweigeteilt sind, sowie durch eine Simszone mit Blechabdeckung gegliedert. Die Nahtstelle der beiden Bauteile ist durch zwei nebeneinanderliegende Lisensen markiert.
Die Treppenhäuser sind unterschiedlich ausgeformt, beide durchstoßen den Traufbereich; das südliche ist ab dem vierten Geschoß konvex vorgewölbt. Der jüngere Bauteil Schillerstraße / Ecke Goebenstraße ist allein mit Kassettenbrüstungen in den fünf Fensterachsen wesentlich schmuckloser. Der Giebel ist »barockisierend«, das vierte Obergeschoß über einem umlaufenden Simsband mit Dach ist in dieser Form durch einen Umbau, wahrscheinlich nach einem Brand bei Kriegsende 1945, entstanden. Die ursprüngliche Ausführung ist durch den Anbau Goebenstraße Nr. 5 belegt, der dem eben genannten angeglichen war. Das vierte Obergeschoß ist hier über Zwerchhäuser in den Fensterachsen unter ebenfalls »barockisierenden« Giebelschildern ausgebildet.[19]
Aufriß und Gestaltung des Gebäudes wecken Erinnerungen an großstädtische Kaufhausbauten dieser Zeit. Es dokumentiert die ehemalige Bedeutung einer Firma und befindet sich im Verfahren zur endgültigen Eintragung in die Denkmalliste.

Bettenhaus Weihe, heute Stahl-Reining, Kurfürstenstraße 24

Das im Jahre 1897 von dem Architekten W. Köster für den Bettenkaufmann Theodor Weihe erbaute Geschäftshaus mit einem Lagerhausanbau ist eines der den Bahnhofsvorplatz prägendes Gebäude. Es ist zweigeschossig, aus auffälligen, glatten und gelblich rot-braunen Klinkern errichtet und mit vielfältigen, detailreichen Schmuckelementen versehen, unter anderem mit umlaufenden Bändern aus rotem Ziegelstein. Die Front zur Kurfürstenstraße ist flächig, je zwei Fenster sind zu einer Fensterachse zusammengefaßt, im Obergeschoß in Fensternischen mit einem abschließenden Segmentbogen. Kontrastierend wirken hier die hellen Schlußsteine, die Ankerplatten und die geschmückten Konsolen des Attikabandes.[20]
Die Gesamtkonzeption des in die Liste der Industriedenkmäler eingetragenen Gebäudes ist zurückhaltend. Es fügt sich gut in die benachbarte Architektur dieses historischen Wohn- und Geschäftsviertels ein.

C. Hoth, heute Brax-Leineweber, Wittekindstraße 16

Carl Hoth aus Berlin, seit 1907 Teilhaber bei der Firma L. Elsbach & v. Nordheim, begann 1922 selbständig mit der Produktion von Herrenkonfektion mit zunächst 24 Arbeitern in der Freiheitsstraße 2. Wichtigste Erzeugnisse waren Trenchcoats. Nach mehrmonatigem Bemühen — in der katastrophalen wirtschaftlichen Situation der frühen 1920er Jahre waren Grundstücke schwer zu bekommen — erwarb er 1923 ein Grund-

stück an der Wittekindstraße 16. Im gleichen Jahr stellte er den Bauantrag für den Neubau eines Fabrikgebäudes. Da die Wittekindstraße nach der *Polizeiverordnung über die Einteilung des Stadtgebietes in verschiedene Baubezirke* vom 11. April 1914 innerhalb eines ausgewiesenen Villenviertels lag, wurde der Antrag zunächst von der Bauverwaltung der Stadt Herford abgelehnt.[21] Hoth bat den Oberpräsidenten der Provinz Westfalen um Aufhebung der Entscheidung und Dispens von den Vorschriften der Polizeiverordnung. Die Ausnahmebewilligung wurde mit Blick auf eine erhoffte Belebung des Arbeitsmarktes erteilt unter der Bedingung, *auf ewige Zeiten keinen Schornstein zu errichten, keinen Dampfkessel in Betrieb zu nehmen und den Vorplatz gärtnerisch auszugestalten. Das Fabrikgebäude ist in seinem Äußeren dem Villenviertel anzugleichen.* Wegen verschiedener Schwierigkeiten wurde mit dem Bau erst im Frühjahr 1925 begonnen, im Herbst des Jahres war das Gebäude bezugsfertig. Im Sockelgeschoß waren die Kantine, Pack- und Heizungsräume, im ersten Stock Warenannahme und -ausgabe, Näherei und Zuschneiderei, im zweiten Stock Büros und Strickwarenlager, im dritten Stock Bügelei, Versand und Ausstellung und im Dachgeschoß Lagerräume.
Im Dezember des Jahres 1925 stand die Firma *unter Geschäftsaufsicht*. Der finanzielle Einsatz für das aufwendige Gebäude war zu groß gewesen. 1929 ging die Firma Hoth in der »Hans Bäumler AG, Filiale Herford«, auf. An der Wittekindstraße produziert heute die Firma Brax-Leineweber. Die umfangreichen Anbauten an das Hauptgebäude stammen aus den 1950er und 1960er Jahren.
Die 35 Meter lange Straßenfront der viergeschossigen Fabrik ist bis auf den Eingangsbereich streng symmetrisch. Ein gewaltiger dreiachsiger Mittelrisalit unter einem Zwerchhaus mit hochaufragendem, neoklassizistischem Giebeldreieck bestimmt das Bild. Der Risalit — rechts und links mit je einer stilisierten Frucht — ist stark vertikal gegliedert durch vier Pfeilervorlagen in Form dorischer Säulen und durch Wandvorlagen. Über den beiden äußeren Fensterachsen rechts und links liegen Dachhäuser mit Satteldächern in der Mansarde. Auch in seiner horizontalen Dreiteilung in ein durch ein Gesims abgesetztes Sockelgeschoß, einen Mittelteil und die durch das Giebelschild betonte Dachzone ist das Gebäude dem Neoklassizismus zuzuordnen.[22]
Vielleicht aufgrund der einschlägigen Vorschriften der Polizeiverordnung von 1914 erinnert dieser Industriebau eher an ein öffentliches Gebäude als an eine Produktionsstätte. Er ist im Verfahren zur endgültigen Eintragung in die Denkmalliste.

König & Böschke, heute Coronet, Engerstraße 5

In den Räumen der ehemaligen Kunstdüngerfabrik Dr. Schaper & Rollwagen an der Engerstraße 5 betrieb die aus der Bürstenfabrik Wolf & Böschke hervorgegangene Firma König & Böschke seit 1893 die Produktion von Besen und Bürsten aus Piassava-Material, Kokos-, Roßhaar- und Fiberstoffen. 1910 waren auf dem insgesamt etwa 26 300 Quadratmeter großen Gelände schon 300 Arbeiter beschäftigt. Die Erfindung einer automatischen Bürstenstanzmaschine durch einen Werksingenieur trieb die Produktionsziffern in die Höhe, so daß die Firma vor dem Ersten Weltkrieg wahrscheinlich die größte ihrer Branche in Deutschland war.

1913 wurde ein zweites, großes Fabrikgebäude errichtet. In den Jahren 1923/24 baute der Bielefelder Architekt Oldemeier einen Abschnitt der Front des ältesten Gebäudes an der Engerstraße zu einem zweigeschossigen Bürotrakt um, Dach und Decken wurden in Eisenbeton ausgeführt. Weitere Um- und Neubauten folgten 1929 und 1939. Ein großer Teil der alten Bausubstanz ging durch Bombenangriffe während des Krieges verloren oder wurde in den 1980er Jahren abgerissen. Seit 1973 gehört die Firma zur Coronet-Gruppe.
Das Bürogebäude ist ein annähernd kubischer Baukörper, der in seinem Aufriß und mit seinem Flachdach hinter einer schlichten, umlaufenden Attika weitgehend in einem sachlichen Stil gestaltet ist. Die repräsentativen Außenfronten zur Straße und zum Torbereich hin sind mittig betont durch 4 Fensterachsen, die von zwei schweren Mauervorlagen, auf denen eine stilisierte »Krone« lastet, risalitartig begrenzt werden. Der kantigen Ausformung wirken die Mittenbetonung und als einzige Schmuckform die vorspringende »Krone« entgegen.

Meyer & Schwabedissen, Diebrocker Straße 1 bis 3

Die Firma Meyer & Schwabedissen existierte 1972 einhundert Jahre. Sie wurde von dem Schlossermeister Friedrich Meyer und Wilhelm Schwabedissen gegründet. In den Fabrikationsanlagen auf dem Grundstück Diebrocker Straße 1 bis 3, das unmittelbar an die Bahngleise grenzt, wurden Sägegatter, Kreissägen, Land- und Spezialmaschinen, bald auch Holzbearbeitungsmaschinen hergestellt. In den 1880er Jahren wurden eine Zeitlang Dampfmaschinen nach eigenen technischen Entwürfen gefertigt. Die Ausweitung der Produktion machte bis 1900 eine Reihe von Anbauten an das Firmengebäude notwendig. Im Jahre 1914 mußten 1 000 Quadratmeter des 5 555 Quadratmeter großen Grundstückes an die Königliche Eisenbahndirektion Hannover abgetreten werden, weil die Eisenbahnstrecke Köln–Minden auf vier Spuren erweitert wurde. Ausdehnungsmöglichkeiten des Grundstückes waren wegen anliegender Wohnhäuser nicht vorhanden. Die Produktionsanlagen der Firma wurden in den folgenden Jahren durch Neubauten, Aufstockungen und kleinere Anbauten so erweitert, daß 1924 fast das gesamte Grundstück bebaut war. Die Produktpalette reichte inzwischen von hochwertigen Holzbearbeitungsmaschinen über Mühlenanlagen, Turbinen und Transmissionsanlagen bis hin zu hochentwickelten Sägeeinrichtungen. 12 Angestellte und 50 Arbeiter waren hier beschäftigt. 1924 wurde eine langgestreckte Montagehalle mit Kranbahn errichtet, die an die Westseite des bestehenden Büro- und Fabrikgebäudes angegliedert wurde. Die Architekten waren Bauer und Fröhlich aus Herford.

Nach 1945 stellte die Firma fast ausschließlich Holzbearbeitungsmaschinen her, davon fast über 50 Prozent für den Export. 1984 wurde die Produktion in der Diebrocker Straße eingestellt. Das Gebäude ist inzwischen an verschiedene kleinere Betriebe vermietet. Die Firma Schwabedissen arbeitet in Diebrock weiter. Das große Firmengebäude an der Bahnseite mit seinem charakteristischen Treppenhausturm und den großen, geschoßübergreifenden Fenstern stammt aus den Jahren 1951 / 56.
Die Montagehalle mit der Stirnseite zur Diebrocker Straße, heute in Teilbereichen verändert, ist einer der ältesten sachlichen »Ingenieurbauten« Herfords. Sie ist dreischiffig mit überhöhtem Mittelschiff, durch Oberlichter und Fenster im Obergaden belichtet. Eine hohe abgetreppte Attika verdeckt den Dachansatz. Mächtige Wandpfeiler gliedern die Front, die Fensterbrüstungen und -stürze sind betont zurückgenommen. Einzige Schmuckformen sind Gesimse zwischen den Wandpfeilern, in der Gestaltung mit zurückhaltender Wirkung. Das fast monumental wirkende Gebäude wird optisch durch den Gegensatz horizontal-vertikal der betonten Attika und der vorspringenden Wandpfeiler bestimmt.[23]

Weberei Weddigen, Diebrocker Straße 42

Die Weberei Weddigen ging aus dem »Herforder Leinenverein« hervor, dessen Inhaber E.A. Weddigen und F.-W. Menckhoff sich 1900 trennten. Weddigen gründete eine eigene Weberei auf einem 5 000 Quadratmeter großen Grundstück an der Diebrocker Straße

mit 25 Webstühlen und einer Dampfmaschine von 30 PS Betriebskraft. Das 1900 erbaute Betriebsgebäude bestand aus einem Websaal mit nahezu quadratischem Grundriß unter sechs Sheddächern, von dem Pack- und Kontorräume abgeteilt waren. Vorgelagert war ein Kesselhaus für den Dampfkessel. Bis zum Ersten Weltkrieg wuchs die Firma auch räumlich ständig an; 1902, 1905 und 1906 wurden neue Sheddachabteilungen angesetzt, so daß deren Gesamtzahl 13 Dächer erreichte. 1904 waren 78 Webstühle in Betrieb. Die Gesamtzahl der Arbeiter und Angestellten betrug 1913 160 Personen.
In den 1920er Jahren wurde die Kapazität wegen Absatzmangels verkleinert, erreichte aber nach dem Zweiten Weltkrieg wieder den Personalstand von 100 Arbeitern. Hergestellt wurden und werden Leinentücher, Bett- und Tischwäsche sowie Feinleinen. Die Firma befindet sich bis heute in Familienbesitz.
Charakteristisch für das Firmengebäude ist die Dachform aus parallelen Sheddächern, auch Sägedächer genannt, deren steilere Flächen nach oben verglast sind. Sie ruhen auf eisernen Stützen, die Umfassungsmauern sind aus Ziegelmauerwerk.
Sheddächer wurden in den 50er Jahren des 19. Jh. in England zum ersten Male verwendet. Sie sind ein frühes Muster reiner Zweckarchitektur. Die schräge Dachform erlaubte eine problemlose Belichtung von oben und ermöglichte eine schnelle und billige Erweiterung des umbauten Raumes, weil die Dachkonstruktion nicht verändert werden brauchte. Die Weberei Weddigen ist das älteste und bis heute fast unverändert erhaltene Beispiel einer solchen funktionalen Bauweise in Herford.

Ulrich Möller, Wolfgang Silger und Thomas Stern

Bauerschaften — Industriegebiete 3 Beispiele: Elverdissen — Herringhausen — Eickum

Der 1. Januar 1969 war für die Entwicklung der Stadt Herford ein wichtiges Datum: an diesem Tag wurde das vom Landtag des Landes Nordrhein-Westfalen am 12. Dezember 1968 beschlossene »Gesetz zur Neugliederung des Landkreises Herford und der kreisfreien Stadt Herford« wirksam.
Diese »Neugliederung« oder auch »Kommunale Neuordnung« strukturierte das Verwaltungsgefüge des Kreises Herford um. Die 57 Gemeinden in 8 Ämtern, die bisher selbständige Verwaltungseinheiten gewesen waren, wurden einschließlich der bisher amtsfreien Stadt Bünde und der seit 1911 kreisfreien Stadt Herford zu 9 Großgemeinden umgebildet, 6 davon mit der Bezeichnung »Stadt« (Städte Herford, Bünde, Löhne, Enger, Vlotho, Spenge und Großgemeinden Hiddenhausen, Kirchlengern, Rödinghausen).
Durch die Eingemeindung von Diebrock, Eickum, Elverdissen, Falkendiek, Laar, Schwarzenmoor, Stedefreund und des östlichen Teils von Herringhausen vergrößerte sich das Stadtgebiet Herfords von 2 506 Hektar auf 7 887 Hektar, die Einwohnerzahl stieg von 55 175 auf 67 661. Die obengenannten Gemeinden wurden durch die Gebietsneuordnung nun — unter ihren Einwohnern nicht unumstritten — zu Ortsteilen Herfords.
Elverdissen, Herringhausen und Eickum sind Beispiele für den unterschiedlichen Charakter dieser neuen Stadtteile.

Elverdissen

Ende 1988 lebten 3 632 Einwohner auf der 9,32 Quadratkilometer großen Gesamtfläche Elverdissens.[1] Knapp 62 Prozent dieser Fläche dienen der landwirtschaftlichen und nur 1,8 Prozent der gewerblichen Nutzung.[2] Siedlungsgeographisch zeigt sich das heutige Elverdissen als ein Gemenge aus drei Einheiten: Hillewalsen, Elsen und der Bereich der früheren Herforder Heide. Hillewalsen und Elsen sind sogenannte Hofdrubbel, die de facto den westlichen Teil Elverdissens landwirtschaftlich nutzen. Die Herforder Heide, ursprünglich freies Heide- und Weideland der Herforder Altstadtbewohner, dient heute als Träger von Wohnraum und Industrie.
Der heutige Ortsteil Hillewalsen setzt sich aus den Höfen Hebrock, Dallmann, Speckmann, Schnasse und Detring zusammen.[3] Der Hebrocksche Hof läßt sich in dieser

Familientradition bis 1530 zurückverfolgen, ist aber laut Ravensberger Urbar von 1556 sicherlich älter. Die erste urkundliche Nachricht über den Raum Elverdissen stammt von der Bauernschaft Hillewalsen, die in der Urkunde des Bischofs Bernard I. von Paderborn aus dem Jahre 1151 als *Hildewalessen* erwähnt wird.[4] Eine spätere Schreibweise ist *Hildewoleshusen*. Im 12. Jh. bestand Hillewalsen aus drei Höfen; jeder dieser Höfe war der Abtei Herford abgabepflichtig.[5]

In den Urkunden des 13. Jh. sind erstmalig Personennamen mit zu zahlenden Abgaben erwähnt: *Heinric von Hillewalse* und ein gewisser *Helmig*. Eine Urkunde von 1333 führt die Bauern *Menke* und *Herman* als zum Amt Hartum gehörend und einen weiteren Bauern Menke als zum Amt Milse gehörend auf. Weiterhin beurkundet sind verschiedene Lehensverleihungen aus dem 14 und 15. Jh.[6] Die zu zahlenden Abgaben wurden dem *Stift auf dem Berge* (Stiftberg), der Abtei Herford, dem Amt Milse und dem Amt Hartum enrichtet.

Die Ortsbezeichnung Elverdissen findet sich erstmalig in einer Heberolle der Abtei Herford des 12. Jh. (ca. 1160) als *Elffliste*. Diese Ortsbezeichnung ist wahrscheinlich auf die Silbenkombination *elff* (Fluß) und *liste* (lithe = Abhang) zurückzuführen. Damit könnte die ursprüngliche Bedeutung in der Flurbezeichnung eines Gebietes zu suchen sein, das zum Fluß abfällt, gemeint ist wohl die Aa. Spätere Schreibweisen sind *Elfliste* (1274) und *Elverdissen* (1496). In der ersten urkundlichen Erwähnung Elverdissens sind, noch nicht namentlich, vier Höfe aufgezählt, die dem Oberhof (später Amt) *Milese* (Milse), dem Oberhof *Vinnethe* (Vinne) und dem Oberhof *Harthem* (Hartum) zugehörig waren. Spätere Urkunden überliefern Namen von Hofbesitzern wie *Lotheweg de Elfliste* oder *Heinric de Elfliste*. In diesen Urkunden spiegelt sich das Besitz- und Abgabesystem der mittelalterlichen Feudalgesellschaft wider, in das auch Elverdissen integriert war. Ein gewisser Umbruch für Elverdissen fand in den Reformationsjahren statt, in deren Wirren die Herforder Heide praktisch nicht mehr genutzt wurde. Johann von Exter und Detring von Vinnen nahmen die Nutzung jetzt für sich in Anspruch, da die Grenzsituation zwischen Herford und Lippe in diesem Bereich (Schnatbach) nicht geklärt war.

Der Schnatgang, 1600. Ausschnitt aus dem Aquarell von Meister Simson

Daraus entwickelte sich die sogenannte »Ahmser Fehde« (1536 bis 1541), die zugunsten von Herford beigelegt wurde. Die jetzt endlich klare Festlegung der Grenze ist in dem Bild »Der Schnatgang« festgehalten worden.[7]
Eine maßgebliche Änderung der Topographie und ein wichtiger Schritt zum heutigen Bild Elverdissens vollzog sich unter preußischer Herrschaft. Ganze Landstriche waren durch die Ereignisse des Siebenjährigen Krieges verödet und entvölkert. Friedrich II. von Preußen versuchte durch Umsiedlungen das Nachkriegselend zu mindern und eine Wiederaufbauphase einzuleiten. Unabhängig davon zeigt ein chronologisch und geographisch entfernteres Ereignis seine Wirkung: 1715 verlegte Marktgraf Wilhelm von Baden-Durlach seine Residenz von Durlach zu seinem Jagdschloß am östlichen Hang des Schwarzwaldes. Der Aufstieg seiner neuen Residenz und der späteren Stadt Karlsruhe bedingte den Niedergang Durlachs und die Verelendung seiner Bewohner.
Der Auswanderungsentschluß einiger Durlacher und die Kolonisierungspolitik Friedrichs II. manifestierten sich 1771 in Elverdissen: elf Durlacher und vier weitere Kolonistenfamilien, mit je 10 Morgen bzw. 15 Scheffelsaat Land und 15 steuerfreien Jahren beschenkt, siedelten in der Herforder Heide. Das Mühlenregister des Amtes Sparrenberg, Vogtei Heepen, von 1776 / 82 nennt u.a. die Durlacher Kolonisten namtlich: die Familien Bart, Chr. Ehrlich, Müller, Seilig, Fr. Ehrlich, Hokamp, Kitz, Blume, Hettler, Heidecker und Brandner.[8] Insgesamt zählt dieses Register für Elverdissen 530 Personen: 15 davon über 60, 155 unter 12 Jahren.
Bis heute hat sich nur ein Name der Durlacher Kolonisten erhalten: Aus Ehrlich wurde Ehrler. Ursprünglich betrieb diese Familie wie alle anderen Kolonisten Landwirtschaft, doch schon 1860 wurde eine Schuhmacherwerkstatt errichtet, bald darauf eine Bäckerei und ein Kolonialwarenladen. 1890 wurde eine Schanklizenz beantragt, 1896 die Bäckerei wieder aufgeben. Dafür wurde eine Postagentur eröffnet und das erste Telefon Elverdissens installiert. Mit der Erlangung einer Saalkonzession und einem Neubau fand 1934 der Gasthof Ehrler sein heutiges Bild.[9]
Kultur und Brauchtum der Durlacher gingen in der westfälischen Bauernkultur verloren. Über die Siedlungsweise der damaligen Kolonisten gibt noch heute ein Straßenname Auskunft: *Auf der Reihe.*
1791 erfolgte der rechtliche Abschluß der Gemeinheitsteilung Friedrichs II. für die Herforder Heide. Vorher hatte das *Huderecht* (Weiderecht) der Herforder Altstadtbürger die allgemeinen Besitzverhältnisse bestimmt. Der Straßenname *Viehtriftenweg* bezeugt den Viehweg in Richtung Elverdissen.
Nach der Gemeinheitsteilung und der damit verbundenen Privatisierung errichtete die preußische Regierung in Elverdissen eine Spinnschule im Heuerlingshaus Nr. 2, jedoch machte sich die durch die Mechanisierung der Spinnerei in den 1840er Jahren ausgelöste Wirtschaftskrise auch in Elverdissen bemerkbar. Hunger, Arbeitslosigkeit und soziales Elend trieben einige Elverdisser Familien zur Auswanderung nach Amerika.[10] Nicht nur die zunehmende Mechanisierung, sondern auch die bemerkenswert ansteigende Bevölkerungszahl sowie auftretende Mißernten charakterisierten das Elend der Elverdisser. Der Bau der Köln-Mindener-Eisenbahn schaffte nur kurzfristig Arbeitsplätze. So war es nicht verwunderlich, daß einige Elverdisser sich im Revolutionsjahr 1848 zusam-

menschlossen, um größere Bauernhöfe zu überfallen. Heranrückendes Militär vereitelte jedoch diesen Plan.
Eben noch durch Hunger und Elend gezeichnet, wird Elverdissen um 1865 erstaunlicherweise als wohlhabend beschrieben. Dieser »Wohlstand« wurde durch Ansiedlung von Industrie möglich. Allen voran errichtete die Zigarrenfabrik Böckelmann aus Herford eine Zweigstelle in Elverdissen[11], die Bundweberei Linkmeier, nach mehrmaligen Verkäufen die heutigen Ahlerswerke, und einige kleinere und größere Möbelfabriken folgten. 1900 begann die Linkrusta-Fabrik Hellemann in den Anlagen der früheren Düngemittelfabrik mit der Produktion.
Elverdissen profitierte wie andere Gemeinden und Städte vom wirtschaftlichen Aufschwung in der zweiten Hälfte des 19. Jh. und wurde zu Herfords erstem ausgelagerten Industriegebiet. Mit dieser Industrialisierung erfolgte auch seit den 1870er Jahren die Ankoppelung der Gemeinde an Herford und an umliegende Ortschaften durch intensiven Straßenbau. Seit 1911 wurden verschiedene Teile Elverdissens an das Netz der Ravensberger Elektrizitätswerke angeschlossen. Als nach ungefähr einjähriger Bauzeit die evangelische Kirche am 27. Mai 1915 eingeweiht wurde, war im kirchlichen Bereich eine Loslösung der Gemeinde von Herford erreicht.
Der Erste Weltkrieg stellte für Elverdissen keinen Umbruch dar. Der Militarismus der Kaiserzeit forderte auch hier seine Opfer und die ansässige Industrie produzierte Kriegsgüter wie Pferdetrenkeimer oder Strohsäcke. Die Nachkriegszeit brachte für Elverdissen den wirtschaftlichen Niedergang. 1924 mußte die Weberei Seidel, vormals Linkmeier und Wellensiek, schließen. Andere Unternehmen folgten.
Ein wichtiger Schritt für die weitere industrielle Entwicklung und damit auch für die Infrastruktur fand 1932 statt: Ahlers kaufte das Seidelsche Fabrikgelände und nahm mit ungefähr 70 Mitarbeitern die Produktion von Berufskleidung auf. 1937 wurde das Werk

Westfälisches Textilwerk Adolf Ahlers, um 1933

in Elverdissen zum Hauptsitz der Firma. Während des Zweiten Weltkrieges wurden von etwa 900 Beschäftigten Uniformen hergestellt. Ab dem 14. April 1945 wurden die Werkshallen in ein Lazarett für ehemalige polnische Zwangsarbeiter umfunktioniert; danach dienten sie bis Anfang 1948 als Auffanglager für Heimatvertriebene.[12]
Die Ansiedlung vieler Flüchtlinge veränderte die konfessionelle Landschaft Elverdissens. Der katholische Anteil der Bevölkerung vergrößterte sich so sprunghaft, daß Mitte

Der Ortsteil Elverdissen mit den ehemaligen Gemeindegrenzen bis 1968.
Kartengrundlage: Topographische Karte Maßstab 1 : 25 000 von 1988 (verkleinert), Vervielfältigung mit Genehmigung des Landesvermessungsamtes NRW vom 10. März 1989, Nr. 128/89

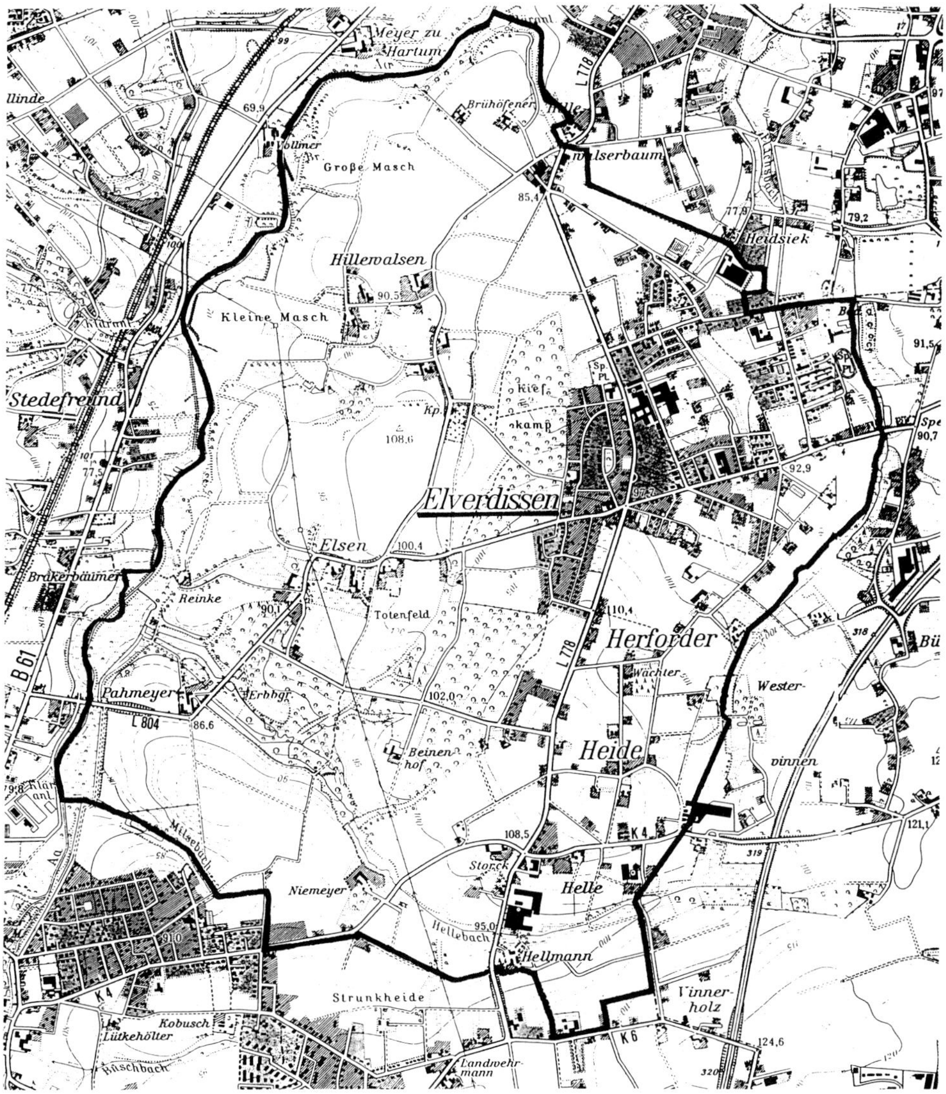

der 1950er Jahre die St. Joseph-Kirche gebaut wurde, die der St. Johann-Baptist-Gemeinde in Herford untersteht. Heute leben in Elverdissen etwa 300 Katholiken als Minderheit zusammen mit einer zehnmal größeren Zahl an Protestanten.
Am Schluß sei nochmals auf den besonderen Charakter Elverdissens hingewiesen: Die heutige Topographie ist einerseits geprägt durch dörfliche Tradition der Ortsteile Hillewalsen und Elsen, andererseits durch die Privatisierung der Herforder Heide. Die Kolonisierung und die etwa seit Mitte des letzten Jahrhunderts einsetzende Mechanisierung der Arbeit prägen diesen Teil Elverdissens als Industriegelände. Noch heute stehen etwa 85,5 Prozent der arbeitenden Bevölkerung Elverdissens in einem abhängigen Berufsverhältnis.[13] **(T.S.)**

Herringhausen

Am westlichen Stadtrand Herfords, rechts und links der alten Kreisstraße nach Enger, liegt der Ortsteil Herringhausen. Zur Stadt hin wird er, grob gesehen, begrenzt durch die Umgehungsstraße, zur nördlich anschließenden Großgemeinde Hiddenhausen durch die Füllenbruchstraße, die Straße »Zum Haberland« und durch die letzten Meter der Engerstraße und nach Enger durch den Rigteweg und die Straße »Am Sportplatz«. Zum südlich anschließenden Eickum und Diebrock verläuft die Grenze entlang des Lambachs, der Straßen »Im Papendiek« und »Diekenheide« und dann wiederum entlang der Engerstraße.
Verläßt man das Stadtgebiet Richtung Enger, findet man, durch weite landwirtschaftliche Nutzflächen auch räumlich von Herford getrennt, »Herringhausen-Dorf« oder auch »Herringhausen-West«. Dieser Teil Herringhausens gehört seit 1969 zur Stadt Enger.
Der zu Herford gehörige Ortsteil Herringhausen, auch »Herringhausen-Ost«, hat den Charakter einer teilweise dicht bewohnten Streusiedlung mit viel jüngerer Baumasse. Fachwerkbauten, für ein Gebiet von dörflichem Typus zwar heute nicht mehr selbstverständlich, aber doch noch häufig anzutreffen, sind ausgesprochen selten, überwiegend ist Bausubstanz von etwa 1880 bis heute vorhanden. Eine Art Mittelpunkt, wenn auch nicht im herkömmlichen Sinne eines Dorfzentrums, stellt der Platz an der Kreuzung Engerstraße / »Im Papendiek« mit seinen anliegenden Geschäften und der EMR-Bushaltestelle dar. Wenige Meter von hier entfernt befindet sich auch die Herringhauser Grundschule.
Herringhausen hat 2079 Einwohner (Stand 1988).[14] Es umfaßt eine Fläche von 2191023 Quadratmetern. 38,9 Prozent davon sind Acker- und Weideland und 17,8 Prozent werden gewerblich genutzt.[15] Der im Vergleich etwa zu Elverdissen auffallend hohe Anteil der Gewerbeflächen ist durch ein großräumiges Gewerbegebiet in der Feldmark begründet, das nördlich der Engerstraße liegt und sich bis zum Naturschutzgebiet Füllenbruch erstreckt. Dieses Gewerbegebiet — von der Engerstraße aus wegen der Hanglage weniger sichtbar — wird in seinen Dimensionen erst richtig vom Füllenbruch

und vom benachbarten Oetinghausen aus deutlich. Neben der Gebietsreform von 1969 bedeutet die seitens der Stadt Herford offensiv betriebene Ansiedlung von Industrieunternehmen in Herringhausen einen wichtigen Einschnitt der Gemeindegeschichte im Sinne einer Strukturveränderung.
Das Jahr 1969 brachte für die Gemeinde nicht nur den Verlust ihrer Selbständigkeit, sondern auch eine Teilung, die für manchen Herringhauser bis heute ein Ärgernis ist: der östliche, ungefähr 219 Hektar große Teil mit seinen Bezirken Diekenbrock, Diekenheide und Feldmark und dem überwiegenden Teil der Bevölkerung wurde wegen seiner Lage innerhalb des »städtischen Verflechtungsgebietes« der Stadt Herford eingegliedert; der westliche, dünn besiedelte Teil von ungefähr 458 Hektar mit den Bezirken Dorf, Bexten und Herringerholz kam zur Stadt Enger.
Neben der räumlichen Anbindung an Herford und der Einbeziehung in die städtischen Versorgungssysteme (Nahverkehr, Gas, Wasser, Strom) lag Herringhausen-Ost auch wegen seiner Funktion als Wohngebiet für hauptsächlich in Herford tätige Arbeitnehmer innerhalb des »städtischen Verflechtungsgebietes«. Auskunft hierüber geben die Berufspendler-Statistiken des Kreises Herford: 1961 waren 919 Personen (= 70,7 Prozent der in der Gemeinde wohnenden Erwerbspersonen) Berufspendler mit der Arbeitsstätte in einer anderen Gemeinde, davon 471 — der weitaus größte Teil — mit der Zielgemeinde Herford.[16] Bereits 1939 fuhren 498 Personen nach Herford zur Arbeit, 71 Prozent der männlichen und 66,9 Prozent der weiblichen Erwerbspersonen waren Arbeiter bzw. Arbeiterinnen. Die Gesamtbevölkerungszahl betrug 2079 Personen.[17]
Das starke Ansteigen der Bevölkerungszahl in Herringhausen seit 1895 und die Siedlungsverdichtung im Raum Diekenbrock — Diekenheide — Feldmark stehen in engem Zusammenhang mit dem Wachstum der Herforder Industrie: die Einwohnerzahl stieg von 1895 bis 1961 von 1088 auf 2585 Einwohner. 66 Prozent des Gebäudebestandes stammen aus dieser Zeit. Die Zahl der Fabriken erhöhte sich im gleichen Zeitraum von nur vier (meist Filialen Herforder Zigarrenfabriken) auf fünf (meist Möbelfabriken).[18] Die geringe Industriedichte sollte sich ab 1969 sprunghaft ändern.
Die kommunale Neuordnung brachte der Stadt Herford unter anderem einen großen Flächenzuwachs zur Auslagerung von Gewerbebetrieben aus der Innenstadt und zur Neuansiedlung von Industrie. In Herringhausen hatte der Gemeinderat bereits am 20. Juni 1968 den Bebauungsplan »Barenbecker Feld« als Satzung beschlossen, der bisherige Acker- und Weideflächen als Gewerbegebiet unterschiedlicher Nutzung auswies. Der Beschluß zur Aufstellung war schon im Juni 1966 im Zuge der in den 1960er und 1970er Jahren aktuellen Planungen von geschlossenen Gewerbegebieten »im Grünen« erfolgt, die heute, besonders aus ökologischen Gründen, wieder umstritten sind. Bis 1969 konnte aber keine nennenswerte Anzahl von Betrieben angesiedelt werden.
Nach der Eingemeindung Herringhausens wurde die Anlage eines Gewerbegebietes von der Stadt Herford verstärkt fortgesetzt. Am 4. Juli 1969 beschloß der Rat die Aufstellung weiterer Bebauungspläne für die Herringhauser Feldmark, bis Oktober 1970 wurden Grundstücksflächen zur Erschließung und Weitervermittlung in einer Größe von mehr als 300000 Quadratmetern erworben. Als Richtwert für den Verkauf der Grundstücke an interessierte Firmen wurden 15 DM pro Quadratmeter festgesetzt; der Preis für ver-

gleichbare, aber knappe Grundstücke im alten Stadtgebiet lag etwa bei 20 DM pro Quadratmeter.[19] Die tatsächlichen Verkaufspreise lagen bis 1973 wegen der starken Hanglage verschiedener Grundstücke zwischen 4 DM bis 15 DM pro Quadratmeter.

Neben der Erschließung des Geländes durch Kanalisation, Straßenausbau usw. und dem Verkauf stadteigener Grundstücke vermittelte die Stadtverwaltung auch Privatgrundstücke direkt an Betriebe. Das Strukturgutachten »Herford 1950 bis 1990« setzte, ausgehend von 25 Kriterien aus den Hauptbereichen Grundstücksmarkt, Eignung, Verkehrsanschluß, Ver- und Entsorgung, Beeinflussung der Wohnqualität und Entzug von landwirtschaftlichen Böden das Gewerbegebiet Herringhausen auf Platz eins der zu bevorzugenden Industrieflächen vor den Gebieten Elverdissen-Nord und Bundesautobahn Herford-West.[20] 1983 standen keine städtischen Grundstücksflächen mehr zur Verfügung, der durchschnittliche Verkaufspreis hatte inzwischen 30 DM pro Quadratmeter inklusive Abgeltungsbetrag für Erschließungskosten erreicht.
Die Bebauungspläne »Rübeland« und »Haberland«, aufgestellt 1971, »Himmelreich«, aufgestellt 1974, und »Barenbecker Feld« von 1968 gelten für den Bereich Füllenbruchstraße — Zum Haberland — Mittelweg — Im Babenbecker Feld.[21] Sie weisen im zentralen Bereich Oststraße — Füllenbruchstraße Industrieflächen (= GI-Flächen) aus, an den Rändern des Gebietes zum allgemeinen Wohngebiet (= WA-Flächen) lediglich Gewerbeflächen (= GE-Flächen). In den GE-Flächen sind nur »nicht störende oder nicht wesentlich störende Gewerbebetriebe oder Anlagen zulässig«. Nicht zulässig sind z.B. metallerzeugende Betriebe, bestimmte chemische Produktionsanlagen, Maschinenfabriken, Möbelfabriken u.a. In GI-Flächen sind dagegen erlaubt Lackfabriken, Möbel- und Maschinenfabriken u.a.[22] Alle Anlagen in den GE- und GI-Gebieten müssen die Eigenschaften besitzen, »schädliche Umwelteinwirkungen in angrenzenden WA-Gebieten zu vermeiden«. Für die Grundstücksflächen ist in den Bebauungsplänen Begrünung nach genauen Pflanzvorschriften festgelegt; im Plan »Himmelreich« etwa an den Grundstücksgrenzen »alle 13 m ein standortgerechter, industriefester Laubbaum mit

Das Gewerbegebiet Herringhausen, 1989

Stammumfang von 14 cm« sowie breite Grünstreifen zu den Verkehrsflächen hin. Besondere Abgrenzung durch Bepflanzung ist zum Naturschutzgebiet Füllenbruch hin vorgeschrieben.
Die Fläche des Gewerbegebietes umfaßt (Stand Januar 1984) eine Gesamtgröße von 69,8 Hektar, davon 49,3 Hektar GE-Gebiet und 20,5 Hektar GI-Gebiet. Über 40 Firmen verschiedener Branchen mit ungefähr 2 000 Beschäftigten sind hier angesiedelt. Weitere Ausdehnungsmöglichkeiten sind momentan wegen angrenzender Wohngebiete und der Stadtgrenze zur Großgemeinde Hiddenhausen nicht vorhanden.
Spätestens durch die Industrialisierung in dieser massiven Form hat der jetzige Herforder Teil der alten Gesamt-Gemeinde Herringhausen seinen dörflichen Charakter verloren, an den in der Feldmark nur noch die mittelalterlichen Flurnamen der Bebauungspläne des Gewerbegebietes erinnern. Das heute so gegensätzliche Bild Herringhausen-Osts und -Wests ist das Ergebnis einer unterschiedlichen Entwicklung seit dem Ende des 19. Jh.: Bevölkerungswachstum und Industrie hier, »Stagnation«, die aber die Reize einer alten bäuerlichen Siedlung weitgehend erhalten hat, dort.
Die Karten des 19. Jh., etwa die Urkatasterkarte von 1825 / 26, zeigen Gesamt-Herringhausen noch als typisches Ravensberger Bauerndorf mit erhaltenen mittelalterlichen Hofdrubbeln (Dorf, Ober- und Niederbexten, Bartling und Diekenbrock).[23] Die Gesamtfläche der Gemeinde betrug 2 647 Morgen, nach der Kataster-Aufmessung wurden davon 1 896 Morgen als Acker und Garten, 183 Morgen als Wiese und Weide bewirtschaftet. Die Waldfläche erscheint für die heutigen Verhältnisse unglaublich groß: 433 Morgen. Herringhausen hatte 892 Einwohner (Stand 1830) und 98 Häuser, davon 50 Kotten.[24] Die Bevölkerung gliederte sich in Kolonatsbesitzer, in Neubauern und Erbpächter mit wenig Grundbesitz und in die besitzlose Klasse der Heuerlinge. Handwerker u.a. spielten zahlenmäßig fast keine Rolle.

Kolone, Kleinbauern und Heuerlinge in Herringhausen um 1830[25]

Kolone mit mehr als 3 Morgen Besitz	Neubauern und Erbpächter mit weniger als 3 Morgen Besitz	Heuerlinge
49 Haushalte	10 Haushalte	110 Haushalte
286 Einwohner	63 Einwohner	495 Einwohner

Acht der 49 Kolonatsbesitzer bewirtschafteten eine Fläche von mehr als 100 Morgen (Hausnummer 1 Grosse Bartling sogar 203 Morgen), neun verfügten über eine Fläche zwischen 50 und 100 Morgen. 170 Morgen der Gemeindefläche gehörten auswärtigen Bauern (meist aus Diebrock und Oetinghausen).[26] Die prozentual kleinste Gruppe der agrarischen Bevölkerung bildeten die Neubauern und Erbpächter, die wegen der geringen Erträge ihrer vergleichsweise kleinen Äcker noch andere Tätigkeiten ausüben mußten (Spinnen, Weben, u.a.). Die größte Bevölkerungsgruppe der Heuerlinge bestand aus Pächterheuerlingen (1847: 135 Haushalte), die gegen Tagelöhnerdienste vom Großbauern Unterkunft und meist etwas Land zur Bewirtschaftung bekamen sowie aus Mieterheuerlingen (1847: 27 Haushalte), die bei den Bauern nur im Mietverhältnis standen (ohne Tagelöhnertätigkeit bei den Bauern).

Der größte Teil der Pächter- und Mieterheuerlinge betrieb neben- bzw. hauptgewerblich Flachsanbau, Leingarnfertigung und Leinwandproduktion. Die durch die Krise des Leinengewerbes entstehende Verelendung der Heuerlinge in der Mitte des 19. Jh. wurde auch in Herringhausen erst durch die Zigarrenproduktion in Heimarbeit ab etwa 1860 und die Industrialisierung in den umliegenden Städten abgeschwächt.
Von den erwähnten 49 größeren Höfen wurden 23 bereits im Ravensberger Urbar von 1556 genannt.[27] Älteste Quellen für die Geschichte der Herringhauser Bauernhöfe sind nach der Ersterwähnung Herringhausens (als *Hetheredingusen*) in der Schenkungsurkunde von 1151 die Einkünfte- und Lehnsregister der Fürstabtei Herford, die hier im 12. Jh. (bis zur Säkularisation zu Beginn des 19. Jh.) Besitz hatte, sowie die Heberollen des Stiftes auf dem Berge bei Herford.[28] Für das 17. und 18. Jh. sind die Kataster der Vogtei Enger der Grafschaft Ravensberg seit 1686 und das Prästationsregister seit 1721 verbindlich.[29] Von den Höfen des Urkatasters von 1825/26 werden im Ravensberger Urbar erwähnt (teilweise unter anderem Namen): Grosse Bartling (1825/26 mit der Hausnummer 1), Obendiek (2), Knollmann (3), Brand (4), Lübke (5), Gerdener (6), Gößling (7), Beckhoff (8), Niermann (9), Kleine Bartling (10), Kleimann (11), Wickenkamp (12), Ellerbrock (13), Söllmann (14), Gieseler (15), Jacob (16), Laukamp (17), Heffker (19), Koring (21), Herringerbäumer (22), Söllmann (25), Josting (30), Haddenhorst (32). 13 dieser Höfe können bereits vor 1556 nachgewiesen werden. Die ältesten

Die ältesten Höfe in der Gemeinde Herringhausen im Jahre 1826.
Kartengrundlage: Topographische Karte Maßstab 1:25000 von 1988 (verkleinert), Vervielfältigung mit Genehmigung des Landesvermessungsamtes NRW vom 10. März 1989, Nr. 128/89

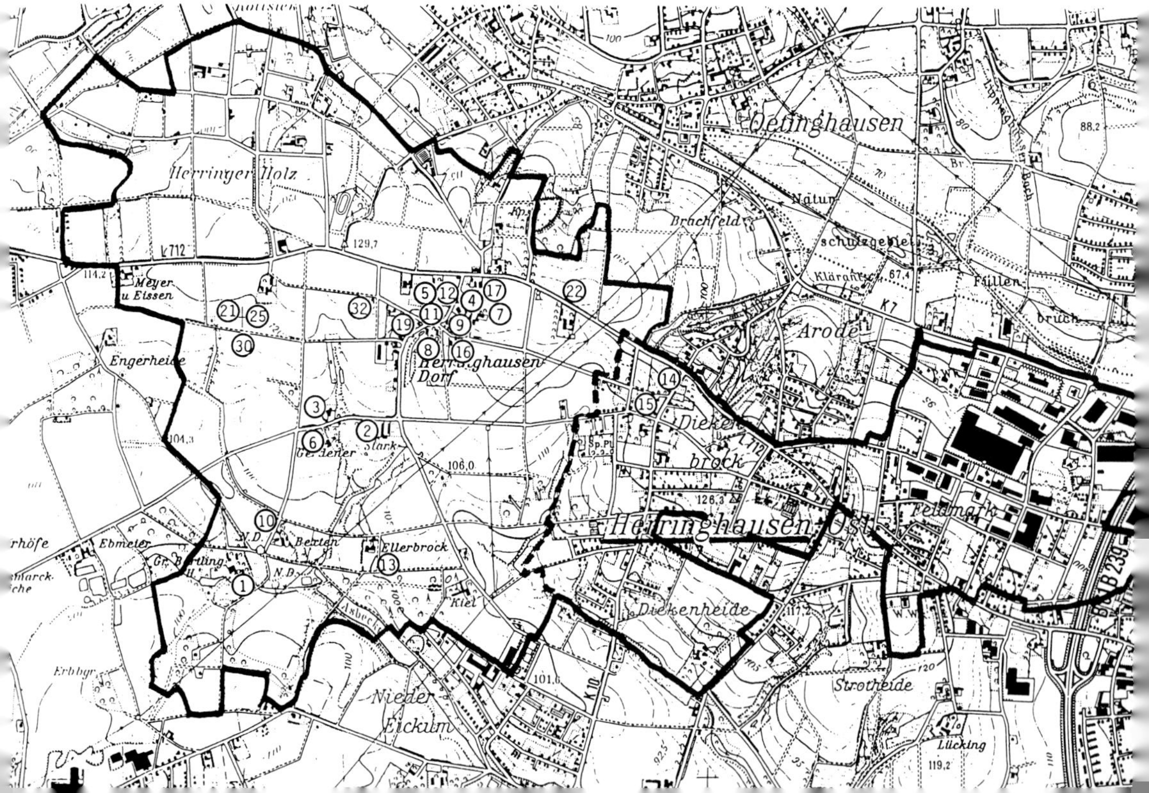

(1151 erwähnt) sind Grosse Bartling, Gößling, Niermann und Brand.[30] Vier Höfe des Urbars existieren 1825 / 26 nicht mehr. Dazugekommen sind (1689 genannt) sechs Höfe, die restlichen später.
Die noch vorhandenen großen Bauernhöfe Herringhausens mit ihren jahrhundertealten Namenstradtionen gehören vorwiegend zum Engeraner Teil der ehemaligen Gesamt-Gemeinde. Die Stadt Herford hat 1969 nur wenig von dem Herringhausen bekommen, das 1951 seine 800-Jahr-Feier ausgerichtet hatte, dafür um so mehr von dem Dorf, das vor allem von den letzten 100 Jahren geprägt worden ist. **(U.M.)**

Eickum

Im Gegensatz zu Herringhausen und Elverdissen befinden sich in Eickum keine Industriegebiete. Der Ortsteil hat vielmehr seinen ländlichen Charakter bis heute bewahrt. Große Ackerflächen sind vorherrschend, in denen Bauernhöfe und Wohnhäuser weit verstreut liegen. Auch die Tatsache, daß nahe der Schule und beiderseits der Diebrocker Straße (Wihmsfeld / Brokamp) sowie im Bereich Lange Straße / Schierbrede Wohnsiedlungen angelegt worden sind, ändert nichts an diesem Gesamteindruck. Typisch sind auch mehrere, von kleinen Waldstreifen gesäumte Wiesentäler (Sieke), die den Ort durchziehen.
Von Herford nach Eickum gelangt man heute über die Diebrocker Straße, die es jedoch erst seit 1878 gibt. Der alte Weg, der früher nach Eickum führte, beginnt an der Bielefelder Straße, zweigt von dort als »Alter Jöllenbecker Weg« ab und führte bis vor etwa 25 Jahren noch über die Otterheide, wo er heute aber infolge der Bebauung völlig verschwunden ist. Erst westlich der Ringstraße finden wir den alten Weg, heute »An der Kinsbeke«, wieder. Kurz vor dem Hof Nieburg (Am Bexter Holz 64) überquert er den Kinzbach und führt dann als »Eickumer Straße« weiter. Unmittelbar hinter dem Haus Eickumer Straße 152 verlief bis 1968 die Grenze zwischen den Gemeinden Diebrock und Eickum. Der Weg endet im »Dorf«, bei jenen vier Bauernhöfen, die als Keimzelle Eickums anzusehen sind. Der Name des größten von ihnen, Eickhoff, ist vom Ortsnamen abgeleitet.
Dies also ist der Weg, den die Eickumer jahrhundertelang benutzten, wenn sie nach Herford wollten. Alltags brachten sie auf diesem Weg ihre Waren zum Markt, und sonntags gingen sie hierher zum Gottesdienst in die Münsterkirche. Bis 1873 war dies auch für die Toten aus Eickum, die in Herford beerdigt wurden, der letzte Weg.
Als *Echem* wird Eickum erstmals in einer Urkunde des Paderborner Bischofs Bernhard aus dem Jahre 1151 erwähnt, in welcher dem Stift auf dem Berge zu Herford die von der Gründerin Äbtissin Godesdiu und deren Nachfolgerinnen geschenkten Güter bestätigt werden. Die Urkunde führt 63 Ortsnamen auf, unter anderem auch *Hetheredingusen* (Herringhausen) und *Hildewalessen* (Hillewalsen in Elverdissen). Darin wird aber auch der Ort *Tihedenguson* (Thenhausen) genannt, und um 1180 wird erstmals *Sydreshusun* (Siederdissen) als Ort erwähnt, so daß sich im 12. Jh. im späteren Gemeinde-

gebiet mindestens drei Ansiedlungen, nämlich Eickum, Thenhausen und Siederdissen befanden.[31]

Aus wievielen alten Siedlungkernen Eickum besteht, kann man anhand der Lage der ältesten Bauernhöfe ermitteln. Da sich keine Vollspänner- oder Vollerbenhöfe nachweisen lassen, sind hier die Halbspänner oder Halberben als die ältesten Höfe anzusehen. Sie entstanden vermutlich schon sehr früh durch Teilung der Vollerbenhöfe und werden wie die Vollerben als Altbauern (Erbenhöfe) bezeichnet. Ein Beispiel hierfür ist der Halberbe Höner zu Siederdissen, der durch Teilung des »Urhofes« Meier zu Siederdissen entstanden ist. Die Eickumer Halbspännner werden erstmals im Urbar der Grafschaft Ravensberg 1556 vollzählig aufgeführt, und bis auf zwei existieren sie heute noch, wenn sie auch nicht mehr alle landwirtschaftliche Vollerwerbsbetriebe sind. Die meisten führen seit mehr als 400 Jahren den gleichen Hof- und Familiennamen:

Haus Nr.:	Hofname lt. Urbar 1556	heutiger Hof- und Familienname	jetzige Lage
1	Meier zu Sierdissen	Detring	Im Siederdissen 105
2	Eickhof	Eickhoff	Diebrocker Straße 416
3	Renekinck		
	(spätere Form: Reinke)	Höner zu Siederdissen	Oldinghauser Straße 41
4	Mencke	Menke	Oldinghauser Straße 49
5	Lindemann	Lindemann	Diebrocker Straße 431
6	Jordan tho Arnholt		
	(spätere Form: Jürging)	Bartling	Reitweg 16
7	Beckman	Beckmann	Diebrocker Straße 299
8	Wevinck	wurde 1904 aufgelöst	
9	Cordinck		
	(später: Coring)	Schulz	Diebrocker Straße 406
10	Brunger	Brünger	Diebrocker Staße 427
11	Tedenhuisen	Thenhausen	Stedefreunder Straße 167
12	Roloff zu Tedenhuisen		
	(spätere Form: Rolf)	Upmeier	Stedefreunder Straße 164
13	Keel	wurde um 1850 aufgelöst	
14	Hovener	Höner zu Siederdissen	Im Siederdissen 97
15	Bernd zu Arnholt	Bering	Diebrocker Straße 532
16	Stormer	Störmer	Stedefreunder Straße 168

Jeweils zwei bis vier dieser Höfe bildeten insgesamt sechs Gehöftegruppen oder Hofdrubbel, von denen noch fünf vorhanden sind:
»Im Dorf«: Eickhoff, Schulz, Lindemann und Brünger
»Im Siederdissen«: Detring und Höner zu Siederdissen
»Im Thenhausen«: Thenhausen, Upmeier und Störmer
»Im Arenholz«: Bartling und Bering (bis ca. 1850 auch Kiehl)
An der Oldinghauser Straße in Niedereickum: Menke und Höner zu Siededissen.

Der Halberbenhof Coring (Hausnummer 9), 1912

Die sechste Gehöftegruppe bildeten Wefing und Beckmann. Wefing lag an der Ecke Diebrocker Straße / Strangweg. Der Hof wurde 1904 verkauft und aufgeteilt. Beckmann lag bis in die zweite Hälfte des 19. Jh. nahe dem Haus Strangweg 63 (vormals Beckmanns Leibzucht), wurde aber an die damals neuerbaute Diebrocker Straße verlegt (heute: Diebrocker Straße 299).

Daß diese sechs Gehöftegruppen tatsächlich anfangs voneinander getrennte Siedlungen waren, die erst später zu einer »Bauerschaft« bzw. zu einer Gemeinde zusammengewachsen sind, wird durch einen Blick auf die Besitzstandskarte von 1826 (von Architekt Richard Schluckebier im Jahre 1947 auf der Grundlage der Urkatasterkarte angefertigt) deutlich: die Ländereien jeweils einer Gehöftegruppe liegen untereinander in Gemengelage, sind aber von denen der anderen deutlich abgegrenzt. Das genaue Alter der Eickumer Halberbenhöfe ist nicht bekannt, es kann nur anhand von Ortsnamen, Familiennamen und Flurformen geschätzt werden. So sind lt. Riepenhausen solche Orte, deren Namen auf *heim* bzw. auf *um* enden, zu den ältesten zu zählen, während von Orten, die auf *hausen* enden, angenommen wird, daß sie seit altsächsischer Zeit (500 bis 800 n. Chr.) bestehen.[32] Ein weiteres Merkmal der ältesten Orte ist das Vorhandensein einer Eschflur. Als Esch wird das älteste Dauerackerland bezeichnet, das »in lange, schmale Streifen gegliedert war, die dem Gelände angepaßt waren und daher eine leicht geschwungene, fast S-förmige Umgrenzung hatten«.[33] Jeder Langstreifen gehörte einem anderen Besitzer.

Im Eickumer Flurnamenverzeichnis des Urkatasters von 1826 taucht nur einmal die Bezeichnung »Im Esch« auf. Ein im Besitz des Bauern Brünger befindliches Grundstück wird so bezeichnet, das ungefähr gegenüber der Ecke Diebrocker Straße / Mühlenstraße lag und die Form einer Block- oder Kampflur hatte. Ein klassisches Langstreifenesch im Sinne von Riepenhausen ist dies nun nicht, denn dann müßten alle Altbauern der Gehöftegruppe »Im Dorf« daran Anteil haben. Da es aber an einer Stelle liegt, die man für die Anlage von Eschen bevorzugte, nämlich »auf dem Scheitel einer Bodenwelle zwischen den Sieken«[34], kann hier tatsächlich das älteste Dauerackerland vermutet werden. Die topographische Lage der Höfe des »Dorfes« ist ebenfalls typisch für ein Eschdorf: unmittelbar am Rande des Bulwesieks, das vom Mühlenbach entwässert wird, und am Beginn eines anderen Sieks, also auf trockenem Grund und doch in der Nähe des Wassers gelegen. Aufgrund des Ortsnamens und der topographischen Lage kann angenommen werden, daß die Ursprünge der Gehöftegruppe »Im Dorf« bis in die Zeit vor 500 n. Chr. zurückreichen, während die Gruppen »Im Siederdissen« und »Im Thenhausen« in der Zeit zwischen 500 und 800 n. Chr. entstanden sein dürften, da beide auf *hausen* enden. Bei den restlichen drei Gehöftegruppen schließlich lassen nur die Hofnamen Rückschlüsse auf ihr Alter zu: Wefing, Menke und Reinke sind von altgermanischen Vornamen abgeleitet, während Bering und Jürging nach den christlichen Heiligen Bernhard und Georg benannt, also jüngeren Datums sind. Sicher ist aber, daß auch diese Gehöftegruppen bereits im Jahre 1151 existierten, als Eickum erstmals urkundlich erwähnt wurde.[35]
Die zunehmende Bevölkerung machte im Mittelalter die Gewinnung neuen Ackerlandes durch Rodung erforderlich. Zunächst wird man versucht haben, die Eschfluren zu vergrößern, doch um die Jahrtausendwende begann man damit, um Eschflur und Erbenhöfe herum in der Gemeinen Mark mehr oder weniger kompakte Flächen zu roden, die vieleckige und unregelmäßige, an das Gelände angepaßte Grundrisse aufwiesen, die sogenannten Kämpe. Den nicht erbberechtigten Söhnen der Altbauern bot sich nun die Möglichkeit, mit Einverständnis und Hilfe des Vaters auf solchen Kämpen eigene Stätten zu errichten, auf denen sie sich als Erbkötter niederlassen und die sie durch Rodung weiterer Kämpe vergrößern konnten, um so mit der Zeit vom Altbauern wirtschaftlich unabhängig zu werden. Ein sehr schönes Beispiel für einen solchen Erbkotten ist die Stätte Heidlindemann (Haus Nr. 28, heute Vahrenbrede 57), in deren Namen, laut Urbar von 1556 *Johann Lindemann alias uf der Heiden*, sich der Name des »Stammhofes« Lindemann wiederfindet. Die meisten Erbkotten lagen in unmittelbarer Nähe der Altbauern, wie z.B. Rekersbrink (Vahrenbrede 3) und Oberkotte (bis ca. 1850 zwischen Rekersbrink und Coring). Die Ansiedlung von Erbköttern endete ungefähr in der Mitte des 15. Jh.
Die Stätten, die im ausgehenden 15. und im 16. Jh. neu entstanden, waren die der Markkötter. Im Gegensatz zu den Erbköttern hatten sie keinerlei Verbindung mehr zu einem »Stammhof«, sondern siedelten »auf wilder Wurzel«, indem sie in der Gemeinen Mark Kämpe rodeten. Die Siedlungstätigkeit der Markkötter kam im Dreißigjährigen Krieg zum Erliegen. Die Eickumer Markkotten, die im Landvermessungsprotokoll von 1680 / 81 aufgeführt werden, sind Berkenkamp (Haus Nr. 17, heute Kämpenweg 31),

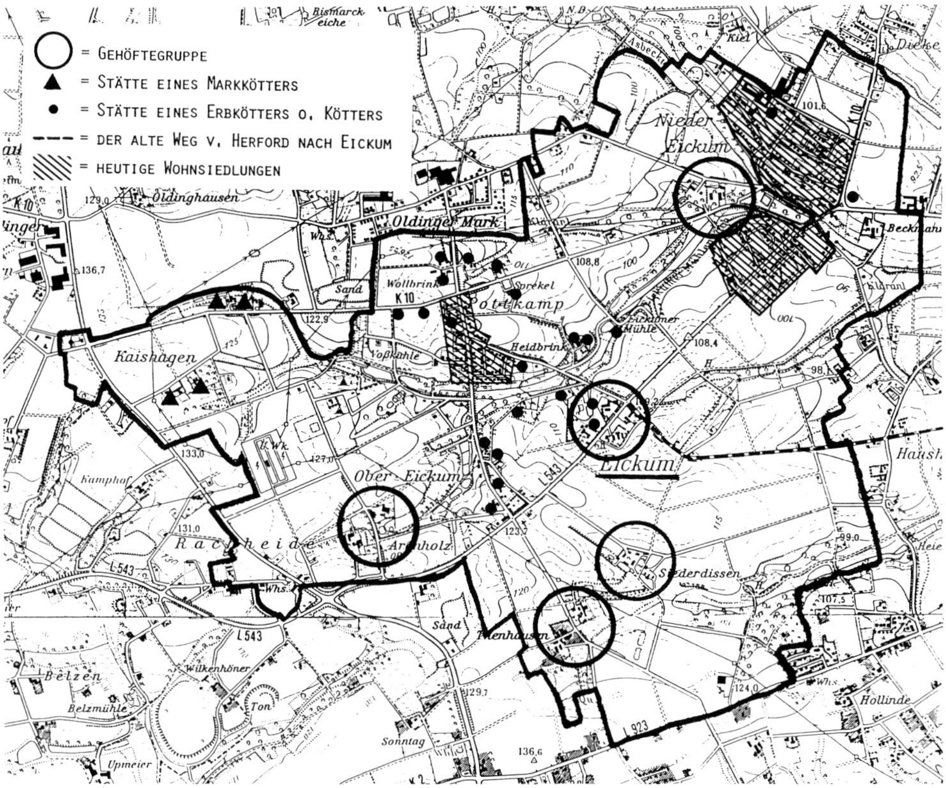

Bäuerliche Hofstätten in der Gemeinde Eickum im Jahre 1826.
Kartengrundlage: Topographische Karte Maßstab 1:25 000 von 1988 (verkleinert), Vervielfältigung mit Genehmigung des Landesvermessungsamtes NRW vom 10. März 1989, Nr. 128/89

Alert uf den Kämpen (Kämpermann, Haus Nr. 20, heute Kämpenweg 25), Kaiser (Läge, Haus Nr. 18, heute Pödinghauser Straße 240) und Wittland (Haus Nr. 19, heute Pödinghauser Straße 252). Sie alle liegen im »Kaishagen«, jeweils zwei beieinander und auffallend weit ab von den anderen Hofstätten.

Am Ende des 17. Jh. gab es in Eickum 42 Grundbesitzer. Neben den bereits aufgeführten Halbspännern bzw. geringen Halbspännern (Häuser Nrn. 1 bis 16) und Markköttern (Häuser Nrn. 17 bis 20) werden im Landesvermessungsprotokoll von 1680/81 noch 10 Erbkötter und 12 Kötter genannt[36]:

Haus Nr.:	Name der Stätte (EK = Erbkötter, K = Kötter)	Lage der Stätte (sofern möglich, heutige Ortsbezeichnung)
21	Herman Walbrink, EK	Stedefreunder Straße 28
22	Johan Walbrink, EK (uf der Lake)	Stedefreunder Straße 26
23	Redekersbrink, EK	Vahrenbrede 3
24	Oberkotte, EK	die Stätte existiert seit ca. 1850 nicht mehr
25	Jacob ufm Walbrinke, EK	Stedefreunder Straße 31
26	Cordt Stukenholt, EK	Im Ortfeld 43
27	Steinbrede, EK	Beckmanns Heide 31
28	Heitlinemann, EK	Vahrenbrede 57
29	Müller zu Eickum, K	Teichstraße 32
30	Johan in den Sprekeln, K	Pödinghauser Straße 136
31	Engeling, K	Stedefreunder Straße 108
32	Oberman, EK	Stedefreunder Straße 117
33	Herman im Potkampe, K (1875: Greife)	die Stätte wurde auch Oberpottkamp genannt, sie lag ungefähr auf der Ecke Pödinghauser Straße / Fuchsweg, das Haus brannte 1869 ab, ein Schuppen und das Land von Wollbrink (21) gekauft.
34	Abeke im Potkampe, K (1805: Hartwig)	die Stätte wurde auch Mittelpottkamp genannt, sie lag zwischen Ober- und Niederpottkamp, existierte 1843 nicht mehr.
35	Jasper Oldekotte, K	Im Ortfelde 30
36	Henrich im Potkampe, K	Pödinghauser Straße 167 die Stätte wurde auch Niederpottkamp genannt
37	Hüllinghorst, EK	Stedefreunder Straße 199
38	Johan Heitbrink, K	die Stätte existierte 1914 nicht mehr, die Hausnummer war vakant, lag vermutlich bei Oldekotte Nr. 35 (Im Ortfelde 30)
39	Jasper Heitbrink, K	vermutlich Pödinghauser Straße 133
40	Henrich Kottenkamp, K	die Stätte lag zwischen Eickhoff und Coring, existierte 1843 nicht mehr, Hausnummer war vakant
41	Westerwelle, K	Vahrenbrede 25
42	Oberkamp, K (1875: Gössling)	lag ungefähr gegenüber dem Haus Rüterweg 132, von Beckmann Nr. 7 aufgekauft und später abgerissen

Alle Eickumer Grundbesitzer waren zu Beginn des 17. Jh. leibeigen, d.h., sie waren ihrem jeweiligen Grundherren, der über ihren Besitz eine Art Obereigentum besaß, eigenbehörig. Sie waren verpflichtet, an den Grundherren Abgaben in Form von Geld, Naturalien und Dienstleistungen zu entrichten. Ein Eigenbehöriger konnte seinen Besitz nicht ohne Erlaubnis seines Grundherren verkaufen, er besaß daran aber das Nutzungsrecht *(dominum utile)* und konnte ihn vererben.
Grundherr konnte sowohl eine Person als auch eine Personengemeinschaft sein. So waren Wefing (Nr. 8) und Thenhausen (Nr. 11) *dem Stift für Herford auf dem Berge*, Menke (Nr. 4) *dem Capitulo auf der Neustadt zu Herford* und Rolf (Nr. 12) *dem Capitulo auf der Altstadt zu Herford* eigenbehörig.[37] Bei sieben Grundbesitzern war der Landesherr gleichzeitig Grundherr, ansonsten waren es fast immer adelige Rittergutsbesitzer wie v. Ledebur (Mühlenburg in Spenge) und v. Wendt (Holtfeld bei Borgholzhausen). Nur wenige konnten sich vor dem allgemeinen Ende der Leibeigenschaft im Jahre 1808 befreien wie z.B. Jacob auf dem Wollbrinck (Nr. 25), der sich 1788 *für 703 Taler 1 Groschen 6 Pfennige frey gekauft* hat.[38]
Im 19. Jh. wurde es dann üblich, einen Grundbesitzer nicht mehr als Halbspänner, Erbkötter usw., sondern allgemein als Colon, d.h. Bauern, zu bezeichnen. Der Unterschied zwischen den »großen« Bauern und den Kleinbauern war allerdings enorm, wenn man bedenkt, daß im Jahre 1914 die 20 größten Höfe (mit mehr als 10 Hektar Grundbesitz) in Eickum 544 Hektar besaßen, während auf die 17 kleineren Besitzungen insgesamt nur 70 Hektar entfielen.
Seit dem 16. Jh. kamen zu den Grundbesitzern die Heuerlinge. Im Gegensatz zu den Bauern und Köttern hatten sie weder ein eigenes Haus noch eigenen Grund und Boden. Sie mieteten (*heuerten*) einen kleinen Heuerlingskotten und ein wenig Garten- und Ackerland, gerade genug, daß sie die nötigsten Grundnahrungsmittel wie Kartoffeln und Gemüse selbst ziehen und ein Schwein, manchmal auch eine Kuh, halten konnten. Oft

Die Besitzung des Kötters Pottkamp (Hausnummer 36), um 1910

genug mußten sich zwei Familien einen kleinen Kotten teilen. Den Mietzins hatten die Heuerlinge und ihre Familien auf dem Hof des Vermieters abzuarbeiten, nur ein kleinerer Betrag mußte bar bezahlt werden. Die Existenzgrundlage der ravensbergischen Heuerlinge war die Verarbeitung von Flachs, vor allem das Spinnen, weniger das Weben. Sie sind daher nicht so sehr als Landarbeiter, sondern mehr als Spinner und Weber anzusehen. Die gute Entwicklung des ländlichen Leinengewerbes ließ die Zahl der Heuerlingshäuser im 17. und 18. Jh. stark ansteigen — in Eickum kamen um 1750 auf 43 Grundbesitzungen 66 Kotten —, wobei die großen Erbenhöfe bis zu fünf Kotten (wie z.B. Eickhoff Nr. 2) besaßen. Doch auch Kötter mit geringem Grundbesitz errichteten ihrerseits Heuerlingskotten, denn die Heuerlinge und ihre Familien waren nicht nur billige Arbeitskräfte, sie waren auch Abnehmer des von den Grundbesitzern angebauten Flachses. Die meisten Kotten wurden inzwischen wieder abgerissen. Aus denen, die noch stehen, sind Eigenheime geworden, wie z.B. der »Wuigel«-Kotten (Eickumer Straße 234), der Kotten »in der Sandlieth« (Stedefreunder Straße 110) oder der Kotten »am Stoltenbrink« (Fuchsweg 17).
Solange sie ihre Produkte verkaufen konnten, hatten die Heuerlinge ihr Auskommen. Als in den 40er Jahren des 19. Jh. billiges, maschinell hergestelltes Garn auf den Markt kam, brach auch in Eickum die nun nicht mehr konkurrenzfähige Handspinnerei und -weberei zusammen. Die Heuerlinge hatten keine Möglichkeit zum Gelderwerb mehr, und ihre geringen Ersparnisse waren bald verbraucht. Nach zwei Mißernten in den Jahren 1843 und 1845 kam es zu einer regelrechten Hungersnot. In einem Bericht an das Landesökonomiekollegium hat Wilhelm v. Laer, Sohn des Gutsbesitzers v. Laer zu Oberbehme, aufgeführt, daß der Verdienst einer Heuerlingsfamilie 1851 durchschnittlich 71 Taler betrug, während das Existenzminimum bei 133 Talern lag. Von einer »guten alten Zeit« kann hier also nicht die Rede sein. Die Folge war, daß zwischen 1848 und 1857, also innerhalb von zehn Jahren, 219 Personen aus Eickum nach Amerika ausgewandert sind. Die Bevölkerungszahl nahm entsprechend ab, von 1 205 im Jahre 1828 auf 1 043 im Jahre 1858. Mit der zunehmenden Industrialisierung wanderten auch viele Arbeiter in die Städte, bis hin ins Ruhrgebiet ab, so daß ein weiterer Bevölkerungsrückgang bis auf 888 Einwohner im Jahre 1871 zu verzeichnen ist. In der ersten Hälfte des 19. Jh. ging die Zahl der Grundbesitzer von 46 auf 40 zurück, die Zahl der Wohngebäude verringerte sich von 190 (1817) auf 122 (1885).
Bis zur Jahrhundertwende stagnierte die Einwohnerzahl Eickums. Nur vereinzelt ließen sich »Neubauern« nieder, das waren Handwerker und kleine Gewerbetreibende (Tischler, Holzschuhmacher, Maurer, Bäcker usw.), oft ehemalige Heuerlinge, die von den Bauern etwas Land kauften und sich ein eigenes Haus bauten. Die Schmiede Heuermann Nr. 52 (Dröge, Diebrocker Straße 471) und Tiemeier Nr. 52 (Pielsticker, Diebrocker Straße 582), die Bäcker Heidlindemann Nr. 51 (Diebrocker Straße 454) und Pannhorst Nr. 59 (Diebrocker Straße 580) sowie der Milchhändler Gieselmann Nr. 64 (Stückemann, Vahrenbrede 66) waren solche Neubauern. Bemerkenswert ist, daß um 1900 in Eickum drei Windmühlen standen: Kampmann (später Koch, erbaut 1863, abgebrochen 1925, Diebrocker Straße 604), Kötter (später Beining, erbaut 1860, abgebrochen 1920, Pödinghauser Straße 139) und Gelhaus (erbaut 1896, Lübbecker Straße

Die Besitzung des Neubauern Störmer (Hausnummer 82), um 1910

455). Der einzige größere Betrieb war die Ziegelei des Bauern Wefing an der Ecke Diebrocker Straße / Oldinghauser Straße. Später lag hier die Sägemühle der Gebrüder Rolf. Ein deutlicher Anstieg der Bevölkerung setzte in Eickum erst vor etwa 80 Jahren ein. Im Jahre 1904 war der Hof Wefing in Konkurs gegangen und mußte verkauft werden. Ein Teil der Wefingschen Ländereien, westlich des Rüterweges auf der Schierbrede gelegen, wurden parzelliert und als Bauland veräußert. Es waren vor allem Heuerlinge aus Eickum, Diebrock und Herringhausen, die hier Bauplätze erwarben und darauf Eigenheime errichteten. Die Grundstücksgröße betrug in der Regel vier Scheffelsaat (= 0,68 Hektar), genug Land also, um ein oder zwei Schweine für den Eigenbedarf halten zu können. Neben allerlei Kleinvieh, wie Hühnern und Kaninchen, hatte jeder auch noch eine Ziege, die »Kuh des kleinen Mannes«, im Stall. Die Ziegen gaben dann dieser ersten Wohnsiedlung in Eickum ihren Namen: Lämmkenstatt. Eine weitere Siedlung dieser Art entstand zur gleichen Zeit auf dem »Brokamp«, der ebenfalls zum Hof Wefing gehört hatte. Die meisten Neusiedler arbeiteten in Herforder Industriebetrieben, vor allem bei König & Böschke, Kochs Nachf., Weddigen und Elsbach. Aus den ehemaligen Heuerlingen waren Industriearbeiter geworden. Die Lage der beiden Siedlungen in Niedereickum war wegen der räumlichen Nähe zu Herford ein Vorteil, denn der Weg, den die Pendler — anfangs zu Fuß — täglich zurücklegen mußten, ist mit 8 Kilometern (hin und zurück) um etwa ein Drittel kürzer als von Obereickum nach Herford. Von den

41 Häusern, die zwischen 1903 und 1914 in Eickum neu gebaut wurden (Hausnummern 70 bis 110), entfielen auf Niedereickum allein 36. Die Bevölkerung wuchs dementsprechend von 885 Einwohnern im Jahre 1905 auf 1 080 Einwohner im Jahre 1925.[39]
Im Zweiten Weltkrieg waren in der Gemeinde Evakuierte aus dem Rheinland und dem Ruhrgebiet untergebracht. Nach Kriegsende kamen Flüchtlinge und Vertriebene, so daß von den 1 439 Einwohnern im Jahre 1949 (gegenüber 1 107 im Jahre 1939) 286 Flüchtlinge und Evakuierte waren. Durch den Bevölkerungszuwachs stieg auch die Schülerzahl stark an, was eine Erweiterung der Volksschule 1958 nötig machte.
Zum 1. Januar 1969 ist Eickum in die Stadt Herford eingemeindet worden, nachdem die Gemeinde 125 Jahre lang (seit Dezember 1843) zum Amt Herford-Hiddenhausen gehört hatte. Seit der Eingemeindung hat die Einwohnerzahl des Stadtteils Eickum nur noch geringfügig zugenommen. Sie stieg um 200 und lag am Ende des Jahres 1988 bis 1 880 Personen.[40]

(W.S.)

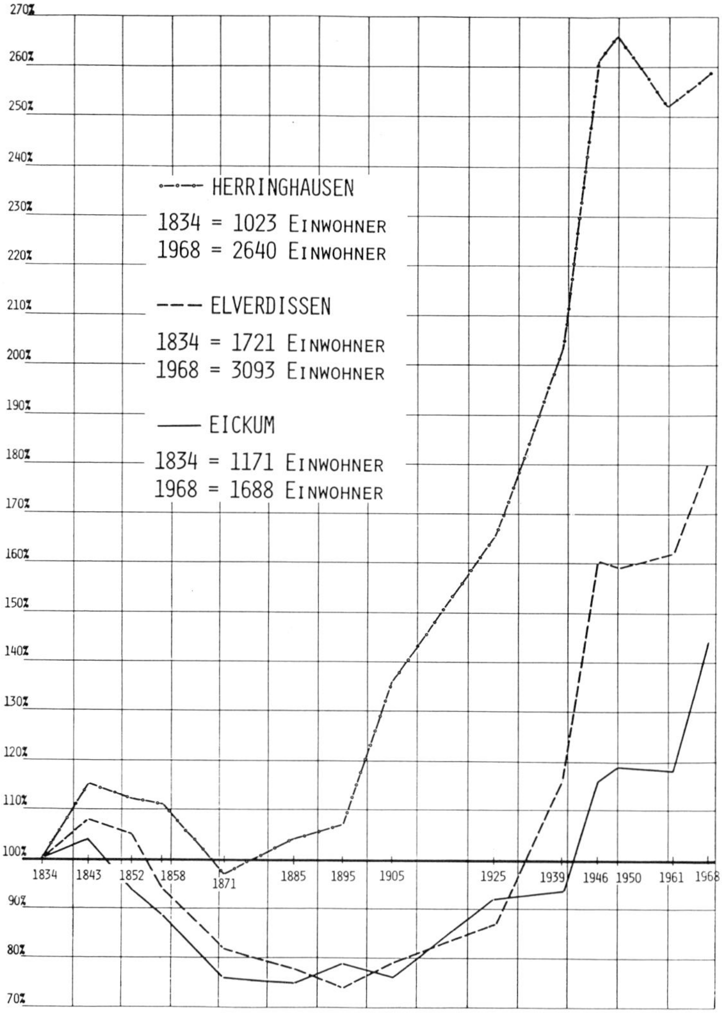

Die Bevölkerungsentwicklung in den Gemeinden Herringhausen, Elverdissen und Eickum von 1834 (= 100%) bis 1968

Teil II: Bürger und Stadt

Gruppen und Interessen:
Von der Gilde zum Sportverein

Im Namen der Bürger:
Stadtrat und Behörden

Religion prägt das Leben:
Die Erben der »Sancta Herfordia«

Eine Generation formt die nächste:
Erziehung und Schule

Bildung und Freizeit:
Vereine und Institutionen im kulturellen Wandel

Das Bemühen um Sicherheit:
Krankheit, Not und Alter

Der Herforder Untergrund:
Kanalisation, Wasser, Gas und Strom

Thomas Schuler

Vorbemerkungen

Was erwarten Bürger von ihrer Stadt? Welche Vorteile versprechen sie sich vom dichten Beisammenleben, von der städtischen Wirtschaftsform oder von der Organisation als Kommune? Die Antworten der Jahrhunderte würden recht verschieden ausfallen, und auch heute wird darüber gestritten, was zu den öffentlichen Aufgaben in einer Stadt gehört. Zum einen geht es um die Kompetenz der Verwaltungs- und Regierungsebenen, d.h. darum, was zu den speziellen Zuständigkeiten von Bund, Land, Regierungsbezirk, Kreis oder Stadt zählt. Zum anderen wird sehr kritisch danach gefragt, welche Ansprüche die Kommunen befriedigen und wo besser die Einzelnen ihre Interessen in die Hand nehmen sollen, sei es allein oder sei es in einer Gruppe. In einer solchen Phase grundsätzlichen Nachdenkens lohnt ein Blick auf die Geschichte besonders.

Die mittelalterliche Stadt kam mit viel weniger an Organisation aus als die heutige, sie setzte auf ehrenamtliche Tätigkeit. Familienclans, Gilden und Bruderschaften blieben jahrhundertelang die wichtigsten Formen sozialer Gruppenbildung. Daß allen Stadtbewohnern gleiche Rechte zustehen, hätte bis ins 19. Jh. genauso befremdlich gewirkt wie die Zusammenschlüsse von Bürgern in politischen Parteien oder Bürgerinitiativen. Auch dort, wo es auf den ersten Blick Kontinuität zu geben scheint, z.B. bei Hospitälern, Schulen und den Kirchen, tritt bei näherem Zusehen der Wandel in den Vordergrund.

Nicht nur im Laufe der Jahrhunderte änderten sich die Erwartungen der Bürger an die Stadt. Auch zum selben Zeitpunkt konnten Gruppen innerhalb der Stadt ganz unterschiedliche Interessen haben. Seit dem 19. Jh. gehört es zum Alltag, solche Konflikte offen zu formulieren und auszutragen. Ob die Einrichtung des Gaswerks oder die Erschließung von Neubaugebieten, ob die Förderung des Mädchenschulwesens oder der Erhalt eines städtischen Orchesters — man konnte mit guten Argumenten darüber streiten, was Aufgabe der Stadt sei und welche Prioritäten jeweils zu setzen seien.

Dem retrospektiven Ansatz folgend werden in den nächsten Kapiteln diejenigen Bereiche vorgestellt, in denen heute kommunale Institutionen, örtliche Vereine oder selbstorganisierte Gruppen vorrangig arbeiten. Dabei geht es nicht, wie häufig in Stadtgeschichtswerken, um die bloße Geschichte von Institutionen, sondern um die Bedürfnisse, um derentwillen sie geschaffen wurden. Außerdem gehören zu einer sozialgeschichtlichen Betrachtung von Institutionen nicht nur deren Funktionen, sondern auch die beteiligten Menschen: die Interessengruppen im Hintergrund, die Funktionäre und die Betroffenen.

Auch dieser Hauptteil deckt in großer Breite die Bereiche öffentlichen Lebens ab und wird so zur Gesamtdarstellung. Dennoch mußte auf manches verzichtet werden, denn das gesamte öffentliche Leben aller Jahrhunderte vor dem Leser auszubreiten, hätte eines eigenen umfangreichen Buches bedurft.
Der überörtlichen Verflechtung und der Einbindung Herfords in den Staat gilt nicht unser Hauptinteresse. Es wäre zwar durchaus nützlich, die Themen »Abtei und Stadt«, »Hansestadt Herford«, »die Freie Reichsstadt«, »Herford und Preußen« einer neuen Bewertung zu unterziehen; nicht selten dienten sie Heimatforschern ja lediglich dazu, den Bedeutungsverlust der geliebten Heimatstadt historisch zu bewältigen. Dennoch werden in den folgenden Kapiteln diese Außenbeziehungen selten thematisiert, denn sie gehören zu den Lieblingsthemen der Herforder Geschichtsschreibung, sind also vergleichsweise gut aufgearbeitet.
Die Sachbereiche Wirtschaftsgeschichte, Bevölkerungsgeschichte, Siedlungsgeschichte und Kunstgeschichte gehören nach der Gliederung des Bandes eher zu Teil I und werden daher dort in den Stadtteil-Portraits (wie z.T. auch im Quer- und im Längsschnitt) behandelt.

Theodor Helmert-Corvey und Beate Wagner

Gruppen und Interessen: Von der Gilde zum Sportverein

Das Mitglied

In mein' Verein bin ich hineingetreten,
weil mich ein alter Freund darum gebeten,
ich war allein.
Jetzt bin ich Mitglied, Kamerad, Kollege —
das kleine Band, das ich ins Knopfloch lege,
ist der Verein.

Wir haben einen Vorstandspräsidenten
und einen Kassenwart und Referenten
und obendrein
den mächtigen Krach der oppositionellen
Minorität, doch die wird glatt zerschellen
in mein' Verein.

Ich bin Verwaltungsbeirat seit drei Wochen.
Ich will ja nicht auf meine Würde pochen —
ich bild mir gar nichts ein...
Und doch ist das Gefühl so schön, zu wissen:
sie können mich ja gar nicht missen
in mein' Verein.

Da draußen bin ich nur ein armes Luder.
Hier bin ich ich — und Mann und Bundesbruder
in vollen Reihn.
Hoch über uns, da schweben die Statuten.
Die Abendstunden schwinden wie Minuten
in mein' Verein.

In mein' Verein werd ich erst richtig munter.
Auf die, wo nicht drin sind, seh ich hinunter —
was kann mit denen sein?
Stolz weht die Fahne, die wir mutig tragen.
Auf mich könn' Sie ja ruhig »Ochse« sagen,
da werd ich mich bestimmt nicht erst verteidigen.
Doch wenn Sie mich als Mitglied so beleidigen . . .!
Dann steigt mein deutscher Gruppenstolz!

Hoch Stolze-Schrey! Freiheit! Gut Holz!
Hier lebe ich.
Und will auch einst begraben sein
in mein' Verein

Moderne Zeiten

Eine für uns heute schwer verständliche Auseinandersetzung um das zweckmäßigste Kurzschriftsystem mag Kurt Tucholsky Mitte der 1920er Jahre zu der obigen Satire angeregt haben.[1] Vor dem Ersten Weltkrieg hatten W. Stolze und F. Schrey das nach ihnen benannte Kurzschrift-System entwickelt. Seine Anhänger schlossen sich zu einem Verein zusammen und bekämpften andere Kurzschrift-Systeme, die gleichzeitig entstanden waren und deren Anhänger ebenfalls eigene Vereine bildeten. Daß Vereine die Organisationsform für diesen Streit wurden, ist keineswegs ungewöhnlich und vielleicht auch »typisch deutsch«.
Ganz selbstverständlich artikulieren heute die Menschen in und durch Vereine ihre privaten und gesellschaftlichen Anliegen. Wer ist in unseren Tagen nicht Mitglied eines, in der Regel sogar mehrerer Vereine! Die breite Vielfalt solcher Vereine — seien es kulturelle Vereine, politische Vereine wie Parteien oder Bürgerinitiativen oder vieles anderes — blüht und gedeiht auch in Herford. Der vor einigen Jahren erschienene »Herford-Wegweiser« führt allein über 50 Herforder Sportvereine auf, vom Angelsportverein »Die flotten Stipper« über den Herforder Schachverein »Königsspringer«, den Radsportverein »Endspurt« bis zum Verein der Herforder Sportkegler.[2] Gerade Sportvereine verfügen über eine z.T. lange Tradition. Daß sie so tiefgreifende gesellschaftliche Erschütterungen wie die beiden Weltkriege oder die Katastrophe der nationalsozialistischen Herrschaft unbeschadet überstanden haben, zeigt, wie wichtig den Menschen die gemeinschaftliche Betätigung in einem Verein, das Zusammenleben in einer Gruppe ist.

Vereine im Nationalsozialismus

Gerade der Nationalsozialismus hatte die politischen Rahmenbedingungen, in denen die Vereine, Parteien und Interessengruppen ihre gesellschaftlichen, politischen, kirchlichen, sportlichen und anderen Interessen artikulierten, massiv eingeschränkt. Bereits am 24. Mai 1933 löste der Mindener Regierungspräsident in einer Verfügung sämtliche *kommunistischen und marxistischen Vereine, Sportvereine, Schützenvereine und Clubs etc. mit sofortiger Wirkung* auf. Aufgrund des § 1 der *Verordnung zum Schutze von Volk und Staat* wurden die alten Arbeiterturnvereine verboten, so zum Beispiel der Verein für Leibesübungen in Herford, der schon am 28. Februar 1933 aufgelöst worden war. Nahezu alle Herforder Vereine wurden von der Gleichschaltung erfaßt und nach dem Führerprinzip umgestaltet. Beispielhaft ist dies in diesem Buch an dem Beispiel der Turn- und Sportvereine nachgezeichnet.[3] Von der Gesellschaft Weinclub zu Herford berichtet der Chronist Paul Pophal allerdings, daß sich der Verein durch viel taktisches Geschick der Gleichschaltung entziehen konnte.[4] Die Gleichschaltung betraf auch die Vereine, die die Machtübertragung an die Nationalsozialisten begrüßt hatten. Schon am 27. März 1933 hatten die Herforder Schulen, Verbände und sporttreibenden Vereine mit insgesamt über 3000 Mitgliedern einen Fackelzug veranstaltet, der von Gliederungen der NSDAP samt Kapelle begleitet wurde. Bei den mitmarschierenden Vereinen waren die Vereine der Deutschen Turnerschaft und des Reichsausschusses für Leibesübungen, der Deutsche Sportclub von 1929, der Herforder Kanuclub, der Herforder Luftverein, der Herforder Schießclub, der Herforder Schwimmverein, der Kleinkaliberschützenverein, der Ortsverband Herforder Kegelclubs, der Skiverband, Spiel und Sport Herford, Union 08, die Turnergilde und der Verein für Bewegungsspiele Herford, aber auch die soldatischen Vereine und der Schützenverein beteiligt.[5]

Wie im Reichsgebiet, so wurden auch in Herford die Parteien SPD und KPD, ihre Organisationen und die Gewerkschaften verboten und aufgelöst, die Parteibüros sowie Privatwohnungen durchsucht, Vermögen und Akten beschlagnahmt, Mitglieder verhaftet. Im März nahm man in Herford mindestens 34 Männer in »Schutzhaft«, die durch »vertrauliche« Hinweise als KPD-Funktionäre denunziert worden waren. Einige von ihnen wurden ins KZ Börgermoor überführt und bis 1934 festgehalten. Ebenso erging es dem Parteisekretär der Herforder SPD, Julius Finke, und den Gewerkschaftssekretären P. Volkmann, A. Niemeier, F. Borchard und H. Bienöder. Am 9. Mai 1933 wurde das SPD-Vermögen in Höhe von ca. 840 Reichsmark beschlagnahmt, worin auch die Sparkasse des Konsumvereins Herford mit 60 Reichsmark enthalten war.[6]

Im Juli 1933 erfolgte auf Erlaß der Gestapo die Erfassung aller jüdischen Vereine. Es waren insgesamt neun: Der älteste, der »israelitische Frauenverein«, war bereits 1883 gegründet worden, die anderen alle nach 1900. Bei den Gründungsdaten fällt insbesondere auf, daß von den neun Vereinen nachweislich vier nach 1930 entstanden, eine Erscheinung, die auf die Parallelität zwischen der Verdrängung der Juden aus dem gesellschaftlichen Leben und der Entwicklung einer eigenen kulturellen und künstlerischen (Vereins-)Tätigkeit hinweist.[7]

Die nationalsozialistische Herrschaft in Deutschland schränkte rigide die Möglichkeit der Herforder ein, ihre Interessen in vereinsartigen Organisationsformen zu pflegen. Nicht nur die formale Bündelung in strikt von oben nach unten geordneten Organen (Reichsnährstand, Reichskulturkammer oder dem Reichsbund »Volksbund und Heimat«, dem etwa der Altertumsverein zugeordnet wurde)[8], sondern vor allem die ideologische Fixierung auf den Kern nationalsozialistischen Gedankenguts (Ausgrenzung und — später — Vernichtung von marxistischen und jüdischen Mitbürgerinnen und Mitbürgern; Chauvinismus und Führertum) lief dem das Vereinswesen charakterisierende Merkmal der Gleichheit gänzlich zuwider. Gerade der Gedanke der freien Vereinigung, der Selbsthilfe und des offenen Diskurses fern von obrigkeitlicher Reglementierung hatte zu Beginn des 19. Jh. das moderne Vereinswesen begründet. Die Zeit des »Vormärz«, in der sich »der Übergang in die neue politisch-soziale Wirklichkeit im Spätabsolutismus und Frühkonstitutionalismus« vollzog, wird nicht ohne Grund die Zeit der Vereine genannt.[9]

Das moderne Vereinswesen im »Vormärz«

Das Auseinandertreten von Staat und Gesellschaft, die Auflösung alter sozialer Gliederungsprinzipien, führten zu starken Verunsicherungen der Zeitgenossen, denn sie bedeuteten extreme Individualisierung und Atomisierung. Der Verlust traditionaler Bindungen wurde ausgeglichen durch das Eingehen neuer, allerdings freiwilliger Bande, weil dadurch die gesellschaftlichen Großgruppen Gestalt gewannen. Die Vereine boten somit Identifikations- und Orientierungsmöglichkeiten und stellten »zwischen der Nähe der alten und der Ferne der neuen Orientierungsgruppen« anschauliche soziale Beziehungen her.[10]

Die — vor allem politischen — Vereinsbildungen wurden allerdings durch die Karlsbader Beschlüsse 1819 massiv beschnitten. Die restaurative Politik der deutschen Staaten gründete sich Anfang des 19. Jh. auf die Furcht vor politischen Initiativen des erstarkenden Bürgertums und kulminierte zunehmend seit der Mitte des 19. Jh. in dem Bestreben, die Aktivitäten der Arbeitervereine zu unterbinden.

So galt für Herford die Verordnung Preußens vom 11. März 1850, die den Vereinen folgende Auflagen machte: Anzeigenpflicht für Versammlungen, in denen *öffentliche Angelegenheiten* behandelt werden sollten. Verbot des bewaffneten Erscheinens. *Vereine, welche eine Einwirkung auf öffentliche Angelegenheiten bezwecken, müssen Statuten einreichen und Vorstandsänderung anzeigen.* (Erlassen für kirchliche und religiöse Vereine.) *Vereine, die politische Gegenstände in Versammlungen erörtern,* dürfen *keine Frauenzimmer, Schüler und Lehrlinge* aufnehmen oder zulassen und dürfen nicht mit anderen gleichartigen Vereinen in Verbindung treten. Polizeiliche Aufsicht über Abgeordnete jederzeit gestattet. Ausnahme: für die *durch das Gesetz oder gesetzliche Autoritäten angeordneten Versammlungen der Mitglieder beider Kammern während der Sitzungsdauer.* Für Angehörige der Landwehr und der bewaffneten Macht gilt das Militär-Strafgesetzbuch.[11]

Ganz frühe Zeugnisse über Vereinsgründungen aus Herford sind rar.[12] Erwähnenswert

ist zunächst die Herforder Schützengesellschaft vom 21. April 1832, deren Neubegründung durch die Verordnung des Oberpräsidenten Vincke vom 27. August 1816 über die Erlaubnis zur Errichtung eines Scheiben- und Vogelschießens möglich wurde. Der Herforder Schützenverein, der sich grundsätzlich in der Tradition der 1813 letztmalig erwähnten Bürgermiliz sieht, bestätigt von der sozialen Zusammensetzung her die oben beschriebenen allgemeinen Merkmale des modernen bürgerlichen Vereinswesens. Er bestand in den Anfängen ausschließlich aus Mitgliedern der städtischen Oberschicht — Kaufleuten, Juristen, Beamten und Handwerkern (Goldarbeiter) —, ein Umstand, der bereits von einem Zeitgenossen bemängelt wurde. Die Aufnahmegebühr zum Schützenfest von einem Reichstaler und zehn Groschen sowie die Anschaffung eines besonderen dunkelfarbigen Leibrocks halte weniger bemittelte Einwohner davon ab, am Schützenfest teilzunehmen und beeinträchtige darüber hinaus den Vereinszweck, nämlich die Erweckung von Bürgereintracht.[13] Auch die im Jahre 1874 geänderten Statuten weisen auf ein wesentliches Interesse bürgerlicher Vereinsbildung hin. Als Ziel der Schützengesellschaft wird in § 1 genannt: *Eintracht, Geselligkeit und Frohsinn zu beleben und in den alljährlich zu begehenden Festen das Bürgerband immer inniger zu knüpfen.*[14]
Ein weiterer früher Verein modernen Zuschnitts ist der 1831 gegründete »Weinclub«, dessen Gruppencharakter vermutlich schon seit 1815 bestand. Die — nach dem Soziologen Leopold von Wiese — vier konstituierende Momente einer sozialen Gruppe[15],

a) die relative Dauer und Kontinuität in der Zeit,
b) die innere Organisiertheit, die in der Verteilung unterschiedlicher Funktionen an die Mitglieder zum Ausdruck kommt,
c) die Abgrenzung nach außen, die sich im Vorhandensein von Wechselbeziehungen zu anderen sozialen Gruppen und Gebilden manifestiert,
d) das Vorhandensein von Regeln und Normen, in denen sich die Ziele der Gruppe ausdrücken,

Das Gebäude des »Weinclubs«, »Auf der Freiheit« Nr. 3, um 1958

spiegeln sich in den Statuten des Vereins wieder. Vorrang hatten gesellige und gesellschaftliche Ziele *im Kreise gebildeter Personen* um *mit geringen Kosten Erholung durch Genuß erlaubter Lebensfreude zu finden.*[16] Als Tagungsorte dienten *Speckbeutels Weinstube, Fuhlhage im Möhlschen Hause am Bergertor* und *Strathmann, Auf der Freiheit.* Wie der »Herforder Verschönerungsverein«[17] unterschied sich der im Jahre 1873 gegründete Verein »Krokodil« nicht im grundsätzlichen Vereinsinteresse vom älteren Bruder »Weinclub«. Der phantasievolle § 1 seiner Statuten läßt möglicherweise einen Generationenwechsel erahnen:

Das ist des Krokodiles Zweck:
Die Seinen anzuregen,
auf diesem öden Erdenfleck
Geselligkeit zu pflegen.
Die Jugend sonderlich zu heben,
Im Weinclub ihr den Ort zu geben,
wo selbst Sie hinter ihren Krügen
stets Anschluß findet und Vergnügen.[18]

Zwei der oben beschriebenen Funktionen der Vereine — eine Gesellschaft im Übergang zu strukturieren und Orientierungs- und Identitätsprobleme zu kompensieren — haben in besonderem Maße die historischen Vereine erfüllt. Die Identifikationsfindung durch Rückwendung in die Vergangenheit wurde auch beim »Herforder Verein für Altertümer und ein städtisches Museum« angestrebt. Man machte sich an das Sammeln von Schriften, Pergamenturkunden, Waffen, Münzen, Gemälden, Büchern, kurz allem, was für die ältere Geschichte der Stadt Bezug hatte[19], und bewahrte es zunächst im früheren Armenhaus auf. Dieser Verein wurde am 30. März 1882 ins Leben gerufen. Gründungsmitglieder waren vierzig Herren, darunter Bürgermeister Quentin, Kantor Schwettmann, Professor Dr. Hölscher, Konrektor Dr. Blancke, Kaufmann Rubien, Zimmermeister A. König, Ackerbaulehrer Birke, Maurermeister Mormann, Gelbgießer Ebert, die am 9. August den Vorstand stellten. 1905 verzeichnete der Verein bereits 326, 1907 schon 350 Mitglieder.[20]

Über die Zahl der Vereine und ihre Mitglieder in Herford läßt sich für das 19. Jh. nur spekulieren. Für das Jahr 1910/11 ist uns aus dem Magistratsbericht die Zahl von 32 000 Herforder Bürgern angegeben, die sich in über 200 Vereinen organisieren konnten. Davon waren:

7 politische Vereine,
50 sozialpolitische, zumeist gewerkschaftlichen Charakters,
12 militärische,
5 freie Turnvereine,
3 Sportvereine,
25 Gesang- und Musikvereine,
117 Vereine zu geselligen, wissenschaftlichen, künstlerischen und Erholungs- und sonstigen ideellen Zwecken.[21]

Das um 1900 angelegte Vereinsregister des Amtsgerichts Herford verzeichnet zwischen

1900 und 1932: 113 eingetragene Vereine,
1933 und 1943: 51 eingetragene Vereine,
1946 und 1963: 139 eingetragene Vereine.[22]

Viele der eingetragenen Vereine (»e.V.«) erfreuten sich über lange Jahre dem Vereinszweck gemäß eines regen Lebens, andere dagegen mußten — z.T. schon nach kurzer Zeit — von Amts wegen gelöscht werden, weil ihnen die Rechtsfähigkeit entzogen wurde oder sie nach Ermittlungen schon lange nicht mehr bestanden oder die Zahl der Vereinsmitglieder unter drei gesunken war.
So wurde etwa der »Kaufmännische Verein Herford zu Herford«, gegründet 1903, am 17. Dezember 1946 gelöscht, weil der Verein seit Jahren nicht mehr existierte und alle Vorstandsmitglieder verstorben waren.
Auffällig ist die große Anzahl von kirchlichen Vereinen sowie Berufsverbänden; bis 1945 gab es 20 kirchliche und 39 berufsbedingte Vereinsgründungen.
Schon früh hatten sich Vereine gebildet, die wirtschaftliche Ziele verfolgten. 1848 gründete sich der »Hauptverein zur Aufrechterhaltung der Fabrikation von Leinen aus reinem Handgespinst«, eine Initiative gegen die Verwendung von Maschinengarn. Gründungsmitglieder waren Amtmänner, Kaufleute und Pastoren. Die Aufnahme von Webern erfolgte auf Vorschlag des Vorstands und nach dem Mehrheitswahlrecht und wurde *durch Handschlag auf Ehre und Gewissen* besiegelt.[23]
Mit eindeutig sozial begrenzten Motiven wurde 1890 der »Kaufmännische Verein Herford« gegründet, der in seinen Statuten die Vertretung der *Gesamtinteressen des Kaufmannsstandes* festschrieb. Ziel war die *Förderung des Standesbewußtseins und des Gefühls der Zusammengehörigkeit*, die Fortbildung und Stellenvermittlung, aber auch die *Sicherung der Mitglieder in den Notfällen des Lebens.* Gesellige Zusammenkünfte, Veranstaltungen wie etwa Vorträge und Vorlesungen und Ausflüge wurden genauso angestrebt wie die Errichtung und Unterhaltung einer Bibliothek. Der Verein ließ sich 1904 als »Erster Herforder Kaufmännischer Verein vom Jahre 1890 zu Herford« in das Vereinsregister eintragen. Er wurde bereits am 29. Oktober 1919 wieder aufgelöst.[24]
Mit ähnlichen Absichten trat 1869 der »Landwirtschaftliche Lokalverein Herford« an, dessen soziale Zusammensetzung nicht nur Landwirte, sondern auch Lehrer und Kaufleute umfaßte. Die Mitgliederzahl stieg von 20 beim Gründungszeitpunkt auf 138 im Jahr 1900 und 211 im Jahr 1928.[25]

Politische Vereine und Parteien

Vorwiegend in den Lese- und Bildungsvereinen fand in der ersten Hälfte des 19. Jh. die Politisierung der Menschen statt. Der konservative Herforder Landrat von Borries (Amtszeit von 1838 bis 1870) meldete am 31. Oktober 1848 der Regierung in Minden drei politische Vereine in Herford.
Der »democratische Verein«, früher Bildungsverein, der größtenteils aus Handwerkern bestand und ungefähr 19 bis 100 Mitglieder zählte, traf sich einmal wöchentlich im Hause des Gastwirts Gut. Vorstandsvorsitzende waren zu dieser Zeit der Direktor des Gerichts Beckhaus und der Oberlehrer Budde. Letzterer wurde am 18. März 1850 aus der Klasse heraus verhaftet und wegen politischer Betätigungen in einem Disziplinarverfahren des Schulamtes enthoben. Die Überwachung und Verfolgung von Demokraten und Sozialisten durch den preußischen Staat traf in Herford jedoch nicht nur den Oberlehrer Budde, auch der am Herforder Kreisgericht tätige Jurist Kindermann wurde wegen seines liberalen Gedankengutes und seines Eintretens für Gerechtigkeit aus dem Staatsdienst entlassen.[26]
Als weiteren Verein führte von Borries den »constitutionellen Club« an, der sich ebenfalls einmal wöchentlich versammelte, und zwar im Rethbergschen Gasthause. Die Mitglieder setzten sich überwiegend aus Beamten und wohlhabenden Kaufleuten zusammen und waren personell gleich stark wie der »democratische Verein«. Vorstand war der Direktor des Gymnasiums, Schöne, vorher hatte dieses Amt Pastor Kleine inne. Die politischen Ziele des Vereins waren die Förderung und Ausbildung des öffentlichen politischen Lebens innerhalb der Grenzen des konstitutionellen Königtums auf möglichst volkstümlicher Grundlage. Am 20. März 1849 fand die letzte Sitzung statt; möglicherweise geht die Auflösung des Vereins auf gegensätzliche politische Standpunkte zwischen konstitutionellen und streng konservativen Mitgliedern zurück.
Als dritte Assoziation wurde der Regierung in Minden die sogenannte freiwillige Bürgerversammlung gemeldet, die eine lose und unverbindliche Zusammenkunft von ca. 50 bis 60 Personen war, die sich einmal wöchentlich im Rathaus trafen. Sie vertraten ein liberales Programm und waren — auch personell — eng mit dem Herforder Bildungsverein verknüpft.
Obwohl die Liberalen schon im November 1858 bei den Wahlen zum preußischen Abgeordnetenhaus die Mehrheit besaßen, war in Herford der erste liberale Zusammenschluß von wirtschaftlichen und nicht von politischen Zielen geprägt. Am 22. Februar 1859 wurde ein Vorschuß-Verein nach Schulze-Delitzschen Prinzipien ins Leben gerufen, desses Ziel es war, der durch die Handelskrise 1857/58 ausgelösten Arbeitslosigkeit in der Leinen- und Zigarrenindustrie entgegenzutreten und besonders dem Kleingewerbe günstige Kredite zu verschaffen.
Die Bildungsarbeit der Liberalen wurde durch den im November 1869 gegründeten Gewerbeverein bis Ende des Jahrhunderts fortgesetzt. Ziel war die Belehrung seiner Mitglieder in gewerblicher und landwirtschaftlicher Beziehung. Es gab eine Bibliothek und Vortragsabende. Die Mitglieder bestanden überwiegend aus Handwerkern, aber auch aus Kaufleuten, Lehrern und Ärzten.

Die 1850er und 1860er Jahre wurden auf konservativer Seite von Männern wie Pastor Volkening, P. Ameler und Karl Strosser beherrscht, bis sich dann am 20. Mai 1874 auf Kreisebene die christlich-konservative Partei gründete. Gründungsmitglieder aus Herford waren neben vierzehn anderen Personen Pastor Gottschalk, Kaufmann Ruben und Kolon Düsediekerbäumer.
Bis in die 1860er Jahre hinein war von sozialdemokratischen Aktivitäten in Herford nichts zu bemerken. Die erste Arbeiterorganisation war mehr gewerkschaftlicher Natur; es war der Zweigverein des »Allgemeinen Deutschen Cigarrenarbeitervereins«, der 1867 gegründet worden war, aber in der Herforder Öffentlichkeit nicht in Erscheinung trat. Er konstituierte sich 1872 als »Zweigverein des Deutschen Tabakarbeitervereins« und bestand bis zu seiner Auflösung im Jahre 1879.
An sozialdemokratischen Aktionen folgten eine Reihe von Versammlungen zu speziellen Themen wie *Kapital und Arbeit, Die heutige Arbeiterbewegung* oder *Das eherne ökonomische Lohngesetz*, die teilweise im Diekmannschen Saale oder auch in der Gastwirtschaft Schrewe abgehalten wurden. In den 1870er Jahren erlahmte die politische Arbeit schließlich ganz, d.h., die Gruppe des allgemeinen deutschen Arbeitervereins ging ein, während es eine örtliche Organisation der Eisenacher nicht gegeben zu haben scheint. Das seit dem 21. Oktober 1878 geltende sogenannte »Sozialistengesetz« schränkte den Handlungsraum sozialistischer Vereine massiv ein. Doch verstärkte dieses Gesetz gerade die Aufnahmebereitschaft sozialistischen Gedankengutes unter den liberal orientierten Arbeitern. Der sich abzeichnende Aufschwung der sozialistischen Arbeiterbewegung begann für den hiesigen Raum in den Wahlkreisen und Städten von Minden-Ravensberg, was auch anhand von Stimmenanteil und -zahl bei den Reichstagswahlen zu sehen ist.[27]

Stimmenanteil und -zahl der (ADAV / SDAP) SPD in den Wahlkreisen Minden-Ravensberg bei den Reichstagswahlen 1871 bis 1890

Wahljahr	Bielefeld / Wiedenbrück	Herford / Halle	Minden / Lübbecke
1871	5,2 (514)	1,0 (90)	0,7 (59)
1874	7,2 (961+81)	0,5 (65)	6,4 (536)
1877	13,5 (2 165)	2,3 (310)	5,2 (700)
1878	5,3 (823)	0,2 (37)	1,1 (178)
1881	8,8 (1 148)	0,0 (0)	0,8 (107)
1884	17,2 (2 624)	7,9 (985)	6,1 (671)
1887	12,9 (2 707)	5,9 (957)	8,1 (1 149)
1890	23,0 (4 683)	16,1 (2 191)	17,2 (2 286)

Die 1880er Jahre waren in Herford geprägt von intensiver sozialdemokratischer Agitation, die zu einer Vielzahl gewerkschaftlich orientierter Vereinsgründungen führte. So fanden sich 1884 Tischler und Berufsgenossen sowie Metallarbeiter zu einem Fachverein zusammen, es folgte 1885 ein neuer »Maurer- und Steinhauer-Gewerkverein«. Der im

Umzug der Herforder Arbeitervereine am Lübbertor, um 1924

März 1886 gegründete »Herforder Diletantenverein« wurde verboten, weil die Kapelle des Vereins einen Zug mit 60 bis 80 Personen anführte, die alle rote Schleifen und ein Bild Lasalles trugen und auf dem Weg zu einer sozialdemokratischen Versammlung waren.[28] Auch der »Maurer- und Steinhauer-Gewerkverein« sowie die »Herforder Zahlstelle des Unterstützungsvereins deutscher Tabakarbeiter«, die beide Kassen zur Unterstützung ihrer Mitglieder im Falle von Krankheit oder Arbeitslosigkeit unterhielten, wurden Mitte 1888 wegen Verstoßes gegen das Versicherungsgesetz verboten.
1889 gab es nach Auskunft des Landrates in Herford keine Arbeitervereine, Arbeiterunterstützungsvereine oder Fachvereine. Mitte Juli 1890 dagegen bestanden nach Aufstellung des Regierungspräsidenten acht gewerkschaftliche Organisationen, die sich überwiegend vor und während der Zeit des Sozialistengesetzes gegründet hatten. Am 12. Oktober 1890 wurde dann schließlich der »Allgemeine Arbeiterverein für Herford und Umgegend« unter dem Vorsitz des alten Sozialdemokraten und Tabakarbeiters Posor ins Leben gerufen. Die Mitgliederzahl wuchs von 34 am Gründungstag auf 80 im Dezember desselben Jahres.
Die Konstituierung eines »Sozialdemokratischen Volksbildungsvereins für Herford und Umgegend« am 24. Januar 1892 löste den »Arbeiterverein« ab. Er war das mehr innerstädtische Standbein der Herforder Genossen, während ein zweiter sozialdemokratischer Verein »Friedenstal« die Nachfolge des »Allgemeinen Arbeitervereins Neustädter Feldmark« antrat. Aus einem Nachweis geht hervor, daß 1910 beide Vereine noch bestanden.[29] Der ältere wies eine Mitgliederzahl von ungefähr 440 auf und tagte in der Vereinswirtschaft Hillert in der Brüderstraße. Der jüngere traf sich in der Vereinswirtschaft Erdbrügger im Friedenstal und bestand aus ca. 120 Mitgliedern.
Die hier notwendigerweise nur skizzenhaft darstellbare Entfaltung politischer Interessen vollzog sich in Herford im 19. Jh. entsprechend der allgemeinen Entwicklung in politischen Vereinen, von denen es auf dem Höhepunkt der Revolution 1848 über 1 200 in ganz Deutschland gab, davon über die Hälfte in Preußen. Die Mitgliederzahl betrug

ungefähr 300 000, ca. 4% der damaligen wahlberechtigten Bevölkerung.[30] Vermutlich entsprach die Zahl der in Vereinen zusammentreffenden Herforder Bürger in etwa diesem Zahlenverhältnis, wenn man die Einwohnerzahl Herfords von 9 082 im Jahre 1846 als richtig unterstellt.[31]
Abschließend soll noch darauf hingewiesen werden, daß die Geschichte der Herforder Vereine im 19. und 20. Jh. eine Geschichte von Männern ist. Als Initiatiorinnen, einfache Mitglieder oder Vorständlerinnen kommen Frauen auch in Herford nicht vor. Sie werden sogar im 19. Jh. ausdrücklich von der Mitgliedschaft in politischen Vereinen ausgeschlossen. Dennoch steht auch in diesem Punkt Herford hinter der allgemeinen Entwicklung nicht zurück, denn im Zuge der Politisierung der Menschen durch die Arbeiterbewegung finden auch Frauen seit den 1890er Jahren zunehmend den Weg in die Fachvereine. Besonders die im Mai 1890 von der Näherin Claussen und der Arbeiterin Sabelgut gegründete »Freie Vereinigung der Frauen und Mädchen« mit 32 Mitgliedern war einzigartig in ganz Westfalen. **(B. W.)**

»*Modernes*« *in alten Zeiten*

Vielfach wird der moderne Verein, die sogenannte *Assoziation*, den sozialen Gruppen der Frühen Neuzeit und des Mittelalters, den sogenannten *Korporationen*, gegenübergestellt. Vor Ausbruch der Moderne habe die »freie Initiative« in den Gruppenbildungen der Menschen »keine oder kaum eine Rolle gespielt«. Der Individualismus sei also die Voraussetzung der *Assoziation*.[32] Eine solche Sichtweise verkennt aber die Autonomie mittelalterlicher Genossenschaften, der sogenannten *Einungen*. Ganz sicher ist die Ablösung der *Korporation* durch die *Assoziation* ein entscheidendes Element und deutliches Zeichen für den Wandlungsprozeß zur Moderne um 1800. Doch dieser Modernisierungsprozeß »kann nicht zutreffend beschrieben werden, wenn außer acht bleibt, daß wesentliche Strukturelemente moderner Assoziationen bereits den freien Einungen des Mittelalters eigentümlich waren«.[33]
Auf diese Zusammenhänge hatte schon um die Mitte des 19. Jh. der Rechtshistoriker Otto von Gierke in seiner »Rechtsgeschichte der deutschen Genossenschaft« hingewiesen.[34] In der Gegenüberstellung von *Herrschaft* und *Genossenschaft* gelangte Gierke zu einer idealtypischen Unterscheidung dreier Typen genossenschaftlicher Gruppenbildung vom Mittelalter bis zur Gegenwart: Der freien Einung des Mittelalters, der Korporation der frühen Neuzeit und der Assoziation der Moderne seit 1800.[35] Von einer freien Einung spricht man, wenn ein freier Zusammenschluß von Menschen vorliegt. Das freie Einungswesen sei im hohen und späten Mittelalter (1200 bis 1525) das herrschende Prinzip gewesen, bevor im 16. Jh. das Genossenschaftswesen mehr und mehr in ein privilegiertes Korporationswesen umgeschlagen sei. Das Wesen der Korporation habe, so Gierke, »im allgemeinen darin« bestanden, »daß sie eine Körperschaft ist, die durch ein ihr zustehendes Privileg oder ein Inbegriff von Privilegien bedingt und bestimmt wird. Auch früher hatten die Genossenschaften zahlreiche Privilegien gesucht

und erhalten, immer aber war doch das Privileg nur um der Genossenschaft willen da und diente ihren Zwecken. Jetzt war umgekehrt der korporative Verband nur ein Mittel für die Ausnutzung des Privilegs, er war durch das Privileg und um des Privilegs willen da, ja er schien oft nichts anderes zu sein als ein inkorporiertes Privileg.«[36] Dagegen habe die um 1800 auftretende moderne Assoziationsbewegung »offenbar der mittelalterlichen Einungsbewegung um Vieles näher (gestanden) als dem privilegierten Korporationswesen der späteren Zeit.«[37]

Die von Gierke geschaffene Typologie bildet für die folgenden Ausführungen den theoretischen und chronologischen Bezugsrahmen. Dabei sind zwei grundlegende Unterschiede zwischen modernen und vormodernen Zeiten zu berücksichtigen:

1. Moderne soziale Gruppen konstituieren sich in der Regel durch ihre Ziele, zum Beispiel Parteien und Bürgerinitiativen durch politische oder gesellschaftliche Ziele, Sportvereine durch sportliches Anliegen. Was verbindet, sind in der Regel Inhalte. Die vormodernen sozialen Gruppen erstreckten sich in ihren Zielen umfassend auf alle Seiten des menschlichen Lebens.[38] In vormodernen Epochen spielt zudem die Form, das Ritual eine weitaus wichtigere Rolle als heute.[39]
2. Wer heute von Partei, Verein, Gewerkschaft, Bürgerinitiative, Innung und Genossenschaft spricht, benennt mit dem Wort eine ganz bestimmte Gruppe. Die eindeutige Zuordnung eines Begriffs auf ein ganz bestimmtes Phänomen — hier eine ganz bestimmte soziale Gruppe — ist aber eine moderne Entwicklung. Für die älteren Zeiten bis hin in das 19. Jh. ist das Vokabular nicht spezifisch. Hier gilt, daß ein und dasselbe Wort verschiedene Phänomene und andererseits sehr viele verschiedene Worte ein und dasselbe Phänomen bezeichnen können. So kann man etwa nicht aus dem Auftreten verschiedener Bezeichnungen für soziale Gruppen auf unterschiedliche Typen von Gruppen schließen. Die Vielfalt des Quellenvokabulars — wir finden in Herforder Quellen bis in das frühe 19. Jh. etwa für Handwerkervereinigungen ganz verschiedene Bezeichnungen (Zunft, Gilde, Amt, Innung, Bruderschaft) — stellt die Frage nach den Begriffen, mit denen die vielen sozialen Gruppen erfaßt und eingeordnet werden können. Zunächst ist die geschichtliche Gewordenheit von Begriffen zu beachten. Um bei den Anfängen zu beginnen: Die — auch in der Herforder Geschichtsschreibung — bislang häufig anzutreffende, fast selbstverständliche These, die mittelalterlichen *Gilden* seien Vereinigungen von Kaufleuten, *Zünfte* dagegen überwiegend von Handwerkern und *Bruderschaften* Verbände mit überwiegend religiösen Zielen gewesen, ist heute — so lassen neue Forschungen erkennen — nicht mehr haltbar.[40] Denn diese begriffliche Differenzierung verkennt, daß sowohl die Kaufleutevereinigungen wie die Handwerkervereinigungen wie die sogenannten »Bruderschaften« wie viele andere soziale Gruppen ein und derselben Wurzel entstammen: der freien Einung.

Die freie Einung des Mittelalters

Die freien Einungen des Mittelalters sind meist gegründet auf einem sie konstituierenden »Ritual«: dem wechselseitig geleisteten Eid als ein in die Zukunft gerichtetes Versprechen. Bei diesen Gruppen handelt es sich um geschworene Einungen, um *coniurationes*. Eine der wichtigsten Erscheinungsformen der *coniuratio* in der europäischen Geschichte ist neben der städtischen Kommune des 11. und 12. Jh. die Gilde.[41]

Die Gilde ist als geschworene Einung, als *coniuratio*, eine »durch gegenseitigen Eid entstandene Personenvereinigung zu gegenseitigem Schutz und Beistand, zu religiöser und gesellschaftlicher Tätigkeit sowie zu beruflicher und wirtschaftlicher Förderung ihrer Mitglieder«. Der Eid ist der konstitutive Faktor und zugleich das wesentliche Kennzeichen der Gilde. Denn erst durch ihn wurden die in einer Gilde verbundenen Personen zu »Gleichen«, welche sich untereinander verpflichteten, die durch den Eid begründete Rechts- und Friedensordnung einzuhalten und nach außen zu verteidigen. In der geschworenen Einung setzten sich die Gildemitglieder einen gegenseitigen Vertrag. Die »Willkür« als Satzung regelte die Angelegenheit der Gilde und machte sie für alle Gildebrüder verbindlich. Diesem Sonderrecht schlossen sich neue Gildemitglieder durch ihre Eidesleistung an. Aus dem besonderen rechtlichen Charakter folgt, daß Verstöße gegen die Satzung und den Gildefrieden durch die eigene Gerichtsbarkeit, das Gildegericht, geahndet wurden. Es regelte auch Streitigkeiten der einzelnen Gildebrüder untereinander und schob sich so vor die bischöfliche und weltliche Jurisdiktion.

Die Gilde wurde gelebt und stets erneuert in dem gemeinsamen Mahl, dem *convivium*, zu dem die Mitglieder regelmäßig zusammenkamen. Denn das Gildemahl, wie das in der Gilde gehaltene Totenmahl, bewirkte eine stete Erneuerung der sozialen Bindung. Gerade das Mahl darf in seiner Bedeutung für Dauer und Fortbestand der Gilde nicht unterschätzt werden. Eid und Mahl konstituieren daher die spezifische Form und Struktur der Gilde.

Diese Vereinigungen von Männern und Frauen, Laien und Klerikern, Freien und Unfreien waren eine »Sozialform des Alltagslebens« und als Alternative zur Pfarrgemeinde eine »religiöse Sondergemeinde«. Diese »Gemeinden« pflegten auch die *memoria* für die verstorbenen Mitglieder. In dem in der Gilde gehaltenen Totenmahl fanden sich nach mittelalterlicher Auffassung Lebende und Tote zusammen. Der Totenkult hat so in den Gilden eine zentrale Rolle gespielt.

Der Begriff Gilde ist ein Forschungsbegriff.[42] Wie der Name sind auch die oben skizzierten Formen und Strukturen, die Kennzeichen, Elemente und Faktoren idealtypisch. Einige Kennzeichen der Gilde bleiben konstant, wie etwa das Gildemahl, das in allen Ausformungen des Gildetypus seinen hervorragenden Standort behält. Erst wenn man diese sozialgeschichtliche Kontinuität berücksichtigt, wird man sich nicht mehr über die bevorzugte Behandlung des Mahls in vielen Statuten und die sich daraus ergebenden geselligen Umgangsformen auch etwa in den sogenannten religiösen Bruderschaften wundern. Andere Gildeelemente verschwinden oder werden durch neue, den alten Elementen verwandte Kennzeichen ersetzt.

Die Entwicklungen, Erscheinungsformen und Veränderungen der Gilde als wichtigster Erscheinungsform der freien Einung in der Herforder Geschichte des Mittelalters stehen im Mittelpunkt dieses Abschnitts. Aspekte wie die Beteiligung der Gilden am Stadtregiment, ihre Pflichten bei der Stadtverteidigung und auch die sogenannten Zunftkämpfe bleiben dabei unberücksichtigt.[43]
Hinweise auf eine gildeähnliche Gemeinschaft in Herford finden wir in der schriftlichen Überlieferung erst Ende des 13. Jh. Am 24. Dezember 1291 geben Schöffen und Ratsherren von Herford der Bürgergemeinschaft der Bäckerstraße (*concivium de platea pistorum*) zum Ausgleich für die durch das Franziskanerkloster erlittenen Schädigungen eine jährliche Rente von drei Schillingen.[44] Obgleich die Urkunde keinerlei Aufschlüsse über die Struktur dieser Gruppe zuläßt, kann man hier an eine auch anderenorts oft anzutreffende Einwohnergilde oder Nachbarschaft[45] denken.
Die Einungen der Kaufleute und Handwerker, die Gilden, erwähnt in einer Aufstellung erstmals das um 1375 niedergeschriebene Herforder Rechtsbuch.[46] Im Zusammenhang mit den Bestimmungen über das *Heergewäte* führt der Schreiber des Rechtsbuches insgesamt 16 Gilden oder Handwerke auf:

1. die Tuchhändler (*wantsnidere*)
2. die Tuchmacher (*wantscherere*)
3. die Schneider (*scrodere*)
4. die Wollenweber (*wullenere*)
5. die Leineweber (*linewevere*)
6. die Geldwechsler (*wesselere*)
7. die Krämer (*cremere*)
8. die Kleinhändler (*hokere*)
9. die Schmiede (*smede*), wozu gehören:
    - die Schmiede (*smede*)
    - die Goldschmiede (*goltsmede*)
    - die Kupferschmiede (*koppersmede*)
    - die Kannengießer (*kannenghetere*)
    - die Topfgießer (*groppenghetere*)
    - die Messerschmiede (*messedsmede*)
    - die Waffenschmiede (*swertveghere*)
    - die Nadelmacher (*netelere*)
10. die Zimmerleute (*tymmerlude*)
11. die Steinmetze (*stenwerte*)
12. die Schuhmacher (*scowerte*)
13. die Kürschner (*peltzere*)
14. die Bäcker (*beckere*)
15. die Knochenhauer (*knokenhowere*)
16. die Barbiere (*bartscherere*).

Von vielen der im Rechtsbuch genannten Gilden und Handwerke sind weitere Zeugnisse wie Gildebriefe überliefert. Dagegen sind Gilden der Geldwechsler, Zimmerleute und Steinmetze gänzlich unbekannt.[47] Etwa gleichzeitig zum Rechtsbuch sind die Gildebriefe der Knochenhauer der Altstadt (1382)[48], der Krämer der Altstadt (1383[49], erneuert 1468 vom Rat der Altstadt und der Neustadt[50]) und der Schneider (1386)[51] überliefert. Nur drei der im Rechtsbuch aufgeführten Gilden treten schon vorher urkundlich in Erscheinung: die Tuchhändlergilde (Gildebrief von 1347 — nicht erhalten —, 1414 erneuert)[52], die Schmiedegilde (Gildebrief von 1348)[53] und die Bäckergilde (Gildebrief von 1349)[54]. In das 15. Jh. und das beginnende 16. Jh. datieren die ersten urkundlichen Erwähnungen der Knochenhauergilde der Neustadt (1421)[55], der Leinewebergilde (Gildebrief von 1446)[56], der Kleinhändlergilde (Gildebrief von 1450)[57], der Kürschnergilde (Gildebrief von 1454)[58] und der Tuchmachergilde (Gildebrief von 1508)[59], von den Wollenwebern[60] und Schuhmachern[61] ist um die Mitte des 16. Jh. in den Quellen die Rede. Die Barbiere schließen sich erst 1663 zu einer Gilde zusammen.[62] Nicht im Rechtsbuch erwähnt sind die bedeutende Riemenschneidergilde (Gildebrief von 1414)[63], die Gerber- (Amtsbuch aus dem 16. Jh.)[64] und die Brauergilde (Gildeordnung von 1555)[65]. Die im Rechtsbuch unter der Schmiedegilde aufgeführten Waffenschmiede finden sich 1414 in der Riemenschneidergilde wieder.

Diese Feststellungen lassen zumindest Zweifel daran aufkommen, ob alle im Rechtsbuch aufgeführten Handwerke bereits zu der Zeit sich zu Gilden zusammengeschlossen hatten. Andererseits ist es auch mehr als unsicher, ob alle damals existierenden Gilden auch urkundlich zu erfassen sind. Denn für die Beurteilung der Gilden gilt generell, daß sie — in Herford bis in das 16. Jh. — illiterat geblieben sind, d.h., es gibt keine Selbstzeugnisse von ihnen.[66] Erst um die Wende zur Neuzeit sind uns Amtsbücher überliefert, die von den Gilden selbst geführt wurden und Einblicke in das Innenleben der Gilde erlauben.[67]

Die oben aufgeführten Gildebriefe sind stets vom Bürgermeister, Rat und / oder Schöffen der Alt- und Neustadt oder beider Städte ausgestellt worden. Sie sind also quasi Teil der Gesetzgebung der städtischen Obrigkeit. Schon die Gilden des frühen Mittelalters kennen wir nur aus den Kapitularien der Könige und Bischöfe. In ihnen ging es im wesentlichen darum, die Tätigkeit der Gilden zu beschränken und einzuengen, vor allem aber die Gilden als geschworene Einungen zu beseitigen, da diese durch eigene Satzungen und Rechtsordnungen der bischöflichen und weltlichen Jurisdiktion entgegenstanden. Man muß sich also darüber im klaren sein, daß die von dem Rat der beiden Städte Herford verordneten Gildebriefe keineswegs die »Wirklichkeit« in den Gilden beschrieben haben, da auch in Herford die städtische Obrigkeit ähnliche Absichten verfolgt haben dürfte wie die Könige und Bischöfe einige Jahrhunderte zuvor. Bezeichnend für diese Absicht ist der Gildebrief für die Kürschner der Stadt Herford vom 30. Januar 1454: Der Gilde wird ausdrücklich untersagt, sich ohne Wissen und Zustimmung des Rates eine neue Willkür und Satzung (*wilkore nach sate*) zu geben.

Grundlage für die Gildesatzung und die Gildegerichtsbarkeit ist der gegenseitig geleistete Eid. Wenn auch die Herforder Gildebriefe den Eid nicht direkt erwähnen, so ist die Gildegerichtsbarkeit dagegen oft Gegenstand der obrigkeitlichen Bestimmungen (Schneider 1386, Kürschner 1454, Riemenschneider 1414 und Tuchmacher 1508). Die Dechen bzw. die Beauftragten fast aller Herforder Gilden hatten zudem durch ihre Eidesleistung dem Rat zu versprechen, Straftaten anzuzeigen und nicht etwa in eigener

Verantwortung — durch die Gildegerichte — zu regeln. Bei den Riemenschneidern nahm sich der Rat 1414 sogar das Recht heraus, vor der Aufnahme von Gildemitgliedern gefragt zu werden. Die Mitgliedschaft in einer Gilde war in der Regel an den Erwerb des Bürgerrechts gebunden. Stets hatte ein Gildeneuling bei seinem Eintritt auch an die Stadt eine Gebühr zu entrichten.

Das zweite wesentliche Kennzeichen der Gilde, das Mahl, scheint kaum den Argwohn des Rates erregt zu haben. Lediglich in zwei Gildebriefen ist die Rede davon: die Gildeordnungen der Tuchhändler 1414 und der Tuchmacher 1508 erlegen jedem neuen Mitglied auf, einen Festschmaus zu spendieren. Erst im gemeinsamen Essen und Trinken wurde die Gilde gelebt und neu erfahren.

Bestimmungen über die Totenmemoria enthält nur der Gildebrief der Tuchhändler von 1414. Vermutlich war das Totengeleit bereits so im täglichen Leben wie im Gildeleben verankert, daß es keiner ausdrücklichen Bestimmung bedurfte. Daß auch die Schöffen in der Stadt Herford bei dem Tode eines Kollegen so verfuhren, spricht für diese Annahme.[68] Wo die Gilden jeweils ihre religiösen Übungen abhielten, ist für das Mittelalter nicht überliefert. Nur von den Bäckern wissen wir, daß die Antoniuskapelle an der Nordseite der Münsterkirche unter ihrer Obhut und Pflege stand.[69]

In einem kleinen Vorbau an der südwestlichen Ecke der Münsterkirche unter dem Turm lag die Kapelle S. Trinitatis. Sie diente zu gemeinsamen Andachten der Herforder Priester- bzw. Klerikergilde.[70] Die Gilde, die sich urkundlich *Bruderschaft zur heiligen Dreifaltigkeit* oder kurz *Kaland* nannte, wurde 1369 gegründet.[71] Die Gründung des Kalands war der Definition Lujo Brentanos folgend eine Antwort der Herforder Priester und Kleriker auf die für sie schwierige Situation der »Desorganisation«.[72] Denn bis zur Verlegung des Dionysiusstiftes von Enger an die Neustädter Johanniskirche im Jahre 1414 fehlte den vielen städtischen Klerikern und vor allem den an Herforder Kirchen bepfründeten Vikaren und Altaristen eine Institution, die Gemeinschaft und Brüderlichkeit bot und für das Totengedächtnis und Grabgeleit sorgte, Elemente also, die Stifts- und Domkapiteln ihren Mitgliedern, in Herford etwa die Abtei den Stiftsdamen, selbstverständlich boten. In der Namensgebung orientierten sich die Herforder Kleriker an den aus dem Frühmittelalter bekannten Priestervereinigungen, die sich regelmäßig am jeweils ersten Tag des Monats trafen (*kalendae*), um das Kalendenfest zu begehen.

Anfänglich soll diese Gilde bis zu 90 Mitglieder gehabt haben. Erst die Äbtissin Anna von Hunolstein als für die Herforder Kleriker zuständige Obrigkeit begrenzte 1486 bei der Neufestsetzung der Kalandssatzung die Zahl der Mitglieder auf höchstens 40 Kleriker aus Herford und Umgebung. Die Satzung — wenngleich auch von oben verordnet — erlaubt interessante Einblicke in das Innenleben der Priestergilde. Abgesehen von genauen Vorschriften über die abzuhaltende Liturgie bis hin zu Festlegungen, welche Kirchenlieder zu singen und welche Psalmen zu beten sind, werden u.a. das Aufnahmeverfahren, das gemeinsame Mahl und das Totengedächtnis sowie das Totengeleit für die verstorbenen Mitglieder geregelt. Nur bei Einstimmigkeit konnte ein neues Mitglied aufgenommen werden. Nicht durch den Eid, aber durch eine dem Eid ähnliche und sehr eng verwandte Art der konstituierenden Rechtshandlung, nämlich das Handgelöbnis (*promittere in manu*), trat das neue Mitglied der Rechtsordnung des Kalands bei und

verpflichtete sich zu einem bestimmten Verhalten und zum Erbringen einer zukünftigen Leistung: zum Nutzen und Fortschritt der Bruderschaft (*utilitatem et profectum huius fraternitatis*).
Eid bzw. Handgelöbnis, Gerichtsbarkeit, Mahl und Totengedächtnis — diese konstitutiven und idealtypischen Elemente der mittelalterlichen Gilde finden sich in der einen oder anderen Form in den Quellen über die Herforder Gilden wieder. Eindeutig beanspruchten die Gildesatzungen »nur für die kraft persönlichen Eintritts Beteiligten« Geltung.[73] Der Rat erließ — zum Teil in den Gildebriefen — auch Bestimmungen für Handwerker, die nicht der Gilde angehörten. Die vielfach gewährten Privilegien (etwa die Vererbung der Gildemitgliedschaft an Söhne und Töchter, die Ausübung des Handwerks u.a.) waren — um mit Gierke zu sprechen — »nur um der Genossenschaft willen da und diente ihren Zwecken«.

Die Korporation der frühen Neuzeit

In der Geschichte der Genossenschaft markiert die Reformation in vielerlei Hinsicht einen entscheidenden Einschnitt. Ob die Reformation des 16. Jh. in den Reichsstädten wie Herford auf der Genossenschaftsidee der Kommune des 11. und 12. Jh. aufbaute, mag dahingestellt bleiben. Generell hat ja gerade das Christentum von seinen Anfängen her »mehr genossenschaftsfördernd als genossenschaftshemmend«[74] gewirkt. Andererseits hat die Kirche über Jahrhunderte hinweg »auch im Sinne einer Sozialdisziplinierung der laikalen Kultur«[75] einen Kampf gegen die freien, vor allem die geschworenen Einungen geführt. Gerade die Gilden der Handwerker waren als religiöse Sondergemeinden Träger dieser laikalen Kultur. In ihnen wurde volksnahe Frömmigkeit wie etwa das Gebet und das Lied in der gesprochenen Sprache — nicht im Kirchenlatein — gepflegt. Diese Kultur und die genossenschaftlichen Formen konnten die Handwerker als eine Art »Gemeinde«-Bewußtsein in die frühen reformatorischen Bewegungen einbringen.[76]
Allerdings markiert die Reformation auch einen gewissen Endpunkt für jene Lebensformen, die der französische Sozialhistoriker Emmanuel Le Roy Ladurie mit »katholischer Kultur« bezeichnet hat: die Verknüpfung von Heiligem und Weltlichem, etwa von Religion und Karneval.[77] In gewissem Sinne zur »katholischen Kultur« gehörte auch die vornehmlich, aber nicht ausschließlich religiöse Ziele verwirklichende Form der Gilde, die sogenannten Bruderschaften. Wie viele solcher Bruderschaften es in Herford vor der Reformation gegeben hat, ist heute nicht mehr festzustellen.[78] Urkundlich erwähnt sind die *Bruderschaft vom hochwürdigen Herzen Christi* (1339)[79] und die *Bruderschaft des Heiligen Leichnam* (1438).[80] Die Reformation bedeutete für diese Gruppen in den meisten Fällen das Ende, sieht man einmal von der Kreuzbruderschaft (1658)[81] ab. Auch der Kaland war in seiner Existenz bedroht. Erste Angriffe der Prädikanten richteten sich nicht nur gegen die gewerblich tätigen Bewohner des Frater- und Süsternhauses, sondern vor allem gegen ihn.
Alfred Cohausz hat den Kaland treffend als »Bankier der gesamten Bevölkerung« bezeichnet.[82] Keine andere Gilde tritt urkundlich so häufig in Erscheinung wie gerade

der Kaland.[83] Er kam durch bedeutende Geldstiftungen aus der Bevölkerung — sogenannte »Seelgerätstiftungen« — zu beträchtlichem Vermögen. Als Gegenleistung pflegten die Kalandsmitglieder das Totengedächtnis für die Stifter. Den Grundstücks- und Kapitalmarkt in Herford bestimmte vor allem der Kaland. Für die für damalige Verhältnisse bedeutende Summe von 416 rheinischen Goldgulden erwarb er 1488 den Kirchenzehnten von Herringhausen[84], 1489 für 70 rheinische Goldgulden den Hagenhof auf der Freiheit, der später als *Kalandshof* bekannt wurde.[85] Diese Dominanz im Wirtschaftsleben Herfords mußte den Unwillen der Bevölkerung erregen. In den reformatorischen Wirren geriet der Kaland nicht nur in theologische Auseinandersetzungen[86], der lutherische Rat konfiszierte 1531 kurzerhand das Kalandsvermögen.[87] Den langwierigen Streit, in dem die Stadt auf der Auflösung des Kalands beharrte, schlichtete schließlich 1534 die Äbtissin Anna von Limburg als vom Statthalter der Grafschaft Ravensberg eingesetzte Kommissarin.[88] Die Stadt gab das Vermögen zurück, erhielt dafür die Zusicherung, daß die Hälfte der 1489 auf höchstens 40 festgelegte Mitgliederzahl für Bürgerkinder reserviert blieb.[89] Jedem der Bürgerkinder waren die einkommenden Gelder jährlich auszuzahlen, solange sie die Schule besuchten oder studierten. Diese Stipendien gingen an andere Bürgerkinder über, wenn die Stipendiaten ein Handwerk erlernten oder einer anderen weltlichen Beschäftigung nachgingen.

Tatsächlich hat diese Regelung bis zur endgültigen Auflösung des Kalands im 19. Jh. Bestand gehabt. Die fast vollständig erhaltenen jährlichen Mitgliederlisten des Kalands weisen in der Regel 20 Kalandsherren (*nomina dominorum*), 16 Stipendiaten (*nomina puerorum*) und 4 Kustoden (*nomina custodum*) aus. Unter den Kalandsherren finden sich zwar immer die Pfarrer der Herforder Kirchen, mehr und mehr aber auch Laien, vor allem Bedienstete der Abtei oder der Landesherrschaft.[90] Dies mag 1618 die Herforder Äbtissin Felicitas von Ewerstein dazu veranlaßt haben, den Kaland daran zu erinnern, daß er zu seinen Vorstehern nur Personen geistlichen Standes und Untertanen des Stifts wählen dürfe.[91] Die Dekane des Kalands hatten für die Verwaltung des Vermögens und die ordnungsgemäße Verteilung der Naturalien und Gelder an die Kalandsmitglieder zu sorgen. Zwar fanden regelmäßig Zusammenkünfte auf dem abteilichen Kalandshofe statt, an denen aber offensichtlich nur wenige Mitglieder teilnahmen. Ihr Interesse lag ausschließlich an der Ausnutzung der dem Kaland zugestandenen Privilegien, der Kaland war nur noch das Mittel, die Körperschaft, die »Korporation«. Die Veränderung des Kalands von einer freien Einung zur Korporation geschah »sehr allmählich und fast unmerklich«. Dieser Überformungsprozeß erfaßte auch die anderen Herforder Gilden; er fand allerdings erst Mitte des 18. Jh. als Ergebnis der Reichszunftordnung von 1731 einen gewissen Abschluß.

Bis weit in das 17. Jh. war Gildepolitik in der Regel Angelegenheit der Städte. Sie bestätigten Gildebriefe, schlichteten Streitigkeiten unter den Gilden, versuchten aber hin und wieder auch regulierend einzugreifen. Gegen den Versuch der Herforder Bürgermeister und Ratsherren, Neuerungen wie Einstandsgelder bei Neuaufnahmen, Dienstleistungen, *Knechtegehen* u.a. einzuführen, wehrten sich die Herforder Gilden. Den Streit mußte schließlich das Reichskammergericht in Speyer 1646 schlichten.[92] Auch die 1687 vom Rat erlassene Herforder Kleiderordnung kann man in diesem Zusammenhang nennen.[93] Die Ordnung schrieb für die scharf geschiedenen Stände die zulässige Kleidung im einzelnen vor. Die Gildemitglieder gehörten als Handwerker vorwiegend dem dritten Stand an.

Nach dem Anschluß Herfords an Brandenburg 1654 kamen landesherrliche Interessen verstärkt zum Tragen.[94] Die Reformen des Großen Kurfürsten hatten die Rationalisierung der Verwaltung und der Wirtschaft zum Ziel. Um eine leistungsfähige Finanz- und Steuerwirtschaft, vor allem aber ein stehendes Heer zu schaffen, mußten Produktivkräfte entwickelt werden.[95] Die landesherrliche Gildepolitik stand daher vornehmlich im Zeichen der Gewerbeförderung.[96] Das Edikt zur Abschaffung der *Commerzien auf dem platten Land* in der Grafschaft Ravensberg, das 1688 der Landesherr auf Betreiben der Städte Bielefeld und Herford erließ, zeugt von diesen Bemühungen.[97] Der Handel hatte sich mehr und mehr von der Stadt auf das *platte Land* verlagert, um der wachsenden Besteuerung zu entgehen. Das Edikt, das den unerlaubten Handel auf dem Lande nicht hat verhindern können, sollte vor allem den Herforder Gilden zugute kommen, die Handel trieben. Zunehmend erregten die Gilden aber selbst den Mißmut des Landesherrn, weil sie sich als Hemmnisse seiner Gewerbeförderung entpuppten. Eine direkte staatliche Aufsicht fehlte zunächst, obwohl Beamte in fast allen Teilen des Landes dies immer wieder forderten.

Seit dem Ende des 17. Jh. häuften sich die Eingriffe des Landesherrn in die inneren Angelegenheiten der Gilden.[98] Auf Anweisung der Kriegs- und Domänenkammer in Minden, die an einem neuen Reglement für die Ämter und Gilden in Herford arbeitete, untersagte der Herforder Magistrat in den 1720er Jahren die Neuwahl der Dechen.[99] Nicht zuletzt Brandenburg-Preußens Initiative führte zur Verabschiedung der Reichszunftordnung am 16. August 1731.[100] Sämtliche früher erteilten Gildebriefe und gewährten Privilegien wurden aufgehoben. Unmittelbar nach der Publizierung des Reichsschlusses in Brandenburg-Preußen am 6. August 1732 erfolgte eine Revision der Gilde- bzw. Zunftstatuten. Die Mindener Kammer forderte daraufhin den Herforder Magistrat auf, die Statuten sämtlicher Herforder Gilden vorzulegen. Die Tuchhändler, Kleinhändler, Bäcker, Schuhmacher, Leineweber, Schmiede, Riemenschneider, Knochenhauer, Hutmacher, Barbiere, Buchbinder, Schönfärber, Tischler, Schneider (einschließlich Wandbereiter), Kramer und Brauer, also insgesamt 16 Gilden, legten ihre Satzungen vor.[101] Die Glaser hatten einen Gildebrief von 1606 vorgezeigt, der aber durch das beim Großen Brand verwandte Löschwasser unleserlich geworden war. Die übrigen Handwerker wie Zeugmacher, Stricker, Zimmerleute und Maurer hielten unter sich keine Gilden. Viele der im Rechtsbuch genannten Gilden bestanden also 1732 noch immer, einige waren im Laufe der Jahrhunderte untergegangen, andere dazugekommen: Die Hutmacher hatten 1628 von Kaiser Ferdinand einen Gildebrief erhalten. Den vom Bürgermeister, Schöffen und Rat 1693 ausgestellten Gildebrief für die Schwarz- und Schönfärber hatte der Preußische König ein Jahr später bestätigt.[102] Von 1704 stammt das königliche Privileg für die Herforder Tischlergilde. Ohne obrigkeitliche Bestätigung hatten sich 1710 die Buchbinder eine Satzung gegeben. Vergleicht man die Aufzählung mit weiteren Gildelisten des 17. Jh., so finden sich — mit gewissen Abweichungen — immer dieselben Gilden.[103]

Von selbstgesetzten Satzungen bis zu königlichen Privilegien reicht die Bandbreite der 1732 vorgelegten Statuten. Aus ihnen und weiteren Quellenbelegen ist der Wandlungsprozeß der Herforder Gilden von freien Einungen zu Korporationen deutlich zu erkennen. Aus den *Gerechtigkeiten und löbliche Weisen und Gewohnheiten des Schneider- und Wandbereiter Amts* von 1600 ist noch klar eine freie Einung zu erkennen: Ein Gildemitglied hatte bei der Neuaufnahme *die Hand in den Huet* zu legen, worauf ihm der Dechen sagte: *daß du die Hand in den Huet legest, halten wir so guth, als schwührest du Gott und seinem Worte und sagen Ihm dann des Ambts Gerechtigkeiten*. Vergehen gegen die Satzung wurden *bey des Ambts willkühriger Straffe* geahndet. Hält die Gilde *Frölichkeit oder Collation*, sollen Eintracht, Freundschaft und Brüderschaft herrschen. Zur Leichenfolge, sogar zum Tragen der Leiche eines verstorbenen Gildebruders ist jeder verpflichtet. Das Handgelöbnis setzten auch die Brauer und Kleinhändler 1732 noch immer an den Anfang ihrer Gildemitgliedschaft, die Knochenhauer sogar noch den Eid. Ihr Gildeartikel von 1658 bestimmt: *Wan dat ambt diesen angehenden Gildebroder gedahen wird, so soll er die Hand in den Hoht legen und diese vorgelesen Wort woll verstehen und schaweren: So wahr alß Gott lebet und bey seinen heyligen wort.* An der genossenschaftlichen Autonomie, an der durch den Eid entstandenen Satzung, an der eigenen Rechtssprechung hielten die alten, schon im Rechtsbuch genannten Herforder Gilden durchweg zäh fest.[104] Ihre Selbstzeugnisse, die Amts- und Rechnungsbücher sowie die selbstgesetzten Statuten lassen diesen Anspruch deutlich erkennen. Auch das Gildemahl (Gerberamtsbuch) und die Totenmemoria (Tuchhändler, Krämer und Bäcker) wurden gepflegt. Die Gilde als Lebensform begleitete den Herforder Handwerker von der Lehrlingszeit bis zum Begräbnis, sie sorgte in Krankheits- und in Todesfällen.

Die überkommene Kultur, die »Symbolik der Fahnen, Siegel und Lade, der Kirchenaltäre, Zunftheiligen und -kapellen, des Geheimwissens, der Wappen, Lieder und Sprüche«[105] stand in voller Blüte.[106] Um 1600 entstand das Amtsgestühl der Bäcker und Kramer in der Radewiger Jakobikirche, fünfzig bis sechzig Jahre später, von 1658 bis 1669, die prachtvollen Handwerkeremporen in der Neustädter Johanniskirche. Die Leineweber, Kleinhändler und Schuhmacher hielten zudem noch einen Kirchenstuhl in der Münsterkirche[107], die Krämer in der Altstädter Kirche. In ihrer Kapelle an der Münsterkirche trafen sich weiterhin die Bäcker. Ein eigenes Amtshaus unterhielten die Krämer an der Brüderstraße, die Leineweber an der früheren Honstraße und die Brauer in der Bügelstraße.[108] In der Stube der Herforder Schneider ereignete sich 1615 ein Streit zwischen dem Fürstlich Mindenschen Amtmann zu Schlüsselburg, Konrad Hartz, und den Gebrüdern Boßmann aus Hamburg, in dessen Verlauf die Brüder den Hartz *einen Esel und Bengel, auch Schelmen und Boßwicht* nannten. Da die Kontrahenten nicht der Gilde angehörten, konnte auch nicht das Gildegericht der Schneider richten. Dies sollte dem Reichskammergericht vorbehalten bleiben.[109]

Das Reichskammergericht in Speyer mußte sich im 17. Jh. mehrfach mit den Herforder Gilden beschäftigen. Stets ging es in diesen Fällen um Privilegien.[110] Symptomatisch ist der Prozeß, den die Tuchhändlergilde gegen die Tuchmachergilde anstrengte. Der Streit um Verkaufsrechte beschäftigte über 80 Jahre die verschiedenen Gerichtsinstanzen, sogar den Landesherrn.[111] Am 1. Juli 1680 berichteten die Landstände der Grafschaft Ravensberg abschließend dem Kurfürsten, daß es *dem Lande am ersprieslichsten* (sei), *wenn denen Wandmachern in Herford vergönnet, ihre Tücher öffentlich zu verkaufen.*[112] Streitigkeiten um Privilegien waren an der Tagesordnung.[113] Eifersüchtig achteten die Gilden auf die ihnen von der Obrigkeit zugestandenden Rechte. Die von dem städtischen Magistrat oder dem Landesherrn gewährten Privilegien und Gildebriefe wurden zum Instrument zur Durchsetzung der der Gilde gewährten Rechte.

Spiegeln die Amtsbücher, selbstgesetzten Statuten oder auch tradierten Ordnungen der alten Herforder Gilden noch vielfach Elemente der freien Einung wieder, sind die seit der Mitte des 17. Jh. bekannten Gildebriefe nur noch der Marktregulierung und der sozialen Kontrolle verpflichtet. Die Gilden beherrschten den Markt, teilten die Produktion gleichmäßig unter den Gildemitgliedern auf und sorgten für ein konstantes Einkommen, in dem sie sich gegenüber Fremden abschlossen. Die Gildemitgliedschaft wurde erbbar, die Nachwuchsrekrutierung erfolgte unter Beachtung genau festgelegter Eintrittsbarrieren und Kontrollmechanismen (*ehrliche* Herkunft, Lehrlingszeit, Gesellenjahre, Meisterstück).[114] Die Gildesatzungen galten damit nicht nur für die Gildemitglieder. Sie wurden jedem innerhalb Herfords »erfolgreich oktroyiert«. Denn die Privilegien der einzelnen Gilden betrafen jeden. Wer ein bestimmtes Handwerk ausüben wollte, wer mit bestimmten Produkten Handel treiben wollte, war den Gildeprivilegien unterworfen. Die Gilde war das »inkorporierte Privileg«, die Korporation.

Als Machtfaktor innerhalb der Stadt konnten die Gilden die letzten Reste ihrer von der freien Einung herrührenden Autonomie (etwa die Gerichtsbarkeit) gegenüber obrigkeitlichen Bestrebungen verteidigen.[115] Die Stadt war zudem auf die Gilden als Geldgeber angewiesen.[116] Erst die Reichszunftordnung von 1731 ermöglichte es dem Magistrat, den Gilden unter Androhung von erheblichen Strafen Beisitzer zuzuordnen.[117] Diese Bestimmung gehört zu den 1734 bis 1737 für die Kurmark Brandenburg erlassenen 63 Generalprivilegien, die Grundlage für eine vollständige Revision aller Gildestatuten in den brandenburgischen Landesteilen wurden.[118] Ziel dieser Generalpatente war die weitgehende Beseitigung letzter verbliebener autonomer Gildestrukturen wie etwa der Gildegerichtsbarkeit. In Anlehnung an diese Gesetzgebung wurden 1767 die Herforder Tuchhändler, Krämer und Bäcker zum Kaufmannsamt zusammengefaßt.[119]

Drei Jahre zuvor hatten die Maurer einen Gildebrief erhalten.[120] Vorausgegangen waren Auseinandersetzungen mit der Kriegs- und Domänenkammer in Minden, die die Herforder Maurer mit ihren Kollegen in Minden und Bielefeld in eine *General-Innung* zwingen wollte.[121] Die neuen Gildebriefe sollten sich nicht nur auf einzelne Städte, sondern auf ganze Landesteile und sogar Provinzen erstrecken. Sie waren ein Mittel, die unzünftigen Handwerker auf dem *platten Lande* in Gilden zu erfassen. Für das Fürstentum Minden und die Grafschaft Ravensberg gelang dieser Plan bei den Schwarz- und Schönfärbern (1743)[122], den Schuhmachern und Lohgerbern[123] und den Tabakspinnern (1749).[124] Die Zeugmacher der Grafschaft Ravensberg erhielten 1736 ihren Gildebrief.[125] Die Herforder Kupferschmiede, Müller und Schmiede konnten sich erfolgreich diesem Ansinnen widersetzen.[126]

Auch die alten Herforder Gilden verzögerten mit Erfolg die Revision ihrer Statuten, was die Mindener Kammer 1744 und 1753 zu energischen Schreiben an den Herforder Magi-

Zeugnisse Herforder Handwerkerkultur

Amtsstuhl der Bäckergilde in der Neustädter Kirche aus dem Jahre 1662

Gildenlade der Tischler aus dem Jahre 1743

△ *Sog. »Stubenschild« der Buchbinder (?) aus dem 18. Jahrhundert*

◁ *Gildenpokal aus Zinn (sog. »Willkomm«) der Schumacher aus dem Jahre 1850*

Petschaften (Siegelstempel) der Glasergilde, der Bäckergilde und der Kaufmannsgilde aus dem 17. und 18. Jahrhundert

strat veranlaßte. Der Erwerb der neuen Patente ging vermutlich über die finanziellen Möglichkeiten der meisten Herforder Gilden. Doch man hielt sich an die neuen Regeln. 1741 beschwerten sich Mitglieder der Brauergilde beim Rat, daß der Gildevorstand es seit geraumer Zeit versäumt habe, über eine Kassenführung Rechnung abzulegen.[127] Die Herforder Brauer regelten diese im Grunde ureigene Gildeangelegenheit nicht mehr in eigener Verantwortung, sondern überließen sie dem Magistrat. So bestanden bis zu ihrer Auflösung im Jahre 1809 die Herforder Gilden ohne genehmigte Statuten weiter. Sie folgten — wohl unter Beachtung der neuen Situation — ihrem mündlich überlieferten Recht.[128]

Die Assoziation der Moderne

Am 14. November 1806 teilte der französische Divisions-General Gobert der Stadt Herford förmlich mit, daß er im Namen Kaiser Napoleons vom Fürstentum Minden, der Grafschaft Ravensberg und damit auch von Herford Besitz ergriffen habe. Herford gehörte von nun an zum neuerrichteten Königreich Westfalen. Die königlich-westfälische Regierung führte am 5. August 1808 durch Gesetz die sogenannte Patentsteuer ein. Die Zahlung der Abgabe — eine Art Gewerbesteuer — und der damit verbundene Erwerb eines Gewerbescheines berechtigte jeden zur Ausübung eines Gewerbes. Damit war der sogenannte Zunftzwang beseitigt: die Gewerbefreiheit herrschte. Die definitive Aufhebung der Gilden in Herford erfolgte durch Gesetz vom 22. Januar 1809.[129]
In Frankreich selbst waren 1776 die Zünfte für kurze Zeit verboten worden. Erst die Französische Revolution sollte den Prozeß der Auflösung vollenden. Die verfassungsgebende Versammlung beschloß im Frühjahr 1791 endgültig die Aufhebung.[130] Der französische Philosoph Jean-Jacques Rousseau hatte in seinem berühmten Werk »Der Gesellschaftsvertrag« (*Contrat social*, 1762) die Ablehnung aller Sondergruppen politisch begründet — aus der Unaufhebbarkeit zwischen Gemeinwillen (*volonté générale*) und Sonderinteressen (*volontés particulières*). Der Begriff Korporation wurde zum Kampfbegriff, zum Inbegriff des Unrechts und finsterer Machenschaften.[131] Fast gleichzeitig hatte es in England eine umfassende Polemik gegen die *corporations* der Handwerker gegeben. In seinem 1776 erstmals erschienenen Buch über den »Wohlstand der Nationen« hat Adam Smith diese Kritik prägnant zusammengefaßt: Zünfte dienten nur der Sicherung hoher Preise und der Einschränkung des freien Wettbewerbs zum Nachteil des allgemeinen Wohls.[132] Sie standen damit im scharfen Gegensatz zu dem von Smith (sowohl in seiner Politischen Ökonomie als auch in seiner naturrechtlich fundierten Sozialtheorie) propagierten autonomen, handlungsfähigen, emanzipierten Individuum.[133] Rousseau und vor allem Smith haben die seit den 1770er Jahren in Deutschland begonnene Kontroverse über den Nutzen und Nachteil der Gilden und Zünfte nicht unerheblich beeinflußt.[134] Das preußische »Allgemeine Landrecht« von 1794 ließ den Gilden und Zünften in begrenztem Umfang ihre landrechtlich sanktionierte Privatgerichtsbarkeit, verdeutlichte aber auch die allgemeine Richtung: Abbau der Privilegien. Vor allem die staatlich privilegierten Manufakturen und Fabriken hatten das Monopol der Gilden und Zünfte bereits erheblich erschüttert. Das Nebeneinander von Fabrik und

Gilde verstärkte auch in Herford den Prozeß der Dekorporierung. 1803 lehnte die Schönfärbergilde das Aufnahmebegehren des Fabrikanten Abraham Wahl ab, da dieser nur in dem fabrikmäßigen Färben, nicht aber im Färbereihandwerk ausgebildet sei. Auch eine direkte Anweisung des Berliner Ministeriums mit der Drohung des Privilegentzugs vermochte die Gilde nicht zur Aufnahme des Färbers bewegen.[135] Der Streit wurde schließlich durch die politischen Verhältnisse und die damit einhergehende Auflösung der Herforder Gilden gegenstandslos.
Kurz nach Veröffentlichung des Aufhebungsdekrets erging durch den Unterpräfekten in Bielefeld an den Maire (Bürgermeister) von Herford der Befehl, sämtliches Bargeld sowie die Gerätschaften und Papiere der Gilden zu beschlagnahmen. Die Kassen der Gilden, die Laden, wurden versiegelt, die Amtsbücher in Verwahrung genommen. Die laufenden Einkünfte — etwa das Stipendium des Bäckeramtes — behielt man zugunsten der Stadtkasse oder des Armenfonds ein. Auch diesmal zog sich die Erledigung dieser von oben angeordneten Maßnahmen durch den Herforder Bürgermeister mehrere Jahre hin: Ständige Erinnerungen und Beschwerden der übergeordneten Instanzen füllen ganze Aktenbände.[136] Erste Übersichten über den Vermögensstand der Herforder Gilden stammen daher erst aus dem Jahre 1812.[137] Nur eine der seit dem Mittelalter bekannten Gilden existierte zu dieser Zeit noch: der Kaland.
Gemäß dem Vertrag von Lunéville (1801) hatte Preußen am 6. Juni 1802 von dem Stift Herford Besitz ergriffen. Sämtliche fundierten Stifte, Abteien und Klöster wurden gemäß § 35 des Reichsdeputationshauptschlusses vom 25. Februar 1803 zugunsten des neuen Landesherrn aufgehoben. Die enge Anbindung des Kalands an die Abtei veranlaßte 1806 das Westfälische Department des Generaldirektoriums in Berlin, die Kriegs- und Domänenkammer Minden nach dem Zweck und Charakter dieser Einrichtung zu fragen. Die Mindener Kammer rechnete in ihrem Bericht den Kaland zu den *geistlichen Corporationen..., deren Fonds gleich mit den aufzuhebenden Klöstern... zur Verbesserung des Schulwesens verwandt werden soll.*[138] Der drohenden Auflösung entging der Kaland nur durch die napoleonische Herrschaft über Herford. Aber auch die französischen Behörden schauten begehrlich auf das Kalandsvermögen.[139] Doch sollte es dem preußischen König Friedrich Wilhelm durch Kabinettsordre vom 6. Januar 1816 vorbehalten bleiben, die *Calands-Gesellschaft zu Herford... zum Besten des dortigen Gymnasiums aufzuheben,* was den Stadtdirektor zu einer ungewöhnlichen Bemerkung veranlaßte: *Es hat mir wirklich eine ganz unbeschreibliche Freude gemacht.*[140] Am 3. Februar 1816 übergaben die verbliebenen Kalandsmitglieder den Schlüssel zur Kalandskiste *auf dem hohen Chor der Münster-Kirche*, eine Schachtel mit alten Kupfermünzen sowie das Kalandssiegel.[141] Die Kalandseinkünfte kamen — wie schon 1806 vorgeschlagen — an das Friedrichs-Gymnasium. Von den alten Verpflichtungen des Kalands — vor allem die Begleitung der aus den bäuerlichen Feldmarken auf die städtischen Friedhöfe gebrachten Leichen — wurden die Lehrer und Schüler entbunden, *das Besingen solcher Leichen* hatte der Schulchor jedoch zu leisten.[142]
Drei Jahre vergingen, bis an der Münsterkirche, der Heimat der *Calands-Gesellschaft*, eine andere Vereinigung ins Leben gerufen wurde. Am 18. Januar 1819 erfolgte die Gründung einer *Pädagogischen Lese- und Conferenz-Gesellschaft für die Diözese*

Herford.[143] Gewissermaßen an die Stelle der alten Korporation trat ein neuer Typ sozialer Gruppen: die moderne Assoziation, der Verein.[144] Gerade die Lesegesellschaften verkörperten in den Jahrzehnten um 1800 die »am weitesten verbreitete und entwicklungsfähigste Vereinsform«.[145] Die Zeit zwischen 1765 und 1819 ist vielfach als eine »erste Phase der politischen Vereinsbildung in Deutschland« deklariert worden.[146] Zeitlich parallel zu der von Rousseau und Smith beeinflußten Diskussion über den Gegensatz von Gruppenkultur und Staat entstanden patriotische Gesellschaften, Lesegesellschaften, die Geheimbünde der Freimaurer und Illuminaten, informelle Aktionsgruppen, politische Diskussionszirkel, studentische Reformgruppen und national-politische Unterstützungsvereine.[147] Zwei Schichten der Modernisierung, zwei Innovationsschübe liefen gegeneinander. Die eine führte im Zeichen der Gewerbefreiheit zur Auflösung alter Gruppenstrukturen (die Korporation)[148], die andere propagierte die Koalitionsfreiheit und erzeugte die uns bis heute bekannte Form des Vereins.[149] In Herford konstituierten sich nach den Befreiungskriegen 1815 mehrere Patriotisch-Gemeinnützige Gesellschaften[150], aber auch pietistische Vereine wie die Bibelgesellschaft von 1817.[151] Diese Gruppen boten für die Bedürfnisse und Interessen der neuen Schichten, Eliten und Klassen ideale Möglichkeiten zur gegenseitigen Information, Bildung und Gedankenaustausch, nicht zuletzt auch zu ungezwungener Geselligkeit.[152] Diese Lebensformen sowie die »Freiheit zum Beitritt, zum Austritt und zur Auflösung«[153] kennzeichneten diese Vereine — Elemente, die bereits den freien Einungen des Mittelalters eigen waren.

Kontinuitäten: die Gesellengilden

Vom 23. August bis 3. September 1848 fand in Berlin der »Allgemeine Deutsche Arbeiterkongreß« statt.[154] Das wichtigste Ergebnis des Kongresses war die Gründung der »Allgemeinen Deutschen Arbeiter-Verbrüderung«, der ersten deutschen Arbeiterorganisation. Die Arbeiterverbrüderung — »eine eigentümliche Fusion von Gewerkschaft und außerparlamentarischer Bewegung mit sozialen und nationalrepublikanischen Forderungen auf dem Boden der politischen Demokratie«[155] — wurde zum Dachverband für die vielen freien Assoziationen der Arbeiter, die Arbeitervereine. Zum Symbol ihrer »Verbrüderung« wählten die Handwerksgesellen und Fabrikarbeiter, die Träger der Arbeitervereine, zwei ineinandergeschlagene Hände. Mit der Hand, dem Handschlag, dem durch die Hand geleisteten promissorischen Eid oder dem Handgelöbnis begründeten seit dem Spätmittelalter die Gesellen ihre Gilden.[156]

Die besondere demographische und ökonomische Lage im 14. Jh. hatte das Entstehen der Gesellengilden erst möglich gemacht. Die Pest- und Seuchenwellen in den 1350er Jahren führten zu einer Verknappung der Kräfte auf dem städtischen Arbeitsmarkt. Die Gesellen erlangten ein Übergewicht zuungunsten der Meister, die Löhne stiegen. Konflikte zwischen Meistern, Gesellen und städtischen Obrigkeiten waren die Folge. Die Handwerkergilden, die bislang Meister, Gesellen und Lehrlinge vereint hatten, spalteten sich gewissermaßen. In dieser Situation der »Desorganisation« schlossen sich die Gesellen mit den Lehrlingen zu eigenen Gilden zusammen.

Gegründet auf das einander geleistete Gelöbnis — den konstitutiven Akt —, umfaßten wie alle anderen Gilden auch die Gesellengilden religiöse, wirtschaftliche, soziale und kulturelle Bereiche gleichermaßen. Die Gesellen übernahmen vielfältige Aufgaben der sozialen Sicherung bei Krankheit, Tod und Arbeitslosigkeit. Schon früh entstanden die eigenen Kassen, die Gesellenladen. Die Gesellenherbergen nahmen die wandernden jungen Handwerker auf. Durch die Versorgung der herumziehenden und oft arbeitslosen Gesellen kam diesen Vereinigungen eine Schlüsselrolle nicht nur im Sozialbereich, sondern auch bei der Stellenvermittlung auf dem Arbeitsmarkt zu. Intern schufen die Gesellen Normen, mit denen sie sich von anderen Gruppen ihrer Umwelt abgrenzten. Dazu gehörte die für heilig gehaltene Gesellenehre, vor allem aber die Gesellengerichtsbarkeit, deren Urteile die Gesellen selbst gegenüber Meistern und anderen Gilden durchzusetzen wußten.[157] Im Zweifel entschied sich das Mitglied einer Gesellengilde gegen seinen Meister und für seinen Kollegen: Es riskierte eher eine Freiheitsstrafe, als daß es sich der Gilde gegenüber illoyal verhielt. Die Gesellen entzogen sich damit sowohl der Befehlsgewalt wie der Fürsorge der Meister; sie durchbrachen das Prinzip des »Ganzen Hauses«. Die Herbergen der Gesellen waren der Ort, wo die eigene Kultur etwa beim gemeinsamen Mahl gepflegt wurde.[158] Zur Bewältigung der sozialen Konflikte schufen die Gesellen Formen, die noch heute Arbeitskämpfe prägen: die kollektive Arbeitsverweigerung, den Streik. Um mit dem Gegner, den Meistern, in Distanz verhandeln zu können, zogen die Gesellen aus der Stadt — wie die heutigen Arbeiter aus dem Betrieb. Ebenso wirkungsvoll war der Boykott von Meistern als Verruf. Die Gesellen entwickelten eine spezifische gruppenbezogene Religiosität, eng angelehnt an die eigene Kultur. Dazu gehörte das Totengedenken, das man besonders montags pflegte. Der *blaue Montag* geht auf diesen Brauch zurück.

Das in ihren Gilden praktizierte Modell der Brüdergemeinde ließ die Gesellen schnell die Partei der Reformatoren ergreifen. Das Festhalten an den Formen ihrer gewachsenen — auch religiösen — Kultur entzweite jedoch Gesellen und geistliche Reformer; exemplarisch ist hier die Schrift Luthers vom *Säuischen Wesen der Bruderschaften*.[159]

Seit dem 16. Jh. vergrößerte sich die Kluft zwischen den Gesellengilden einerseits und kirchlichen wie weltlichen Obrigkeiten andererseits. Massiv bekämpften die Territorialstaaten vor allem die Gesellengerichtsbarkeit als zentralen Ausdruck der Gildenormen.[160] Hier findet sich der »Fundamentalvorgang« der »Sozialdisziplinierung«, der für die Umgestaltung sozialer Gruppen in der Neuzeit so konstitutiv ist.[161] Ausdruck der Disziplinierungsversuche sind die beiden Herforder Gesellenordnungen des 17. Jh. 1616 legte die Leinewebergilde[162], 1621 die Bäckergilde die jeweiligen Gesellenstatuten fest.[163] Der Versuch der Leineweber, die Gerichtsbarkeit ihrer Gesellen einzuschränken, ist dabei nicht zu verkennen. Die Handwerkergilden stellten die Rechtsprechung der Gesellenvereinigungen aber nicht grundsätzlich in Frage. Zum einen nahmen sie dieses Recht auch für sich selbst in Anspruch, zum anderen kamen die erzieherischen und selektiven Maßnahmen — z.B. das Fernhalten der *Unehrlichen* — den Meistern in besonders willkommener Weise entgegen.[164]

Je weniger es aber den Meistern gelang, die Gesellen und ihre Gilden in den für vertretbar gehaltenen Rahmen zu halten, desto öfter gingen die Landesherrn gegen die Gesellengilden und ihre Gerichtsbarkeit administrativ vor. Die Reichszunftordnung von 1731 wies die Gesellen in die Schranken.[165] Die Sanktionen, mit denen die Gesellen die Urteile ihrer Gilden durchzusetzen pflegten — das Schelten, Schmähen, Auf- und Umtreiben —, wurden streng verboten. Den Gesellen wurde der Weg der »normalen« Gerichtsbarkeit gewiesen. Eine gewisse, an enge Grenzen gebundene Strafgewalt ließ man den Gesellen weiterhin. Verstöße gegen die neuen Gesetze bedrohte der Landesherr mit Gefängnis, Zuchthaus, Festungsbau, Galeerendienst oder gar der Todesstrafe. Auch der polizeiliche Einsatz von Soldaten gegen rebellische Gesellen war vorgesehen. Die in Westfalen nach 1750 eingeführten General-Artikel folgten dieser Linie, wie die Gildebriefe für die Herforder Maurer (1764), Schönfärber (1743) und Tabakspinner (1749) zeigen.[166] Bereits 1733 hatte der Herforder Magistrat infolge des Reichsschlusses von 1731 den verschiedenen Gesellengilden in der Stadt die Führung einer Lade untersagt. Die ältesten Dechen der Handwerkergilden hatten die *Büchse* für die Gesellen zu führen. Diese Vorschrift wurde, wenn überhaupt, lediglich zwei Jahre befolgt. Bereits 1735 schafften sich die Gesellen neue Laden an und hielten sie auf ihren Herbergen.[167] 1739 erließ der Magistrat eine *denen Königlich allergnädigst Privilegiis und Innungs-Articuln conforme* (!) *Verwaltungs Instruction für die Tuch- und Zeugmacher-Gesellen* in Herford.[168]

Diese Reglementierungs- und Disziplinierungsversuche hielten 1751 die Herforder Schustergesellen aber nicht davon ab, zu den eingeübten und überkommenen Formen des Arbeitskampfes zu greifen: Sie traten in den Streik.[169] Ein offensichtlich bedeutungsloser Anlaß führte zur Solidarisierung der 19 Schustergesellen mit ihrem Gildebruder Adolph Richter, der als Geselle bei dem Schustermeister Lokamp arbeitete. Die Revolte lief folgendermaßen ab: Die Gesellen wurden morgens durch das *Herumstrecken* — also das Herumzeigen — des Ladeschlüssels *aufgetrieben*. Sie verließen umgehend ihre Arbeitsstätte und versammelten sich auf der Herberge. Bezeichnenderweise ließen sie dann durch ihre Altgesellen die Dechen der Schustergilde um Rat fragen. Nachdem von dort die Auskunft kam, *sie sollen machen, was sie wollen*, zogen die Gesellen unter Einfluß eines aus Braunschweig zugewanderten Kollegen mitsamt ihrer Fahne aus der Stadt ins benachbarte lippische Salzuflen, wo sie sich bei dem Kellerwirt *einlagerten* und so lange *schmausten*, bis die Herforder Schustermeister sie für 21 Reichstaler auslösten. Die Gesellen zogen nach einigen Tagen in die Stadt Herford zurück. Die *Rädelsführer und Urheber* wurden festgesetzt und unter Anklage gestellt. Die nun eingeleiteten Untersuchungen brachten für den Herforder Magistrat ungeahnte »Mißstände« an den Tag. Die 1733 angeordneten Maßnahmen zur Aufsicht der Gesellen hatten die Handwerkergilden durchweg nicht beachtet. Die Revolte führte auch zu einer erheblichen Mißstimmung zwischen Herford und Salzuflen. Nach den Reichsbestimmungen hätten die Lipper die Anführer der Revolte in Haft nehmen müssen. Ergebnis des Vorfalls war die *Verwaltungsinstruktion für die Herfordischen Schustergesellen vom 28. Januar 1752*.[170] Auch diese Ordnung ließ der Gilde der Schustergesellen noch ihre, allerdings streng reglementierte Gerichtsbarkeit, die aber wohl nicht mehr wie früher ausgeübt wurde. 1787 ließen die Gesellen beim Magistrat anfragen, ob persönliche Anwesenheit bei den halbjährigen Versammlungstagen vor der Lade nötig sei und ob im Falle des Fernbleibens die Gilde Strafen verhängen könne, da sonst die *Ordnung* nicht beachtet würde.[171] Dies zeigt, daß die Gildegerichtsbarkeit wohl nicht mehr bei allen Mitgliedern durchgesetzt werden konnte. Wirtschaftliche und soziale Gründe hatten die Homogenität der Mitgliederstruktur ins Wanken gebracht.[172]

Die letzten Jahrzehnte des 18. Jh. waren geprägt durch stark ansteigende Nahrungsmittelpreise bei gleichzeitig sinkenden Reallöhnen.[173] Verlage und Manufakturen engten den Spielraum der Handwerksbetriebe spürbar ein, so daß sich ein handwerkliches Proletariat ohne Aussicht auf Selbständigkeit herausbildete. Viele Gesellen fanden jedoch in den Manufakturen und Großgewerben Arbeit, wobei die fast unbeschränkte »Freiheit« der Fabrikarbeit die Bindung der »Gesellenarbeiter« an ihre Vereinigung beendeten.[174] Die Handwerkergilden verschärften nun die seit langem bestehende Tendenz, nur Meistersöhnen den Zugang zur Meisterschaft zu ermöglichen, die anderen Gesellen aber davon auszugrenzen: ein sich verschärfender Kreislauf.[175] In dieser Situation weigerten sich immer mehr Gesellen, zur Unterhaltung fremder, unvermögender Kollegen Beiträge zu entrichten. 1774 lehnte es der Herforder Schlossergeselle Conrad Bernhard Fischer ab, den erhöhten *Beitrage zum Trunke* zu bezahlen, da er vom Trinken nichts hielte, sondern *Stille und Ordnung, nicht aber wie wol andere das Gesause und Schwärmen der Herberge liebe.*[176]

Die Verarmung weiter Teile der Gesellen löste nun auch verschärfte Interessenkonflikte zwischen Meistern und Gesellen aus. Streiks häuften sich. Wohl unter dem Einfluß der französischen Revolution verknüpften die Gesellen ihre Arbeitskämpfe mit politischen Parolen.[177] Die Handwerksgilden riefen schließlich unter dem Eindruck nicht enden wollender Streiks die Obrigkeit zur Hilfe, ebneten damit aber auch ihrer eigenen Abschaffung den Weg.

Der preußische Staat handelte kurz und entschlossen.[178] Nachdem mehrere Edikte und Reglements in den 1790er Jahren[179] nicht den erwünschten Erfolg zeitigten, rückte man den Gesellengilden mit rigorosen polizeilichen Maßnahmen zu Leibe. Die Aufstände brachten um die Wende zum 19. Jh. den beteiligten Gesellen nicht selten Verwundungen oder gar den Tod. Die Welle der Arbeitsniederlegungen im Handwerk flaute durch das koordinierte Vorgehen der meisten deutschen Staaten um 1800 ab. Durch eine konzertierte Aktion bereiteten die deutschen Städte — darunter auch Herford — den Vereinigungen der Tischlergesellen in ganz Deutschland den Garaus.[180] Die übrigen Gesellengilden blieben — wenngleich wesentlicher Elemente beraubt — bis zur Einführung der Gewerbefreiheit in den napoleonischen Staaten und in Preußen, in Herford bis 1808, bestehen. In diese Auseinandersetzungen scheinen die westfälischen und auch die Herforder Gesellengilden allenfalls am Rande verwickelt gewesen zu sein. Sie wurden bei der Auflösung der Handwerkergilden sogar gelegentlich übersehen: »Dem Fehlen dramatischer Konfrontationen entsprach das undramatische Ende der Gesellenvereinigungen« in Westfalen und Herford.[181] Jedoch: Erst der Einsatz von Soldaten hatte den seit dem Spätmittelalter auf umfassende Ziele ausgerichteten Gesellengilden ein gewaltsames Ende bereitet. Anders als die Handwerkergilden bewahrten sich die Gesellen in ihren Vereinigungen bis zuletzt noch weitgehend die genossenschaftliche Autonomie, wie sie uns aus den freien Einungen des Mittelalters geläufig ist. Was über das formale Ende erhalten blieb, war die Bereitschaft der Gesellen, sich gegenseitig zu unterstützen und die überlieferten Formen des geselligen Zusammenlebens und ihrer Kultur aufrechtzuerhalten.

Bereits 1818 beantragten die Herforder Tischlergesellen beim Magistrat die Erlaubnis zur Wiedereinführung ihrer Gesellenlade, um ihre kranken und reisenden Kollegen zu unterstützen. Diesen Antrag leitete der Bürgermeister mit den wärmsten Empfehlungen an den Landrat weiter, da die städtische Armenkasse dieser Unterstützungsverpflichtung bislang nur sehr unzureichend nachgekommen war.[182] Selbst auf dem Höhepunkt der Gesellenaufstände in den 1790er Jahren waren die Unterstützungseinrichtungen der Gesellengilden nie Gegenstand von Angriffen gewesen.[183] Ganz im Gegenteil: Nur diese selbstorganisierte Krankenfürsorge hatte den Gesellengilden ein so langes Überleben ermöglicht. Die in Herford nach Ausweis der städtischen Untersuchungen von 1733 von allen Gesellengilden geführte Lade oder *Büchse* — die Schuhmachergesellen führten auch eine *Armenbüchse*[184] — befreite die Meister von sozialen Sicherungsaufgaben und entlastete die Stadt von ihrer »subsidiarischen Armenpflicht«.[185] Die Handwerkergilden selbst übernahmen dieses Selbsthilfeprinzip und gründeten 1728 und 1742 eigene Sterbekassen.[186] Die Existenz einer Ravensberger Prediger-Begräbnis-Societät in Herford (später: Ravensberger Prediger-Sterbekasse) von 1795 beweist die Attraktivität dieser Idee auch für Nichthandwerker.[187] Daß der Herforder Bürgermeister auch nach Einführung der Gewerbefreiheit gegen den Widerstand des Herforder Landrats und der Regierung in Minden die Wiedereinführung der Gesellenladen — wenngleich unter obrigkeitlicher Kontrolle — unterstützte, darf man als »Eingeständnis der Leistungsfähigkeit der Gesellenladen« werten.[188]

Von 1820 bis 1850 reaktivierten fast alle Herforder Gesellen ihre Laden.[189] Die kranken und durchreisenden Gesellen fanden Unterkunft in den wiedereröffneten Gesellenherbergen. Die Tischlergesellen benutzten wieder ihr Siegel. Die Versammlungen knüpften an die alten kulturellen Traditionen und Geselligkeitsformen an.[190] Der *Willkomm*, ein Begrüßungstrunk und Pokal, erfreute sich regen Zuspruchs.

Daß auch die Handwerksmeister nicht wenige wichtige Kompetenzen von ihren Handwerksgilden, den »Korporationen«, in die Innungen des 19. und 20. Jh. hinübergerettet haben, ist schon an anderer Stelle gewürdigt worden.[191] Das Auseinanderklaffen von Zielen der Meister und Gesellen hatte aber spätestens der Verlauf des Handwerkerkongresses 1848 in Frankfurt demonstriert.[192] Auch durch die Gesellenschaft liefen »mehrere Trennungslinien mit Zickzackkurven hindurch«.[193] Hunderttausende von Gesellen hatten wegen der Aussichtslosigkeit, eine Meisterstelle zu erlangen, den Weg in die Fabrik gewählt.[194] Ihre Lebenserfahrungen und Hoffnungen sollten der Entwicklung von Interessen dienen, die sie mit anderen Angehörigen des neuen Industrieproletariats teilten.

Ausblick

Von einer ungebrochenen Kontinuität von den Gesellenvereinigungen des 18. Jh. zu den frühen Gewerkschaften der Fabrikarbeiter und Arbeitergesellen kann daher nicht gesprochen werden.[195] Unzweifelhaft hat die Arbeiterbewegung aber vieles von den Gesellenvereinigungen übernommen: von den Formen der gegenseitigen Unterstützung, der Geselligkeit und der Organisation, des Arbeitskampfes und nicht zuletzt von ihrer Symbolik.[196] Der den Gesellenladen zugrundeliegende Kassengedanke fand Eingang in die Arbeitervereine und Arbeiterbildungsvereine[197], in Sterbekassen[198] wie der Fahnenbrüderschaft der Maurer und Steinhauergesellen in Herford (1871)[199], letztlich auch in das staatliche System der Krankenkassen und der Sozialversicherung.[200]

Auch andere Vereinsaufgaben übernahm nach und nach die öffentliche Hand. So wurde z.B. die 1902 gegründete Freiwillige Feuerwehr Herford gemäß § 11 des Gesetzes über Feuerschutz im Lande Nordrhein-Westfalen vom 2. Juni 1948 Bestandteil der öffentlichen Einrichtungen der Stadtgemeinde, der Verein selbst am 17. April 1950 im Vereinsregister gelöscht.[201] Gleiches gilt für den Verein »Freigewählte Cassenärzte« in Herford von 1906, der sich der Ärztekammer Westfalens angliederte und am 23. Oktober 1947 gelöscht wurde.[202] Ähnliches gilt für das früher vom Altertumsverein getragene heutige Städtische Museum.

Auf der anderen Seite gab und gibt es immer wieder Versuche, öffentliche Aufgaben in die Hand von Vereinen zu legen. So entstanden seit 1935 in zunehmendem Maße wieder Unterstützungskassen als eingetragene Vereine (e.V.), die aber nicht, wie zu Beginn des 19. Jh., mangels staatlicher Rahmenversorgung oder aus Gründen der Bewahrung gemeinsamer beruflicher Identität ins Leben gerufen wurden. Sie stellten im Gegenteil den Grundstock zusätzlicher betrieblicher Absicherung einerseits und ein Steinchen der nationalsozialistischen Gleichschaltungspolitik andererseits dar. Beginnend mit der Hilfs- und Unterstützungskasse Westfälisches Textilwerk Adolf Ahlers in Herford-Elverdissen kamen bis 1945 insgesamt 24 »Gefolgschaftsunterstützungskassen« hinzu.[203] Einige von ihnen, etwa der Gefolgschaftsunterstützungsverein der Firma Ludwig Weinrich KG, Herford, wurden nach dem Krieg aufgelöst, andere bestanden noch in den 1960er Jahren.[204]

Ob die gegenseitige Unterstützung etwa in Form der Sterbekassenvereine angesichts der finanziellen Schwierigkeiten der Sozial- und Rentenversicherung wieder eine ernsthafte Alternative ist, wird die Zukunft zeigen. **(T. H.-C.)**

Stefan Birnbaum

Im Namen der Bürger: Stadtrat und Behörden

Einleitung

Neue politische Themenfelder wie Umweltschutz, Wiederbelebung der Innenstädte oder Verkehrsplanung einerseits sowie eine vielerorts zu beobachtende Renaissance selbstorganisierter oder genossenschaftlicher Lösungsversuche von Lebensbedürfnissen der Bürger in der Form von Bürgervereinigungen oder -initiativen andererseits verraten ein zunehmendes Interesse an der kommunalen Ebene des Handelns von Politik und Verwaltung.

Die historische Organisation städtischer Selbstverwaltung bildete, wie schon der Soziologe Max Weber zu Beginn dieses Jahrhunderts bemerkt hat, eines der grundlegenden Elemente europäischer Zivilisation, ja sie verlieh dieser, etwa in Westeuropa oder Norditalien, erst ihre wirtschaftliche Dynamik und legte wesentliche Grundlagen für die Entwicklung der modernen Staaten der Neuzeit.[1] Diese weitgehende Autonomie, sei es nun als Stadtstaat oder »Reichsstadt«, fiel den Kommunen freilich nicht einfach zu, sondern sie wurde in der Regel in langwierigen, sich gelegentlich über Jahrhunderte hinziehenden Auseinandersetzungen von den bisherigen geistlichen und weltlichen Stadtherrn erstritten, bevor sie dann in erhebliche Konkurrenz zu den aufkommenden Landesherrschaften und den von ihnen geschaffenen Institutionen geriet.

Im folgenden Kapitel geht es nicht allein um eine Darlegung der einzelnen Institutionen und ihrer Trägergruppen. Vielmehr soll am Beispiel Herfords die Entwicklung des Spannungsverhältnisses zwischen dem Streben der Bürger nach Beteiligung an Belangen, die das gesamte Gemeinwesen betreffen (»Partizipation«) und der damit verbundenen Selbständigkeit bei der Organisation ihrer Interessen (»Autonomie«) und der aus der Rückschau scheinbar zwangsläufigen Tendenz zu obrigkeitlichen und bürokratischen Strukturen auch in einer Gemeinde beschrieben werden. Man beklagt sich heute zunehmend über anonyme, an undurchsichtige Interessen geknüpfte Entscheidungsmechanismen und erhofft gelegentlich Besserung durch »eine Erneuerung der Politik von unten«, vermehrte Bürgernähe oder Selbstverwaltung.[2] Diese scheinbar neue Programmatik hat freilich — wenn auch in Vergessenheit geratene — Vorläufer in der Vergangenheit, so daß durch eine historische Rückschau manch schillernder Begriff an seinen Wurzeln untersucht und relativiert werden könnte.

Neben den für eine städtische Selbstverwaltung wesentlichen Elementen Stadtrat, Bürgermeister, Verwaltungs- und Ordnungskräften oder einer selbständigen Rechtssprechung gilt es dabei ebenso die jeweiligen Bedürfnisse der Bürger auszuloten, die die genannten Institutionen »kanalisieren« und einlösen mußten. Die für die Neuzeit typische Verflechtung bürokratischer Instanzen erlaubt keine Beschränkung auf die Binnenperspektive städtischer Verhältnisse, wenn es um Organisationsformen, politische Vorgänge und deren Auswirkungen auf die Stadtbewohner geht. Daher wird immer auch die Frage nach dem Verhältnis Herfords zu übergeordneten Körperschaften (Staat, Regierungsbezirk, Kreis, Landesherrn usw.) von Bedeutung sein, um somit das jeweilige Maß kommunalen Entscheidungsspielraums zu berücksichtigen. Angesichts der Notwendigkeit, den Bogen von der Stadt des Hochmittelalters bis zur ostwestfälischen Mittelstadt des 20. Jh. zu schlagen, erscheint eine Schwerpunktsetzung auf wesentliche Strukturmerkmale und die durch Quellen besser belegte jüngere Vergangenheit sinnvoll, wobei die jeweiligen historischen Einschnitte des 13., 17., 19. und 20. Jh. als wichtige Markierungspunkte dienen.

Die Zeit vom 12. bis zur Mitte des 17. Jahrhunderts

Gegen Ende des Dreißigjährigen Krieges zählte das seit 1631 durch Beschluß des Reichskammergerichts nach jahrzehntelangem Rechtsstreit zur »Freien Reichsstadt« erklärte Herford gut 3000 Einwohner.[3] Obwohl es wie benachbarte Orte unter den Kriegswirren mit ihren Plünderungen, Einquartierungen sowie Feuersbrünsten und Hungersnöten erheblich gelitten hatte, zeichnete seine Bürger, vor allem die Führungsschicht, ein erhebliches Selbstbewußtsein aus, denn Rats- und Gerichtsverfassung der Stadt konnten auf eine lange Tradition zurückblicken.
Den Status einer Reichsstadt, das heißt der unmittelbaren Unterstellung unter König oder Kaiser ohne von geistlicher oder weltlicher Herrschaft abhängig zu sein, hatte die Stadt schon seit dem 14. Jh. mit zunehmendem Erfolg in Anspruch genommen. Auch das Stift galt seit dem Frühmittelalter als »papst- und reichsunmittelbar«, was u.a. in der freien Wahl einer Äbtissin zum Ausdruck kam, mußte aber andererseits eine Einschränkung seiner Selbständigkeit durch »Schirmvögte«, d.h. fremde Territorialherren, denen die weltliche Gerichtsbarkeit im Ort unterstand, hinnehmen. Diese äußeren Einflüsse der wechselnden Inhaber der »Vogtei« oder des »Reiches« sowie das komplizierte rechtliche Verhältnis zwischen Stadt und Stift bildeten bis ins 17. Jh. den Bezugsrahmen für die innere Entwicklung Herfords.
Die Zeit seit dem Ende des 12. Jh. steht im Zeichen des Aufbaus und der Organisation der »stadtähnlichen Siedlung« oder »frühmittelalterlichen Kleinstadt«[4] von Kaufleuten und Handwerkern, die sich nach der Gründung des Stifts (789) in der Umgebung der Abtei und des (Alten) Marktes gebildet hatte. Sicher vor 1170, urkundlich etwa zwischen 1219 und 1226 ist eine *civitas* genannt. 1191 gibt es einen Herforder Richter (*tribunus plebis*) und einen Gemeindevorsteher (*magister civium*). Zur selben Zeit stiegen in Europa und auch in Westfalen eine ganze Reihe von Kaufmannssiedlungen und Kirchorten zu Kleinstädten auf. Diese Entwicklung vollzog sich in der Regel in der Form der

geschworenen Einung. Die *coniuratio* war die Grundlage der kommunalen Bewegung des 11. und 12. Jahrhunderts. Die Kommune, die im Frühmittelalter zunächst als bäuerliche Kommune in Erscheinung trat, erlangte im Hochmittelalter als städtische Kommune ihre allergrößte und bis in die Gegenwart reichende Bedeutung. Sie gehört neben der Gilde zu den wichtigsten Repräsentanten der *coniuratio* in der europäischen Geschichte.[5] Ob eine geschworene Einung von Kaufleuten und Handwerkern auch in Herford Grundlage für die Bildung einer Kommune, einer Stadtgemeinde, gewesen ist, ist von der schriftlichen Überlieferung her nicht zu belegen, jedoch zu vermuten. Neben dem Bestreben nach gegenseitigem Schutz und Beistand ging es den Herforder Bürgern bald auch um die Erlangung von Mitwirkungsrechten an der Stadtregierung. Vor allem für die abhängige Landbevölkerung bedeutete das Leben hinter den bald in Herford entstehenden Stadtmauern die Aussicht auf persönliche Freiheit: *Stadtluft macht frei*. Darüber hinaus ging es aber zunehmend ebenso um die Durchsetzung politischer Rechte gegenüber der stiftischen Stadtherrin.

Zu der zuerst entstandenen Altstadt gehörte der kleinere Stadtteil Radewig; die um 1224 gegründete Neustadt blieb bis 1634 administrativ unabhängig — hatte also ein eigenes Rathaus, einen Bürgermeister und einen Stadtrat. Seit dem 13. Jh. ist eine stetige Entwicklung bis hin zu einer voll entwickelten Selbstverwaltung zu beobachten, die seit der Eingliederung in den brandenburgisch-preußischen Machtbereich 1647 / 52 von einem ebenso kontinuierlichen Verfall städtischer Unabhängigkeit abgelöst wurde.

Seit den Anfängen der Stadt Herford war der »Rat« nicht nur ein Repräsentativ-, sondern auch ein Verwaltungsorgan. Anders als nach der modernen Gewaltenteilung hatten schon die ersten in den Urkunden des 13. Jh. überlieferten Amtsträger — *scabini* und *consules* (Schöffen und Ratsherrn) — exekutive Funktionen. Der entscheidende Schritt zur Entwicklung eines eigenständigen Stadtrechts mit präziserer Festlegung von Rechten und Pflichten der Organe der Bürgerschaft erfolgte wohl in der Mitte des 13. Jh. Die Äbtissin Ida verpflichtete sich in einem aus dem Jahre 1256 überlieferten Vertrag mit der Stadt, die Altstadt und die 1224 von ihrer Vorgängerin Gertrud zur Lippe und deren Schirmherrn, dem Erzbischof Engelbert von Köln, gemeinsam gegründete Neustadt Herfords »nur mit dem Rat der Bürger zu regieren und das Burggericht (Gericht über Märkte, Maße und zivilrechtliche Angelegenheiten der Bürger untereinander) an vier Bürger als Lehen zu übergeben«.[6] Neben der »freien Ratswahl« bildete die hier konzedierte Gerichtshoheit das entscheidende Kriterium der Selbständigkeit einer Bürgerschaft. Darüber hinaus verklammerte das Burggericht die Alt- und Neustadt Herfords bis zu ihrer Vereinigung. Die Vertretung des Bürgermeisters oder von Ratsmitgliedern in den Schöffenkollegien des Burggerichts, später auch des »Go- und Vogtgerichts«, verdeutlicht die enge Verflechtung der Rechtssprechung mit der Ratsmitgliedschaft.[7] Diese bis zum 15. Jh. voll entwickelte eigenständige Jurisdiktion erstreckte sich allerdings nicht auf die zur Abtei gehörenden Personen beziehungsweise auf die auf stiftischem Gebiet lebenden Ministerialen (Ritter) und Bediensteten. Wie wichtig dieses Merkmal städtischer Autonomie von den Bürgern genommen wurde, ist an dem langen und schließlich erfolgreichen Ringen mit dem Kölner Schirmvogt um das Recht abzulesen, daß nur Bürger der Stadt das Amt des Richters ausüben dürften. Im Zusammenhang mit

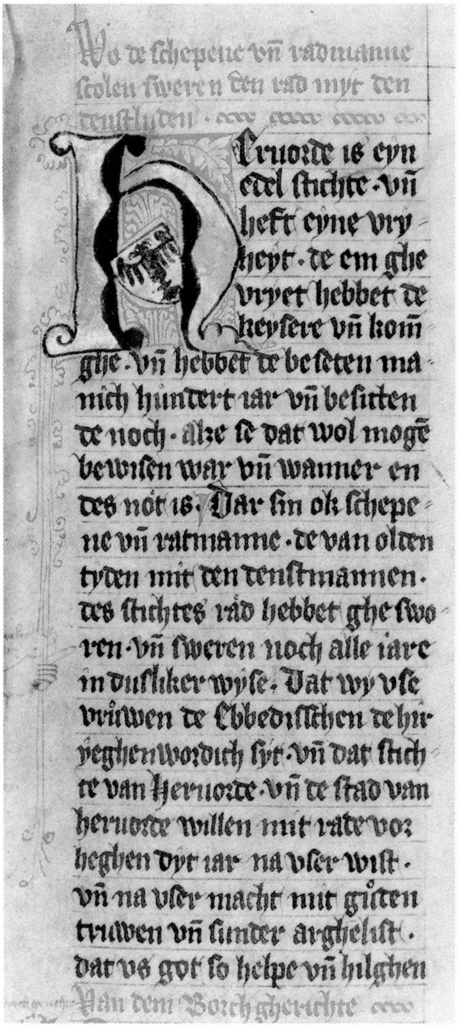
Wo de schepene vñ radmanne
solen sweren den rad myt den
denstluden
Heruorde is eyn
edel sticht vñ
heft eyne vry
heyt de em ghe
vryet hebbet de
keysere vñ koni
ghe vñ hebbet de beseten ma
nich hundert iar vñ besitten
de noch alze se dat wol moge
bewisen war vñ wanner en
des not is. Dar sin ok schepe
ne vñ ratmanne de van olden
tyden mit den denstmannen
des stichtes rad hebbet ghe swo
ren vñ sweren noch alle iare
in dusliker wyse. Dat wy vse
vruwen de ebbedisschen de hir
yeghenwordich syt vñ dat sticht
de van Heruorde vñ de stad van
heruorde willen mit rade vor
beghen dyt iar na vser wist
vñ na vser macht mit guden
truwen vñ sunder arghelist
dat vs got so helpe vñ hilghen
Van dem Borchgherichte

Das Herforder Rechtsbuch, um 1375. Es enthält im ersten Kapitel nach dem Prolog den Eid, den die Schöffen und Ratmannen jährlich der Äbtissin zu leisten hatten

dieser Auseinandersetzung wurden 1444 sogar Kölner Richter aus der Stadt gejagt. Der Nachweis eines Stadtsiegels (*sigillum civium Hervordensium*), des nach Soest zweitältesten unter den Siegeln westfälischer Städte[8], das sich im Besitz der genannten Schöffen befand, liefert ein weiteres Indiz für die frühe »Existenz der Stadt als eigene(r) Rechtspersönlichkeit«.[9] Das um 1375 angelegte Herforder Rechtsbuch faßte erstmals die Rechtsnormen zusammen.[10]

Die Chancen zur Weiterentwicklung ihrer Emanzipation von geistlicher Stadtherrschaft hat die wachsende und zunehmend selbstbewußtere Bürgerschaft dann auch zielstrebig genutzt. Folge war das *Kondominat,* die das ganze Mittelalter hindurch andauernde einvernehmliche Teilung der Macht zwischen Stift und Rat, die aber zugleich — reichsrechtlich betrachtet — eine Zusammengehörigkeit bedeutete. So behielten sich bis ins 16. Jh. die Äbtissinnen das zumindest theoretische Recht vor, den Rat und die Verwaltung zu kontrollieren; ein Recht freilich, von dem sie bis zur Auflösung des *Kondominats* durch die *Jülicher Zession* von 1547 immer weniger Gebrauch machten. Allerdings bedeutete diese Übertragung aller Hoheitsrechte des Stifts über die Stadt an das Herzogtum Jülich — eine Folge der Reformation —, daß begehrlichen weltlichen Machthabern, vor allem den Brandenburgern als Erben Jülichs (ab 1609), ein rechtlicher Vorwand für die Einverleibung der Stadt erwuchs.

Die erstarkte kommunale Selbstbestimmung brachte aber nicht eine verstärkte Teilhabe aller Stadtbewohner an der Organisation des Gemeinwesens mit sich. Zwar gelang es zunächst den in Gilden organisierten Kaufleuten und Handwerkern, eine gewisse Mitbestimmung bei der Selbstorganisation der Stadt durchzusetzen. Die Gilden schlossen sich jedoch zunehmend gegenüber der Mehrzahl der Stadtbewohner ab, zumal solchen ohne Bürgerrecht (Gesellen, Lehrlinge, Knechte, Mägde, Tagelöhner, Bettler). Diesen Menschen brachte das Leben innerhalb der Stadtmauern wohl die persönliche Freiheit, aufgrund mangelnden Besitzes jedoch kein Mitspracherecht in städtischen Angelegenheiten.

Auch wenn bei Abstimmungen im Rat nach Ständen votiert wurde — und damit die *Gemeinheit* (d.h. in Gilden organisierte beziehungsweise andere ratsfähige nichtorganisierte Bürger) theoretisch eine Mehrheit besaß — kann man in Herford wohl kaum von demokratischen Verhältnissen im modernen Sinne sprechen. Eher handelte es sich um eine im Verlauf der Jahrhunderte in ihrer Machtstellung gefestigte Herrschaft weniger Familien, die regelmäßig Ratsmitglieder stellten. Die Namen Beschorn, Barckhausen, Vogel, Kruwell, Wolffert oder Pöppelmann erscheinen wiederholt, und eine Amtsdauer von 26 Jahren (1612 bis 1638 wie bei Dr. Jobst Hoyer) war keine Seltenheit.

Die Vertreter der führenden Kaufmanns- und Handwerkerfamilien trafen sich in der Regel einmal im Monat im Rathaus zur Beratung und Verabschiedung von Ratsbeschlüssen. Für die Ausführung dieser Beschlüsse hatte verantwortlich der Bürgermeister oder die mit dem jeweils betroffenen Sachgebiet beauftragten Ratsherren zu sorgen. Die Verwaltung der Stadt beschränkte sich vor dem Aufkommen durchorganisierter Territorialstaaten auf ein Minimum. An der Spitze der einzelnen »Ressorts« (zum Beispiel Finanzen, Polizei, Schul- und Armenwesen) standen jeweils Mitglieder der drei Stände, die jedes Jahr aus dem Rat neu zu bestellen waren. In der Praxis jedoch wechselten sie aufgrund der langjährigen Ratsmitgliedschaften selten, so daß die mit diesem System eigentlich beabsichtigte Kontrolle von Amtsinhabern zum Leidwesen vieler Stadtbewohner unterblieb. Im 16. / 17. Jh. amtierten aber auch einige auf Lebenszeit vom Rat bestimmte Amtsträger: der *Stadtsyndikus* (für die Rechtsvertretung der Stadt verantwortlich), der *Stadtsekretär* (für Korrespondenz, Archiv, Registratur und Ratsprotokolle), der *Stadtphysikus* (Gesundheitswesen), der *Rektor*, der *Konrektor* und der *Kantor* (des städtischen Gymnasiums seit 1540). Dazu kam eine wechselnde Anzahl untergeordneter Bediensteter, wie zum Beispiel die Fuhrleute, Turmbläser und -wächter, deren Besoldung sehr gering war.[11]

Die relativ breite Streuung der städtischen Aufgaben unter den Mitgliedern des erweiterten Rats sollte Machtanhäufung und -mißbrauch verhindern, den Stadtvertretern aber auch die Ausübung ihres Berufes weiter ermöglichen. Daher erwartete man von ihnen eine ehrenamtliche Verwaltung ihrer Ämter. Hingegen waren sie von einigen, für alle anderen Bürger verbindlichen Abgaben befreit. Außerdem erhielten wenigstens der erste und der zweite Bürgermeister völlige Abgabenfreiheit, ausreichend Brennholz und eine Aufwandsentschädigung (für 1650 sind zum Beispiel 100 Gulden überliefert).[12] Daß die Ratsherren darüber hinaus sehr wohl in der Lage waren, gewisse Nebeneinkünfte aus ihrem jeweiligen Aufgabengebiet zu beziehen, ist ein Gesichtspunkt, der auch dem zeitgenössischen Betrachter als nicht sehr fremd erscheinen mag. Gerade die relativ unübersichtlichen Rechts- und Finanzangelegenheiten boten vor allem in der Spätphase der Ratsverfassung im 17. Jh. Möglichkeiten für persönliche Bereicherung auf Kosten der Bürger, die daraufhin nur noch wenig Vertrauen zu ihren Vertretern hatten. Die Klagen von Bürgern anläßlich der Besetzung durch den Großen Kurfürsten stellen der alten Führungsschicht jedenfalls kein gutes Zeugnis aus.

Nicht anders als heute waren die Finanzen eines der wesentlichen Elemente städtischer Verwaltung. Im Vergleich zur Gegenwart basierte auch dieser Bereich bis in das 17./18. Jh. auf völlig anderen Bedürfnissen. Es fehlten geeignete Instrumentarien wie regelmäßige indirekte Steuern, effiziente Veranlagungs- und Erhebungsmöglichkeiten oder etwa ein Haushaltsplan für eine nachvollziehbare Einnahmen- und Ausgabenpolitik. Genausowenig gab es eine professionelle und besoldete Verwaltungshierarchie. Moderne obrigkeitliche Maßstäbe können freilich auf ein Gemeinwesen keine Anwendung finden, das aus Zusammenschlüssen bestand, die schon in ihren Fundamenten eine »ausgesprochene Spitze gegen jede Art von Herrschaft«[13] hatten. Lebensbedürfnisse der Stadtbewohner wurden häufig durch private oder genossenschaftliche Initiative befriedigt. So verteidigten im Kriegsfall Gruppen von Bürgern, zum Beispiel die Gilden, bestimmte Mauerabschnitte, »Sozialleistungen« wie die Finanzierung von Armen- und Krankenpflege wurden von reichen Bürgern, der Kirche und den Gilden übernommen. Auch dies bedeutete andererseits wiederum eine Legitimation der politischen Macht dieser Schicht, allerdings keinen Schutz vor ihrem Mißbrauch.[14]

Auf der Einnahmenseite verfügte die Stadt über die Erträge ihrer Liegenschaften (Ländereien, Wiesen, Weiden, Wälder, Stadtholz, Stadttore, Brücken, Ziegelei, Weinkeller, Apotheke usw.). Zum größeren Teil konnte die Stadt diesen Besitz nicht selbst verwalten, sondern verpachtete ihn. Diese *Renteikasse* genannte Einnahmequelle speiste sich weiterhin aus dem sogenannten *Bürgerpfennig*, den jeder Bürger jährlich zu entrichten hatte und den ursprünglich im Mittelalter der Stadtherr eingezogen hatte. Dann existierten noch die Einnahmen aus den Gerichtsgebühren und der von Ratsmitgliedern nach ihrer Wahl zu entrichtenden *Rats- und Schöffenrente*. Daneben gab es sowohl gelegentliche direkte als auch seit dem Spätmittelalter zunehmend spürbare indirekte Steuern. *Kontributionen*, das heißt nach Besitz und Einkommen gestaffelte Abgaben der Bürger, wurden in Herford nur in Fällen akuter Finanznot per Ratsbeschluß erhoben. Besonders seit dem Dreißigjährigen Krieg wurde diese Art, die Stadtkasse aufzufüllen, immer mehr zur Regel. Auch hier bestimmten Mitglieder des Gesamtrates (*Kontributionsherren*) die Höhe der einzelnen Zahlungen. Das Recht zur Erhebung der wichtigsten indirekten Steuer, der *Akzise* (einer Art Gewerbesteuer oder Zollabgabe), existierte in Herford seit der Mitte des 13. Jh. Zusammen mit der Marktgerichtsbarkeit verlieh die Abtei der Stadt das Recht, bestimmte Lebensmittel zu besteuern. 1492 erfuhr dieser Grundsatz eine Ausweitung in Richtung allgemeiner Besteuerung des städtischen Gewerbes. Seit 1625 schließlich wurde diese Abgabe weiter ausgedehnt auf alle nach Herford eingeführten Waren, die nunmehr von städtischen Pförtnern an den Stadttoren untersucht wurden. Sie war somit auch eine Verbrauchssteuer für Waren wie Leinwand, Wein oder Bier und wuchs zu einer bedeutenden städtischen Einnahmequelle. Allerdings wurde dieser Zoll damit auch zu einer der Ursachen für wachsenden Schmuggel und — neben den kriegerischen Wirren — zu einem der Gründe für den Niedergang von Handelsverpflechtungen und städtischem Gewerbe.

Alle städtischen Einnahmen unterstanden der Verwaltung unterschiedlicher Ratsgremien. Der Rat war aber insgesamt für die jeweiligen Ausgaben zuständig. Im Mittelalter galt der Grundsatz, Einnahmen — vor allem unregelmäßige — an bestimmte Verwen-

dungszwecke zu knüpfen. Immer wiederkehrende Aufgabenbereiche waren der Bau und Ausbau der Stadtbefestigungen, sowie die Instandhaltung von Wegen, Brücken, Gebäuden. Daneben existierten regelmäßige Abgaben wie zum Beispiel Steuern an das Reich für militärische Aufgebote des Kaisers oder bis ins 16. Jh. Zahlungen an die Abtei. Vor allem hatte sich die Praxis eingebürgert, Geld zu zahlen anstatt Bewaffnete für Reichsaufgebote zu stellen. Herford hatte wegen seiner notorischen Säumigkeit in dieser Hinsicht einen so schlechten Ruf beim Reichsfiskal, daß es im 16. Jh. zu einem Prozeß vor dem Reichskammergericht kam.[15] Schließlich erhöhten seit dem 17. Jh. Einquartierungen, Plünderungen und Zahlungen an rivalisierende kriegsführende Parteien im Dreißigjährigen Krieg die finanziellen Lasten. Die Kosten für städtische Bedienstete endlich bildeten ebenfalls einen ständigen Faktor in der Ausgabenbilanz.
Folge der wachsenden Finanznöte war die Aufhäufung einer für die damaligen Verhältnisse riesigen Schuldenlast von über 150 000 Reichstalern um 1650, die die Bürger Herfords verzinsen und tilgen mußten.[16] Damit war die finanzielle Manövrierfähigkeit der Kommune — eine der für selbständige Politik notwendigen Bedingungen — de facto nicht mehr gegeben. Vor allem in der Zeit des 14. und 16. Jh. hatte der relative Wohlstand Herfords politische Unabhängigkeit erst ermöglicht, während das finanziell labile Stift zu einem Kostgänger der Stadt geworden war. Die Schulden und die veränderten Rahmenbedingungen des 17. Jh. ließen für eine Stadt von der Größe Herfords die Katastrophen dieser Jahre ohne Hilfe von außen unlösbar werden.
Diese Problematik und der Übergang der Schirmvogtei über Stift und Stadt an die brandenburgischen Landesherren der Grafschaft Ravensberg (1609) boten für den tatkräftigen und auf kontinuierliche Abrundung seiner Besitztümer bedachten Großen Kurfürsten (1640 bis 1688) ausreichende materielle und nominelle Handhabe, die Selbständigkeit Herfords zu beseitigen.

Herford als Minden-Ravensbergische Landstadt 1650 bis 1800

Die bis zur Mitte des 17. Jh. in Herford historisch gewachsene Verfassungswirklichkeit verkörperte ein Rat, der bei Teilen der Bevölkerung als bestechlich und unfähig galt, eine typische »Vetternwirtschaft«. Bis zum Ende des Dreißigjährigen Krieges 1648 hatte die Stadt ihre Unabhängigkeit mehr oder weniger mühsam bewahren können. Nachdem der neue Schirmherr, der Kurfürst von Brandenburg gegen Kriegsende die Stadt militärisch besetzt hatte, regelte er in zwei Verträgen (*Rezessen*) von 1647 und 1652 das Verhältnis Herfords zu seinem Staat neu. Er nahm dabei eine Reihe von Veränderungen vor, um erstens seinen Einfluß auf Verwaltung und Rechtsprechung auch ohne ständige militärische Präsenz zu sichern und um zweitens die städtischen Organe zu modernisieren. Er versuchte also, die Gegebenheiten in Herford den Notwendigkeiten seiner Herrschaft anzupassen. Dabei nahm die Stadt im zunächst noch uneinheitlichen brandenburgischen Staatswesen eine Sonderstellung ein. Ihr wurde weiterhin eine freie Ratswahl bei Ableistung eines Treueides auf den Kurfürsten und Abführung des Bürgerpfennigs an ihn zu-

gestanden, desgleichen das Recht auf eigene Münzprägung und das Weiterbestehen eines Teils der Gerichtshoheit.[17]
Angesichts der sich durch hohe Kriegssteuern für das brandenburgische Militär verschlimmernden Finanzlage und des Niedergangs der städtischen Wirtschaft verlor Herford jedoch allmählich seine nur noch scheinbar vorhandene Autonomie. Somit sank die Stadt im ersten Drittel des 18. Jh. auf den immer abgelehnten und gefürchteten Stand einer *Minden-Ravensbergischen Landstadt* hinab, die seit 1713 zusätzlich die Bürde ständiger Einquartierung preußischen Militärs zu tragen hatte: 1787 waren es knapp 900 Mann.[18] Für die Bürger der Stadt, die diese Offiziere und Soldaten unterzubringen und zu versorgen hatten, war damit die »Freiheit von fremder Obrigkeit« auch im täglichen Leben verloren gegangen. Die betroffenen Bürger Herfords erhielten später als Entschädigung vom Staat zwar ein sogenanntes *Servis-Geld*, aber die Zwangs- oder »Naturaleinquartierung« belastete die ohnehin verarmte Einwohnerschaft zusätzlich.[19] Eine Möglichkeit zur Äußerung von Protest oder der Vertretung eigener Interessen war im Herrschaftsbereich des preußischen Absolutismus nicht vorgesehen.
Als Hebel zur Durchsetzung ihrer Ziele benutzten die Brandenburger in erster Linie das aus alter Zeit stammende Amt des Stadtrichters (*Gogericht*), den der Kurfürst-König als Gerichtsherr ernennen konnte und als eine Art Aufsichtsperson nach Herford entsandte. Diese Richter (Cleymann, bis 1651; Barckhausen, 1652 bis 1692; Besserer, 1692 bis 1726) stammten zwar vertragsgemäß aus Herford oder Umgebung, unterstanden aber allein dem »Schirmherrn« bzw. hatten direkte Verbindung zu dessen ravensbergischem Statthalter, dem Landdrosten in Bielefeld (später dann ab 1719 der Minden-Ravensbergischen Regierung in Minden). Sie leisteten keinen Bürgereid, waren von den meisten städtischen Abgaben befreit und hatten in ihrem Amt immer den Vortritt vor den nur mehr für das Arrestgericht zuständigen Bürgermeistern und den jetzt allein als Schöffen fungierenden Ratsmitgliedern. Häufig mit Unterstützung der brandenburgisch-preußischen Obrigkeit wurden die Richter im 18. Jh. immer mehr zur bestimmenden Figur der Stadt. Sie griffen in die Verwaltung ein, d. h. sie wirkten bei der Wahl und Bestätigung des Magistrats mit. Dabei konnten sie in der ersten Phase kurfürstlicher Hoheit (bis 1652) durchaus auf die Unterstützung eines großen Teils der Herforder Bürgerschaft verweisen, die mit dem Rat unzufrieden waren. Der zunehmende Druck der neuen Obrigkeit ließ freilich diese Reformbestrebungen schnell wieder umschlagen. Der Versuch, letzte Reste städtischer Unabhängigkeit zu bewahren, führte zur Wiederwahl von Angehörigen der alten Ratsfamilien. Der 1652 wegen Organisierung von Widerstand vom Kurfürsten auf der Sparrenburg gefangengehaltene ehemalige Bürgermeister Otto Vogel wurde in den Rat wiedergewählt, der führende *Kollaborateur* Johannes Probst dagegen 1656 als Bürgermeister abgewählt. Bis 1674 blieb Heinrich Heitmann Bürgermeister, obwohl er schon 1652 ein führendes Ratsmitglied gewesen war.
Die Auseinandersetzung zwischen traditionellem, selbstverwaltetem und neuem, landesherrlichem Stadtregiment erreichte im ersten Viertel des 18. Jh. seinen Höhepunkt mit dem Versuch, die Zahl der Stadtratsmitglieder zu verringern und die Verwaltung zu reformieren. Hinhaltender Widerstand der Herforder konnte zwar eine Zusammenlegung

Das Portal des Altstädter Rathauses, um 1875

der Ämter von Stadtsyndikus und Richter bis 1770 verhindern, nicht jedoch die Beseitigung des Schöffenkollegiums zugunsten rechtskundiger Assessoren. Die landesherrliche Obrigkeit konnte ihre politischen und administrativen Ziele durchsetzen, da sie dank des finanziellen Drucks, den sie ausüben konnte, in der Regel am längeren Hebel saß. Auch einflußreiche Herforder wie der ehrgeizige Bürgermeister Heinrich F. Vogel (1672 bis 1704 im Amt) waren von sich aus an der Änderung längst überholter, unhaltbarer Zustände wie des zahlenmäßig aufgeblähten Stadtrats interessiert und ergriffen gegen ihre Standes- und Amtskollegen die Initiative.

Die Aufhebung der alten Ratsordnung im Jahre 1721 und die Durchführung der preußischen Verwaltungsreform unter Friedrich Wilhelm I. in Minden-Ravensberg 1723 bedeuteten den Anfang vom Ende städtischer Autonomie. Die neue Mindener Kriegs- und Domänenkammer übernahm wie in allen anderen preußischen Ländern auch in Herford die Verwaltung der Finanz-, Polizei- und Militärangelegenheiten. 1734 wurden die Reste der städtischen Autonomie endgültig beseitigt. Dem seit 1721 neunköpfigen Magistrat (bestehend aus Erstem und Zweitem Bürgermeister, Kämmerer sowie sechs *Ratsverwandten*)[20] wurde zur Kontrolle der Finanzen ein preußischer Steuerrat übergeordnet, der gelegentlich — wie A. Kindermann 1733 bis 1746 — das Bürgermeisteramt gleich mit übernahm. Auch die übrigen Magistratsmitglieder besorgten von nun an als untergeordnete, besoldete Beamte des absoluten Staates die Verwaltungsgeschäfte. Sie waren in erster Linie dem Königreich Preußen und nicht den Interessen der Bürger verpflichtet. Die nun wieder eingeführte, bis zum Ende des 18. Jh. geltende, praktisch lebenslängliche Ratsmitgliedschaft hatte früher als Kennzeichen des Machtmißbrauchs einflußreicher Minderheiten gegolten. Das war die Kehrseite eines modernen Staates mit seinen Merkmalen der einheitlichen Verwaltung, des Rechts und der Territorialität. Unter den Vorzeichen einer »Staatsdienerschaft« im aufgeklärten Absolutismus erhielt die Tatsache geänderter Verwaltungsstrukturen allerdings eine ganz andere Qualität für den zur politischen Unmündigkeit herabgesunkenen Handwerker oder *Ackerbürger* der ehemaligen »Freien Reichsstadt«. Mochten mit den Barckhausens, Middelkamps oder Menzes auch nach wie vor bekannte und angesehene Familien führend im Magistrat vertreten sein, so bestand doch deren erste Pflicht darin, ein reibungsloses Funktionieren des preußischen Steuersystems, das seit 1719 hauptsächlich auf der nun zur allgemeinen Verbrauchssteuer gewordenen Akzise beruhte[21], und der Rekrutierung von Soldaten für die von Nachwuchssorgen geplagte preußische Armee zu gewährleisten.

Die Franzosenzeit

Bedeutete die Eingliederung der Stadt in den preußischen Verwaltungsapparat im 18. Jh. mit all ihren negativen Folgen für Selbstverständnis und -bewußtsein Herfords auch eine Hinwendung zur Moderne, so stellte die französische Besetzung Minden-Ravensbergs nach der preußischen Niederlage 1806 den endgültigen Bruch mit aus dem Mittelalter überlieferten Bräuchen dar. Zwar kann man die Zeit des Königreichs Westfalens und des Weserdepartements, zu dem Herford von 1807 bis 1813 gehörte, als eine Episode betrachten, das »liberale« und zumindest theoretisch den Gedanken der Aufklärung verpflichtete Königtum Jérômes hatte jedoch nicht unerhebliche Folgen für Repräsentation, Verwaltung und Justiz im 19. und 20. Jh.[22]

Wie andere Städte blieb auch Herford als Kommune unterste Verwaltungseinheit in einem hierarchisch gegliederten System von Behörden, das nach französichem Muster aufgebaut war: Departement, Distrikt, Kanton, Kommune. Als Nachfolger des preußischen Stadtdirektors fungierte jetzt ein *Maire* (Bürgermeister), dem ein *Munizipalrat* zur Seite stand.[23] Wie fast überall im Königreich wurde das »alte Personal« auch in Herford beibehalten. Maire blieb der seit 1791 amtierende ehemalige preußische Kriegs- und Steuerrat Carl Anton von Diederichs. Nunmehr wurde er allerdings von Kassel, der Hauptstadt des neuen Königreichs Westfalen, ernannt und besoldet. Auch bei den größtenteils ehrenamtlich tätigen Munizipalräten, die in der Regel aus den Reihen der städtischen Honoratioren bestellt wurden, konnte man eine personelle Kontinuität beobachten. Allerdings stand dem eine geänderte Kompetenzverteilung gegenüber. Zwar hatte »sich die Kommunalverwaltung wie früher mit Administrations-, Polizei- und Budgetfragen zu beschäftigen«[24], gerade in Fragen des Steuerrechts kam es jedoch zu einer am französischen Vorbild orientierten Zentralisierung der Bürokratie. Dies und die nunmehr klare Trennung von Verwaltung und Rechtsprechung führte zu einem gegenüber dem 18. Jh. noch stärkeren Autonomieverlust der einzelnen Gemeinde. Das galt zumal dann, wenn sie wie Herford lediglich Kantonshauptort und nicht wie Bielefeld Sitz einer Distriktverwaltung war. Damit setzte sich die schon im 18. Jh. zu beobachtende Tendenz einer Ausgliederung von Hoheitsrechten aus der Stadt hin zu übergeordneten Instanzen fort.

Besondere Erwähnung verdienen in diesem Zusammenhang Veränderungen im Bereich der Justiz, von denen Herford betroffen war. Der für die Zeit sehr fortschrittliche und nunmehr auch in Westfalen geltende *Code Napoléon* sah für die Kriminalgerichtsbarkeit die Einrichtung eines oberen Schöffengerichtes als »erste und zweite Instanz für alle peinlichen Verbrechen mit mehr als zwei Jahren Strafe« vor.[25] Ab 1806 wurde Herford Sitz dieses Gerichtes. Es setzte sich aus einem Präsidenten, zwei Richtern, einem Ankläger und monatlich auszulosenden Geschworenen zusammen. Der Grundsatz einer unparteilichen Justiz, öffentlicher, mündlicher Verfahren sowie die Schaffung einer von der Verwaltung unabhängigen Rechtspflege, endlich Ansätze eines humaneren Strafvollzuges stießen auch in Herford auf die Zustimmung der Bevölkerung.

Insofern ist die Reform der Rechtssprechung typisch für die das kommunale Leben bestimmenden beiden Tendenzen der Zeit: erstens für den Trend zur Modernisierung, das heißt zur Umsetzung von Gedanken der Aufklärung in praktische Politik und damit eine obrigkeitlich verordnete Einlösung länger angestauter Bedürfnisse der Bevölkerung. Dies aber vollzog sich zweitens im Rahmen einer aus Frankreich importierten Zentralisierung, die Herford nur im Falle der Kriminaljustiz zugute kam. Andere Verwaltungsneuerungen wie die amtlichen Statistiken über Einnahmen und Ausgaben der Kommune, über Preise, eine verbesserte Armenfürsorge und Gesundheitswesen galten als fortschrittlich, bildeten aber wohl in erster Linie die Kehrseite eines allgemein als Ausdruck des bürokratischen Zwangsstaates empfundenen Verwaltungswesens. Das bis ins 18. Jh. noch in Resten vorhandene genossenschaftliche Element wurde zugunsten obrigkeitlicher Regelungen verdrängt. Das Interesse der Bürokratie bestand in erster Linie in möglichst lückenloser Rekrutenerfassung mit Hilfe des neu eingeführten Zivilstandes und eines *Konskriptionsgesetzes* (1808), das eine fünfjährige allgemeine Dienstzeit vorschrieb. Dazu kam noch die Überwachung der Bevölkerung durch eine um Geheimagenten verstärkte *Hohe Polizei*, die oppositionelle Ansätze registrieren und unterbinden sollte. Andererseits ist nicht zu verkennen, daß in den wenigen noch verbliebenen rein städtischen Angelegenheiten die besser gestellten Bürger, die *Honoratioren*, ein gewachsenes Mitspracherecht verliehen bekommen hatten.

Herford im Königreich Preußen (bis 1918)

Die Ansätze bürgerlicher Teilhabe an der Stadtverwaltung ließen sich auch nach der 1815 erfolgten Reintegration Minden-Ravensbergs in die Provinz Westfalen und das Königreich Preußen nicht mehr rückgängig machen. Das bewies auch der mißlungene Versuch des alten und neuen Herforder Bürgermeisters Diederichs, die alte Verfassung, *bei der wir uns seit unbedenklichen Zeiten so wohl befunden haben*, wieder einzuführen.[26] Denn in der Zwischenzeit hatte der Staat begonnen, sein Verhältnis zu den Kommunen neu zu überdenken und schrittweise zu verändern. Diederichs wurde scharf gerügt und mußte sofort einen neuen provisorischen Stadtrat aus 18 Bürgern bilden, der am 27. Februar 1818 auf den König von Preußen vereidigt wurde.[27] Auch die übrigen Einrichtungen des ehemaligen Königreichs Westfalen (und damit indirekt seine Kommunalverfassung) wurden bestätigt[28], so daß schon vor dem Erlaß der revidierten preußischen Städteverordnung von 1831 die Rechtslage Herfords sich gegenüber dem ersten Jahrhundert der Zugehörigkeit zu Preußen verbesserte.[28]
Die Erwähnung einer *Bürgerdeputation* als Kontrollorgan der städtischen Verwaltung im Jahre 1822 unterstreicht das seit der Franzosenzeit wachsende Bestreben bei Teilen des städtischen Bürgertums, ein Mitspracherecht in kommunalen Angelegenheiten zu erhalten.[29] Daher nimmt es nicht Wunder, daß Herford, vertreten durch Stadtbehörden, Bürgermeister und Beigeordnete, beim preußischen König einen Antrag auf Verleihung der Städteordnung vorlegte, dem Friedrich Wilhelm III. durch *Cabinets-Ordre vom 11. November 1832, Gesetzsammlung No 22 der Stadt Herford* entsprach.[30] Damit erfuhr in Herford als erster Stadt Westfalens die revidierte Städteordnung von 1831 Anwendung. Rat und Verwaltung sollten durch diese Neuerung eine stärkere Verankerung in der Bürgerschaft erhalten. Die Stadt erhielt darüber hinaus im Vergleich zum 18. Jh. eine verstärkte Autonomie gegenüber der Obrigkeit. Es fand also eine teilweise Rückverlagerung von Hoheitsrechten zur Kommune statt. Außerdem wurde Herford Sitz des 1816 neugegründeten Kreises Herford. Kreis, Regierung in Minden, Oberpräsident in Münster — diese Hierarchie weist allerdings auf den weiterwirkenden Trend zur Zusammenfassung und Zentralisierung von Zuständigkeiten außerhalb einzelner Gemeinden, drohte also langfristig mit dem Ziel städtischer Autonomie zu kollidieren.
Die seit 1833 in Herford gültige *Magistratsverfassung* hatte, sieht man von gewissen Modifikationen ab, bis ins 20. Jh. (1935) Bestand. Sie prägte folglich die Stadt in der Phase ihres größten Aufschwungs zur Zeit der Industriellen Revolution und der sogenannten »Gründerjahre« (seit 1871) in Deutschland. Seit dem Inkrafttreten der Städteordnung für die Provinz Westfalen vom 19. März 1856 gab es in Herford zwei Gremien für die Vertretung und Verwaltung der Kommune. Männliche Stadtbewohner mit Bürger- und damit Stimmrecht wählten ab 1850 und bis 1919 nach dem preußischen Dreiklassenwahlrecht eine Stadtverordnetenversammlung von zunächst 12, 18, dann 24 und schließlich (1894) 30 Mitgliedern. Dieser Rat wiederum bestellte nach der Wahl aus seiner Mitte einen *Vorsteher*.
Daneben trat »gleichberechtigt und mit eigener, abgegrenzter Zuständigkeit«[31] der von der Stadtverordnetenversammlung aus der Bürgerschaft zu wählende dreiköpfige — seit

1894/7 auf acht Mitglieder erweiterte — Magistrat unter dem Vorsitz des Bürgermeisters (später dann auch »Erster Bürgermeister« bzw. »Oberbürgermeister« genannt).
Beide Gremien teilten sich die Aufgaben, wobei der Magistrat die eigentliche städtische Verwaltung (Kämmerei, Bauwesen, kommunale Polizei, Liegenschaftsverwaltung usw.) überwachte und die Stadtverordnetenversammlung in erster Linie Beschlüsse über den »inneren Haushalt der Gemeinde«[32] zuständig war. Die Vertretung der Stadt nach außen, also gegenüber Kreis, Provinz oder Regierung, übernahm in der Regel ebenfalls der Magistrat.
Im Unterschied zu den im Kreis Herford organisierten Landgemeinden oder *Ämtern* (wie Lippinghausen, Kirchlengern) hatte die Stadt Herford gegenüber dem Landrat des Kreises als unterster staatlicher Behörde mit Kommunalaufsicht eine verglichen mit der Zeit des 18. Jh. gewachsene Autonomie. Die inneren Angelegenheiten ordneten nun gewählte Stadtverordnete und ein Magistrat, nicht mehr staatliche *Kriegs- und Steuerräte* oder Stadtdirektoren. Allerdings mußte die Stadt bei einer Reihe von Aufgaben (Straßenbau, Polizei, Soziales) ihre Kompetenzen mit übergeordneten Instanzen teilen. Diese Beschränkung beruhte sowohl auf gesetzlichen Vorschriften als auch auf steuer- und finanzpolitischen Notwendigkeiten.
Angesichts der Wahlrechtsbestimmungen kann man bei Stadtverordnetenversammlung und Magistrat bis zum Ende des Kaiserreichs nur bedingt von demokratisch legitimierten Repräsentativ- und Verwaltungsorganen sprechen. Das Wahlrecht war an Nachweise eines bestimmten Vermögens gebunden — sei es aufgrund von Grundbesitz, eines Gewerbes oder Geldkapitals. Somit gab es zumindest bis gegen Ende des 19. Jh. nur eine begrenzte Zahl von Bürgern mit aktivem und passivem Wahlrecht.[33] Frauen waren gänzlich vom Wahlrecht ausgeschlossen. Je nach Einkommens- oder Besitzverhältnissen wurden die männlichen Einwohner Herfords in drei Klassen aufgeteilt, die jeweils ein Drittel der Sitze in der Stadtverordnetenversammlung durch Wahl zu besetzen hatten. Dabei stimmte analog den Verhältnissen bei preußischen Landtagswahlen die überwiegende Mehrheit der Bürger in der dritten, eine kleine Minderheit in der ersten Klasse. Zusätzlich lag die Wahlbeteiligung in der dritten Klasse deutlich unter der der beiden anderen. Für die Zeit vor 1848 mit noch begrenzterem Wahlrecht wird sogar berichtet, daß »bei Stadtverordnetenversammlungen (es erforderlich war), die stimmfähigen Bürger einzeln herbeizuholen, um eine Wahl zustandezubringen«.[34] Ein größeres politisches Interesse der Einwohner Herfords weckten erst die revolutionären Ereignisse in Berlin und Frankfurt 1848, die auch in Herford — wenn auch nur vorübergehend — zu lebhafterer politischer Agitation, Versammlungen, Petitionen sowie Gründungen von Vereinen führten.
1865 wies die Statistik bei einer Gesamtbevölkerung der Stadt von rund 11 000 Einwohnern (mit Militärpersonal) rund 2 800 volljährige Einwohner männlichen Geschlechts aus.[35] Davon waren wahlberechtigt in der ersten Abteilung 64, in der zweiten 182 und in der dritten 777 — zusammen also 1023 Bürger. An der Wahl eines Teils des Stadtverordnetenkollegiums, die jedes Jahr im November stattfand, um freiwillig ausgeschiedene Mitglieder oder Stadtverordnete nach Ablauf ihrer Amtsperiode von vier Jahren zu ersetzen oder zu bestätigen, nahmen von den Wahlberechtigten der ersten 38 Per-

sonen (60%), der zweiten 68 Personen (37%) und der dritten Klasse 221 Personen (29%) teil. Insgesamt beteiligten sich also rund 11,7% der volljährigen männlichen Wahlberechtigten an den Wahlen. Im Jahre 1888 waren in der jährlich im Juli offengelegten Bürgerliste der Stadt 1905 wahlberechtigte Bürger verzeichnet (bei rund 19000 Einwohnern Herfords), von denen rund 400 von ihrem Wahlrecht Gebrauch machten. Auch am Ende des Jahrhunderts lag der Prozentsatz der volljährigen männlichen Einwohner Herfords, der sich am Wahlvorgang beteiligte, unter 10%.[36] Die in den Verwaltungsberichten bis 1919 zu entnehmenden Schwankungen in jedem Jahr ändern nichts an der Tatsache einer relativen Exklusivität der Teilhabe an der Kommunalpolitik. Bürger mit geringem Einkommen (Tagelöhner, viele Arbeiter usw.) hatten kein Wahlrecht und damit nicht die Möglichkeit, ihre Interessen auf diese Weise zu artikulieren geschweige denn eigene Vertreter in das Stadtparlament zu entsenden.

Der Magistrat setzte sich weitgehend aus Mitgliedern der Stadtverordnetenversammlung zusammen. Nach der Wahl in das Gremium schieden die neuen Bürgermeister oder Beigeordneten aus der Versammlung aus. Die Amtsdauer des (Ersten) Bürgermeisters betrug zwölf Jahre, die der übrigen Magistratsmitglieder sechs Jahre, wobei eine mehrfache Wiederwahl möglich und auch üblich war. So wurde Ludwig Quentin (seit 1899 mit dem Titel »Oberbürgermeister«) zweimal wiedergewählt und war insgesamt 33 Jahre im Amt (1875 bis 1908).

Bürgermeister und Beigeordnete mußten nach ihrer Wahl von der Regierung in Minden bestätigt werden. Sie wurden von der Stadt besoldet. Dabei hatten sie, wie aus dem Anstellungsvertrag mit Bürgermeister Strosser (1855 bis 1867) hervorgeht, auf geldliche Nebeneinkünfte zu verzichten.[37] Neben der Kontinuität der Amtsführung fällt die Homogenität des beruflichen und sozialen Hintergrunds der Mitglieder des Magistratskollegiums auf. Durchweg gehörten sie zur ersten oder zweiten (Wahl-)Klasse, als Berufe wurden *Kaufmann, Rentier, Bankdirektor, Apotheker, Arzt* oder auch *Fabrikant* angegeben. Die Namen Budde, Münter, Schönfeld, Böckelmann oder Weddigen tauchen wiederholt in den Mitgliederlisten von Magistrat und Stadtverordnetenversammlung auf. Dagegen gibt es kaum Angaben über Parteizugehörigkeit, was den personenbezogenen Charakter der kommunalen Wahlvorgänge bis ins 20. Jh. hinein verdeutlicht. Insgesamt kann man diese Führungsschicht als eine für die damalige Zeit typische, insgesamt eher konservativ eingefärbte »Notablenversammlung« bezeichnen, die in begrenztem Maße arrivierte Vertreter der »dritten Wahlabteilung« (z.B. Handwerksmeister) im engeren Kreis ihrer Entscheidungsgremien akzeptierte — gelegentlich sogar Bürger jüdischen Glaubens wie den Kaufmann Ruben in den 1890er Jahren — ansonsten aber die Geschicke der Stadt im Interesse eines konservativ-liberalen Besitzbürgertums leitete.

Die bis zum Ende des 19. Jh. stetig an Umfang zunehmenden Verwaltungsberichte der Stadt belegen das Wachstum bürokratischer Strukturen in einer zwar expandierenden, aber immer noch überschaubaren mittelgroßen Gemeinde. 1899 hatte Herford 23500, um 1910 die für ein Ausscheiden aus dem Kreisverband notwendige Einwohnerzahl von 30000 erreicht. Parallel zum Anwachsen der überregionalen und staatlichen Verwaltungsapparate verzeichnete auch Herford eine Rationalisierung und Differenzierung seiner Verwaltung. Dies war naturgemäß mit einer Vergrößerung des Personalbestands und folglich erhöhten Besoldungs- und Betriebskosten verbunden und hatte auch eine präzisere Zuweisung von Zuständigkeiten innerhalb der Stadt und in ihrem Verhältnis zum Kreis oder Regierung zur Folge.[38]

So stand dem Landrat als Repräsentanten und Exekutivorgan des Kreises die Kommunalaufsicht zu, d. h. die Aufsicht über das Armen- und Wohlfahrtswesen, bis zusätzliche Reichsgesetze seit den 1880er Jahren die Lage komplizierten. Er hatte die aufsehende und anordnende Gewalt in allen Polizeiangelegenheiten inne (einschließlich Feuer-, Bau-, Gewerbe- und Wegepolizei), so daß bis auf die Ausnahme städtisch besoldeter *Polizeisergeanten* zur Aufrechterhaltung der öffentlichen Ordnung und Verbrechensprävention alle anderen Bediensteten ausführende Organe des Kreises waren.[39] Zusätzlich setzte die Bezirksregierung in Minden jeweils per Verfügung die vom preußischen Innenministerium beschlossenen Verwaltungsvorschriften auf kommunaler Ebene in Kraft, die über spezielle städtische Belange hinausgingen. Gleichzeitig war der Regierungspräsident in Minden Berufungsinstanz in Verwaltungsstreitigkeiten innerhalb der Kommune. Auch andere staatliche Instanzen wie die Finanzverwaltung (preußisches Finanzministerium) übten einen erheblichen Einfluß auf städtische Verhältnisse aus, da sie durch die Steuergesetzgebung den Anteil der Stadt an direkten und indirekten Steuern weitgehend festlegten und folglich den Spielraum des Kämmereiamtes für Ausgaben klar umrissen. Sowohl im Kreistag als auch im selten tagenden Provinziallandtag in Münster war Herford durch Mitglieder von Stadtverordnetenversammlung und Magistrat im Rahmen der gesetzlichen Bestimmungen vertreten. Alles dies verkomplizierte die Kontrolle und Administration und führte zu bürokratischem Mehraufwand, der unter anderem in intensiverem Schriftverkehr zwischen der Stadt mit den anderen Instanzen abzulesen ist.

Wie heute bestimmten finanzielle Zwänge sehr stark die kommunale Bewegungsfreiheit. Nach dem Verlust der Selbständigkeit im 18. Jh. war Herford in den Teufelskreis wirtschaftlichen Niedergangs und gleichzeitig desolater Finanzlage geraten, die zu strengen Sparmaßnahmen zwangen, was wiederum den weiteren ökonomischen Abstieg beschleunigte. Bis 1877 / 78 mußte Herford die vor allem während des Dreißigjährigen Krieges angehäuften »historischen Stadtschulden« abtragen. Diese Verbindlichkeiten schränkten den Spielraum von Rat und Verwaltung bis Mitte des 19. Jh. erheblich ein und erlaubten keine großzügige Haushaltsplanung. Städtischer Besitz mußte verpachtet oder verkauft werden, an Investitionen war kaum zu denken, wie Ludwig Quentin bei seinem Amtsantritt als Bürgermeister 1876 mit Bitterkeit feststellte.[40]

Erst in seiner Amtszeit betrieb die Stadt eine aktivere Ausgaben- und damit Strukturpolitik. Mehrfach gab sie noch im 19. Jh. Anteilsscheine aus und verschaffte sich auf diese Weise Liquidität zur Finanzierung kommunaler Bedürfnisse, etwa für den Neubau eines Wasserwerks oder der Gasanstalt. Zwar betrug am Ende des Jahrhunderts der Schuldenstand mehr als eine Million Mark, der wirtschaftliche Wohlstand und das wieder gewachsene Vermögen der Stadt an Grund und Bausubstanz sowie das gewandelte Bewußtsein der Stadtvertreter ließen diesen Zustand freilich als nicht mehr bedrohlich erscheinen.

Trotzdem blieb die finanzielle Situation in Herford angespannt. Das rasche Wachstum der Stadt zwang auch das politisch tonangebende Besitzbürgertum zur Übernahme einer breiter gefächerten Verantwortung durch die Kommune. Diese Investitionen in den Bereichen Bildung, Sicherheit, Wohnungsbau, Transport- und Straßenwesen, Versorgungseinrichtungen, aber auch Sozial- und Gesundheitswesen konnten nur über eine Erhöhung von Gebühren und Abgaben oder eine zusätzliche Kreditaufnahme finanziert werden. Dabei ließ sich aber im letzten Drittel des 19. Jh. genausowenig wie heute beliebig oft an der Steuerschraube drehen. Bis gegen Ende des Jahrhunderts stieg der Abgabensatz der Stadt auf 200 Prozent der Staatssteuern (von 165 Prozent im Jahre 1875; einschließlich der abzuführenden Kreissteuern von 25 Prozent der Staatssteuern), obwohl seit den 1890er Jahren der preußische Staat den Städten Einnahmequellen wie die Grund- und Gewerbesteuern überlassen hatte. Daneben mußten die Bürger natürlich noch eine Reihe indirekter Steuern und Gebühren, von der Hundesteuer bis zur Kanalanschlußgebühr, an die Kommune entrichten, so daß einer Ausweitung städtischen Handlungsspielraums häufig einfach finanzielle Grenzen gesetzt waren oder aber die Stadt bei Kreis, Provinz oder Staat um Hilfe nachsuchen mußte.
Ein Beispiel für die geschilderten gesetzlichen bzw. finanziellen Zwänge, in denen sich Magistrat und Stadtverordnetenversammlung befanden, sind die Verhandlungen über den Streckenbau und den Bahnhofsneubau mit dem in diesem Bereich federführenden preußischen Eisenbahnministerium um die Jahrhundertwende. Es bedurfte langwierigen Tauziehens und Lobbyistentums von seiten der Stadt oder einzelner ihrer Vertreter, um die für Herfords wirtschaftliche Entwicklung wichtige Verkehrsverbindung durchzusetzen. Infrastrukturelle Maßnahmen dieser Größenordnung erforderten eben nicht nur aufgrund der Rechtslage eine staatliche Genehmigung und Beteiligung, sie waren vor allem auf Gemeindeebene allein nicht mehr finanzierbar. Dies galt bereits für ein vergleichsweise randständiges Projekt wie die Pflasterung von provinzialen Straßen in der Innenstadt (zum Beispiel Gehrenberg / Radewiger Brücke) oder den Kanalbau an der Bielefelder Straße. Ohne Genehmigung und Finanzierung der Provinz lief auch in diesen Fällen nichts.
Um die Jahrhundertwende (1899) existierten in Herford 14 Deputationen und Kommissionen (in etwa heutigen Ausschüssen vergleichbar), in die die Stadtverordnetenversammlung einzelne Mitglieder, »sachkundige Bürger« oder gelegentlich auch Magistratsmitglieder, wählte, u.a. eine *Armenkommission*, eine *Schlachthofkommission* oder eine *Rathausneubaukommission*. Ähnlich wie in der Gegenwart wurden hier anstehende Aufgaben und Probleme detaillierter und konkreter erarbeitet und Beschlußvorlagen erstellt. Eine Professionalisierung der städtischen Bautätigkeit mit verstärkter Flächenplanung, Straßen-, Brücken- und Wohnungsbau, daneben neue Versorgungseinrichtungen wie Schlachthof, Gas- und Wasserwerke erforderten ebenso neues und vermehrtes Personal. Der Besoldungsetat für städtische Bedienstete stieg folglich von 16 041 Mark im Jahre 1875 auf 60 515 Mark für das Jahr 1899.[41]
Dieses vermehrte Engagement von Stadtverordneten und Verwaltung im Hinblick auf eine Modernisierung und Neuordnung in vielen Bereichen des städtischen Lebens entsprach nicht nur objektiven Notwendigkeiten der Zeit. Es spiegelte auch den Fort-

Ludwig Quentin,
1. Bürgermeister von 1875 bis 1908

schrittsglauben des trotz der sich verändernden Bevölkerungszusammensetzung dominierenden Bürgertums wieder. So hatte deren Repräsentant Bürgermeister Quentin schon 1876 in einer Schrift *Zu den brennenden Fragen unserer städtischen Verwaltung* Rückständigkeit und städtische Versäumnisse in Herford angeprangert und dabei auf übertriebene Sparsamkeit verwiesen: ... *ich bin überzeugt, daß bei der Entwicklung Herfords in dem letzten Decennium noch mehr geschehen und überall energisch vorgegangen werden muß, um allen Anforderungen an eine rege und tüchtige städtische Verwaltung zu entsprechen.*[42]
Ob die sich nunmehr schubweise entfaltende obrigkeitliche Tätigkeit immer auch den jeweiligen Bedürfnissen der Masse der Herforder Stadtbevölkerung entsprach, die ja kaum die Möglichkeit besaß, ihren politischen Willen auch zu äußern, kann nicht eindeutig beantwortet werden. Häufig handelte es sich eher um Prestigeobjekte (Rathausneubau) als um sinnvolle Einrichtungen wie beispielsweise das 1897 eröffnete *städtische Brausebad*. Das Bad mit Seife kostete 10 Pfennige. Die von der Herforder Bevölkerung in Anspruch genommenen 120000 Bäder deckten damit zur Jahrhundertwende den Etat von 1370 Mark. Schon 1898 mußte man infolge der starken Nachfrage eine Erweiterung der Räumlichkeiten bei der freiwilligen Feuerwehr beschließen.
Ein anderes Beispiel für die mit zunehmender Einwohnerzahl wachsenden städtischen Aufgaben ist der Bereich der öffentlichen Ordnung. Nachdem bis zur Mitte des Jahrhunderts die kommunalen Polizeidiener häufig als Teilzeitkräfte angestellt waren und sich die unter der direkten Verwaltung des Bürgermeisters stehende *Exekutivpolizei* in erster Linie um Maßnahmen wie Nachtwächterdienste, Marktordnung oder Brandschutz kümmerte, trat ab 1850 das preußische Gesetz über die Polizeiverwaltung in Kraft. Nunmehr amtierte die Polizeiverwaltung im Namen des Königs. Die Polizei in Herford wurde nach und nach verstärkt. Stellte der Verwaltungsbericht 1863 noch 358 Fälle polizeilicher Untersuchung von der Verübung *groben Unfugs* bis zur Tierquälerei fest, so hatte sich die Zahl für die Zeit von 1887 bis 1889 fast verzehnfacht (3216). In den drei Zellen des 1884 im Bergertorhaus eingerichteten Polizeigefängnisses wurden 1889/90 an 298 Verpflegungstagen 225 Personen arrestiert. Ein *Polizeisekretär* erledigte die Verwaltungsangelegenheiten der Polizei; die Sicherheitspolizei wurde um eine Gesundheits-, Bau-, Sitten-, Wasser-, Veterinär- und Landwirtschaftspolizei ergänzt.

Das Beispiel der Polizei verdeutlicht auch, daß gerade diese Modernisierung den Manövrierraum der Stadt in administrativen Belangen enger werden ließ. Als Illustration sei die heftige Auseinandersetzung zwischen der Stadt und der Bezirksregierung über die örtliche Polizeistärke angeführt. Dabei mußte 1891 sogar das Oberverwaltungsgericht in Berlin einen Streit zwischen Herford und dem Regierungspräsidenten entscheiden, bei dem es um die Anzahl und Befähigung der Polizei-Exekutivbeamten der Stadt Herford ging, die von Minden als zu gering bemängelt worden war. Herford konnte sich in diesem Fall zwar erfolgreich gegen den Eingriff der Regierung wehren, erhöhte die Polizeistärke dann aber doch. Dabei wurde Oberbürgermeister Quentin, der zugleich auch Chef der örtlichen Polizeiverwaltung war, harter Kritik aus Minden unterzogen und mit einem Verweis getadelt.[43] Dem Magistrat oblag es anschließend, eine neue Dienstinstruktion zu erlassen und die 1911 noch einmal auf 26 Mann erhöhten Polizeikräfte in drei Revieren — im Rathaus, im Bergertorhaus und am Bahnhof — neu zu organisieren.

Die vor allem im Bereich sozialer Dienste und Versorgungseinrichtungen vielfältiger gewordenen Aufgaben von Rat und Verwaltung wurden seit 1916 im neuen Rathaus gegenüber der Münsterkirche koordiniert. War — wie dargelegt — diese Ausweitung des öffentlichen Sektors auch mit einem Verlust an Unabhängigkeit von übergeordneten Instanzen verbunden, ja häufig durch Anstöße von dieser Seite verursacht, so bedeutete das Aufkommen eines »politischen Massenmarktes« (H. Rosenberg) spätestens seit Beginn des 20. Jh. auch in Herford endgültig das Ende der beschaulichen Ruhe des städtischen Honoratiorenregiments. Es konnte nicht bei »von oben« verordneten Modernisierungstendenzen in der Verwaltung bleiben, auch die politische Repräsentation der Bürger begann das wachsende Bedürfnis nach Demokratisierung und Teilhabe bisher ausgegrenzter Gruppen widerzuspiegeln. Überregionale Parteien als Interessenvertretungen unterschiedlicher Bevölkerungsschichten, untergruben den scheinbaren bürgerlichen Konsens in der Stadtpolitik.

Aus Besorgnis über wachsende Wahlerfolge der Sozialdemokratie zeigte sich das bisher dominierende konservativ-liberale Führungspersonal eher bereit, kommunale Unabhängigkeit und bürgerliche Freiheiten durch Zusammenarbeit mit staatlichen Behörden bei der Bespitzelung, Inhaftierung und Ausweisung sozialistischer »Agitatoren« (zum Beispiel in der Zeit von 1903 bis 1913) aufzugeben als die Legitimationsbasis von Rat und Verwaltung durch eine Einbeziehung neuer politischer Kräfte zu erweitern.[44] Daß es dazu in dieser Zeit Möglichkeiten gab, beweisen die Aktivitäten des unabhängigen Ratsmitgliedes Engelbert Schönfeld (1832 bis 1913), eines linksliberalen Fabrikanten.[45] Er war schon 1899 von der SPD bei der Stadtverordnetenwahl unterstützt worden. 1902 kandidierte er für einen Sitz in der *Dritten Wahlabteilung*, wurde dafür allerdings vom etablierten Bürgertum mißtrauisch beäugt, gelegentlich sozial geschnitten und sein Fall sogar aktenkundig gemacht. Solcherart oppositionelle Bürgervertreter vor allem der dritten Klasse zwangen Magistrat und Verwaltung aber immerhin, sich mit abweichenden Meinungen und Interessen auseinanderzusetzen. Zum Teil bezog man nunmehr auch in öffentlichen Debatten zu Fragen infrastruktureller Entwicklung, des Schul- oder Kulturwesens sowie öffentlicher Ausgaben allgemein Stellung. Damit nahmen die

Repräsentativ- und Verwaltungsorgane im Gegensatz zur Vergangenheit Interessen einer breiteren Schicht überhaupt einmal zur Kenntnis.
Die Entwicklung hin zu mehr Gleichberechtigung aller Stadtbewohner wurde entscheidend durch den Ersten Weltkrieg und sein für die herrschenden Eliten katastrophales Ergebnis beschleunigt. Schon während des Krieges war Sozialdemokraten, *wenn sie in kommunale Ämter gewählt werden, die der Bestätigung bedürfen* (sofern sie bestimmte Voraussetzungen erfüllen, die es zu überprüfen galt) ... *die Bestätigung zu erteilen*[46]. Der Grund lag laut Rundschreiben des preußischen Innenministers an alle Regierungspräsidenten, von dem auch der Herforder Magistrat eine Durchschrift erhielt, in der *konstruktiven Haltung der SPD in der Frage der Kriegskredite* und in der Einsicht, daß, wenn man sie schon als Soldaten für nationale Ziele brauchte, man ihnen die Wahl in kommunale Ämter schlechterdings nicht vorenthalten konnte. Dagegen hatte noch 1905 der preußische Innenminister selbst dem linksliberalen Architekten König nach seiner Wahl zum stellvertretenden Herforder Beigeordneten die Ernennung verweigert. Ab 1919 amtierte nach der Bestätigung durch die nunmehr republikanische preußische Regierung mit dem Gewerkschaftssekretär Wilhelm Nadig erstmals ein Beigeordneter der SPD in der Stadt.[47] Von 1921 bis 1928 schließlich hatte Herford mit L. Osmer auch ein sozialdemokratisches Stadtoberhaupt.

Die Weimarer Republik

Dramatisch sichtbar wurde der Wandel in Richtung eines politischen Pluralismus in der kurzfristigen Entmachtung von Stadtverordneten und Verwaltung durch einen örtlichen »Arbeiter- und Soldatenrat« unter Führung des späteren SPD-Reichstagsabgeordneten und »Gauleiters der Zigarrenarbeitervereinigung« Wilhelm Schlüter. Für kurze Zeit wurden auf Rathaus und Bahnhof in Herford rote Fahnen gehißt. Sie symbolisierten freilich nur scheinbar einen völligen Umsturz, denn politische Macht übernahm der 17köpfige Rat nicht. Er trat nur befristet *Magistrat und Polizeiverwaltung zur Unterstützung an die Seite (...),* vor allem bei der *Durchführung einer geeigneten Lebensmittelverteilung an die Bevölkerung* und zum *Schutz des Eigentums der Bürger, der Stadt und des Staates.*[48]
Diesem nur bis Januar 1919 erprobten Modell einer Selbstorganisation von Teilen der Stadtbevölkerung fehlte allerdings eine politische Basis und die Verankerung bei der Mehrheit der Bürger und damit wohl auch eine eigene klare Perspektive. Es setzte sich das Modell einer repräsentativen, parlamentarischen Demokratie seit der Stadtverordnetenwahl vom 2. März 1919 durch, die erstmals nach dem allgemeinen, freien, direkten und gleichen Wahlrecht — nun auch für Frauen — vollzogen wurde. In den 1920er Jahren traten in Herford ein etwa gleichstarkes linkes (SPD–USPD–KPD) und bürgerliches (DDP–DVP–Zentrum–DNVP) Lager mit Kandidatenlisten an und hielten sich in der nunmehr 42köpfigen Stadtverordnetenversammlung in etwa die Waage.[49]
Die Entwicklung Herfords im letzten Drittel des 19. Jh. hat gezeigt, daß eine eher obrig-

keitlich gelenkte Problembewältigung ein verstärktes Wachstum und die Ausdifferenzierung der Verwaltungsbürokratie mit sich führte. Diese sah ihre Rolle — zumal im Kaiserreich — weniger als Teil der kommunalen Demokratie, »sondern vielmehr als unterer Teil der Staatsverwaltung, die sich als politisch ›neutral‹ verstand«[50]. Gleichzeitig höhlten die gesetzlichen und finanziellen Begleitumstände sowie eine Verflechtung bürokratischer Strukturen den Anspruch auf kommunale Autonomie aus. Folgerichtig betrachtete man auch die Spitzen der Selbstverwaltung eher als staatstragend denn als Vollzugsorgane der Stadtverordneten und dem durch sie zum Ausdruck gebrachten politischen Willen der Bürger. Diese Entwicklung setzte sich auch in der Zeit der »Weimarer Republik« trotz des Versuches einer Vereinfachung und Reformierung städtischer Verwaltungsstrukturen verstärkt fort — unter anderem deshalb, weil sich die Verwaltung seit 1918 personell kaum verändert hatte. Die Zahl der städtischen Bediensteten stieg im Jahre 1932 einschließlich der Polizei auf 242. Ihr Einfluß auf die Entscheidungsfindung im Rat und seinen Ausschüssen wuchs. Damit ging trotz der verbesserten demokratischen Rahmenbedingungen die Mitwirkungsmöglichkeit der einzelnen Bürger zurück, sofern diese nicht genügend organisierte, politische oder bürokratische Unterstützung für ihre Anliegen mobilisieren konnten. Immerhin vermochte nunmehr auch eine bisher weitgehend ausgegrenzte Gruppe wie die Arbeiterschaft ihren Bedürfnissen durch ihre Interessenvertreter mehr Nachdruck zu verleihen und Abhilfe zum Beispiel im Bereich der Wohnraumbeschaffung zu erreichen, ohne freilich eine wirkliche soziale und wirtschaftliche Gleichberechtigung zu erreichen. Exemplarisch sind hier die Aktionen der Polizei anläßlich von Streikbewegungen bei der Herforder Industrie in den 1920er und frühen 1930er Jahren, die in der Regel eher im Interesse der Arbeitgeber handelte.

Die Zeit des Nationalsozialismus

Die nationalsozialistische Diktatur beendete nicht nur alle demokratischen Mitwirkungsrechte der Bevölkerung; sie bedeutete auch die in der Stadtgeschichte klarste Form der Konzentration von Entscheidungsbefugnissen über kommunale Angelegenheiten bei übergeordneten Staats- oder Parteiinstanzen. Diese Zerschlagung der Selbstverwaltung der Bürgerschaft vollzog sich unter dem Vorzeichen des nationalsozialistischen »Maßnahmenstaates« hinter der Fassade eines weiterbestehenden »Normenstaates« (E. Fraenkel) — ein Grund dafür, daß auch in Herford weder die zur Seite gedrängten traditionellen Amtsträger noch die Bürger, von Ausnahmen abgesehen, energischen Widerstand leisteten. Durch Verordnung des preußischen Staatsministeriums vom 4. Februar 1933 wurden sämtliche Gemeindevertretungen mit Wirkung vom 8. Februar 1933 aufgelöst. Bei der fälligen Kommunalwahl wurde auch in Herford die NSDAP mit 17 von 36 Sitzen stärkste Fraktion, ohne allerdings — genauso wie im Reich — allein über eine Mehrheit zu verfügen. Ab 6. April 1933 beziehungsweise 7. April 1933 wurden die 13 Mandate von SPD und KPD für *unwirksam* erklärt. Sozialdemokratische und kommunistische

Funktionäre wurden verfolgt und verhaftet, deportiert oder in den Untergrund getrieben (bis zum 1. September 1933 allein 33 Herforder). Die Gemeindevertretungen füllte der Regierungspräsident auf Vorschlag des Magistrats mit Vertretern der »wichtigsten Berufsstände« auf — eine Umkehrung also des bisher gültigen Verhältnisses von Exekutive und Legislative.[51]
Diese *Gleichschaltung* Herfords und seine Unterwerfung unter das *Führerprinzip* vervollständigte das neue Gemeindeverfassungsgesetz vom 15. Dezember 1933, das einen geschrumpften Gemeinderat mit nunmehr lediglich *beratender Stimme* (zusammengesetzt aus 15 Mitgliedern der NSDAP einschließlich des Kreisleiters Nolting und des ranghöchsten SA-Führers) bestehen ließ. Der Magistrat wurde ebenfalls verkleinert und unterstand nach der *Beurlaubung* des Oberbürgermeisters Althaus dem neuen Oberbürgermeister Kleim sowie seinem Stellvertreter Kosiek (dem bisherigen NSDAP-Kreisleiter), beides willfähige Vollstrecker des Nationalsozialismus. Abstimmungen im Gemeinderat fanden nicht mehr statt; der Tenor aller Ratsprotokolle dieser Zeit war: *Die Mitglieder des Gemeinderats brachten eine abweichende Meinung nicht zum Ausdruck*, dafür aber *ein Siegheil auf den Führer.*[52] Der von der Presse bei seiner angeblichen Wahl gefeierte Oberbürgermeister Kleim hatte sich im wesentlichen auf reine Verwaltungsaufgaben zu beschränken, der *Beauftragte der NSDAP*, Kreisleiter Nolting bestimmte in der Regel den Gang der Ratssitzungen, zu denen er von Kleim *ergebenst* eingeladen wurde. Er genehmigte per Unterschrift auch wichtige Ernennungen. Kleims Stellvertreter Rudolf Kosiek, ein *Herforder Kind* (*der erste Herforder, der sich zum Nationalsozialismus bekannte*)[53], hatte als Polizeidezernent die Aufgabe, diesen für das

Kundgebung auf dem Rathausplatz, 1933. Vor dem Portal (v.l.n.r.): NSDAP-Kreisleiter Nolting, Bürgermeister Kosiek, Oberbürgermeister Kleim, Regierungspräsident v. Oeynhausen

Regime wichtigen Bereich der Exekutive dem Gewaltapparat dienstbar zu machen. Insgesamt ist zu dem einstigen Herzstück kommunaler Selbstverwaltung, dem Rat und Magistrat, festzuhalten, daß schon bald nach der Etablierung der nationalsozialistischen Herrschaft, nicht nur das öffentliche Interesse an der Arbeit dieser Organe, sondern auch die Motivation einzelner Mitglieder spürbar nachließen. Sogar der Oberbürgermeister als *Leiter der Gemeinde* mußte in einem Schreiben vom 9. Dezember 1935 seine Ratsmitglieder um regelmäßigeres Erscheinen zu den Sitzungen und eine gründlichere Vorbereitung von Beschlußvorlagen nachsuchen sowie schließlich öffentliche Sitzungen des immer seltener tagenden Rats anordnen: *Ich erhoffe aus dieser Neuregelung, daß die Verbindung zwischen der Stadtverwaltung und der Bevölkerung eine möglichst enge und nahe wird und auch die Freude an der Mitarbeit bei den Herren Gemeinderäten eine Stärkung erfährt.*[54]
Auch die Verwaltung wurde mit Erfolg *gleichgeschaltet.* Dazu gab das *Gesetz zur Wiederherstellung des Berufsbeamtentums* vom 7. April 1933 die notwendige Handhabe.

In Herford fand eine Überprüfung der städtischen Bediensteten statt, worunter auch schon die *arische Abstammung* des Beamten fiel. Selbst Arbeiter in den Stadtgärtnereien hatten den Nachweis ihrer *politischen Zuverlässigkeit* zu erbringen. Ende 1933 waren von den rund 240 Beamten und Angestellten des Jahres 1932 25 entlassen bzw. *ausgeschieden*, davon allein neun *infolge der politischen Umwälzung.*[55] In anderen Fällen kann man politische Motive nur vermuten. Auch bei der Polizei wurden 5 Beamte aufgrund des Gesetzes in den Ruhestand geschickt. Eine vollständige Organisation aller Beamten im »Reichsbund der deutschen Beamten« bzw. in der »Deutschen Arbeitsfront« (DAF) mußte allerdings noch 1940 im Auftrag Kleims angemahnt werden.
Gerade die Aufgaben der Polizei nahmen naturgemäß in den ersten Jahren des Nationalsozialismus zu. Verhaftungen, Gefangenentransporte, Beschlagnahmungen brachten den Ordnungskräften *eine starke Belastung*[56]: staatliche Allmacht und gelegentlich in Terror ausartende Willkür triumphierten. Kommunale Autonomie und »Partizipation« der Bürger verschwanden.

Von 1945 bis zur Gegenwart

Nach 1945 schlug das Pendel unter dem Einfluß der britischen Besatzung wieder um in Richtung einer weitgehenden Dezentralisierung der politischen Entscheidungsebenen. In Herford wie in allen Gemeinden des neuen Landes Nordrhein-Westfalen wurde die dem englischen Modell entliehene *norddeutsche Ratsverfassung* eingeführt. Sie ist geprägt durch den Dualismus zwischen politischer Willensbildung und fachlicher Lenkung, zwischen gewählter Vertretungskörperschaft (Rat) — geleitet vom (Ober)bürgermeister — und hauptamtlicher Verwaltung, mit dem (Ober)stadtdirektor und zur Zeit vier Fachdezernenten an der Spitze. Die Selbstverwaltungsgarantie ist Bestandteil des Grundgesetzes, »nach der den Gemeinden das Recht gewährleistet ist, alle Angelegen-

heiten der örtlichen Gemeinschaft im Rahmen der Gesetze in eigener Verantwortung zu regeln, wofür sie Steuern und Abgaben erheben dürfen. Den Bestimmungen der Landesverfassung (von NRW, St.B.) gemäß gibt es eine Staatsaufsicht, die sich aber in der Regel auf die Überwachung der Gesetzmäßigkeit beschränkt«.[57]
Inhaltlich scheinen die kommunalen Aufgaben damit zunächst keineswegs eindeutig festgelegt. Sie bleiben — wie schon seit dem 19. Jh. bekannt — gerade in einer mittleren Stadt wie Herford abhängig vom finanziellen Spielraum, den Bund und Land den Gemeinden lassen sowie von rechtlichen Rahmenbedingungen, die übergeordnete Verwaltungseinheiten setzen. Schließlich verhindert die Einbindung Herfords in weiträumige Verbundsysteme, etwa bei der Stromversorgung oder Abfallbeseitigung, daß die Stadt in der Demokratie »... im Kontrast zur staatlichen Verwaltung (steht), sondern sich — wenn auch als autonome Einheit — in deren Gesamtbau einfügt«.[58]
Das Zusammenwirken sich wandelnder und in der Regel wachsender Bedürfnisse der Bürger sowie der Weckung eben dieses Bedarfs durch Kommunalpolitiker und Verwaltungen führten auch nach 1945 zu einer Ausdifferenzierung der Verwaltung und damit bis in die Mitte der achtziger Jahre zur Schaffung neuer Zuständigkeiten, neuer Ämter und Planstellen. Theater, Bibliothek, Stadion, Bäder und andere Sportanlagen, ein Umweltschutzreferat, Gleichstellungsstelle waren aktuelle institutionelle Antworten auf gesellschaftlich diskutierte Themenfelder, Wünsche der Bürger oder schlicht Prestigeobjekte der Kommune. Die durch soziale Probleme (Asylanten, Spätaussiedler, Arbeitslose usw.) wachsenden Aufgaben führen jedoch neuerdings zu einer steigenden Belastung des städtischen Etats. Damit sind — in anderen finanziellen Dimensionen und vor einem anderen wirtschaftlichen Hintergrund — die gegenwärtigen Sorgen der Stadtkämmerei denen der Vorgänger des 18./19. Jh. durchaus ähnlich.
Die weitgehende Regelung erheblicher Lebensbereiche der Bürger durch obrigkeitliche Zuständigkeiten zusammen mit der damit verbundenen Verrechtlichung haben im Laufe der Zeit zu einer ungeahnten Steigerung der Personal- und Betriebskosten auch von Kommunen geführt. Sie sind damit einerseits zu einem wesentlichen Wirtschaftsfaktor im Bereich sozialer und technisch-administrativer Dienstleistungen geworden, andererseits blockieren gerade diese unveränderbaren Ausgabenposten durch Folgekosten bei sinkenden oder stagnierenden Einnahmen die verfügbare »freie Spitze« für innovatorische oder dringend notwendige investive Maßnahmen. Deckungslücken können in Herford dann bei aufgezehrten Rücklagen nur noch durch Erhöhung der städtischen Gewerbe- oder Grundsteuern oder über Kredite finanziert werden.
Gelegentlich wird angesichts dieser sich deutlich abzeichnenden Misere einer Rückkehr zum »Subsidiaritätsprinzip«, also der Selbsthilfe oder einer Privatisierung bisher öffentlicher Dienstleistungen, das Wort geredet. Dies geschieht auch unter Rückgriff auf die Vergangenheit, in der beispielsweise der preußische Reformer Freiherr vom Stein 1808 »in seiner *Ordnung für sämtliche Städte der Preußischen Monarchie* noch den vernünftigen Egoismus des einzelnen für die Verwaltung und Förderung von Kommunen mobilisieren und heranziehen konnte«.[59] Der heutige Nutzen für die Allgemeinheit wäre aber zumindest fraglich und im Rahmen des oben erwähnten Verfahrens auch schwer zu bestimmen. Darüber hinaus könnten solche Maßnahmen gerade auf sozialem Gebiet

eher neue Privilegien und eine Aufspaltung innerhalb der Stadtbevölkerung bewirken, die ja — wie in diesem Kapitel gezeigt — die schwerwiegensten Nachteile vormoderner Regelmechanismen in Repräsentation und Verwaltung darstellten. Trotzdem müssen dem Stadtbürger und wohl auch seinen Vertretern innerhalb des entstandenen weitgehend gesichtslosen Verwaltungskörpers zur Befriedigung sozialer Bedürfnisse Spielräume bleiben. Ein Zurück zur Gemeinde als »einer in sich abgeschlossenen ursprünglich genossenschaftlichen Einheit«[60] kann es auch in Herford nicht geben. Dagegen könnten zusätzliche Elemente der Bürgerbeteiligung, die ja immer auch eine verstärkte Aktivierung der Stadtbewohner zur Teilnahme an lokalen politischen Prozessen beinhalten und die sich zu anderen Zeiten oder an anderen Orten bewährt haben, eingeführt werden. Zumal im Bereich der Planung und Gestaltung der direkten Umwelt der Bürger ergibt sich hier ein weites Betätigungsfeld nicht nur für kommunale Entscheidungsträger in Rat und Verwaltung, deren Bewegungsraum im Zeitalter schwindender finanzieller Resourcen, drückender Lasten sowie wichtiger infrastruktureller Aufgaben ohnehin enger wird, sondern auch für genossenschaftliche, private und vor allem gemischtwirtschaftliche Initiative, wie sie in vergleichbaren englischen oder französischen Kommunen neuerdings erfolgreich erprobt werden.

Trotz des nach wie vor herrschenden Parteienmonopols in der Herforder Kommunalpolitik — CDU, SPD, F.D.P. machten bis zum Einzug der »Grünen« in das Stadtparlament 1985 die Mehrheitsbildung seit den 1950er Jahren unter sich aus — haben sich spätestens seit den 1970er Jahren neue Formen der Selbstorganisation herausgebildet. Abseits turnusmäßiger Wahlgänge versuchen etwa Bürgerinitiativen gegen Mülldeponien, Protestaktionen gegen Schulschließungen immer wieder, eine lokale politische Öffentlichkeit herzustellen und den Geschäftsgang von Rat und Verwaltung zu beschleunigen oder in ihrem Sinne zu beeinflussen. Auch in Herford zeigte die Wahlbeteiligung der letzten Jahrzehnte seit 1945, daß das Interesse der Stadtbevölkerung an der Entscheidung über Mehrheiten im Kommunalparlament geringer ist als bei Landtags- oder Bundestagswahlen. Die insgesamt für alle Bürger aber weitgehenden freiheitlichen Mitwirkungsrechte im Vergleich zur Vergangenheit haben andererseits jedoch erwiesen, daß der kommunale Grundkonsens und das Vertrauen in die gewählten Vertreter dann Protesten und verstärktem Willen zur Mitarbeit Platz machen, wenn eine unmittelbare Betroffenheit entstanden ist. Es bliebe zu wünschen, daß dieser gelegentliche Zusammenschluß zum Zwecke verstärkter Partizipation sich — auch durch Hilfe und Ermutigung von Repräsentativ- und Verwaltungsorganen — in eine dauerhafte Aufgeschlossenheit und Beteiligung der Bevölkerung für kommunale Probleme als eines wesentlichen Faktors lebendiger Demokratie umwandeln ließe. In diesem Sinne können die Bürger Herfords aus den Anfängen der Selbständigkeit und der weiteren Geschichte ihrer Stadt etwas lernen.

Christine und Lutz Brade, Heinz-Joachim Buß, Britta Jünemann und Heinrich Rüthing

Religion prägt das Leben: Die Erben der »Sancta Herfordia«

Heute wird in Herford gerne das alte Wort von der *Sancta Herfordia* wieder aufgenommen. Da klingt etwas an von vergangener Größe, vom »goldenen Mittelalter« — genauso wie bei »Hansestadt« und »Freie Reichsstadt«. Doch während diese beiden historischen Etiketten ein eher falsches Bild von der einstigen Bedeutung Herfords entwerfen, trifft jenes eine wirkliche Besonderheit, die Herford von allen Nachbarstädten abhebt und die auch im überregionalen Vergleich bestehen kann.

So ist Herford im neuen »Westfälischen Klosterbuch« mit 10 Artikeln bestens vertreten. Es wird zwar von Münster (29 Klöster) deutlich übertroffen, kann aber mit den Bischofsstädten Paderborn (12) und Minden (8) konkurrieren. Die Nachbarstädte Bielefeld (4), Lemgo (3) und Detmold (2) liegen jedenfalls in einer ganz anderen Größenordnung. Viel interessanter noch als die Zahl der Klöster je Stadt ist das Verhältnis zur Einwohnerzahl. In Herford kam im 15. Jh. ein Kloster auf etwa 100 Haushalte, und ungefähr jeder zehnte Erwachsene dürfte einem Konvent angehört haben.

Wieso kümmert uns heute die Zahl der mittelalterlichen Klöster? Wieso schmückt sich eine von der evangelischen Kirche geprägte Stadt mit der Erinnerung an Institutionen, die die Reformatoren einst heftig bekämpft haben? Soziologen sehen in einem solchen Umgang mit der religiösen Vergangenheit Anzeichen von Entkonfessionalisierung und Säkularisierung der Gesellschaft. Mit anderen Worten: Wenn die christlichen Konfessionen — und die Religion überhaupt — immer weniger das Bewußtsein und das öffentliche Leben prägen, dann werden auch die kirchlichen Lebensformen früherer Jahrhunderte immer weniger als Zeugnisse (oder Irrwege) der Heilsgeschichte gesehen. Wir können der mittelalterlichen Klosterstadt Herford deswegen unvorbelastet und mit neuem Interesse begegnen, weil sie nur noch wenig mit dem modernen Leben und dem heutigen Glauben zu tun hat. Doch je näher wir zur Gegenwart kommen, desto stärker spüren wir Kontinuität und Betroffenheit. Reformation und Pietismus sind für viele die Wurzeln ihres religiösen Lebens. Und die Verbindung zwischen »Thron und Altar« macht leidenschaftslose Geschichtsbetrachtung ebenso schwer wie die kultische, soziale und wirtschaftliche Zerstörung der jüdischen Gemeinde von Herford.

In dieser von heutigen Problemstellungen ausgehenden Festschrift kann das Thema »Religion« nicht als herkömmliche konfessionell gebundene Kirchengeschichte angegangen werden. Es geht vielmehr um die Frage nach der Rolle, die »Religion« in der städtischen Öffentlichkeit spielt. Wie in den anderen Kapiteln des Teils II stehen auch hier im Mittelpunkt die Institutionen, z.B. Klöster und Kirchengemeinden.

Dieses Kapitel stellt in vier eigenständigen Beiträgen zentrale Situationen und Entwicklungen vor:

- Es beginnt retrospektiv. Ausgehend von den (Fest-)Gottesdiensten der Nachkriegszeit bis zurück zum Kaiserreich wird gezeigt, wie sich die Rolle der Kirche in der Gesellschaft wandelt. Zahlreiche Auszüge aus Predigten, Gemeindeblättern oder Presbyteriumsprotokollen veranschaulichen, wie evangelische Kreise in Herford den Zeitgeist aufnahmen oder ablehnten. Als Zentralbeispiel wird — ihrer Bedeutung in der städtischen Öffentlichkeit angemessen — die Münsterkirchengemeinde gewählt. Für die Stiftberggemeinde kann auf Teil I (W. Günther, Zwischen Kirche und Kasernen: Der Stiftberg) und Teil III (Bericht Friedrich Brasse) verwiesen werden.
- Der zweite Beitrag bietet eine Momentaufnahme der vorreformatorischen Zeit. Eine Urkunde aus dem Turmknauf der Münsterkirche erlaubt uns einen Blick auf die wichtigsten Institutionen der *Sancta Herfordia*.
- Daran anschließend wird das für die neuere Kirchengeschichte Herfords zentrale Ereignis, die Reformation, dargestellt und die Entwicklung der evangelischen Kirche bis ins 18. Jh. skizziert. Auch hierfür können Abschnitte in Teil I (J. Brandtmann, Klöster, Bürger und Gewerbe: Die Neustadt) und Teil III (Bericht Friedrich Brasse) ergänzend herangezogen werden.
- Zuletzt wird die Perspektive gewechselt: Es geht um die Erfahrungen der jüdischen Minderheit in Herford. Ausgehend von der sogenannten »Reichskristallnacht« richtet sich der Blick auf Jahrhunderte der Ausgrenzung, Duldung und — bestenfalls — »Gleichstellung ohne Gleichbehandlung«. **(T. S.)**

Gottesdienst und Zeitgeist: Die evangelische Kirche im 20. Jahrhundert

Die Herausforderung der Volkskirche

Die altehrwürdige Münsterkirche ist am zweiten Advent 1973 Schauplatz eines für kirchliche Verhältnisse noch ungewöhnlichen Geschehens. Es findet dort ein »Gottesdienst in anderer Gestalt« statt, an dem jugendliche Strafgefangene der Herforder Justizvollzugsanstalt mitwirken. Der Gemeinde sollen *in Berichten und Dialogpredigten ... Probleme der Haft, der inneren Not und Einsamkeit der Gefangenen, die Ursache der Kriminalität, Vorschläge zur Verbesserung des Strafvollzugs und zur Resozialisierung der Gefangenen nahegebracht* werden.[1]

Doch dieser Gottesdienst, der in moderner Form ein schwieriges Thema anschneidet, stößt auch auf Ablehnung. Von seiten des Presbyteriums werden liturgische und theologische Vorbehalte gegen Form und Inhalt des Gottesdienstes vorgebracht.[2] Die vorsichtige Öffnung der Münsterkirchengemeinde bleibt ein Wagnis.

Die Aufnahme des Themas Strafvollzug und Jugendkriminalität in den Gottesdienst deutet auf einen sich beschleunigenden Wandel innerhalb der Volkskirche hin. Eine neue Sensibilität für soziale Probleme, für Fragen von Gerechtigkeit und Frieden erfaßt seit den frühen 1970er Jahren zunehmend auch die Kirche selbst und trifft sie in ihren traditionellen Strukturen. So werden heute die Friedensbewegung und die Solidaritätsarbeit mit Asylsuchenden zu einem großen Teil von kirchlichen Initiativen getragen, auch in Herford.

Die Volkskirche aber wird in einer sich modernisierenden Gesellschaft aus vielen ihrer traditionellen Räume verdrängt. Zwar werden bestimmte religiöse Dienstleistungen wie Taufe, Beerdigung und Seelsorge in Krisensituationen auch in einer profan gewordenen Welt nach wie vor gefragt, aber die soziale Funktion der Kirche im Alltag der Menschen verliert an Bedeutung. Die Zeit, in die der Gottesdienst mit jugendlichen Strafgefangenen fällt, ist gekennzeichnet von einer enormen Ausweitung der Freizeitangebote für Jugendliche, nicht zuletzt auch durch díe Ausbreitung des Fernsehens. Auch erweisen sich in den 1970er Jahren öffentliche Jugendzentren als weitaus attraktiver als die noch in veralteten Konventionen verankerte kirchliche Jugendarbeit.

Um die Jugend zu gewinnen und damit auch ihr eigenes Bestehen für die Zukunft zu sichern, ist die Kirche gezwungen, sich von innen her zu erneuern. Doch auf diesen Weg begibt sich die Evangelische Kirche in Herford nur sehr zögernd. Eine Voraussetzung für die Erneuerung der Kirche ist das neue Selbstbewußtsein, mit dem die Jugendlichen auftreten. Das Presbyterium der Münsterkirchengemeinde stellte schon in seinem Synodalbericht für das Jahr 1965 / 66 fest, daß die Jugend *kritisch bis zur Opposition gegen die bestehende kirchliche Ordnung* ist. Als Gründe für diese Haltung werden die Massenmedien in einer unüberschaubar werdenden Welt sowie die durch die Konsumgesellschaft geweckten höheren Ansprüche der Jugendlichen genannt.[3] Damit verkennt das Presbyterium allerdings, daß sich in der Kritik der Jugendlichen, die die Unattraktivität kirchlichen Lebens offen benennen, auch die Suche nach einer neuen, modernen Kirche, nach einer Kirche, die auch ihre Bedürfnisse anspricht, ausdrückt. Nicht zuletzt die Form des Gottesdienstes in einer traditionellen Gemeinde wie der Münsterkirchengemeinde ist ein Anlaß zur Klage vieler Jugendlicher: *Immer mehr klagen insbesondere junge Gemeindeglieder darüber, daß ihnen die Liturgie, aber auch die Predigt, fremd erscheine.*[4]

Der eingangs erwähnte Gottesdienst in moderner Form und mit sozialkritischem Anspruch deutet darauf hin, daß es 1973 auch in der Münsterkirchengemeinde ein Bewußtsein für die Erfordernisse der neuen Zeit gibt. Schon 1964 hatte das Presbyterium kritisch angemerkt, daß die Kirche in einer verweltlichten und des Himmels beraubten Welt ihren engen Bereich religiöser Innerlichkeit verlassen und sich eben dieser Welt öffnen muß: *Das Verhältnis der Kirche Jesu Christi zur Welt ist bestimmt durch eine immer stärker werdende Verweltlichung aller menschlichen Verhältnisse und Maßstäbe ... Die Transzendenz, der Himmel, schwindet immer mehr. Übrig bleibt ein letzter Rest von religiöser Innerlichkeit oder auch Feierlichkeit, die man in den Amtshandlungen der Kirche sich erwünscht. Der Pfarrer wird immer mehr zum »Zeremonienmeister«... Die Kirche ist immer noch nicht geneigt, auch liebgewordene Formen und Traditionen aufzugeben, um des Menschen willen, der vor der Tür der Kirche steht. Die Kirche wagt*

nicht, »herauszugehen« in die Welt. Sie bewegt sich lieber in einem religiösen Innenbereich.[5]
Als es allerdings mit der geforderten Weltzuwendung der Kirche Anfang der 1970er Jahre ernst wird und als von der Kirche auch gesellschaftliche Festlegungen in heiklen Zeitfragen gefordert werden, zieht sich die Münsterkirchengemeinde zurück. Daß die Kritik am Gottesdienst 1973 bei liturgischen und theologischen Fragen ansetzt, zeigt, wie wenig die Kirche gerade auf die sozialen Probleme der Zeit vorbereitet ist.

Aufbruch 1945

Der Ballast der langen Geschichte scheint zu schwer, um ihn so ohne weiteres abzulegen. Dabei bestand nach dem Zusammenbruch des »Dritten Reiches« 1945 die Chance, nicht nur im Stuttgarter Schuldbekenntnis Buße zu tun, sondern durch eine überzeugende Weichenstellung in der Kirche selbst die Menschen für sich zu gewinnen.
Im zerstörten Herford des Jahres 1945 wurde die Kirche von vielen *als der einzig verbliebene Ort des Friedens und der Ordnung und eben damit als Ort der Zuflucht angesehen.*[6] Abzulesen war diese Hoffnung der Menschen an dem unerwartet guten Besuch der Gottesdienste im Jahr 1945, obwohl die Münsterkirche aufgrund der Bombeneinwirkungen bis zum traditionellen Kantatefest 1946 als Gottesdienstraum nicht zu benutzen war. So mußten die Gottesdienste notdürftig in anderen Räumlichkeiten abgehalten werden: im Logensaal, im Gemeindehaus Mönchstraße, im Tagesraum des Gottschalk-Weddigen-Heimes Hellerweg und in der Aula des Gymnasiums.[7]
Die Münsterkirchengemeinde versuchte, nach dem Zusammenbruch der nationalsozialistischen Herrschaft der von ihr erwarteten Rolle nachzukommen und als Trägerin gesellschaftlicher Kontinuität aufzutreten. Der feierliche Gottesdienst in der Münsterkirche zum 55. Kantatefest, Sinnbild der Tradition der Münsterkirchengemeinde, soll in großem Stil die ungebrochene Stärke der Kirche dokumentieren. In dem Bericht eines Teilnehmers heißt es: *Die weite Münsterkirche kann die Zahl der 4000 Festgäste nicht fassen. Nach den schweren Kriegsjahren feiert die Münsterkirchengemeinde heute ein besonderes Dankes- und Freudenfest. Das alte Gotteshaus hat bei den Bombenangriffen zwar schwere Schäden erlitten, sie konnten inzwischen so ausgebessert werden, daß heute die Kirche mit dem Kantatefest wieder für die »schönen Gottesdienste unseres Herrn« in Benutzung genommen werden darf. So schwingt durch die Feier ein großer Dankeston, angefangen mit dem jubelnden »Cantate Domini« des Münsterkirchenchores, über die wegweisende Predigt P. Wilms mit der Jahreslosung als Text, hin zu dem gewaltigen »Te Deum« der Gemeinde, in das neben den 220 Bläsern auch die alten Kesselpauken und Glocken der Kirche mit einstimmen. Die lautlose Andacht, mit der die große Gemeinde dem Singen des Kirchenchores und den gewaltigen Klängen der vereinigten Posaunenchöre bis zum Schluß ohne Zeichen irgendeiner Ermüdung lauscht, zeigt den Mitwirkenden deutlich, daß zu dem Segen, den sie aus der Übung der musica sacra an sich selbst verspüren, der Dank all' der Seelen hinzukommt, die sie mit ihrem Dienst im Lobamt Gottes erquickt haben. Nach dem Amen vereinigt sich alles,*

was Odem hat, zu dem »Gloria sei dir gesungen« unseres Altmeisters Bach. Dieser tausendstimmige Gesang, welch' ein die Herzen überwältigender Ausklang dieses wunderbaren Festes! Es ist, als ob wir im Vorhof der Ewigkeit stünden und den Anfang der zukünftigen Musik im höheren Chor erlebten![8]

Die Not der Zeit und die Probleme des Wiederaufbaus begünstigen die Kirche allerdings nicht nur. Zwar wird sie gebraucht, um den Bedarf an Feierlichkeit abzudecken, aber zur Bewältigung der alltäglichen Probleme setzen die Menschen anscheinend mehr auf Selbsthilfe. So stellt das Presbyterium der Münsterkirchengemeinde mit Bedauern fest, daß die Erfordernisse des täglichen Bedarfs die Funktion der Kirche als Hüterin von Moral und Ordnung überlagern: *Durch die immer größer werdende Verknappung der Lebensmittel und der zum Leben notwendigen Gegenstände des täglichen Bedarfs greift auch in unserer Gemeinde der Geist der Sorge und der rücksichtslosen Gier nach den Gütern dieser Welt mehr und mehr um sich und eine Lieblosigkeit, gefördert durch die Wohnungsnot, kommt so zur Herrschaft, daß manche das Wort Gottes nicht mehr zu hören vermögen. Die Gültigkeit der heiligen 10 Gebote für unser Alltagsleben ist vielen angesichts der übergroßen leiblichen Nöte zumindest fraglich geworden. Durch Übertretung des 7. Gebots (Diebstahl von Feldfrüchten und Kohlen) wächst das Mißtrauen untereinander. In vielen Fällen auch gerade zwischen Einheimischen und zugezogenen Vertriebenen und zugezogenen Flüchtlingen ist das Miteinander-Leben so unerträglich gespannt geworden, daß jeder den anderen einfach durch sein Dasein den Zugang zum Gottesdienst und zur Feier des Sakraments verbaut.*[9] Auch seien viele nach den Erfahrungen eines langen Krieges öffentlichkeitsmüde geworden: *In unserer Männerwelt ist die innere Müdigkeit keineswegs überwunden. Der jahrelange Militärdienst mit seinen Einschränkungen der persönlichen Freiheit bewirkt den Wunsch, nun endlich einmal aller Verpflichtungen ledig und für sich selbst und für die Familie frei zu sein.*[10]

Die harten Nachkriegsjahre sind dann aber schneller als erwartet überwunden. Mit der Etablierung der Wohlstandsgesellschaft seit den späten 1950er Jahren kommt allerdings nicht die Kirche in den »Genuß« der neu freigesetzten Energien. Seitdem bleiben viele Plätze auch in der Münsterkirche leer.

Zwischen »neuer Religion« und »Bekennender Kirche«

Ein Jahr nach dem Zusammenbruch der Weimarer Republik wurde der Jahrestag der nationalsozialistischen Machtergreifung in Herford feierlich begangen. Im Festgottesdienst am 31. Januar 1934 in der Münsterkirche hielt Superintendent Niemann die Predigt: *Wir als Christen bekennen heute am Jahrestag dieses Geschehens aufs Neue: Das ist vom Herrn geschehen und ein Wunder vor unseren Augen ... Wir haben uns in dieser Abendstunde zusammengefunden, in unserer großen, alten Münsterkirche, die selbst ein ehrwürdiges Denkmal bewegter Zeit ist, um des Ereignisses zu gedenken, das vor einem Jahr mit ungeheurer Wucht uns alle emporriß zu neuem Vertrauen, neuer Entschlußkraft und Freudigkeit. Für alle, die wir schon manchmal zweifelten an dem Wiedererwachen unseres Volkes, war es ein Tag voll gewaltiger Bedeutung, wir waren überwältigt von*

dem erlösenden Umschwung und wurden wie von einem Sturm erfaßt, als plötzlich für das Sehnen unserer Seele die Stunde der Erfüllung hereinbrach. [11]
Die religiöse Überhöhung des Nationalsozialismus in einer Predigt, die zudem die Errichtung des totalitären Staates als Werk Gottes beschreibt, erscheint uns heute kaum faßbar. Sie ist jedoch typisch für die Jahre 1933 / 34, in denen auch die Herforder Evangelische Kirche durchaus noch geneigt war, dem »Aufbruch des deutschen Volkes« mit einer gewissen Sympathie zu begegnen. Der Gottesdienst wurde in diesem Sinne zu einem Forum der Zustimmung genutzt: Endlich wieder seit dem Untergang des Kaiserreiches, so schien es, war die Kirche auf der Höhe der Zeit.
Doch der Nationalsozialismus war durchaus nicht gewillt, den von der Kirche angebotenen Bundesschluß so ohne weiteres zu akzeptieren. Sein totalitärer Machtanspruch richtete sich auf die Gesamtheit des Lebens und damit auch auf die geistige und ideologische Orientierung der Menschen. So führte Kreisbetriebszellenobmann Friesen auf der Amtswaltertagung der NSDAP-Kreisleitung Herford zum 1. Mai 1934 aus: *Nationalsozialismus ist die Religion der Gemeinschaft, im Nationalsozialismus zu leben und zu wirken ist etwas so Edles und Reines, daß ich mir eine schönere Religion gar nicht vorstellen kann. Wer in all' seinem Tun und Denken im Nationalsozialismus lebt, der ist zweifellos ein guter Christ.* [12]
Die Kirche als Institution wurde von den NS-Machthabern lediglich für den Ausbau und die Sicherung der eigenen Herrschaft benutzt. Ihre Symbole und Riten, ihre Formen und Feste aber waren willkommen, um sie im nationalsozialistischen Sinn umzudeuten für die »neue Religion«, die nun auf den Plan trat.
Weihnachten, das neben Ostern wichtigste Fest der Kirche, eignete sich aufgrund seiner heidnischen Ursprünge und auch wegen der mit dem Fest verbundenen Lichtersymbolik und Geschenkrituale besonders gut für eine Umdeutung und Neubewertung durch die Nationalsozialisten. Das Weihnachtsfest 1933 wurde sowohl von seiten der Parteiführung wie auch von einigen Kirchengemeinden als *Deutsche Weihnacht* begangen. Der Stadtgewerbeausschuß rief die Bürger der Stadt Herford am 23. Dezember 1933 in einer Zeitungsannonce auf, für das *deutsche Weihnachtsfest* auch *deutsche Qualitätsarbeit* zu kaufen. Die *deutsche Gesinnung* sollte aber noch in einem anderen Verhalten zum Ausdruck kommen: *Nun noch eins: Ihr dürft eure Einkäufe nur beim deutschen Geschäftsmann tätigen, der durch seine Zugehörigkeit zur deutschen Volksgemeinschaft wiederum dem deutschen Arbeiter zu Arbeit und Brot verhilft.* [13]
Deutsche Weihnachten zusammen mit der NSDAP wurde auch im Evangelischen Vereinshaus der Radewig gefeiert. Pastor Voß ließ in seiner Festansprache die neue Einheit zwischen Kirche und Volksgemeinschaft anklingen: *Warum schauen wir hinein mit leuchtenden Augen in das Glitzern der Weihnacht? Weil hier in dem Baum die deutsche Seele, die Botschaft der Heilignacht aufgenommen ist, weil im brennenden Weihnachtsbaum die deutsche Seele sich das kostbarste Gefühl geformt hat, in dem sie den kostbaren ewigen Inhalt birgt von der Botschaft Gottes in der Heilignacht . . . Weihnachten ist das Fest der Stunde, da Gott mit den Menschen Gemeinschaft geschlossen hat und zugleich die Stunde der Wiedergeburt wirklicher Volksgemeinschaft. In diesem Sinne laßt uns Weihnachten feiern aus Dankbarkeit gegen Gott, in Liebe zu den Volksbrüdern.* [14]

Die Münsterkirche
mit dem Ehrenmal für die Gefallenen des Ersten Weltkrieges, um 1932

Der Kampf um Symbole wurde zwischen Nationalsozialisten und Evangelischer Kirche nicht nur um die Beflaggung der Kirchen mit Hakenkreuzfahne oder Kirchenfahne geführt. Diese Auseinandersetzung berührte nicht bloß die äußeren Gemäuer und die Darstellungsform der Kirche; die nationalsozialistische Ideologie und ihre totalitäre Herrschaftsform sprengten vielmehr die Fundamente der christlichen Botschaft und bemächtigten sich zunehmend der ehemals kirchlichen Symbole und Rituale. So konnte das »christliche Weihnachten« als Inbegriff des Deutschen gewertet und als früher Kampfbegriff gegen das Judentum gewandt werden, indem man die Bürger der Stadt Herford bedrängte, ihre Weihnachtsgeschenke nicht bei jüdischen Geschäftsleuten zu kaufen.
Die Kirche versuchte nach Jahren der Krise in der ungeliebten Weimarer Republik an der neuen »Größe« des Reiches zu partizipieren. Hierzu bot die protestantische Tradition schon frühzeitig einen Anknüpfungspunkt: Anläßlich des 450. Geburtstages Martin Luthers 1933 wurden im gesamten deutschen Reich und in allen evangelischen Kirchen Luther-Gedenkfeiern veranstaltet, so auch in Herford.
Unter Leitung von Pfarrer Dietrich, Seelsorger an der Münsterkirchengemeinde, wurden in Herford die Feierlichkeiten organisiert. Am Sonntag, dem 19. November 1933, fanden in allen Kirchen Festgottesdienste statt. Zusätzlich wurden in der Münsterkirche und der Marienkirche am Samstag, Montag und Dienstag *kirchenmusikalische Feiern mit Ansprache* unter Mitwirkung der Herforder Schulklassen abgehalten. Überhaupt wurde der Beteiligung der Jugend ein besonderes Gewicht beigemessen: Das traditionelle Martinssingen am 10. November, dem Tag des Geburtstages Luthers, stand ganz im Zeichen der Huldigung Luthers durch die Herforder Jugend. Ein Kindersingen mit Fackelzug, das nachmittags um 16.30 Uhr auf dem Schulplatz der Bürgerschule Wilhelmsplatz begann, fand gegen 18.00 Uhr seinen feierlichen Abschluß auf dem Hindenburgplatz.[15]
Mit der Einbeziehung der Jugend dokumentierte die Kirche den ungebrochenen Anspruch auf gesellschaftliche Richtungsweisung. Der Hinweis auf die Verdienste Luthers für die deutsche Geschichte ließ für die Evangelische Kirche scheinbar erhoffen, daß sie ihren Anteil an dem von den Nationalsozialisten inszenierten »Aufbruch des deutschen Volkes« sicherstellen konnte. In einem Aufruf des Herforder *Festausschusses für die Lutherfeier 1933* heißt es: *Unsere sämtlichen Herforder Kirchengemeinden mit allen ihren Gliedern, jung und alt, rufen wir hiermit auf zu gemeinsamer Feier der 450. Wiederkehr des Tages, an dem der größte Sohn unseres deutschen Volkes, der gottgesandte gewaltige Erneuerer der Kirche, unser Dr. Martin Luther geboren wurde. — Inmitten des ungeheuren Umbruchs der Zeit, den wir gegenwärtig erleben, wollen wir miteinander Gott danken, der diesen Befreier und Propheten uns geschenkt hat, wollen gemeinsam aufs neue uns hinführen lassen zu der Quelle der ewigen Gotteskraft im Evangelium. — Unser evangelisches Herford, in dessen Reformationsgeschichte Luther selbst ratgebend und fördernd Mithelfer des Werkes gewesen ist, will sein Gedächtnis würdig begehen.*[16]
Auch im »Herforder Evangelischen Gemeindeboten« schlägt sich die Luther-Euphorie jener Monate in einer Serie von Artikeln über den Reformator nieder. Artikel wie

Dr. Martin Luther und das deutsche Volkstum — Luther, der Deutsche — Luther, der Mann[17] lassen allerdings einen deutlichen Zusammenhang kirchlicher Interpretationen mit dem nationalistischen und auf die Ideologie der »Volksgemeinschaft« gerichteten Denken der Nationalsozialisten erkennen. Diese sahen im Gedenken an den Reformator allerdings eine willkommene Gelegenheit, den reformatorischen Umbruch nach 1500 als Vorgeschichte zu betrachten, die zum völkischen Umbau von Staat und Gesellschaft, den sie betrieben, hinführt. Um die Person Luthers in seiner Bedeutung für den nationalsozialistischen Staat herauszustreichen, wurde die Propagandatrommel in großem Stile gerührt. Zahlreiche Luther-Filme und Theaterstücke über die Person Luthers wurden von seiten der Reichsleitung den lokalen Festkomitees angeboten.[18] Der Zusammenhang von Luther-Begeisterung und nationalsozialistischem Führerkult schien sich derart deutlich anzubieten, daß die Nationalsozialisten nur wenig tun mußten, um eine Umdeutung in ihrem Sinne vorzunehmen. Luthers Volkstümlichkeit und seine Vorliebe für die deutsche Sprache wurden in direkter Linie für die nationalsozialistische Rassenideologie verwertet.

So wurde Martin Luther als der »deutsche Reformator« gefeiert, scheinbar im Interesse der Kirche. In Wahrheit jedoch verlor sie durch die Beteiligung an der Zelebrierung des Luthermythos ein weiteres Stück ureigensten protestantischen Terrains.

Wie weit aber war die Evangelische Kirche bereit zu gehen? Auf die Probe gestellt wurde die Münsterkirchengemeinde, als Reichsbischof Müller, die kirchliche Galionsfigur des NS-Staates, 1935 die Abhaltung eines Festgottesdienstes in der Münsterkirche beantragte. Der Synodalbericht des Presbyteriums für dieses Jahr protokolliert nur nüchtern diesen Vorgang, der damals die Gemüter stark bewegt haben muß: *Das Presbyterium lehnte unterm 23. Mai 1935 den Antrag des Kreisobmannes der Deutschen Christen für den Reichsbischof Müller die Münsterkirche zur Abhaltung eines Festgottesdienstes zur Verfügung zu stellen, mit der Begründung ab, daß aus dem Antrage deutlich hervorgehe, daß der Reichsbischof nicht als solcher nach Herford kommt, sondern als Propagandist für die kirchenpolitische Gruppe der Deutschen Christen.*[19] Damit bestätigte die Münsterkirchengemeinde ihre Presbyteriumsbeschlüsse vom 20. März und 28. Juni 1934, mit denen sie sich der Barmer Bekenntnissynode unterstellt und sich zum ersten Male spürbar dem Machtanspruch des nationalsozialistischen Staates versagt hatte. Mit der Begründung, mit der die Gemeinde Reichsbischof Müller abwies, distanzierte sie sich zudem von Handlungen, die auf eine Sympathie, wenn nicht gar Interessenidentität mit dem NS-Staat schließen ließen. Es ging der Münsterkirchengemeinde darum, im kirchenpolitischen Kampf mit den Deutschen Christen deutliche Zeichen zu setzen, weil diese doch allzu offensichtlich den Boden der Bekenntnisse der Väter verlassen hatten.

So wie sich die Evangelische Kirche an dem Aufwind des deutschen »Neuanfangs« 1933 beteiligen wollte, so wird sie — diesmal allerdings ungewollt — auch in seinen Niedergang hineingerissen. Die Jahre des Ausbaus der nationalsozialistischen Herrschaft zu einem totalitären weltanschaulichen Staat und die Brutalisierung des Regimes lassen den Raum für die Kirche spürbar enger werden, trotz gewisser Trostfunktionen, die die Kirche für die Verunsicherten übernimmt. So stellte das Presbyterium der Münster-

kirchengemeinde in seinem Bericht für 1939 fest: *Die kirchlichen Auseinandersetzungen der verflossenen Jahre haben in manchen Kreisen der Gemeinde eine entschiedene Wendung zum Leben aus dem Worte Gottes gebracht, welches spürbar ist in ihrer regen Beteiligung am Gemeindeleben. Auf der anderen Seite ist eine nicht bloß aus allgemeiner Gleichgültigkeit, sondern auch durch Tendenzen weltanschaulicher Prägung bestimmte Entfremdung vom Worte Gottes und den Sakramenten sowie der kirchlichen Sitte der Väter festzustellen. Das zeigte sich besonders deutlich darin, das sich das Erleben beim Kriegsausbruch, ganz anders als 1914, so gut wie gar nicht im anwachsenden gottesdienstlichen Leben auswirkte.*[20]
Die folgenden Kriegsjahre brachten schwere Zeiten auch für die Evangelische Kirche in Herford. Die allgemeine Kriegsmüdigkeit, die zahlreichen nächtlichen Fliegeralarme, die Beanspruchung der Menschen durch die Bewältigung der schlimmsten Not, Kinderlandverschickung und Kriegseinsatz der Männer lassen das Gemeindeleben auf ein Minimum herabsinken.[21] Die strenge Kälte des Winters 1941/42 erforderte den Auszug der Gemeinde aus der Münsterkirche, da sich diese *trotz tagelangen Heizens nicht über den Nullpunkt erwärmen ließ.* Die Gottesdienste mußten daher in die Wolderuskapelle verlegt werden.[22]
Die Kirche scheint ihre Funktion für eine mit der Verwaltung der Kriegsfolgen beschäftigte und im Horizont der Katastrophe des Holocausts lebende Gesellschaft eingebüßt zu haben. Das kirchliche Leben wird — wieder — zur Privatsache: *Die Stellung der Kirche in der Öffentlichkeit hat merkliche Veränderungen erfahren. Die Zeitungen nehmen nur in den seltensten Fällen Notiz von dem Geschehen in der Kirche, vielleicht einmal bei kirchenmusikalischen Feiern. Bei der Einführung von Geistlichen fehlen die früher eingeladenen Vertreter weltlicher Behörden. Zu den Veranstaltungen, an denen die »Spitzen der Behörden« teilnehmen, werden Vertreter der Kirche nicht eingeladen. Die Liebestätigkeit der Kirche, sonst in mannigfacher Beziehung zu Behörden stehend, ist völlig »Privat«-sache der Kirche geworden.*[23]
Am 5. Oktober 1944 wird auch die Münsterkirche durch die alliierten Luftangriffe auf Herford in ihren Fundamenten getroffen, das Lutherhaus gänzlich zerstört.[24] Die Münsterkirchengemeinde steht wie die evangelischen Gemeinden überall vor der schweren Aufgabe, die Trümmer der Tradition aufzusammeln und zu einem sinnvollen Neuen zu gestalten.

Abschied vom Kaiserreich

Feierliche Gottesdienste und prachtvolle Zeremonien, wie sie die Münsterkirchengemeinde in der Kaiserzeit erlebt hatte, entsprachen seit der Errichtung der parlamentarischen Republik von Weimar nicht mehr der allgemein herrschenden Stimmung. Äußerst zurückhaltend gibt man sich, als 1929 die Gedenkfeier der Verfassung von 1919 begangen werden soll. Superintendent Niemann weist die Herforder Gemeinden in einem Brief vom 26. Juli 1929 darauf hin, daß sie sich in den Predigten zum Verfassungstag am 11. August *jeder Polemik gegen die geltende Verfassung und den bestehenden heutigen Staat enthalten* sollen.[25] Offensichtlich waren derartige Mißfallensbekundungen zu erwarten. Auf religiöse Bezüge in der Verfassung — Einehe, Organisations- und Wirkungsmöglichkeiten für die Kirche, Freiheit des Gewissens und der Religionsausübung, Sicherung des Religionsunterrichts in der öffentlichen Erziehung — muß besonders verwiesen werden. Eine ausdrückliche Zustimmung zur Republik wird jedoch von den Herforder Gemeinden nicht verlangt: *Daß alle Predigten am 11. August Verfassungspredigten sein sollten, ist natürlich nicht die Meinung.* Offener Widerstand, und sei es auch nur durch Worte, kann angesichts der zu erwartenden »Aufpasser« nicht geleistet werden.[26] Der Brief des Superintendenten läßt den Herforder Gemeinden aber eine Hintertür offen. Durch Predigten, die den eigentlichen Anlaß des Gottesdienstes gar nicht ausdrücklich erwähnen, aber auch durch die Beflaggung der Kirchen — die offiziell nicht festgelegt ist — können die Gemeinden indirekt ihre Loyalität zum Kaiserreich deutlich machen.

Wie anders und wieviel eindeutiger in der Aussage begingen die Herforder Gemeinden dagegen nur zwei Monate zuvor die 10jährige Wiederkehr des Tages von Versailles (28. Juni 1919), jenes Tages, mit dem die Kapitulation des Kaiserreiches besiegelt, die Niederlage und das Ende aller Großmachtträume festgeschrieben waren. In einem Bericht an das Evangelische Konsistorium in Münster berichtet das Presbyterium der Münsterkirchengemeinde über den Verlauf der Feierlichkeiten am *Trauertag: Der Trauertag aus Anlaß der zehnjährigen Wiederkehr des Tages von Versailles wurde durch einen Gottesdienst, für alle Herforder Gemeinden gemeinsam, in der Münsterkirche begangen . . . Der Gottesdienst war ziemlich gut besucht. Im Anschluß an denselben fand im evangelischen Vereinshaus eine Kundgebung gegen die Kriegsschuldlüge statt, die von dem Ortsverband der soldatischen Vereine veranstaltet war. Am Trauertage selbst war auf allen Kirchen die Kirchenfahnen mit Trauerflor gehißt, von 3 bis 3 1/2* (Uhr) *Trauergeläut.*[27]

Der Zusammenbruch des Kaiserreichs bedeutete für die Evangelische Kirche eben nicht nur den Wechsel von einer Verfassung zur anderen, sondern stellte für ihr inneres Gefüge eine Katastrophe größeren Ausmaßes dar. »Während des Krieges hatte die Identifizierung der deutschen Sache mit dem Willen Gottes im deutschen Protestantismus ein Ausmaß erreicht, das den deutschen Sieg geradezu als eine Erfüllung der göttlichen Gerechtigkeit erscheinen ließ. Das Bewußtsein von der Überlegenheit des deutschen Geistes, der deutschen Sittlichkeit und Frömmigkeit über die westeuropäische Zivilisation war so verbreitet, das Gefühl, in einem gerechten Verteidigungskrieg zu stehen, so allgemein, daß die Niederlage über die politisch-militärische Katastrophe hinaus, das ganze bisher kaum angefochtene deutsch-protestantische Weltbild aus den Angeln hob.«[28]

Die Identifikation der Evangelische Kirche mit den nationalen Belangen des deutschen Volkes war nun gebrochen. So wird der Gottesdienst zum Gedenken an den Tag von Versailles zum politischen Bekenntnis, gerichtet gegen die sogenannte *Kriegsschuldlüge*, die der gerechten Sache, an die man geglaubt hatte, einen schweren Schlag versetzt hatte. Die evangelischen Gemeinden Herfords nehmen in den Zeiten der Krise der Republik damit eine eindeutige Position gegen diese ein und tragen so mit dazu bei, daß der Boden für die nationalistische Propaganda, die schließlich die Nationalsozialisten an die Macht brachte, geebnet wird.

1913 dagegen konnten die evangelischen Gemeinden in Herford im Gedenken an die sogenannten Befreiungskriege gegen die napoleonische Herrschaft 100 Jahre zuvor noch ungebrochen die Größe der deutschen Nation feiern. In allen Herforder Gemeinden fanden zur Feier des 18. Oktober Festgottesdienste unter Beteiligung der vaterländisch gesinnten Vereine statt. Im Herforder Evangelischen Gemeindeboten heißt es: *Das Jahr 1913 ist ein überaus großes Jubeljahr. Erinnert es uns doch an den gewaltigen Krieg, den unser Volk vor hundert Jahren für seine Freiheit hat durchkämpfen müssen. Nie darf unser Volk die Heldentaten seiner Vorfahren vergessen.*[29] Erinnert wird auch an die Siegesfeiern in Herford 1813: *Auch unser liebes altes Herford, damals von seiner einstigen glanzvollen Größe herabgesunken zu der Kleinheit und Enge eines bescheidenen Landstädtchens — es zählte nur noch etwa 8000 Einwohner — ist nicht unberührt geblieben von dem, was die große Welt umher äußerlich und innerlich so gewaltig bewegte ... Gezwungen hatten die Gemeinden in den letzten Jahren gar manches Mal die Triumphe Napoleons mit kirchlichen Feiern festlich begehen müssen.*[30]

Als der aufgepeitschte Nationalismus der Kaiserzeit sich dann aber in Kugelhagel und Schlachtgräben entlud, bekamen die Menschen die Folgen eines »modernen« Krieges zu spüren. Die beiden Steckrübenwinter der letzten Kriegsjahre brachten vielen den Hungertod. Auch in Herford hinterließ der Krieg seine Spuren. Die Kirchengemeinden übernahmen in dieser Situation, in der es an allem Notwendigsten fehlt, die Funktion, Informationen an die Bevölkerung weiterzugeben und damit den Mangel wenigstens zu verwalten. So bat der Landrat im März 1917 die Herforder Kirchengemeinden, im Gottesdienst am Palmsonntag — trotz der stattfindenden Konfirmationsfeiern — abzukündigen, daß alle gehorteten Feldfrüchte wie Getreide, Hafer, Kartoffeln und Bohnen schnellstmöglichst abzugeben seien.[31] Am Ende des Krieges aber stand auch die Evangelische Kirche vor einem völligen Neuaufbau.

Die Jahre der Weimarer Republik verlangen angesichts der durch die gesellschaftliche Entwicklung in Frage gestellten protestantischen Tradition eine Standortbestimmung. Wirtschaftliche Probleme aber auch eine sich modernisierende Gesellschaft beschneiden der Kirche traditionell besetzte Räume und Einflußmöglichkeiten.

Am 21. Juni 1925, an einem Sonntag, findet in Herford das 2. Frühjahrsrennen des Herforder Automobil- und Motorradclubs statt. Für dieses Autorennen werden zahlreiche Straßen gesperrt. Die Strecke soll *von der Eisenbahnunterführung an der Straße nach Laar, am Roon-Stein vorbei bis zur Wirtschaft Kerksiek, über Eickum und Diebrock bis zur Diebrockerstraße an der Stadtgrenze* verlaufen. Ab 7 Uhr morgens ist die bezeichnete Strecke für Fußgänger gesperrt, sie wird für den *Kirchgängerverkehr* lediglich von 9.30–10 Uhr freigegeben. *Außerhalb dieser Zeit dürfen die Kirchgänger die Strecke nicht benutzen.*[32]

In scharfer Weise reagiert die Münsterkirchengemeinde auf die Tatsache und die Folgen des von zahlreichen Schaulustigen besuchten Autorennens. In einem Schreiben an den Regierungspräsidenten in Minden zwei Tage danach wendet sie sich — unter spöttischem Hinweis auf behördliche Aufrufe gegen die *Vergnügungssucht* — gegen das sonntägliche Spektakel: *Es läßt sich denken, daß Tausende von Zuschauern zusammenströmten, um diesem Rennen beizuwohnen, wie es tatsächlich auch der Fall war. So konnte es nicht ausbleiben, daß die Gottesdienste in den Kirchengemeinden Herfords durch das Rennen, welches auch während der gottesdienstlichen Zeit stattfand, sehr beeinträchtigt wurden. Besonders übel dran war die Kirche in Laar, welche nur 50 m von der großen Kurve am Roonstein entfernt liegt. Während sonst die Kirche sonntäglich von 250 Menschen besucht wird, waren am letzten Sonntage nur etwa 25–30 in der Kirche. Da die Landstraße nur eine halbe Stunde für die Kirchgänger freigegeben wurde, konnten diese den für manche Kirchgänger sehr weiten Weg gar nicht in der freigegebenen Zeit zurücklegen. Durch den Lärm der Kraftfahrzeuge und das Getriebe der Zuschauer in der Nähe der Kirche wurde die andachtsvolle Stimmung in dem Gottesdienste gestört, und der amtierende Geistliche mußte während seiner Predigt immer wieder das Rasseln der vorbeifahrenden Kraftfahrzeuge hören. Unsere Münsterkirchengemeinde legt gegen solche Ruhestörungen während der Kirchzeit ganz entschiedenen Protest ein, dem sich die evangelischen Geistlichen Herfords anschließen. Wir ersuchen die Hohe Regierung zur Erhaltung der religiösen und sittlichen Kräfte unseres Volkes unsere Kirchengemeinden vor derartigen Störungen unserer Gottesdienste zu schützen und derartige Rennen auf die Sonntag-Nachmittage zu verlegen oder in Gegenden, die wenig bewohnt sind, damit die Ruhestörungen am Sonntag durch die Kraftfahrzeuge nicht von vielen Besuchern übel empfunden werden, die doch gern ihre Sonntagsruhe genießen und ihren Sonntag heiligen möchten, wie es der Wille unseres Gottes verlangt.*[33]

Der Einbruch des Autos, des Symbols der modernen Welt, in die sonntägliche Gottesdienstzeit ist für die Münsterkirchengemeinde eine Provokation. Die Kirche wird sich dessen bewußt, daß sie in Konkurrenz mit den Attraktionen einer modernen Gesellschaft steht und daß sie dabei langfristig auf die Verliererstraße zu geraten droht. Der Raum für die Kirche wird enger, nicht nur durch die Absperrungen der Straßen für das Autorennen.

Eine typische Reaktion auf die Herausforderung einer säkularen Gesellschaft ist der Rückzug auf eine antimodernistische Haltung. So predigt die Evangelische Kirche in jenen Jahren Enthaltsamkeit und die Abkehr von den Verlockungen des täglichen Lebens. Dabei kann sie problemlos an ihre lange Tradition pietistischer Frömmigkeit anknüpfen:

Das unterzeichnende Presbyterium der Münsterkirchengemeinde ist wegen der vielen Tanzlustbarkeiten, welche sonntäglich in den verschiedenen Sälen in unserer Kirchengemeinde stattfinden, seit langer Zeit von großer Sorge erfüllt, daß hierdurch der sittliche Zustand unserer Kirchengemeinde stark gefährdet, dagegen die Vergnügungs- und Verschwendungssucht gefördert werden. In früheren Jahrzehnten wurden diese Tanzlustbarkeiten von der zuständigen Polizeibehörde nur in bedeutend geringerer Zahl genehmigt. Unser Presbyterium bittet herzlich, im Blick auf die wirtschaftliche Notlage unserer Zeit und die in der Nachkriegszeit bedeutend gewachsene Vergnügungssucht eine Beschränkung der Erlaubniserteilung für Tanzlustbarkeiten im Interesse der Volksgesundung eintreten zu lassen.[34]

Die Zeiten der wirtschaftlichen Krise beginnen sich Mitte der 1920er Jahre bereits anzudeuten. Die Münsterkirchengemeinde versucht die Verunsicherung der Menschen aufzufangen, indem sie ihr Ideal der Enthaltsamkeit noch offensiver vertritt. So wird im Jahre 1929 im Evangelischen Jugendheim an der Mönchstraße eine alkoholfreie Gaststätte eingerichtet.[35] Die Folgen der Weltwirtschaftskrise machen sich jedoch schnell bemerkbar. Die Zahlung der Miete wird für den Herforder Blaukreuzverein, der die Gaststätte betreibt, zunehmend zum Problem. Daher wendet der Pächter sich im Dezember 1931 an das Presbyterium der Münsterkirchengemeinde: *Da sich die wirtschaftlichen Verhältnisse an der alkoholfreien Gaststätte grundlegend geändert haben, bin ich gezwungen, dem Presbyterium der Münsterkirchengemeinde folgendes Gesuch zu unterbreiten. Es machen sich nämlich die Folgen der Wirtschaftskrise an ihr in erschreckender Weise bemerkbar. Das zeigen in betrübender Weise die Bilanzen der Monate Oktober, November ... Da ich selbst durch Stellenlosigkeit eingeschränkt bin, bitte ich das Presbyterium der Münsterkirchengemeinde, mich bei der Überwindung des Verlustes zu stützen.*[36] Und im Januar 1932 heißt es noch eindringlicher: *Durch die eingetretenen katastrophalen Wirtschaftslagen bin ich nicht mehr in der Lage, die übernommenen Verpflichtungen einhalten zu können. Ich muß in jedem Monat von meinem ersparten Privatgeld nehmen, um die vereinbarte Pachtsumme bezahlen zu können. Durch die große Arbeitslosigkeit habe ich über die Hälfte meiner Trinkgäste verloren.*[37] Es wird von seiten des Presbyteriums zwar eine geringe Mietminderung zugesagt, dennoch lassen sich die wirtschaftlichen Probleme nicht in den Griff bekommen. Die Gaststätte wird bald darauf geschlossen. Damit scheitert der Versuch für die Münsterkirchengemeinde, sich in Herford neue Räume im öffentlichen Leben zu sichern.

Die Jahre der Weimarer Republik stellen für die Münsterkirchengemeinde in Herford eine Schlüsselzeit dar. Die traditionelle Verbundenheit der Kirche mit Kaiserreich und Nationalstaat, aber auch ihr Anspruch, die Normen und Werte der Gesellschaft zu bestimmen, gerät durch den gesellschaftlichen Wandel ins Wanken.

Was bleibt, ist die Hoffnung, wenigstens symbolisch zur alten »Größe« der Nation zu stehen. Mit der Einweihung des Kriegerehrenmals auf dem Kirchplatz der Münsterkirchengemeinde setzt diese 1927 ein deutliches Zeichen: Die Gemeinde zeigt sich bereit, die künftige politische Entwicklung aktiv mitzugestalten. Das Ehrenmal verweist damit auch auf den wachsenden Nationalismus, zugespitzt in der euphorischen Bejahung der nationalsozialistischen Machtergreifung.

Daß sich die Stadt Herford ausgerechnet den Münsterkirchplatz als Standort für dieses Kriegerdenkmal ausgesucht hat, ist kein Zufall. So heißt es in einer Zuschrift an das Herforder Kreisblatt: *Die Umgebung der Münsterkirche ist zugleich die weihevollste und ehrwürdigste der ganzen Stadt.*[38] Dieses Zusammenwirken von Stadt und Kirche, diese gemeinsame Selbstdarstellung einer sich als christlich verstehenden Stadt kann auf eine lange Tradition zurückblicken. Das Kriegerdenkmal auf dem Münsterkirchplatz ist ein später Nachfahre in einer langen Reihe von symbolischen Akten.

In unmittelbarer Nähe zu diesem steinernen Monument ruht — öffentlich und doch verborgen — das älteste erhaltene schriftliche Dokument, das diese Symbiose ausführlich und anschaulich beschreibt: die im folgenden Abschnitt vorgestellte Urkunde. **(B. J.)**

»Libera ecclesia Hervordensis« — Glaube und Kirche im Mittelalter

Unter den aus Herford überlieferten Schriftzeugnissen ist eines, bei dem drei Dinge außergewöhnlich sind: der Aufbewahrungsort, die Form des Datums und der Inhalt. Die Urkunde, um die es hier geht, war an einer der hervorragendsten Stellen der Stadt deponiert; das Pergament wurde 1490 in die vergoldete Kugel auf der Spitze des südlichen Münsterturms, der eben in diesem Jahr vollendet worden war, eingeschlossen. Den Abschluß der Bauarbeiten mit der Aufpflanzung von Kugel, Kreuz und Hahn muß die Herrin des Münsters, die Äbtissin des Reichsstifts Herford, als wichtigen Einschnitt in der Geschichte ihrer Kirche angesehen haben; denn um die hervorragende Bedeutung des Ereignisses zu betonen, ließ sie das Datum der Urkunde nicht nur in der überall gebräuchlichen Form *im 1490. Jahr seit der Geburt unseres Herrn Jesus Christus* festhalten. Sie und alle am Turmbau Beteiligten wollten, daß das vorläufige Ende des Münsterbaus auch auf das neben dem Erscheinen Christi wichtigste Ereignis der Heilsgeschichte bezogen werde: die Erschaffung der Welt. Deshalb ließen sie, was damals weit und breit ganz ungewöhnlich war, die seit dem Beginn der Zeiten verflossenen Jahre berechnen. Den Menschen des Mittelalters war eine solche Datierung möglich, weil sie sich sicher waren, daß Gott Himmel und Erde am Sonntag, dem 18. März des Jahres 5199 vor Christi Geburt geschaffen habe. 6689 Jahre waren also zwischen dem Anfang der Welt und dem Ende des Münsterbaus vergangen; eine selbstbewußte Zählung! Die so ungewöhnlich datierte Urkunde in luftiger Höhe ist auch in ihrem Inhalt nicht alltäglich. Sie enthält die einzige Selbstdarstellung der Herforder Kirche, die aus dem Mittelalter erhalten ist. Ihr können wir ein Stück weit folgen, wenn wir die wichtigsten für diese Kirche verantwortlichen Personen und Gruppen kennenlernen wollen.

Die größte Verantwortung für die Stadt trugen ihre Heiligen, allen voran die hl. Pusinna, deren Gebeine 860 aus Binson-sur-Marne in Frankreich nach Herford übertra-

Jeder in der Stadt hörte die Glocken, kaum einer sah sie. Dennoch waren die meisten Glocken mit Sprüchen, Ritzzeichnungen oder Reliefs verziert. Die jüngste und kleinste mittelalterliche Glocke des Münsters kündet durch ihre Inschrift von ihrem Auftrag: Ich rufe zu Begräbnissen, zur Predigt, zur Messe und zu den Festen der Mutter Maria. Mit Hilfe des Herrn breche ich die Blitze und singe Gott. 1444. — Die Ritzzeichnung auf der Glocke zeigt Maria mit dem Kind.

gen worden waren. Die Heiligen sollten von hoher Warte aus über Stift und Stadt wachen; deshalb wurden 1490 auch Teile ihrer Reliquien mit in den Turmknauf eingeschlossen. Die Urkunde nennt die Gründe: *Und damit alle Trugbilder des menschenfeindlichen Dämons von ihm abgewehrt werden, wurde der Turm ... durch verschiedene Überreste verschiedener Heiliger gefestigt, geschmückt und gestützt.* Vor den gefürchteten Dämonen Schutz zu bieten war nicht nur die Aufgabe der Heiligen. Einige Meter unter ihnen hingen Glocken, deren Geläut — so sagen es die ihnen aufgeprägten Inschriften — ebenfalls die von den Dämonen drohenden Gefahren und Trugbilder abwehren sollten. Damit nicht genug: auch unterhalb der Glockenstube galt es, die Dämonen zu bannen. Die Baumeister haben an den Kapitellen im westlichen Teil der Kirche monströse, fratzenhafte Köpfe angebracht, weil sie der Meinung waren, daß die Dämonen immer dann erschreckt zurückweichen, wenn sie auf ihr Ebenbild treffen.

Unheil zu bannen, und sei es durch Abwehrzauber und Magie, war für die mittelalterlichen Frommen etwas, was sie von ihrer Kirche erwarten durften. Doch die Kirche sollte und wollte mehr leisten. Der Kampf der Heiligen gegen die Dämonen verwies ja ganz unmittelbar auf das Ringen zwischen Gut und Böse, in das jeder Christ hineingestellt war und das er erfolgreich beenden mußte, wenn er sein Heil wirken wollte. Das aber konnte nur mit Hilfe seiner Kirche gelingen.

Diese Kirche war in Herford ein sehr komplexes, ja spannungsreiches Gebilde. Die Urkunde des Turmknaufs nennt als ihre erste Repräsentantin die Äbtissin Anna von Hunolstein, eine moselländische Gräfin.

Anna war nicht — wie man das in einem Damenstift mit *edlen und in Christo frommen Jungfrauen* hätte erwarten können — nach einer friedlichen freien Wahl durch ihre Mitkanonissen unangefochten an die Spitze des Konvents gelangt. Dafür war ihr Amt einfach mit zuviel Macht und Einfluß ausgestattet. Viele Adelsfamilien drängten geradezu mit Gewalt danach, eine ihrer Verwandten in die begehrte Position einer Reichsfürstin zu bringen. Die Vorgängerin Anna von Hunolsteins, Margarete von Gleichen, hatte — wohl aus politischen Gründen — 1463 die noch im Kindesalter stehende Tochter des Edelherrn Bernhard VII. zur Lippe, Elisabeth, zu ihrer Nachfolgerin bestimmt. Der in dieser Designation unverkennbare Plan Bernhards, eine seiner Töchter auf den Herforder Äbtissinnenstuhl zu heben, um den sich seine verwitwete Mutter einst vergeblich bemüht hatte, den aber zwei seiner Enkelinnen erreichten, scheitert. Elisabeth wird nicht Äbtissin; denn ihr Vater besinnt sich eines anderen: 1475 verheiratet er die *Junfer Ilseken.* Im selben Jahr stirbt Margarete von Gleichen. Wer soll nun ihre Nachfolgerin werden? Elisabeths älteste Schwester hatte eine Schwiegermutter, Jakobäa von Neuenahr, die seit 1472 Witwe war und sich für das hohe Amt interessierte. Einer zwiespältigen Wahl im Stift folgten lange Auseinandersetzungen, aus denen Anna von Hunolstein als Siegerin hervorging. Sie hatte die Bürgerschaft Herfords auf ihrer Seite, die die Tore schloß, als Jakobäa in die Stadt einziehen wollte. Wer in Herford Äbtissin wurde, bestimmten also nicht nur die Stiftsdamen, die nach den kirchlichen Vorschriften allein das Recht dazu hatten. Die Entscheidung wurde auch von den politischen Interessen Außenstehender beeinflußt; geistliche Gesichtspunkte traten dabei oft in den Hintergrund.

Die Herforder Äbtissin war eine mächtige Frau, innerhalb und außerhalb ihrer Stadt. Die Äbtissin soll hier nicht als die weltliche Herrin betrachtet werden, die über einige hundert Bauern verfügen konnte und in vielen Bereichen des öffentlichen Lebens der Stadt mitzureden hatte, etwa dadurch, daß sie einen Teil der Ratsherren und Schöffen ernannte, die ihr den Treueid leisten mußten; es geht um die Äbtissin als Leiterin der Herforder Kirche.

Kaum eine Frau im mittelalterlichen Deutschland hat so viel kirchliche Macht besessen wie die Herforder Äbtissin. Die starke Stellung der *frouwe von Hervord* gründete in der Exemtion des Stifts, d.h., die Herforder Kirche beanspruchte den Status einer bischofsfreien, dem Papst unmittelbar unterstellten Kirche. Für die Stiftsgemeinschaft war diese Exemtion seit 1155 nicht mehr strittig, doch wehrte sich der Paderborner Bischof im 13. Jh. heftig dagegen, daß auch die Geistlichen und Laien der Stadt seiner Jurisdiktion entzogen würden. Viele Herforder Geistliche wurden von ihm exkommuniziert, weil sie ihm den Gehorsam verweigerten. Doch Stift und Stadt setzten sich mit ihren Vorstellungen von der Freiheit ihrer Kirche durch. 1472 gestand auch der Bischof zu, was schon lange galt: Die Herforder Kirchen und ihre Geistlichen sind *alleyne unsem hilligen vader, dem pavese . . . unde der ebdischen togedaen*. Die Äbtissin verfügte damit über Rechte, die sonst nur ein Bischof innehatte. Der gesamte Weltklerus, den sie selbstbewußt *unse papheit unde geistlicheit* nannte, unterstand ihrer Aufsicht. Sie sorgte für die Disziplin; 1435 ließ sie sich vom Basler Konzil die Beschlüsse gegen die beweibten Geistlichen übersenden. Die Äbtissin erließ Gottesdienstordnungen und die Statuten für die große Priestergilde, den Kaland.[39] Kapellen- und Altarstiftungen mußten von ihr genehmigt werden. Gegen Ende des Mittelalters war sie an der Besetzung von über 60 Klerikerstellen in Herford beteiligt. *Unse leve modder unde frouwe* handhabte in ihrer Stadt zwar bischöfliche Rechte, Pontifikalhandlungen aber waren ihr verwehrt. Wenn

In einer kleinen Urkunde von 1442 bestätigt der Titularbischof von Missinum, Johannes von Schleppegrell, der Äbtissin Mechthild von Waldeck, daß er die Weihehandlungen in der Herforder Franziskanerkirche »mit ihrer vollen Zustimmung und auf ihr ausdrückliches Verlangen« vorgenommen habe. Durch solche Reverse ließen sich die Äbtissinnen immer wieder ihre Ansprüche auf quasi-bischöfliche Rechte in der Stadt bestätigen.

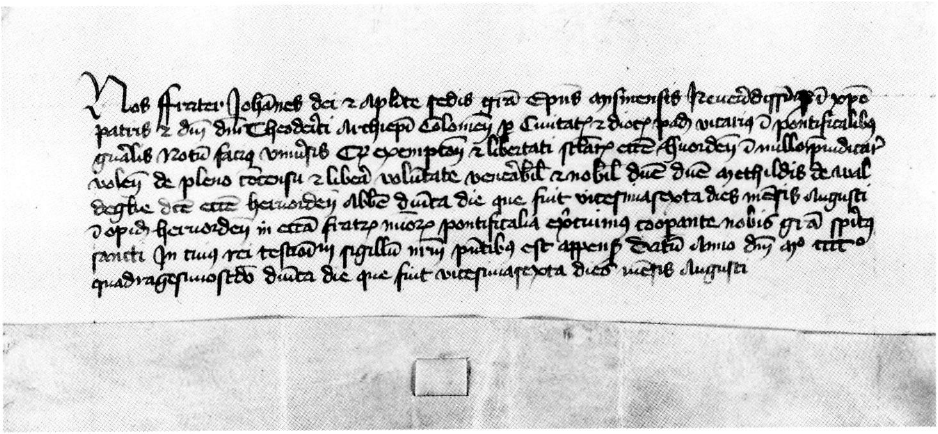

auch nur ein Altar geweiht werden sollte, brauchte man einen Bischof. Die Äbtissin rief dann einen Weihbischof herbei, der ihr nach jeder Amtshandlung umgehend schriftlich bestätigen mußte, daß er diese nur in ihrem Auftrag vorgenommen habe und daraus keine die Freiheit der Herforder Kirche schmälernden Rechte abzuleiten gedenke. Diese kleinen Symbole der großen Unabhängigkeit der Herforder Kirche sind in reicher Zahl erhalten geblieben.
Auch die zweite in der Turm-Urkunde genannte Person ist eine Frau: die Dekanin des Stifts. Anders als die Äbtissin trat sie nach außen hin kaum in Erscheinung; sie war für den liturgischen Dienst der Gemeinschaft zuständig. Die Dekanin mochte in früheren Zeiten viel zu tun gehabt haben, als die 14 Kanonissen ihrer Aufgabe, durch ihr Chorgebet Gott zu dienen und für die Stifter und Wohltäter zu beten, noch regelmäßig nachkamen. Um 1500 war das nicht mehr der Fall. Die meisten Stiftsdamen waren nur selten in ihrer Kirche anzutreffen. Dieser Verfall der ursprünglich fast klösterlich lebenden Gemeinschaft rührt vor allem daher, daß ein Platz im Stift immer mehr als Möglichkeit einer guten, standesgemäßen Versorgung begriffen wurde. »Standesgemäß«, das bedeutete im Fall des Herforder Stifts: adligen Ansprüchen genügend; denn das von Adligen gegründete und ausgestattete Stift stand seit seinen Anfängen um 800 ausschließlich Töchtern aus edelfreien Familien offen. Diese bemühten sich, dort möglichst viele Plätze zu ergattern. Oft mit Erfolg: die eben genannte Dekanin hieß — Margarete von Hunolstein und war eine jüngere Schwester der Äbtissin! Den Hunolsteinern galt wie so vielen Adligen ein Platz in einem vornehmen und reichen Stift oder Kloster als die geeignete Form, für die unverheirateten Töchter zu sorgen; noch zwei Schwestern der beiden Kanonissen aus dem Hause Hunolstein fanden ihre Bleibe in einem Kloster.
Der erste Mann, den die Urkunde nennt, der *ehrenwerte Herr Heinrich Sorp*, verdankt die hervorragende Erwähnung allein seiner Vertrauensstellung bei der Äbtissin; der Pfarrer von Dornberg und Vikar am Münster war als Amtmann (*officiatus*) in geistlichen und weltlichen Angelegenheiten die rechte Hand der *Frau von Herford*. In ihrem Auftrag vereidigte er den Rat, nahm Belehnungen vor, visitierte Klöster, prüfte Rechnungen und überwachte 1510 vor dem Lübbertor die feierliche Verbrennung der Leiche einer geisteskranken Selbstmörderin. Heinrich Sorp war für die Herforder Kirche ein wichtiger, aber kein selbständig handelnder Mann.
Bei den beiden nach Sorp genannten Männern war das anders, obwohl auch sie der Äbtissin verantwortlich waren: die Templierer Johann Walmann und Hermann Bonel. Ihre wichtigste Aufgabe läßt sich bereits aus dem Wort »Templierer« ableiten: Ihnen war die Sorge für den äußeren Bestand des Gotteshauses, des Tempels, anvertraut. Sie werden also zu Recht in einem Dokument über einen Bauabschluß an hervorragender Stelle genannt. Templierer gab es an fast allen Stifts- und Pfarrkirchen. Über dieses Amt konnten auch Laien in ihrer Kirche wirken. Für die letzten Jahrzehnte vor der Reformation läßt sich fast jede Aktion der Templierer am Münster verfolgen. Sie sorgten dafür, daß die Einnahmen, die der Kirche zustanden, etwa Kornlieferungen von Bauern oder Zinsen von Bürgern, eingetrieben wurden. Sie stellten Opferstöcke auf, ließen bei den Prozessionen, die an fast 30 Tagen des Jahres stattfanden, Geld sammeln und kassierten bei der Verteilung von Ablässen. Für große Vorhaben wie den Turmbau setzten sie Sonder-

Die mittelalterlichen Christen begriffen ihre Kirche als die Institution, die sie durch alle Gefährdungen dieser Welt sicher in eine bessere jenseitige Zukunft geleiten sollte. Die rettende Arche Noah erschien ihnen deshalb als das angemessene Symbol für die Kirche. Es ist in Herford heute noch zweimal anzutreffen: am Taufstein im Münster und unterhalb eines Quergiebels an der Südseite der Marienkirche Stiftberg. Ob jeder Herforder in seiner Kirche die gleiche sichere Geborgenheit fand, die von der Gestalt des Patriarchen Noah in der Sandsteinplastik ausstrahlt, bleibt eine offene Frage.

sammlungen an und konnten die Spendenfreudigkeit der Herforder erstaunlich aktivieren. Auch durch die Anfertigung von Kirchenstühlen, die meist von Frauen gekauft wurden, mehrten sie das Vermögen ihrer Kirche.
Die Templierer organisierten die Bauplanung, die Materialbeschaffung und die Ausführung der Arbeiten. Sie sorgten dafür, daß der Kirchhof gemäht, der Altarraum gefegt und das Lager des Glockenstuhls gefettet wurde. Sie bezahlten — nicht immer pünktlich — den Küster, den Glöckner, den Organisten, die Sänger sowie die Fahnen- und Reliquienträger. Sie beschafften und reparierten die Altäre, von denen alle Herforder Kirchen voll waren. Sie sorgten für die Beleuchtung durch Kerzen und Öllampen, was der Kirche — zumal im Winter — eine besondere Würde und Anziehungskraft verlieh. Bei der großen Spendenbereitschaft vieler Bürger, die wünschten, daß ihr Licht zu von ihnen bestimmten Zeiten an von ihnen gewählten Orten im Münster oder auf dem steinernen Leuchter des Kirchhofs brannte, dürfte das den Templierern nicht schwer gefallen sein. Auch für das Binden von Büchern für die Schule am Münster waren die Templierer zuständig. Sie sorgten dafür, daß die Geistlichen die von den Bürgern gestifteten Messen tatsächlich lasen; auf diese Weise konnten Laien auch einmal die Kleriker kontrollieren. Ohne die Arbeit der Templierer wäre das kirchliche Leben in Herford ärmer gewesen.

Wer wurde Templierer? Am Münster arbeiteten meistens ein Kleriker und ein Laie zusammen. Der 1490 an erster Stelle genannte Johann Walmann war Vikar am Münster und — Stadtsekretär! Er stand damit der bürgerlichen Welt fast so nahe wie sein Kollege, der Bürgermeister der Altstadt Hermann Bonel. Bonel hat seiner Kirche nicht nur als Templierer gedient. 1492 stiftete der kinderlose Kaufmann *von den Gütern, die ihm von dem allmächtigen Gott gegeben* waren, einen Altar, den er mit Meßbuch, Kelch und Leuchtern ausstattete. Er stellte — was nur reichen und damit wenigen Bürgern möglich war — dafür ein Kapital von 150 Gulden bereit, von dessen Zinsen ein eigener Geistlicher mit der Verpflichtung angestellt werden sollte, in jeder Woche drei Messen für das Seelenheil des Stifters, seiner Frau, seiner Eltern, Verwandten und Wohltäter zu lesen. Bonel legte alles genau fest: die Uhrzeit, die Meßtexte und wer die Stelle mit ihren Einkünften, die sogenannte Pfründe, erhalten sollte. Dabei zeigt sich, daß Bonel nicht nur an die Sicherung des jenseitigen Heils seiner Familie dachte; er wollte durch die Stiftung auch seine Verwandten hier auf Erden fördern, indem er bestimmte, die Pfründe müsse, solange das möglich sei, einem Mann aus seiner Familie zufallen. Wenn es nicht anders ging, sollte sogar ein illegitim Geborener Anwartschaftsrechte haben. Starb das Bonelsche Geschlecht aus, sollte die Kramergilde den Sohn eines Mitglieds, der in Herford geboren sein mußte, für die Besetzung der Altarstelle vorschlagen können. So galten für einen reichen Bürger auch bei der Gestaltung des religiösen Lebens die sein ganzes Dasein bestimmenden Kreise: sein Geschlecht, seine Gilde, seine Stadt.

In Herford sind immer bedeutende Baumeister tätig gewesen; davon kann sich noch heute jeder überzeugen. Über die künstlerischen Fähigkeiten des in der Urkunde von 1490 genannten Meisters Johann von Hörde wissen wir wenig, aber für sein Engagement beim Turmbau gibt es viele Zeugnisse. Tagelang streifte er durch den Wald und suchte für die Hebevorrichtungen auf dem Turm die passenden Krummhölzer. An hohen Feiertagen stand er im Paradies der Kirche und sammelte Geld für sein großes Werk.

Die bisher in der Turm-Urkunde genannten Personen waren vornehmlich für die Organisation der Herforder Kirche und für die Bauten zuständig. Im zweiten Teil des Textes werden die Namen derer aufgeführt, denen die *Sorge für die Herde des Herrn* und die Arbeit *für das Heil des inneren Menschen* aufgetragen waren. Am Anfang stehen die vier *Wochenherren*, die Hauptgeistlichen der Münsterkirche, die im wöchentlichen Wechsel für die Stiftsmitglieder die Liturgie feierten. Das war ihre ursprüngliche Aufgabe; die Seelsorge für die wachsende Zahl von Mitgliedern der Stiftspfarrei, die nicht nur die Freiheit und die Altstadt umfaßte, sondern bis Elverdissen und Eickum reichte, war eher ein Annex ihrer Tätigkeit für die Kanonissen. Form, Intensität und Erfolg der pastoralen Bemühungen der Wochenherren kennen wir nicht. Wir wissen nur, daß in ihrer Kirche ein Mittel zum Heilserwerb in überreichem Maß angeboten wurde: die Messe; denn an der Münsterkirche und an den zugehörigen Kapellen waren neben den wohldotierten Wochenherren bis zu 30 weitere, oft nur unzureichend versorgte Geistliche tätig, die etwa alle zwei Tage eine Messe lasen. Doch diese Messen waren keine Veranstaltungen für die Pfarrgemeinde; die Vikare erfüllten zumeist nur den Auftrag der reichen adligen und bürgerlichen Stifter ihrer Pfründen und beteten für deren Seelenheil.

Am Ende des Mittelalters waren in Herford, einer Stadt mit vielleicht drei- bis dreieinhalbtausend Einwohnern, fast hundert Geistliche tätig; das Stadtbild wurde von ihnen entscheidend mitgeprägt. Eine der wenigen erhaltenen Darstellungen von Herforder Geistlichen zeigt zwei Kanoniker des Stifts St. Johann und Dionys mit dem vorschriftsmäßig geschorenen Haarkranz (Tonsur) in der für sie typischen liturgischen Kleidung: einem weißen Chorrock über schwarzem Gewand, dazu ein mit Troddeln besetzter Schulterumhang (almutium). Bei den betenden Kanonikern handelt es sich vielleicht um die Stifter des 1486 geschriebenen Meßbuchs, dem diese Initiale entnommen ist.

Für die Neustadt werden in der Urkunde vier Personen als Seelsorger aufgeführt. Doch keiner wird ausdrücklich Pfarrer genannt; sie werden uns alle als Kanoniker vorgestellt. Die Neustädter Pfarrkirche St. Johann war nämlich etwa 200 Jahre nach ihrer Gründung vom Papst zur Stiftskirche erhoben worden, als die Kanoniker des alten engerschen Stifts St. Dionys 1414 nach Herford übersiedelten. Damit wuchs die ohnehin schon starke Geistlichkeit in der Stadt um 17 Personen: zwölf Kanoniker und fünf Vikare. Ob durch diesen Zustrom die Seelsorge in der Neustädter Gemeinde sowie in Schweicheln und Bermbeck verbessert wurde, ist fraglich; denn die Kanoniker und ihre Vikare widmeten sich vornehmlich ihrer Hauptaufgabe: dem gemeinsamen Chorgebet.
Auch die dritte in der Urkunde genannte Kirche, St. Marien auf dem Berge, gehörte zu einem Stift; auch in dieser Kirche stand der feierliche Chordienst einer kleinen Gemeinschaft im Mittelpunkt. Das mit Frauen aus dem niederen Adel besetzte Stift lag zwar vor den Mauern der Stadt, war aber wegen der wunderbaren Geschehnisse vor seiner Gründung um 1011 für das religiöse Leben in Herford und im Umland ein zentraler Ort. Zur Kirche und zu dem Baumstumpf, der daran erinnerte, daß Maria einem armen

Jungen erschienen war, um durch ihn ausrichten zu lassen, man möge neben dem Stift in der Stadt, wo ihre Verehrung geschwunden sei, auf dem Berg eine weitere Gebetsstätte errichten, kamen am Gedächtnistag der *Vision* Jahr für Jahr Pilger. Vielleicht waren unter ihnen die von Zahnschmerzen geplagten besonders zahlreich vertreten, denn ein Splitter von dem heute noch im Hochaltar ruhenden Eichenklotz galt als Heilmittel. Auf dem Stiftberg waren etwa 15 Geistliche tätig. Als verantwortlich für die Pfarrseelsorge in dem großen Sprengel, zu dem Exter, Schwarzenmoor und Falkendiek gehörten, nennt die Urkunde von 1490 Konrad Wicht. Doch Wicht, der Kanoniker an St. Johann und Dionys war, nahm seine Hirtenpflichten nicht selbst wahr; er ließ sich durch einen Vikar vertreten. Daß ein Geistlicher mehrere Pfründen besaß, war in dieser Zeit keine Seltenheit; auch daß er, wie der Stiftberger Pfarrer, die wichtigere, die mit Seelsorgepflichten verbundene Stelle vernachlässigte, kam immer wieder vor.

Es waren oft solche Zustände, die dazu beitrugen, daß die Bettelorden in vielen Städten von der Bevölkerung — nicht immer von der Geistlichkeit und der Obrigkeit — begrüßt wurden. Die anfangs einfache, vorbildliche Lebensweise der bettelnden Brüder und ihr Eifer bei der Predigt wurden geschätzt. Die Urkunde von 1490 erwähnt zunächst die Franziskaner, auch Minderbrüder, Graue Mönche oder Barfüßer genannt, die an der Mönchstraße ein großes Kloster besaßen, und dann die Augustinereremiten an der Brüderstraße; beide Orden wirkten seit dem Ende des 13. Jh. in Herford. Die Franziskaner haben ihre Seelsorgearbeit ernst genommen; 1479 mißachteten sie sogar den harten, Interdikt genannten päpstlichen Strafbefehl, in Herford alle gottesdienstlichen Handlungen auszusetzen, und nahmen dafür die Exkommunikation in Kauf. Solche Treue gegenüber den Bürgern und das religiöse Angebot, etwa in Form der Ablässe, die man bei ihnen gewinnen konnte, haben die Stellung der Barfüßer in der Stadt sicher gestützt. Das Kloster der Augustinereremiten war ein Hort theologischer Gelehrsamkeit; im 15. Jh. hieß es, im Herforder Konvent lebten Mönche, die *mit ihren Lehren den Erdkreis erleuchteten.* Wieviel von diesem Glanz auch in Herford strahlte, bleibt ungewiß, doch wird ein Mann wie Heinrich Modege, der Zeitgenossen als *größter Prediger in ganz Westfalen* galt, nicht gerade in seiner eigenen Stadt geschwiegen haben.

Als letzte derer, die *die Herde des Herrn bewachen*, nennt die Turm-Urkunde den Leiter des Hauses der Brüder vom gemeinsamen Leben und die *Mutter* der Schwestern vom gemeinsamen Leben. Brüder und Schwestern sind Repräsentanten der letzten großen vorreformatorischen religiösen Bewegung, der von den Niederlanden ausgehenden *Devotio moderna.* Daß Brüder und Schwestern in einer Stadt von drei- bis viertausend Einwohnern, die bereits drei Stifte, vier Klöster (außer den genannten die Konvente der Johanniter und der Klarissen) und mehrere Beginenniederlassungen beherbergte, noch Platz und Nahrung fanden, ist erstaunlich. Brüder und Schwestern lebten seit 1427 bzw. 1442/49 still, fromm und arbeitsam am Rande der Stadt auf dem Holland. Die Brüder schrieben Bücher ab und verwalteten Armenstiftungen. Die über 50 Schwestern fertigten Textilien an und verkauften sie.

Die Herforder Bürger haben sich selten offen gegen kirchliche Einrichtungen gestellt. 1512 kam es jedoch zu einem bedrohlichen Auflauf; der Zorn der Bürger richtete sich aber nicht etwa gegen die müßigen adligen Damen in der Stadt oder auf dem Berg, sondern gegen die fleißigen Schwestern, weil diese für viele Handwerker bittere Konkurrenten waren. Konflikte solcher Art waren nicht selten, da viele Kleriker, die von Steuern und städtischen Abgaben frei waren, zum Unwillen der Bürger in die diesen vorbehaltenen Wirtschaftsbereiche eindrangen. Mehrfach mußte die Äbtissin ihrer Geistlichkeit Handel, Gewerbe und Ackerbau untersagen.

Die Institution, die die bürgerlichen Beschwerden formulierte und bei der Äbtissin auf Abhilfe drang, war der Stadtrat, dessen Mitglieder die Turm-Urkunde namentlich aufführt. Seine Aufgaben werden feierlich formuliert: er muß Friede und Eintracht mehren, damit die Staaten und Städte nicht zu Räuberhöhlen werden. Auch die Herforder Kirche brauchte diesen Frieden, den ihr der Rat 1256 auf ewig zugesagt hatte, um die Gewähr zu haben, daß seinen Bürgern allezeit die kirchlichen Heilsmittel zur Verfügung stünden.

Unter den 24 Ratsherren des Jahres 1490 befinden sich einige fromme und mildtätige Stifter; viele andere hatten in ihrer nächsten Verwandtschaft einen Geistlichen. An der Absicht der politisch Führenden, im Einklang mit der Kirche zu leben und zu handeln, kann kein Zweifel bestehen. Das hinderte die Ratssherren aber nicht, Widerstand zu leisten und selbst Kirchenstrafen hartnäckig zu verachten, wenn sie die Rechte ihrer Stadt und ihrer Bürger durch Personen oder Institutionen der Kirche gefährdet sahen. Von den 24 Ratsherren waren neun schon einmal im Kirchenbann gewesen, weil sie Bürger gegen die überzogenen Forderungen eines Klerikers in Schutz genommen hatten. Die Ratsherren brauchten die Folgen von Bann und Interdikt in der *freien Kirche von Herford (Libera ecclesia Hervordensis)* allerdings nicht allzu sehr zu fürchten. Als Papst Julius II. am 18. September 1512 die Stadt mit dem Interdikt belegen ließ, nahm das religiöse Leben dennoch seinen gewohnten Lauf.

Die Turm-Urkunde, die mit einem Dank- und Lobgebet schließt, nennt nicht alle kirchlichen Einrichtungen Herfords. Es fehlen sogar einige im alten Stadtbild markant hervortretende Kirchen: St. Nikolai am Alten Markt, die als Kirche der Kaufleute angesehen wird, und St. Jakobi auf der Radewig, die als Stationskirche für Pilger nach Santiago de Compostela in Spanien gilt. Die Verfasser der Urkunde heben eben nur die Personen und Gruppen hervor, die die Herforder Christen leiten, lehren und schützen sollten; sie lassen dabei Einrichtungen unerwähnt, die für manche Menschen vielleicht wichtiger waren als das Münster oder das Stift auf dem Berge. Dazu könnte die Kapelle auf dem Friedhof vor dem Deichtor gezählt haben, wo man der vielen Pesttoten des Jahres 1350 gedachte und wo ein Einsiedler seine Klause hatte. Unentbehrlich waren die Hospitäler, die im Mittelalter zumeist kirchliche oder kirchlich geprägte Institutionen waren. Das Heilig-Geist-Spital in der Neustadt sollte Kranke, Schwache, Waisen sowie verlassene fremde Jugendliche und von ihren Müttern ausgesetzte Kinder aufnehmen. Das Katharinenhospital auf der Stiftsfreiheit bot sechs gebrechlichen Frauen Platz. Für ebenso viele arbeitsunfähige Personen gründete der durch seine Kollegstiftung bekannte, am päpstlichen Hof in Rom tätige Herforder Hermann Dwerg ein Spital. Die Aussätzigen mußten ihr Dasein abgesondert im Siechenhaus fristen, einer kleinen umhegten Siedlung vor dem Lübbertor mit eigener Kapelle, eigenem Friedhof und eigenem Geistlichen. Für fromme Pilger und arme Reisende standen Herbergen bereit.

Nur wenige Jahrzehnte nach Vollendung des Turms wurde das religiöse Leben in Herford entscheidend verändert. 1532, im Sturmjahr der Herforder Reformation, als die Bilder und Altäre der Heiligen zerstört wurden, schien der Bruch mit den mittelalterlichen Traditionen endgültig zu sein. Der Turm des Meisters Johann von Hörde hat diesen und manchen anderen Sturm überdauert. Im 18. Jh. mußte der Turmhelm zwar verkürzt werden, doch blieb der von Meister Johann errichtete Mastbaum, in den sein Name eingeschnitten war, erhalten. 1854 verlangte die preußische Baupolizei den Abbruch des ganzen Turmdachs. In seiner Spitze fand man die Urkunde von 1490. Das Presbyterium der Münsterkirchengemeinde entschied, das Pergament solle nach dem Neubau seinen alten Platz zurückerhalten. Es schloß sogar die Reliquien wieder in den Turmknauf ein. So wachen die mittelalterlichen Heiligen auch heute noch über Herford.[40]

(H.R.)

Das der heiligen Maria und der heiligen Pusinna geweihte Münster war nach seinem Alter, seiner Größe, seiner rechtlichen Bedeutung und nach der Zahl der an ihm wirkenden Geistlichen im Mittelalter die mit Abstand bedeutendste Kirche der Stadt. Das kurz vor 1854 entstandene Aquarell von F. Reimann zeigt die Abteikirche von ihrer schlichten Nordostseite. Der 1490 vollendete hohe gotische Dachhelm des Südwestturms mußte bei mehreren Reparaturen des 18. Jahrhunderts (1735, 1761) wegen Baufälligkeit und Blitzschäden auf die im Bild wiedergegebene gedrungene Form zurückgenommen werden. Erst seit 1859 hat der Turm seine heutige Höhe und Form.

Religion eint und entzweit: Die Reformation

Bei einer so von der Kirche geprägten Stadt wie Herford mag es verwundern, daß schon lange vor der Reformation Querelen zwischen dem städtischen Magistrat und den in Herford ansässigen Brüdern und Schwestern vom gemeinsamen Leben erwuchsen. Der Unmut der Bürgerschaft resultierte aus der gewerblichen und steuerlichen Privilegierung dieser Laiengemeinschaften.[41] Doch auch auf der Verwaltungsebene des weltlich-geistlichen Herrschaftsgebildes dieser Stadt kam es zu Mißhelligkeiten, deren Ausgangspunkt vermeintliche Kompetenzüberschreitungen der Abtei darstellten.[42]
In der vorreformatorischen Zeit zeigten allerorts Ämterkumulation, Simonie und Konkubinat Risse im Fundament der traditionsbewußten Institution Kirche, die schon bei relativ geringen Anlässen zu einer erhöhten Sensibilisierung der Öffentlichkeit führten.[43] Für die Weigerung, einer ursprünglich mit 17 Gulden veranschlagten Zahlungsschuld gegenüber einem öffentlich bestellten Advokaten nachzukommen, erwuchsen der Stadt 302 000 Gulden an Prozeßkosten nebst Kirchenbann und Interdikt, da der Advokat Kleriker war.[44] Ereignisse wie diese waren keine Seltenheit, sondern werfen ein Schlaglicht auf die Mißstände in der alten Kirche, auf die auch die Bevölkerung Herfords am Vorabend der Reformation mit zunehmender Entfremdung reagierte.
Die in Herford untergründig schwelende Unzufriedenheit mit den Verweltlichungstendenzen in der Römischen Kirche erhielt nach 1517 hier wie andernorts Auftrieb und Nahrung über die Kunde von den Wittenberger Ereignissen. Eingedenk der schwierigen Nachrichtenübermittlung zu dieser Zeit kamen insbesondere zwei Informationskanäle in Betracht, auf denen die Herforder Bürger erstmalig von der Glaubensneuerung erfuhren. Zum einen berichteten Kaufleute und andere Reisende mündlich über die Vorgänge in Wittenberg oder brachten zunächst Flugschriften, später reformatorische Literatur nach Herford und trugen so zur Verbreitung der neuen Lehre bei, zum anderen gelangten die Neuigkeiten auf innerkirchlichen Wegen über die Niederlassungen des Augustinerordens, Luthers geistiger wie geistlicher Heimat, in die Stadt Herford.[45]
Für die leseunkundigen Zeitgenossen eröffneten sich bald weitere Quellen, aus denen sie auf unmißverständliche Weise in ihrer deutschen Muttersprache vom Inhalt der neuen Lehre erfuhren. Dabei handelte es sich um didaktisch wirksame Medien wie das deutsche Liedgut der evangelischen Bewegung und die bewährte Wanderpredigt.[46]
Die Informationen verbreiten sich in der Herforder Bevölkerung in erster Linie über das Weiterreichen der lutherischen Schriften und die Mund-zu-Mund Propaganda humanistisch-intellektuell interessierter Bürger, die sich zum Teil mit Herforder Augustinern trafen, um die in der neuen Lehre enthaltenen Veränderungen und ihre Auswirkungen zu diskutieren. Solche Gesprächszirkel bildeten sich auch unter Einbeziehung des Herforder Fraterhauses, dessen Mitglieder schriftlich mit Luther in Verbindung standen.[47]

Aus der Verbindung der Augustinerkonvente untereinander resultierte die Aktualität, mit der die Glaubensneuerung in Herford rezipiert und didaktisch umgesetzt wurde. Immerhin waren es Herforder Augustiner wie Johann Dreier, die sich bald an die Spitze

der Herforder Reformation stellten. Auch hatte bereits der Prior der Herforder Augustinerniederlassung, Gottschalk Kropp, 1521 / 22 in Wittenberg promoviert. Besonders der Verbundenheit dieses Herforder Geistlichen mit Wittenberg wie auch dem persönlichen Kontakt Dreiers zu Gerhard Hecker, dem ehemaligen Lehrer Luthers, und zu Luther selbst verdankte die Herforder Reformation ihre Festigkeit und Bestimmtheit.[48]
Das Voranschreiten der Reformation in der Stadt Herford läßt sich an drei Phasen festmachen: die Rezeption einschlägiger Pamphlete vor 1523, die öffentliche evangelische Predigt ab 1523 und schließlich das demonstrative Ablegen der klerikalen Kleidung im Jahre 1525.[49] Nun wurden im Münster deutsche Kirchenlieder gesungen; zunächst stillschweigend von der Stadtobrigkeit toleriert, wandte sich die Bevölkerung in ihrer Mehrheit der Reformation zu.[50] Gegen den vergeblichen Widerstand der Herforder Äbtissin vollzog sich die allmähliche Säkularisation von Kirchengut, deren Höhepunkt im Bildersturm von 1531 / 32 erreicht wurde[51], in dem sich bereits ansatzweise konkurrierende Reformationsweisen zeigten.[52] Zum Gradmesser einer gewissen Rivalität in der sich anbahnenden kirchlichen Veränderung wurde die Kontroverse um das Herforder Fraterhaus, zu dem Luther selbst freundschaftliche Beziehungen unterhielt. Aus solchen Querelen um die Einführung einer für alle Bürger gleichsam geltenden religiösen Orthodoxie drängt sich dem Betrachter der Eindruck auf, daß es sich bei der Reformation in Herford schon bald um eine Variante der Wittenberger Reformation sui generis handelte.[53] Im Jahre 1532 galt die Reformation formell mit der Herausgabe der Dreierschen Kirchenordnung als abgeschlossen.[54]
An der Säkularisation teils aufgegebener, teils in ihrem personalen Bestand stark reduzierter Ordenshäuser in der Stadt entzündete sich sodann der Konflikt Herfords mit dem Fraterhaus, über dessen konfessionellen Status man sich nicht einigen konnte. Die Brüder vom gemeinsamen Leben bekannten sich zwar überwiegend zu Luther, doch ließen sie nicht von ihrer gewohnten Lebensform, der *vita communis*, ab, die den Herfordern deshalb suspekt erschien, weil sie zu große Konzessionen an die überwunden geglaubte kirchliche Tradition machte.[55]
Schon im Jahre 1525 war ein Gremium aus neun Männern, den sogenannten Klosterherren, gebildet worden, denen die Aufgabe der Verwaltung des Klosterinventars verlassener Konvente am Orte bzw. die Durchführung der Säkularisation oblag.[56] Zu einer umfassenden Tätigkeit dieses Ausschusses kam es hingegen nicht, da man zwecks Übernahme des Klosterinventars gemäß Luthers Rat die Zeit für sich arbeiten ließ, d.h. wartete, bis sich die Klosterniederlassungen infolge von Überalterung, Abwanderung und Nachwuchssorgen selbst entleerten.[57]
Im Jahre 1542, beinahe zwei Jahre nachdem die protestantischen Geistlichen Herfords die Fraterherren exkommuniziert hatten, entschied ein Schlichtungsausschuß, bestehend aus dem Bürgermeister der Neustadt Arnd Wulffert, dem Ratsherrn Richard Moneke und den Geistlichen Albert Lonicerus und Jost Detering, daß das Fraterhaus in seiner damaligen Form bestehen bleiben könnte.[58] Auch wenn das Fraterhaus zur Zeit des Interims (1548–1564) vorübergehend zum katholischen Glauben zurückkehrte, bestand es formell bis ins 17. Jh. hinein als eine nunmehr von den protestantischen Äbtissinnen an Prediger vergebene Pfründe fort.[59]

Mitte der 1540er Jahre befand sich die altgläubige Partei Herfords in aussichtsloser Lage, *Sanctam Hervordiam* dem Katholizismus zu bewahren. Bereits im August des Jahres 1530 war die Johanniskirche mit Johann Blomberg als Prediger den neugläubigen Bürgern Herfords übergeben worden, nachdem man dem letzten altgläubigen Priester, Gorgonius Hoyer, die Kirchenschlüssel abgenommen hatte.[60] Johann Dreier, der Verfasser der Herforder Kirchenordnung, wurde Prediger am Münster. Zwar war der Status des Fraterhauses nach all den Irrungen und Wirrungen der letzten Jahre unklar, doch konnte es im eigentlichen Sinne nicht mehr der altgläubigen Partei zugerechnet werden. Die Marienkirche auf dem Berge stand, wegen der geringen Bevölkerungsdichte, erst 1548 vor ihrer Übergabe an den lutherischen Pastor Johann Hortensius.[61] Lediglich die Jakobikirche, die während des Herforder Bildersturms geschlossen worden war, wurde sehr spät, im Jahre 1590 auf die Initiative des Bürgermeisters Anton Brutlacht, für den protestantischen Gottesdienst geöffnet, nachdem man sie über ein halbes Jahrhundert lang als Abstellraum benutzt hatte.[62]

Angesichts dieser Entwicklung des Protestantismus in Herford wußte sich die Äbtissin Anna von Limburg-Stirum keinen anderen Rat, als alle ihre weltlichen Rechte, die ihr an der Stadt verblieben waren, im Jahre 1547 an den Herzog von Jülich-Kleve abzutreten, der seit 1487 Schutzherr der Abtei war, seinerseits aber bereits zum Protestantismus übergetreten war.[63]

Anna von Limburg-Stirum starb 1565 als letzte katholische Äbtissin Herfords; nach ihrem Tod fiel auch die Abtei mit der Umwandlung in ein freiweltliches evangelisches Damenstift in protestantische Hände.

Als erste evangelische Äbtissin Herfords wurde 1565 Margarete II. zur Lippe gewählt, die bis 1578 dem Stift vorstand.[64]

Zwar schien zu diesem Zeitpunkt eine neue Glaubenskonformität in Herford hergestellt, doch neigte Margarete der reformierten Richtung des evangelischen Glaubens zu, so daß die sich allgemein abzeichnende Spaltung im Protestantismus auch in Herford für Unruhe sorgte. Aus diesem Umstand erwuchs Konfliktpotential bei der Besetzung neuer Predigerstellen, für die sich die Äbtissin allein zuständig fühlte. Zugleich beanspruchte aber als Vorläufer einer Konsistorialbehörde das lutherische »Geistliche Ministerium«, bestehend aus den Pfarrern der Altstadt, der Neustadt und der Radewig, in enger Kooperation mit dem lutherischen Rat der Stadt alle Ordinationsrechte in Herford.[65] Um diesen Kompetenzstreit nicht zum Eklat zu treiben, holten beide Parteien durch ihre Rechtsvertreter Gutachten der theologischen und juristischen Fakultäten Jenas und Freiburgs ein, die unabhängig voneinander zum übereinstimmenden Urteil gelangten, daß sich beide Parteien die Zuständigkeit in dieser Frage zu teilen hätten.[66]

Wenn sich auch schließlich für das übrige Herford eine Abgrenzung durchführen ließ, schien das Besetzungsrecht der Pfarrstellen am Münster von dieser Regelung ausgenommen. Zwar erreichte man 1629, mitten im Dreißigjährigen Krieg, vorübergehend eine Einigung[67], doch ließ sich die Äbtissin Elisabeth noch 1672 von dem Pfarrer Kracht bestätigen, daß dieser von ihr im Jahre 1668 an die Münsterkirche berufen worden war und besetzte zwei Jahre später 1674 die zweite Pfarrstelle an der Münsterkirche mit Matthias Rothe.[68]

Im Jahre 1629 / 30 rückte die spanische Besatzung in Herford ein, um das Rad der Geschichte mit Hilfe des Restitutionsedikts vom 6. März 1629 noch einmal zurückzudrehen und Herford zu rekatholisieren. Dies sollte zunächst per Ausschluß der Reformierten vom Augsburger Religionsfrieden (1555), wenig später sogar durch direkte Herausgabeforderungen an den lutherischen Magistrat erreicht werden; dabei handelte es sich konkret um die Wiederherstellung des Franziskanerklosters, aus dem ein Waisenhaus geworden war und um die Rückverwandlung des Herforder Gymnasiums in ein Augustinerkloster.[69] Zu diesem Zweck traf am 7. Juni 1630 eine kaiserliche Kommission in Herford ein, die jedoch nicht tätig wurde, weil es der Stadt an katholischem Klerus und Gemeindegliedern fehlte.

Ein bedeutsames Argument gegen die Durchführung der Rekatholisierung ergab sich aus dem gerade zu Ende gehenden zweiten Reichskammergerichtsprozeß um die rechtliche Stellung der Stadt, der schon seit 1549 geführt wurde. Mit seinem Ausgang war das konfessionelle Schicksal Herfords aufs engste verbunden, denn konnte die Stadt als reichsunmittelbar gelten, so trafen die Bestimmungen des Passauer Vertrages zu, nach denen alle vor 1552 reformierten Reichsstädte nicht zur Herausgabe des ehemaligen Kirchenbesitzes gezwungen werden konnten.[70] Mit dem abschließenden Urteil des Prozesses vom 31. März 1631, der nunmehr bestätigten Reichsunmittelbarkeit, erwies sich das Begehren der Restitutionskommission als gegenstandslos.[71]

Herford blieb protestantisch, doch brach der Gegensatz zwischen Lutheranern und Reformierten erneut auf, als die reformierte Äbtissin Elisabeth von der Pfalz (1667–1680) den aus anderen Ländern bereits vertriebenen Labadisten — eine Splittergruppe der reformierten Kirche, gegründet von dem französischen Theologen Jean de Labadie (1610–1674) — 1670 in Herford Zuflucht und Asyl gewährte, ebenso wie sie sechs Jahre später die Quäker William Penn und Robert Barclay auf ihrer Freiheit beherbergte und mit ihnen religiöse Disputationen führte.[72]

Die Fürstabtei lag durchweg in den Händen reformierter Äbtissinnen. Schon Elisabeth Luise von der Pfalz-Zweibrücken berief im Jahre 1652 den ersten reformierten Hofprediger, denn gerade erst hatte der Große Kurfürst bei den Friedensverhandlungen zu Münster 1648 die Aufnahme der Reformierten in die Bestimmungen des Augsburger Religionsfriedens bewirkt.[73] Wegen des reformierten Trauergottesdienstes an-

Elisabeth von der Pfalz, Fürstäbtissin zu Herford von 1667 bis 1680

läßlich der Beisetzung ihrer Nichte kam es schließlich zu einer Auseinandersetzung mit dem lutherischen Rat Herfords, der sich jedoch mit seiner Auffassung vom Nebeneinander des reformierten und lutherischen Bekenntnisses weder beim Kaiser noch beim Kurfürsten durchzusetzen vermochte — 1652 hielt der seinerseits reformiert-gläubige Große Kurfürst seinen Einzug in Herford.[74]
Die erste reformierte Gemeinde Herfords wurde erst im April 1692 gebildet, nachdem der zahlenmäßige Anteil dieser Konfession gestiegen war. Im gleichen Jahr machte der Große Kurfürst seinen Einfluß geltend und wies die Herforder an, den Reformierten die Mitbenutzung der Augustinerkapelle des Gymnasiums zu ermöglichen.[75]
Ebenso war es in der folgenden Zeit auf den politischen Druck des Herrschers zurückzuführen, wenn in Herford nach und nach reformierte Räte in den Magistrat aufgenommen wurden. Brachte dieser Umstand auch eine allmähliche Entkrampfung des Verhältnisses zwischen reformierter Gemeinde und Lutheranern, dauerte es doch bis zur Umwandlung der Augustinerkapelle in eine Garnisonskirche 1727, bis der reformierte Gottesdienst dort allgemein akzeptiert und toleriert wurde.[76] Eine bleibende Statt wies erst die Fürstäbtissin Prinzessin Friederike zu Preußen kurz nach dem Siebenjährigen Kriege der reformierten Gemeinde Herfords zu: Sie erlaubte, ihre Hofkapelle zu benutzen. Vom Jahr 1800 an wurde sie zum ständigen Domizil dieser Gemeinde.[77]
Doch es wäre verfehlt, wollte man das nachreformatorische kirchliche Leben Herfords nur aus dem Blickwinkel der Unstimmigkeiten zwischen Lutheranern und Reformierten betrachten. Ebenso wie es der reformierten Äbtissin Elisabeth II. zur Ehre gereicht, sich für Toleranz in Glaubenssachen gegenüber Labadisten und Quäkern eingesetzt zu haben, bereicherten lutherische Geistliche wie der Pfarrer an der Münsterkirche Matthias Rothe (1674–1727) das kirchliche Leben Herfords, indem er zusammen mit seinem Amtsbruder und Senior Bernhardt Kracht 1674 / 75 die Konfirmation in Herford institutionalisierte. Im Jahre 1690 gab Rothe, nunmehr Senior des Ministeriums, den ersten Herforder Katechismus heraus, der auf den Vorarbeiten Krachts basierte.[78]

Das Werk dieser beiden Herforder Theologen trägt als zeittypisches Element pietistische Züge[79], die gleichfalls noch ein Menschenalter später den Pfarrer Gottreich Ehrenhold Hartog charakterisieren, der seit 1769 an der Jakobikirche zur Stärkung und Verbreitung einer schlichten Volksfrömmigkeit beitrug, in einer Zeit, da der evangelische Rationalismus und der Einfluß der Aufklärung die Glaubensintensität verwässerte.[80]
Das Wirken Hartogs in Herford, der mit seinen volkstümlich frommen Predigten Zuhörer von nah und fern anzog, schien

Gottreich Ehrenhold Hartog, 1738–1816

wie ein letztes Aufblühen *Sanctae Hervordiae* im Lichte einer tausendjährigen Tradition, bevor die Erschütterungen der Napoleonischen Feldzüge mit der Mediatisierung der Reichsabtei 1803 und der Enteignung sämtlicher geistlichen Stiftungen im Jahre 1810 durch königlich westfälische Kommissare auch in den Straßen Herfords widerhallten.[81] Kurz zuvor, am 23. Januar 1808, war die Fürstäbtissin Prinzessin Friederike von Preußen als letzte Vorsteherin des evangelischen freiweltlichen Damenstifts in Christo entschlafen.[82] **(H.-J.B.)**

Erfahrungen von Ausgrenzung und Duldung: Die jüdische Minderheit von Herford

Wir haben alle dasselbe Gefühl, wenn wir nach Deutschland kommen; wir sehen Leute in unserem Alter und älter, und wir denken, warst du dabei, als sie meinen Vater erschlugen?[83]
So formulierten jüdische Amerikaner, ehemals Herforder, die mit gemischten Gefühlen, mit Angst und Erwartung in ihre alte Heimatstadt zurückkamen, in die sie die Stadt Herford im Mai 1987 für acht Tage eingeladen hatte. Sie reisten hierher auch mit der Bereitschaft, Zeugnis über das abzulegen, was geschehen war, und *Frieden zu machen, mit den Leuten und mit sich*. Die Erinnerung an den Holocaust wie das Bemühen, eine Bresche zu schlagen zur einstigen Heimat und Geburtsstadt, wurde zum eigentlichen Motor der Begegnungswoche.
Wenn die Darstellung einiger Stationen des Weges der jüdischen Gemeinde Herfords mit der Schilderung der Situation der Gemeinde im Jahre 1938 zur »Reichskristallnacht« beginnt, so deshalb, weil zu der Gegenwart des Besuches im Jahre 1987 die Vergangenheit des Nationalsozialismus, des Holocaust, der Vertreibung, der Vernichtung einer bis dahin lebendigen jüdischen Gemeinde gehört.

Herfords Synagoge brannte

Tiefe Trauer und tiefer Zorn geht durch deutsche Lande, tiefe Empörung hat die Deutschen erfaßt, die in jeder Minute bei jenem jungen Deutschen weilten, der in der Fremde qualvoll einen Tod für seine Heimat starb. Diese Kugel galt Deutschland, hätte jeden treffen können, dessen Weg der Jude Grünspan gekreuzt hätte.
Man sagt uns Deutschen Langmut nach. Und wir haben bislang im Deutschland Adolf Hitlers keine Gelegenheit gehabt, uns diese Langmut abzugewöhnen. Wir wissen aber auch, schon aus der Zeit Hermanns und Widukinds, daß die Geschichte vom deutschen Zorn spricht. Zorn ist geheiligte Empörung, wenn sich eine Untat gegen das Vaterland, gegen das deutsche Blut, gegen die deutsche Scholle wendet.
Eine Welle dieses Zornes und der Empörung geht durch deutsche Lande. Ein Jude hat auf Deutschland geschossen. Gegen den Juden richtet sich die Empörung. Der Brand in der Herforder Synagoge, der die Inneneinrichtung zerstörte, ist ein begreiflicher Aus-

fluß. Allenthalben machte sich diese Empörung in deutschen Gauen Luft. So ist auch die Detmolder Synagoge den Flammen zum Opfer gefallen.[84]

In der Nacht vom 9. zum 10. November 1938 brannten in Deutschland Hunderte von Synagogen, die meisten wurden völlig verwüstet. Einrichtungen von Häusern und Geschäftshäusern wurden teilweise oder völlig zerstört. Ziel der Aktion gegen Menschen und Sachen war die Verdrängung jüdischer Bürger aus dem Wirtschaftsleben. Für den Regierungsbezirk Minden stellte der Regierungspräsident in einem Bericht vom 5. Dezember 1938 fest: *Die Bevölkerung des Regierungsbezirkes Minden ist bestes Menschenmaterial, zur Hälfte evangelisch, zur Hälfte katholisch. Sie ist anständig im Charakter, gesund und zuverlässig und hat vollstes Vertrauen zum Führer... Über die von der Partei befohlene Aktion vom 9. zum 10. November herrscht dagegen — wie auf Verabredung — betretenes Schweigen. Man schämt sich... In meinem Regierungsbezirk sind sämtliche Synagogen zerstört, zum Teil erst einen Tag nach der erlaubten Aktion... Die Stimmung der Bevölkerung und weiter Parteikreise ist gedrückt. Die Arbeiterschaft lehnt insbesondere die Warenvernichtung ab.*[85]
Auch in Herford wurde gewütet. Im Bericht des Oberbürgermeisters von Herford wurde eine Bestandsaufnahme der Zerstörungen in Geschäften und Privathäusern geboten. Schäden entstanden in folgenden Geschäften:

Putzgeschäft Sternheim, Alter Markt 6,
Lederhandlung Ludwig Weingarten, Komturstraße 16,
Tabakhandlung Artur Spanier, Horst-Wessel-Platz 2,
Bettengeschäft Goldberg, Gehrenberg 12,
In folgenden jüdischen Privathäusern wurden Schäden angerichtet:
Familie Artur Spanier, Fürstenaustraße 12,
Familie Adolf Obermeyer, Lübbertorwall 18,
Familie Witwe Rosa Schiff, Kreishausstraße 6.

Am 25. November 1938 sandte der Oberbürgermeister der Stadt Herford an den Regierungspräsidenten eine *Beurteilung der Aktionen gegen die Juden*. Dort heißt es: *Die Zerstörung der jüdischen Geschäfte wird hier von einem beträchtlichen Teil der Bevölkerung abgelehnt, erst recht natürlich die dabei vorgekommenen Ausschreitungen, körperlichen Mißhandlungen und Plünderungen. Diebstähle anläßlich der Aktion haben sich hier zwar nur vereinzelt ereignet, körperliche Mißhandlungen sind überhaupt nicht vorgekommen, man erzählt sich aber viel von den Vorgängen in anderen Städten... Die in der Presse vertretene Auffassung, es habe sich um einen spontanen Ausbruch der Stimmung der Bevölkerung gehandelt, findet in der Bevölkerung keinen Glauben.*[86]
Weil die an die Synagoge angrenzende Färberei U. eine Explosion ihrer Benzinfässer befürchtete, wurde der Brand der Synagoge von der bis dahin zuschauenden Herforder Feuerwehr gelöscht. Am darauffolgenden Tag ging die Zerstörung der Synagoge unter den Augen vieler Schaulustiger sowie Angehöriger der Partei, der Hitlerjugend und SS weiter. *Während unten in der Kirche ein Rudel von Hitlerjugend das Harmonium und Bänke zertrümmerte, turnte Georg auf das Dach der Synagoge und schlug mit dem Ham-*

Die Synagoge und das jüdische Gemeindehaus an der Komturstraße, um 1910

mer den Davidstern herunter. Es war ein mühsames Werk, das mehrere Stunden in Anspruch nahm.[87] Im Gehrenberg wurden die Männer der jüdischen Familien in einem Haus zusammengetrieben; vierzehn von ihnen wurden am Morgen des 10. November in das Konzentrationslager Buchenwald verschleppt, wo ihnen Zustimmungserklärungen zur Veräußerung ihres Besitzes abgezwungen wurden. Kahlgeschoren, erniedrigt, wegen der Behandlungsmethoden kaum wiederzuerkennen, kamen sie oft erst nach Wochen in ihre Familien zurück. Der Bürgermeister konnte Ende 1939 die *Verdrängung der jüdischen Bürger aus dem Wirtschaftsleben* melden.[88]

Das religiöse Zentrum, die Stätte für Begegnungen, der Ort für gegenseitige Tröstung und Ermutigung durfte nicht wieder aufgebaut werden. Die Ruine der Synagoge mußte auf Kosten der jüdischen Gemeinde abgetragen, der Synagogenplatz planiert und das Grundstück an die Stadt zu einem Schleuderpreis veräußert werden.[89] Wenig später begann die staatlich legalisierte und organisierte Vernichtung der jüdischen Bevölkerung, mit der eine selbständige und für die Geschichte der Stadt bedeutende Minderheit verschwand.

Spuren der Herforder Juden können bis zum Anfang des 14. Jh. zurückverfolgt werden. Für Herford lassen sich anhand von Quellen für das Jahr 1306 Juden nachweisen, die wahrscheinlich während der Pogrome im Zusammenhang des 1. Kreuzzuges aus dem rheinischen Gebiet nach Westfalen geflüchtet waren und eventuell aus Köln kamen, wo eine jüdische Gemeinde seit der Römerzeit bestand.[90] Mit Geldverleih, Grundstücksankauf und -verkauf über die Grenzen Herfords hinaus hat der erste in der Stadt nachweisbare Jude seinen Lebensunterhalt bestritten. Die von Simon[91] getätigten Geschäfte lassen darauf schließen, daß die Juden im Ravensberger Raum aus den damals gängigen Berufen der Kaufleute und Handwerker bereits verdrängt worden waren, die in christlichen Gilden und Zünften organisiert waren. Simon tätigte Geschäfte mit der Herforder Abtei und unterhielt Kontakte zum Kloster Loccum. Mit Sicherheit haben der Mann und seine Frau zwischen 1306 und 1321 in Herford gewohnt und unter Umständen noch später, wenn Simon von Herford mit dem Simon identisch ist, der in einer Urkunde von 1335 / 6 als Gläubiger der Abtei Herford erwähnt ist. Außer ihm lebte nach 1300 noch Jacobus von Herford[92] hier, der mit seiner Familie am 15. Juni 1327 vom Bischof von Osnabrück einen Schutzbrief für die genannte Stadt erhielt. Der Schutzbrief, ausgestellt für eine befristete Aufenthaltsdauer und gegen eine Gebühr, berechtigte Jacobus, nach Osnabrück überzusiedeln und seinen Unterhalt mit festgelegten Tätigkeiten zu verdienen. Der Aussteller des Schutzbriefes verpflichtete sich zu der Gegenleistung, die jüdische Familie zu schützen. Wegen der Aufenthaltsgebühren, hinzukommender Sondersteuern, der geschäftlichen Beziehungen wie beruflichen Tüchtigkeit waren die Stadt- und Landesherren an Menschen jüdischen Glaubens interessiert, durch die ihnen regelmäßige Einkünfte garantiert wurden. Durch die Kennzeichnung als »Schutzjuden« und der damit verbundenen Sonderstellung in der Gesellschaft bis hin zu einer Kleidung, die sie als »Juden« in der Öffentlichkeit kenntlich machte, bildeten sie eine Außenseitergruppe, die von der übrigen Bevölkerung isoliert lebte und von ihr als »Fremde« betrachtet wurde.

So blieb nicht aus, daß ihnen Mißtrauen, Unverständnis und Ablehnung entgegengebracht wurde. Als während der Zeit der Pest, deren Ursache im 14. Jh. nicht erkannt werden konnte und die Westfalen 1349 / 50 erreichte, Gerüchte verbreitet wurden, die Juden hätten die Epidemie durch Vergiftung des Brunnenwassers ausgelöst, wurden sie fast überall in Deutschland und Westeuropa verfolgt und getötet. Wie über Köln, Minden und Lübbecke wissen wir von dem Mord an jüdischen Familien in Herford aus drei Quellen. Berichtet wird nicht, wer sie tötete und wie im Sommer 1350 gegen sie vorgegangen wurde.[93] Festgestellt wird der Tod der jüdischen Bevölkerung, und gestritten wird um ihren Nachlaß zwischen dem Erzbischof von Köln und der Stadt Herford. 1353 einigten sich die Kontrahenten dahingehend, daß die Mörder entlastet und das Eigentum der getöteten jüdischen Bürger zwischen der Stadt Herford und dem Bischof von Osnabrück aufgeteilt wurde.

Ähnlich wie während der Zeit 1933 bis 1945, als die Repräsentanten des Staates den Mord an den Juden faktisch »legal« betrieben, einmalig in der deutschen Geschichte und so seit der Anwesenheit von Juden in Mitteleuropa einschließlich Deutschlands nie vorgekommen, endete die Mehrzahl der Juden zwischen 1348 und 1350 auch in Herford durch Ermordung.

Nach dem Rückgang der Pestepidemie zwischen 1348 und 1350 lebten in Deutschland fast keine jüdischen Bürger mehr. Ihre Rechte als Bürger wurden weiter eingeschränkt. Der Erwerb von Grundbesitz und Häusern war ihnen verboten. In den Städten wurden ihnen häufig bestimmte Quartiere zugewiesen, die sogenannten Ghettos, in denen sie ein kümmerliches Dasein fristeten. Neben dem Geldverleih, den sie jetzt nicht mehr konkurrenzlos betrieben, war ihnen ein Dasein als Pfandleiher undd Trödelhändler erlaubt, wenn sie die geforderten Geldsummen für eine Aufenthaltserlaubnis in einer Stadt aufbringen konnten. Trotz erschwerter Bedingungen werden für das letzte Viertel des 14. Jh. als Bewohner Herfords Gumpert der Jude[94] und Isaak[95] genannt. Isaak mußte an die Stadt Herford im Jahre 1390 eine Strafgebühr von 31 Gulden bezahlen, Gumpert arbeitete als Pfandleiher, wie in einer Urkunde vom 8. Mai 1386 berichtet wird. Dort wird beschrieben, daß die Frau des Ritters Friedrich von Arnold Kleider und Schmuckstücke unter Juden in der Stadt versetzt habe. Aber auch Immobiliengeschäfte waren Juden in Herford noch erlaubt. Gumpert und seine Frau Brenda hatten vor dem Bergertor Grundstücke verpfändet bekommen. In einer Urkunde vom 15. März 1378 erklärten sie sich bereit, der Äbtissin von Herford das Vorkaufsrecht über die erworbenen Grundstücke zu übertragen. Diese Urkunde ist mit dem für Westfalen ältesten bekannten Judensiegel versehen.

Vor der Emanzipation durch die Franzosen waren die wenigen Herforder Juden zusammen mit den übrigen Bürgern noch während des Dreißigjährigen Krieges unter die Herrschaft Brandenburgs gekommen. Der Stadt wurde vom Kurfürsten das Judenregal abgesprochen. Verordnet wurde ihr, einen Bürger jüdischen Glaubens aufzunehmen. Gegen heftigen Protest des Rates erhielt Berend Levi am 3. Dezember 1647 ein Geleit für die Stadt, das 1651 und 1660 jeweils verlängert wurde. Allerdings machte Berend Levi von seiner Aufenthaltsgenehmigung für Herford keinen Gebrauch, sondern wohnte in Minden, wo er für die Münze arbeitete und die Aufgabe hatte, »in Hamburg, Amsterdam, Bremen, Hannover, Hildesheim, Hameln... und anderen Orten Silbergeld zum Einschmelzen für die Münze zu besorgen.«[96] Sein Wohnrecht für Herford konnte Berend Levi auf seinen Sohn übertragen, der in Herford lebte und für den diese Stadt als Wohnsitz 1656 belegt ist. Er starb 1679 und wurde, wie auch seine Mutter, hier begraben.

Außer Berend Levi hatte im Jahre 1656 Samuel Levi ein Geleit für die Stadt. Beide Männer sind als die Begründer der neuen jüdischen Gemeinde von Herford anzusehen. Sie werden als gebildet beschrieben und verfügten über ein gewisses Vermögen. Aus wirtschaftlichen Gründen holte sie der Kurfürst von Brandenburg zu günstigen Bedingungen in den verarmten Ravensberger Raum. Nach dessen Tod, als seine Nachfolger die judenfreundliche Politik ihres Vorfahren aufgaben und mit einer restriktiven Politik gegen die Minderheit begannen, verarmte die jüdische Gemeinde. Sie bestand bis zum Jahre 1807 aus zwei bis maximal jünf Familien mit bescheidenem Lebensstandard.

Begünstigt wurde die Entstehung einer jüdischen Gemeinde im 19. Jh., weil Westfalen 1807 zum französischen Territorium erklärt wurde, eine freiheitliche Verfassung erhielt und durch eine Zusatzverordnung vom 28. Januar 1808 den *Untertanen der mosaischen Religion der Genuß derselben Freiheiten und Rechte* gewährt wurde wie den übrigen Menschen. Besonders unter dem Druck der französischen Revolution sowie deren Wirkungen auf die breite Bevölkerung führte Preußen durch das Gewerbefreiheitsgesetz (1810 / 11) und das *Edikt betreffend die bürgerlichen Verhältnisse der Juden* von 1812 Reformen durch.

Hardenbergs Reformgesetz öffnete zwar den Juden die Wirtschaft und gab ihnen damit etliche gesellschaftliche Chancen, scheiterte aber an der Frage des Zugangs zum öffentlichen Dienst als der zeitüblichen bürgerlichen Teilhabe am Staat.[97] Damit blieben jüdischen Bürgern auch weiterhin der Staatsdienst als Beamte und die freien Berufe, die akademische Examina voraussetzten, verschlossen. Der preußische Staat verstand sich als ein christlicher Staat, die Anerkennung der jüdischen Religion fand nicht statt, die jüdischen Gemeinden wurden zu stillschweigend geduldeten örtlichen Privatvereinen.

Obgleich der preußische Staat nach der Vertreibung der Franzosen aus den besetzten westfälischen Gebieten die Gleichstellung der jüdischen Bürger wieder einschränkte, reichten manchen christlichen Bürgern die Maßnahmen längst nicht aus. So wird aus Herford, wo 1818 von circa 6000 Einwohnern (einschließlich der Feldmark) 39 Bürger jüdischen Glaubens waren, d.h. 0,6% der Gesamtbevölkerung, in einer Petition aus dem Jahre 1820 berichtet: *Neben den Handwerkern mit Einschluß der Bäcker und Fleischer verdient der Handel ganz eigentlich ins Auge gefaßt zu werden, weil deren Sinken und Steigen als der eigentliche Wohlstandsbarometer eines Ortes angesehen werden kann... Auf zwei Seiten wird das Emporkommen gehindert, einmal durch eine enorme Zoll- und Verbrauchssteuerabgabe... und zweitens durch den übermäßigen Anwachs der Juden, die es... als ein verdienstliches Werk anzusehen haben, ihre christlichen Neben-Menschen zu bewuchern und zu unterdrücken und die zum Ruin aller deutschen Manufakturen, als die eigentlichen Einbringer der englischen Fabrikwaren anzusehen sind. Zwar ist das Herumziehen derselben mit ihrem Kram von einer Stadt zur anderen durch das neue Gesetz ein Ende gemacht, allein damit ist nicht alles geschehen.*[98] Mit dem *Kram* auf dem Rücken oder in einem Wagen konnte der umherziehende Händler keine Reichtümer ansammeln, aber die arbeitende Bevölkerung besonders auf dem Lande von langen Fußmärschen entlasten. Die Heberollen aus dem Jahre 1831 weisen die wirtschaftliche Situation des Herforder jüdischen Gemeindevorstehers, der mit Manufakturwaren handelte, als sehr dürftig aus.

Die Einführung der Gewerbefreiheit und ihre Anwendung auch auf die jüdischen Bürger eröffnete ihnen im Zusammenhang mit der Industrialisierung neue berufliche Möglichkeiten. Betrieb z.B. Samuel Frankenstein noch den Trödelhandel, so eröffnete sein Schwiegersohn Levi Elsbach 1848 einen Mode- und Manufakturwarenladen in der Brüderstraße 40. Seine Söhne Joseph und Hermann Elsbach gründeten die Firma J. Elsbach & Co., eine Herrenbekleidungsfabrik. Das Elsbachwerk entwickelte sich zu einem wichtigen Herforder Betrieb und zur größten Damenwäschefabrik des Kontinents. In der Branche der Herrenkonfektion waren die Firmen Ruben und Julius Koch Nachfolger, in der Süßwaren- und Margarineherstellung die Familien Weinberg und Obermeyer, in der Besen-, Bürsten- und Ziegelfabrikation die Familien Blumenthal und P. Weinberg tätig. Als Einzelhandelsgeschäfte waren Geschäftshäuser wie Herzfeld, Leeser und Wohlwert bekannt. Von 52 stimmberechtigten bzw. wählbaren Mitgliedern der Synagogengemeinde übten um 1900 35 Bürger die folgenden Berufe aus: 12 Fabrikanten, 3 Bankiers, 2 Ziegeleibesitzer, 18 Kaufleute.[99]

Kurz vor der Jahrhundertwende wurde beschlossen, das zu klein gewordene geistliche und kulturelle Zentrum, die Synagoge von 1851 / 2 und das angrenzende Schulgebäude zu erweitern. Die Finanzierung der Arbeiten in der Komturstraße wurde durch eine Kreditaufnahme gesichert. Der Umbau erfolgte in dem damals — für den Bau von Synagogen seltenen — neugotischen Stil.[100] Die Freude auf den Schul- und Synagogenausbau 1892 / 3 wurde von Äußerungen des Rabbiners überschattet, der in seinen Ansprachen die noch nicht gelungene Integration des jüdischen Bevölkerungsteils andeutete. Sprach er von den pädagogischen Versuchen, die jüdischen Kinder zu Toleranz gegenüber allen Menschen anzuhalten, so wußte er um antijüdische Strömungen und Bemühungen, die die de jure seit 1869 geltende Gleichstellung der Juden in der Praxis in Frage stellten.

Dr. Hulisch hatte die Feindseligkeit in den 1880er Jahren zu spüren bekommen, als er für die Funktion eines Stadtverordneten kandidierte und am 18. November 1882 einstimmig nominiert worden war. Wenige Tage später waren gegen seine mögliche Wahl Bedenken angemeldet worden; nicht mangels Qualifikation, sondern weil er »Jude« sei. Seine Abwahl aus »rassischen« Gründen wurde auf einer der nächsten Bürgerversammlungen zurückgewiesen und Dr. Hulisch als Kandidat bestätigt, wie am 28. November 1882 berichtet wurde.[101] Er hielt seine Kandidatur auch dann aufrecht, nachdem ein weiterer Vorstoß zur Verhinderung seiner Wahl gestartet worden war. Jetzt wurde behauptet, obwohl ihm die akademische Bildung nicht fehle, sei er ja nur Elementarlehrer und könne in dieser Eigenschaft — so das Gesetz — nicht in das Stadtverordnetenkollegium eintreten. War der Rabbiner davon ausgegangen, er sei von den Liberalen als Garant demokratischer Grundsätze aufgestellt worden, so mußte er während der antijüdischen Kampagne einsehen, daß mit Antijudaismus Stimmen gewonnen werden konnten. Infolge konservativer Agitation gaben von 488 erschienenen Wahlberechtigten Dr. Hulisch 155, dem Gegner 334 ihre Stimme.

Wie der Vorgang um Dr. Hulisch zeigt, folgte der Gleichstellung keine Gleichbehandlung. Nach dem Gesetz vom 23. Juli 1817, § 2, waren *die Juden zwar von den Aemtern eines Dirigenten der Kommunalverwaltungen, namentlich eines Bürgermeisters oder Oberbürgermeisters oder eines Amtmannes und Gemeinde=Vorstehers und deren Stellvertreters ausgeschlossen, sie* (waren) *aber zu Magistrats=Mitgliedern, Gemeinde= und Amts=Verordneten wählbar.* Die genannten Einschränkungen fielen bereits 1869 durch das Gesetz der Gleichstellung aller Bürger auch in Preußen fort. Antijudaismus aus religiösen und wirtschaftlichen Gründen blieb besonders in der sogenannten Mittelschicht, in den Kreisen von Handel und Gewerbe wie der Akademikerschaft verbreitet und wurde schon im Kaiserreich von dem rassisch begründeten Antisemitismus überlagert, der 1933 zur Grundlage der Gesetzgebung wurde, die wiederum an Juden begangene Verbrechen legalisierte.

Bereits am 12. April 1934 war in der Herforder Synagoge Feuer gelegt worden. Die Täter, drei Herforder SA-Männer, wurden etwa ein halbes Jahr später verurteilt, allerdings bald danach aufgrund eines Amnestiegesetzes begnadigt. Mit dem neu nach Herford gekommenen SA-Standartenführer Niebuhr im September 1933 erlebte die Stadt in den darauffolgenden Monaten eine Kette judenfeindlicher Aktivitäten, die erstaunliche Ausmaße annahmen. Schwere Boykott-Aktionen gegenüber allen jüdischen Geschäften setzten in der Nacht vom 12. auf den 13. Dezember 1933 ein.[102] *Boykott den Juden. Nur*

der Lump kauft hier, war mit weißer Ölfarbe auf die Schaufenster sämtlicher jüdischer Geschäfte geschmiert. Käufer wurden durch SA-Männer am Betreten der Kaufhäuser gehindert. Einen Monat später wurde der Abteilungsleiter Fritz Meyer der Firma Elsbach unter dem Vorwand verhaftet, einen Juden diffamierenden Artikel in einer Textilzeitschrift als Lüge bezeichnet zu haben. Die örtlichen Vertreter der Wirtschaftsverbände, der Kreis- und der Ortsgruppenleiter, sowie der Bürgermeister widersetzten sich massiv den Bemühungen des Firmenchefs Curt Elsbach um Entlassung seines Abteilungsleiters aus der sogenannten Schutzhaft. Erst durch seine Intervention beim Reichswirtschaftsministerium gelang es Curt Elsbach, die Überführung Meyers in ein KZ zu verhindern. Seine Entlassung erfolgte im März 1934.
Im gleichen Monat wurde — durch SA-Männer angeblich beobachtet — der Besitzer der Samen- und Vogelhandlung Max Less, Hämelingerstraße, der »Rassenschande« beschuldigt und von der SA in ihr Büro in der Mindener Straße gebracht; ihm wurde dort das Schild *Ich bin ein Jude und habe ein deutsches Mädchen geschändet* umgehägt, und die SA führte ihn durch die Stadt zur Polizei. Auch das Mädchen wurde verhaftet und ihr »sittliches Verhalten« auf entwürdigende Weise überprüft. Max Less wurde zur sofortigen Aufgabe seines Geschäftes und zum Verlassen der Stadt Herford gezwungen.

»Rassenschande« war auch der Vorwand, unter dem schon innerhalb der Boykottmaßnahmen jüdischer Geschäfte zum 1. April 1933 der Geschäftsführer des Kaufhauses Wohlwert, Fritz Steinitz, verhaftet worden war. Ende Mai 1933 aus der Haft entlassen, mußte er ebenfalls die Stadt verlassen. Nachdem er im Januar 1934 vom Landgericht Bielefeld vom Vorwurf der »Rassenschande« freigesprochen worden war, durfte er seinen Beruf in Herford wieder ausüben. Allerdings drohte man ihm immer wieder mit erneuter Verhaftung, zu der es auch 1936 gekommen wäre, wenn er sich an dem betreffenden Tage nicht zufällig mit Angestellten seiner Firma auf einem Ausflug befunden hätte. Er floh in die USA.
Ende März 1934 wurde die Vorführung eines Filmes mit einer jüdischen Hauptdarstellerin im Lichtspielhaus Wittekind von SA-Standartenführer Niebuhr gewaltsam geschlossen, der jüdische Kinobesitzer mit Totschlag bedroht, der sich mit seinem Sohn daraufhin nur durch die Flucht über die Mauer retten konnte. Das Kino wurde einem anderen Pächter übergeben, die Familie verlor ihre Existenzgrundlage und mußte die Stadt verlassen.
Wegen der politischen Situation mußte etwa die Hälfte der jüdischen Bürger ihre Heimat aufgeben, und etwa hundert Menschen wurden seit Ende 1941 in mehreren Transporten von Bielefeld aus zwangsweise in Konzentrationslager verschleppt. Am 9. Dezember 1941 wurden 31 Menschen nach Riga, am 28. März 1942 weitere 18 Menschen nach Riga oder Warschau, am 28. Juli 1942 wiederum 27 Menschen nach Theresienstadt, im September 1944 acht Menschen nach Theresienstadt, am 10. Februar 1945 weitere 13 Menschen nach Theresienstadt, im Februar 1945 drei Menschen nach Buchenwald deportiert. Nur wenige von ihnen überlebten.
Hilfe für die bedrängten Herforder ging von einzelnen aus. Stellvertretend für diejenigen, die auch in Herford nach 1933 Solidarität übten, sei hier die Aussage von jüdischen

Herfordern nach 1945 über die Hilfeleistungen des E.Th. zitiert: *Als im Jahre 1941 die Judentransportationen einsetzten, stand er hilfreich zur Seite und sprach ihnen in trostreichen Worten und Entschlossenheit zu. Er trug deren Gepäck an die Bahn, und an SS und Polizeibewachungsmannschaften ging er stolz erhobenen Hauptes vorbei. Von den beleidigenden Bemerkungen, Verwünschungen und Drohungen, die gegen ihn ausgestoßen wurden, nahm er keine Notiz. Denjenigen Juden, die für die lange Reise mit unbekanntem Ziel nicht genügend Lebensmittel bei sich führten, kaufte er von seinem letzten Gelde und von seinen Lebensmittelkarten Lebensmittel... Nachdem im Jahre 1945 die letzten Juden nach Theresienstadt deportiert wurden und nur deren christliche Frauen zurückgeblieben waren, nahm er sich dieser verlassenen und schutzlosen Frauen im besonderen an.*[103]

(C. u. L. B.)

Hartmut Braun

Eine Generation formt die nächste: Erziehung und Schule

Etwa 550 Kinder werden in unserer Zeit Jahr für Jahr in Herford geboren, halb soviel wie um die Jahrhundertwende oder in den 50er Jahren dieses Jahrhunderts, aber genausoviel wie zu Beginn der Industrialisierung vor etwa 120 Jahren. Damals, um 1870, hatte Herford allerdings nur ein Fünftel der heutigen Bevölkerungszahl; jeder zweite Bürger war, trotz hoher Kindersterblichkeit, jünger als 25, jeder vierte jünger als 10 Jahre. Heute ist nur jeder zehnte Herforder jünger als 10 Jahre; nur ein Viertel der Stadtbevölkerung besteht aus Menschen unter 25 Jahren.

Heute wächst die große Mehrheit der Kinder in einer Kleinfamilie ohne oder mit höchstens zwei Geschwister(n) auf; sie verlassen ihre Herkunftsfamilie selten vor Erreichen des dritten Lebensjahrzehnts. Noch vor 120 Jahren war für viele Heranwachsende zu diesem Lebenszeitpunkt die Herkunftsfamilie zerbrochen: sie erlebten Kindheit und Jugend als Stief-, Pflege- oder Waisenkinder. Anstelle der heute vorherrschenden Vater-Mutter-Kind-Familie existierten sehr unterschiedliche Familienformen: es konnten neben Eltern und (in der Regel zahlreichen) Geschwistern auch ältere Verwandte, Großeltern, Pflegekinder, Gesinde, Untermieter etc. als familiale Gemeinschaft zusammenleben.

Das Leben der Heranwachsenden in der vorindustriellen Gesellschaft war in der Hausgemeinschaft konzentriert: Erziehung und Ausbildung, Arbeit, Freizeit und Spiel. Heute sind diese »Funktionen« weithin aus der Familie ausgegrenzt. Statt dessen ist die Stadt von einer Vielzahl von Institutionen durchsetzt, in denen Kinder vom Babyalter bis ins dritte Lebensjahrzehnt aufbewahrt oder betreut, versorgt oder erzogen, ausgebildet, beraten und beschützt werden sollen.

Als die industrielle Entwicklung Herford erfaßte, waren etwa 30 Erwachsene hauptberuflich mit Erziehung und Ausbildung befaßt. Heute hat sich die Zahl der professionellen Erzieher um das vierzigfache auf über 1 000 erhöht, obwohl die Zahl der Heranwachsenden nur unwesentlich größer und ihr Anteil an der Gesamtbevölkerung erheblich kleiner ist als vor 120 Jahren.

Das sind einige Beispiele für tiefgreifende Veränderungen der Situation von Kindern und Jugendlichen in der Stadt. In diesem Beitrag soll am Beispiel des Schulwesens der Prozeß der Institutionalisierung von Kindheit und Jugend nachgezeichnet werden. Dabei geht es nicht um eine lückenlose Darstellung einzelner Schulgeschichten, sondern um die historischen Weichenstellungen, die zum heutigen, vielfach gegliederten Institutionengefüge geführt haben.

Die städtische Schulstruktur des Jubiläumsjahres 1989 befindet sich in dynamischer Bewegung. Die Umwandlung der Berufsschulen in (auch allgemeinbildende) Kollegschulen und mehr noch die Errichtung der Gesamtschule haben zu heftigen Diskussionen in der Bürgerschaft geführt. Während die Zukunft der 1969 geschaffenen Hauptschule nach drei Schließungen ungewiß ist, etabliert sich das Gymnasium als neue »Haupt-Schule«: Bis zu 40 Prozent eines Schülerjahrgangs besuchen mittlerweile eines der drei Herforder Gymnasien. Die Vergabe der allgemeinen Hochschulreife, seit 1788 Privileg der Gymnasien, geschieht heute auch an Gesamt- und Kollegschulen; im Gegenzug werden an Gymnasien Ansätze berufsbezogenen Lernens erprobt. Gleichzeitig entwickelt sich eine umfassende Infrastruktur an beruflichen Fortbildungseinrichtungen: Das Lernen, über Jahrhunderte ein bestimmendes Merkmal der Kindheits- und Jugendphase, wird heute als lebenslange Aufgabe begriffen.
Der Wandel der Anforderungen an die Qualifikation der Heranwachsenden bleibt nicht ohne Auswirkungen auf das Schulsystem. Nicht nur heute wird debattiert, auch in der Herforder Schulgeschichte hat es immer wieder Phasen intensiver Diskussionen um das Schulwesen gegeben, in denen Modernisierer die gewachsenen Zustände in Frage stellten: vom Reformator Dreier über die aufgeklärten Rektoren des Gymnasiums und die Erneuerer des Jahres 1848 bis zum liberalen Bürgermeister Quentin, der für die Modernisierung im Wilhelminischen Kaiserreich steht. Ausgehend von diesen Aufbruchsituationen wird auf den folgenden Seiten in Form von Längsschnitten die Entwicklung des höheren Schulwesens, der Volksschule, des berufsbezogenen Lernens, der Mädchenbildung sowie der Vorschulerziehung nachgezeichnet.

Von der Lateinschule zum Gymnasium

Dreiers Schulutopie

Unter allen anderen notwendigen Dingen ist besonders vonnöten ein guter Schulmeister und eine gute Schule, in der die Jugend erzogen wird in der Furcht Gottes und auch in guten Künsten. Fest steht, *daß wir unserer Jugend nichts besseres bieten können, als daß wir eine gute Schule einrichten und sie etwas lernen lassen, damit wir zum geistlichen und weltlichen Regiment gute Leute erziehen mögen.*[1] Mit diesem Plädoyer wendet sich Dr. Johann Dreier, früherer Augustinermönch und seit kurzem lutherischer Pfarrer an der Münsterkirche, zu Ostern des Jahres 1532 an die städtische Öffentlichkeit. Alle Jungen und Mädchen der Stadt, so wollte es Dreier, sollen eine Schule besuchen; die Jungen entweder eine deutsche Schreibschule oder, falls sie dafür geeignet sind, eine lateinische Schule; die Mädchen getrennt davon eine Mädchenschule, in der sie auf ihre Rolle als Hausfrau und Erzieherin von Kindern und Gesinde vorbereitet werden.[2] Finanziert werden sollen die Schulen von Schulgeld; für arme Kinder soll die städtische Armenkasse die Mittel bereitstellen. Trägerin der Bildungseinrichtungen soll die Stadt, Träger der Schulaufsicht sollen die Pfarrer sein.

Das Plädoyer für die Pflicht des Schulbesuchs und die städtische Trägerschaft findet sich in der Dreierschen Kirchen- und Schulordnung, es ist die erste »Schulentwicklungsplanung« der Stadtgeschichte. Realisiert wurden diese Vorstellungen nie, den Zeitgenossen müssen sie als revolutionäre Utopie erschienen sein.
Tatsächlich war das Leben der Heranwachsenden in der mittelalterlichen Stadtgesellschaft ganz von der familialen Hausgemeinschaft geprägt. Sowohl der an überkommenen Arbeitstechniken orientierte berufliche Ausbildungsbedarf als auch die weltanschaulich-religiösen Orientierungen wurden hier vermittelt. Erzieherische Institutionen gab es lediglich für angehende Kleriker in Form der Lateinschulen, in denen die Kirche ihren Nachwuchs heranbildete und die vereinzelt auch von Söhnen des Bürgertums für Ausbildungszwecke genutzt wurden. Wo Schreib- und Lesekenntnisse notwendig waren, wurden sie eher durch häuslichen Privatunterricht, erteilt von Hauslehrern, die zum Gesinde gehörten, vermittelt.
Dreier forderte den Bruch mit dieser Tradition. Wenn, wie er lehrte, sich jeder Mensch persönlich vor Gott zu verantworten habe, benötige er auch das religiöse Rüstzeug dazu. Die Eltern, so Dreier, seien nicht imstande, es zu vermitteln: sie ließen ihre Kinder *gegen Christus verwildern, verderben, auf der Straße laufen, schwören, fluchen und alle Bosheit lernen. (...) Unsere Kinder lernen Saufen und Fressen, Würfeln und Spielen, ehe sie das Vaterunser richtig sprechen können.*[3] Nur eine gute Schule sei imstande, die von ihm geschilderte drohende Verwahrlosung einer ganzen Generation zu verhindern und die Kinder in der »Furcht Gottes« heranzubilden. Allerdings bezog Dreier auch das Elternhaus in sein Erziehungskonzept mit ein. Dort sollte täglich Gottes Wort gelesen werden; sonntags sollte den ganzen Tag frommer Umgang getrieben werden. Ausdrücklich ermutigte die Kirchen- und Schulordnung die Eltern zur Anwendung der Prügelstrafe. Es ginge ja darum, mit Erziehung das angenommene Böse im Kind zu bekämpfen.
So wortgewaltig sich Dreier auch für Schulpflicht und Aufbau eines kommunalen Schulwesens einsetzte — er überforderte seine Zeitgenossen. Mit einem anderen, eher pragmatisch angelegten bildungspolitischen Ziel war er erfolgreicher. Es gelang ihm, die aus dem Mittelalter überkommene Lateinschule am Münster, bis dahin eine Einrichtung der Abtei, durch die Wirren der Reformation zu retten. Durch die Auflösung der Klöster drohten die lateinischen Schulen ihre wirtschaftliche Grundlage zu verlieren; überdies gab es in der Bürgerschaft Zweifel am Nutzen der Klerikerschule für die Stadtgesellschaft. Jedoch hielten auch die Lutheraner am Prinzip der sich über Lateinkenntnisse konstituierenden Bildungselite fest. Nach heftigen Diskussionen um den »Standort« der neuen, evangelischen Lateinschule — lange Zeit wurde das Fraterhaus als Domizil bevorzugt — wurde das Augustinerkloster mit seinen Gütern der lateinischen Schule gestiftet. Mehr als 200 Jahre sollte die Schule in den Klosterzellen ihre Heimat haben.[4]

Notizen aus dem Mittelalter

Im Jahre 1295 trafen zwei junge Herforder namens *Johannes* und *Gerhardus* in der oberitalienischen Stadt Bologna, der seinerzeit größten Universität Europas, ein. Sie trugen sich in die Studentenlisten ein und bezahlten ihre Studiengebühren. Vielleicht trafen sie hier einen dritten Herforder, *Gotschalcus*, der bereits fünf Jahre vor ihnen über die Alpen gewandert war.
Mehr als die Erwähnung ihrer Namen im Matrikel der Universität ist von diesen jugendlichen Herfordern des ausgehenden 13. Jh. nicht bekannt. Allerdings liegt die Vermutung nahe, daß sie vor dem Antritt ihrer weiten Studienreise eine Lateinschule besucht hatten, vielleicht die in Herford, deren Existenz seit 1285 sicher bezeugt ist.[5] Jedenfalls fühlten sie sich gerüstet, ihre Studien unter den gelehrtesten Köpfen ihrer Zeit fortzusetzen, um später Führungsaufgaben in Kirche, an Fürstenhäusern oder in den aufblühenden Städten zu übernehmen.
Auch die Matrikeln der Universitäten anderer Städte erlauben einen indirekten Blick auf die Lateinschule.[6] Bereits acht Jahre nach der Gründung der Kölner Universität schreibt sich 1397 ein *Presbyter* namens *Nycolaus Vitrivicis de Herfordia* als Student des kanonischen Rechts ein. Bis 1500 hatte die Kölner Hochschule 35 Herforder aufgenommen, einige von ihnen, obwohl sie als »arme« Studenten die Immatrikulationsgebühren nicht bezahlen konnten. An der zwölf Jahre älteren Universität zu Erfurt trafen 1417 erstmals gleich zwei Herforder ein: *Johannes Asendorio* und *Arnoldus Stephorst.* Bis 1500 weisen die Erfurter Matrikeln 32 aus Herford stammende Studierende auf.
Vergleiche mit den Nachbarschulen in Minden und Bielefeld zeigen die herausgehobene Bedeutung der Herforder Schule, die im 16. und 17. Jh. pro Jahr mindestens zwei Studenten auf Universitäten entsandte — fast an allen Hochschulen der Zeit waren Herforder gegenüber diesen regionalen Nachbarstädten in der Überzahl.
Zwischen 1520 und 1530 schrieben sich mindestens 18 Herforder an deutschen Universitäten ein: 10 in Köln, 3 in Wittenberg, 2 in Erfurt und einer in Leipzig. Hundert Jahre später lassen sich mindestens 24 Herforder Studenten nachweisen: 10 in Helmstedt, 6 in Hamburg, 4 in Bremen, 2 in Altdorf bei Nürnberg und je einer in Greifswald und Königsberg. In den folgenden Jahrzehnten schälen sich Königsberg und Gießen als beliebteste Universitätsstädte der Herforder heraus.
Bis zur Reformation hatte sich aus der ursprünglichen Einraumschule bereits eine dreiklassige Einrichtung mit drei Lehrern entwickelt, der seit 1430 auch ein Schülerwohnheim (die *curia studentium Herfordiensis*) angeschlossen war, in dem bis zu zwölf Jugendliche, je zwei aus sechs bedeutenden Städten wie Köln, Deventer und Breslau, kostenlos unter der Aufsicht eines Studentenmeisters leben und lernen sollten. Der gebürtige Herforder Hermann Dwerg, der Karriere am päpstlichen Hof in Rom gemacht hatte, hatte es gestiftet. Als Gegenleistung verlangte er in seinem Testament von den Schülern die für solche Geschenke üblichen gottesdienstlichen Fürbitten und Totenmessen in der Neustädter Kirche.[7]
Welche Veränderungen brachte die Reformation direkt oder indirekt für den Betrieb dieser Schule? Die Trägerschaft der Abtei wurde schrittweise abgelöst; zwischen 1540 und

1643 teilten sich Äbtissin und Magistrat die Verantwortung, danach war die Stadt allein zuständig. Die aus dem Mittelalter überkommenen innerschulischen Strukturen wurden jedoch nicht angetastet. Der Unterricht blieb auf das Erlernen der lateinischen Sprache als Voraussetzung für die Teilhabe an den Bildungsgütern der Zeit konzentriert. Die Unterrichtsmethoden wurden beibehalten: Lehrervortrag, Wiederholung, Auswendiglernen, welches durch schriftliche Exerzitien vertieft wurde. Im Mittelpunkt stand das Zergliedern lateinischer Autoren — der »evangelische« Charakter der neuen Schule äußerte sich lediglich in der Ergänzung des Lektüreplans um humanistische und lutherische Autoren.

Die Schülerzahl der dreiklassigen Schule, der zeitweise eine reine Elementarklasse vorgeschaltet wurde, betrug selten mehr als vierzig. Die Schüler konnten zehn, aber auch über zwanzig Jahre alt sein; sie blieben oft mehrere Jahre in einer Klasse. In den unteren Klassen erfüllte die Schule Funktionen einer deutschen Schreibschule. Deren Lehrer sollten *besonderen Fleiß anwenden, daß die Zahl ihrer Schüler sich mehre und die Eltern (...) angelockt werden, lieber ihre Knaben zur öffentlichen Schule zu schicken, als sie über Gebühr zu Hause im Privatunterricht zu lassen.*[8]

Die Knaben kamen überwiegend aus Ravensberg und Lippe. Wenn Lehrer von gutem Ruf in Herford unterrichteten, dehnte sich das Einzugsgebiet jedoch in den gesamten nordwestdeutschen Raum aus. Besondere Bedeutung unter den Lateinschulen Westfalens erhielt sie dadurch, daß sie neben Latein und Griechisch auch Hebräisch unterrichtete.

Berechnungen aus der zweiten Hälfte des 18. Jh. zeigen, daß zu diesem Zeitpunkt nur noch 20 Prozent der Schüler von außerhalb der Stadt kamen; sie blieben allerdings im Durchschnitt länger als die Einheimischen — ein Hinweis darauf, daß die Auswärtigen sich häufiger auf einen Universitätsbesuch vorbereiteten, während Herforder Familien die Anstalt eher zur Vermittlung von Elementarkenntnissen, also als »Bürgerschule« nutzten.[9]

Neben dem Rektor waren zwischen zwei und fünf Männer als Lehrer beschäftigt. Sie besaßen die gleiche Ausbildung wie die Pfarrer, verdienten jedoch deutlich weniger und waren jenen überdies fachlich unterstellt. Ihre Einkommen setzten sich aus den Gütern des früheren Klosters, aus vereinzelten Stiftungen, vor allem aber aus dem Schulgeld nebst Nebenzahlungen (Aufnahme-, Prüfungsgebühren, Marktgeld) und aus Dienstleistungen wie den Leichenbegleitungen zusammen. Als die Klostergüter an Wert verloren, verlagerte sich der finanzielle Schwerpunkt auf das Schulgeld. Im 18. Jh. gingen die Lehrer dazu über, ihre Einkommen durch gesondert entlohnte Privatstunden zu erhöhen; zeitweise überstieg die Zahl der Privatstunden die der öffentlichen.

Die als unzureichend empfundene Entlohnung, häufiger Streit mit der Schulaufsicht von Magistrat und Pfarrerschaft, aber auch jene spezifische Mobilität der Vormoderne, wie sie etwa auch bei Handwerksgesellen und Studenten anzutreffen ist, führten zu häufigem Lehrerwechsel. Im 16. Jh. hatte die Schule 15 Rektoren, von denen viele nach weniger als fünf Jahren die Stadt wieder verließen, um andernorts als Prediger, Schul- oder Hauslehrer zu wirken. Daß Lateinschullehrer ihre gesamte Lebensarbeitszeit an einer Schule verbrachten, war bis ins 19. Jh. die Ausnahme. Zwei Beispiele: Der Rektor

Scheibling, in Herford zwischen 1548 und 1553, war vor dieser Zeit Rektor und Prediger in Hannover und Osnabrück gewesen, danach wechselte er nach Osnabrück, Bremen und wieder nach Osnabrück. Sein Nachfolger Johannes Glandorp (1501–1564), ein berühmter Gelehrter seiner Zeit, unterrichtete kaum 20jährig bereits an Schulen seiner Heimatstadt Münster, setzte 28jährig seine Universitätsstudien in Wittenberg und Köln fort, wirkte als Prediger und Rektor in Münster, als Professor in Marburg, danach wieder als Rektor in Braunschweig, Hameln, Hannover und Goslar, ehe er 59jährig die Herforder Schule übernahm.[10]
Der Rektor übte gegenüber den Schülern die unumschränkte hausväterliche Disziplinargewalt aus. Allerdings standen auch er und seine Lehrer unter der Aufsicht des Schulträgers, der das Ausmaß der Disziplinargewalt durch Schulordnungen und gelegentliche Inspektionsprotokolle einschränkte.

Der Alltag der Schule

Der Tagesablauf der Schüler beginnt bereits vor Sonnenaufgang. Im Sommer steht man um 4 Uhr, im Winter um 5 Uhr auf, jeweils zwei Stunden vor Unterrichtsbeginn. Der Schüler soll sich Gesicht und Hände waschen, ein Kapitel in der Bibel lesen und sich dann der Unterrichtsvorbereitung zuwenden. Auf dem kürzesten Weg soll er zur Schule gehen, mit deren Betreten eine Zeit absoluten Gehorsams beginnt. Er darf nicht hin und her gehen, keinen Lärm machen oder auch nur ein Wort mit einem Mitschüler wechseln. Der Unterricht dauert den ganzen Tag, er wird in klösterlicher Zucht erteilt. Nach Schulschluß soll der Schüler sich geradewegs in seine Pension begeben, wo er den Unterrichtsstoff nachbereitet und sich zeitig schlafen legt.[11] So schreiben die Schulordnungen der Vormoderne — die älteste der Herforder Lateinschule stammt aus dem Jahr 1585 — den Alltag der Schüler präzise vor. Ihr ganzes Leben soll den schulischen Studien gewidmet sein, ganz nach dem Vorbild der Klosterschulen des Mittelalters. Die Welt außerhalb der Schulmauern hat für diese Studien keine Bedeutung; sie gewinnt vielmehr den Charakter einer bedrohlichen, sündigen Welt, die den Erfolg der Schule gefährdet. Was von der Versenkung in Lektüre, Grammatikdrill und Vokabelpauken abhält, wird verboten: Baden oder Schlittschuhlaufen an der Werre ebenso wie das Halten von Haustieren wie Tauben, Vögeln, Kaninchen, Hasen. Spielen ist nicht gänzlich verboten, wird jedoch strikt reglementiert: Nur an vorgeschriebenen Orten sind erlaubte Spiele zugelassen; Karten oder Würfelspiele gehören nicht dazu.
Die zahlreichen Verbote verweisen dabei auf Verhaltensweisen und Vorlieben, die in der Schülerschaft, zumal bei älteren Jugendlichen, durchaus verbreitet gewesen sein werden. So war es offenbar üblich, daß ältere Schüler von Neuankommenden, ganz nach dem Vorbild ihrer Lehrer, Geldzahlungen verlangten. Die Älteren, überwiegend Angehörige der Oberschichten, neigten dazu, sich in der Stadt mit Stöcken, Statussymbolen in der ständischen Gesellschaft, zu zeigen. Sie wollten überdies an den üblichen Formen kleinstädtischer Geselligkeit teilhaben, die in den Schulordnungen glutvoll beschrieben werden: *Vor Bier- und Weinhäusern, verdächtigen Orten, Gefräßigkeit, Trunksucht, unanständigen Tänzen, woraus Lüsternheit und Frivolität entsteht, Gelagen, Flanieren auf*

den Straßen sollen sie eine Abscheu empfinden, sonst tritt Geld-, Ruten- oder andere Strafe nach Beschaffenheit des Vergehens ein. [12]

Obwohl die lateinische Schule selten mehr als 40 Schüler zählte, war sie eine bedeutende Institution in der Stadt, fest integriert ins geistige und weltliche Leben. Sonntags nach dem Gottesdienst zogen die armen Schüler, die *currendarii*, durch die Straßen, um Speise oder Geldspenden zu erbetteln; später zog auch der Schulchor singend und Spenden sammelnd durch die Stadt. Bei der Beerdigung wohlhabender Bürger trat die ganze Schule an, um den Leichenzug zu begleiten; waren die Verstorbenen weniger angesehen, mußten immerhin die unteren Klassen das letzte Geleit geben — gegen Gebühren, die in Ratsordnungen festgelegt wurden. Die Gebühren aus den *Leichenbegleitungen* waren eine nicht unwesentliche Einnahmequelle für die Lehrer, zeitweise mußten die unteren Klassen mehr als hundertmal im Jahr, bei Wind und Wetter, zum Trauermarsch antreten. Besonders aufwendig war die Begleitung von *Bauernleichen*, die von einem Gasthaus am Stadtrand abgeholt und zur Kirche geleitet wurden.

Eine herausgehobene Bedeutung hatte der Singechor der Schule, deren Mitglieder als einzige in Herford den mehrstimmigen Gesang zu pflegen imstande waren. Zwar gab es gelegentlich Beschwerden über *schlechte Musik in der Kirche und vor den Häusern*. Die Dienstleistungen des Chores, etwa bei Hochzeiten der Wohlhabenden, waren gleichwohl begehrt. Das verschaffte dem Chor Sonderrechte. Die Sänger kamen sowohl während der Unterrichtszeit als auch abends in Gasthäusern zu Gesangsübungen zusammen — was ansonsten in den Schulordnungen stets verboten wurde. Überdies verdienten sie sich mit ihren Auftritten bei Beerdigungen, Hochzeiten und mit allsonntäglichem Umsingen vor den Häusern der Reichen Zusatzeinnahmen, die sie, so die Mahnungen der Schulordnungen, zur Bezahlung ihres Unterrichts, nicht aber für Trinkgelage verwenden sollten.

Eine Aufstellung der Choreinnahmen aus dem Winterhalbjahr 1746/47 weist 24 Chormitglieder aus, unter denen Einnahmen in Höhe von 118 Reichstalern zu verteilen waren. Der *Praefectus* und sein Stellvertreter erhielten jeweils einen Bonus, ansonsten wurde die Einnahme nach der Dauer der Zugehörigkeit zum Chor verteilt. Die höchsten Einnahmen erbrachte das Umsingen vor Weihnachten und Ostern, jeweils mehr als 10 Taler. An den Sonntagen kamen zwischen 6 und 7 Reichstaler zusammen. Die Position *von Leichen* weist nur 8 Reichstaler aus; 3 Taler hatte die Äbtissin beigesteuert. [13]

Organisiert wurde der Chor, unter der Aufsicht von Rektor und Kantor, von einem älteren Schüler, dem *Praefectus*. Er nahm die Einladungen zu Hochzeiten entgegen, wählte die Gesangsstücke aus, verwahrte die Büchse mit den Spenden und Gastgeschenken und war für die Disziplin der Sänger verantwortlich. Gelegentlich scheint er auch selbständig die Gesangsübungen geleitet zu haben.

Ansätze einer Selbstorganisation innerhalb der Schülerschaft finden sich auch in der Rolle des *Paedagogus*, eines älteren Schülers, der als Vorsteher im Schülerwohnheim den Tagesablauf der Bewohner überwachte, die »Hausaufgaben« beaufsichtigte und religiöse Übungen mit ihnen verrichtete. Zur Aufrechterhaltung der Ordnung in den Klassen (die als »Haufen« bezeichnet wurden) bedienten die Lehrer sich der *Klasseninspek-*

toren, die u.a. die Anwesenheit und die schriftlichen Exerzitien der Schüler kontrollieren sollten und eigenständig Geldstrafen verhängen konnten. In der oberen Klasse, in der sogar der Gebrauch der deutschen Sprache mit Geldstrafen geahndet wurde, waren die Strafen höher als in den unteren.
So zeigte sich die Schülerschaft der lateinischen Schule mehrfach in sich ungleich: Selbstbewußte Jugendliche aus »gutem« Hause, die eigenständig Geldgeschäfte tätigten und von jüngeren Eintrittsgelder kassierten, neben Armen, die ihre Ernährung durch Betteln vor Haustüren sichern mußten; strikteste Unterordnung neben Ansätzen von Selbstorganisierung; klösterliche Zucht neben privilegierter Freizügigkeit; fromme Unterordnung und Teilnahme an fröhlichen Bürgerfesten; äußerste Konzentration beim Einpauken von Grammatik und Vokabeln neben verbotener Geselligkeit in Wirtshäusern oder beim Visionsgelage.
Das gelehrte Herford war stolz auf seine Lateinschule, die trotz begrenzter finanzieller Ausstattung zeitweise einen weithin guten Ruf genoß und in der viele Angehörige der städtischen und umliegenden ländlichen Oberschicht einen Teil ihrer Ausbildung genossen hatten. Erst in der zweiten Hälfte des 18. Jh. sollte der Charakter der mittelalterlichen Schule von Grund auf in Frage gestellt werden.

Pädagogischer Aufbruch — Bürger- oder Gelehrtenschule?

Wer in Zukunft keine toten Sprachen nötig hat, der darf sich auch nicht damit beschäftigen. Dafür weist man ihm zweckmäßigere Kenntnisse an, dafür macht man ihn vertrauter mit seiner Muttersprache, (...) dafür versucht man mehr seinen Menschenverstand auszubilden.[14] Als der Prorektor des Gymnasium Fridericianum, so seit 1766 der neue Name der Lateinschule, im Jahre 1790 diese Forderung erhob, hatte die ehrwürdige Gelehrtenschule bereits eine dreißig Jahre währende Entwicklung hinter sich, die erhebliche Erschütterungen des traditionellen Gefüges bewirkt hatte. Auslösender Faktor war der preußische Staat gewesen, der seine höheren Schulen mit der Forderung nach Unterstützung seiner Politik der Ankurbelung des Handels und der Manufakturproduktion konfrontierte. Daneben haben Vordenker der Aufklärung die *Latinitätsdressur* und den *seelenlosen Grammatikdrill* der Lateinschulen einer scharfen Kritik unterzogen.
Seit 1760 hatte die Schule sich den *Realwissenschaften* geöffnet, deren Kenntnis künftigen Kaufleuten, Handwerkern und Künstlern helfen sollte, den Wohlstand des preußischen Staates zu mehren. Ein Unterrichtsplan aus dem Jahr 1777 verdeutlicht den allmählichen Aufbruch. Er zeigt eine fünfklassige Schule, deren untere Klasse (Fächer: Katechismus, Buchstabieren, Lesen, Grammatik) eine reine Elementarklasse ist, deren nächste Klassen neben Latein und Religiösem auch Arithmetik, Geographie, Geschichte und Französisch anbieten, und in der nur in den beiden oberen Klassen die klassischen altsprachlichen Inhalte, ergänzt um Französisch, dominieren.[15]
Dieser Aufbau wurde bis 1790 weiterentwickelt: die unteren drei Klassen sollten als nützliche Bürgerschule Kaufleute und Handwerker vorbilden, die beiden oberen wurden als »Gelehrtenschule«, die auf den Universitätsbesuch vorbereitete, ausgebaut. Das Fächerangebot wurde dabei immer wieder verändert. Zeitweilig tauchten Lektionen in

italienischer Buchführung, kaufmännischem Rechnen oder Geschichte des Handels (kostenlos angeboten vom Bürgermeister der Stadt) im Stundenplan auf. Der musische Unterricht blieb nicht mehr auf den Chorgesang beschränkt, sondern wurde um Zeichnen und Instrumentalunterricht ergänzt. Auch das körperliche Befinden der Schüler wurde zum Gegenstand schulischen Bemühens. Ein französischer Tanzmeister wurde eingestellt, der darauf achten sollte, *daß die jungen Leute eine gute Stellung des Leibes bekommen, wofür (...) man sowohl wie für die Verbesserung der Seelenkräfte zu sorgen hat, indem unregelmäßige Bewegungen des Körpers nicht weniger ekelhaft sind und Tadel verdienen als (...); doch glaube keiner, daß wir einem ausschweifenden Hüpfen das Wort reden.* [16]

Nicht nur die Unterrichtsgegenstände wurden erweitert. Gegen das sture Pauken der Lateinschule betonen junge, von der Aufklärung begeisterte Pädagogen die Bedeutung der »Methode« im Unterricht. Sie versuchen, die Lektionen didaktisch aufzulockern, und öffnen die Schule sogar für Freizeitbedürfnisse der Schüler. So singt der junge Rektor Benzler, ein Schüler der Aufklärungspädagogen Basedow und Campe, mit den Jugendlichen neue Lieder, die er auf seiner Flöte begleitet. Er geht mit seiner Klasse spazieren, baden oder Ball spielen. Zeitweise, zwischen 1766 und 1781, wurde die Schule sogar für Mädchen geöffnet.

In der Schülerschaft werden die pädagogischen Neuerungen begeistert aufgenommen: *Der alte, pedantische Schulton der Lehrer mit allen seinen Greueln und mönchischen Absurditäten wurde zugleich mit den burschikosen Ungezogenheiten der Schüler vorzüglich der ersteren Klassen, sehr schnell in eine sehr humane und die Bildung künftiger Staats- und Geschäftsmänner eher zweckmäßige Form gebracht, ohne daß dadurch das subordinierte Verhältnis der Schüler gegen die Lehrer im mindesten gelitten hätte. Es entstand zwischen beiden ein vorher unbekanntes Vertrauen und eine gegenseitige Achtung.* [17]

Die Aufbruchstimmung spiegelte sich auch im Stadtbild. Zwischen 1764 und 1766 war ein Teil der alten Klostergebäude abgerissen und durch neue Lehrerhäuser, die auch Pensionszimmer für auswärtige Schüler enthielten, ersetzt worden — der Staat hat-

Die ehemaligen Lehrerwohnungen des Friedrichs-Gymnasiums auf dem Gelände des früheren Augustiner-Klosters an der Bowerre, um 1929

te die Investition durch Bewilligung zweier landesweiter Kollekten ermöglicht. Mit der Fertigstellung des Neubaus verstärkte die Schule auch ihre Öffentlichkeitsarbeit: Sie veröffentlichte die Namen ihrer Schüler und die Lektionspläne in einer gelehrten Zeitschrift der Region. Das Ziel war eindeutig: die »Kapazitäten« der erneuerten Schule sollten besser ausgelastet werden.

Das gelang zumindest zeitweise. Zwischen 1760 und 1772 wurden mindestens 288 Schüler aufgenommen, 1766 allein 72, darunter 21 Mädchen. In manchen Jahren hatte das Gymnasium mehr als 100 Schüler, soviel wie nie zuvor. Die Bildungsbedürfnisse der Schüler blieben jedoch höchst unterschiedlich: Ein Drittel der zwischen 1760 und 1772 Aufgenommenen verließ die Anstalt bereits während des ersten Unterrichtsjahres — es nutzte sie nur zu einer Basisausbildung. Ein weiteres Drittel bleib bis zu drei Jahren, um Elementar- und Realienkenntnisse zu erwerben. Nur jeder dritte Schüler blieb länger als drei, manchmal mehr als zehn Jahre. Diese Gruppe, in der Auswärtige deutlich stärker vertreten waren, bereitete sich vermutlich überwiegend auf einen Universitätsaufenthalt vor.[18]

Das Aufnahmealter lag zwischen neun und über zwanzig Jahren. Nicht wenige Schüler unterbrachen ihre Schulzeit, um Erwerbsarbeit, etwa als Schreiber bei Kaufleuten oder Behörden, zu leisten. Häufig wechselten Kinder nach der Konfirmation bzw. nach dem Ende der Schulpflicht auf das Gymnasium. Die neuen Schüler, die häufig bereits Privatunterricht erhalten hatten, wurden vom Rektor geprüft und nach ihren Kenntnissen einer der Klassen zugewiesen, die bis weit ins 19. Jh. altersgemischt blieben.

Aufklärerische Freiheit und merkantilistisches Nützlichkeitsdenken setzten sich allerdings an der alten Lateinschule nicht bruchlos durch. Nur ein Teil der Lehrerschaft öffnete sich den neuen Ideen. Kühne Neuerungen wie die Aufnahme von Mädchen fanden in der Bürgerschaft nur begrenzten Rückhalt. Überdies bestand die Stadt als Schulträger auf traditionellen Bindungen: vor allem auf den Leichenbegleitungen, die von den aufgeklärten Rektoren nicht mehr so sehr als willkommene Nebeneinnahme, sondern als lästige Störung des Unterrichtsbetriebs empfunden wurden. Ihre Versuche, die Schule von dieser mittelalterlichen Verpflichtung zu befreien, scheiterten jedoch am Widerstand des Magistrats. Wenn, so hieß es, die *Bauernleichen* nicht mehr von der Schule begleitet würden, verlören die reichen Landwirte das Interesse daran, ihre Angehörigen in der Stadt begraben zu lassen — was mit Einnahmeverlusten für städtische Kaufleute und Wirtsleute verbunden wäre.[19]

Die »Wende« in der preußischen Schulpolitik

Als der 23jährige Philologe Ludwig Wachler 1790 Rektor der Schule wurde, zog er eine pädagogische Zwischenbilanz der Aufklärungsära: *Wir halten es nicht für unsere Pflicht, nach den Träumen mancher Klügler unseres Jahrzehnts ihnen* (den Kindern, H.B.) *alles spielend beizubringen. Wir wollen Menschen für das bürgerliche Leben, wo man arbeiten, tätig sein und Kräfte anwenden muß, um auf Achtung und Liebe unserer Mitmenschen Anspruch zu machen.*[20]

Vier Jahre vorher waren erstmals schriftliche Zeugnisse eingeführt worden; im Vorjahr erstmals eine Abiturprüfung abgehalten worden. Die preußische Schulaufsicht setzte allmählich das Leistungsprinzip an die Stelle feudaler Privilegien und mittelalterlicher Freiheiten. Zwar machte der Staat noch nicht den Zugang zur Hochschule, wohl aber die folgende Aufnahme in den Staatsdienst abhängig vom Abiturientenexamen — ein unerhörter Bruch mit den Prinzipien des feudalen Ständestaates. Rektor Wachler bekannte sich zu diesem Bruch. Leitbild seines Schulkonzepts war der durch Arbeit und Leistung erfolgreiche Geschäftsmann und sein »bürgerliches Leben«, nicht mehr der sich unterordnende gelehrte Staatsdiener. Gleichzeitig distanzierte er sich jedoch auch von der aufklärerischen Freizügigkeit, mit der noch sein Vorgänger Benzler die Atmosphäre der Schule aufzulockern versucht hatte.

Unter dem Einfluß der »Wende« in der preußischen Schulpolitik seit dem Revolutionsjahr 1789 und den Karlsbader Beschlüssen zwei Jahrzehnte später verschwanden aufklärerischer Geist und pädagogische Experimentierlust vollends von den preußischen höheren Schulen. Der Staat unterwarf sie einer ständigen Aufsicht mit regelmäßigen Revisionen (in Herford erstmals 1805) — damit war es mit den kommunalen Gestaltungsspielräumen vorbei. Er schrieb Fächerkanon, Leistungs- und Prüfungsanforderungen vor. Er etablierte allmählich einen besonderen Typ des höheren Schullehrers: den »Oberlehrer«, der zu einer Stütze des restaurativen Obrigkeitsstaates wurde.[21]

Dieser Wende fiel auch die Doppelfunktion des Gymnasiums als Bürger- und Gelehrtenschule zum Opfer. Noch unter Wachler waren die Lektionen in Realwissenschaften verstärkt worden. Seine Nachfolger bauten die am »bürgerlichen Leben« orientierten Unterrichtsinhalte jedoch wieder ab.

1822 war ein letzter Versuch gescheitert, die Schule in den Dienst des wirtschaftlichen Fortschritts zu stellen. Beteiligt daran war u.a. der Manufakturbesitzer Schrewe, der wichtigste Unternehmer in der Stadt. Er wollte das Gymnasium vollends in eine Bürger- oder Realschule umwandeln, in der die alten Sprachen nur noch zweitrangige Bedeutung gehabt hätten und statt dessen moderne Sprachen und Naturwissenschaften im Vordergrund stehen sollten. Rektor Knefler und Stadtdirektor Diederichs fochten jedoch erfolgreich für den altsprachlichen Charakter: immerhin war, mit dem Abiturreglement von 1788, der Herforder Schule als einer von 100 (unter 400!) preußischen Lateinschulen das Recht zur Abiturprüfung zuerkannt worden — dieses Privileg wog schwerer als die Aussicht auf eine an den Bedürfnissen des Wirtschaftsbürgertums ausgerichtete Bildungseinrichtung.[22]

So entwickelte sich aus den Aufbrüchen und Experimenten der Aufklärung ein kleines altsprachliches Gymnasium mit fünf (seit 1833 sechs) Klassen, ebenso vielen Lehrern, seit den 1830er Jahren bis zu 100 Schülern und einem Unterrichtsplan, in dem Natur- und Realwissenschaften kaum eine Rolle spielten und dafür die überkommene Zergliederung altsprachlicher Autoren auch auf deutsche und französische Klassiker ausgedehnt wurde.

Dennoch: Ihre Aufgabe, Heranwachsende für ein Universitätsstudium vorzubereiten, erfüllte die Schule nur für einen Bruchteil ihrer Zöglinge. Im gesamten 19. Jh. verließ die Mehrzahl der Schüler die Anstalt, ohne die Abiturprüfung abgelegt zu haben. Das lag daran, daß es für viele bürgerliche Familien zum guten Ton gehörte, ihre Kinder für einige Jahre zum Gymnasium zu schicken. *Noch immer*, klagte der Magistrat der Stadt 1905, *besteht auch in gewerblichen Kreisen eine große Neigung und Vorliebe, die Knaben, wenn auch zunächst nur versuchsweise, der Gelehrtenschule zuzuschicken.*[23]

Das Gymnasium bekommt Konkurrenz

Das änderte sich auch nicht dadurch, daß 1868 in Herford eine höhere Landwirtschaftsschule eingerichtet worden war, die wenige Jahre später das »Einjährige« (so genannt wegen der dadurch ermöglichten Begrenzung des Militärdienstes auf ein Jahr) verlieh und 1896 durch eine Realschule ergänzt wurde.

Versuche am Gymnasium, den Bedürfnissen der Eltern entgegenzukommen, blieben halbherzig. Zwar richtete man 1844 in der dritten Klasse, der Tertia, eine Realabteilung ein, in der statt Latein moderne Fremdsprachen unterrichtet wurden; nach 1869 wurde sie auf die Secunda ausgedehnt. Doch zur konsequenten Differenzierung auch mit Naturwissenschaften, wie sie der Bürgermeister Quentin 1876 forderte, kam es nicht.[24]
Der Geburtenzuwachs im letzten Viertel des 19. Jh., der die Zahl der Schulkinder in Herford auf das Dreifache anwachsen ließ, erfaßte auch das Gymnasium: zwischen 1875 und 1905 wuchs seine Schülerzahl von 145 (ohne Vorschule) auf 326. Die Verteilung

Das Friedrichs-Gymnasium, um 1890

der Kinder auf das höhere und das niedere Schulwesen veränderte sich jedoch nicht. Unverändert besuchten 15 Prozent der Kinder zeitweise eine höhere Schule: neben dem Gymnasium die 1890 kommunalisierte Töchterschule oder die Landwirtschafts- und Realschule.
Dieser auf den ersten Blick recht hohe Anteil darf jedoch nicht darüber hinwegtäuschen, daß das Abiturzeugnis ein äußerst exklusives Zertifikat blieb. Um die Wende zum 20. Jh. wurden weniger als zwei Prozent der Kinder der Stadt für ein Hochschulstudium ausgebildet. Zwischen 1878 und 1900 bestanden am Gymnasium 168 Jungen das Abitur, im Durchschnitt 7–8 pro Jahr. Mehr als zwei Drittel von ihnen wählten die klassischen Studienfächer der Lateinschule: Theologie (41), Medizin (40), Jura (31) und Philologie. 15 Prozent strebten als Berufsoffiziere (11), Post-, Eisenbahn- oder Steuerbeamte (13) in den höheren Staatsdienst. Nur vier Abiturienten wählten ein mathematisch-naturwissenschaftliches Studienfach.[25]
Kommunalpolitiker wie der liberale Bürgermeister Quentin versuchten daher, die Schule, weil sie überwiegend Staatsbeamte ausbildete, in staatliche Trägerschaft (und Finanzierung) abzugeben. Das wurde jedoch vom Herforder Bürgertum verhindert, das seine gewachsene Schule erhalten wollte. Als um die Jahrhundertwende, der drastisch gewachsenen Kosten wegen, eine Mehrheit zur Verstaatlichung bereit war, zeigte sich die staatliche Schulverwaltung nicht mehr interessiert; der richtige Zeitpunkt sei verpaßt worden, stellte der Bürgermeister fest.[26]
Trotz des hohen Schulgeldes — um 1900 kostete der Besuch des Gymnasiums 120 Mark pro Jahr, der der Realschule zwischen 100 und 120 Mark, der der Töchterschule zwischen 48 und 100 Mark — war der Pro-Kopf-Aufwand der Stadt für die höheren Schulen deutlich größer als der für das niedere Schulwesen. Nur ein Drittel der Ausgaben wurde durch die Elternbeiträge gedeckt. Das lag an der unvergleichlich besseren Ausstattung mit Lehrern ebenso wie an der besseren Bezahlung der Oberlehrer und auch an der räumlichen Ausstattung. So hatte Quentin nur mit Mühe verhindern können, daß die erste Turnhalle in der Stadt, die 1885 am Wilhelmsplatz errichtet wurde, ausschließlich dem Gymnasium vorbehalten blieb.[27] Nach 1900, als es zwei Turnhallen gab, gab es keinen Zweifel daran, daß die »höheren« Schüler vergleichsweise mehr Hallenstunden zugewiesen erhielten als die fast 5 000 Volksschüler.
Die Kosten der höheren Schulen führten in den 1920er Jahren zu einer Generaldebatte über das gehobene Bildungsangebot in der Stadt.[28] Seit der Gründung der Realschule (1896) und der Kommunalisierung der Töchterschule (1890) hatten Lehrer und Eltern auf den jeweiligen Ausbau der Anstalten zur Oberrealschule und zum Oberlyzeum gedrängt. Die Schaffung einer Oberstufe für die (Jungen-)Realschule war bereits 1913 beschlossen, im Krieg allerdings nicht realisiert worden. 1924 wurde der Beschluß erneuert: 1928 fand erstmals eine Abiturprüfung statt. Nicht minder heftig war der Druck der Töchterschule: Inzwischen war die Zahl der Familien gewachsen, die auch für Mädchen einen Bildungsabschluß anstrebten, der berufliche Chancen eröffnete.
1928 warnte die Stadtkämmerei: Die Finanzierung dreier höherer Schulen (am Gymnasium bestand in der Mittelstufe unverändert die Realabteilung) übersteige die finanziellen Kräfte der Stadt, zumal Gymnasium und Oberrealschule inzwischen teilweise

zweizügig waren. Ein als Gutachter eingeschalteter Schulmann aus Detmold empfahl die Aufrechterhaltung eines möglichst vielgestaltigen Schulwesens, das allen Neigungen und Bedürfnissen entspreche. Der städtische Schulausschuß folgte ihm und empfahl den Ausbau der gymnasialen Realabteilung auch in der Oberstufe, was ein viergliedriges höheres Schulwesen bedeutet hätte. Die Stadtverordnetenversammlung zog jedoch die Notbremse: Sie verfügte die vollständige Auflösung der gymnasialen Realklassen und beschloß Bestandsobergrenzen für Gymnasium und Oberrealschule. Ersteres durfte gar keine Parallelklassen mehr bilden, letztere nur noch in der Mittelstufe. Gleichzeitig gab die Stadt ihre Mädchenschule an den Staat ab, der vertragsgemäß deren Ausbau zum Oberlyzeum (erste Reifeprüfung 1932) besorgte.
Die Zugangsbeschränkungen erwiesen sich jedoch bald als überflüssig. Die 1929 einsetzende Weltwirtschaftskrise, in deren Folge auch mittelständische Familien verarmten, machte es vielen Heranwachsenden unmöglich, das Schulgeld (für das Gymnasium betrug es 1930 zwischen 200 und 250 Mark) aufzubringen. Der Besuch der höheren Schulen ging drastisch zurück.

Das niedere Schulwesen

Ein Bürgermeister schlägt Alarm

Im Sommer 1876 wurde die Herforder Stadtöffentlichkeit durch eine beißende Kritik am städtischen Bildungswesen aufgeschreckt. Ein 28jähriger, frischgebackener Bürgermeister, der Nationalliberale Ludwig Quentin, geißelte vor allem die Volksschulen als leistungsschwach, zurückgeblieben und im Aufbau ungerecht. Sie seien allesamt bessere Sonderschulen, deren Klassendifferenzierung unzureichend und deren Lernstoff zu sehr auf religiöse Dogmen und zu wenig auf nützliche Inhalte orientiert sei. Die Kinder aus den Außenbezirken, die Armen und die Katholiken seien skandalös benachteiligt.
Nur eine grundlegende Reform, die den konfessionellen Charakter abschaffe und alle Volksschulen in städtische Trägerschaft überführe, könne die Situation verbessern.[29]
Quentins kritische Bestandsaufnahme rief einen Sturm der Entrüstung hervor. Der junge Bürgermeister wurde als unerfahrener Utopist dargestellt. Einige Jahre herrschte in Herford das, was heute als »Schulkrieg« bezeichnet würde.
Quentin hatte Gründe für seinen Vorstoß. Nach 1870 hatte auch in Herford eine stürmische industrielle Entwicklung eingesetzt; überdies bahnte sich eine explosionsartige Ausdehnung der Bevölkerung an, die innerhalb eines Vierteljahrhunderts zu einer Verdreifachung der Einwohnerzahl führen sollte. Angesichts der gewachsenen Anforderungen an die Qualifikation der Bürger verlangte der weitsichtige Quentin ein Schulwesen, das die Kinder für den »Lebenskampf« in der Industriegesellschaft vorbereiten müsse. Die Ungleichheit im niederen Schulwesen müsse beseitigt, die Zahl der Lehrer sowie deren Einkommen drastisch erhöht und die räumliche Situation der Schulen grundle-

gend verbessert werden. Quentin warnte davor, auf staatliche Regelungen zu warten — die Stadt selbst sei aufgefordert zu handeln.

Seinen Kritikern im Magistrat und in der Pfarrerschaft erschienen die Quentinschen Forderungen illusorisch und gefährlich. Geringfügige Verbesserungen seien wünschenswert. Der ständisch gegliederte Charakter des niederen Schulwesens und sein konfessioneller Charakter müßten jedoch beibehalten werden.[30]

Die unterschiedlichen bildungspolitischen Konzepte der Kontrahenten wurden besonders im Streit um die Armenschule deutlich, die 1855 für jene Kinder gegründet worden war, die während ihrer Schulzeit Erwerbsarbeit nachgingen und die etwa 20 Prozent der innerstädtischen Kinder aufnahm. Quentin sah in ihr *ein schweres Unrecht gegen die unbemittelten Stände. Zu sagen, Ihr Unbemittelten, die Ihr kein höheres Schulgeld zu zahlen vermögt, braucht auch keinen guten Unterricht (...), ist ein schwerwiegendes und schwer zu verantwortendes Wort und wahrlich nicht geeignet, die socialen Gegensätze, welche sich immer bedenklicher zeigen, mildern zu helfen. Sollten wir doch gerade den Unbemittelten (...) Gelegenheit geben, in der späteren Arbeit des Lebens konkurrenzfähiger dazustehen und sittlich bessere Anschauungen zu gewinnen. Diese unselige Armenschule verfolgt das genaue Gegenteil, sie schließt die Unwissenheit und Rohheit hermetisch ab und conserviert sie dadurch.*[31]

Quentins Gegenspieler, der greise Schulinspektor Pfarrer Kleine, hält dem entgegen, daß das Prinzip der ständischen Gliederung im Interesse gerade der ärmeren Mitbürger liege: *So lange der Unterschied der Stände besteht, wird das Bildungsbedürfnis ein verschiedenes sein, und es ist ein Act der Humanität, wenn man es einem jeden Stande möglich macht, sich die ihm nöthige Bildung zu verschaffen. Macht man wohl einen Menschen wahrhaft glücklich, wenn man ihm eine über seinen Stand hinaus gehende Bildung verschafft und ihn doch nicht vor der Berufsthätigkeit seines Standes bewahren kann?*[32]

In der Quentin-Kleine-Kontroverse spiegelt sich ein Schulwesen, das in sich vielfach differenziert und ungleich war: Höheres und niederes Schulwesen waren schroff voneinander getrennt. Das Volksschulwesen war überdies noch mehrfach in sich ungleich: Für die Kinder der kleinen Landwirte und Heuerlinge aus den Feldmarken wurde ebenso wie für die innerstädtischen Armen Halbtagsunterricht für ausreichend gehalten, während die Bürgerschule, ebenso wie die höheren Schulen, im Ganztagsbetrieb arbeitete. Die katholische Schule blieb mit ihren Leistungen hinter der evangelischen zurück. Mädchenbildung, im höheren wie im niederen Schulwesen, galt als weniger wichtig als die Ausbildung der Knaben.

Für die 168 Schüler des Gymnasiums standen (1865) neun Lehrkräfte zur Verfügung — für die rund 1400 Kinder des niederen Schulwesens dagegen nur fünfzehn. Mancher Elementarschullehrer hatte allein genausoviel Kinder zu unterrichten wie alle neun Gymnasiallehrer zusammen. Während in engen, dumpfen Volksschulklassen bis zu 180 Kinder zusammensaßen, hatten Stadt und Staat 1869 dem Gymnasium einen vergleichsweise komfortablen Neubau beschafft. Das Gymnasium wurde seit den 1850er Jahren durch städtische und staatliche Zuschüsse subventioniert, während der Betrieb der Elementarschulen allein aus dem Schulgeld bzw. städtischen Armenetat finanziert wurde.[33]

Die Ungleichheiten waren politisch gewollt — sie entsprachen der Gesellschaftsauffassung des preußischen Konservatismus. Überdies gab es wenig Neigung, den kommunalen finanziellen Aufwand für das Schulwesen zu erhöhen. Wirksame Verbesserungen wären nur durch umfangreiche kommunale oder staatliche Zuschüsse, also durch Steuererhöhungen, möglich gewesen.
So waren die Herforder, ehe Quentin kam, durchaus nicht unzufrieden mit ihrem Schulwesen: ... *kann im Allgemeinen den billigen Anforderungen an das Schulwesen einer Mittelstadt genügt werden, wenn alle dazu berufenen Kräfte in ernstem Streben und aufopfernder Treue das Ihrige leisten,* hatte der Magistrat 1865 festgestellt.[34]

Katechismus und Kirchengesang

150 Jahre vorher, im Jahr 1717, hatte der preußische Staat den verpflichtenden Schulbesuch für alle Kinder eingeführt, zunächst in solchen Orten, in denen Schulen bestanden. 1763 wurde dieses Gesetz erneuert und auf den ganzen Staat ausgedehnt: Das Generallandschulreglement aus diesem Jahr verfügte zumindest im Winter einen ganztägigen Schulbetrieb mit sechs Stunden einschließlich halbtägigen Samstagsunterricht und Teilnahme am sonntäglichen Gottesdienst. Im Allgemeinen Landrecht von 1794 wurden die Schulen offiziell zu staatlichen Einrichtungen erklärt, für deren Betrieb die Kirchen und für deren Unterhalt die Städte und Landgemeinden zu sorgen hatten. Mit den staatlichen Ordres war allerdings weder der regelmäßige Schulbesuch der Kinder noch das kommunale Bemühen um Bau und Unterhalt guter Schulgebäude gesichert.
Wir spinnen und verkaufen unser Garn, ohne große Rechenaufgaben lösen zu müssen; wir graben und dreschen, ohne die Feder geläufig führen zu können; wenn unsere Kinder nicht schreiben und lesen gelernt hätten, so bräuchten sie nachher keine Liebesbriefe verfertigen.[35] So karikierte der Stiftberger Lehrer Johann Begemann noch 1847 die Haltung seiner Schüler-Eltern zur Schulpflicht. Begemann beklagt wie viele seiner Kollegen das mangelhafte Interesse an schulischer Ausbildung. Manche seiner Schulkinder habe er monatelang nicht gesehen, weil sie einfach nicht zur Schule gekommen seien. Zwar waren die von Begemann konstruierten Eltern-Befürchtungen unbegründet: Weder befähigten die vorindustriellen Elementarschulen zum Verfassen persönlicher Briefe noch vermittelten sie Rechenkenntnisse über das Kopfrechnen hinaus. In ihnen spiegelt sich jedoch die zähe Verweigerung bäuerlicher, hausgewerblicher und handwerklich geprägter Familien, also der Bevölkerungsmehrheit, gegen die Verpflichtung, ihre Kinder im Alter von 5 bis 13 Jahren an sechs Tagen vormittags und an vier Tagen nachmittags (außer mittwochs und samstags) einem Schullehrer anzuvertrauen, nur damit dieser sie möglichst viele Stücke aus Bibel, Gesangbuch und Katechismus auswendiglernen und aufschreiben ließ.
Für die Familien lag der Nutzen der Kinder vor allem darin, daß sie zum Unterhalt beitragen konnten. Oft waren sie existentiell auf die Arbeitskraft ihrer Kinder angewiesen, entweder im Haushalt, in der häuslichen Erwerbsarbeit, oder, seit dem Aufkommen der Lohnarbeit, in der Fabrik. Die Integration der Heranwachsenden in die Erwerbsfunktion der Familie war eine seit Urzeiten überlieferte Selbstverständlichkeit. Die notwen-

digen Kenntnisse wurden innerhalb der Familie vermittelt, ebenso wie die jeweilige volkstümliche Religiosität. So wurde der Schulzwang nur zögernd in einem langen, 150 Jahre währenden Prozeß durchgesetzt, in dessen Verlauf immer wieder Kompromisse, Sonderformen und Ausnahmeregelungen zugelassen wurden.

Entstanden waren die Volksschulen aus den Erfordernissen des religiösen Zeremoniells, besonders des Kirchengesangs. Niedere Kirchenbeamte, Organisten oder Kantoren, sammelten Chorschüler um sich, denen sie neben den Gesangsstücken auch Katechismusstücke vermittelten. Eine solche »Schule« wird an der Münsterschule bereits im späten 16. Jh. erwähnt; um 1670 erneuerte die Äbtissin Elisabeth diese Form, indem sie eine »Montagsschule« für Kinder und Gesinde einführen ließ. 1675 wurde in Herford die Konfirmation eingeführt: Die Zulassung zum Abendmahl wurde nun, mehr oder weniger streng, von der Kenntnis gewisser Glaubenslehrsätze abhängig gemacht.

Auf diese Ansätze griff der preußische Staat zurück, als er im 18. Jh. die Schulpflicht forderte. Der Kantorenunterricht sollte auf alle fünf- bis dreizehnjährigen Kinder ausgedehnt werden, die, manchmal mehr als hundert Schüler, in einem Raum zusammensaßen. Das Generallandschulreglement schrieb den Verlauf der Schultage detailliert vor: *Der Unterricht beginnt mit Lied und Gebet, jeden Monat ein anderes, jeweils zum Auswendiglernen; anschließend trägt der Lehrer ein Stück aus dem Katechismus vor. In der zweiten Stunde wird, nach Bibeltexten, Buchstabieren geübt, es folgen Übungen im Aufschlagen von Bibel und Gesangbuch. In der 3. Stunde wird differenziert: Die Älteren werden zum Schreiben, die Jüngeren zum Buchstabieren angehalten. Nach zweistündiger Mittagspause geht es mit Lied, Gebet, Psalmenlesen und Vorlesen einer Bibelgeschichte weiter. In der 6. Stunde wird gerechnet und gelesen, samstags der Stoff der Woche wiederholt. Sonntags nach dem Gottesdienst fragen Lehrer und Pfarrer den Stoff der Woche ab.*

In der damals 4 000 Einwohner zählenden Stadt gab es um 1780 neun solcher Einraum-Kantorenschulen: davon je zwei in der Münster- und Neustädter Gemeinde, je eine in der reformierten, der katholischen und der jüdischen Gemeinde, überdies eine Schule im Waisenhaus und auf dem Stiftberg.[36] Die unterrichtenden Kirchenbeamten hatten selbst für Schullokale, Heizung, Unterrichtsmittel und Finanzen zu sorgen. Jeweils samstags trieben sie das Schulgeld ein, was dazu führte, daß die Kinder an diesem Tag noch seltener kamen als sonst. Der Altstädter Kirchenbeamte Fach sen. etwa, der um 1800 nach Herford kam, mußte sogar für das Schullokal, das auch seine Wohnung war, selbst sorgen. Da er häufig die Wohnung wechselte, wanderte »seine« Schule mit ihm kreuz und quer durch die Altstadt.[37]

Von der gelehrten Diskussion des »pädagogischen Jahrhunderts«, wie sie auch auf der Herforder Lateinschule geführt wurde, blieben die Elementarschulen unberührt.[38] Bildungsbedürfnisse, die über den Katechismusunterricht hinausgingen, wurden im Privatunterricht befriedigt, an denen sich die Elementarschullehrer mit eigenen »Abendschulen«, für die gesondert zu zahlen war, beteiligten. Hier standen sie auch in Konkurrenz untereinander: Der Neustädter Lehrer Böcker galt als guter »Rechenmeister«; der Waisenlehrer Lesemann stand im Ruf, bei der Vermittlung der Lesefähigkeit besonders geschickt zu sein.

Zwischen Bürgerschule und Armenschule

Im 19. Jh. entwickelte sich das Elementarschulwesen keineswegs organisch weiter. Zwei gegenläufige Tendenzen, die entgegengesetzten Bedürfnissen von Bevölkerungsgruppen entsprachen, brachten jenes ständisch abgestufte System hervor, das der Bürgermeister Quentin anno 1876 so scharf kritisierte:

- aus städtischen Mittelschichten wurde immer wieder das unzureichende Niveau der Schulen beklagt und der Ausbau des Klassensystems bzw. die Senkung der Schülerzahl pro Lehrer gefordert;
- bäuerliche, hausgewerbliche und Handarbeiterfamilien suchten ihre Kinder dagegen von dem Zwang der Ganztagsschule zu befreien, um ungehindert über deren Arbeitskraft verfügen zu können.

Kirchengemeinden, Stadt und Staat suchten beiden Bedürfnissen Rechnung zu tragen: Sie bauten eine innerstädtische »Bürgerschule« mit bis zu fünf Stufen aus, wandelten die ländlichen Außenschulen in Halbtagsschulen um und schufen für Erwerbsarbeit leistende Kinder eine besondere Halbtagsschule.

Eine erste Differenzierung des Einraum-Schulwesens wurde, organisiert von einem Regierungsbeamten in Minden, 1833 in der Neustadt vorgenommen. Dort gab es zwei einklassige Schulen mit zusammen 264 Schulkindern, die nach dem Tod eines Lehrers organisatorisch zusammengefügt wurden. Nach Alter, Kenntnissen und Größe der Schullokale wurden die Kinder auf die untere bzw. obere Klasse verteilt; die Lokale (im Süsternhaus und im Neustädter Küsterhaus) blieben bestehen. Die Unterrichtsfächer blieben in beiden Klassen die gleichen, allerdings war die Stundenzahl unterschiedlich: In der oberen Klasse waren Singen (4 statt 2 wie in der unteren), Religion (4 / 3), Sprach- und Denkübungen (4 / 3) und die *gemeinnützigen Gegenstände* (3 / 2) verstärkt, Kopf- und Tafelrechnen (4 / 4) war gleich vertreten; Lesen (4 / 9) und Schönschreiben (4 / 5) war vermindert.[39]

Einen ähnlichen Differenzierungsvorschlag hatte bereits zehn Jahre zuvor der Schullehrer Fach unterbreitet: Er wollte die sechs evangelischen Stadtschulen, ebenfalls in den vorhandenen Gebäuden, zu einem dreistufigen System (ABC-Klasse, Buchstabierklasse, Leseklasse) zusammenfügen, dabei sollten auch Jungen und Mädchen getrennt werden. Die Lehrer hätten dabei alle Vierteljahre in eine andere Stufe »rotieren« sollen. Fachs Vorschlag wurde nicht weiter verfolgt — er hätte zumindest die Interessen der besser verdienenden unter den Schullehrern verletzt.[40]

Ein Jahr nach der Reform der Neustädter Schulen gab dann die Stadt einem Jahrzehnte währenden Druck der preußischen Regierung nach. Sie kaufte einen Hof (an der heutigen Arndtstraße), ließ ihn zu einem Schulhaus mit sechs Klassen umbauen und richtete dort die Vereinigte Evangelische Schule ein. Acht Schülerjahrgänge wurden in vier Klassen verteilt, in den beiden oberen Klassen wurden zudem Jungen und Mädchen getrennt. Die Zahl von sechs Klassen rührte daher, daß es sechs Lehrer gab; die Größe der Klassen betrug zwischen 80 und 180 Schüler. Das Schulgeld wurde nicht mehr vom Lehrer selbst, sondern vom Gemeindeerheber eingetrieben; für ein Drittel aller Schüler wurde allerdings das Schulgeld aus der Armenkasse bestritten, weil die Familien es

nicht aufzubringen vermochten. Die Beteiligung der Stadt beschränkte sich auf die Bereitstellung des Schulgebäudes; als Träger wirkten unverändert die kirchlichen Schulvorstände, die sich aus Pfarrern und Presbytern zusammensetzten.[41]
Parallel zur Umwandlung der innerstädtischen Einraum-Schulen in die sechsklassige vereinigte Anstalt lockerten Magistrat und Kirche die Schulpflicht für Bauern, hausgewerbliche Familien und innerstädtische Arme. Die Stiftberger Schule, in deren Bereich bäuerliche Haushalte überwogen, wurde auf Halbtagsbetrieb umgestellt. Außerdem wurde der Schulbezirk der Münstergemeinde, der auch die Altstädter Feldmark umfaßte, geteilt. Bereits 1821 waren die Kinder aus den Feldmarken vom Besuch der beiden Ganztagsschulen der Altstadt befreit worden; die Gemeinde richtete ihnen ein nähergelegenes Schulhaus ein, in denen die beiden Lehrer abwechselnd unterrichteten. 1824 wurde die Halbtagsschule für die Feldmark offiziell verselbständigt: Sie erhielt einen eigenen Lehrer, später auch einen eigenen Schulvorstand und ein Zimmer im Hause eines Zimmermanns.[42]
Die Feldmärker Schule war die ärmlichste der evangelischen Schulen. Das Einkommen der Bewohner war besonders gering; überdies hatte ihr Lehrer keine kirchlichen Nebeneinkünfte. Der Schulinspektor versuchte das Problem dadurch zu verringern, daß er dieser Schule die Aufgabe der Leichenbegleitung übertrug. 1816 war die Lateinschule von dieser Pflicht endgültig entbunden worden, zu Lasten der niederen Schulen.
Während der Unterricht für die »ländlichen« Kinder seit den 1820er Jahren auf die Vormittage beschränkt worden war, blieben die städtischen Armen vorerst in der Ganztagsschule. Allerdings sprach der Schulvorstand häufig Befreiungen von der Ganztagspflicht aus. Allein einhundert Schulkinder arbeiteten seit 1827 halbtags in der Erwerbsschule; überdies waren einige Dutzend Kinder in der Fabrik beschäftigt; seit den 1850er Jahren stieg ihre Zahl zeitweilig auf über einhundert.
Schließlich waren viele Kinder auch gezwungen, im eigenen Haushalt bei der Erwerbsarbeit, in der Organisierung des Haushaltes oder bei der Versorgung kleinerer Kinder zu helfen.[43]
Diese Doppelbelastung der Kinder durch Unterricht und Erwerbsarbeit wurde 1855 auch schulorganisatorisch sanktioniert. Nachdem im Vorjahr im städtischen Arbeitshaus Räume durch die Auflösung der Webschule freigeworden waren, richteten Magistrat und kirchlicher Schulvorstand hier eine gesonderte Halbtagsschule als Abteilung der vereinigten Schule ein, welche, wie der Magistratsbericht betont, *in Verschmelzung des Schulunterrichts mit der Unterweisung in Handarbeiten einem tiefgefühlten Bedürfniß unserer ärmsten Volksklassen entsprechen dürfte.*[44]
Etwa ein Fünftel der Kinder der vereinigten Schule, die inzwischen auch »Bürgerschule« genannt wurde, zog aus dem Schulhaus an der Arndtstraße in die Räume der Armenschule im Arbeitshaus am Münsterkirchplatz um, wo viele von ihnen bereits vorher halbtags gesponnen, Tüten geklebt, Hede gezupft, Stroh geflochten oder gestrickt und genäht hatten — Tätigkeiten, die keiner besonderen »Unterweisung« bedurften. Die Klassen der Bürgerschule wurden entsprechend kleiner; ihre Überfüllung, die zu häufigen Beschwerden und 1846 sogar zu einer Petition an den Magistrat geführt hatte, konnte verringert werden.

Unter dem Einfluß der Gegenreform nach der gescheiterten Revolution von 1848/49, als mit den Stiehlschen Unterrichtsregulativen der religiös-disziplinierende Charakter der Volksschule betont worden war gegenüber der Nützlichkeit gegenwartsorientierten Wissensvermittlung, scheint die Gründung der Armenschule keine nennenswerte Kritik hervorgerufen zu haben.
Kirche und Magistrat glaubten, pädagogische und soziale Rücksichten geschickt miteinander verknüpft zu haben. Da den Kindern der Armen die *häusliche Anregung* gefehlt habe, hätten sie die Lernfortschritte der anderen in den Klassen der Bürgerschule gehemmt und auch selbst keinen Gewinn davon gehabt. *Andererseits wünschten die ärmeren Bürger die Errichtung einer Halbtagsschule, um während der anderen Hälfte des Tages die Arbeitskraft ihrer Kinder verwerthen zu können.* Überdies sei es Eltern ungenommen gewesen, ihre Kinder auch in die Ganztagsschule zu schicken.[45]
Drei Jahre vor Gründung der Armenschule hatte bereits die katholische Schulgemeinde Unterricht und Erwerbsarbeit miteinander verbunden. Der spätere Dechant Heising, der auch die verstreut in Herfords ländlicher Umgebung wohnenden Heranwachsenden an seine Gemeinde binden wollte, hatte eine *Pflege- und Erziehungsanstalt armer und verlassener Kinder* gegründet, die nur durch Erwerbsarbeit zu finanzieren war. Zunächst 30, seit den 1870er Jahren mehr als 70 Kinder wohnten, lernten und arbeiteten hier. Die Anstaltssatzung legte fest, daß die Kinder neben Schulbesuch und Teilnahme am Kommunionsunterricht *in allen vorkommenden häuslichen Arbeiten wie auch in Gartenarbeiten und in den üblichen Handarbeiten sorgfältig unterwiesen werden, damit die Anstalt in sich selbst eine Erwerbs- und Hülfsquelle erhalten, und die Kinder nach ihrer Entlassung aus der Anstalt den täglichen Unterhalt sich verschaffen können.*[46]
Aus Heisings Versprechen, die entlassenen Jungen der Präparandenanstalt bei einem guten Handwerker und die Mädchen *bei einer guten Herrschaft* unterzubringen, werden die sozialen Perspektiven deutlich. Die Katholiken der Stadt zählten überwiegend zu den ärmeren Bevölkerungsgruppen. Das spiegelt sich auch im Zustand ihrer Schule: Während die Bürgerschule um 1860 fünfstufig geworden war und auch die ländlichen Außenschulen zwei- (Feldmark) bzw. dreiklassig ausgebaut waren, waren die katholischen Schulkinder nur nach Geschlechtern getrennt.
Bei der Lockerung der Schulpflicht spielten nicht zuletzt die Interessen der Herforder Unternehmer eine Rolle. Um konkurrenzfähig zu sein, waren sie auf besonders billige Arbeitskräfte angewiesen. Da die Arbeit in den Zigarrenmanufakturen, in der Spinnerei und in der Kartonagefabrik keine besondere Vorbildung erforderte, bot es sich für sie an, auf Kinder als Arbeitskräfte zurückzugreifen.
Bereits der erste Manufakturunternehmer der Stadt, der Kaufmann Friedrich Wilhelm Schrewe, beschäftigte neben den Insassen des Zuchthauses und einigen Dutzend Erwachsenen auch mindestens 69 Kinder.[47] Bis in die 50er Jahre des 19. Jh. war die mechanische Baumwollspinnerei, die später in die Hände des liberalen Unternehmers Schönfeld kam, die einzige Fabrik mit Kinderarbeit in der Stadt; dann kamen einige Zigarrenmanufakturen und zeitweise eine Kartonagefabrik hinzu. Seit dieser Zeit führte die Stadtverwaltung eine Liste der in Fabriken arbeitenden Kinder.[48] 1855 wurde das Mindestalter durch ein staatliches Gesetz von neun auf zwölf Jahre angehoben; die

Arbeitszeit wurde auf sechs Stunden begrenzt; die Erziehungsberechtigten mußten Arbeitsbücher für die Kinder anlegen.
1853 zählte der Magistrat vier Fabriken in der Stadt, von denen zwei Kinder beschäftigten: Die Spinnerei Schönfeld, Stallforth & Co. 21 Kinder, die Zigarrenfabrik und Tabakspinnerei Böckelmann & Menge 14. Drei Jahre später umfaßte die Liste bereits 90 Namen von Kindern in acht Fabriken, darunter fünf Zigarrenfabriken. In den frühen 1860er Jahren stieg die Zahl der Kinder in Fabriken auf über hundert. 1864 werden elf Fabriken genannt. Die Berufe der Eltern bzw. Vormünder verweisen auf die soziale Herkunft der Kinder: Es überwiegen Handarbeiter, daneben finden sich Maurer, Tischler und andere Handwerker; auch ein Musiker. Mehr als ein Drittel der Fabrikkinder des Jahres 1854 wird nicht durch den leiblichen Vater, sondern durch Vormünder vertreten.

Modernisierung für das Kaiserreich

Zurück zum Quentin-Kleine-Streit: Der Konflikt zwischen dem wilhelminischen Modernisierer und dem konservativen Pfarrer endete in einem Kompromiß. Quentin verzichtete auf die Abschaffung des konfessionellen Charakters der Schulen, Kleine und seine Fraktion gaben den Weg für den Ausbau des niederen Schulwesens frei. Es zeigte sich, daß Quentin die »Zeichen der Zeit« eher erkannt hatte als seine Kontrahenten. Zwischen 1871 und 1881 stieg die Zahl der Volksschüler von 1 522 auf 2 625, bis 1910 sollte sie auf annähernd 5 000 anwachsen. 1881 entfielen auf einen Lehrer auf dem Stiftberg 171, in der Feldmark sogar 181 Kinder; alle Schulen waren überfüllt wie nie vorher oder nachher in der Herforder Schulgeschichte. Überdies wurde zunehmend deutlich, daß die Absolventen der Volksschulen mit ihren geringen Kenntnissen Probleme in ihrer Berufsausbildung bekamen. In der 1876 erneuerten Handwerkerfortbildungsschule mußte bereits nach einem Jahr eine Vorbereitungsklasse gebildet werden, weil die Jugendlichen den Unterrichtsstoff nicht bewältigten.[49]
Allerdings blieb der Widerstand der kirchlichen Schulvorstände zunächst groß. Erst als 1883 in einer Abstimmung unter den Landgemeinden eine deutliche Mehrheit der Bürger für die Übernahme der Schulen *auf den städtischen Etat* votiert hatte, konnte Quentin sie Zug um Zug entmachten — nur die katholische Schule blieb außerhalb seines Wirkungsbereiches. Quentin setzte 1885 eine städtische Schuldeputation ein, er schaffte die Sonderschulsteuern ab, hielt allerdings ein begrenztes Schulgeld zwischen acht und sechzehn Mark zunächst aufrecht. Ein neues Besoldungssystem für Lehrer brachte erhebliche Einkommenssteigerungen, und beendete die Fluktuation vor allem an den Außenschulen. Inzwischen beteiligte sich auch der preußische Staat an der Lehrerfinanzierung.
Die Schuldeputation entwickelte eine Ausbauplanung, mit deren Realisierung die Schulen in die Stadtteile vordrangen. Sämtliche Volksschulen erhielten Neubauten: der Stiftberg (1887), die innere Stadt (1888), die Uhlandstraße / Radewig (1890), die Mindener Straße (1891), die Falkstraße (1893), die Salzufler Straße (1897) und die Diebrocker Straße (1895). Die Bürgerschule mußte schon bald in die alten Feldmärker Räume an der Friedhofstraße ausgedehnt werden; einige der neuen Schulen erhielten bereits wenige

Die katholische Volksschule an der Komturstraße, um 1925

Unten: Die Bürgerschule am Wilhelmsplatz, um 1889

Jahre nach der Einweihung Anbauten. Bis 1905 waren eine weitere Volksschule an der Elverdisser Straße sowie eine Übungsschule für das neue Lehrerseminar entstanden; auch die katholische Schule erhielt einen Neubau.

Zum Symbol der Bedeutung des neuen Volksschulwesens wurde die architektonisch ungewöhnlich aufwendige Bürgerschule am Wilhelmsplatz, die bei der Einweihung im Oktober 1888 vom Rektor Weber als *Denkmal des Friedens* bejubelt worden war: *An der*

Nordseite der Stadt, am schönen Wilhelmsplatze und der Promenade erhebt sich in einem Park mit Springbrunnen die große neue städtische Bürgerschule. Dieser gotische Prachtbau, der namentlich bezüglich seiner schönen Lage wohl selten seinesgleichen hat, besteht aus einem Souterrain und drei Etagen, in welchen sich 18 Schulräume mit Gasheizung, Konferenz- undd Lehrmittelzimmer, Rektor- und Bibliothekszimmer befinden. Im Erdgeschoß ist die Wohnung des Schuldieners und ein Brausebad für die Schüler. Vor dem Gebäude befindet sich ein großer mit Linden bepflanzter Spielplatz für die Kinder.[50]

Nach dem Vorbild des roten Backsteinbaus am Wall wurden auch die anderen Volksschulen ausgestattet: Schuldiener nahmen den Lehrern die Verantwortung für Heizung und Reinigung ab, die Schulsäle wurden heller und geräumiger, spezielle Lehrmittelzimmer spiegelten den vermehrten Einsatz von »Unterrichtsmedien«. Die Schule der 1890er Jahre akzeptierte auch den Spieldrang der Kinder: Neben dem seit den 1880er Jahren eingeführten Sportunterricht wurden Spielnachmittage auf den neuen Schulhöfen eingeführt. Sie übernahm auch hygienische Aufgaben: Da die Kinder in der Familienunterkunft weder über Bad noch Brause verfügten, konnten sie in den schulischen Brausebädern Reinlichkeit einüben — am Wilhelmsplatz wurden ihnen sogar Handtücher zur Verfügung gestellt.

Bis zur Jahrhundertwende verfügten fast alle Volksschulen auch über Zeichensäle. Die Übungen im Konstruktions- und Freihandzeichnen dienten allerdings weniger dem kreativen Ausdruck als der Vorbereitung künftiger Handwerker, die Pläne zeichnen mußten. Berufsvorbereitend sollte auch der *Handfertigkeitsunterricht* für Jungen wirken, der 1897 für kurze Zeit erprobt wurde. Erste Ansätze einer »Elternarbeit« wurden entwickelt: Zweimal im Jahr organisierten einige Schulen Elternabende, auf denen Lehrer belehrende Vorträge hielten und Kinder Volkstanz oder kleine Theaterstücke aufführten und sangen. Am Wilhelmsplatz wurden spezielle Kurse für stotternde Kinder eingeführt — ein Therapieangebot, das allerdings von den Eltern zum großen Erstaunen des Magistrats nicht angenommen wurde. Lernschwache Schüler wurden seit 1911 in zwei Klassen, der »Hilfsschule«, zusammengefaßt — mit dem Ziel, sie in besonders kleinen Lerngruppen mit weniger als zwanzig Kindern zusätzlich zu fördern. Schulärztliche Untersuchungen wurden an einigen Schulen eingeführt.

Innerhalb weniger Jahre waren der Volksschule dadurch zahlreiche neue Aufgaben zugewiesen worden. Jene neue Einrichtung, die als Masseninstitution zum Einpauken religiöser Weltanschauung und eher nebenher zur Vermittlung der elementaren Kulturtechniken entstanden war, sollte jetzt auch Verantwortung für den körperlichen Zustand, die Gesundheit und Hygiene, handwerkliches Geschick, nationale Gesinnung und sinnvolle Freizeitgestaltung der Heranwachsenden übernehmen.

Nicht verändert hatte sich allerdings der disziplinierende Charakter der Lehranstalten. Der Unterrichtsstil blieb im wahrsten Wortsinn »stockautoritär«; regelmäßiger Gebrauch des Rohrstocks blieb integraler Bestandteil der Schulen. Jegliche Eigenwilligkeit der Kinder wurde als auffälliges, die Disziplin bedrohendes Verhalten unterdrückt. Diese Schulen waren damit beauftragt, gehorsame Untertanen zu erziehen, eine Aufgabe, der sich die Pädagogen mit Hingabe widmeten.

Das Lehrer-Kollegium der Bürgerschule am Wilhelmsplatz, 1890

Um 1910 schien die Umgestaltung des Herforder Schulwesens abgeschlossen. Ein flächendeckendes System von zehn Volksschulen mit jeweils neuen Schulhäusern, eine Realschule, eine Töchterschule und ein altsprachliches Gymnasium versorgten annähernd 6000 Kinder und Jugendliche mit schulischer Bildung. Die Ungleichheiten im niederen Schulwesen wurden Zug um Zug eingeebnet. An allen Volksschulen wurde der Ganztagsunterricht und ein achtklassiger Aufbau angestrebt. Die Sonderform Armenschule war, mit dem Verbot der Kinderarbeit, 1894 aufgelöst worden.

Die Volksschule wird aufgestockt

In der schulorganisatorischen Praxis zeigte sich jedoch, daß längst nicht alle Anforderungen befriedigt waren. Real- und Mädchenschule drängten auf einen jeweiligen Ausbau um Oberstufen; um 1908 geriet auch das Gymnasium wieder in die Diskussion: Es gab Überlegungen, den altsprachlichen Charakter einzuschränken und die Schule in ein Reformgymnasium umzuwandeln. Schließlich gab es Bestrebungen, zwischen niederem und höherem Schulwesen einen »dritten Weg« zu öffnen. Eltern aus den neuen Mittelschichten, denen die Volksschulen zu wenig boten, die aber gleichzeitig das hohe Schulgeld für Realschule oder Gymnasium nicht aufbringen konnten, erneuerten die Forderung nach der Gründung einer Mittelschule.
Bereits 1864 hatte der Magistrat erstmals die Gründung einer Schule erwogen, *die an die Ziele der Bürgerschule anknüpfen und eine Weiterbildung in den sogenannten Realfächern anstreben sollte.*[51] 20 Jahre später forderten Eltern in einer Petition die Aufstockung der Bürgerschule um zwei *Selecta*-Klassen für über Vierzehnjährige. 1897 erörterte die Schuldeputation die Teilung der Bürgerschule nach dem vierten Schuljahr in eine Volks- und eine Mittelschulabteilung.
Dieses Modell wurde vom Leiter der gerade gegründeten Realschule zu Fall gebracht, der Verluste für seine Schule fürchtete und als Alternative die Subventionierung des

Schulgelds für die Realschule ins Gespräch brachte. Die Befürworter hatten argumentiert, die Mittelschulabteilung verursache keine zusätzlichen Kosten, da die Räume der Bürgerschule benutzt werden könnten und keine zusätzlichen Lehrer notwendig seien, andererseits aber Schulgeld erhoben werden könne. Eine Umfrage hatte ergeben, daß 64 Knaben für ein Schulgeld zwischen 24 und 40 Mark angemeldet würden. Nicht zuletzt Bürgermeister Quentin, der ein Absinken der Rest-Volksschule zur »Schule 2. Grades« befürchtete, stand diesem Modell jedoch ablehnend gegenüber.[52]
Um 1910 fand dann ein viertes Mittelschul-Modell breitere Zustimmung. Jetzt sollten die Mittelschüler bereits mit Beginn der Schulpflicht von den Volksschülern getrennt werden: 1914 startete die auf acht Jahrgänge angelegte neue Schule zunächst mit den unteren fünf Jahrgängen, in die 371 Kinder aufgenommen wurden. Doch auch diese Form hatte nur sechs Jahre Bestand. 1920, mit der Einführung der Grundschule als Gesamtschule, mußten die unteren vier Klassen wieder aufgelöst werden.
Herford hatte damit ein viergliedriges Schulwesen: In den ersten vier Jahren lernten alle Kinder in der Volksschule; danach gab es (für Jungen) die Wahl zwischen der Volksschule, der Mittelschule, der Realschule und dem altsprachlichen Gymnasium; für Mädchen standen neben der Volks- die Mittelschule und das Lyzeum zur Verfügung.
Der Höhepunkt der Geburtenzahlen war während des Ersten Weltkrieges überschritten worden. Statt 1 000 wurden in den 1920er Jahren nur noch 600 bis 700 Kinder pro Jahr geboren. Die Zahl der Volksschüler ging zwischen 1916 und 1927 von 5 000 auf 3 600 um ein Drittel zurück. Die Stadt reagierte darauf, in dem sie etwa 15 Prozent der Lehrerstellen abbaute und mehrere Volksschulen auflöste: Zunächst jene an der Uhlandstraße (das Gebäude wurde der Mittelschule übergeben) und an der Elverdisser Straße; 1926 auch die Seminar-Übungsschule auf dem Stiftberg, in deren Gebäude das Oberlyzeum einzog. Trotzdem ging die durchschnittliche Klassengröße an den Volksschulen von 50 auf etwa 37 zurück; jetzt gab es auch Volksschulklassen, die weniger als 20 Kinder aufzunehmen hatten. In den 1930er Jahren, nachdem während der Wirtschaftskrise weitere Lehrer entlassen worden waren, stiegen die Klassenfrequenzen jedoch wieder auf über 40 Schüler an.

Berufsausbildung in der Schule

Die Schulen des vorindustriellen Zeitalters dienten der Vermittlung religiöser Weltanschauung und elementarer Kulturtechniken. Kenntnisse, die für die Erwerbstätigkeit hätten nützlich sein können, hatten dort keinen Platz — berufliches Wissen wurde nach dem Prinzip des »learning by doing« in der Praxis vermittelt. Erst durch die Massenarmut der 1830er und 1840er Jahre und der damit verbundenen massenhaften Perspektivlosigkeit Heranwachsender wurde die Bedeutung beruflicher Qualifikationen für die Verbesserung von Lebenschancen zum Thema. Auch in Herford wurde in der Revolution von 1848 über die Gründung von *Fortbildungsschulen* diskutiert. Diese Debatte lieferte den Anstoß für zwei unterschiedlich geartete Initiativen der folgenden Jahre:

- ○ 1849 gründete der städtische Handwerkerverein eine Sonntagsfortbildungsschule für Handwerkerlehrlinge, die zwischen 13 und 16 Uhr ihre Schulkenntnisse auffrischen und überdies im Zeichnen unterrichtet werden sollten; Lehrer der Volksschulen erwarben sich an dieser Schule einen Nebenverdienst.[53]
- ○ Ein Jahr später etablierte der liberale Unternehmer Weddigen gemeinsam mit zwei Gleichgesinnten im Arbeitshaus eine Webschule für arme Spinner, die in bis zu neunmonatigen Kursen zu Webern umgeschult werden sollten. Weddigen erhielt erhebliche Zuschüsse vom preußischen Staat. In den vier Jahren ihres Bestehens wurden 90 Männer mit dem Betrieb des Webstuhls vertraut gemacht; 60 von ihnen kauften sich anschließend mit staatlichen Krediten einen Webstuhl. Mit der Verarbeitung von Maschinengarn, so der Grundgedanke dieser Schule, würden die angehenden Weber sich eher ihren Lebensunterhalt verdienen können als mit der aussichtslos gewordenen Handspinnerei.[54]

Weddigens Initiative steht in einer noch aus dem Absolutismus herrührenden Tradition. Mit *Industrie-* oder *Erwerbsschulen* hatte der preußische Staat bereits seit der ersten Hälfte des 18. Jh. versucht, die Erwerbsmöglichkeiten der städtischen Unterschichten zu verbessern. 1769 wurde auch für Herford die Gründung einer *Spinner-Schule* verfügt, die allerdings lange Zeit nicht realisiert wurde. Diese »Schule« war als Arbeitshaus mit Arbeitszwang für alle Armen, Vagabunden und Soldatenfrauen nebst deren Kindern ab acht Jahren konzipiert. Sie sollte der Verbesserung der Wollspinntechnik dienen und damit auch die Einrichtung von Manufakturen erleichtern. Nicht zuletzt erhoffte sich der Staat von solchen Einrichtungen auch eine Entlastung der kommunalen Armenetats und die Disziplinierung des Heers der Erwerbslosen. Es gibt allerdings keinen Hinweis darauf, daß die Spinnschule in Herford realisiert wurde — erst ein Vierteljahrhundert später wurde das Konzept in abgewandelter Form durch die Etablierung des *Zuchthauses* realisiert. Tatsächlich konnte der Manufakturunternehmer Schrewe, der 1803 eine Baumwollspinnerei einrichtete, auf die Arbeitskraft der Insassen des Zuchthauses zurückgreifen.[55]

Auch die Gründung des städtischen Arbeitshauses oder Armenhauses im Jahre 1827 geht auf das Grundkonzept der Industrieschule zurück. Von Hunger bedrohte Arme und deren Kinder hatten hier die Möglichkeit, durch Spinnen, Nähen oder Stricken ihren Mindestlebensunterhalt zu verdienen. Die *Freiwillige Beschäftigungsanstalt, verbunden mit einer Erwerbsschule für arme Kinder,* nahm bald nach der Gründung 100 Kinder auf, die halbtags die Schule besuchten und die andere Tageshälfte Lohnarbeit leisteten. Die Produkte wurden von städtischen Kaufleuten vermarktet. Seit 1842 wurde die *Erwerbsschule* auch als *Näh- und Strickschule* bezeichnet. Als mit der Einrichtung der Armenschule auch der Schulunterricht für die arbeitenden Kinder ins Armenhaus verlegt wurde, veränderte die Stadt als Trägerin das Spektrum der Tätigkeiten: Die Spinnerei wurde 1856 endgültig aufgegeben; zum Stricken und Nähen kamen jetzt Strohflechten und Tütenkleben — Tätigkeiten, die Kinder ohne besondere Ausbildung rasch ausüben konnten.[56]

So ist die Bezeichnung »Schule« irreführend: Zwar wurden die Kinder von Erwachsenen angeleitet — eine systematische Ausbildung fand jedoch ebensowenig statt wie für die

in den Fabriken arbeitenden Kinder. »Allgemeinbildung« war für diese Tätigkeiten erst recht nicht notwendig. Anders sah es bei angehenden Handwerkern aus, die sich Gesellen- und Meisterprüfungen unterziehen mußten und daher auf eine gewisse Allgemeinbildung angewiesen waren. Doch erst im dritten Anlauf gelang es den fortschrittlichen Prinzipalen (den Lehrherren), eine beständige Fortbildungsschule zur Beseitigung der Defizite der Elementarschulen fest zu etablieren.[57]
Der Ansatz des Jahres 1849 scheiterte am Widerspruch der Kirchen, die sich gegen den Schulbetrieb während der 14 Uhr-Gottesdienste wandten — 1858 wurde die Sonntagsschule wieder aufgelöst. Fünf Jahre später kam es zu einer Neugründung, die allerdings auch nur acht Jahre Bestand hatte. Diesmal hatten die Handwerksmeister sich verpflichtet, ihre Lehrjungen zum sonntäglichen Morgengottesdienst zu schicken. Weil das Prinzip der Freiwilligkeit jedoch beibehalten wurde, ging die Schülerzahl bald zurück. Der Magistrat weigerte sich, den Schulzwang einzuführen.
Erst mit Unterstützung des Bürgermeisters Quentin setzte sich die Fortbildungsschule durch. Quentin sorgte für eine Verlegung des Unterrichts in die Abendstunden der Arbeitswoche und führte den Schulzwang für alle Fünfzehn- und Sechzehnjährigen ein. Ab November 1878 waren alle Handwerkerlehrlinge verpflichtet, an drei Abenden zwischen 20 und 22 Uhr Lesen, Schreiben und Rechnen zu üben; sonntags zwischen 13 und 17 Uhr wurde Konstruktionszeichnen gelehrt.
Konflikte zwischen Schulträgern und Handwerksmeistern blieben gleichwohl nicht aus. Die Bäckermeister liefen noch Jahrzehnte später Sturm gegen den Schulzwang; der Magistrat klagte noch lange über mangelhaften Schulbesuch. Ohnehin waren Lehrlinge, die mehr als zwei Kilometer vom Schulort entfernt arbeiteten, vom Schulbesuch befreit, ebenso fabrikarbeitende Jugendliche. Erst 1908 wurde mit der Gründung einer zweiten Fortbildungsschule Berufsschulunterricht für Fabrikarbeiter eingeführt.
Der Handwerkerschule wurde 1890, wieder als private Initiative, eine Handelslehranstalt zugesellt, die von Anfang an auch berufsbezogene Fächer anbot. Außer in den Elementarfächern wurden die angehenden Angestellten auch in Englisch, Buchführung und Handlungswissenschaften sowie im Wahlunterricht auch in »neuen Techniken« wie Maschinenschreiben und Stenographie unterrichtet. Eine zweite private Handelsschule kam 1908 hinzu, als der jüdische Kaufmann Oswald seine Schule von Oeynhausen nach Herford verlegte und ausbaute.
Zu »Berufsschulen« im eigentlichen Sinn wandelten sich die Fortbildungsschulen erst, als kurz vor dem Ersten Weltkrieg neben den Elementarfächern auch berufskundliche Fächer (Materiallehre und Berufskunde) und Berufsfachklassen eingeführt wurden. Damit waren die Wurzeln für jene spezifisch deutsche Form der dualen Berufsausbildung gelegt, mit der anstelle *seelenlosen Spezialistentums* eine besondere berufsständische Identifizierung der Heranwachsenden mit ihrer beruflichen Tätigkeit angestrebt wurde. Ausgehend vom *Berufserleben* sollte die Schule sowohl Allgemein- als auch Fachwissen vermitteln. Die *Formung der ganzen Persönlichkeit durch den Beruf* wurde zum Ziel eines neuen Lehrerstandes — der Gewerbeoberlehrer, die seit den 1920er Jahren die Volksschullehrer mit Nebentätigkeit endgültig aus den jetzt auch formell *Berufsschulen* genannten Lehranstalten verdrängten.[58]

Konfliktträchtig blieb die Berufsschulpflicht gleichwohl lange. Bereits vor dem Ersten Weltkrieg drängte der Staat die Schulträger darauf, den Unterricht in die Nachmittagsstunden zu verlegen, um die zunehmend als unerträglich empfundene Belastung der Lehrlinge zu vermindern. Das hätte jedoch bedeutet, daß deren Arbeitskraft den Meistern für die Dauer der Schule entzogen worden wäre. Die Prinzipale setzten sich durch: mehrfach lehnte der Magistrat die Unterrichtsverlegung ab.
So blieben die Lehrlinge lange Zeit von der allmählichen Verkürzung der Arbeitszeit ausgeschlossen. Erst in den 1930er Jahren wurde der Unterricht in die Tagesstunden verlegt. Unverändert absolvierten zahlreiche Jugendliche jedoch freiwillig berufliche Fortbildungskurse auch in den Abendstunden.
Über den Alltag der Lehrlinge im Herford des späten 19. Jh. gibt die Autobiographie des Schlosserlehrlings Carl Severing Auskunft. Als 14jähriger zog er aus dem elterlichen Haushalt ins Haus seines Meisters um, wo er gemeinsam mit anderen Lehrlingen und mit den Gesellen ein Zimmer teilte. Severing schlief mit einem der Gesellen im gleichen Bett, ein Zustand, der ihm gelegentlich Ungeziefer und üble Gerüche eintrug. Um 5 Uhr begann an sechs Tagen seine Arbeit mit der Herrichtung der Werkstatt. Sie dauerte bis nach 19 Uhr; Severing fand gerade Zeit, sich für den Besuch der abendlichen Fortbildungsschule umzuziehen und zu waschen. Den abendlichen Unterricht empfand er gleichwohl eher als Erholung, trotz gelegentlicher Müdigkeit. In den allgemeinbildenden Fächern wurde der Stoff der Volksschule wiederholt; als nützlich erwies sich für den angehenden Schlosser der Zeichenunterricht — hier erwarb er Kenntnisse, über die sein Meister nicht verfügte.[59]
Es gehört zu den Auffälligkeiten der Schulentwicklung im 19. Jh., daß die erste reguläre, auf berufsvorbereitende Kenntnisse zielende Schule nicht für die Fabrikproduktion und -organisation, sondern für die Landwirtschaft eingerichtet wurde. Zwar lassen sich auch die Realschulansätze an der Lateinschule des ausgehenden 18. Jh. als »berufsvorbereitend« kennzeichnen: Immerhin wurde damals am Gymnasium auch kaufmännisches Rechnen und italienische Buchführung unterrichtet. Am Ende blieben sie jedoch Stückwerk; die Lehrer der Lateinschule maßen ihnen überwiegend keine besondere Bedeutung bei.
Ganz anders die 1868 in Herford als Lehr- und Forschungsanstalt für reiche Landwirte etablierte Landwirtschaftsschule. Ihr Leiter, der frühere Volksschullehrer Ferdinand Burgtorf, setzte seine Schule gezielt dazu ein, die ökonomische Modernisierung der Agrarproduktion voranzutreiben. Zum gleichen Zweck gab er eine Zeitschrift heraus und absolvierte eine unermüdliche Vortragstätigkeit. Die *Bauernschule* wurde mit Versuchsländereien ausgestattet, auf denen neue Anbaumethoden, Düngeformen und Obst- und Gemüsekulturen erprobt wurden. Sie verfügte über Laboreinrichtungen, die auch außerhalb der Schule den Landwirten zur Verfügung standen. Die Schüler wurden nicht nur mit theoretischem Lehrstoff konfrontiert; nach dem offiziell erst viel später entwickelten *arbeitsunterrichtlichen Prinzip* wurden sie zu praktischer Tätigkeit angehalten: Exkursionen gehörten von Anfang an zum Alltag des Unterrichts, in dem der Schwerpunkt, neben Deutsch und modernen Fremdsprachen, auf den Naturwissenschaften lag.[60]

Burgtorfs Schulkonzept sprengte jedoch den Rahmen der preußischen Schulorganisation. Überdies wurde seine Anstalt gewissermaßen von innen dadurch »umfunktioniert«, daß Eltern aus Herford und Umgebung sie als Realschule benutzten. 1884 hatte die Anstalt, deren Trägerschaft sich Stadt, Kreis, Provinz und Landwirtschaftskammer teilten und deren Einzugsbereich ganz Westfalen und Teile Hessens und Norddeutschlands umfaßte, eine besondere *Ackerbauschule* für die Winterzeit eingerichtet — eine Konzession an bäuerliche Familien, die die Mitarbeit ihrer Söhne während der Ernte nicht entbehren konnten. Mit der Teilung in eine Landwirtschafts- und eine Realschule 1896 verlor der »Forschungscharakter« der Anstalt an Bedeutung. In den 1920er Jahren fiel sie der Neuordnung der bäuerlichen Berufsbildung ganz zum Opfer. Jetzt erhielten die Landwirte berufliche Kenntnisse entweder nur in Winterschulen oder auf speziellen Akademien.

Mädchen auf der Schule

Wir haben Beispiele genug, daß die Natur das weibliche Geschlecht mehrere und auch wichtige Geschäfte zu übernehmen als eine Suppe zu kochen und einen Pfannkuchen zu machen geschickt gemacht habe. Und ihr Verstand ist oft so stark, daß sie zu der abstractesten Wahrheit aufgelegt sind.[61] Mit dieser Einsicht begründete der Rektor der Lateinschule, Höcker, im Jahre 1766, warum seine Lehranstalt sich künftig auch um *junge Frauenzimmer* bemühen wolle. Die Öffnung diente zwar vornehmlich dem Ziel, die gerade erst ausgebauten schulischen Kapazitäten auszulasten und damit auch das Einkommen der Lehrer zu erhöhen. Sie zeigt jedoch gesellschaftspolitischen Mut. Bis dahin war eine höhere Schulbildung für Mädchen, und mehr noch die gemeinsame Unterrichtung von Knaben und Mädchen an einer höheren Schule, eine gesellschaftliche Unmöglichkeit.

Zwar hatte 230 Jahre vor Höcker bereits die Herforder Kirchen- und Schulordnung die Gründung einer Mädchenschule gefordert. Dreier hatte damit den christlichen Glauben der künftigen Hausfrauen festigen und sie besser auf ihre Rolle als Erzieherinnen der Kinder vorbereiten wollen; auch der ordnende Charakter der Schule sollte auf die Mädchen ausgedehnt werden: Diese kämen *weg von der Straße, von unzüchtigem Gesindel, Volk, Fremden, Trinkern, und sie hören keine Unzucht und lernen auch keine liederlichen Reimlieder, wie früher lange geschehen ist.*[62]

Doch die Entwicklung des weiblichen »Verstandes«, dessen Fähigkeiten über die Hausarbeit hinaus wirken könnte, lag außerhalb des Denkens der patriarchalischen Gesellschaft der Vormoderne. Nicht einmal die Mädchenschule der Reformatoren war in Herford verwirklicht worden. Ausgebildet wurden die *jungen Frauenzimmer*, wenn überhaupt, dann in häuslichem Privatunterricht; in manchen Städten gab es Pensionate und *Winkelschulen*, in denen mehrere Mädchen gemeinsam unterrichtet wurden.

Auf eine solche Privateinrichtung, die Schule der *Jungfern* Cordemeier, griff der Herforder Rektor Höcker zurück, als er eine Mädchenabteilung an seiner Schule aufbaute.

Der Bruder der *Jungfern* war Lehrer der Lateinschule; er gab daneben auch den Schülerinnen seiner Schwestern Unterricht, wobei er gelegentlich seine männlichen Schüler und die Mädchen gemeinsam unterrichtete.[63]
Diese Privatschule wurde nun, fünfzehn Jahre lang, Teil der städtischen Lateinschule. Die Damen Cordemeier wurden als Handarbeitslehrerinnen eingestellt. Lehrer der Lateinschule steuerten Lektionen in Französisch, Geschichte, Geographie und den Elementarfächern bei. Gleich im ersten Jahr wurden 21, innerhalb der ersten fünf Jahre 35 Mädchen aufgenommen. Allerdings verließen mehr als die Hälfte der Schülerinnen die Anstalt bereits innerhalb des ersten Jahres. Die Zahl der Anmeldungen ging rasch wieder zurück. 1781 mußte die Mädchenabteilung aufgegeben werden. Allem aufklärerischem Eifer zum Trotz setzte sich der gemeinsame Schulbesuch von Jungen und Mädchen aus gehobenen Schichten in Herford nicht durch.
Daß Kinder »besserer Kreise« getrenntgeschlechtlich zu unterrichten seien, blieb bis in die zweite Hälfte des 20. Jh. eine unanfechtbare Weisheit. Nur im Vorschulalter, in der Vorschule des Gymnasiums, der ABC-Schule der Lehrerstochter Bergmann (1826–1886) oder der Vorschule des katholischen Lehrers Ernst nach 1860 durften Knaben und Mädchen aus wohlhabenden Familien gemeinsam die Schulbank drücken. Bis in die 60er Jahre unseres Jahrhunderts hatten Mädchen auf den Gymnasien ohnehin keinen Platz; noch später (1974) wurde das Mädchengymnasium für Jungen geöffnet.
Angehörigen der Oberschichten galt Koedukation als unschicklich. Die »höheren Töchter« sollten vor frühzeitigem Kontakt zum anderen Geschlecht bewahrt werden. Diese Haltung stand jedoch in einem schroffen Gegensatz zur Situation der Kinder der unteren Volksschichten. In den Einraum-Volksschulen des frühen 19. Jh. saßen auch dreizehnjährige Jungen und Mädchen im gleichen Klassenraum. Im Laufe des 19. Jh. nahm die Furcht vor sittlichen Gefährdungen jedoch allgemein zu. Als die Klassensysteme ausgebaut wurden, trennte man, wo möglich, auch die Geschlechter. In der katholischen Volksschule wurde die Trennung nach Geschlecht sogar eher durchgeführt als die Alterstrennung.
Am spätesten erfaßte die neue Schicklichkeit die Sphäre der Fabrikarbeit. In den Fabriksälen wie auch in den Sälen des städtischen Arbeitshauses saßen auch in der zweiten Hälfte des 19. Jh. männliche und weibliche Jugendliche auf engstem Raum nebeneinander.
Noch bedeutsamer war, daß Mädchen von der nutzanbringenden Teilhabe am Bildungsgut der Zeit wie selbstverständlich ausgeschlossen blieben. Auch der aufgeklärte Lateinschuldirektor Höcker strebte, aller Einsicht in die Abstraktionsfähigkeit des weiblichen Verstandes zum Trotz, keinesfalls die berufliche Integration der Frauen an. Die schulische Ausbildung der Mädchen sollte im Gegenteil, gewissermaßen über einen Umweg, den Männern zugute kommen; daß dem weiblichen Geschlecht Wissen vorenthalten wird, schade, so Höcker, nämlich zuallererst dem Mann: *Wie fürtrefflich würde unsere Kinderzucht seyn, wenn die mehrsten Mütter nicht an den gewöhnlichsten Vorurteilen hafteten (...) Der Ehemann würde glücklich seyn, und nur die halbe Last haben, die er itzo hat, die Schule würde von mehrerem Nutzen seyn; das Glück der Kinder würde in den Windeln gegründet werden und der Christ nicht so selten seyn.*[64]

Erst 50 Jahre nach dem Scheitern der gymnasialen Mädchenabteilung unternahmen Herforder Honoratioren einen neuen Anlauf zur Gründung einer Bildungseinrichtung für Mädchen aus den Oberschichten. Vor allem die hohen Kosten für den häuslichen Privatunterricht brachte 19 Männer dazu, im April 1833 eine einklassige Mädchenschule ins Leben zu rufen, die von etwa 20 Kindern im schulpflichtigem Alter besucht wurde und an der angesehene Lehrkräfte, drei Gymnasiallehrer und der Rektor der Bürgerschule, nebenamtlich unterrichteten. Das Schulgeld, heißt es im Gründungsaufruf, sei nicht halb so teuer wie die Kosten eines weniger vollständigen Privatunterrichts.[65]
1860 fusionierte diese Einraumschule mit einem 1855 entstandenem Mädchenpensionat. Eine Pastorenwitwe besserte ihr Einkommen dadurch auf, daß sie neben den eigenen Töchtern auch fremde Mädchen zu Unterrichtszwecken bei sich aufnahm — diese Form der Mädchenbildung war damals weit verbreitet. Mit der Zusammenlegung wurde die ein- in eine dreiklassige Schule umgewandelt. Der exklusive Charakter blieb jedoch genauso beibehalten wie die Lehrerversorgung mit nebenamtlichen Kräften vom Gymnasium.
Mit der Steigerung des Wohlstandes seit der Industrialisierung wuchs die soziale Basis für die höhere Töchterschule. Mitte der 1880er Jahre besuchten mehr als 200 Mädchen, 15 Prozent der weiblichen Pflichtschüler, diese Schulform. Streit in Lehrer- und Elternschaft hatte 1883 eine Spaltung der Einrichtung bewirkt. Seither gab es zwei Schulen dieser Art. Die *Neue Töchterschule* hob sich dadurch hervor, daß sie eine Oberklasse für der Schulpflicht Entwachsene und einen eigenen Kindergarten gründete. Die Eltern ließen sich die abgesonderte Ausbildung ihrer Mädchen etwas kosten. Das Schulgeld der Töchterschulen war kaum niedriger als das des Gymnasiums — obwohl die Mädchen ihr erworbenes Wissen anschließend weder beruflich noch in Studien verwerten konnten.
Auch der liberale Bürgermeister Quentin respektierte den Elternwunsch nach besonderer Mädchenausbildung. 1890 vereinigte die Stadt nach langen Verhandlungen die beiden Schulen und baute sie zu einer neun-, später zehnklassigen Anstalt aus. Erst 1928, mit der Übergabe in staatliche Trägerschaft, wurde die Töchterschule jedoch voll zum Oberlyzeum mit Abiturberechtigung ausgebaut.
Um die Jahrhundertwende war auch an den Volksschulen die Geschlechtertrennung weithin vollzogen worden. Gemeinsamen Unterricht gab es nur noch dort, wo Lehrer fehlten oder wo es nicht genug Kinder für getrennte Klassen gab. Mit der Neuordnung des Volksschulwesens wurden auch spezielle Unterrichtsfächer für Mädchen eingeführt: Handarbeit, Haushaltung und Kochen. Nun lernten sie in der Schule, was zuvor ausschließlich in der Familie vermittelt worden war.
Die Erwerbsarbeit von Frauen war in Herford seit Beginn der Industrialisierung überdurchschnittlich hoch. Nicht nur die in Fabriken arbeitenden Mütter, auch die Heimarbeiterinnen, verfügten oft nicht mehr über die Zeit, ihre Töchter in der Haushaltsführung auszubilden. So ist es nicht erstaunlich, daß Herford die erste Stadt in Westfalen war, die eine Kochschule als Bestandteil der Bürgerschule Wilhelmsplatz einrichtete.
1891 war obligatorischer Unterricht in Kochen und Hauswirtschaft zunächst nur für die

Schüler und Lehrer der Volksschule Friedenstal an der Salzufler Staße, um 1904

Mädchen der Fabrikklasse der Armenschule eingeführt worden. Im Waisenhaus lernten sie ein halbes Jahr lang vier Stunden pro Woche Theorie und Praxis der Zubereitung von Speisen. Ziel war die Vermittlung *von Kenntnissen und ein sicheres Urteil, um gute, schmackhafte und möglichst nahrhafte Kost mit kleinen Mitteln herzustellen*. Dieser Unterricht wurde auf die Entlaßjahrgänge mehrerer Volksschulen ausgedehnt; in Abendkursen unterrichtete eine speziell für diesen Zweck ausgebildete Lehrerin nebenher auch Jungarbeiterinnen.[66]

Fast 30 Jahre hatte die Kochschule Bestand, ehe der Haushaltsunterricht 1920, mit der Ausdehnung der Berufsschulpflicht auf Mädchen, auf die Berufsschule verlagert wurde. Die Berufsschulpflicht war zunächst nur für Lehrmädchen und ungelernte Fabrikarbeiterinnen eingeführt worden, wurde jedoch bis 1937 auch auf Dienstmädchen und *Haustöchter* ausgedehnt. Die Mädchenberufsschulen hatten von Anfang an ihren Schwerpunkt nicht auf den allgemein- und berufsbildenden Fächern, sondern auf der Qualifizierung der Jugendlichen für die Führung des Haushalts. Die Entwicklung des Raumbedarfs der Schule spiegelt die Ausdehnung des Hausarbeitsunterrichts: Anfangs wurden die Schülerinnen nur in Nadelarbeiten unterrichtet; seit 1927 standen Küchen zur Verfügung, 1930 kamen Schulräume für Haushaltspflege, Säuglings- und Krankenpflege hinzu. Seit 1935 verfügte die Schule über eine Lehrküche. 1948 schließlich wurde das Raumangebot um ein Servier- und Eßzimmer komplettiert, in dem das Auftragen der Speisen und das Decken des Tisches eingeübt werden konnten.[67]

Schule erfaßt alle Bereiche

»Kleinkinderschulen«

Am Anfang der Herforder Schulgeschichte stand, wie wir gesehen haben, das fromme Bestreben, die religiöse Erziehung aus der familiären Hausgemeinschaft in eine Erziehungsinstitution zu verlagern. In der Folge wurden dieser Institution bzw. ihren jeweiligen Ausformungen immer neue Funktionen und Aufgaben zugewiesen, von Staat, Kirchen, gesellschaftlichen Gruppen, zuletzt auch von den jeweiligen Elterngenerationen. Die »Institutionalisierung« und »Pädagogisierung« des Lebens in Kindheit und Jugend wurde, vor allem seit dem 19. Jh., auf nahezu alle Lebensbereiche und auf alle Lebensphasen der Heranwachsenden ausgedehnt.

Der staatliche Anspruch auf pflichtmäßigen Besuch der Volksschule hatte noch gegen den zähen Widerstand breiter Bevölkerungskreise durchgesetzt werden müssen. Weniger konfliktträchtig verlief dagegen die Etablierung vorschulischer Einrichtungen. Ihre Nutzung beruhte von Anfang an auf Freiwilligkeit; überdies war ihr Nutzen unmittelbarer wirksam als jener der Pflichtschulen.[68]

Als christlich motivierte Frauen um die Pfarrersfrau v. Ameler 1844 eine *Kleinkinderbewahranstalt* ins Leben riefen, konnten sie sich einer breiten »Akzeptanz« in den Unterschichtenfamilien sicher sein. Bald nach der Gründung nahm die Anstalt 130 Kinder im Vorschulalter auf. Den Müttern sollte die Last des täglichen Umgangs mit den Kleinen genommen werden, damit sie ungestört den existenznotwendigen Erwerbstätigkeiten nachgehen konnten. Die Initiatoren erhofften sich von der Ganztageseinrichtung, die von zwei Frauen betrieben wurde, überdies einen positiven Einfluß auf Reinlichkeit und Ordnungsssinn der Schutzbefohlenen. Für ein halbes Jahrhundert blieb die Bewahranstalt auf der Neustadt die einzige Einrichtung ihrer Art; seit der Jahrhundertwende kamen mehrere neue *Kleinkinderschulen*, wie sie jetzt genannt wurden, hinzu. Kirchengemeinden bzw. kirchliche Stiftungen waren Träger dieser Institutionen, die jeweils mehr als 100 Kinder von zumeist zwei Damen beaufsichtigen ließen.

Neben diesen Institutionen zur Aufbewahrung armer Kleinkinder hatten sich bereits seit den 1820er Jahren auch kleine, überschaubare vorschulische Einrichtungen etabliert. Bereits 1826 gründete die Lehrerstochter Charlotte Bergmann eine *ABC-Schule*, in der Kinder aus den Oberschichten auf den Besuch höherer Schulen vorbereitet wurden. Die *ABC-Schule* war nach dem Vorbild »richtiger« Schulen aufgebaut; sie bestand 60 Jahre und beherbergte zeitweise bis zu 30 Kinder.

In den 1860er Jahren gründete auch der katholische Schullehrer Ernst eine auf den Schulbesuch vorbereitende Anstalt für die Kinder reicher Katholiken. Seit den 1880er Jahren wird in den Verwaltungsberichten immer die Gründung von exklusiven, überschaubaren Kindergärten gemeldet, mit denen alleinstehende Frauen ihren Lebensunterhalt zu bestreiten versuchten.

Die schroffe soziale Spaltung der Stadtgesellschaft, die ja auch in der Teilung von höherem und niederem Schulwesen ihren Ausdruck fand, spiegelte sich auch in den Vorschuleinrichtungen: hier Masseneinrichtungen mit über 100 Kindern, dort kleine exklusive Gruppen für zahlungsfähige Eltern. So sehr in beiden Formen die Einübung striktester Disziplin im Vordergrund stand, zeigen sich doch auch inhaltliche Unterschiede: den Bewahranstalten ging es vor allem um Aufbewahrung; die *ABC-Schulen* oder Kindergärten entwickelten bereits schulvorbereitende Angebote. Erst seit den 1920er Jahren wurden die Unterschiede im Niveau der Vorschulinstitution allmählich eingeebnet. Umfassende pädagogische Konzepte für Kinder im Vorschulalter wurden allerdings erst seit den 1950er Jahren entwickelt.

Jugendpflege

Mit Kleinkinderschulen, Pflichtschulen und berufsvorbereitenden Fortbildungsschulen schien um die Jahrhundertwende ein dichtes Netz von Einrichtungen zur Einflußnahme auf die Heranwachsenden geknüpft zu sein. Längst beschränkten die Schulen ihren Aufgabenbereich nicht mehr nur auf Wissensvermittlung und Erziehung zu Unterordnung und Gehorsam; sie boten Sport- und Spielnachmittage, organisierten Ausflüge und sprachen die musischen Bedürfnisse ihrer Schüler an. Der finanzielle Aufwand zum Unterhalt dieser Infrastruktur hatte eine Größenordnung erreicht, die den Schulmännern des 19. Jh. noch völlig utopisch erschienen wäre.
Mit den Ergebnissen dieser Infrastruktur war gleichwohl niemand zufrieden. Wie nie zuvor waren Jugendliche, folgt man den offiziellen Berichten, von Verwahrlosung, Disziplinlosigkeit und Unbotmäßigkeit bedroht. So richtete sich das kommunale Interesse nach 1900 zunehmend auch auf die außerschulischen Bereiche der Heranwachsenden. Die neuen Aktivitäten wurden mit einem neuen Begriff umschrieben: Jugendpflege. *Die Pflege der schulentlassenen Jugend ist in Herford so alt wie die Turnvereine und die kirchlichen Vereine es sind,*[69] stellte der Magistrat 1927 im Verwaltungsbericht fest. Bei der Behebung des »Betreuungsdefizits« zwischen Schulentlassung und (für Jungen) Beginn der Militärzeit griffen die Behörden in der Tat auf die bestehenden Vereine zurück, denen jetzt gewissermaßen obrigkeitliche Aufgaben zugestanden wurden. Sie sollten bei der *planmäßigen Förderung der körperlichen Ertüchtigung der Jugend* ebenso wie bei der *geistigen Pflege* helfen. Die Stadt schickte sich an, diese Arbeit zu koordinieren und zu unterstützen. Sie gründete kommunale Ausschüsse für Jugendpflege und Leibesübungen; überdies wurde, zunächst ehrenamtlich, auf Kreisebene ein Jugendpfleger eingesetzt.[70]
Einer der ersten »Jugendpflege« betreibenden Vereine war der Jünglingsverein Laar, der, parallel zu einem Jungfrauenverein, 1857 in der Herforder Bauernschaft Laar vom dortigen Volksschullehrer gegründet worden war. Seine satzungsgemäßen Ziele ähneln denen anderer christlicher Vereine: Vereinszweck ist es, *in den Jugendlichen christliche Gesinnung und einen geheiligten Wandel zu erörtern und zu fördern, allen Gefahren entgegenzuwirken, welchen sie unter den Versuchungen der Welt, sonderlich durch den Wirtshausbesuch, ausgesetzt sind, durch mancherlei leidenschaftliche Anleitung sie zur geschickten Ausübung ihres Berufes zu befähigen und ihnen einen vom christlichen Geiste getragenen geselligen Wandel darzustellen.*[71]
Ein großer Teil der Jugendlichen und jungen Erwachsenen des Dorfes schloß sich dem

Verein an, der Gesangsstunden abhielt, Krankenbesuche und Bibelabende organisierte. Später wurden ein Posaunenchor, eine Sportabteilung und eine Laienspielgruppe hinzugefügt.

Wie im Jünglingsverein Laar, so waren auch in anderen Vereinen »körperliche« und »geistige« Jugendpflege integriert. Sportvereine hatten auch Volkstanz- oder Laienspielgruppen, weltanschauliche Verbände bauten auch Sportgruppen auf.

1927 gab es 25 solcher Jugendarbeit betreibenden Vereine, denen mehr als 1 700 Schulentlassene angeschlossen waren. Zum Hauptproblem der kommunalen Jugendpolitik wurde die Bereitstellung von Spiel- und Versammlungsräumen für diese Vereinigungen. Die Stadtverwaltung konstatierte eine *Not der Spielplätze*: innerhalb der dicht besiedelten Stadt fehle es an Räumlichkeiten, in denen Jugendliche sich aufhalten und bewegen sollten. Überdies gab es nur wenige städtische Turnhallen, um deren Belegung es nicht selten zu Konflikten zwischen den Vereinen kam. Schließlich suchten Vereine wie Jugendpflege nach Versammlungsräumen: Vereinstreffen in Gasthäusern waren verpönt; *in Schulzimmern mit ihren Bänken und kahlen Wänden kommt niemals froher Jugendsinn zum Ausdruck*. So entstand eine Forderung, die erst 60 Jahre später, nachdem Herforder Jugendliche mehrere Demonstrationen organisiert hatten, verwirklicht wurde: *Ein Jugendheim fehlt der Stadt und ist ein dringendes Bedürfnis, wenn die Pflege der Jugend gedeihen soll*, heißt es im Verwaltungsbericht 1927. Sechs Jahre später übernahmen auch die Nationalsozialisten diese Forderung: *In Herford fehlt noch ein Jugendheim mit kleinen und großen Zimmern*. Auch 1938 war die *Heimfrage* nicht gelöst.[72]

Während das verlangte Jugendzentrum ein Wunschtraum blieb, gab es bei der Bereitstellung spezialisierter Jugend-Spielräume innerhalb der Stadt Fortschritte. Bis 1933 waren Sportplätze auf dem Lübberbruch (mit zwei Hand- und Fußballfeldern), und der Kiewiese sowie *Spielplätze* (nicht vergleichbar mit heutigen Kinderspielplätzen) am Bismarckturm, in einer Mergelgrube (mit Freilichtbühne), auf der Maiwiese und auf drei privaten Flächen geschaffen. Überdies standen das von der Arbeiterjugend gebaute *Volksbad*, die private Overbecksche Badeanstalt am Bergertor und eine Rodelbahn im Stuckenberg zur Verfügung.

Nach 1945 wurde das Angebot an ausgesonderten Spielflächen in der Stadt erheblich ausgeweitet. Vor allem die Motorisierung seit den 1950er Jahren hat deren Notwendigkeit deutlich hervortreten lassen: Die überkommenen Spiel-Räume in der Stadt, auf Straßen, Brachflächen, in Grünzonen oder Biotopen, sind zumeist überbaut oder durch den Individualverkehr besetzt. Gleichzeitig kam es zu einer Spezialisierung der »bespielbaren« Freiflächen. Das städtische Spielplatzangebot umfaßt heute jeweils spezielle Flächen für Vorschul-, jüngere und ältere Schulkinder und Jugendliche; überdies melden auch Erwachsene Ansprüche auf die vorhandenen Spieleflächen an, die je nach Art der Freizeitgestaltung (Sportart) in sich noch weiter spezialisiert sind.

Die Ausdifferenzierung und vielfache Spezialisierung des Gefüges von Bildungsinstitutionen fand dadurch eine Fortsetzung in der städtischen Flächennutzungsplanung. Die Lebenswelt der Kinder außerhalb der Familienwohnung ist immer mehr auf in der Stadt verstreute Institutionen und »Sonderflächen« zurückgedrängt worden, wo sie es überwiegend mit Gleichaltrigen und mit Betreuungspersonen zu tun haben.

Chronologie

1285 ff.	Erwähnung eines *rector scolaris* aus Herford — sicherer Hinweis auf die Existenz einer lateinischen Schule
1290	Ein *Gotschalcus* aus Herford schreibt sich als Student der Universität Bologna ein
1430	Ein Schülerwohnheim für zwölf Heranwachsende wird vom päpstlichen Beamten Hermann Dwerg gestiftet
15. Jh.	67 Studenten aus Herford allein an den Universitäten Köln und Erfurt
1532	Herforder Kirchen- und Schulordnung fordert die Fortführung der Lateinschule, ihre Ergänzung um eine deutsche Schreibschule sowie die Gründung einer Schule für Mädchen — nur die erste Forderung wird verwirklicht
1540	Stiftung einer evangelischen Lateinschule im früheren Augustinerkloster, Ausstattung mit Gütern des Klosters, gemeinsame Trägerschaft von Stadt und Abtei
1585	Älteste erhaltene Schulordnung der Lateinschule
1643	Stadt wird alleinige Trägerin der Lateinschule
1675	Einführung der Konfirmation, die speziellen Unterricht aller Kinder im Katechismus voraussetzt — Anfang des Volksschulwesens
1717	Preußische Regierung verlangt Schulpflicht überall dort, wo Schulen sind
1763	Preußisches Landschulreglement unterstreicht Schulpflicht für alle 5- bis 13jährigen; Einraumschulen in der Altstadt (2), der Neustadt (2), der Radewig, der reformierten Gemeinde, im Waisenhaus, auf dem Stiftberg sowie in der katholischen und jüdischen Gemeinde
1766	Neubau für die Lateinschule, Öffnung für Kaufleute, Handwerker und Künstler sowie (bis 1781) für Mädchen; Beginn einer reformerischen Phase des »Gymnasium Fridericianum«
1769	König befiehlt Einrichtung von Spinnschulen für Arme und arme Kinder zur Disziplinierung und Hebung der Armut durch Arbeit
1778	Waisenschule nimmt auch die Soldatenkinder auf (wird 1823 aufgelöst)
1784	Auflösung des Waisenhauses im *grauen Kloster*, Verteilung der Waisen auf Familien
1789	Erste Abiturprüfung am Gymnasium, zuvor Einführung schriftlicher Zeugnisse: Durchsetzung des Leistungsprinzips, daneben Betonung der »Methode« im Unterricht
1821	Abkopplung einer Schule für die Kinder der Altstädter Feldmark, Halbtagsbetrieb, 1824 Verselbständigung, später Benennung als *Feldmärker Schule*
1822	Endgültige Sicherung des (altsprachlichen) Gymnasiums, Aufgabe der Pläne zur Umwandlung in eine Bürgerschule
1826	Gründung einer ABC-(Vor-)Schule durch die Lehrerstochter Charlotte Bergmann, Anfang des Vorschulwesens
1827	Gründung einer Vorschule am Gymnasium (bis 1890)
1827	Einrichtung einer *Erwerbsschule* für arme Kinder im Armenhaus, 100 Kinder leisten Erwerbsarbeit (halbtags), wird seit 1842 als *Näh- und Strickschule* bezeichnet

1833	Gründung einer einklassigen Töchterschule als Privatanstalt wohlhabender Eltern — als preiswerte Alternative zu häuslichem Privatunterricht
1834	Zusammenlegung der sechs innerstädtischen Einraumschulen zur evangelischen Sozietätsschule mit vier Stufen und sechs Klassen, sechs Lehrer, mehr als 800 Kinder
1835	Neubau für die katholische Einraumschule
1844	Etablierung einer Realabteilung in der Tertia des Gymnasiums, 1868 Ausdehnung auf Secunda, Einführung von (paramilitärischem) Turnunterricht
1845	Gründung einer Kleinkinderbewahranstalt auf der Neustadt, 130 Kinder, ganztägige Betreuung, Mittagsmahlzeit
1846	Erwähnung von Spinnschulen in Eickum und Elverdissen
1848	Forderung nach Abschaffung des kirchlichen Charakters des niederen Schulwesens — nach dem Scheitern der Revolution reaktionäre Wende in der Schulpolitik: Betonung des disziplinierenden Charakters des Unterrichts
1849	Erster Versuch zur Gründung einer Handwerkerfortbildungsschule (Sonntagsschule), scheitert 1858
1850	Gründung einer Webschule für arme Spinner im Armenhaus, erste berufliche Fortbildungseinrichtung
1852	Gründung einer Pflege- und Erziehungsanstalt der katholischen Gemeinde, Verknüpfung von Schule und Erwerbsarbeit, Vorläuferin des Waisenhauses »Bethlehem«
1855	Einrichtung einer Armenschule (auch *Freischule, Erwerbsschule* oder *Elementarschule* genannt) im Armenhaus, Verknüpfung von Halbtagsschule und Erwerbsarbeit, wird von 20 Prozent der Schulpflichtigen der inneren Stadt besucht
1860	Ausbau der Töchterschule auf drei Stufen
1865	Stadt verhandelt (vergeblich) über Gründung einer »gehobenen« Bürgerschule
1868	Gründung einer Landwirtschaftsschule als Lehr- und Forschungsanstalt für die Modernisierung der Agrarproduktion durch Provinz, Kreis und Stadt, Einzugsbereich Westfalen und Umgebung, »moderner« Charakter der Schule
1869	Neubau für das Gymnasium, 160 Schüler
1872	Neubau der Feldmärker Schule, vierklassiges Gebäude
1876	Generalkritik des neuen Bürgermeisters Quentin am städtischen Volksschulwesen, Auftakt für eine Modernisierungsdebatte
1877	Gründung eines evangelischen Waisenhauses
1878	Erfolgreicher Versuch zur Gründung einer Fortbildungsschule für Handwerker durch Einführung des Schulzwangs
1883	Abstimmung über Übernahme der evangelischen Volksschulen durch die Stadt
1885	Gründung einer städtischen Schuldeputation, Auftakt eines tiefgreifenden Umbaus des niederen Schulwesens
1885	Einweihung der (ersten) städtischen Turnhalle am Wilhelmsplatz, Nutzung durch alle Schulen
1887	Neubau der Schule Stiftberg
1887	Gründung einer privaten Gewerbeschule für Mädchen

1888	Neubau der Bürgerschule Wilhelmsplatz als Symbol des neuen niederen Schulwesens, bis 1897 Neubau von Schulen an der Falkstraße, der Diebrocker, Mindener, Uhland, Salzufler Straße, um 1915 ca. 5000 Volksschüler
1890	Gründung einer privaten Handelslehranstalt
1890	Vereinigung der seit 1884 getrennten privaten Töchterschulen zu einer neunklassigen städtischen Mädchenschule
1896	Etablierung eines Realschulzweiges an der Landwirtschaftsschule, Neubau eines Schulgebäudes am Münsterkirchplatz
1902	Abkopplung einer Hilfsschule für schwach begabte Kinder von der Bürgerschule Wilhelmsplatz
1906	Ausdehnung des Berufsschulzwangs auf Fabrikarbeiter, Betonung der beruflichen (neben der allgemeinen) Bildung an der Fortbildungsschule
1914	Einrichtung einer Mittelschule als Abteilung der Bürgerschule Wilhelmsplatz für 6- bis 14jährige
1920	Einführung der »Grundschule« als vierklassige Gesamtschule an den Volksschulen, Auflösung der unteren Klassen von Mittel- und Töchterschule
1920 ff.	Schülerrückgang (von 5000 auf 3600) führt zur Schließung dreier Volksschulen; Senkung der Klassengrößen von 50 auf 37 (im Durchschnitt)
1924	Ausbau der Real- zur Oberrealschule
1928	Ausbau der Töchterschule (Lyzeum) zum Oberlyzeum
1928	Generaldebatte der Stadtverordneten über das höhere Schulwesen, Zugangsbeschränkung für Gymnasium und Oberrealschule, Abbau der Realabteilung des Gymnasiums, Verstaatlichung des Oberlyzeums
1933	Die Nationalsozialisten übernehmen das überkommene Schulwesen und alle Lehrer, Absetzung der Leiterin des Oberlyzeums
1939	Auflösung der katholischen Volksschule
1945	Fortführung des überkommenen Schulsystems, Übernahme der meisten Lehrer
1969	Auflösung der Volksschule, Trennung in Grund- und Hauptschule, Aufgabe mehrerer Schulstandorte
1973	Umwandlung der Berufsschulen in Kollegschulen: Schaffung allgemeinbildender und »doppelqualifizierender« Bildungsgänge
1987	Errichtung einer Gesamtschule im Gebäude der Hauptschule Friedenstal
1987 ff.	Schülerrückgang führt zur Auflösung mehrerer Hauptschulen (Ottelau, Diebrock)
1989	40 Prozent der Grundschüler besuchen ein Gymnasium, 20 Prozent die Gesamtschule, 30 Prozent eine Realschule

Jutta Brandtmann, Manfred Heggemann und Christoph Laue

Bildung und Freizeit: Vereine und Institutionen im kulturellen Wandel

Wer um Himmels willen hat hier versagt? Erbarmt sich denn keiner der kulturreichen Stadt? Wenn das von innen her nicht geschieht, kann man das kaum von außen erwarten ... Begnügt man sich in Herford damit, zwischen Brake und Hiddenhausen einige Bedeutung zu besitzen? Die lange Liste der verpaßten Gelegenheiten ist einmal wieder um ein kleines Stück länger geworden.[1] Die Nichtberücksichtigung der Stadt Herford im »Großen ADAC-Städteführer Norddeutschland« veranlaßte 1989 den Herforder Kulturjournalisten Otto Lewe zu dem empörten Aufschrei. Zweifellos haben Alter und Werdegang Herfords auch eine Vielzahl von kulturellen Traditionen entstehen lassen. Allerdings bezweifelte schon vor etwa 150 Jahren der bekannte Rhedaer Arzt und Frühsozialist Otto Lüning in der von ihm herausgegebenen Zeitschrift *Das westphälische Dampfboot* den von Lewe beschworenen Kulturreichtum der Stadt Herford:

In demselben Maße, in welchem die Erwerbslosigkeit um sich greift und die Möglichkeit, durch Erwerb, Handel und Thätigkeit ein gewisses materielles Wohlsein zu gründen und zu erhalten, immer mehr schwindet, geht auch das gesellige Leben der Stadt immer mehr dem Verfall entgegen. Freilich ist geistige Regsamkeit, eine gemeinere Theilnahme an Dingen, die über die Sphäre des Hauses hinausgehen, hier nie heimisch gewesen. Die wenigen wohlhabenden Bürger wissen nicht von anderen Bedürfnissen als den alltäglichsten, Wissenschaft und Kunst sind ihnen böhmische Dörfer — sie sitzen im Winter meistens im Hause, wie der Hamster in seiner Höhle, mit der ängstlichen und kleinlichsten Erwerbsgier um die Erhaltung ihres Vermögens besorgt, im Sommer den Acker bestellend. Kaum ist hier eine Gesellschaft zu finden, in der an ein regsames Leben gewöhnter Mensch sich einigermaßen heimisch fühlen könnte ...[2]

Abgesehen davon, daß Lüning offenbar von einem Kulturverständnis ausgeht, das den Lebensverhältnissen der einfachen Menschen wenig Rechnung trägt, malt er ein zu schwarzes Bild. Es gab durchaus auch zu seiner Zeit verschiedene kulturelle Aktivitäten.

Dennoch: Die Herausbildung von Bedürfnissen im Freizeitbereich, nach Bildung, Kultur, Sport und Unterhaltung im Anschluß an die tägliche Erwerbstätigkeit ist für breite Kreise der Herforder Bevölkerung eher eine neue und moderne Erscheinung. Kultur in dem oben definierten Sinn konnten sich in Herford jahrhundertelang nur die gehobenen Kreise von Geistlichkeit und Beamtenschaft, die Mitglieder von Gilden und Zünften leisten. Für die Mehrheit der Bevölkerung, die mit ihrer Arbeit genug zu tun hatte, beschränkte sich ein dementsprechender kultureller Konsum meist auf durchziehende

Wanderbühnen und ähnliche Spektakel. Dabei bleibt unbenommen, daß, wenn der Begriff »Kultur« weiter gefaßt wird als Teil des normalen täglichen Lebens und Erlernens, auch diese Bevölkerungsschichten ihre eigene Kulturwelt hatten.

Das nach außen sichtbare kulturelle Leben in Herford ist entstanden und geprägt durch bürgerschaftliche Aktivitäten, Zusammenschlüsse und private Initiativen und deren Verhältnis zur Stadt. Den Anstoß dazu gaben und geben im Grunde bis heute die einflußreichen, politisch und wirtschaftlich potenten Kräfte des Bürgertums. Historisch ist diese Entwicklung zwangsläufig, da Kultur aus eigener Kraft und mit eigenen finanziellen Mitteln geschaffen wurde und erst im Verlaufe eines länger andauernden Prozesses die städtische Verwaltung — zunächst als Geldgeber, dann als Kulturträger und Arbeitgeber — in die Institutionalisierung einbezogen wurde.

Aus der sich so entwickelnden doppelten Trägerschaft entstanden sehr schnell Konflikte um Finanzen, politischen Einfluß, Personalfragen und inhaltliche Konzepte. Zudem geriet gerade das Kulturleben leicht in den Sog wechselnden politischen Zeitgeistes. Es wurde stärker als andere Bereiche des öffentlichen Lebens von herausragenden Persönlichkeiten dominiert. Die so angedeuteten Entwicklungen und Konfliktlinien prägen denn auch die folgenden Untersuchungen zu einigen Entwicklungen und Institutionen in Herford.

Aufgrund des bisher schlechten Forschungsstandes zur neueren Geschichte der Stadt und der teils noch ausstehenden Bearbeitung wichtiger Bestände des Stadtarchives aus der Zeit nach 1900 können wir kein umfassendes Bild der kulturellen Entwicklung zeichnen und müssen uns auf exemplarische Untersuchungen beschränken.

- So verfolgen wir mit der Entwicklung des Schützenwesens und der Sportvereine bürgerschaftliches Engagement, das weiten Kreisen der Bevölkerung Aktivität und Selbstverwirklichung in der Freizeit, Geselligkeit und Erholung zu bereiten versprach.
- Das kulturelle und künstlerische Leben im engeren Sinne decken die Untersuchungen zu den mehr klassischen Kulturträgern Musik und Theater ab.
- Schließlich geben Ausführungen über das Herforder Museum und das Archiv Einblicke in die Art und Weise, wie die Bürger sich mit der eigenen Geschichte auseinandergesetzt und in welchen historischen Traditionen sie ein eigenes Selbstverständnis entwickelt haben.
- Die Geschichte der kulturellen Aktivitäten ist auch immer eine Geschichte der Zeitungen. Auf Kultur wird in den Zeitungen hingewiesen, über Kultur wird in ihnen berichtet.

Wichtige Institutionen und wichtige zum Thema gehörende Untersuchungsaspekte konnten nicht berücksichtigt werden. Weiter zu forschen wäre beispielsweise nach der Entwicklung der Stadtbibliothek, der Volkshochschule, von Vereinen wie z.B. dem Herforder Kunstverein oder nach dem Gesicht der Arbeiter- und in jüngeren Jahren der Alternativ- und Jugendkultur in Herford. Es fehlen Erkenntnisse über die Mitgliederstruktur und die innere Organisation in Vereinen und Verbänden, den Einfluß einzelner bedeutender Persönlichkeiten und die vielfachen Verflechtungen von Kultur und Politik usw.

Sport

Die Schützen

Je mehr sich Fronten im gesellschaftlichen oder politischen Leben verschärfen, und je mehr sich unsere Gesellschaft in den vergangenen Jahren zu einer Konsum- und Überflußgesellschaft entwickelt hat, desto mehr scheint erfreulicherweise die Besinnung auf ideelle Werte an Attraktivität gerade bei der jüngeren Generation zu gewinnen ... Die drei großen Gruppierungen, die stets ein gewisses Maß an innerem Gleichklang verbunden hat, nämlich die Sportler, die Sänger und die Schützen, sind hier in besonderem Maße aufgerufen, unserer Jugend die Verbindung ideeller Werte mit einer realistischen Lebensauffassung zu vermitteln, schrieb 1982 der amtierende Präsident der Schützengesellschaft Wolfgang Oehler anläßlich ihrer 150-Jahr-Feier.[3]
Neben nationalpolitischen Ansprüchen waren es vor allem *ideelle Werte*, die die Bürgerschaft nach Beendigung der französischen Besatzung bewogen, als Ausdruck ihres in den Freiheitskriegen gewonnenen Selbstbewußtseins in Herford Vereine auf dem Gebiet der Musik, des Schützenwesens und des Sports zu gründen.[4] Der kulturell aktive Teil der Herforder Bürgerschaft war zunächst sehr klein, da die wirtschaftliche Situation weite Kreise von derartigen Aktivitäten ausschloß. Dementsprechend gab es zahlreiche personelle Verflechtungen im Mitgliederstamm der ältesten Musik- und Sportvereine: Der Schützengesellschaft von 1832 — die Schützen sind aufgrund ihrer Mitgliedschaft im Stadtsportverband ebenfalls zu den Sportvereinen zu zählen —, dem Musikverein von 1820, der »Liedertafel« von 1837 und der Turngemeinde von 1860.
Eine führende Position im Vereinsleben der Stadt nahm bald nach ihrer Gründung die Schützengesellschaft ein. Sie knüpfte an die mittelalterliche Schützentradition an.[5] Auf Initiative des Justizkommissairs Wilhelm Winzer erschien am 24. März 1832 eine Einladung in der Herforder Zeitung »Westphalia« zur Gründungsversammlung einer Schützengesellschaft. Der Aufruf fand erhebliche Resonanz in der Bevölkerung. Insbesondere staatliche Funktionsträger fühlten sich von der Schützenidee angesprochen. 377 Schützen schrieben sich als Mitglieder ein und wählten auf ihrer Generalversammlung als ersten Vorstand: *Oberst W. Winzer, Referendar Althen Adjutant, Zuchthausdirektor Haase Major, Karl Schrewe Adjutant, Dr. Aschoff Bataillonsarzt, Justizkommissair Fischer Auditör, Assessor Siveke Artillerie-Offizier, Oldermann Rechnungsführer, Lorenz Bataillonsschreiber, und 4 Hauptleute: F. Koch, Polizeikommissair Hölscher, F. W. Caase, D. Bockermann ...*[6]
Durch Kabinettsordre vom 30. Mai 1832 erteilte der preußische König Friedrich Wilhelm II. der Schützengesellschaft die Genehmigung zur Vereinsgründung:
Ich erkenne wohlgefällig den guten Sinn, welcher die Bürgerschaft der Stadt Herford nach ihrer Anzeige bewogen hat, sich zu einem Schützenbataillon zu vereinigen, um wenn es einst nötig sein sollte, auch mit den Waffen das Vaterland zu verteidigen.[7]
Die enge Anlehnung der Herforder Schützen an staatliche Strukturen wird durch den Ablauf des ersten Schützenfestes am 15. und 16. Juli 1832 deutlich. Landrat Philipp von Borries hatte den ersten Schuß und traf die Krone, Bürgermeister Rose war in Vertretung

des Kronprinzen beim zweiten Schuß ebenfalls sehr erfolgreich und traf den Reichsapfel. Die dem König angetragene Schützenkönigwürde wurde von Friedrich Wilhelm umgehend den örtlichen Hoheitsträgern zurückerstattet.[8]
Zu den Tradtionen des Schützenfestes gehört auch, der Obrigkeit der Stadt Reverenz zu erweisen: *Wenn am Abend vor dem Schützenfeste sich der schimmernde Fackelzug der Schützen durch die Straßen der Stadt bewegt, um in Ton und Wort dem Obersten, dem Könige und der Königin der Schützengesellschaft Ehrungen zu erweisen, dann macht dieser Zug auch Halt bei der Wohnung des Stadtoberhauptes, um dieses auf gleiche Art zu ehren und zu erfreuen. Althergebracht ist diese Weise. Sie hat ihren Ursprung in der Entstehung der alten Schützengilden und hängt eng mit deren einstigem Zweck zusammen.*[9]
Satzungsgemäß war es Ziel der Schützen, eine *Gesellschaft zur Beförderung und Belebung des Gemeinsinns ohne Rücksicht auf Standes-Verschiedenheit der Mitglieder*[10] zu bilden. Doch stieß die Sozialstruktur der Herforder Schützengesellschaft bereits in ihrer Gründungsphase auf Kritik. So kommentierte das Mindener Sonntagsblatt in seiner Ausgabe vom 25. Juli 1832: *Die Teilnahme an dem gedachten Schützenfest von 1832, das heißt, einen Schuß zur Gewinnung der Königskrone zu haben, stand jedem Herforder frei, ob dieser jegliche Bürger war oder nicht. Dies war jedoch für jeden durch Erlegung von einem Reichsthaler zehn Groschen bedingt. Die öffentliche Meinung über diese Anordnung spricht sich nicht eben günstig aus. Man glaubt, daß das Herforder Bürger-Schützenfest kein Volks- oder Bürgerfest im wahren Sinne des Wortes sei, in dem die Ausgabe von einem Taler zehn Groschen und die Anschaffung eines besonderen dunkelfarbigen Leibrocks ... dem weniger bemittelten Einwohner, der, um seiner Familie den Lebensunterhalt nicht zu entziehen, an den Schützentagen sonst nur fünf bis zehn Groschen ausgegeben hätte, davon zurückgehalten habe, sich dem Schützenfeste anzuschließen. Allerdings hat diese öffentliche Ansicht ... wohl etwas für sich; zieht man in Betracht, daß zur Zeit des Mittelalters, wo die Herforder Bürgerschaft ihre gesamte Streitkraft aufbot, um ihre ehemalige Feste gegen feindliche Angriffe zu verteidigen, kein Unterschied gemacht wurde, ob der ein oder andere Bürger entweder eine gewisse Summe Geldes erlegen konnte oder gerade so gekleidet war wie seine Mitbürger.* In der folgenden Ausgabe des Sonntagsblattes wies die Schützengesellschaft den Vorwurf der Selektion ihrer Mitglieder nach finanziellen Kriterien mit dem Hinweis auf ihre Unkosten zurück. Diese Rechtfertigung ließ der Redakteur des Mindener Sonntagsblattes nicht gelten. Er hielt an dem Standpunkt fest, daß die von den Schützen postulierten Zielsetzungen *Bürgersinn* und *Zusammenhalt in Zeiten der Not* nicht von *pekuniärer Individualität* abhängig gemacht werden dürften, da eine Organisation mit dem militärischen Bereich entlehnten Strukturen im Kriegsfall auf alle Schichten der Bevölkerung angewiesen sei und daher eine gesellschaftliche Exklusivität in Friedenszeiten nicht zulässig sei.[11]
Vorstands- und Königslisten der Gesellschaft lassen allerdings darauf schließen, daß es im wesentlichen die besser gestellten Herforder Bürger waren, die in der Schützengesellschaft den Ton angaben. Funktionsträger waren in der Zeit bis 1892 im wesentlichen Kaufleute, Fabrikanten und Beamte, wie die Chronik von 1892 ausweist.[12]

Der Schützenhof, um 1910

Eine feste, regelmäßig wiederkehrende Institution wurde das Schützenfest erst nach dem Umzug vom Lübberbruch an den Luttenberg. Nachdem die Schützengesellschaft am 20. Juni 1859 die für einen Grundstückserwerb notwendigen Korporationsrechte erhalten hatte, erwarb sie von der Stadt ein Grundstück am Abhang des Luttenberges. Am 31. August 1859 wurde ein Vertrag mit dem Wirt Fuhlhage über den Ankauf des Schützenhofes für eine Summe von 6000 Talern unterzeichnet.
Der Königliche Baumeister Heyden wurde mit den notwendigen Umbauten beauftragt. Zur Finanzierung der Grundstücks- und Umbaukosten gab die Schützengesellschaft Aktien aus.[13]
Durch den Erwerb eines eigenen Vereinsheims etablierten sich die Schützen fester im gesellschaftlichen Leben der Stadt. Durch die Gründung einer Stiftung für die Armen der Stadt versuchten sie, soziale Verpflichtungen zu erfüllen. Am 15. Juni verteilte die Schützenkönigin Louise Wessel erstmals einen Betrag von 42 Talern 11 Groschen an 49 Bedürftige.[14]
Die städtischen Verwaltungsberichte der letzten Jahrzehnte des 19. Jh. weisen eine positive Mitgliederentwicklung der Gesellschaft aus.
Dort wurde der Gesellschaft mehrfach bescheinigt, daß sie den *Boden für anständige Geselligkeit aller Klassen der Einwohnerschaft* bilde, *einen nicht zu unterschätzenden wohlthätigen Einfluß* ausübe und *eine nicht zu verkennende Bedeutung* habe.[15] Der Schützenhof wurde auch für musikalische und politische Veranstaltungen zur Verfügung gestellt.
Einen Rückschlag erlebte die Schützengesellschaft nach dem Ende des Ersten Weltkrieges, als die Nähe der Schützen zu militärischen Formen als nicht mehr zeitgemäß erschien. Erst 1920 wurde der Schützenhof wieder freigegeben. Mit der Gründung des Kleinkaliberschießvereins Herford am 18. September 1930 wurde das Schützenwesen neu aktiviert. An diesem Verein beteiligten sich neben Mitgliedern der Schützengesell-

schaft und des Schießclubs auch deutsch-nationale und rechtsradikale Organisationen wie der Jung-Deutsche Orden, die Bismarckjugend, der Stahlhelm und der Kyffhäuserbund.[16]
1933 wurde die Schützengesellschaft auf Veranlassung von NSDAP-Kreisleiter Nolting nach dem »Führer-Prinzip« umorganisiert. Der amtierende Schützenoberst Carl Heinrich Huchzermeyer galt wegen seiner nationalkonservativen Einstellung als politisch nicht zuverlässig. Die Gesellschaft fügte sich dem äußeren Druck, um ihr Vereinsleben fortsetzen zu können, und besetzte die Position um: *Aber es fanden sich doch aufrechte deutsche Männer, die aus Heimatliebe über ihren Schatten sprangen, um das Weiterleben der Schützengesellschaft zu ermöglichen* (!).[17] Auch in einem weiteren Punkt paßte sich die Gesellschaft an. Sie wurde — wie alle anderen Schützenvereine — vor die Alternative gestellt, entweder dem Westfälischen Heimatbund beizutreten, auf jeglichen Schießsport und das Königsschießen zu verzichten, aber damit auch aus dem Zentrum des Interesses der Machthaber zu geraten, oder dem Reichsbund der Leibesübungen beizutreten und damit in die Sportförderung mit dem Ziel der Wehrtüchtigung und damit der Kriegsvorbereitung einbezogen zu werden. Die Gesellschaft entschied sich für den Reichsbund. Bereits 1934 wurde der Schießstand der Schützengesellschaft durch den Anbau von Kleinkaliber- und Pistolenständen erweitert.[18] Bis kurz vor Kriegsende blieb der Schießstand stark frequentiert, während die Schützenfeste mit Kriegsausbruch eingestellt wurden. Am 6. Dezember 1941 schloß die Schützengesellschaft mit der Stadt noch einen Gesellschaftsvertrag über Betrieb und Ausbau des Schützenhofes, der sich für die Gesellschaft als sehr vorteilhaft erweisen sollte.
Nach dem Einmarsch alliierter Truppen in Herford verfügte die Stadtkommandantur am 4. April 1945 eine allgemeine Waffenabgabe. Der Schützenhof wurde beschlagnahmt. Wegen ihrer exponierten Stellung in der Zeit des Nationalsozialismus galten insbesondere die Schützen als politisch unerwünscht, die erst 1950 wieder ein Königsschießen veranstalten durften. Bei der Wiederherstellung des durch die Truppeneinquartierungen stark in Mitleidenschaft gezogenen Schützenhofes sah sich die Stadt aufgrund des bestehenden Gesellschaftsvertrages in die Pflicht genommen. 1949 und 1952 war der Schützenhof wieder freigegeben worden. In der Begründung der Stadtzuschüsse heißt es: *Bei der Planung der Schützenhofneugestaltung sind nicht allein betriebswirtschaftliche Gesichtspunkte zu berücksichtigen, sondern es handelt sich hier vorwiegend um ein im Interesse des gesamten Wirtschaftslebens der Stadt dringend notwendiges Problem.*[19] Rund drei Millionen Mark an Haushaltsmitteln stellte die Stadt für die Erneuerung des Schützenhofes bereit. Im Herbst 1959 konnte der »Stadtgarten-Schützenhof« in Betrieb genommen werden. Genutzt wird er für kulturelle Veranstaltungen der Stadt sowie für solche der Schützengesellschaft, der vertraglich fest Nutzungszeiten eingeräumt wurden.

Die Turner

Ein weiterer Bestandteil des bürgerlichen Freizeitangebotes im heutigen Sinne wurde die Turngemeinde Herford, deren erste Hauptversammlung am 15. Dezember 1860 stattfand. Politische Voraussetzung der Neugründung war die Aufhebung der Turnsperre durch die preußische Regierung im Jahre 1842. Die Turnsperre war im Zuge der Karlsbader Beschlüsse 1819/20 nach der Ermordung des Dichters August von Kotzebue durch den Theologiestudenten Karl Ludwig Sand verfügt worden, um die politischen Bestrebungen der Turner unter Jahn, denen auch Sand nahestand, zu unterbinden. Die Wahl des ersten Vorstandes der Turngemeinde (TGH) am 15. Dezember 1860 dokumentierte, daß — wie in der Schützengesellschaft — das Bürgertum die tonangebende Schicht war. Zum ersten Gemeindewart wurde Spinnereibesitzer Schönfeld, zum Turnwart Fabrikant Kopka, zum Kassierer Fabrikant Kranefuß gewählt — Bürger, die auch innerhalb der Schützengesellschaft in führenden Positionen aktiv waren. Politisch orientierte sich die TGH an den auf Einigung Deutschlands gerichteten Zielsetzungen »Turnvater« Jahns. So stifteten die Frauen der Vereinsmitglieder — aktives Turnen galt zeitbedingt als für Frauen unschicklich und gar gesundheitsgefährdend — eine schwarz-rot-goldene Fahne mit der Aufschrift »Einheit-Freiheit-Vaterland«.[20]
40 Jahre später war von dieser nationalpolitischen Stoßrichtung — ein Reflex des Vormärz — nicht mehr viel zu spüren. Nationalkonservatives bis reaktionäres Gedankengut hielt Einzug in die Vereinssatzung: *Der Zweck ist Gelegenheit und Anleitung zu geregelten Turnübungen zu geben als eines Mittels zur körperlichen und sittlichen Kräftigung sowie die Pflege deutschen Volksbewußtseins und vaterländischer Gesinnung. Alle politischen und religiösen Parteibestimmungen sind ausgeschlossen.*[21] Berücksichtigt wurden auch politische Bestrebungen der Vereinsmitglieder außerhalb des eigentlichen Vereinslebens, sowie sie den Zielsetzungen der TGH zuwiderliefen. Dem Ehrenvorsitzenden und Mitbegründer, Engelbert Schönfeld, der sich in Herford einen Namen als politisch und sozial stark engagierter Mann gemacht hatte, wurde in einer offenen Anfrage im Herforder Kreisblatt vom 20. Juni 1903 zur Last gelegt, *sich offen zur Sozialdemokratie zu bekennen*, weswegen ihm auf einer Hauptversammlung seine Ehrentitel entzogen wurden. Schönfeld klagte vor dem Landgericht in Bielefeld gegen diese Entscheidung und wurde am 15. Februar 1904 rehabilitiert. In der Urteilsbegründung heißt es: *In § 1 der Statuten ist es als Zweck des Vereins außer der durch die Turnübungen zu fördernden körperlichen und sittlichen Kräftigung die Pflege deutschen Volksbewußtseins und vaterländischer Gesinnung hingestellt. Beklagte hat ihren Beschluß daraufhin geändert, daß Kläger* (Schönfeld, J.B.) *durch sein öffentliches Eintreten für die Sozialdemokratie, einer ausgesprochen vaterlandslosen Partei, den Bestrebungen der Turngemeinde, vaterländische Gesinnung zu pflegen, entgegengearbeitet habe. Diese Begründung konnte nicht als zutreffend anerkannt werden; es ist ja allerdings vom Kläger zugegeben, daß er in öffentlichen Versammlungen gelegentlich der letzten Reichstagswahl für die Sozialdemokratie agitiert habe, aber ebenso ist seine Behauptung, daß er solches, ohne selbst Anhänger der Sozialdemokratie zu sein, nur aus parteitaktischen Gründen getan habe, von der Beklagten nicht widerlegt worden. Es kann dahingestellt*

bleiben, ob die Sozialdemokratie, deren Bestrebungen darauf gerichtet sind, ein allgemeines Weltbürgertum herbeizuführen, deshalb mit Recht als vaterlandslose Partei zu bezeichnen ist ... Desweiteren konnte die Beklagte nicht den Beweis erbringen, daß Kläger Mitglied der SPD ist und daß ein Agitieren für die Wahl eines Sozialdemokraten noch nicht eine die Grundsätze der Sozialdemokratie im allgemeinen billigende Gesinnung in sich schließt. Als Beweismoment hatte Beklagte angegeben, daß Kläger bei der sozialdemokratischen Versammlung bei einem Hoch auf die Sozialdemokratie mit aufgestanden sein soll. Das Gericht erblickt hierin keinen Beweis für die Zugehörigkeit des Klägers zur SPD, sondern sieht hierin lediglich einen Akt gesellschaftlicher Höflichkeit gegenüber der Versammlung, in der er sich als Gast befand... [22]

Die Turngemeinde versuchte, bei ihrem Dachverband, der Deutschen Turnerschaft, finanzielle Unterstützung für eine Revisionsverhandlung zu erhalten, scheiterte aber.[23] Im Verwaltungsbericht der Stadt der Jahre 1900 bis 1905 wird deutlich, daß die Stadt die Haltung der Turngemeinde weitgehend teilte: *Nicht unerwähnt darf hier bleiben der unerfreuliche Prozeß, den die Turngemeinde Herford gegen ihr eigenes Ehrenmitglied und ihren Ehrenvorsitzenden, den Stadtverordneten E. Schönfeld hat führen müssen. Die Turngemeinde hatte dem Benannten die Rechte ... genommen, weil derselbe sich in dem politischen Wahlkämpfen jener Zeit offen auf die Seite der Sozialdemokratie gestellt hatte.*[24] Die Außenseiterposition der Sozialdemokraten wird auch anhand einer Statistik in denselben Jahresberichten deutlich: *Die vier Turnvereine hierselbst, welche der Deutschen Turnerschaft angehören, entwickelten sich erfreulich und zählten an Mitgliedern: Turngemeinde Herford 1900: Mitglieder 210, Zöglinge 22; 1905: Mitglieder 212, Zöglinge 20, Frauenabteilung 29; Turnerbund Herford 1900: Mitglieder 62, 1905: Mitglieder 91, Frauenabteilung 16, Turnerbund Stiftberg 1900: Mitglieder 58, 1905: Mitglieder 76, Turnverein »Jahn« 1905: Mitglieder 50. Hiernach zählten allein diese vier Vereine 429 aktive Turner (außerdem bestand noch ein Turnverein mit sozialdemokratischen Tendenzen); erfreulicher Fortschritt in dieser Periode war, daß nunmehr auch die Frauen sich beteiligten.*[25]

Bei diesem namentlich nicht näher benannten Verein mit *sozialdemokratischen Tendenzen* könnte es sich um den »Turnverein Vorwärts« von 1901 gehandelt haben, der sich 1907 dem Arbeiterturn- und Sportbund anschloß und der zu den Vorgängervereinen des heutigen Großvereins »Verein für Leibesübungen Herford« von 1881 gehörte. Auch Turnerbund und »Jahn« entwickelten sich von bürgerlichen zu Arbeitersportvereinen.[26] Treibende Kraft für die Entwicklung des Turnens — der Begriff Sport, der auch eine inhaltliche Abgrenzung bedeutet, wurde erst später gebräuchlich — blieb in Herford aber die Turngemeinde. Zunächst übten ihre Mitglieder unter einfachsten Bedingungen im Saal des Gastwirts Dieckmann, später im Bürgerverein, im Schützenhofsaal und auf dem Lübberbruch mit einer Minimalausstattung an selbstfinanzierten Geräten. Überlegungen, dieses Provisorium durch den Bau einer eigenen Turnhalle für 7 500 Mark an der Totenstraße zu beenden, scheiterten daran, daß Schulen und Magistrat eine feste Zusage über die Mitbenutzung der geplanten Halle verweigerten.[27]

Bessere Bedingungen ergaben sich erst nach dem Neubau der städtischen Turnhalle am Wilhelmsplatz auf dem Gelände des früheren Zuchthauses, das wiederum auf dem

Die Vorführriege der Turngemeinde Herford, 1901

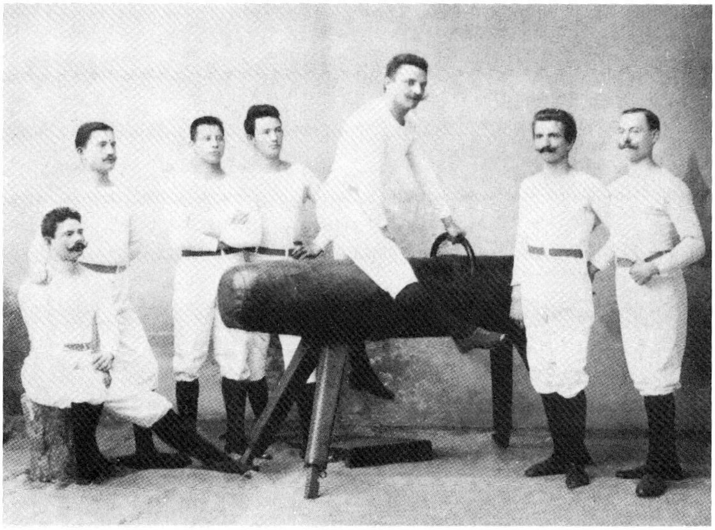

Grundstück des aufgehobenen Fraterhauses erbaut worden war. Die Stadtverordneten hatten am 19. September 1884 für den Neubau 16 000 Mark bewilligt. Am 6. Oktober 1885 wurde die Halle eingeweiht und Schulen und Vereinen zur Verfügung gestellt. Die veranschlagte Bausumme wurde mit 15 720 Mark knapp unterschritten, obwohl in der Bausumme bereits der Saalschmuck enthalten war: Büsten des Kaisers, Ernst Moritz Arndts und Ludwig Jahns sowie *gute für die Jugend bestimmte altdeutsche Sinnsprüche. ... Des Abends war der Saal durch verschiedene Vereine benutzt und hat der ganzen Turnerei der Stadt einen neuen Aufschwung gegeben.*[28] Die Turngemeinde erweiterte ihr Angebot beträchtlich. Man gründete 1895 eine Jugend-, 1900 eine Frauen-, 1901 eine Fecht- und 1908 eine Spielabteilung mit den Sportarten Fußball, Faustball, Handball und Schleuderball. Mit der Einweihung der Turnhalle am Lübberbruch ergaben sich weitere Expansionsmöglichkeiten für die TGH. Obwohl der Verein sich weiterhin klarer parteipolitischer Zuordnungen enthielt, wurde die politische Ausrichtung in der Kaiserzeit symbolisch verdeutlicht: 1910 weihte die Turngemeinde anläßlich ihres fünfzigjährigen Bestehens eine neue Fahne. An die Stelle des freiheitlich-demokratischen »Schwarz-Rot-Gold« aus der Gründungszeit trat »Schwarz-Weiß-Rot«, die Farben der Kaiserlichen Zentralgewalt.

Einen gravierenden Einschnitt für den Aufschwung der Turngemeinde wie auch der weiteren mittlerweile etablierten Sportvereine bedeutete der Ausbruch des Ersten Weltkrieges. Die Turngemeinden stimmten in die allgemeine Kriegsbegeisterung ein. Der Vereinsvorsitzende Professor Wille organisierte eigens vormilitärische Übungsformen für Jugendliche.[29] Viele aktive Turner und Sportler wurden eingezogen. Die meisten von ihnen fanden auf den Schlachtfeldern den Tod.

Bürgerlicher Sport — Arbeitersport

Nach dem Krieg sahen sich Stadt- und Kreisverwaltung verstärkt in die Pflicht genommen, die Förderung des Sports in kommunaler Verantwortung zu betreiben. Den wachsenden Anforderungen an ein sportliches Angebot konnten auf privater Basis beruhende Initiativen nicht mehr genügen. Der Bedarf an neu zu errichtenden Sportstätten überstieg die Finanzkraft der Vereine. Landrat von Borries begründete die Verpflichtung der Kommunen, sich in diesem Bereich zu engagieren: *Vor 1914 gab es in einer ganzen Reihe von Gemeinden des Kreises Spielplätze, meist auf gepachteten Grundstücken. Im Kriege wurden diese fast alle zum Anbau von Nahrungsmitteln benötigt. Nach der Zeit knappster Ernährung war der Gesundheitszustand bei den Kindern des stark industriell durchsetzten Kreises . . . sehr schlecht. Mit ausgedehnten Zusatzspeisungen suchte man zu helfen . . . Im Jahre 1925 legte sich die Kreisverwaltung die Frage vor, ob das bisher angewandte System richtig sei, nachdem übrigens die Zusatzspeisungen, wie wohl überall, stark abgebaut waren. Man kam zu der Überzeugung, daß man die Heil- und Erholungskuren nicht entbehren könne, daß aber Vorbeugen richtiger sei als Heilen. Selbstverständlich mußte nach wie vor die Bekämpfung der Wohnungsnot als die wichtigste Vorbeugung beibehalten werden. Daneben aber mußte die Wiederbelebung, Verbreitung und Vertiefung von Spiel und Sport für die Jugend treten.*[30] Eine Bestandsaufnahme hatte im Jahre 1925 im gesamten Kreisgebiet eine Zahl von 15 Spielplätzen ergeben. Mit 15 000 Reichstalern jährlich förderte der Kreis die Pachtung und Ausstattung weiterer Grundstücke, so daß 1928 bereits 55 Spielplätze mit einer Gesamtfläche von rund 50 Hektar vorhanden waren. Umgerechnet auf den Kopf der Bevölkerung ergab dies einen Anteil von 4,6 Quadratmetern, während in den Richtlinien des Reichsausschusses für Leibesübungen ein Mindestmaß von drei Quadratmetern verlangt wurde. Landrat von Borries resümierte: *Jedenfalls ist die Leitung des Kreises der Meinung, daß die 1 1/4 vom Tausend seines Gesamtgebietes ausmachenden Spielplätze das fruchtbarste Gelände sind.*[31]

Nur wenige Sportvereine waren finanziell in der Lage, eigene Sportanlagen zu erstellen. Ein Beispiel war die Spielvereinigung-Union 08, deren Schwerpunkt das Fußballspiel war — Vorgänger des heutigen Sportclub Herford. Der Sportclub Herford, heute einer der mitgliederstärksten Sportvereine der Stadt, entstand aus den Stammvereinen FC Union von 1908, Spielvereinigung von 1913, Einigkeit von 1907, Verein für Bewegungsspiele 1927, Spiel und Sport 1928, die miteinander fusionierten. Am 14. August 1921 weihte die »SU 08« ihre eigene Sportplatzanlage zwischen Werre und Ahmser Straße — etwa auf dem Gelände der Firma Flamme gelegen — ein.[32]

Auch der Tennisclub Herford von 1900 — der älteste Tennisclub Ostwestfalens — erbaute in den Jahren 1929 / 30 eine eigene Anlage, da er über kapitalkräftige Mitglieder verfügte.[33] Die Arbeitersportler der Schwimmvereine »Einigkeit«, gegründet am 8. November 1907, und »Freie Schwimmer« von 1923 pachteten von der Stadt ein Grundstück an der Werre für eine Flußbadeanstalt und errichteten dort ein Freibad.[34]

Die Arbeitersportler konnten in ihren Vereinen nach dem Kriegsende wesentlich freier agieren als während der Kaiserzeit. Ihre frühe Geschichte läßt sich allerdings nur in

Mitglieder des Schwimm- und Sportvereins »Einigkeit«, 1925

Umrissen rekonstruieren, da schriftliche Quellen kaum zur Verfügung stehen. Aufschluß geben Interviews mit Zeitzeugen.[35]
Der Arbeitersportler Karl Reese beschreibt seine Motive für den Eintritt in den 1907 gegründeten Arbeitersportverein »Eichenkranz«: *Wir wollten uns eben sportlich betätigen ... Der Turnverein Eichenkranz turnte in der Turnhalle an der Diebrocker Straße ... Wenn ich heute behaupten wollte, ich bin aus Überzeugung in den Arbeitersportverein gegangen, nein, das wäre nicht richtig ... Wir wollten uns sportlich betätigen. Wir wollten Handball spielen, und wir wollten wandern. Eichenkranz hatte eine Musikabteilung. Ich habe Mandoline und Zither gespielt.* Zu den Aktivitäten der Arbeitersportvereine gehörten außerdem Reisen zu Veranstaltungen des Arbeiter-Turn- und Sportbundes wie dem Bundesfest 1929 und der 1. Arbeiterolympiade in Frankfurt. Das Programm dieser Veranstaltungen bestand aus Turnwettkämpfen, Handball, Fußball, gemeinsamen Massenfreiübungen ebenso wie aus einem kulturellen Rahmenprogramm mit Theateraufführungen, Ausstellungen, Reden und Besichtigungen. Den Unterschied zu den bürgerlichen Olympiaden beschreibt der Herforder Arbeitersportler Karl Anton: *Die bürgerlichen Olympiaden waren im großen und ganzen viel größer ... Da war ja auch die Leistungsspitze der Länder vertreten, während bei uns mehr Freizeitsport war.* 1925 schlossen sich die »Freien Turnerinnen« — ebenfalls Arbeitersportlerinnen — dem »Eichenkranz« an. *Wir machten Gymnastikübungen, wir machten Geräteübungen und ein paar Tänze. Die Turnstunde fing an mit Laufübungen. Dann wurden Freiübungen gemacht, dann gings zum Geräteturnen über — Bockspringen, Barrenturnen, Ringe, und dann als letztes kamen Spiele, gesellschaftliche Spiele — »Drittenabschlagen« und sowas alles. Und zum Abschluß setzten wir uns alle hin, und dann sangen wir noch ein Lied*, berichtet Grete Tilker. Der Arbeiter-Turn- und Sportbund bildete seine Übungsleiter in der verbandseigenen Bundesschule in Leipzig aus, an der auch die Herfor-

derinnen Gertrud Kammeiner und Grete Tilker in 14tägigen Lehrgängen in den Bereichen Kinder- und Frauenturnen geschult wurden. Von der Bundesschule aus wurden die Provinzvereine ebenfalls mit schriftlichen Übungsanleitungen versorgt.
Politische Diskussionen und Schulungen waren nach übereinstimmenden Aussagen der Herforder Arbeitersportler eher ein Nebenprodukt als ein fester Bestandteil des Vereinslebens. Auch die Abgrenzung zum bürgerlichen Sport war zumindest in den Anfangsjahren der Weimarer Republik weniger eine klar ideologische denn eine gesellschaftliche Angelegenheit: *Ja, da war ja nur die Turngemeinde. Aber da wollten wir ja alle nicht hin, weil da nur die Besseren waren* (Grete Tilker). Auch Karl Reese berichtet über ein distanziertes Verhältnis zum bürgerlichen Sport, das aber nicht eindeutig feindlich geprägt war.

Die nationalsozialistische Umgestaltung

Die Politisierung des Arbeitersports in Herford begann nach der Darstellung der Zeitzeugen mit den ersten Auftritten der SA. Karl Reese: *Politik war da ja nicht das Ausschlaggebende. Das wurde ja alles erst ausgeprägter, als dann die SA anfing zu marschieren. Da besann man sich ja erst darauf und sagte, wir sind doch genau das Gegenteil. Die bringen uns doch ins Unglück. Das wurde damals ja von der Spitze erzählt.*
In der Endphase der Weimarer Republik kam es zu Zusammenstößen und auch zu Schlägereien mit Nationalsozialisten. Die Arbeitersportler rissen nachts die NS-Plakate ab, wie die eigenen wiederum von SA-Angehörigen entfernt wurden. Neben politischer Überzeugung wird auch sportlicher Ehrgeiz mitgespielt haben, wenn Arbeitersportler wie Karl Anton nachts Fabrikschornsteine hochkletterten, um Hakenkreuzfahnen abzureißen.
Die letzten Tage des »Eichenkranz« im Jahre 1933 schildern Karl Reese und Karl Anton: *Im März oder April kriegten wir Bescheid, daß die Turnhalle für uns gesperrt wurde. Und wir hatten ja auch noch etwas Geld in der Tasche. Dann haben wir den zweiten Ostertag eine Fahrt gemacht nach Stemmern, mit vier Mannschaften. Haben einen Lastzug genommen, Bänke daraufgestellt und alles. Wir haben gegen den Verein Stemmern / Minden gespielt. Und haben unser letztes Geld verpraßt . . . Dann kriegte ich Bescheid* (Karl Anton als Vorsitzender, J.B.), *sämtliche Protokolle und Listen und unser Geld abzugeben. Und alles Material, was wir noch hatten. Und da habe ich erst nicht darauf reagiert. Und dann war die SA bei mir in meiner Abwesenheit und hat meine Schublade ausgeräumt . . . Ich hatte ja auch unser ganzes Geld ausgegeben, was wir noch hatten. Der Betrag war 1,89 Mark. . . . Und da guckten die in die Protokolle rein, sahen unsere Ausgaben und stellten fest, daß wir den zweiten Ostertag unser Geld alle verbraten hatten.* Zu persönlichen Konsequenzen kam es jedoch nicht.
Die Arbeitersportler schlossen sich zum Teil anderen Vereinen an. Auflage war jedoch, daß die aufnehmenden Vereine keinen höheren Prozentsatz als 10 Prozent ihrer ursprünglichen Mitgliederzahl übernahmen. Diese Vorschrift scheint in Herford wohl recht locker gehandhabt worden zu sein. »Spiel und Sport« (SuS) nahm jedenfallls mehr als die erlaubte Quote auf. Zu nennenswerten Protestaktionen gegen die nationalsoziali-

stischen Eingriffe in den Herforder Sportbetrieb kam es offenbar nicht. Nach der Verabschiedung des »Ermächtigungsgesetzes« organisierte ein großer Teil der Herforder Sportvereine einen Fackelzug, der dem herrschenden Regime eine grundsätzliche Bereitschaft zur Mitarbeit signalisieren sollte: *Ganz Herford marschierte, mehrere tausend Fackelträger verkündeten den Tag der Nation. Gewaltige Kundgebung auf dem Rathausplatz. Anläßlich des Fackelzuges der Reichstagseröffnung, der den Beginn des neuen nationalen Deutschlands kennzeichnete, wollten Tausende an diesem Fackelzug teilnehmen. Die Straßen der Stadt waren festlich geschmückt mit schwarz-weiß-roten und Hakenkreuzfahnen, die Schulen hatten unterrichtfrei und nahmen geschlossen an den Gedenkfeiern teil. — Geschäfte und Betriebe blieben geschlossen. In vier großen Marschsäulen nahmen die Teilnehmer am Lübberbruch Aufstellung, und pünktlich um 19.15 Uhr setzte sich der gewaltige Zug in Marsch, voran die NSDAP-Kapelle, dann die SA, SS, HJ und NSDAP. Diese erste Marschsäule war mehr eine Armeegruppe, lediglich die HJ glich einem Fackelwald. Sonst waren keine Fackeln zu sehen, die die ernst schauenden und zugleich freudig gestimmten Gesichter dieser braunen Soldaten beleuchten konnten. Dann kamen die Schulen Herfords; die Jugend hatte man reichlich mit Fahnen versehen. Ihnen schlossen sich die soldatischen Vereine mit dem Schützenverein an. Diese Gruppe führte die Feuerwehrkapelle. Danach kam die Turnerschaft und die sporttreibenden Vereine . . .*[36]

Ob die beteiligten Sportler auch inhaltlich eine Hinwendung zum Nationalsozialismus vollzogen hatten, bleibt fraglich. Tatsache ist, daß sie allein durch ihre Präsenz bei diesem Fackelzug, der mit einer Huldigung an den Nationalsozialismus auf dem Rathausplatz durch Rektor Fischer endete, sich zumindest äußerlich mit dessen politischer Sache identifizierten. Der Vorstand der Turngemeinde ließ es nicht auf direkte Anweisungen ankommen, sondern ihr Vorstand trat freiwillig zurück, um eine Neubesetzung im nationalsozialistischen Sinne zu ermöglichen: *Von Jahn angefangen bis auf den heutigen Tag hat sich die Deutsche Turnerschaft in der vaterländischen Einstellung niemals beirren lassen. An sich ist daher eine Gleichschaltung überflüssig, vor allem hier in Herford. Die Tradition der TGH weist die Betonung des vaterländischen Gedankens über mehr als 70 Jahre nach. Immerhin glaubt der Vorstand der TGH in der Zeit der nationalen Erhebung die Pflicht zu haben (zu überprüfen), ob die Zusammensetzung des Vorstandes den neuen Richtlinien der nationalen Erhebung auch wirklich entspricht. Der Vorstand ist daher geschlossen zurückgetreten und hat den nationalsozialistischen Rechtsanwalt Dr. Gothner, ein langjähriges Mitglied der TGH, zum Kommissar bestellt. Der Kommissar hat sofort Neuwahlen auf den 10. Mai ausgeschrieben und auf die Tagesordnung auch nach den neuen Richtlinien der Deutschen Turnerschaft die Arierfrage gesetzt. Nach dem Vorschlag des Kommissars sollen alle Mitglieder nichtarischer Abstammung, die nach dem 1. August 1914 der TGH beigetreten sind, ausgeschlossen werden.*[37] Auch die Spielvereinigung Union 08 übernahm diese Verfahrensweise, während andere Vereine bereits ihre Vorstände zuvor neugewählt hatten.

Bekenntnisse zum Nationalsozialismus lieferten die Herforder Sportvereine in der Folgezeit reichlich, etwa die Spielvereinigung Union anläßlich ihres 25jährigen Jubiläums: *Mit Stolz bekennen wir uns zur nationalen Regierung, mit großer Verehrung zu unserem*

Führer Adolf Hitler, dem unser ganzes Vertrauen gilt. In diesem Sinne wird auch die Spielvereinigung Union 08 kämpfen und helfen, am großen Werk des Wiederaufbaues zum eigenen wie auch zum Segen des Vaterlandes.[38] Ähnlich äußerten sich auch andere Vereine wie der Boxsportverein von 1929, der sich im März 1933 in »Deutscher Sportclub von 1929« umbenannte und erklärte: *Parlamentarismus scheidet im deutschen Sportclub aus. Es herrscht das bewährte Führerprinzip. Der Führer ernennt die Abteilungsleiter und bestätigt die von ihm ernannten Funktionäre ... Willkommen sind die von Marxisten irregeleiteten Volksgenossen, die sich heute zum Deutschtum bekennen.*[39]
Der Deutsche Sportclub exponierte sich in besonderem Maße im Sinne der nationalsozialistischen Machthaber. Adolf Hitlers Vorliebe für den Boxsport war bekannt. Daraus leitete die Vereinsführung offenbar eine Sonderstellung innerhalb der Sportvereine der Stadt ab. Der Verein erhielt von der Stadt die Verwaltung des von den Arbeitersportlern der Vereine »Einigkeit« und »Freie Schwimmer« errichteten Volksbades an der Werre zugesprochen. In Übereinstimmung mit der Ortsgruppe des Deutschen Reichsausschusses für Leibesübungen unter der Leitung von Otto Büter wurde das Bad am 29. April 1933 auf den Namen Hitlers umbenannt.[40]
Widerstand gegen die nationalsozialistische Umgestaltung des Sportbetriebs war in Herford äußerst selten. Die meisten Vereine paßten sich den geänderten politischen Verhältnissen an, um ihr Fortbestehen zu sichern. Dabei folgten sie den Vorgaben ihrer Dachorganisationen. Die Turngemeinde, die der »Deutschen Turnerschaft« mit ihrem dem Nationalsozialismus gegenüber sehr kooperationsbereiten Vorsitzenden Edmund Neuendorff angehörte, übernahm die Verzinsung eines Darlehens der Turnerschaft an die Stadt für den Bau der »Ludwig-Jahn-Kampfbahn«.[41]
Verhaltensweisen wie die des Vorstands des Reit- und Fahrvereins »von Lützow« von 1920, der die Übergabe an die Reiter-SA verweigerte, waren bei den noch zugelassenen Vereinen die Ausnahme. »Von Lützow« nahm in Kauf, daß der Reitbetrieb während der NS-Zeit teilweise zum Erliegen kam.[42]
Durch den Zweiten Weltkrieg verloren die Vereine einen großen Teil der aktiven Sportler. Allein 79 Mitglieder der Turngemeinde fielen. Die Aufrechterhaltung eines normalen Übungsbetriebes, der — wie es in den Selbstdarstellungen der Vereine nach 1945 oft dargestellt wird — entscheidender Motivationsfaktor für die Kooperation mit dem Nationalsozialismus war, war kaum noch möglich.

Nachkriegszeit

Das Ende des Zweiten Weltkrieges bedeutete eine weitere Zäsur für den Herforder Sportbetrieb. Ähnlich wie nach dem Ersten Weltkrieg war ein großer Teil der Sportstätten zerstört oder beschlagnahmt. Da die bis Kriegsende bestehenden Vereine formal und personell von nationalsozialistischen Strukturen geprägt waren, bestanden zunächst Bedenken der alliierten Militärregierung, die Fortführung des Vereinsbetriebes zu gestatten. Erst nach und nach wurden über das Landratsamt wieder vereinzelt Genehmigungen für einen organisierten Sportbetrieb erwirkt, sofern dieser politisch unbedenklich schien.

Die strikte Trennung von bürgerlichem Sport und Arbeitersport konnte nicht wiederhergestellt werden. Anfängliche Versuche, an frühere politische Ausrichtungen anzuknüpfen, erwiesen sich als nicht mehr zeitgemäß, nachdem die SPD auf ihrer Sportkonferenz am 26. und 27. September 1946 den Verzicht auf eine eigene Sportorganisation zugunsten eines auf demokratischer Ebene stehenden Dachverbandes, des dann am 10. Dezember 1950 gegründeten Deutschen Sportbundes, ausgesprochen hatte. Programmatische Aussagen wie die des traditionsreichen Arbeitersportvereins VfL Herford anläßlich seiner Festwoche im August 1949 erwiesen sich auf die Dauer als nicht tragfähig für Großvereine moderner Prägung: *Nicht um aus den Menschen ein Instrument des Krieges, sondern des Friedens zu machen leisten wir diese körperliche Erziehungsarbeit. Im Interesse der schaffenden Arbeit, im Sinne des Sozialismus wollen wir wirken. ... Bis in das Kleinste des menschlichen Tuns dringt der blutwarme soziale Gedanke. Die Offenbarung kommt vielen immer stärker, daß der Adel der Arbeit nur durch ein Wirken erreicht werden kann, daß sich stützt auf Selbstachtung und Selbstvertrauen und auf dem Bewußtsein, daß die Arbeit die Grundlage allen Reichtums und aller Kultur ist. Das Schaffen durch Faust und Hirn soll die Erde frei machen für freie Menschen.*[43]
Die Wahl des ehemaligen Arbeitersportlers Karl Reese zum ersten Vorsitzenden des am 16. März 1946 gegründeten Kreis-Turn- und Sportverbandes Herford dokumentierte die verbesserten Mitwirkungsmöglichkeiten der Arbeitersportler an der Neuorganisation des Sportes in der Stadt.
Die Stadt Herford sah sich in der Folgezeit gezwungen, den Forderungen des Kreissportbundes und seiner Mitgliedsvereine nach dem Bau geeigneter Sportstätten nachzukommen. Die Sportvereine der Stadt erreichten insbesondere in der zweiten Hälfte der fünfziger Jahre einen sprunghaften Anstieg ihrer Mitgliederzahlen, wie die Verwaltungsberichte ausweisen (TGH 1952: 228 Mitglieder, 1956: 803, 1960: 854; Spielvereinigung Union 1952: 245; 1956: 482, 1960: 631; Verein für Leibesübungen 1952: 138, 1956: 347, 1960: 426). Bereits in den Jahren 1952 bis 1956, als die Aufgaben des Wohnungsbaus noch im Vordergrund standen, gab die Stadt 200 000 DM für die Instandsetzung von Schulsportanlagen an den Schulen Friedrichs-Gymnasium, Stiftberg, Mindener Straße, Diebrocker Straße, Elverdisser Straße, Komturstraße, Wilhelmsplatz, Falkstraße, Friedenstal, Handelsschule unter den Linden und Uhlandstraße aus. Am 26. Juni 1955 wurde das wiederhergestellte Stadion, die »Ludwig-Jahn-Kampfbahn«, eingeweiht, am 1. Januar 1957 ging das Otto-Weddigen-Bad, das seit seiner Eröffnung 1935 von der »Gesellschaft zur Förderung öffentlicher Interessen der Stadt Herford« unter Geschäftsführung der jeweiligen Stadtkämmerer geführt worden war, in den Besitz der Stadt über.[44] Weitere Sportanlagen folgten. Bedeutendste Anlagen der letzten Jahre waren das 1966 fertiggestellte Hallenbad, die am 11. Dezember 1981 eröffnete Eisbahn im Sportzentrum »Kleines Feld«, die der Stadt erstmals langwierige Prozesse wegen der Lärmbelästigung der Anlieger eintrug, und die 1988 eingeweihte Kreissporthalle an der Bielefelder Straße.
Die Ausstattung der Stadt mit Hallen- und Sportplatzflächen ist — bezogen auf die Einwohnerzahl — nicht sehr üppig. Im Vergleich zu den Nachbarkommunen schneidet Herford eher ungünstig ab. So gab es in der Stadt am 1. Januar 1983 187,8 Quadratmeter

Hallen- und 1 689,2 Quadratmeter Sportplatzfläche pro 1 000 Einwohner (Hiddenhausen: 157,9 und 2 888,1; Enger 249,1 und 3 103,4; Vlotho 179,9 und 2 992,8; Bad Salzuflen 205,5 und 2 672,7).[45] Allerdings wird in Herford wie in anderen Städten der Sport zunehmend privatisiert und kommerzialisiert. An die Stelle der Vereine treten vielfach private Sportstudios, deren Angebot den geänderten Freizeitbedürfnissen der Bevölkerung entgegenkommt. Einige Vereine — insbesondere die Turngemeinde, aber auch VfL Herford und weitere — haben auf diese Konkurrenz flexibel reagiert: bei ihnen ist die Vereinsmitgliedschaft nicht mehr Voraussetzung für die Teilnahme am Vereinssport. Ihr Kurssystem wendet sich an Sportler, für die der Verein Organisations-, aber nicht mehr unbedingter Identifikationsfaktor sein soll. **(J.B.)**

Musik

Die Vereine

Die Darstellung des Herforder Musiklebens im Rahmen dieses Beitrags beschränkt sich auf die Geschichte der zu Beginn des 19. Jh. gegründeten Musikvereine und des sich daraus entwickelnden kommunalen Musikangebotes. Nicht berücksichtigt werden können frühere Formen des Musizierens in Herford, wie sie im Schulchor des Gymnasiums, der Turmbläserei und Stadtpfeifer praktiziert wurden.[46]
Für den heutigen Herforder Bürger ist es eine Selbstverständlichkeit, daß seitens der Kommune ein breites musikalisches Angebot »vorgehalten« wird, wie es im Verwaltungsdeutsch heißt. Konzerte der Nordwestdeutschen Philharmonie, Kirchenkonzerte, Orgelvespern, Musizieren lernen an der von der Stadt weitgehend finanzierten Jugendmusikschule — Musik hat sich als öffentliches Bedürfnis etabliert und institutionalisiert. Dennoch ist die Organisationsform des Vereins als Träger kultureller Interessen recht neu. Erste Initiativen der Bürgerschaft, sich in entsprechenden Vereinen zusammenzufinden, verliefen nicht störungsfrei. So war — wie bereits eingangs in der Geschichte des Sports geschildert — die finanzielle Situation Herfords in der ersten Hälfte des vergangenen Jahrhunderts sehr ungünstig.
Eine Konzertanzeige vom 8. Dezember 1820 im »Öffentlichen Anzeiger« dokumentiert die Existenz des Musikvereins. Darin wird bereits auf das zweite Abonnementskonzert dieses Vereins hingewiesen, so daß sein Gründungsdatum in den Vormonaten anzusetzen ist. Die Tatsache, daß der Musikverein erst 1892 sein 50jähriges Bestehen feierte, deutet darauf hin, daß es eine lange Phase des Erliegens des Vereinslebens gegeben hatte. Erst Nachforschungen des Studienrats Schatte anläßlich der 100-Jahr-Feier des Vereins 1920 ergaben, daß die Vereinsgründung bereits zu diesem frühen Zeitpunkt (1820) anzusetzen war.[47] Ein vollständiges Konzertprogramm konnte der Musikverein während seiner Anfangsphase in Eigenregie nicht bieten. In einer Konzertankündigung für den 15. September 1824 heißt es in der Zeitung »Westphalen und Rheinland«, Mitwirkende seien neben dem *hiesigen Musikpersonal mehrere Dilettanten und Mitglieder des*

Hoboistencorps vom 15. R(e)g(imen)t in Minden. In den folgenden Jahren ging der Verein mit einigen Konzerten an die Öffentlichkeit.
Diese Auftritte müssen für die Herforder Bürger eine beachtliche Anziehungskraft gehabt haben — und zwar für ganze Familien. 1826 sieht sich die Leitung des Musikvereins veranlaßt, den Konzertbesuch über eine Anzeige in der »Westphalia« zu reglementieren: *Die Herren Abonnenten werden gebeten, Kinder unter 14 Jahren ferner nicht mitzubringen, indem von mehreren Seiten über die von Kindern verursachten Störungen Klage erhoben worden ist.*[48] Als *Abonnenten* galten die zahlenden Mitglieder, die durch ihre Beiträge die Verpflichtung auswärtiger Musiker ermöglichten. Zugelassen waren zu den Konzerten jedoch auch sonstige Interessenten, für die laut Konzertanzeige in der »Westphalia« vom 6. September 1827 ein Eintrittspreis von zwölf Silbergroschen erhoben wurde. Überschüssige Einnahmen wurden der Armenkasse zur Verfügung gestellt, wie eine Danksagung des Stadtdirektors von Diedrichs im »Öffentlichen Anzeiger« vom 14. Juni 1824 belegt. Um 1830 lassen die Vereinsaktivitäten erheblich nach. Als Ursache wird eine Ablenkung des Bürgerinteresses durch die Gründung der Schützengesellschaft benannt.[49]
Eine weitere Vereinsneugründung auf dem musikalischen Sektor wurde 1835 vom Radewiger Kantor Schwettmann initiiert. Aus diesem Verein entwickelte sich die »Liedertafel« von 1837, die heute noch besteht. Wesentliche Impulse für die Gründung von Gesangvereinen und für die Gestaltung ihres Repertoires gingen von Lehrern aus, da das Singen auch Bestandteil ihrer Ausbildung an den Seminaren war. Die Motive der Vereinsgründung beschrieb Schwettmann in der Festschrift zum 50jährigen Bestehen der »Liedertafel« 1887: *In der Friedenszeit von 1820 bis 1830 regte sich die Lust zum Gesange, denn es wurde damals von bedeutenden Musikern eine Kunstart besonders bearbeitet, die Männerlieder, die bis dahin noch wenig beachtet und gepflegt waren . . . Es bildeten sich um 1830 fast in allen Städten Männervereine zur Pflege dieser schönen Kunstwerke, die sich den Namen Liedertafeln beilegten . . . Diese Vorgänge blieben in Herford nicht ohne Einwirkung und regten die Gesangeslust an, besonders als 1833 im Oktober die Lehrer Minden-Ravensbergs hier ihr erstes Gesangsfest feierten.*[50] Die Liste der Gründungsmitglieder dokumentiert die soziale Struktur des neuen Männergesangvereins: Lehrer Schwettmann, Lehrer Weber, Auktionskommissair Cramer, Goldarbeiter Behring, Lehrer Varenhorst, Buchdrucker Wolf, Lehrer Bause, Maler Pecher, Lehrer Panzer, Musikus Seidenstecher, Lehrer H. Fach, Bäcker W. Schweppe, Lehrer Selle, Rendant Ebert, Gymnasiast Klostermeier, Kalkulator Ewers, Assistent Wahl, Posamentier Sturhan. Die engen kulturellen Verflechtungen der Herforder Bürgerschaft wurden deutlich, als sich der Vorläufer der »Liedertafel« am 11. Juni 1836 mit dem vom Vizerektor Harleß geleiteten Singverein zusammenschloß. Zu den Mitgliedern zählten einige, die bereits in der Schützengesellschaft aktiv waren wie Justizkommissair W. Winzer (langjähriger Schützenoberst), Justizkommissair Schultze (ebenfalls Schützenoberst) und Fabrikant Grewe (Schützenkönig). Auch der Mitbegründer und Redakteur der »Westphalia«, Professor Knefel, trat der Liedertafel bei.[51]
Die »Liedertafel« nahm in den Folgejahren an Liederfesten in Bückeburg, Rinteln und Hameln teil. Welche Belastungen diese Auftritte mit sich brachten, wird in einem Reise-

bericht aus dem Jahre 1839 deutlich: *Die Herforder Liedertäfler mit ihrer Fahne brachen dahin um 3 Uhr morgens in 5 Wagen vor Hölschers Haus auf, fuhren über Lemgo, Barntrup und nachmittags über die damals neu erbaute Kettenbrücke in Hameln ein, wo sie mit Böllerschüssen empfangen wurden und nach erhaltenen Quartierbilletten bei den Bürgern gastliche Aufnahme fanden.*[52]

1842 nahm der Musikverein seine Konzertaktivitäten wieder auf. Die kulturellen Ansprüche in der Stadt waren mittlerweile gestiegen. Die Aufführung von Oratorien und ähnlichen umfangreichen Werken erforderte eine qualifizierte Besetzung aller Stimmlagen. Die Begrenztheit der künstlerischen Ausdrucksmöglichkeiten eines reinen Männergesangvereins wurde bereits von Zeitzeugen empfunden. So heißt es in der Festschrift anläßlich des — irrtümlich angenommenen — 50jährigen Bestehens des Musikvereins über die Gründe für dessen Wiederbelebung: *Die Lust zu singen und der Trieb nach Geselligkeit sind eben den Deutschen eigen, und diese beiden Faktoren sind auch allgemeinhin das Bindemittel, welches den Liedertafeln zu einer festen Existenz verhilft. Denen aber, welchen die Pflege der klassischen Musik als Hauptzweck vorschwebte, konnte es nicht verborgen bleiben, daß der Männergesang, obgleich man ihm manche liebenswürdige und heitere Seite abgewinnen mochte, doch nicht die Mannigfaltigkeit und musikalische Bedeutung zu erreichen im Stande ist, welche den Vorzug der Werke für gemischten Chor bilden. Auch bei der Gründung des Herforder Musikvereins mag wohl dieses Princip maßgebend gewesen sein. Für die damals noch kleine Stadt war es jedenfalls ein bemerkenswertes Ereignis, daß der Kunstsinn der Bürger zu solcher Höhe sich emporzuschwingen imstande war.*[53]

Zu einem regelmäßigen Übungs- und Konzertbetrieb kam es im Musikverein erst mit der Berufung des Bielefelder Musikdirektors Albert Hahn im Jahre 1866.[54] Zuvor hatte es neben einigen Oratorienaufführungen eine Reihe künstlerisch weniger anspruchsvoller Darbietungen gegeben, in denen dem Zeitgeschmack entsprechende, heute weitgehend vergessene Werke aufgeführt worden waren. In Nr. 102 / 1861 des Herforder Kreisblattes werden anhand einer »Loreley«-Aufführung die Hörgewohnheiten dieser Zeit folgendermaßen beschrieben: *Die fremden Gäste aus Bielefeld, Lübbecke, Uflen etc. waren, obgleich mit dem Concerte sehr zufrieden, nicht so erbaut von dem hörenden Teile des Publikums. Höchst störend fiel ihnen die Sitte auf, die nicht leicht in einer anständigen europäischen Gesellschaft vorkommt, nämlich, daß der schöne Gesang fortwährend durch das Umherlaufen der Kellner mit Bierflaschen, Chokolade- und Theetassen, Käsebutterbrod, Weingläser, das Geklapper, das Geklimper mit dem Gelde unterbrochen wurde. In Berlin ist unter den Zelten der Philister nicht glücklich, wenn er nicht neben dem Silbergroschenconcert auch seine große Weiße genießen kann; aber man sollte unseren Gesangverein auch etwas höher schätzen als den Berliner Philister. Man kann ja auch wohl zwei Stunden eines ästhetischen Genusses sich erfreuen, ohne zugleich die Backen voll zu stopfen.* Diese Kritik veranlaßte einen Leserbriefschreiber in der folgenden Ausgabe des Kreisblattes entschieden für die Beibehaltung der oben geschilderten lockeren Konzertatmosphäre einzutreten: *Wir wissen nicht, ob der Einsender von Nr. 102 seine nicht gerade sanft stylisierte Rede im Auftrage von Mitgliedern des Gesangvereins ausgesprochen hat, sollte es der Fall sein, wir müßten es aufrichtigst bedauern. Durch die Benutzung der Lokalitäten auf dem Berge, die die Schützengesellschaft bereitwilligst zur Verfügung stellte, ist der Gesangverein erst in unserer Stadt populär geworden . . . Man vergegenwärtige sich nur so ein ästhetisches Concert in anderen Lokalitäten; zunächst muß der Eintrittspreis ein möglichst hoher sein, sonst kommt das nötige ästhetische Gefühl nicht über uns; die Damen sitzen auf langen, genau gerichteten Stuhlreihen, können sich nicht regen und bewegen und sind auf die Unterhaltung ihrer zufälligen Nachbarschaft angewiesen, geraten darüber zuweilen in Verzückungen, nur um das Gähnen zu unterdrücken, während die Herren den Hintergrund ausfüllen. Schließlich freut sich jeder auf das Ende, nur um den anderen weis machen zu können, er habe einen ästhetischen Genuß gehabt. Wir empfehlen deshalb dem Gesangverein, zur Herstellung eines solch steifen Vergnügens nicht die Hand zu bieten, und bei späteren Concerten im äußeren Arrangement keine Änderung eintreten zu lassen.*

Dennoch setzte sich die Professionalisierung des Herforder Musikbetriebs durch. Einen entscheidenden Impuls lieferte die Berufung des aus Göttingen empfohlenen Musikdirektors Adolf Päts in das Amt des Dirigenten des Musikvereins im Jahre 1883, dessen Wirken — so der Verwaltungsbericht der Stadt — *alle Anerkennung gefunden und auf diesem Gebiete unsere Stadt unabhängig gemacht hat von den Nachbarstädten.*[55] Päts setzte dabei neue künstlerische Schwerpunkte. *Überhaupt entwickelte sich das Vereinsleben im Laufe der Jahre immer mehr nach der rein künstlerischen Richtung hin, und das Interesse für Musik steigerte sich zu einer solchen Höhe hin, daß selbst die schwerverständlichen Werke zeitgenössischer Komponisten mit Erfolg zur Aufführung gelangen konnten.*[56]

Die Finanzlage der Stadt zu dieser Zeit war schlecht. So wurde während der Berichtsperiode 1875 bis 1885 ein Gesuch auf Unterstützung einer neu zu gründenden Stadtkapelle abgelehnt.[57] Dennoch gründete Kapellmeister Düngel 1886 ein städtisches Orchester, das die Aufführungen des Musikvereins unterstützte.[58] Diese private Initiative wurde seitens der Stadt für kulturell so bedeutsam gehalten, daß die Stadtverordneten am 27. März 1888 *zur Überwindung der ersten Schwierigkeiten* einen einmaligen Zuschuß von 509 Mark bewilligten.[59] Bei dieser Entscheidung kann es nicht bedeutungslos gewesen sein, daß die Mitgliederlisten des Musikvereins eine große Zahl von Angehörigen einflußreicher Herforder Familien verzeichnen. Die Namen Höpker-Aschoff, Kopka, Schönfeld, Brand, Angenete, Dresing und weitere tauchen dort zum Teil mehrfach auf.[60]

Angeregt durch das breit gestreute musikalische Engagement der Bürger sah sich die Stadtverwaltung 1897 verpflichtet, seitens der Kommune ein entsprechendes kulturelles Angebot zu unterbreiten. Pro Sommersaison wurden von der städtischen Kapelle sieben bis acht öffentliche Promenadenkonzerte auf dem Wilhelmsplatz oder auf dem Alten Markt abgehalten, die zunächst aus freiwilligen Spenden finanziert wurden, später *in Anerkennung des öffentichen Interesses* mit 50 Mark aus der Stadtkasse subventioniert wurden.[61] Bereits in der folgenden Berichtsperiode von 1900 bis 1905 wurde deutlich, wie sehr sich die Musik als Bestandteil des kulturellen Lebens der Stadt etabliert hatte. Die Subvention der Düngelschen Kapelle wurde auf 600 Mark, die Zahl der Konzerte auf 30 erhöht. *Zweck dieses Beschlusses war: Erhaltung der Kapelle in Herford und*

Schaffung einer Gelegenheit auch für die unbemittelten Schichten, bessere Musik billig zu hören.[62]
Zeitgleich mit dem Aufschwung des volkstümlichen Musizierens war auch als Folge der religiösen Erweckungsbewegung eine Verstärkung der kirchenmusikalischen Bestrebungen in den Kirchengemeinden zu verzeichnen. 1869 wurde der Herforder »Münster-Kirchen- und Posaunenchor« gegründet, der 1889 Begründer des Kantate-Festes war.[63]
Die Entwicklungsstränge weltliches und geistliches Musizieren liefen mit mehreren Berührungspunkten nebeneinander her. So waren die städtischen Musikdirektoren Päts und sein Nachfolger Friedrich Quest durch eine Organistenstelle an der Münsterkirche finanziell abgesichert.

Vom städtischen Orchester zur Nordwestdeutschen Philharmonie

Quest gilt als eigentlicher Begründer der musikalischen Bedeutung Herfords. 1904 wurde der gebürtige Herforder Volksschullehrer am Stiftberg, bildete sich aber von 1907 bis 1911 an der Königlichen Musikakademie in Berlin weiter. 1911 wurde er Gesanglehrer an der höheren Mädchenschule Herfords. Ab 1913 übernahm er die Dirigententätigkeit seines Schwiegervaters Albert Päts. Am 1. April 1917 wurde er *auf Vorschlag der Kreise aus Kaufmannschaft und Industrie* zum Städtischen Musikdirektor ernannt.[64] Seine Aktivitäten wurden auch seitens der Stadt hoch eingeschätzt: *Erst in der Nachkriegszeit setzte die ungeheure Steigerung ein, die der Stadt Herford ein eigentümliches und weithin bekanntes Gepräge verlieh und ihr so weit und breit den Ruf einer Musikstadt einbrachte. Dieser Aufschwung, der sich gerade in den Jahren des wirtschaftlichen Niederbruchs vollzog, wäre nicht denkbar gewesen, wenn nicht der Boden für den Kampf gegen den Geist des Materialismus und die jede Kultur hemmende Vergnügungssucht längst vorbereitet gewesen wäre, wenn nicht eine führende künstlerische Persönlichkeit, stetig wachsend mit den Auswirkungsmöglichkeiten des ihr anvertrauten Instruments, immer von neuem Begeisterung zu wecken verstanden hätte und wenn nicht die wie bei allen kulturellen Einrichtungen nun einmal erfahrungsgemäß notwendigen Subsistenzmittel von der Stadt in großzügiger Weise bereitgestellt worden wären. Erst dadurch aber, daß sich die Stadt zur Trägerin von Theater- und Konzertveranstaltungen machte, wurde die Plattform geschaffen, von der aus sich dieser ungeahnte Aufschwung vollziehen konnte.*[65]
Die Gründung eines städtischen Orchesters unter der Leitung von Musikdirektor Quest, das die Nachfolge der Düngelschen Kapelle antrat, aber im Gegensatz zu dieser von der Kommune finanziert wurde, hatte eine weitere Ausweitung des Konzertbetriebes in die Nachbarkreise zur Folge. 1926 gründete sich die Konzertgemeinde Minden-Ravensberg-Lippe mit 1350 Mitgliedern, die Konzerte des Herforder Orchesters in dieser Region organisierte.[66]
Die finanzielle Beteiligung der benachbarten Kommunen hielt sich jedoch in Grenzen. Herford scheiterte bei dem Versuch, Zuschüsse für die Kosten des städtischen Orchesters zu erhalten: *Der erforderliche städtische Zuschuß ist, da die Herbeiführung eines Lastenausgleichs unter den an der Erhaltung dieses großen Kulturwerks interessierten*

Stadt- und Landgemeinden nicht hat verwirklicht werden können, und da auch Zuschüsse seitens der Preußischen Landesbühne und der zuständigen Reichs- und Staatsministerien nicht zu erlangen waren, im Laufe der letzten Jahre auf 75 000 Mark in die Höhe gegangen. Diese hohe Belastung ist nach Ansicht der verantwortlichen Körperschaften mit Rücksicht auf die Finanzlage der Stadt fernerhin nicht mehr tragbar. Das Orchester soll abgebaut und die Veranstaltung von Theatervorstellungen und Konzerten künftighin wieder der Privatinitiative, allerdings unter Inausichtstellung städtischer Beihilfen, überlassen bleiben.[67]

Durch den unerwartet frühen Tod des städtischen Musikdirektors Quest, der am 29. Mai 1929 an einer Blutvergiftung als Folge einer Scharlacherkrankung starb, kam das Herforder Musikleben fast zum Erliegen. Erst nach dem Ende des Zweiten Weltkrieges entstand wieder ein städtisches Orchester von größerem künstlerischen Anspruch, aus dem sich die »Nordwestdeutsche Philharmonie« entwickelte. Daß Herford sich als Sitz eines Orchesters von überregionaler Bedeutung etablieren konnte, war das Ergebnis einer Reihe von persönlichen und politischen Entscheidungen, an denen die Funktionsträger der Stadt eher sekundär beteiligt waren.

Bereits am 16. November 1945 hatte sich eine Orchestergemeinschaft gebildet, die sich am 30. April 1946 als Verein konstituierte und als »städtisches Orchester« bezeichnen ließ. Im Kulturausschuß wurde diskutiert, inwiefern diese Bezeichnung zulässig sei: *Es ist Grundbedingung, daß an ein Orchester, das die Bezeichnung »städtisch« führt, im Hinblick auf den alten Ruf der Stadt Herford als Musikstadt besondere Anforderungen gestellt werden müssen.*[68] Oberstadtdirektor Meister wies in derselben Sitzung darauf hin, daß er dem Kapellmeister dieses Orchesters, Tilker, untersagt habe, die Bezeichnung »städtisch« zu führen. Eine finanzielle Unterstützung, auch die Bereitstellung von Treibstoff für die Fahrten zu auswärtigen Konzertterminen, wurde zunächst abgelehnt. Ein städtisches Orchester müsse sich angesichts der schlechten Finanzlage der Stadt selbst tragen. Eine wichtige Einnahmequelle waren Konzerte bei den britischen Besatzungstruppen. Diese hatten bei dem auf privater Basis von Rechtsanwalt Brand gegründeten Kulturdienst Herford 15 Musiker angefordert, für die ein *sündhaft hohes Gehalt* gezahlt werden sollte. Der Kulturdienst vermittelte diese Musiker, vereinbarte aber unter der Hand mit ihnen, aus den Einnahmen die doppelte Anzahl von Musikern für Herford zu finanzieren.[69] Unter Kapellmeister Karl-Heinz Schlüter bildete sich 1947 das »Herforder Symphonisches Orchester«, das in den Sommermonaten ein Engagement als Kurkapelle in Bad Salzuflen fand. *Mit dem Ende dieser Beschäftigung trat für das Orchester eine sehr ernste Krise ein. Es wurde der Versuch unternommen, durch die Gründung eines Musikringes, der bei ganz niedrigen Sätzen die Masse der Bevölkerung erfassen sollte, dem Orchester eine finanzielle Grundlage zu schaffen.*[70] Die Einnahmequellen für die Herforder Musiker blieben jedoch nach dem Ende der Engagements bei den Besatzungstruppen und in Bad Salzuflen minimal. Am 21. Dezember 1948 beriet der Kulturausschuß über eine Eingabe *musikinteressierter Kreise der Stadt*, die sich für eine Erhaltung des Orchesters und die Bewilligung eines Zuschusses engagierten. Oberbürgermeister Höcker sprach sich dafür aus, daß für jeden Musiker eine monatliche Garantiesumme von mindestens 200 DM erforderlich sei. Eine derart hohe Bezuschussung erschien den Ausschußmitgliedern übertrieben *in einer Zeit der Geldverknappung, die gute Leistungen beispielsweise auf dem Rathaus mit DM 180,— abgelten müsse. Außerdem dürfe man bei Kulturwerten nicht unbedingt den allgemein gültigen Maßstab anlegen, da hier stark ideelle Momente mitsprächen.*[71]

Aufgrund der hohen finanziellen Belastungen der Kommunen erschienen kulturelle Subventionen zunächst nachrangig. Eine für die Herforder Musikszene positive Lösung ergab sich erst durch die finanzielle Notlage eines weiteren Orchesters, das durch die Kriegsfolgen nach Ostwestfalen geraten war. In Bad Pyrmont hatten sich ehemalige, hoch qualifizierte Musiker des früheren Brucknerorchesters Linz, das für den Reichsrundfunk gespielt hatte, angesiedelt. Diese Musiker verfügten ebenfalls nur über eine sehr schwache finanzielle Basis.

Die Pyrmonter Musiker hatten 1949 erfolglos versucht, eine Fusion mit dem in Detmold bestehenden Theaterorchester zu erreichen, die am Widerstand der Detmolder gescheitert war. Die nordrhein-westfälische Landesregierung wollte aber für die gesamte Region nur ein leistungsstarkes Orchester mit überörtlicher Zuständigkeit subventionieren. In einem Erlaß der Kultusministerin Teusch vom 24. Oktober 1949 heißt es: *Ich bemerke noch, daß ich allein Wert auf das Bestehen eines für den gesamten Regierungsbezirk zuständigen Orchesters legen muß und nicht in der Lage bin, die Wünsche der Stadt Detmold bezüglich eines eigenen Orchesters bei der Gewährung von Beihilfen für das Theater zu berücksichtigen.*

Da das Detmolder Theaterorchester sich jedoch auch weiteren Fusionsvorschlägen

Das neue Gebäude der Nordwestdeutschen Philharmonie am Schützenhof, 1989

widersetzte, mußten andere Lösungsvorschläge erarbeitet werden: *In dieser eigentlich hoffnungslosen Lage kam Herford ins Gespräch, erstmals in einer Unterredung zwischen dem Regierungspräsidenten* (Heinrich Drake) *und seinem Dezernenten* (Herbert von Kaven, J.B.) *am 14. März 1950. Nach Anhören deines Lageberichtes meinte Drake: »Dann ist es wohl aus, oder wissen Sie noch etwas?« — »Ja, vielleicht. Wenn die Detmolder durchaus nicht wollen, sollte man versuchen, das Pyrmonter und das Herforder Orchester zusammenzulegen.« — »Herford? Was hat es zu bieten?« — »Ein kleines Orchester und ein kleines Theater. Wenn Herford Sitz eines überörtlichen Kulturorchesters wird und auf sein Theater zugunsten von Detmold verzichtet, gibt es kulturpolitisch im Bereich eine klare Lösung mit zwei Zentren: Herford für das Orchester und Detmold für das Theater ...«*[72] In Gesprächen zwischen dem Dezernenten von Kaven, Herfords Bürgermeister Höcker und Oberstadtdirektor Meister wurden die Fusionspläne konkretisiert. Am 18. Juli 1950 wurde der Orchesterverein »Städtebund-Symphoniker, Sitz Herford« mit den Trägern Herford, Detmold, Paderborn, Lemgo, Bad Salzuflen, Bad Lippspringe, Bad Oeynhausen, Kreis Herford und Landesverband Lippe gegründet. Die Umbenennung in »Nordwestdeutsche Philharmonie« konnte erst nach Freigabe dieser Bezeichnung durch den Pyrmonter Orchesterverein erfolgen, da dieser Name schon vom dortigen Orchester geführt worden war. Diese Professionalisierung des Herforder Musikbetriebes erwies sich als zeitgemäß, zeigte sich doch in den folgenden Jahrzehnten, daß das gesellschaftliche Klima und die Freizeitbedürfnisse der Bürger im kulturellen Bereich nicht eben günstig für die traditionellen Gesangvereine war, die heute zum Teil unter einem erheblichen Mitgliederrückgang leiden. **(J.B.)**

Theater

In dem wechselvollen Auf und Ab, den stetigen Auseinandersetzungen um das angemessene Niveau und den angemessenen Rahmen für das Theaterspiel, aber auch in den Phasen der Bedeutungslosigkeit zeigt sich, wie mühevoll die Etablierung und Institutionalisierung eines funktionierenden Theaterbetriebes in einer Kleinstadt wie Herford war und vielleicht heute noch ist. Der »große Wurf« konnte in Herford kaum gelingen. Dazu waren die Rahmenbedingungen zu widrig. Andererseits waren Ansprüche und Erwartungen derer, die sich mit dem Theater befaßten, häufig hoch. So ist die Geschichte des Theaterspiels in Herford auch die Geschichte zwar eingeforderter, aber nicht immer eingelöster Ansprüche und Qualitäten. Neben einzelnen Phasen hoffnungsvollen Aufschwungs gab es Zeiträume quälender Auseinandersetzungen um die Zukunft des Theaterspiels.

Die Fragen und Probleme, um die es dabei ging, waren stets von ähnlicher Art: Wer soll und kann in Herford Theater spielen? Gibt es geeignete Spielstätten? Ist das Publikum groß und interessiert genug, das Niveau der Stücke und Inszenierungen zufriedenstellend? Was geschieht in den Nachbarstädten? Inwieweit soll sich die Stadt Herford überhaupt offiziell engagieren?

Wanderbühnen

Noch bis ins 19. Jh. hinein besaßen diese Fragen allerdings wenig Brisanz, denn es gab in Herford noch kein fest organisiertes Theater und kaum ein anspruchsvolles Theaterspiel. Zu dieser Zeit zogen wandernde Theatergruppen über Land, um für eine »Saison« von wenigen Wochen an einzelnen Orten ihr Repertoire zu spielen.[73] Von der preußischen Regierung, für die Provinz Westfalen vertreten durch den Oberpräsidenten in Münster, erhielten sie auf Antrag hierzu Konzessionen. Wurden die Konzessionen auch erteilt, um das Niveau der Darbietungen steigern zu helfen, so waren dennoch der Ruf der Theaterleute und das Niveau ihrer Aufführungen eher schlecht.[74] Als Fahrende standen die Schauspieltruppen von jeher unter dem Verdacht der Unmoral; das deutsche Theaterspiel galt über Jahrhunderte als rückständig und empfing Impulse zur Steigerung der Qualität erst durch mit Erfolg umherreisende Theatergesellschaften aus England, Frankreich oder Italien. Die deutschen Theatergruppen spielten mit möglichst geringem Aufwand, oft als Familienunternehmen unter ärmlichen Verhältnissen. Sie kamen mit Empfehlungsschreiben aus vorherigen Spielorten zum Winter in die Stadt — im Sommer spielten sie in Kurorten —, mußten eine Kaution hinterlegen und spielten für einen Zeitraum von einigen Wochen eine ganze Palette gängiger Theaterstücke meist melodramatischen Inhalts. Die kurzen Saisons waren nötig, um die Einnahmemöglichkeiten für die auf ihr eigenes finanzielles Risiko arbeitenden Truppen auf einem halbwegs akzeptablen Niveau zu halten. Eine Bühnentechnik nach heutigen Maßstäben gab es dabei nicht. In Herford sollen solche Gruppen im Freien oder auf dem Flur des Alten Rathauses auf dem alten Markt gespielt haben.[75]
In der Literatur lesen wir eher von wirtschaftlichen Schwierigkeiten und gescheiterten Existenzen als von Erfolgen und künstlerischer Qualität. So soll bereits im Jahre 1776 der Theaterprinzipal Wilde mit seinem Unternehmen hochverschuldet aus Herford abgereist sein.[76] Und im September 1850 kam ein Theaterdirektor Leuchert über Versmold und Bad Oeynhausen mit einer Rumpfbesetzung von fünf Familienmitgliedern nach Herford, um Theater zu spielen. Seine Gesellschaft hatte er zuvor —*in hohem Grade hülfsbedürftig* — in Bad Oeynhausen auflösen müssen, weil er keine Gagen mehr auszahlen konnte. Dabei werden ihm durchaus zufriedenstellende Leistungen und ein untadeliger Lebenswandel zugeschrieben.[77]
Liest man Rezensionen von Zeitgenossen wie etwa von A.L. Franke zum Spiel der relativ bekannten Theatergesellschaft Pichler in Herford im Jahre 1840, so mischen sich durchweg Bewunderung und Anerkennung für das künstlerische Bemühen mit der Sorge um ein angemessenes Niveau und die Zukunft des Theaterspiels in der Stadt. Im Bewußtsein, daß eine *vollkommene Rundung der Vorstellungen* in Herford nicht erwartet werden könne, sieht der Rezensent sowohl Aufführungen, bei denen die Kraft nicht reichte, *um selbst nur ziemliche Ansprüche zu befriedigen*, ebenso wie schauspielerische Leistungen, in denen er *in der Verschmelzung das Wahre, Gute und Schöne zu finden glaubt.*[78]
Auch wenn an anderen Stellen hier und da über positive Impulse für das Theaterspiel in Herford berichtet wird — so werden einem Theaterunternehmer 1810 *ungetheilter*

Beifall und *sittliches Verhalten* bescheinigt, oder wir hören vom Werdegang des in Herford geborenen Schauspielers Costenoble bis zum Burgschauspieler in Wien [79] — dürften dies die Ausnahmen im mühevollen Theateralltag gewesen sein.

Das Bürgerverein-Theater

Eine qualitativ veränderte Situation und damit die Erwartung auf bessere Theaterverhältnisse ergab sich erst aus dem Bau des ersten festen Theatergebäudes in Herford auf dem Gelände des heutigen Amtsgerichtes »Auf der Freiheit«. Mit viel Stolz wurde noch in den 40er Jahren dieses Jahrhunderts von dem *ersten Rangtheater in Westfalen* in einer Stadt von nur knapp 11 000 Einwohnern und von *einem Theater nach modernstem französischen Muster* gesprochen.[80] Die erste Phase des Theaterspiels in diesem Haus endete allerdings schon 1913 mit der vorläufigen Schließung des Theaters und der späteren Nutzung der Räumlichkeiten für die Militärverwaltung und für eine Soldatengarnison im Ersten Weltkrieg.[81]
Sieht man diese Phase der Herforder Theatergeschichte im Überblick, so ergibt sich ein zwiespältiges Bild. Oftmals werden Entwicklungen und Initiativen, die sich mit dieser »Gründerphase« verknüpfen, hoch gelobt, die Qualität vieler Schauspiel- und Musiktheateraufführungen wird ausdrücklich herausgestellt.[82] Ein Blick auf das Detail läßt jedoch erhebliche Zweifel am Wahrheitsgehalt solcher Urteile über Herfords »Theaterglanzzeit« aufkommen.
Der Bau des Theaters war auf Initiative des Herforder »Bürgervereins« in Angriff genommen worden und wurde auch vom Verein finanziert. Das Theater wurde Pfingsten 1874 mit Musikdarbietungen und einer Inszenierung von Lessings »Minna von Barn-

Das Theatergebäude des »Bürgervereins«, um 1900

helm« feierlich eingeweiht.[83] Interessant ist, daß die Initiative des Bürgervereins und der Theaterbau offenbar im Zusammenhang mit der nationalen Begeisterung, dem Wirtschaftsboom und der Gründungseuphorie nach dem Deutsch-Französischen Krieg und der Reichsgründung 1870/71 gesehen wurden.[84] Schon bald gab es jedoch auch Schwierigkeiten. Nach vereinsinternen Konflikten kaufte 1882 der Fabrikant Engelbert Schönfeld, Vereinsmitglied und hauptsächlicher Förderer der Theateridee, den Gebäudekomplex und betrieb ihn in eigener Verantwortung weiter, bis ihn nach jahrelangen Querelen um den technischen und baulichen Zustand die Stadt Herford im Jahre 1908 übernahm.[85]

Schon bald nach seiner Entstehung genügte das Theater offenbar modernen Anforderungen in baulicher wie bühnentechnischer Hinsicht nicht mehr. Seit den 1880er Jahren und in den darauffolgenden Jahrzehnten kam es verstärkt zu Revisionen des Theaters und zu baupolizeilichen und feuerpolizeilichen Beschwerden, deren Ausgangspunkt meist der unter weitgehender Verwendung von Holz errichtete und ausgestattete Bühnen- und Zuschauerraum mit seinen Logen, Rängen und der Galerie war.[86] Sicherheitsmaßnahmen wie die Teilnahme von Feuerwachen an den Aufführungen und viele bauliche Renovierungen, z.B. der Einbau von Steintreppen und einer Steindecke und das Ersetzen der Gasbeleuchtung durch elektrisches Licht, konnten die vorhandenen Unzulänglichkeiten verbessern helfen, aber wohl nicht gänzlich beseitigen. Schon ab 1900 wurde zunehmend auch der Schützenhofsaal für Theaterveranstaltungen genutzt.[87]

Auch mit Bestehen des Bürgerverein-Theaters wurde den Herfordern Theater durch die von Ort zu Ort ziehenden Theaterdirektionen geboten. Zusätzlich zu den Theatersaisons wurden die Räumlichkeiten im »Bürgerverein« auch für Konzerte, Vorträge und Sondervorführungen jeglicher Art genutzt. Für manche Betrachter wird vor allem die Zeit zwischen 1882 und 1910 zu einem Höhepunkt in Herfords Theatergeschichte. *Stunden reinsten Kunstgenusses* seien geboten worden, Schauspieler aus Berlin nach Herford engagiert worden, Zuschauer sogar aus den Nachbarstädten Bielefeld und Detmold angereist.[88] In der Tat finden sich in den Spielplänen der auftretenden Theatergesellschaften, die innerhalb weniger Wochen ein Repertoire von 20 bis 30 Stücken spielten, auch anspruchsvolle Inszenierungen, etwa Opern oder klassische Schauspiele von Shakespeare, Lessing, Schiller, Goethe u.a. Gerade solche Aufführungen hatten es bei Teilen der Zuschauerschaft aber offenbar schwer; sie bildeten zudem eine verschwindende Minderheit gegenüber der Fülle von Operetten, Singspielen, Schwänken und Possen aller Art.[89]

Es paßte sicherlich in den Publikumsgeschmack, wenn wir lesen, daß z.B. 1906 das Kölner Millowitsch-Theater auf einer Tournee in Herford mit eigenen Volksstücken wie »Drei Tage aus dem Kölner Leben« oder »Tünnes im Nachtasyl« große Erfolge feiern konnte.[90] In einem anderen Fall wurde in dem Stück »Reise um die Welt in 80 Tagen« eine Schlangengrotte mit *zwei Dutzend Cobras* auf der Bühne präsentiert, bei deren Anblick angeblich *mehrere Zuschauer ohnmächtig* wurden.[91]

Trotz mancher ambitionierter Aufführung und solcher »Sensationen« lassen die vielfältigen Klagen über Qualität und fehlenden Zuschauerzuspruch aber auf einen eher mühsamen Theateralltag in Herford schließen. Bereits im Jahre 1883 wurde einem Theater-

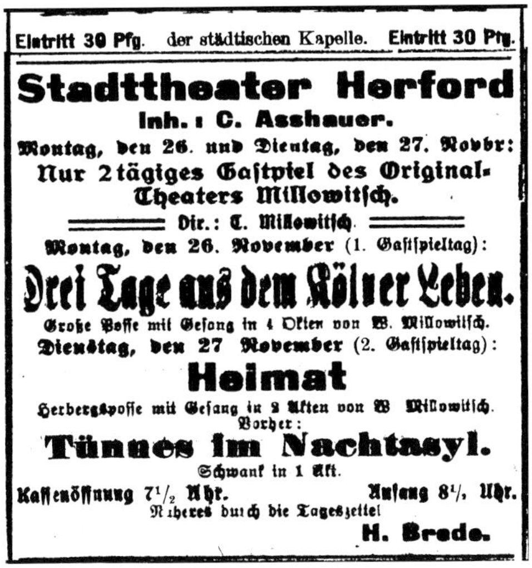

Das »Millowitsch-Theater« in Herford, 1906

direktor Drießen von der Verwaltung des Bürgervereins die Benutzung der Theaterräume aus folgenden Gründen untersagt: *Die nicht im Einklange mit seinen Versprechungen stehenden Leistungen seiner Gesellschaft* und des Direktors Versuch, durch eine eigenmächtig vorgenommene Senkung der Eintrittspreise für Nicht-Abbonnenten mehr Zuschauer zu den Vorstellungen zu locken, was wiederum die Abonnenten verärgert hatte.[92] Deutlich distanziert geraten auch die Rückblicke auf das Theaterspiel in den Verwaltungsberichten der Stadt Herford. So wird z.B. im Rückblick auf die Jahre 1887 und 1890 von *schwachem Besuch* und verfehlten, *nicht den hohen Aufgaben der deutschen Bühne* entsprechenden Aufführungen gesprochen. Beklagt wird, daß zu wenig Schauspiele und zu viele *schlechte Possen der Neuzeit* geboten werden.[93]

Solche sich wiederholenden und zunehmenden Klagen führten dazu, daß sich die Stadt Herford und übergeordnete politische Stellen aufmerksamer und engagierter mit dem Theater befaßten, möglicherweise sind sie auch ein später Ausdruck für die Wertschätzung, die das Theaterspiel als Institution bürgerlicher Volksbildung, Repräsentation und Unterhaltung im 19. Jh. gewonnen hatte. So wurde denn auch die Übernahme des Bürgerverein-Theaters durch die Stadt im Jahre 1908 u.a. damit begründet, *breiteren Volksmassen und der Schülerwelt* Kunst zugänglich machen zu wollen.[94] Unter dieser Prämisse wurde tatsächlich der Versuch unternommen, breitere Schichten der Herforder Bevölkerung an das Theater heranzuführen. Durch Verträge mit den Direktionen nahm die Stadt zunehmend Einfluß auf Anfangszeiten und Anzahl von Aufführungen, auf die anvisierte Zielgruppe und sogar auf den gesamten Spielplan. Gleichzeitig wurden mit dem jeweiligen Direktor gesonderte finanzielle Konditionen ausgehandelt. So schloß die Stadt z.B. mit der Direktion Steinert für das Jahr 1907 / 08 ein Abkommen, in dem billige *Volks- und Schülervorstellungen* vereinbart wurden und zugleich dem Magistrat das Recht zugesprochen wurde, die Auswahl der Stücke zu genehmigen.[95] Ein volles Haus bei Eintrittspreisen von 20 bis 50 Pfennig, das war weniger als die Hälfte des üblichen Eintritts, gab es so bei Vorstellungen von »Wilhelm Tell«, »Minna von Barnhelm« oder der Operette »Im weißen Rößl«. Daß die Förderung des Theaters seitens der Kommune im Sinne des Zeitgeistes auch dazu dienen sollte, nationalkonservatives Gedankengut zu verbreiten, zeigen Stücke wie »Der alte Fritz und die Schlacht bei Leuthen« oder »Des alten Dessauers erste und einzige Liebe«, die 1902 als städtische *Schüler- und Volksvorstellungen* angeboten wurden.[96] Bemerkenswert ist allerdings, daß auch moderne zeitgenössische Theaterstücke des Realismus und Naturalismus, etwas abfällig als

moderne Sensationsstücke bezeichnet, wenn sie angeboten wurden, offenbar erfolgreich waren.[97]
Vielleicht stärker noch als bei den offiziellen Theatergesellschaften waren nationalkonservative Strömungen des Theaterspiels in Teilen der zu Zeiten des Kaiserreichs wachsenden Laientheaterbewegung. So führte der Katholische Männer-Verein im Jahre 1902 ein Schauspiel mit dem Titel »Die Helden von Transvaal« auf. Der Erlös wurde zur Hälfte *den für die Freiheit kämpfenden Buren* zugedacht.[98] Schüler des Friedrichs-Gymnasiums spielten 1896 das *vaterländische Schauspiel »Colberg« von Paul Heyse vor mehrfach ausverkauftem Bürgerverein.* Wiederholungen zu ermäßigten Preisen sollten allen Schichten der Bevölkerung den *hohen patriotischen Genuß zugänglich machen.*[99]
In »Krieger-Festspielen« zum Gedenken an den gewonnenen Deutsch-Französischen Krieg 1870 / 71 brachten die Herforder Militär-Vereine darüber hinaus im Jahre 1898 Kampfszenen zur Aufführung, an denen sich über 100 Mitwirkende beteiligten.
Trotz des deutlich verstärkten städtischen Engagements für das Bürgerverein-Theater, trotz oder vielleicht auch wegen der vielen Laientheateraufführungen ließ sich das Herforder Publikum nicht dauerhaft an sein Theater binden. Der Teufelskreis zwischen geringem Interesse des Publikums und finanziellen Mißerfolgen der Theaterdirektionen verstärkte sich eher noch, so daß die Stadt mehr und mehr notleidende Theatergesellschaften subventionierte.[100] Vor diesem Hintergrund und auch, weil in Bielefeld und Detmold inzwischen moderne Theaterbauten entstanden waren, wird das verstärkte Bemühen der Stadtverwaltung um Zusammenarbeit mit den Nachbarstädten und um Theaterfusionen verständlich. Sogar von dem Mindener Regierungspräsidenten wurde ein Theaterverband Herford-Bielefeld-Minden empfohlen. Verhandlungen darüber scheinen über Jahre, aber ohne sichtbaren Erfolg stattgefunden zu haben. Ähnliches gilt für erste Überlegungen zu einem kompletten Theaterneubau.[101] Die Schließung des Bürgerverein-Theaters im Jahre 1913 — wenig später durch die militärische Nutzung des Gebäudes endgültig sanktioniert — schien deshalb nur ein folgerichtiger vorläufiger Endpunkt zu sein.

Die 1920er Jahre

Auch in den für die deutsche Kultur- und Theatergeschichte so überaus lebendigen und fruchtbaren 1920er Jahren änderte sich an den beschriebenen grundlegenden Problemen für das Herforder Theater nichts Entscheidendes. Nach einigen weiteren baulichen Maßnahmen und der Wiedereröffnung des Bürgerverein-Theaters 1921 bei verkleinertem Platzangebot für 400 Personen erreichte der städtische Musikdirektor Quest mit etlichen Operninszenierungen relativ große Erfolge.[102] Auch wurden Klassikeraufführungen für die Herforder Schulen wieder angeboten. Von den üblichen Schwierigkeiten zeugt allerdings das Hin und Her in der Auswahl der Theaterensembles und bei der Kooperation mit anderen Städten und Bühnen.
Dem einjährigen Gastspiel einer Theaterdirektion folgten ein Theatervertrag mit dem Stadttheater Bielefeld, der Bielefelder Gastspiele nach Herford brachte, darauf eine Theaterkooperation mit dem Stadttheater Minden, in deren Rahmen die Hannoversche

Theaterdirektion Fricke in Herford spielte, und — nach finanziellen Einbußen — eine erneute Zusammenarbeit mit Bielefeld, ehe dann ab 1928 bis zur Saison 1932/33 Verträge mit dem »Verband der deutschen Volksbühnenvereine« in Berlin abgeschlossen wurden. Nach diesen Verträgen erhielt eine Bühne mit dem etwas eigenartig klingenden Namen »Westfälisch-ostfriesisches Landestheater« Herford als festen Stand- und Spielort zugewiesen.[103] Die in den nächsten Jahren steigende Zahl von Aufführungen und die vielfältigen Inszenierungen künstlerisch ambitionierter Schauspiele von Goethes »Faust« über Hebbels »Maria Magdalena« bis zu Ibsens »Volksfeind« lassen auf einen relativ großen Erfolg des Ensembles in Herford schließen.[104] Schließlich führten jedoch gravierende bauliche Mängel, die fehlende Zentralheizung und feuerpolizeiliche Bedenken, die Auswirkungen der Wirtschaftskrise auf den Theaterbetrieb und die rückläufigen Besucherzahlen, aber auch die politischen Veränderungen zur Schließung des Theaters im Jahre 1933.[105]

Wenn dennoch die Phase des Theaterspiels im Herford der Weimarer Republik von großem Interesse ist, dann deshalb, weil sich die z.T. schon vor dem Ersten Weltkrieg angelegten Strukturen und Entwicklungen hin zu einer größeren Professionalität und stärkeren Institutionalisierung des Kultur- und Theaterbetriebs vertieften bzw. verfestigten. Den allgemeinen gesellschaftlichen Hintergrund für diese Entwicklung bildeten die neuen sozialen Phänomene einer entwickelten Industriegesellschaft mit dem Anwachsen der städtischen Bevölkerung, der Trennung von Arbeits- und Freizeitbereich im Leben der Menschen und den bis dahin unbekannten Tendenzen hin zu einer massenorientierten Freizeitkultur (auch in Herford gab es zu dieser Zeit schon verschiedene »Lichtspielhäuser«). Diese Entwicklung enthob den Bereich Kultur der individuellen Sphäre der Bürger und machte ihn mehr und mehr zu einem Gegenstand politischen Interesses. So wird auch der nunmehr deutliche städtische Einfluß auf das Theaterspiel in Herford erklärlich. Die Verträge der Stadt mit den Theaterdirektionen oder auswärtigen städtischen Bühnen waren sehr detailliert und sicherten der Stadt vielfältige Einflußmöglichkeiten auf Inhalt und Organisation des Theaterspiels in Herford zu.[106] Der Theaterkommission der Stadt war es danach möglich, etwa den Anteil von Musiktheater und Schauspiel am Spielplan oder die Anzahl von »modernen« Schauspielaufführungen zu bestimmen und durch Verträge vorzuschreiben. Sie besaß auch das Recht, den Spielplan mitzubestimmen und eventuell unliebsame Stücke zurückzuweisen und abzusetzen. Die vorliegenden Verträge verdeutlichen zudem die städtischen Vorgaben hinsichtlich der Abonnement-Reihen, der Preisgestaltung der Theaterunternehmer oder der Bezahlung des am Theater beschäftigten nichtkünstlerischen Personals. Da das Orchester als städtische Einrichtung fungierte, waren ohnehin beim Musiktheater enge Kooperationen zwischen der Stadt und den Theatergesellschaften nötig.

Die sich so allmählich entwickelnde »Theaterpolitik« der Stadt Herford war allerdings keine leichte und unumstrittene Aufgabe. Dies verdeutlichen Auseinandersetzungen um das Herforder Theater in den 1920er Jahren. Im Jahre 1925 gab es einen für die dargelegten Entwicklungen symptomatischen Streit mit dem Pfarrer der Münsterkirche Möhrmann. Dieser hatte in einer Predigt und in Mitteilungen an die Presse ein verstärktes kommunales Engagement gegen die Wohnungsnot gefordert und gleichzeitig die städtischen Aufwendungen für Theater und Orchester kritisiert. Die städtischen Behörden reagierten sehr aufgebracht und versuchten, ihre Kulturpolitik auch wegen deren sozial positiven Auswirkungen zu verteidigen. Sie sahen das Theater *als wirksames Gegenmittel gegen die Gefahren, die unserer Bevölkerung, insbesondere auch unserer Jugend aus dem Besuch von all den leichten Vergnügungsstätten drohen ...*[107] Daß häufig die notwendigen finanziellen Mittel Anlaß des Streites waren, zeigt das Beispiel des Theaterdirektors Hans-Otto Fricke, der in Herford Theater gemacht hatte. Fricke verließ die Stadt unter dubiosen Verhältnissen und hinterließ *eine beträchtliche Summe* Schulden. Noch drei Jahre später, im Jahr 1929, veranlaßten Meldungen, nach denen Fricke in Berlin weile und sich dort als Theaterdirektor beworben habe, eilige und empörte Nachforschungen der Stadtverwaltung, die aber erfolglos blieben.[108]

Nicht nur im Bereich der Beziehungen zwischen städtischer Politik und Theaterdirektionen verfestigten sich in den 1920er Jahren Zusammenhänge und Strukturen; gleiches läßt sich auch mit Blick auf die Schauspieler wie die Zuschauer sagen. Ein neu entstandenes Bewußtsein, eigene Interessen gemeinsam zu vertreten und auf die als katastrophal empfundene Beschäftigungssituation und soziale Lage hinzuweisen, verdeutlichen z.B. die Bemühungen einer Schauspielervereinigung um eine Wirtschaftsbeihilfe von der Stadt Herford Anfang der 1920er Jahre. Da die Schauspieler in völliger Abhängigkeit von ihrer Direktion und deren Gagenvorstellungen arbeiteten, die Theaterdirektionen selbst oft in großen wirtschaftlichen Schwierigkeiten waren, ging es vielen Schauspielern sehr schlecht. Die Stadt Herford lehnte zwar im vorliegenden Fall die Wirtschaftsbeihilfe ab, stellte den Schauspielern aber das Theater für drei Benefizveranstaltungen unentgeltlich zur Verfügung, die als »Bühnenfest« und »Künstlerfest« dann auch tatsächlich stattfanden.[109]

Das Theaterpublikum war in den 1920er Jahren zunehmend nicht nur durch Abonnements an das Herforder Theater gebunden, sondern hatte sich z.T. darüber hinaus in Theaterbesucherorganisationen zusammengefunden, die für ihre Mitglieder Theateraufführungen zu besonders günstigen Bedingungen anboten oder sogar in eigener Regie Inszenierungen nach Herford holten. In Herford waren dies die örtlichen Vereinigungen des Verbandes »Freie Volksbühne« und des »Bühnenvolksbundes«, die in den 1920er Jahren entstanden.[110]

Besonders interessant ist eine solche Entwicklung mit Blick auf die Einrichtung einer Abteilung der »Freien Volksbühne« in Herford, einer Organisation, die in Zusammenhang mit der Arbeiterbildungsbewegung entstanden war. So bestand die Möglichkeit, das Theater für dieser Institution traditionell eher fern stehenden Teile der Bevölkerung zu öffnen. Über diese grundsätzliche Öffnung hinaus gab es in Ansätzen offenbar für die »Freie Volksbühne« sogar die Gelegenheit, in Zusammenarbeit mit der Theaterdirektion des »Westfälisch-ostfriesischen Landestheaters« auf die Auswahl der Stücke und die Inhalte des Spielplans einzuwirken.[111] Auf der anderen Seite ist nicht unproblematisch, was der Generalsekretär des »Deutschen Volksbühnenvereins« anläßlich eines Vertretertages dieser Organisation im Juni 1922 im benachbarten Bielefeld an den Herforder Oberbürgermeister über die Bedeutung von Theaterbesucherorganisationen schreibt: *Durch die Schaffung von Besucherorganisationen wird es möglich, im Theater eine neue gesicherte materielle Basis zu schaffen ..., die regelmäßige Abhaltung von Gastspielen von jedem Risiko zu befreien. Die Schaffung einer Volksbühnengemeinde bedeutet für das Theater aber auch die Möglichkeit, rein künstlerisch zu arbeiten, und schafft ihm eine Zuhörerschaft, die mit größerer Andacht seinen Darbietungen folgen wird, als irgendein Zufallspublikum.*[112] In dieser Äußerung spiegelt sich der Zwiespalt der nun bestehenden »Institution« Theater: Einerseits sollte das Theater unabhängiger vom zufälligen Tageserfolg werden, längerfristig arbeiten und so die künstlerische Qualität steigern können; andererseits lief es Gefahr, als anerkannte Einrichtung bürgerlicher Kultur und Bildung viel von der ursprünglichen Unbekümmertheit und Abenteuerlichkeit zu verlieren und für ein gewissermaßen »diszipliniertes« Publikum da zu sein.

Über die »Institution« Theater soll nicht vergessen werden, daß in die 1920er Jahre auch einige beachtenswerte Weiterentwicklungen im Bereich des Laientheaters fallen. Mit viel Erfolg wurden plattdeutsche Volksstücke auch heimischer Autoren, beispielsweise auf Initiative des Heimatvereins, aufgeführt.[113]

Interessanter noch und genauerer Nachforschungen wert sind Theateraktivitäten von Gruppen, die aus der Arbeiterbewegung entstanden waren. So gab es am Ende der 1920er Jahre und am Anfang der 1930er Jahre künstlerische Vorführungen von einer Theatergruppe der Sozialistischen Arbeiterjugend (SAJ) auf Parteiveranstaltungen und Maikundgebungen in Herford und Umgebung. Von der öffentlichen Kultur weitgehend ignoriert, wurden hier sehr moderne, avantgardistische Formen des Theaterspiels — Rezitationstheater und »Sprechbewegungschorstücke« — erprobt.[114]

Theater im Nationalsozialismus

Die Zeit der nationalsozialistischen Diktatur brachte den Versuch, wie alle öffentlichen Lebensbereiche so auch das Theaterleben in Herford der vollständigen Planung und Kontrolle durch Partei und Stadt zu unterwerfen. *Die Bespielung Herfords wird vom Landesleiter der Deutschen Bühne (Pg. Dr. Hoß, Bochum) im Einvernehmen mit der Reichsleitung nach einem festliegenden Plane geregelt,* heißt es in städtischen Unterlagen.[115] Wie überhaupt in ganz Deutschland so scheint jedoch auch in Herford von den vielen hochgestochenen Plänen nur wenig in die Tat umgesetzt worden zu sein, so daß man in jeder Beziehung von einem Tiefpunkt in der Entwicklung des Theaterspiels in Herford sprechen kann, was angesichts der politischen Rahmenbedingungen auch als positiv zu sehen ist.

Das »Bürgerverein-Theater« wurde geschlosssen, die Räumlichkeiten wurden NS-Organisationen wie der »Volkswohlfahrt« zur Verfügung gestellt, Gestühl und Teile des Fundus ausgeliehen und später auch verkauft[116]; das Theaterprogramm beschränkte sich auf auswärtige Gastspiele, zumeist aus Bielefeld, bisweilen aus Osnabrück oder vom »Westfälischen Landestheater« in Paderborn, einer von den Nationalsozialisten gegründeten Wanderbühne.[117] Die Aufführungen fanden zumeist im Lichtspielhaus »Helipa« (später »Capitol«) statt, das mit städtischen Mitteln geringfügig umgebaut wurde. Bereits 1935/36 war allerdings die Zahl der Aufführungen auf drei (!) gesunken.[118]

Das »Helipa«-Kino an der Elisabethstraße, um 1930

Zwar gab es in den folgenden Jahren noch einmal einen leichten Anstieg von Inszenierungen, deren Zahl aber in den Kriegsjahren wiederum rückläufig war und deren Zustandekommen dann meist von zufällig günstigen Gelegenheiten abhing und etlicher Vorverhandlungen bedurfte.[119]

Dabei hatten die neuen Machthaber 1933 betont vollmundig und ambitioniert begonnen. Alle überkommenen Organisationsstrukturen im Bereich des Theaters wurden aufgelöst. Bereits im April und Mai 1933 reklamierte der preußische Innenminister in Schreiben an die Städte die Oberaufsicht für das Theaterwesen für sich.[120] Wie alle Städte wurde auch Herford mit Initiativen, Aufrufen zur Mitgliedschaft in immer neuen kulturellen Vereinigungen und mit überregionalen schriftlichen Materialien geradezu überschüttet. Unter der Maßgabe: *Nicht nur Arbeitsschlachten, sondern auch Kulturschlachten werden heute in Deutschland geschlagen.* sollte Herford u.a. Mitglied werden im »Deutschen Bühnenverein«, im »Reichsbund der deutschen Freilicht- und Volksschauspiele« oder in der »Gesellschaft für Volksbildung«, sollte im Rahmen der Detmolder »Reichswichtigen Richard-Wagner-Festwochen« Veranstaltungen nach Herford übernehmen oder auch nur für die Teilnahme an den Wagner-Festspielen in Bayreuth Freikarten vergeben.[121] Da letztlich ein Engagement bei vielen solcher Punkte auch mit finanziellen Aufwendungen verbunden war, verwundert es allerdings nicht, daß die Stadt auf diese Initiativen reserviert reagierte und unter Berufung auf nicht vor-

handende Mittel Beitritte zu Organisationen ablehnte. In den städtischen Akten findet sich gar die handschriftliche Notiz: *Wir dürfen nicht überorganisieren.*[122]
Die alten Theaterbesucherorganisationen waren 1933 zwangsweise in eine Ortsgruppe des Reichsverbandes »Deutsche Bühne« übergeführt worden, die ein Jahr später in »NS-Kulturgemeinde, Ortsverband Herford-Stadt« umbenannt wurde. Mit Stolz wird in den städtischen Verwaltungsberichten festgehalten, daß gleich 1933 600 Mitglieder für diese neue Besucherorganisation hätten gewonnen werden können, daß mit Gewinn gewirtschaftet worden sei und daß für die NS-Organisation »Kraft durch Freude« verbilligte Abonnement-Reihen eingeführt worden seien.[123]
All diese Absichten und Erfolgsmeldungen können jedoch ebensowenig wie die aufgeblähten überregionalen Aktivitäten über den zunehmenden Mißerfolg der Theaterpolitik hinwegtäuschen. Die Besucher blieben aus, verstärkte kommunale Zuschüsse wurden notwendig, und der Spielplan in Herford wurde mehr und mehr ausgedünnt.[124]
Doch den Nationalsozialisten ging es nicht bloß darum, den Theaterbetrieb in den Griff zu bekommen — noch mehr waren sie daran interessiert, Politik mit viel Pomp und Propaganda massenwirksam in aller Öffentlichkeit zur Stabilisierung der eigenen Herrschaft zu »inszenieren«. Aktivitäten außerhalb des Theaters, ob als Vorführung einer HJ-Spielschar im Rahmen einer »Gaukulturwoche« der NSDAP oder als politisch inszenierter Aufmarsch hat es jedenfalls auch in Herford zur Genüge gegeben.[125]
Was die Inhalte des Theaterspiels angeht, so verstärkt sich über den gesamten Zeitraum hin die Tendenz zu leichter Unterhaltung, zum Musiktheater und zu Komödien, auch zu mehr folkloristisch anmutenden Veranstaltungen wie »Altdeutschen Trachtenspielen«; Stücke mit nationalsozialistischen und militärischen Inhalten (»Des Königs letzter Rekrut«, »U-Boot 116«) gab es auch, sie blieben jedoch eher die Ausnahme, ein Resultat des in der Literatur- und Theatergeschichtsschreibung festgestellten Mangels an direkt politisch verwertbaren Stücken.[126]

Neues Theater Herford

Eine für die Herforder Theatergeschichte außerordentlich interessante Phase sind die Jahre nach Kriegsende von 1945 bis 1950. In dieser Zeit materieller Not und geistiger Orientierungslosigkeit existierte in Herford — ein einmaliger Glücksfall — ein festes Theaterensemble, das sich sehr bald »Neues Theater Herford« nannte.[127]
Die Gründung und die Einrichtung eines organisierten Theaterbetriebes beruhte auf verschiedenen Zufällen. Der Rechtsanwalt und Kommunalpolitiker Ehrhard Brand war von der britischen Besatzungsmacht zum Kulturdezernenten für Stadt und Landkreis Herford ernannt worden. Er sollte sich für eine kulturelle Erneuerung einsetzen und gründete den »Kulturdienst Herford Stadt und Land«, eine private, gemeinnützige Einrichtung. In diesem Rahmen traten nach privaten Kontakten heimatlose Schauspieler zu kleinen Veranstaltungen in Herford auf. Nach ersten Erfolgen blieb eine Gruppe unter dem Dach des »Kulturdienstes« zusammen, ein Spielleiter wurde eingesetzt, und das »Neue Theater« war entstanden.[128] Das Theater stieß sehr bald auf großes Interesse auch über die Grenzen Herfords hinaus. Die erste Spielzeit begann im Oktober 1945

mit der Aufführung von Schillers »Kabale und Liebe«. Rechtsanwalt Brand gibt in einem Brief an den Oberbürgermeister die Reaktion auch von prominenten Zuschauern wieder, die die Inszenierung *einfach fabelhaft* gefunden hätten und durchweg der Meinung seien, ... *es möchte doch diese Truppe uns hier erhalten bleiben*[129].

Die Stadtverwaltung zeigte sich angetan. Einem vorbereiteten Vertrag mit einem »Theaterring Westfalen-Lippe« wurde die Zustimmung versagt, weil — so wörtlich — *wir hier ... eine gute Truppe besitzen.*[130] Das Neue Theater hatte Erfolge und trat bald auch in der näheren Umgebung bis nach Minden zu Gastspielen auf, und 1946 wurde das Herforder Theater gar in einem Artikel der neugegründeten, kulturpolitisch bedeutsamen »Frankfurter Hefte« ausdrücklich gelobt: *Stuttgart, Tübingen, Darmstadt, Heidelberg, Frankfurt, Wiesbaden, Köln, Essen, Wuppertal, Bochum, Herford — sie alle haben Theater, die sich nicht unterkriegen lassen wollen, selbst wenn sie, wie etwa in Herford, noch über kein eigenes Haus verfügen, wohl über ein Ensemble, das sozusagen mit nichts eine hervorragende künstlerische Leistung zu vollbringen versteht (Welch' grandiose Othello-Inszenierung hat Hermann Bauermeister in Herford zustandegebracht!).*[131]

Der zunächst durchschlagende Erfolg des Neuen Theaters Herford und die um das Theater herum wachsende Begeisterung beruhen neben den bemerkenswerten künstlerischen Leistungen wohl auch auf dem nach Jahren politischer Bevormundung und Krieg großen Theaterhunger und dem kulturellen Nachholbedürfnis der Bevölkerung.

Theater gespielt wurde in Herford dabei unter denkbar ungünstigen Bedingungen. Geprobt wurde z.T. in Gaststätten und Kegelbahnen, ein Theaterfundus mußte mühsam aus eigenen Mitteln und Spenden geschaffen werden; die Aufführungen fanden zumeist im notdürftig hergerichteten Saal des Logengebäudes am Faulen Steg oder auch im »Capitol« statt. Der gut geeignete und erwünschte Schützenhofsaal stand wegen der Ansprüche der britischen Besatzungsmacht in der Regel nicht zur Verfügung.[132] Von der großen materiellen Not, aber auch von dem Idealismus, mit dem Theater gemacht wurde, zeugen Vorkommnisse wie dieses nach Schluß einer Aufführung: *Unter den gespendeten Geschenken bemerkte man eine recht zeitgemäße Sachgabe: einen Korb mit Kartoffeln und Briketts, der vom Beschenkten* (dem Intendanten, M.H.) *gewiß recht gerne angenommen worden ist.*[133]

Das Selbstverständnis der Theatergruppe entsprach im großen und ganzen der in diesem Vorkommnis sich ausdrückenden Stimmung. Die Ziele waren hochgesteckt; man fühlte sich der geistigen Erneuerung der Bevölkerung nach der nationalsozialistischen Diktatur verpflichtet, wollte unter Rückgriff auf das Erbe des klassischen Humanismus politische Werte wiederbeleben helfen. In einer Stellungnahme des ersten Intendanten Bauermeister zur Inszenierung von »Kabale und Liebe« sagt er über die Gründung des Theaters: *Ihre tiefere Quelle entspringt dem Schaffensdrang von Menschen, die in der künstlerischen Gestaltung den Sinn ihres Lebens gefunden haben, das heißt in der Sinndeutung menschlichen Lebens überhaupt durch die Kunst. Sie entspricht damit dem tiefen geistig-seelischen Bedürfnis einer Zeit, in der alle Werte illusorisch geworden zu sein scheinen, und die um neue Inhalte ringt.*[134]

Daß ein heute fremd anmutender Idealismus die Arbeit des Ensembles inspirierte, zeigen auch die Worte des Schauspielers und zweiten Intendanten des Theaters Arnold Voß aus dem September 1947. Voß weist dem Theater bei der anstehenden Erneuerung der Gesellschaft die Führungsrolle zu: *Es ist vielleicht eine sinnreiche und symbolhafte Fügung, daß das wiedererwachende Leben seinen Anfang und Ausgang vom geistig kulturellen Bereich her genommen hat. Denn nur vom Geist her können wir Deutschen wieder jene Würde des Lebens und die uns früher so freigiebig gezollte Achtung der Welt zurückgewinnen. Das erste daher, was in uns geweckt und gepflegt werden muß, ist der kulturempfängliche und kulturell schöpferische Geist. Von diesem Geist her werden wir dann auch die Prosa des Lebens meistern.*[135]

Ein Blick auf die Spielpläne und Aufführungen zeigt allerdings, wie schwer so hohen Zielen entsprochen werden konnte. In der Spielzeit 1947 / 48 waren von 184 Aufführungen des Neuen Theaters 40 Klassiker-Aufführungen, 47 die von aktuellen Zeitstücken im weitesten Sinne, 55 die von Schwänken und Lustspielen; der Rest entfiel auf Märchen- und Musiktheateraufführungen. Am häufigsten wurde Schillers »Maria Stuart« (25 x) geboten, gefolgt von der Boulevard-Komödie »Charleys Tante« (17 x).[136] Auch oder vielleicht gerade zu der Zeit mußte das Neue Theater also, allen künstlerischen und politischen Amitionen zum Trotz, Konzessionen an den Publikumsgeschmack machen. Den besten Zuschauerzuspruch hatten durchweg Volksstücke und Komödien wie »Krach um Jolanthe«, »Schneider Wibbel« oder »Charleys Tante«. Dem Anspruch des Ensembles gemäß wurden aber auch Inszenierungen klassischer Stücke in großer Zahl und mit großem Erfolg geboten, z.B. Goethes »Faust«, Schillers »Don

Aufführungen des »Neuen Theaters Herford«, 1947

DAS NEUE THEATER HERFORD
im Kulturdienst für den Stadt- und Landkreis Herford
Leitung: Intendant Hermann Bauermeister

PYGMALION

Komödie in 5 Akten von Bernard Shaw
Inszenierung: Hermann Bauermeister

PERSONEN

Frau Higgins	Gertrud Hennings
Professor Higgins, ihr Sohn	Günter Witte
Alfred Doolittle	Werner Hiller
Eliza, seine Tochter	Ludowika Dieck
Frau Eynsford Hill	Martha Schmuck
Clara } ihre Kinder	Isolde Dietrich
Freddy } ihre Kinder	Heinz Branding
Oberst Pickering	Willi Albers
Frau Pearce	Brigitte Loerbroks
Ein Bummler	Wolfgang Garnier
Der sarkastische Zuschauer	Karl-Heinz Kretlow
Ein Stubenmädchen	Ingrid Barth

Der 1. Akt spielt unter einem Torbogen der Sankt-Pauls-Kirche, der 2. in der Wimpole Street. Der 3. Akt spielt bei Frau Higgins, der 4. wieder in der Wimpole Street. Der 5. Akt nochmals bei Frau Higgins

Pause nach dem 2. Akt

Kostüme: Die von Frl. Dieck getragenen Kleider sind im Atelier Bühnenkunst T. u. H. Ihlow, Herford hergestellt. Haartrachten: Frisierkunst Hagemann, Herford

DAS NEUE THEATER
INTENDANT: HERMANN BAUERMEISTER
IM KULTURDIENST HERFORD

DER HEXER

Ein Kriminalstück in 4 Akten (6 Bildern)
von Edgar Wallace
Deutsch von Rita Matthias
Inszenierung und Bühnenbild: Hermann Bauermeister

ES TRETEN AUF:

Detektiv OBERINSPEKTOR BLISS	Dirk Dautzenberg
Detektiv OBERINSPEKT. WEMBURY	Günter Witte
OBERST WALFORD Vicechef v. Scotland Yard	Willi Albers
SAMUEL HACKITT, früher. Sträfling	Werner Hiller
MAURICE MESSER, Rechtsanwalt	Peter Heitmann
Doktor LOMOND, Polizeiarzt	Jochen Schneider
CORA ANN MILTON	Ludowika Dieck
MARY LENLEY	Brigitte Loerbroks
JOHN LENLEY	Heinz Branding
SERGEANT CARTER	Wolfgang Garnier
BENNY	Karl-Heinz Kretlow
POLIZIST ATKINS	Harry Dettmar
POLIZIST FIELD	Hans-J. Müller
DETEKTIV	Heinz Stork
DETEKTIV	Manfred Bleikamp

PAUSE NACH DEM 2. AKT

Carlos«, Shakespeares »Romeo und Julia« oder »Ein Sommernachtstraum« sowie Stücke von Hebbel, Hofmannsthal u.a.
Immerhin konnte das Herforder Publikum damals auch erstmals die moderne und richtungsweisende Dramatik vor allem aus dem englisch- und französischsprachigen Raum kennenlernen. Anouilhs »Antigone« gehörte ebenso dazu wie Priestleys »Die fremde Stadt«, Sartres »Die schmutzigen Hände« oder Jean Cocteaus »Doppeladler«. Mit dem Stück »Die Lebenden« des französischen Autors Henry Troyat wagte man in Herford sogar eine deutsche Uraufführung.
Bei all diesen Bemühungen wurde allerdings von den Theatermachern wie von kulturell interessierten Beobachtern bedauert, daß die modernen Zeitstücke in Herford zu wenig angenommen wurden. Die Herforder werden als »theaterfaul« bezeichnet, und es heißt in einem Zeitungsartikel weiter: *Mutige und experimentierfreudige Aufführungen von Zeitstücken sind ihm* (dem Intendanten Voß, M.H.) *zu verdanken. Doch das Herforder Publikum ging nicht mit, wenigstens nicht mit solcher Aufgeschlossenheit, daß das Neue Theater der vollen Bedeutung seines Wortes gerecht werden konnte ... Damit scheint allerdings eine Hoffnung verloren zu gehen, die Hoffnung, daß das Neue Theater ein neue Wege suchendes Theater wird.*[137]
Immer wieder bemühten sich Ensemble und Theaterleitung um Zuschauer. Es gab gesonderte Aufrufe, Abonnementangebote, später auch Schüleraufführungen, Freiabonnements für besonders Bedürftige und sogar die Möglichkeit für Interessierte, Stücke für den Spielplan auszuwählen. Daß solche Maßnahmen Erfolg haben konnten, zeigt die Angabe des Intendanten Dr. Franz Wirtz, daß die Abonnements für die Spielzeit 1949/50 um 75% gegenüber dem Vorjahr gesteigert werden konnten.[138]

Stadttheater oder Landestheater

Das Neue Theater Herford wurde im Frühjahr 1950 aufgelöst, nachdem die Stadt Herford mit der Stadt Detmold einen Vertrag über ein sogenanntes »Städtebundtheater« abgeschlossen hatte. Theateraufführungen in Herford wurden nun vom Landestheater Detmold bestritten.[139]
Daß ein eigenes Theater mit unbestreitbaren Verdiensten und Erfolgen relativ sang- und klanglos verschwand, muß überraschen und hat sicherlich viele Ursachen. Die Hintergründe sind so komplex, daß sie einer eigenen Untersuchung bedürften. Immerhin: einige Tendenzen werden schnell sichtbar. Das Problem, in einer Kleinstadt genügend Publikumszuspruch zu finden und dennoch ein ambitioniertes Programm zu machen, ist bereits angesprochen worden. Hinzu kamen die ebenfalls angedeuteten Raumprobleme und finanzielle Schwierigkeiten, die sich nach der Währungsreform, als das Neue Theater schrittweise aus dem »Kulturdienst« ausschied und als G.m.b.H. weitergeführt wurde, verstärkten. Es gab eine Fülle von formalrechtlichen und vermögensrechtlichen Problemen; zudem mag der mehrmalige Intendantenwechsel (drei Theaterleiter in vier Jahren) zur Unruhe beigetragen haben.[140]
All dies scheint mir aber den vorliegenden Fall nicht ausreichend zu begründen. Von besonderem Interesse ist daher die offizielle Haltung der Stadt Herford und auch über-

geordneter politischer Stellen zum »Neuen Theater Herford«. Auch wenn die Stadt von der Reputation des Theaters profitierte und nach außen hin immer wieder die Arbeit des »Kulturdienstes« lobte, gab es vor allem seit 1947/48 zunehmend Differenzen. Die Stadt Herford und ihr Kulturausschuß versuchten seit 1946, die Kulturpolitik neu zu koordinieren und kulturelle Initiativen in der Stadt in ein Gesamtkonzept einzubinden.[141] Die Verständigung zwischen Stadt und »Kulturdienst« als Träger des Theaters und besonders mit dessen Initiator und Vorstandsmitglied Brand war aber offenbar schon frühzeitig gestört und beeinträchtigte das Klima.[142] Auch nach der Herauslösung aus dem »Kulturdienst« tat sich die Stadt schwer, »ihr« Theater, das ja nicht ihres war, finanziell zu unterstützen. Obwohl in anderen Städten pro Kopf der Bevölkerung mehr für die Existenz von Theaterensembles aufgewendet wurde, gab es in Herford sehr langwierige und quälende Prüfungen und Verhandlungen, ehe die Stadt finanzielle Unterstützung leistete.[143] Bei den vielen unklaren organisatorischen Fragen rund um das Theater bestand bei Teilen der Politiker und der Stadtverwaltung wenig Neigung, *irgendwelche Mittel noch in diesen Betrieb hineinzustecken* und langfristige Risiken einzugehen.[144]

Vor allem aus der Verwaltung um Oberstadtdirektor Meister heraus gab es schon sehr frühzeitig interne Überlegungen, mit anderen Städten Theaterverbindungen einzugehen. So schlug bereits 1947 der Oberstadtdirektor in einer Sitzung des städtischen Kulturausschusses die Bildung eines Theaterzweckverbandes Bielefeld-Herford-Minden vor.[145] In die gleiche Richtung, nämlich die Theaterlandschaft in der Region wie in ganz Nordrhein-Westfalen neu zu ordnen und zu zentralisieren, zielten auch Bestrebungen des Regierungspräsidenten in Detmold und der Landesregierung in Düsseldorf, die die Stadt Herford zusätzlich unter Druck setzten, da es letzlich auch um die Zuweisung von Landesmitteln an die Theater ging.[146]

Da sich in Herford zudem zumindest unterschwellig das Bewußtsein von einer Konkurrenz zwischen städtischem Orchester und dem Theater entwickelt hatte, wuchs die Bereitschaft der Entscheidungsträger, eine der beiden Institutionen langfristig aufzugeben, um nur noch eine fördern zu müssen. Typisch in diesem Sinne ist ein Äußerung des damaligen Stadtvertreters Hesse, wonach ... *in Herford das Theater ebensowenig wie das städtische Orchester auf die Dauer gehalten werden könnten. Die gemachten Erfahrungen in den Jahren nach 1919 hätten bewiesen, daß es nicht möglich sei, ohne große städtische Zuschüsse ein Theater sowie ein Orchester lebensfähig zu erhalten.*[147] Auch andere sprachen sich dafür aus, aus Gründen der Tradition auf das Orchester zu setzen. Als es deshalb auf Vorschlag der Stadt Detmold unter starker Einflußnahme des Detmolder Regierungspräsidenten Drake zu Verhandlungen über eine Kooperation kam, war die Position Herfords in diesem Interessenkonflikt wohl längst geschwächt, zumal sich abzeichnete, daß Herford Sitz eines Städtebundorchesters aus den Orchestern Herford und Bad Pyrmont werden konnte.[148]

Da nützte es wenig, daß sich immerhin Teile der Öffentlichkeit für den Erhalt des Neuen Theaters einsetzten, daß der Oberbürgermeister Höcker lange Zeit das Theater in Herford als die wichtigere Einrichtung angesehen hatte, daß die Leiter aller weiterführenden Schulen Herfords sich in einem bemerkenswerten Brief an die Stadt für den Erhalt

der »Bildungsstätte« ausgesprochen hatten oder daß der Intendant des Theaters Dr. Franz Wirtz in einer Denkschrift fast schon flehentlich formulierte: *Herford hat ein Theater. Erhaltet es der Stadt! Helft mit an seiner Entwicklung. Laßt Herford nicht zu einer Kulturfiliale auswärtiger Bühnen werden.*[149]
So fand schließlich am 4. Mai 1950 in Detmold die Sitzung über die Gründung eines Städtebundtheaters mit Sitz in Detmold statt. Herford schloß sich dem Verein »Landestheater Detmold e.V.« an und hatte von nun an jährlich einen Beitrag von 20 000,— DM zu zahlen.[150]
Auffällig ist, das die Verteter Herford in den Verhandlungen noch nicht einmal solche Positionen durchsetzen konnten, die in verschiedenen Kompromißpapieren vorlagen und Herford eine größere Eigenständigkeit bewahrt hätten. So gab es einen Vorschlag des Düsseldorfer Ministerialrats Juschka, der die Bildung eines gemeinsamen Theaters vorsah, wobei Opern und Operetten durch das Detmolder und Schauspiele durch das Herforder Theater bestritten werden sollten.[151] Es bleibt der Eindruck, daß die Vertreter der Stadt Herford in den Verhandlungen über die Lösung des Theaterproblems allzu leichtfertig mit einer in der kulturellen Entwicklung Herfords einmaligen Initiative umgegangen sind bzw. Spielräume für die Gestaltung kommunaler Kulturpolitik aufgegeben haben.

Gastpiele und Tourneen

Mit der Nachkriegsentwicklung und ihren Ergebnissen war der Weg des Herforder Theaters zu dem, was es heute ist, vorgezeichnet: eine Gastspielstätte für auswärtige Ensembles. Die 1950er Jahre erscheinen dabei rückblickend als Phase des Übergangs bis zum in Herford seit Jahrzehnten herbeigesehnten Bau eines neuen Theatergebäudes. In diesen Jahren wurde Herford in Folge der vertraglichen Vereinbarungen über das »Städtebundtheater« vom Landestheater Detmold bespielt. Die Stadt Herford leistete als Mitglied finanzielle Beiträge zum Theaterverein.[152]
Ein wichtiger Einschnitt für die weitere Entwicklung des Theaterlebens war sodann die Wahl von Heinz Schön zum Leiter des städtischen »Verkehrs- und Werbeamts«, dem als »Theateramt« zusätzlich auch die Organisation des Theaterbetriebs zugeordnet wurde.[153] Diese unter kulturpolitischen Prämissen ungewöhnliche Konstruktion zeigte sehr bald Wirkungen. Unter Schöns Leitung wurden die Herforder Theaterangelegenheiten von nun an professioneller organisiert. Verstärkte Werbung und Öffentlichkeitsarbeit führten zu einem stetigen Anstieg der verkauften Abonnements. Die Zahl stieg von gut 200 Abonnenten im Jahre 1953 bis auf ca. 800 Abonnenten 1958. In den Spielzeiten 1959 / 60 und 1960 / 61, als in Herford wegen Umbauarbeiten im Schützenhof kein geeigneter Theatersaal zur Verfügung stand, wurde gar ein aufwendiger regelmäßiger Buszubringerdienst nach Detmold organisiert.[154]
Aus der insgesamt wohl doch als unbefriedigend empfundenen Situation wurden dann nur etwa 10 Jahre nach dem Verlust des eigenen Theaterensembles doch noch Konsequenzen gezogen. Der Neubau eines Theatergebäudes wurde im Rat der Stadt einstimmig beschlossen, geplant und verwirklicht. Dabei schuf der Neubau des Ravensberger

Das Stadttheater am Lübberbruch, um 1965

Gymnasiums auf dem Lübberbruch die Möglichkeit einer Kombinationslösung aus Schulaula und Theater. In der Diskussion war von vornherein klar, daß das Theater *aus Kostengründen*, wie es hieß, als Gastspielhaus geführt werden sollte. Der 1959 begonnene Neubau wurde im Herbst 1961 mit einer Aufführung des »Freischütz« durch das Landestheater Detmold feierlich eröffnet.[155]

Blickt man heute auf die öffentliche Resonanz, die dieser Neubau hatte, so fällt sie durchweg positiv aus.[156] Für die Herforder wurde ein jahrzehntelanger Wunsch verwirklicht; zudem fiel der Bau in die Endphase des Wiederaufbaus nach dem Krieg, in der gerade mit solchen öffentlichen Repräsentationsbauten auch der lokale Stolz befriedigt werden konnte. Hinzu kommt, daß die Öffentlichkeit mit dem Theater das Auftreten von berühmten Schauspielern und großen Stars verknüpfte, so daß Herford nach außen hin vom Glanz der Prominenz profitierte und als Standort für bedeutendes Theaterspiel erschien: *Johannes Heesters und Marika Rökk waren hier, der Kommissar vom (Fernseh-)Dienst, Erik Ode, hat in der Kneipe nebenan eine Runde geschmissen, dann war auch für ihn der Herforder Fall gelöst . . .*[157]

Das Herforder Theaterkonzept zeigte in den nächsten Jahren durchaus Erfolge. Immer wieder finden sich in Veröffentlichungen Hinweise auf den guten Zuschauerzuspruch aus Herford und dem gesamten Umland: *In den Spielzeiten der Berichtszeit* (1961 bis 1964, M.H.) *waren zwischen 96 und 98% aller im Stadttheater Herford verfügbaren Plätze besetzt. Mit dieser Platzausnutzung steht das Stadtheater Herford in der Spitzengruppe der Gastspielhäuser in der Bundesrepublik.*[158]

Die Zahl der verkauften Abonnements lag mit über 7 000 (z.T. gar über 8 000) lange Zeit sehr hoch, der Subventionsbedarf des Theaters blieb entsprechend gering.[159] Die Formel vom *bestbesuchten Gastspielhaus der Bundesrepublik* gehörte fortan zum Standardrepertoire jeder offiziellen oder offiziösen Veröffentlichung über das Theater. Nimmt man die Größe Herfords als Mittelzentrum hinzu, so war und ist das Herforder Konzept unter den gegebenen Umständen im Theaterbetrieb der Bundesrepublik Deutschland, wo Theater selbst in größeren Städten in ihrer Existenz bedroht sind, durchaus beachtenswert.

Dennoch ist am Herforder Theaterleben und der städtischen Theaterpolitik auch immer wieder Kritik geübt worden. Die zu einseitige Ausrichtung auf Tourneetheater mit einigen prominenten Stars und die vergleichsweise geringe Auseinandersetzung mit — auch modernen — Inhalten und Formen des Theaterspiels ist ein Hauptansatzpunkt der Kritik. Wegen des Fehlens eines eigenen Ensembles ist sicherlich ein Bewußtsein von der Prozeßhaftigkeit des Theatermachens nur wenig in der Herforder Öffentlichkeit verbreitet. Ein eigenständiges Ensemble könnte eher auf Herforder Ereignisse und Verhältnisse reagieren, könnte ein längerfristiges künstlerisches Konzept und damit ein eigenes (Herforder) Profil entwickeln. Im Idealfall wäre eine solche Bühne Bestandteil des öffentlichen Lebens und Ort öffentlicher Diskussion, nicht zuletzt auch, um Kultur und Theater breiteren Schichten der Bevölkerung zu erschließen, Theaterarbeit außerhalb des Theaters zu betreiben, ein theaterpädagogisches Programm zu entwickeln, die Arbeit freier Theatergruppen zu koordinieren oder eine Art Studio- oder Probebühne einzurichten.

In den letzten Jahren mehren sich denn auch vor dem Hintergrund struktureller Umbrüche im Kultur- und Theaterwesen allgemein Anzeichen für auftretende Probleme. Seit dem Ende der 1970er Jahre geht die Zahl der pro Saison verkauften Abonnements zurück — sie liegt für 1988 / 89 bei gut 5 000 —, der freie Verkauf gewinnt an Bedeutung.[160] Das Theater wird als Kulturträger in Konkurrenz zu vielfältigen anderen Angeboten gezwungen sein, konzeptionell anders auf Zuschauerbedürfnisse einzugehen.

Daß einige der Probleme und Defizite erkannt sind, machen die in den letzten Jahren häufiger gewordenen Versuche von Kulturausschuß und Theateramt deutlich, veränderte Formen des Theaterspiels jenseits der bewährten Pfade zu erproben. So wurden Theaterreihen in Grundschulen und Kindergärten durchgeführt; es gab aus Anlaß des 25jährigen Bestehens des Theaters ein Schülertheatertreffen, und man wagte sich auch an die Organisation von offener Theaterarbeit im Rahmen von Straßentheater- und Kleinkunstfestivals.[161] Die Resonanz auf solche Versuche, wie zuletzt beim »Herforder Kulturmarkt« im Frühjahr 1988, zeigt aber auch, wie mühsam die Etablierung solcher Formen von Theater in Herford ist. Trotz guter Leistungen und interessanter Ansätze fehlt es diesen Formen von Theater an Breitenwirkung.

Um Theater in Herford zu einem Kulturgut für noch mehr Menschen zu machen, wird es noch mancher Anstrengung und auch struktureller Veränderungen bedürfen. Daß die Zukunft sich dabei nicht in Formen entwickeln kann, wie sie Hermann Bauermeister, dem ersten Intendanten des »Neuen Theaters Herford«, 1946 vorschwebten und im folgenden Zitat zum Ausdruck kommen, dürfte offensichtlich sein. Dennoch stimmen sei-

ne Worte auch heute noch nachdenklich: *Wir wollen wirkliche Aufbauarbeit leisten. Wir vertreten daher nicht den Standtpunkt, ohne »Prominente« grundsätzlich nicht auskommen zu können. Gewiß ist es leichter, mit einzelnen großen Namen von Fall zu Fall einen Erfolg zu erringen; auf die Dauer aber wird das Publikum für Leistungen gewonnen werden, die aus einer ständigen Ensemblearbeit entstehen. Wenn irgendwo, so entscheidet in der Kunst nicht das Zufällige, sondern das Gewachsene. Nur eine Gemeinschaft, deren Glieder in verantwortungsbewußtem Streben sich aneinander entflammen, trägt einen Zukunftskeim in sich.*
Eine solche Gemeinschaft glaube ich in Herford gefunden zu haben. Aus ihr hoffe ich, unter Hinzuziehung weiterer gleichgesinnter Kräfte und mit Unterstützung des Kulturdienstes der Stadt, ein festgegründetes, bodenständiges Theaterleben entwickeln zu können. Wir bauen auf — baut alle mit![162] **(M.H.)**

Museum und Archiv

Museumsverein und Heimatverein

Das städtische Museum Herford befindet sich heute — historisch angemessen — in der ehemaligen Villa des Fabrikanten Schönfeld am Deichtorwall, gelegen auf der früheren Herforder Stadtbefestigung. An die Villa angebaut wurde 1976 der architektonisch reizvolle Ausstellungstrakt (»Haus für Kunst und Weiterbildung«), das »Daniel-Pöppelmann-Haus«. Für die Einwohner Herfords mittlerweile zu einer Selbstverständlichkeit geworden, steht das Museum trotz seiner reichhaltigen und wertvollen Sammlungen eher am Rande des kulturellen Interesses. Nur ab und zu lassen Kontroversen um das Museum aufhorchen, die aber meist weniger die inhaltliche Ausgestaltung des Museums als die Ambitionen der jeweiligen Museumsleiter betreffen. Die Gründe für dieses relative Desinteresse von Öffentlichkeit und Institutionen sind — wie es sich für eine sich hauptsächlich mit der Geschichte beschäftigenden Einrichtung auch gehört — historisch bedingt.
Zum Zwecke der Gründung des Museums wurde speziell ein Verein (heutiger Nachfolger: Herforder Verein für Heimatkunde) ins Leben gerufen. Die zwischen dem Verein und der Stadtverwaltung immer wieder aufkommenden Auseinandersetzungen und Probleme, etwa um die hauptamtliche Verwaltung des Museums, prägen die Geschichte des Museums und sind ein beredtes Beispiel für den Umgang mit der eigenen Geschichte. Dazu wurde gerade diese Institution mehr als andere durch den jeweiligen Zeitgeist und die darin handelnden Personen mitbestimmt. Nicht umsonst hat daher der langjährige Leiter des Museums, Dr. Rainer Pape, seine Darstellung der 100jährigen Geschichte des Museums an den Biografien der einzelnen Leiter orientiert. Aber auch in Storks Geschichte des Herforder Heimatvereins treten die ausgetragenen Konflikte, diesmal aus Sicht des Vereins interpretiert, immer wieder in den Mittelpunkt.[163]

Unter Ausklammerung museumskonzeptioneller Fragen sollen im folgenden einige der die Museumsgeschichte prägenden Strukturen sichtbar gemacht werden. Eine inhaltliche Neukonzeption des Museums, das sich seit 1976 in nahezu unverändertem Zustand befindet, ist nach Ansicht aller Beteiligten längst überfällig.[164]

Erster Förderer des Museumsgedankens in Herford war der aus einer Diskussion über Möglichkeiten der Stadtbildpflege und der Erhaltung alter Bauten im Gewerbeverein 1882 hervorgegangene »Verein für Altertümer und ein städtisches Museum«.[165] Im Gewerbeverein wie im Museumsverein versammelte sich — im Gegensatz zu dem eher großbürgerlich orientierten Bürgerverein — das mittelständische Bürgertum aus Gewerbetreibenden, Beamten und Lehrerschaft. Während der Bürgerverein sich mehr der Förderung des Musik- und Theaterlebens zuwandte, beschäftigte sich der Gewerbeverein mit wirtschaftlichen und heimatgeschichtlichen Fragen. Trotzdem gab es einige personelle Überschneidungen.

Der neue Museumsverein strebte, wie schon im Namen deutlich geworden, bewußt nach einer engen Absicherung durch die städtische Verwaltung, was nicht zuletzt auch in der Wahl des Oberbürgermeisters Quentin zum Vorsitzenden seinen Niederschlag fand.[166] Im § 2 des Vereinsstatuts vom 2. November 1882 wurde festgelegt, daß die Stadt Eigentümerin der gesammelten Museumsstücke werden sollte und diese der Öffentlichkeit zugänglich machen müsse.[167] Folgerichtig übernahm die Stadt im Februar 1883 die

Die ehemalige Bürgerschule am Stephansplatz,
von 1893 bis 1908 Sitz des Städtischen Museums, um 1895

Eigentumsrechte und legte damit zusammen mit dem Verein den Grundstein für das erste »städtische« Museum in Westfalen.[168] Errichtet wurde die Institution zunächst im ehemaligen abteilichen Justizgebäude, das zuvor als Armenhaus und Feuerwehrstation gedient hatte. Trotz der engen Verbindung zur Stadtverwaltung — in den ersten 40 Jahren war jeweils der Oberbürgermeister auch Vereinsvorsitzender — blieben die Vereinsmitglieder die eigentlichen Träger des Museums. Der Verein betrieb die Sammlung der Exponate und stellte den ehrenamtlichen Museumsleiter. Erst 1988 wurde ein Museumsleiter ohne Mitwirkung des Vereins von der Stadtverwaltung eingestellt.[169]

Die Sammlungstätigkeit des Museumsvereins nahm nach der Gründung des Museums einen großen Aufschwung, auch die Stadt stellte so manche Kostbarkeit zur Verfügung. 1911 wird dann erstmals über ein Nachlassen der Spendenfreudigkeit berichtet.[170] Schon im Jubiläumsbericht 1907 — aus Anlaß des 25jährigen Bestehens des Museums — verweist der damalige Museumsleiter Normann aber auf die Probleme, die immer wieder die Geschicke des Museums prägen sollten. Dies waren weniger inhaltliche Fragen der Gestaltung — diese werden erst seit kurzer Zeit gestellt — als die unzureichende Ausstattung in finanzieller, personeller und räumlicher Sicht, begründet im fehlenden Engagement der Beteiligten, vor allem aber dem der Stadtverwaltung.[171]

Mit diesem Nachlassen des Interesses am Museum begann auch eine Phase des Niedergangs des Museumsvereins. Der 1919 neu bestimmte Museumsleiter Böckelmann mußte den Verein schon zur Mithilfe drängen.[172] 1920 wurde ihm ein Arbeitsausschuß zur Seite gestellt, der auch die Tätigkeit des Heimatvereins neu intensivierte. So konnte er kurz darauf befriedigt feststellen: *Unser Altertumsverein und das städtische Museum haben nach Julius Normanns fruchtbarer Tätigkeit geraume Zeit geschlummert. Aber jetzt regt sich's wieder.*[173] Zugleich erweiterte sich der Verein auch inhaltlich weiter in Richtung des für die Weimarer Zeit typischen, in der völkischen Interpretation des Ersten Weltkriegs wurzelnden Heimat- und Vaterlandsrettungsgedankens. Der Name wurde nun in *Herforder Verein für Heimatkunde* verändert, worunter aber die Belange des Museums nicht leiden sollten.[174]

Trotzdem fehlte nach wie vor der Wohltäter zur Unterhaltung der großen musealen Sammlung, eine Rolle, die die Stadtverwaltung als Besitzerin der Sammlungen nicht übernehmen wollte. Das Museum war zu dieser Zeit eher provisorisch in einem Nebengebäude an der Brüderstraße untergebracht, um das es dazu noch ständige Mietstreitigkeiten gab. Über den Erwerb und den Ausbau verschiedener Gebäude wurde bis zum Beginn der 1930er Jahre immer wieder erfolglos nachgedacht und verhandelt. Aufgrund der Bedeutung der Museumssammlung beteiligten sich auch überregionale Gremien an dieser Diskussion.[175] Unwillen und die immer desolatere wirtschaftliche Situation verhinderten aber ansprechende Lösungen. So kam es erst 1926 — und nicht wie geplant im 1 100jährigen Jubiläumsjahr 1923 — zu einer bloßen Instandsetzung des bisherigen Gebäudes und einer Neuaufstellung der Exponate. Die Stadt beteiligte sich nur mit einer geringen einmaligen Beihilfe von 500 Reichsmark.[176]

Weiterhin erhalten blieb aber das Raumproblem. 1930 sah sich der Herforder Verein für Heimatkunde daher zu einer Denkschrift an die Stadt als der eigentlichen Eigentümerin der Sammlungen gezwungen, was aber auch erfolglos blieb.[177] Wieder war das bürger-

schaftliche Engagement der Vereinsmitglieder gefordert. Mit massiven Eigenmitteln und finanzieller Rückendeckung durch persönliche Kontakte zur Stadtverwaltung wurde 1931 das Gebäude Unter den Linden 12 (später Adolf-Hitler-Wall) vom Verein erworben und zum neuen »Haus der Heimat« ausgebaut.[178] Neben der allgemeinen stadtgeschichtlichen Ausstellung waren jetzt auch Sonderausstellungen möglich. Das Jahr 1933 begann so mit Ausstellungen zum Trachtenwesen und zur Ritterschaft im Mittelalter.[179] Für das Museum begann nun eine relativ konfliktfreie Zeit, da die Stadtverwaltung, der Heimatverein und der Museumsleiter Schierholz sich in der Förderung und Steigerung der heimatkundlichen Aktivitäten einig waren, die sich zudem noch inhaltlich gut in die neue Zeit einpaßten. Personell traten keine Veränderungen ein. 1933 wurde von der Stadtverwaltung festgestellt: *Ein Wechsel von Personen ist beim hiesigen Heimatmuseum im Verlauf der nationalen Revolution nicht erfolgt.*[180] Als Träger der neuen Heimatbewegung sah sich der Heimatverein. Sein Vorsitzender Budde unterstrich dies mit einer Aussage in einem Schreiben an die Stadtverwaltung: *Der Heimatverein hat schon vor der Machtergreifung im Sinne des Führers gearbeitet, da sollte es nicht schwer sein, einen gangbaren Weg zu finden.*[181] Schließlich wurde 1937 in einem Zeitungsbericht über eine Vorstandssitzung der *Herforder Heimatverein im Dienst für Heimat, Reich und Volkstum* gewürdigt.[182]
In dieser positiven Stimmungslage für das Museum konnte auch ein Anbau errichtet werden. Im Herbst 1937 definierte Museumsleiter Schierholz die neuen Aufgaben des Museums: *Zweck und Ziel ist neben der Aufbewahrung von Kunstschätzen vergangener*

Das städtische Museum am Deichtorwall, um 1965

Zeiten die volkserzieherische Aufgabe, das bewußte Hinführen zur Heimat und Heimatpflege, die Erziehung zum Volkstum, zur Erkenntnis des Rassegedankens.[183]
Die städtischen Zuschüsse zur Arbeit des Museums wurden seit 1933 erhöht und blieben über Jahre konstant.[184] Trotz der Erweiterung wurde weiterhin die Forderung nach einem wirklichen Heimathaus gestellt, das das kulturelle Leben der Stadt widerspiegeln sollte.[185] Dies gelang schon während des Krieges mit der Verlagerung des Museums an seinen heutigen Standort in die Schönfeldsche Villa, die kurz zuvor in städtischen Besitz übergegangen war. Zur Neueröffnung 1941 wurde auch die politische Prominenz eingeladen, wiederum ein Zeichen für die hohe Wertschätzung des Herforder Museums.[186] Genutzt wurde das nun zum ersten Mal in städtischen Räumen befindliche Museum in den folgenden Jahren hauptsächlich in der von Schierholz definierten Weise zur Volks- und Jugenderziehung; eine enge Zusammenarbeit mit der Hitlerjugend wurde angestrebt. Mitten im Krieg verzeichnete die Zahl von 4 488 Schülern einen Höhepunkt in der Besucherstatistik des Museums.[187] Der Museumsleiter Schierholz übernahm, nachdem keine politischen Bedenken gegen ihn erhoben worden waren, die Erstellung der Orts- und Kriegschronik.[188] 1945 wurde das Museumsgebäude nach der Auslagerung wertvoller Stücke — erste Hinweise auf kriegsvorbereitende Maßnahmen finden sich allerdings schon 1938 — von Bomben beschädigt.[189]
Schon am 3. Mai 1945 kündigte Schierholz der Stadt die Wiederaufnahme seiner musealen Arbeit an. *Ich hoffe, daß die Besatzungsbehörde die Öffnung des Museums gestatten wird . . ., damit das geistige Leben in unserer Stadt nicht ganz verödet. Mit der Zeit wird dazu wohl die Genehmigung gegeben werden, zumal die heimatkundliche Arbeit gänzlich unpolitisch war und ist.*[190] Schnell wird Schierholz auch in zahlreichen weiteren heimatkundlichen Bereichen wieder aktiv.
1949 begann man mit der Neueinrichtung der Museumsräume; das Museum wurde dann am 1. April 1950 eröffnet.[191] Es blieben die Probleme in räumlichen und personellen Fragen, die in den nächsten Jahren zu erheblichen Konflikten zwischen Stadtverwaltung und Heimatverein, aber auch innerhalb des Vereins selbst führen sollten. Schierholz vertrat die Ansicht, daß für den Erfolg des Museums in der neuen Zeit eine stärkere Unterstützung der Arbeit durch einen Museumsbeirat, bestehend aus Verwaltung, Politik, Heimatverein und dem Museumsleiter, notwendig wäre. Ebenso forderte er die Einsetzung eines hauptamtlichen Museumsleiters durch die Stadt.[192] Durch die Forderungen sah sich der Vorstand des Heimatvereins in seinen Kompetenzen eingeschränkt. Dieser Widerstand aus eigenen Reihen veranlaßte Schierholz zum Rücktritt als Vereinsvorsitzender, Museumsleiter blieb er nur auf gutes Zureden bis 1956.[193]

Das Städtische Museum

Um den geforderten Museumsbeirat begann nun ein längerer Streit zwischen Stadt und Heimatverein, an dem schließlich auch die Besetzung einer Museumsassistentenstelle scheitern sollte.[194] Von beiden Seiten wurde eine Klärung der Rechtsverhältnisse, die bis heute (1988) nur durch einzelne Verträge und die Statuten des Vereins bestimmt sind, angestrebt. Vor allem ging es um die Rechte bei der Sammlungspflege und der Besetzung der Museumsleiterstelle. Die Stadt beharrte auf dem Standpunkt, daß nahezu alle Rechte ihr zuständen, sah damit *keine Unklarheiten*[195] und leitete deshalb ein Schreiben des Vereins an den Städtetag, der um ein schlichtendes Gutachten gebeten wurde, nicht weiter. Jetzt sah sich der Heimatverein erneut zu grundsätzlichen Aussagen gezwungen: *Gerade aus dem Geiste der heutigen Stadtverfassung heraus kann die Stadt unmöglich den Bürgersinn weniger bejahen als es die autoritäre nationalsozialistische Verwaltung getan hat. Ein Gedanke des Gegensatzes zwischen Verein und Stadtverwaltung ist angesichts des vollkommen gleichen Ziels und des wesentlichen Dienstes, den dabei der Verein geleistet hat, in 70 Jahren überhaupt nicht aufgekommen.*[196] Nach weiteren, auch unter Einschaltung eines Rechtsanwaltes erfolgten Auseinandersetzungen verlief die so heiß umkämpfte Sache im Sande. Den verwaltungsinternen Endpunkt bildete 1953 ein kurzer Aktenvermerk: *Nach Angaben von Herrn Stadtamtmann Brackmann soll die Angelegenheit vorläufig ruhen.*[197] Mit dem Erlaß einer »Satzung für das Heimatmuseum der Stadt Herford« (1954) und der Umbenennung in »Städtisches Museum Herford« (1958) kann der Prozeß des Übergangs des Museums in alleinige städtische Zuständigkeit als abgeschlossen gelten, womit sich der Heimatverein aber bis heute nicht abgefunden hat.[198]

Auf der Strecke blieb allerdings die von Schierholz und auch der Vereinigung westfälischer Museen geforderte Einstellung eines Museumsmitarbeiters und künftigen Leiters des Museums. Über diese Person hatte Schierholz sehr genaue Vorstellungen: *Der einzustellende Herr muß 1. In der mittelalterlichen Geschichte und dem Lesen mittelalterlicher Urkunden gute Kenntnisse besitzen und Lust und Liebe zur wissenschaftlichen Forschung haben, 2. Kunstgeschichtlich interessiert sein, 3. Pädagogisches Geschick zeigen, 4. Die niederdeutsche Sprache verstehen, 5. Volkskundliches Wissen aufweisen, 6. Dem Bekenntnisstand der ravensbergischen Bevölkerung gemäß dem evangelischen Bekenntnis angehören.*[199] Nachdem mehrere entsprechende Personen im Gespräch waren, wurde die Stellenbesetzung ab 1952 nicht weiter behandelt. *Aufgrund des Beschlusses des Verwaltungsausschusses vom 27.2.1952 ist die Angelegenheit vorläufig um ein Jahr zurückgestellt worden. (. . .) Der Kulturausschuß war einmütig der Ansicht, daß der Einstellung eines wissenschaftlichen Assistenten für das Heimatmuseum nicht näher getreten werden kann, solange nicht eine Klärung mit dem Heimatverein über die Bildung eines Ausschusses herbeigeführt worden ist.*[200] Erst 1955 hatten sich die Wogen wieder soweit geglättet, daß — ausgelöst durch das bevorstehende Ausscheiden Schierholz' — die Stadt Dr. Rainer Pape auf Vorschlag des Heimatvereins zunächst als Museumsassistenten und ab 1957 als ersten hauptamtlichen Leiter des Museums einstellte.[201]

Trotz des erst kurz zurückliegenden Streits, der, obwohl die Verhältnisse nicht geklärt wurden, mit einem relativen Erfolg der Stadt geendet hatte, verband der Heimatverein mit der Einstellung Papes eindeutige Vorstellungen: *Gemäß § 7 der Satzung beschließt der erweiterte Vorstand, Herrn Dr. Pape zum Leiter des Museums zu bestellen. In dieser Eigenschaft hat Herr Dr. Pape alle Aufgaben zu erfüllen, die dem Verein statutenmäßig in bezug auf Verwaltung und Pflege des Heimatmuseums obliegen. Hierbei hat Herr Dr. Pape den sachlichen Weisungen des Vorstandes zu entsprechen. Selbstverständlich wird dadurch die beamtenrechtliche Unterstellung des Herrn Dr. Pape unter den Rat der Stadt Herford als seine oberste Dienstbehörde und unter den Oberstadtdirektor als seinem Dienstvorgesetzten nicht berührt.*[202] Unter Aufrechterhaltung dieses Einflusses sah der Heimatverein sein Museum durch Pape gut verwaltet.
Aus der biografischen Rückschau sieht Pape seine Position etwas anders: *Es war für mich selbstverständlich, in dem Oberstadtdirektor meinen Dienstvorgesetzten zu sehen. Und nur von ihm habe ich Weisungen entgegengenommen, niemals vom Heimatverein. Als Mitglied des erweiterten Vorstandes des Heimatvereins (seit 1955) hielt ich es aber auch für meine Pflicht, ein einigermaßen gutes Verhältnis zum Heimatverein zu unterhalten. Das fiel mir oft nicht leicht, sah ich doch in den Forderungen des Heimatvereins ... eine reichlich antiquierte, rechtlich nicht haltbare und die allgemeine Entwicklung des deutschen Museumswesens der letzten Jahrzehnte ganz und gar verneinende Einstellung.*[203] Nach eigener Darstellung kämpfte Pape nun gegen zwei Fronten: eine desinteressierte Stadtverwaltung und Teile des Heimatvereins. Das Museum baute er in dieser Situation *sozusagen im Alleingang auf.*[204] Kurz nach Dienstantritt richtete er zahlreiche Fragen an den Oberstadtdirektor, die deutlich die Mängel in der bisherigen Verwaltung des Museums aufzeigten. Symptomatisch für das nachlassende Interesse am Museum von seiten der Verwaltung lautete die Antwort: *Es ist vorläufig nichts zu veranlassen.*[205] So begann erst etwas später, nach den ersten erfolgreichen historischen Veranstaltungen, in Herford eine wirkliche Neuaufbauphase mit relativ guter Unterstützung durch die Stadt bis hin zur Eröffnung des neukonzipierten Museums 1962.[206]
Anläßlich dieses Ereignisses zeigte auch der Heimatverein sein Einverständnis mit der neu entstandenen Lage und betonte, *der Heimatverein sei der Stadt dankbar dafür, daß jetzt die reichen und wertvollen Bestände des Museums von einem hauptamtlichen Museumsleiter gepflegt werden ...* (Man) *... möge bedenken, daß dieses Museum sein Entstehen und sein allmähliches Wachstum einzig und allein der freien Initiative verantwortlich denkender und handelnder heimatbewegter Bürger verdankt.*[207]
Das Museum und seine Leitung entwickelten sich in den nächsten Jahren zu der alles bestimmenden Geschichtsinstitution in Herford. Nach und nach wurden alle wichtigen Materialien zur Erforschung der Herforder Stadtgeschichte unter der Leitung Papes zusammengefaßt: die Heimatbücherei von Stadt und Verein, die Zeitungssammlung, die Fotosammlung, das vereinseigene Museumsarchiv mit wichtigen ergänzenden Unterlagen zur Stadtgeschichte und schließlich auch das 1964 aus dem Staatsarchiv Münster zurückgeholte städtische Archiv samt den in den folgenden Jahren erfolgten Zuwächsen. Ebenso wurde der Museumsleiter für Bereiche der Denkmalpflege und Archäologie zuständig.[208]

J.C.Ph. Schwettmann,
Gründer des »Herforder Vereins für Altertümer und ein Städtisches Museum«

Professor Fritz Böckelmann,
von 1919 bis 1932 Leiter des Museums

Gustav Schierholz,
von 1932 bis 1956 Leiter des Museums

Dr. Rainer Pape,
Museumsleiter 1956 bis 1988

Hauptsächlich aus der Mitgliederschaft des Heimatvereins und von Pape selbst erschienen in den 1960er und 1970er Jahren zahlreiche Einzel- und Zeitschriftenveröffentlichungen.[209] Erfolgreiche Veranstaltungen und Sonderausstellungen wurden im Museum durchgeführt womit sich die Besucherzahlen auf etwa 6000 bis 8000 jährlich einpendelten.[210] Mit ihren Haushaltsmitteln leistete die Stadtverwaltung einen gleichbleibenden, verglichen mit anderen Orten von der Größe Herfords aber sehr geringen Beitrag zur Verwaltung des Museums.[211]

Sämtliche Aspekte der Planung, Ausgestaltung und inhaltlicher Museums- und Forschungstätigkeit blieben dem Museumsleiter eigenverantwortlich überlassen. Stadtverwaltung und Heimatverein wirkten kaum in das Museum hinein, viele von Pape vorgeschlagene Projekte, wie zum Beispiel die Errichtung eines Schaustellermuseums für die Schaustellerstadt Herford, wurden ohne größere Prüfung mit Hinweis auf die finanziellen Möglichkeiten der Stadt abgelehnt oder verzögert.[212]

Hier zeigt sich wieder ein Grunddilemma der Museumsgeschichte: das aus den widerstrebenden Interessen entstehende Desinteresse an der Institution selbst, nur sehr selten abgelöst durch einmütiges Engagement. War der jeweilige Museumsleiter bestimmt, wurde er sich selbst, beziehungsweise alles ihm überlassen. Bei der Suche einer Position wurde damit das Durchsetzen von neuen, auch berechtigten Ansprüchen, vor allem wenn sie nicht den Vorstellungen oder Möglichkeiten der sonstigen Beteiligten entsprachen, immer schwieriger. Das dadurch entstehende unbewegliche Bild der Institution zeigte wiederum negative Wirkungen in der Öffentlichkeit. Auch von außen wurden keine Anstrengungen für das Museum aufgenommen.

Dieser Teufelskreis führte, vor allem seit der Überarbeitung der Museumspräsentation 1976 im Rahmen der Baumaßnahmen zum Daniel-Pöppelmann-Haus, zu einem kontinuierlichen Rückzug des Museums aus dem kulturellen Gesichtskreis der Stadt. Obwohl sich nun die Besucherzahlen (Museum und Ausstellungshalle) auf etwa 20000 jährlich einpendelten, kann man eigentlich nur noch vom Durchhalten eines normalen Programms mit wenigen Höhepunkten sprechen.[213] Den Endpunkt dieser Entwicklung markiert der vorzeitige Rückzug Papes in den Ruhestand, begründet mit der mangelnden Unterstützung durch die Stadt und Kritik an der Museumskonzeption.[214]

Zur gleichen Zeit entstanden auch neue, grundsätzliche Diskussionen um das Museum Herfords und die Museumslandschaft in Stadt und Kreis Herford, womit aber auch der Reigen der Auseinandersetzungen zwischen Stadtverwaltung, Heimatverein, Politik und Öffentlichkeit neue Nahrung erhielt und vielleicht zu völlig neuen Konstellationen führen wird.

Das Stadtarchiv

Während die Geschichte des Museums von 1882 bis heute zumindest von einem ständigen Wechselbad von Desinteresse und Interesse geprägt war, stand das bedeutende städtische Archiv, nur von einem kleinen Historikerkreis gewürdigt, bis vor kurzem völlig im Hintergrund. Die Öffentlichkeit betrachtete es — wenn sie überhaupt von seiner Existenz erfuhr — als Anhängsel der Verwaltung oder des Museums.
Mit der nach einer längeren öffentlichen und verwaltungsinternen Diskussion kürzlich beschlossenen Errichtung eines Kommunalarchivs, gemeinsam getragen von Stadt und Kreis Herford unter Einbeziehung weiterer wichtiger Kulturinstitutionen, wird nun endlich auch in Herford die eigenständige kulturelle Bedeutung des Archivs anerkannt. Dem Archiv werden neue Aufgaben zugewiesen: *Gerade in der Vergangenheit wurden leider die Archive isoliert und als »Aktenkeller« betrachtet und ihnen damit die Möglichkeit genommen, in die Zusammenarbeit mit anderen Kultur- und Bildungseinrichtungen hineinzuwachsen und wie diese dem Bürger gegenüberzustehen. Mit der hier angestrebten Konzeption würde der Bekanntheitsgrad der Archive und ihre Nutzung durch Schulen, Vereine, an der Lokalgeschichte interessierte Einzelpersonen und Weiterbildungseinrichtungen wachsen.*[215]
Das Stadtarchiv Herford besitzt sehr umfangreiche und wertvolle Archivalien zur Stadtgeschichte aus dem 13. bis 20. Jh. Nicht viele Städte können auf eine so große, nahezu lückenlose Überlieferung zurückgreifen.[216] Auf dieser Grundlage ist heute eine Erforschung der Stadtgeschichte — die Archivalien der Reichsabtei Herford befinden sich im Staatsarchiv Münster[217] — von Beginn der Stadtwerdung bis in die heutige Zeit möglich.
Das Stadtarchiv als Institution entstand mit dem Einsetzen einer städtischen Verwaltung etwa um 1220. Archive dienen und dienten zuallererst der Sicherung und Aufbewahrung rechtlich wichtiger Vorgänge wie Kauf- oder Schutzverträgen. So wurden auch in Herford schon früh diese Rechtstitel enthaltenden Stücke — meist in Form von Pergamenturkunden — aufbewahrt, um sie für weitere rechtliche Verhandlungen zu nutzen. Seit dem 15. Jh. werden auch die Schriftstücke, die schließlich zu einem Rechtsgeschäft hinführten, zusammengefaßt in Akten gesammelt. Das Verfassen der Urkunden, die Sammlung der Schriftstücke und deren Aufbewahrung lag in der Hand des Stadtschreibers, einem der wenigen schriftkundigen Bürger dieser Zeit.
Im Grunde hat sich an dieser Hauptaufgabe des Archivs bis heute nicht viel geändert. Dazu kam der immer wichtiger werdende Aspekt der Systematisierung und Bearbeitung der gesammelten Stücke in Verwaltung und Archiv. Zunächst wurden Abschriften der wichtigen Stücke angefertigt und sortiert.[218] Akten erhielten bestimmte Bezeichnungen und waren damit leichter wiederzufinden. Die Organisation der An- und Ablage von Akten (Registratur) und der dauernden Aufbewahrung (Archiv) war Aufgabe des *Stadtsecretarius*, der zudem auch das Protokollbuch bei Ratssitzungen zu führen hatte.[219]
Bis zum Beginn des 19. Jh. verlief diese Tätigkeit — unterbrochen von einer teilweisen Deportation des Archivs nach Berlin[220] — in normalen Bahnen. Gleichzeitig mit dem

weiteren Anwachsen der Verwaltungstätigkeiten wurden die Archive seit Beginn des 19. Jh. verstärkt als Stätten der historischen Forschung genutzt. Langsam trennten sich die Institutionen einerseits der Schriftgutorganisation in der Registratur und andererseits des Archivs als Lagerungs- und Bearbeitungsstätte des nicht mehr in der Verwaltung benötigten Schriftgutes. In Herford bestanden zu dieser Zeit größere Probleme. Ein Beauftragter des Oberpräsidenten mußte 1825 feststellen: ... *es wäre zu wünschen, daß die Behörden der Stadt Herford mit dem gleichen Eifer (wie in Bielefeld) sich diesem Gegenstande (= dem Archiv) angenommen hätten; allein war ich während meines langen Aufenthaltes daselbst nicht so glücklich, sie dazu zu bewegen.*[221]
Kurz danach hatte Herford das Glück, in Bürgermeister Rose einen historisch interessierten Mann zu finden, der sich auch der Belange des Archivs annahm. Er sichtete die vorhandenen Urkunden und Aktenbestände und gewann neue historische Erkenntnisse daraus. Auf den von Rose erstellten Verzeichnissen beruhen noch heute einige Findmittel im Archiv.[222] Auch sammelte er erneut Abschriften von Urkunden und Akten und führte sie dem Archiv zu.[223] Neben dieser archivarischen Tätigkeit lief aber die städtische Registratur weiter, die nun immer mehr Akten produzierte.
Aus dem Abriß des Renaissance-Rathauses auf dem Alten Markt 1878 begann eine Leidenszeit des Archivs, die bis heute ihre Wirkungen hinterlassen hat. Archiv und Registratur wechselten ständig ihre Räume, und das bestehende Archiv wurde mehrfach ansatzweise neu bearbeitet.[224] Schließlich wurde aufgrund der mißlichen Lage schon 1891 der Beschluß gefaßt, die historisch bedeutsamen Urkunden und Akten in das Staatsarchiv Münster zu überführen; dort könnten sie sachgerechter aufbewahrt und bearbeitet werden.[225]
Die Deponierung in Münster — unter Wahrung des Eigentumsrechts der Stadt — erfolgte aber erst im Jahre 1900 nach einer weiteren Sichtung.[226] *Im Jahre 1900 nahm nun der vom Königlichen Staats-Archiv zu Münster entsandte Archivrat Dr. Ilgen eine grundsätzliche Sichtung vor. Auf sein Gutachten beschloß der Magistrat, die als historisch wertvoll bezeichneten Urkunden und Akten in das Königliche Staats-Archiv zu Münster abzuführen, welche im städtischen Interesse als aufbewahrungswürdig befunden waren, abzusondern und in einem guten Raum des jetzigen Rathauses I unterzubringen.*[227]
Diese Lösung war insofern günstig, weil nun im Staatsarchiv eine gemeinsame Erforschung von Stadt- und Abteigeschichte möglich wurde. Andererseits hatte sich die Stadt selbst teilweise ihrer Geschichte beraubt. Wichtige Materialien waren nicht mehr vor Ort, und mit der Rettung der wichtigen Bestände gerieten der »unwichtige« Rest, den Normann auf etwa 5000 Akten schätzte,[228] und auch die nicht mehr gebrauchten Akten aus der neuen Registratur in Vergessenheit. Schon 1908 wird der Aufbewahrungsort der Akten als *schrecklich* beurteilt[229], kurz danach sind die älteren Bestände einfach verschwunden.
Die eigentliche Archivarbeit kam in Herford zum Erliegen. Stellvertreter für ein städtisches Archiv wurde der Heimatverein mit seinem Museum. In den Archivalien zum Museum finden sich zahlreiche Schreiben zu Bestellung und Versand von Archivalien, zu Benutzungswünschen und historischen Anfragen, die meist nur negativ beantwortet

werden konnten. Wurden der Stadt wichtige Archivalien zum Ankauf angeboten, leitete diese die Angebote an den Heimatverein weiter, der sie oft aus finanzieller Notlage nicht wahrnehmen konnte.[230] Andere noch im Besitz der Stadt verbliebene Unterlagen wurden dem Museum übergeben, wo sie, noch heute nicht archivarisch erfaßt, ausgestellt wurden.
Bis in die 1960er Jahre veränderte sich diese Situation kaum. In der Zeit nach 1933, in der Museum, Heimatverein und Verwaltung in vielen Bereichen gut zusammenarbeiteten, wurden einige Archivaufgaben neu angepackt, so die Häuserforschung und Hauseigentümeraufnahme.[231] Weitere Vorhaben, wie die Herausgabe eines Urkundenbuches und die Einstellung eines Archivpflegers, wurden durch den Kriegsbeginn verhindert.[232] Der Museumsleiter Schierholz wurde 1942 offiziell mit der Aufgabe des Archivpflegers betraut, die er auch nach dem Krieg beibehalten sollte.[233]
Nach 1945 zeigte immer noch der Heimatverein das größere Interesse am Archiv, worauf die Stadt selbst hinwies.[234] Die Wichtigkeit eines funktionierenden Archivs in Herford wurde nur von wenigen historisch Forschenden erkannt. In der an den Kontroversen zwischen Stadt und Heimatverein gescheiterten Stellenbesetzung für einen Museumsmitarbeiter wurde der Forderung des Heimatvereins entsprechend nach einer archivarisch ausgebildeten Kraft gesucht.[235] Wiederaufgenommen wurden in den 1950er Jahren die Arbeiten am Herforder Urkundenbuch. Sein Bearbeiter, der Archivrat Dr. Erich Sandow, war auch für die Museumsassistentenstelle im Gespräch. Der Band 1 des Urkundenbuches erschien aber erst 1968, die Manuskripte zu weiteren Bänden ruhen im Museumsarchiv.[236] Noch immer war aufgrund der Verlagerung und Vernachlässigung des Archivs historische Forschung vor Ort sehr mühsam, wie auch bei der Erstellung der Veröffentlichung »Herford — Tausend Jahre Geschichte, Wirtschaft und Kultur« im Jahre 1956, an der Schierholz beratend beteiligt war, festgestellt werden mußte.[237]
Nach seinem Amtsantritt betrieb der neue Museumsleiter Pape zusammen mit dem Heimatverein die Rückführung des Archivs. Nach der positiven Behandlung eines Antrags des Heimatvereins und weiteren Verhandlungen kam die Rückführung am 6. Mai 1964 zustande.[238] *Von einer Rückführung des Herforder Stadtarchivs verspricht sich der Herforder Heimatverein eine intensive Belebung des historischen Interesses in weiten Kreisen der Herforder Bevölkerung und damit selbstverständlich auch eine spürbare Belebung des Interesses für unser Gemeinwesen. (...) Auf diese Weise würde mit dem städtischen Museum, dem Stadtarchiv und der Heimatbücherei des Heimatvereins ein Kulturzentrum von besonderer Art entstehen, das der Bedeutung der Stadt Herford in Vergangenheit und Gegenwart gerecht würde.*[239]
Dieses 1963 vom Heimatverein weitgesteckte Ziel wird aber wohl erst mit der Verwirklichung des Kommunalarchives erreicht werden. Denn trotz der erfolgreichen Rückführung des Archivs, die zudem noch ohne Kosten für die Stadt erfolgte, blieb die Archivsituation in Herford unzureichend. Am Bearbeitungszustand der zurückgeholten Archivalien hatte sich in der 64jährigen Abwesenheit kaum etwas geändert, und an eine intensive, sachgerechte Aufarbeitung war in Herford aus Personalmangel nicht zu denken. So blieb das Archiv auch nach dem Erlaß einer Benutzungsordnung 1965 nur

Die Rückführung der Archivbestände aus Münster, 1964

wenigen Eingeweihten vorbehalten.[240] Untergebracht wurde das Archiv, räumlich vom Museum getrennt, im Gefängniskeller des Rathauses.
Noch immer fehlte von den im Jahre 1900 für »unwichtig« gehaltenen Akten jede Spur. Sie wurden erst nach langem Suchen von 1965 an auf dem Dachboden des Rathauses wiedergefunden, wohin sie wohl nach dem Neubau des Rathauses gelangt waren. Begonnen wurde kurz darauf mit einer sogenannten Zettelverzeichnung der Akten, die aber nicht zum gewünschten Ergebnis führte.[241] Die wiederholte Forderung nach Einstellung eines Archivmitarbeiters führte schließlich 1974 zur Einstellung von Friedrich-Wilhelm Claßen, der mit der Aufarbeitung und Verzeichnung dieser Archivbestände betraut wurde.[242] In oft mühevoller Kleinarbeit reinigte, ordnete und bearbeitete er diese und weitere noch auftauchende Bestände. 1975 konnten die Bestände des Archivs durch die Übernahme der Unterlagen des ehemaligen Fraterhauses vervollständigt werden.[243]
Weiterhin spielte das Archiv in seiner Zwitterrolle als Verwaltungs- und Kulturinstitution eine sehr untergeordnete Rolle. Auch innerhalb der Verwaltung wurde seine Funktion nicht ausreichend berücksichtigt. Das Auffinden und die Übernahme wichtiger Aktenbestände blieb dem Zufall und der Spürnase des Archivars überlassen, ein enger Austausch zwischen städtischen Ämtern und dem Archiv entstand nicht. Noch heute finden sich daher wertvolle alte Akten in den Registraturen der Ämter, die schon lange ins Archiv gehören.[244]

Die Räume des Stadtarchivs im Keller des Rathauses, 1981

Der durch die lange Untätigkeit im Archivbereich inzwischen angewachsene Aktenberg war von Claßen auch mit dem Einsatz von Hilfskräften nicht zu bewältigen, zumal der Schwerpunkt auf die Bearbeitung der älteren Bestände gelegt wurde. Viele Anfragen an das Archiv, die die Zeit ab 1890 betrafen, waren daher nicht zu beantworten. Besondere Probleme brachte dazu noch die enge Verbindung des Archivs mit dem Museum, die auf anderem Gebiet sicher sinnvoll scheint. Negativ ist die räumliche Distanz sowie die unzureichende Bearbeitung und Unzugänglichkeit vieler Sammlungen im Museum, die eigentlich in das Archiv gehören. Die historisch bedingte Trennung von Zeitungssammlung, Fotosammlung und Heimatbücherei vom Archiv und die parallele Sammlung von Archivalien im Museumsarchiv erschwerte die Archivbenutzung. Eine historische Forschung, die sich auf alle zugänglichen Quellen stützen sollte, wurde damit nahezu unmöglich gemacht. Nur Eingeweihte konnten sich bei der bisherigen Benutzungspraxis mit Hilfe des Museumsleiters einen wirklichen Überblick verschaffen. Erste Veränderungen dieser unbefriedigenden Situation traten mit dem fast gleichzeitigen Wechsel von Museumsleiter und Archivangestellten 1988 ein. Bis aber ein vollständiger Überblick über die für historische Forschung nutzbaren und vorhandenen Archiv- und Sammlungsbestände in Herford erreicht werden kann, werden angesichts der Personalausstattung und der Menge der nachzuholenden Bearbeitung noch einige Jahre vergehen.[245] Aus der Erkenntnis der beschriebenen Probleme und der Forderung nach weiterer und anderer Stadtgeschichtschreibung entwickelte sich in den letzten Jahren die Diskussion um die Intensivierung der Archivarbeit im Kreis Herford. Sie führte schließlich zur Unterzeichnung des Vertrages über die Einrichtung eines gemeinsamen Kommunalarchivs von Kreis und Stadt Herford am 18. Juli 1988.[246]

(C.L.)

Zeitungen

Die Geschichte der kulturellen Aktivitäten in Herford ist auch die Geschichte der Zeitungen der Stadt. Die Zeitungen sind nach wie vor für die Vereine ein wichtiges Medium, um auf Veranstaltungen hinzuweisen und sich durch ausführliche Berichterstattung zu präsentieren. Daher fällt der Beginn des modernen Pressewesens in Herford in die Zeit nach den Freiheitskriegen, als sich das neue Selbstbewußtsein der Bürgerschaft adäquate Artikulationsformen suchte. Frühere Versuche, in Herford die Bürger über eine Zeitung zu informieren, waren wohl nicht zuletzt infolge des wirtschaftlichen Niedergangs gescheitert. Bereits 1630 gab es zwar hier eine Zeitungsgründung, die »Conjun- und Augierte Wöchentliche Avisen«, die sich aber nur kurz halten konnte.[247]

Der nächste Versuch einer Zeitungsgründung stand unter günstigeren politischen Vorzeichen. Ab 1819 erschien in Herford das »Westfälische gemeinnützige Wochenblatt«, später auch unter den Titeln »Westphalen und Rheinland« oder »Westphalia«. Herausgeber war der Buchdrucker J.H. Wenderoth, Initiator der Gründung Kriegs- und Domänenrat Jos. Sylv. Baron von Hohenhausen, dessen Sohn Leopold in Minden das »Min-

dener Sonntagsblatt« gründete. Regierungsrat Leopold von Hohenhausen schrieb Beiträge für die »Westphalia«, obwohl ihm von seiner Behörde die Redakteurstätigkeit in Minden als nicht standesgemäß untersagt worden war.[248]
In den Karlsbader Beschlüssen von 1819 waren die Rahmenbedingungen für Presseveröffentlichungen vorgegeben. Zeitungen unterlagen der Vorzensur, mußten also vor ihrer Veröffentlichung behördlich genehmigt werden. Daher wurden ihre Inhalte nur am Rande von politischen Themen bestimmt: »Freilich sahen diese Blätter ganz anders aus als heutzutage: Die Neuigkeiten der großen Welt kamen ja fast zufallsmäßig heran . . . Infolgedessen bildeten sie nicht wie heute das Kernstück einer Zeitung, sondern nahmen meist nur am Schluß einen geringen Raum ein, während in der Hauptsache moralische Abhandlungen und Erzählungen, mitunter auch belehrende Aufsätze die Spalten füllten. Auch der Anzeigenteil war noch dürftig, meist lag ein besonderes Blatt, der sog. »Öffentliche Anzeiger« bei, dessen sich die Behörden für ihre amtlichen Bekanntmachungen bedienten sowie vorübergehend anwesende Händler und Schausteller von auswärts, während die Einheimischen in Handels- wie in Familienanzeigen von Annoncen noch keine große Bedeutung beimaßen, bei der Erscheinungsweise der Blätter waren Stadtneuigkeiten ja meist lange vor der Ausgabe der Zeitung bekannt. Da ferner bekanntlich die Pressegesetzgebung jener Zeit der Besprechung staats- wie auch kommunalpolitischer Fragen strenge Zügel anlegte, so ist nicht verwunderlich, daß man beim Durchblättern eines einzelnen Jahrgangs oft herzlich wenig stadtgeschichtlich Bedeutsames findet.«[249] Politisch nahezu unverfänglich war die Berichterstattung über die kulturell engagierten Vereine der Stadt. So finden sich in der »Westphalia« wiederholt Konzertankündigungen und Berichte über das Schützenfest.
1846 hatte die »Westphalia« stark an Bedeutung verloren. Zwar konnte sich das Blatt noch bis 1849 halten, doch das am 4. Juli 1846 erstmals erschienene »Herforder Kreisblatt« entwickelte sich schnell zur führenden Zeitung im Stadtgebiet. Am 14. Juni 1846 hatte Gymnasiallehrer Hölscher über den Oberpräsidenten in Münster die Genehmigung erhalten, die Redaktion des Wochenblattes zu übernehmen. In der Konzession wird ausdrücklich darauf hingewiesen, daß in der Zeitung keine *die Gebiete der Religion, Kirche, Politik und Tagesgeschichte auch nur entfernt berührenden Mittheilungen* erscheinen dürften.[250] Die Inhaltsübersichten der ersten Ausgaben des »Kreisblattes« machen deutlich, welche Themen als unverfänglich galten.
Im Verlauf der Auseinandersetzungen der Revolution von 1848 / 49 finden sich jedoch zunehmend politische Aussagen im »Kreisblatt«. Assessor Kindermann war einer der politisch engagiertesten Männer Herfords dieser Zeit, der in mehreren Zeitungsbeiträgen für eine konstitutionelle Demokratie eintrag, aber öffentlich des Kommunismus und Sozialismus beschuldigt wurde. »Kreisblatt«-Herausgeber Hölscher veröffentlichte die politischen Thesen Kindermanns,[251] stellte aber klar, daß er diese nicht unterstütze, und bezeichnete die Auseinandersetzung als *Litterarischen Wettkampf.*[252] Das gebildete Bürgertum benutzte die Zeitung außerdem, um auf soziale Mißstände hinzuweisen. Der Neustädter Pfarrer Hermann Ameler veröffentlichte am 23. Dezember 1848 seine Beschreibung der Not der Herforder Tagelöhner.
Weitere Zeitungsneugründungen trugen dazu bei, das Spektrum der politischen Mei-

nungsäußerung zumindest vorübergehend zu erweitern. Seit dem 27. Juli 1849 gab der Gymnasiallehrer Quidde den »Boten für Stadt und Land« heraus, der eine freisinnige politische Tendenz aufwies. Quidde wurde jedoch nach dem Scheitern der Revolution am 18. März 1850 aus der Klasse heraus verhaftet und wegen politischer Betätigung angeklagt. Durch Disziplinargerichtsurteil wurde er aus seinem Amt entfernt. Assessor Kindermann versuchte, Quiddes Zeitung fortzuführen, gab aber später auch eigene Blätter unter den Titeln »Courier«, »Der Hahn« und weiteren heraus, in denen er gegen Mißstände seiner Zeit Stellung bezog, was ihm etliche Prozesse und Geldstrafen eintrug.[253]
Wirtschaftlicher und politischer Erfolg von Dauer war jedoch keiner dieser Zeitungen beschieden. Dem »Kreisblatt« gelang es, einen festen Abonnentenstamm an sich zu binden. Das 1879 in Minden gegründete »Herforder Wochenblatt« konnte sich am Markt nicht durchsetzen, obwohl es zwischen beiden Blättern einen harten Konkurrenzkampf gab, der wohl auch als Folge persönlicher Auseinandersetzungen anzusehen ist.[254]
Der Magistrat beobachtete die Entwicklung des Pressewesens genau. In den städtischen Verwaltungsberichten wird die Auflageentwicklung wie auch die politische Tendenz dokumentiert: *Vom März 1879 bis ultimo Dezember 1880 erschien neben dem Kreisblatt das »Herforder Wochenblatt«, welches eine Abonnentenzahl von 1880 erreichte (das Kreisblatt 2 000) und somit dem Kreisblatt, trotzdem dieses mit erheblichen Opfern täglich erschien, eine ganz empfindliche Konkurrenz bereitete. Da indessen die Verhältnisse unseres Ortes nicht so geartet sind, um zwei Local- oder Anzeigenblättern eine Existenz zu gewähren, so gelang es durch Ankauf des Kreisblattes durch die Redaktion des Wochenblattes, diesem für alle Theile unleidlichem Zustand ein Ende zu machen und erschien am 1. Januar 1881 ab wieder allein das Herforder Kreisblatt. Dasselbe hatte stets eine gemäßigte Richtung und trat dem Radicalismus von rechts und links entgegen.*[255]
Im folgenden Bericht wird der Redaktion des »Kreisblattes« weiterhin eine *gemäßigt liberale* Tendenz bescheinigt. Eine Neuerscheinung, die am 17. November 1883 erstmals herausgegebene »Herforder Zeitung«, erhielt 950 Abonnenten (Kreisblatt: 2 089).[256]

Mit der Verbesserung der wirtschaftlichen Situation Herfords stiegen die Auflagenzahlen der Zeitungen. Die durch das Reichspressegesetz von 1874 gelockerten Zensurbestimmungen förderten klarere politische Aussagen.
Parteipolitische Zuordnungen wurden möglich: *Für die Tageslitteratur sorgten die beiden Lokalblätter, das »Herforder Kreisblatt« und die »Herforder Zeitung«. Ersteres hatte ... eine Abonnentenzahl von ca. 2 500, letzteres inkl. der »Vlothoer Zeitung« hatte 1 200. Das erstere Blatt hatte nationalliberale Tendenz, das zweite deutsch-freisinnige. Das erstere erschien dreimal wöchentlich, das letztere täglich. Die ... Aktiengesellschaft zur Betreibung der Herforder Zeitung scheiterte bereits im Juni 1888 wieder. Das Blatt blieb zwar bestehen, der Druck und die Redaktion wurde aber nach Bielefeld gelegt. Der Redakteuer Jacobi daselbst veränderte die Tendenz allmählich dahin, daß dasselbe in der Hauptsache ein Blatt zur Vertretung der Arbeiterinteressen wurde und zwar oft in schärffster Weise, so daß in hiesiger Stadt der frühere Interessenkreis sich mehr und mehr zurückzog. Ende der Berichtsperiode hatte das Blatt nur noch etwa 400 Abonnenten. Die städtischen Behörden haben für den Etat 1890/91 beschlossen,*

das Pauschquantum von Mk. 100 zur Veröffentlichung der städtischen Bekanntmachungen in der Herforder Zeitung nicht mehr zu zahlen.[257]
Das Bestehen nur einer Zeitung für die Stadt war offenbar kein befriedigender Zustand. Ab 1890 erschien im Verlag Christian Quentin die »Herforder Zeitung für Stadt und Land«, die 1905 eine Auflage von 4400 (Kreisblatt: 3500) erreichte.[258] Kirchliche Nachrichten wurden im seit 1899 erscheinenden Sonntagsblatt »Herforder Evangelischer Gemeindebote« verbreitet, dessen Auflage 1905 4000 Exemplare betrug.[259]
Die Interessen der Arbeiterschaft artikulierten sich in der seit 1890 in Bielefeld erscheinenden »Volkswacht«, die auch Herforder Themen aufgriff.[260] Nach dem Fall der »Sozialistengesetze« wurde sie als Organ der westfälisch-lippischen SPD herausgegeben. Einer ihrer ersten Redakteure war der gebürtige Herforder Carl Severing, späterer SPD-Reichstagsabgeordneter, preußischer und Reichsinnenminister.
Die »Volkswacht« sah sich einer vergleichsweise scharfen Kontrolle unterzogen. Der Regierungspräsident wies die Kreisverwaltung am 29. März 1895 an, die *von den Sozialdemokraten beabsichtigte Verteilung der Agitationsnummer der Volkswacht in möglichst unauffälliger Weise überwachen zu lassen, jede Übertretung gegen § 10 des Preußischen Preßgesetzes vom 12. Mai 1851 zur Bestrafung zu bringen und mir über die gemachten Beobachtungen binnen 8 Tagen zu berichten.*[261] Trotz dieser Einschränkungen konnte sich die »Volkswacht« als Forum der Sozialdemokratie bis zur nationalsozialistischen Machtergreifung halten. Am 27. Februar 1933 mußte sie ihr Erscheinen einstellen.
Die bürgerlichen Zeitungen wurden weniger argwöhnisch beobachtet. Doch auch sie gerieten hin und wieder in Gegensatz zu ihrer Zensurbehörde, dem Landratsamt. So veröffentlichte das »Kreisblatt« in Nr. 190/1914 eine Falschmeldung über den geplanten Rücktritt des Regierungspräsidenten, gegen die Landrat von Borries protestierte. Verleger Fritz Heidemann entschuldigte sich dafür.[262] 1919 übernahm ein Konsortium unter Führung der Deutschen Volkspartei das »Kreisblatt«, an dem auch der spätere Alleinbesitzer Leopold Busse beteiligt war. Busse fungierte zunächst als Geschäftsführer.[263]
Trotz der in der Weimarer Verfassung erstmals garantierten Pressefreiheit sah sich das »Kreisblatt« einigen Angriffen ausgesetzt. Der Regierungspräsident wies den Herforder Landrat am 15. Oktober 1921 an, als neues Druckmittel nach dem Wegfall der Zensurbestimmungen den Anzeigenboykott einzusetzen: *Nach Mitteilung des Herrn Ministers des Innern finden sich immer wieder in den Zeitungen, die als amtliche Kreisblätter dienen und eine dementsprechende Bezeichnung führen, Leitartikel und sonstige Veröffentlichungen, die — zum Teil in heftigster und zügellosester Weise — unbegründete Angriffe gegen die Reichs- und Staatsregierung enthalten. Die Bevölkerung versteht diesen Zustand nicht. Aus dem Charakter der Blätter als amtliches Publikationsorgan folgert sie, daß auch der übrige Inhalt der Zeitungen mit amtlichen Stellen in Berührung stehen, zum mindesten ihre Billigung erhalten haben müsse ... Unter diesen Umständen ersuche ich sie ... mit allem Nachdruck Ihren Einfluß dahin geltend zu machen, daß solche Mißstände in den amtlichen Kreisblättern vermieden werden.* Falls die Redaktion sich nicht einsichtig zeige, sollten der Zeitung die kreiskommunalen und staatlichen Bekanntmachungen entzogen werden.[264] Der Landrat wies die Anwendung derartiger Druckmittel zurück: *Die Landräte in Herford haben nie ihren amtlichen Einfluß benutzt,*

auf die Haltung der Presse einzuwirken. Das hat offenbar das Vertrauen gestärkt. Das »Herforder Kreisblatt« ist eine gewöhnliche Tageszeitung, früher nationalliberaler, jetzt volksparteilicher Richtung. Kein Mensch kommt auf den Gedanken, daß die Haltung des Blattes von dem Landrat politisch beeinflußt sei; die Landräte waren konservativ, standen also der Parteirichtung des Blattes fern und das wußte jedermann. Zudem würden die öffentlichen Bekanntmachungen der *politischen Neutralität halber* nicht nur dem »Kreisblatt«, sondern auch den übrigen Zeitungen zugeleitet und an den Verlegerverein eine Pauschalsumme gezahlt. Der Landrat hielt den Versuch politischer Einflußnahme für wenig erfolgversprechend, da die Redaktion behaupten würde, keineswegs in *zügellosester Weise* den Staat anzugreifen, daß sie das ohnehin *halten könne, wie sie wolle, daß sie sich durch Bedrohung mit Anzeigen-Boykott nicht schrecken und ihrer politischen Überzeugung und journalistischen Pflicht abwendig machen lasse.* Der Landrat bescheinigte dem »Kreisblatt«, *extreme Richtungen zu meiden und eine mittlere Linie zu suchen.* Er verwahrte sich aber dagegen, *einmal für die politische Haltung einer Tageszeitung verantwortlich gemacht zu werden.*[265]

Da Angriffe inhaltlicher Art wegen der in der Verfassung verankerten Pressefreiheit nahezu aussichtslos waren, richteten die Angriffe politischer Gegner sich künftig gegen die Symbolik des »Kreisblattes«. Die »Republikanische Beschwerdestelle«, ein in Berlin ansässiger Verein, versuchte mehrfach bei Landrat von Borries ebenfalls durch Anzeigenboykott politischen Einfluß auf die Verlagsleitung auszuüben. Die Beschwerdestelle monierte, daß der im Zeitungskopf befindliche Adler *der Adler (ist), der unter dem Königreich als Wappen für die amtlichen Kreisblätter ... benutzt wurde; insbesondere ist Königskrone, Zepter und Apfel deutlich erkennbar ... Entweder fügt sich das »Herforder Kreisblatt« den Anordnungen des Herrn Landrates im Interesse der Hoheit der Republik und entfernt den monarchischen Adler, und zwar sofort, oder die Anzeigen werden ihm entzogen, und es ist somit kein amtlicher Anzeiger mehr.*[266] Auch in diesem Fall weigerte sich der Landrat, gegen die Zeitung vorzugehen, da er keinerlei rechtliche oder politische Möglichkeit sah: *Der von dem Herforder Kreisblatt benutzte Adler ist nicht der heraldische Adler des Staates Preußen, vielmehr ein freigewähltes Bild ... Ein Vertragsverhältnis besteht zwischen dem Landrat oder dem Kreise Herford nicht. Geregelt sind die Beziehungen mit den Zeitungen durch ein Abkommen, das ich im Jahre 1924 mit dem derzeitigen Vorsitzenden des Vereins der Zeitungsverleger, dem Besitzer der demokratischen Herforder Zeitung in Herford getroffen habe. Es geht dahin, daß die amtlichen Bekanntmachungen des Landrats und des Kreises zugehen den in Herford erscheinenden 3 Tageszeitungen, nämlich dem Herforder Kreisblatt (DVP), der Neuen Westfälischen Volkszeitung (DNVP) und der Herforder Zeitung (DDP) sowie den 4 weiteren im Landkreis Herford erscheinenden Zeitungen und der in Bielefeld erscheinenden sozialdemokratischen Zeitung Volkswacht ... Das wesentliche bei dieser Regelung ist: Die amtlichen Bekanntmachungen werden durch die Tageszeitungen ... dem Publikum in breitester Form zugänglich gemacht. Die Belange des Volkes sind also auf das beste gewahrt. Die in Berlin sitzende Beschwerdestelle scheint der Meinung zu sein, daß es sich bei dem Herforder Kreisblatt um ein amtliches oder von der Kreisbehörde abhängiges Blatt handle. Das ist nicht der Fall und beim Herforder Kreisblatt niemals der Fall gewesen. Es ist eine politische Tageszeitung von übrigens durchaus anständiger Haltung, welche einer amtlichen Einwirkung gegenüber das ihr verfassungsmäßig zustehende Recht der Pressefreiheit ... mit Fug und Recht in Anspruch nehmen würde.*[267] Die frühere Zensurbehörde war es also, die für die Einhaltung der Pressefreiheit in Herford entschieden eintrat. Nach der nationalsozialistischen Machtergreifung war die kurze Phase der Pressefreiheit auch in Herford beendet. Obwohl durch das Reichsschriftleitergesetz vom 4. Oktober 1933 die Gleichschaltung der Presse bereits intendiert war, versuchte die NSDAP, durch eigene Zeitungsgründungen direkt Einfluß auf die Meinungsbildung zu nehmen.

Am 13. Dezember 1933 erschien erstmalig das »NS-Volksblatt« in Bielefeld, das laut Impressum für die Kreise Herford und Wiedenbrück aber nur eine Auflage von 7 040 Exemplaren erreichte und mangels Anzeigenkunden sein Erscheinen am 14. August 1935 wieder einstellen mußte. Danach versuchte die NSDAP, alteingesessene, etablierte Zeitungen zu erwerben. Einer der Verleger der Neuen Westfälischen, Hans-Reinhard Kaeller, schilderte 1985 in der Jubiläumsausgabe zum 175jährigen Bestehen seines Blattes: *Doch die Partei ruhte nach dieser Blamage nicht. Zuerst versuchte sie, von Dr. Reinhard Kaeller 51 Prozent der »Westfälischen Zeitung« zu erwerben. Das lehnte dieser ab. Dann gelang es ihr, aus den »Westfälischen Neuesten Nachrichten« ein parteiamtliches Organ zu machen. ... Klar, daß die »Westfälische Zeitung« dadurch allmählich an die Wand gedrückt wurde, bis auch sie 1944 verboten wurde.* Ähnlich verlief die Entwicklung in Herford.

Betroffen war ebenfalls die Herforder Ausgabe der »Westfälischen Zeitung«. *In der Berichtszeit wurden auch die beiden letzten Herforder Zeitungen von den »Westfälischen Neuesten Nachrichten« übernommen, und zwar unter dem Vorwand des damals viel gebrauchten Schlagwortes der »Konzentration der Kräfte«. In Wirklichkeit war die beste Gelegenheit gekommen, alle nicht parteiamtlichen Zeitungen unter Anwendung mehr oder minder starker Druckmittel zu beseitigen. Am 31.5.1941 erschien das im 96. Jahrgang herausgegebene Herforder Kreisblatt mit einer Pfingstausgabe zum letzten Mal. Das Verlagsrecht wurde an die WNN verkauft. Die Leser wurden mit dieser Zeitung beliefert ... Am 31.3.1942 wurde auch die im 66. Jahrgang herausgegebene »Neue Westfälische Volkszeitung« geschlossen. Die Parteipresse herrschte nunmehr uneingeschränkt ... Damit war der Schlußstrich unter das einst blühende Herforder Pressewesen gezogen ... — Am 31.3.45 stellten dann die Westfälischen Neuesten Nachrichten infolge des Zusammenbruchs mit der Osterausgabe ihr Erscheinen ein.*[268]

Nach dem Ende des Zweiten Weltkrieges untersagten die zuständigen Militärregierungen in den vier Besatzungszonen zunächst jede publizistische Tätigkeit. Sondergenehmigungen waren von Lizenzerteilungen abhängig, die politisch Unbelasteten erteilt wurden. Als erste Lizenzzeitung erschien am 15. März 1946 in Herford die »Westfalen-Zeitung« der Bielefelder Herausgeber Alfred Hausknecht und Dr. Dieter Lauenstein, die in Herford im Verlag Busse gedruckt wurde.[269] Am 4. April 1946 erhielt die »Freie Presse« mit Chefredakteur Carl Severing eine Lizenz und erschien mit rund 20 000 Exemplaren in Stadt und Kreis Herford. Sie trat politisch die Nachfolge der »Volkswacht« an. Die Nachkriegsentwicklung des Herforder Pressewesens beschreibt der Ver-

waltungsbericht: *Am 7.5.1946 konnte schließlich auch das »Volks-Echo« als 3. deutsche Zeitung unseres Gebietes mit einer Teilausgabe für Herford erscheinen, die aber nur über eine wesentlich geringere Auflage verfügte. Diese drei deutschen Zeitungen orientierten sich nach den verschiedenen großen politischen Parteien, und zwar waren orientiert: Die Westfalenzeitung nach der Weltanschauung der CDU, die Freie Presse nach der Weltanschauung der SPD, das Volksecho nach der Volksanschauung der KPD. In den ersten Monaten des Berichtsjahres bestand eine Vorzensur, die im Laufe der Berichtszeit durch eine Nachzensur abgelöst wurde. Die Gestaltung der Zeitungen konnte nur im Rahmen der Bestimmungen der britischen Militärbehörden erfolgen. Jede Kritik an Maßnahmen der Militärregierung war untersagt. Das Bestreben der Zensurbehörde ging darauf hinaus, die deutsche Presse nach englischem Muster auszurichten.*[270]
Mit der Generallizenz Nr. 1 vom 1. Mai 1949 der amerikanischen Militärregierung und dem Gesetz Nr. 5 der Alliierten Hohen Kommission vom 23. September 1949 wurde die Pressefreiheit wiederhergestellt. Für Herford hatte das zur Folge, daß das bei der Lizenzerteilung nicht berücksichtigte »Herforder Kreisblatt« ab Oktober 1949 wieder erscheinen konnte. Am 15. November 1949 schlossen sich »Kreisblatt« und »Westfalen-Zeitung« mit ihrer Herforder Ausgabe zusammen, während Ende des Jahres als vierte Tageszeitung die »Westfälische Zeitung«, später in »Herforder Anzeiger« umbenannt, auf den Markt kam.[271]
Durch die Fusion der Zeitungsverlage »Freie Presse« und »Westfälische Zeitung« vom 1. Juli 1967 wurde das Pressewesen der Stadt noch einmal umstrukturiert. »Herforder Kreisblatt« und »Neue Westfälische« sind die heute in der Stadt erscheinenden Tageszeitungen. Das Druckmittel des Anzeigenboykotts ist nach wie vor eines der wesentlichen Instrumente der Einflußnahme, um politisch unerwünschte Veröffentlichungen zu verhindern. Allerdings wird es heute nicht mehr von öffentlichen Institutionen, sondern eher von Geschäftsleuten eingesetzt, die beispielsweise Hinweise auf frühere jüdische Besitzer ihrer Geschäftshäuser nicht veröffentlicht sehen wollen. Auch die Vereine sind sich ihres Machtpotentials bewußt. Mit der Drohung der Abbestellung versuchen einige Vereinsvertreter hin und wieder, ihrem Wunsch nach ausführlicher Berichterstattung Nachdruck zu verleihen. Die Unabhängigkeit der Tageszeitungen ist daher nach wie vor ein Faktor, der trotz seiner rechtlichen Absicherung vielerlei Angriffen ausgesetzt ist.

(J.B.)

Zeitungen des 19. und 20. Jahrhunderts in Herford

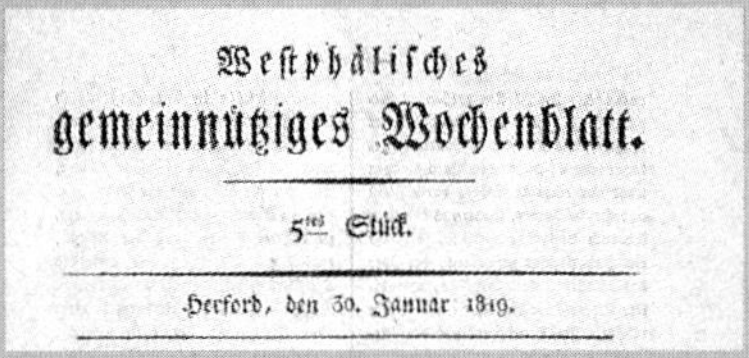
Westphälisches
gemeinnütziges Wochenblatt.
5tes Stück.
Herford, den 30. Januar 1819.

No 5. 1840.
Sonnabend, den 1. Februar.
WESTPHALIA,
Eine Zeitschrift für alle Stände,
zur
Beförderung der Vaterlandsliebe, des Gemeinwohls und edler Unterhaltung.

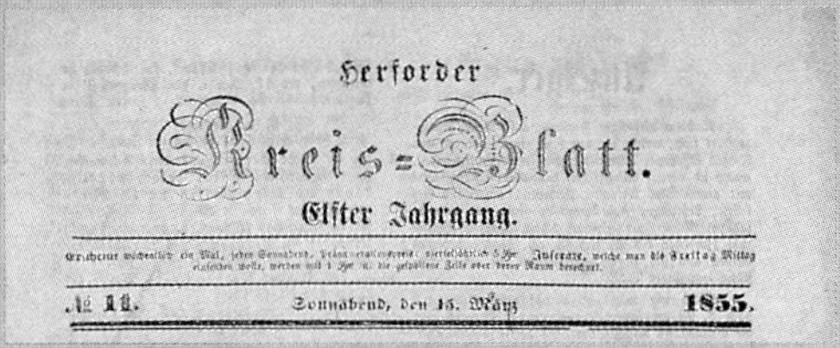
Herforder
Kreis-Blatt.
Elfter Jahrgang.
№ 11. Sonnabend, den 15. März 1855.

Herforder Wochenblatt.
Die Gratis-Beilage
„Sonntagsblatt"
erscheint jeden Sonnabend.
Nr. 10. Donnerstag, den 22. Januar. 1880.

Herforder Zeitung.
Anzeiger für Stadt u. Land.
Nr. 3. Sonnabend, den 5. Januar. 1884.

Herforder Zeitung
für Stadt und Land
Bezugspreis 25.00 Mark
Anzeigenpreis 1.25 Mark
Generalanzeiger für Stadt- und Landkreis Herford
Amtlicher Anzeiger für Stadt- u. Landkreis Herford
Nr. 169 Herford, Sonnabend, den 22. Juli 1922 40. Jahrgang.

Nr. 10. 1. Jahrgang.
Herforder Nachrichten
Herford
Mittwoch, 13. März 1907.
Erscheint sechsmal wöchentlich.

XIX. Jahrgang — Herforder — Nr. 1.

Evangelischer Gemeindebote.

Kirchlicher Anzeiger und Sonntagsblatt für die evangelischen Gemeinden Herfords.

Epiphanias, Sonntag, den 6. Januar 1918.

Herforder

Stadt- und Land-Bote.

Zeitung für Nachrichten-, Unterhaltungs- und Insertionswesen.

№ 2. — Montag, 4. Januar. — 1892.

Volkswacht

Organ der Sozialdemokratie für das östliche Westfalen und die lippischen Fürstentümer.

Buchhandlung, Druckerei, Expedition und Redaktion: Schulstraße Nr. 20.

Nr. 12. — Bielefeld, Dienstag, 15. Januar 1907. — 18. Jahrg.

Die „Neue Westfälische Volkszeitung" erscheint täglich mit Ausnahme der Sonn- und Feiertage. Bezugspreis vierteljährlich 1.50 Mark, durch die Post bezogen 1.35 Mark zuzüglich Bestellgeld.

Die Anzeigengebühr für die vierspaltige Petitzeile beträgt 15 Pf.; für Kreis und Stadt Herford 12 Pf. Etwa gewährte Vorzugspreise erlöschen bei unregelmäßiger Zahlung und bei gerichtlichem Verfahren.

Neue Westfälische Volkszeitung

Konservatives Organ für die Provinz Westfalen und angrenzende Gebiete.

Druck und Verlag: Westfälische Vereinsdruckerei G. m. b. H. — Fernsprecher 135.

Nr. 192. — Herford, Freitag den 16. August 1912. — 36. Jahrgang.

89. Jahrgang. Nummer 124. — Donnerstag, den 31. Mai 1934.

Herforder

Kreis-Blatt

Gott mit uns!

Amtlicher Anzeiger für den Stadt- und Landkreis Herford

Größte Auflage aller Tageszeitungen des Stadt- und Landkreises

Für Ehre, Freiheit und Brot! — N. S. — Ausgabe A

Volksblatt

für Westfalen

Amtliches Organ der N.S.D.A.P.

Nr. 14 — Donnerstag, 17. Januar 1935 — 3. Jahrgang

Ausgabe C

Westfälische Neueste Nachrichten

Vereinigt mit NS-Volksblatt — Herforder Kreiszeitung

Herford, Dienstag, 29. März 1938

Nr. 74 / 38. Jahrgang — Amtliches Organ der NSDAP und sämtlicher Behörden — Einzelnummer 10 Pfg.

Mit Genehmigung der Militärregierung

Amtliches Nachrichtenblatt

Erscheint nach Bedarf

für den Land- und Stadtkreis Herford

Nr. 5 Herford, den 7. September 1945 1945

VOLKS ECHO

DIE ZEITUNG DER WERKTÄTIGEN IN WESTFALEN UND LIPPE

Mittwoch, den 1. April 1963

Herforder Genossen beispielgebend

Dramatik in der Bundesliga: 1. FC Köln kann Schalke 04 nicht danken (Sport)

FREIE PRESSE

HERFORDER TAGESZEITUNG

Westfälische Zeitung

ANZEIGER FÜR STADT UND KREIS HERFORD

Unabhängige Tageszeitung

WESTFALEN-ZEITUNG

Herforder Tageblatt für Politik und christliche Kultur

Herforder Anzeiger

WESTFÄLISCHE ZEITUNG

Unabhängige Tageszeitung

WESTFALEN-BLATT

HERFORDER KREISBLATT

1200 Jahre Herford

Herforder Zeitung

Unabhängig - Bürgerlich

1 D 3692 A

Mittwoch, 1. März 1989 / 9. Woche

Nr. 51 / 144. Jahrgang

Preis 1,00 DM

Neue Westfälische

Größte Lokalzeitung mit ihren Ausgaben im Kreis Herford

Herforder Kreisanzeiger

1 D 8364 A

unabhängig · überparteilich

Sommer-Ausgabe!

Provinz-Blatt

Nr. 7/Juli/Aug. 85, 3. Jahrg.

Zeitung für den Kreis Herford

1 D 2732 E

Preis: 1 DM

Bernd Wagner

Das Bemühen um Sicherheit: Krankheit, Not und Alter

Arbeitsplatzsicherung, Gesundheit und materielle Sicherheit im Alter zählen nach wie vor zu den zentralen Bedürfnissen der Bevölkerung. Obgleich die seit der Gründung der Bundesrepublik vorangetriebene staatliche Sozialpolitik und deren Umsetzung auf kommunaler Ebene (v.a. Sozialversicherungen, Krankenhäuser, Sozialhilfe, Kinder- und Wohngeld) weitgehende Sicherheit verspricht, sind Arbeitslosigkeit, Krankheit und altersbedingtes Ausscheiden aus dem Erwerbsleben oft schmerzliche Zäsuren im Leben der Betroffenen, die nicht nur durch materielle Einbußen, sondern darüber hinaus durch den Verlust bisheriger sozialer Kontakte gekennzeichnet sein können. Konzentriert sich das staatliche und kommunale Bemühen um Sicherheit in sozialen Problemlagen primär auf den materiellen und gesundheitlichen Schutz der Bevölkerung, so haben Kirchen, Verbände und Privatinitiativen zunehmend die Aufgabe übernommen, der Isolation von Kranken, Arbeitslosen und Rentnern entgegenzuwirken und deren Teilhabe am sozialen, kulturellen und politischen Leben zu ermöglichen.

Die von der Bundesregierung, den Länderregierungen und den Kommunen betriebene Sozialpolitik ist nicht zuletzt eng verbunden mit der Industriegesellschaft, in der finanzielle Mittel für soziale Leistungen erwirtschaftet werden können. In diesem Beitrag zur Herforder Stadtgeschichte steht das Bemühen um Sicherheit in der zweiten Hälfte des 19. Jh. im Mittelpunkt des Interesses; in diesen Jahren war Herford hinter Bielefeld ein weiteres Zentrum der Industrialisierung im östlichen Westfalen. Unser Augenmerk richtet sich auf jenen Personenkreis, der trotz Industrialisierung und dem damit verbundenen wirtschaftlichen Aufschwung auf fremde Hilfe angewiesen war bzw. ohne fremde Hilfe nicht überleben konnte: die armen und durch Notlagen hilfsbedürftig gewordenen Einwohner Herfords. Folgende Fragen stehen hier im Vordergrund: Wer bedurfte in der zweiten Hälfte des 19. Jh. überhaupt öffentlicher Hilfe? Welche Rolle spielten der Staat, die kommunale Verwaltung und die nicht in Armut lebenden Einwohner Herfords in der Auseinandersetzung mit sozialen Problemlagen? Welche Hilfsleistungen wurden angeboten? Und letztlich: Welchen Wandlungen unterlagen diese Hilfsleistungen in der zweiten Hälfte des 19. Jh.?

Bevölkerungswachstum, Armut und Krankheit

Im 19. Jh. fand in Herford ein rapides Bevölkerungswachstum statt. Wohnten 1818 noch 5 832 Einwohner in der Stadt, so waren es 1863 bereits 10 717 Einwohner; bis 1913 wuchs die städtische Bevölkerung weiter auf 32 420 Personen an. Ursache dieses Bevölkerungswachstums waren die in den 1830er und 1840er Jahren einsetzenden strukturellen und agrarischen Krisen, von denen vor allem die ärmere Landbevölkerung (Spinner, Heuerlinge) betroffen war. Angesichts der vorherrschenden Notlage suchten sie die Nähe der Stadt, besiedelten die dortigen Feldmarken, gleichsam von der Hoffnung getragen, am vermuteten Wohlstand der Stadt teilhaben zu können. Als in den 1860er Jahren auch in Herford die Industrialisierung einsetzte, waren es vor allem die erhofften Arbeitsplätze, die die Menschen in die Stadt strömen ließen. Da jedoch weitaus weniger Arbeitsplätze als Arbeitskräfte vorhanden waren und selbst die gezahlten Löhne sich in der Regel auf einem niedrigen Niveau hielten, lebten in der zweiten Hälfte des 19. Jh. viele Einwohner in der Gefahr, in Notzeiten auf die Hilfe der städtischen Armenverwaltung angewiesen zu sein — und in Not konnte vor allem die ärmere, schon in »Normalzeiten« am Rande des Existenzminimums lebende Bevölkerung sehr schnell geraten.[1]
So klagte 1864 die städtische Armenverwaltung: *Die schlimmste und reichhaltigste Quelle der Armut fließt leider noch immer im Branntwein, der dazu beiträgt, leiblichen und sittlichen Ruin in viele Familien zu tragen, eine vernünftige und vorsorgliche Sparsamkeit zu verhindern, und damit in seinem Gefolge auftretenden Krankheiten und Notzustände viel empfindlicher zu machen, als dies sonst der Fall sein würde. Nicht wenige heruntergekommene und gänzlich verarmte Familien müssen mittelbar oder unmittelbar auf die Neigung zum Trunk, welche die lebenden oder verstorbenen Ehemänner nicht bezähmen vermochten, ihr Elend und ihre Not zurückführen.* Schuldzuweisungen, daß die eingetretene Notlage eine Folge des Alkoholismus, fehlender Sparsamkeit, letztlich auch der Spiellust, des Müßigganges und zu frühen Heiratens sei, rissen bis ins frühe 20. Jh. nicht ab.[2]

Andererseits wurde aber auch von den Behörden erkannt, daß die Lebensverhältnisse der ärmeren Bevölkerung selbst kaum ausreichenden Schutz in Notzeiten bieten konnten. So stieß 1855 die städtische Armenverwaltung infolge der *enormen Theuerung aller Lebensbedürfnisse* an die Grenzen ihrer Unterstützungsfähigkeit, da sich der *Druck für die ärmeren Volksklassen . . . in viel höherem Maße als* (1847) *fühlbar machte, als die Noth der vorhergegangenen Jahre bereits alle Hülfsquellen und Sparpfennige zahlreicher Familien aufgezehrt hatte*[3]. Und in 1870er Jahren mußte die Verwaltung feststellen, daß *manche Kinder, Gebrechliche, alte Leute der Armenpflege überwiesen* worden waren, *welche früher in den kleinen Familien aus verwandtschaftlichen oder sonstigen Rücksichten mit durchgepflegt wurden. Aber wenn das Brod für die eigenen Kinder knapp ward, so hörten solche Rücksichten auf.*[4] Auch wenn immer wieder die *Trunksucht der Ehemänner* und mangelnder Sparsinn für die entstandenen Notlagen mitverantwortlich gemacht wurden, mußte die Verwaltung doch eingestehen, daß selbst die in einem Beschäftigungsverhältnis stehenden Arbeiter aufgrund ihres geringen Verdienstes nicht *in der Lage waren, für längere Krankheiten oder ihr Alter genügend zu-*

rückzulegen.[5] Krankheit und altersbedingte Arbeitslosigkeit bedeutete aber für die Mehrzahl der Bevölkerung den Verlust finanzieller Sicherheit und damit die Abhängigkeit von öffentlichen Zuwendungen. Von Krankheiten aber sahen sich die unteren Bevölkerungsschichten aufgrund ihrer Ernährungs- und Wohnverhältnisse ständig bedroht.

Über die gesamte zweite Hälfte des 19. Jh. klagten die Ärzte über Ernährungsmängel bzw. die *mannigfachen Ernährungsstörungen* der unteren Bevölkerungsschichten. Falsche Ernährung, deren Ursache oft in der Unwissenheit der Bevölkerung gesehen wurde, die aber wohl eher auf arme Lebensverhältnisse hinwies, wurde für das häufige Auftreten von chronischen Magen- und Darmerkrankungen mitverantwortlich gemacht. War bis zur Einführung moderner Trinkwassereinrichtungen die gesamte Bevölkerung von Krankheiten, die durch das Wasser übertragen werden können, bedroht, so reduzierten sich jene Krankheiten, die durch schlechte Wohnverhältnisse bedingt waren, auf die ärmeren Bevölkerungsschichten.[6]

Bereits in den 1850er Jahren wies der Herforder Kreisarzt (*Kreisphysikus*) auf die *überfüllten, den ärmlichsten und meistens entsittlichtesten Schichten der Gesellschaft zugehörigen* Wohnungen hin, die Ursache vieler Krankheiten sein sollten.[7] In der Tat war mit dem rapiden Bevölkerungswachstum für Herford ein ernstzunehmendes Wohnungsproblem entstanden. Da die finanziellen Mittel der Stadt einen von kommunaler Seite her organisierten Wohnungsbau nicht erlaubten, bat in den frühen 1860er Jahren der Herforder Kreisarzt *die Besitzer größerer industrieller Etablissements . . ., für ihre Arbeiter geeignete, gesunde und mit einem Stückchen Gartenland versehene Wohnungen herzustellen*, so, wie es *andern Orts bereits vielfach geschehen* sei.[8] Diese Bitte fand allerdings kein Gehör; das Wohnungsproblem blieb auch in den folgenden Jahren bestehen.

So wurde das Wohnen in zu kleinen, mitunter dunklen, kaum zu lüftenden und nicht selten feuchten Räumen als wesentliche Ursache der Lungenschwindsucht (Lungentuberkulose) und anderer Erkrankungen der Atmungsorgane erkannt, deren Anteil unter der Gesamtsterblichkeit Herfords in den 1870er und frühen 1880er Jahren 30% und mehr betrug.[9] Vor allem das Wohnen in zu feuchten Räumen hätte sich nach Ansicht des Kreisarztes in vielen Fällen vermeiden lassen; oft wurden Neubauten bereits bezogen, *ohne daß auch nur ein Versuch zu ihrer künstlichen Austrocknung gemacht* worden war. Er forderte die Polizeibehörde auf, auf solche gesetzlich verbotenen Mißstände zu achten.[10]

Noch in den frühen 1890er Jahren klagten die Ärzte über *Gefahren für die Gesundheit . . . unter dem Oelbrink und in den Arbeiterhäusern in der Nähe des Bahnhofs.* In diesen Häusern gingen Heimarbeiter der *Cigarrenindustrie* ihrer Arbeit nach. So heißt es in dem Bericht des Kreisarztes: *Die niedrigen Räume sind Arbeitsstätte für den Familienvater und seinen Wickelmacher, sie sind gleichzeitig Küche und Aufbewahrungsort für Speisen und dienen bei Krankheiten als Krankenzimmer. Daß bei dem Haus- und Kochdunst — mit dem Zusammengedrängtsein vieler Menschen die Kinder blaß und jämmerlich aussehen und meistens an Skrophulose leiden, ist nicht zu verwundern.*[11] Zu weiteren Klagen gaben im frühen 20. Jh. die *unerquicklichen Zustände* der Häuser an den

kleinen sogenannten Mauerstraßen und an der Endebuttstraße Anlaß, da dort *oft schlecht verwahrte Aborts- und Düngergruben* noch immer *unmittelbar an der Straße* lagen.[12]
Die bis zum Ersten Weltkrieg anhaltenden drastischen Beschreibungen städtischer Wohnverhältnisse dürfen aber nicht darüber hinwegtäuschen, daß seit den frühen 1890er Jahren eine merkliche Verbesserung zu verzeichnen war. 1893 verkündete der Kreisarzt, daß die *Wohnungen der Arbeiter ... infolge der in den letzten Jahren vielfach gebauten kleinen Arbeiterhäuser für 1 bis 2 Familien im ganzen besser geworden* waren. Aber auch ältere Häuser standen nun unter der Kontrolle der städtischen Verwaltung. Die Polizeibehörde wurde ersucht, *ein möglichst scharfes Augenmerk auf die kleinen ungesunden Wohnungen zu richten,* und wo sich Mißstände zeigen sollten, *gegen die Eigentümer und Vermieter solcher Wohnungen mit Verfügungen auf Abbruch oder Besserung* vorzugehen.[13]
Von den hier nur grob skizzierten Ernährungs- und Wohnverhältnissen waren neben Familien oder Einzelpersonen, die über kein oder nur sehr geringes Einkommen verfügten, vor allem alte Menschen betroffen, die in keinem Arbeitsverhältnis mehr geduldet wurden. Auf die Unterstützungen, die von der städtischen Verwaltung, den Kirchen und vom Bürgertum angeboten wurden, richtet sich im folgenden unser Augenmerk. Dabei soll zunächst ein Einblick in die administrative und privat organisierte Armenhilfe in der zweiten Hälfte des 19. Jh. gegeben werden. Das städtische Bemühen um Sicherheit im Krankheitsfall, das sämtlichen Einwohnern Herfords zugute kommen sollte, wird daran anschließend thematisiert.

Die administrativ und privat organisierte Armenpflege

Die Grundlagen der kommunalen Armenpflege im 19. Jh. gehen auf das Allgemeine Landrecht für die preußischen Staaten aus dem Jahre 1794 zurück. Hier verpflichtete sich der Staat, *für die Ernährung und Verpflegung derjenigen Bürger zu sorgen, die sich ihren Unterhalt nicht selbst beschaffen* und auf keine andere Hilfe zurückgreifen konnten. Diese Verpflichtung wurde auf Stadt- und Dorfgemeinden übertragen, konnte aber auch von *privilegirten Corporationen* mit eigenen Armenfonds übernommen werden.[14]
Der demographische Druck mit der seit dem frühen 18. Jh. auftretenden überproportionalen Vermehrung der sozialen Unterschichten führte zum obrigkeitlichen Interesse an den »Untertanen« und hatte die gesetzliche Verpflichtung zur Armenfürsorge notwendig werden lassen. War seit der »spätmittelalterlichen Krise« Armut als »Nicht-Arbeit« aufgefaßt worden, infolge dessen Hilfsbedürftige in »würdige« (arbeitsunfähige) und »unwürdige« (arbeitsfähige) Arme differenziert wurden, wobei letztere, als *arbeitsscheue Müßiggänger* diffamiert, mit der Einweisung ins Arbeitshaus rechnen mußten, so begann man im frühen 19. Jh. zu erkennen, daß auch ein Teil der arbeitenden Bevölkerung in Armut lebte und auf öffentliche Zuwendungen angewiesen war.[15]
Auch wenn hier die nicht selbstverschuldete Armut erkannt wurde, blieb der Makel

weiter bestehen, mit dem die Abhängigkeit von der kommunalen Armenhilfe jahrhundertelang behaftet war. Vor allem Mitglieder des »alten Mittelstandes« (Handwerksmeister, kleine Kaufleute) nahmen selbst in Notzeiten die Hilfe der Armenverwaltungen nur unwillig in Anspruch, da dieser Schritt gemeinhin als »ehrenrührig« angesehen wurde. Als 1869 dann noch der preußische Staat jenen Personen das Wahlrecht entzog, *welche eine Armenunterstützung aus öffentlichen oder Gemeindemitteln* bezogen oder *im letzten der Wahl vorhergegangenen Jahr bezogen* hatten, war die Inanspruchnahme der Armenhilfe nicht mehr nur mit dem Verlust der »Ehre«, sondern auch mit Repressalien verbunden.[16] Auf der anderen Seite versuchten die im 19. Jh. gegründeten Armenkommissionen den Kreis der Unterstützungsberechtigten möglichst klein zu halten; nicht zuletzt die finanzschwache Stellung der Städte bewog sie zu diesem Handeln. Vor diesem Hintergrund nimmt es nicht wunder, daß nur die Ärmsten unter den Armen sich in Notzeiten an die Armenverwaltung wandten bzw. von dieser als sogenannte »Etatsarme« anerkannt wurden und regelmäßige Unterstützungen erhielten.

Die Klientel der Armenverwaltung

Der gelehrte Arzt und gebürtige Herforder Georg Wilhelm Consbruch[17] wies 1792 in seiner für die Grafschaft Ravensberg verfaßten medizinischen Topographie darauf hin, daß es in Herford neben einer Vielzahl unter *fragilen* Verhältnissen lebenden Einwohnern, die oft über einen kleinen Acker oder Garten verfügten, auch *eine große Menge armer Leute und muthwilliger Bettler* gab, obgleich der *Straßenbetteley*, wie der Arzt bemerkte, *durch obrigkeitliche Verordnungen ziemlich vorgebeugt* worden war. Für jene Einwohner, *die ihr Brod nicht mehr verdienen* konnten, und für Waisenkinder war im 18. Jh. ein Armenhaus eingerichtet worden, das von der Bevölkerung als *Graues Kloster* bezeichnet wurde. Hier erhielten die Insassen nicht nur Nahrung und Obdach, hier mußten sie auch, *um ihr Brod zu verdienen, Wolle kratzen und spinnen.*[18]
Die Beschäftigung der Armenhausinsassen erhielt eine neue Qualität mit der Verlegung eines Zuchthauses von Minden nach Herford, das 1780 in einem Gebäudeteil des Armenhauses eingerichtet wurde, sowie der Planung einer Landarmenanstalt für die ostwestfälische Region in Herford; das Landarmenhaus wurde 1803 auf dem Gelände des ehemaligen Fraterhauses errichtet. Der Praxis anderer Zuchthäuser folgend, deren Insassen in Manufakturen arbeiten mußten, forderte nun auch die Mindener Kriegs- und Domänenkammer, die für das Zuchthauswesen verantwortlich zeichnete, die Verbindung der Herforder Anstalt mit einer Produktionsstätte. 1801 übernahm der aus Kleve kommende Unternehmer Schrewe die Baumwollspinnerei des Herforder Zuchthauses und baute diese zu einer Manufaktur aus, in der neben den zur Arbeit verpflichteten Zuchthausinsassen auch Kinder, arme Erwachsene und Gesellen entlohnte Arbeit fanden. Die *Schrewensche Entreprise*, die bis zu 300 Personen Beschäftigung bot, mußte 1833 angesichts der englischen Konkurrenz ihre Produktion einstellen; gegen die in England frühzeitig einsetzende Industrialisierung des Textilgewerbes konnten die Textilmanufakturen mit ihrem niedrigen Mechanisierungsgrad nicht bestehen.[19]
Mit dem Niedergang der Herforder Baumwollmanufaktur waren die in der Grauzone der

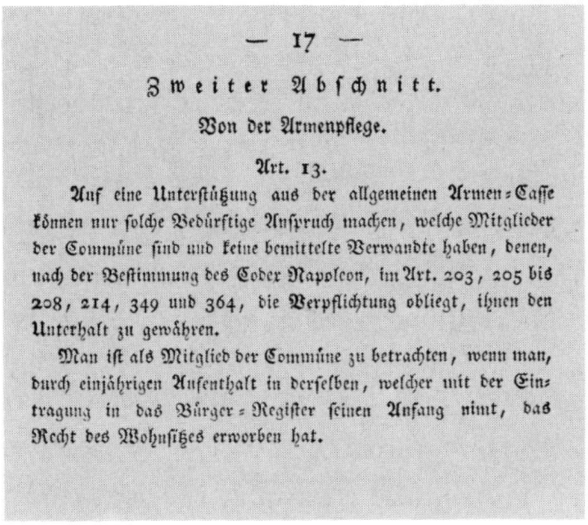

— 17 —

Zweiter Abschnitt.

Von der Armenpflege.

Art. 13.

Auf eine Unterstützung aus der allgemeinen Armen-Casse können nur solche Bedürftige Anspruch machen, welche Mitglieder der Commüne sind und keine bemittelte Verwandte haben, denen, nach der Bestimmung des Codex Napoleon, im Art. 203, 205 bis 208, 214, 349 und 364, die Verpflichtung obliegt, ihnen den Unterhalt zu gewähren.

Man ist als Mitglied der Commüne zu betrachten, wenn man, durch einjährigen Aufenthalt in derselben, welcher mit der Eintragung in das Bürger-Register seinen Anfang nimt, das Recht des Wohnsitzes erworben hat.

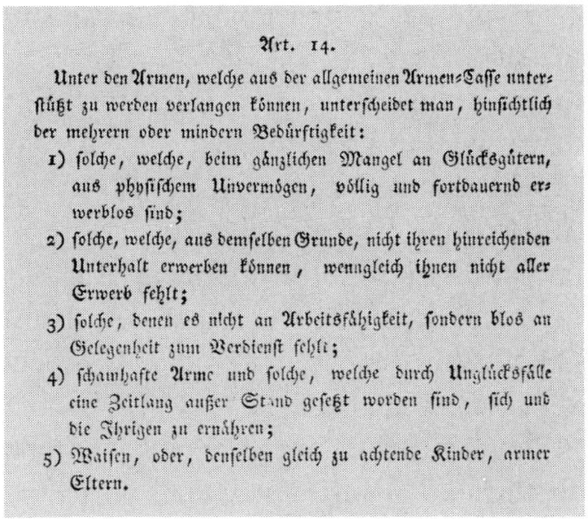

Art. 14.

Unter den Armen, welche aus der allgemeinen Armen-Casse unterstützt zu werden verlangen können, unterscheidet man, hinsichtlich der mehrern oder mindern Bedürftigkeit:

1) solche, welche, beim gänzlichen Mangel an Glücksgütern, aus physischem Unvermögen, völlig und fortdauernd erwerblos sind;
2) solche, welche, aus demselben Grunde, nicht ihren hinreichenden Unterhalt erwerben können, wenngleich ihnen nicht aller Erwerb fehlt;
3) solche, denen es nicht an Arbeitsfähigkeit, sondern blos an Gelegenheit zum Verdienst fehlt;
4) schamhafte Arme und solche, welche durch Unglücksfälle eine Zeitlang außer Stand gesetzt worden sind, sich und die Ihrigen zu ernähren;
5) Waisen, oder, denselben gleich zu achtende Kinder, armer Eltern.

»Regulativ für das Armenwesen der Stadt Herford« (Artikel 13 und 14). Es trat durch Beschluß des Unter-Präfekten des Distrikts Bielefeld im August 1813 in Kraft

Armut lebenden Einwohner wieder ausschließlich auf Unterstützungen der städtischen Armenbehörde und des wohlhabenden Bürgertums angewiesen. Als seit der Mitte des 19. Jh. vor dem Hintergrund der langsam einsetzenden Industrialisierung mit dem Bevölkerungswachstum auch der Unterschichtenanteil unter den Herforder Einwohnern zunahm, war die selbst unter Finanzknappheit leidende kommunale Behörde gezwungen, neue Mittel und Wege zu finden, um auf das Armutsproblem reagieren zu können. In den 1850er Jahren erhielten in Herford 130 bis 150 Familien oder Einzelpersonen eine in der Regel zeitlich befristete wöchentliche Unterstützung, die vor allem in den Wintermonaten bewilligt wurde. Seit den frühen 1860er Jahren nahm die Zahl der Unterstützungsberechtigten im städtischen Verhältnis zur Gesamtbevölkerung stetig ab; bis ins frühe 20. Jh. erhielten nur noch 70 bis 100 Familien oder Einzelpersonen wöchentliche Zuwendungen. Daß dennoch die Ausgaben dieses Postens der Armenverwaltung zunahmen, lag an der Angleichung der Unterstützungsleistungen an die gestiegenen Lebenshaltungskosten (siehe nachfolgende Tabelle).

Tabelle: Wöchentliche Unterstützungsempfänger in Herford 1855 bis 1904[20]

Jahr	Anzahl der Familien / Einzelpersonen	Summe der wöchentlichen Unterstützungsleistungen (in Mark)
1855	144	4 060,00
1864	71	2 414,00
1875	50	k.A.
1883	72	3 663,00
1894	89	4 761,00
1904	96	7 881,00

Die seit den frühen 1860er Jahren zu verzeichnende zahlenmäßige Reduzierung der Unterstützungsberechtigten war sicher eine Folge der in Herford einsetzenden Industrialisierung und der damit verbundenen Zunahme an Arbeitsplätzen. Andererseits lag ihre Ursache aber auch in einer Veränderung des Herforder Armenwesens, das durch die Einführung des sogenannten »Elberfelder Systems« rationalisiert wurde.[21] Um 1860 wurde in Herford eine Armenkommission gebildet, deren Vorsitzende die Bürgermeister Karl Strosser (bis 1867), Karl Sack (bis 1875) und Ludwig Quentin (bis 1908) waren. Ihnen zur Seite standen der städtische Superintendent, die Pastoren der Stadt und 20 bis 23 sogenannte »Armenvorsteher«, zumeist Handwerksmeister, Kaufleute und Fabrikanten, die für fest umschriebenene Bezirke verantwortlich waren. Durch die Aufteilung der Stadt in überschaubare Bezirke und letztlich auch durch die Hilfe von ehrenamtlichen Armenpflegern konnten soziale Notlagen schneller erkannt, Unterstützungsberechtigte besser betreut und letztlich auch kontrolliert werden. So berichtete die Armenkommission, daß sie *unausgesetzt die armen Familien beobachtet* habe und *stets bedacht gewesen sei, in wirklichen Notfällen schleunigst und ausreichend zu helfen, wie andererseits unbegründete Ansprüche zurückzuweisen.* Im Frühling eines jeden Jahres fand eine generelle Revision statt, wobei in der Regel für die Sommermonate betreffs der Wochenspendenbezüge erhebliche Ermäßigungen stattfanden. Darüber hinaus dienten die regelmäßigen Visiten auch der Aufklärung der Unterstützungsberechtigten über eine »richtige« Lebensführung: Ordnung, Sauberkeit, Sparsamkeit und Fleiß sollten insbesondere den (Haus-)Frauen nahegebracht werden.[22]

Die Armenverwaltung wollte keine Zweifel darüber aufkommen lassen, daß es sich bei diesen Familien um soziale Härtefälle handelte. Es waren zumeist eheverlassene oder verwitwete Frauen, die ohne fremde Hilfe nicht für sich und ihre Kinder sorgen konnten; alte Menschen, die in keinem Arbeitsverhältnis mehr geduldet wurden und über keine Ersparnisse verfügten; nicht zuletzt Familien mit gebrechlichen, invaliden, also arbeitsunfähigen Vätern. Kritikern, die aufgrund der stetig steigenden Ausgaben der Armenverwaltung zur Sparsamkeit aufriefen, wurde entgegengehalten, daß sie *am schnellsten zu einer anderen Überzeugung kommen (würden), wenn sie sich selbst zur Übernahme eines Armenvorsteher-Postens melden sollten.* Die Verwaltung wies mit Nachdruck darauf hin, daß *nur das Notwendigste ausgegeben* wurde.[23]

Neben den »Etatsarmen«, die oft über längere Zeiträume nicht ohne fremde Hilfe überleben konnten, mußten viele Einwohner Herfords vor allem in den Wintermonaten auf die Hilfe der Armenverwaltung zurückgreifen; über die gesamte zweite Hälfte des 19. Jh. wurde Bedürftigen Heizmaterial (Holz und Kohlen) zur Verfügung gestellt. Darüber hinaus konnten soziale Notlagen selbst bei berufstätigen Einwohnern der Stadt in jenen Zeiten entstehen, in denen ein geldverdienendes Familienmitglied erkrankte und für eine begrenzte Zeit arbeitsunfähig war; denn Krankheit bedeutete immer Lohnverlust. In diesen Fällen konnte bei der Armenbehörde eine einmalige Unterstützung beantragt werden. Wenn die Honorarkosten für die ärztliche Behandlung nicht aufgebracht werden konnten, verwies die Armenverwaltung den Erkrankten an einen Armenarzt, der von der Stadt für seine Tätigkeit eine Entschädigung erhielt; sowohl die Kosten für die notwendigen Medikamente als auch jene einer möglichen Krankenhausbehandlung wurden dann aus der Armenkasse beglichen. Dagegen wurden Anträge auf Mietzuschüsse von der Verwaltung nur ungern bewilligt, da ihrer Ansicht nach *in der Regel ... die meisten Armen ihre Anträge auf fortlaufende Unterstützung auf diesem Gebiete* begannen.[24]

In der zweiten Hälfte des 19. Jh. zählten zur Klientel der Herforder Armenverwaltung nur jene Einwohner, deren Lebensunterhalt ohne städtische Zuwendung nicht gesichert erschien. Regelmäßige Kontrollen sollten dabei gewährleisten, daß dieser Personenkreis nur das Lebensnotwendigste erhielt. Da die mißbräuchliche Verwendung der Armenhilfe verhindert werden sollte, erhielten die Unterstützungsberechtigten in der Regel Naturalleistungen bzw. Marken, mit denen Lebensmittel bezogen werden konnten; Barunterstützungen wurden nur in Ausnahmefällen gewährt. Die auf einen eng umschriebenen Personenkreis ausgerichtete kommunale Armenhilfe konnte natürlich nicht das gesamte Ausmaß an sozialen Notlagen erfassen. Das Bemühen um Sicherheit in der zweiten Hälfte des 19. Jh. beschränkte sich aber nicht nur auf das Engagement der Armenverwaltungen. Hier wird unser Augenmerk auf die kirchliche und von dem städtischen Bürgertum organisierte Armenhilfe gerichtet, die in Kooperation mit der städtischen Verwaltung den ärmeren Bevölkerungsschichten ihre Hilfe anbot.

Kirchliche und bürgerliche Armenhilfe

Die kirchliche und von dem städtischen Bürgertum organisierte Armenhilfe zählt traditionsgemäß zum wesentlichen Bestandteil der öffentlichen Armenpflege. Mit dem 1877 von dem Pastor Gottschalk und dem Fabrikanten Weddigen gegründeten »Evangelischen Waisenhaus« erhielt Herford bald eine Institution, die multifunktional auf soziale Problemlagen reagierte. Waisenhaus und Kindergarten, Volksküche, Gesellenherberge und ein Altenpflegehaus gehörten am Ende des 19. Jh. zu dieser Anstalt. Den Schwerpunkten des Waisenhauses folgend, sollen hier die verschiedenen Bereiche des kirchlichen und bürgerlichen wohltätigen Engagements dargestellt werden.

Speisevereine

Die regelmäßigen Klagen der Ärzte über Ernährungsmängel der sozialen Unterschichten beschränkten sich keineswegs nur auf die Klientel der Armenverwaltung, sondern sie bezogen auch jene in einem Beschäftigungsverhältnis stehenden Einwohner mit ein, deren Löhne nur ein asketisches Leben erlaubten. Vor allem diese Armen, die die Nähe der Armenverwaltung mieden, um nicht ihre »Ehre« zu verlieren oder rechtliche Nachteile zu erleiden, galt das Interesse des Herforder Bürgertums.

In der zweiten Hälfte des 19. Jh. bildeten sich in den einzelnen Stadtteilen Speisevereine, die unter der Regie von bürgerlichen Vereinen und Pfarrgemeinden standen. So zeichnete der »Gustav-Adolf-Frauenverein« gemeinsam mit dem »Radewiger Armenspeiseverein« für die Speisung von durchschnittlich zehn armen Personen verantwortlich, für die jährlich 1 500 bis 2 800 Portionen *warmer Mahlzeiten* gegen ein geringes Entgelt zur Verfügung gestellt wurden; weitere Speisevereine wurden in der Neustadt, der Altstadt, auf der Freiheit und von der Petrigemeinde gegründet. Neben diesen stadtteilorientierten bzw. auf Gemeindemitgliedern beschränkten Speisevereinen weitete in den 1870er und 1880er Jahren der »Vaterländische Frauenverein« gemeinsam mit der evangelischen Kirche seinen Aktionsradius auf die *arme und kranke* Bevölkerung Herfords aus; mit jährlich bis zu 3 500 Portionen war er bis zur Gründung der »Volksküche« der größte Speiseverein Herfords.[25]

Mit der am 18. Januar 1889 vom Evangelischen Waisenhaus gegründeten Volksküche, die an der Waisenhausstraße eingerichtet wurde und sämtlichen bedürftigen Einwohnern zur Verfügung stehen sollte, veränderte sich das Engagement der stadtteilorientierten Speisevereine. Der »Radewiger Armenspeiseverein« wurde in »Volkskaffee- und Speisehalle« umbenannt und bot nun *besser situierten Arbeitern und Handwerkern* Ernährungshilfen an. 1904 wurde dieser Verein aufgelöst, nachdem die Klientel der Speisehalle erklärt hatte, daß sie *in der Mittagspause per Rad oder zu Fuß ihre Wohnungen* in den Feldmarken erreichen könnte.[26] Mit Ausnahme der kirchlichen Speisevereine, zu denen seit 1892 auch der »Suppenverein« unter der Leitung von Frau Hempelmann, der Ehefrau von Pastor Hempelmann, zählte, stellten die anderen Vereine in den 1890er Jahren die Ausgaben von Mahlzeiten ein und ließen statt dessen der Volksküche Mittel zukommen, mit deren Hilfe der nach wie vor bedrohlichen Ernährungslage der sozialen Unterschichten entgegengewirkt werden sollte.[27]

Mit der Volksküche erhielt Herford eine Institution, die konzentriert Ernährungshilfen anbot. In den 1890er Jahren und noch im frühen 20. Jh. nahmen täglich bis zu 70 Personen diese Anstalt in Anspruch. Für ein Mittagessen ohne Fleisch mußten bei einer halben Portion 10 Pfennig, bei einer ganzen Portion 15 Pfennig gezahlt werden; Fleischzugaben kosteten 5 bzw. 10 Pfennig.

Wie groß die Not in den 1890er Jahren für einen Teil der Herforder Bevölkerung gewesen sein muß, geht aus einem Bericht der Volksküche hervor, der auf *eine eigentümliche Erscheinung* hinwies. Es wurde festgestellt, *daß immer mehr Personen, jetzt 90%, nur halbe Portionen verlangen, solche ... also für ein nahrhaftes Mittagessen nur 10 Pfennig* zahlen würden. Für die Mehrzahl der die Volksküche in Anspruch nehmenden Personen waren demzufolge die Preise für ein vollständiges Mittagessen, geschweige denn für eine Fleischzulage, immer noch zu hoch angelegt: Diese Personen waren aufgrund der ihnen zur Verfügung stehenden finanziellen Mittel auch hier zur Sparsamkeit gezwungen. Möglichkeiten, die schon sehr niedrig angemessenen Preise der Speisen zu reduzieren, hatte die Volksküche nicht, da sie außer den Spenden der bürgerlichen Vereine und der Kirchengemeinden über keine weiteren Zuschüsse verfügte.[28]

Arbeitslosigkeit

Der Aufstieg Herfords zur Industriestadt war seit den 1860er Jahren nicht nur durch eine Zunahme an Arbeitsplätzen, sondern auch durch eine Zunahme an Arbeitslosen gekennzeichnet. Diese auf den ersten Blick widersprüchliche Entwicklung hatte ihre Ursache in der stetig zunehmenden Zahl wandernder Gesellen, die in Herford Station machten, um hier einen Arbeitsplatz zu finden oder zumindest Unterstützungen zu erhalten. Da

der Zustrom der Arbeitsuchenden größer als das Arbeitsplatzangebot war, waren viele »Neubürger« auch weiterhin arbeitslos.
Konnten wandernde Gesellen noch in der ersten Hälfte des 19. Jh. auf finanzielle Unterstützung der Gesellenladen hoffen, so waren diese spätestens seit den 1870er Jahren dem Zustrom nicht mehr gewachsen: Zwischen 1870 und 1880 wurden in den Herforder Herbergen jährlich 4500 bis 6000 Gesellen gezählt.[29] Da weder Aussicht auf einen Arbeitsplatz noch auf finanzielle Unterstützung bestand, versuchten viele Gesellen, ihren Lebensunterhalt durch Hausbettelei zu verdingen.
Um dieser *erheblichen Last, welche dem Publicum durch das Betteln der Handwerksburschen* entstanden war, entgegenzuwirken, wurde am 17. Juni 1878 *auf Anregung des Gewerbevereins* der »Verein gegen Bettelei« gegründet, dem alsbald 345 Mitglieder beitraten. Zum Vorstand des Vereins gehörten neben Bürgermeister Quentin ein Uhrmacher-, zwei Tischler- und ein Klempnermeister sowie ein Gymnasiallehrer und ein Sekretär. Der Verein stellte es sich zur Aufgabe, daß möglichst sämtliche Herforder Haushaltungen durch ein am Eingang des Hauses angebrachtes Schild erklärten, Bettlern nichts zu geben, auf der anderen Seite aber *diejenigen bedürftigen Gesellen, welche sich durch Papiere über ihre Verhältnisse ausweisen (konnten), mit einer entsprechenden Reiseunterstützung zu versehen.* Die finanziellen Zuwendungen sollten einer aus Mitgliedsbeiträgen gebildeten Kasse entnommen werden.[30]
Nachdem dieser Verein *zuerst eine nicht abzuleugnende gute Wirkung* gehabt hatte, mußte er nach dreijährigem Bestehen 1881 aufgelöst werden. Das erklärte Ziel, Herforder Haushaltungen zum Vereinsbeitritt zu bewegen, wurde nicht erreicht; von den ca. 1800 Haushaltungen hatten sich nur 238 beteiligt. Da mit dieser niedrigen Mitgliederzahl auch der Kasse nur beschränkte Mittel zur Verfügung standen, konnten Reiseunterstützungen zuletzt nur noch in den Wintermonaten gezahlt werden, und selbst dann mußte die Kasse *wiederholt kurze Zeit ihre Zahlungen einstellen*; die Hausbettelei nahm infolgedessen wieder zu. In einem Bericht der Herforder Stadtverwaltung wurde verbittert festgestellt, daß es *von Neuem auf Grund der Erfahrungen zu prüfen sein (werde), auf welche Weise, solange die Gesetzgebung nicht energisch einschreitet, in unserer Stadt der schrecklichen Plage Einhalt zu thun ist. Als eine Plage wurden diese Leute mit ihrer Frechheit, ihrem Branntweingeruch, ihrem Schmutz, ihren Krankheiten, oft auch ihrer Unehrlichkeit allgemein anerkannt.*[31] Daß Arbeitslosigkeit, die im 19. Jh. das Fehlen jeglicher finanzieller Mittel bedeutete, die Gesellen zum Betteln zwang, fand in dem Bericht keine Erwähnung.
Am 20. Oktober 1881 wurden von einem von der Armenverwaltung gewählten Ausschuß Vorschläge zur Lösung des Problems unterbreitet, die unser Interesse verdienen. Der Ausschuß, dem neben Bürgermeister Quentin und Pastor Gottschalk jeweils ein Maler-, Bäcker- und Schuhmachermeister angehörten, schlug vor, eine Herberge zu errichten, *die unter direkter Verwaltung der Stadt (stehen) und durch städtische Steuern unterhalten werden* sollte. Der Vorschlag wurde angenommen und *die Hebung 1/3 Monats der Klassen- und Einkommensteuer zur Unterhaltung der Herberge* beschlossen. Dabei wurde die Steuer *in der Weise ausgeschrieben, daß jeder Steuerpflichtige einen besonderen Zettel erhielt, auf welchem der Zweck ersichtlich war.* Die Verwaltung bemerkte

Die »Herberge zur Heimat« an der Waisenhausstraße, um 1930

mit Genugtuung: *Diese Maßregel hatte sofort den erwarteten Erfolg. Die Bürgerschaft war gegen die Steuer sehr aufgebracht, man gab den Handwerksburschen an keiner Thür mehr etwas!*[32]
Wurde mit der Steuererhöhung ein Mittel gegen die Hausbettelei gefunden, so versuchte die Stadt mit der am 1. Oktober 1882 eingerichteten Herberge den Kreis der arbeitslosen Gesellen möglichst klein zu halten. Aus der Satzung der *städtischen Herberge* geht hervor, daß Mahlzeiten und Übernachtungen mit Bons zu bezahlen waren, die aber nur jene Gesellen erhielten, die nachweisen konnten, daß in ihrem Gewerbe keine Arbeit vorhanden war; die Ausgabe von Arbeitsnachweisen und Bons übernahmen *17 Meister und Arbeitgeber in den verschiedenen Gewerben.*[33]
Arbeitslose, die in den folgenden Jahren ohne Legitimation angetroffen wurden, mußten damit rechnen, *dem Amtsgericht wegen Verdachts der Bettelei vorgeführt* und an die von den Pastoren von Bodelschwingh in der Senne gegründeten »Kolonie Wilhelmsdorf« überwiesen zu werden; dort wurden sie *hauptsächlich mit dem Losbrechen resp(ektive) Umbrechen des Ortssteins* beschäftigt, um *auf diese Weise allmählich brachbare Wiesen und Ackerland zu schaffen.*[34] Für die Klientel der Herberge wurde eine eher symbolische Arbeit gefunden: Sie mußte *in einem neben dem Spritzenhaus gelegenen nicht sichtbaren Raume 1 1/2 Stunden Steine klopfen.* Mit dieser Maßnahme sollte dem unterstellten *Müßiggange* der Arbeitslosen entgegengewirkt werden.

Mit Stolz verkündete die Stadtverwaltung, daß die städtische Herberge *nicht nur für die Provinz Westfalen... ein Muster geworden*, sondern daß sie *auch von den höheren Behörden (in Berlin, B.W.) und in der Presse vielfach als musterhaft anerkannt* worden sei und *51 Städten Veranlassung gegeben (hätte), sich zu erkundigen; auch war eine Deputation der ostpreußischen Provinzialstände (in Herford), um die Einrichtung genau kennen zu lernen.*[35]
In den folgenden Jahren konnte zwar des öfteren festgestellt werden, daß der *Durchzug wandernder Arbeitsloser... rapide abgenommen habe*, dennoch gehörte Überbelegung zum Alltag der Herberge. Dieser Zustand blieb unverändert, als die städtische Herberge Unterstützung von seiten des Evangelischen Waisenhauses erhielt, das in dem an der Waisenhausstraße gelegenen Gebäude am 1. April 1890 die »Herberge zur Heimat« gründete: In der mit 73 Betten eingerichteten Unterkunft übernachteten wiederholt 90 bis 100 Personen.[36]
Obgleich mit der Einrichtung der Herforder Herbergen für »würdige« Arbeitslose gleichsam zugestanden wurde, daß Arbeitslosigkeit nicht immer selbst verschuldet war, blieb das Mißtrauen, daß dieser Personenkreis dem »Müßiggange« frönen könnte, weiter bestehen. Bis zum Ausgang des 19. Jh. wurden Herbergsbewohner *regelmäßig mit Holzzerkleinern (und Steineklopfen) beschäftigt*, um auf diese Weise ihre Arbeitswilligkeit unter Beweis zu stellen.
Zu einer qualitativen Veränderung kam es in den Wintermonaten des Jahres 1901/02, als die Arbeitslosigkeit in Herford infolge der *ungünstigen wirtschaftlichen Gesamtlage* stark zunahm. Die Stadt sah sich *geradezu gezwungen, eine Anzahl Arbeitsloser... in Arbeit zu nehmen.* Diese wurden nicht mehr mit symbolischen, sondern mit für die Stadt notwendigen Arbeiten beschäftigt. So wurden Kanalsysteme vor dem Steintor und Wegebauten an der Pagenmarktstraße von Arbeitslosen ausgeführt. Waren Holzzerkleinern und Steineklopfen von den Herbergsbewohnern erzwungene Arbeiten, deren »Entlohnung« sich auf freie Verpflegung und Übernachtung beschränkte, so zahlte die Stadt für diese Tätigkeiten in *Übereinstimmung mit der städtischen Baukommission* Tageslöhne in Höhe von 1,80 bis 2,40 Mark. Diese Löhne lagen unter jenen, die im Baugewerbe üblich waren, da, wie die Verwaltung feststellte, *die Leistung naturgemäß etwas hinter der der sonstigen Arbeiter zurücksteht, ... und weil wir den Leuten immer einen Antrieb geben mußten, sich baldigst wieder andere Arbeit zu (be)schaffen.*[38]
Auch wenn an den Löhnen für die unter städtischer Regie beschäftigten Arbeitslosen gespart wurde, war mit der Einrichtung eines städtischen Beschäftigungsprogrammes erstmalig in Herford ein Mittel gefunden worden, Arbeitslosen durch eine bezahlte Tätigkeit zu helfen, ohne sie der Klientel der Armenverwaltung gleichzustellen. Der Erfolg, den Herford mit dem Beschäftigungsprogramm des Winters 1901/02 gehabt hatte, führte dazu, daß fortan *im Sommer jeden Jahres* versucht wurde, *für den Winter*, wenn die Arbeitslosigkeit aus saisonalen Gründen zunahm, *größere Arbeiten aufzubewahren.*[39]
Mit der Einführung von Zwangsarbeiten, Arbeitsnachweisen und Beschäftigungsprogrammen standen die in Herford gefällten Entscheidungen im Einklang mit jenen, die im deutschen Kaiserreich üblich waren. Mit Sorge wurden die seit den 1870er Jahren

durch das Land ziehenden »Arbeitslosenheere« von kommunalen und staatlichen Behörden beobachtet, da eine von ihnen ausgehende Gefährdung der staatlichen Ordnung befürchtet wurde. So war beispielsweise die Einschätzung Wilhelms II., daß Arbeitslose *den Hetzern* (der Sozialdemokratie, B.W.) *in die Hände fallen* könnten, nicht nur die Aussage eines Monarchen, sondern sie spiegelte gleichsam die Befürchtung der Mehrheit des Bürgertums wider. Mit den von kommunaler und staatlicher Seite durchgeführten Maßnahmen sollte den Arbeitslosen denn auch nicht nur Hilfe angeboten, sondern sie sollten gleichsam in die Gesellschaft eingebunden werden, verbunden mit der Hoffnung, auf diesem Wege ihr Protestpotential zu entschärfen. Dabei war den gegen Arbeitslosigkeit gerichteten Maßnahmen eigen, daß sie zum einen individuell angewandt werden konnten, der mittellose Arbeitslose also keinen Einfluß darauf hatte, an einem Beschäftigungsprogramm teilnehmen zu können, in der Herberge zu wohnen oder in eine Arbeitsanstalt eingewiesen zu werden. Zum anderen galt weiterhin das Prinzip der individuellen Zukunftssicherung: Berufstätigen wurde also empfohlen, für Zeiten der Beschäftigungslosigkeit Rücklagen zu bilden. Bis zum Ende des Kaiserreichs scheiterten sämtliche Bemühungen, eine reichseinheitliche Arbeitslosenversicherung zu schaffen. Arbeitslose waren also auch weiterhin auf Hilfsangebote kommunaler Behörden und der kirchlich-privaten Wohltätigkeit angewiesen; nur Gewerkschaftsmitglieder konnten auf Unterstützungen der Arbeiterorganisationen zurückgreifen.[40]

Kinderfürsorge

Wurde arbeitsfähigen, in Armut geratenen Erwachsenen in der Regel unterstellt, ihre Hilfsbedürftigkeit selbst verschuldet zu haben, so herrschte doch weitgehende Einigkeit darüber, daß Kinder die eigentlichen Opfer der Armut waren. Der Kinderfürsorge galt denn auch ein besonderes Interesse der kirchlichen und privaten Wohltätigkeit; sie fand darüber hinaus nachhaltige Unterstützung von seiten der kommunalen Verwaltung. Bevor aber auf dieses Engagement eingegangen werden kann, muß geklärt werden, was »Kindheit« im 19. Jh. überhaupt meinte.

Seit dem ausgehenden 18. und frühen 19. Jh. begannen bürgerliche Schichten die Kindheit als eigenständige Altersphase zu entdecken, in der der junge Mensch unter der Obhut der Familie erzogen und auf sein berufliches Leben durch regelmäßigen Schulbesuch (oder durch Privatlehrer) vorbereitet werden sollte. Für ärmere Schichten bedeutete dagegen das Vorhandensein eines oder mehrerer Kinder zunächst einmal eine Verschlechterung der sozialen Lage, da die Mutter ihre Berufstätigkeit (wenn auch nur für kürzere Zeit) unterbrechen mußte, lebensnotwendiges Einkommen also fehlte, und nicht zuletzt die Kinder auch ernährt und bekleidet werden wollten. »Kindheit« wurde hier primär als noch arbeitsunfähiges Alter verstanden. Sobald Arbeiten übernommen werden konnten, begann für viele Kinder der sogenannte »Ernst des Lebens«. Neben dem obligatorischen Aufpassen auf jüngere Geschwister mußten in heimarbeitenden Familien kleinere Arbeiten übernommen werden, und letztlich wurden auch Kinder von ihren Eltern in Fabriken geschickt, um dort einen Teil des Familieneinkommens mitzuverdienen. Erst die Novellierung des Arbeitsschutzes von 1878 sah ein generelles Verbot

der Beschäftigung von Kindern unter 12 Jahren vor. Bis dahin war nur die *regelmäßige* Beschäftigung von Kindern untersagt und deren Arbeitszeit begrenzt.[41]
Um den *zahlreichen Hausfrauen* aus ärmeren Familien zu ermöglichen, *ihren Arbeiten außer dem Hause ungehindert nachzugehen*, wurde in der Mitte des 19. Jh. von der Herforder Armenverwaltung eine »Kleinkinderbewahranstalt« eingerichtet, in der seit den 1850er Jahren 150 bis 200 noch nicht schulpflichtige Kinder *Aufnahme und Pflege fanden.*[42] Darüber hinaus erklärten sich einige Familien des Herforder Bürgertums bereit, Kinder aus ärmeren Familien tagsüber in Obhut zu nehmen oder sie auch gegebenenfalls bei sich wohnen zu lassen, wenn es sich um Waisen handelte oder die Verhältnisse der in Armut lebenden Familien eine »Gefährdung« der Kinder nicht ausschlossen. Obgleich die *Unterbringung von Kindern in Anstalten und Privaten* die Armenkasse nicht unerheblich belastete, verteidigte die Verwaltung vehement diese Maßnahmen. Denn zum einen wurde mit der Berufstätigkeit der »Hausfrauen« die Hoffnung verknüpft, daß die betroffenen Familien auf keine weitere Unterstützung der Armenverwaltung mehr angewiesen waren. Zum anderen, so stellte die Armenkommission fest, wolle sie diese Ausgaben *nicht tadeln, denn die Waisen-Kinder gut unterzubringen oder aber auch andere möglichst früh aus dem physischen und geistigen Schmutz verkommener Familien (zu) entfernen,* halte sie *nicht nur hier segensreich, sondern für finanziell zu rechtfertigen, denn in jedem ordentlichen Menschen (sei dem) National-Oeconom ein wichtiger Faktor geschaffen.* Den Familien und der Kleinkinderbewahranstalt kam denn auch die Aufgabe zu, erzieherisch auf die Kinder einzuwirken. Sollte den Kindern in den Familien »bürgerliche Tugenden« nahegebracht werden, so standen seit den 1870er Jahren der Kleinkinderbewahranstalt zwei vom Bielefelder Diakonissenmutterhaus ausgebildete Lehrerinnen zur Verfügung, die *kleine, noch nicht schulpflichtige Kinder den Tag über liebevoll beschäftigten und unterrichteten.*[43]
Mit dem am 1. August 1877 von dem Pastor Gottschalk und dem Fabrikanten Weddigen gegründeten und in gemieteten Räumen der Kleinkinderbewahranstalt eingerichteten »Evangelischen Waisenhaus« erhielt Herford eine äußerst zweckmäßige und nützliche Ergänzung der allgemeinen Armenpflege. Im September 1880 erfolgte der Umzug in das Gebäude des *ehemaligen Garnisons-Lazareths*, das *von der Reichsmilitärverwaltung für 7000 Mark erworben* worden war. Damit erhielt das Waisenhaus nicht nur ein eigenes Gebäude, sondern es konnte auch die Anzahl der Betten von 20 auf 30 erhöhen.[44] Die von der evangelischen Kirche und einem Fabrikanten ins Leben gerufene Anstalt hatte *nicht den Zweck, die Kinder dauernd aufzunehmen*, sondern sie sollte vielmehr *eine Sammelstelle... für unversorgte Kinder* sein, verbunden mit dem Ziel, die Waisen *in geeigneten Familien unterzubringen*; die Konfession der Waisen hat bei deren Aufnahme anscheinend keine Rolle gespielt.[45] Darüber hinaus nahm das Evangelische Waisenhaus auch Erziehungsfunktionen wahr. Allerdings scheinen die pädagogischen Inhalte und Methoden beim Herforder Bürgertum auf große Skepsis gestoßen sein. So verband beispielsweise die städtische Armenverwaltung eine Aufruf, das Waisenhaus *lebhaft zu unterstützen*, mit dem Hinweis, daß die Spender *überzeugt sein (könnten), daß die Richtung der Erziehung, wie vielfach geglaubt wird, keine einseitige sein wird.*[46]

Pastor Gottschalk

E.A. Weddigen

Der Verdacht, daß die Erziehung eine *einseitige* sein könnte, schlug sich jedenfalls nicht in dem Spendenaufkommen des Waisenhauses und der später hinzugekommenen sozialen Einrichtung dieser Anstalt nieder. Seit der Gründung im Jahre 1877 flossen nicht selten namhafte *Beiträge der Wohlthäter* und der Kirchengemeinden in die Kasse des Evangelischen Waisenhauses; die Pflegekosten wurden zu einem Teil von der städtischen Armenverwaltung, aber auch vom Waisenhaus selbst übernommen. Die Expansion des Evangelischen Waisenhauses zu einer multifunktionalen sozialen Institution konnte in den 1880er und den 1890er Jahren dagegen nur mit Krediten und außerordentlichen Spenden Herforder Bürger finanziert werden. Für An-, Um- und Neubauten erhielt die Anstalt von der Kreissparkasse Kredite *zu mäßigen Zinsen*, von wohlhabenden Einwohnern größere Geldbeträge, und ein Herforder *Rentner* schenkte der Anstalt gar ein 1 325 Quadratmeter großes Grundstück in der Radewiger Feldmark. Obgleich die größte soziale, nicht unter städtischer Regie stehende Einrichtung Herfords außer den Pflegekosten keine weiteren Zuschüsse von der Stadt erhielt, erlaubten deren finanziellen Verhältnisse seit den 1890er Jahren eine allmähliche Tilgung der Schulden.[47] Eine räumliche Veränderung des Waisenhauses wurde erzwungen, als das Gebäude am 25. Januar 1901 niederbrannte; als Ursache wurde Brandstiftung vermutet. Das am Heller Weg in der Altstädter Feldmark errichtete und für 60 Kinder eingerichtete neue Gebäude konnte am 1. Oktober 1903 bezogen werden. Die Leiterin des Hauses, die *Hausmutter* Marie Beckmann, die diese Tätigkeit seit 1894 ausgeübt hatte, übernahm mit

Dechant Bernhard Heising

einer weiteren Diakonisse und drei Mägden die Pflege und Erziehung der Waisen. Die Löhne des Waisenhauspersonals wurden aus anstaltseigenen Mitteln getragen.[48] Auch die katholische Stiftung *Haus Bethlehem* nahm sich der in der Stadt und in dem Kreis Herford lebenden Waisen an. Der Zweck der von dem Landdechanten und Schulinspektor Pfarrer Bernhard Heising im Jahre 1852 gegründeten Stiftung bestand ursprünglich darin, *daß armen und verlassenen katholischen Kindern, die außerhalb der Stadt Herford und in den hiesigen ... katholischen Gemeinden (wohnten), durch Aufnahme in diese Anstalt Gelegenheit geboten (werden sollte), die katholische Kirche und Pfarrschule (in Herford) zu besuchen, um in der katholischen Religion unterrichtet und ausgebildet zu werden. 1852 wurde dagegen die Aufnahme von katholischen schulpflichtigen Waisen* nur dann in Aussicht gestellt, wenn es die räumlichen Gegebenheiten der Anstalt zuließen und *das gewöhnliche Verpflegungsgeld aus der städtischen Armenkasse* vom Magistrat bewilligt wurde.[49]

Das Katholische Waisenhaus wurde in den 1860er Jahren in einem Gebäude an der Komturstraße eingerichtet und in den 1870er Jahren um ein weiteres, an der Rennstraße gelegenen Gebäudes erweitert, das ausschließlich Mädchen vorbehalten war. Als dieses 1887 als Krankenhaus eingerichtet werden sollte, mußten die Mädchen in die Komturstraße umziehen. Für sie wurden im Dachgeschoß des Waisenhauses zwei Schlafzimmer mit insgesamt 25 Betten eingerichtet. Die fünf Jungenschlafzimmer mit insgesamt 48 Betten befanden sich im ersten Stockwerk. Neun Franziskanerinnen, denen drei Schlafzimmer zur Verfügung standen, und eine Lehrerin, für die in dem Waisenhaus ein Wohn- und ein Schlafzimmer eingerichtet worden waren, zeichneten für die Pflege und Erziehung der Kinder verantwortlich.[50]

Daß die Gründung von zwei Waisenhäusern wegen der Vielzahl an unversorgten Kindern in Herford durchaus berechtigt war, ist einem Revisionsbericht des Kreisarztes Dr. Rheussen und des Polizeiinspektors Hohmut aus dem Jahre 1883 zu entnehmen. Sie wiesen darauf hin, daß in dem Katholischen Waisenhaus ein Zimmer *viel zu stark belegt* worden war. 58 Jungen, von denen *10 Knaben auf dem Bodenraum unmittelbar unter dem nicht verschalten oder verputzten Dach* schlafen mußten, und 22 Mädchen waren vom Waisenhaus aufgenommen worden. Der Anstalt wurde nicht ohne Grund mit Nachdruck empfohlen, die Belegungsdichte zu reduzieren. Denn nicht nur die fehlende

Ventilation in den Schlafräumen mußte bei dem Arzt auf Kritik stoßen, sondern es waren in den Wochen vor der Revision *fast sämtliche Knaben an Krätze erkrankt gewesen*; die beengten Verhältnisse werden wohl einen nicht unerheblichen Anteil daran gehabt haben. Als der Arzt und der Polizeiinspektor das Waisenhaus aufsuchten, waren allerdings *die Kinder ... wieder sämtlich gesund (und) an Körper und Kleidung reinlich und ordentlich gehalten*. Der Empfehlung folgend, reduzierte das Katholische Waisenhaus die Anzahl der aufgenommenen, zumeist aus dem Herforder Landkreis kommenden Kinder auf durchschnittlich 50 bis 60 Pfleglinge.[51]

Neben diesen institutionellen Formen der Kinderfürsorge, die sich auf verwaiste, unversorgte und *verwahrloste* Kinder konzentrierte, trat über die gesamte zweite Hälfte des 19. Jh. das Herforder Bürgertum durch Spenden hervor, die ausschließlich Kindern aus armen Familien zugute kommen sollten. So fand über den gesamten Zeitraum die *Uebermittelung der städtischen Armenbekleidung an (durchschnittlich 120 Kinder) regelmäßig am letzten Advents-Sonntag in der weihnachtlich geschmückten St. Johanniskirche (oder Neustädter Kirche) bei lithurgischem Gottesdienst* statt.[52] Dabei oblag es der Armenverwaltung, die unterstützungsberechtigten Kinder auszuwählen. Die Kleidung selbst konnte durch Spenden des Herforder Bürgertums gekauft oder, wie beispielsweise im Jahre 1856 berichtet wurde, *durch mehr als 100 Damen hiesiger Stadt* angefertigt werden. Das ständige Mißtrauen, daß arme Familien mit den ihnen zugestandenen Unterstützungsleistungen nicht im Sinne der Spender umgehen könnten, bewog auch hier die Armenverwaltung, die Beschenkten *einige Monate* nach Ausgabe der Kleidung *betreffs des Besitzes der überwiesenen Objekte* zu kontrollieren.[53]

Daß die Ausgabe der Kleidung zu Weihnachten stattfand, darf nicht verwundern. Im 19. Jh. war es üblich, an privaten oder öffentlichen Festtagen (Geburt, Hochzeit, Jubiläum, Weihnachten oder des Königs / Kaisers Geburtstag) für wohltätige Zwecke zu spenden. Diese Spenden konnten den armen Familien direkt oder sozialen Einrichtungen (z.B. Waisenhaus, Krankenhaus) zugute kommen. Ein auf Spenden zurückgehendes Beispiel privater Wohltätigkeit soll hier besonders hervorgehoben werden.

Etwa seit der Mitte der 1870er Jahre wurde das *bei Gelegenheit der Eheschließung auf dem Standesamte ... für wohltätige Zwecke* gespendete Geld dafür verwendet, *arme Kinder aus dem Stadtbezirke zu einer vierwöchigen Badekur ... nach Salzuflen* zu schicken. Gesundheitsschwache, aber noch nicht erkrankte Kinder erhielten hier die Möglichkeit, ihre körperliche Konstitution wieder zu stabilisieren. Nicht zuletzt die Feststellung der Herforder Armenärzte, *daß die Kuren für die Kinder von außerordentlicher wohltätiger Wirkung gewesen* waren, führte dazu, daß seit 1883 die Herforder Armenkommission *prinzipiell ... es ferner nunmehr als zulässig erkannt (hatte), daß in einzelnen dringenden Fällen Beihülfen zu Bade-Kuren aus ordentlichen Armenmitteln gewährt (wurden), wenn sich dies vom Standpunkt der vorbeugenden Armenpflege (!) rechtfertigen ließ*.[54] Binnen weniger Jahre waren also die von Herforder Bürgern initiierten und mit Spenden unterstützten *Bade-Kuren* von der Armenverwaltung als unterstützungswürdig anerkannt worden und konnten nun aus *ordentlichen Armenmitteln* finanziert werden. Der Hinweis auf die *vorbeugende Armenpflege* erscheint daher interessant, da die Armenverwaltung in der Regel nur auf soziale Notlagen reagierte.

Die öffentliche und private Wohltätigkeit gegenüber Kindern scheint anderen Prämissen gefolgt zu sein als jene, die armen Familien oder Einzelpersonen und Arbeitslosen zugute kam. Wurde bei in Armut geratenen »Erwachsenen« sowohl von der Armenverwaltung als auch von Bürgern immer wieder der sparsame Umgang mit den Hilfsleistungen gefordert und darüber hinaus dieser Personenkreis von der staatlichen Gesetzgebung und den kommunalen Behörden mit Repressalien (Entzug des Wahlrechts, Kriminalisierung der Armut durch Einweisung in Arbeitsanstalten) überzogen, so wurde die den Kindern zugute kommende Wohltätigkeit ausdrücklich von den Behörden und vom Bürgertum befürwortet.
Dieser Einstellungswandel läßt sich wohl am ehesten mit dem »Entdecken« der Kindheit als schutzbedürftige und letztlich auch erziehungsfähige Altersphase erklären. Die den Kindern zugute kommenden Zuwendungen wurden gleichsam als Zukunftsinvestition verstanden, die dazu beitragen konnte, aus den Kindern »ordentliche« Erwachsene zu machen, die ohne fremde Hilfe in der Lage sein sollten, ihrer gesellschaftlichen Aufgabe nachzukommen. Ein vergleichbarer, jedoch anders motivierter Einstellungswandel vollzog sich in der zweiten Hälfte des 19. Jh. gegenüber in Armut lebenden alten Menschen.

Altenfürsorge

Bis zur Einführung der Invaliden- und Altersversicherung (1891) waren alte Menschen auf *verwandtschaftliche oder sonstige Rücksichten* ihrer Kinder und Nachbarn angewiesen, die für Unterkunft und Ernährung die Verantwortung übernahmen. Und selbst nach dem Inkrafttreten des Altersversicherungsgesetzes, das allen versicherten Personen mit Erreichen des 70. Lebensjahres eine Rente versprach, reichte diese in der Regel oft nur zur Deckung der notdürftigsten Ernährungskosten aus. So bezogen 1895 im Stadtbezirk Herford erst 32 Personen eine Altersrente, die sich durchschnittlich auf 135 Mark im Jahr belief. Da die niedrigsten Wohnungsmieten in Herford kaum weniger als 100 Mark betragen haben dürften, waren selbst die Altersrentner auf zusätzliche Hilfe angewiesen. So mag es nicht verwundern, daß alte Menschen, die in keinem Arbeitsverhältnis mehr geduldet wurden, vor allem aber Witwen im 18. und 19. Jh. die größte Einzelgruppe unter der Klientel der Armenverwaltung stellten.[55] Das schon eingangs erwähnte Prinzip der individuellen Zukunftssicherung mußte zwangsläufig zur Armut und damit zur Hilfsbedürftigkeit im Alter führen, wenn nicht auf verwandtschaftliche oder nachbarschaftliche Hilfe zurückgegriffen werden konnte.
Beschränkte sich das kirchliche, städtische und gemeindliche Engagement lange Zeit auf die Errichtung von sogenannten »Siechenhäusern«, die letztlich alten Menschen nur einen Platz boten, wo sie in Ruhe sterben konnten, so kann man im 19. Jh. feststellen, daß zunehmend auch den in Armut lebenden alten Menschen die »Würde des Alters« zugesprochen wurde. In den 1870er Jahren klagte beispielsweise die Herforder Armenverwaltung, daß vorwiegend *alte und sieche* Männer *in doch gewöhnlich selbst unbemittelten Familien* untergebracht werden müßten, die *oft die (Pflege) und mannigfaltige Rücksicht nicht ermöglichen (könnten), welche manche Leute für ihren Lebens-Abend*

sich redlich verdient hätten. Es wäre *wünschenswerth*, bemerkte die Verwaltung, *daß für männliche Personen dieser Art ein ähnliches Institut vorhanden wäre, wie die Klingenberg'sche Stiftung und das Armenhospital für die weiblichen.*[56]
Ein Asyl für alte Männer wurde 1877 mit dem Bergertorhaus gefunden, das ursprünglich als Quarantänehaus bei dem Auftreten von Pocken gedacht war. Hier konnten sechs alte Männer aufgenommen werden, für deren Verpflegung die Armenverwaltung der *Kastellanin des Hauses ... 180 Mark pro anno pro Kopf* zahlte. Um *einen kleinen Theil ihrer Pflegekosten ab(zu)verdienen, (wurden) die alten Leute ... mit Tütenmachen beschäftigt.*[57]
In den frühen 1870er Jahren war *für arme alte Frauen* von der Armenverwaltung an der Elisabethstraße das Armenhospital und an der Freiheitstraße ein Frauenasyl der Klingenbergschen Stiftung eingerichtet worden, die von jeweils sechs Frauen in Anspruch genommen werden konnten. Stand für die Verpflegung der Männer eine *Kastellanin* zur Verfügung, so scheinen die Frauen sich selbst verpflegt zu haben. Aus den Verwaltungsberichten geht hervor, daß sie neben *freier Wohnung und Heizung* von der Armenverwaltung wöchentliche Zuwendungen erhielten, die jedoch erheblich differierten: 1883 erhielt jede Insassin des Armenhospitals in der Woche 1,20 Mark, wohingegen jene der Klingenbergschen Stiftung über 2,25 Mark verfügen konnte. In den folgenden Jahren wurden die wöchentlichen Beiträge zwar erhöht, an den differierenden Geldbeträgen wurde aber weiterhin festgehalten.[58]
Hatte die Stadt mit dem von der Klingenbergschen Stiftung eingerichteten Frauenasyl notwendige Unterstützung von seiten der Bürgerschaft erhalten, so führte wiederum das Engagement des Evangelischen Waisenhauses seit 1883 zu einer Verbesserung der Altenfürsorge in Herford. In diesem Jahr richtete das Waisenhaus *als Zweiganstalt ... ein Pflegehaus für alte Männer* ein und erwarb *zu diesem Zweck das nebenanliegende Gefangenenhaus nebst Garten für einen Preis von 5 000 M(ark) von der Königl(ichen) Verwaltung.* Um zum einen das Raumangebot zu erhöhen, zum anderen aber auch die Bewirtschaftung des Waisen- und Pflegehauses zu erleichtern, wurden die beiden Gebäude *durch einen Zwischenbau* verbunden. Als Hausvater des Pflegehauses wurde der Schermeister Daniel Pein gefunden, der *dem Hause samt seiner Frau seine freie Zeit aus Liebe zur Sache, und da er keine Kinder (hatte), ohne Entschädigung (widmete), und außerdem die Kosten seiner Unterhaltung selbst (trug), indem er für sich und seine Frau Kostgeld* zahlte.[59]
Mit der Einrichtung des Pflegehauses für alte Männer durch das Evangelische Waisenhaus wurde die Herforder Armenverwaltung nachhaltig entlastet. Das Bergertorhaus wurde noch 1883 aufgelöst und in ein *Polizeigefängnis* umgewandelt, die *dort untergebrachten städtischen armen Alten nach der Männerabteilung* des neuen Pflegehauses überwiesen. Die Armenverwaltung verpflichtete sich vertraglich, *für jeden alten Mann pro Kopf und Woche 3 M(ark)* an die Anstalt zu zahlen. Die »Würde des Alters« wurde auch hier wieder betont, wenn die Armenverwaltung feststellte, daß die *alten Leute ... sich dort sehr glücklich und behaglich* fühlten und *ihren Lebensabend in Ruhe verbringen* könnten; die alten Männer, von denen jeder einen *eigenen kleinen Raum* bewohnte, brauchten hier keiner Beschäftigung mehr nachgehen.[60]

Mit dem Pflegehaus für alte Männer war aber nicht nur eine »Armenanstalt« eingerichtet worden, sondern es wurden auch *selbstzahlende alte Leute ... gern aufgenommen.*[61] Das gleiche traf auch auf das 1896 vom Evangelischen Waisenhaus an der Goltzstraße in der Radewiger Feldmark eingerichtete Pflegehaus für alte Frauen zu. Neben den von der Armenverwaltung unterstützten Frauen wurden auch Selbstzahlerinnen aufgenommen, von denen sich *mehrere Frauen* gar ihre *eigenen Betten mitgebracht* hatten.[62]

Das Zusammenleben von Hilfsbedürftigen und Selbstzahlern darf selbst am Ausgang des 19. Jh. nicht als eine Selbstverständlichkeit angesehen werden. Von Armen in Anspruch genommene Anstalten wurden zwar von nicht in Armut lebenden Einwohnern unterstützt, der Aufenthalt in denselben aber gleichsam ausgeschlossen. Daß in den Altenpflegehäusern des Evangelischen Waisenhauses dennoch Arme und Nicht-Arme zusammenlebten, scheint auf eine veränderte Einstellung zur Altersarmut hinzuweisen. Ein Indiz dafür läßt sich auch bei dem von der Armenverwaltung weiterhin betriebenen und von hilfsbedürftigen alten Frauen bewohnten Armenhospital finden. Als das Gebäude mit Hilfe von Schenkungen restauriert werden konnte, wurde dem Armenhospital, so die Verwaltung, der *unserem Zeitgeist besser angepaßte Name »Frauen-Stift-Herford«* gegeben und eine *entsprechende Bezeichnung am Hause* angebracht. Die Armenverwaltung hatte *die Beobachtung gemacht, daß der baufällige Zustand des Hauses und der Name »Armen-Hospital« dasselbe für Frauen wenig begehrenswert machte.* Auch das »Frauenstift Herford« nahm weiterhin arme Frauen auf.[63]

Die in der zweiten Hälfte des 19. Jh. armen alten Menschen zugute gekommene Wohltätigkeit hebt sich (wie auch die Kinderfürsorge) von der allgemeinen Armenfürsorge ab. War diese letztlich von dem Mißtrauen gekennzeichnet, daß Hilfsleistungen erschlichen werden könnten, daß der »Müßiggang« der Hilfsbedürftigen größer als deren Arbeitswillen wäre, so wurde das Anrecht alter Menschen, ihren Lebensabend in Ruhe zu verbringen, auch auf in Armut lebende alte Menschen übertragen. Die Einrichtung der Herforder Altenpflegehäuser hatte gezeigt, daß die kommunale Verwaltung wegen der ihr zur Verfügung stehenden begrenzten finanziellen Mittel auf die Hilfe des Evangelischen Waisenhauses und der Klingenberg'schen Stiftung angewiesen war. Beide Institutionen erhielten wiederum nachhaltige Unterstützung vom Herforder Bürgertum. Die auch auf hilfsbedürftige alte Menschen übertragene »Würde des Alters« ließ Kritik an dieser Wohltätigkeit nicht aufkommen.

Mit der Altersfürsorge schließt sich der Kreis der öffentlichen und privaten Wohltätigkeit in Herford in der zweiten Hälfte des 19. Jh. Es sollte ein Einblick in das vielseitige Bemühen um Sicherheit in sozialen Problemlagen gegeben werden, das von den drei Säulen »kommunale Verwaltung«, »Kirche« und »Bürgertum« getragen wurde. Auf einen weiteren wichtigen Aspekt, der bisher nur am Rande behandelt worden ist, soll im folgenden am Beispiel der Krankenhäuser und Krankenkassen näher eingegangen werden: das Bemühen um Sicherheit im Krankheitsfall.

Das Friedrich-Wilhelms-Hospital, um 1890

Krankenhaus und Krankenkassen

Noch unter dem Eindruck der Choleraepidemie von 1831 / 32 stehend, wurde 1835 von der preußischen Regierung ein Regulativ mit *sanitäts-polizeilichen Vorschriften* erlassen, durch dessen Anwendung die Bürger vor ansteckenden Krankheiten geschützt werden sollten. Die eigens zu gründenden Sanitätskommissionen wurden aufgerufen, *für den Fall der Annäherung und des zu befürchtenden Ausbruchs* von ansteckenden Krankheiten *etwa erforderliche Heil- und Verpflegungsanstalten zu ermitteln und deren Einrichtung vorzubereiten.*[64] In Herford wurde dieses Ersuchen in den 1850er Jahren realisiert.
Zwischen 1855 und 1857 wurde ein Krankenhaus erbaut und am Geburtstag des Preußenkönigs Friedrich Wilhelms IV. am 15. Oktober 1858 feierlich eingeweiht. Das nach dem König benannte »Friedrich-Wilhelms-Hospital«, in dem die Einwohner der Stadt und des Kreises Herford Aufnahme finden sollten, wurde 1875 in dem medizinischen Verwaltungsbericht für den Regierungsbezirk Minden lobend hervorgehoben: *Am besten eingerichtet (sei) das Kreis-Krankenhaus zu Herford, das im Jahre (1858) errichtet, dem damaligen Stande der Wissenschaft gemäß den hygienischen Anforderungen in allen Beziehungen nachgekommen ist.* Und der Autor des Berichtes fügte hinzu, daß die Unterbringung von armen kranken Landbewohnern im Regierungsbezirk Minden nur in Herford gewährleistet sei.[65]
Obgleich mit dem Bau des Krankenhauses der äußere Rahmen für eine stationäre Krankenpflege in Herford geschaffen wurde, sahen sich die Ärzte in den Anfangsjahren mit Problemen konfrontiert. 1865 mußte der Herforder Kreisarzt feststellen, daß die *Benutzung der Anstalt . . . immer noch eine schwache gewesen* war; in dem mit 60

Betten eingerichteten Krankenhaus waren 1864 nur 133 Personen verpflegt worden. Die Ursache dieser geringen Inanspruchnahme sah er zum einen in *dem guten Gesundheitsstande des verflossenen Jahres, in dem Mangel zu häufigen und schweren Verletzungen gebender Fabriken und Gewerbe*, zum anderen aber auch *in dem Mangel einer größeren Zahl an Freibetten*. Die Freibetten sollten bedürftigen Armen der Stadt und des Kreises im Krankheitsfall eine kostenfreie Verpflegung ermöglichen. Als weitere Ursache wurde von dem Arzt die große *Sparsamkeit der ländlichen Bevölkerung* genannt: Die Landbewohner würden die Anstalt nicht zur *Heilung geeigneter Kranken*, sondern vielmehr *zur Entledigung ihrer hitzigen, siechen und unheilbaren Personen* nutzen, da *deren Unterbringung* zu den von dem Krankenhaus geforderten Verpflegungssätzen *in den Gemeinden nicht zu ermöglichen sei*.[66]
In der Tat wurde vom Herforder Krankenhaus versucht, die Verpflegungssätze für zahlungsfähige Patienten möglichst niedrig zu halten. *Krätzkranke* hatten ein Pauschalbetrag von 1 1/2 Taler, alle anderen Patienten der Stadt und des Kreises einen Tagessatz von 7 1/2 Silbergroschen zu zahlen. Von »auswärtigen« Kranken wurden bei nicht ansteckenden Krankheiten 10 Silbergroschen gefordert; die Armenverwaltung mußte für ihre Klientel 5 Silbergroschen pro Tag entrichten.[67]
Auch wenn die vom Arzt genannte Sparsamkeit und der Gesundheitszustand der Bevölkerung dazu beigetragen haben mögen, daß die Kapazität des Krankenhauses nicht ausgelastet war, können weitere Ursachen der geringen Inanspruchnahme im Krankenhaus selbst gefunden werden.
In der Mitte des 19. Jh. orientierten sich nämlich sämtliche unter der Aufsicht von Stadtverwaltungen stehenden Krankenhäuser an der ärmeren Bevölkerung, da man hier die größte Krankheitsdisposition und die schlechtesten Bedingungen der häuslichen Krankenpflege vorfand. Die Krankenhäuser wurden denn auch von der Bevölkerung als Armenanstalten angesehen und waren mit dem Makel der Hilfsbedürftigkeit behaftet. Um ja nicht in den Geruch der Hilfsbedürftigkeit zu geraten, hielten sich viele Kranke von diesen Einrichtungen fern, obgleich sie aufgrund ihrer Wohnverhältnisse der stationären Krankenpflege bedurft hätten. Denn nicht die medizinischen Erkenntnisse sprachen bis zum Ende des 19. Jh. für eine Krankenhausbehandlung, sondern ausschließlich die im Vergleich zu vielen Wohnungen besseren hygienischen Verhältnisse dieser Anstalten und deren Möglichkeiten, Infektionskrankheiten zu isolieren.
Damit eng verbunden ist ein weiterer Grund, der in Herford Kranke von einer Krankenhausbehandlung Abstand nehmen ließ: die an den sozialen Unterschichten orientierten Krankenhausordnungen. Diese dienten zwar zum einen der Aufrechterhaltung von Sauberkeit und Hygiene, indem beispielsweise das *Tabackrauchen und Tabackkauen* als auch das Speien in der Anstalt verboten waren, sie definierten aber zum anderen das Arzt-Patient-Verhältnis auf eine bis dahin unbekannte Weise. Konnten zahlungsfähige Patienten außerhalb des Krankenhauses sich von einem Arzt konsultieren und beraten lassen, so hatten Krankenhauspatienten *den Anordnungen der Schwester, des Krankenwärters und des Arztes pünktlich Folge zu leisten*. Darüber hinaus wurde in der Herforder Krankenhausordnung die Freiheit des Patienten in einem nicht unerheblichen Maß beschnitten. So durften *ohne Vorwissen der Schwester ... keine Bücher in die Kranken-*

stuben gebracht werden, schlechte oder unpassende Bücher wurden fortgenommen. Besuche von *Verwandten oder Freunden der Kranken* mußten *so kurz als möglich sein* und standen zudem unter der Aufsicht der Schwester. Ein weiterer Paragraph rückte das Krankenhaus vollends in die Nähe eines Armen- und Arbeitshauses. Die Krankenhausordnung schrieb vor: *Wenn ein Kranker sich auf eine angemessene Weise beschäftigen will, so wird die Schwester gern dazu Gelegenheit geben, soweit sein Gesundheitszustand es erlaubt. Die in der Genesung begriffenen (Reconvalescenten), welche schon einige Dinge leisten können, haben solches nach Anleitung der Schwester, zum Besten der Anstalt zu thun.*[68] Angesichts dieser Hausordnung nimmt es nicht wunder, daß dem Krankenhaus mit Skepsis begegnet wurde.

Die schwache Inanspruchnahme des Krankenhauses scheint die Herforder Armenverwaltung in den folgenden Jahren bewogen zu haben, auch solchen Patienten einen Platz im Friedrich-Wilhelms-Hospital zu verschaffen, deren Krankheiten lange Verpflegungszeiten benötigten und die deshalb von anderen Krankenhäusern abgewiesen worden wären. In den 1870er Jahren klagte die städtische Verwaltung, daß die Armenkommission *mit der Aufnahme Ortsarmer im Krankenhause nicht vorsichtig genug umgegangen* sei. Diese Klage war keineswegs unbegründet, denn die durchschnittliche Behandlungszeit der von der Armenverwaltung eingewiesenen Kranken belief sich auf 180 Tage; der durchschnittliche Krankenhausaufenthalt betrug bei »heilbaren Krankheiten« dagegen nur 20 bis 30 Tage. Die Armenverwaltung hatte wohl das Krankenhaus als Altenasyl genutzt.[69]

Die Krankenhausverwaltung reagierte sofort. Dem Verwaltungsbericht ist zu entnehmen, daß *sämtliche durch Alter oder andere Umstände sieche Personen ... aus dem Krankenhaus entfernt und in Familien oder andere Anstalten* untergebracht wurden. Da eine *Wiederholung der Ueberfüllung* des Krankenhauses verhindert werden sollte, wurde *eine Controlle angelegt.* Darüber hinaus erfolgten *periodische Anfragen bei der Verwaltung des Krankenhauses, ob nicht Entlassung städtischer Armer mit Rücksicht auf ihren Zustand möglich sei.*[70]

Diese Maßnahmen wurden als notwendig erachtet, weil in den 1870er Jahren ein Wandel in der Nutzung des Krankenhauses einsetzte, der mit der voranschreitenden Industrialisierung Herfords im Einklang stand. Nicht mehr die Klientel der Armenverwaltung stellte die Mehrheit unter den Krankenhauspatienten, sondern es waren Gesellen, Fabrikarbeiter und -arbeiterinnen, die in Herford beschäftigt waren und einer Krankenkasse angehörten, als auch auswärtige, wandernde Gesellen, die in Herford erkrankten. Die Wiederherstellung der Arbeitsfähigkeit dieses Personenkreises sollte durch stationäre Behandlung ermöglicht werden.

Die Gruppe der in Herford beschäftigten Arbeiter, Arbeiterinnen und Gesellen umfaßte am Vorabend der Gesetzlichen Krankenversicherung (1883) 900 bis 1100 Personen.[71] Bereits am 29. November 1855 kam der Herforder Magistrat einer Empfehlung der preußischen Regierung nach, durch ein Ortsstatut die Gründung von Krankenkassen zu veranlassen. Infolgedessen wurden die Allgemeine Gesellenkasse, die Maurer- und Zimmergesellenkasse, die Weberkrankenkasse, die Cigarrenarbeiter-Krankenkasse und die Arbeiterkasse der Schönfeldschen Spinnfabrik eingerichtet.[72]

Das Ortsstatut verpflichtete jeden Arbeiter und Gesellen, sich bei einer Krankenkasse anzumelden, wenn Arbeit in der Stadt aufgenommen wurde; von dieser Verpflichtung waren Familienbetriebe ausgenommen. Nach der Entrichtung eines Eintrittsgeldes mußten in der Regel 3 bis 5% vom Lohn als monatlicher Beitrag an die Kasse gezahlt werden. Aber auch die Arbeitgeber mußten sich an den Krankenkassen beteiligen: Nach anfänglichem Protest zahlten seit den 1860er Jahren Fabriken einen Zuschuß von 50% der Gesamteinnahme, Handwerksmeister dagegen selten mehr als 20%.
Die Leistungen der Krankenkassen unterlagen starken Reglementierungen. Im Krankheitsfall wurden zwar die Kosten für Medikamente sowie für die (haus-)ärztliche Versorgung oder eine mögliche Krankenhausbehandlung übernommen, jedoch »selbstverschuldete« Krankheiten, die auf einen *unsittlichen Lebenswandel, Völlerei* und *Schlägerei* zurückgingen, waren von dieser Regelung ausgenommen. Krankengeld, das höchstens 50% des Lohns umfaßte, wurde erst nach einer Karenzzeit gezahlt, die drei bis fünf Tage betragen konnte.
Auch wenn mit diesen Leistungen soziale Notlagen der Erkrankten und deren Familien nicht verhindert, sondern nur gemildert werden konnten, war dennoch mit der Einrichtung der Krankenkassen erreicht worden, daß bereits vor der Gesetzlichen Krankenversicherung für einen eng umschriebenen Personenkreis die medizinische Betreuung bei den meisten Krankheiten gewährleistet war, was nicht zuletzt eine erhebliche Entlastung der Armenkasse zur Folge hatte.[73]
Anders stellte sich die Situation bei der zweiten Gruppe der Krankenhauspatienten dar: den wandernden Gesellen. Nach dem preußischen Armenpflegegesetz von 1842 waren Städte, Gemeinden und Gutswirtschaften verpflichtet, in ihrem Verwaltungsbezirk erkrankten auswärtigen Armen medizinische Hilfe zukommen zu lassen. Die damit verbundenen Kosten konnten von den Verwandten der Erkrankten oder deren Herkunftsorten eingefordert werden, mußten aber in der Regel aus öffentlichen Mitteln vorgeleistet werden.[74]
Auch wenn die preußische und seit 1871 auch die Reichsgesetzgebung den Gemeinden die Möglichkeit einräumte, die vorgeleisteten Zahlungen zurückzufordern, mußte die Herforder Armenverwaltung doch erhebliche Verluste hinnehmen, die aus der Krankenpflege resultierten. 1880 klagte die Verwaltung, daß von auswärtigen Armenverbänden in der Regel nur 80% der an das Krankenhaus gezahlten Verpflegungskosten liquidiert werden konnten. Darüber hinaus war es zu *gänzlichen Verlusten* gekommen, *da in der Folge der von den Leuten ausgesagten Unwahrheiten der Unterstützungswohnsitz bei einigen Personen nicht mehr constatirt werden konnte.*[75]
Die hier geäußerte Sorge, daß die gewährte medizinische Pflege an durchreisende Gesellen die städtische Armenkasse in einem hohen Maße belasten könne, war 1880 durchaus berechtigt. Wurden 1875 erst 19 Ortsfremde im Friedrich-Wilhelms-Hospital auf Rechnung der Armenbehörde behandelt, so waren es 1880 bereits 95. In den folgenden Jahren nahm ihre Anzahl jedoch rapide ab, obgleich der Zustrom von Gesellen weiter anhielt. Ob leicht erkrankte Gesellen, die sich vormals in das Krankenhaus begaben, nun medizinische Betreuung in den Herbergen fanden, geht aus den Quellen nicht hervor. Als dann 1894 der für Ortsfremde erhobene Verpflegungssatz auf den Tarif

Das Katholische Krankenhaus, um 1925

ermäßigt wurde, der von auswärtigen Armenverbänden gezahlt wurde, waren die auf Vorleistungen zurückzuführenden Verluste der Herforder Armenbehörde in den folgenden Jahren denn auch *ganz gering.*[76]

Die stationäre Krankenpflege, die seit der Mitte des 19. Jh. unter städtischer Regie stand, erhielt 1887 Unterstützung von kirchlicher Seite. In diesem Jahr richtete die Stiftung »Haus Bethlehem« ein katholisches Krankenhaus mit 30 Betten ein, das auch von städtischen Armen aufgesucht werden konnte. Obgleich das Friedrich-Wilhelms-Hospital als überkonfessionelle Anstalt konzipiert war, beschloß nun die Armenverwaltung, *daß die Aufnahme von Armen in die Krankenhäuser nach der Konfession erfolgen* sollte. Durch diese Maßnahme wurde zum einen dem Glaubensbekenntnis der Erkrankten Rechnung getragen, zum anderen sollte wohl auch die Konzentration von Armen in einem Krankenhaus verhindert und somit die Krankenhäuser endgültig von dem Stigma befreit werden, Armenanstalten zu sein.[77]

Gegen Ende des 19. Jh. war von der früheren ablehnenden Einstellung der Herforder Bevölkerung zum Krankenhaus nichts mehr zur hören. Im Gegenteil: Die starke Inanspruchnahme des Kreiskrankenhauses und letzlich auch neue Erkenntnisse der medizinischen Versorgung (u.a. Röntgenuntersuchung) ließen um 1900 Erweiterungs- und 1905 / 06 Umbaumaßnahmen notwendig werden, die die beträchtliche Summe von über 160 000 Mark erforderten. Dieses Krankenhausgebäude prägt noch heute das Stadtbild Herfords. Das architektonisch äußerst reizvolle Gebäude wird seit 1973, als das Kreiskrankenhaus am Stadtrand einen modernen Zweckbau beziehen konnte, als »Technisches Rathaus« genutzt. Und auch das katholische Krankenhaus erfuhr eine Veränderung: Am 10. August 1901 wurde ein Neubau mit 70 Betten an der Renntorstraße eingeweiht. Neben einem *Hausarzt* für innere Krankheiten stand nun auch *ein Spezialist für Chirurgie und Frauenkrankheiten* zur Verfügung.[78] Das städtische Bemühen um Sicherheit im Krankheitsfall hatte seit der Mitte des 19. Jh. eine Veränderung erfahren. Mit dem 1855 erlassenen Ortsstatut zur Einrichtung von Krankenkassen erreichte der Magistrat, daß die in einem Arbeitsverhältnis stehenden Einwohner Herfords bei Krankheiten kostenfreie medizinische Hilfe in Anspruch nehmen konnten. Als dann 1883 die Gesetzliche Krankenversicherung in Kraft trat, nahm die Anzahl der versicherten Einwohner Herfords rapide zu: Gehörten 1883 erst 944 Einwohner einer Krankenkasse an, so waren es 1887 bereits 2 580; ihre Anzahl erhöhte sich im frühen 20. Jh. auf 7 211 Personen. Allerdings waren jene Einwohner, die nicht in einem Beschäftigungsverhältnis standen, auch weiterhin von dem Versicherungsschutz ausgenommen.[79]

Das Kreis- und Stadtkrankenhaus, um 1955

Wurde das Krankenhaus in den Anfangsjahren vor allem von der Klientel der Armenverwaltung aufgesucht, so stellten mit der voranschreitenden Industrialisierung seit der Mitte der 1870er Jahre die Fabrikarbeiterschaft und die im Handwerk beschäftigten Gesellen die Mehrzahl der Patienten. Wohlhabende Schichten nahmen Krankenhäuser dagegen erst nach der Jahrhundertwende in Anspruch, als die Spezialisierung der Medizin und der Einzug der sogenannten »Apparatemedizin« die vormals praktizierte Hausbehandlung unsicherer erscheinen ließ; für sie wurden »besondere Zimmer« eingerichtet.[80] Die Einrichtung eines katholischen Krankenhauses hatte letzlich gezeigt, daß die städtische Verwaltung auch bei dem Bemühen um Sicherheit im Krankheitsfall von den Kirchen unterstützt wurde.

Abschließende Bemerkungen

Soziale Sicherheit meinte im 19. Jh. vor allem das Vorhandensein eines gutentlohnten Arbeitsplatzes bzw. den Rückgriff auf Ersparnisse oder Vermögen. Nicht zuletzt das niedrige Lohnniveau, das die Industrialisierung in der zweiten Hälfte des 19. Jh. gekennzeichnet hatte, mußte dazu führen, daß selbst berufstätige Personen und ihre Familien kaum in der Lage waren, für Notzeiten Rücklagen zu bilden. Wurde der Arbeitsplatz aus altersbedingten oder sonstigen Gründen gekündigt oder bei Krankheiten die Beschäftigung unterbrochen, dann mußten die Betroffenen nicht selten auf Hilfen zurückgreifen, die von den kommunalen Behörden, den Kirchen und dem Bürgertum angeboten wurden. Dabei war in der zweiten Hälfte des 19. Jh. in Herford das Bemühen um Sicherheit zum einen durch Sensibilität gegenüber dem Problem Armut bei gleichzeitiger Differenzierung der Hilfsbedürftigen, zum anderen durch eine qualitative Verbesserung der Hilfsleistungen bei gleichzeitiger Konzentration der Anbieter gekennzeichnet.

Im 19. Jh. begann man zu erkennen, daß Berufstätigkeit nicht immer vor Armut schützen konnte; daß Altersarmut unvermeidlich war, wenn verwandtschaftliche oder nachbarschaftliche Hilfen nicht in Anspruch genommen werden konnten; daß die Lebensverhältnisse der sozialen Unterschichten Krankheiten in einem hohen Maße bedingten und damit zum Verlust der bisher »gesicherten« Existenz führen konnten. Dennoch herrschte weiterhin das Mißtrauen vor, daß Armut als Folge des »Müßigganges«, der »Trunk- und Spiellust« auch selbst verschuldet war. So wurde über den gesamten Zeitraum zum sparsamen Umgang mit Hilfsleistungen gegenüber öffentliche Unterstützungsempfängern und Arbeitslosen aufgerufen, um nicht zuletzt zu erreichen, daß dieser Personenkreis selbst seine Notlage zu verändern suchen sollte. Demgegenüber erfreuten sich die den Kindern und alten Menschen zugute kommenden Hilfsleistungen allgemeiner Zustimmung. War bei den Kindern zum einen die Schutzbedürftigkeit, zum anderen die Zukunftsinvestition das leitende Motiv, so wurde alten, in Armut lebenden Menschen die »Ruhe des Lebensabends«, die »Würde des Alters« zugesprochen.

Vor diesem Hintergrund vollzog sich seit der Mitte des 19. Jh. eine qualitative Veränderung der sozialen Fürsorge in Herford: Die von dem Herforder Magistrat veranlaßte Gründung von Krankenkassen sicherte erstmalig einem (wenn auch eingeschränkten) Personenkreis medizinische Hilfe zu; mit der Gründung des Friedrich-Wilhelms-Hospitals wurde erstmals in Herford die stationäre Krankenpflege unter hygienischen Bedingungen ermöglicht. Die von Herforder Bürgern initiierten Speisevereine trugen der Ernährungslage eines Großteils der Bevölkerung Rechnung, und mit der Einrichtung von Altenpflegehäusern konnten auch in Armut lebende Menschen das Recht auf einen ruhigen, gesicherten Lebensabend in Anspruch nehmen. Nicht zuletzt der mit diesen Hilfsleistungen verbundene finanzielle Aufwand führte seit den 1880er Jahren zu einer Konzentration der sozialen Einrichtungen in Herford. Hatten sich noch in den 1870er Jahren Herforder Bürger aktiv an der Armenhilfe beteiligen können, so übernahmen nun das »Evangelische Waisenhaus«, die von dem »Haus Bethlehem« eingerichteten katholischen Anstalten und die Stadtverwaltung gezielt diese Aufgaben. Die Konzentration der sozialen Einrichtungen in Herford entließ das Bürgertum jedoch nicht aus seiner sozialen Verantwortung. Die von den Kirchen und der Stadt unterhaltenen Einrichtungen waren auch weiterhin auf *wohltätige Spenden* angewiesen. Das Bemühen um Sicherheit in sozialen Problemlagen war in dem hier untersuchten Zeitraum nur durch das Zusammengehen von Bürgern, den Kirchen und der kommunalen Verwaltung möglich.

Die im 19. Jh. zu beobachtende Zentralisierung der Unterstützungsmöglichkeiten in sozialen Problemlagen bestimmt noch heute unseren Umgang mit Armut, Krankheit und Alter. Die Armenverwaltungen des 19. Jh. werden heute Sozialämter genannt, aus den Unterstützungsleistungen, die in der Wilhelminischen Epoche mitunter willkürlich bemessen wurden, sind gesetzlich legitimierte Ansprüche geworden. Die auf die Bismarcksche Sozialpolitik zurückgehende, aber entschieden verbesserte Sozialversicherungsgesetzgebung sorgt heute über Krankenkassen und Landesversicherungsanstalten, daß Krankheit, Invalidität und Alter nicht den Fall ins soziale Abseits bedeuten müssen. Je feinmaschiger das »soziale Netz« gewoben wird, desto effektiver können soziale Problemlagen von der Gesellschaft aufgefangen werden.

Regine Krull und Heidrun Winkler

Der Herforder Untergrund: Kanalisation, Wasser, Gas und Strom

Das Wachstum der Städte im 19. Jh. bewirkte weitreichende Veränderungen im Aufgabenbereich der städtischen Verwaltungen. Mit Einsetzen der Industrialisierung und dem rasanten Bevölkerungswachstum in den Städten kamen bisher unbekannte Probleme auf die städtischen Gremien zu. Jahrhundertelang bewährte Strategien griffen nun nicht mehr, und neue Lösungswege mußten gefunden werden. Dies führte z.B. zur Katasteraufnahme, Stadtplanung, zur Ausweitung der Ordnungs- und Polizeiämter, sowie zu der Bereitstellung notwendiger Leistungen und Güter, die von der Einwohnerschaft nicht mehr in dem notwendigen Umfang selbständig beschafft oder produziert werden konnten. Dazu gehörten auch die Wasserversorgung und die Abwasserbeseitigung, mit deren Entwicklung im 19. Jh. dieses Kapitel beginnt, sowie die Energieversorgung durch Gas und Elektrizität, die im zweiten Teil behandelt wird.[1]

Die Entdeckung der Stadthygiene

Während sich im Laufe der 1200jährigen Geschichte Herfords vieles wandelte und weiterentwickelte, so blieb doch die Art der Wasserbeschaffung und Abwasserbeseitigung über den größten Zeitraum hinweg nahezu unverändert. Bis weit ins 19. Jh. hinein schöpfte die Einwohnerschaft Herfords, wie in den meisten anderen deutschen Städten auch, ihr Trink- und Gebrauchswasser aus Brunnen oder aus einem der Bäche oder Flüsse des Stadtgebietes. Ebenso verhielt es sich mit der Beseitigung von Abwasser und Abfall; sie landeten in Straßenrinnen oder in sogenannten Senk- bzw. Jauchegruben. Mit Einsetzen der Industrialisierung Mitte des 19. Jh. wurde diese Praxis von Wissenschaftlern und Staatsbeamten mehr und mehr als Problem erkannt. National und international setzte eine lebhafte Beschäftigung mit dem Thema Stadthygiene ein. Schließlich wurden Abhilfemaßnahmen eingeleitet, und um die Jahrhundertwende konnte Herford stolz auf ein sich ausweitendes Wasser- und Kanalisationsnetz blicken. Es gab eine regelmäßige Straßenreinigung sowie Pissoirs und Brausebäder.
In der zweiten Hälfte des 19. Jh. vollzog sich der Entwicklungsschub, der Übergang von der autonomen Selbstversorgung mit Wasser und der individuellen Beseitigung von Müll und Abwässern hin zur städtisch organisierten Ver- und Entsorgung. Der Grundstein für die heutige Situation war damit gelegt. Die nachfolgende Entwicklung im

20. Jh. umfaßte im wesentlichen nur die notwendigen Ausbau- und Erweiterungsarbeiten. Wie kam es zu diesem »Boom« in der Entwicklung? Hatte die Quantität des Wasserbedarfs und die Abwasser- und Müllproduktion derart zugenommen, daß eine schnelle Krisenbewältigung unbedingt notwendig war? Die Fabrikansiedlungen und wachsenden Einwohnerzahlen im Zuge der Industrialisierung sprechen für diese These.
Doch dies war nicht der alleinige Grund. Hinter den harten Fakten verbirgt sich noch ein weiterer interessanter Aspekt. Die Wahrnehmung des Schmutzes in Straßen, Höfen und Wohnungen hatte sich verändert. Man war gegenüber Schmutz sensibler geworden und jahrhundertelang gegebene Zustände wurden nun als »Mißstände« aufgefaßt. Wahrnehmungen und Einstellungen von bestimmten Bevölkerungskreisen sind historisch schwer zu erfassen, da sie im gesellschaftlichen Kontext als selbstverständlich vorausgesetzt werden. In Zeiten des Wandels bricht dieser Konsens auf und tritt als Gegenstand der Diskussion ans Licht der Öffentlichkeit. Eine landesweite, ja internationale Beschäftigung mit dem Thema Hygiene fand in der zweiten Hälfte des 19. Jh. statt. Das Problem stand im Mittelpunkt der Aufmerksamkeit von Medizinern, Technikern und anderen gebildeten Ständen. Demnach hat vermutlich das veränderte Hygienebewußtsein die Entwicklung ebenso beeinflußt wie die sich objektiv verschlechternden Zustände. Zugleich stellt sich die Frage, welche negativen Entwicklungen zwar angegangen, aber letztendlich nicht befriedigend gelöst wurden, z.B. die Verschmutzung von Bachläufen und Flüssen, und welche Entwicklungen in deren Folge gar nicht als Problem aufgefaßt wurden und damit keine Beachtung fanden, wie beispielsweise die Verschmutzung der Meere.
Wer waren schließlich die Personen, die am Ort, also in Herford, die neuen Erkenntnisse, Erfahrungen und Ideen in die Tat umsetzten? Da die Stadtpolitik vom Stadtbürgertum getragen wurde, sind die Entscheidungen der Stadtverwaltung dahingehend zu untersuchen, ob das Besitz- und Bildungsbürgertum als gesellschaftsbestimmende Schicht den Lösungen im Versorgungssektor ihren Stempel aufdrückte?
Zur Beantwortung dieser Fragen müssen verschiedene Hintergrundinformationen herangezogen werden. Auf den folgenden Seiten werden zunächst die übergreifenden, landesweiten Einflußgrößen dargestellt, auf die die Stadt nicht oder nur wenig einwirken konnte: die Industrialisierung mit der Anlage neuer Fabriken und starkem Einwohnerzuwachs, die Hygienebewegung und der staatlich gelenkte Strukturwandel der Stadtverwaltung. Danach wird die konkrete Entwicklung in Herford verfolgt unter besonderer Berücksichtigung des politischen Handlungsspielraums der verschiedenen Bevölkerungsgruppen, und zwar in sechs Teilbereichen: das Straßenbild bis ins 19. Jh., der Straßenbau und die Straßenreinigung, das Problem der öffentlichen Wasserläufe, die Anlage der Kanalisation, der Bau des Wasserwerkes und der Badeanstalten. Der erste Teil dieses Kapitels schließt mit der Auswirkung dieser Maßnahmen. Die Beschäftigung der Stadt mit den einzelnen Themen fällt in unterschiedliche Zeiträume, so daß ein Vergleich der jeweiligen konkreten Maßnahmen den veränderten Charakter der Stadtpolitik widerspiegelt. Das erlaubt Rückschlüsse auf einen Wandel im Selbstverständnis der Stadtverwaltung, verdeutlicht ein verändertes Verhältnis zwischen Stadt und Staat und zeigt eine neue Beziehung zwischen städtischer Behörde und Einwohnern auf.

Die Rahmenbedingungen

Die Industrialisierung

Im 18. Jh. lebten die Bewohner der Stadt vornehmlich vom Spinnen, Weben und Bleichen. Mit Einsetzen der Industrialisierung entstanden verschiedene Nachfolge-Gewerbe mit hohem Wasserverbrauch. 1855 / 56 wurden in der Stadt acht Färbereien, eine Maschinenspinnerei, eine Bleichanstalt, zwei Seifenfabriken und drei Gerber registriert.[2]

Die folgenden Jahrzehnte brachten eine Vielzahl neuer Fabrikanlagen in das Stadtgebiet. Unter den 153 »größeren« Fabriken, die 1900 gezählt wurden, befanden sich allein drei Seifenfabriken, zwei Schnellbleichen, eine Stärkefabrik, drei mechanische Webereien, sechs größere Färbereien und zwei Fabriken für chemische Produkte.[3]

Wasserintensive Gewerbebetriebe (Färbereien, Bleichereien, Seifenfabriken, Spinnereien, Stärkefabriken, Chemische Wasch-Anstalten, Appretur-Anstalten, Lohgerber) im Herforder Innenstadtbereich, um 1900. Kartengrundlage: Stadtplan von 1893 (Ausschnitt)

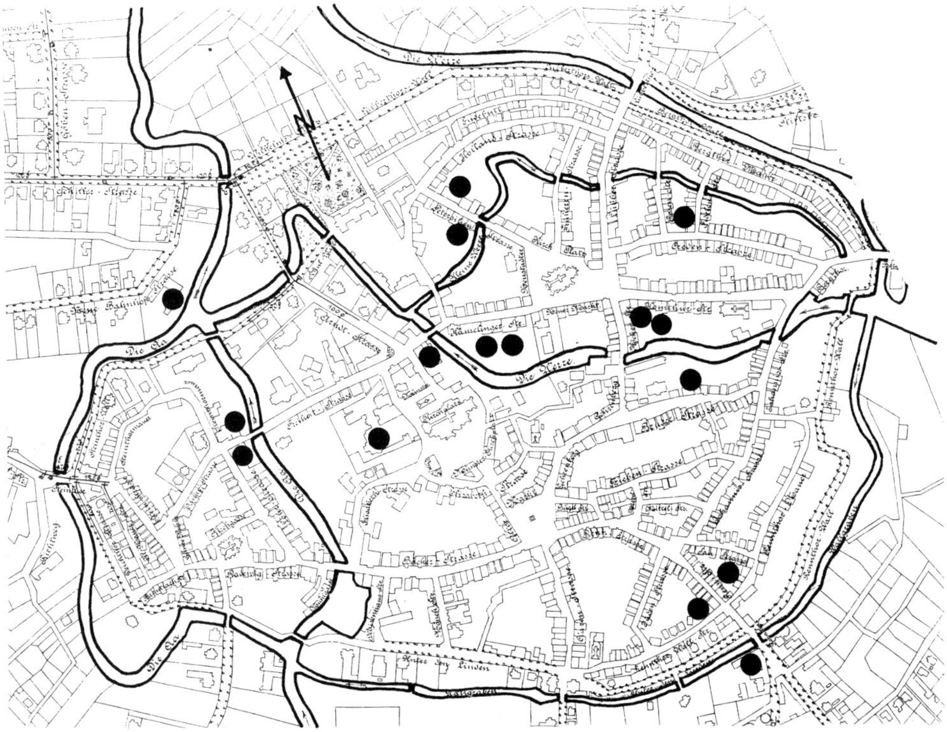

Neben den Industrie- und Gewerbebetrieben belastete die wachsende Einwohnerzahl den Wasserhaushalt der Stadt. Mit der Anlage neuer Fabriken wuchs die Bevölkerung Herfords in einem bis dahin unbekannten Maße. Zählte die Stadt um 1800 ca. 4600 Einwohner, waren es 1855 bereits 9621, 1914 schließlich 35248 Einwohner. Zwischen 1875 und 1900 fand ein besonderer Wachstumsschub statt, in dem sich die Bevölkerung mehr als verdoppelte.[4]
Die Errichtung neuer Gebäude konnte mit dieser rasanten Entwicklung nicht Schritt halten. Während die Einwohnerzahl des Stadtbezirkes beispielsweise zwischen 1870 und 1894 um 10067 Köpfe anwuchs, wurden in diesem Zeitraum nur 935 neue Wohnhäuser gebaut.[5] Demzufolge erhöhte sich die durchschnittliche Belegung eines Hauses. In Herford kletterte die Zahl zwischen 1877 und 1900 von 8,8 auf 10,0 Personen pro Wohngebäude.[6] Diese Zahlen verdeutlichen einen enorm gestiegenen Wasserbedarf und eine stark gewachsene Abwasser- und Müllproduktion. Die beengten Wohnverhältnisse förderten zudem die Konzentration der Schadstoffe, die in den Boden eindrangen und das Trinkwasser belasteten.
Traditionelle Gewerbe, Industrieansiedlungen und wachsende Einwohnerzahlen bedeuteten für die Gewässer im Stadtgebiet eine noch nie dagewesene Beanspruchung. Verschärft wurde die Situation zusätzlich durch flußaufwärts gelegene Wasserverschmutzer der Werre und Aa. Das waren z.B. die Stärkefabrik in Salzuflen für die Werre und die stark wachsende Industriestadt Bielefeld für die Aa. Zudem waren zu dieser Zeit noch einige der traditionellen Mühlenstauwerke in Betrieb, die den schnellen Durchfluß des verschmutzten Wasser zusätzlich behinderten.
Doch die sich objektiv verschlechternden hygienischen Zustände allein bewirkten noch keine Veränderung des alten Systems. Sie wurden lange Zeit nicht einmal als problematisch erkannt. Erst als Mediziner mit ihren Forschungen die Übertragungswege von Krankheiten entdeckten, Ökonomen auf die finanziellen Vorteile einer gesunden Bevölkerung hinwiesen und Techniker Lösungen für Ver- und Entsorgungsgeräte entwickelten, rückte das Thema »Hygiene« in den Blickpunkt der Öffentlichkeit, und auch die Städte begannen über effektive Maßnahmen für ihre Gesundheitspflege nachzudenken.

Die Hygienebewegung

Der Anlaß für eine Bewegung, die zunächst in England und seit den 1860er Jahren auch in Deutschland unter dem Schlagwort »Stadthygiene« auftrat, waren die großen Seuchen des 19. Jh.; besonders die Cholera galt als der »große Sanitätsreformer«.[7] Die deutsche Hygienebewegung beschäftigte sich neben der Reinhaltung der Städte seit 1870 auch mit der »Flußverunreinigungsfrage«. Die öffentliche Diskussion von Medizinern, Technikern und anderen Fachleuten drehte sich um Fragen wie Abfuhr oder Kanäle, Misch- oder Trennkanalisation. Große Schwierigkeiten bereitete zunächst die technische Umsetzung von Kanalisationsanlagen. Zum Beispiel war das richtige Gefälle der Kanalrohre nicht zu berechnen. Sie wurden in den ersten Städten nach dem »Versuch und Irrtum«-Prinzip verlegt und funktionierten nur zum Teil mit Erfolg. Robert Kochs »Trinkwassertheorie« zu Anfang der achtziger Jahre erkannte das Wasser als den Verbreitungsweg für Cholera und Unterleibstyphus. Diese Theorie war nicht unumstritten: heftige Kontroversen wurden diesbezüglich ausgetragen, verschiedene Vereine gegründet und eine Flut von Publikationen setzte sich mit dem Gegenstand auseinander.[8] Daraufhin wurde die politische Öffentlichkeit auf das Problem aufmerksam. Zuerst reagierten die staatlichen Stellen. Sie verfügten u.a., daß regelmäßig medizinische Ortsbeschreibungen angefertigt werden mußten. Der Regierungsrat und Medizinalrat Dr. Schultz-Hencke beschrieb erstmals 1875 das Gesundheitswesen des Regierungsbezirkes Minden.[9] Hauptadressat seiner Kritik und Vorschläge waren die Stadtverwaltungen des Bezirkes, die für die Abhilfe schlechter sanitärer Zustände der Flüsse, Straßen, Fabriken und Wohnungen sorgen sollten. Doch die Stadtväter standen seit Beginn der zweiten Hälfte des 19. Jh. den wachsenden Problemen zunächst völlig ratlos gegenüber. Eine ausgeprägte bürokratische Verwaltung und ein politischer Handlungswille, den Problemen entgegenzutreten, bildete sich gerade erst heraus.

Die Stadtpolitik

Die revidierte Städteordnung von 1831 hatte Herford gewisse Selbstverwaltungsrechte gebracht. Ein Zweikammersystem von Stadtverordnetenversammlung und Magistrat unter Vorsitz des Bürgermeisters war eingerichtet worden.[10] Die 1850 folgende Gemeindeordnung und die Städteordnung von 1856 zeigten die politische Absicht des Staates, den Städten mehr Selbstbestimmungsrechte und Freiheiten einzuräumen. Die Stadtverwaltungen sollten ihre Probleme selbst in die Hand nehmen. Bis in die siebziger Jahre äußerte sich das darin, daß die Stadtväter — wenn überhaupt — nur solche Maßnahmen ergriffen, die der Ansiedlung neuer Industrien zugute kamen. Sie verspürten aber keine Verantwortung, negative Auswirkungen derselben tatkräftig anzugehen.
Erst als der Staat begann, wieder stärker in die Gemeindeverwaltungen einzugreifen, vollzog sich ein Wandel in der städtischen Politik. Einen markanten Grundstein legte das Preußische Fluchtliniengesetz von 1875. Dieses Gesetz schrieb den Gemeinden vor, ihre bauliche Entwicklung planend in die Hand zu nehmen und zum Beispiel einwandfreie, schnurgerade Straßen anzulegen. Mit den Auswirkungen, die dieses Gesetz nach sich zog, könnte es als symbolische Grenzlinie zwischen zwei Epochen gelten, als »Wende« zur Wiederherstellung der öffentlichen Planungen und Planungsaktivitäten der Gemeinden.[11]
In den Stadtparlamenten wurden die Honoratioren nach und nach durch versierte Parteipolitiker abgelöst. In den Verwaltungen mit ihren wachsenden Aufgabengebieten bildete sich ein städtisches Beamtentum heraus. Das Selbstbewußtsein der Städte erstarkte zunehmend. Nicht zu unterschätzen war auch der Einfluß des Bürger- bzw. Oberbürgermeisters auf die Entwicklung der Stadt.[12] Bürgermeister Quentin, der von 1875 bis 1908 die Geschäfte der Stadt Herford leitete, erkannte bereits zu Beginn seiner Amtszeit die wachsenden komplexen Aufgaben im Sinne eines *allgemeinen Wachsens der communalen Bedürfnisse und der Erhöhung des Lebensstandards.*[13]

Wahlberechtigte in Herford 1875 bis 1909[14]

Jahr	Einwohner	Wahlberechtigte		Abteilungen / Klassen					
	absolut	absolut	in %	III.	in %	II.	in %	I.	in %
1875	12090	1497	12,3	1160	77,5	240	16	97	6,5
1894	21153	2609	12	2272	87	281	11	56	2
1909	31770	4718	14,8	4193	89	474	10	51	1

Wenn auch die absolute Zahl der Wahlberechtigten in der Dritten Klasse in diesem Zeitraum um fast das vierfache stieg, so blieb doch das politische Gewicht unverändert gering. Die meisten Einwohner Herfords allerdings hatten gar kein Stimmrecht. Rund 85% der Bevölkerung war nach wie vor von dem politischen Leben völlig ausgeschlossen, d.h. der Teil der Einwohner, der vermutlich in den schlechtesten sanitären Verhältnissen lebte, besaß so gut wie keine Möglichkeit politisch Einfluß zu nehmen, um die Mißstände abzustellen.

Die Entstehung der Versorgungsbetriebe

Straßenbau, Kanalisation und Wasserversorgung waren keine Neuentwicklungen der zweiten Hälfte des 19. Jh. Sie erfuhren aber in dieser Zeit eine grundlegende Veränderung und wurden mit einer stärkeren Dynamik vorangetrieben bzw. völlig neu entwickelt. Bevor erste Maßnahmen in Herford ergriffen wurden, lassen sich seit der Mitte des 19. Jh. zunehmend Hinweise auf die »Mißstände« belegen.

Das Straßenbild bis ins 19. Jahrhundert

So stammen die Quellen, die das Straßenbild der Stadt beschrieben, nicht zufällig aus der zweiten Hälfte des 19. Jh., denn vorher galten die Zustände als gegeben. Aus diesen Berichten läßt sich teilweise auf frühere Zeiten zurückschließen.
Die engen, verwinkelten, meist ungepflasterten Straßen der Stadt waren voller Hindernisse, Löcher, Schmutz und Gerümpel. Der spinnennetzartige Straßenplan Herfords wies zudem zahleiche Krümmungen, Durchgänge, Plätze, Engpässe und Querstraßen auf, so daß die Benutzung der Straßen besonders im Dunkeln nicht ungefährlich war. Viele Straßen wurden von sogenannten »Kanälen« durchzogen, die Herford wie viele andere Städte im Mittelalter angelegt hatte. Diese Kanäle bestanden in der Regel aus offenen Gräben oder Rinnen, vielleicht durch Mauerwerk vor dem Einsickern geschützt. Sie dienten der Entwässerung des feuchten Landes, spülten aber auch viel Unrat aus den Häusern und Straßen mit fort. Nicht nur Haushaltsabwässer, auch Blut und Flüssigkeiten aus Jauche- und Abtrittsgruben wurden in die Rinnsteine und Kanäle geleitet. Diese mündeten in die Bäche und Flüsse des Stadtgebietes, über die teilweise Abtritte angelegt waren. Im Wasser schwammen trotz Verbots von Zeit zu Zeit Tierkadaver.[15]

An einigen Stellen war das Gefälle der Kanäle zu gering, um die Abgänge fortzuspülen, mit der Folge, daß sich dort die schweren Stoffe absetzten und unter Ausströmung fauliger Gerüche in Verwesung übergingen. An verschiedenen Stellen in der Stadt bildeten sich daher Sammelstellen stinkenden Wassers und faulige Sümpfe. Dies belegen ehemalige Straßennamen, wie »Faule Godde« (Marktstraße / früher Mausefalle), »Fauler Pohl« (Mittelstraße) oder »Fauler Steg« (Klarenstraße / Eisgraben).[16]
Hinter, neben oder auch vor den Häusern waren Senk- oder Jauchegruben angelegt. Sie sammelten Unrat und Fäkalien aller Art. Sie lagen oft in direkter Nachbarschaft zu Trinkwasserbrunnen, waren häufig undicht und wurden nur unregelmäßig geleert. Bauern kamen aus dem Umland, um die Düngergruben nach ihrem Bedarf auszuheben. Beim Zwischenlagern der Inhalte auf der Straße und auf dem Weg aus der Stadt in undichten Karren blieben übelriechende Reste zurück. Daneben hinterließ das Vieh seine Spuren, das die Stadtbewohner morgens auf die Weide und abends zurücktrieben.[17] So besehen muß in der Stadt bei trockenem Wetter ein unerträglicher Gestank geherrscht haben, bei starkem Regen lösten sich die Wege in Schlamm auf.
Die Zustände galten jahrhundertelang als gegeben und wurden ungefragt hingenommen. Von Zeit zu Zeit waren Verordnungen zur Reinhaltung der Städte aufgetaucht, die jedoch — wenn überhaupt — nur sehr kurzfristig beachtet wurden. In den sechziger Jahren des 19. Jh. änderte sich die Situation. Nun ließ sich auch eine verstärkte Wahrnehmung des »Schmutzes« feststellen. Besonders gebildete Kreise beklagten »unerträgliche« Zustände und forderten lautstark Abhilfe. *Was zu arg ist, ist zu arg*, hieß es 1864 im Herforder Kreisblatt. *Der Schmutz in den Straßen von Herford übersteigt jetzt alle Begriffe. Alle Fremde wundern sich über den Koth, den sie durchwaten müssen; in der That, es mag wenige Städte in Deutschland geben, die in dieser Beziehung sich mit uns vergleichen können. Es ist allerdings wahr, daß das Straßenpflaster nicht besonders ist; man braucht nur einmal einer Pflasterung hier zuzusehen, um gleich prophezeihen zu können: das wird einmal eine schöne Sauce geben. Denn hier und da wird gewöhnlich ein Stein hingesteckt und dann die Lücke mit einer Fluth von Sand zugestopft, so daß diese Art der Pflasterung an die neuentstehenden Ortschaften in den amerikanischen Urwäldern mahnt.* Doch auch die Einwohner waren angesprochen: *Aber die Schuld des jetzt entsetzlichen Schmutzes, den man bald nur noch mit Stelzen wird durchschreiten können, liegt auch an den Hausbesitzern; die Straßen werden zwar, um den polizeilichen Vorschriften zu genügen, gefegt, aber wie?! Eine ordentliche gründliche Sonnabendswäsche mit Besen und mit einer gehörigen Quantität Wasser muß einmal vorgenommen werden. Möge nicht vergebens an den Herfordischen Reinlichkeitssinn appeliert sein!*[18]
Die neue Sensibilisierung ergab sich aus verschiedenen Gründen: Zum einen kam es der innerstädtischen Wirtschaft zugute, und zum anderen bedeuteten gute Straßen eine verbesserte Handelsposition der Stadt gegenüber konkurrierenden Nachbarstädten. Zu den Interessen des Wirtschaftsbürgertums gesellten sich die Interessen der Bildungsbürger. Saubere Straßen konnten zur Demonstration städtischer Initiative dienen und damit das Selbstbild der gebildeten Stadtbürger und der Verwaltung widerspiegeln.

Straßenbau und Straßenreinigung

Als traditionelle Handelsstadt war sich Herford der Bedeutung des Verkehrs bewußt. Das städtische Straßenbauwesen diente somit in erster Linie der Verbesserung der Handels- und Wirtschaftslage der Stadt. Aber nicht der Bau neuer Straßen, sondern die Ausbesserung, Reinigung und Pflasterung vorhandener Wege stand lange Zeit im Mittelpunkt der Bestrebungen. Daß sich dadurch die hygienischen Zustände der Stadt besserten, war zunächst nur eine unbeabsichtigte Nebenerscheinung, denn gesundheitliche Aspekte waren in dieser Zeit noch unerheblich.
Unerfreulich waren dagegen die Kosten, die diese Maßnahmen erforderten. Mit Erscheinen der Verwaltungsberichte seit den 1850er Jahren beginnen zugleich die Klagen über die *nicht unbedeutenden Opfer*, die die Unterhaltung der Wege, Brücken und Kanäle gekostet hatten.[19] Aus Kostengründen wurden für Straßenausbesserungen keine festangestellten Arbeiter beschäftigt, sondern zum Beispiel Strafarbeiter eingesetzt, die das Gericht dazu verurteilt hatte, oder Einwohner, die wegen Schulversäumnisse ihrer Kinder dazu verpflichtet worden waren.[20]
Bei der Straßenreinigung wurde zwischen öffentlicher und privater Reinigung unterschieden. Die Stadtverwaltung hatte die Säuberung der öffentlichen Plätze und Straßen übernommen, die Reinhaltung der Bürgersteige oblag den Hausbesitzern. Da die Stadt ihrer eigenen Verpflichtung gemäß der Polizeiverordnung von 1827 lange Zeit nicht nachkam, ignorierten auch die Hausbesitzer ihre Reinigungspflicht oder führten sie sehr mangelhaft aus.
In den 1860er Jahren begann sich eine Änderung abzuzeichnen. Die Stadt wußte um die wachsende Bedeutung des Verkehrs: *Unser fortgesetztes Bestreben ist diesem Zweige des Gemeinwesens mit vollster Aufmerksamkeit zugewendet, da gute Wege dem allgemeinen Verkehr, wie jedem einzelnen Bürger zu Gute kommen.* Ein Zustand sollte erreicht werden, *der den gestiegenen Anforderungen der Gegenwart* (1865) entspreche. Das war leichter gesagt als getan. In einem Bericht aus dem gleichen Jahr hieß es zwar stolz: *... und so ist es denn gelungen, die Kommunalwege in einen zu jeder Jahreszeit passirbaren Zustand zu versetzen*, doch lang anhaltender Regen zerstörte einen großen Teil der Reparatur und verursachte kostspielige Ausgaben.[21] In den folgenden Jahren beschäftigte sich die Stadt weiter mit der Ausbesserung vorhandener Straßen, insbesondere mit Pflasterarbeiten und der Kanalisierung von Regenwasser. Neue Straßen wurden nicht angelegt. Gemäß der Idee des Wirtschaftsliberalismus und aus Scheu vor einer zu hohen und risikoreichen Belastung des städtischen Etats begründete die Stadtverwaltung 1875 knapp ihr Verhalten: *Wir gehen davon aus, neue Straßen-Anlagen der Privatspeculation zu überlassen.*[22]
Die Straßenausbesserungen blieben ein Problem. Massive Kritik traf vor allem den Wegebau in den Feldmarken. Bürgermeister Quentin schrieb 1876: *Die Wege werden niemals ordentlich fertig ... ist dann aber endlich der letzte End fertig, so ist der erste End wieder vernutzt und unpassirbar; ... bei dem Stückbauen wird der Weg in seiner ganzen Anlage — Breite, Bauart, Höhe, Wasserabführung u.s.w. — nicht technisch und nicht einheitlich gebaut: ... Der Weg wird ein Product zufälliger Combinationen: ...*

theurer . . .; endlich und das ist der größte Nachteil hat man durch diese unglückliche Bauweise den Verkehr systematisch von der Stadt ferngehalten. Welche Vortheile der Stadt, resp. einem großen Theil derselben aus einem rechtzeitigen vollständigen Ausbau des Ahmser und Lockhauser Weges entstanden wären, das will ich den Interessenten allein zur Beurtheilung überlassen. Der Kreis hat uns überall die Wege in die Stadt geführt und uns das Beispiel gegeben; wir aber halten die Landleute gerade aus einer sehr wohlhabenden, guten Gegend aus unseren Verkaufsstätten, von unseren Wochenmärkten u.s.w. fern — und zwar aus Sparsamkeit![23] Diese heftige Kritik und die Angst, die Lipper könnten nun ihre Verkehrsanschlüsse Richtung Bielefeld suchen, führte zur Einsetzung einer Wege-Kommission, die seit 1877 die Planung und Durchführung der Bauarbeiten leitete und kontrollierte.[24] Dies ist ein Beispiel dafür, daß die Stadt seit der Mitte der siebziger Jahre aktiv begann, unter Ausschöpfung ihrer rechtlichen Mittel, auf den Zustand der Straßen einzuwirken.

Auch in bezug auf den fließenden Verkehr griff sie nun rigide durch — auch gegen den Widerstand der Beteiligten: *Betreffs Räumung unserer engen Straßen von den dort stehenden Wagen . . . Handwerker-Mobiliar und Inventar u.s.w. wurde die Strassen-Polizei sehr streng angezogen. Es erregte dieser zwar einen lebhaften Widerspruch der dadurch in ihrer Lässigkeit und Bequemlichkeit gestörten nächst Beteiligten, zeigte sich aber doch als sehr segensreich, denn die Straßen sind rein geworden . . .*[25] Daß sie doch nicht so »rein« waren, wie die Stadtverwaltung es sich vorstellte, belegen Klagen, Aufforderungen und Strafandrohungen aus der folgenden Zeit.

Im gleichen Jahr, 1875, als der ungehinderte Verkehr in der Stadt und in den Feldmarken rigide angefaßt wurde, traf die Kritik auch die Art der Straßenreinigung. Die öffentliche Straßenreinigung war in den 1860er Jahren einem Straßenfeger übertragen worden[26], der mittwochs und sonnabends für die Reinigung sorgen sollte. *Da dieser schon alt und etwas invalide ist, so ließ diese Reinigung viel zu wünschen übrig . . . .* Die Stadtverwaltung wollte ein Vorbild abgeben. So überlegte sie, *da die öffentliche Reinigung jedenfalls der Privatreinigung mit gutem Beispiel vorangehen muß . . .*, einem *bereits vielfach geäußerten Wunsch* nachzugeben, sämtliche Straßen und Bürgersteine durch die Stadt reinigen zu lassen.[27] Doch blieb es vorerst bei dem Wunsch. Aus finanziellen Gründen war es einfacher, die Schuld an den Mißständen auf einen einzelnen Arbeitsmann zu schieben, der der wachsenden Verschmutzung selbst bei gesunder physischer Konstitution nicht hätte Herr werden können, als die Reinigungspflicht auf eigene Kosten zu übernehmen.

Als mehrere Versuche, die Haftgefangenen gegen eine Gebühr zur Straßenreinigung einzusetzen, gescheitert waren, sollte ein Unternehmer beauftragt werden. Zu Beginn war es schwierig, trotz angehobener Bezahlung einen geeigneten Interessenten zu finden. In der Folgezeit wechselte die Person des Unternehmers des öfteren.[28] Auch setzten sich die Klagen über die *unbefriedigende* und *ungenügende* öffentliche Straßenreinigung fort. Zielten die Maßnahmen, unter Ausschöpfung der rechtlichen Mittel, zunächst darauf, daß die bestehende Straßen-Polizei-Ordnung von 1827 tatsächlich befolgt wurde, so plante man nun eine neue Ordnung, da die bestehende *veraltet* (und) *unklar* sei *und . . . auch den Bedürfnissen nicht mehr* (genüge).[29]

Nicht nur ökonomische Gründe werden hier deutlich, sondern auch erzieherische Ambitionen. Die Stadtverwaltung, als Vertreterin des Bürgertums, verstand sich als Vorbild und Erzieherin der unwissenden und in traditionellen Vorstellungen verhafteten, einfachen Einwohnerschaft. Sie setzte Maßstäbe und bestimmte, was »allgemeine Bedürfnisse« waren — auch gegen den Widerstand der Bewohner.
Der Medizinalrat Schultz-Hencke als Vertreter des gebildeten Bürgertums zielte mit seinem Bericht genau in diese pädagogisch-moralische Richtung. Er legte zugleich Zeugnis über eine gestiegene Sensibilisierung der Wahrnehmung ab. Er schrieb: *Was die Verunreinigung der Straßen, Promenaden, öffentlichen Gebäude, namentlich aber der Gebäude, wie Kirchen etc. — im Allgemeinen anlangt, so ist in den größeren Städten allerdings die Verrichtung der Nothdurft an solchen Stellen untersagt, diese Maßregel bleibt jedoch erfolglos, so lange die Städte nicht Sorge tragen, dass öffentliche Uriniranstalten eingerichtet werden, was jedoch bisher in keiner Stadt des Bezirkes geschehen ist.*[30] Die gängige Praxis, seine Notdurft auf der Straße oder an öffentlichen Gebäuden zu verrichten, wurde nun als Mißstand angeprangert. Ein neues Sauberkeits- und Peinlichkeitsempfinden wurde hier artikuliert und sollte dazu beitragen, die alte Tradition abzulösen. Insbesondere die Stadtverwaltung war aufgefordert, ihren Einwohnern bei diesem Schritt auf eine »höhere Stufe der Zivilisation« ein Vorbild zu sein.
Bei der Hinführung der Einwohner zu mehr Sauberkeit traf die Stadt jedoch auf die stärksten Widerstände. Mangelnde Einsicht und die Scheu vor einer zusätzlichen Arbeitsbelastung können die Gründe dafür gewesen sein. Am deutlichsten wird die ablehnende Reaktion der Einwohner bei der privaten Straßenreinigung. Diese ließ 1876/77 nach Meinung der Stadtväter *noch sehr zu wünschen übrig*, wenngleich in vielen Straßen die Reinigungspflicht eingehalten wurde. Zum Beispiel weigerte sich die Johannisgemeinde, die Straßenreinigung längs des Kirchhofes zu übernehmen. Erst ein Richterspruch konnte sie dazu bewegen.[31] Die Rechtssprechung war aber nicht immer auf seiten der Stadtverwaltung; oft genug sprach das Schöffengericht protestierende Anwohner frei. Am Widerstand der Hausbesitzer änderte sich auch in den folgenden Jahren nichts: *Die Reinigung der Straßen durch die Privaten blieb nach wie vor trotz aller polizeilichen Bestrafungen eine recht mangelhafte . . .*[32]
Erst harte gesetzliche Maßnahmen und verschärfte Kontrollen, konnten den Widerstand der Anwohner brechen. Im Sommer 1886 wurde eine neue Straßen-Polizeiverordnung erlassen, *die den Polizeiorganen eine genügende Handhabe giebt, um für die Reinlichkeit, Ordnung und Sicherheit auf den öffentlichen Straßen und Plätzen in wirksamerer Weise als früher Sorge tragen zu können. Dieselbe hat sich sehr gut bewährt und es ist die Reinigung der Straßen im Vergleich zu früher eine erheblich bessere geworden.*[33]
Die Verordnung schrieb vor, daß die Straßen dreimal in der Woche und die Gossen und Bürgersteige täglich zu reinigen waren. Unter Oberaufsicht der Sanitätskommission wurden die Höfe und Gassen jährlich im Frühjahr und Herbst kontrolliert. Auch die halbjährliche Entleerung sämtlicher Dünger-, Aborts- und Senkgruben, die von einem privaten Jauche-Abfuhrgeschäft betrieben wurde, stand unter der Kontrolle der Polizeibehörde.[38]
Die Überwachung ging sogar noch weiter und erstreckte sich bis in die Wohnungen hin-

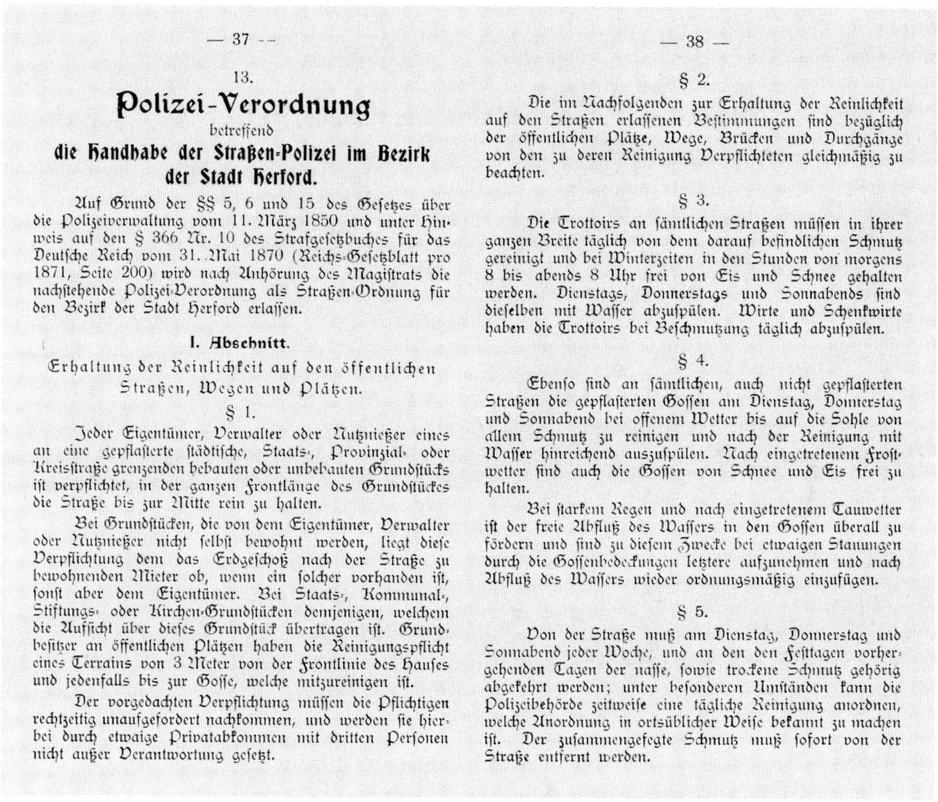

— 37 —

13.

Polizei-Verordnung

betreffend

die Handhabe der Straßen-Polizei im Bezirk der Stadt Herford.

Auf Grund der §§ 5, 6 und 15 des Gesetzes über die Polizeiverwaltung vom 11. März 1850 und unter Hinweis auf den § 366 Nr. 10 des Strafgesetzbuches für das Deutsche Reich vom 31. Mai 1870 (Reichs-Gesetzblatt pro 1871, Seite 200) wird nach Anhörung des Magistrats die nachstehende Polizei-Verordnung als Straßen-Ordnung für den Bezirk der Stadt Herford erlassen.

I. Abschnitt.

Erhaltung der Reinlichkeit auf den öffentlichen Straßen, Wegen und Plätzen.

§ 1.

Jeder Eigentümer, Verwalter oder Nutznießer eines an eine gepflasterte städtische, Staats-, Provinzial- oder Kreisstraße grenzenden bebauten oder unbebauten Grundstücks ist verpflichtet, in der ganzen Frontlänge des Grundstückes die Straße bis zur Mitte rein zu halten.

Bei Grundstücken, die von dem Eigentümer, Verwalter oder Nutznießer nicht selbst bewohnt werden, liegt diese Verpflichtung dem das Erdgeschoß nach der Straße zu bewohnenden Mieter ob, wenn ein solcher vorhanden ist, sonst aber dem Eigentümer. Bei Staats-, Kommunal-, Stiftungs- oder Kirchen-Grundstücken demjenigen, welchem die Aufsicht über dieses Grundstück übertragen ist. Grundbesitzer an öffentlichen Plätzen haben die Reinigungspflicht eines Terrains von 3 Meter von der Frontlinie des Hauses und jedenfalls bis zur Gosse, welche mitzureinigen ist.

Der vorgedachten Verpflichtung müssen die Pflichtigen rechtzeitig unaufgefordert nachkommen, und werden sie hierbei durch etwaige Privatabkommen mit dritten Personen nicht außer Verantwortung gesetzt.

— 38 —

§ 2.

Die im Nachfolgenden zur Erhaltung der Reinlichkeit auf den Straßen erlassenen Bestimmungen sind bezüglich der öffentlichen Plätze, Wege, Brücken und Durchgänge von den zu deren Reinigung Verpflichteten gleichmäßig zu beachten.

§ 3.

Die Trottoirs an sämtlichen Straßen müssen in ihrer ganzen Breite täglich von dem darauf befindlichen Schmutz gereinigt und bei Winterzeiten in den Stunden von morgens 8 bis abends 8 Uhr frei von Eis und Schnee gehalten werden. Dienstags, Donnerstags und Sonnabends sind dieselben mit Wasser abzuspülen. Wirte und Schenkwirte haben die Trottoirs bei Beschmutzung täglich abzuspülen.

§ 4.

Ebenso sind an sämtlichen, auch nicht gepflasterten Straßen die gepflasterten Gossen am Dienstag, Donnerstag und Sonnabend bei offenem Wetter bis auf die Sohle von allem Schmutz zu reinigen und nach der Reinigung mit Wasser hinreichend auszuspülen. Nach eingetretenem Frostwetter sind auch die Gossen von Schnee und Eis frei zu halten.

Bei starkem Regen und nach eingetretenem Tauwetter ist der freie Abfluß des Wassers in den Gossen überall zu fördern und sind zu diesem Zwecke bei etwaigen Stauungen durch die Gossenbedeckungen letztere aufzunehmen und nach Abfluß des Wassers wieder ordnungsmäßig einzufügen.

§ 5.

Von der Straße muß am Dienstag, Donnerstag und Sonnabend jeder Woche, und an den den Festtagen vorhergehenden Tagen der nasse, sowie trockene Schmutz gehörig abgekehrt werden; unter besonderen Umständen kann die Polizeibehörde zeitweise eine tägliche Reinigung anordnen, welche Anordnung in ortsüblicher Weise bekannt zu machen ist. Der zusammengefegte Schmutz muß sofort von der Straße entfernt werden.

Straßen-Polizeiverordnung von 1886 (§ 1 bis 5)

ein. So wurde beim Bau von Arbeiterwohnungen *stets ein besonderes Augenmerk auf die zweckmäßige Entfernung der Abwässer gelegt*. Bei Hauswirten, die Schlafstellen vermieteten, wurde u.a. die Beschaffenheit der Aborte kontrolliert.[35]

In der Stadt und Feldmark wurde am Ende des Jahrhunderts die bauliche Trennung von Fußgänger- und Lasten- bzw. Wagenverkehr weiter vorangetrieben. Die Stadtverwaltung führte in allen Stadtteilen einheitliche Trottoir-Anlagen ein, wozu auch die Anwohner bei der Herstellung und Unterhaltung mit herangezogen wurden. Ein städtischer Fluchtlinienplan — den staatlichen Richtlinien von 1875 folgend — wurde zwischen 1890 und 1893 aufgestellt *zur Sicherung zweckmäßiger und ausreichender Verbindungsstraßen*. Im Zusammenhang mit der Schaffung schnurgerader Straßen- und Häuserzeilen stand auch die Entfernung althergebrachter Treppen, Vorbauten *und mancher lästig vorspringender Hausecken*. Umfassende Neupflasterungen der Stadt wurden nach Verlegung der Rohre für Wasser, Kanäle und Gas angegangen.[36]

Die Reaktion der Bewohner auf die Maßnahmen war in zwei Lager gespalten. Den einen ging es mit den städtischen Baumaßnahmen viel zu langsam voran, andere wehrten sich gegen die Neuerungen. Seit den siebziger Jahren hatten sich zum Beispiel an mehreren

Stellen in der Stadt Gruppen von Anwohnern dazu entschlossen, auf eigene Kosten Bürgersteige anzulegen. Auch Treppen, Brücken und Vorbauten wurden in dieser Zeit bereits freiwillig beseitigt. Auf der anderen Seite rief besonders das Entfernen der Treppen — zugunsten des fließenden, ungehinderten Verkehrs — einige Male den Protest der Hausbesitzer hervor, der jedoch erfolglos blieb.[37]

Öffentliche Wasserläufe

Die staatlich initiierten Schritte zum Bau und zur Reinhaltung von Straßen fanden ihre Erweiterung in Bestimmungen über die Sauberkeit der öffentlichen Gewässer. Auf zwei Ebenen hatte die Stadt Herford mit diesem Problem zu kämpfen: einmal gegen flußaufwärts gelegene Wasserverschmutzer der Werre und Aa und zum anderen mit der Errichtung einer eigenen Kanalisationsanlage.
Als konkreter Anlaß sorgte im August 1875 ein Massenfischsterben in der Werre zwischen dem Fürstentum Lippe und Herford für großes Aufsehen. Die Stadt Herford verklagte schließlich die Hoffmannsche Stärkefabrik in Salzuflen, und es folgte ein jahrelanger Prozeß über mehrere Instanzen bis hin zum Reichsgericht, die alle zugunsten der Stadt Herford entschieden wurden.[38]
Dieser Prozeß verdeutlicht das veränderte Verhältnis der Behörden gegenüber der Industrie. Lange Zeit bestand die allgemeine Auffassung, daß ein Wasser nur durch menschliche oder tierische Fäkalien verseucht werden könnte. Industrielle Abwässer galten dagegen nicht als bedrohlich. Zum Beispiel war ein Streitpunkt in Folge der Verunreinigung des Stadtgrabens durch die Linkmeyersche Färberei entstanden, über welche sehr viel geklagt wurde. Das Oberverwaltungsgericht entschied jedoch gegen die Stadtbehörden und gestattete weiterhin der Färberei, ihre Abgänge in den Stadtgraben zu leiten, da diese nicht als gesundheitsschädlich angesehen wurden.[39] Diese Einstellung änderte sich langsam im Laufe des letzten Drittels des 19. Jh. Die Industriebetriebe, die bis dahin nahezu unbeschränkte Freiheiten genossen oder rechtzeitig vertraglich bestimmte Rechte zu günstigen Konditionen ausgehandelt hatten, sahen sich nun veränderten Bedingungen gegenüber. So wundert das Verhalten der Stärkefabrik nicht, das aus dem Oberlandesgerichtstermin berichtet wurde: *Die verklagte Firma ermittelte aber im weiteren Verlauf des Prozesses, immer neue Gutachter, wodurch das Verfahren erheblich in die Länge gezogen wurde.*[40]
Auch als die Fabrik anscheinend einlenkte und versprach, Kläreinrichtungen zu schaffen, verstummten die Klagen und Beschwerden der Herforder Einwohner nicht. Demnach soll, so wurde 1889/91 berichtet. *die Werre mehrfach mit schwarz braunen Schlammmassen und Fladen bedeckt gewesen sein und üble Ausdünstungen verbreitet haben.*[41] Wie wenig dennoch die Gefahr in ihrem gesamten Umfang an städtischer Stelle wahrgenommen wurde, belegt die Tatsache, daß zu dieser Zeit in der Werre in Herford noch drei Flußbadeanstalten in Betrieb waren.[42]
Die Stärkefabrik versuchte, die Schuld an dem verschmutzten Werrewasser der Stadt Herford zuzuweisen mit dem Argument, *daß die in der Stadt Herford vorhandenen Stauwerke wie das mangelhafte und unvollständige Schleusenziehen derselben in viel*

größerem Maaße, als die Fabrikabwässer an der Verunreinigung der Werre betheiligt seien.[43] Das Kaiserliche Gesundheitsamt beauftragte schließlich eine Kommission mit der Prüfung der Sachlage. Die Fabrik wurde eindeutig als Hauptverursacherin identifiziert und durch einen ministeriellen Beschluß mit konkreten Vorschlägen dazu angehalten, die Übelstände abzustellen. Die Stärkefabrik kam den ministeriellen Vorschlägen nur teilweise und sehr zögernd nach. So erfolgte die Zumauerung unterirdischer Ablaßkanäle aus Klärbassins erst nach wiederholten Aufforderungen. Sogar eine oberirdische Ableitung wurde entdeckt, die die ungeklärten Abwasser aus dem Klärbassin in die Bega leitete.

Unter dem Druck der richterlichen Entscheidungen und der verschärften Kontrolle der staatlichen Behörden entschloß sich die Stärkefabrik schließlich, ihr altes, unzureichendes Klärsystem aufzugeben und durch ein großangelegtes, neues Werk zu ersetzen, kombiniert mit einer Rieselanlage. Im Juli 1889 wurde es begutachtet und als zweckmäßig anerkannt.[44] Eine definitive Beendigung des langjährigen Rechtsstreites durch Vergleich wurde bis 1890 allerdings nicht erreicht. Die Verwaltung berichtete, daß *die Stärkefabrik verlangte, daß wir gewisse Einrichtungen der Wasserklärung auch für die Zukunft als genügend und eine bestimmte chemische Wasserbeschaffenheit als tadelfrei anerkennen sollten.*[45] Darauf wollte sich Herford zu Recht nicht einlassen, denn die medizinisch-chemische Forschung ging in Riesenschritten voran und lieferte ständig neue Ergebnisse. Indes verstummten die Klagen aus Herford, und sogar Fische hätten sich wieder eingestellt, berichtete Rapmund 1892. Dieses kann jedoch kein flächendeckender Zustand gewesen sein, denn ein Bericht von 1909 klagte wiederum: *Einige Bäche sind von den Abwässern der Industrieplätze vollständig trübe gefärbt und beherbergen kaum noch ein lebendes Wesen.*[46]

Aus den Erfahrungen klug geworden, war der Stadt Herford mehr Erfolg beschieden, als sie 1893 gegen das geplante Kanalisationsprojekt der Nachbarstadt Bielefeld vorging. Die gesamten Abwässer der wachsenden Industriestadt sollten ungeklärt in den Lutterbach bzw. in die Aa geleitet werden. Diese Nachricht rief in Herford große Aufregung hervor, und umgehend wurde bei der Stadt Bielefeld und bei der Oberbehörde eine Beschwerde eingelegt, *in welcher wir uns auf das dringlichste und entschiedenste gegen die Ausführung des ganzen Planes aussprachen.*[47] *Herford wies auf die Gefahren hin, die der Gesundheit der Bewohner des Kreises Herford drohten, da bis jetzt, soweit wir wissen, noch kein Klärverfahren entdeckt ist, welches die Krankheit erzeugenden Bakterien vernichtet, der aus den Abwässern entsteht, also zu befürchten ist, daß dieselben in virulanter, die Ansteckung ermöglichenden Zustande nach dem Kreis und der Stadt Herford kommen.*[48]

Damit wurden zum ersten Mal gesundheitliche Aspekte als Gründe geltend gemacht, die, wissenschaftlich abgesichert, schlagkräftige Argumente bildeten. Auf den Vorschlag der Bielefelder, eine mechanische Klärung einzubauen, wollte sich die Stadt Herford nicht einlassen. Sie berief sich auf die langwierige Streitigkeit mit der Stärkefabrik in Salzuflen. Erst nachdem dort eine Rieselanlage eingebaut worden war, *wurde die Stadt von einem Zustande befreit, der jahrelang die ganze Bürgerschaft in Aufruhr gehalten hatte ... Es ist bekannt, daß die Werre in Detmold aus den dortigen Bierbrauerei-*

en, in Lage aus der Zuckerfabrik, in Salzuflen aus der Stärkefabrik und überall aus den Städten und Dörfern zugeführten Schmutzmassen viele Kilometer bis Herford ihre unverkennbare Wirkung ausübten. Hier vor den Stauwehren setzten und senkten sich die Wasser und riefen einige Kilometer flußaufwärts, immer nach oben hin weiter fortschreitend, Fäulnisprozesse der ärgsten Art, ferner welche wenn die stinkenden und schmutzigen Wassermassen sich durch die Stadt ergossen, die Gesundheit unserer Bewohner, die Hauswirtschaft und die Industrie schädigten.[49]

1893 fanden Verhandlungen statt, an denen Kommissare aus dem Ministerium, der Regierungspräsident, verschiedene Sanitätsbeamte und eine größere Zahl von Interessenten teilnahmen und die mit einer eingehenden Ortsbesichtigung des Aaflusses endeten. Es hatte den Erfolg, daß das Ministerium der Stadt Bielefeld für diese Art von Kanalisation keine Genehmigung erteilte. Bielefeld war schließlich auch aufgrund anderer Schwierigkeiten gezwungen, eine kostspielige Klär- und Rieselanlage zu bauen, die allerdings erst 1900 in Betrieb genommen wurde.[50]

Grundsätzlich war das Problem der Verschmutzung öffentlicher Wasserläufe jedoch nicht gelöst. Einzelne große Gefahrenherde wie die ungeklärten Abwässer der Stärkefabrik in Salzuflen und der Industriestadt Bielefeld konnten zwar abgewehrt werden, aber der Gebrauch der Bäche und Flüsse als Abwasserkanäle stand nicht in Frage. Solange sich keine akute Gefahr zeigte, wurde diese Handlungsweise toleriert — daran hat sich bis heute nichts geändert. Hinter dem Primat des industriellen Wachstums stand das gesundheitliche Allgemeinwohl der Bewohner zurück. Ein unerschütterlicher Glaube an den Fortschritt und an die Selbstreinigungskraft der Gewässer bewirkten, daß hier für die Zukunft keine Weiche gestellt wurde, was sich heute als großes Problem herausstellt.

Kanalisation

Durch die Verbesserung der Straßen waren auch die Kanäle zur Ableitung des Regenwassers instandgesetzt und erneuert worden. Eine Zuführung von festen Stoffen wie Fäkalien, Straßenkehricht, Schutt, Asche oder Müll in die Kanäle war jedoch ausdrücklich verboten. Diese sollten durch Abfuhr beseitigt werden.[51] Eine systematische Verbesserung der Kanalisation strebte die Stadt aus finanziellen Erwägungen lange Zeit nicht an. Die praktizierten Lösungen schienen zu genügen. Einen neuen Impuls erhielt die Abwasserbeseitigung erst durch die staatlichen Behörden. Zur Reinhaltung der Flüsse war 1877 ein Verbot der Ableitung städtischer Abwässer in öffentliche Gewässer erlassen worden. Wenngleich die meisten preußischen Gemeinden zu dieser Zeit nicht in der Lage waren für angemessene Abhilfe zu sorgen, so mußten sie sich nun doch mit dem Problem beschäftigen. Der Herforder Stadtverwaltung kam in dieser Zeit ein Angebot eines privaten Unternehmers sehr gelegen. Er bot für private Interessenten Kanalrohre an, die Haus-, Hof- und Fabrikabwässer abführten. Die Anlagen wurden auf Wunsch der Haushalte auf eigene Kosten angelegt. Die Stadt begrüßte diese Initiative, die sich *zum Segen der Anwohner* entpuppte, allerdings nur derer, die sich diesen »Luxus« leisten konnten. Die Verwaltung lobte die *sehr guten Erfahrungen*, die man mit

Kanalbauarbeiten in der Kirchgasse, 1912

dem Kanalsystem gemacht hätte. Die Sammelstellen stinkenden Wassers und fauliger Sümpfe konnten nun endlich entfernt werden. *Der Abfluß ist ein vorzüglicher und hat sich bis jetzt kein's der Bedenken verwirklicht, die viele Gegner der Anlage hatten. Bei dieser billigen Art der Canalisation ... wird es auch finanziell möglich sein, allmählich den größten Teil der Stadt mit Canälen zu versehen, über deren Wichtigkeit wohl Meinungs-Verschiedenheiten nicht obwalten.*[52] Dies galt den Kritikern, die auf die technische Unausgereiftheit der Kanalsysteme hingewiesen hatten und den Stimmen, die den Nutzen von Kanalisationen generell bestritten hatten. Der gleiche Bericht legt auch die Absichten der Betreiber dar: *Spül-Canäle sind für die Reinlichkeit, Gesundheit, Annehmlichkeit, Feuersicherheit der Einwohner von der eminentesten Bedeutung.*
1882 wurde die dringende Empfehlung von Bürgermeister Quentin angenommen, von einer weiteren stückweisen Ausführung der Kanalisation abzusehen. Es wurde der Auftrag erteilt, einen Plan zur systematischen Kanalisation der drei Stadtteile auszuarbeiten, den Architekt König am 7. Juli 1883 vorstellte. Im gleichen Jahr begannen die Kanalisierungsarbeiten auf der Radewig, *auf dringende wiederholte Vorstellungen der Radewiger* hin, die angeblich die schlechtesten Zustände zu ertragen hätten.[53] Die Stadtverordnetenversammlung bewilligte Geld für die Gesamtausführung der Radewiger Hauptkanäle unter der Bedingung, *daß die Adjazenten die Verzinsung der Herstellungskosten solange übernehmen, bis die Etatmittel disponibel seien, und ferner ordentliche Trottoirs auf der ganzen Radewig ausführten.*[54] Ob in der Radewig tatsächlich die schlimmsten Zustände herrschten, oder ob nicht vielmehr die Bürger der Radewig, eines sehr wohlhabenden Wohnviertels, stärker sensibilisiert waren und mehr politischen Einfluß besaßen, um ihre bürgerlichen Vorstellungen von Sauberkeit durchzusetzen, darüber kann hier nur spekuliert werden. In jedem Fall aber konnten sie sich mit ihren Wünschen durchsetzen.
Der systematische Plan, der 1886 von den städtischen Behörden und dem Königlichen Oberpräsidenten genehmigt wurde, sah vor, daß die Kanäle die Tages-, Haushaltungs- und Industrieabwässer abführen sollten. Sämtliche Grundstücke mußten sich sofort nach der Fertigstellung an das Kanalnetz anschließen lassen.[55]
Von Beginn an und auch während des weiteren Ausbaus gab es konstant finanzielle Schwierigkeiten. Die Anlage erwies sich als außerordentlich kostspielig. Das führte zu Differenzen in den städtischen Gremien, die sich in den neunziger Jahren über die Beschaffung weiterer Mittel nicht einigen konnten und den Ausbau damit zeitweise lahmlegten. Erst als das neue Kommunalsteuergesetz die Möglichkeit bot, die Besitzer der angeschlossenen Häuser zu Kanalgebühren heranzuziehen, kam eine Einigung der Gremien zustande.[56] Doch es sollte sich herausstellen, daß auch die Kanalgebühren nicht zur Deckung des finanziellen Bedarfs ausreichten. Das ganze Unternehmen war und blieb ein Zuschußbetrieb. Doch die Erkenntnisse der Hygienebewegung waren inzwischen nicht mehr wegzudiskutieren, und der weitere Ausbau mußte vorangetrieben werden.

Kanalbauarbeiten in der Lübberstraße, um 1919

Wasserversorgung

Hatten die bisher geschilderten Aktivitäten der Herforder Stadtverwaltung einen nachträglich regulierenden Charakter, so dominierten seit den neunziger Jahren des 19. Jh. die innovativen Maßnahmen, wie am Beispiel der Wasserversorgung und des Badewesens deutlich wird.

Bis zum Ende des 19. Jh. bezogen die Einwohner von Herford ihr Trink- und Gebrauchswasser aus den offenen Wasserläufen und aus zahlreichen öffentlichen und privaten Brunnen im Stadtgebiet. Der sumpfige Untergrund, verschiedene Bäche und die Flüsse Werre und Aa sicherten die ausreichende Versorgung. Die Wasserverhältnisse in der Neustadt waren vermutlich gegenüber anderen Stadtteilen ungünstiger. Das hatte die Bewohner bereits im Mittelalter veranlaßt, auf Quellen aus höher gelegenen Gebieten jenseits der Hauptwerre zuzugreifen. Sie faßten die Quelle in Röhren und benutzten sie für eine Wasserleitung in die Neustadt. Genaue Angaben über Verlauf und Ende dieser Leitung fehlen. Normann vermutet, daß sie seit 1599 bestand und über die Lübberstraße bis zum Neumarkt führte.[57] Die Zahl der Nutzer dieser Wasserleitung war wahrscheinlich auf wenige wohlhabende Bürgerhaushalte beschränkt. An der Art der innerstädtischen Wasserversorgung scheint sich im Laufe der Jahrhunderte vom Mittelalter bis zum Ende des 19. Jh. nichts geändert zu haben. Währenddessen war der Wasserbedarf und vor allem die Verschmutzung des Wassers stark angestiegen.

Die Maßnahmen zur Wasserversorgung, die in den 1890er Jahren diskutiert wurden, bezweckten ebenso wie der Straßen- und Kanalisationsbau eine Attraktivitätssteigerung der Stadt. Im Unterschied zu letzteren zielten Bestrebungen einer verbesserten Wasserversorgung nicht direkt auf den Handel und die Industrie, sondern vielmehr auf den Gesundheitszustand der städtischen Bevölkerung.

Entdeckt wurde das Problem des schlechten Trinkwassers in Herford in den siebziger Jahren. Typhus war besonders in sumpfigen Bezirken während des Herbstes und Winters fast regelmäßig vorgekommen. 1877/78 veranlaßten aber einzelne Typhusfälle Untersuchungen des Trinkwassers, das sich überall als sehr schlecht und verunreinigt herausstellte. Verschiedene Brunnen wurden polizeilich geschlossen, andere erhielten harte Auflagen. Als Ursache galten tierische Stoffe. Wieder war es ein Vertreter des Bildungsbürgertums, der mit seinen Forderungen über die traditionellen Lösungswege, nämlich gründliche Reinigung der Brunnen und Abdichtung der Jauchegruben, hinausging. Sanitätsrat Dr. Kerstin vertrat die Ansicht, daß eine Wasserleitung für wirklich gutes Trinkwasser notwendig wäre.[58] Aus finanziellen Gründen wurde jedoch bis 1890 der Bau einer Wasserleitung von der Stadtverwaltung *nicht näher ins Auge gefaßt*[59], denn es gab auch andere Stimmen. Als 1880 in Herford wie auch in den Nachbarstädten Trinkwasserproben entnommen wurden, war das Ergebnis des Stadtarztes, *daß das Trinkwasser nicht bloß in der Stadt, sondern selbst auf dem Lande vielfach schlecht ist, darum doch nicht schlechter, wie es überall ist, wo Menschen wohnen.*[60]

Brunnenwasseruntersuchungen wurden in der Folgezeit wiederholt vorgenommen, z.B. von 1887 bis 1890 durch den Chemiker Dr. Reichard und den Apotheker O. Aschhoff, die zur Schließung respektive Reinigung einiger Brunnen führte.[61] Der gleichgültige, verharmlosende Ton der Darstellung konnte jedoch auf Dauer nicht darüber hinwegtäuschen, daß eine systematische Lösung des Problems angestrebt werden mußte. Eine großflächige Brunnenuntersuchung bestätigte die Notwendigkeit zum Handeln.

Brunnen-Untersuchungen in den Stadtteilen 1892–93[62]

	gut	mittelmäßig	schlecht	gesamt
Neustadt	24	46	65	135
Radewig	5	13	6	24
Altstadt	5	22	22	49
Friedhofstraße, Hermannstraße, Unter den Linden	6	2	4	12
Freiheit	1	1	–	2
Bügel und neuer Stadtteil	37	16	3	56
Stift Berg	18	9	2	29
Summe	96	109	102	307

Die Untersuchung machte deutlich, daß die Altstadt und besonders die Neustadt eher schlechte Trinkwasserverhältnisse aufwiesen, während im Industrie- und Villenviertel am Bügel überwiegend gute Wasserqualität festgestellt wurde.

Das Thema Wasserversorgung wurde in der Herforder Stadtpolitik aktuell. Sozialpolitische Gründe und die Hoffnung, sich mit dem Bau eines Wasserwerkes eine finanzielle Einnahmequelle zu verschaffen, hatten dies veranlaßt. Außerdem waren zu dieser Zeit die Nachbarstädte Minden, Paderborn, Gütersloh, Bielefeld und viele andere schon eifrig mit der Planung oder dem Bau von Wasserleitungen beschäftigt.

1892 bot der Architekt König der Stadt an, ein Wasserwerk auf eigene Kosten zu bauen. Während der Magistrat mit König im August 1892 voreilig einen Vertrag schloß, zögerte die Stadtverordnetenversammlung mit ihrer Zustimmung. Nachdem das Thema dort sechsmal vertagt werden mußte, weil keine Einigung erzielt werden konnte, beschloß sie schließlich im November 1893, den Vorschlag des Magistrats abzulehnen und statt dessen ein Werk in eigener Regie einzurichten. Vier Tage später stimmte der Magistrat zu.[63] Nachdem eine Kommission für die Vorarbeiten des »Zentral-Wasserwerkes« eingerichtet war, mußte sie feststellen, daß sowohl das Quellwasser der Umgebung als auch das Oberflächenwasser der Werre bereits zu verschmutzt war.[64] Vermutungen über eine gute Qualität und Quantität des Werretal-Grundwassers bestätigten sich, so daß 1895 der Bau des Wasserwerkes beschlossen wurde. Unter der Bauleitung von Ingenieur Pfeffer wurde das Werk, der Verwaltung des Gaswerkes unterstellt, am 1. April 1896 eröffnet. Nach dem ersten Betriebsjahr betonte die Verwaltungsbehörde rückblickend auf *die fast endlosen Debatten ob überhaupt bauen oder nicht?: Den Bau können wir heute . . . und zwar wohl in Übereinstimmung mit dem Gesamturtheil in der Bürgerschaft, als einen wohlgelungenen, das ganze Werk als ein sehr segensreiches für die Stadt und die gesamte Einwohnerschaft bezeichnen.*[65] Der Bau des Wasserwerkes war für die Stadtverwaltung keine leichte Aufgabe. Es gab Streitigkeiten mit Unternehmern, Grund-

Erfolgreiche Probebohrung für das Wasserwerk an der Brunnenstraße, 1894

besitzern und Lieferanten. Die größten Sorgen bereitete der Stadt jedoch die Finanzierung. Die über ein Jahr andauernde Verzögerung durch die Stadtverordnetenversammlung verdeutlicht die Unsicherheit der Politiker in der Frage nach privater oder städtischer Initiative. Zur gleichen Zeit wurden Gutachten eingeholt wie das des Direktors Reese der Dortmunder Wasserwerke, der zugleich eine Rentabilitätsrechnung beifügte, die auf die Stadtväter *beruhigend wirken konnte.*

Der Entschluß, das Werk schließlich doch in städtischer Regie zu bauen, verdeutlicht, daß die Stadtverwaltungen immer mehr Aufgaben der »Daseinsvorsorge« übernahmen. Die Bereitstellung guten Trinkwassers gehörte ebenso dazu wie das Bemühen um gute Straßen und eine geregelte Abführung von Abwässern und Müll.[66] Um die Jahrhundertwende gingen immer mehr Städte dazu über, bereits vorhandene Wasserwerke zu kommunalisieren bzw. neu zu erbauende Werke direkt unter die städtische Verwaltung zu stellen.[67]

Galt es in der vorhergehenden Zeit, zusätzliche Belastungen der ohnehin stark beanspruchten Verwaltung und vor allem der Stadtkasse zu vermeiden, so trat nun langsam ein Wandel ein. Die Stadtväter hatten inzwischen gesehen, daß privat betriebene Wasserwerke ohne finanzielles Risiko beachtliche Gewinne erwirtschafteten. Außerdem fühlten sie sich aufgrund des ausgeweiteten bürokratischen Apparates inzwischen fähig, ein solches Werk »nach privatwirtschaftlichen Maßstäben« zu führen. Der »gemeinnützige Aspekt«, also das Betreiben des Werkes zum Selbstkostenpreis für die Abnehmer,

erwies sich in der Anfangsphase nicht als treibende Kraft, auch wenn dies in späteren Darstellungen gern so dargestellt wird.
Auf der anderen Seite war im Zusammenhang mit der Frage, ob sich ein städtisches Werk rentierte, an sämtliche Hausbesitzer der inneren Stadt und an möglicherweise interessierte Abnehmer im Umkreis der Stadt ein Fragebogen verteilt worden, mit der Bitte um Rückmeldung, *ob Neigung zum Anschluß an eine Zentral-Wasser-Versorgungs-Anstalt* bestünde. Das Ergebnis war enttäuschend: *Von 1 157 Hausbesitzern stellten indessen nur 277 den Anschluß in Aussicht, zudem einige größere Fabriken und Etablissements (öffentliche Gebäude usw.).*[68] Daß nur ein Viertel der Hausbesitzer Interesse zeigte, hatte seinen Grund vermutlich darin, daß viele Bewohner die Kosten scheuten und in ihrer traditionellen Denkweise verhaftet blieben. Sie wollten nicht akzeptieren, daß sie nun für Wasser bezahlen sollten, welches von jeher als natürliches allgemein verfügbares Gut kostenlos war. Zudem hatten sie vielerorts die langsam zunehmende Verschmutzung gar nicht bemerkt oder sie als unabänderlich hingenommen. Aus dem gleichen Grund meldeten auch die Industriebetriebe, die eigene Brunnen betrieben, wenig Interesse. Zudem hatte sich ein großer Teil der Fabriken am Ende des Jahrhunderts zwischen Bahnhof und Werre, auf dem »Bügel«, angesiedelt.[69] Dieser Stadtteil wies nach den Brunnenuntersuchungen die beste Wasserqualität auf.
Dieser Hintergrund erklärt auch, warum die Nachfrage auch nach Eröffnung des Wasserwerkes sehr verhalten blieb. Obwohl die Zahl der Hausanschlüsse, wie man vermutet hatte, erfreulich anstieg, blieb der Konsum insgesamt *in sehr mäßigen Schranken*. Nach Meinung der Stadtverwaltung, *weil die Industrie keinen nennenswerthen Gebrauch macht*. So mußte die Stadt auch in den folgenden Jahren *einen nicht unerheblichen Zuschuß* leisten. Man hoffte auf einen stärkeren Verbrauch der privaten Haushalte, da bisher viele ihr Minimum an Wasser nicht verbraucht hatten, aber die mindeste Zahlung leisten mußten. *Die Erkenntnis einer hier falsch angebrachten Sparsamkeit wird sie zu einem größeren Verbrauch veranlassen*. Die Wasserabgabe an private Nutzer erfolgte nach Wassermessern oder nach Schätzung. Letztere richtete sich nach der Hälfte der Gebäudesteuer, sie war nach unten allerdings durch einen Minimalbetrag begrenzt.[70] Dieser Betrag lag teilweise über den Kosten des realen Verbrauchs, so daß die Abgabe nach Schätzung in den folgenden Jahren ständig abnahm und sich zur Berechnung nach Wassermessern verlagerte.
1909 wurde der Anschluß bebauter Grundstücke an die städtische Wasserleitung obligatorisch.[71] Daraufhin konnte die Verwaltung 1910 berichten, daß der Wasserverbrauch der Haushaltungen, die nach Messern abrechneten, *eine sehr erfreuliche Zunahme*[72] gezeigt hätten. Die Stadt sah sich als Unternehmerin bestätigt, wenngleich sich der Erfolg erst nach Erlassen gesetzlicher Maßregeln eingestellt hatte. Kurz darauf wurde eine Erweiterung des Werkes geplant, neues Gelände zur Wassergewinnung aufgekauft und eine umfassende Modernisierung durchgeführt. Die Pumpwerke wurden von Gas- auf Drehstrommotoren umgestellt. Ein Vertrag mit dem Elektrizitätswerk Minden-Ravensberg (EMR) sicherte die Energieversorgung.[73]
Das Wasserwerk diente nicht nur dem öffentlichen Gesundheitswesen durch die Versorgung der Bevölkerung und Industrie mit gutem Trinkwasser, sondern veränderte auch

das Bild der Stadt. Da die Leitungsrohre auf den ersten Blick nicht wahrgenommen werden konnten, sollten andere Gegenstände auf die neue städtische Erungenschaft hinweisen. So wurden Springbrunnen aufgestellt, öffentliche Bedürfnisanstalten errichtet und Schwimmbäder gebaut. Sie waren sichtbare Beweise für eigenständiges kommunales Handeln und repräsentierten stolz das städtische Selbstbewußtsein.

Badeanstalten

Das Baden in Flüssen und Bächen in den Sommermonaten erfreute sich von alters her besonderer Beliebtheit. Die zunehmende Verschmutzung der Wasserläufe und die fortschreitende Bebauung des Stadtgebietes schränkten die Möglichkeiten zum Baden jedoch mehr und mehr ein. In den gehobenen Kreisen wie unter den einfachen Einwohnern galt das Baden zunächst rein dem Vergnügen.
Am Ende der 1880er Jahre und besonders seit den neunziger Jahren setzte sich das Stadtbürgertum für mehr Badegelegenheiten ein. Zunächst wurde für Badeeinrichtungen der Angehörigen und Vertreter der gehobenen Bürgerschicht gesorgt. Erst danach forderten sie auch Reinigungseinrichtungen für das gemeine Volk. Doch weniger das Vergnügen als vielmehr die Pflicht und Tugend »Sauberkeit« sollte durch die Bereitstellung der Bäder gefördert und eingeübt werden. Die erzieherischen Ambitionen bezogen sich nicht nur auf die Jugend, sondern auf alle Bevölkerungsschichten.
Auf dem Hintergrund der sich ausweitenden Frauenemanzipation am Ende des 19. Jh. forderten Frauen des gehobenen Stadtbürgertums eine angemessene Badegelegenheit. 1882 wurde von der Stadt ein Privatunternehmer beauftragt, hinter der Bergertor-Insel eine Badeanstalt für Männer und Frauen mit Bassin- und Zellenbad auf städtische

Die Flußbadeanstalt am Bergertor, um 1920

Kosten zu bauen. Diese Anstalt *gewährt — besonders für die Frauenwelt, die bis dahin fast gar keine Badegelegenheit hatte — die größten Vorteile in sanitärer Hinsicht.*[74] Für die Frauen war sicher nicht allein der sanitäre Aspekt von Bedeutung. Ähnlich wie das Fahrradfahren konnte das Baden eine Angelegenheit sein, die Frauen ohne männliche Begleitung unternehmen konnten. Als gesellschaftlicher Treffpunkt gestattete es mehr Teilhabe am öffentlichen Leben.

Für die städtischen Arbeiter wurde auf dem Gelände der Gasanstalt ein Brausebad eingerichtet. Auch die Schulen erhielten Brausebäder *zur Gewöhnung der Jugend an das Bad.* So verfügte auch die Neue Bürgerschule am Wilhelmplatz seit 1887 über Badeeinrichtungen.[75]

In den 1890er Jahren weitete sich das Betätigungsfeld aus, das Baden fand jedoch bis zu dieser Zeit nach Klassen getrennt statt. Einer Privatbadeanstalt für warme Bäder standen drei Flußbadeanstalten in der Werre — trotz zunehmender Verschmutzung durch die Stärkefabrik — gegenüber. Die Schaffung einer Badegelegenheit, *insbesondere auch für die Unbemittelten*, hatte die Stadtväter schon wiederholt beschäftigt. 1892 hatten sie mit dem Besitzer der Badeanstalt am Bergertor ein Pauschalabkommen getroffen, das für die Sommermonate sonntags und an Festtagen morgens zwischen 7 und 9 Uhr kostenloses Baden gestattete. Dieses »Freibad« wurde lebhaft genutzt. Die als *dringend wünschenswert* eingestufte Einrichtung eines *Volks-Brausebades*[76] ließ nicht lange auf sich warten.

Nach dem Bau des Wasserwerkes wurde 1897 schließlich ein städtisches Wannen- und Brausebad eingerichtet, das sich zunehmender Beliebtheit erfreute. Ein Brausebad kostete inclusive Seife 10 Pfennig und war damit für viele Leute erschwinglich — gemäß den sozialpolitischen Ansprüchen. Wie erfolgreich die Maßnahme war, belegen die

Das erste städtische Brausebad neben der Feuerwache am Wilhelmsplatz, um 1900

Zahlen. In den ersten zwölf Betriebsjahren stieg der Verkauf der billigen Brausebäder von 6 535 auf 20 570 an und stellte damit zwei Drittel aller verkauften Bäder. Waren die sogenannten *Volks-Brausebäder*, die als »zeit- und kostensparend« propagiert wurden, vornehmlich für die Arbeiterschaft und die unteren Bevölkerungsschichten gedacht, so wußte sich die gehobene Einkommenklasse durch kostspieligere warme Wannenbäder von ihnen abzusetzen.[77]
Ein Grund für den unerwarteten Zuspruch zu den Badeeinrichtungen war neben dem Vergnügen vermutlich das Bestreben der einfachen Bevölkerungskreise, es der höheren Schicht gleichzutun. Sauber zu sein und wenn auch ärmlich, so doch gepflegt und ordentlich zu erscheinen, war grundlegende Bedingung für einen angestrebten sozialen Aufstieg.

Auswirkungen

Gesundheitswesen

Die stadthygienischen Maßnahmen der zweiten Hälfte des 19. Jh. zeigten in bezug auf den Gesundheitszustand der Stadt Herford wie des gesamten preußischen Staates eindeutige Erfolge. Insgesamt hatte sich die allgemeine Sterblichkeit in Herford zwischen 1875 und 1909 von über 30 Sterbefällen pro 1 000 Einwohnern auf weniger als die Hälfte reduziert.[78] Wasserwerk, Kanalisation, Straßenreinigung und Badeanstalten allein hatten das nicht bewirkt, aber doch einen wesentlichen Beitrag dazu geleistet. Andere Faktoren wie die Nahrungs- und Wohnungskontrollen, Bau eines Schlachthofes, gesundheitliche Aufklärung der Bevölkerung und anderes mehr haben bei der Minderung der Sterblichkeit mitgewirkt.
Die treibende Kraft, die hinter diesen Maßnahmen stand, war in erster Linie die staatliche Behörde, die die Städte dazu aufforderte, geeignete Schritte zur Verbesserung ihrer hygienischen Verhältnisse zu unternehmen. Dahinter standen nicht zuletzt die Einsicht in die ökonomischen Vorteile, die eine gesunde Stadtbevölkerung mit sich brachte, und nationalstaatliche Ideen von einem gesunden, kräftigen Volk im Gegensatz zu anderen Nationen.

Verhältnis Stadt und Staat

Ein wachsendes städtisches Selbstbewußtsein und ein ungebrochener Fortschrittsglaube hatten den Prozeß getragen. Ausdruck dieses neu erstarkten Selbstbewußtseins waren die Entscheidungen, die Versorgungseinrichtungen in städtischer Regie zu übernehmen. Die Werke repräsentierten die politische Macht des Stadtbürgertums und dienten der Demonstration der eigenen Stärke gegenüber dem preußischen Staatsapparat, der am Ende des Jahrhunderts wieder stärker auf die Stadtpolitik Einfluß nehmen wollte. So spiegeln die Versorgungseinrichtungen zwei Seiten einer Münze wider: auf der einen

Seite wurden die Werke staatlicherseits angeregt und wenn nötig auch gesetzlich eingeklagt; auf der anderen Seite bauten die Stadtväter, da sie nun schon Initiative ergreifen mußten, die Werke so, daß sie der Repräsentation der städtischen Selbständigkeit gegenüber dem Staat dienten. Gleichwohl wurde die Autonomie der Stadt mehr und mehr eingeschränkt. Der Staat bzw. die preußische Verwaltung setzte sich als Herrschaftsinstanz durch, die von der städtischen Verwaltung akzeptiert werden mußte.
Während die staatlichen Interventionen die Einrichtung der Kanalisation begründeten und die Säuberung öffentlicher Gewässer förderten, war das städtische Verhalten ausschlaggebend für die Errichtung des Wasserwerkes. Für die Stadt bedeutete Straßenbau und Wasserwerk die Bereitstellung von »Dienstleistungsorganisationen« für die Industrie, die die Attraktivität der Region auf mittlere Sicht erhöhten. Die Interessen des Staates deckten sich zwar für gewöhnlich mit den Interessen der Wirtschaft, in besonderen Fällen und aufgrund gesamtgesellschaftlicher Erwägungen wurde jedoch auch gegen den »Primat der Ökonomie« und den kurzsichtigen Egoismus führender Wirtschaftssektoren entschieden. Wenn sich der Staat für die Reinhaltung der öffentlichen Gewässer einsetzte, handelte er nach diesem Prinzip, wie am Beispiel der Stärkefabrik deutlich wurde. Beide Instanzen, Stadt und Staat, sorgten im jeweiligen Rahmen für die Behebung von Gleichgewichtsstörungen des kapitalistischen Systems. Beide versuchten nicht voll ausreichende Selbstregulierungsfähigkeiten des Produktionsprozesses auszugleichen und wachstumsstabilisierend zu wirken.

Verhältnis
Individuum und Behörde

Im Zuge der gesundheitspolitischen Maßnahmen wurden immer mehr Aufgaben der Privathaushalte in die Zuständigkeit der städtischen Verwaltung gezogen. Für die einzelnen Haushalte bedeutete dies Autonomieverlust, für die Stadtverwaltung Machtgewinn und eine Menge Probleme. Zur Bewältigung dieser Aufgaben weitete sich der bürokratische Apparat zunehmend aus. Verschiedene Kommissionen und Ausschüsse mußten eingerichtet werden, die schließlich als Ämter und Abteilungen fest verankert wurden.

Zum Beispiel trat die Baukommission seit 1890 als städtisches Bauamt mit einem festbesoldeten und staatlich geprüften Stadtbaumeister für das Gemeindebauwesen und die Baupolizei seit 1895 in Erscheinung. Die Gemeindegesetzgebung wurde seit den 1870er Jahren, besonders aber in den 1880 und 1890er Jahren innovativ tätig. Es wurden u.a. erlassen: Verordnungen zur Anlage von Straßen (1876, 1878), zur Benutzung der Bürgersteige (1880), Baupolizei- und Straßenpolizei-Ordnung (1885, 1886), Verordnung zur Desinfektion der Abortsgruben (1886), Verordnungen zur Kanalisation (1892, 1894). Die gesetzlichen Regelungen von Staat oder Stadt hatten damit im Vergleich zu vergangenen Zeiten nahezu explosionsartig zugenommen.
Der Handlungsrahmen der Bewohner wurde dabei zunehmend beschnitten und die individuelle Lösung von Problemen mehr und mehr eingeschränkt. Proteste und persönliche Wünsche hatten immer weniger Chance, akzeptiert zu werden, gleichzeitig wurde das

Betätigungsfeld stärker eingegrenzt. Dies hatte auf der anderen Seite zur Folge, daß auch die Verantwortung für Probleme und Mißstände mehr und mehr auf übergeordnete Instanzen abgeschoben wurde.

Kultureller Wandel

Eine gestiegene Sensibilisierung gegenüber Schmutz und das damit einhergehende Scham- und Peinlichkeitsgefühl, nach dem Soziologen Norbert Elias ein Indikator des Zivilisationsprozesses, hatte die Entwicklung entscheidend mitgetragen. Ein kultureller Wandel war eingetreten. Neue kulturelle Standards wie die »Sauberkeit« wurden von gehobenen Schichten zur Abgrenzung nach unten ausgebildet. Aufstrebende Schichten kopierten die neuen Verhaltensweisen und in deren Folge setzten sich die Standards bis in die unteren Bevölkerungsschichten durch.

Dies ist zum Beispiel auch abzulesen am Wandel der Ausstattung und Bauform der Aborte. Diese rückten im Laufe der Zeit immer näher an das Haus, dann in das Treppenhaus und schließlich in die Wohnung. Sie verwandelten sich von kommunikationsfreundlichen Gruppenaufenthaltsorten zu tabuisierten, verschließbaren, aber durchaus repräsentativ durchgestalteten »Klosetts«. Dementsprechend wurden auch die Verhaltensweisen nach außen abgeschlossen, im öffentlichen Sprachgebrauch Wörter wie »Kot« und »Harn« verdrängt.[79]

Die Art und Weise, in der die Versorgungseinrichtungen eingeführt wurden, verdeutlicht sowohl die integrierenden als auch ausgrenzenden Ambitionen des Stadtbürgertums gegenüber den unteren Bevölkerungsschichten.

Auch gegen anfängliche Widerstände der Einwohner, zum Beispiel bei der Neuregelung der Straßenbenutzung, konnte sich das gehobene Bürgertum mit seinen ökonomischen Interessen durchsetzen. Die Erziehung zur Reinlichkeit hatte den Effekt, nach »unten« integrierend zu wirken und das gefürchtete »revolutionäre Potential«, das von der Arbeiterschaft ausging, abzubauen. Sobald die Arbeiter begannen, den bürgerlichen kulturellen Werten nachzueifern und damit zeigten, daß sie sie akzeptierten, hatten sie einen Teil ihrer sozial-politischen Sprengkraft verloren und waren kalkulierbar geworden.

Zugleich mit den integrativen Absichten wurde die Abgrenzung der eigenen wohlhabenden Schicht praktiziert. Die bürgerlichen Tugenden: Ordnung, Fleiß, Sparsamkeit und Sauberkeit waren in der konsequenten Ausübung aufgrund finanzieller Hürden nur einer kleinen Schicht vorbehalten. Die »feinen Unterschiede« etwa zwischen Wannen- oder Brausebad waren für jeden sichtbar fest etabliert, wenngleich sie im Laufe der Zeit immer differenzierter werden mußten, wollten sie ihre soziokulturelle Stoßrichtung weiterhin beibehalten.

Es ist nicht zu bestreiten, daß die Bereitstellung von städtischen Versorgungs- und Entsorgungsangeboten, die de facto keine Angebote, sondern zunächst durch Anschlußpflicht Zwangsverordnungen waren, einen Beitrag zur Egalisierung der gesellschaftlichen Schichten leisteten und insgesamt die Lebensqualität erhöhten.

Dies hat jedoch auch Schattenseiten. Das Bild der Stadt hat sich verändert. Als am Ende des Jahrhunderts die ersten Autos in den Städten auftauchten und sich in der Folgezeit

mehr und mehr zum Massenverkehrsmittel entwickelten, wurden Straßen und Verkehr auf das Auto ausgerichtet. Die Straße als Lebensraum ging zunehmend verloren.
Das Leistungsangebot der Kommunen hat sich inzwischen auf andere Bereiche ausgeweitet. Heute werden die Haushalte mit Strom, Wasser usw. in einer Perfektion versorgt, daß sich der alltägliche Nutzer nicht mehr über die Bedeutung dieser Einrichtungen Gedanken zu machen braucht, oder sie gar als Problem zu deuten veranlaßt sähe. Dieses wird sich in absehbarer Zukunft aber ändern müssen, wenn man die Prognosen der Ökologen beachtet, die den verschwenderischen Umgang mit der »Ware« Wasser und die rücksichtslose Produktion von giftigen Abwässern und Müllbergen beklagen und auf eine zunehmende Verseuchung der Böden, Flüsse und Meere, sowie auf die Bedrohung der Trinkwasserreservoire hinweisen.
Die häusliche Selbstversorgung bis zum Ende des 19. Jh. war den Zeitgenossen ebenso selbstverständlich, wie uns heute der ausgiebige Gebrauch des Leitungswassers. So wie im 19. Jh. der selbstverständliche »freie Gebrauch« zum Problem wurde, so wird uns heute die selbstverständliche Verschwendung zum Problem werden. Es ist an der Zeit, den Umgang mit Wasser neu zu überdenken. Damit bahnt sich zum zweiten Mal in der Geschichte der Wasserversorgung ein Wandel an, der vorhandene Denkstrukturen der Gesellschaft in Frage stellt. **(H. W.)**

Das städtische Gaswerk in Herford

Während sich die Wasserversorgung und Abwasserbeseitigung schon aus Gründen der Gesundheitsfürsorge und -hygiene in kommunaler Regie befanden, war dies bei der Energieversorung von Stadt zu Stadt verschieden. Viele Städte scheuten das finanzielle Risiko und überließen zunächst privaten Gesellschaften die Planung und den Betrieb von Energieversorgungseinrichtungen. Andere Städte realisierten sofort die Möglichkeit, die Betriebe gewinnbringend zu führen und so der Stadtkasse neue Einnahmen zukommen zu lassen.[80]
In den Jahren 1825 und 1826 entstanden in Deutschland die ersten Gaswerke mit der Unterstützung und der Sachkenntnis erfahrener englischer Ingenieure. Weitere Gasanstalten wurden 1828 in Frankfurt, in Dresden und in Minden eingerichtet; mit einem fast 10jährigen Abstand folgten Aachen (1837), Leipzig (1838), Elberfeld (1839) und Köln (1840). Seit den 40er Jahren stieg die Zahl der Gaswerksbauten; sie breiteten sich in den 1860er Jahren auch in den Mittel- und Kleinstädte aus. Fast die Hälfte aller bis 1895 in Betrieb genommenen deutschen Gasanstalten wurden in den Jahren zwischen 1860 und 1869 errichtet.[81]
In diesen Gründungsboom fielen auch Planung und Ausführung der Herforder Gasbetriebe. Jedoch geht die Diskussion um die Beleuchtung der Stadt nicht allein auf die Herforder Stadtväter zurück. Vor allem dem Fabrikanten Schönfeld, der für den Betrieb seiner Fabrikanlagen bereits im Jahre 1837 eine Gaserzeugungsanlage hatte bauen lassen[82], ist die Initiative zur Modernisierung der städtischen Infrastruktur zu verdanken.

Seine Anlage wollte er 1861 erweitern und gleichzeitig der Stadt Herford Gas zur Beleuchtung der öffentlichen Plätze und Straßen liefern.
Bereits im Jahre 1862 legte Schönfeld einen Plan vor, nach dem der gesamte Innenstadtbezirk mit einem Rohrnetz zur Gasversorgung durchzogen werden sollte. Obwohl der Magistrat die Vorschläge des Unternehmers für durchaus akzeptabel hielt und geneigt war, dem Vorschlag zuzustimmen, verweigerten die Stadtverordneten Schönfeld das gewünschte Darlehen in Höhe von 10 000 Thalern und erwogen ein halbes Jahr darauf den Bau und Betrieb eines eigenen städtischen Gaswerkes. Eine beauftragte Kommission, bestehend aus einem sachverständigen Techniker, einem Verwaltungsangehörigen und drei Honoratioren, sollte sich sachkundig machen und die Rentabilität eines städtischen Gaswerkes prüfen.[83] Die Stadtverwaltung Herfords war augenscheinlich mehr darauf bedacht, ein finanzielles Risiko unter allen Umständen auszuschließen; die Stadtverordneten dagegen waren von einer nicht unbeträchtlichen Einnahme für den städtischen Haushalt überzeugt. Verständlich wird die Zurückhaltung des Magistrats gegenüber der städtischen Betriebsführung, wenn man bedenkt, daß die Vorteile einer solchen Anlage auf das Erfolgskonto der Stadtverordneten verbucht worden wären, während der Magistrat die Verantwortung möglicher Verluste zu tragen hatte.[84] Ende des Jahres 1862 gelangte die Kommission zu dem Ergebnis, *daß die Anlage einer Gasanstalt . . . für die Finanzen der Stadt . . . eine ergiebige Hilfsquelle werden wird . . .* Sie riet von einem privatwirtschaftlich geführten Betrieb unbedingt ab.[85]
Auch der Magistrat war nun angesichts der in Aussicht gestellten Gewinne mit dem Bau des Gaswerks in städtischer Regie einverstanden, zumal die Stadt dadurch ihrer sicherheitspolitischen Pflicht zur Straßenbeleuchtung besser als bisher entsprechen konnte.[86]
Am 14. März 1863 wurde beschlossen, das Gaswerk nach den Entwürfen des Gaswerksdirektors Brandt aus Halberstadt auf dem Gelände vor dem Renntor an der Elverdisser Straße, Ecke Hermannstraße zu errichten.

Proteste aus der Bürgerschaft

Als die Pläne des Spinnereibesitzers Schönfeld zur Vergrößerung seines Gasbetriebes und zu der geplanten Versorgung der städtischen Straßenbeleuchtung öffentlich wurden, begann in der Herforder Presse eine lebhafte Kontroverse um das Gaswerk. Im Lager der Gaswerksgegner zeichneten sich drei Gruppierungen ab: Die fundamentalistische Gegnerschaft lehnte das Gaswerk grundsätzlich ab, die opportunistische nur in der Nähe ihrer Grundstücke und Wohnhäuser und die privatwirtschaftliche war gegen das Gaswerk in städtischer Regie. Neben einzelnen zurückhaltenden Stimmen gegen die Projektierung der Gasanlage schlossen sich besonders das Presbyterium der Münsterkirchengemeinde und einige Bürger, darunter auch der Stadtverordnetenvorsteher Budde, gleich mit Bekanntwerden der Pläne zu einer gemeinsamen Protestaktion zusammen. Sie befürchteten eine Verpestung der Luft, gesundheitliche Beeinträchtigung der Bevölkerung, die Gefährdung der Tier- und Pflanzenwelt und die Explosion des Gasometers.[87] Der Sprecher der Münsterkirchengemeinde brachte den Protest bei der Regierung in Minden vor, wurde aber von der Presse mit Hohn und Spott überhäuft, als er eine besondere

Gefahr darin zu erblicken meinte, daß der Gasometer einen Schornstein habe, der ständig rauche: *Ihre Phantasie läuft ja mit Ihrem Verstande davon!*[88] Die Gruppe wurde der Fortschrittsfeindlichkeit bezichtigt und als Gegner allgemein materiellen Wohlstandes angeprangert.

Auch die Herforder Garnison, die ihr Lazarett in der Nähe der geplanten Gasanlage errichten wollte, erhob gegen die Standortwahl Einspruch. Als zukünftiger Anlieger wandte sich der Besitzer der Schönfärberei Linkmeyer gegen die Errichtung des Gaswerkes, weil es zu nah an sein Wohnhaus grenzte.[89] Die Regierung in Minden verwarf jedoch die vorgebrachten Proteste und erteilte die Genehmigung zum Bau, erstellte aber gleichzeitig einen Maßnahmenkatalog, der dazu dienen sollte, ein Gefühl der Sicherheit zu erzeugen. Die Stadt Herford als Gaswerksbetreiberin wurde dazu angehalten, für die *Verzehrung des Geruchs* und die Verhinderung des *lästigen Niederschlags* zu sorgen, den zu starken Rauch *durch Anbringung von Exhaustoren* (d.s. Schornsteine, R.K.) *zu vermindern* und *aus der Anlage kein Wasser auf die Straße oder fremdes Eigentum zu leiten.* Außerdem sollten Teer und Teerwasser nur in geschlossenen Räumen gelagert werden und die Gasometer mit Zement wasserdicht gemacht werden. Durch *vollkommene Einrichtungen und rationell ambitionierte Prozesse des Betriebes* würden die Übelstände, wie sie früher in Gaswerken üblich gewesen seien, grundsätzlich vermieden.[90]

Die demonstrative Sorglosigkeit, mit der die staatlichen Kontrollinstanzen die Zweifel der Bevölkerung zu beseitigen suchten, obwohl sie nicht für deren Sicherheit garantieren konnten, hat sich als strukturelles Verhaltensmerkmal von Herrschaftsträgern bruchlos bis in unsere Zeit erhalten, wenn man an heutige Strategien von Regierungen und Verwaltungen zur Aufrechterhaltung gesundheitsgefährdender Produktions- und Verarbeitungsmethoden denkt.[91]

Daneben gab es Stimmen, die sich nicht prinzipiell gegen ein Gaswerk, wohl aber gegen die städtische Regie aussprachen. Im Januar 1863 veröffentlichte das Herforder Kreisblatt einen Artikel, in dem die Befürchtung zum Ausdruck kam, daß die für ein Gaswerk notwendigen Kosten auf die steuerzahlende Bevölkerung der Stadt verteilt würden: ... *diese Schuld (wird) umso größer ausfallen, als bekanntlich alle öffentlichen Gebäude um ein Drittel theurer sind als private.*[92] Anders ausgedrückt: es herrschte die Meinung vor, ein privates Gaswerk könnte die Konsumenten, vor allem die gut situierten Bürger Herfords, preiswerter versorgen. Außerdem setzten die Kritiker nicht genügend Vertrauen in die in technischen Dingen unerfahrene städtische Verwaltung, so daß vorgeschlagen wurde, die Errichtung der Gasanstalt einem Privatmann zu übertragen und sie nach 25 bis 30 Jahren selbst zu übernehmen. *Auf diese Weise wird eine Anleihe vermieden und doch eine Gasanstalt gewonnen, welche den Städten einen reichen Ertrag und den Bewohnern eine billige Beleuchtung gewährt.*

Inbetriebnahme des Gaswerkes Herford

Wie schnell sich die Befürchtungen der Gaswerksgegner bewahrheiten sollten, zeigten die Ereignisse am ersten Betriebstag, dem 9. September 1864. Das Herforder Kreisblatt berichtete:

Während alle Welt heute die Eröffnung der Gasanstalt in weiterem Umfange, das heißt die Erleuchtung unserer Straßen sehnsüchtig erwartete, wurden wir mit einem Male schwer enttäuscht. Indem nämlich das Gas aus der Hauptröhre in das mittlere Gebäude zurückzuleiten der Befehl ertheilt wurde, füllte sich dasselbe so stark mit Gas an, daß die Arbeiter sich genöthigt sahen, sich zu entfernen. Da plötzlich eine heftige Explosion; die vordere Wand des Vordergebäudes neben dem Bassin wurde umgerissen, das Dach abgeworfen, der Weg mit Steinen überschüttet und drei Arbeiter verletzt. Es ist ein Glück, daß die Verletzung keine lebensgefährliche ist. Wir wollen hoffen, daß der Schaden bald werde ersetzt und wir endlich in Ruhe die Gasbeleuchtung allgemein genießen werden.[94]

Was war geschehen; wie hatte sich der Unfall zutragen können? Zum ersten Mal sollten in Herford Gaslaternen in den Straßen brennen. Das Gas, so stellte sich jedoch kurz vor Inbetriebnahme des Werkes heraus, war sehr unrein, so daß der Gaswerksdirektor an den Wassertopf eine Röhre schraubte und sie aus dem darüber befindlichen Fenster legte, um die unreine Gasluft den entgegengesetzten Weg nach draußen entweichen zu lassen. Statt dessen füllte sich der Raum langsam mit Gas, und als ein Arbeiter die Tür zwischen Retortenhaus und Kohlenbehälter öffnete und sich die Gasluft mit der Retortenfeuerung vermischte, kam es zur Explosion. Die zuständige staatliche Behörde, das Ministerium für Inneres, schickte einen Aufsichtsbeamten, um die Angelegenheit zu untersuchen; der führte die Explosion eindeutig auf menschliches Versagen zurück. Es wurde davon ausgegangen, daß sich anfängliche Schwierigkeiten nach Einarbeitung des Personals aufheben würden.[95]

Der Mißerfolg, den die Verwaltung ausgerechnet zur Inbetriebnahme der ersten Versorgungseinrichtung in städtischer Regie einstecken mußte, gab sie der Lächerlichkeit und Unglaubwürdigkeit preis. Bürgermeister Strosser erklärte persönlich nach der Instandsetzung der Anlage, daß keine Gefahr mehr bestehe. Doch was zählte nach diesem Rückschlag wohl noch das Wort eines Verwaltungschefs, der bereits vor dem Bau des Gaswerkes sämtliche kritische Stimmen abgewehrt und als unbegründet zurückgewiesen hatte und zudem kein technisch versierter Fachmann war? Die Verwaltung kam zu dem Schluß, *daß die Herforder Gasanstalt ein Unternehmen von einem Umfang und von einem so bedeutenden Kapitalaufwand* (sei), *daß für die Leitung derselben ein Techniker geboten erscheint.*[96] Um den Personalbestand dennoch nicht unnötig auszudehnen, sollte *der größeren Billigkeit wegen* der Ingenieur lediglich für die technischen Angelegenheiten zuständig sein; die Geschäftsführung, Korrespondenz und Kassengeschäfte lagen wie bisher in den Händen des städtischen Verwaltungsapparates. Zur Aufbesserung seines Gehaltes und in Anlehnung an das Vorbild der privaten Betriebsleitung erhielt der Ingenieur eine Erfolgsbeteiligung am erwirtschafteten Gewinn.[97]

Der Betriebsunfall im städtischen Gaswerk zog nicht etwa die Einrichtung demokratischer Kontrollinstanzen, bestehend aus Fachleuten und Laien nach sich, die in ehrenamtlichem Engagement und Verantwortung städtische Belange mit entschieden hätten.[98] Statt dessen wurde das Wissen des eingestellten Technikers als hinreichende Legitimation für Entscheidungen angesehen und damit die Entscheidungsgewalt ganz in den Verantwortungsbereich der Fachleute und Funktionäre gelegt. Die in Aussicht gestellte Gewinnbeteiligung des technischen Ingenieurs zog aber tendenziell eher die Vernachlässigung von Sicherheitsauflagen nach sich; denn Sicherheit erforderte Investitionen und diese ließen sich nicht kurzfristig auf das Gewinnkonto verbuchen.

Die »Laternenfrage« in Herford

Vor Inbetriebnahme des Gaswerkes gab es in Herford, wie in allen Städten, kaum Beleuchtungseinrichtungen auf den Straßen und Plätzen. Es bestand lange Zeit auch kein Interesse, außerhalb der Häuser den Tag durch künstliche Beleuchtung zu verlängern. Als im Jahre 1757 der französische Kommandant in Herford die Aufstellung von 100 Öllaternen befahl, folgten die Herforder dem Befehl nur sehr widerstrebend, und nach Abzug der Franzosen wurden die Laternen wieder abgebaut.[99]
Der Wille, größere Sicherheit auf den Straßen zu schaffen, wurde von der Bevölkerung erst im 19. Jh. artikuliert. Zu dieser Zeit wuchs die Stadtbevölkerung, und zunehmend mehr Einwohner mußten ihre Arbeitsstätte außerhalb ihrer Wohnhäuser in den Fabriken auch während der Dunkelheit aufsuchen.[100] Diese Sicherheit sollte durch die Installation einer ausreichenden Straßenbeleuchtung gewährleistet werden.
Im Jahre 1856 gab es in Herford lediglich 45 Öllaternen, die nur in der Zeit von Mitte September bis Ende März und nur bis 22 Uhr brannten. Die Anwohner der Bäckerstraße und des Gehrenbergs sorgten Mitte des 19. Jh. eigenhändig für ihre Straßenbeleuchtung und kauften ausgediente Öllaternen aus Minden.[101] Im Jahre 1858 sammelten die Bürger der Altstadt für einen speziellen Beleuchtungs-Fonds.
Jedoch waren auch nach der Einrichtung des Gaswerkes nicht alle Straßen Herfords ausreichend beleuchtet. Noch bis in die 1880er Jahre brannten lediglich in den *besseren Stadtteilen*[102] Gaslaternen. Am Stadtrand und in den Feldmarken gab es nur wenige Öllaternen. Eingaben und Beschwerden von Einwohnern verdeutlichen die unbefriedigende Straßenbeleuchtung in Herford im vergangenen Jahrhundert. So wandten sich im Jahre 1876 die Anlieger der Brüder- und Triebenstraße an den Magistrat: . . . *wir haben nur die Bitte um eine Erleuchtung herzustellen, und zwar in der Richtung von der Brüderstraße bis zur Triebenstraße, weil sich zwischen den beiden genannten Straßen ein kleiner Durchgang befindet . . . Dieser Weg wird sehr stark passiert, wo es als dan sehr häuffig vorkomt, das sich Leutte über einander lauffen, so bald eine Dunkelheit eingetreten ist. In diesem Durchgang befindet sich auch ein Brunnen, wo für viele Familien ihr Wasser hergeschafft werden und aus welches ebenfalls bei einer Dunkelheit sehr gefährlich ist. Es ist schon häuffig vorgekommen, das der Eine auf den anderen zugelaufen ist und den betreffenden der Eimer Samd Wasser aus derr Hand gefallen ist. . . .*[103]

Selbst, wenn Laternen vorhanden waren, so brannten die wenigsten davon die ganze Nacht. Spezielle Beleuchtungskalender regelten die Brenndauer der Straßenlaternen je nach der Jahreszeit. Bei Vollmond knauserte die städtische Behörde ebenfalls mit Licht. Dabei schien es schon auszureichen, wenn Vollmond im Kalender angekündigt war, ob nun der Mond schien oder nicht. Dies veranlaßte das Herforder Kreisblatt im Jahre 1864 zu einer polemischen Kritik: *Die Continental-Gasgesellschaft zu Dessau wird freundlichst ersucht, dann, wenn Mondschein im Kalender steht, es aber dunkel und schmutzignaß in den Straßen von Herford ist, menschenfreundlich uns etwas Licht zukommen zu lassen.*[104]

Die *Laternenfrage am Stiftberg*[105] gab Anlaß zu zahlreichen Bittschriften an die städtische Gas-Kommission; die Benutzung der schlechten Straßen im dunkeln sei sehr gefährlich; bei ausreichender Beleuchtung wäre es nicht geschehen, daß *ein Fremder abends, statt des Weges mitten durch Mistgruben geht und zu ertrinken drohte ...*[106]

Die Bewohner hinter der Steintormauer fühlten sich vom allgemeinen Wohlstand der Beleuchtung ausgeschlossen und benachteiligt. *Nur wir hinter der Steinthormauer wohnend, sind davon ausgeschlossen, an uns hat bei der Vertheilung der Laternen Niemand gedacht, wir sitzen nach wie vor in stockfinsterer Nacht und doch ist es so dringend nöthig, daß auch bei uns Etwas Licht werde.*[107]

Auch die Polizeiverwaltung, in deren Aufsichtsbereich die Sicherheit auf den öffentlichen Straßen fiel, machte die Verwaltung auf Mißstände aufmerksam, die die Wahrnehmung ihrer Pflichten erheblich erschwerten. Sie forderten ausreichende Beleuchtung auf dunklen, einsamen Wegen, wie etwa an der Wallstrecke zwischen Berger- und Lübbertor; dort war es wiederholt zu Sexualdelikten gekommen.[108]

Obwohl die erforderlichen Rohrnetzleitungen bereits vorhanden waren, lehnte die Gaswerke-Verwaltung die Aufstellung von neuen Laternen in den meisten Fällen aus finanziellen Erwägungen ab und bemühte sich statt dessen, die Zahl der festen privaten Anschlüsse zu erhöhen. Erst um die Jahrhundertwende, als die Randbezirke der Stadt nach und nach durch Rohrnetzleitungen verbunden waren, gingen die Beschwerden über zu wenig Licht in Herfords Straßen allmählich zurück.

Betrieb und Kapazitätsausbau des Gaswerks bis zum Ersten Weltkrieg

Bis in die 1880er Jahre wurde Gas fast nur für Beleuchtungszwecke verwandt. Von Beginn des Betriebs an überwog in Herford, im Gegensatz zu den meisten anderen Städten, der Gaskonsum für Beleuchtung von Industrie und privaten Haushalten gegenüber der öffentlichen Hand (Laternen). Bereits nach dem ersten Betriebshalbjahr ergab sich ein Verhältnis von 7:1 zugunsten der privaten Abnehmer.[109]

Das Herforder Gaswerk gewann Großkunden, die den Erfolg des Unternehmens auf lange Sicht sichern sollten: Im Jahre 1865 übernahm die Anstalt die gesamte Beleuchtung der Spinnerei Schönfeld, 1867 folgte die Versorgung der Post und 1869 des Bahnhofes der Köln-Mindener Eisenbahn; im Jahre 1884 erhielt das Gefängnis einen Anschluß an die städtischen Gaswerke, Ende der 1880er Jahre das Krankenhaus und der Schlachthof Anschluß an das Rohrnetz und 1896 das städtische Wasserwerk.[110] Zu Beginn der 1880er Jahre wurde die Firma Leprince & Siveke und 1887 die Druckerei Busse mit einem Gasanschluß ausgestattet. Im Laufe der Jahre stellte sich jedoch eine Veränderung der Betriebsergebnisse zugunsten des Gasverbrauchs für Heiz- und Kraftzwecke ein.

Gasabgabe des städtischen Gaswerks Herford 1872 bis 1900 in cbm[111]

Jahr	Gesamtabgabe	an Private	öffentl. Beleuchtung	Eisenbahn	Post	Gefängnis	für Gasmotore	für Heizzwecke	Städt. Wasserwerk
1872	272236	136980	18319	36469	3596				
1875	251907	147465	18073	56357	4614				
1880	203573	120789	23756	32681	9324				
1885	347110	175379	31527	44559	12240	66528	5394		
1890	490449	205096	44100	44643	4800	77146	53321	30006	
1895	563598	255238	72748	31962	7699		111595	44864	
1900	1085695	424154	120593	60291	6007		219094	226379	55002

Gleich das erste Betriebsjahr erbrachte einen nicht erwarteten Gewinn. Daraufhin wurde der Bezugspreis sogleich gesenkt. Aber schon Ende der 1880er Jahre hatte die Werksleitung den kaum gestiegenen Absatz gegenüber dem vergangenen Jahrzehnt zu beklagen. Die Absatzstockung wurde verstärkt durch die starre Preispolitik der städtischen Behörde. Die Gaskommission hielt es für undurchführbar, die Gaspreise zum Anreiz für steigenden Konsum zu senken.[112] Hinzu kam die Unsicherheit des Gasabsatzes auf lange Sicht, die durch die Konkurrenz des Petroleums und seit den 1880er Jahren vor allem durch die Elektrizität ausgelöst wurde. Deshalb war man zunächst bemüht, die Gasanstalt von Schulden zu befreien.

Gas war bis zum Ende des 19. Jh. ein Luxusgut. Einen Hausanschluß konnten sich lediglich gut situierte Bürger leisten.[113] Obwohl die Zahl der Häuser deutlich wuchs (1875: 1 324; 1892: 2 077), blieb die Zahl der Gasmesser weitgehend konstant (1873: 227, 1893: 271).[114]

Zahl der eingebauten Gasmesser, Zahl der Häuser 1873 bis 1926

Jahr	Gasmesser	Häuser
1873	227	
1875		1 324
1883	180	1 554
1892		2 077
1893	271	
1903	1 342	
1905		2 912
1913	2 120	
1914		3 339
1923	3 754	3 593
1926	3 852	3 867

Ende des 19. Jh. verhalf die Erfindung neuer technischer Verfahren der Gaswirtschaft zu einer zweiten Aufschwungsphase. Das Auersche Glühlicht brachte wesentlich mehr Leuchtkraft bei gleichzeitig geringerem Gasverbrauch. Das Licht wurde dabei mit Hilfe eines mit seltenen Erden (Metalloxide) imprägnierten Baumwollfadens erzeugt. Auf diese Weise war das Gaslicht nicht nur leistungsfähiger gegenüber dem früheren Verfahren, sondern auch noch wesentlich billiger als das elektrische Licht.

Seit dem Ende der 1880er Jahre fand das Gas nun auch in den Haushalten zunehmend Verwendung zum Kochen und Heizen und in den Fabriken und Gewerbebetrieben für den Antrieb der Gasmotoren.[115] Doch dieser zufriedenstellende Geschäftsgang währte nur kurze Zeit. Mit Inbetriebnahme des städtischen Elektrizitätswerkes stiegen die ersten Großabnehmer, die Staatsbahn und die Spinnerei Schönfeld, auf die bequemere und saubere Elektrizität um.[116] Die Besitzer größerer Gasmotoren gingen zum Sauggasbetrieb über, und mancher Handwerksbetrieb wurde mit einem Elektromotor ausgestattet. Die Zahl der Gasmotoren war stark zurückgegangen: 1914 gab es nur noch 16 Gasmotoren mit insgesamt 130 PS in Herford.[117] In den privaten Haushalten und in den Geschäften wurde die sauerstoffzehrende Gasbeleuchtung durch das leistungsfähigere elektrische Licht verdrängt. Zudem reduzierte der im Jahre 1907 eingeführte Acht-Uhr-Ladenschluß die Leuchtgasabgabe. Auf der anderen Seite senkte die Gaswerksleitung jetzt entscheidend die Tarife für Koch- und Heizzwecke und gewährte einen kostenlosen Anschluß an die Grundstücksgrenze und einen Rabatt auf die Kochgasleitungen, so daß von diesem Dienstleistungsangebot erstmals weniger gut situierte Einwohner Gebrauch machten.[118]

Neue Technik und »Umweltschutz« — Bürgerprotest gegen das städtische Gaswerk

Mit steigender Gasproduktion zeigten sich bald die Grenzen des trotz Erweiterungs- und Erneuerungsmaßnahmen veralteten und wenig leistungsfähigen Werkes. Zudem war die Stadt so stark gewachsen, daß das Siedlungsgebiet bald an das Gaswerk heranreichte. Bereits im Jahre 1881 hatte sich der Färbereibesitzer Linkmeyer, Anlieger der Gasanstalt, gegen den geplanten Neubau des Gasometers an die königliche Regierung gewandt, die die Kontrollaufsicht über den städtischen Gasbetrieb hatte. Er beschwerte sich, weil sein Brunnenwasser nach Angaben des chemischen Untersuchungsamtes mit Leuchtgas und Ammoniak verseucht sei. Der Gasometer war undicht und die Chemikalien drangen in das Erdreich. In der Familic Linkmeyer seien *Erkrankungen eigenthümlicher Art*[119] aufgetreten. Linkmeyer bat die zuständige Regierungsstelle um die Wahrnehmung ihrer Aufsichtspflicht.
War die Gefahr einer Verseuchung des Bodens und des Trinkwassers aufgrund undichter Leitungen überall gegeben, so kam dies doch in unmittelbarer Nähe der Gasanstalt häufiger vor. Jedoch wurden die Zweifel des Anliegers, der neue Gasometer könne sich erneut als undicht erweisen, von der beauftragten Polizeiverwaltung nach Prüfung der Sachlage als unbegründet zurückgewiesen. Statt dessen vermuteten die städtischen Gut-

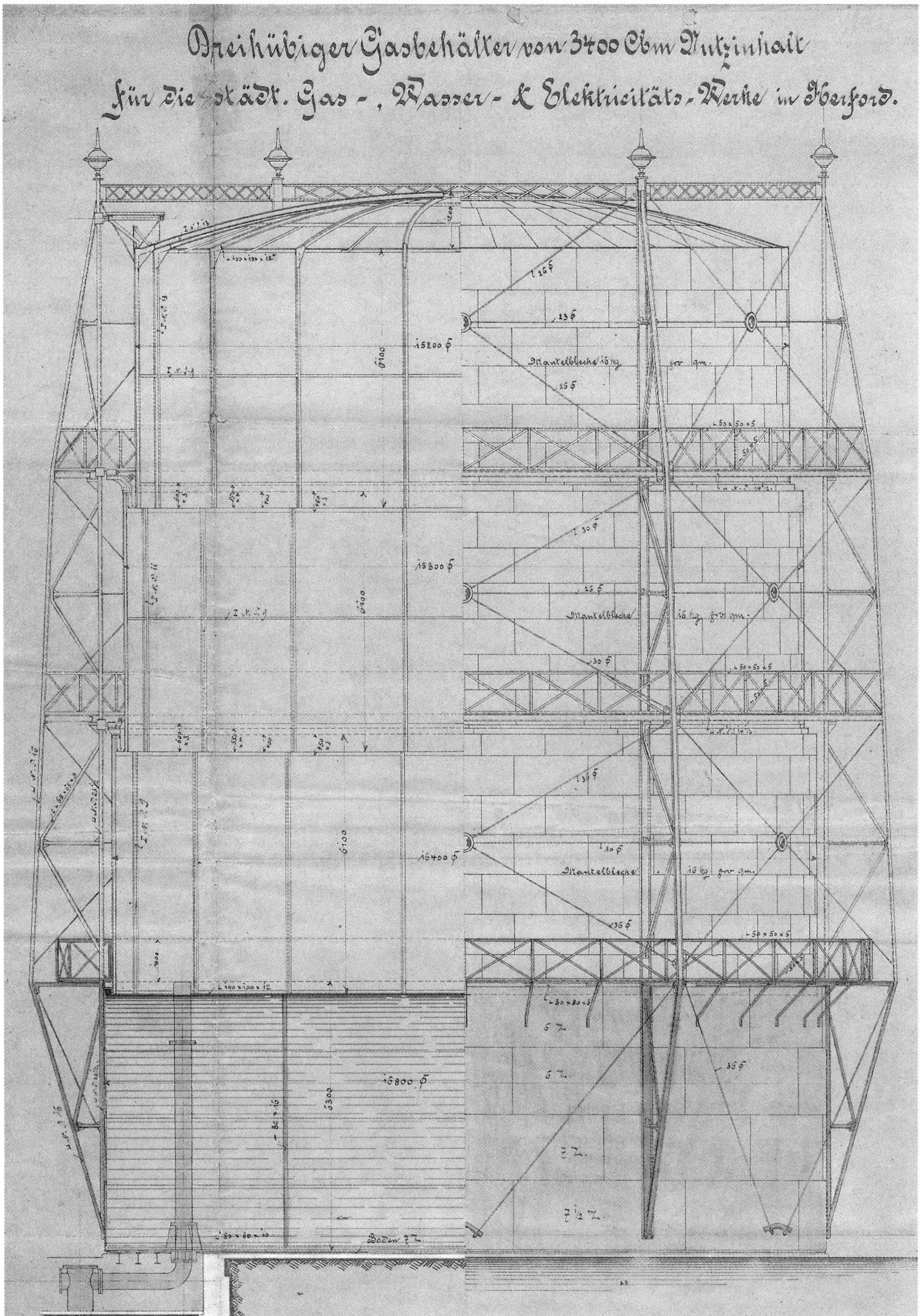

Konstruktionsplan des Gasbehälters, 1908

achter, daß nicht unbeträchtliche Abwassermengen der Färberei ebenso ihr Teil zur Brunnenvergiftung beitrügen. In den 1890er Jahren, als die städtischen Werke wesentlich mehr Gas an die Konsumenten abgeben konnten, wurden die Belästigungen für die Anlieger unerträglich. Der Papierfabrikant Seifert beschwerte sich und schrieb im Herbst 1893 an die Regierung in Minden: *Es kommt gegenwärtig der Kohlenqualm nicht allein massenhaft aus den . . . viel zu niedrigen 6 Dampfschornsteinen heraus, derselbe dringt vielmehr seit einigen Tagen auch wieder durch die Dachluken und durch das Dach* (der Gasanstalt, R.K.) *selbst, und zwar fast ohne Unterbrechung in ziemlichen Mengen, so daß ich schon seit einiger Zeit aus diesem Grunde die Fenster nicht mehr öffnen konnte.*[120]
Auch das Brunnenwasser der Anlieger sei ungenießbar, und nur dadurch, daß die Brunnen stets vertieft wurden, glaubten die Anlieger, auf sauberes Wasser zu stoßen. Das in der Gasanstalt anfallende Ammoniakwasser wurde einfach in ein Erdloch geleitet. Von dort gelangte die giftige Flüssigkeit direkt ins Grundwasser. Das angerufene Landratsamt hielt die Beschwerde für gerechtfertigt und wies die Verwaltung an, die Mißstände aufzuheben. Diese wälzte die Verantwortung auf den Gasmeister Weskamp ab und entließ ihn bei nächster Gelegenheit.

Die Ausweitung des städtischen Regiebetriebes

Im Jahre 1896 entschied der Magistrat die Angliederung des neu errichteten Wasserwerkes an die technische Abteilung des Gaswerkes. 1902 unterstellte der Magistrat auch das in Betrieb genommene Elektrizitätswerk unter die einheitliche Führung aller städtischen Versorgungsbetriebe. Leitender Direktor wurde der bisherige erste Ingenieur Hammacher von den Licht- und Wasserwerken in Posen.[121]

Das Gaswerk an der Werrestraße, um 1960

Erst im Jahre 1906 entschlossen sich die städtischen Behörden zu einem Neubau des Gaswerkes im Norden der Stadt, zwischen Werre und Eimterstraße, 1909 wurde dort der Betrieb eröffnet. Die großen Mengen Kohlen transportierte nun die Herforder Kleinbahn zum Gaswerk.[122] Die Hauptaufgabe bestand mit Ausbau der Anlagen darin, den Verbraucherkreis weiter auszudehnen, besonders in den Feldmarken. Zwischen 1883 und 1904 hatte sich die Einwohnerzahl im Innenstadtbereich Herfords kaum verändert (1883: 7986; 1904: 8396), während sie sich in den Feldmarken mehr als verdoppelt hatte (1883: 6874; 1904: 14985).[123] In einem Ausstellungsraum in der Bäckerstraße fanden regelmäßig Vorführungen und Vorträge über die Verwendung von Gas im Haushalt statt. Durch die Einführung des Einheitspreises für Koch-, Heiz- und Leuchtgas stieg der Konsum der privaten Haushalte bis zum Ersten Weltkrieg weiter an.
Nach Ende des Zweiten Weltkrieges bezog die Stadt Herford zusätzlich Kokereigas von der Ruhrgas AG. Am 31. März 1962 wurde die eigene Gasproduktion schließlich ganz aufgegeben; die städtischen Gaswerke nahmen von nun an lediglich eine Verteilerfunktion wahr. Im Jahre 1971 stellte Herford den Betrieb ganz auf das leistungsfähigere Erdgas um.[124]
Heute verbraucht die Stadt Herford im Jahr einschließlich aller öffentlichen, privaten und industriellen Anschlüsse rund 94 Millionen Kubikmeter Erdgas, was einer Menge von 188 Millionen Kubikmeter Kokereigas entspräche (nach Angaben der Stadtwerke Herford). In 100 Jahren ist der Verbrauch insgesamt um das 50fache gestiegen, der Pro-Kopf-Verbrauch, gemessen an der Einwohnerzahl insgesamt, um das 70fache.

Elektrizität für Herford

Die in Herford als rein kommunalwirtschaftliche Betriebe geführte »Städtetechnik« dehnte sich mit der Einrichtung eines eigenen Elektrizitätswerkes zu Beginn des 20. Jh. in ein neues Betätigungsfeld aus. Während sich die Einrichtung von Gas- und Wasserwerk in städtischer Regie relativ leicht begründen läßt (Gesundheitsfürsorge, Hygiene, Wahrung der öffentlichen Sicherheit durch Straßenbeleuchtung), war die Einrichtung eines Elektrizitätswerkes nicht zwingend, da das Gaswerk bereits die notwendigen Funktionen abdeckte.[125] In diesem kommunalpolitischen Engagement spiegelte sich der verstärkte Expansionsdrang der städtischen Verwaltungsbürokratie, der sowohl neue Einnahmequellen für sich zu erschließen suchte, als auch sich darum bemühte, die zentrale Versorgung des Stadtgebietes mit Energie selbst zu bestimmen.

Die Einrichtung einer städtischen Elektrizitätszentrale

Die Erfindung der Dynamomaschine in den 1860er Jahren leitete im letzten Drittel des 19. Jh. die Starkstromtechnik ein. Zum ersten Mal in der Geschichte der Elektrizität wurden Erfolge auf dem Gebiet der Beleuchtung und in Konkurrenz zum Gas erzielt. Bis in die Mitte der 1880er Jahre gab es Motoren und Generatoren lediglich als Gleich-

stromaggregate. Erst die Entwicklung des leistungsfähigeren Drehstrommotors seit den 1880er Jahren ermöglichte die Übertragung von Strom über lange Entfernungsnetze und vermied die großen Übertragungsverluste, die in den Gleichstromnetzen auftraten.[126] Bereits im Jahre 1895 lieferte das private Unternehmen »Herforder Elektrizitätswerke Bokelmann & Kuhlo« Strom in ein kleines lokales Netz. Die Firma übernahm Installationen, die Produktion und den Vertrieb von Dynamomaschinen und Elektromotoren.[127] Schon im Jahre 1896 hatte die Münsterkirche einen Anschluß an den vom Sägemühlenbesitzer Quest betriebenen Akkumulator erhalten.[128] Einige Industrielle, so der Spinnereibesitzer Schönfeld, gingen dazu über, den für ihre Fabrik erforderlichen elektrischen Strom durch Umstellung ihrer Wasserkraftanlagen selbst zu erzeugen. Ende des Jahres 1896 diskutierte die Stadtverordnetenversammlung heftig über die Zunahme elektrischer Kraftanlagen und die Benutzung der städtischen Straßen für die dafür erforderlichen Leitungen. Der Magistrat wurde ersucht, keine weiteren Genehmigungen zu erteilen; augenscheinlich befürchtete man auch eine stärker werdende Konkurrenz zum städtischen Gaswerk und damit nicht nur finanzielle Einbußen, sondern auch die Beschneidung des Einflußbereichs Energieversorgung.
Eine 1898 vom Magistrat öffentlich durchgeführte Umfrage unter Privathaushalten und Gewerbetreibenden führte zu dem Ergebnis, den Bau eines städtischen Elektrizitätswerkes ins Auge zu fassen. Der erste Entwurf, erarbeitet von der Firma Bokelmann & Kuhlo, sah einen sehr beschränkten Umfang vor und wurde zunächst einmal zurückgestellt. Stadtverordnete und Magistrat vergaben daraufhin Gutachten an auswärtige Techniker und entschlossen sich im Jahre 1901, die Pepersche Mühle, die Fabrik Schönfeld und die angeschlossene Wasserkraft zu kaufen.[129] Die Firmen Bexten Nachf., Höpker Söhne und Caase beteiligten sich an den Kosten, weil sich durch die Aufhebung des Schönfeldschen Wehres ihre Wasserkraft erheblich verbesserte. Die Stadt Herford sicherte sich das Stromlieferungsmonopol und untersagte der Firma Bokelmann & Kuhlo nach und nach, innerhalb der städtischen Grenzen Strom zu liefern.
Das neu entstehende Elektrizitätswerk sollte in erster Linie mit Wasserkraft betrieben werden. Ein Gasmotor diente der Reserve bei Niedrigwasser oder bei gestiegenem Bedarf. Das Werk wurde nach dem 3-Leiter-Gleichstrom-System mit 220 Volt Spannung eingerichtet. Das Leitungsnetz berührte alle Hauptstraßen der Stadt. Bereits am 18. Oktober 1902 konnte das städtische Elektrizitätswerk eröffnet werden.
Bei der Einrichtung der öffentlichen Versorgungsbetriebe verfuhr die städtische Behörde rigoros. Sie setzte sich konsequent über alle Widerstände hinweg. Ein Energiesystem wie die Elektroversorgung konnte nur rentabel arbeiten, wenn das Netz durch den Anschluß aller potentiellen Verbraucher die nötige Nachfragemenge erschließt. Im Interesse der Allgemeinheit, so die Stadt, seien dem einzelnen Bürger Nachteile schon zuzumuten wie etwa die Aufstellung von Leitungsmasten auf privaten Grundstücken.[130] Diese Einstellung war neu, als zumindest die einflußreichen Bürger bis dahin jeden Einfluß in ihre Sphäre abzuwenden in der Lage gewesen waren. Die Dominanz der bürgerlichen Honoratiorenschicht war somit aus technisch-politischen Gründen erstmalig ernsthaft beeinträchtigt worden. Durch alle Streitigkeiten hindurch focht die Stadt mit dem Argument des öffentlichen Interesses (*Kulturfortschritt*[131] durch Elektrizität), wo-

Das Stauwehr des Elektrizitätswerkes am Schulwall (früher Pepersche Mühle), um 1905

bei offen blieb, was genau darunter zu verstehen war; das öffentliche Interesse blieb der Handlungsspielraum, den man sich vorbehielt.
Neben dem *Kulturfortschritt* hatte die Stadt auch zweifelsfrei die eigenen Finanzen im Auge, war sie doch schon beim Kauf der Peperschen Mühle für 42 000 Mark davon überzeugt, ein *glänzendes Geschäft* gemacht zu haben.[132] In der Tat hielten sich die Investitionssummen in Grenzen, so daß das städtische Elektrizitätswerk schon bald beträchtliche Gewinne in die Stadtkasse brachte. Während andernorts Unternehmen vergleichbarer Art lange Durststrecken zu überbrücken hatten, sorgte die rasch wachsende Nachfrage in Herford schnell für einen rentablen Betrieb, der der Stadt wirtschaftliche Verluste ersparte und damit auch den Konflikt, sich zwischen *Kulturfortschritt* und *Rentabilität* entscheiden zu müssen.

Der Betrieb des Städtischen Elektrizitätswerkes

Seit Beginn des Betriebes förderte die Stadt die Stromabgabe für Kraftanlagen, indem sie den Strom für diese Zwecke deutlich billiger abgab als den zur Beleuchtung. Bis Ende des Jahres 1903 wurden Anschlüsse und Leitungen bis zum Haus kostenlos verlegt, wenn sich die Abnehmer für drei Jahre verpflichteten, Strom zu beziehen.[133] Um den Konsum in der Einwohnerschaft zu heben, gab die Stadtverwaltung die Erarbei-

tung einer Lektüre heraus mit dem Titel: *Die Verwendung der Elektrizität im Anschluß an das städtische Elektrizitätswerk*, die im besonderen den Stromverbrauch in kleinen Gewerbebetrieben steigern sollte.
Die Aufträge für Hausanschlüsse und Verlegen der Leitungen zum Elektrizitätswerk sicherte sich die Stadt durch Monopol; Installationen konnten dagegen, wie nicht allgemein üblich, von privaten Betrieben durchgeführt werden; die Inbetriebsetzung der Anlagen nahmen städtische Bedienstete ab, und für die angebrachten Stromzähler wurde ein Mietzins erhoben.
Schon während der ersten Jahre des Elektrizitätsbetriebes erreichte das Werk seine volle Auslastung. Der Gasmotor, der eigentlich nur bei Niedrigwasser als Reserve dienen sollte, wurde nach kurzer Zeit ständig eingesetzt. Das Leitungsnetz konnte im Jahre 1905 von 28 auf 45 Kilometer verlängert werden, und bereits 1910 hatte Herford ein Stromverteilungsnetz von 88 Kilometern.[134] Schon 1905 mußte ein zweiter Gasmotor und eine Sauggasanlage angeschafft werden.[135]

Zusammenschluß und Übernahme des städtischen Elektrizitätswerks durch das Elektrizitätswerk Minden-Ravensberg (EMR)

Der Stromversorgung durch Wasserkraft waren in Herford enge Grenzen gesetzt. Selbst immer wieder durchgeführte Reinigungen und Vertiefungen des Flußbettes bewirkten kaum einen dauerhaften Anstieg der Stromerzeugung, so daß der ständig steigende Bedarf mit Hilfe von Gasmotoren gedeckt werden mußte. Der dadurch entstehende Lärm und die Abgase ließen sich die unmittelbar davon betroffenen Nachbarn schon bald nicht mehr gefallen. Ein von der Stadtverwaltung herbeigerufener Vertreter der Firma »Vereinigte Maschinenfabriken Augsburg-Nürnberg« riet, die Abgasleitungen soweit zu verlängern, daß der entstehende Rauch vom Wind wenigstens über die nächsten Häuser hinweggetragen würde.[136] Die Anlieger Böckelmann und König drohten der Stadt schließlich mit einer Klage. Daraufhin wurde die Verwendung von Gasmotoren eingeschränkt.
Herfords Elektrizitätswerk konnte auf lange Sicht der gestiegenen Nachfrage nicht mehr gerecht werden. Eine Erweiterung der bestehenden Anlagen an der Bowerre kam jedoch nicht in Frage, so daß die Stadt einen Bauplatz neben der neuen Gasanstalt ins Auge faßte.
In dieser Situation Ende des Jahres 1907 legte der Herforder Landrat Franz von Borries der Stadt Herford ein von der »Allgemeinen Elektrizitätsgesellschaft« (AEG) Berlin ausgearbeitetes Projekt vor, das über Kosten und Nutzen einer geplanten, mit leistungsfähigem Drehstrom betriebenen Überlandzentrale in der Nähe von Löhne informierte. Das Gemeinschaftsprojekt der Kreise Herford und Minden sollte rein kommunal betrieben werden, ohne Beteiligung privater Investoren. Durch den Bau einer großen Versorgungszentrale unter Beteiligung der Gemeinden sollte dem Bau weiterer kleiner, unvorteilhaft arbeitender Werke, die später dann aufgekauft werden müßten, entgegen gearbeitet werden. Borries bot Herford die Beteiligung an der neuen Überlandzentrale an; denn ein Anschluß sei billiger als der in Herford geplante Neubau.

Die von der Kreisverwaltung angestrebte Lösung einer Überlandzentrale bedeutete für die Stadt Herford einen erheblichen Verlust an Macht und Einfluß; der Verzicht auf eine eigene Elektrizitätsversorgung engte den bisherigen Gestaltungsbereich der Kommune ein.[137] So entsandten Stadtverordnete und Magistrat Vertreter in Kommissionen, gaben Gutachten in Auftrag über Zweckmäßigkeit und Rentabilität eines Elektrizitätswerksneubaus oder der zentralen Beteiligung und holten sich Rat in anderen Städten. Mit knapper Mehrheit stimmte schließlich im Oktober 1908 die Stadtverordnetenversammlung dem Magistratsentschluß zu, die Planung eines Neubaus aufzugeben und der Überlandzentrale beizutreten. Der bisherige Betrieb des städtischen Elektrizitätswerkes sollte aufrecht erhalten bleiben und der darüber hinaus benötigte Strom zu einem billigeren Tarif von der Überlandzentrale bezogen und an die städtischen Konsumenten weiter verkauft werden. Die Umwandlung von Drehstrom zu Gleichstrom erfolgte mit Hilfe der Umformer und Transformatoren im Werk in Herford. Am 4. März 1909 wurde die Elektrizitätswerk Minden-Ravensberg GmbH gegründet; das Werk konnte am 1. August 1910 seinen Betrieb in Kirchlengern aufnehmen.

Nach und nach wurde in den Industriebetrieben die Dampfkraft durch die Elektrizität ersetzt. Im Jahre 1920 übertraf der Verbrauch des Kraftstroms in Herford zum ersten Mal deutlich den des Lichtstroms. Die Energiegewinnung durch Wasserkraft konnte nur noch geringfügig gesteigert werden, so daß immer mehr Strom von der Überlandzentrale bezogen wurde.[138] Den gesamten innerstädtischen Bereich versorgte bereits das EMR. Lediglich in den Außenbezirken gab das städtische Elektrizitätswerk den von der Überlandzentrale bezogenen Drehstrom unmittelbar in sein Niederspannungsnetz ab. Der in Deutschland überall zu beobachtende Trend zur Zentralisierung der Energieversorgung setzte politische Entscheidungen voraus, weil Verbundnetze Länder- und Gemeindegrenzen überschritten und die Benutzung öffentlicher Straßen und Wege für

Die Maschinenhalle des Elektrizitätswerks Minden-Ravensberg in Kirchlengern, um 1910

Stromverbrauch in Herford 1902 bis 1925[139] (in Kilowattstunden)

Jahr	Stromabgabe insg.	Leuchtstrom Privat	Leuchtstrom Staatsbahn	Leuchtstrom öff. Beleuchtung	Kraftstrom Privat	Kraftstrom Staatsbahn	Wasserkraft	Maschinen oder Fremdbezug	Gewinn (RM)
1902/03	76867	6789	61804	2745	3729	801			9797
1905	269486	48923	138711	5955	58316	4369			44415
1908	419199	67381	157722	7961	123220	7268			42349
			zusammen:		zusammen:				
1910	494503		237717		185385		198941	295562	57362
1915	739091		342209		277760		207066	532025	117642
1918	856858		354073		354978		200960	655898	223525
1920	1286346		509798		518450		184021	1102325	246317
1923	2017108		608809		885189		242424	1774684	
1925	2122130		722538		962668		257174	1864956	353768

die Trassenführung notwendig war. Seit Bestehen des EMR im Jahre 1909 war der Gesellschaft von der Stadt ein Wegerecht für Durchgangsleitungen zum städtischen Elektrizitätswerk und zu den direkt belieferten Großkunden garantiert worden.
Nach Ablauf des Stromlieferungsvertrages (15 Jahre) kündigte die EMR-Betriebsleitung der Stadt Herford zum 1. Oktober 1925, um die Energieversorgung durch Strom von nun an ganz zu übernehmen. Wieder überlegten die städtischen Vertreter, ob sie sich in der Stromversorgung wieder selbständig machen sollten. War die Stadt Herford gerade im Jahre 1911 aus dem Kreisverband ausgeschieden, brachte doch der Verlust der städtischen Stromversorgung in einer expandierenden Industriegesellschaft eine erhebliche Einbuße an Macht und Einfluß sowie finanzielle Nachteile mit sich. Auf der anderen Seite ließen unsichere wirtschaftliche Verhältnisse Mitte der 20er Jahre kaum einen Investitionsspielraum für die Städte zu.
Zahlreiche Gutachten über Bau und Rentabilität einer neuen eigenen Kraftwerksanlage wurden vom Magistrat und den Stadtverordneten in Auftrag gegeben, die schließlich alle die Übergabe des städtischen Werkes an die Überlandzentrale empfahlen. Ein eigenes kleines Werk innerhalb eines großen leistungsfähigen Verbundnetzes wäre aus volkswirtschaftlichen Gründen kaum zu vertreten, so argumentierten die auswärtigen Fachleute.[140] Am 6. März 1925 stimmten die Stadtverordneten schließlich der Übernahme des städtischen Elektrizitätswerkes durch das EMR zu.
Im Jahre 1934 übernahm das EMR die bisher in Regie der Kreisverwaltung und der von der Bahn berührten Gemeinden geführte Herforder Kleinbahnen GmbH, das erste Massen-Nahverkehrsmittel im Kreis Herford, um sie von Dampf- auf Elektrizitätsbetrieb umzustellen. Die großen Elektrizitätswerke ermöglichten, nach der Versorgung der Haushalte, der Industrie und Landwirtschaft jetzt die Umstellung und Modernisierung des gesamten Nahverkehrs. Auch das EMR schaute sich nach neuen Betätigungs-

Freileitungs-baukolonne des EMR, um 1914

und Investitionsmöglichkeiten um und hatte bereits im Jahre 1919 die Mindener Straßenbahn-AG modernisiert und auf den elektrischen Betrieb umgestellt. Als einziges öffentliches Unternehmen waren die Elektrizitätswerke in der Lage, umfangreiche Investitionen in die oftmals technisch überholten und nach Krieg und Inflation wirtschaftlich ausgehöhlten Verkehrsunternehmen zu tätigen.[141]
Das Versorgungsgebiet des EMR umfaßt heute 1 500 Quadratkilometer, und zwar den Kreis Herford, den größten Teil des Kreises Minden-Lübbecke, Teile des Kreises Schaumburg und einen Teil des Landkreises Hannover. In den 1950er Jahren erfolgte eine weitere Konzentration der Energieversorgung durch Zusammenschluß mit dem benachbarten Elektrizitätsversorgungsunternehmen Stadtwerke Bielefeld GmbH und dem Elektrizitätswerk Wesertal GmbH Hameln zur INTERARGEM (Interessen- und Arbeitsgemeinschaft). Im Rahmen dieser Zusammenarbeit entstand das gemeinschaftliche Großkraftwerk Weser GmbH in Veltheim. Außerdem ist INTERARGEM am Hochtemperatur-Reaktor Hamm-Uentrop und am Atomkraftwerk Grohnde beteiligt.[142]

Der Kleinbahnhof Herford nach der Elektrifizierung, um 1932

Resumee und Ausblick

Mit der Einrichtung der Energieversorgung in städtischer Regie erhielt die Stadt Herford eine wichtige Einnahmequelle. Die Stadtverwaltung sicherte sich sowohl bei der Einrichtung des Gaswerks, als auch beim Bau der Elektrizitätszentrale nach allen Seiten ab, um ein finanzielles Risiko möglichst auszuschließen. Die zahlreichen in Auftrag gegebenen Gutachten und die Umfrage nach dem bestehenden Bedürfnis von elektrischem Strom für Industrie und Gewerbe zeigen, daß die Stadtväter keine ausgesprochene Modernisierungsstrategie vertraten. Die Betriebsüberschüsse wurden nicht sofort und ausnahmslos reinvestiert zur Ausweitung des bestehenden Verbraucherkreises, sondern zunächst einmal als Gewinn der Stadtkasse zugeführt. Nicht nach »Gemeinnützigkeit«, sondern nach privatwirtschaftlichen kaufmännischen Prinzipien verfuhren die Betreiber der Herforder Energieversorgung. Der Verlust der städtischen Stromversorgung bedeutete eine Einschränkung der Verfügungsgewalt und des Einflußbereichs der städtischen Verwaltung, was man lange Zeit abzuwehren versucht hatte.

Die städtischen Versorgungsbetriebe sind heute einem zunehmenden Rentabilitätsdruck und sich wandelnden technischen Anpassungszwängen ausgesetzt. Kaum eine Stadt ist noch in der Lage, eigenständig über die Belange der wirtschaftlichen Versorgungsunternehmen zu bestimmen. Komplexere und teurere technische Anlagen erzwangen überörtliche und überregionale Verbundsysteme. Immer kostspieligere Methoden der Energieversorgung, der Verkehrsentwicklung und der Trinkwasserbeschaffung machten den Betrieb kleiner städtischer Eigenbetriebe nahezu unmöglich und führten in den letzten zwei Jahrzehnten immer häufiger zu weitreichenden Zusammenschlüssen, welche die Kontrollierbarkeit solcher Systeme zunehmend schwieriger werden läßt.[143] Die meisten Versorgungsbereiche sind heute aufgrund ihrer Einbindung in große Zusammenschlüsse aus rechtlich-organisatorischen und technischen Gründen kurz- und mittelfristig nicht mehr in städtische Regie zurückzuführen.

Jedoch treten gerade in letzter Zeit wegen der zum Teil inhumanen Energieversorgung von Bürgerinitiativen getragene begründete Forderungen nach Berücksichtigung neuer ökologisch-gesundheitlicher Bedürfnisse auf. In den Auseinandersetzungen wird deutlich, wie unflexibel Großunternehmen zu reagieren imstande sind. Die Stadt ist durch ihre Integration in verschiedene Verbundsysteme immer weniger in der Lage, die Bedürfnisse ihrer Bürger zu berücksichtigen und zieht sich auf die ökonomisch begründeten »Sachzwänge« zurück. Es gibt aber deutliche Anzeichen dafür, daß durch die Reorganisation städtischer Selbständigkeit im Versorgungsbereich die nötige Flexibilität mindestens in Teilbereichen wiedergewonnen werden kann. Kleine Anlagen in städtischer Regie verschaffen der Bürgerschaft auch das nötige Selbstbewußtsein, mit dem die eigene Zukunft verantwortbar gestaltet werden kann. **(R.K.)**

Teil III:

Die Menschen und ihre Geschichten

Alternativer Jugendklub: Das Fla-Fla

Christopher Barclay-Steuart

Günter Blume

Friedrich Brasse

Albert Etzel

Hans Gelderblom

Mehmet Karatay

Carla Knop

Hilde Lehnert

Traute Lorek

Tilla Möller

Erika Schöngut

Elisabeth Schulz-Coring

Hermann Stell

Günther Voß

Thomas Schuler

Vorbemerkungen

Ohne Erinnern ließe sich keine Geschichte schreiben. Dennoch gilt die Arbeit mit Texten als das Metier der Historiker. Der Ruf eines Wissenschaftlers beruht nicht zuletzt darauf, wie gut er alte Verwaltungsdokumente lesen und interpretieren kann und wie er mit dem umgehen kann, was frühere Gelehrte geschrieben haben. Erst seit einigen Jahren erwachte ein neues Interesse an den Erinnerungen der Lebenden. Die Befragung von Zeitzeugen wurde zu einer neuen Form historischen Arbeitens (*oral history*). Sie eröffnet — wie jede neue Methode — eine neuartige Blickrichtung mit speziellen Schärfen und Unschärfen, zeigt unbekannte Seiten an bereits Erforschtem, rückt aber auch bislang vernachlässigte oder übersehene Themen ins Visier. Aussagen von Zeitzeugen können zwar herrschende Meinungen in Frage stellen, bieten jedoch keine objektive Wahrheit, sondern müssen ihrerseits durch andere wissenschaftliche Verfahren überprüft und ergänzt werden.
Solche Interviews füllen eine Lücke, denn in der herkömmlichen Geschichtsforschung wurde selten nach den Alltagserfahrungen gefragt. Da ging es um große Politik und berühmte Persönlichkeiten oder um statistische Analysen von Wirtschaft und Gesellschaft. Im Gegensatz zu diesen sogenannten makrohistorischen Arbeiten setzt die *oral history* auf das mikrohistorische Vorgehen und will dem subjektiven Faktor zu mehr Geltung verhelfen. Solch eine Geschichte von unten soll zudem die historische Forschung demokratisieren. Wenn die Befragten aktiv am wissenschaftlichen Arbeiten mitwirken, profitieren beide Seiten. Die Beziehung zwischen dem Forscher und seinem Objekt ist nun nicht mehr einlinig, die Gefahr falscher Wahrnehmung verringert sich so. Und die Betroffenen können sich als in der Geschichte Handelnde erfahren und beim Nachdenken über die Lebensbedingungen und deren Ursachen erkennen, daß Gewordenes auch änderbar ist. Doch die Verfechter der *oral history* wollen noch mehr; sie wollen nicht nur uns Heutigen bessere Erkenntnis schenken, sondern denken auch an die Zukunft: Werden nämlich die Zeitzeugen der älteren Generation nicht interviewt, dann gehen den künftigen Historikern wichtige Quellen unwiederbringlich verloren.

Dieser dritte Teil der Festschrift strebt nicht Geschichts*forschung* im eben skizzierten Sinne an, sondern will solche Interviews als Mittel der Geschichts*schreibung* erproben. Es geht also nicht darum, das historische Wissen der jetzt Lebenden schriftlich festzuhalten, sondern darum, wie Ende der 1980er Jahre Herforderinnen und Herforder die Geschichte ihrer Stadt sehen. Diese subjektive Perspektive kann und soll zudem dokumentieren, daß die Bewohner derselben Stadt deren Geschichte sehr unterschiedlich erleben können. Das subjektive Wahrnehmen muß jedoch in übergeordnete Strukturen und Prozesse wie Ideologien oder Wirtschaftskonjunkturen eingebunden werden; allzu leicht verkommt nämlich die isolierte persönliche Erinnerung zur Sozialromantik. Pointiert gesagt: Die eigene Froschperspektive verzerrt ebenso wie der Blick des Historikers aus luftiger Höhe.

Wer auf Subjektivität der Aussagen Wert legt, muß darauf verzichten, sie historisch zu überprüfen und sie ggf. richtigzustellen. Interviewer und Herausgeber treten also nicht als Korrektive auf, sondern versuchen lediglich, den Äußerungen eine lesbare Form zu geben — sind also Gesprächspartner, Dolmetscher und Redakteure. Diese Zurückhaltung wird jedoch diejenigen Leser irritieren, die in einem Werk der Geschichtsschreibung genau erfahren wollen, »wie es damals war« und die in der von einer Stadt in Auftrag gegebenen Festschrift ein quasi offizielles Dokument sehen. Diesen beiden Erwartungen können Interviews nicht gerecht werden. Mißt man sie an der Latte wissenschaftlicher Objektivität, so muß man zwischen drei Ebenen unterscheiden: Bei den Einzelaussagen handelt es sich um persönliche Meinungsäußerungen, die richtig oder falsch sein können; das einzelne Interview ist eine Quelle, auf der man historisch-wissenschaftliches Arbeiten aufbauen kann; erst für die Summe aller Interviews gilt der Anspruch, eine experimentelle Form kollektiv-pluralistischer Geschichtsschreibung über Herford im 20. Jh. zu sein.

Daß dieser Teil der Festschrift das Prinzip Rückblick am intensivsten verwirklicht, leuchtet sofort ein. Doch wie steht es mit dem Anspruch auf »umfassende Darstellung«? Eine so geringe Zahl von Interviews kann doch, so möchte man meinen, nicht stellvertretend für die große Zahl der Herforderinnen und Herforder stehen. Wer so denkt, verfolgt falsche Ziele. *Oral history* will aus den Fesseln von Repräsentativität und Statistik ausbrechen, will die sozialen Erfahrungen des Einzelnen oder einer Gruppe erschließen. Wir wollen im Teil III nicht *die* Herforder Geschichte schreiben, sondern zeigen, daß die Bewohner derselben Stadt deren Geschichte sehr unterschiedlich erinnern können. Wissenschaftlich formuliert: Es geht um die Perspektivität historischer Erkenntnis. Bei der Auswahl der Personen kam es daher auf ein möglichst breites Band von verschiedenartigen und ausgeprägten Sichtweisen an. Keinesfalls wollten wir jede Gruppe durch einen »Vertreter« darstellen — wer den Gesprächspartner von vornherein auf eine besondere Rolle festlegt, kann sich das Interview sparen! Jede der hier ausgewählten Personen vereinigt also ganz unterschiedliche Aspekte und historische Erfahrungen in sich. Die von uns vorab entwickelten Kriterien stellten lediglich sicher, daß die wichtigsten sozialen Kontraste (z.B. Bürgertum-Arbeiterschaft, Stadt-Land, Mann-Frau) ebenso vertreten waren wie klar definierbare Gruppen (z.B. ehemalige jüdische Mitbürger, ausländische Arbeitnehmer, alternative Szene).

Während in Forschungsprojekten häufig Richtlinien für die Interviews entwickelt werden, wäre ein solches Verfahren für unsere Ziele gefährlich gewesen. Wir gingen also ohne Marschroute und ohne Fragenkatalog in die Gespräche; besonders war jedoch darauf zu achten, was die Erinnerung hervorhebt, was aus eigenem Antrieb ans Tageslicht kommt.

Wer die Gesprächsaufzeichnungen liest, wird rasch erkennen, daß Lebensläufe nicht als vollständige oder gar abschließende Darstellung des Herforder Alltagslebens aus der Sicht der Betroffenen taugen. Ihr Reiz liegt vielmehr in dem überraschend facettenreichen Bild von Ereignissen und Erlebnissen, aber auch von Lust und Leid, Zwängen und Chancen, Hoffnungen und Ängsten. In allen Lebenswegen spiegeln sich die großen zeitgeschichtlichen Einschnitte wie Ausbruch und Ende zweier Weltkriege, Inflation und Weltwirtschaftskrise sowie die stürmischen Jahre des »Wirtschaftswunders«, doch sie tauchen in den Gesprächen nur am Rande auf. Die Erinnerung kreist vielmehr um wichtige Einschnitte im persönlichen Leben, den Tod der Mutter oder des Vaters, die Schulzeit, die erste Arbeitsstelle, die erste Begegnung mit dem späteren Ehepartner: Der Rhythmus des eigenen Lebens verläuft offenbar nicht immer parallel zu den Ereignissen der »großen Geschichte«. Dennoch liegt in diesen persönlichen Erlebnissen auch eine historische Bedeutung, sie lassen uns besser verstehen, welche Erfahrungen einzelne Menschen mit »Industrialisierung«, »Technisierung« und »Verstädterung«, aber auch mit »Nationalsozialismus« und »parlamentarischer Demokratie« gemacht haben. Bei einem Werk der Geschichtsschreibung reicht es nicht, beim subjektiven Faktor nur an die Interview-Partner zu denken — auch die Leser müssen mit einbezogen werden. Über die Subjektivität der Geschichtswahrnehmung anderer sollen Leserin und Leser die eigene Perspektive besser erkennen können. Die Interviews mit den Zeitzeugen sollen die Augen für Zusammenhänge öffnen, die andere sehen. Eine demokratisch verfaßte pluralistische Gesellschaft muß eine wesentliche Frucht historischen Erinnerns beherzigen: Jede Person und jede Gruppe hat ihre eigene Geschichte, die »Mehrheit« darf der »Minderheit« nicht ihre historische Sehweise aufzwingen.

Alternativer Jugendklub: Das Fla-Fla

Stellvertretend für die vielen hundert Menschen, die im Laufe der Jahre an der Idee Fla-Fla mitgearbeitet haben und in ihrem Auftrag stellten sich folgende Personen für dieses Interview zur Verfügung (von links nach rechts):
Eva Liesche-Neumann, im Fla-Fla aktiv seit 1986 (= E.);
Norbert Hartmann, im Fla-Fla aktiv von 1969 bis 1984 (= N.);
Johannes Ridderbusch, im Fla-Fla aktiv seit 1976 (= J.);
Dietrich-Ernst Vollmer, im Fla-Fla aktiv seit 1970 (= D.);
Ralph Jacobsen, im Fla-Fla aktiv seit 1976 (= R.).
Die Namensgebung des »Fla-Fla« orientiert sich an einer in jener Zeit unter Jugendlichen sehr populären Tabakmarke.

Das Fla-Fla als Haus gibt es seit 1969. Es ist aus der Unzufriedenheit Jugendlicher mit den in Herford bestehenden Einrichtungen entstanden. Damals gab es den Jaguar-Club in der Skala, wo wir uns eigentlich ständig trafen. Dort spielten in den sechziger Jahren bekannte Rockgruppen. Das Angebot verflachte jedoch im Laufe der Zeit. Zum einen mußte man viel für die Veranstaltungen zahlen, zum anderen war die Skala nicht täglich geöffnet. (N.)
Bei den damals bestehenden Einrichtungen hatte man keinen Einfluß auf die Inhalte. Es gab keine Möglichkeit etwas zu veranstalten, was uns in irgendeiner Form näher gelegen hätte. (J.)
Die Wurzeln des Fla-Fla liegen in der Cliquenbildung 1968/1969. Im Sommer traf man sich auf dem Neuen Markt, Alten Markt und im Stuckenberg. Damals spielten auch Drogen eine Rolle. Wir waren damals die ersten langhaarigen Jugendlichen, die anfingen, ihre Freizeit ein wenig zu überdenken. Ulrich Tragel mietete 1969 im Alleingang eine alte Werkstatt in der Mittelstraße. Die Räumlichkeiten waren völlig herunterge-

kommen. Wir wußten, daß die Renovierungen monatelang dauern würden. Letztendlich sind wir damit nach einem Jahr fertig geworden. Zu diesem Zeitpunkt gab es noch keine Kontakte zu Behörden, es gab auch keinen Verein. Das heißt, daß wir eigentlich nur Räumlichkeiten eröffnet haben. Seit dem ersten Abend war es immer bombenvoll. Nach ein bis zwei Monaten hatten wir Ärger mit der Polizei und anderen Behörden. Wir waren ein Jahr in den Räumen, dann mußten wir 1970 schließen. Drogen spielten hierbei auch eine Rolle.
Seit diesem Zeitpunkt waren wir etwas wacher und gründeten einen Verein »Das Haus«. Wir machten durch Öffentlichkeitsarbeit auf unsere Situation aufmerksam, es gab die ersten Demonstrationen.
Damals bekamen wir Kontakt zu Herrn Brock — zu der Zeit war er Stadtjugendpfleger — und anderen zuständigen Personen. Wir konnten soviel Druck ausüben, daß sie unsere Existenzberechtigung eingestehen mußten. Daraufhin wurden uns 1970 erstmals Räume zur Verfügung gestellt. Das war in der Wittekindstraße, ein ehemaliges Kaffeegeschäft. Es waren sehr kleine Räumlichkeiten, im Grunde war es ein abbruchreifes Gebäude. Da sich eine Nachbarschaftsinitiative gegen uns gründete, hat unsere Arbeit hier auch nur drei Monate gedauert. Anfang der siebziger Jahre waren wir natürlich die Exoten. Zu diesem Zeitpunkt kristallisierten sich die Leute heraus, die kontinuierlich arbeiten wollten, und u.a. auch Kontakt zu Behörden hatten, vor allem dem städtischen Jugendamt und dem Kreisjugendamt.
Wir machten uns selbständig auf die Suche nach einem neuen Haus und mieteten 1973 die ehemalige Schokoladenfabrik an der Schillerstraße, wo heute die Arbeiterwohlfahrt ihren Sitz hat. Wir nutzten dort zwei Etagen. Im unteren Bereich war der Kneipenraum, im oberen Stockwerk gab es Räume für Arbeitsgruppen, den sogenannten kreativen Bereich. Arbeitsgruppen sind nach kurzer Zeit entstanden. Sie waren nicht aufgesetzt, sondern von der damaligen Interessenlage der Mitarbeiter her gab es Bedürfnisse, bestimmte Themen zu bearbeiten.
In der »Flalosen Zeit«, in der Übergangszeit zwischen dem zweiten und dritten »Fla-Fla«, haben sich die Leute, die zu der sogenannten »Fla-Sippe« gehörten, bei uns in Sundern getroffen. Wir konnten zu dem Zeitpunkt ein großes Haus anmieten, die »Kommune Sundern«. Das Fla-Fla hat in Sundern stattgefunden. Die Leute haben das, was wir uns in unser Haus gestellt haben, genutzt wie ihr Eigentum. Polizei- und Behördenaktionen haben sich daraufhin von Herford nach Sundern konzentriert.
In der Schillerstraße entstanden viele Arbeitsgemeinschaften. Es spielten nicht nur eine Fußballmannschaft, es fanden nicht nur Filmveranstaltungen statt und kreative Sachen, wie die Einrichtung eines Fotolabors und der Holzwerkstatt, sondern es gab auch den politischen Arbeitskreis. (N.)
Das Fla-Fla war seit dem Zeitpunkt des Einzugs eine feste Einrichtung, eine halbwegs organisierte Angelegenheit geworden. Die Mitarbeiter und Besucher wurden älter, und es ging uns nicht mehr nur um selbstgestaltete Freizeit, sondern auch um politisches Engagement. Immer noch in der Tradition von 1968, wandte man sich bestimmten Themenbereichen verstärkt zu. Es entstand eine Ortsgruppe SPAK (Arbeitsgemeinschaft sozialpolitischer Arbeitskreise) in Herford. Der SPAK bestand zum großen Teil

aus Leuten, die auch im Fla-Fla aktiv waren. Damals gab es die ersten Leute, die sich im Bereich der Sozialarbeit, auch der politischen Sozialarbeit engagierten und sich für diesen Berufszweig entschieden.
Man konnte feststellen, daß sich durch die räumliche Festlegung und die relativ solide Grundlage des Vereins und die Arbeitsmöglichkeiten, die man hatte, Inhalte festigten und konzentrierten. (J.)
Aus der ersten Chaotik hat sich eine kontinuierliche Arbeit entwickelt. Es gab kein Strohfeuer mehr, man konnte sich das als langfristige Arbeit vorstellen. (N)
Was ich als wichtig empfinde, ist die Tatsache, daß durch die Gegebenheiten, die man sich geschaffen hatte oder die einem gelassen wurden, die inhaltliche Arbeit wachsen und immer besser werden konnte. (J.)
Wir haben mit dem Geld, das wir durch den Thekendienst einnahmen, und durch die 6000 DM, die wir vom Landschaftsverband bekamen, viele Dinge angeschafft, die einer sinnvollen Freizeit entgegenkamen. Wir haben Holzbearbeitungsmaschinen gekauft und mit Siebdruck angefangen. Hieraus ist inzwischen die Druckerei im Umweltzentrum entstanden. COMMUNA METALL ist ebenso aus dem Fla-Fla hervorgegangen. (N.)
Das Wesentliche dabei ist, daß es damals schon Leute gegeben hat, die sich über den Aspekt der Freizeitgestaltung hinaus Gedanken über ihr Leben gemacht haben, die keine Lust hatten, sich im Arbeitsprozeß verwerten zu lassen und die berufliche Perspektiven suchten. (J.)
Deshalb war auf der Suche nach einem neuen, größeren Gebäude eigentlich geplant, die Druckerei, COMMUNA METALL und das Fla-Fla in einem Gebäude zusammenzufassen. (R.)
Wir brauchten ein Riesengebäude, in dem alles das verwirklicht werden konnte, was schon im Kleinen entstanden war. Die Stadt Herford hat uns damals mehr Steine in den Weg gelegt als daß sie uns geholfen hätte. Ich kann mich noch an Sondersitzungen des Jugendwohlfahrtsausschusses erinnern, wo ich Rede und Antwort stehen mußte und wo es anschließend darum ging zu entscheiden, ob wir weitermachen durften oder nicht. Wir wollten damals als »Haus der offenen Tür« anerkannt werden, da wir den ganzen Tag geöffnet hatten, wurden aber nur als »Haus der Teiloffenen Tür« anerkannt. (N.)
In der Schillerstraße war das Fla-Fla das Kulturzentrum schlechthin. Natürlich nur dann, wenn man den Begriff Kultur umfassend betrachtet. Hier wurden die Anfänge geboren, zusammen zu arbeiten und zusammen zu feiern. Es wurde selbstbestimmte Freizeit verbracht, die ersten Ansätze für eine Lebensgrundlage geschaffen.
Aus den vielen fehlgeschlagenen Versuchen, im Fla-Fla Rockgruppen spielen zu lassen, sind die Festivals »Umsonst & Draußen« entstanden. (J.)
Das erste Festival war 1970, damals mit Checkpoint Charly u.a. Angefangen haben wir im Steinbruch in Exter. Im Grunde genommen ist nichts organisiert worden, es ist einfach passiert. Es gab keine klugen Vordenker. Im ersten Jahr waren 500 Leute da. Im Anschluß bekamen wir für zwei Jahre den Sportplatz in Vlotho. Dort wurden es 40000 Besucher und der Platz war zu klein. Danach fand das Festival in der Kiesgrube in Porta Westfalica statt. Es kamen 80000, zuletzt 100000 Besucher. In Porta Westfalica ist die

Veranstaltung kurzfristig möglich gewesen, weil es dort einen sehr dynamischen Stadtdirektor gab. Er stellte uns eine Verwaltungskraft zur Verfügung. Wir wurden in jeder Hinsicht unterstützt. (N.)
Das haben wir hier vor Ort mit unserer Kleinarbeit nie erlebt. Unterstützung in Form von Mitdenken, sich engagieren für eine Gruppe oder eine Idee oder für professionelle Inhalte, das, was man vom Jugendamt hätte erwarten müssen, gab es auf gar keinen Fall. In Porta Westfalica war mehr möglich, mit mehr Auswirkungen. Zu der Situation hier in Herford läßt sich sagen, daß die Stadt sich eine Menge Arbeit und Ärger erspart hätte, wenn man uns als zugehörig empfunden und mit den gleichen Rechten wie alle anderen ebenfalls gefördert und unterstützt hätte, wie es für eine Vertretung der Allgemeinheit eigentlich selbstverständlich sein müßte. Vielleicht wären wir inhaltlich ein Stückchen weiter, hätten im Fla-Fla nicht so viele Sorgen, und für die Stadt Herford wäre es möglicherweise vom Potential der aktiven Leute eine Sache gewesen, die ganz vorne im Geschichtsbuch stehen könnte, als eine Besonderheit. Die Politiker und die Verwaltung haben das innovative Denken in Herford nie begriffen. (J.)
Alles, was sich damals im Fla-Fla in der Schillerstraße entwickelte, hat sich nebeneinander her entwickelt, egal ob man sich die Aktivitäten oder die Persönlichkeiten ansieht. Ohne Chef zu arbeiten — diese Prinzipien und Ideale, die wir von Anfang an hatten, konnten wir in die Tat umsetzen. (N.)
Als wir in der Schillerstraße mit einem weinenden und einem hoffnungsvollen Auge schlossen, glaubten wir, daß wir schnell wieder neue Räume finden würden. In der Übergangszeit trafen wir uns wieder privat. Das Prinzip der Hausversammlung ist auch zu dem Zeitpunkt nie eingeschlafen. Dadurch wurde auch der Zusammenhalt deutlich gemacht, das war eine starke Sache. Es gab permanent ca. 30 bis 40 Menschen, die etwas Neues machen wollten.
Es hat nicht nur Leute gegeben, die sich um neue Räume gekümmert haben, es gab auch noch kreative Personen, z.B. die Theatergruppe »Rosa Dauerlutscher«. Außerdem organisierten wir ein Fest in der Hansastraße und in der Skala. (J.)
Den Verein »Das Haus« gab es während dieser Zeit nicht mehr. 1979 wurde der heutige »Verein für Sozial- und Kulturarbeit« gegründet. Man wollte auch personell einen Neuanfang und unvorbelastet an den Start gehen. Seit 1980 stand dem Verein ein reiner Frauenvorstand vor. (R.)
Die Zielsetzung unserer Arbeit ist die Übernahme besonderer Aufgaben im Bereich der Jugend-, Kultur- und Sozialarbeit, um die Begegnung von jungen Menschen ungeachtet ihrer Nationalität und Herkunft zu fördern. Das Fla-Fla ist eine nicht-kommerzielle, vom Konsumzwang freie Einrichtung, die eine Vielzahl von Möglichkeiten zur Entfaltung der Persönlichkeit bietet. Das heißt für uns u.a.: sinnvolle Gestaltung der Freizeit durch alternative Angebote zur kommerziellen Freizeitindustrie, Gruppenarbeit in den Bereichen Video, Foto, Film, Kultur, Holz u.v.m., Erkennen und Entwickeln eigener Fähigkeiten und Begabungen, Kennenlernen des Wertes der Gemeinschaft, Hilfestellung bei Problemen des täglichen Lebens, Kulturarbeit, die sich durch inhaltliche Qualität auszeichnet! (E.)
Das Gebäude in der Eimterstraße, eine ehemalige Korbmöbelfabrik, konnten wir 1980

mieten. Der Eigentümer Herr Bock stand dem Projekt positiv gegenüber, er unterstützte es sowohl ideell als auch finanziell. Ebenso war der DPWV (Deutscher Paritätischer Wohlfahrtsverband) eine große Hilfe, er unterstützte uns bei den Antragstellungen. Die Beteiligung der Stadt war dagegen lächerlich gering. Sie stellte einen Jahresbeitrag von 0,80 DM pro Kubikmeter umbauten Raums zur Verfügung. Das Landesjugendamt hätte eigentlich entscheiden müssen, daß die Anforderungen an eine »Offene Tür« gegeben waren. Wir mußten leider feststellen, daß alles nur Ermessenssache war. Gewisse Beteiligte haben immer wieder für sich ermessen, daß für uns nichts drin war. Im Nachhinein ist klar, daß mit Ausnahme des Kreisjugendamtes niemand, der mit uns zu tun hatte, akzeptierte oder wollte, daß etwas Unwägbares, aber offensichtlich mit Power ausgestattetes aufgenommen und gefördert wird. Das Kreisjugendamt hat den Startschuß zum vorzeitigen Baubeginn gegeben.
1987 wurde das Fla-Fla nach langjährigen Kämpfen endlich als »Haus der offenen Tür« anerkannt. Es ging zwar keine finanzielle Förderung damit einher, aber das, was jahrelang unmöglich erschien, war eingetroffen. Seit der Rot-Grünen Mehrheit in der Stadt Herford erhalten wir Zuschüsse zum Betrieb. Seit 1985 gibt es im Fla-Fla eine feste, hauptamtliche Stelle, von 1981 bis 1985 gab es mehrere Arbeitsbeschaffungsmaßnahmen (ABM) für den gleichen Zweck. (J.)
Die Erwartungen an den Verein und seine Helfer und Helferinnen sind im Laufe der Jahre permanent gestiegen. Bedauerlich ist es heute für uns, daß ehrenamtliche Arbeit für viele unserer Gäste ein Relikt aus vergangener Zeit darstellt. Aus diesem Grund ist das Verhältnis von Besucherzahlen und Mitarbeiterkreis ungleich geworden. Trotzdem sind alle Mitarbeiter und Mitarbeiterinnen des Vereins bereit und in der Lage, die anfallenden Arbeiten weiterhin zu bewältigen. Es hat im Jahr 1988 einige Höhepunkte gegeben. Hierzu gehörten Veranstaltungen im Rahmen des Herforder Frauenkulturprojekts, das Kulturfrühstück sowie Austellungen. Dazu zählt auch die Zusammenarbeit mit anderen Initiativen und Gruppen, wie der Ausländerinitiative, der Volkshochschule, der Friedenssgruppe Stiftberg, der Arbeiterwohlfahrt, Schulen, Gewerkschaftsgruppen u.a. Leider waren regelmäßige Theater- und Musikangebote intensiven Sparmaßnahmen unterworfen, die selbstverständlich die Auswahl der gewünsschten Gruppen stark beeinträchtigten. Unser Haus ist für alle geöffnet. Auf diese Weise kann der Verein die lebendige Vielfalt erhalten, die notwendig ist, damit das Jugendzentrum für die Jugendlichen attraktiv bleibt. (E.)
Hier muß der Überfall von Neofaschisten auf das Fla-Fla im März 1988 erwähnt werden. Seit Mitte der achtziger Jahre tauchten neofaschistische Flugblätter im Jugendzentrum auf. Die Neofaschisten suchten sich das Fla-Fla als Gegner aus. Seit Anfang des Jahres 1988 gab es mehrere »Besuche« im Fla-Fla. Anfang des Jahres wurden sie aufgrund der Tatsache, daß sie das Horst-Wessel-Lied sangen, hinausgeworfen. Die Neofaschisten zerstachen anschließend die Reifen von PKWs der Fla-Besucher. Am 5. und 6. Februar 1988 versuchten sie das Zentrum zu stürmen, am 18. März überfielen Skinheads das Jugendzentrum, zertrümmerten die Einrichtung, verletzten Besucher und Mitarbeiter. (J.)
Der Verein befürchtete nach diesem Überfall, daß viele junge Leute den Weg ins Fla-Fla

scheuen würden. Aufgrund der umfangreichen Sicherheitsmaßnahmen und des Neubeginns der antifaschistischen Arbeit konnte dieser Trend allerdings recht früh wieder gestoppt werden. (E.)
Die tragende Idee des Fla-Fla ist von Beginn an die Selbständigkeit gewesen. Das Jugendzentrum hat sich zwar im Laufe der fast zwanzigjährigen Arbeit ständig verjüngt, doch das Prinzip der Selbstverwaltung, das Konsensprinzip bei Entscheidungen, die Gleichberechtigung aller Beteiligten und der Anspruch, ein Zentrum für politische und kulturelle Arbeit zu sein, haben sich bis heute erhalten. Trotz intensiver Nachbarschaftsproteste, Verleumdungen, ungerechtfertigten Polizeiüberprüfungen und jahrelangen Kämpfen um Anerkennung und finanzielle Unterstützung haben Fla-Fla-Aktive nicht aufgegeben. Auch heute noch wird das Fla-Fla von manchen Menschen in Herford in alter Tradition negativ bewertet. So ist es auch heute noch möglich, daß Eltern einer Lehrerin, die mit ihrer Klasse das Fla-Fla besuchen möchte, diesen Besuch untersagen. Doch das Fla-Fla muß mittlerweile als feststehende Einrichtung akzeptiert werden, eine Einrichtung, die pädagogische Arbeit wie andere Zentren auch macht; eine nicht alltägliche Einrichtung, die keine Vordenker hatte, die aus einem Bedürfnis heraus entstanden ist und von einer gemeinsamen Idee und gemeinsamer Arbeit vieler Menschen getragen wird.
(Aufgezeichnet im November 1988 von Sabine Hartmann).

Christopher Barclay-Steuart

Christopher Barclay-Steuart wurde 1948 in Dundee (Schottland) geboren. Von 1966 bis 1968 studierte er Wirtschaftswissenschaften in Edinburgh und arbeitete anschließend fast fünf Jahre lang für eine »Investment Trust Company«. 1973 trat er als Offiziersanwärter in das traditionsreiche Regiment der »Royal Scots« ein. Zwischen 1982 und 1984 sowie von 1987 bis 1989 war er beim Stab der »4th Armoured Division« in Herford stationiert.

Vor meinem Eintritt in die Armee hatte ich bereits fast drei Jahre lang dem Territorialheer angehört, das hauptsächlich aus ehemaligen aktiven Soldaten und aus Freiwilligen besteht, die in ihrer Freizeit und am Wochenende eine militärische Ausbildung erhalten. Auf diese Weise hatte ich auch erste Kontakte zur britischen Armee. 1973 bin ich dann als Offiziersanwärter in das Edinburgher Regiment der »Royal Scots« eingetreten. Die »Royal Scots« gehören zu den ältesten Einheiten des britischen Heeres; das Regiment wurde 1633 gegründet, aber viele der Soldaten hatten schon vorher innerhalb der schwedischen Armee auf der Seite Gustav Adolfs gekämpft.
Meine Motive für den Entschluß, Soldat zu werden, waren eigentlich wenig spektakulär. Das Leben in Edinburgh langweilte mich irgendwie, auch hatte ich schon immer gern Sport getrieben und suchte nach einer beruflichen Tätigkeit, bei der ich andere Länder und Völker kennenlernen konnte. Ich glaube, man bekommt dann einfach ein besseres Gefühl und Verständnis für Dinge, die in der Welt passieren. Auf jeden Fall ist es in Großbritannien für einen Hochschulabsolventen nichts Ungewöhnliches, in die Armee einzutreten. Fast die Hälfte aller britischen Offiziere hat studiert.
Als ich Soldat wurde, waren die »Royal Scots« gerade ein Teil der »ACE (Allied Command Europe) Mobile Force«, eines Nato-Verbandes, der die Aufgabe hat, als multinationale »Eingreiftruppe« die äußeren Flanken des Bündnisses zu verteidigen.

Diese Einheit war hauptsächlich in Norwegen, Griechenland und der Türkei stationiert. Wir waren dreieinhalb Monate des Jahres in Norwegen, vor allem auf Skiern; den Sommer verbrachten wir in Griechenland und der Türkei und den Herbst in Dänemark. Das waren zwei sehr interessante Jahre.
Anschließend habe ich die üblichen Stationen einer Offizierslaufbahn absolviert, als Zugführer, als stellvertretender Kompaniechef usw. 1976 wurde mein Regiment für drei Jahre nach Münster in Westfalen versetzt. Während dieser Zeit habe ich auch meine Frau kennengelernt, die übrigens aus Bad Salzuflen stammt. 1979 kehrten die »Royal Scots« nach Edinburgh zurück, zu unserem Dienst gehörten damals auch zeremonielle Aufgaben vor dem Schloß.
Mitte 1982 wurde ich zum ersten Mal nach Herford versetzt, zum Stab der »4th Armoured Division« (4. Panzerdivision). Ich hatte als »Captain« (Hauptmann) die Stelle eines G3-Offiziers inne und war u.a. für die Vorbereitung von Manövern und die Verteilung der Übungsplätze zuständig. Das war ein sehr interessanter Posten und meine erste Tätigkeit als Stabsoffizier in der britischen Armee.
Im November 1984 wurde ich wieder zu meinem Regiment versetzt, das inzwischen in einem kleinen Ort im Sauerland stationiert war. Ich habe mich darum bemüht, weiterhin in Deutschland bleiben zu können. Also kam ich im Juni 1987 erneut zum Stab der »4th Armoured Division«, und damit begann mein zweiter Aufenthalt in Herford. Diesmal war ich als Major verantwortlich für Personalfragen und Logistik. Im Juni 1989 gehe ich nach Bielefeld, um meinen neuen Posten als Verbindungsoffizier zur Bundeswehr anzutreten.
Von meinen 16 Jahren als Soldat habe ich inzwischen 10 Jahre in Deutschland verbracht. Für einen britischen Offizier sind diese häufigen Wechsel der Garnison und des Aufgabengebietes übrigens normal, Regimentsdienst und Stabsdienst wechseln dabei in einem zweijährigen Rhythmus. Der Offizier soll durch diese unterschiedlichen Tätigkeiten verschiedene Fähigkeiten entwickeln und vertiefen.
Die rund 2 000 Soldaten, die hier in Herford stationiert sind, haben ein Durchschnittsalter von 22 Jahren, die Mehrheit von ihnen ist nicht älter als 25. Die Soldaten verbringen ungefähr drei Jahre in Herford, bevor sie wieder versetzt werden. Diese jungen Leute sind nicht anders und benehmen sich auch nicht anders als junge Deutsche, junge Franzosen oder junge Belgier. Sie sind nicht 24 Stunden am Tag Soldat, ihre Interessen sind Mädchen, Sport, Musik usw.
Fast die Hälfte der Herforder Garnison ist verheiratet. Besonders die Ehefrauen der jungen Soldaten, die hier oft allein in den Wohnungen sitzen und kein Deutsch sprechen, sind sehr isoliert und haben fast gar keinen Kontakt zur Bevölkerung. Das kann dann unter Umständen zu Problemen führen. Insgesamt gesehen finde ich es schade, daß es nicht mehr Kontakte zwischen unseren Soldaten und den jungen Deutschen gibt.
Der Dienst innerhalb der Garnison ist sehr unterschiedlich, das hängt vor allem von der jeweiligen Einheit ab. In der Regel beginnt der Arbeitstag morgens um 8.15 Uhr und dauert bis 17.00 Uhr, unterbrochen von einer einstündigen Mittagspause. Die Alltagsroutine besteht für die Soldaten vor allem aus dem regulären Ausbildungsdienst, Schießen, Sport, technischer Ausbildung, Erster Hilfe, usw. Dazu kommt das große Manöver

im Herbst, das drei bis vier Wochen dauern kann, außerdem gibt es kleinere Übungen im Frühling und im Sommer.
Die britische Rheinarmee umfaßt etwa 50 000 Soldaten, davon sind ungefähr 2 000 in Herford stationiert, vor allem Fernmelde- und Aufklärungseinheiten. Herford ist somit eher eine kleine Garnison, verglichen mit Osnabrück und Paderborn oder auch mit Münster, wo allein 8 000 britische Soldaten stationiert sind. Das hat aber auch den großen Vorteil, daß man das Militär in Herford kaum wahrnimmt. Als meine Frau ein Kind war, besuchte sie oft ihre Großeltern in Bad Salzuflen, und die wußten zunächst gar nicht, daß in Herford britische Truppen stationiert sind, obwohl die Stadt nur wenige Kilometer entfernt ist und in dem Wald zwischen den beiden Orten ein Fernmelderegiment in Garnison liegt. Ich finde, daß diese unauffällige Präsenz des Militärs eine gute Sache ist. Trotzdem gibt es im Alltag natürlich immer wieder Probleme, beispielsweise wenn die Kettenfahrzeuge durch die Stadt fahren und sich die Menschen durch den Lärm gestört fühlen. Aber die Leute, denen ich hier in Herford begegnet bin, waren stets sehr nett, sehr höflich und hatten auch immer viel Verständnis für die Schwierigkeiten der britischen Garnison.
Vielleicht sollten wir der Bevölkerung auch besser verständlich machen, warum wir hier sind und was wir hier tun, zum Beispiel durch »Tage der offenen Tür«. Angesichts der durch Gorbatschow eingeleiteten Veränderungen in der Sowjetunion und durch Probleme wie etwa die Frage der Tiefflieger oder auch die zahlreichen Manöver hat sich das Verhältnis der Bevölkerung zu militärischen Fragen gewandelt. Diesen veränderten Bedingungen müssen sich Politiker und Militärs stellen, ohne dabei grundlegende verteidigungspolitische Positionen allzu rasch aufzugeben.
Herford ist als Garnisonsort sehr angenehm. Die Stadt ist nicht besonders groß, man bekommt hier leichter Kontakt zur Bevölkerung als in großen Garnisonen wie Münster. Herford ist auch keine Industriestadt mit qualmenden Schornsteinen und hat eigentlich alles, was man zum täglichen Leben braucht. Ich kann mit meinen Kindern einfach den Berg hinaufgehen zum Bismarckturm oder durch den Wald nach Bad Salzuflen. Herford ist für mich eine ganz normale und gemütliche Stadt, man fühlt sich hier zu Hause. Mein Sohn Philip besucht die Stiftberger-Schule, deshalb haben wir auch näheren Kontakt zu unseren Nachbarn. Daß mein Sohn auf eine deutsche Schule geht, betrachte ich als eine Art Experiment, denn ich möchte noch längere Zeit in Deutschland bleiben. Der Älteste besucht ein Internat in Großbritannien und der Jüngste — na, mal sehen was in ein paar Jahren ist!
Für viele Herforder ist es, glaube ich, fast schon selbstverständlich, daß britische Soldaten in der Stadt sind, und sie betrachten die Truppen hier als »ihre« Garnison. Im großen und ganzen sind wir wohl akzeptiert als ein Teil der Herforder Bevölkerung. Man darf natürlich nicht vergessen, daß Deutsche und Briten zwei unterschiedliche Völker sind, mit besonderen Eigenheiten und Interessen. Obwohl wir alle Europäer sind, gibt es diese Unterschiede. Aber das sollte vor allem ein Grund sein, Brücken zu bauen, um ein besseres gegenseitiges Verständnis zu erreichen und Gemeinsamkeiten zu entdecken. Dazu gehören aber auch Aufgeschlossenheit und Mut auf beiden Seiten.
(Aufgezeichnet im Februar 1989 von Michael Oldemeier).

Günter Blume

Günter Blume wurde 1923 in Wuppertal geboren. 1932 zog er mit seinen Eltern nach Herford und absolvierte nach dem Besuch der Volksschule eine Bäckerlehre. Als Marinefunker nahm er von 1941 bis 1945 am Zweiten Weltkrieg teil. Nach Kriegsende arbeitete Günter Blume zunächst wieder als Bäcker; wechselte aber 1951 in die Möbelindustrie. Insgesamt 33 Jahre arbeitete er bei einem der bekanntesten Herforder Möbelhersteller, wo er den Aufstieg des Unternehmens von einem Betrieb mit 30 Beschäftigten zu einer Unternehmensgruppe mit rund 1 100 Arbeitnehmern ebenso »hautnah« erlebte wie den Zusammenbruch dieses Firmenimperiums. 1953 wurde er erstmals in den Betriebsrat gewählt. Von 1954 bis 1984 war er Betriebsratsvorsitzender. Seit 1986 ist er Rentner. Günter Blume ist Mitglied der Gewerkschaft Holz und Kunststoffe, der SPD und des Herforder Männerchores.

»Mein Vater war Wuppertaler, meine Mutter Herforderin. Die beiden haben sich während des Ersten Weltkriegs kennengelernt, als mein Vater hier in Herford im Lazarett lag. Nach dem Krieg haben sie geheiratet. Da mein Vater aber Großstädter war, zogen sie nach Wuppertal. In Herford war ihm alles zu ländlich. Hier, in der früheren Feldmark stand damals ja kaum ein Haus und man konnte ungehindert bis zum Stuckenberg sehen. Ich habe dann meine ersten Jugendjahre in Wuppertal verlebt, aber ich kam in jedem Jahr in den Ferien zu meinen Großeltern nach Herford.
1932 wurde mein Vater arbeitslos, was ich aber nicht wußte. Erst später hat mir meine Großmutter davon erzählt, meine Eltern hatten mir das verschwiegen. Mein Vater war Heizungsmonteur von Beruf und seine Firma hatte Pleite gemacht. Er ging jeden Morgen aus dem Haus, um Arbeit zu suchen. In diesem Jahr hatten meine Eltern also nicht das Geld, um mich nach Herford zu bringen. Weil ich aber gern zu meinen Großeltern wollte, haben meine Eltern mich allein in den Zug gesetzt, wie das damals so war, mit

einem Schild um den Hals, damit mich die Bahnhofsvorsteher zu den richtigen Anschlußzügen brachten. Und nach ein paar Wochen in Herford rief mich meine Großmutter vom Spielen herein und sagte: ›Opa hat für deinen Vater Arbeit besorgt. Jetzt kannst du für immer hier bleiben.‹ Mein Vater arbeitete dann hier bei der Firma Rühl, Heizungs- und Apparatebau, und ich ging zur Stiftberger Volksschule.
Bis 1936 war ich in keiner Nazi-Organisation. Der einzige Verein, dem ich bis dahin angehört hatte, war der Kinderchor des Herforder Volkschores. Der Volkschor wurde gleich 1933 als sozialdemokratischer Verein verboten, während man den Kinderchor erstaunlicherweise noch bis 1935 weiterbestehen ließ. 1936 geschah folgendes: Es gab hier in Herford, wie überall, das ›Jungvolk‹ (eine NS-Jugendorganisation). Die hatten Mittwoch nachmittags und Samstag morgens Dienst, so wurde das genannt. Wir ›dienten‹ ja alle nur noch. Und wer damals nicht im ›Jungvolk‹ war, mußte samstags zur Schule. Zum Schluß waren wir da nur noch mit sechs Mann. Und dann sagte eines Tages unser Klassenlehrer — der war menschlich sonst ganz in Ordnung, aber ein ganz schwerer Nazi, völlig durchdrungen von dem ›neuen aufblühenden Deutschland‹ — der sagte also: ›Jungs, wenn ihr nächstes Jahr aus der Schule kommt und ihr wart nicht im »Jungvolk«, kriegt ihr keine Lehrstelle.‹ Der hat uns richtig Bammel gemacht. Und als ich nach Hause kam und sagte: ›Ich muß ins »Jungvolk« ‹, da kriegte ich natürlich Ärger. Mein Vater und mein Großvater waren ja Nazi-Gegner. Aber ich hatte keine Wahl. Allerdings bin ich nie freiwillig hingegangen. Die mußten mich immer holen. Und eine Uniform habe ich auch nicht getragen. Mein Vater sagte: ›Ich kaufe dir dafür doch keine Uniform.‹
Als ich später in die Lehre kam, bin ich allerdings in die Marine-HJ« (Marine-Hitlerjugend, D.B.) eingetreten, aber nicht wegen der HJ, sondern wegen der Marine. Das interessierte mich. Da haben wir dann die ganzen seemännischen Dinge gelernt, sämtliche Knoten, das Morsealphabet, das Signalalphabet mit Flaggen, Seefahrtsregeln. Das hat mir unheimlich Spaß gemacht, zum Beispiel, Sonntag morgens auf der Werre Kutter pullen (rudern, D.B.).
Als ich 1937 aus der Schule kam, wollte ich gerne einen kaufmännischen Beruf ergreifen. Aber in der Nazizeit wurde einem ja praktisch diktiert, was man werden sollte. Da wurde gesagt: ›Nein, nein, Kaufleute haben wir schon so viele. Nimm lieber einen Handwerksberuf, Maurer oder sowas. Es wird jetzt viel gebaut in Deutschland.‹ Aber das wollte ich nicht. Und weil es bei uns in der Familie mehrere Bäcker gab, habe ich gesagt: ›Ich möchte Bäcker werden.‹ Dann bin ich bei der Bäckerei Richter an der Radewiger Brücke (heute: Cafe Wien, D.B.) in die Lehre gekommen. Damals hatte ich große Pläne: Nach der Bäckerlehre wollte ich noch zwei Jahre Koch lernen und dann zur Handelsmarine. Marine, das war immer mein Traum. Als ich dann aber meine drei Jahre Lehre rum hatte, habe ich gedacht: ›Um Himmels willen, bloß keine Lehre mehr.‹ Inzwischen hatte ja auch der Krieg begonnen.«
Mit unverkennbarem Zorn berichtet Günther Blume über die damaligen Arbeits- und Ausbildungsbedingungen: »Ich war noch kein Vierteljahr in der Lehre, da hatte ich schon so bitter bereut, daß ich diesen Beruf ergriffen hatte. Zu der Zeit wurden die Lehrlinge ja nicht nur ausgebeutet, wir wurden regelrecht ausgemistet. Es ist nur gut,

daß es heute das Jugendschutzgesetz gibt, damals waren die Verhältnisse einfach katastrophal. Im ersten Lehrjahr mußte ich morgens um fünf aufstehen. Als erstes mußte ich ungefähr eine Stunde Brötchen austragen. Anschließend habe ich in der Backstube gearbeitet, bis eins, halb zwei. Dann gab's Mittagessen, und ich durfte mich danach auf den Weg machen, mit dem Geschäftsrad, um Brot 'rumzubringen, bis abends sechs, halb sieben. Dann mußte ich wieder in die Backstube, Ofen heizen, Teig säuern, Zutaten abwiegen, Vorbereitungen für den nächsten Tag treffen und Schwarzbrot ausziehen, das in einem besonderen Ofen ›im eigenen Saft‹ gebacken wurde. So wurde es abends acht, halb neun, bis ich Feierabend hatte. Wenn ich abends mal ins Kino wollte, dann mußte ich mich beeilen, damit ich pünktlich um acht zur Vorstellung kam. Um zehn mußte ich wieder zurück sein — übrigens auch als ich schon ausgelernt hatte, bis ich achtzehn war, so war das damals. Wenn ich also zurückkam, habe ich mich, wie man so sagt, ›in den Kahn gehau'n‹, denn am anderen Morgen ging es um fünf Uhr wieder los. So war das im ersten Lehrjahr.
Vom zweiten Lehrjahr an mußte ich morgens um halb vier aufstehen, mit den Gehilfen. Jeden Tag in der Woche arbeiten und jeden Sonntagabend um sieben Uhr wieder da sein, Heizen, Teig säuern, Vorbereitungen für den nächsten Tag ..., tja, so waren die Arbeitsbedingungen. Aber natürlich mußte ich nebenbei auch, wenn in der Backstube mal Leerlauf war, für die Frau meines Chefs die ›Waschmaschine schaukeln‹ und andere solcher Scherze machen. Damals wurden die Waschmaschinen noch mit der Hand bewegt. Das war meine Lehrzeit.«
Auf die Frage, wie oft er sich denn von seiner Ausbildungsvergütung ein Freizeitvergnügen wie den Gang ins Kino erlauben konnte, lacht Günter Blume: »Ausbildungsvergütung, so etwas gab es nicht. Ich kriegte keinen Pfennig, dafür wohnte ich doch in Kost und Logis. Auch sämtliche Gehilfen wohnten da. Beim Bäcker wohnten alle. Ja, und was ich als Taschengeld hatte, war das Trinkgeld, das ich beim Brotaustragen verdiente, hier ein Groschen, da ein Groschen und bei reichen Leuten, Akademikern, Rechtsanwälten, Doktoren, da kriegte ich auch mal ein Fünfzigpfennigstück. Dann war ich natürlich happy. Wenn's gut ging, kam ich auf fünf Mark in der Woche, manchmal waren es aber auch nur zwei Mark. Meine Eltern konnten mir kein Taschengeld geben. Wir waren wirklich nicht mit Reichtümern gesegnet.
Nachdem ich ausgelernt hatte, bin ich ungefähr noch ein halbes Jahr bei Richter geblieben, bis dann 1940, im Oktober oder November, die ersten Sprengbomben in Herford fielen. Es war Sonntagabend, ich liege vielleicht 'ne halbe Stunde im Bett, werde wach, fühle auf meinem Oberbett, überall Trümmer, Mörtel, Steine, die Verdunkelung abgerissen und dann gingen die Sirenen los. Ja, da war neben dem Hinterhaus, das an der Aa liegt, auf dem schmalen Uferstreifen am Haus, eine Bombe 'runtergegangen. Das war keine große Bombe, aber die Backstube war ein Trümmerhaufen. Des nachts bin ich dann noch zu meinen Eltern nach Hause gegangen, und als ich am nächsten Morgen wiederkam, hatte schon das Arbeitsamt angerufen, ich sollte mich sofort bei der Bäckerei Krömker (heute: Hansa-Cafe in der Klingenthal-Passage, D.B.) melden, die brauchten einen Gehilfen. Damals konnte man ja nicht einen Tag arbeitslos sein. Dort habe ich ungefähr ein halbes Jahr gearbeitet, bis mein neuer Chef auch Soldat wurde, am

1. April 1941. Ich bin dann noch einmal zur Bäckerei Richter gegangen. Mein Lehrmeister hatte die Bäckerei wieder aufgebaut.
Aber in der Zwischenzeit hatte ich mich schon freiwillig zur Marine gemeldet, weil ich dachte: ›Wenn du wartest, bis du normal gemustert wirst, kommst du zur Infanterie‹. Am 1. Juli 1941 wurde ich dann eingezogen.« Im Anschluß an eine Ausbildung zum Marinefunker verbrachte Günter Blume die Kriegsjahre in der Hauptsache als Angehöriger des 17. U-Boot-Jagdgeschwaders, das in Stavanger (Norwegen) stationiert war. Er überlebte den Krieg unverletzt.
Nach der Kapitulation Nazi-Deutschlands kam er in britische Gefangenschaft, aus der er im Juli 1945 wieder nach Herford entlassen wurde. Über seine Schwierigkeiten, wieder in seinen erlernten Beruf zurückzukommen, berichtet er: »Als Bäcker kriegte ich damals keine Arbeit. Ich bin bei allen Herforder Bäckereien gewesen. Entweder waren die Bäckermeister selbst noch in Gefangenschaft, oder sie waren gefallen, oder sie sagten: ›Wir haben erst gerade wieder angefangen und wissen noch nicht, wie's anläuft. Noch können wir keinen Gesellen gebrauchen.‹ Beim Arbeitsamt wurde mir dann gesagt: ›Wenn Sie keine Arbeit finden, müssen Sie in der Stadt Trümmer wegräumen.‹ Dann habe ich mit anderen, denen es ähnlich ging, beim Hotel ›Zur Post‹ (heute: Hauptverwaltung der Stadtsparkasse Herford. Das Hotel ›Zur Post‹ und umliegende Häuser wurden Anfang 1945 bei einem Bombenangriff zerstört, D.B.) Trümmerschutt auf Lastwagen geladen, der zu einer riesigen Ziegeleikuhle an der Grünen Straße heraufgebracht wurde. Weil damals Brennstoffmangel herrschte, mußten wir dann später, als die kühle Jahreszeit begann, in den Stuckenberg zum Bäumefällen. Gearbeitet wurde aber nicht mit Motorsägen, sondern mit Handsägen. Diese Arbeiten wurden von der Stadt angeordnet.«
Aber auch durch diese städtischen Maßnahmen war die Not der Bevölkerung nur teilweise zu lindern. Daß seinerzeit von vielen Herfordern auch Strafen in Kauf genommen wurden, um die eigene Existenz zu sichern, schildert Günther Blume am folgenden Beispiel: »Damit wir zu Hause Brennmaterial bekamen, bin ich nach Feierabend zusammen mit meinem Vater — jeder mit einem Bollerwagen — wieder 'rauf in den Stuckenberg. Oberhalb von Steinmeyer (Ausflugsrestaurant, D.B.) standen Eichen. Die haben wir abgesägt, die Stämme passend zurechtgeschnitten, aufgeladen und wieder weg. Viele Frauen, deren Männer gefallen oder noch in Gefangenschaft waren, die haben sich dann die Äste genommen, die wir liegenließen. Die fragten uns schon: ›Kommt ihr morgen abend wieder?‹, weil sie ja keine Bäume fällen konnten und froh waren, wenn sie die Äste bekamen. Wer dabei erwischt wurde, mußte zur Strafe vierzehn Tage im Wald arbeiten, wieder aufforsten, Bäume pflanzen. Da ist natürlich Raubbau getrieben worden, aber die Not zwang uns ja dazu. Viele haben auch an der Bahnlinie gesessen und darauf gewartet, daß die Kohlenzüge halten mußten. Die sprangen dann 'rauf und haben die Kohlebrocken 'runtergeschmissen und aufgesammelt, damit sie was zum Heizen hatten. Es dauerte länger als ein Jahr, bis ich wieder in meinem erlernten Beruf als Bäcker einen Arbeitsplatz fand. Eines Tages bin ich mal wieder zu Krömker gegangen. Da war auch noch alles kaputt von den Bomben, Klingenthal war ein Trümmerhaufen und das Vorderhaus der Bäckerei auch. Die Backstube im Hinterhaus war aber stehengeblieben,

und der Laden war auf der gegenüberliegenden Seite im Gehrenberg eingerichtet. Da konnte ich sofort anfangen, das war am 1. Oktober 1946. Damals arbeiteten bei Krömker zwei Lehrlinge und ein Geselle. Ich bin dann fünf Jahre dageblieben und habe jeden Tag zehn bis zwölf Stunden gearbeitet. In den ersten Jahren vor der Währungsreform war's noch nicht so doll, aber danach wurde ja auch wieder Feingebäck gemacht und Konditorsachen. Jeden Morgen um vier Uhr fing ich an, es lag ein Zettel mit Bestellungen auf dem Tisch, um neun Uhr ging die Tür auf, der alte Krömker kam rein: ›Alles in Ordnung? Sie wissen ja was los ist? Und wenn ihr mit allem fertig seid, gehen Sie in den Laden rüber, gucken, was fehlt.‹ Und dann verschwand er wieder. Na, und wenn ich damit fertig war, wurde nachmittags Teegebäck gemacht, nicht einfaches Gebäck, sondern Schwarz-Weiß-Gebäck, komplizierte und langwierige Sachen. Da habe ich dann gestanden bis vier, fünf Uhr nachmittags, für 57 Mark in der Woche. Und wenn ich zum alten Krömker ging und sagte: ›Das geht aber nicht, da legen Sie noch mal ein bißchen drauf‹, dann antwortete er: ›Das ist doch Spitzenlohn, Sie sind mein Erstgehilfe und verantwortlich für alles.‹ Aber in anderen Berufen verdiente man damals viel mehr. Als ich später als Hilfsarbeiter in der Möbelindustrie anfing, hatte ich rund zwanzig Prozent mehr in der Woche.

Am schlimmsten war die Arbeit vor Feiertagen. Weihnachten, zum Beispiel, da haben wir einen Tag vor Heiligabend nachts um zwei Uhr angefangen, den ganzen Tag durchgearbeitet, die ganze Nacht durchgearbeitet, bis Heiligabend mittags, in einem Stück. Das waren 36 Stunden. Und bevor man dann fix und fertig nach Hause gewankt ist, kriegte man fünfzig Mark Weihnachtsgeld in die Hand gedrückt. Die fünfzig Mark hätte ich normalerweise in den Tagen vorher längst verdient haben müssen. Aber der Chef war ganz stolz, daß er fünfzig Mark gab.«

Auf die Frage, ob Überstunden denn nicht bezahlt wurden und wie lange denn überhaupt die normale Arbeitszeit war, packt Günter Blume auch heute noch die Verbitterung von damals: »Überstunden, die gab es doch gar nicht. Gearbeitet wurde täglich so lange, bis alles erledigt war. Ob man dafür 50, 60 oder 70 Stunden in der Woche arbeiten mußte, war egal. Entscheidend war, daß die Arbeit geschafft wurde. Und dafür gab es 57 Mark in der Woche. Deshalb bin ich 1948 ja auch in die Gewerkschaft eingetreten. Ich war damals der erste gewerkschaftlich organisierte Bäckergehilfe, der bei einem Krauter (kleiner Handwerksbetrieb, D.B.) arbeitete. Es gab einige Bäcker in der Gewerkschaft, aber die arbeiteten auch in der Großbäckerei beim Konsumverein, wo es Acht-Stunden-Schichten gab. Wenn andere mir damals sagten: ›Geh' doch zum Konsum‹, dann habe ich immer geantwortet: ›Ich will kein Maschinenarbeiter sein.‹

Von der Gewerkschaft wollte ich wissen, was meine Rechte sind. Die fragten mich zum Beispiel: ›Wieviel Urlaub kriegst du denn?‹ Ich sagte: ›Eine Woche.‹ Sagten die: ›Nein, vierzehn Tage stehen Dir zu.‹ — Ich also am nächsten Tag in die Bude, sage: ›Herr Krömker, ich kriege noch eine Woche Urlaub.‹ Darauf er: ›Sie haben doch Ihren Urlaub schon weg.‹ Ich sage: ›Nein, vierzehn Tage stehen mir zu.‹ Er schreit zurück: ›Wer sagt das?‹ Ich antworte: ›Das ist doch egal, mir stehen vierzehn Tage Urlaub zu.‹ Dann er wieder: ›Aber das können wir doch jetzt gar nicht machen.‹ Und dann kriegte ich ständig Stunk mit ihm. Jeden Tag gab's Stunk, bis er mich fragte: ›Sind Sie eigentlich

Kommunist? ‹ Ich habe ihm dann gesagt: › Nein, aber bei Ihnen kann ich es werden. ‹ Das Verhältnis wurde immer schlimmer, das war am Schluß nicht mehr auszuhalten.«
1951 wechselt Günther Blume den Beruf. Ein Sportkamerad beim damaligen VfB Herford, der auf dem Arbeitsamt beschäftigt ist, rät ihm, in die Möbelindustrie zu gehen, diese Branche sei auf dem aufsteigenden Ast. Am Altensenner Weg in Herford, so dieser Freund, gebe es einen kleinen Betrieb, der sicher eine gute Zukunft hätte. Es handelt sich um die Firma Heidemann, die Küchenmöbel herstellt. Günter Blume schildert seinen Einstieg in den neuen Beruf und in den Betrieb, dessen scheinbar unaufhaltsamen Aufstieg er in den nächsten rund dreißig Jahren, bis zum unerfreulichen Ende erleben wird: »1951 habe ich bei Heidemann angefangen. Das war damals noch eine kleine › Quetsche ‹ mit dreißig Mann. In den ersten Tagen mußte ich am Abrichter arbeiten, Schubkastenverdoppelungen herstellen. Da wurden Bretter mit der Hand über eine Maschine geschoben, die mit Messern ein Profil in das Holz schnitt. Das war eine Knochenarbeit, laut und gefährlich, damals gab es kaum Schutzvorrichtungen. Nach ein paar Stunden habe ich meine Hände kaum mehr gespürt. Und am zweiten Tag stehe ich wieder an meiner Maschine, da kommt der dicke Heidemann an, Hans Heidemann, der Juniorchef. Ich kannte ihn aus dem Sportverein, wußte aber seinen Namen nicht. Er war da auch Mitglied, aber nur passiv, und nach den Spielen stand er immer an der Theke. Er wurde immer nur der › Dicke ‹ genannt und angefrotzelt: › Komm Dicker, gib mal einen aus. ‹ — Ja, und der stand jetzt vor mir und fragte: › Was machst Du denn hier? ‹ Ich sage: › Das siehst Du doch, arbeiten. Und was machst Du hier? ‹ Darauf er: › Ich bin Chef hier. Ich erbe das alles mal. ‹ Das war also mein Einstand bei Heidemann.«
Nachdem Günther Blume rund ein halbes Jahr an verschiedenen Holzverarbeitungsmaschinen innerhalb des Betriebs gearbeitet hat, erhält er einen festen Arbeitsplatz an der hydraulischen Furnierpresse. Dort wird im Akkord gearbeitet. Er wird zum Vorarbeiter ernannt. Nach rund einem Jahr in der Hilfsarbeiterlohngruppe wird er auf Empfehlung des Betreibsmeisters höhergruppiert und erhält Angelerntenlohn. Aber auch bei seinen Kollegen genießt Blume Ansehen, weil er, wie er sagt, »den Mund aufmacht, wenn's nötig ist.« Er wird gefragt, ob er nicht für den Betriebsrat kandidieren wolle. »Ich habe gesagt: › Wenn Ihr das wollt, dann setzt mich auf die Liste. ‹ — Es vergehen drei Tage, da kommt der damalige Betriebsratsvorsitzende zu mir und sagt: › Günter, der Meister war eben bei mir, der ist nicht damit einverstanden, daß Du in den Betriebsrat kommst. ‹ ich sage: › Was ist das? Kann er das den überhaupt? ‹ Damals hatte ich ja noch keine Ahnung von den Dingen. › Ja, normalerweise kann er das nicht ‹, sagt der, › aber wenn wir Ruhe und Frieden haben wollen, dann verzichte doch auf Deine Kanditatur. ‹ Da habe ich gesagt: › Jetzt erst recht. ‹
Aber damit ging das Theater erst los. Zum Zeitpunkt, als die Wahl stattfinden sollte, passierte nichts. Die Wahl fiel aus. Wir hatten keinen Betriebsrat mehr und eines Tages in der Mittagspause kam der Meister und sagte: › Der Chef ist an mich herangetreten und hat gesagt, das sähe ja so dumm aus, wenn unsere Firma keinen Betriebsrat hätte. Wir werden jetzt einen Betriebsrat bilden. ‹ Dann zeigte er mit dem Finger auf drei Leute, die er sich ausgesucht hatte: › Also, Du machst jetzt den Vorsitzenden, Du den zweiten, Du den dritten. Alles klar? ‹ — Keiner traute sich, was zu sagen. Ich habe auch

nichts gesagt, aber als Feierabend war, bin ich zur Gewerkschaft gefahren und habe das da geschildert. Und am anderen Morgen (Günter Blume lacht, D.B.), da war ein Theater in der Firma. Der Gewerkschaftssekretär war da und hat der Geschäftsleitung erklärt, daß sie gegen geltendes Recht verstoßen hatte. Hinterher kam der Meister wutentbrannt auf mich zugestürmt, aber nun mußte eben eine richtige Wahl nachgeholt werden. Und dabei bekam ich die meisten Stimmen.
Das war 1953. Die Kollegen sagten dann, ich solle Betriebsratsvorsitzender werden, aber ich habe das abgelehnt. Ich wollte erst noch ein paar Gewerkschaftslehrgänge und -seminare mitmachen, damit ich das auch konnte. So war ich samstags immer unterwegs zu Schulungen, und meine Frau, die schimpfte schon: ›Da hast Du was angenommen.‹ Aber ich wollte das vernünftig machen. Bei der nächsten Wahl erhielt ich wieder die meisten Stimmen, da habe ich dann den Vorsitzenden gemacht. Und als die nächste Betriebsratwahl kam, damals wurde noch jedes Jahr gewählt, da habe ich den Termin auf mittags, halb eins, angesetzt, nach der Mittagspause, während der Arbeitszeit. Da war schon der erste große Krach da. ›Was fällt Ihnen ein?‹, tobte der Meister. Da habe ich ihm gesagt: ›Wir wollen uns doch vernünftig unterhalten. Es ist unser gutes Recht, Betriebsversammlungen während der Arbeitszeit abzuhalten und nicht wie bisher, schnell, schnell, in der Mittagspause.‹ Das haben wir dann gemacht und von da an lief das auch so. Die Kollegen waren natürlich froh.«
Neben seiner Arbeit, inzwischen war er in die Facharbeiterlohngruppe aufgestiegen, begann für Günter Blume nun also die tägliche, oft mühselige Kleinarbeit des Betriebsratsvorsitzenden, die ihm, wie er sagt, »auch eine Menge Nackenschläge eingebracht hat, auch von Kollegen.« Dazu gehörte auch der innerbetriebliche Kampf, Zuschlagszahlungen für Überstunden durchzusetzen: »Bis weit in die fünfziger Jahre wurden bei uns (gemeint ist die Firma Heidemann, D.B.) keine Überstundenzuschläge gezahlt. Und es hat lange gedauert, bis wir das durchsetzen konnten. Für Überstunden wurde zwar der Stundenlohn gezahlt, aber keine Zuschlagsprozente, wie das heute üblich ist. Wir haben damals monatelang verhandelt, bis die Geschäftsleitung zum Schluß sagte: ›Dann machen wir eben keine Überstunden mehr.‹ Aber das war es ja, was ich erreichen wollte. Ich wollte, daß stattdessen neue Leute eingestellt wurden. Es gab aber durchaus ein paar Kollegen, die unbedingt Überstunden machen wollten, wegen des Geldes. Dann hatte ich natürlich auch mit denen Ärger.«
Die konjunkturelle Entwicklung der Nachkriegszeit im Zeichen des sogenannten Wirtschaftswunders sorgt dafür, daß bis zum Anfang der sechziger Jahre die Belegschaft der Firma Heidemann auf rund 100 Beschäftigte angewachsen ist. Statt Küchenmöbel werden nun Wohnzimmerschränke hergestellt. Das sogenannte Schiebeband der fünfziger Jahre wird durch die Montage am Fließband ersetzt. Es verändern sich sowohl die Produktionsbedingungen als auch die Methoden der Betriebsleitung.
»In den sechziger Jahren kriegten wir zum ersten Mal einen Betriebsingenieur. Das waren damals Leute, die kamen von den Schulen und Universitäten, hatten aber von den betrieblichen Abläufen zumeist keine Ahnung. Vorher war es so, daß die Betriebsleiter sich emporgearbeitet hatten. Die hatten ihre Meisterprüfung gemacht, und wenn sie organisieren konnten und etwas von Menschenführung verstanden, dann konnten sie

Betriebsleiter werden. Diese neuen Betriebsführer, die konnten zwar organisieren und wurden dafür gut bezahlt, aber die verlangten die unmöglichsten Sachen. Da haben wir manche harten Dinge ausfechten müssen. Und Menschenführung, na ja, einen hatten wir mal, den nannten wir nur den Friseur, weil der als einziger einen weißen Kittel trug. Der lief den ganzen Tag durch den Betrieb, guckte hier, guckte da und achtete darauf, daß sein Kittel nicht schmutzig wurde.«

Mit der Einführung neuer Produktions- und Leitungsformen verändern sich gleichfalls die Arbeitsbedingungen durch die Rationalisierung der Betriebsabläufe. Refa-Fachleute, die versuchen, die Arbeitsabläufe optimal zu organisieren und die jeweiligen Tätigkeiten der Beschäftigten zu bewerten, stehen dabei immer häufiger dem Betriebsrat gegenüber, der die Interessen der Belegschaft wahrnehmen muß. Es geht um das Einkommen, das von der Bewertung der Tätigkeiten abhängt, es geht aber auch um die Arbeitsbedingungen und die Gesundheit der Beschäftigten.

»Bis zum Anfang der sechziger Jahre hatten wir nur einen Refa-Mann. Das wurden dann fünf. Eines Tages kam der Leiter der Arbeitsvorbereitung zu mir und sagte: ›Wir müssen überall neue Arbeitsaufnahmen machen.‹ Ich frage: ›Warum?‹ Darauf er: ›Ja, es wird zuviel verdient. Ich fange morgen an Ihrem Arbeitsplatz an.‹ Da habe ich ihm gesagt: ›Nein, wenn Sie die Akkorde ändern wollen, dann werden die ordnungsgemäß gekündigt, mit der Angabe von Gründen, und die Kündigungsfrist läuft vierzehn Tage. Und die Kündigungsschreiben müssen an jeden einzelnen Arbeitsplatz gehen, nicht nur an den Betriebsrat.‹ Grundsätzlich war diese Kündigung der Akkorde nicht unbegründet, da konnte ich nichts machen, aber ich wollte wenigstens, daß dabei die Bestimmungen eingehalten wurden.

Danach kam das Problem der Arbeitsaufnahmen. (Auf speziellen Formularen werden dabei von den Refa-Fachleuten die einzelnen Tätigkeiten für die spätere Bewertung registriert, D.B.). Meistens war es so, daß die Refa-Leute einfach an den Arbeitsplatz kamen und ihre Aufnahme machten und keiner wußte davon. Da mußte ich dann hin, hab' die weggeschickt und denen gesagt: ›Wenn Sie Aufnahmen machen wollen, dann haben Sie sich gefälligst anzumelden, damit die Kollegen sich darauf einstellen können.‹ Ja, und danach kamen die Auseinandersetzungen um die Ergebnisse, damit die Kollegen keine Lohneinbußen hatten. Da ging es dann meist um den Leistungsgrad. Der Leistungsgrad, der für eine Arbeit aufgewendet werden muß, wird nur geschätzt. So etwas kann ja auch nur geschätzt werden. Und dann passierte eines Tages folgendes. Ich bekam Streit mit einem Refa-Mann, der sonst immer ganz vernünftig bewertete, und dann sagt der mir, er hätte von unserem Prokuristen die Anweisung, nur einen geringen Leistungsgrad zu geben. Ich also 'rauf zu dem Prokuristen, frage den: ›Stimmt das?‹ Sagt der: ›Ja, das hat der Chef angeordnet.‹ Dann brauchte ich eine Woche, bis ich den zur Rede stellen konnte. Da sagt der mir: ›Das ist nötig, die Leute verdienen doch alle ein Schweinegeld.‹ Ich sage: ›Was ist das? Das Schweinegeld, das verdienst Du und zwar auf unsere Knochen. Wenn Du das nicht sofort rückgängig machst, dann gehe ich mit Dir vor's Arbeitsgericht.‹ Da hat er es dann zurückgenommen.«

In den sechziger Jahren verändert sich gleichzeitig die Unternehmensstruktur der Firma Heidemann. Das Unternehmen wird durch Zukäufe und Firmenneugründungen zur

Unternehmensgruppe. Günter Blume schildert die Stimmung, die seinerzeit in der Unternehmensführung herrschte, die offensichtlich von unbegrenzten Wachstumschancen ausging: »Mitte der sechziger Jahre hatte Hans Heidemann in Sandebeck, in der Nähe von Horn, wie man so sagt ›für'n Appel und'n Ei‹ ein riesiges Grundstück erworben. Dort baute er eine kleine Küchenmöbelfirma. Damals kamen die ersten Anbauküchen in Mode. Dort war ein strukturschwaches Gebiet, und er war natürlich ›der‹ Mann in Sandebeck, weil er Arbeitsplätze schuf. Der Betrieb fing dort mit ungefähr zwanzig Leuten an, aber im Laufe der Zeit wurde ständig angebaut, und das Werk wurde immer größer. Eines Tages kam der ›Dicke‹ dann an meinen Arbeitsplatz und sagte: ›So, jetzt kann Heidemann nichts mehr passieren.‹ Ich sage: ›Wieso, weil Du das Küchenwerk da unten hast?‹ Darauf er: ›Ich baue jetzt auch noch ein Spanplattenwerk. Dann machen wir unsere Spanplatten selber, brauchen nichts mehr zu kaufen und sind auf niemand mehr angewiesen.‹ Und dann baute er in Sandebeck auch ein Spanplattenwerk, das für die damaligen Verhältnisse riesig war. Dieses Werk lief etwa zwei Jahre, dann bauten sie dort auch noch eine Kunststoffbeschichtungsanlage. Als dann in Damme, in Niedersachsen, ein Erzbergwerk stillgelegt wurde, kaufte Heidemann dieses Areal, mit Millionen aus Landesmitteln natürlich, weil er sagte, er wolle die Arbeitsplätze erhalten. Dann wurde das ganze Gelände leergeräumt, die Gebäude wurden abgerissen, bis auf den Förderturm, der stehenblieb als Industriedenkmal. Und da baute er dann ein weiteres Küchenmöbelwerk. Als die Einweihung war, fuhr unser ganzer Betrieb dahin, und Heidemann ließ sich feiern als der große King.«

Während die Heidemann-Gruppe in erheblichem Maße expandierte, versuchte die Unternehmensführung die Folgen des ersten größeren Konjunktureinbruchs nach der Mitte der sechziger Jahre auch mit unrechtmäßigen Mitteln auf die Beschäftigten abzuwälzen. Es kam zu erbitterten Auseinandersetzungen, die Günter Blume folgendermaßen schildert: »Eines Abends, das war 1967, da stand nach Feierabend ein großer Pulk von Kollegen vor dem Schwarzen Brett, neben der Stempeluhr. Dort hing ein Schreiben, auf dem stand, daß ab sofort alle Akkorde und alle außertariflich gezahlten Stundenlohnzuschläge gekündigt wären. Ich also 'rauf zu unserem Prokuristen, dem wieder alles erzählt, also 14 Tage Kündigungsfrist mit Begründung und so weiter. Und dann waren diese zwei Wochen 'rum, aber nichts passierte, außer der Tatsache, daß wir Beschäftigten jetzt viel weniger Lohn hatten. Dann habe ich unseren Betriebsleiter angesprochen, der mir sagte: ›Ja, ich kümmere mich darum. Das Unternehmen muß ja auch daran interessiert sein, daß weiter im Akkord gearbeitet wird.‹

Ein paar Tage später kommt ein Kollege zu mir und sagt: ›Günter, hast Du schon gehört, die Geschäftsleitung ruft einzeln die Leute nach oben und legt denen neue Arbeitsverträge mit schlechteren Bedingungen vor?‹ Davon wußte ich natürlich nichts. (Der Abschluß von Arbeitsverträgen gehört nach dem Betriebsverfassungsgesetz zu den Angelegenheiten, in denen ein Unternehmen die Zustimmung des Betriebsrats einholen muß. Die Heidemann-Geschäftsleitung beging also einen eindeutigen Rechtsbruch, D.B.) Ich bin also wieder sofort 'rauf in das Sitzungszimmer und stelle die Herrschaften zur Rede, da sagt mir unser Betriebsleiter: ›Aber Herr Blume, wenn wir darüber mit dem Betriebsrat gesprochen hätten, dann hätten wir doch nur Ärger bekommen.‹ Da

habe ich ihm geantwortet: ›Den Ärger bekommen Sie jetzt. Wir sehen uns vorm Arbeitsgericht.‹ Ich habe mich ins Auto gesetzt, bin zur Gewerkschaft gefahren, und dann haben wir die Klage vorbereitet. Und da ist einer von geworden, mein lieber Mann. Es kam also zum Termin vorm Arbeitsgericht. Und die gesamte Geschäftsführung trat an: Heidemann selbst, der Betriebsleiter, der Prokurist, der Betriebsingenieur und ich als einziger von der Arbeitnehmerseite. Alle wurden einzeln hereingerufen, ich kam als Letzter dran. Ich habe dann berichtet, was passiert war. Da sprang hinten im Zuhörerraum der Heidemann auf und rief dazwischen: ›Das stimmt nicht. Du lügst.‹ Da hat ihm dann der Richter gesagt, wie er sich zu benehmen habe. Als ich fertig war, mußten wir alle wieder raus. Es dauerte ungefähr eine halbe Stunde, dann wurde das Urteil verkündet, und das lautete: Wir haben unsere Klage gewonnen. Danach hat der ›Dicke‹ mindestens ein Vierteljahr nicht mehr mit mir geredet. Immer wenn er mich irgendwo sah, drehte er sich um und war weg. Wir sind dann zwar nach einiger Zeit zu neuen Arbeitsvereinbarungen gekommen, aber insgesamt hat uns diese Geschichte fast ein Jahr schwere Lohneinbußen eingebracht. Die haben wir dann erst später wieder einholen können.
Aber für mich war viel schlimmer, daß es trotz dieses ganzen Theaters Kollegen gab, die Arbeitsverträge abschlossen, ohne mit dem Betriebsrat zu reden. Da habe ich gesagt: ›Das mach' ich nicht mehr mit. Ich stehe für die ganze Belegschaft allein vor'm Arbeitsgericht und dann fallen mir solche Kollegen noch in den Rücken. Das ist zuviel.‹ Es standen wieder Betriebsratswahlen vor der Tür, und da habe ich gesagt, ich kandidiere nicht wieder. Dann haben sie mich bekniet, stundenlang, die Kollegen, die zu mir hielten, und Werner Eggert, der damalige Gewerkschaftssekretär. Aber ich habe ›Nein‹ gesagt, bis sie mich fragten: ›Willst Du das alles jetzt kaputtgehen lassen, was Du jahrelang aufgebaut hast. Überleg' doch mal, wie früher der Betriebsrat aussah.‹ Ja, dann habe ich da gesessen, bis ich gesagt habe: ›Ist gut, ich mach's nochmal.‹«

Während den Beschäftigten schwere Auseinandersetzungen aufgezwungen werden, um ihre Rechte durchzusetzen, können sie auch in den folgenden Jahren beobachten, wie die Heidemann-Unternehmensgruppe scheinbar unaufhaltsam wächst. Und weil die Banken bereitwillig Kredite zur Verfügung stellen, gibt es auch bei den Arbeitnehmern keine ernsthafte Sorge um das Geschäftsgebaren des Firmenchefs.

»Inzwischen hatte Heidemann in Beelen, nahe Gütersloh, ein weiteres Spanplattenwerk erworben, das Pleite gemacht hatte. Dann machte in Harsewinkel eine Schlafzimmerfirma Pleite. Die kaufte er auch auf, ließ aber dieselben Möbel weiterproduzieren, die zu der Pleite geführt hatten. Dann übernahm er eine Möbelbude in Lüdenhausen. Die hatte seinem Bruder gehört, der schon einige Pleiten hinter sich hatte. Das wurde auch ein Zusatzgeschäft, weil dieselben Produkte weitergebaut wurden. Dann hat er in Berlin noch 'ne kleine ›Quetsche‹ gekauft. Der kaufte alles auf, was Pleite machte. Das Geld dafür hatte er ja auch nicht, aber er kriegte immer wieder was von den Banken. Die Nord-LB (Norddeutsche Landesbank, D.B.) war unser größter Kreditgeber. Ich glaube, es war 1979, da kaufte er in Amerika sogar ein großes Sägewerk. Da flogen dann jedes halbe Jahr der Prokurist hin und der Betriebsleiter. Der ›Dicke‹ selbst war auch, wie man so sagt, alle Nasen lang da. Der sagte immer: ›Ich brauche nur zur Kasse zu gehen.

Da kriege ich das Geld sofort.‹ Bis dann eines Tages Schluß war, weil die Zinsen nicht mehr bezahlt werden konnten.«

Obwohl es in den folgenden Jahren nicht mehr zu spektakulären Zusammenstößen kam, sagt Günter Blume auch über die Zeit nach 1970: »Kampf war es immer. Jedesmal, wenn es bei Tarifverhandlungen zu Lohnerhöhungen kam, versuchte Heidemann die innerbetrieblichen Akkorde zu kündigen, damit er die Kosten für die höheren Löhne auffangen konnte. Dann gab es immer stundenlange Verhandlungen, um das abzubügeln. Es hat auch was dazugehört, daß wir dreiwöchige Betriebsferien für die Arbeiter durchsetzen konnten. Vorher gab es nur vierzehn Tage Betriebsferien. Und es gab oft auch völlig unbegründeten Streit. Zum Beispiel kam er manchmal in den Betrieb und beschwerte sich beim Betriebsleiter, weil zwei Kollegen zusammengestanden und sich unterhalten hatten. Und grundsätzlich einen Tag vor Weihnachten oder vor den Betriebsferien gab es Ärger. Dann mußte ja Weihnachtsgeld gezahlt werden, oder Urlaubsgeld. Das hat ihn dann wohl so geärgert, daß er sich irgendeinen Kollegen vornahm und zur Schnecke machte, ohne daß dafür ein Grund vorhanden war. Ich bin dann mal zu ihm hin und habe gesagt: ›Da hast Du jetzt so ein großes Unternehmen, aber Du verhältst Dich immer noch wie ein kleiner ›Krauter‹.«

1981, gleich nach dem Beginn der Betriebsferien, wurde, für die Beschäftigten völlig überraschend, das Aus für die Heidemann-Betriebe eingeläutet, deren Markenname, die Bezeichnung »Heidapal«, bereits seit einigen Jahren auch die Trikots der damaligen Zweitliga-Fußballprofis des SC Herford schmückte. (Für kurze Zeit hatte sich der großzügige Sponsor Hans Heidemann sogar zum Vorsitzenden der Fußballabteilung des größten Herforder Sportvereins wählen lassen.) Günter Blume schildert, wie er den Anfang vom Ende des »Heidapal-Imperiums« mit insgesamt rund 1100 Beschäftigten erlebte:

»Ich war vielleicht drei Tage zu Hause, da ruft morgens jemand vom Büro an und sagt: ›Günter, Du mußt sofort kommen. Wir haben Vergleich angemeldet.‹ Ich bin sofort hingefahren. Draußen standen schon einige Angestellte und diskutierten. Für die Angestellten gab es keinen allgemeinen Betriebsurlaub, damit der Geschäftsbetrieb weiterlief. Jedenfalls standen wir alle da und waren wie vor den Kopf geschlagen. Damit hatte doch keiner gerechnet. Sicher, es gab einige Pleiten zu der Zeit. Aber es hatte bei uns nie irgendwelche Anzeichen gegeben. Wir hatten nie verkürzt gearbeitet, sondern immer ›volle Pulle‹, auch mit Überstunden. Und diejenigen, die am ehesten Bescheid wissen mußten, die Banken, hatten doch auch immer Geld gegeben, auch die Herforder Stadtsparkasse.

Na, jedenfalls fand dann eine Versammlung statt. Vier Mann von der Nord-LB waren da, auch der Direktor. Der legte uns die Situation dar. Heidemann hätte immer wieder neue Kredite bekommen, und jetzt ginge es nicht mehr. Es müßte Vergleich angemeldet werden. Heidemann selbst nahm an der Versammlung nicht teil. Dann klingelt das Telefon, und ich werde aus der Sitzung nach oben gerufen, ins Chef-Büro. Da sitzt der ›Dicke‹ da, wie ein Häufchen Elend hinter seinem Schreibtisch, Tränen in den Augen, seine Frau dabei, die heult auch. Und dann sagt er zu mir: ›Ist das nicht schrecklich. Wie konnte das nur passieren?‹ Ich sage: ›Ja, das möchte ich auch gern wissen, da mußt

Du Dich doch wohl erst mal selber fragen. ‹ Darauf er, wie ein kleines Kind: › Die gönnen mir das nicht. Die wollen mich alle nur kaputtmachen. ‹ Da habe ich ihm gesagt: › Hans, das tut mir ja schrecklich leid. Aber die Kollegen, die tun mir noch mehr leid, und ich tue mir auch leid. Ich habe noch nie erlebt, daß es einem wie Dir schlecht geht, wenn er Pleite macht. Schlecht geht es dann immer nur den Arbeitern. Also heul' mir hier nichts vor, ich gehe jetzt wieder 'runter in die Sitzung. ‹ Da kündigten dann die Herren von der Nord-LB an, sie wollten einen Rechtsanwalt, der in Bremen ein großes Büro unterhielt, als Vergleichsverwalter einsetzen. So wurden wir wieder in den Urlaub entlassen.«

Nach der Rückkehr aus dem Urlaub begannen auch für den Betriebsrat und die Belegschaft ständige Krisensitzungen, in denen einerseits bereits vom Konkurs der »Heidapal-Gruppe« die Rede war, andererseits vom Vergleichsverwalter aber auch Optimismus verbreitet wurde. Günter Blume berichtet: »Als wir zurückkamen, begannen stundenlange Sitzungen, erst Betriebsratssitzung, dann Belegschaftsversammlung. Wir waren doch alle ratlos, und da war viel Angst. Aber wir konnten ja nichts beschließen. Wir hatten doch keine Macht, was hätten wir tun sollen? Zwei Tage später war eine Sitzung mit allen Betriebsräten von Heidapal-Unternehmen. Na, und da machte der Vergleichsverwalter gleich auf Optimismus, als er sagte: › Ich sehe ja, daß es den Firmen nicht schlecht geht, weil Aufträge fehlen, sondern weil das Management versagt hat. Ich will jetzt schnell einen Konkurs durchziehen. Aber Sie brauchen deshalb keine Angst zu haben. Ich habe das schon oft gemacht. In Konstanz leite ich ein Unternehmen, das ist schon sieben Jahre in Konkurs, und das läuft ganz prima. Die Firma hat Aufträge, die Leute haben Arbeit. Und das will ich hier auch versuchen. ‹ Und weil die Kollegen natürlich auch Angst um ihre Einkommen hatten, sagte er dann: › Ich will versuchen, daß es keine Lohneinbußen gibt. ‹ «

Bevor es jedoch in diesem Sinne weitergehen kann, muß sich Günter Blume um die Existenzsorgen seiner Kollegen kümmern. Für ihn folgen Gespräche und Verhandlungen mit Gewerkschaft, Arbeitsamt und Geschäftsleitung, unter anderem, um die Zahlung von Konkursausfallgeld zu regeln. Er beschreibt die Situation: »In dieser Zeit hatte ich keine ruhige Minute. Ich kam bald gar nicht mehr zum Arbeiten (Günter Blume arbeitete während dieser Zeit an einer lasergesteuerten Holzverarbeitungsmaschine, D.B.) Ständig Sitzungen und Termine, und dann das Theater um das Konkursausfallgeld vom Arbeitsamt. Damit kamen die bei uns auf dem Büro auch nicht klar. Dann habe ich mich tagelang hingesetzt und für die Kollegen die Anträge fertiggemacht.«

Der Konkursverwalter versucht Hans Heidemann in die Mitarbeit für die Sicherung des Unternehmens einzubeziehen. Dieser soll unter anderem die bisherigen Kunden besuchen, die wegen der Vorgänge bei Heidapal besorgt sind. Heidemann lehnt ab, weil er, wie Günter Blume berichtet, »nicht den Vertreter machen will«. Darauf erhält der ehemalige Inhaber Hausverbot und muß einige Tage später auch den umfangreichen Fahrzeugpark seiner Familie, der aus steuerlichen Gründen offensichtlich als Geschäftsfahrzeuge geführt wird, herausgeben. Dazu Günter Blume: »Heidemann fuhr einen großen Mercedes, ich glaube einen 500er. Seine Frau fuhr ein Mercedes-Sportcabriolet. Die beiden Söhne fuhren Golf GTI. Und zu Hause stand noch ein 230er Mercedes. Die fünf

Autos mußten dann ›abgeliefert‹ werden und standen dann wochenlang auf dem Betriebshof, bis sie wohl verkauft wurden.«
Bis zum Jahresende 1981 lief die Produktion des Herforder Unternehmens tatsächlich ohne Entlassungen weiter wie bisher. Trotzdem herrschte unter den Beschäftigten verständlicherweise eine aufgeregte Stimmung, in der jedes Gerücht, das die Zukunft des Unternehmens betraf, mit Hochspannung aufgenommen wurde. So kam es dazu, daß Günter Blume bereits am Jahresende 1981 wußte, was ihm der Konkursverwalter am 2. Januar 1982 eröffnete: »Ich wurde morgens gleich zu ihm gerufen. Er sagte mir: ›Ich habe Ihnen eine wichtige Mitteilung zu machen.‹ Ich sage: ›Also stimmt das doch: Wir ziehen um nach Lüdenhausen.‹ Der war natürlich überrascht, daß ich davon wußte. Jedenfalls sagte er: ›Ja, das stimmt.‹ Die Stadtsparkasse, die wohl den Daumen auf dem Herforder Betrieb hatte, die wollte jeden Monat soundsoviel, er nannte keine Summe, Pacht oder Miete dafür haben. Und darauf wollte sich der Konkursverwalter nicht einlassen. Der sagte: ›Einen Betrieb, der läuft, den kann ich besser verkaufen, als ein Unternehmen, das stillsteht. Wenn die Stadtsparkasse das nicht einsieht, ziehen wir um, noch in diesem Monat.‹ Ja, da ist man natürlich als Betriebsrat machtlos, zumal der Betrieb in Lüdenhausen sowieso dichtgemacht werden sollte, weil das Produkt, das da hergestellt wurde, nicht lief. Und es war so, daß Heidemann noch ganz kurz vor dem Konkurs 1981 in Lüdenhausen eine riesige Produktionshalle hatte bauen lassen. Die stand jetzt leer.
Aber ich wollte natürlich, daß die Herforder Kumpels ihre Arbeit nicht verlieren. Bis nach Lüdenhausen sind es immerhin über 30 Kilometer und mindestens 30 bis 35 Prozent von uns hatten kein eigenes Auto. Der Konkursverwalter hatte sich einfach gedacht, daß wir dann Fahrgemeinschaften bilden. Da habe ich gesagt: ›Nein. Dann muß die Firma einen Busdienst einrichten. Sonst geht das nicht.‹ Ja, da gab es langes Theater und Verhandlungen wegen der Kosten, aber wir haben das durchgesetzt. Dann sammelte uns also jeden Morgen ein Bus an verschiedenen Haltestellen in Herford ein und brachte uns abends wieder nach Hause. Und diejenigen, die aus den umliegenden Gemeinden kamen, stellten ihre PKW auf dem Theaterplatz ab und stiegen da in den Bus. Jedenfalls ist es uns gelungen, daß die komplette Herforder Belegschaft in Lüdenhausen weiterarbeiten konnte, und auch die Lüdenhausener Belegschaft wurde übernommen.«
Nach Überwindung der Anfangsschwierigkeiten im Lüdenhausener Betrieb entwickelte sich das Unternehmen unerwartet gut. Unrentable Produktionen wurden eingestellt, ein Programm für Badezimmermöbel schlug nach den Worten Günter Blumes »gut ein«. Überstunden wurden gemacht und sogar 15 neue Beschäftigte eingestellt. Währenddessen veräußerte der Konkursverwalter die Unternehmen in Damme, Berlin und Harsewinkel. Auf Kopfschütteln und Unverständnis stieß bei der Lüdenhausener Belegschaft die Mitteilung, das Werk in Beelen sei von einem Konsortium übernommen worden, an dem unter anderem Hans Heidemann beteiligt sei. Die einstige »Heidapal-Gruppe« war auf zwei Firmen geschrumpft: Den Betrieb in Lüdenhausen und das unrentabel arbeitende Werk in Sandebeck, das dafür sorgte, daß das Gesamtunternehmen nicht aus den roten Zahlen herauskam.
Günter Blume beschreibt die Konsequenzen für die Beschäftigten: »Eines Tages kam der

Konkursverwalter und sagte: ›Es geht nicht anders, wir müssen Lohnkürzungen vornehmen.‹ Dann haben wir uns da 'rumgekebbelt, Betriebsversammlungen gemacht. Ich hab' dagegen gewettert. Aber die Lüdenhauser Belegschaft hat dann den Ausschlag gegeben. (Günter Blume schüttelt enttäuscht den Kopf, D.B.) Also, ich will ja nichts gegen die Lipper sagen. Aber das ist schon 'ne besondere Sorte Mäuse. Die sagten: ›Ach Günter, das ist doch alles egal. Hauptsache, wir haben Arbeit.‹ Ich habe ihnen geantwortet: ›Von Arbeit allein kann man auch nicht leben.‹ Jedenfalls haben wir damals erst auf fünfzig Pfennig in der Stunde verzichtet. Das war noch zu ertragen. Aber das reichte dem Konkursverwalter nicht. Aus der nächsten Verhandlung kamen wir dann 'raus mit einem Ergebnis, das im Spitzenlohn eine Einbuße von 4,50 Mark in der Stunde bedeutete. Und das war hart, aber es war einfach nichts zu machen.«

Während die Beschäftigten versuchen, mit Lohnverzicht zum Erhalt ihrer Arbeitsplätze beizutragen, nehmen die Bemühungen, einen Käufer für das Unternehmen zu finden, immer skurrilere Formen an. »Es wurden immer neue Kaufinteressenten durch den Betrieb geführt. Mal war es jemand aus Holland, mal jemand aus Amerika und einmal sogar jemand aus dem Libanon. Und eines Tages, ich denke, ich seh' nicht richtig, kommt sogar der dicke Heidemann durch die Bude, zusammen mit einem aus Elverdissen, der da so 'ne kleine Möbelquetsche hatte. Ich gehe zum Betriebsleiter. Da sagt der: ›Ja, die beiden haben die Genehmigung. Die haben gesagt, sie hätten einen Mittelsmann, der sich für den Betrieb interessiert. Und der Konkursverwalter hat gesagt, er verkauft notfalls an den Deubel, damit er die Firma los wird.‹ Aber das hat sich dann alles genauso zerschlagen wie der Versuch von unserem Betriebsleiter, den Laden zu übernehmen.«

Während alles darauf hinausläuft, daß das Lüdenhauser Unternehmen, wie Günter Blume sagt, »dicht gemacht wird«, taucht im September 1984 ein weiterer Kaufinteressent auf, der zum 1. November den Betrieb übernehmen will. Günter Blume: »Ich wurde ins Büro gerufen. Da stellte man mir den Mann vor. Der hatte bis dahin eine kleine Bude für Do-it-yourself-Möbel gehabt. Die wollte er jetzt auch in Lüdenhausen produzieren. Dem war es gelungen, beim Land Nordrhein-Westfalen 1,5 Millionen locker zu machen, wenn er unseren Betrieb kaufte. Dann sagte er mir: ›Ich habe bisher noch nie mit einem Betriebsrat zusammengearbeitet. Das war bei mir nie nötig.‹ Ich frage ihn dann: ›Wie haben Sie sich die Sache hier vorgestellt?‹ Da sagt er: ›Ganz einfach. Ich biete Arbeit.‹ Ich sage: ›Und wie sieht das mit dem Geld aus?‹ Antwortet er: ›Die Löhne, die bisher gezahlt wurden, kann ich natürlich nicht übernehmen. Da machen wir neue Arbeitsverträge. Und den Busdienst, den schaffen wir sofort ab.‹

Dann habe ich ihm gesagt: ›Darüber müssen wir erst mal verhandeln. Sie wissen hoffentlich, daß die Arbeitsverträge zustimmungspflichtig sind.‹ Aber es kam natürlich ganz anders. Ein paar Tage später wurden die neuen Arbeitsverträge verteilt, ohne daß er mit dem Betriebsrat geredet hatte. Darin stand, daß wir uns zu Überstunden, zu Nachtarbeit, zu Schichtarbeit, zu Samstagsarbeit verpflichten sollten. Zusätzlich wollte er ein neues Akkordsystem einführen. Ich bin dann zu ihm hin und habe mich beschwert. Da hat er die Verträge zurückgenommen, aber ein paar Tage später hat er dann, wieder ohne Rücksprache, neue Verträge ausgegeben, in denen fast dasselbe stand.

Dann kamen die Kollegen zu mir und fragten: ›Günter, was machen wir denn jetzt?‹ Da habe ich gesagt: ›Ich kann Euch nicht raten, nachher heißt es, ich wiegele die Belegschaft auf. Ich unterschreibe jedenfalls nicht.‹«
Auch in unserem Gespräch ist unverkennbar, daß Günter Blume an einem Punkt angelangt war, wo für ihn, nach Jahrzehnten oftmals erbitterter Auseinandersetzungen, der Wunsch nach Ruhe einen größeren Stellenwert hatte als der unbedingte Wille, gegen Unrecht vorzugehen. Zweifellos spielte auch Resignation eine gewisse Rolle. Aber ganz sicher ging es darüber hinaus um sehr viel mehr, als sich der mittlerweile 61jährige dazu entschloß, nicht noch einmal den ungleichen Kampf um Arbeitnehmerrechte aufzunehmen. Der 30. Oktober 1984, der Tag, an dem durch den Unternehmensverkauf das Ende der Aera »Heidapal« besiegelt wurde, war gleichzeitig Günter Blumes letzter Arbeitstag. Nach rund einem Jahr Arbeitslosigkeit, das nach seinen Worten »finanziell ganz beschissen war«, ging er »in den wohlverdienten Ruhestand.« Sein hintergründiges Lächeln bei diesem Satz zeigt, daß er dabei kaum daran gedacht hat, sich »auf's Altenteil« zurückzuziehen.
Den spektakulären Prozeß wegen betrügerischen Konkurses gegen seinen früheren Arbeitgeber Hans Heidemann beobachtet Günter Blume 1985 gemeinsam mit mehreren ehemaligen Kollegen von der Zuschauerbank des Landgerichts Bielefeld. Er berichtet: »Nachdem Heidemann dort vernommen worden war, kommt er in einer Sitzungspause auf uns zu, drückt jedem die Hand und klopft mir triumphierend auf die Schulter: ›Na, wie hab' ich das geschaukelt?‹ Anscheinend hatten ihn seine Anwälte wirklich gut vorbereitet. Während seine Frau vor dem Richter ständig in Tränen ausbrach, war er unheimlich souverän aufgetreten. Als wir ihm das sagten, meinte er nur: ›Mir kann nichts passieren.‹ Und das stimmte dann ja auch. Er wurde zwar zu zwei Jahren Gefängnis verurteilt, aber natürlich auf Bewährung. Der ist doch bestens davon abgekommen, oder etwa nicht?«
Wenn Günter Blume nach einem Fazit seines Berufslebens und seiner mehr als dreißig Jahren Betriebsratsarbeit gefragt wird, überwiegen die nachdenklichen und enttäuschten Töne: »Ich habe das ja nun von Anfang an mitgemacht nach dem Krieg. Damals diese Arbeitgebersprüche, ›Wir sitzen alle in einem Boot‹ und ›Wir müssen das alles wieder aufbauen‹. Aber als wir dann tatsächlich wieder alles aufgebaut hatten, da hat man dann ganz klar gemerkt, daß sich eigentlich nichts geändert hat, sondern daß es nach wie vor Kapitalisten und Arbeiter gibt. Natürlich haben wir viele wichtige und notwendige Dinge erreicht, die es vorher nicht gab. Dinge, auf die wir nicht verzichten können. Aber die sind uns nie geschenkt worden. Dafür haben wir immer kämpfen müssen. Eigentlich ist es noch immer so: Solange die Konjunktur läuft, ist alles prima, aber wehe, wenn die Zeiten schlechter werden. Dann versucht man die Arbeitnehmer heute noch genauso über's Knie zu legen wie früher.«
(Aufgezeichnet im Januar 1989 von Dieter Begemann).

Friedrich Brasse

Friedrich Brasse wurde 1924 in Massen, Kreis Unna, als Sohn eines Malermeisters geboren. 1943 zur Wehrmacht eingezogen, wurde Friedrich Brasse 1944 im Osten verwundet und geriet 1945 in amerikanische Kriegsgefangenschaft. Kurze Zeit später entlassen, legte er 1946 das Abitur in einem Förderkurs ab, der für diejenigen bestimmt war, die wegen Wehrdienst ihr Abitur nicht hatten machen können. Er begann im Oktober ein Theologiestudium an der Kirchlichen Hochschule Wuppertal. Nach Fortsetzung des Studiums 1948 bis 1951 an der Universität Münster legte er 1951 die 1. Theologische Prüfung beim Landeskirchenamt in Bielefeld ab, um danach als Vikar in der Johannesgemeinde in Bielefeld und später als Vikar in Rheda seinen Dienst zu leisten. Nach seiner 2. theologischen Prüfung 1953 wurde Friedrich Brasse Hilfsprediger in Hagedorn, Kirchenkreis Herford, und Synodalvikar beim Superintendenten Dr. Bartelheimer. 1954 fand die Einführung in die 1. Pfarrstelle von St. Marien Stift Berg statt. Hier blieb Friedrich Brasse als Pfarrer bis zu seiner Pensionierung im Oktober 1987. Seit 1976 war Friedrich Brasse auch 10 Jahre lang Synodalassessor, d.h. stellvertretender Superintendent des Kirchenkreises Herford.

Im Schicksalsjahr 1945 war ich 21 Jahre alt, war Soldat gewesen und verwundet worden. Nachdem ich den Rückzug von Berlin bis zur Elbe mitgemacht hatte, begab ich mich, eingereiht in einen nicht abreißenden Strom deutscher Soldaten, über die zerstörte Eisenbahnbrücke der Linie Stendal–Berlin in amerikanische Gefangenschaft. Ende Juli konnte ich nach Hause zurückkehren. Viele meiner Kameraden waren gefallen, auch im Verwandten- und Bekanntenkreis klafften viele Lücken. Ich kenne Familien, die zwei oder drei, in einem Fall sogar vier Söhne verloren haben. Von meiner alten Klasse der Oberschule lebte nur noch die Hälfte. Das Gefühl der Dankbarkeit, das Inferno des Krieges überlebt zu haben, hat mich bis heute keinen Tag verlassen.

Das Jahr des Zusammenbruchs des Dritten Reiches ist oft als die Stunde Null bezeichnet worden. Kann man das so sagen? Im absoluten Sinn kann es im Laufe der Geschichte niemals eine Stunde Null geben. Doch da der Zusammenbruch so umfassend war, standen die Menschen auf allen Lebensgebieten vor der Notwendigkeit des Neubeginns. Zu viel war äußerlich und innerlich zu Bruch gegangen, als daß man ohne Rückbesinnung hätte an die Arbeit gehen können. Im persönlichen, im kirchlichen, im politischen Leben orientierte man sich an dem, was sich in allen Stürmen der Zeit bewährt hatte. Wohin man mit dem »Führerprinzip« gekommen war, hatte man vor Augen. Was lag da näher als der Rückgriff auf die demokratischen Strukturen aus der Zeit vor 1933? Auch wenn man die demokratischen Verhältnisse der Weimarer Republik weithin nicht recht geschätzt hatte, so boten sie jetzt eine Chance beim demokratischen Neuanfang. Kirche und christlicher Glaube hatten einen schweren Stand im »Dritten Reich«. Die Kirchenpolitik des Nationalsozialismus war auf Ausschaltung des kirchlichen Einflusses bedacht, auch wenn es in den Anfangsjahren 1933 / 34 anders aussah. Die Auseinandersetzung der Kirchen mit der NS-Ideologie ist als Kirchenkampf bekannt. Nach dem Kriege waren die Gotteshäuser voll. Die Menschen kamen, weil sie das Beständige suchten, das, was nicht von Menschen erdacht und gemacht war. Man suchte das, was Gott darreicht in Wort und Sakrament.

Bevor ich Pfarrer auf dem Stiftberg in der Mariengemeinde wurde, war ich Vikar in Bielefeld und Rheda und nach dem zweiten Examen Hilfsprediger in Hagedorn, einer Landgemeinde, die die beiden Kommunalgemeinden Quernheim und Häver umfaßt. Auf diese Weise ist mir das Ravensberger Land zum Schicksal geworden. Ich erkannte bald die Besonderheiten, die auf mich eine besondere Anziehungskraft ausübten. Das kirchliche Leben war hier erstaunlich lebendiger als in meiner Heimat. Die Anteilnahme der Gemeindeglieder an den Gottesdiensten und Gemeindeveranstaltungen, die unwahrscheinliche Spendenfreudigkeit auch der sogenannten »kleinen Leute« haben mich ungemein beeindruckt. Das habe ich übrigens nicht nur in der Landgemeinde, sondern auch hier auf dem Stiftberg erfahren.

Die Kreissynoden fanden in den fünfziger Jahren im Gemeindehaus Stiftberg statt. Eröffnet wurden sie durch einen Gottesdienst in der Marienkirche. Im Pfarrhaus Stiftbergstraße 33 befand sich noch die Superintendentur. Mein Vorgänger im Pfarramt war der nachmalige Bischof Hermann Kunst, der seit 1940 Superintendent des Kirchenkreises war und sein Büro im geräumigen Pfarrhaus hatte. Auf dieses wunderschöne Fachwerkgebäude, vormals Sitz der Dechantin des Stiftes auf dem Berge, fiel mein Blick, wenn ich während der Synodaltagung durch die großen Fenster des Gemeindehauses blickte. Dieses Kirchenensemble, die hochgotische Marienkirche, das stilvolle Gemeindehaus und auch das Pfarrhaus, hat mich sehr beeindruckt. Ich konnte nicht ahnen, daß eben dieses Gemeindezentrum ein Jahr später für 33 Jahre Stätte meines Wirkens und Wohnens sein sollte.

Meine erste Begegnung mit Herford hatte ich allerdings als Kandidat auf dem Predigerseminar in Brackwede, seinerzeit geleitet vom Ephorus Thimme, dem nachmaligen Präses der Westfälischen Landeskirche. Wir machten viele Besuche überall im Lande, um kirchliches Leben und kirchliche Institutionen kennenzulernen. So erfolgte ein Aus-

flug nach Herford, um die 1948 neu gegründete Kirchenmusikschule zu besichtigen, die in einer früheren Zigarrenfabrik an der Bielefelder Straße provisorisch untergebracht war. Dort lernte ich die Dozenten Johannes H.E. Koch und Frauke Haasemann kennen, mit denen ich später auf dem gemeindlichen Sektor durch die enge Verbindung der Stiftberger Gemeinde zur Landeskirchenmusikschule sehr viele Begegnungen hatte. Anschließend führte uns Pastor Henche durch die Radewiger Kirche. Danach waren wir Gäste des Superintendenten Kunst im Ratskeller, wo er uns bei einem Abendessen über seine Arbeit als »Bevollmächtigter des Rates der Evangelischen Kirche in Deutschland« erzählte. Kein Gedanke daran, daß ich einmal im Pfarramt auf dem Stiftberg sein Nachfolger werden würde.
Als ich 1954 nach Herford kam, waren die Nachwirkungen des Krieges noch überall deutlich zu spüren. Herford war ohne große Kämpfe von den Amerikanern eingenommen worden. Zu Pfingsten 1945 bekamen alle Bewohner des Stiftberges einen Räumungsbefehl. Sie mußten ihre Häuser und Wohnungen verlassen, um sie den Angehörigen der britischen Besatzungsarmee zur Verfügung zu stellen. Auch die Kirche, das Gemeindehaus und die Pfarrhäuser wurden beschlagnahmt. Die evakuierten »Berger« mußten sich bei Verwandten, Bekannten oder anderen Bürgern selber eine Unterkunft suchen. Obwohl nun die Stiftberger Gemeindeglieder über die ganze Stadt verstreut wohnten, hielten sie treu zusammen. Zu Gottesdiensten und Gemeindeveranstaltungen war man in Schulen, in Kirchen und Gemeindehäusern zu Gast. Erst am 1. November 1947 wurde die Marienkirche zur Mitbenutzung für eine Stunde am Nachmittag freigegeben; ab September 1948 konnte wieder regulärer Gottesdienst am Vormittag gehalten werden 1949 / 1950 wurden die Pfarrhäuser wieder frei; das Gemeindehaus stand erst ab 1952 wieder zur Verfügung.
Bei meinen Hausbesuchen ab 1954 waren die meisten Stiftberger schon wieder in ihren Häusern. Aber es gab auch eine ganze Reihe Häuser, die ihren deutschen Besitzern noch nicht wieder zurückgegeben waren.
Nun ist zwar eine solche Evakuierung die ganz normale Folge eines verlorenen Krieges, und Herford war keineswegs die einzige Stadt, die das zu ertragen hatte — man denke nur an das benachbarte Bad Oeynhausen —, doch für die Betroffenen war es allemal hart. Deshalb kam es zur Gründung einer »Notgemeinschaft der Besatzungsverdrängten«, zu deren Vorsitzenden man den mitbetroffenen Stiftberger Pfarrer Kunst berief, der seine weitreichenden Verbindungen einsetzte, um bestehende Not zu lindern und zu einer grundsätzlichen Lösung des Problems zu kommen. Auch an Männer wie Otto Büter und Hermann Thöne muß in diesem Zusammenhang erinnert werden. Dadurch, daß Wohnbauten für die britischen Soldaten und ihre Familien errichtet wurden, konnten die Evakuierten wieder in ihre Wohnungen und Häuser zurückkehren.
Am 30. Januar 1955 fand erstmalig ein gemeinsamer englisch-deutscher Gottesdienst in der Marienkirche statt, der von Pfarrern der Mariengemeinde und der britischen Garnisonsgemeinde gehalten wurde. Diesem gemeinsamen Gottesdienst sollten noch viele folgen. Auch die Christuskirche, in deren Bereich Kasernen und Wohnhäuser der Briten liegen, pflegt bis heute solche gemeinsamen Gottesdienste. Wir als Mariengemeinde sind aber auch oft zu Gast gewesen in der kleinen Garnisonskirche (einem ehemaligen

Pferdestall) der Kaserne an der Schumannstraße. Am 3. Advent jedes Jahres strömen Deutsche und Briten in der Marienkirche zusammen, weil dann durch die Militärkapelle in dem ihr eigenen »schmissigen« Stil weihnachtliche Weisen erklingen. Gesungen werden englische und deutsche Weihnachtslieder. Den Schluß bildet jeweils das Große Halleluja aus dem »Messias« von Händel. Im Anschluß an solche gemeinsame Veranstaltungen gibt es Tee in den Gemeindehäusern und man kann miteinander reden.

Weitere Probleme ergaben sich daraus, daß in Herford, wie überall im Lande, Flüchtlinge und Vertriebene aufgenommen werden mußten. Nun, alle mußten näher zusammenrücken. In diesem »Muß« steckte aber auch eine Chance. Zunächst ging es darum, Wohnraum abzugeben und räumlich näher zusammenzurücken. Das war für beide Seiten nicht einfach. Wenn es gutging, ergab sich nicht selten ein inneres Zusammenrücken, ein Anteilnehmen an gemeinsamer Not, die es zu bewältigen galt. Aber nicht immer ist es bei solchem notgedrungenen Zusammenleben ideal zugegangen!
Die nach Herford gekommenen Flüchtlinge wurden zunächst im Flüchtlingslager Waldfrieden, einem früheren Ausflugslokal, untergebracht. Eine Flüchtlingsfürsorgerin der Mariengemeinde betreute die Flüchtlinge mit dem, was die karge Zeit bot. Sie war bald eine geschätzte Vertrauensperson, die den so schwierigen Übergang in eine möglicherweise neue Heimat erleichtern half. Im Advent reichte das große Gemeindehaus kaum aus, um all die vielen Menschen aus dem Osten an festlich gedeckten Tafeln unterzubringen.
Die Aufgabe der Kirche bestand darüber hinaus darin, den entwurzelten Menschen ein neues Heimatgefühl in unserer Stadt und im kirchlichen Leben zu vermitteln. Ich habe oft festgestellt, daß Menschen, die sich auch am neuen Ort zur Kirche und Gemeinde hielten, am schnellsten Kontakt bekamen zu den hiesigen Menschen und zum Gemeindeleben, das sie ihrerseits durch ihr angestammtes Glaubensleben bereicherten.
Seitens der Stadt bedurfte es enormer Anstrengungen, um die vielen Menschen alle in einigermaßen lebenswürdigen Wohnungen unterzubringen. Die Leistung der Wohnbaugesellschaften auf der Basis des sozialen Wohnungsbaus kann gar nicht hoch genug veranschlagt werden. Unsere Mariengemeinde Stiftberg hat an der Schubertstraße ein Doppelhaus mit vier Wohnungen errichtet, das von Flüchtlingsfamilien bezogen werden konnte, die zum Teil heute als Eigentümer darin wohnen. Die Mariengemeinde stellte ferner an der Mozart- und Schubertstraße 20 Erbbauplätze zur Verfügung und konnte auf diese Weise zur Linderung der allgemeinen Wohnungsnot beitragen. Diese Erbbauplätze wurden später von den Pächtern als Eigentum erworben.
In Herford sind zu dieser Zeit viele neue Wohngebiete entstanden. Wie hat die Kirche ihre Arbeit darauf eingestellt? Nicht nur die Zunahme der Bevölkerung forderte die Erschließung neuer Wohngebiete. Nach der Zeit des notvollen Zusammenrückens ergab sich mit zunehmendem Wohlstand die Tendenz zum Auseinanderrücken. Die Kirche mußte darauf bedacht sein, an geeigneter Stelle Bauland zu erwerben, um Kirchen, Gemeindehäuser, Kindergärten und Pfarrhäuser zu errichten. Die katholische Kirchengemeinde baute am Lübberlindenweg ihre Kirche »Maria-Frieden« (1953) und später »Achter der Bahn« die St.-Paulus-Kirche (1963) an der Kiebitzstraße. Die Marienge-

meinde Stiftberg baute 1956 bis 1958 die Christuskirche zwischen Glatzer- und Ziegelstraße, 1960 die Markuskirche am Amselplatz und 1965 die Kreuzkirche im Bereich Friedenstal.
Zur Veranschaulichung der allgemeinen Entwicklung unserer Stadt und des kirchlichen Lebens sei folgendes aus dem Stiftberger Bereich mitgeteilt: Alles, was in Herford rechts der Werre liegt, war Stiftberger Kirchengebiet. Bis 1904 wurde dieses riesige Gebiet, das von der Salzufler Stadtgrenze bis an die Grenze von Löhne reichte, von einem einzigen Pastor betreut, der entweder zu Pferde oder mit Pferd und Wagen nach Falkendiek oder Schwarzenmoor mußte. Dann wurde eine zweite Pfarrstelle gegründet und besetzt. Erst 1936 errichtete man die dritte und nach 1945 weitere sechs Pfarrstellen. Wo 1900 noch ein Pfarrer die ausgedehnte Gemeinde betreute, sind heute neun Pfarrer tätig.
Im Interesse einer intensiven Arbeit erwies sich eine Teilung der Großgemeinde als notwendig. So wurde 1965 die Mariengemeinde aufgeteilt in vier selbständige Kirchengemeinden. Neben der Mariengemeinde wurden die Christusgemeinde, die auch Falkendiek umfaßte, die Markusgemeinde, zu der Schwarzenmoor gehörte, und die Kreuzgemeinde im Ostteil der Stadt gegründet. Die neuen Gemeinden wurden jeweils nach ihren Kirchen benannt.
Die Münsterkirchengemeinde hatte da ein anderes Programm. Sie mußte darauf bedacht sein, daß der große Raum der Münsterkirche auch gefüllt blieb, und verzichtete deswegen auf eine Aufteilung in selbständige Kirchengemeinden. Nur »Achter der Bahn« war schon 1914 / 15 das Lutherhaus gebaut worden mit einem großen Kirchsaal und Gemeinderäumen. Nach dem Zweiten Weltkrieg entstanden nacheinander das Johannes-Busch-Haus am Hellerweg (1956), das Bonhoeffer-Haus an der Wiesestraße (1961), das Wichernhaus an der Fichtestraße in Verbindung mit dem Alten-Wohn- und Pflegeheim (1967) und als letztes in dieser Reihe das Gemeindehaus Otterheide an der Schmiedestraße (1968).
Die Zellteilung auf dem Stiftberg und in der Münstergemeinde hat sich bewährt. Trotz der Teilung oder Aufgliederung blieb das Zusammengehörigkeitsbewußtsein vom alten Stiftberg oder zur Münsterkirche erhalten, das noch erkennbar ist in der organisatorischen Struktur der Diakoniestationen I und II sowie in der Jugendarbeit, für die in Herford links und rechts der Werre je ein hauptamtlicher Jugendleiter zur Verfügung steht.
Das geistliche Leben auf dem Stiftberg war bei meinem Amtsantritt besonders geprägt durch die Bibelarbeit. Mein Amtsvorgänger Pastor Kunst hielt in den dreißiger Jahren Bibelarbeiten, die wöchentlich von 300 und mehr Leuten besucht wurden. Meine Gemeindeglieder haben mir erzählt, daß sie daran teilgenommen hätten, weil sie in der Zeit der Verächtlichmachung und Bestreitung des christlichen Glaubens das Verlangen nach biblischer Vergewisserung gehabt hätten. Pastor Kunst habe mit 1. Mose 1 begonnen und sei mit ihnen das ganze Alte Testament durchgegangen, ausgerechnet das Buch, das als »Judenbuch mit seinen Schafhirten- und Zuhältergeschichten« verächtlich gemacht wurde! Jeder Teilnehmer mußte Woche für Woche mehrere Kapitel im voraus lesen, um der Bibelauslegung besser folgen zu können. Kunst sagte mir, daß er bis 1. Korinther 12 gekommen sei, also bis zur Mitte des Neuen Testamtents.

Diese großen Teilnehmerzahlen führten zu einem Raumproblem. Die Aula der Stiftbergschule war zu klein, der Kirchraum hierfür ungeeignet. Also mußte der jahrzehntealte Plan des Baus eines Gemeindehauses verwirklicht werden. Wer das geräumige und repräsentative Gemeindehaus Stiftberg kennt und bedenkt, daß es 1938 vorrangig für die Bibelarbeit errichtet wurde, der weiß, wo das Zentrum kirchlicher Arbeit liegt. Ich habe bei meinem Amtsantritt dankbar an diese bewährte Arbeit anknüpfen können und wöchentlich Bibelarbeit gehalten, freilich nicht mehr für so große Scharen wie bei meinem Vorgänger. In den sechziger und siebziger Jahren, in den Jahren des zunehmenden Wohlstands und der sogenannten Studentenrevolte, schwand diese kirchliche Verbundenheit zunehmend. Es bedeutet, daß die Menschen sich von dem, was die Kirche bezeugt und glaubt, innerlich distanzierten. Dieser inneren Entfremdung ist dann oft die äußere Loslösung durch den Austritt aus der Kirche gefolgt, so daß man von einer regelrechten Kirchenaustrittswelle sprechen konnte. Man mag die innere Entfremdung und die äußere Loslösung von der Kirche bedauern, auch eine ernste Rückfrage an die kirchliche Verkündigung und kirchliches Handeln darin sehen, es bleibt aber die missionarische Aufgabe der Kirche, werbend und gewinnend ihre Botschaft auszurichten.

Zur Zeit des Nationalsozialismus war die Zahl der Kirchenaustritte weitaus größer. Es wurde massiver Druck ausgeübt: »Wenn du dich nicht von der Kirche löst, hast du keine Chance im nationalsozialistischen Staat«. Viele haben diesem Druck nachgegeben. Nach 1945 gab es dann wieder eine Eintrittswelle. Es war die große Aufgabe der Kirche und Pfarrer, die Heimkehrenden auch wirklich innerlich in die Kirche einzuführen. Wir haben Gespräche geführt. Manchmal war die Zahl der Eintrittswilligen so groß, daß wir Kurse abhalten mußten und dann sechs bis zehn Menschen gleichzeitig wieder in die Kirche aufgenommen haben. Taufen, Konfirmationen, kirchliche Trauungen mußten nachgeholt werden, und jedesmal wurden intensive Vorgespräche geführt.

Die Kirchenaustritte nach 1968, wenn wir mal dieses Datum für den Wandel der Einstellung zur Kirche annehmen wollen, hatten andere Gründe. Ideologische, wo man glaubte, auf rein humanistischer Basis unter Preisgabe des Gottesglaubens eine bessere Gerechtigkeit auf der Erde herbeiführen zu können, materialistische, weil im Wohlstand Gott überflüssig geworden zu sein schien und man das Geld für die Kirchensteuer sparen wollte.

Gewiß, in der Not der Kriegs- und Nachkriegsjahre haben sich viele wieder Gott zugewandt, und es bestätigte sich das Sprichwort: »Not lehrt beten!« Ich halte aber nichts davon, Not heraufzubeschwören, um die Leute »frommer« zu machen. Das ist unlauter. Wohl habe ich die im Wohlstand lebenden Menschen an ihre Verpflichtung zur Dankbarkeit erinnert und den Dank als das schönste Motiv zum Glauben bezeichnet. Leider ist Dankbarkeit nicht zur Nationaltugend der Deutschen geworden, obwohl dazu aller Anlaß bestand.

Die Abwendung von der Kirche kann auch andere Gründe haben. Mit der Entfremdung vom christlichen Glauben ist das religiöse Bedürfnis ja keineswegs erloschen. Viele, besonders Jugendliche, finden die Kirche zu starr, zu konventionell, zu wenig fordernd. Das Überlieferte erscheint ihnen überlebt zu sein. Deswegen haben die modernen Sekten (wie z.B. die Moon-Sekte, Scientology-Church, die New Age-Bewegung) starken Zulauf. Oft kann man vom kirchlichen Standpunkt nicht einfach nur Verirrung feststellen, sondern man muß geradezu von »destruktiven Kulten« sprechen. Denn wo religiöse Bewegungen in geistige Abhängigkeit und Entmündigung der Persönlichkeit führen, ist Protest angebracht — und Hilfe! Doch »wo der Geist des Herrn ist, da ist Freiheit« (2. Kor. 3, 17).

Wenn ich die Geschichte der Stadt Herford betrachte, so haben folgende Ereignisse und Epochen in der Geschichte der Stadt Herford besondere prägende Kraft bewiesen. Für die Entwicklung der Stadt Herford, für ihr charakteristisches Gepräge ist sicherlich das Jahr 789 von grundlegender Bedeutung gewesen. Am Anfang Herfords steht eine geistliche Gründung durch den hl. Waltger. Bei allem, was sich in dem vielschichtigen Leben unserer Stadt abgespielt hat, ist es im Mittelalter die geschlossene Kirchlichkeit, das *corpus christianum* gewesen, das der Stadt Herford das Gepräge gegeben hat, so daß sie *Sancta Herfordia* genannt wurde, das Heilige Herford, das *Hillige Herwede*. Die vielen Kirchen, die schon rein äußerlich das Charakteristische des Stadtbildes ausmachen, und eine Reihe von Ordenshäusern lassen diesen Namen als gerechtfertigt erscheinen. Das Mittelalter war eindeutig durch den christlichen Glauben katholischer Prägung bestimmt. Das zweite geschichtsträchtige Ereignis ist die Reformation. Da ging Herford in der Geschichte von Westfalen voran. Im Fraterhaus »auf dem Holland« entwickelte sich die Bereitschaft, auf die Gedanken Luthers und der Reformation zuzugehen. In der Weimarer Ausgabe von Luthers Werken ist der ausgiebige Briefwechsel des Reformators mit Persönlichkeiten der Stadt, mit den Ratsherren, aber auch mit der Äbtissin, dokumentiert.

1530 wurde der erste evangelische Gottesdienst in der Neustädter St. Johanniskirche gehalten, und im Jahre 1532 wurde die erste evangelische Kirchenordnung in Herford von Johann Dreier, eingeleitet durch ein Vorwort des Reformators Bugenhagen, erlassen. Diese Kirchenordnung regelte das gottesdienstliche Leben, sie regelte aber auch die Armenfürsorge und das Schulwesen.

Ich mache nun einen großen Sprung ins 19. Jh., als die Ravensberger Erweckungsbewegung das ganze Land erfaßte. Das war eine geistliche Erneuerungsbewegung, die ausging von einer vollmächtigen Predigt des Evangeliums, woran es im Zeitalter des Rationalismus oft genug gemangelt hatte. Erweckungsprediger wie Johann Hinrich Volkening aus Jöllenbeck, um nur einen Namen zu nennen, wandten sich mit ihrer Verkündigung vorzugsweise an Herz und Gemüt der Menschen. Sie riefen zum persönlichen Glauben auf, zur Bekehrung und zu einem gottwohlgefälligen Lebenswandel. Die Erweckung war auch eine Bewegung, die von einer erneuerten Glaubenshaltung zu einer Erneuerung des Lebens in allen seinen Bezügen, auch im Bereich der Familie, der Arbeit und des sozialen Lebens führte.

Die Lebensumstände waren aufs Ganze gesehen erbärmlich. Trunksucht und Spielsucht, ausgelöst durch bittere Armut, ruinierten ganze Familien. Es ist beeindruckend, wie die umwandelnde Kraft des Glaubens die Menschen aus solchen Verstrickungen lösen konnte. Diese für das Minden-Ravensberger Land so prägend gewordene Erweckungsbewegung ist oft beschrieben worden. Nachwirkungen dieser gesegneten Zeit sind dank per-

sönlichen Glaubens- und Lebenszeugnisses über Generationen hinweg bis heute spürbar. Die relativ starke Verbundenheit der Menschen hierzulande mit Kirche und Gemeinde ist darauf zurückzuführen.
Was ist denn heute noch als Folge der Erweckungsbewegung des vorigen Jahrhunderts erkennbar? Ich möchte an erster Stelle das Engagement für christliche Missionsarbeit nennen, das seinen Niederschlag fand in der Gründung der Rheinischen Mission in Barmen und in der Gründung der Bethel-Mission, beide heute zusammengefaßt in der Vereinigten Evangelischen Mission mit Sitz in Wuppertal. Man wollte den Glauben, aus dem man selber Kraft bezog, auch anderen bezeugen, auch den Heiden in fernen Ländern bringen. Sorgfältig ausgebildete Missionare wurden nach Sumatra, nach Nias, nach Ostafrika und anderswo entsandt, wo sie »Pioniermission« zu leisten hatten. Wenn sie nach mehreren Jahren auf dem Missionsfeld Heimaturlaub bekamen, waren sie gerngesehene Berichterstatter auf den Missionsfesten.
Die Missionsfeste waren in jener Zeit die Attraktion des Jahres. Die Menschen besuchten nicht nur das Missionsfest der eigenen Gemeinde, sondern pilgerten in die Nachbargemeinden, um vom Wirken Gottes durch den Dienst der Mission etwas zu erfahren. Unter den schattigen Eichen, die den Ravensberger Bauernhof säumten, wurden Bänke aufgestellt und eine Kanzel errichtet. Posaunen begleiteten den kraftvollen Gesang erwecklicher Lieder. Der Opferbeutel war am Schluß der Veranstaltung stets reichlich gefüllt. Als ich 1954 zum Stiftberg kam, fand ich solche Missionsfeste noch vor, wie sie bei Eimterbäumer oder bei Nolting in der Masch gehalten wurden. Heute gibt es diese Art von Missionsfesten nur noch vereinzelt.
An ihre Stelle sind Missionstage und die »Herforder Missionskonferenz« getreten. Wir haben heute nicht mehr die Zeit der Pioniermission. Aus den Missionsgemeinden sind mittlerweile selbständige Kirchen geworden, mit denen wir partnerschaftlich verbunden sind. Diese jungen Kirchen haben im Bereich der Dritten Welt zwar ihre erheblichen materiellen Schwierigkeiten, sie haben aber uns oft lau und träge gewordenen Christen im Abendland neue geistliche Impulse vermitteln können.
Daß Mission keine Einbahnstraße ist, diese Erkenntnis sprach schon 1841 Johann Hinrich Volkening aus, als er beim ersten Minden-Ravensberger Missionsfest in der Marienkirche Stiftberg in seiner Predigt (über Joh. 12, 32) sagte: »Er, der gekreuzigte Heiland, zieht durch gläubige Christen die Heiden und durch die bekehrten Heiden die abgefallene Christenheit zu sich.«
Die geistliche Erneuerung führte auch zur Diakonie, die man damals »Innere Mission« nannte, weil man sich den Menschen im eigenen Lande mit der Botschaft des Evangeliums zuwenden wollte, aber auch für den Menschen in seiner Ganzheit nach Leib, Seele und Geist zur Verfügung stand. Ein großer Beweger auf diesem Gebiet war Johann Hinrich Wichern, der sich in Hamburg, einem Brennpunkt sozialer Not, der gefährdeten und wegen ihrer Armut hilflosen Menschen annahm. Im Gefolge der großen Anreger, hierzulande war es der Pastor Friedrich von Bodelschwingh in Bethel, entstanden im ganzen Ravensberger Land »Rettungshäuser«, Krankenhäuser, Waisenhäuser, Altenheime. Die freie Initiative Einzelner und für solche Zwecke gegründete Vereine haben auf diesem Sektor diakonischen Lebens viel geschaffen. In Herford entstand durch das

Zusammenwirken des Fabrikanten Weddigen mit dem Pastor der Münstergemeinde Gottschalk das »Gottschalk-Weddigen-Heim« am Hellerweg als Waisenhaus und Kinderheim, das heute nicht mehr existiert. Als Nachfolgeorganisation so vieler Einzelgründungen haben wir heute in Herford die »Evangelische Diakoniestiftung«, die die Trägerschaft ausübt für das Ernst-Louisen-Heim an der Langenbergstraße, für das Wichernhaus an der Fichtestraße, beides Alten-Wohn- und Pflegeheime, das Haus Elisabeth an der Goltzstraße und das Haus für Nichtseßhafte »Haus Birkenkamp« an der Engerstraße. Das »Diakonische Werk« koordiniert die vielfältigen Aktivitäten: Vormund- und Pflegschaften, Haus- und Familienpflege, Suchtkrankenhilfe und vieles andere.
Bleibende Frucht der Erweckung war auch die Neubegründung des Diakonenamtes, d.h., es wurden junge Männer und junge Frauen als Diakone und Diakonissen ausgebildet und eingesegnet, die in all den vorgenannten Anstalten dringend benötigt wurden. Wer kennt nicht die Schwester mit der weißen Haube, die Diakonisse, die bis vor einigen Jahren die Kranken- und Gemeindepflege in den Häusern der Gemeinden wahrnahm. Die neue Organisationsform ist die Diakoniestation, deren es in Herford zwei gibt, die flächendeckend häusliche Krankenpflege bei alten und langzeitkranken Menschen besorgen. Außer Diakonissen und Diakonen arbeiten auch andere examinierte Krankenschwestern und -pfleger mit.
Die Erweckungsbewegung war eine Bewegung zur Kirche hin und nicht, wie so oft, ein Weg ins sektenhafte Abseits. Man kam gerne zusammen zu Bibel- und Gebetsstunden, vor allem aber zum sonntäglichen Gottesdienst, der von reichem Gesang und vom Klang der Posaunen erfüllt war. Viele Kirchen- und Posaunenchöre leiten ihr Gründungsdatum aus jener Zeit her. Wer über die Entstehung und Wirkungsbreite der Posaunenchöre in Minden-Ravensberg etwas wissen will, muß die Biographie Wilhelm Ehmanns über »Johannes Kuhlo, den Spielmann Gottes« lesen. Pastor Johannes Kuhlo, Leiter des Bruderhauses Nazareth in Bethel und »Posaunengeneral« aller Bläserchöre in Deutschland, hatte noch 1941 das Herforder Kantatefest geleitet, bevor er ein paar Tage später starb.
Das Kantatefest wird Jahr für Jahr im Herforder Münster, der Urpfarrkirche des Ravensberger Landes, gefeiert. Wohl keiner, der daran teilgenommen hat, wird den Schlußchoral, begleitet von der Orgel und allen Instrumenten, vergessen: »Gloria sei dir gesungen mit Menschen- und mit Engelszungen, mit Harfen und mit Zymbeln schön!« Danach versammelt sich die große Gemeinde auf dem Rathausplatz, wo der große Lob- und Dankchoral: »Nun danket alle Gott«, von hunderten von Stimmen gesungen wird, begleitet von Posaunen und vom Geläut der jahrhundertealten Glocken des Münsters. Bleibt als Frucht der Erweckung noch die Lutherische Konferenz zu nennen, eine Sammlungsbewegung, die innerhalb einer bekenntnisgegliederten Union, wie sie die Evangelische Kirche von Westfalen als eine Gemeinschaft von lutherischen, reformierten und unierten Gemeinden darstellt, bewußt das lutherische Erbe pflegt. Auch das Herforder Exegeticum, eine Arbeitsgemeinschaft der evangelischen Pastoren, die die Heilige Schrift in ihren Ursprachen Hebräisch und Griechisch lesen und exegesieren, d.h. auslegen und für die aufgetragene Verkündigung fruchtbar machen wollen, existiert bis zum heutigen Tage.

Im Blick auf das Kantatefest war schon von der Vielzahl der Kirchen- und Bläserchöre die Rede, die freilich ohne die Bereitwilligkeit vieler Einzelner nicht denkbar sind. Auch in unkirchlicher gewordenen Zeiten engagieren sich viele im Dienst der *musica sacra*. Mag bei vielen das musikalische Interesse im Vordergrund stehen, mag mancher die geheiligten Texte als rein kulturelles Erbe betrachten, so erreicht die Volkskirche durch die Kirchenmusik noch weiteste Kreise mit zentralen Verkündigungsinhalten. Man denke nur an die Passionsmusiken und die Texte der Messe, der Psalmen und Choräle. Ich gebe die Hoffnung nicht auf, daß der geistliche Gehalt in selbstwirksamer Weise dennoch viele Herzen gewinnt. Das › Stammpersonal ‹, wenn ich das mal so sagen darf, ist auf jeden Fall kirchlich verwurzelt und erachtet den geistlichen Gesang im Gottesdienst als ein aufgetragenes Amt.
Durch die Westfälische Landeskirchenmusikschule, die vor 40 Jahren in Herford gegründet wurde, erfährt das kirchenmusikalische Leben in unserer Stadt und im Umland natürlich eine zusätzliche Bereicherung. Die Westfälische Kantorei, gegründet und geleitet von Professor Wilhelm Ehmann, hat den Namen Herfords in die Welt hinausgetragen, nach den USA und Japan, nach Finnland und in europäische Nachbarländer. Umgekehrt waren Chöre aus vielen Ländern in der Kirchenmusikschule und damit in den Gemeinden unserer Stadt zu Gast. Welch intensive Begegnungen von Angehörigen verschiedener Völker und Kulturen! Welch starker geistiger und geistlicher Austausch von Christen aus aller Welt!
»Christen in aller Welt«, damit ist das Thema Ökumene angeschnitten. Ökumene am Ort spiegelt sich wieder im guten Kontakt von Christen unterschiedlicher Konfession in dem Wissen, daß der Glaube an den dreieinigen Gott uns verbindet. In der Woche vor Pfingsten wird ein Gebetsgottesdienst für die Einheit der Christen gehalten. In der Gründonnerstagnacht beten in stündlichen Nachtwachen in der Taufkapelle des Münsters Christen unterschiedlichen Alters für die Anliegen in Kirche und Welt. Wenn bei manchen Gelegenheiten außer Evangelischen und Katholiken auch noch Anglikaner und Orthodoxe Christen aus Griechenland und Jugoslawien miteinander Gottesdienst halten, abwechselnd in verschiedenen Sprachen, aber beseelt von dem einen Heiligen Geist, dann darf man wohl von »versöhnter Verschiedenheit« sprechen.
Es muß unbedingt gesagt werden, daß seit vielen Jahren die Münster-Kirchengemeinde ihre Wolderuskapelle, die Stätte der Grablege des Gründers Herfords, des hl. Waltger, der griechisch-orthodoxen Gemeinde zur ständigen Nutzung überlassen hat.

Wie die Stadt 1954 auf den Neubürger Friedrich Brasse gewirkt hat? Mit ihrem pulsierenden Leben und mit ihrem charakteristischen Stadtbild sprach sie mich sehr an. Es waren die alten Kirchen, die mich nicht nur kunsthistorisch beeindruckten, sondern auch durch das, was ich in ihnen erlebte. Im Münster fand jährlich der zentrale Reformationsfestgottesdienst für alle Gemeinden statt. Es war üblich, daß ein neu nach Herford gekommener Pastor sich bei dieser Gelegenheit der Herforder »Gesamtgemeinde« durch eine Predigt vorstellte. So stand ich denn acht Tage nach meiner Einführung auf Stiftberg auf der Kanzel dieser großen Kirche, in der man sich, wie auch auf Stiftberg, noch ohne Lautsprecher verständlich machen mußte.

Ich hörte erstmalig etwas vom Radewiger Kohlfest, das immer am ersten Donnerstag im Advent begangen wird, und erfuhr dessen Geschichte. Das traditionelle Kohlessen, zu dem in der Radewig damals nur die »Hausväter« — also nicht die Frauen! — zusammenkamen, ist mittlerweile als kommunikatives Zeremoniell aus dem Vereinsleben von Herford nicht wegzudenken.

Die in Herford Geborenen und die nach Herford Gekommenen steigen ein in einen geschichtlichen Zusammenhang, den man sich nach und nach bewußt macht. Wir erkennen durchgehende Linien, Abbrüche, Aufbrüche. Das Historische ist in einer Stadt wie Herford von großer Mächtigkeit. Dennoch bleiben wir nicht in der Historie hängen. Wir erkennen die Konstanten und nehmen wahr die Variablen, also das Beständige und das Sichverändernde. Wie wir als Einzelmenschen bei allen Wandlungen doch dieselben bleiben, so erfahren wir es auch im Leben des Organismus unserer Stadt, unserer Kirche und Gemeinde: Identität im Wandel. Sancta Herfordia, erkenne, was du bist und hast, und bleibe dem Heiligen verpflichtet, das sich in deiner Selbstbezeichnung ausspricht.

(Aufgezeichnet im Dezember 1988 von Wolfgang Günther).

Albert Etzel

Albert Etzel wurde 1909 in Herford geboren. Nach der Lehre als Sattler, Polsterer und Dekorateur erhielt er 1928 den Gesellenbrief. 1937 wurde er Meister und übernahm später den elterlichen Betrieb. Ab 1954 war er Obermeister der Raumausstatter- und Sattler-Innung Herford. 1984 wurde er zum Ehrenmeister des übergeordneten westfälisch-lippischen Innungs-Verbandes ernannt. In den langen Jahren seiner Berufstätigkeit erlebte Albert Etzel den tiefgreifenden strukturellen Wandel in Wirtschaft und Gesellschaft, der auch sein Handwerk stark veränderte.

Die Sattlerei hat schon mein Vater betrieben. Vor gut 100 Jahren hat er sie in Thüringen erlernt; er hat während dieser Zeit noch beim Meister gewohnt. 1893 erhielt er seinen Gesellenbrief, kam 1897 nach Herford und hat sich 1903 auf der Radewig als Meister selbständig gemacht.

Ich wurde 1909 geboren, noch in dem alten Fachwerkhaus Ecke Bielefelder Straße, das 1911 abgerissen worden ist. Man sagte damals, das Haus sei ein »Verkehrshindernis«, weil es die Straßenmündung zur Radewiger Straße auf die Breite der heutigen Kirchgasse einzwängte. Heute steht an der Stelle meines Geburtshauses die Radewiger Apotheke. Damals sind wir — meine Eltern, meine Schwester und ich — ein paar Häuser weiter umgezogen, zur Radewiger Straße 23 bis 25. 1937 hat mein Vater das Grundstück mit Haus gekauft. Hier wohne und arbeite ich auch heute noch.

Meine Ausbildung und die unserer Lehrlinge betrug damals noch vier Jahre. Bei uns lernten sie Sattler, Polsterer und Dekorateur. In anderen Betrieben verzichtete man bereits auf die Sattlerei und bildete die Jungs neben dem Polstern und Dekorieren auch im Tapezieren aus. Schon nach dem Ersten Weltkrieg setzte die Umstellung von der reinen Sattlerei zu Mischbetriebsformen ein. Ich habe 1928 mein Gesellenstück gemacht und 1937 den Meisterbrief erhalten.

Heute dauert die Ausbildung zum Raumausstatter und Sattler drei Jahre. In den letzten Jahren hatten unsere Innungsbetriebe keine Probleme, Auszubildende einzustellen. Wir hoffen, daß sich das für unsere vielseitige Berufssparte auch in Zukunft fortsetzt. In der Herforder Berufsschule besteht für unser Handwerk eine Berufs-Fachklasse, die auch von den Auszubildenden der Kreise Minden, Bielefeld und Gütersloh besucht wird. Sogar aus den Kreisen Höxter und Warburg kommen Prüflinge, um in Herford für das Sattler-Handwerk ihr Gesellenstück mit Ahle, Sattler-Nadeln und Wachsfäden zu nähen. Inzwischen ist aber auch im Handwerk die Technik eingezogen. In der Berufsschule und in den Betrieben wird unser Nachwuchs an neuesten Maschinen und modernem Gerät eingearbeitet.
Bleiben wir bei der Sattlerei. Dazu gehörte die Herstellung von Pferdegeschirren mit Zaumzeug und Zubehör, hinzu kamen Planen für Pferde- und Lastkraftwagen. Mit dem Aufkommen der Reitervereine in den zwanziger Jahren wurden vereinzelt auch wieder Reiterzeuge mit Sätteln und Zaumzeug, also Trensen oder Kandaren, angefertigt. Geschirre für Militärpferde haben wir nicht gemacht, weil die in den Kasernen ihre eigenen Sattler hatten. Unsere Kunden kamen zumeist aus der Landwirtschaft. Aus der Stadt waren es diejenigen, die Fuhren durchführten oder Kutschen besaßen. Das waren Spediteure, Möbelfirmen, verschiedene Händler, aber auch Privatleute. Ich entsinne mich, daß wohlhabende Herforder Familien sich noch mit Pferd und Wagen zum Bahnhof kutschieren ließen. Noch am Ende des letzten Krieges hat mein Vater Leder-Bezugsscheine für 450 Geschirr-Reparaturen erhalten, denn in den Kriegsjahren mußte sehr viel geflickt werden.
Überhaupt galt bis zur Währungsreform 1948 innerhalb unserer Betriebe die vordringlichste Sorge der Leder- und Materialbeschaffung. Dies belegt das Protokoll der ersten Innungs-Versammlung nach Kriegsende aus dem Jahre 1946. Da wurde lebhaft darüber diskutiert, ob die Innung nicht Aufträge für die in Herford stationierten Einheiten der englischen Rheinarmee übernehmen könne. Hierfür wurden Materialzuteilungen erwartet, die bei entsprechend sparsamer Verarbeitung Materialüberhänge von bis zu 20 Prozent erwarten ließen, natürlich zum Nutzen des einzelnen Betriebes.
Noch 1948 — vor der Währungsreform — bin ich mit einem Pferdewagen und ein paar Altpapierballen hintendrauf nach Bielefeld zur Firma Lohmann gefahren. Das Altpapier mußte für den Einkauf von ein paar Pappkoffern vorgelegt werden. Koffer waren damals zur Zeit der Flüchtlingsströme aus dem Osten ein sehr gefragter Artikel. Als dann aber im Juni mit der Währungsreform und über Nacht die »harte« Deutsche Mark gültig wurde, hatte ich innerhalb von acht Tagen meinen Laden voller Koffer. Das waren zwar auch noch Papp-Koffer, doch bald schon wurden nach und nach alle anderen handwerklich benötigten Roh- und Hilfsstoffe lieferbar.
In den Kriegsjahren, aber auch schon vor 1939 im Rahmen der »Vierjahrespläne« waren Leder, Stoffe, Kleineisen-Zubehörteile bewirtschaftet. Über die Kreishandwerkerschaft wurden Bezugsscheine zugeteilt. Dennoch war damit nicht immer sichergestellt, daß man das Material oder die einem »zustehende« Menge auch von seinem Lieferanten erhielt. Nähfäden waren damals besonders knapp.
Schon 1938 erhielten wir als Polster-Betrieb eine Broschüre über die »Umschulung auf

neue deutsche Werkstoffe (Polstern)«, herausgegeben vom Reichsinnungsverband. Damit wollte man für unser Handwerk die von Devisen abhängigen Importe drosseln, denn Autarkie oder »Selbstversorgung« war eine der Richtlinien der nationalsozialistischen Planwirtschaft. Anstelle der üblichen Polster-Füllstoffe, wie Palmfasern, Alpengras und Werg (kurze Flachsfasern) mußte umgeschult werden auf »deutsche Waldwolle«. Sie wurde aus Kiefernnadeln gewonnen, denen das Harz chemisch entzogen und die danach maschinell gekraust worden waren. Hochgelobt als milben- und mottensicher empfahl sie sich sogleich mit »angenehmem Waldgeruch«.
Ein weiterer deutscher Austauschstoff für Polsterfüllungen war die »STROFA« (Strohfaser) aus Roggenstroh. Sie gab es in gelb und schwarz, zugleich chemisch behandelt und gekrispelt, oder als Roßhaar-Beimengung ein MARENA genanntes Material, das bei der Herstellung von »Spalt-Leim-Leder« als Abspalt anfiel. Gekräuselt fand es Verwendung bei der Polster- und Matratzen-Herstellung. Natürlich erforderte der Einsatz dieser neuen Austauschstoffe im Handwerk spezielle Arbeitstechniken. Die Teilnahme an Umschulungskursen wurde jedem Meister zur Pflicht gemacht. Aber die althergebrachten Materialien gab es dann ja auch bald kaum noch.
Bis weit nach dem Ersten Weltkrieg haben wir in der Sattlerei vor allem Rindleder verarbeitet, dazu Leinengurte und natürlich die metallenen Beschläge und Schnallen. Es wurde viel mit der Hand genäht. Das Nähen erfolgte auf dem Knie mit dem Nähkloben, in den das Leder als Nähgut eingeklemmt wurde. Mit der scharfschneidigen, spitzen Ahle wurde das mehrschichtig gelegte Leder vorgestochen, dann mit zwei Sattler-Nadeln von oben und unten, also doppelt vernäht. Dazu verwandten wir Hanfgarne als Pech- oder auch feinere Wachsfäden.
Das in dieser Gegend übliche Sielen-Geschirr für Zugpferde war zum Verschnallen und wurde oftmals verschiedenen Pferden aufgelegt. Für Kutschgeschirre wurde schon mal »nach dem Tier« gearbeitet. Ochsengeschirre, also Joche, wurden früher schon mal verlangt, darin hatten wir aber wenig Kundschaft. Kummet-Geschirre waren, außer vielleicht bei Gespannen der Brauerei Felsenkeller, hier wenig verbreitet.
Auf die Herstellung des Reitzeugs verweist ja immer noch unsere Innungs-Bezeichnung. Das hat Traditionsgründe, aber auch ein erst später ausgebautes, benachbartes Arbeitsfeld erklärt sich daraus. Denn der Reitsattel hat unterhalb der ledernen Sitzlage mit den Seitenblättern oder Kniepauschen halbrunde hölzerne, zum Schutz des Widerristes und der Wirbelsäule des Pferdes gepolsterte sogenannte Vorder- und Hinterzwiesel. Daraus haben sich über die Polsterung der Stühle die heute üblichen Polstermöbel handwerksgeschichtlich entwickelt. Schon seit Ende des Ersten Weltkrieges wurde die Polsterei für uns immer wichtiger, weil die Herstellung von Sätteln und Reitzeug kein großes Geschäft mehr bot. Und in den Innungsprotokollen nach dem Zweiten Weltkrieg wurde immer wieder darüber geklagt, daß kaum oder gar keine Zuggeschirre mehr verlangt wurden. Ursache dafür war die allgemeine Motorisierung auch in der Landwirtschaft. Denn ein Landwirt, der bislang für drei oder vier Gespanne sechs bis acht Pferde anzuschirren hatte, kam durch den Einsatz von Treckern oder Ackerschleppern mit vielleicht ein bis zwei Pferden aus. Die nicht mehr benötigten Geschirre hingen als Reserve im Stall.

So führte diese Entwicklung zu gemischten Betriebsformen, andere spezialisierten sich auf die Sattlerei oder auch als Dekorateur, den heutigen Raumausstatterbetrieb. Mein Vater hatte diese Umstellung schon lange vor dem letzten Krieg vorgenommen und neben der Sattlerei mit dem Verkauf von Lederwaren begonnen.
Ganz anders verlief die Entwicklung im Polsterer-Handwerk. Schon in den dreißiger Jahren entstanden die ersten Polstermöbel-Fabriken, oftmals aus früheren Handwerksbetrieben. Aber auch die zahlreichen vom Handwerk ausgebildeten jungen Polsterer-Gesellen wurden von diesen Firmen als gesuchte Fachkräfte eingestellt. Die gewaltige Nachfrage der Nachkriegsjahre führte zur industriellen Massenanfertigung. Die Folge war, daß unsere Innungskollegen ihren Unterhalt in Marktnischen suchen mußten. Das waren einerseits Reparaturarbeiten, vom einfachen Aufpolstern bis zum aufwendigen Restaurieren kostbarer antiker Polstermöbel. Doch wurde auch auf handwerklich angrenzende Bereiche ausgewichen, z.B. die Auto-Sattlerei. Hier werden die großen LKW-Planen gefertigt sowie stilgerecht Sitze von Oldtimer-Personenkraftwagen wieder hergerichtet. Andere fanden ihr Auskommen durch die Herstellung und den Vertrieb von Camping-Zelten und -Bedarf. Wir mußten einfach flexibel sein und uns der veränderten Nachfrage des Marktes anpassen.
Natürlich waren die betrieblichen Umstellungen immer auch mit Investitionen verbunden. Sie erfolgten zumeist unter enger beratender Hilfestellung der Handwerkskammer und Innung. Über mehr allgemeine Trends informiert die jährlich einmal stattfindende Jahreshauptversammlung. Dabei werden aktuelle Fragen behandelt und demokratisch über die Entlastung des alten, anschließend über die Wahl des neuen Innungsvorstands abgestimmt.
Für die Innung wird heute ein Jahresbeitrag pro Betrieb gestaffelt nach Mitarbeitern und für die Handwerkskammer ein Zusatzbeitrag erhoben. 1948 belief sich der Grundbetrag noch auf 18 DM plus 2 DM pro Beschäftigten und 10 DM für den Landesinnungsverband, seither aber sind diese Zahlen längst vom Preis- und Kostenanstieg überholt worden. Denn abgesehen von Preissteigerungen für Material entstand inzwischen ein zusätzlicher Kostendruck durch die Lohnentwicklung. Für eine Gesellenstunde zahlten wir zum Beispiel 1965 3,40 DM, 1975 8,35 DM und 1988 13,96 DM. Dazu kamen die tariflich vereinbarte »Vermögenswirksame Leistung«, der bezahlte sechswöchige Jahresurlaub (30 Arbeitstage) und im November als Sonderzahlung zusätzlich ein halber Monatslohn brutto — und das alles bei zurückgehender Wochenarbeitszeit, die 1912 noch 60 Stunden, 1948 48 Stunden, 1958 45 Stunden, 1969 42 Stunden umfaßte und die seit 1972 40 Stunden beträgt.
Markierte die Währungsreform den Beginn des allgemeinen Wirtschaftsaufschwungs, so bedeutete das Jahr 1946 die Wiedereinführung einer demokratisch verfaßten Innungssatzung. Zunächst erhielt die Innung durch den Vertreter der britischen Militärregierung in Herford und in Zusammenarbeit mit dem amtierenden Landrat von Laer und dem neuen Oberbürgermeister Holzapfel einen kommissarisch bestellten Obermeister, Herrn August Fischer. Dieser bestimmte — zunächst noch ohne Wahl — die Mitglieder des Innungsvorstands aus dem Kreis der anwesenden Kollegen, die nun ihrerseits über das Verfahren der Vertrauensfrage den neuen Vorstand bestätigten. Auf der ein Jahr später

im April 1947 stattfindenden Jahreshauptversammlung wurde dann die neue demokratische Handwerksordnung vorgestellt, über Wahlen bestätigt und eingeführt.
Sie löste die nach 1933 von den Nazis erlassene »Verordnung zum Aufbau des deutschen Handwerks« ab, mit der alle Innungssatzungen gleichgeschaltet worden waren. Anstelle des Wahlrechts war das Verfahren der Vertrauensfrage getreten, über das man die Zustimmung der Innungsmitglieder einholte. Der Obermeister wurde nun »von oben« eingesetzt, ein »Fehlgeldlistenführer« hatte auf vollzähliges Erscheinen zu achten. Unentschuldigtes Fernbleiben von den Innungsversammlungen kostete Strafgelder zwischen drei und fünf Reichsmark. Die anstehenden Punkte der Tagesordnung wurden erst in der Versammlung bekanntgegeben. Sie ähnelten mehr einer Befehlsausgabe.
Die Einladung zu einer solchen Jahreshauptversammlung habe ich noch aufbewahrt. Sie fand am 23. April 1939 im Evangelischen Vereinshaus statt und wurde eröffnet mit einer Totenehrung der im Ersten Weltkrieg gefallenen Innungskollegen. Dann wurde auf Regelungen der Materialbewirtschaftung verwiesen, insbesondere gefordert, Zuteilungsscheine sofort nach Erhalt an die betreffenden Lieferanten weiterzuleiten. Anschließend gab es eine schlichte Feier aus Anlaß des 25jährigen Innungsjubiläums, dazu Kaffee und Kuchen von der Innung für Meisterinnen und Meister. »Gefolgschaftsmitglieder«, d.h. Mitarbeiter, waren dazu herzlich eingeladen, mußten aber die Kosten für Getränke und Verzehr selbst tragen. Eine Tonfilm-Vorführung mit dem Titel »Besser schlafen« (hergestellt von einer damals schon namhaften Matratzen-Firma), Gesang, Solovorträge und Tanz dienten der weiteren Unterhaltung. Für das Abendessen war schließlich »in Form einer Umlage RM 1,– zu entrichten«.
Vor 1933 waren unsere Innungskollegen in der vom Regierungspräsidenten genehmigten, seit 1914 bestehenden »Zwangsinnung für das Sattler-, Polsterer- und Dekorateur-Handwerk« vereint. Vermutlich hat es schon immer Kollegen gegeben, die sich vor den Innungsbeiträgen »drücken wollten«. Unsere alte Satzung kannte bis 1933 das Wahlrecht für den Vorstand sowie dessen Entlastung nach dem Ende des Geschäftsjahres.
Aber auch diese Jahre — mit Weltwirtschaftskrise 1929 bis 1932 und seinen sechs Millionen Arbeitslosen oder zuvor die große Geldentwertung in der Inflation bis 1923 — bargen harte Prüfsteine für den Weiterbestand unserer Innungsbetriebe. Ich entsinne mich, daß mein Vater damals für das EMR zahlreiche große Ledertaschen mit ledernen Schulterriemen machen sollte. Die Kassierer, die viel Papier mitkriegten, sollten damit herumgeschickt werden. Für den größeren Ledereinkauf war in den Tagen der gallopierenden Inflation folgendes vereinbart worden: Das EMR mußte uns morgens um acht Uhr einen Scheck geben. Mit diesem Scheck ging mein Vater zur Kreissparkasse und erhielt dafür — in Scheinen über Millionen Mark — ein Paket voller Papiergeld. Das packte er sich auf den Rücken und fuhr dann mit dem Zug nach Bielefeld. Dort mußte der Betrag bis elf Uhr bei der Bank des Lieferanten eingezahlt worden sein; denn um elf Uhr gab es den neuen Tageskurs, der den Lieferanten für die bestellte Lederlieferung gutgeschrieben wurde. Die Warenlieferung, das benötigte Leder, erhielt mein Vater dann später.
Ähnliche Episoden könnte wohl jeder Kollege erzählen. Sie sind typisch für den Alltag des gewerblichen Mittelstands. Neben handwerklichem Können werden von jedem Ein-

zelnen Problemlösungen gefordert, die den Wünschen der Kundschaft gerecht werden, zugleich aber kosten- und nutzengünstig ausfallen. Der seit 75 Jahren geleistete Beratungsumfang der Innung sollte hierbei nicht übersehen werden. Denn erst 1912 hat sich die Fachgruppe Sattler aus der Schuhmacher-Innung abgespalten. Die damaligen Kollegen waren überzeugt, ihre speziellen berufsständischen Interessen besser selbst vertreten zu können.
Dem wäre nur noch anzufügen, daß das Handwerk des Sattlers viel älter ist, als die Innungsgeschichte vermuten läßt. Sättel und Steigbügel wurden bei uns schon im 8. Jh. unter Kaiser Karl dem Großen gebräuchlich. Trensen, das sind die ledernen Kopfriemen-Gestelle zum Lenken der Pferde mit Gebissen aus Holz, Horn oder Knochen, sind sogar schon aus der Bronzezeit (1700 bis 800 v.Chr.) überliefert.
(Aufgezeichnet im August 1988 von Jens-Jürgen Schulz †).

Hans Gelderblom

Hans Gelderblom wurde 1910 als ältestes von zwei Kindern in Berlin geboren. Sein Vater, von Beruf höherer Baubeamter, stammt aus dem Rheinland, seine Mutter war gebürtige Schweizerin. Nach dem Studium der Architektur in Darmstadt und Danzig ging Hans Gelderblom 1934 als Regierungsbauführer nach Ostpreußen. Ab 1942 eingezogen erlebte Hans Gelderblom den Krieg als Offizier bei der Flak und bei der Luftwaffenbautruppe, hauptsächlich an der Ostfront, aber auch in Frankreich und Süditalien. Von 1947 bis 1973 war er in der Bauabteilung der Kreisverwaltung Herford tätig, zuletzt als leitender Kreisbaudirektor. Von 1965 bis 1981 leitete er den »Herforder Kunstverein«.

Ich zog 1945 zu meinen Eltern nach Minden und kam im April 1947 nach Herford, wo ich mich erfolgreich um die Stelle des Kreisbaurats beworben hatte.
Ich war damals beim Kreis Herford verantwortlich für das gesamte Bauwesen einschließlich der Bauaufsicht und des Naturschutzes. Der Beginn meiner Tätigkeit fiel in die ersten Jahre des Wiederaufbaus. Es mußten für viele Gemeinden Bebauungspläne aufgestellt und auch verschiedene Wohnhaustypen entworfen werden, vom Einfamilienhaus bis zum Mietshaus.
Die Arbeitsbedingungen waren 1947 noch sehr bescheiden, vor allem, weil der Kreis vor der Währungsreform kein Geld hatte. Damals brauchten wir für den Bau jedes einzelnen Wohnhauses eine Erlaubnis der britischen Besatzungsmacht, die nur dann erteilt wurde, wenn wir nachweisen konnten, daß genügend Material, Arbeitskräfte und Geld für das Bauvorhaben vorhanden waren. Erst mit dieser Erlaubnis konnten wir dann die Baugenehmigung erteilen.
Außerdem mußten wir auch noch die entsprechende Genehmigung von der Landesregierung einholen. Ich bin also regelmäßig einmal im Monat nach Düsseldorf gefahren und habe dort im Arbeits-, Wirtschafts- und Bauministerium Genehmigungen einholen

müssen. Wir hatten kaum Benzin für unsere wenigen Autos und waren deshalb häufig darauf angewiesen, in den Wagen der Bauherren (das waren hauptsächlich die im Kreis ansässigen Zigarrenfabrikanten) mitzufahren. Zigarren waren damals im Alltagsleben die gängige Währungseinheit (nicht nur im Kreis Herford), und wir benutzten sie deshalb auch, um in Düsseldorf in den Ministerien »Erfolg zu haben«. Wir verfügten aber ebenfalls über Tabak und Zigarettenpapier, so daß die Damen im Vorzimmer auch nicht leer ausgingen.
In den ersten Jahren nach dem Krieg wurden nur wenige Baugenehmigungen erteilt, aber schon 1949/50 ging die Kurve steil nach oben und beschleunigte sich noch während des »Wirtschaftswunders« in den fünfziger Jahren. In jener Zeit wurde vermehrt Personal in den Verwaltungen eingestellt. Noch in den ersten Jahren nach dem Krieg bestand das Kreishaus nur aus dem alten kaiserlichen Bau aus dem Jahre 1902. Ursprünglich umfaßte der ganze Südflügel des Gebäudes die Residenz des Landrats. Im Mittelbau mit dem großen Fenster lag der Sitzungssaal, dann folgten nach Norden die kleinen Sitzungssäle für den Kreisausschuß und die Fraktionen. Im ganzen Gebäude gab es lediglich sieben Büroräume. Das war alles. An dieser Situation hatte sich auch in den ersten Nachkriegsjahren nur wenig geändert, aber schon bald wurde ein Teil der Verwaltung in die umliegenden Gebäude ausgelagert. 1955 begann der Bau des neuen Kreishauses, das zwei Jahre später eingeweiht wurde. Bei der Planung hatte ich 20 Prozent des Raumes als Reserve einkalkuliert, als es fertig war, fehlten 20 Prozent! Die Verwaltung hatte sich in wenigen Jahren dermaßen vergrößert, daß sie die räumliche Planung glatt überholte. Aber wir hatten flexibel geplant, so daß man innerhalb des Gebäudes je nach Bedarf Wände versetzen konnte.
Die große Zahl von Flüchtlingen im Kreisgebiet hat sich auch auf die Bautätigkeit in jenen Jahren sehr stark ausgewirkt. Die Bau- und Siedlungsgenossenschaft in Bünde, der ich als Vorstandsmitglied angehörte — ursprünglich ein reines Betreuungsinstitut —, hat dabei vor allem die Planung und Ausführung von Häusern für Vertriebene übernommen. Wir haben dafür gesorgt, daß die Gemeinden Grundstücke für Wohnbauprojekte beschafften. Merkwürdigerweise gab es vorher im Kreis Herford kaum Gemeindebesitz und auch die Genossenschaft verfügte über keine eigenen Grundstücke. Die Bautätigkeit lief sehr langsam an, in erster Linie stellten die Gemeinden Grundstücke zur Verfügung, für die wir die Bebauungspläne entwarfen und die dann von der Genossenschaft bebaut wurden. Anfang der fünfziger Jahre kam von staatlicher Seite der soziale Wohnungsbau in Gang. Es wurden zunächst Kleinsiedlungen und Einfamilienhäuser mit Einliegerwohnung gebaut (im Kreis Herford wollen die Leute alle um ihr Haus herumgehen können), Reihen- und Mietshäuser kamen erst später dazu.
Ich machte damals den Vorschlag, die Leute stärker zur Eigenhilfe zu animieren. Da sagte der Landrat Griese zu mir: »Das klappt nicht. Sehen Sie sich doch mal unsere Bevölkerung an. Das sind keine Gemeinschaftsmenschen, das sind alles Einzeltypen, die neigen nicht zur Gemeinschaft.« Also habe ich es in Vlotho mit einer Gruppe von Flüchtlingen aus Pommern versucht, und das klappte sofort. Die Ostdeutschen waren mit einem Leben in der Gemeinschaft stärker vertraut, das zeigt schon die für den Osten typische Siedlungsform des Rundlings oder des Gewannendorfes, also absolut geschlos-

sene Ortschaften, während für den Herforder Raum die Streusiedlung charakteristisch ist.
Diese gestreute Siedlungsform hat vor allem historische Gründe. Im Kreis Herford gibt es Haufendörfer, deren Ursprünge man bis in die sächsische Zeit zurückverfolgen kann. Die Höfe, die im 8. und 9. Jh. auf einer Rodung angelegt worden waren, lassen sich bis heute anhand der Lage der Gebäude lokalisieren, wobei die Breitseite des Haupthauses stets nach West-Südwest ausgerichtet ist, also gegen die Hauptwindrichtung. Aus diesen Anfängen entwickelten sich später die ersten Dorfsiedlungen. Die ersten Bauernhöfe trugen dabei die Nummern von 1 bis 10, Bezeichnungen anhand von Straßennamen waren unbekannt, denn die Gehöfte lagen nicht an durchgehenden Wegen, sondern weit verstreut. Jeder Bauer saß auf seiner Flur, und um ihn herum gab es nur weite Ackerflächen. Im Laufe der Jahrhunderte kamen dann die Gebäude der Heuerlinge und Kötter hinzu, die aber nicht in der Dorfmitte, sondern auf den schlechteren Böden am Rande der Flur errichtet wurden. All diese Faktoren führten schließlich dazu, daß sich die dörflichen Siedlungen nicht um einen Kern konzentrierten, sondern aus weit verstreuten Einzelhöfen bestanden.
Am Ende dieser Entwicklung war das Herforder Kreisgebiet nicht besiedelt, sondern zersiedelt. Es gab Dörfer, die hatten infolge der weit auseinandergezogenen Siedlungsform eine ungeheuer große Zahl von Straßenkilometern zu unterhalten, eine Aufgabe, die sie nur unvollkommen bewältigen konnten (in Ost- und Westpreußen umfaßte das Straßennetz innerhalb der einzelnen Dörfer höchstens ein paar hundert Meter). Den Gemeinden im Kreisgebiet mangelte es aber nicht nur an festen Straßen, sie hatten darüber hinaus weder Wasserleitungen noch Kanalisationssysteme. Der Auf- und Ausbau einer verkehrstechnischen und sanitären Infrastruktur war daher eine unserer Hauptaufgaben in den Jahren nach dem Krieg, wobei auch sämtliche Bebauungspläne im Kreis neu erstellt werden mußten. Solche Pläne hatte es bis dahin hier nur wenig gegeben. Eine neuangelegte Planung in größerem Umfang war dabei wegen der starken Streusiedlung ohnehin kaum möglich.
Dazu kam, daß auch die Klein- und Mittelindustrie Land brauchte. Es war sehr schwierig, in den Flächennutzungsplänen reine Gewerbegebiete auszuweisen, da infolge der starken Zersiedlung fast überall eine mehr oder weniger dichte Wohnbebauung vorhanden war.
Es gab im Kreisgebiet viele Pendler, die teilweise jeden Tag von Kirchlengern bis Bielefeld zur Arbeit fuhren, anfangs mit Fahrrädern, dann mit der Bahn oder dem Bus und schließlich mit dem eigenen Wagen. Der Autoverkehr war deshalb — auch eine Folge der Streusiedlung — im Kreis Herford immer relativ stark.
Das Netz der Kreisstraßen, d.h. gemeindeverbindender Straßen, umfaßte während der ganzen Jahre stets ca. 180 Kilometer, dazu kamen dann noch die Gemeinde-, Landes- und Bundesstraßen.
Die Bodenoberfläche des hiesigen Raumes besteht hauptsächlich aus Lößlehm, wodurch das Wasser nur schwer abfließen kann. Deshalb kam es im Winter immer wieder zu sehr starken Frostschäden an der Fahrbahndecke. Sämtliche Kreisstraßen waren in den ersten Jahren nach dem Krieg in einem miserablen Zustand, zumal sie in den meisten Fällen

für Pferdefuhrwerke gebaut worden waren, nicht aber für schweren Lastverkehr. Wir mußten zunächst das gesamte Straßennetz von Grund auf modernisieren und auch einige neue Straßen bauen, um den immer stärker zunehmenden Verkehr aufzufangen.
Auch haben wir an sämtlichen Kreisstraßen Fahrradwege angelegt, da sie mitten durch zahlreiche Ortschaften führten. Nicht nur Schulkinder, sondern auch andere Personen mußten sich dort bewegen können, ohne durch den Autoverkehr gefährdet zu werden.
In die letzten Jahre meiner beruflichen Tätigkeit fiel der Neubau des Kreiskrankenhauses. Der Architekt Peter aus Frankfurt leitete dabei die gesamte Planung, wobei meine Tätigkeit als Vertreter des Kreises hauptsächlich darin bestand, als Koordinator zwischen Ärzten, Pflegern, Schwesternschaft und Architekt zu fungieren.
Der Neubau des Kreiskrankenhauses wurde notwendig, weil der bestehende Bau veraltet und auch zu klein war. Bei der Planung mußte man sich zunächst über das System des neuen Krankenhauses klarwerden, wobei es zwei Grundtypen gab:

- eine Variante vereinigte Pflege und stationäre Behandlung, d.h., Operationssäle und die zugeordneten Krankenzimmer lagen auf derselben baulichen Ebene.
- Die zweite Variante konzentrierte den Behandlungstrakt in den unteren Etagen des Gebäudes, dem Breitfuß, und verlagerte die Betten in die darüberliegenden Stockwerke, die Bettenscheibe. Dieses System hatte den großen Vorteil, daß man den Behandlungstrakt im Breitfuß problemlos modernisieren und erweitern konnte, ohne den Gesamtbetrieb zu stören. Die Zahl der Krankenbetten lag dagegen konstant bei ca. 800, so daß auf diesem Gebiet kaum bauliche oder planerische Flexibilität erforderlich war.

Der Kreis hat sich schließlich für das letztere System entschieden. Es wurde ein Wettbewerb ausgeschrieben, an dem sich Architekten aus dem ganzen Bundesgebiet beteiligten, die alle auf die Planung solcher Krankenhäuser spezialisiert waren. Das Frankfurter Büro Köhler / Kässens erhielt schließlich den Zuschlag. Der Architekt Peter, der dann federführend die Planung übernahm, arbeitet heute u.a. viel in den USA und betreut auch sämtliche Militärlazarette der Amerikaner in der Bundesrepublik. Das Kreiskrankenhaus in Herford war damals sein erster Bau.
Bei der Planung des Krankenhauses haben wir in vielen Bereichen erstmals Techniken und Verfahren eingesetzt oder auch neu entwickelt, die heute längst zu einer alltäglichen Selbstverständlichkeit geworden sind. So war der Einsatz der Elektronik in Krankenhäusern bis dahin noch nicht üblich, heute ist das ein alter Hut. Die Firma Siemens beispielsweise bot damals lediglich ein elektronisches Laborsystem an, wir aber haben die Elektronik konsequent in allen Bereichen eingesetzt, von der Radiologie bis zur Bestandserfassung in der zentralen hauseigenen Apotheke. Auf vielen Gebieten wurde deshalb beim Bau des Krankenhauses in enger Zusammenarbeit mit Philipps Grundlagenforschung betrieben. Wir entschieden uns dabei nicht für eine zentrale Großanlage, die es in einigen Krankenhäusern bereits gab, sondern für mehrere periphere kompatible Kleinanlagen, da beispielsweise die Radiologie ganz andere Bedürfnisse hat als die Apotheke.

Auch das Fördersystem war neu. Wir entschieden uns für ein Behälterfördersystem, in dem alles, rein und unrein getrennt, befördert wird. Die Horizontalbewegungen erfolgen dabei im Untergeschoß und werden auf nur zwei vertikalen Schienen auf die einzelnen Etagen weitergeleitet. Die Verpflegung wird unten in der Küchenanlage portioniert, tablettiert und von den Aufzügen nach oben gefahren. Der Behälter rollt auf einen Wagen aus und wird vor die Zimmer gefahren. Man braucht also nicht auf jeder Station eine eigene Küche, zumal dies bei der zunehmenden medizinisch-technischen Ausstattung auch aus Platzgründen gar nicht mehr möglich wäre. Die reine Wäsche wird von unten mit Wäschebehältern nach oben befördert und von der Förderanlage mit dem Behälter, der gleichzeitig Wäscheschrank ist, in eine Nische geschoben. Die Wäsche kann dann dort entweder entnommen oder auch vor die Zimmer gefahren werden.
Die OP-Bestecke für die verschiedenen Operationen (von der Gehirnoperation bis zum Blinddarm) werden ebenfalls in einer zentralen Anlage gereinigt und sterilisiert. Das erfordert sehr viel mehr Besteck, als wenn man die einzelnen Instrumente nach jeder Operation frisch reinigt, ist aber bei der Größe eines solchen Krankenhauses technisch nicht anders möglich.
Dazu kamen die vielen Neuerungen in Einzelbereichen, vom Grundriß der Zimmer bis zu den Schwesternkitteln und der Bettwäsche. Die einzelnen Gewebearten mußten auf die Großwäscherei im Haus abgestimmt werden. In einem Lehrkrankenhaus mußte man zudem eine Operation auch vom Nebenraum verfolgen können, so daß in den Operationssälen Fernsehanlagen installiert wurden. Eine Intensivstation hatte es im alten Gebäude nicht gegeben und wurde nun erstmals in dem neuen Bau eingerichtet.
Das Kreiskrankenhaus hatte damals Modellcharakter für ganz Nordrhein-Westfalen, so daß das Land auch große Geldbeträge zuschoß. Allein hätte der Kreis das gar nicht alles bezahlen können. Rückblickend hat sich die Konzeption des Krankenhauses bewährt. Es ist auch eines der Häuser, die wirtschaftlich arbeiten und wird in dieser Form bis heute gebaut.
Die Planung und der Bau des neuen Krankenhauses haben mich während der letzten Jahre meiner beruflichen Tätigkeit besonders stark beschäftigt. 1973 wurde ich pensioniert und konnte mich von nun an verstärkt meinen privaten Neigungen zuwenden. Kunstgeschichte, Baugeschichte und Städtebau haben mich bereits während meines Architekturstudiums sehr interessiert. Ich habe dazu viele Reisen gemacht, in sämtliche Länder Europas und auch darüber hinaus. Angefangen bei den Kulturen Mesopotamiens bis in die Moderne habe ich alles an Ort und Stelle selbst gesehen, studiert und fotografiert und war auch an der Volkshochschule 10 Semester lang als Dozent für Kunstgeschichte tätig. Auch heute noch halte ich dort jedes Jahr mehrere Vorträge.

Im Jahre 1965 übernahm ich den Vorsitz im 1955 gegründeten »Herforder Kunstverein« und habe ihn 16 Jahre lang innegehabt. Das war ein Beruf für sich. Wir hatten pro Jahr sieben Vorträge in unserem Programm, dazu kamen vier Ausstellungen und die Fahrten. Die Ausstellungen bereiteten viel Arbeit, bei der die Damen des Kunstvereins sehr eifrig mithalfen. Wir hatten anfangs kein eigenes Haus, sondern waren in der Goebenstraße auf der Etage eines Gebäudes untergebracht, das der Firma Ahlers gehörte. Der

Kunstverein wurde von der Familie Ahlers in vielerlei Hinsicht sehr tatkräftig unterstützt und gefördert. In dem Gebäude an der Goebenstraße konnten wir aus räumlichen Gründen keine größeren Veranstaltungen ausrichten. Die Vorträge fanden deshalb stets in verschiedenen Schulaulen statt. In den siebziger Jahren wurde schließlich mit finanzieller Unterstützung der Familie Ahlers das Daniel-Pöppelmann-Haus errichtet. Es hat zehn Jahre gedauert, bis wir diesen Bau bei der Stadt durchsetzen konnten. Dort hieß es immer wieder: »Wir brauchen Kindergärten, wir brauchen Schulen, wir brauchen alles Mögliche, aber ein Kunsthaus?« Es gibt natürlich nur einen begrenzten Personenkreis, der an Kunst interessiert ist. Das ist überall so, in jeder Stadt. Man kann sich jedoch auch als Motor verstehen, der in der Bevölkerung etwas bewegt und aufwertet. Und das war unser Hauptanliegen.
Jedes Jahr unternahmen wir mit ca. 30 Personen eine Studienfahrt von 10 bis 14 Tagen innerhalb Europas. Diese Exkursionen habe ich jahrelang selbst ausgearbeitet und geleitet, wobei die Teilnehmer von mir vor jeder Reise umfangreiches Material erhielten, Grundrißskizzen, Stadtpläne und auch immer 20 bis 30 Seiten Text. Ich habe mich bemüht, die Mitreisenden auf unseren Exkursionen an Kunst heranzuführen, sowohl an alte als auch an moderne Kunst. Daneben unternahmen wir im Jahr bis zu 6 Tagesfahrten, wobei wir Ausstellungen in Hamburg, Düsseldorf oder Köln besuchten und zu besonderen Anlässen auch vereinzelt für 3 bis 4 Tage nach Paris oder London fuhren.
1981 habe ich dann die Leitung des Herforder Kunstvereins abgegeben. Es gibt moderne Kunstrichtungen, denen ich einfach nicht mehr folgen kann, und in einem solchen Fall muß man dann auch seine Grenzen erkennen. Ich bin nach wie vor im Kunstverein als Ehrenvorsitzender aktiv und halte auch weiterhin Vorträge.
Das andere Gebiet, das mich nach wie vor sehr interessiert, ist die Kunst und Kultur der ehemaligen deutschen Ostgebiete. Auch zu dieser Thematik halte ich Vorträge, um die Kulturgüter des Ostens nicht in Vergessenheit geraten zu lassen. Ich habe schon Führungen in ganz Polen gemacht und war eine Zeitlang dort und auch anderswo in Europa als Reiseleiter für verschiedene Reiseunternehmen tätig. Ich habe nie einen Urlaub nur zur Erholung verbracht und möchte meine rege Reisetätigkeit auch noch lange nicht aufgeben. Genausowenig will ich aufhören, mein Können und Wissen durch Vorträge und Führungen weiter zu vermitteln. Ich habe Kontakte zu mehreren Universitäten und wissenschaftlichen Instituten. Auch bin ich Mitglied verschiedener wissenschaftlicher Vereinigungen. Mein Bildarchiv mit ca. 70000 Diapositiven, mein Grundriß- und Planarchiv sowie meine umfangreiche Fachbücherei sind mir dabei neben meiner guten Gesundheit eine große Hilfe.
(Aufgezeichnet im November 1988 von Michael Oldemeier).

Mehmet Karatay

Mehmet Karatay wurde 1930 in der Nordosttürkei geboren. Nach dem Wehrdienst und einigen Jahren als Straßenbahnführer in Istanbul entschloß er sich, nach Deutschland zu gehen. Im Jahre 1964 kam er als erster türkischer Arbeitnehmer nach Herford, wo er seither bei der Firma SULO arbeitet.

Geboren bin ich vor 58 Jahren irgendwo am Ende der Welt, an der äußersten nordöstlichen Grenze meiner Heimat, in einem Dörfchen zwischen Hügeln und erhobenen Felsen, nahe dem Himmel und den Sternen. Dieses Dorf, in dem ich zur Welt kam, habe ich weder gesehen noch habe ich es in Erinnerung. Es hat nur in den Erzählungen existiert, begleitet von den Tränengüssen meiner Mutter.
Es muß ein schönes Dorf gewesen sein, ein Dorf mit Vögeln, mit Hirschen mit großen schwarzen Augen, mit von hohen Obstbäumen umgebenen Gärten und mit jungen, langhaarigen Frauen mit glänzenden grünen Augen, eine Heimat, ein Garten mit allerschönsten Wesen und Geschöpfen der Natur, ohne Männer, ohne Väter. Eine Schönheit mit traurigem Gesicht. Denn ich habe dieses Dorf nur im Gesicht, in den feuchten Augen und zwischen den schmalen, zitternden Lippen meiner Mutter erlebt.
Einen Vater habe ich nie gehabt, von ihm nichts gesehen und nichts geerbt. Nur einen Namen trage ich von ihm wie eine Wunde aus der Zeit der Kriege — Karatay = Schwarzes Fohlen.
Wie mir erzählt wurde, sollen Menschen vieler Rassen und Volkszugehörigkeiten in jenem Dorf gelebt haben: Aserbeidschaner, Kurden, Osmanen und viele andere türkische Stämme. Meine Mutter war Aserbeidschanerin, sie hatte sechs Kinder. Zwei davon verließen kurz nach ihrer Geburt diese schöne Welt, ohne Spuren zu hinterlassen.
Unser Ältester verschwand irgendwann, als ich noch sehr klein war. Jahrelang suchten wir nach ihm, nach jenem Weg, den er gegangen war. Vergebens. Weder ihn noch eine

Spur von ihm haben wir gefunden. Schon damals war unser Vater nicht mehr da. Er war gestorben.
In solchen fernen Winkeln meiner Heimat, die nur die schlagkräftige Armee des Staates durchkämmt, wimmelt es von Soldaten und Gendarmerie. Ihren Stützpunkt, ihre Wache haben sie dort, wo es, wenn auch nur ein bißchen, nach Zivilisation riecht. Von dort aus streifen sie in der Gegend und in den Dörfern umher.
Sobald es dunkel wird, verschwinden sie, ziehen sich mit dem Untergang der Sonne in ihre Quartiere zurück.
Immer, wenn die Gendarmerie am Horizont gesichtet wird, werden in der Dorfherberge die nötigen Vorbereitungen getroffen: Speisen werden zubereitet, Hammel geschlachtet, Tee und Kaffee werden gekocht. Alle Männer des Dorfes lassen ihre Arbeit im Stich und eilen in die Herberge des Dorfes und warten auf ihre ehrenwerten Gäste aus der Stadt.
In solchen Männergesellschaften taucht häufig jenes Thema auf, das sowohl für den, der es erzählt, als auch für den, der aufmerksam zuhört, als eine Einleitung zu solchen Themen dient, die die spannende Unterhaltung in den privaten Bereich hineinführt. Wie dem auch immer sei, in so einer Unterhaltung in der Herberge unseres Dorfes kam heraus, daß es zwei Menschen gäbe im Dorfe, die der liebe Gott erschaffen hatte, sich zu vereinigen, und jene, die da saßen, glaubten, daß ihnen die Aufgabe zugefallen sei, den nötigen Weg dazu zu ebnen.
Der eine dieser beiden Menschen war meine vierzehnjährige Schwester, der andere der Oberst.
Man sagte ihm: »Hier im Dorf lebt eine Witwe. Sie hat zwei kleine Söhnchen und eine schöne Tochter. Laß uns dich mit ihr verheiraten.«
Eines Tages klopfte es an der Tür unseres ärmlichen Hauses. Mit ängstlicher Verzögerung und mit gemischten Gefühlen öffnete meine Mutter. Drei große Soldaten standen vor uns auf der Schwelle wie eine Mauer.
»Was können wir wohl getan haben?« fragten wir uns und versteckten unsere Köpfe unter dem Rock der Mutter.
»Hoffentlich bedeutet dieser Besuch etwas Gutes«, murmelte Mutter und fragte mit beschlagener Stimme, was sie wohl wollten.
»Nichts ... nichts Schlimmes ...«, stotterte einer der Soldaten mit einem Streifen auf dem Ärmel, »... mit guten Absichten sind wir gekommen.«
So geschah es, daß unsere Schwester verheiratet wurde mit einem Mann, der für uns, ja sogar in unserem Dorf, ein Wildfremder war. Doch wurde genauso gefeiert im Dorf, als wäre er einer von uns.
Nicht einmal dunkel kann ich mich daran erinnern, wann es war; ob es im Sommer war oder im Winter, oder vielleicht in der Zeit der Blüte der Bäume, Heranwachsen der Kälber und Warmwerden der Erde. Unser Schwager, der Oberst, siedelte sich in unserem Haus an, und von dort aus ging er seinem Dienst nach. Das Dorf war stolz darauf, einen Obersten als Schwager zu haben, und er selbst war stolz auf seine Uniform, in der er steckte.
Ein Jahr ging vorüber, ein anderes folgte dem dritten. Eines Tages gab er uns zu ver-

stehen, daß es nicht mehr schön sei in unserem Dorf, in diesem Nest, und wir in die Stadt gehen sollten. Es sei viel zu schade, das ganze Leben hier zu vergeuden, während es sich anbiete, dort in Eintracht zu leben, wo er nun endlich arbeiten und eigentlich auch zu Hause sein wolle.
So rasch wie das Atmen eines berghochtrabenden Hirten befanden wir uns nun in einer Stadt, in der das Begreifen zum ersten Mal in mir wuchs, daß es mich gab. Damals, zu der Zeit, gab es die ersten Einschulungen. Alle Kinder wurden in den Straßen aufgelesen und in den engen, dunklen Räumen eines am Stadtrand stehenden »Han« (Herberge) gesammelt, um ihnen Lesen und Schreiben beizubringen. Vorher gab es außer »Medresen« (Koranschulen) weder Schulen noch den Begriff selbst. Die Reformen Atatürks hatten offensichtlich viele Jahre gebraucht, bis sie in diesen Winkel des Landes gelangten.
Hier, in dieser Stadt, in Iğdir, ein paar Stunden Pferderitt entfernt von dem Dorf, in dem ich geboren worden war, wurde ich eingeschult. Mit den dahinfließenden Jahren wuchsen wir heran wie Wacholdersprosse in die Länge, unsere Hände kribbelten nach Arbeit.

Da geschah etwas, wovon ich nie geträumt hätte.
Man sagt bei uns »Kayseri niree ... Iğdir niree ...«, wenn man eine weite Entfernung oder einen großen Unterschied mit tiefer Kluft zwischen zwei Dingen umschreiben will. Ähnlich war es mit dem, was geschah. Am Abend eines Tages, als ich 14 Jahre alt und mit meiner fünfjährigen Schule fertig geworden war, wurden Stimmen lauter in dem Zimmer, das meiner Schwester und unserem Schwager Oberst eigen war.
Einige Nächte und Wochen vergingen, mit denen auch die Stimmen lauter und lauter wurden. Meine Mutter, eine geduldsame, schweigsame und leidtragende Person holte unsere beiden und uns, die Brüder, zu sich und wollte wissen — obwohl sie wohl doch über alles Bescheid wußte — was der Grund dafür war, daß die Nächte so unerträglich wurden.
Wie wir erfuhren, ging es darum, daß unser Schwager nach Kayseri wollte, wo seine Mutter lebte. Wir hatten gar nicht gewußt, daß er eine solche besaß. Obendrein wollte er unsere einzige, liebe Schwester mit in die Fremde schleppen. Kann man sich so etwas vorstellen?
Selbstverständlich ging es drunter und drüber in unserem Haus. Er wollte ... und wir sagten »Nein ...« Wie ein Hahn über seine Hühner zu verfügen und all die anderen Hähne zu verjagen versucht, lief er auf uns, die beiden einzigen Jünglinge, los und schlug im Raum umher.
Er sagte »Doch ...« und wir sagten »Nein ...«
Schließlich schlossen wir uns doch der Entscheidung des Schwagers an, der ja Herr im Hause war, nach Kayseri zu gehen, einer Stadt mitten in Anatolien, deren Namen wir bis dahin nicht einmal gehört hatten.
Wir kamen dort an. Ich bekam Arbeit in einer Textilfabrik. Meine Freude war groß, aber doch zu kurz. Denn ich wurde wenige Tage später entlassen. Man sagte mir, ich sei zu jung. »So, so«, sagte ich mir, ging zum Gericht und ließ mein Alter ändern. In

wenigen Tagen war ich zwei Jahre älter geworden. Ich nahm meine Arbeit in der gleichen Fabrik wieder auf. Ich war glücklich, und die Firma war zufrieden.
Sehr schnell kam dann jenes Jahr meiner Einberufung zum Militär. Mit zwanzig Jahren auf dem Papier, aber doch als Achtzehnjähriger, wurde ich Soldat in der größten Stadt des Landes — in Istanbul. Obwohl es der begehrteste Gesprächsstoff der Männer meines Landes in Teehäusern, in den Höfen der Moscheen und in Dorfherbergen ist und man dessen nimmer überdrüssig wird, werde ich — um Sie zu verschonen — nicht erzählen, was ich alles beim Militär erlebt habe. Vielmehr will ich erzählen, was danach geschah, was mit dem Söhnchen meiner Mutter geschah.
Ich hatte meinem Vaterland seinen Dienst erwiesen, bekam meine Papiere und wurde 45 Tage früher als vorgesehen entlassen, denn ich hatte während meines zweijährigen Dienstes keinen Urlaub genommen. Deshalb stellte man mir Entlassungs- und Urlaubsschein in einem aus und ließ mich laufen.
Den Beutel über meine Schultern gehängt, stand ich diesseits des Tores der Kaserne wie eine getrocknete Mumie und wußte nicht, was ich mit mir machen sollte. Was macht ein Mensch eigentlich, was tut er, was empfindet unsereiner und wie verhält er sich, wenn er vor einem Tor steht, jenem Tor zu einer Welt, der er den Rücken zugekehrt, und eine andere vor ihm liegt, die doch so fremd ist, nicht so stinkt oder duftet wie die jenseits des Tores?
Woran würde dieser Mensch denken als allererstes, wonach würde er suchen? Wohin würden ihn seine Füße tragen? Wie würde es einem Menschen gehen, beispielsweise einem, der im Kerker eingesperrt war, jahrelang, 5 Jahre, 8 Jahre, 10 Jahre?
Was würden seine Glieder sagen, seine Gefühle, wenn er auf einmal vor die Tür einer anderen Welt gestellt werden würde? Würde jener Mensch vielleicht erst tief einatmen, dann ausatmen und dann sagen: »Jetzt werde ich aber mein Leben richtig genießen«, oder würde er sich wie ein verlorenes, kleines Kind fühlen und auf jemanden vergeblich warten, der ihn an der Hand irgendwohin führt? Vielleicht ging er doch zu Verwandten, Freunden oder dem Vater, der Mutter oder aber zu der Geliebten, wenn es sie noch gibt.
Ich kann diese Fragen nicht beantworten. Nein, ich nicht. Ich stand da. Es summte wie ein Bienenstock in meinem Kopf, so viele Dinge wimmelten in meinen Gedanken, sie waren aber leer.
Ich hörte die Laute meiner Schritte, meine Füße trugen mich irgendwohin; ich hörte Stimmen, Geschrei von Menschen, an mir fuhren Autos vorbei, eine Brücke und noch eine Brücke ließ ich hinter mir, dann ein großes Gebäude, viele Menschen liefen in ihm umher, Koffer, Kisten und Säcke, die Sirene eines Zuges ertönte an meinen Ohren, die Dunkelheit einer Nacht schluckte mich tiefer hinunter. Die Sterne am Himmel, dann die aufgehende Sonne, kahle Berge, baumlose Steppen und Telefonmasten, eine Tür öffnete sich, es quietschte weinerlich ...
»Ach Yavrum ...«
Ich fühlte eine Feuchtigkeit an meinem Nacken, es roch nach salzigem Wasser, nach Tränen meiner Mutter, ihre Haut duftete nach jahrelanger Sehnsucht.
Ich war zu Haus; in den Armen meiner Mutter in Kayseri.

»Mach du erst deinen Militärdienst mein Sohn. Du bist noch ein Kind«, sagten sie.
»Solange du ihn noch nicht abgeleistet hast, bist du noch nicht erwachsen, auch wenn du 60 bist«, sagten sie.
»Erst wenn du ihn hast, wirst du zu Männern gezählt, denen man zuhört und mit denen man spricht. Vorher nicht mein Sohn, vorher nicht«, sagten sie.
Nun hatte ich meinem Vaterland seinen Dienst erwiesen, aber doch blieb ich nicht lange dort in Kayseri.
Zwei Tage nach meiner Rückkehr ins Haus nahm ich meinen Beutel und verließ heimlich die Stadt und fuhr dorthin zurück, woher ich kam — nach Istanbul.
»Die Heimat ist dort, wo man sich zu Hause fühlt.« Schon unsere Urgroßväter haben so gesagt, »und auch dort ist sie, wo das Stückchen Brot für dieses vergängliche Leben zu verdienen ist«, haben sie gemeint und zogen jahrhundertelang von Land zu Land, von dieser Alm zu jener und schließlich von Mittelasien bis hierher und weiter.
Also, wo noch fühlt man sich nun zu Hause? Dort, bei den Menschen selbstverständlich, die man als seinige weiß.
Auch ich verließ mich auf diese Aussagen der weisen Männer, meiner Vorfahren und begab mich auf die Suche nach jenem einzigen in dieser riesigen Stadt, den ich kannte; nach einem Waffenbruder, der sich entschlossen hatte, nach dem Militärdienst dort zu bleiben, wo ihm die Zukunft heller und vielversprechender erschien.

Am Rande der alten Stadt, hinter den Mauern und nahe der blauen schäumenden Küste des Schwarzen Meeres fand ich ihn in einer kleinen Baracke, mit noch zwei anderen Männern, die am Anfang ihres Lebens standen und von der gleichen Zukunft in dieser Stadt träumten.
Er war ein junger Mann aus Anatolien wie ich, hatte ein kupferrotes mageres Gesicht, rostbraune Augen, ein offenes Herz. All die denkbaren guten Eigenschaften eines Menschen waren ihm eine Gabe der Muttererde. Es ist selten, Menschen zu begegnen, bei denen die guten Eigenschaften schwerer wiegen als die schlechten. Er nahm mich mit offenem Herzen und ausgestreckten Armen auf, besorgte mir Arbeit.
Sogar damals, als ein junges Mädchen über die Schwelle unserer Baracke hinein- und hinaustrat, stand er mir bei. Denn die Zeit verging, und mit ihr wuchsen die Bedürfnisse des Herzens merklich nach Liebe. Ich hatte mich in ein Mädchen verliebt und es sich in mich. Doch ihre Eltern waren schwer zu überzeugen. Wir entführten sie. Er überließ mir die Baracke. Doch das Glück, das er uns gewünscht hatte, hielt nicht lange. Sie, meine Braut, starb eineinhalb Jahre nach unserer Heirat.
Er trug sie auf der Bahre auf den Schultern selbst zu Grabe.
»Du bist mein Bruder«, sagte er auf dem Weg zurück vom Friedhof, »ich will nicht, daß du unglücklich bist, mir blutet das Herz, wenn ich dich weinen sehe«, tröstete er mich.
»Du sollst wieder heiraten, dafür werde ich sorgen. Du sollst Kinder haben; wuschelköpfige Töchter, schwarzäugige Jungen . . .«
Er hatte eine Schwester, die in seinem Dorf bei den Eltern lebte und schon so oft, als wir noch beim Militär waren, im Mittelpunkt unserer Gespräche gestanden hatte.

»Wie schade, daß meine Schwester zu jung ist, sonst hätte ich sie mit dir verheiratet«, hatte er häufig gesagt.
Nun geschah es, daß ich die Schwester meines Freundes heiratete, die jetzt die Mutter meiner Kinder wurde.
Wieder verflossen Jahre. Ich arbeitete mich zum Chauffeur in der Straßenbahn hoch. In den schmalen Gassen Istanbuls fuhr ich von morgens bis abends Menschen von einem Viertel zum anderen; ich fuhr sie mit meiner klingelnden »Kutsche« mit eisernen Rädern gleitend über die glänzenden und quietschenden Schienen von Kadiköy nach Üsküdar, von Eminönü bis nach Sultanahmet hinauf; Männer und Frauen, die zur Arbeit eilten, Schüler und Studenten, die die erste Stunde des Unterrichts nicht verpassen wollten. Menschen habe ich verfrachtet, die jeden Tag an der gleichen Stelle zur gleichen Zeit auf meine Kutsche und mich warteten, sich freuten, wenn ich pünktlich ankam und sich ärgerten, wenn ich mich verspätete. Aber doch so froh und glücklich waren sie darüber, daß sie lebten und immer ein Ziel hatten, wohin sie fahren konnten.
In dem Wagen arbeiteten wir zu zweit. Ich war der Batman, der Fahrer, und mein Kollege, ein lebensfreudiger junger Mann, kassierte die Fahrgelder. Die ganze Stadt mit all ihren Menschen, Geschäften, Gassen und Straßen rollte mit uns mitten in das Leben hinein. Sorgen und Freuden, Neuigkeiten und Nachrichten alter und neuer Zeiten reisten mit unserer Kutsche um die Stadt herum.
Die neuesten Berichte und Geschehnisse erfuhren wir von Menschen, die Gast bei uns waren, bevor sie der Rundfunk und die Tageszeitungen durchgaben. Eines Tages rollte eine neue Nachricht in unserem Wagen von Sitz zu Sitz und verbreitete sich über die Haltestellen hinaus bis in die Läden und Geschäfte: Viele Männer gingen nach Deutschland, um dort zu arbeiten.
Die Neugier über dieses Land und über die Männer, die einfach ihr Land verließen, wuchs und wuchs, so daß wir den Tag als langweilig empfanden, wenn er nicht mit Deutschland begann. Arbeiter, Lastenträger, fliegende Händler, Schüler, Journalisten, alle redeten nur über Deutschland und erzählten das Neueste.
An einem Abend, als wir unsere Arbeit beendet hatten, lud mich mein Kollege ins Teehaus zu einem Glas Tee ein, mit der Bemerkung, er hätte etwas Wichtiges mit mir zu besprechen. Es war im Sommer des Jahres 1964.
»Hör mal agabey«, begann er, »alle Leute reden von Deutschland, jeden Tag, jede Stunde. Ich bin so neugierig geworden. Du kannst sagen, was du willst. Ich möchte dorthin.«
»Machst du Spaß oder ist es dein Ernst, Junge?« fragte ich.
»Ich meine es ernst agabey, vallaha. Laß uns zum Arbeitsamt gehen und uns einschreiben lassen. Das ist doch eine Sache von ein paar Minuten«, antwortete er.
Ohne zu zögern sagte ich: »Warum nicht, am Montag gehen wir hin«. So geschah es auch.
An einem Montag suchten wir das Arbeitsamt auf. Es ging sehr schnell. Denn damals redeten zwar viele von Deutschland, es wagte aber nicht jeder, den entscheidenden Schritt zu tun. Deshalb waren wir auch herzlich willkommen auf dem Arbeitsamt. Am darauffolgenden Montag schon wurden wir beide zur ersten Untersuchung eingeladen. Bis ich im Zug saß, hielt ich das, was ich getan hatte, immer noch für einen Scherz,

den wir uns bei einem Glas Tee gegönnt hatten. Es wurde aber ein großes Ereignis. Nicht nur in meiner eigenen Familie, sondern auch in der ganzen Nachbarschaft bis zu den äußersten Häusern unseres Stadtviertels war es ein Ereignis, daß einer, nämlich ich, außer Landes gehen sollte.
Es gab bis dahin nur zwei große Anlässe in meinem Land, eine feierliche Abschiedszeremonie zu veranstalten: Der eine war der ewige Krieg im Jemen während des Zerfalls des Osmanischen Reiches. Da man nicht wußte, wie lange es dauern würde, bis derjenige, der verabschiedet wurde, zurückkommen würde, wenn überhaupt.
Der zweite Anlaß war und ist immer noch der Militärdienst. Jeder junge Mann wurde in Begleitung von Davul und Zurna bis zum Zug gebracht und mit Fahnen, Flaggen und Liedern verabschiedet, weil er zum einen das erste Mal in seinem Leben sein Dorf verließ und in die Fremde ging, zum zweiten, weil es sich um einen heiligen Dienst am Vaterland handelte.
Jetzt kam ein neues Moment hinzu.
Die ganze Straße, in der wir wohnten, wurde mit Laternen, Luftballons und Seidenpapier geschmückt. Kinder, alte und junge Menschen sammelten sich und zündeten ein großes Feuer an. Eine Delegation begleitete mich bis zum Bahnhof nach Sirkeci.
Sie warteten so lange, bis der Zug abfuhr. Er tat es aber nicht. Sowohl der Zug, der um 16 Uhr abfahren sollte, als auch meine Delegation rührten sich nicht von der Stelle. Es wurde Abend. All das, was wir uns zu sagen hatten, war schon ein paarmal wiederholt. Es wurde Nacht, doch der Zug fuhr immer noch nicht ab. Gegen 3 Uhr morgens fuhr er endlich los. Der Zug glitt an unserer Gegend vorbei, in Zeytinburnu am Meer entlang.
Als wir dort vorbeifuhren, sah ich aus dem Fenster, wie meine ganze Nachbarschaft bis auf die Kinder noch dort standen, um das Feuer, um mich zu verabschieden. Die bunten Kopftücher der älteren Frauen, die Spazierstöcke der alten Männer und die kleinen zierlichen Hände der Kinder in unserer Straße schwebten im Halbdunkel eines werdenden Morgens.
Der Zug war überfüllt bis zum Rand. Die Regale waren vollgepackt mit Koffern und Tüten; Plastikkrüge hingen herunter, klapperten und kreischten. Es roch im ganzen Zug nach Käse, Knoblauchwurst, Oliven und dem herben Schweiß von Frauen und Männern.
Die Fahrt dauerte einige Tage. In jeder Stadt, in jedem Dorf oder an jeder Bahnstation, die der Zug durchfuhr, ertönte eine tiefe, ins Herz bohrende Sirene. Wir wußten nicht, durch welche Länder wir fuhren, in welchen Städten unser Zug anhielt.
An einem Morgen fuhr der Zug wieder in einen Bahnhof ein und blieb dort endgültig stehen. Man sagte, wir seien in München angekommen und sollten den Zug räumen. Einige murmelten vor sich hin, wandten es ins Scherzhafte und meinten, man dürfe uns das nicht antun, wo wir uns doch gerade an die Situation gewöhnt hätten und gerne noch einige Tage weiterfahren würden.
Wir stiegen alle aus und begaben uns in einen großen Raum in der unteren Etage des Bahnhofsgebäudes. Dort wurden wir je nach der Stadt, in die wir weiterfahren sollten, in Gruppen aufgeteilt.

Meine »Gruppe« bestand aus einer einzigen Person, nämlich aus mir. Gegen 8 Uhr wurde endlich mein Name aufgerufen. Erst dort erfuhr ich, daß ich nach Herford sollte. Der Name dieser Stadt klang nach einer Automarke. In diesem Moment war ich so erfinderisch wie noch nie. Ich suchte gleich nach einer passenden Aussage dieses Wortes. Und ich fand sie auch. Ford, das Traumauto von vielen mir bekannten Menschen. Dort werde ich arbeiten, bei Ford, habe ich jedem gesagt, der in meiner Nähe war.
Die anderen, die mir begeistert und auch ein bißchen neidisch — so kam es mir vor — in den Mund blickten, erzählten atemlos, wie schön es dort zu arbeiten sei und wie gut man da verdienen könne, als wären sie schon einmal bei der Firma tätig gewesen. Mit diesen Vorstellungen und Träumen von vielen, bunten Ford-Autos fuhr ich weiter nach Herford.
Am 5. September 1964 kam ich in Herford an.
Als ich den Boden dieser Stadt berührte, dachte ich, die Erde erbebe unter meinen Füßen. Die eisernen Pfosten an den überdachten Gleisen dröhnten, die Sirenen der fauchenden vorbeisausenden Züge schallten in den hohen Mauern der umliegenden Häuser. Ängstlich wurden meine Schritte; wie festgenagelt stand ich eine Zeitlang bewegungslos da. Während der ganzen Fahrt von München bis hierher war ich allein und hatte genug Zeit, in Gedanken zu grübeln. Ich habe mich mit Dingen beschäftigt, für die ich sonst nie Zeit gehabt hätte.
So pendelten meine Gedanken zwischen unzähligen Ereignissen und Geschehnissen in meinem Leben bis zu dieser Stunde.
Ich weiß nicht, wie lange ich noch dort gestanden hätte, wenn zwei Männer mich nicht bemerkt hätten und auf mich zugekommen wären.
Der eine dieser beiden war, wie ich später erfuhr, der Betriebsleiter selbst, der andere, ein schwarzhaariger Mann, ein Grieche, der mich auf Türkisch ansprach.
Sie holten mich ab und brachten mich zunächst in eine Gaststätte, wo ich zu essen und zu trinken bekam. Anschließend begleiteten sie mich bis zum Heim der Firma Sulo an der Werrestraße.
Und erst dort erfuhr ich, daß die Firma, bei der ich arbeiten sollte, keine Autos, sondern Mülltonnen herstellte. Damit waren all meine Träume von schönen Ford-Autos nun vorbei.
Es war ein großes Haus mit mehreren Räumen. Ich bekam ein Zimmer. Ich durfte es so einrichten, wie es mir gefiel. Der Betrieb war nicht weit entfernt, nur ein Katzensprung trennte mich von meiner Maschine.
In den ersten Tagen war es sehr schwer für mich, das alles, was man mir vortrug, zu verstehen und die Arbeit auszuführen, wie man es von mir erwartete.
Da kam mir die Sozialarbeiterin der Firma zu Hilfe und brachte mir unermüdlich die deutsche Sprache bei. Je mehr ich die Sprache lernte, um so mehr Kontakte knüpfte ich zu meinen Kollegen, Vorarbeitern und Meistern, und um so mehr lernte ich sie kennen. Sie waren alle ausnahmslos kameradschaftliche, aufmerksame und liebenswürdige Menschen. Es war ein selten schönes Gefühl, zu erleben, wie willkommen wir, die Ausländer, waren.
Nicht nur im Betrieb, sondern auch in der ganzen Stadt spürten wir, die Türken, daß

wir herzlich aufgenommene Menschen waren. Frauen und Männer, junge und alte Menschen grüßten und lächelten uns auf der Straße an, halfen uns in den Geschäften einzukaufen.
Selbst der Betriebsleiter kam fast jeden Morgen zu uns in den Betrieb und fragte nach, wie es uns ginge oder ob wir Probleme hätten. Diese Wärme der Menschen dieser Stadt milderte nicht nur unsere Sehnsucht nach Hause, sie steigerte auch unsere Zuneigung zu dieser Gesellschaft und gleichsam unsere Leistung im Betrieb.
Wir waren stolz auf unsere deutschen Freunde, und wir waren stolz auf uns selbst.
Von Jahr zu Jahr vermehrte sich die Zahl meiner Landsleute im Betrieb. Auch ich trug das meinige dazu bei, daß noch mehr Türken angeworben wurden. Denn ich hatte inzwischen eine Doppelfunktion: Arbeiter und Dolmetscher. Rund um die Uhr und fast überall im Betrieb half ich den Neuankömmlingen und der Firmenleitung zugleich.
Ich erhielt mit der Zeit eine Position, der ich mit voller Kraft gerecht zu werden versuchte.
Im Jahre 1968 holte ich meine Frau nach Herford, dann meine Kinder.

Und es kam die Zeit, daß keine Ausländer mehr angeworben wurden. Allmählich änderten sich die Verhältnisse. Wir wurden nicht mehr gemocht wie früher; man redete von Entlassungen, Arbeitsmangel und Arbeitslosigkeit. Der Betriebsleiter kam nicht mehr zu uns in den Betrieb, keiner wollte von unseren Problemen mehr wissen. Viele Kollegen wurden entlassen. Ich blieb davon verschont, bekam jedoch immer neue, immer andere Arbeiten zugewiesen, die ich vorher nie kannte.
Der Betriebsleiter, der mich einst so freundlich fragte, wie es mir ginge, ob ich Probleme hätte, ob er mir helfen könnte, schreit mich heute vor allen meinen Kollegen an und zeigt mir den Ausgang.
Nun bin ich 58 Jahre alt geworden. Seit 24 Jahren lebe ich in dieser Stadt und arbeite im gleichen Betrieb. Meine Kinder sind herangewachsen, sie werden bald ihr Studium hier beenden und hierbleiben.
Von diesen 24 Jahren habe ich nur 24 Monate in meiner Heimat verbracht — im Urlaub versteht sich.
Immer, wenn ich im Urlaub in meiner Heimat ein Auto sehe mit dem Herforder Kennzeichen, spüre ich, daß meine Augen vor Freude strahlen, und ich zeige es dem, der neben mir steht mit großem Stolz:
»Schau her ..., dort fährt ein Auto aus meiner Heimat.«
(Aufgezeichnet im November 1988 von Halit Ünal).

Carla Knop

Carla Knop wurde 1915 in Herford als Tochter des Karussell- und Wagenbauers Wehmeyer geboren. Sie lebte später mehrere Jahre im ehemaligen Deutsch-Ostafrika (Tansania) und in Schwaben, bevor sie 1949 in ihre Geburtsstadt zurückkehrte.

Über meinen Vater, der 1949 im Alter von 72 Jahren starb und als legendärer Karussell- und Wagenbauer galt, möchte ich Erinnerungen auffrischen, die in Verbindung mit den Schaustellern stehen. Zur damaligen Zeit besaßen mein Großvater und Vater viel Land am Hellerweg, längs der »Lippschen Bahn«. Dort befanden sich die Winterquartiere einiger Schausteller.

Schausteller, Karussells, Wohnwagen: Wer in Herford denkt dabei nicht zuerst an die Vision, den alljährlichen Höhepunkt unseres Kirmesreigens. Der Freitag inmitten der Visionszeit war immer der ereignisreichste Tag. Dann fand auf dem Turnplatz neben dem Visionsgelände auf dem Lübberbruch wie jedes Jahr der große Viehmarkt statt. Dort standen die Bauern aus der Umgebung und boten ihre Ernteerzeugnisse, vorrangig aber Schweine, Kühe und Federvieh zum Verkauf an. Links standen die Schausteller mit ihren Buden, Karussells und Fahrgeschäften. Der Viehmarkt dauerte bis mittags, dann ging es los mit der Vision. Mein Vater machte an diesem Tag mit vielen Schaustellern Geschäftsabschlüsse für das ganze laufende Jahr. Danach kam er zumeist mit leicht schwankendem Schritt heim, die Taschen voller Freikarten, und freute sich, wenn er gute Aufträge bekommen hatte.

Mein kindlicher Gang über die Vision, das ständige Staunen und Wiedererkennen sind mir so vertraut, als wäre es gestern gewesen: Nachmittags gings zur Vision. Der Lübberbruch war überhaupt der schönste Platz in der Umgebung für die Kirmesleute. Es gab alles, was zu einer richtigen Vision gehörte. Bier- und Bratwurstbuden und einen Stand der Familie Heitmann, an dem in flüssigem Fett ein Gebäck gemacht wurde

— Storchennester genannt. Wenige Meter entfernt war Familie Hauke mit ihrem Bergwerksautomaten. Wenn man einen Groschen einwarf, setzte sich ein ganzes Räderwerk in Bewegung und bildete maßstabs- und detailgetreu die Arbeitsabläufe in einem Bergwerk nach. Der Ruf des Eisverkäufers war nicht zu überhören: »Vanille, Himbeer, Ananas, oh, wie lecker, oh, wie gut schmeckt das, wer einmal hier geleckt, der weiß, wie gut das schmeckt!«

Dazwischen gingen Händler mit ihrem Bauchladen, der voll war mit Luftballons, Holzflöten und Confetti. Dazu die Stände mit Türkischem Honig, den Achmed oder Ali mit einem besonders geformten Messer abschabten. Und dann die zahllosen kleinen Buden mit Fakiren, Feuerschluckern, einem Flohzirkus und Wahrsagerinnen in ihren kleinen Wohnwagen. Die berühmte »Dame ohne Unterleib«. Ich kann mich erinnern, daß die Herforder Parpalionis so einen Schauwagen hatten.

Dann bei Krichel die tollen Raritäten. Vor allem die dicke Berta. Vor ihrem Auftritt wurde der »Schinkenbeutel«, sprich die Unterhose, gezeigt, die Maße waren überdimensional, ich glaube, drei bis vier Frauen mit Normalmaß hätten hineingepaßt. Berta trat auf. Mein Visionsbegleiter begann, die Wade mal zu tätscheln, was er wiederholte — Erfolg: Wir mußten die Vorstellung verlassen. Mit einem drohenden Blick zu mir von Herrn Krichel: »Na warte, das erzähl' ich Deinem Vater.« In der Schaubude trat Kalli, ein Liliputaner, auf. Er saß einem Riesen von Mann auf der Hand. Wenn Vision war, stolzierte Kalli, ein kleines Hütchen auf dem Kopf, Spazierstock in der Hand, den er lässig kreisen ließ, durch die Innenstadt. Kalli steckte voller Witz. Dupré, eine alte Schaustellerfamilie, war mit einer lebenden Kuh, die fünf Beine hatte, zu sehen. Schlüters Boxbude, wo mutige Männer aus dem Publikum aufgefordert wurden, gegen Profis zu boxen. Im Falle eines Sieges gab's eine Prämie, bei einer Niederlage blaue Flecken gratis. In einer Bude stieg ein Taucher mit einem Kupferhelm in ein großes Bassin. Ein Anziehungspunkt waren die »Drei Brüder Mack« als Todesfahrer an steiler Wand. Eine atemberaubende Sensation. Weitere Kunden von uns waren Krameyers mit Schießbuden und Behrendt mit seinem Wachsfigurenkabinett. Ein guter Freund meines Vaters war A. Schmidt mit seiner transportablen »Menagerie«, verbunden mit Dressurdarbietungen. Später hatten Schmidts noch ein großes Spiegelkabinett. Die Schmidts hatten und haben ein Haus an der »Bleiche«. Im Winterquartier hatten sie ihr gesamtes Gerät, Tiere und Wohnwagen in einer Scheune am Haus untergebracht.

Ich kann mich noch an die Familie Schulte erinnern, die ein Hippodrom besaß, in dem alle Sessel mit dunkelroten Plüsch bezogen waren. Mein Vater baute für sie einen Wohnwagen, sehr lang und komfortabel, mit einer Küche, Wohnzimmer und einem kleinen Schlafzimmer. Der Wohnraum war in halber Höhe mit Linkrusta ausgeschlagen. Der Wagen war, wie sagt man heute, »Spitze«! Zu Vaters Kunden gehörte Familie Hattenhorst mit ihrer Berg- und Talbahn, die mein Vater gebaut hatte. Dieses, mit künstlerisch wertvollen Schnitzereien, Spiegeln und Drapierungen ausgestattete Karussell wurde mit einer Dampfmaschine angetrieben. Die Berg- und Talbahn war für viele Generationen auf Jahrmärkten ein feststehender Begriff. Auf der ganzen Vision hörte man die schönen geschnitzten Orgeln, die Ausrufer brauchten noch kein Mikrofon, alles ging gemütlich zu, ohne jede Hektik. Natürlich waren dort auch viele Herforder Schausteller vertreten.

Neben handbetriebenen Schiffschaukeln stellte Heitmanns Pferdekinderkarussell, das auch mein Vater gebaut hatte, immer eine besondere Attraktion dar. Es wurde noch von einem Pferd angetrieben. Ein Mann mit einer Glocke in der Hand gab das Startzeichen, und das Pferd setzte sich in Bewegung.
Ich entsinne mich noch eines Gastspiels von Zirkus Sarrasani, der mit einer lädierten Fassade hier ankam. Unter Hochdruck wurde sie bei uns wiederhergestellt. Die Renovierung der Fassade mit einigen neuen Effekten war zufriedenstellend ausgefallen. Wir drei Kinder bekamen drei Logenplätze, die wir voller Stolz entgegennahmen. Negativ war nur, daß uns die Elefantenrüssel vor der Nase herumschwangen und viel Sägespäne von den galoppierenden Pferden auf uns, vielmehr über uns kam.
Namen wie Hirschhorn — früher eine große Süßigkeiten-Bude, heute gibt es bei dem Sohn gebrannte Mandeln — Familie Weber, Steiger, Bockhacker, Bigesse, Schemel usw., sie alle gehören in den großen Stamm der Herforder Schausteller. Auf der Vision konnte ich sehr, sehr vieles wiederfinden, was ich täglich zu Hause erlebte. Die Herforder Schaustellerfamilie Heitmann hatte übrigens in Westfalen eines der ersten großen Karussells. Das älteste bekannte Dokument aus unserem Raum ist nämlich die Erlaubnis zum Betreiben eines Karussells aus dem Jahre 1840, das mit Holzpferden ausgerüstet war. Inhaber war ein Urahn von Familie Heitmann.
Das Gedränge von Auftraggebern vor unserer Tür war immer groß, wenn bei der Festlegung der Termine für das neue Jahr deutlich wurde, daß Ostern sehr früh lag. Dann ballten sich immer die Aufträge für neue Wagen und Karussells, und mein Vater ließ die Jalousien herunter, um ungestört entwerfen und konstruieren zu können. Mein Vater und Großvater bauten die Grundkonstruktion, die hölzernen Karussellpferde lieferte die Firma Schumann aus Hannover.
Alles begann dabei mit der jährlichen Holzauktion im Stukenberg, bei der ich oft dabei war. Mein Vater suchte passende Bäume aus und peilte die Stämme über den Daumen, ob sie gerade und als Karussellbäume geeignet waren. Neben unserem großen Holzlager, in dem wir jede Menge Hölzer und Stämme für Scherachsen usw. hatten, besaßen wir damals an der Renntormauerstraße einen Platz, wo die Bäume mit Ketten aufgerichtet wurden und das Karussell drumherumgebaut wurde. Mit Herzklopfen wurde gedacht: »Ist er gerade oder nicht?« Sonst, bei der kleinsten Krümmung, war alle Arbeit umsonst. Ein Aufatmen ging durch meinen Vater, wenn alles geklappt hatte.
Zuvor hatte mein Vater mit den Kunden abgesprochen, wie groß das neue Karussell, ob mit Pferden oder Gondeln und in welchen Positionen und Anordnungen diese auf dem Karussellboden angebracht werden sollten. Dann machte mein Vater die ersten Skizzen und Kostenvoranschläge.
Das waren alles Geschäfte auf Treu und Glauben, die durch einen Handschlag besiegelt wurden. Ich höre heute noch Kunden zu meinem Vater sagen: »Heinrich, dann kriege ich aber zu Ostern meinen neuen Wohnwagen.« Alle Schausteller, von denen ich erzähle waren die treuesten Kunden meines Vaters. Wenn Wagen oder Karussell draußen waren, lag das Geld schon auf dem Tisch. Wir freuten uns schon darauf; denn das war immer ein kleines Fest bei uns. So weiß ich noch, wie meine Mutter am Weihnachtstag meinem Vater, der gerade eine kleine Operation hinter sich hatte, morgens zu wecken versuchte,

und er vor sich auf dem Bett fein säuberlich ausgebreitet den enormen Betrag von 10 000 Mark in Geldscheinen sah. Vor Freude fiel er gleich wieder zurück in die Kissen.
Im Zusammenhang mit den »Finanzen« fällt mir noch eine Geschichte ein: Mein Vater mußte ein Reise ins Ruhrgebiet machen, um bei den Herforder Schaustellern, die dort in Sachen Kirmes unterwegs waren, Aufträge einzuholen. Da war es doch natürlich, daß man abends zusammensaß und mein Vater die Runden spendieren mußte, und dort wurde beileibe kein Zitronensprudel getrunken! Nun war mein Großvater aber recht knauserig im Geldausgeben, und als mein Vater die Zeche bezahlen mußte, fehlte ihm halt das Geld für die Rückfahrt. Also wurde die »güldene« Taschenuhr versetzt, die dann später auf dem Herforder Bahnhof wieder eingelöst wurde. Die mahnenden Worte vom Sohn zum Vater: »Entweder bekomme ich für die nächste Tour zu den Schaustellern mehr Geld, um abends einige Runden springen zu lassen, oder Du fährst selbst!«
Die Wagen der Schausteller waren nicht so groß wie man sie heute hat. In erster Linie dienten sie als Küchenwagen mit einer Sitzecke, in der das Personal essen konnte. Im Winter, Ende November, wenn die Herforder Schausteller in ihr Winterquartier kamen, gab es bei uns viel zu tun. Mein Vater mußte reparieren, was über den Sommer zu Bruch gefahren worden war, bis es im Frühjahr noch vor der Osterkirmes wieder auf Tour ging. Dann fuhren die Herforder Schausteller mit Pferd und Wagen zum Bahnhof und verluden alles auf Waggons, um von Stadt zu Stadt zu reisen: Bielefeld, Hannover, zum Hamburger Dom usw.
Viele unserer Kunden hatten auf ihren Standplätzen neue Anregungen für Fahrgeschäfte und Karussells bekommen, denn schon sehr schnell begann der Wettlauf um die Publikumsgunst und die neuen technischen Raffinessen. Noch vor der Jahrhundertwende entstanden die ersten handgetriebenen Riesenräder, und die Schausteller erkannten sehr schnell den Wert von Dampfmaschinen.
Ich glaube, Herford wurde schon vor mehr als zwei Jahrhunderten deshalb zur Schaustellerstadt, weil es rund um Herford so viel Holz für den Wagenbau gab und Herford schon immer ein Verkehrsknotenpunkt war. Von Herford aus ließen sich alle Jahrmärkte, Kirmesveranstaltungen und Michaelsfeiern der Umgebung gut erreichen. Auf ihren langen Reisen trafen sich die Herforder auf kleinen und großen Stationen alle wieder. Nicht zuletzt wegen dieser langen Tradition wurde 1895 in Herford der »Mitteldeutsche Verein reisender Schausteller« gegründet. Das allerbeste Aushängeschild wurde der unvergeßliche Walter Oeser. Er war stolz auf seine Geburtsstadt, und der Ausspruch »Die Herforder Wilden« geht auf ihn zurück. Ein Schaubudenbesitzer hatte in Ermangelung von echten »Wilden« einige seiner Gehilfen schwarz angepinselt.
Die Schausteller pflegten nicht nur Tradition, sondern auch Fortschritt. Der 90jährige Theo Heitmann, ein alter Schaustellerhase, leider im letzten Jahre verstorben, hat mir viel von der Schaustellerära erzählt. Er kam mit seinem Vater auf die Idee, ein Zeppelinkarussell zu besitzen. Ein einmaliges Unterfangen. »So etwas können aber nur die Wehmeyers konstruieren.« Mein Vater und Großvater setzten sich hin und entwarfen das Karussell, lange bevor der erste Zeppelin über den Stukenberg flog. Wenige hatten damals ein Luftschiff gesehen. Ich kann mich gut erinnern, wie stolz mir mein Vater mal erzählte: »Das war das erste Zeppelinkarussell, das in Deutschland gebaut wurde.« Es

ist also kein neuzeitlicher Modetrend, wenn auf Volksfesten immer neue technische Wunderdinge gezeigt wurden und werden.
Es gab auch noch andere Tätigkeiten, die mein Vater ausführte. Sarrasani habe ich bereits erwähnt. Wir haben nicht nur Karussells und Wohnwagen gebaut. Leiter-, Kasten- oder Erntewagen und der gesamte städtische Fuhrpark war bei uns hergestellt worden. Jeder Wagen war ein Einzelstück und mußte in Handarbeit gearbeitet und gedrechselt werden.
So baute mein Vater mit seinen Stellmachern auch die erste »Grüne Minna« für das Herforder Gefängnis. Wenn die Gefangenen aus Bielefeld auf dem Herforder Bahnhof ankamen, stiegen sie in die grüne Kutsche, und die Pferdchen zockelten zum Gefängnis. Den letzten Wagen baute mein Vater übrigens für den Schausteller Adolf Parpalioni.
Von den vielfältigen Arbeiten waren die Wohnwagen, Fahrgeschäfte und Buden doch meines Vaters Prunk- und Paradestücke. Die Erinnerung an sie und meine geliebte Vision werde ich wohl nie verlieren. Meine Jugend mit meinem Vater, mein enges Verhältnis zum Schaustellerwesen prägen mein Leben bis heute.
(Aufgezeichnet im November 1988 und Januar 1989
von Christoph Birnbaum und Christoph Laue).

Hilde Lehnert

Hilde Lehnert wurde 1931 als Tochter eines Arbeiters in Coswig / Anhalt bei Wittenberg geboren. Sie war die dritte von vier Töchtern. Im Jahre 1950 kam Hilde Lehnert in die Bundesrepublik, nicht aus politischen Gründen, sondern weil sie einem Freund folgte, der ebenfalls die DDR verließ, um im Westen bessere Arbeitsbedingungen zu suchen. Seit der Beendigung ihrer Schulzeit hat Hilde Lehnert ihren Lebensunterhalt selbst verdient: als Arbeiterin im Gleisbau, im Hoch- und Tiefbau, in Fabriken, in der Landwirtschaft und als Trümmerfrau in Dessau. Seit 1955 ist Hilde Lehnert Mitglied der Industriegewerkschaft (IG) Metall.

Meine erste Anstellung im Westen fand ich auf einem Bauernhof in Rinteln (Niedersachsen). Für freie Kost, Logis und einen geringen Lohn (monatlich 40 DM) verrichtete ich die im Haushalt, auf dem Feld oder bei der Tierhaltung anfallenden Arbeiten. Obwohl es auf dem Hof und im Haus viel zu tun gab, fühlte ich mich bei der Familie ganz wohl. Alle waren nett zu mir. Zu Weihnachten gab es sogar Geschenke wie Bettwäsche oder Besteck. Auch später, als ich schon in Herford wohnte, war ich hier öfter zu Besuch oder habe gemeinsam mit meiner Tochter auf dem Hof einige Urlaubstage verbracht. Durch die Vermittlung einer Bekannten kam ich dann im Jahr 1954 nach Herford und arbeitete zunächst für ein Jahr in einem Schlachtereihaushalt in der Stadtmitte.
Das war die Hölle. Für 80 Mark im Monat mußte ich putzen und kochen. Dazu gab es Verpflegung, die aber kaum ausreichte, und freie Unterkunft in einer winzigen Dachkammer. Ich hatte dort ständig das Gefühl, eingesperrt zu sein. Freizeit hatte ich — außer an Sonntagen — nie. Auch an Samstagen mußte ich um 24 Uhr »zu Hause« sein, und das wurde jedesmal streng von der Hausfrau kontrolliert: Kam man zu spät, blieb der Hauseingang verschlossen. Nach einem Jahr habe ich es nicht mehr ausgehalten und habe gekündigt.

Ich hatte damals in Herford noch keine Bekannten, so daß ich in diesem ersten Jahr auch den Heiligen Abend allein verbringen mußte. Als ich an diesem Abend auch noch den Gottesdienst verpaßte, fühlte ich mich vollkommen einsam.
Ich fand dann eine »Schlafstelle« bei einer Flüchtlingsfamilie und mußte 50 DM im Monat für ein Bett bezahlen, das ich, wenn Besuch kam, mit mehreren Menschen teilen mußte. Es war damals sehr schwierig, in Herford eine Unterkunft zu finden. Durch den Flüchtlingsstrom herrschte überall eine unvorstellbare Enge. Aber ich hatte Glück: Die Familie, bei der ich untergekommen war, mochte ich gern und fand bei ihnen Anschluß. Ich konnte sogar die Küche mitbenutzen, und später hat die Hausfrau für einen geringen Aufpreis auch für mich mitgekocht.
Vorher hatte ich von zwei Freundinnen den Tip bekommen, mich bei HEW (Herforder Elektromotorenwerke Bockelmann und Kuhlo) an der Goebenstraße zu bewerben. Weil die Firma das Produktionsprogramm umgestellt hatte, wurden hier Arbeitskräfte gesucht. Bevor ich anfangen konnte, mußte ich aber erst zum Arbeitsamt, um mich umzumelden von der Arbeit im Haushalt zur Fabrikarbeit. Dann bekam ich die Stellenzuweisung. Bei HEW wurde ich 1955 nach Lohngruppe 01, das war eine Leichtlohngruppe für Frauen, bezahlt.
In der Zwischenzeit hatte ich ein neues Zimmer gefunden. Es war eine kleine Dachkammer in der Humboldtstraße. Auch dort spiegelten sich die schwierigen Wohnbedingungen im Herford der fünfziger Jahre wider: Das Wasser mußte aus dem Keller geholt werden, ein WC war nur in der Wohnung des Vermieters vorhanden, und Besuch durfte nur nach Anfrage empfangen werden.
Mit der Zeit baute ich mir einen kleinen Bekanntenkreis in Herford auf und konnte mein Leben erstmals ein wenig genießen. Am Wochenende ging ich mit Freundinnen manchmal in Tanzlokale oder Cafés wie Sieker an der Mindener Straße, Spilker an der Bielefelder Straße oder das Café Bruns.
Damals lernte ich einen jungen Mann kennen und wurde nach einiger Zeit der Freundschaft schwanger. Im November 1959 wurde meine Tochter Martina geboren. Ich entschied mich damals ganz bewußt, das Kind allein zu erziehen. Obwohl ich alleinstehend war, mußte ich bis zu meiner Entbindung Akkordarbeit verrichten; auch ein Erholungsurlaub war mir aus finanziellen Gründen nicht möglich. In dieser schwierigen Situation hat mir der Herforder Arzt Dr. Bein geholfen. Er hat mit seiner ständigen ärztlichen Betreuung dafür gesorgt, daß ich im Mathilden-Hospital entbinden konnte. Damals bezahlte die Krankenkasse eine Entbindung im Krankenhaus nur, wenn nicht mit einer »ganz normalen« Geburt zu rechnen war. Das Pflegepersonal ließ mich damals erstmals spüren, daß für viele Mitbürger ledige Mütter Menschen zweiter Klasse waren.
Nach der Entlassung aus dem Krankenhaus mußte ich zunächst das schwierige Problem der Unterbringung meiner Tochter meistern; denn ich mußte ja weiterhin berufstätig bleiben. Ich kannte den guten Ruf des Gottschalk-Weddigen-Heimes am Heller Weg und konnte hier mit Hilfe von Bekannten einen Platz für mein Kind bekommen. Hier wußte ich Martina an den Werktagen in guten Händen.
Die Wochenenden konnten wir gemeinsam in dem kleinen Dachzimmer an der Hum-

boldtstraße verbringen. Freitags, nach Feierabend, holte ich Martina aus dem Heim ab, und sie blieb bis zum Sonntag bei mir. 1966 fand ich eine Dachkammerwohnung in der Bäckerstraße. Hier hatte ich zwei kleine Zimmer zur Verfügung, so daß Martina und ich ab jetzt zusammenleben konnten.
Die Bezahlung des Aufenthaltes meiner Tochter im Gottschalk-Weddigen-Heim wurde über das Sozialamt der Stadt Herford geregelt, meine Verdienstbescheinigung ging direkt dorthin. Mir selbst blieb zum Leben nur der Sozialhilfesatz. Martina blieb bis zu ihrem achten Lebensjahr im Gottschalk-Weddigen-Heim.
Dann bekam sie für die Betreuung am Nachmittag einen Platz in dem Kindergarten am Heller Weg und wurde dort wunderbar von Schwester Änne umsorgt. Daß wir diesen Platz in dem Kindergarten, der ja kein Schulkindergarten war, überhaupt bekommen haben, war in erster Linie dem persönlichen Einsatz von Schwester Änne zu verdanken. Sie und Oberamtmann Stork vom Herforder Jugendamt haben uns damals sehr geholfen. Herr Stork hat sich z.B. dafür eingesetzt, daß wir nicht so extrem lange auf den Kindergartenplatz warten mußten. In den Schulferien hat Martina später oft an den Stadtranderholungen der Stadt Herford oder der Arbeiterwohlfahrt teilgenommen, denn die Sommerferien waren ja länger als mein Urlaub. Im Waldjugendheim konnten Kinder ihre Ferien verbringen
Nachdem Martina 1966 aus dem Heim kam, traten neue finanzielle Belastungen auf: Ein Jahr später führte HEW Kurzarbeit ein. Damals gab es dafür noch keinen Ausgleich vom Arbeitsamt, und das Geld war deshalb sehr knapp. Aber einen Vorteil hatte die Sache doch: Ich konnte mich intensiver um Martina kümmern, ihr bei den Hausaufgaben helfen. Unser Verhältnis war sehr innig, und es war wunderbar, mit ihr zusammen zu sein.
1968 mußte ich wegen einer schweren Krankheit, die eine Operation erforderte, für lange Zeit ins Krankenhaus. Die Sorgen um mein Kind haben mich im wahrsten Sinne des Wortes bis auf den Operationstisch verfolgt. Wer würde für sie in der Zeit sorgen, die ich im Krankenhaus verbringen mußte? In den ersten Tagen konnte ich sie gegen Bezahlung bei einer Nachbarin unterbringen, die selbst drei Kinder hatte, und hoffte dann auf die Hilfe der Stadt, aber die Fürsorgerin fand keine Möglichkeit, das Kind während meiner Krankheit unterzubringen. Zuletzt ergab sich zum Glück doch noch die Möglichkeit, Martina einen Platz für eine Erholungskur zu beschaffen.
Das Jahr 1968 war eine wichtige Wende in meinem Leben. Der Kampf um die Versorgung meines Kindes und die Überwindung der Krankheit haben mich stark und selbstbewußt gemacht. Auch finanziell ging es mir etwas besser: Durch die lange Krankheit und die damit verbundene längere Abwesenheit vom Arbeitsplatz wurde meine Arbeitsleistung im Betrieb besser bewertet. Ich wurde in eine höhere Lohngruppe eingestuft, weil mein Fehlen deutlich gemacht hatte, daß meine Arbeit in der Endmontage bei HEW wichtiger war, als es die vorherige Bezahlung ausdrückte.
Damals begann ich, mehr und intensiver zu lesen. In der Schreibwarenhandlung von Frau Heese an der Rennstraße, die auch einen Buchverleih hatte, war ich Stammkunde. Die Besitzerin Frau Heese machte mich in dieser Zeit auf Fahrten und Wanderungen des Herforder Vereins für Heimatkunde aufmerksam. Martina nahm im Heimatkunde-

unterricht gerade die Geschichte der Bäumerhöfe durch, und das hatte bei uns beiden das Interesse für die Geschichte Herfords geweckt. Gemeinsam mit ihr nahm ich dann an vielen Fahrten zu Museen oder Bauernhöfen und Wanderungen in der näheren Umgebung teil. Wir wollten die Gegend, in der wir leben, und ihre Geschichte besser kennenlernen. Noch heute nehme ich intensiv am gesellschaftlichen und politischen Leben der Stadt Herford teil.

Ich habe zum Beispiel ein Abonnement für das Stadttheater, dessen Vorstellungen ich regelmäßig besuche. Seit 1973, der Zeit der Umsetzung des neuen Betriebsverfassungsgesetzes, nehme ich an Gewerkschaftsschulungen teil und wurde 1975, im Jahr der Frau, in den HEW-Betriebsrat gewählt.

Meine Tochter wohnt jetzt nicht mehr bei mir. Sie hat eine eigene Wohnung an der Bismarckstraße und arbeitet in Bielefeld als Industriemechanikerin. Unser Verhältnis zueinander ist weiterhin sehr gut. Als Martina größer wurde, konnte ich noch intensiver in der Gewerkschaft mitarbeiten, so daß ich auch in den DGB-Ortsfrauenausschuß gewählt wurde. Außerdem wirke ich seit seiner Gründung im Frauengesprächskreis der Volkshochschule mit. Viel Spaß macht mir auch die Arbeit im Arbeitskreis Geschichte bei »Arbeit und Leben DGB / VHS«.

Die zum Teil schlimmen Erfahrungen als ledige Mutter, die ständigen Zurücksetzungen, die ich erleben mußte, haben mich stark gemacht. Ich weiß jetzt, daß ich nicht mehr alles schlucken darf, sondern mich wehren muß. Dabei hat mir neben meiner gewerkschaftlichen und politischen Arbeit auch meine Zugehörigkeit und Verbundenheit mit der Münsterkirchengemeinde geholfen. Ich bin zwar keine regelmäßige Kirchgängerin, nehme aber an vielen Veranstaltungen und am Bibelkreis der Gemeinde teil. Ich kann sagen, daß Herford trotz aller Schwierigkeiten, die ich hatte, zu meiner Heimat geworden ist. Ich fühle mich hier wohl und lebe gern in dieser Stadt — nicht zuletzt, weil ich immer wieder Menschen getroffen habe, die mir geholfen haben, wenn ich nicht mehr weiter wußte.

(Aufgezeichnet im Dezember 1988 von Uta Kreikenbohm).

Traute Lorek

Traute Lorek, geb. Dybowski, stammt aus Masuren (Ostpreußen). Sie wurde 1927 in Dippelsee (heute Skomack), Kreis Lyck (heute Elk) geboren. Ihre Jugend verbrachte sie auf einem Bauernhof (220 Morgen), der von der Familie mit einigen Angestellten bewirtschaftet wurde. Sie hat insgesamt sieben Geschwister und Halbgeschwister. Traute Lorek kam 1948 in den Westen, wohnte zuerst in Hiddenhausen, seit 1969 in Herford und seit 1978 im Stadtteil Elverdissen.

»Die Erfahrung der Flucht aus der Heimat hat mich stark geprägt. Die erzwungene Eigenständigkeit, der nicht geplante Druck zur eigenen Entscheidung hat mein Leben in vielen Bereichen bestimmt.«

Als schlimm empfindet Traute Lorek noch heute, daß sie durch den Verlust des Elternhauses und die Flucht auf eine Berufsausbildung verzichten mußte und ihre Familie in alle Richtungen verstreut wurde. Immer noch besteht eine tiefe Heimatverbundenheit. »Die Erinnerung an meine schöne Heimat Masuren wird mich mein ganzes Leben begleiten. Der Bauernhof, auf dem ich aufgewachsen bin, lag dicht an einem See und war von großen, alten Bäumen umrahmt. Heute besteht dieser Bauernhof nicht mehr, er ist wohl gleich nach der Flucht abgebrannt, wodurch, ist mir nicht bekannt.«

Die Flucht selbst ist für sie geprägt durch Begriffe wie: Befehl, Angst, Gewalt, Rücksichtslosigkeit, Gerüchte, Aussichtslosigkeit, Propaganda, verhindertes Nachdenken und vieles andere.

»Die eigentliche Flucht, bis zum ersten Haltepunkt bei meinem Bruder in Chemnitz, dauerte gut vier Wochen.« Die gesamte Flucht bis zum Niederlassen im Kreis Herford erstreckte sich, mit einigen Zwischenstationen, bis Mitte 1948, wenn nicht sogar bis zur Eheschließung mit Max Lorek im Jahre 1951.

»Am 21. Januar 1945 kam vom Bürgermeister in Dippelsee der Räumungsbefehl an alle Einwohner unseres Dorfes. In aller Eile wurde gepackt; denn schon am nächsten Tag sollte das Dorf geräumt werden. Unsere Familie schloß sich mit drei vollbeladenen Wagen und sechs Personen (Mutter, zwei Kinder, ein französischer Kriegsgefangener und zwei Zwangsarbeiter) dem Treck der 49 Wagen an. Die Fahrt ins Ungewisse begann; ohne daß man auch nur ahnen konnte, wann und wo sie einmal enden sollte. Wir hatten nur die Angst, von den Russen eingeholt zu werden, von denen wir nur Schreckliches gehört hatten: Erschießungen, Verschleppungen, Vergewaltigungen und andere Gewalttaten. Nach wenigen Tagen Fahrt durch Eis und Schnee, auf völlig überfüllten Straßen, im Hintergrund brennende Dörfer, von den Russen schon überrollt, war der Bürgermeister, der anfangs noch die organisierende Rolle übernommen hatte, nicht mehr in der Lage, den Treck zusammenzuhalten. Von dem einst geschlossenen Treck blieben nur drei Familien mit ihren Wagen über. Letztlich sagte sich jeder ›Rette sich, wer kann‹. Niemand nahm mehr Rücksicht auf den anderen. Ganz Ostpreußen war ja auf den Beinen. Alles fuhr in Richtung Haff, denn das war der einzige noch offene Weg nach Westen.«
Traute versuchte, die drei Wagen der Familie zusammenzuhalten, was bei dem Chaos auf den Straßen fast unmöglich war. Man fuhr Tag und Nacht und kam trotzdem nur wenige Kilometer vorwärts.
»Nach etwa zehn Tagen verschwanden die Zwangsarbeiter, ein Pole und eine Weißrussin, mit einem unserer Wagen. Eines Nachts mußte die Straße für die sich zurückziehende Wehrmacht geräumt werden. Die Trecks wurden auf Nebenstraßen umgeleitet, wo es im Schnee überhaupt nicht mehr weiterging. Soldaten kamen und riefen ›Was, hier sind noch zwei junge Mädchen? Macht bloß, daß ihr wegkommt, dort im Wäldchen sind schon die Russen.‹ Mit der Tochter des Bürgermeisters trennte ich mich von der Familie und schlug mich allein weiter durch. Damals wußte ich ja noch nicht, daß nun eine anderthalbjährige Trennung von der Familie bevorstand.
Nach einigen, mit weiteren Entbehrungen verbundenen Tagen, gelangten wir beiden Mädchen zum Frischen Haff. Alle flüchteten über das Eis, russische Tiefflieger schossen und warfen Bomben auf die flüchtende Bevölkerung. Überall sah man eingebrochene Treckwagen, tote Menschen und Pferde. Über die Frische Nehrung ging es weiter in Richtung Danzig. Der erste Haltepunkt für die Flüchtlinge und auch für uns war Stutthoff, nun ein riesiges, überfülltes Flüchtlingslager. Hier gab es erstmals wieder eine heiße Suppe. Die gebotene und organisierte Hilfe war für uns ein erster Lichtblick und Hoffnungsschimmer. Aber es wurden auch Fragen laut wie: Warum kämpfen die Soldaten nicht mehr und schlagen die Russen zurück? Warum setzt man die Wunderwaffe, von der die Propaganda immer wieder sprach, nicht endlich ein? Fragen, die keiner beantworten konnte.«
Die nächste Station war dann die mit Flüchtlingen völlig überlastete Stadt Danzig. Ein in einem Kino eingerichtetes Lager bot hier den beiden Mädchen Unterschlupf, später fanden sie bei einer netten alten Dame ein Unterkommen.
»Hier konnten wir uns das erste Mal richtig waschen, auch die Unterwäsche, wir hatten ja keine zum Wechseln. Hier ruhten wir uns zunächst einmal aus und erkundigten uns, wo die Trecks aus Ostpreußen geblieben waren. Da man uns sagte, daß der Großteil der

Trecks aus Ostpreußen in den Kreis Stolp in Pommern fahren würden, schöpften wir neue Hoffnung, auch unsere Angehörigen dort wiederzufinden.«
So ging die Flucht von Traute und der Bürgermeistertochter Renate nach wenigen Tagen weiter nach Stolp. »Meistens zu Fuß, manchmal jedoch auch von einem der noch fahrenden Busse mitgenommen, erreichten wir schließlich diesen Ort, doch die Familien waren nicht zu finden.«
Die Flucht wurde also fortgesetzt. Da Traute und Renate kein Gepäck hatten, gelang es ihnen, mit einem völlig überfüllten Güterzug bis nach Stettin zu fahren. »Von hier aus ging es mit der noch normal funktionierenden Zugverbindung nach Berlin. Dort trafen wir am 22. Februar 1945 ein, es war mein 18. Geburtstag.«
In Berlin trennten sich die beiden Mädchen. Für Traute war die nächste Adresse ihr in Chemnitz lebender Bruder. Also fuhr sie schon bald weiter. In Chemnitz erlebte sie dann die schweren Bombenangriffe, die zuerst Dresden, dann auch Chemnitz selbst verwüsteten.
Ihre Schwester, auch aus Ostpreußen geflüchtet, war zwischenzeitlich im Erzgebirge untergekommen und hatte sich bei ihrem Bruder in Chemnitz gemeldet. Traute fuhr zu ihr in der Hoffnung, dort bleiben zu können. Inzwischen war der Krieg zu Ende gegangen.
»Durch die schwierige Versorgungslage im Erzgebirge bedingt, kam vom Bürgermeister des Dorfes Beutha eines Tages die Aufforderung an alle dort untergebrachten Flüchtlinge, das Dorf zu verlassen und sich anderswo in Thüringen eine Bleibe zu suchen. Also begann für mich die Wanderung von neuem.« Von etlichen Bürgermeistern abgewiesen, erlebt sie immer wieder das Gefühl: ›Uns Flüchtlinge will ja niemand haben.‹ »Die ganze Hoffnungslosigkeit meiner Situation wurde mir so recht bewußt, hinzu kamen noch die Sorgen um meine Mutter und die drei Brüder, von denen ich immer noch nichts wußte.«
Schließlich fand sie mit ihrer Schwester doch noch eine Unterkunft auf einem Bauernhof im Kreis Weimar. Der Schwester, mit der sie diese schwere Zeit in Thüringen verbrachte, ist sie immer noch dankbar.
Trautes Mutter und ihr jüngster Bruder waren im Frühjahr 1945 mit den beiden übrigen Wagen in den Kreis Stolp in Pommern gelangt. Da der Krieg inzwischen zu Ende und die Grenze zur damaligen Ostzone geschlossen war, mußten sie zunächst in Pommern bleiben. Hier verloren sie noch den Rest dessen, was sie noch besaßen. Nach anderthalb Jahren gelang es ihnen unter großen Schwierigkeiten, die Grenze zur Ostzone zu überwinden.
»Die Kontaktadresse in Chemnitz war für das Zusammenfinden der Familie von großer Bedeutung. Nach Monaten des Wartens und Hoffens meldete sich die Mutter von der Insel Usedom. Sofort fuhr ich dort hin. Meine Mutter hatte noch einen Koffer für mich gerettet. Zum Neuaufbau des Lebens gehörte für mich auch eine Berufsausbildung. Nach verschiedenen gescheiterten Versuchen erhielt ich von der russischen Kommandatur plötzlich den Befehl zur Arbeit auf dem Flughafen in Peenemünde.«
Da Traute diese Arbeit nicht aufnehmen wollte, trennte sie sich wieder von der Mutter und nahm eine Stelle als Haushälterin in Zeuthen bei Berlin an.

»Doch davor hatte ich noch ein sehr deprimierendes Erlebnis. Ich, selbst Bauerntochter, wollte bei Bauern ein paar von den verbliebenen Sachen gegen Kartoffeln eintauschen und mußte mir dabei sagen lassen: ›Früher habt ihr Städter auf uns Bauern herabgeschaut, und nun kommt ihr in Scharen zu uns aufs Land, weil ihr etwas von uns haben wollt‹.«
Die Tätigkeit in Zeuthen übte Traute eineinhalb Jahre aus, dann begann die letzte Etappe ihrer Flucht, die sie in den Kreis Herford führen sollte. Ein junger Mann, den sie noch in ihrer alten Heimat als Soldaten kennengelernt hatte und mit dem sie nach dem Krieg wieder Kontakt aufnahm, bot ihr schon 1945 eine neue Heimat in Hiddenhausen an, wo er mit seinen Eltern wohnte. Im Januar 1948 schickte er ihr eine Zuzugsgenehmigung für den Kreis Herford, jedoch ohne Wohnungsberechtigung. »Nach langem Überlegen und Zögern ging ich im Juni 1948 nach Hiddenhausen, wo mich auch die Eltern des jungen Mannes sehr herzlich aufnahmen. Anfangs hatte ich geglaubt, nach den Jahren des Umherwanderns nun endlich ein neues Zuhause gefunden zu haben. In die Familie mit einbezogen, schien alles auf eine feste Bindung hinzuführen.« Aber trotz aller Dankbarkeit traf Traute nochmals eine eigene und vielleicht für viele unverständliche Entscheidung. Sie löste sich aus dieser Beziehung. »Es war einfach nicht der richtige Mann für mich.«
In Lippinghausen nahm sie eine Arbeitsstelle in einem Fabrikantenhaushalt an und lernte dort auch ihren jetzigen Ehemann, Max Lorek kennen, der ebenfalls Flüchtling war. Beide mußten sehr sparen, um sich ein eigenes Heim zu schaffen. »Im Oktober 1951 war es endlich soweit, wir heirateten. Zunächst hatten wir nur einen großen Raum zur Verfügung, den wir durch eine provisorische Wand in zwei Hälften teilten. Erst später erhielten wir noch ein weiteres Zimmer dazu. Da wir beide noch sehr jung waren und in der alten Heimat keinen eigenen Haushalt hatten, bekamen wir als einzige, einmalige Unterstützung nur den vom Gesetzgeber vorgesehenen Betrag von 100 Mark pro Person. Wir waren also auf uns allein gestellt. Gefreut haben wir uns über jedes Stück, das wir uns anschaffen konnten.«
Seit ihrer Heirat war Traute Lorek nur noch aushilfsweise tätig; denn »das Arbeitsamt konnte mir weder Ausbildung noch Arbeit bieten«. Nach der Geburt des Sohnes Jörg 1957 wurde sie ganztags Hausfrau. »Meinem Mann, der anfangs in einem englischen Büro beschäftigt war, gelang es, in die Privatwirtschaft überzuwechseln, wo er später die Tätigkeit eines Versandleiters ausübte.« 1961 erhielt die Familie eine Werkswohnung, und in dieser sehr geräumigen Wohnung »fühlten wir uns erstmals richtig wohl.« Acht Jahre später zog die Familie in die Stadt Herford, wo Max Lorek bis zu seiner Pensionierung in einem großen Herforder Unternehmen tätig war.
»Im Jahre 1978 schließlich erfüllten wir uns einen lang gehegten Wunsch: ein eigenes kleines Häuschen im Stadtteil Elverdissen.« Dieses Haus, von außen durch einen blumengeschmückten Garten geprägt, »ist erst mein richtiges Zuhause«. Die Tätigkeit im Garten ist für sie als Bauerntochter eine kleine Erinnerung an den elterlichen Bauernhof in Ostpreußen.
»Sollte meine 1945 so abrupt begonnene Flucht im Grunde bis hierhin gedauert haben? Eine besondere Bedeutung kann Herford als Stadt für uns nicht haben, schließlich

wurden wir ja durch einen Zufall hierhin verschlagen. Der Ort war zunächst völlig unwichtig.« Herford ist aber inzwischen durch die berufliche Tätigkeit, das Aufwachsen des Sohnes, durch den Erwerb von Eigentum und durch die in vielen Jahren entstandenen privaten Kontakte für sie wichtig geworden. »Schon im Jahre 1972, beim Wechsel der Arbeitsstätte meines Mannes, konnten wir uns im Grunde keinen größeren Ortswechsel mehr vorstellen.«

Trotzdem ist Herford keine neue »Heimat«. »Dankbar bin ich für mein neues Zuhause und dankbar, daß das Schicksal mich nicht so hart getroffen hat wie manch andere.« Sie denkt dabei vor allem an ihre Mutter, der sie in der Nachkriegszeit nicht viel hat helfen können. »Für die damals schon Älteren ist alles noch viel schlimmer gewesen. Auch einige meiner Schulkameraden, die 1945 in Ostpreußen von den Russen auf der Flucht überrollt und eingeholt wurden, haben viel Schlimmeres erlebt. Einige sind nach Rußland verschleppt worden und erst Jahre später zurückgekommen. Dieses Schicksal ist mir erspart geblieben, und dafür bin ich dankbar.«

Trotz des Wohlfühlens im neuen Zuhause sieht sie immer noch die Schwierigkeiten, die sie damals als Flüchtlinge meistern mußten. »Wir wurden ja nicht, wie heute die Spätaussiedler, mit offenen Armen aufgenommen. Die Flüchtlinge galten damals als Habenichtse und waren nicht immer gerne gesehen. Wenn man ihnen schon etwas gab, erwartete man große Dankbarkeit. Natürlich verstehe ich auch die Situation der Einheimischen, die sich nicht in unsere Probleme hineindenken konnten. Trotzdem suchte man in jener Zeit zunächst hauptsächlich Kontakte zu den Schicksalsgenossen.« So haben auch Max und Traute Lorek zusammengefunden. Auf nahezu gleicher Erfahrungsbasis konnten sie zusammen besser neu aufbauen. Heute fühlen sie sich anerkannt und einbezogen, was sie aber stark den eigenen Leistungen zuschreiben. »Besonders stolz sind wir auf unseren beruflich erfolgreichen Sohn, dem wir eine gute Ausbildung ermöglichen konnten.«

Das gemeinsame Schicksal schweißt aber nicht nur die Familie zusammen. Ein wichtiger Teil in Traute Loreks Leben ist der Kontakt und die Arbeit mit ehemaligen Flüchtlingen in der Landsmannschaft Ost- und Westpreußen. Schon 1949 in Lippinghausen entstanden die ersten Kontakte zum Bund der Vertriebenen (BdV). Ohne besondere Funktionen auszuüben, beteiligt sich Traute Lorek an den Veranstaltungen des BdV und der Kreisgruppe Herford der Landsmannschaft Ost- und Westpreußen. Über diese Ebene, aber auch über viele persönlich wiederhergestellte Kontakte hält sie enge Verbindungen zu ehemaligen Nachbarn und Schulkameradinnen. »Es ist unsere Aufgabe und Verpflichtung als ehemalige Flüchtlinge oder Vertriebene, den Gedanken an die verlorene Heimat wachzuhalten, damit sie nicht in Vergessenheit gerät.«

Sie lebt gerne in Herford und möchte ihr Leben auch hier beschließen. »Westfalen ist auch ein sehr schönes Land, und wir haben vielfältige Kontakte und Freundschaften aufgebaut. In ihrem Wesen sind die Westfalen uns Ostpreußen ja sehr ähnlich.«

(Aufgezeichnet im Oktober 1988 von Christoph Laue; dieser Beitrag wurde aus den schriftlichen Notizen von zwei Gesprächen zusammengestellt. Die wiedergegebenen persönlichen Aussagen sind daher nicht als wortgetreue Zitate zu verstehen.).

Tilla Möller

Mathilde (gen. Tilla) Möller, geb. Hüls, wurde 1903 in Herford geboren. Sie war das älteste von drei Kindern. Der Vater war Maler, jedoch alkoholsüchtig und völlig unzuverlässig. Die Mutter, eine Schulkollegin von Carl Severing, war eine fleißige, aufopfernde und liebevolle Frau; sie war sehr krank und starb viel zu früh. Tilla Möller lernte schon als Kind Armut, Not, Elend und Ungerechtigkeit kennen. Doch mit Hilfe der Mutter und durch den Einfluß von Freunden fand Tilla Möller schon in jungen Jahren einen moralischen und politischen Standort, den sie seitdem nie mehr verlassen hat. Von 1918 bis 1933 arbeitete sie zunächst als Fabrikarbeiterin, dann als Dienstmädchen und zuletzt bei der »Volkswacht« im sozialdemokratischen Volkshaus.
Tilla Möller ist die erste Heiko-Ploeger-Preisträgerin. Der Preis wurde ihr wegen ihres politischen Engagements während der Nazi-Diktatur verliehen. Tilla Möller betätigte sich nach 1933 als Kurier zwischen Herford und Bielefeld. Sie überbrachte Mitteilungen einer Widerstandsorganisation, die in Frankreich und Belgien von Max Sievers, dem Vorsitzenden des Deutschen Freidenkerbundes, geleitet wurde.
Bei der Preisverleihung am 8. Mai 1988 sagte sie: »Das Wort konnten sie uns nehmen, das Denken aber auf keinen Fall.«

Für mein ganzes Leben bedeutsam waren Ereignisse vom 19. November 1914. Ich weiß es deshalb so genau, weil ich an diesem Tage Geburtstag hatte und 11 Jahre alt wurde. Aber zuerst noch etwas zu den Monaten davor. Als wir nach den Sommerferien 1914 wieder in die Schule kamen, war der Krieg ausgebrochen, und wir hatten keinen Lehrer mehr — er war eingezogen worden. Ich erinnere mich, daß Herford 1914 wieder Garnisonsstadt wurde und daß man das Infanterieregiment Nr. 17 nach Herford verlegte, zu dem auch unser Lehrer gehörte. Ausbildungsplätze waren am Lübberbruch und auf den Kiewiesen. Als die Gruppe feldmarschmäßig ausgebildet war, da wurde sie ins Feld

geschickt und in den Zeitungen wurde die Bevölkerung aufgerufen, sich an dem Ausmarsch der 17er zu beteiligen.
Als wir, meine Cousinen und ich, auf den Kiewiesen ankamen, da standen sie schon kompanieweise — und hatten Gewehre mit Blumensträußen. Rundherum waren die Angehörigen der Soldaten: Eltern, Bräute, Geschwister und was weiß ich ...
Mit Marschmusik — die Stadtkapelle vorne voraus und die Militärkapelle hinterher — so ging es von den Kiewiesen zum Bahnhofsplatz. Wo man auch hinguckte, überall wurden Soldaten von ihren Eltern und von den Frauen und Bräuten gedrückt, und alles weinte, manche schrien sogar. Plötzlich hieß es »Halt« — und die Zivilbevölkerung mußte zurückbleiben, durch die Sperre kam nur Militär. Der Bahnhof war hell erleuchtet, es war ja schon gegen Abend.
Mir wurde klar, daß Krieg etwas ganz Schreckliches sein mußte, und ich dachte, die kommen ja vielleicht auch gar nicht wieder. Das hat mich so ergriffen, daß ich das nie im Leben wieder vergessen habe. Es war der Grundstein für mein politisches Denken.
Zur Arbeiterjugend kam ich später, das war so: Die Mutter von Carl Severing sagte eines Tages zu meiner Mutter, die ja mit Carl Severing in die gleiche Schule gegangen war und die als Kinder in der Petersilienstraße Nachbarn gewesen waren: »Hört mal schnell, der Krieg geht jetzt zu Ende.« »Och«, sagte meine Mutter, »das glaube ich nicht.« »Doch, geht mal dann und dann zu Brinkmann an der Rennstraße, da spricht Carl, da wird er was darüber erzählen.« Bei der Veranstaltung war ich zwar nicht, aber wie dann die Revolution gewesen war und der Kaiser abgedankt hatte, fanden im großen Saal des Schützenhofes die Partei- und Wahlversammlungen der SPD statt. Ich bin dann in jede Wahlversammlung gegangen, denn das interessierte mich.
Mein Vater sagte dann: »Das darfst Du nicht« — da war noch das Verbot für Frauen und Jugendliche, an politischen Versammlungen teilzunehmen. Und da bin ich heimlich mit einer Schulfreundin hin und hab das zu Hause nicht mehr erzählt, aber mein Vater hat mich dann doch einmal gesehen und sagte: »Du kannst bestraft werden, das Gesetz, das ist nun mal so.« Dann hab' ich ihm gesagt: »Hör mal, haben die denn bloß was für Erwachsene, nicht auch was für Jüngere, sonst sind die doch eines Tages ausgestorben.« »Ja,« sagte er da, »ich glaube, es gibt so eine Jugendgruppe, da will ich mich mal nach erkundigen.«
Dann kam er eines Tages an und sagte: »Da gibt es eine Gruppe, die heißt ›Arbeiterjugend‹.« Und kurz danach stand in der »Volkswacht« im lokalen Teil, so mit Balkenschrift: »Eltern, schickt Eure Kinder zur Arbeiterjugend«, und da bin ich dann zum ersten Mal dahin gegangen. Dort waren dann Julius Finke, damals noch Lagerhalter im Konsumverein, ab 1920/21 Parteisekretär und ab 1928 Reichstagsabgeordneter sowie Wilhelm Dahlkötter, der gehörte zu den ersten Mitgliedern der Arbeiterjugend, die 1908 in Herford gegründet wurde. Dort war aber auch Helene Moll, ein kluges, nettes Mädchen, vielleicht fünf Jahre älter als ich, die ich von der Schule kannte. Ich dachte, wenn die hier ist, muß das schon gut sein.
Schon beim ersten Mal hatte es mir sehr gefallen; denn dort lief ein richtiges Programm ab. Es wurde gesungen und besprochen, was am anderen Sonntag sein sollte.

Wenn sie sonntags wanderten und auch an den Heimabenden habe ich fast immer teilgenommen, aber ich hatte auch Probleme: Wenn wir nämlich eine Wanderung machten, dann war das späteste Treffen um 7 Uhr morgens — und ich mußte ja in die Kirche. Dann hab ich die manchmal einfach versäumt, weil es mir bei der Wanderung besser gefiel.

Also, die Arbeiterjugend war eigentlich, man könnte sagen, eine Erziehungsgemeinschaft, die uns gefühlsmäßig und auch weltanschaulich beeinflußt hat. Strenge Theorie und Pauken — man hat das von der kommunistischen Jugend so gehört — gab es bei uns nicht. Wenn man mit vierzehn Jahren aus der Volksschule kam, fehlte einem ja noch das Verständnis, um so schwierige Sachen zu verarbeiten. Aber gelernt haben wir trotzdem viel, allein schon durch die Lieder, die wir sangen. In Erinnerung habe ich noch: »Wohl an, wer Recht und Wahrheit achtet« und natürlich das Arbeiterjugendlied »Wir sind die junge Garde des Proletariats«.

Aber Julius Finke erzählte uns auch gelegentlich etwas über Wahlversammlungen, oder was im Reichstag zur Debatte stand, auch schon mal etwas vom Jugendschutzgesetz. Immer waren es Dinge, die entweder uns betrafen, oder die wir schon verstehen konnten. Er warnte uns auch vor Alkohol, Zigaretten usw. und sagte, daß es den Arbeiter-Abstinentenbund gäbe, in dem er selbst auch Mitglied sei. Später wurde ich auch Mitglied in diesem Bund. Die Arbeiterjugend hatte auch einen sehr großen Schrank voller Bücher, wissenschaftliche, naturwissenschaftliche und leichtere Sachen für die Jüngeren.

Ja, und wir bekamen auch die Zeitung »Arbeiterjugend«, da waren auch politische Aufsätze drin, aber immer so, daß sie auch von Arbeiterjugendlichen verstanden werden konnten. Und wenn man eine Zeitlang dazugehörte, ergab es sich ganz von selbst, daß man auch kompliziertere Sachen las, z.B. das Kommunistische Manifest oder das Erfurter Programm, all diese Sachen.

Besonders Wilhelm Dahlkötter machte immer wieder darauf aufmerksam — der war sehr belesen und die Arbeit mit der Jugend war für ihn eine Lebensaufgabe. Neben Julius Finke war Wilhelm Dahlkötter immer für uns da, hatte immer die Hand über uns. Erst als im Herbst 1928 das Volkshaus fertiggestellt war und Wilhelm Dahlkötter die Leitung der Gewerkschaftsbibliothek übernahm, natürlich ehrenamtlich, hat er sich nicht mehr so sehr um die Arbeit der Jugend gekümmert. Daß sich in Herford dennoch drei Arbeiterjugendgruppen bildeten, hatten wir Walter Hünerhoff zu verdanken, der dabei seine Erfahrungen aus Bielefeld einbringen konnte.

Ich las viel, und je mehr ich las und von der Welt und den Ungerechtigkeiten verstand, um so häufiger plagten mich Glaubenszweifel — und ich war kaum älter als 15 Jahre. Aber ausgetreten aus der katholischen Kirche bin ich erst mit 21 Jahren. Da habe ich mir gesagt: Wenn es nun diesen allmächtigen, allwissenden und lieben Gott gäbe, dann hätte er uns nicht die Mutter genommen, sondern eher den Vater.

Es war der 1. November 1921, als wir unsere Mutter beerdigt haben. Nach ihrem Tod wurde Vaters Alkoholsucht immer schlimmer. Für uns Kinder war das schrecklich. Nachts waren wir seinem Säuferwahnsinn ausgesetzt und unseres Lebens nicht mehr sicher. Ich habe mich dann an das Jugendamt gewandt. Da wurde zunächst ein Pfleger

bestellt. Dem mußte ich jeden Sonntagmorgen berichten, was sich in der Woche zugetragen hatte.
Vater kam unter vorläufige Vormundschaft, und wir wurden alle drei in eine andere Unterkunft gegeben. Die kleine neunjährige Schwester kam ins Waisenhaus, mein Bruder zu seinem Meister. Er war Holzbildhauerlehrling (16 Jahre). Ich konnte vorübergehend in der Familie von Mutters ältestem Bruder bleiben, bis der Pfleger eine Stelle für mich in einem Haushalt gefunden hatte. Er wollte nicht, daß ich in der Fabrik blieb. Dann bin ich fast zwei Jahre Dienstmädchen gewesen. Das war 1922 und 1923, die Zeit der Hochinflation nach dem Ersten Weltkrieg. Ich weiß noch, daß 1922 mein Monatslohn 300 RM betrug und nicht erhöht wurde, während die Preise immer stiegen. Für ein Paar Schuhsohlen mußte ich 1 000 RM bezahlen. Da habe ich den Hausherrn gefragt, ob ich Vorschuß bekommen könne. Da hat er mir die 1 000 RM großzügig geschenkt. Ein Jahr später verdiente ich 300 000 RM, für die ich aber nichts mehr kaufen konnte, wenn ich mal Strümpfe oder Wäsche ersetzen mußte.
Der Arbeitstag für Dienstmädchen in dieser Zeit war lang und schwer, und man arbeitete nur fürs Essen. Deshalb wechselte ich im Herbst 1923 wieder in die Schokoladenfabrik Weinberg. Die Vorsitzende der Arbeiterwohlfahrt, Frau Hempelmann, die sich immer mal nach mir erkundigte, machte mir diesen Vorschlag. Sie verhalf mir zu dem Arbeitsplatz, und sie bot mir an, in ihrer Familie zu wohnen. Ich mußte aber Zimmer und Bett mit ihrer fünfzehnjährigen Tochter teilen.
Ab Januar 1924 hatten wir wieder festes Geld. Dann konnte ich für ein eigenes Bett sparen und ein leeres Zimmer mieten. Verwandte und Bekannte schenkten mir einige Möbelstücke dazu, und nach und nach hatte ich mir eine kleine Hauswirtschaft eingerichtet, so daß ich nun ganz auf eigenen Füßen stand.
Im Sommer 1925 brach in der Schokoladenfabrik Weinberg ein Streik aus, der einige Wochen anhielt. Weil die Streikunterstützung sehr knapp war, riet mir eine Genossin von der Sozialistischen Arbeiterjugend (SAJ), die in einer Buchdruckerei arbeitete, dorthin zu wechseln. Sie fragte für mich an. Ich mußte mich vorstellen und wurde, nachdem der Chef mit meiner Firma telefoniert hatte, in der Abteilung Buchbinderei eingestellt. Hier verdiente ich wöchentlich etwa 3 RM mehr als in der Schokoladenfabrik. Nach zwei Jahren wurde ich als Anlegerin an Buchdruckpressen angelernt und erhielt wieder etwas mehr Lohn, brutto 24,80 RM, und mein Zimmer kostete wöchentlich 5 RM. Bei vernünftiger und sparsamer Lebensweise kam ich ganz gut zurecht.
Meine Freizeit verbrachte ich nach wie vor in der Arbeiterjugend. Ich war ja seit 1919 dabei und gehörte bis 1933 als ältere Helferin dazu. Durch Wanderführer-Lehrgänge konnte ich mit Karte und Kompaß umgehen und die sonntäglichen Wanderungen führen. Später wurde ich dann noch Hauptkassiererin.
Seit 1925 war ich Mitglied der SPD. Ich orientierte mich über Lehre, Wege und Ziel der Partei. Mit einigen jungen Genossen trafen wir uns einmal wöchentlich bei einem jungen Ehepaar, Robert und Irma Bobbenkamp, in der Waltgeristraße, wo wir über diese Themen sprachen.
Als ich dann 1927 vorschlug, eine Jungsozialistengruppe zu gründen, beteiligten sich

rund 25 junge Parteigenossen. Wir haben regelmäßig Vorträge gehalten — ja, systematische sozialistische Bildungsarbeit geleistet, und oft nahmen 30 bis 40 Leute an den Vorträgen teil. Später wurde ich noch als Vertreterin der Herforder Jungsozialisten in den Parteivorstand gewählt, wo ich Schriftführerin wurde.

Eine besondere Wende in meinem Leben bedeutete der Berufswechsel 1928. Die Geschäftsleitung des Herforder Konsum-Vereins kaufte 1927 das »erste« Hotel am Platze, das »Stadt Berlin«, und ließ es umbauen zu einem »Volkshaus«. Da gab es im Parterre mehrere Konsumläden: Bäcker, Schlachter, Lebensmittel, Schuhe und die Buchhandlung »Volkswacht« mit Zeitungsbüro. Für die Herforder Leser wurde in der Zeitung eine besondere Lokalseite mit eigenem redaktionellem Teil und Anzeigen herausgegeben. Dafür wurde ein junger Genosse, Walter Hünerhoff, aus Bielefeld angestellt. Er war aus der SAJ hervorgegangen. Für die Buchhandlung wurde ich eingestellt, und dafür bin ich ein halbes Jahr in Bielefeld angelernt worden, einen Monat in der Inseratenabteilung und fünf Monate in der Buchhandlung. Maschinenschreiben mußte ich mir selbst beibringen. Mitte Mai 1928 wurde die Nebenstelle Herford der Bielefelder »Volkswacht« eröffnet. Das war eine wirklich gute Sortimentsbuchhandlung. Neben vielen politischen Schriften, denn es war ja eine sozialdemokratische Buchhandlung, verkauften wir Bücher der »Büchergilde«. Es gab aber auch von der SPD im Dietzverlag in Berlin die Buchgemeinschaft »Der Bücherkreis«, die brachte gute sozialpolitische Romane über internationale Arbeits- und Lebensverhältnisse.
Bei der »Volkswacht« in Herford hatten wir etwa 50 Mitglieder, doch mit zunehmender Arbeitslosigkeit wurde das 1932 weniger. Dann organisierten wir Lesezirkel — in Herford drei. Zu einem Zirkel gehörten immer 10 Personen und 10 Bücher, die wöchentlich gewechselt wurden und pro Woche 25 Pfennige kosteten. Am Schluß wurden die Bücher verlost.
Die »Volkswacht«, unsere Zeitung, wurde jeden Tag an der Schaufensterscheibe ausgehängt. Die Zeitungspakete für die Boten wurden bei uns angeliefert, und die Boten rechneten das Abonnementsgeld bei uns ab. Für mich war die Arbeit jetzt interessant und befriedigender als das eintönige Anlegen an Buchdruckerpressen. Mein Verdienst war zwar nicht höher, aber die Firma zahlte alle Sozialabgaben.
Nachdem feststand, daß ich für die Buchhandlung eingestellt werden sollte, hat Frau Finke, die Frau des Parteisekretärs (eine Lehrerin), mich in Literaturgeschichte unterwiesen nach dem Buche von Alfred Kleinberg »Die Deutsche Literatur mit den Augen der materialistischen Geschichtsauffassung gesehen«. Sie hat jede Woche eine Abendstunde dafür geopfert. Wir haben abwechselnd einen Abschnitt vorgelesen, darüber gesprochen, und dann bekam ich das Buch mit nach Haus und mußte in der nächsten Woche einen Aufsatz darüber mitbringen. Frau Finke habe ich viel zu verdanken. Durch die SAJ war ich auch mit den beiden Töchtern befreundet und auch deshalb manchmal in der Familie. Ich wohnte auch in ihrer Nähe. Weil ich in der Volkswacht immer erst sehr spät Feierabend hatte, schlug Frau Finke mir vor, gegen ein kleines Entgelt in der Mittagspause bei der Familie zu essen. Auch meine Wäsche hat sie jahrelang für mich mitgewaschen. Und Julius Finke war es auch, der mich beim Genossen Schreck, der

Vorsitzender im Aufsichtsrat der Volkswacht war, für die Buchhandlung vorgeschlagen hat. Das hat er mir erst erzählt, als die Einstellung beschlossen war.
Ab etwa 1929 erfolgte in der Buchhandlung auch die bürokratische Abwicklung für die »Freie Volksbühne« in Herford, in deren Vorstand ich mitarbeitete. Dazu sollte angemerkt werden, daß ab 1919 von den Gewerkschaften für ihre Mitglieder Konzerte und Theateraufführungen organisiert wurden, die im Saal von Brinkmann am Renntor stattfanden und gut besucht waren. Nach der Renovierung des alten Stadttheaters, ich glaube ab 1921, wurde es vom Ensemble des Bielefelder Stadttheaters bespielt. Zu dieser Zeit wurde auch in Herford die »Freie Volksbühne« gegründet, die großen Zuspruch hatte. Durch die Inflation und Währungsreform kamen Theater und Volksbühne aber zum Erliegen. Und erst ab 1926 / 27 spielten wieder auswärtige Bühnen in Herford. Etwa in dieser Zeit wurde die Herforder »Freie Volksbühne« wieder gegründet.
Der Verband der Deutschen Volksbühnenvereine e.V. Berlin hatte in Emden ein Schauspielensemble, das »Westfälisch-ostfriesische Landestheater«, das auch des öfteren in Herford auftrat. Weil dem Direktor, Hermann Zahr, das Herforder Theater besser gefiel als das Emdener, verlegte der Verband das Theater am 1. August 1928 in die Räume des Herforder Stadttheaters. Sonntags waren öffentliche Aufführungen mit freiem Verkauf oder Abonnement, und wochentags fanden Veranstaltungen für die »Freie Volksbühne« in Herford und den anderen Städten statt. Der Direktor hatte einen Vertrag mit der Stadt Herford. Das Programm für die jeweilige Spielsaison legte er mit dem Vorstand der Herforder »Freien Volksbühne« fest und erklärte uns den Inhalt. Er schlug immer — neben z.B. Goethes »Faust« oder Schillers »Kabale und Liebe« — Stücke mit antimilitaristischem und antireaktionärem Inhalt vor. Unser Theater war in dieser Zeit schon eine gute Volksbildungsstätte mit der Tendenz, »Geschichte von unten« zu sehen. Das Volkshaus, in dem ich damals arbeitete, war das Zentrum der Arbeiterbewegung und von daher ein rotes Tuch für die Nazis in Herford. Einige Male habe ich mitansehen müssen, wie SA-Männer auf das Volkshaus losstürmten. Einmal, es war schon fast dunkel, hörte ich viel Radau auf der Straße und sah aus meinem Fenster, daß sich etwa 50 SA-Leute und Schupos eine Schlägerei lieferten.
Ich erinnere mich aber noch an andere Vorfälle. An bestimmten Tagen, beispielsweise dem 4. August — Ausbruch des Ersten Weltkrieges — oder am Verfassungstag, stellte ich Literatur aus, die zu dem Gedenktag paßte und die die Leser ansprechen sollte, und manchmal waren auch Plakate dabei, die immer gegen Hitler und gegen Krieg waren. Bei den Büchern erinnere ich mich an Remarques »Im Westen nichts Neues« oder an Arnold Zweig, ach, es gab ja so viele . . . Also, ich hatte das ganze Fenster damit fertiggemacht — und dann kamen sie eines Nachts, die SA-Männer, und haben es von oben bis unten dick mit Kalk oder sowas eingeschmiert. Bis zum nächsten Morgen war das völlig festgetrocknet. Ich hab's erst mit heißem Wasser versucht, dann mit 'nem Messer, aber es war unmöglich abzukriegen. Da haben wir unseren jüdischen Fensterputzer Oss in der Credenstraße angerufen, und der kam mit Lösungsmitteln und Rasierklingen. Ja, das war ein Racheakt, weil das eben ein Fenster gegen Krieg und Faschismus war. Und ein andermal, als ich morgens aufschließen wollte, trat ich auf etwas Hartes unter der Kokosmatte. Es war ein Geschoß, offenbar noch eine Drohung. Walter Hünerhoff, der

wohnte zu der Zeit schon im Volkshaus, kam sofort runtergelaufen. Ob das nun gefährlich war, wußte er aber auch nicht. Wir haben das dann dem Hausmeister gegeben, und er wollte es der Polizei melden. Was daraus geworden ist, weiß ich nicht.
Ab 1933 lebte ich mit meinem Mann in Bielefeld, verlor aber nicht die Kontakte nach Herford. Als ich eines Tages meine Tante in der Petersilienstraße besuchte, bin ich auch zu Finkes gegangen, doch Frau Finke war nicht zu Hause, also wartete ich ein wenig. Als Frau Finke zurückkam, schlürte sie ein riesiges Paket mit sich, und sie sagte: »Och — das ist ganz leicht« Und da erzählte sie, daß SA-Männer vor Herzfelds Laden standen und die Leute, die reingehen wollten, daran hinderten. Sie erzählte, daß sie extra reingegangen sei und nur ein paar Kleinigkeiten gekauft habe. Zur Verkäuferin sagte sie: »Machen Sie bitte ein großes Paket von altem Packpapier, wir wollen denen zeigen, daß wir trotzdem hier kaufen.« Und dann sagte Frau Finke zu uns: »So, jetzt lauft in die Stadt, kauft irgendetwas und laßt Euch auch so ein Scheinpaket machen!« Das haben wir dann gemacht. Als wir rauskamen, zerrte man mich am Ärmel und wollte mir klarmachen, daß ich als Deutsche bei Deutschen kaufen sollte.
Das war bei Herzfeld in Herford, und am nächsten Tag erlebte ich dasselbe in Bielefeld. Man drohte sogar, uns zu verhaften, doch ich habe den Mut nicht verloren, denn noch waren wir jung und bewegungsfähig. Das änderte sich keineswegs durch meine Heirat, denn mein Mann kam auch aus der Arbeiterjugend und war Zeit seines Lebens ein politisch aktiver Mensch. Vieles haben wir in den schrecklichen Jahren der Nazi-Herrschaft und auch später gemeinsam gemacht und durchgestanden.
(Dies sind Auszüge aus mehreren Gesprächen mit Tilla Möller, die zwischen 1985 und 1988 stattfanden und von Helga Kohne aufgezeichnet wurden.).

Erika Schöngut

»Wir hatten als Deutsche gedacht und wir hatten als Deutsche gelebt. Zu Fremden wurden wir gemacht. Und dieses Fremdsein empfand ich, als ich 1987 nach Herford zurückkam.«

Die Sätze stammen von Erika Schöngut, geb. Weinberg. Ihr Urgroßvater, dessen Vorfahren Anfang des 19. Jh. aus Bad Salzuflen zugewandert waren, gründete 1872 die »Weinberg-Schokoladenwerke«, nachdem er sich »aus den kleinsten Anfängen emporgearbeitet hatte und mit umsichtigem Blick nach dem Friedensschluß die Zeit für gekommen hielt, sein Haus zu vergrößern«, wie in der Sondernummer der Monatshefte für Minden-Ravensberg zur 1100-Jahrfeier der Stadt Herford 1923 vermerkt wurde. In der Höckerstraße 5 (heute Lichtspielhaus Wittekind) wurde 1890 ein Neubau der Schokoladenfabrik errichtet. Hergestellt wurden Crèmeschokolade, Weinbergs Säuerlinge, eine Spezialität des Hauses, und die Jubiläumsmischung. Anfang unseres Jahrhunderts zählte die Herforder Stammfirma 200 Mitarbeiter. Die Produktion der Firma war in die Werrestraße verlegt worden. Das Gebäude stellt heute ein seltenes Beispiel von Industriearchitektur des 19. Jh. dar.

Die Urenkelin des Firmengründers wurde 1915 geboren und wuchs in einem gutbürgerlichen Haus auf, in dem der Lebensstil der Umwelt angepaßt war. Die religiösen Traditionen der Vorfahren wurden nicht mehr gepflegt, die Familie Weinberg war assimiliert. Von dem politischen Selbstverständnis her kennzeichnet Erika Schöngut ihre Eltern als deutsch-national. Für sie, die Tochter und den Sohn bedeutete Deutschland Heimat.

»Als 12jähriges Mädchen war ich in einem jüdischen Kinderheim in Bad Kreuznach. Zu der Zeit war Bad Kreuznach von den Franzosen besetzt. Eines Tages ging eine Gruppe von uns in den Kurpark. Wir setzten uns auf eine Bank, und was meinen Sie, haben wir gemacht? Wir haben das Deutschlandlied gesungen, alles jüdische Kinder! Die Franzosen sind gekommen und haben sich das verbeten. Und wir haben weitergesungen.«

Ab 1921 besuchte Erika Schöngut die Grundschule. Die liberalen Eltern ließen die Tochter am Religionsunterricht teilnehmen.
»Sie wollten nicht, daß ich das Christentum verachte. Dabei kam folgendes raus: Erstens war ich wohl die beste in Religion. Was keiner wußte, wußte ich, und dem Herrn R. war es unangenehm, daß er mich immer fragen sollte. Und eines schönen Tages hat mich ein Mädchen mit in die Kirche genommen. Zu Hause erklärte ich, wenn ich großzügig bin, womit ich großjährig meinte, lasse ich mich taufen.«
Mit der Absicht des Kindes konfrontiert, entschlossen sich die Eltern, die Tochter künftig zu Herrn Goldmann, Prediger der jüdischen Kultusgemeinde, zu schicken. Er unterwies die jüdischen Kinder in den religiösen Überlieferungen und in der Geschichte des Judentums. An die genauen Gründe für die Entscheidung kann sich Erika Schöngut nicht mehr erinnern. Sie vermutet, daß die noch während des Ersten Weltkriegs verbreitete antijüdische Propaganda wirkte. Beeinflußt wurden die Eltern sicherlich durch einen Onkel, der als freiwilliger Patriot mit 17 Jahren 1914 in den Krieg zog. Er kam als Zionist zurück, ein »schwarzes Schaf« in der Familie. Aber er erreichte, solange er in Herford im Weinbergschen Haus wohnte, eine Wiederbelebung jüdischer Traditionen. Und, so erzählt Erika Schöngut, konnten die Eltern antijüdische Vorkommnisse in der Grundschule nicht einfach abtun. Sie ging mit Hilde, der Tochter des Fleischermeisters Löwenstern, in eine Klasse. Beide wurden mehrfach als »Judenmädel« beschimpft und sogar geschlagen. Einen Vorfall meldeten sie dem Klassenlehrer. Er stellte die Übeltäter zur Rede und bestrafte sie.
Auch nach dem Übergang auf das Lyzeum war Erika Schöngut Beleidigungen ausgesetzt, so daß die Eltern wegen ihrer Bekanntschaft mit dem Leiter des Friedrich-Gymnasiums auf dessen Rat hin die Tochter auf diese Schule wechseln ließen.
»Da waren ziemlich viele, die nicht mehr ›Guten Morgen‹ sagten. Dann kam 1932 die Tanzstunde, die ich mit meiner Klasse gemacht habe. Da habe ich — wie man so schön sagt — ›geschimmelt‹. Meine Freundin A. fragte ich, ist der Grund vielleicht Antisemitismus? Sie verneinte, so daß ich die Tanzstunde weiterbesuchte.«
Im Herbst des Jahres 1932 wurde Erika Schöngut von Verwandten zu einem Tanzfest der jüdischen Gemeinde Frankenthal (Pfalz) eingeladen.
»Da hab' ich so viel getanzt und hab' mich so amüsiert, daß ich nun den Grund für mein ›Schimmeln‹ in Herford wußte. Das habe ich A. hinterher gesagt, und ich habe auch gesagt, A., du hättest mir ruhig die Wahrheit sagen können. Denn dann hätte ich nicht mitgemacht.«
Während der Tage in Frankenthal lernte sie einen jungen Mann kennen, einen Zionisten, der sie über die politische Situation in Deutschland aufklärte. Seine Überlegungen und die Erinnerungen an ihren Onkel brachten sie zu der Beschäftigung mit Theodor Herzl. Wenn es stimmte, daß ihr als Deutscher und Jüdin das Recht auf Heimat abgesprochen werden sollte, dann wollte sie nicht länger in Deutschland bleiben. Sie begann, sich als Jüdin, als Zionistin zu verstehen. In ihr reifte der Wunsch, nach Palästina auszuwandern. Sie wollte an der Schaffung eines souveränen Staates Israel beteiligt sein.
»Aber mein sehr deutsch-national eingestellter Vater verbot mir — ich war ja noch minderjährig — zu emigrieren.«

Die Situation in der Schule bestärkte sie in ihrem Vorhaben. Freunde und Freundinnen zogen sich bald nach dem Regierungswechsel Ende Januar 1933 zurück. Sie war fast isoliert. Wenige wandten sich nicht ab, so ein Schulfreund, den sie 1937 zufällig in Hamburg traf, nachdem sie Herford längst den Rücken gekehrt hatte.
»U. lud mich ins Café ein, und ich sagte ihm noch, Du kannst Dich doch nicht mit mir in der Öffentlichkeit treffen und schon gar nicht in ein Café gehen. Aber er blieb bei seiner Einladung.«
Das Herforder Gymnasium verließ sie 1933 und besuchte ein Jahr lang in Bielefeld zur Vorbereitung auf ihre Ausreise eine Haushalts- und Landwirtschaftsschule. Dort traf sie eine ehemalige Schulfreundin, die den Kontakt mit ihr vermied. Die Großmutter des Mädchens erfuhr von der Trennung der Mädchen und lud Erika Schöngut während der Abwesenheit der Tochter und Enkelin zu sich ein. Die ältere Frau drückte ihre Mißbilligung über das Verhalten ihrer Enkelin aus.
»Ich solle nicht verzweifeln, ich würde noch einen neuen israelischen Staat erleben. Das habe ich behalten, und das hat mir auch teilweise Kraft gegeben.«

Ab 1934 leitete Erika Schöngut ihre Emigration ein. Zuerst ging sie zu Verwandten nach Italien, die ihr, zusammen mit ihrem Onkel, sehr behilflich waren. Nach einer Übergangszeit arbeitete sie als Kindermädchen bei italienischen Familien. Heimweh ließ sie nach Deutschland zurückgehen. Sie fand eine Stellung in einem jüdischen Hotel in Koblenz, »um kochen zu lernen und mich so auf ein Leben in Palästina besser vorbereiten zu können.« Doch sie erkrankte und mußte nach Hause zurückkehren und führte nach ihrer Genesung den elterlichen Haushalt. Die Mutter ernährte als reisende Vertreterin ihren arbeitslosen Mann und die Tochter.
In Herford (das muß nach ihren Angaben 1936 / 37 gewesen sein) lernte sie ihren Verlobten kennen, der als Rechtsanwalt keine Arbeitserlaubnis erhielt und deshalb eine Tätigkeit bei einem jüdischen Textilfabrikanten in Hamburg annahm. Erika Schöngut folgte ihrem Verlobten nach Norddeutschland.
»Ich riet meinem Verlobten ab, diese Stellung anzunehmen, denn ich fürchtete schon damals, es würde Schlimmes passieren. Aber der Chef der Firma und mein Verlobter meinten, das würde sich schon wieder ändern.«
Der Verlobte Erika Schönguts bezahlte die politische Fehleinschätzung mit seinem Leben. Sie lebte und arbeitete nach mehreren, kurzen Beschäftigungsverhältnissen im Raum Herford — Bielefeld — Gütersloh 1938 in Aachen.
»In Aachen erlebte ich die Pogromnacht. Ich wohnte bei einer jüdischen Familie. Als ich am 10. November aufwachte, hörte ich die Dame des Hauses rufen: Die Synagoge brennt. Ich rannte ins Geschäft und traf dort den Eigentümer der Firma. Er sah sehr betrübt aus. Mir entfuhr: Was machen Sie denn hier? Sie sind doch eigentlich in Belgien. Er sagte, daß die Synagogen in Deutschland brennen würden, das habe er bereits gestern gewußt, als er noch in Belgien war. Da sei er sofort zurückgefahren, denn er wollte seine Frau und Tochter nicht allein lassen.«
Während der Arbeitgeber dann Erika Schöngut darüber informierte, daß seine Frau zu ihren Eltern gefahren sei, denen das Geschäft demoliert worden war, rief ihre Mutter

an und bat die Tochter, nach Herford zu kommen. Herr Weinberg war zusammen mit zwölf anderen Herforder Bürgern in das Konzentrationslager Buchenwald verschleppt worden. Die Heimfahrt zu ihrer Mutter verschob sie bis zur Rückkher der Frau ihres Arbeitgebers. In Herford erfuhr sie dann:
»Meine Mutter war allein mit der Haushälterin und einer Mieterin, sogenannten arischen Frauen, im Haus. Es klingelte, die Haushälterin ging hinunter, öffnete, es wurde nach meiner Mutter verlangt. Die Haushälterin, eine couragierte Frau, sagte, es seien nur zwei arische Frauen im Haus, woraufhin sie erreichte, daß die Männer weitergingen. Das Verhalten der Haushälterin war sehr mutig, würde ich sagen, es hat also auch Leute in Deutschland mit Mut gegeben.«
Sofort nach der Verschleppung von Herrn Weinberg hatte seine Frau Visa für Uruguay beantragt. Sie war persönlich nach Hamburg gefahren und hatte eine Zusage auf Einreise in den südamerikanischen Staat erhalten, in dem sich bereits der Sohn der Familie aufhielt. In Angst war die Familie wegen des Vaters. Als er Anfang Dezember 1938 aus dem Konzentrationslager zurückkehrte, wurde er mit den Plänen seiner Frau konfrontiert.
»Und mein Vater, der niemals an eine Auswanderung gedacht hatte und auch mich immer davon abhalten wollte, eine Emigration zu organisieren, hatte durch die Erfahrungen im Konzentrationslager genug. Jetzt war er bereit, auszuwandern.«
Während der Zeit der Verschleppung von Herrn Weinberg hatte der Staat Uruguay eine Einreisesperre verhängt. Nach der Rückkehr ihres Mannes aus dem Konzentrationslager fuhr Frau Weinberg sofort nach Hamburg. Das war im Dezember 1938.
»Der Konsul, mit dem sie sprach, meinte, es bestünde noch immer eine Einreisesperre, aber sie würden berücksichtigt, wenn die Sperre aufgehoben sei. Darauf meine Mutter: ›Entweder Sie lassen uns jetzt reisen, oder wir müssen das, was hier in Deutschland passiert, öffentlich machen und auch das, was uns hier (im Konsulat) passiert ist.‹ Sie meinte die Zahlungen, die sie geleistet hatte.«
Der Dialog fand am Vormittag des 23. Dezember 1938 statt und endete mit den Worten des Konsuls:
»Heute abend geht von Hamburg ein Schiff ab. Sie müssen als Touristen reisen.«
Frau Weinberg benachrichtigte sofort telefonisch ihren Mann. Er bestellte ein Auto und wartete auf die Tochter, die das Haus verlassen hatte.
»Es war eiskalt, der Fahrer startete, und wir wußten nicht, ob wir bis 8 Uhr abends zur Abfahrt des Schiffes auch in Hamburg sein würden.«
Sie gelangten rechtzeitig nach Hamburg. Herr Weinberg bezahlte die Schiffspassage. Je Person durften die Weinbergs 10 RM mitnehmen. Der Rest des Geldes wurde dem Fahrer mit der Bitte übergeben, den Betrag der Haushälterin auszuhändigen.
»Frau P. hat noch dafür gesorgt, daß die Sachen, die eingepackt worden waren und die wir eigentlich hatten mitnehmen wollen, uns nach Uruguay nachgeschickt wurden. Frau P. hat uns noch in anderer Weise insofern geholfen, als sie alle Dokumente, die wir hatten zurücklassen müssen, in ein Gefäß packte und nachts in unserem Garten vergrub. Durch diese Aktion von Frau P. war es meinen Eltern leicht, nach Beendigung des Krieges nachzuweisen, daß sie ein Besitztum in Herford hatten.«

Die Überfahrt nach Uruguay verlief ohne Zwischenfälle, sie erfolgte auf einem deutschen Schiff.
»Die deutsche Besatzung war sehr freundlich zu den jüdischen Emigranten, sie ließen sie nicht das fühlen, was man uns im Deutschen Reich fühlen ließ und antat.«
Unterstützt wurden Weinbergs in Uruguay von Verwandten in England.
»Meine Eltern haben sich sehr mühselig durchgeschlagen. Meine Mutter machte Handschuhe und mein Vater Botengänge für einen Schuhmacher und kleine Unternehmen. Nach dem Krieg gingen sie zurück nach Herford. Die Tickets bezahlten sie von den Mieteinnahmen aus zwei Häusern, die sie in Hannover besaßen.«
Erika Schöngut begleitete ihre Eltern auf der Reise nach Deutschland, kehrte allerdings sofort wieder nach Montevideo zurück.
»Der Rückkehrversuch mit meinen Eltern zeigte mir, daß ich mich nie wieder in Deutschland wohlfühlen könnte. Ich war froh, daß ich dieses Land wieder verlassen konnte aufgrund meiner Erfahrungen und Erinnerungen.«
In Montevideo arbeitete sie noch eine zeitlang als Hausmädchen, bis sie ihren Mann kennenlernte.
»Wir heirateten. Obgleich wir wirklich wenig hatten, haben wir uns in Uruguay wohlgefühlt. Unter den Deutschen in Uruguay gab es Nazis, aber auch Antifaschisten. Wir erinnern uns daran, daß z.B. ein deutscher Wirt, der vom Nationalsozialismus nichts hielt, und das war doch bemerkenswert, an seiner Kneipe ein Schild angebracht hatte: Nazis ist der Zutritt nicht gestattet.«
Nach der bedingslosen Kapitulation Deutschlands im Mai 1945 wurden die von Deutschen verübten Greueltaten über die Erde bekannt gemacht.
»Direkt nach dem Krieg waren wir völlig fertig mit Deutschland. Denn dann kamen die Filme, Dokumentaraufzeichnungen über Konzentrationslager. Ich hab' mir das nie angesehen. Mein Mann ist ins Kino gegangen und hat sich davon einiges angesehen. Er hörte deutsch, und als er Deutsche sah und in diesen Dokumentarfilmen hörte, hätte er am liebsten dreingeschlagen. Also wir haben auch erst nachträglich das Ausmaß des Schreckens zur Kenntnis nehmen können. Das machte uns noch entsetzter, als wir bereits durch die eigenen Erfahrungen waren. Wir hatten zwar von den schrecklichen Vorgängen in Deutschland einiges mitbekommen, aber das Ausmaß konnten wir uns gar nicht klarmachen.«

Den letzten Abschnitt ihres Lebens verbringen Weinbergs in Israel.
»Nachdem wir aus Uruguay weggegangen waren, bekamen wir hier in Israel sehr viel unmittelbarer als in Südamerika mit, was in Deutschland geschehen sein muß. Denn hier leben ja noch sehr viele Menschen, die unter dem Nationalsozialismus gelitten haben. Wir, die wir am eigenen Leib nicht die Torturen erfahren haben, wir können das gar nicht einschätzen, was viele andere erlitten haben. Aber diejenigen, die es erlebt haben, ja sie können es einfach nicht verwinden. Die sind weiterhin damit konfrontiert. Heute (Mai 1988), bevor wir hier zusammengekommen sind, habe ich etwas über Anne Frank gelesen, und da kam mir ins Bewußtsein, daß dies auch mir hätte passieren können. Anne Frank war eine Deutsche, sie fühlte sich als Deutsche, ihre Eltern fühlten

sich als Deutsche, sie waren Deutsche. Ja, wir konnten einfach nicht fassen, was Deutsche mit Deutschen machten. Vor allem die Unmenschlichkeit, die in der damaligen Zeit angefangen hat.«
Im Jahre 1987 wurde Erika Schöngut vom Rat der Stadt Herford zum ersten Mal nach ihrer Vertreibung in ihre ehemalige Heimat eingeladen.
»Zum ersten Mal, muß ich sagen, fühlte ich mich ganz wohl im Jahre 1987, als ich wieder in Herford war. Denn, wissen Sie, das ist vielleicht schwer zu verstehen, ich hatte immer ein ungutes Gefühl, jemandem die Hand zu geben, denn meine Erinnerung war: gebe ich da nicht einem Nazi die Hand? Denn wenn ich jemandem die Hand gab, dachte ich: Ist das auch einer, der jemanden umgebracht hat? Für mich war interessant, als ich 1987 nach Herford zurückkam, die Stadt zu sehen. Aber ich habe mich von Herford entfernt. In diese Stadt gehöre ich nicht mehr.«
(Aufgezeichnet im Mai 1988 von Christine und Lutz Brade).

Elisabeth Schulz-Coring

Elisabeth Schulz-Coring wurde 1925 in Eickum auf dem Hof Coring geboren, der seit 1607 im Familienbesitz ist. Sie besuchte zunächst die Volksschule in Eickum, ab 1935 die Mittelschule in Herford. 1944 arbeitete sie in einem Lehrbetrieb in Holzhausen / Lippe und kehrte dann auf den elterlichen Hof zurück.

Eickum war Mitte der zwanziger Jahre, als ich geboren wurde, ein kleinerer, selbständiger Ort mit ungefähr 600 Einwohnern. Die meisten Leute arbeiteten in der Landwirtschaft, sei es als Bauern und Bäuerinnen mit einem eigenen Betrieb oder als Heuerlinge. Viele waren aber auch als Handwerker in Betrieben der umliegenden Städte beschäftigt. Die Frauen verdienten oft zusätzliches Geld in den großen Nähereien in Herford und Elverdissen, manche machten diese Arbeit auch in Heimarbeit. Ich kann mich z.B. daran erinnern, daß die großen Betriebe wie Ahlers und Elsbach schon vor dem Krieg Busse einsetzten, um ihre Arbeiterinnen morgens aus den kleinen Dörfern rund um Herford abzuholen und zu ihrer Arbeitsstätte zu bringen.
In Eickum gab es verschiedene Handwerker, einen Schuster, einen Sattler, zwei Gaststätten und drei kleine Kolonialwarenläden. Dort kauften wir bestimmte Lebensmittel und Kurzwaren wie z.B. Schnürsenkel.
Ab 1931 ging ich in die Eickumer Volksschule, die damals drei Klassen hatte. Seit 1935 fuhr ich, meist mit dem Fahrrad, nach Herford in die Mittelschule an der Uhlandstraße, die heutige Otto-Hahn-Schule. Im Winter, wenn alles verschneit war, mußte ich oft zu Fuß gehen, da niemand den Schnee von den öffentlichen Wegen räumte. Manchmal machten wir den Weg nur, um unsere Hausaufgaben abzuholen, und gingen dann gleich wieder nach Hause zurück.
Für unser Alltagsleben spielte Herford keine große Rolle. Wenn wir dorthin fuhren, dann war das etwas Besonderes. Im Sommer hatte das Otto-Weddigen-Bad für uns

10- bis 12jährige großen Reiz, hin und wieder lockte Herford auch mit Sportveranstaltungen der dortigen Schulen. Ich kann mich außerdem erinnern, daß Vater und Mutter — meist kurz vor Weihnachten — mit Pferd und Wagen in die Stadt fuhren. Im Vereinshaus, das etwas oberhalb vom (heutigen) Dohm-Hotel stand, konnte man das Pferd ausspannen und den Kutschwagen abstellen. Dann machten meine Eltern Weihnachtseinkäufe.

Ich bin auf einem Bauernhof in Eickum geboren und kenne deshalb das Leben auf dem Hof seit ich denken kann. Es hat sich vieles verändert, besonders seitdem nach dem Krieg die Maschinen auf die Höfe kamen.

In meiner Kindheit — und vorher natürlich auch — wurden alle Arbeiten auf dem Feld mit Pferden erledigt. Das Korn z.B. wurde schon mit einem großen Selbstbinder gemäht und aufgestellt, aber vier Pferde zogen die Maschinen. Nach dem Binden stellten die Heuerlinge das Getreide in Stiegen oder Hocken auf, und zwar in einer schnurgeraden Reihe. Wenn alles getrocknet war, mußte es auf den Wagen geladen und zum Hof gefahren werden. Dort lagerte es auf dem Boden über der Deele. Man kann sich vorstellen, daß dafür viele Leute gebraucht wurden. Wir hatten auf unserem Hof noch bis nach dem Krieg Heuerlinge, die dort in kleinen Kotten wohnten und ihre Arbeit stundenweise erledigten. Wenn das Korn eingefahren wurde, mußten alle mit anpacken; da beschäftigte mein Vater dann zusätzlich Lohnarbeiter.

An eine Geschichte, die schon die Geschwister meines Vaters erzählten, kann ich mich noch gut erinnern. Irgendwann im Herbst kamen die Zuckerrüben in die Zuckerfabrik nach Lage. Das war immer eine sehr mühsame Arbeit, bei der viele mithalfen und die den ganzen Tag dauerte. Von Eickum wurden die Zuckerrüben zum Güterbahnhof nach Herford und von dort mit dem Zug nach Lage gefahren. Doch vorher mußten die Wagen den Berg vor Herford, den wir Stöhnebrink nennen, überwinden. Um die schwerbeladenen Wagen, die noch keine Gummiräder hatten, dort hochzubekommen, wurden alle Pferdefuhrwerke zusammengespannt und tüchtig angetrieben. Am Güterbahnhof wurden die Rüben von Hand in die Waggons geschippt. Diese Arbeit war für die Leute sehr anstrengend. Der einzige Lichtblick war die Tatsache, daß sie an diesem Tag in Herford in die Kneipe gehen konnten und der Bauer zum Ende der Arbeiten ›Einen austun‹ mußte.

Auch die Arbeiten im Haus unterschieden sich damals entscheidend von unserer heutigen Haushaltsführung. Meine Mutter versorgte nicht nur die eigene Familie, sondern immer auch junge Mädchen und junge Männer, die bei uns wohnten und die im Haushalt oder im Betrieb ausgebildet wurden. Außerdem bekamen die Leute, die uns auf dem Feld halfen, tagsüber Kaffee und Brote, manchmal auch Kuchen. Wenn im Sommer das Korn eingefahren wurde, saßen oft zehn bis fünfzehn Personen am Tisch, deshalb war eine entsprechende Vorratshaltung sehr wichtig. Geschlachtet und gewurstet haben wir selbst, auch wurde aus Äpfeln, Johannisbeeren oder Himbeeren Saft oder Most gemacht. Da ging man nicht hin und holte eine Kiste Sprudel!

Für meine Mutter bedeuteten die vielen Leute schwere körperliche Arbeit. Wir besaßen z.B. eine Wiese mit Kühen in Diebrock, etwa fünf Kilometer zu Fuß von hier. Da brachte meine Mutter schon vor ihrer eigenen Arbeit — dem Melken — das Frühstück hin.

Das bedeutete, sie mußte erst den Herd einheizen, Kaffee kochen, Brote schmieren und ging dann los.
Auch die Wäsche war Schwerarbeit, die den ganzen Tag dauerte. Meine Mutter wusch alle 14 Tage für die Familie und die Lehrlinge. Da kam einiges an Wäsche zusammen! Nach dem Einweichen wusch meine Mutter den gröbsten Schmutz heraus, danach kam alles in einen großen Topf und wurde gekocht. Anschließend tat sie die Wäsche in einen Holzbottich, der die Wäsche spülte. Waschmaschine nannten wir ihn, obwohl er nichts mit den modernen Maschinen gemeinsam hatte. Wir mußten zigmal das Wasser ausschütten und neues nachgießen. Zuletzt mußte alles trockengewrungen werden. Eine schwere Arbeit, die meiner Mutter oft eine Nervenentzündung an den Händen einbrachte. Im Winter kam das Problem des Trocknens hinzu, denn die Häuser waren nicht so gut geheizt wie heute.
Das dörfliche Leben meiner Kinder- und Jugendzeit spielte sich völlig anders ab als heute. Bis auf wenige Ausnahmen blieb unser Alltag auf Eickum begrenzt. Wenn jemand krank war, kurierte man zunächst selbst. Das lag natürlich auch daran, daß es in Eickum keinen Arzt gab und wir nicht krankenversichert waren. Erst bei schweren Krankheiten wurde der Arzt aus Herford oder Enger geholt.
Bei der Feldarbeit waren viele Leute aktiv. Das bot Gelegenheit, sich auszutauschen. Auch die Geschäfte waren Orte, wo man sich gegenseitig informierte. Mittwochs und samstags kam ein herumfahrender Bäcker, der immer etwas aus Nachbarorten zu berichten wußte.
Das Leben war ruhiger und spielte sich vor allem am Tag ab. Nach Einbruch der Dunkelheit blieb man zu Hause. Ausnahmen waren die Dorffeste, die der hiesige Kriegerverein und der Gesangsverein ausrichteten.
Von 1944 bis 1945 war ich ein Jahr in einem Lehrbetrieb im Lippischen. Ich hätte gern die Haushaltsschule besucht, aber daran war während des Krieges nicht zu denken. Zu Hause benötigte mich meine Familie dringend, denn mein Vater war schon schwerkrank, und die meisten Männer waren im Krieg. Da lasteten nicht nur der Haushalt, sondern auch große Teile der Betriebsführung auf den Schultern der Frauen.
Von den Angriffen auf Bielefeld haben wir einiges mitbekommen, weil wir in der Anflugschneise auf den Viadukt in Schildesche wohnten. Auch an den Tag, als der Bombenteppich in die Nachbargemeinde Laar fiel, kann ich mich noch gut erinnern. Der Angriff zerstörte mehrere Höfe völlig.
Richtig schlimm war allerdings die Nachkriegszeit, denn da überfielen uns in Eickum und Umgebung ehemalige polnische Zwangsarbeiter. Sie zogen über die Dörfer, plünderten Häuser und schossen auf Menschen. Wir trauten uns in dieser Zeit nur noch angezogen zu schlafen. Die Männer standen nachts mit dicken Eichenknüppeln Wache, und wenn jemand etwas Verdächtiges hörte, wurde auf einem alten Horn geblasen. Damals sagte man, die ehemaligen Zwangsarbeiter hätten sich dort gerächt, wo sie vorher schlecht behandelt worden seien.
Nach dem Krieg hat sich das Leben in Eickum sehr verändert. Seit den fünfziger Jahren kamen die Maschinen auf die Höfe — Trecker u.ä. —, die die Arbeit erleichterten. Unsere Anbindung an Herford, aber auch an Bielefeld wurde enger. Es kamen die

geteerten Straßen und die Beleuchtung. Bevor in Herford das Stadttheater eröffnete, fuhren wir öfter nach Bielefeld ins Theater.
Viele Dinge haben sich auch sehr nachteilig entwickelt. Mit dem Verschwinden der Geschäfte fehlt uns hier in Eickum die Möglichkeit zu alltäglichen, nachbarschaftlichen Kontakten. Durch den Neubau von Wohngebieten sind viele Menschen zugezogen, die es beruflich und zu persönlichen Vergnügungen stärker in die benachbarten Städte zieht. Das Leben miteinander ist anonymer geworden. Jeder hat heute mit sich selbst zu tun, für ein Gespräch oder einen geselligen Abend fehlt meistens die Zeit.
Für unsere Arbeit auf dem Hof sind die Umweltschäden ein großes Problem. Früher waren z.B. die Kirschbäume immer brechend voll, heute fällt die Frucht nach der Blüte oft plötzlich ab. Auch die Läuseplage am Korn kannten wir früher nicht. Jetzt müssen wir immer spritzen, um überhaupt noch ernten zu können.
(Aufgezeichnet im September 1988 von Beate Wagner).

Hermann Stell

Hermann Stell wurde 1910 in Papenburg geboren. Von 1933 bis 1935 studierte er am Staatlichen Berufspädagogischen Institut und an der Handelshochschule in Berlin mit dem Abschluß der Staatlichen Prüfung für das Gewerbliche Lehramt. Seit 1937 unterrichtete Hermann Stell als Gewerbeoberlehrer an der städtischen Gewerblichen Berufsschule in Herford im Bereich Holz- und Baugewerbe, von 1963 bis 1975 als stellvertretender Leiter. Von 1961 bis 1984 war er für die CDU Mitglied des Rates der Stadt Herford, zuletzt als stellvertretender Fraktionsvorsitzender. Zudem war er von 1969 bis 1973 Fraktionsvorsitzender der CDU im Kreistag. Hermann Stell ist bzw. war Vorstandsmitglied beim Verkehrsverein Herford (seit der Gründung), beim Landestheater Detmold (seit 1973) und im »Grünen Kreis« (seit 1970).

Wenn man kritische Rückschau über seine eigene kommunalpolitische Tätigkeit halten soll, muß man sich auf die großen Linien besinnen, die damals das städtische Geschehen bestimmten. In den sechziger und siebziger Jahren — der Zeit, in der ich dem Rat angehörte — wurden für die Herforder Stadtentwicklung entscheidende Weichen gestellt. Wenn ich heute nach fast 25 Jahren kommunalpolitischer Tätigkeit die damals getroffenen Entscheidungen Revue passieren lasse, so meine ich, daß wir nach den damaligen Möglichkeiten nicht nur nach bestem Wissen und Gewissen gehandelt haben, sondern uns auch bemühten, die Planentwürfe nach allen Seiten hin zu beraten und zu überdenken. Bei nachträglicher kritischer Betrachtung heißt das nicht, daß uns damals nach den heutigen Vorstellungen alles geglückt ist. Wenn ich in andere Städte komme, macht mich der Vergleich häufig nachdenklich, d.h., manches hat aus heutiger stadtbildpflegerischer Sicht nicht die beste Lösung gefunden.
Das hat verschiedene Gründe: Einmal ist Herford durch die frühe Industrialisierung in den Baustrukturen sehr uneinheitlich geworden. Die Vorbedingungen für städtebauliche

Gestaltungsmaßnahmen waren daher bei uns ungünstiger als z.B. in lippischen Städten, wo die Industrie erst spät oder gar nicht vorgedrungen war und sich die Altsubstanz noch geschlossen erhalten hatte. Zudem setzte bei uns nach dem Krieg der Wiederaufbau sehr früh ein. Wir waren somit früher als andere Städte vor die Frage der Sanierung und der Verkehrsbewältigung gestellt. Das führte dazu, daß Flächensanierungen durchgeführt wurden, die man später so nicht mehr in Angriff genommen hätte, weil es andere städtebauliche und denkmalpflegerische Konzeptionen gab, die uns damals noch nicht vorlagen.
Trotzdem war Herford in der Verkehrsplanung in mancher Hinsicht seiner Zeit voraus. Die Innenstadttangente wurde sehr früh in Angriff genommen, und damit wurde gegen erhebliche Widerstände die Voraussetzung für eine innerstädtische Fußgängerzone geschaffen. Diese erschien uns dringend notwendig, um neben dem gravierenden Verkehrsproblem der zunehmenden Stadtflucht zu begegnen. Wir mußten also versuchen, die Menschen in die Innenstadt zurückzuholen. Das konnte nur geschehen durch eine konsequente Wohnungsbauförderung und eine Verkehrsberuhigung der Innenstadt. Auf diesem Gebiet, glaube ich, ist doch sehr viel geschehen, um die Stadt wieder zur Wohnstadt zu machen. Bei all diesen Entscheidungen muß man heute aber bedenken, daß wir uns damals gerade in den Fragen der Stadtentwicklung und Flächennutzung vor völlig neue Probleme gestellt sahen. Etwas Ähnliches hatte es früher noch nie gegeben. Wir konnten auf keine Erfahrungen zurückgreifen. So war der Begriff »Flächennutzung«, d.h. die klare Trennung von Wohn- und Gewerbeflächen, ein neuer Begriff. Das galt damals zwar für jede Stadt, aber bei der engen Verzahnung von produzierendem Gewerbe und Wohnen, wie das in Herford immer üblich gewesen war, stellten sich die Probleme für unsere Stadt als besonders schwierig dar.
Hinzu kam eine Verwaltung, die weder in bezug auf die Landwirtschaft noch in Fragen der Bausubstanz an Erhaltung dachte. Im Gegenteil! Überall — auch von seiten der Bürgerschaft — wurden wir zu rationellen, verkehrsgünstigen und »fortschrittlichen« Lösungen gedrängt, wobei die »alten Buden« nur zum Abriß bestimmt sein konnten. Manches war auch schon vorweggenommen, wie z.B. die Zuschüttung der Bowerre, die schon durch Wegnahme einer Brücke so eng verrohrt war, daß ein normaler Abfluß nicht mehr gesichert war. Vielleicht haben wir aber auch insgesamt zu sehr auf Verwaltungsexperten gehört in dem Glauben, daß diese als Fachleute den richtigen Weg zeigen würden. Ich bin erst relativ spät zu der Erkenntnis gekommen, daß die Pläne der übergeordneten Fachämter — und das gilt ganz besonders für den Straßenbau — für mich überhaupt nicht mehr maßgebend sein konnten, weil sie eben nur ihr Fachgebiet, aber nicht die anderen Probleme wie z.B. die Umwelt sahen.
Mir ist das erstmals richtig bewußt geworden, als an der Bielefelder Straße auf offener Strecke alle Bäume gefällt wurden. Ich habe damals bei der Straßenbauverwaltung interveniert. Doch da haben mir alle gesagt: »Das geht Sie nichts an, das tun wir im Interesse der Verkehrssicherheit.« Auch beim Straßenverkehrsamt des Kreises bekam ich die Auskunft: »Wir sind froh über jeden Straßenbaum, der fällt. Dann ist er keine Gefahr mehr für den Verkehr.« Damals war ich schon Mitglied des Kreistages und konnte dafür sorgen, daß der Leiter des Straßenbauamtes wenigstens sein Fällkonzept mit uns be-

sprach. Diese Ämter waren damals noch viel mächtiger als heute, wo sie ihre Programme ohne örtliche Zustimmung nicht mehr durchsetzen können. Ich denke auch an verschiedene Gutachten, die wir damals bekommen haben und ganz besonders an den Generalverkehrsplan. Der war noch viel einschneidender in seinen Konsequenzen als das, was die Straßenbauämter vorhatten. Was da an verkehrspolitischen Maßnahmen vorgesehen war, ist Gott sei Dank nur in wenigen Bereichen verwirklicht worden.
Ein anderes Beispiel waren die Flußbegradigungen. Das war Sache des Kreises. Die Verwaltung hat uns immer wieder gedrängt, Bach- und Flußbegradigungen zuzustimmen, wie sie von den Wasserbaubüros ausgearbeitet waren und uns von denen vorgetragen wurden. Diese Maßnahmen hatten natürlich auch die Unterstützung der Landwirtschaft, deren Wiesen unter Überschwemmungen gelitten hatten. Es war sehr schwer, gegen diese sachverständigen Flußbauer anzukommen und deutlich zu machen, daß andere Momente wie landschaftspflegerische Überlegungen in den Vordergrund gestellt werden müßten. Dieses Denken war damals so wenig gegenüber ökonomischen Belangen gefragt, daß man gleich vor Wände stieß.
Im Verhältnis zur Ökologie hat sich das Denken in den letzten Jahren völlig geändert. Heute muß ein Parlamentarier nicht mehr erst darlegen, was Umwelt und Natur als Werte an sich bedeuten. Trotzdem will ich nicht behaupten, daß wegen der geänderten Einsichten die Arbeit der Kommunalpolitiker inzwischen einfacher geworden wäre. Die Aufgabenstellungen sind zum Teil viel komplexer geworden, und die Investitionen in Einzelobjekte nehmen enorme Ausmaße an. Zudem ändert sich auf manchen Gebieten der Stand der Technik so schnell, daß es für den Kommunalpolitiker schwer wird, sich ein sachgerechtes Urteil zu bilden. Nehmen wir nur die Probleme Umwelt, Abfall, Abwasser. Diese Fragen sind heute von der Sache her so schwierig geworden, daß sich einfache oder übersichtliche Lösungen, die für den ehrenamtlich tätigen Kommunalpolitiker durchschaubar bleiben, manchmal nicht mehr anbieten. Dabei kann es dann passieren, daß sich auch in den Räten Expertengruppen bilden, die andere in solchen Fragen majorisieren, weil sie als kenntnisreicher gelten. Es sollte aber nicht sein, daß Ratsmitglieder nur noch einen Blick für einen Teilbereich haben. Ratsmitglieder müssen immer von den Bedürfnissen der gesamten Bevölkerung ausgehen und sich auch der gesamten Bevölkerung verpflichtet fühlen.
Im übrigen haben sich heute auf vielen Gebieten die Stadtpolitiker mit Problemen zu beschäftigen, mit denen wir uns vor 20 Jahren auch schon herumgeschlagen haben. Damals wie heute gibt es Zielkonflikte, auch in Fragen des Verkehrs und der Stadtbildpflege. Nur hat sich der Denkansatz für die Lösung geändert. Der Verkehr ist nicht mehr das beherrschende Thema, und die Vorschläge der Fachämter werden heute wahrscheinlich kritischer und skeptischer beurteilt als früher. Dabei ist es eine Zukunftsfrage, ob und inwieweit die heutigen Verkehrsberuhigungsmaßnahmen einer späteren Beurteilung standhalten. Sicherlich kann man heute so rigorose Verkehrsmaßnahmen von damals wie den Bau der Berliner Straße, dem ein ganzes Stadtviertel rund um die Fidelen-, Rosen- und Bergertorstraße zum Opfer fiel, unterschiedlich beurteilen. Aber folgendes sollte dabei auch bedacht werden: Waren diese Häuser an der Bergertormauer, die fast alle aus dem 18. Jh., also aus der Ackerbürgerzeit stammten und zumeist

sehr klein und ärmlich waren, wirklich zu sanieren und zu erhalten? Aus der Rückschau möchte ich sagen, daß das schon finanziell gar nicht tragbar war, wenn man bedenkt, was nur die beiden übriggebliebenen Häuschen an der Komturstraße an Sanierungsmitteln verschlungen haben — und die heute noch nicht bezogen sind. Außerdem hätte man eine vollkommen andere städtebauliche Lösung finden müssen, um den Verkehr, der nun einmal da war, zu bewältigen. Das wäre sehr problematisch geworden. Der Verkehr hätte dann schon jenseits der Werre verlaufen müssen, oder er wäre in der Innenstadt geblieben. Damit wären aber die Fußgängerzonen nicht möglich geworden. Daß die Randbebauung an der Berliner Straße architektonisch nicht befriedigen kann, ist eine andere Frage. Man kann eigentlich die damaligen Entscheidungen nur verurteilen, wenn man für die verkehrlichen Zwänge bessere Lösungen anbieten kann.
Daß man — vor allem in den fünfziger Jahren — zu leichtfertig mit der alten Bausubstanz umgegangen ist, stellt allerdings eine städtebauliche Sünde dar, die nicht wieder gutzumachen ist. Genauso ging man aber mit der Landschaft um, vor allem durch Zersiedlung und Einebnen der Flächen. Man nahm keine Rücksicht auf die landschaftlichen Grundgegebenheiten. Um ein Beispiel zu nennen: Die Stadt plante, in Falkendiek mitten im Werretal einen großen Hof zu erwerben, um dort Industrie anzusiedeln. Ich habe mit anderen Politikern sehr darum ringen müssen, daß dieser Plan nicht verwirklicht wurde, weil gerade die Flußtäler eine ganz entscheidende ökologische und klimabedingte Funktion erfüllen, eine Tatsache, die heute von keinem mehr bezweifelt wird. Statt dieses Hofes wurde dann der Hof Rauschenbusch in Herringhausen angekauft, eine viel bessere Lösung. Ich habe damals auch Stellung genommen gegen das Gewerbegebiet Diebrock zugunsten des Gebietes im Heidsiek. In Diebrock sollte die Jugendstrafanstalt neu gebaut werden; damit war eine Kanalverlegung dorthin notwendig. Ohne dieses Vorhaben wäre in dem landschaftlich intakten Gebiet dort wohl auch kein Gewerbegebiet entstanden. Die Städte sollten sich aber nicht zu sehr in die Landschaft hineinfressen. Stadt und Dörfer sollten möglichst durch Landschaftsteile getrennt bleiben.
Damals gab es aber auch in Herford schon einzelne Stimmen und Gruppen, die sich sehr energisch für den Erhalt alter Bausubstanz und für den Landschaftsschutz einsetzten. Mit letzteren habe ich 1970 den Grünen Kreis gegründet. Unser Bestreben war, nicht nur Mahner und Warner zu sein, sondern selbst aktiven Landschaftsschutz zu betreiben. Wir haben darum gleich mit Pflanzaktionen angefangen, wo sich an Wegen und auf alten Müllkuhlen Gelegenheit dazu bot. Eine besondere Möglichkeit ergab sich, als die evangelische Jugendhilfe die Landwirtschaft auf dem Homberg aufgab. Die Stadt hat dann nach langen Verhandlungen 28 Hektar angepachtet, die wir anschließend zum großen Teil aufgeforstet und durch Wege erschlossen haben. Dabei haben viele Herforder mitgeholfen, besonders auch Schulklassen. Das Thema Landschaftsschutz wurde zu dieser Zeit schon aktueller. Auch städtische Bedienstete bis hinauf zum Stadtdirektor haben auf dem Homberg Baumpflanzen gesetzt. Um die Bevölkerung mehr an die Natur heranzuführen, haben wir anschließend für ein Wanderwegenetz gesorgt, das heute noch gern angenommen wird. Ohne ein sehr aktives städtisches Gartenamt wäre das alles nicht möglich gewesen.

Diesem Ziel, das Bürgerinteresse für die Natur zu wecken, sollte eigentlich auch das Hökerfest dienen. Es sollte ein Straßenfest sein mit viel Blumen und sommerlichem Grün und zugleich eine Gelegenheit zur Belebung der Innenstadt, wobei das ökonomische Moment ganz in den Hintergrund treten sollte. Das ist beim ersten Hökerfest auch gelungen, ein Stadtfest mit ungeahnter Resonanz, das auch anderswo Nachahmung fand. Daß es ein Traditionsfest werden sollte, war uns damals noch gar nicht klar. Leider drängten sich später geschäftliche Interessen, vor allem auch die Gastronomie in den Vordergrund, wobei der Grundgedanke eines Blumenfestes mit belebenden Darbietungen von Laien auch mit historischem Gehalt immer mehr zurücktrat. Dabei ist den heutigen Veranstaltern daraus nicht einmal ein Vorwurf zu machen, weil die Finanzierungsfragen immer schwieriger werden. Es ist eigentlich schade, daß das Gemeinschaftsdenken und insbesondere das gemeinsame Tun in einer Stadt wie Herford nicht stärker aktiviert werden können und damit die Gemeinschaftsaufgaben wie eben auch beim Hökerfest immer auf wenige abgeschoben werden.

Wenn man der Frage nachgehen wollte, ob das Bürgerinteresse am städtischen Geschehen in den letzten Jahrzehnten gewachsen ist, so kann man diese Frage wohl nur bedingt bejahen. Das sieht man auch an Veranstaltungen der Parteien, soweit stadteigene Fragen behandelt werden. Das relativ schwache Echo mag aber auch daran liegen, daß viele Bürger sich nicht parteilich beeinflussen lassen möchten. Volle Häuser kann man eigentlich nur erwarten, wenn Interessen auf dem Spiele stehen, die den Bürger direkt angehen. Ideelle Vereinigungen haben es jedenfalls nach wie vor schwer, ihr Publikum zu finden. Anspruchsdenken und kritische Voreingenommenheit haben wohl kaum abgenommen.

Andererseits gibt es und gab es natürlich auch immer wieder Anlässe, die die Kritik einzelner Bürger oder gar ganzer Stadtteile herausfordern. Es gibt Straßen, die früher Alleen glichen und heute durch den Verkehr geradezu entwertet sind, und es gibt Landschaftsteile, die früher als idyllisch gelten konnten und heute durch öffentliche oder andere Maßnahmen ruiniert sind. Hier den richtigen Weg zu finden zwischen kommunalen Notwendigkeiten und dem Wunsch, keinem Bürger weh zu tun, war und ist ein generelles Problem der Verantwortlichen.

Insgesamt glaube ich aber, daß der Rat und die darin vertretenen Parteien zu keinem Zeitpunkt besser oder schlechter waren als die Bürgerschaft selbst. Schließlich bildet der Rat einen Querschnitt durch die gesamte Bevölkerung.

(Aufgezeichnet im November 1988 von Christoph Birnbaum).

Günther Voß

Günther Voß wurde 1914 als jüngstes von vier Kindern in Herford geboren. Seine Mutter war gebürtige Lübeckerin, sein Vater stammte aus Mecklenburg und war bei der Geburt seines jüngsten Sohnes einer der beiden Leiter der »Herforder Bank«, einer Filiale der »Osnabrücker Bank«. Günther Voß begann nach dem Abitur eine Bankkauflehre. Seine Berufstätigkeit in Soest und Münster wurde vom Zweiten Weltkrieg unterbrochen. Von 1945 bis zu deren Liquidation arbeitete Günther Voß bei der Kleiderfabrik Angenete und Scholle, zunächst als Buchhalter, dann als Prokurist und Geschäftsführer.

Meine frühesten Kindheitserinnerungen fallen in die Zeit des Ersten Weltkriegs. Auf dem Rathausplatz stand damals ein riesiges »Eisernes Kreuz«, das man benageln durfte, d.h. jeder, der einen bestimmten Geldbetrag für die Kriegsanleihe gespendet hatte, durfte einen Nagel in das hölzerne Kreuz einschlagen.
Nach dem Waffenstillstand im November 1918 kehrten auf dem Rückmarsch von der Front die heimischen Truppenteile in ihre Garnisonsstadt zurück. Aus diesem Anlaß hatte man von unserer Wohnung am Stephansplatz eine Girlande zum gegenüberliegenden Zigarrengeschäft gezogen, um die zurückkehrenden Soldaten zu empfangen. In einer Novembernacht meißelte ein Herforder Bürger heimlich die Kaiserkrone vom Giebel des Postamtes ab. Eine Epoche war zu Ende gegangen.
Den größten Teil meiner Jugend verbrachte ich in der Gegend um den Stephansplatz, wo unsere Familie, zu der auch eine Hausgehilfin gehörte, in einer Wohnung über der Bank wohnte, in der mein Vater arbeitete (in dem Eckgebäude befindet sich heute die Volksbank).
Der Stephansplatz, über den heute der Autoverkehr auf einer vierspurigen Straße hinwegbraust, war damals noch sehr ruhig und beschaulich. Ich erinnere mich beispielsweise an eine Gruppe von Zigeunern, die noch in den zwanziger Jahren mit einem Tanz-

bären mitten auf dem Platz auftreten konnte, ohne den Verkehr in irgendeiner Weise zu beeinträchtigen. Autos waren damals ein Luxus, den sich nur wenige leisten konnten. Auch mein Vater besaß keinen eigenen Wagen.

Unsere Familie zog dann vorübergehend in die Hansastraße, so daß ich meine ersten Schuljahre in der Volksschule Stiftberg verbrachte. Unsere Klasse marschierte oft mit fröhlichem Gesang in eine alte Ziegel- oder Mergelgrube auf dem Langenberg und machte dort Spiele.

In den Jahren nach dem Ersten Weltkrieg war die Ernährungslage infolge der Nachwirkung der Kriegshungerzeit allgemein schlecht. Die amerikanischen Quäker stellten damals große Mittel bereit, um den Schulkindern in Deutschland eine zusätzliche Milchsuppe am Tag zukommen zu lassen. Diese Suppe — sie schmeckte entweder nach Gries oder Kakao, das weiß ich heute noch — wurde während der morgendlichen Pause in der Schule ausgeteilt. Meine Mitschüler und ich haben diese »Quäkerspeisung« sehr gerne wahrgenommen. Nach ihrem Ende hat sich meines Wissens die Stadt 1924 auch offiziell bei den Quäkern dafür bedankt.

Nach der Volksschule wechselte ich 1925 zum Friedrichs-Gymnasium. Mit meiner Gymnasiastenzeit verbinden sich für mich bis heute sehr schöne Erinnerungen, vor allem an die Aktivitäten abseits vom regulären Unterrichtsgeschehen: unsere Aufführungen griechischer Dramen (teilweise unter Mitwirkung der Schülerinnen des Lyzeums), ein Besuch der Schillerfestspiele in Weimar und im darauffolgenden Jahr eine Fahrt nach München mit einer anschließenden dreitägigen Wanderung durch den Bayerischen Wald. Die Fahrten der Oberstufenklassen führten damals nicht ins Ausland, etwa nach Rom, Paris oder London, sondern in die eigene Heimat. Sie waren aber auch wunderschön. Gern denke ich auch an meine Mitwirkung als Bratschist in dem damals recht kleinen Schulorchester zurück.

Von den 40 Schülern, die einst zusammen als Sextaner angefangen hatten, erreichten schließlich mit mir nur 8 die Oberprima. Insgesamt legten 1934 am Friedrichs-Gymnasium nur rund 20 Schüler ihr Abitur ab.

Meine letzten Schuljahre fielen in die schwere Zeit der Weltwirtschaftskrise nach 1929. Damals brachen zahlreiche Geldinstitute zusammen. Kleinere Banken waren nicht mehr lebensfähig, und so wurden auch die »Osnabrücker Bank« und deren Herforder Zweigstelle mit der »Deutschen Bank« fusioniert, die bereits an der Schillerstraße eine Filiale besaß. Die »Herforder Bank« am Stephansplatz wurde deshalb geschlossen und mein Vater mit 58 Jahren in den vorzeitigen Ruhestand geschickt. Er konnte sich zwar als Steuerberater einen Nebenerwerb schaffen, trotzdem war auch unsere Familie zur Einschränkung des bisher gewohnten Lebensstandards gezwungen. Aus der bankeigenen Wohnung am Stephansplatz mußten wir natürlich ausziehen, da das Gebäude an die »Gewerbebank« (die Vorläuferin der heutigen »Volksbank«) verkauft wurde.

Nach dem Abitur 1934 trat ich selbst in die Fußstapfen meines Vaters und begann auf seine Anregung hin eine Banklehre. Vom Reichsarbeitsdienst wurde ich befreit, so daß ich bereits im Herbst 1934 mit meiner Ausbildung bei der »Deutschen Bank« in Herford beginnen konnte. Beim »Reichsberufswettkampf«, den die »Hitlerjugend« gemeinsam mit der »Deutschen Arbeitsfront« organisierte, nahm ich 1935 und 1936 mit Erfolg teil.

Nach der Lehre erfolgte am 1. Januar 1937 meine Versetzung nach Soest, später kam ich dann für längere Zeit nach Münster.
Im Juni 1940 wurde ich Soldat, war aber die meiste Zeit zu Ersatztruppenteilen abkommandiert, als Rechnungsführer. Leute, die ein wenig rechnen konnten, waren anscheinend selten. Doch war ich ein Jahr lang auf dem italienischen Kriegsschauplatz eingesetzt.
Nach Kriegsende kehrte ich bereits im Juni 1945 aus amerikanischer Gefangenschaft nach Herford zurück und mußte mich umgehend bei der Polizei und dem Arbeitsamt melden, denn sonst gab es keine Lebensmittelkarten. Man teilte mich einer Gruppe zu, die auf dem Lübberbruch einen riesigen Haufen von Kabeln sortieren mußte. Nach einer Woche schickte man uns auf den Stiftberg, wo damals alle Häuser von den britischen Truppen beschlagnahmt worden waren. Am Bergertor mußten wir deshalb durch eine Sperre und haben dann am Schützenhof und auch in einigen Gärten der britischen Offiziere Unkraut gejätet und Erdbeeren gepflückt.
Das Verhältnis zu den Besatzungssoldaten war in den ersten Jahren nach dem Krieg weder gut noch schlecht, man ignorierte sich einfach gegenseitig. Das tägliche Leben wurde von den Briten stark reglementiert. Das »curfew« (Ausgehverbot) schrieb vor, daß man abends zu einer bestimmten Zeit zu Hause sein mußte, auch brauchten die Fabriken und Geschäfte eine »permit« (Genehmigung), um arbeiten zu können. Wir mußten uns erst an all die englischen Ausdrücke gewöhnen, mit denen man uns »Eingeborene« damals überhäufte.
Die Zeit unmittelbar nach dem Krieg war für uns die »Stunde Null«. Die Niederlage wirkte wie ein Schock, aber wir fühlten uns doch auch erleichtert und irgendwie neugeboren. Man stand praktisch vor dem Nichts. Viele hatten im Krieg Verwandte und Freunde verloren, andere ihre Heimat verlassen müssen; zahlreiche Menschen waren verwundet oder krank, manche hatten wie ich ihren Arbeitsplatz verloren. Wir hörten von Gefallenen und Vermißten, von Leuten, die in Lager abtransportiert worden waren, oder von solchen, deren Haus oder Vermögen man beschlagnahmt hatte. Wir fühlten uns restlos besiegt, restlos zerstört, restlos moralisch gebrandmarkt. Die meisten hatten nur das nackte Leben gerettet. Man konnte aber auch nachts endlich wieder ruhig schlafen, ohne Verdunkelung, Sirenengeheul und ständige Todesangst.
Ich persönlich hatte bei der Rückkehr aus dem Krieg meine berufliche Ausbildung, aber sonst nichts und war froh, bei meiner Mutter unterzukommen, die bereits ihre Schwiegertochter mit zwei Kindern und ihren Eltern aufgenommen hatte. Deren Wohnungen in Düsseldorf waren durch Bomben zerstört worden. Wir lebten damals zeitweise mit sieben Personen in einer Vierzimmerwohnung.
Auch die Versorgungslage war in den ersten Jahren nach 1945 katastrophal. Man hat alle Möglichkeiten, alle Beziehungen und alle Bekanntschaften versucht auszunutzen, um irgendwie Lebensmittel zu beschaffen. Auch ich bin oft mit einem Bollerwagen nach Laar marschiert, wo ein alter Klassenkamerad von mir einen Bauernhof hatte. Dort habe ich dann für meine Raucherkarte, Geld und manchmal auch für gute Worte etwas bekommen. Man freute sich über jeden Kohlkopf und jedes Ei, auch wenn man dafür stundenlang herumlaufen mußte.

Ich habe dann die Adressen weitläufiger Verwandter in den USA und der Schweiz aus alten Familienpapieren herausgesucht. Wir waren nicht zu stolz, Hilfe zu erbitten. Es kamen dann Pakete mit Lebensmitteln, Kleidern, Kinderwäsche — wir erwarteten 1948 unser erstes Kind. Meine Mutter hat auch Hausrat, Silber und andere Sachwerte gegen Lebensmittel getauscht. Ein Pfund Butter kostete damals auf dem »schwarzen Markt« 200 Mark, soviel verdiente ich in einem ganzen Monat! Not macht erfinderisch. Ersatzmittel spielten damals für die Ernährung eine große Rolle: Aus Hefe wurde ein Brotaufstrich hergestellt, Kaffee-Ersatz benutzte man auch zum Kuchenbacken, und Lebertran diente als »duftendes« Öl bei der Herstellung von Reibeplätzchen.
Das wichtigste Problem bestand darin, einen Arbeitsplatz zu finden. Nach mehr als dreißig Absagen verschiedener Unternehmen kam schließlich der Mitinhaber der Kleiderfabrik Angenete und Scholle, Walther Angenete, Anfang Oktober 1945 auf meine Bewerbung zurück und stellte mich als Buchhalter ein. Ich habe dann bis zu meiner Pensionierung mehr als dreißig Jahre lang in diesem Unternehmen gearbeitet.
Die Fabrik an der Wittekindstraße war bis Anfang der fünfziger Jahre noch von der britischen Feldpost beschlagnahmt, nur das rote Backsteingebäude daneben war als Bürohaus freigegeben. Von unserem Fenster haben wir oft schmunzelnd die Soldaten beim Exerzieren im Hof beobachtet: Das hatten wir hinter uns!
Meine erste Tätigkeit bestand darin, ausstehende Forderungen einzutreiben, vor allem aus den von den Russen besetzten Gebieten. Über Berlin — die Menschen aus der Ostzone konnten dorthin problemlos Geld überweisen, das dann in den Westen transferiert wurde — konnten wir tatsächlich einen Teil des ausstehenden Geldes hereinholen.
Eine reguläre Produktion und ein geordneter Vertrieb waren natürlich in den ersten Nachkriegsjahren unmöglich. Vor der Währungsreform gab es praktisch keine Rohmaterialien, denn die Webereien waren entweder zerstört, lagen in der isolierten Ostzone oder aber ihre Stoffe waren nicht für den freien Handel zugänglich. Wir hatten aber noch Kontakt zu Großkunden im Ruhrgebiet und im Rheinland, die massenhaft gebrauchte Kleidung zur Änderung entgegen nahmen, seien es die Anzüge gefallener Soldaten oder auch einfach Sachen, die ihren Besitzern nicht mehr paßten. Diese Kleidungsstücke wurden uns mit neuen Maßangaben zugeschickt und von unseren Näherinnen, die wir allmählich wieder beschäftigten, in Einzelfertigung geändert.
Auch stellten wir aus alten Bettlaken sogenannte »Popelinemäntel« her, die z.B. von der Firma Brenninkmeyer im Rhein-Ruhr-Gebiet aus Kundeneigentum zur Anfertigung angenommen wurden. Einmal erhielten wir auch die Erlaubnis, mit eigenen Lastkraftwagen — das waren damals Holzgasfahrzeuge — nach Bremen zu fahren, um dort olivfarbene Wolldecken aus U.S.-Heeresbeständen abzuholen, die dann in einem Sonderprogramm für Jugendliche zu sogenannten »Überfallhosen« verarbeitet wurden.
Die Währungsreform 1948 war zweifellos ein wichtiger Einschnitt, allerdings verlief die Entwicklung damals doch nicht so schlagartig, wie man sich das heute nachträglich vorstellt. Mit Angenete und Scholle ging es etwa seit 1952 wieder aufwärts. In jenem Jahr wurde das Fabrikgebäude an der Wittekindstraße von den Briten freigegeben, und wir konnten wieder rationell arbeiten. Erst um die Mitte der fünfziger Jahre begann dann die Fabrikation in größeren Mengen, bei der auch Moderichtungen wieder eine Rolle

spielten. Von da ab bis zum Ende der sechziger Jahre erlebten wir eine ausgesprochene Konjunktur für die Bekleidungsindustrie.
Bei der Produktion kommt es darauf an, bestimmte Größen in bestimmten Formen und in bestimmten Stoffdessins organisatorisch so in die Fabrikation einzuleiten, daß man die Liefertermine einhält und gleichzeitig die Eingangstermine der Stoffe damit koordiniert. Die Heimarbeit blieb dabei auch nach dem Krieg noch eine Zeitlang von großer Bedeutung. Vor allem die leichteren Teile konnten hervorragend von den Heimarbeiterinnen zu Hause genäht werden. Erst seit dem Ende der fünfziger Jahre, fast hundert Jahre nach Gründung der Firma, spielte die Heimarbeit keine große Rolle mehr.
Zu den Kunden von Angenete und Scholle gehörten die führenden Einzelhandelsgeschäfte in der Bundesrepublik, beispielsweise Peek und Cloppenburg, Hettlage, Breuninger in Stuttgart, Dyckhoff in Hamburg sowie Hirmer in München, aber auch zahlreiche kleinere Fachgeschäfte. Auch haben wir eine Zeitlang nach Schweden und in die Niederlande exportiert.
Ich persönlich war als Prokurist und später als Geschäftsführer für die Finanzen zuständig, vor allem für den Verkehr mit den Banken, Kreditverhandlungen, Steuerangelegenheiten und für die Buchhaltung. Bei Angenete und Scholle waren zeitweise 700 Arbeitskräfte in mehreren Betriebsstätten, auch in Lippe, beschäftigt. Das Unternehmen gehörte nicht nur zu den ältesten, sondern auch zu den größeren Bekleidungsfirmen in Herford. Trotzdem blieb die Firma lange Zeit ein typisch mittelständischer Familienbetrieb, wobei sich die Inhaber und deren Ehefrauen mit den Mitarbeitern auch durchaus persönlich verbunden fühlten. Ich erinnere mich an einige harmonische Betriebsausflüge ins Lippische und an die Weser. Diese fast familiäre Atmosphäre innerhalb des Unternehmens gab es noch in den fünfziger Jahren, sie wurde aber danach zunehmend unpersönlicher und sachlicher. Die verschärften Akkordbedingungen machten das Arbeitsklima zunehmend härter, so daß auch nicht mehr Volkslieder gesungen wurden wie in den ersten Jahren nach dem Krieg. Einen schweren Arbeitskampf erlebte Angenete und Scholle 1965, in dessen Verlauf das Unternehmen an den Rand des Zusammenbruchs geriet und wir mehr als 100 Mitarbeiter verloren.
Es war übrigens interessant zu beobachten, wie die Zahl der vor meinem Bürofenster abgestellten Fahrräder von Jahr zu Jahr kleiner wurde. Um die parallel dazu stark wachsende Zahl der Kraftfahrzeuge unserer Mitarbeiter unterbringen zu können, mußten wir schließlich zwei benachbarte Grundstücke aufkaufen und zu Parkplätzen umgestalten lassen.
Im Jahre 1966 feierte Angenete und Scholle das hundertjährige Firmenjubiläum, wobei die ganze Belegschaft diesen Tag mit einem Festakt und einem bunten Abend im Schützenhof festlich beging.
Seit 1967, zunehmend seit 1973 machte uns die Konkurrenz aus den osteuropäischen Ländern schwer zu schaffen. Im Zuge der Ostpolitik wurden mit zahlreichen Staaten Osteuropas langfristige Handelsverträge abgeschlossen. Diese Länder wollten natürlich nicht nur kaufen, sondern auch verkaufen, vor allem Bekleidung. Aus der DDR beispielsweise kamen billige Anzüge, die von den großen Kaufhauskonzernen aufgekauft wurden. Sämtliche Herforder Bekleidungsunternehmen hatten unter dieser Konkurrenz

zu leiden, aber auch die übrigen Zentren der bundesdeutschen Konfektionsindustrie in Aschaffenburg und Mönchengladbach kamen schwer in Bedrängnis. Angesichts dieser Situation entschloß sich auch unser Unternehmen, dem Beispiel anderer zu folgen und einen Teil der Produktion ins Ausland zu verlagern, um mit einer Mischkalkulation den preisgünstigeren Einfuhren der ausländischen Konkurrenz Kontra geben zu können und damit den eigenen Absatz zu sichern.

Trotz all dieser Anstrengungen fiel Angenete und Scholle schließlich doch als letzte alte Herforder Bekleidungsfirma der Krise in der Textilindustrie zum Opfer. Eine Reihe von Kollegenfirmen war uns dabei schon vorausgegangen. 1977 wurde das Unternehmen still liquidiert. Die Abwicklung durch mich dauerte 3 Jahre. Für unsere Mitarbeiter wurden Sozialpläne aufgestellt, viele haben auch bei Brinkmann, Leineweber oder Ahlers neue Arbeitsplätze gefunden.

Von den zahlreichen Herforder Unternehmen der Bekleidungsbranche waren somit Ende der siebziger Jahre nur drei große und einige kleinere Betriebe übriggeblieben: u.a. Ahlers, Leineweber, Brinkmann und Zethadeem. Nicht vergessen werden darf auch die Wäschefabrik Elsbach, die bis heute in Herford Hemden produziert.

Als ich mit 63 Jahren in den Ruhestand ging, fühlte ich mich noch nicht alt genug, um nur im Lehnstuhl zu sitzen. Ich bin auch kein Gärtnertyp. In der Presse erschien damals eines Tages ein Bericht über die Gründung eines »Historischen Arbeitskreises« innerhalb des »Herforder Vereins für Heimatkunde«. Diesem Arbeitskreis bin ich 1981 beigetreten, zumal ich bereits seit meiner Schulzeit sehr stark historisch interessiert gewesen war. Ich beschäftige mich also seit ein paar Jahren primär mit Fragen der Herforder Wirtschafts- und Sozialgeschichte, die bis dahin — abgesehen von vereinzelten Publikationen — nur wenig behandelt worden waren. Nach meiner Meinung sollte man nicht nur beschreiben, was die Leute am Wochenende machten (in die Kirche gehen und Konzerte besuchen), sondern das darstellen, was sie manchmal bis zu 60 Stunden in der Woche getan haben: arbeiten. Wann, wo, wie, unter welchen Bedingungen, mit welchen Auswirkungen für die Stadt und ihre Bürger — diese Fragen haben mich von Anfang an stark interessiert. Die Akzente, die man bei seinen Nachforschungen setzt, und die Perspektive, die man einnimmt, hängen immer vom eigenen Erleben und Interesse ab. Zu einem möglichst objektiven und kontrastreichen Bild gehört deshalb die Betrachtung aus unterschiedlichen Blickwinkeln. Das erfordert ein gewisses Maß an Aufgeschlossenheit, Liberalität und Lernfähigkeit. Aber das gilt nicht nur für den Bereich der Lokalgeschichte und nicht nur für Herford.

(Aufgezeichnet im Juli 1988 von Michael Oldemeier).

Ausblick auf die Anfänge

Hans Jürgen Warnecke

789 und wie alles begann

Am 29. Juni 1810 benachrichtigte der Herforder Kaufmann Friedrich Wilhelm Schrewe den Inspekteur der Geistlichen Stiftungen, Delius, in Bielefeld, daß ihm mit der Verfügung des Finanzministers des Königreichs Westphalen an den Präfekten des Weser-Departements für die zur Abtei Herford gehörenden Gebäude und den Preis von 20 000 Francs der Zuschlag erteilt worden sei. Daraufhin schrieb Delius am nächsten Tag an den Staatsrat v. Coninx in Kassel, der Kaufmann Schrewe habe seinen Antrag erneuert, das Vorgebäude der Abtei, in dem die Registratur und das Archiv untergebracht waren, abbrechen und wegräumen zu dürfen, weil ihn dieses sehr hindere, seine Umbau-

Lageplan der Abtei aus dem Jahre 1808

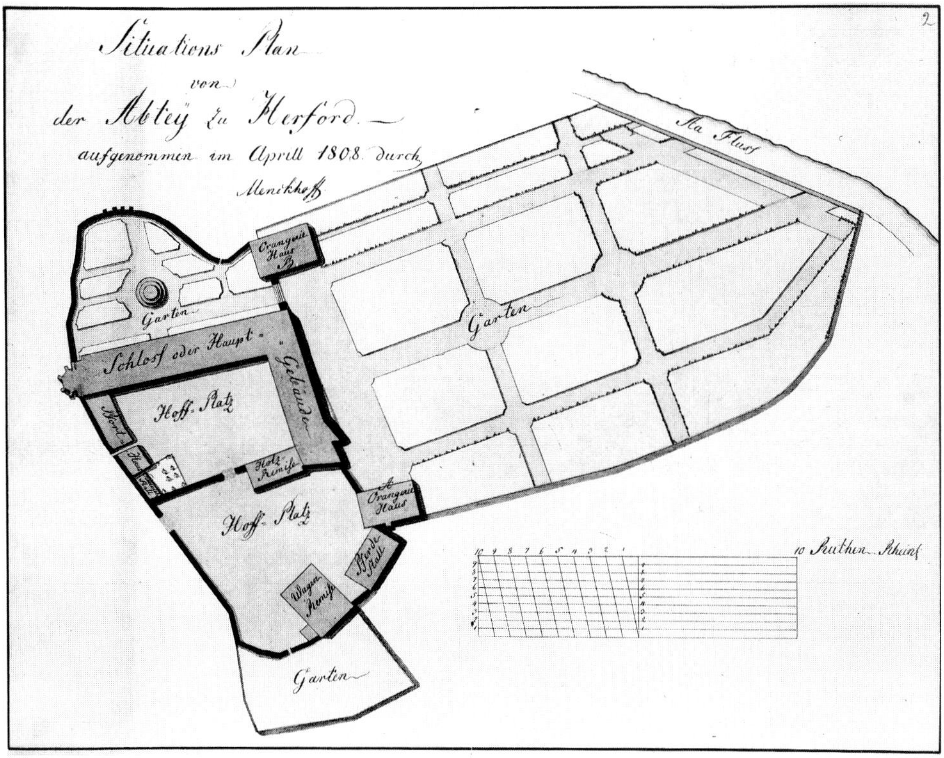

Operationen fortzusetzen. Die Mairie Herford unterstützte dieses Gesuch Schrewes und schlug zugleich vor, eine an die *Münsterkirche angebaute, ehemals dem aufgehobenen Bäckeramte gehör(end)te Capelle* (die Antoniuskapelle an der Nordseite der Münsterkirche, H.J.W.) *als ein schickliches locale zur Aufbewahrung der Registratur und des Archivs einzurichten.* Delius begab sich nach Herford und untersuchte die genannte Kapelle auf ihre Tauglichkeit. An v. Coninx berichtete Delius, *daß die Registratur — wenigstens vor der Hand — dort besser aufgehoben sein werde als an dem Orte, wo sie sich auf der Abtei befand, indem das Registratur Zimmer, welches nach der Straße hin belegen, auch nicht eine ganze Fensterscheibe mehr halte, die wahrscheinlich von muthwilligen Knaben eingeworfen, und daß es auch an mehreren Orten wegen gänzlichen Verfall des Daches stark durchregne. Die Registratur ist in der größten Unordnung. Alle Acten und Papiere liegen wie Kraut und Rüben durcheinander, ein großer Theil ist von Ratten und Mäusen angefressen oder verfaulet. Es ist zwar zu vermuthen, daß das Wichtigste bereits herausgesucht, indeß wird es doch beforderlich sein, das noch Brauchbare von dem Unnützen zu separiren und in Ordnung zu bringen, womit ich mich aber wenigstens in diesem Jahre nicht werde beschäftigen können. Ich zweifle sehr, daß die Registratur an dem Orte in der Capelle wird bleiben können, welche mir zu feucht zu sein scheint, auch fehlt es ihr an dem erforderlichen Licht, um darin arbeiten zu können.*

Das Archiv der ehemaligen Fürstabtei Herford gelangte im 19. Jh. in das Staatsarchiv Münster, wo es verzeichnet wurde. Hierbei stellte sich heraus, daß die meisten Kaiser-, Königs-, Papst- und Privaturkunden, auch Kopiare, Lagerbücher, Einkünfteregister und viele andere Akten trotz der beklagenswerten Unterbringung des Archivs nach Aufhebung der Fürstabtei nicht verlorengegangen waren, doch hat sich kein Evangeliar oder eine andere liturgische Handschrift im Archivbestand erhalten.

Besonders bedauerlich ist der Verlust von memorialen Aufzeichnungen, wie es sie in jedem Stift oder Kloster gegeben hat. Der Verbleib des Herforder Nekrologiums oder Memorienbuches ist unbekannt; stände es noch zur Verfügung, hätte es die Aufhellung der Frühgeschichte der Fürstabtei wesentlich erleichtern können. Die Sachlage zwingt jetzt dazu, aus den noch vorhandenen Urkunden, Akten und Plänen Hinweise auf die Anfänge Herfords herauszuarbeiten, sie vorsichtig zu interpretieren und zur Diskussion zu stellen.

In der Akte mit der Beschreibung des Herforder Archivs und seiner Unterbringung befindet sich auch die Liquidation oder Rechnung des Bielefelder Distrikt-Baumeisters Menckhoff vom 16. April 1808 für die Anfertigung eines Situationsplanes des Stiftes Herford und dreier Grundrisse der eigentlichen Abtei.[1] Beigefügt ist eine Beschreibung der einzelnen Gebäude:

1. Das abteiliche Wohngebäude, bestehend

a) aus einem Vordergebäude, worin sich befinden im Souterrain die Küche mit verschiedenen Kellergewölben; in dem ersten Stockwerk zwei Stuben und zwei Kammern; in dem zweiten Stockwerk ein geräumiger Saal, acht Stuben, einige Kammern und Cabinette.

b) aus einem Seitengebäude, worin sich befinden in dem ersten Stockwerk ein großer Saal, gebraucht zur Erteilung der Belehnungen; in dem zweiten Stockwerk die Canzley-Stube mit dem Archiv-Gewölbe, eine kleine Stube für die Canzley Diener und außerdem noch zwei Dachstuben mit zwei Kammern.

Über das ganze abteiliche Wohngebäude gehet ein doppelter Boden, und vor dem Gebäude liegen zwei mit Mauern eingeschlossene Hofräume von ansehnlicher Größe.

2. *Ein Pferdestall für acht Pferde mit einem geräumigen Boden,*
3. *Eine Wagen-Remise mit einem an selbige gebaueten Vieh- und Holz Stalle,*
4. *Ein kleiner Holz Stall an die Mauer gebauet, welcher die abteilichen Gebäude einschließt,*
5. *Zwei Orangerie — Häuser von einem Stockwerk im abteilichen Hinter-Garten belegen,*
6. *Eine Kapelle unmittelbar vor der die abteilichen Gebäude umgebenden Mauer belegen,*
7. *Das Waschhaus, unmittelbar hinter der Kapelle belegen.*

Die unterschiedlichen Mauerstärken des Abteigebäudes lassen die Aussage zu, daß zu verschiedenen Zeiten Umbauten vorgenommen worden sind. Rätsel geben noch der kapellenartige und mit *Keller* bezeichnete Raum mit seinem eigenartigen Grundriß und die stark gegliederte, mächtige Innenmauer zwischen der sogenannten Rollkammer und

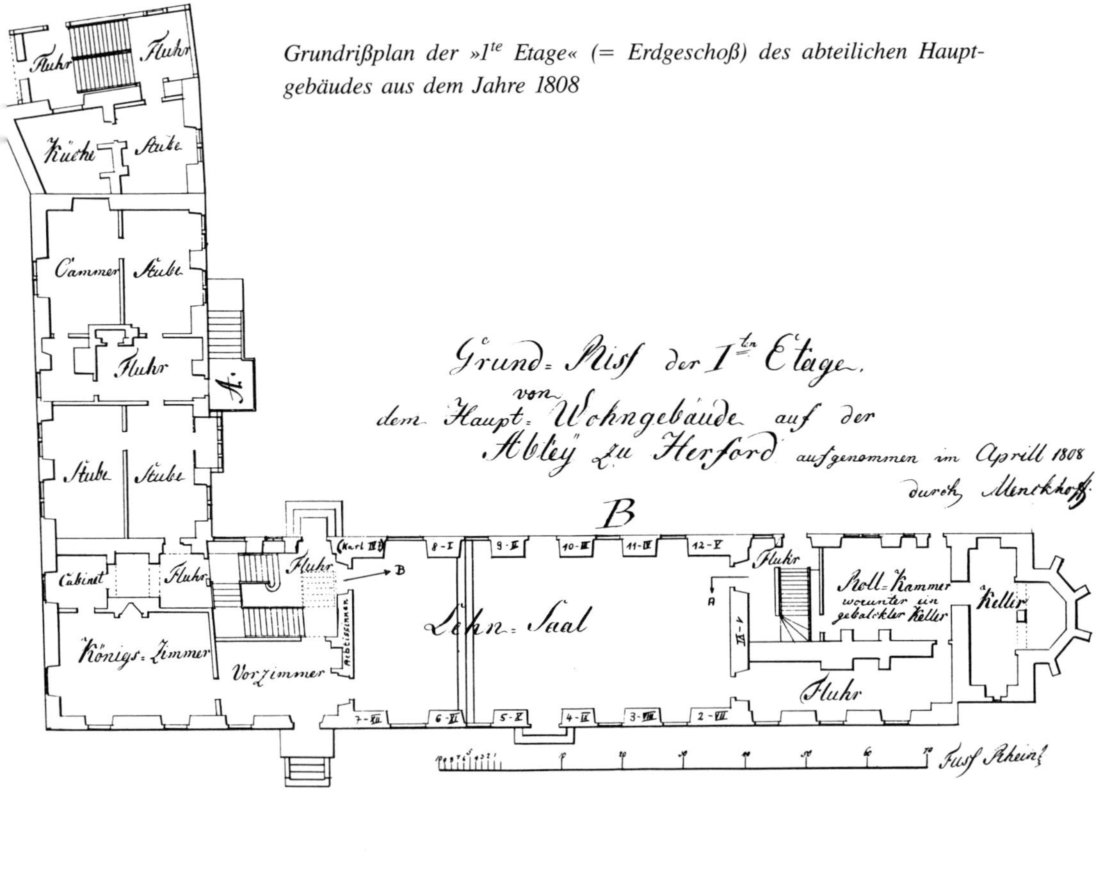

Grundrißplan der »1te Etage« (= Erdgeschoß) des abteilichen Hauptgebäudes aus dem Jahre 1808

dem Flur auf. Den älteren Teilen des Gebäudes dürfte wegen seiner Stärke auch das Außenmauerwerk des Lehnssaales zuzurechnen sein. Größere Umbau- und Reparaturarbeiten am Abteigebäude sind aus dem Jahre 1731 bekannt, als auf Befehl des Königs von Preußen ein M. H. Säuberlich aus Berlin einen Kostenvoranschlag für die Erbauung und Reparatur der vom Einsturz bedrohten alten Gebäude aufstellen mußte. Er rechnete u.a. einen Bedarf von 66800 Mauersteinen, 43000 Dachsteinen, 800 Florsteinen und 577 Eichenstämmen aus.[2]

Von einer früheren Renovierung des Lehnssaales erfährt man aus einem Notariatsinstrument des kaiserlichen und kurbrandenburgischen Notars Heinrich Tegeder vom 25. Mai 1660.[3] Dieser hatte sich auf Veranlassung der Herforder Fürstäbtissin Elisabeth Louise (1649 bis 1667), Pfalzgräfin bei Rhein und Herzogin in Bayern[4], mit Johannes Mantzius, dem Rektor der Lateinschule, und dem Kammerschreiber Heinrich Deterding *in gemelten großen Sahll verfüget, die alten historischen, an der Wandt gemahlten und geschrieben(en) Geschichten und Statuas pictas... aufs fleißigste* nachzulesen. Die Äbtissin hatte nämlich beschlossen, *den großen untersten Lehen Sahl in etwas zu renoviren und die an der Wand stehende abgemahlete alte Bilder an Bapsten und Römischen Kaysern, jedoch an ihren Staturen und Farben ohnverrückt, auch an ihren Schriften, Charaktern und abbreviationibus ungeendert illuminiren und erneweren zu lassen.*

Das Notariatsinstrument Heinrich Tegeders hält außer den auf eine Wand des Lehnssaales geschriebenen Namen, Wahl- und Sterbedaten der von 1494 bis 1660 regierenden Herforder Äbtissinnen mit ihren Wappen (*insignia*) auch die Namen der Kaiser, Könige und Päpste fest, deren »Porträts« auf die Wände zwischen den Fenstern des Lehnssaales gemalt waren und denen das Stift wichtige Privilegien und deren Bestätigung zu verdanken hatte. Niederdeutsche Verse unter jedem dieser »Porträts« hoben die Wichtigkeit der dargestellten Persönlichkeiten für die Fürstabtei noch besonders hervor.[5]

Der Bilderzyklus im Lehnssaal ist mit ziemlicher Sicherheit um das Jahr 1500 unter der am 14. März 1494 gewählten Äbtissin Ponizetta von Limburg († 1524) entstanden, weil die jüngste auf einem der Wandbilder dargestellte Persönlichkeit Papst Alexander VI. (1492 bis 1503) ist, der am 13. März 1497 dem Stift Herford die älteren Privilegien und die Exemtion von Paderborn bestätigte.[6] Kaiser Maximilian I., von dem die nächste Privilegienbestätigung vom 3. Juni 1508 vorliegt[7], fehlt bereits unter den Wandbildern. Die Auswahl der auf den Wandbildern dargestellten Kaiser, Könige und Päpste bezieht sich auf ein für das Stift Herford zentrales Ereignis des Jahres 1377:

Do men schreff nach Christi unsers hern gebortt MCCCLXXVII Jahr,
Als Carolus, der Romsche Kayser, erschien aldar, ...
Do thor tidt tho Herforde Abbatißin Fraw Hillegundt
Mit pabstlichen unnd kayserlichen privilegien und Liberteten
Des Hertogen Alberten wunderlich begunde to verdreten.

Mit diesen Versen wird auf die am 18. November 1377 im Herforder Augustinerkloster in Anwesenheit Kaiser Karls IV. erfolgte Verlesung des Privilegs König Konrads III. von 1147[8] und der Bulle Papst Hadrians IV. von 1155[9] und die im Anschluß daran vom

Kaiser ausgesprochene Zurückweisung der Ansprüche Herzog Albrechts von Sachsen als Marschall des Reiches auf die Stadt Herford[10] in aller Deutlichkeit hingewiesen. In den Versen unter den Wandbildern kommt noch eine weitere Datierung vor. Sie gehört zu dem in einer Prozeßakte des Reichskammergerichts[11] noch vor Kaiser Ludwig dem Frommen genannten und damit besonders hervorgehobenen Bildnis *Ducis Walderi inmitten aber* (je) *einer Thür:*

Walderus Dux
Alß man schreef in nier Ehe
Achte hundert dartich unnd thwe[12]
Uht eschen Marien Unser Vruwen
Hebbe Ick dut Edell Stifft gebuwen.

Walderus oder Waltger gilt als der Gründer des Stiftes Herford. Deshalb wird sein Bildnis an erster Stelle genannt.
Würde man die Reihenfolge der Wandbilder nur aus der Reichskammergerichts-Akte kennen, wäre deren Anordnung auf den Wänden zwischen den Fenstern des Lehnssaales der Abtei nicht mehr zu rekonstruieren gewesen. Nun bringt aber auch das Notariatsinstrument von 1660 eine Wandbilder-Reihenfolge, die scheinbar von der anderen abweicht. Läßt man jedoch den Rundgang des die Bilder-Reihenfolge aufnehmenden Notars für die Reichskammergerichts-Akte (A und arabische Ziffern) an der Tür des Treppenhauses neben der sogenannten Roll-Kammer beginnen und den des Notars Heinrich Tegeder (B und römische Ziffern) an der Tür des anderen Treppenhauses neben dem Königs-Zimmer, stimmen die beiden überlieferten Reihenfolgen überein (Vergl. Abb. auf S. 587):

1 — VI	Waltger, Gründer des Stiftes Herford († 825)
2 — VII	Kaiser Ludwig der Fromme (814 bis 840)[13]
3 — VIII	Papst Hadrian IV. (1154 bis 1159)[14]
4 — IX	König Ludwig der Deutsche (843 bis 876)[15]
5 — X	Papst Johannes XV. (985 bis 996)[16]
6 — XI	Kaiser Arnulf von Kärnten (887 bis 899)[17]
7 — XII	Papst Alexander VI. (1492 bis 1503)[18]

(Wand mit Namen, Wahl- und Sterbetagen und Wappen der Herforder Äbtissinnen 1494 bis 1660)

8 — I	Papst Gregor IX. (1227 bis 1241)[19]
9 — II	Kaiser Konrad II. (1024 bis 1039)[20]
10 — III	Papst Johannes . . . (nicht existent!)[21]
11 — IV	Kaiser Heinrich II. (1002 bis 1024)[22]
12 — V	Papst Nikolaus I. (858 bis 867)[23]

Der Gründer des Stifts

Die Vita Waltgers und die Urkunden — seien sie echt, verunechtet oder gefälscht — fast aller im Wandbilder-Zyklus im Lehnssaal der Abtei dargestellten Kaiser, Könige und Päpste wurden mit anderen für Herford wichtigen Urkunden und Schriftstücken zu einer Handschrift[24] zusammengefaßt, um die und deren Inhalt es immer wieder zu wissenschaftlichen Auseinandersetzungen gekommen ist.[25] Franz Flaskamp[26] ist zuzustimmen, wenn er die Zusammenstellung der Handschrift in Verbindung mit dem Herforder Exemtionsstreit mit dem Bischof von Paderborn, der vom Papst entschieden werden sollte, für die Zeit kurz vor dem 28. Februar 1262 ansetzt.[27]
Gegenstand dieser Untersuchung sollen nun nicht die Kaiser- und Papsturkunden dieser Herforder Handschrift sein, sondern die Lebensbeschreibung des sächsischen Adligen Waltger und seine Gründung Herford.[28] Es war dies das älteste Kanonissenstift in Sachsen, in dem die erste Äbtissin von Gandersheim, Hathumod († 874)[29], und auch die Widukind-Nachfahrin Mathilde († 968), die Gemahlin König Heinrichs I. (919 bis 936)[30], erzogen worden sind.[31]

Waltger oder Wala?

Eine »mythische Persönlichkeit« hat Roger Wilmans in seinem Exkurs über die Gründung Herfords und die Vita Waltgeri in Waltger gesehen.[32] Für Wilmans hat sich der »althochdeutsche Name Wala allmählich in den bequemeren Walderus verwandelt und (es ist) eben Wala derselbe, den die spätere Legende als Waltger feiert«[33]. Nach Wilmans kam als Gründer Herfords nur der Karolinger Wala, Mitgründer des Nachbarklosters Corvey, in Frage.[34] Er wußte, daß Wala an den *II. Idus Septembris* (31. August) gestorben war und in der Columbans-Basilika zu Bobbio seine letzte Ruhestätte gefunden hatte. Ihm war ebenfalls Waltgers Grab in der nach ihm benannten Kapelle in Herford bekannt und außerdem dessen Gedenktag an den *XVI. Kalendis Decembris* (16. November). Die beweiskräftigsten Argumente für die Existenz eines Waltger, Wolderus oder Walther stammen von Wilmans selbst, ohne daß er es merkt oder merken will.[35] Ihm muß jedoch zugute gehalten werden, daß es zu seiner Zeit die Begriffe »Eigenkirche« und »Eigenkloster« noch nicht gab.[36]
Norbert Eickermann[37] ist davon überzeugt, daß die Vita Waltgeri aus »einer bedeutend älteren Vorlage« in die vorliegende Handschrift[38] übernommen worden ist. Den Beweis für diese Annahme Eickermanns konnte wenig später Klemens Honselmann erbringen.[39] In einem heute im Historischen Archiv der Stadt Köln befindlichen *Legendarium*[40], in dem auch die Vita Waltgeri wiedergegeben ist, heißt es in einem Bericht mit der Überschrift *De visitatione beatae Mariae virginis* über die Anfänge Herfords: *Die Herforder Kirche ist, wie wir von unseren Vorgängern erfahren und in Chroniken gelesen haben, unter der Regierung des Herrn Ludwig, des sehr frommen römischen Kaisers, von dem Herrn Waldger sehr seligen Angedenkens, einem dieser unserer Provinz sehr vornehmen Herrn, zu Ehren unseres Herrn Jesus Christus, des Erlösers, ebenso auch seiner unversehrten Mutter und Jungfrau Maria zuerst gegründet und da-*

nach von dem schon genannten erhabenen Kaiser in ähnlicher Weise dotiert und gewidmet worden. Sie liegt auf der Insel zwischen den Flüssen Werna und Harcua und hat jenen Gründungsplatz erhalten, den dem bereits genannten Herrn Waldger, der in seinen Gebeten das erbat, die vorgenannte Gottesmutter durch ein eindeutiges wunderbares Zeichen vorher angegeben hat.[41] In diesem Bericht aus der Mitte des 10. Jh. wird als erster Gründer Herfords ebenfalls Waltger genannt, was immer wieder angezweifelt worden ist.

Die Vita Waltgeri in der münsterischen Handschrift[43] beginnt mit dem Satz: *Im Namen des Herrn. Hier beginnt die Lebensbeschreibung des seligen Waltger, des Bekenners Christi, dessen Übergang* (in die Ewigkeit, H.J.W.) sich am 16. November (825, H.J.W.) *ereignete (In nomine Domini. Incipit vita beati Waltgeri, confessoris Christi, cuius transitus agitur XVI Kal. Decembris)*[44]. Dieses Sterbe- oder Gedenkdatum unterscheidet sich eindeutig von dem des Karolingers Wala, der am 31. August 836 in Bobbio starb und an der Seite des Hl. Columban beigesetzt wurde.[45]

Gründungsversuch in Müdehorst

In ihrem 1. Kapitel bringt die Vita Waltgeri die Predigt des seligen Bischofs Bonifatius, im 2. die Bekehrung der Sachsen und im 3. die Abstammung Kaiser Ludwigs des Frommen. Im 4. Kapitel folgt die Geschichte Waltgers, seiner Familie und die seiner Gründung Herford. Die Kapitel 30 bis 32 und 34 bis 37 erzählen die Wunder, die sich am Grabe Waltgers ereignet haben sollen, darunter eines an einem Gedenkfest für Waltger, als seine Verehrer Almosen und Lebensmittel an die Armen verteilten.[46]

Der sächische Waltger, dessen Wohnsitz im engeren Bereich des am Fuße des Gottesberges in Dornberg liegenden und nach diesem Berg benannten Meyerhofes vermutet werden darf, hat den Hof mit allen seinen Unterhöfen und der auf dem Hofesgrund errichteten Eigenkirche seiner Gründung Herford übertragen. Diese Kirche rangierte nach dem Stift auf dem Berge außerhalb (*prope et extra muros*) der Stadt Herford an erster Stelle der zwölf anderen Pfarrkirchen, über die die Fürstäbtissin von Herford das Kollationsrecht hatte.[47]

Die Vita Waltgeri (Kap. 5) macht Waltger zum Zeitgenossen Kaiser Ludwigs des Frommen und seinen heidnischen Großvater Adolf[48] zum Vertrauten (*secretarius*) des Sachsenherzogs Widukind, aber auch zum Bewunderer Kaiser Karls des Großen (Kap. 7 u. 8). Diese Angaben führen uns in das letzte Viertel des 8. Jh. und in das 1. Viertel des 9. Jh. In dieser Zeit müßte der Bau von Waltgers Eigenkirche Dornberg mit ihrem sicherlich aus England mitgebrachten Petrus-Patrozinium[49] vollendet worden sein, um die schon wenig später von Waltger von der britischen Insel geholten Reliquien des hl. Oswald und anderer Heiliger für die Ausstattung der nächsten Eigenkirchen-Gründung in Müdehorst vorübergehend aufnehmen zu können (Kap. 18). Die Aufdeckung von Fundamenten einer einschiffigen Kirche von 10 Meter lichter Breite mit einem um Mauerstärke eingezogenen quadratischen Chor von 8,40 Meter Breite[50] hat mit einem Schlag den von Wilmans und Flaskamp so stark angezweifelten Wahrheitsgehalt der Vita Waltgeri entscheidend erhöht.[51]

Ackerflur des Hofes Meyer zu Müdehorst,
Ort des ersten Gründungsversuches der Abtei Herford, 1988

Die Müdehorster Fundamente im Mündungsbereich des Jöllenbecker Mühlenbaches und des Schwarzbaches, nur 700 Meter östlich des Herforder Meyerhofes Meyer zu Müdehorst gelegen, weisen eine auffallende Ähnlichkeit mit solchen von frühen englischen Kirchen auf, vornehmlich mit dem Grundriß der noch im 8. Jh. erbauten Kirche St. John's in Escomb (County Durham) auf.[52] Dieser Befund überrascht nicht, war doch Northumbrien die Heimat König Oswalds!
Die an einem Hellweg[53] erhöht über den beiden Bachläufen gelegene Ackerflur des Meyerhofes Müdehorst mit den ergrabenen Fundamenten muß für eine Kirchengründung als ein sehr geeigneter Ort angesehen worden sein. Die Topographie des Platzes entsprach in wesentlichen Einzelheiten der anderer Kirchen-, Kloster- bzw. Stiftsgründungen.[54] Die Gründung des Stiftes Herford in Müdehorst leitet die Anlage von Klöstern an solchen Orten ein, die wie Müdehorst das Grundwort *horst* aufweisen: Freckenhorst (um 856), Borghorst (968), Langenhorst (1178) und Gravenhorst (1256). Hermann Jellinghaus[55] erklärt wie viele andere Forscher[56] die Siedlungsgrundwörter *-horst* oder *-hurst* mit »ehemaliger Wald, meist an Hügelhängen, von dem nur noch Baumstümpfe und Gestrüpp übrig sind. Sie liegen meist höher als die umliegenden Fluren«. Für Jürgen C. Tesdorpf bedeutet *hurst* zunächst die »Bezeichnung für einen

lockeren Gehölzbestand (kein Hochwald), dann für die Rodung desselben und schließlich meint es Felder überhaupt, die sich in einer gewissen topographischen Situation befinden (erhöhtes Gelände)«[57].
Folgt man der Vita Waltgeri, ist der Bau der Kirche in Müdehorst nicht vollendet worden. Vielleicht hatte sich während des Bauens herausgestellt, daß das ausersehene Gelände im Mündungsbereich der Bäche trotz der Gunst seiner Lage einfach zu klein war, um alle vorgesehenen und erforderlichen Gebäude für ein Kloster oder Stift darauf unterbringen zu können.

Gründung an der Heeresfurt

Auch einem zweiten Gründungsversuch auf dem für eine solche Anlage ebenfalls geeigneten und ebenfalls Waltger und seiner Familie gehörenden Hof Oldenhervorde war durch ein ungünstiges Geschick — Heinrich von Herford spricht von einer nächtlichen Zerstörung durch die Heiden[58] — kein Erfolg beschieden. Diese Zerstörung wurde als Zeichen des Himmels gegen die Stiftsgründung an eben dieser Stelle gewertet. Unter göttlicher Führung sollte Waltger zu der Erkenntnis gebracht werden, daß nur ein Ort für sein Vorhaben in Frage kommen könne, nämlich der an der Heeresfurt am Zusammenfluß von Aa und Werre im Kreuzungsbereich zweier wichtiger Heerstraßen in Nordwestdeutschland: an der von Frankreich über Köln und Dortmund nach Hamburg und Skandinavien und an der aus den Niederlanden über Osnabrück zur Weser und von dort nach Ostfalen und weiter nach Osteuropa führenden Fernstraße.[59]
Aber dieser topographisch und verkehrsmäßig stark herausgehobene Platz war noch besetzt von einem heidnischem Heiligtum, einem Heiligtum des Gottes Wodan, des Heerasen und Heervaters, das Waltgers noch heidnischen Großeltern und allen, die noch nicht die christliche Taufe empfangen hatten, heilig war. Die Vorstellung, das Heiligtum des heidnischen Gottes auf Familienbesitz zu beseitigen und ein christliches an seine Stelle setzen zu müssen, veranlaßte den christlichen Enkel, sich in den Schutz des *starken Turms* zurückzuziehen und im Gebet von Christus und seiner Mutter als der Mutter des Lichts durch ein sichtbares Zeichen die Zustimmung des Christengottes für das — nach heidnischem Verständnis — frevelhafte Vorhaben zu erflehen.[60] Das erbetene Zeichen wurde Waltger zuteil: Geführt vom Geiste des Herrn erschien ein Licht, daß sich als eine Kuh von schneeweißer Farbe mit einer brennenden Kerze auf jedem Horn erwies, die ihm den Weg zeigte zum Zusammenfluß der Gewässer. Hier, an einem unübersichtlichen und schmutzigen Stau, einem häßlichen, sumpfigen Grund, dem Aufenthaltsort von Schlangen, Kriechtieren und der Kropfgans (*Onocrotalus*), sollte die Wohnung der Heiligen entstehen.
Die eindeutig pejorative Beschreibung der Umgebung der verkehrsreichen Doppelfurt durch Aa und Werre sollte Waltger die Entscheidung erleichtern, ausgerechnet hier an der Stelle des Heiligtums seiner heidnischen Vorfahren ein christliches Gotteshaus zu errichten. Dieses 16. Kapitel der Vita Waltgeri vermengt — vielleicht bewußt und gewollt — heidnische und christliche Glaubenselemente miteinander: In der griechischen Sage weist eine Kuh den Kadmos an den Ort, an dem er die Stadt Theben gründen sollte.

Nach einer schwedischen Sage führen Kühe zum Bauplatz für eine Kirche.[61] In der nordischen Schöpfungsgeschichte erweckt die Kuh Audhumla den Buri zum Leben, den mythischen Großvater Odins (Wodan). Die brennenden Kerzen auf den Hörnern der wegweisenden Kuh können ein Hinweis auf die vergoldeten Hörner der Kühe sein, die im Sonnen- oder Mondlicht glänzten, wenn die Tiere zur Opferung in und durch das Heiligtum geführt wurden.[62] Die größte Aufmerksamkeit verdient das angebliche Vorkommen von Schlangen, Kriechtieren und der Kropfgans an der Heeresfurt durch Aa und Werre. Schlangen, Echsen und ein großer Wasservogel, von dem man nicht ganz eindeutig sagen kann, ob es ein Schwan oder eine Gans ist[63], geben dem Kriegs-, Speer-, Heer- und Totengott Wodan das Geleit oder sind Tiere, in die dieser sich schamanistisch verwandeln konnte.[64] Mit der Errichtung eines christlichen Gotteshauses an der Heeresfurt sollte unter Vertreibung und Ausrottung der dämonisierten Wodans-Tiere das Ende seines Kultes erreicht werden.[65]

Reliquien aus England

Nach den erforderlichen Vorbereitungen zur Umwandlung des Wodan-Heiligtums in eine christliche Kirche gemäß dem programmatischen Brief Papst Gregors I. an Abt Melittus[66] vom 18. Juli 601 machte sich Waltger mit kleinem Gefolge im Pilgergewande auf nach England, um von dem seit langem mit ihm bekannten König der Angeln Reliquien zu erbitten. Da hier die Vita erklärend hinzufügt, der englische König sei deshalb Waltgers Freund geworden, weil er durch dessen Vermittlung die Gunst des Frankenkönigs wiedererlangt habe, läßt sich die Englandreise zeitlich ziemlich genau festlegen. Wir wissen von den Bemühungen Karls des Großen, seinen Sohn Karl mit einer der Töchter Offas, des Königs von Mercia, zu verheiraten. König Offa (757 bis † 796) wollte in dieses Projekt erst dann einwilligen, wenn Bertha, die Tochter Karls, mit seinem einzigen Sohn Ecgfrith verlobt würde. Diesen Wunsch konnte oder wollte Karl der Große dem englischen Oberkönig nicht erfüllen, brach die Verhandlungen ab und schloß die Häfen für englische Kaufleute. Das war um das Jahr 788. Freundschaftliche Beziehungen zwischen beiden Königen wurden erst im Jahre 791 wiederhergestellt.[67] Weil sich König Offa von Mercia im Jahre 774 auch *König des ganzen Landes der Angeln (rex totius Anglorum patriae)* nannte[68] und weder Offas Sohn und Nachfolger Ecgfrith noch dessen Nachfolger Cenwulf dem Frankenkönig sehr nahe standen, kann nur Offa gemeint sein, für den Waltger bei König Karl vermittelt hat. Waltger mag aufgrund früherer oder gar verwandtschaftlicher Beziehungen zu England auch schon der Delegation des Frankenkönigs angehört haben, die die Heirat des Königssohnes mit der Tochter König Offas aushandeln sollte.

Waltger ist mit recht genauen Vorstellungen von den Reliquien, mit denen er seine Gründung an der Heeresfurt ausstatten wollte, nach England gereist. Dort muß er sich ausgekannt haben, denn er begab sich auf geradem Wege zum Maserfield, das in der Vita Waltgeri (Kap. 18) wohl bewußt Marsfeld genannt wird,[69] und bat um Reliquien des Königs Oswald von Northumbrien, der hier im Jahre 642 im Kampf gegen den heidnischen König Penda gefallen war und das Martyrium erlitten hatte. Nur der Herrscher, der wirklich die Macht auf der britischen Insel ausübte — und das war in dieser Zeit König Offa — konnte dem frommen Pilger vom Festland die Bitte um diese Reliquien erfüllen. Die Tatsache, daß König Offa Reliquien, den Helm und das Schwert des von ihm selbst hochverehrten heiligen Königs Oswald,[70] mit dem dieser die *Feinde der christlichen Religion besiegt hatte*, verschenken konnte und verschenkt hat, ist so außergewöhnlich, daß man eine Gleichrangigkeit Waltgers mit Offa, wahrscheinlich sogar eine Verwandtschaft annnehmen muß.[71]

Diese Annahme basiert auch auf einer Formulierung in der Überschrift und im Text des Kapitels 12 der Vita Waltgeri: *Wie er nach dem Tode seiner Eltern sein ganzes mütterliches Erbteil Gott weihte ... (Quod post obitum parentum omne matrimonium suum Deo obtulit ...)* Mit dem *matrimonium*, dem mütterlichen Erbteil, das offenbar seine gesamte Erbschaft war, gründete Waltger das Stift an der Heeresfurt. Mit anderen Worten heißt das, daß er über sein *patrimonium*, sein väterliches Erbe, nicht verfügen konnte. Dieses könnte unerreichbar und unverfügbar für Waltger in England gelegen haben. Kann die Nichtnennung von Waltgers zweitem Großelternpaar in Kapitel 6 der Vita bedeuten, daß die britische Insel die Heimat von Waltgers Vater Dedda war?

Herr Waltger kehrte nach Dornberg zurück, wo er die Gaben der Heiligen feierlich niederlegte (Dominus Waltgerus Dorinberc remeavit, ibique venerabiliter sanctorum munera collocavit) weiß die Vita Waltgeri in Kapitel 18 zu berichten. Die Kirche und die Klosteranlage an der Heeresfurt waren wohl noch nicht vollendet, so daß Waltger die aus England mitgebrachten Reliquien zunächst provisorisch in seiner bereits zuvor errichteten Eigenkirche in Dornberg deponieren mußte.[72]

Von Wodan zu Oswald

Wenn auch der hl. Oswald nie (nach der Gottesmutter und der um das Jahr 860 aus dem Westfrankenreich nach Herford übertragenen hl. Pusinna[73]) zum Mitpatron der Fürstabtei Herford geworden ist, so erscheint er nach Gott dem Allmächtigen (*Deus omnipotens*) und der Gottesmutter doch an dritter Stelle des Hauptbenefiziums am Stift.[74] Das in der Immunität des Stiftes gelegene und zum Benefizium *S. Oswaldi Regis* gehörende Haus war 1636 mit dem Benefizium selbst im Besitz des Johannes Bincke, des Predigers an der Münsterkirche.[75] Die Verehrung des heiligen angelsächsischen Kriegerkönigs Oswald fand auch das besondere Interesse Hrothsvits von Gandersheim. In ihrem Werk *Gesta Ottonis* weist sie auf die Abstammung Edgiths, der jungen Gemahlin des Thronfolgers Otto I., von diesem Märtyrer, *dessen Lob die ganze Welt* singt, ausdrücklich hin.[76]

Von erheblich größerem Gewicht als diese Betonung der überaus edlen Herkunft der angelsächsischen Königstochter Edgith aus dem Blute Oswalds ist für unsere Untersuchung die Ausstattung des ersten Damenstiftes auf sächsischem Boden mit Reliquien eines »Nachfahren« des Asengottes Wodan. Mit ihm beginnt die mythische Reihe der Könige von Bernicia und fast aller anderen Könige auf der britischen Insel. Ein Blick auf die Stammtafel des bernicischen Königsgeschlechts macht deutlich, wie stark es sich mit diesem Gott verbunden fühlte. Allein vier Geschwister Oswalds trugen einen Asen-

namen: Oswudu, Oslaf, Oslac und Oswiu (König von 642 bis 670).[77] Mit der Ankunft der Oswald-Reliquien[78] konnte in Herford ein Kult in christlichem Gewande und gewiß in veränderter Form weiterleben, der dort im ehemaligen Wodan-Heiligtum seit undenklichen Zeiten zu Hause war: Wie Wodan war Oswald ein großer Heerführer. Raben waren die Attribute Wodans und Oswalds, beide hatten sie die Herrschaft über das Wetter; die dem *Wilden Jäger* geweihte letzte Garbe auf dem Felde hieß sogar Oswald oder Aswald, und selbst der Name Oswald (= Asenwalter, Asenherrscher) dürfte nichts anderes als eine Umschreibung Wodans sein.[79]
Für die Teilnehmer am Gottesdienst in der Kirche an der Heeresfurt hatte sich gegenüber der Zeit vor Annahme des Christentums so nicht alles geändert, waren sich die Erscheinungsvorstellungen und -bilder Wodans und Oswalds doch so überaus ähnlich! Waltger–Wolderus–Walther, der selbst nach dem Asengott benannt war,[80] hat sicherlich nicht zuletzt deshalb den Erwerb von Reliquien König Oswalds so konsequent verfolgt, weil er dadurch sein Gewissen beruhigen konnte und sich nicht immer mit dem Gedanken quälen mußte, ob er mit der Verchristlichung des heidnischen Heiligtums seiner Vorfahren — ohne deren Andenken herabzusetzen — recht gehandelt habe.
Die Zerstörung des allen Sachsen so heiligen Haines im Marklo nahe Herford um das Jahr 775 durch fränkische Truppen[81], die Verkündigung des fränkischen Sondergesetzes der *Capitulatio de partibus Saxoniae* im Jahre 782[82], die Taufe Widukinds im Jahre 785, die Karl den Großen veranlaßt hat, die Unterwerfung ganz Sachsens dem Papst nach Rom zu melden[83], all diese Missionserfolge haben nicht den Untergang der heidnischen Götterverehrung in diesem Bereich Altsachsens bewirken können, denn noch ungefähr 150 Jahre später — in den vierziger Jahren des 10. Jh. — legte die Prozessionsordnung in der Vita Marcsvidis das Umhertragen eines Bildes des Kirchenpatrons anstatt des heidnischen Flurumganges fest.[84] Die genannte Klosterkirche ist die von Schildesche nahe Müdehorst, wo Waltger seinen ersten Gründungsversuch unternommen hatte.[85]

Die Stifterfamilie

Über Waltgers Gründung und vor allem über sein Leben weiß seine Vita verhältnismäßig viel zu berichten: Er hat auf eine Ehe verzichtet und sein gesamtes *matrimonium* in seine Gründung Herford eingebracht (Kap. 12), bei Kaiser Karl dem Großen stand er in hoher Gunst, und vom angelsächsischen König hat er Reliquien als großzügige Geschenke erhalten (Kap. 18), dazu Helm und Schwert — Herrschaftszeichen höchsten Ranges[86] — des von König Offa selbst besonders verehrten Märtyrerkönigs Oswaldes[87]. Die Vita nennt auch die Eltern Waltgers, Dedda und Ecwi (Kap. 5), und seinen mütterlichen Großvater (H)Adolf, der ein Vertrauter (*secretarius*) des Sachsenherzogs Widukind gewesen sein soll (Kap. 6). Auch daß Waltger eine vornehme Dame aus seiner mütterlichen Verwandtschaft (*de cognatione sua*), Suala, zur ersten Äbtissin seines Klosters an der Heeresfurt eingesetzt hat, ist der Vita nicht unbekannt (Kap. 21). Dar-

über hinaus gehende Einzelheiten über die Herforder Stifterfamilie sind aus der Vita Waltgeri jedoch nicht mehr zu erfahren.
Ein Nekrologium der Fürstabtei Herford ist nicht überliefert, das man nach anderen Angehörigen des Stifters hätte befragen können. Da es aber für den weiteren Verlauf der Geschichte der Fürstabtei wichtig ist, zu erfahren, welchem Adelsgeschlecht der dem karolingischen Herrscherhaus so nahe stehende Herforder Stifter angehört hat, galt es, nach aussagekräftigen zeitgenössischen Quellen Ausschau zu halten.
Die zahlreichen Königs- und Kaiserdiplome der Karolinger, Ottonen, Salier und Staufer für Herford lassen vordergründig keine familiären oder genealogischen Zusammenhänge erkennen.[88] Was aber sagen die Verbrüderungsbücher der großen Klöster des Karolingerreiches, das von Pfäfers [89], Remiremont[90], St. Gallen[91] und Reichenau[92] aus? Sie sind nicht so sehr lange nach der für das Jahr 789 angenommenen Gründung von Herford angelegt worden und lassen mit zahlreichen, zu einem Teil schon publizierten und mehr oder weniger überzeugend datierten und kommentierten Einträgen[93] die Familienkreise der karolingischen, ottonischen und salischen Herrscher und anderer Familien des Reichsadels erkennbar werden und tun deren Verbundenheit mit den genannten Klöstern kund.

Herford im Reichenauer Verbrüderungsbuch

In den Verbrüderungsbüchern von Pfäfers, St. Gallen und Remiremont konnten noch keine Spuren der Stifterfamilie von Herford festgestellt werden. Im Reichenauer Verbrüderungsbuch erscheint dagegen das Stift Herford in einem Eintrag[94] aus der Zeit König Heinrichs I. (919 bis 936), dessen zweite Gemahlin Mathilde bekanntlich in Herford von ihrer gleichnamigen Großmutter erzogen worden war, in bemerkenswerten Zusammenhängen. Die quer im unteren (5.) Feld von Tafel 87 über alle fünf Spalten (A–B–C–D–X) eingeschriebenen Namen lauten:
Adalvuardus eps · Vnni eps · Adaldagus–Vuitpertus · Bernhardus · Vualtpertus · Theotericus · Harotus · Tate · Sigimot · Adalburc · Gisila · Gerdrud · Hildiger · Ecpert · Bart · Vualdo · Gerburg · Sigibrin · Embila · Aldburg · Theotrat · Christina · Sigiburg · Thietgart · Liutburc · Reginhilt · Attu · Haburc · Baue · Vualdpurc · Ruadpret · Omniumque fratrum Hildinensis ecclesie et omnium Ferdensis ecclesie et Gotiteshem ecclesie et Gorbiensis ecclesie et premun et heresi et vuinedhusun et heriuurte et asenide.[95] (*... und aller Brüder der Hildesheimer Kirche und aller Brüder der Verdener Kirche und der Gandersheimer Kirche und der Kirche von Corvey und Bremen und Neuenheerse und Wendhausen und Herford und Essen.)*
Diesen Eintrag hat Karl Schmid schon mehrfach kommentiert und einige der genannten Personen identifiziert, wobei er das »Nebeneinander von verwandtschaftlichen und geistlich-kirchlichen Bezügen« in diesem Eintrag als das eigentlich Ungewöhnliche herausstellt.[96] So war der aus *edelstem Geschlecht (genere illustris)* stammende Hofkapellan Adaldag Domherr in Hildesheim und ein *Blutsverwandter (consanguineus)* des Bischofs Adalward von Verden (913 / 16 bis 933), Unni war 919 bis 936 Erzbischof von Hamburg-Bremen. Die Eltern des Bischofs Wicbert von Verden (873 / 74 bis 908?)

hießen Waltbert und Aldburg; Theotericus und Reginhilt können die Eltern der Königin Mathilde gewesen sein, Sigibrin die auch in das Nekrolog von Borghorst zum 12. April eingetragene *Sebren com(etissa) senex (alte Gräfin)*[97]. Theotrat mag die damals regierende Äbtissin von Neuenheerse[98] und Christina die dritte Äbtissin von Gandersheim gewesen sein, die dort von 896 / 97 bis 919 nachzuweisen ist. Haburc ist mit hoher Wahrscheinlichkeit mit der im Merseburger Totenbuch zum 21. Juni eingetragenen *Hadeburc abb(atissa)* und mit der in der Abschrift eines ottonischen Familiennekrologs im Verbrüderungsbuch von St. Gallen genannten Hedepurg gleichzusetzen.[99] Hatheburg könnte die erste Gemahlin König Heinrichs I. gewesen sein, die nach der Trennung von ihm Äbtissin der Fürstabtei Herford geworden sein könnte, wo Klemens Honselmann für die Zeit der Ungarneinfälle um 924 eine Äbtissin Hadeburch namhaft machen konnte.[100]

Die Aufnahme der ältesten und vornehmsten klösterlichen Stiftungen Sachsens mit ihren Schwesterngemeinschaften in das Gebetsgedächtnis der Reichenau hängt mit der Verwandtschaft der Stifterfamilien untereinander und mit den wechselseitigen Gebetsverbrüderungen der geistlichen Gemeinschaften zusammen. Ausdrücklich hingewiesen sei auf die engen Beziehungen zwischen Gandersheim, Bischof Altfrid von Hildesheim und Essen, zwischen Corvey und Herford, zwischen Herford und Gandersheim sowie zwischen Herford und Wendhausen, das bekanntlich von Herford das Pusinna-Patrozinium erhalten hatte und dessen nur für die Tage vom 31. März bis zum 6. April erhaltenes Nekrolog-Fragment nicht nur den Gedenktag des billungischen Grafen Ekbert des Einäugigen am 4. April, sondern auch den Gedenktag der Herforder Äbtissin Haduwy, gestorben an einem 1. April nach 887, überliefert.[101] Auch zwischen Essen, Hildesheim und Herford müssen — vielleicht vermittelt durch den von König Ludwig dem Deutschen und König Karl dem Kahlen gleich hochgeschätzten Diplomaten und Bischof Altfrid von Hildesheim († 874)[102] — engere Kontakte bestanden haben, war doch das Patrozinium des Hildesheimer Doms und der Essener Münsterkirche, Cosmas und Damian, auch das der Herforder Hofkapelle.[103]

Ein »angelsächsisches« Kalendar aus Herford

Im Kalendarium des von 864 bis 879 im sächsischen Exil lebenden Abtes Hartbert von Lobbes findet sich der Tod der Herforder Äbtissin Haduwy einen Tag zuvor, zum 31. März, von zweiter Hand eingetragen: *Obiit Hathauui Deo devota. (Es starb Hathawi, die Gottgeweihte.)* Dieser Eintrag kann als Beweis für einen Aufenthalt Hartberts in Herford gewertet werden. Die Äbtissin war hier nicht nur seine Gastgeberin, sie dürfte ihm auch das nach northumbrischem Vorbild gestaltete Kalendarium mit den angelsächsischen Monatsnamen und Heiligenfesten geschenkt haben, in das er auch eine Reihe von Ereignissen aus dem Umfeld der Königsfamilie eingetragen hat, so die Sterbetage Ludwigs des Deutschen und Karls des Kahlen. Im Ostfrankenreich gehörten damals die Herforder Äbtissin und Bischof Altfrid von Hildesheim († 874) zu den wenigen Personen, die mit Karl, dem König des Westfrankenreichs, in näherer Verbindung standen. So ist die Nennung Altfrids, der bei beiden Königen ein hohes Ansehen genoß, im

Hartbert-Kalendarium nichts Außergewöhnliches, aber doch etwas sehr Bemerkenswertes.
Wie es für ein Kalendar aus Herford erwartet werden muß, erscheinen darin auch die großen Feste der Hauptpatronin des Stifts, der Gottesmutter, das Fest des Königs Oswald und das Fest der hl. Pusinna. Es fehlen auch nicht die Feste der beiden Ewalde zum 4. Oktober und am 20. März das des keltischen Asketen Cuthbert, der Ostern 685 in dem von König Oswald vollendeten Peters-Münster von York zum Bischof von Hexham geweiht wurde und 687 zunächst in Lindisfarne und 995 in der Kathedrale von Durham, deren Hochaltar der Muttergottes, dem hl. Cuthbert und dem hl. Oswald geweiht war, seine letzte Ruhestätte fand.[104] Im Kalendarium Hartberts sind unter dem 24. April auch die Gedenktage für Melittus von Canterbury († 24. April 624)[105], für Wilfrid von York (634 bis 709), den Friesenmissionar aus Northumbrien, und für Erzbischof Ecgbert von York, Bruder König Eadberts von Northumbrien, verzeichnet, die im Jahre 766 bzw. 768 starben und im Gregorius-Portikus des Yorker Münsters beigesetzt wurden.[106] Auch der Gründer von York, Erzbischof Paulinus, der im Jahre 625 mit der kentischen Königstochter an den northumbrischen Hof gekommen war und im Jahre 627 deren Gemahl, König Edwin (617 bis 633), getauft hatte, fand seinen Eingang in das Hartbert-Kalendarium zum 10. Oktober. König Edwin fiel im Jahre 633 im Kampf gegen den heidnischen König Penda, der dann 642 auch Edwins Neffen Oswald besiegte. Hinter dem am 29. Juli im Kalendarium eingetragenen *Oslac rex* verbirgt sich vermutlich König Oswalds gleichnamiger Bruder, der aber nie König war. Vielleicht ist ihm aber der Königstitel aus Unkenntnis zugelegt worden, weil man unterstellte, daß alle Brüder Oswalds geborene Könige waren — ein dritter Bruder, Oswiu, war es tatsächlich, er regierte von 642 bis 670.[107]

Waltger und Ludwig der Fromme

Ein weiteres Mal wird Herford im Reichenauer Verbrüderungsbuch nicht mehr genannt. Doch bei der Suche nach dem Herforder Stifter Waltger stößt man auf den Tafeln 98 und 99 mit den Einträgen der lebenden Wohltäter des Klosters (*Nomina amicorum uiuentium*) mehrfach auf dessen eigentlich nicht sehr häufigen Namen. Eine dieser Nennungen ist besonders aufschlußreich. Sie ist in der Spalte A zu finden, die der Herrscherfamilie vorbehalten ist und mit Kaiser Ludwig dem Frommen († 840) beginnt.[108] Judith, seine zweite Gemahlin und Tochter Welfs, die er im Jahre 819 geheiratet hatte, ist noch von der den Codex anlegenden Hand eingeschrieben worden. Ihre gemeinsamen Kinder, Gisela, die spätere Gemahlin Eberhards von Friaul, und der am 13. Juni 823 geborene Karl (der Kahle) sind direkt unter dem Namen Judith bereits als Nachträge zu erkennen, was für die Datierung des Eintrags wichtig ist.[109] Nur zehn Namen hinter diesen Kindern aus zweiter Ehe Ludwigs mit der schönen Welfentochter folgen in derselben Spalte die Namen der Angehörigen der Kaiserin Judith:
Ruadpreht · Heiluuig · Chuonrat · Ruadolf · Ruadroh · Hemma · Morentio.[110]
Hiervon lassen sich Heilwig als Mutter, Chuonrad und Ruadolf als Brüder und Hemma als Schwester der Kaiserin eindeutig identifizieren. Der diese Namen eintragende

Schreiber hat neben Morentio in die zweite Kolumne, aber noch in Feld A 3, den Namen Uualdger hinzugesetzt, wodurch er sehr wahrscheinlich eine Verbindung zu den Welfennamen herstellen wollte.
Welf, der Vater der Kaiserin Judith und ihrer Geschwister, fehlt in diesem Lebenden-Eintrag auf Tafel 98 des Verbrüderungsbuches der Abtei Reichenau. Demnach dürfte er zum Zeitpunkt der Einschreibung seiner Gemahlin und seiner Kinder in das Gebetsgedächtnis des Inselklosters bereits tot gewesen sein.
Warum steht aber Waldger im Verbrüderungsbuch in so enger Nachbarschaft zur Welfen- und damit auch zur karolingischen Königsfamilie? Läßt sich vielleicht eine Verwandtschaft zwischen dem Stifter von Herford und den Welfen feststellen? Was weiß Josef Fleckenstein »über die Herkunft der Welfen ...« zu sagen?[111]
Die Heirat der Welfin Judith mit dem Kaiser im Jahre 819 ist für Fleckenstein die Rückgewinnung der königsnahen Stellung für ihre Familie, und in einer Anmerkung fügt er hinzu: »Vielleicht verdankte Welf andrerseits den alten Beziehungen Ruthards nach Fulda auch die Verbindung zum sächsischen Adel, aus dessen Reihen er sich die vornehme Eigilwi-Heilwig zur Frau genommen hatte.[112] Ihre Töchter Judith und Hemma haben die Klöster Corvey und Herford, die unter dem beherrschenden Einfluß der Ecbertiner-Kobbonen standen, so auffallend gefördert, daß die Vermutung nahe liegt, daß Heilwig selbst eine Kobbonin gewesen ist.«[113]
Als Cobbonin kann Heilwig sicherlich nicht bezeichnet werden, da Cobbo, der Bruder des Abtes Warin von Corvey (826 bis 856), der erste bekannte Träger dieses Namens überhaupt ist und Heilwig, da in gleicher Generation stehend, keine Nachfahrin Cobbos sein kann.
Aber worin liegt nun die von Fleckenstein angesprochene auffallende Förderung von Corvey und Herford durch Judith und Hemma, die Töchter Welfs, die beide mit einem Karolingerkönig verheiratet waren? Sind es die Urkunden[114], ausgestellt von Ludwig dem Frommen, dem Gemahl Judiths, und Ludwig dem Deutschen, dem Gemahl Hemmas[115], die diese großzügige Förderung beider Klöster ausgemacht haben? Oder waren noch andere Dinge im Spiel, die die Verbundenheit der Karolingerkönige mit diesen frühen Klostergründungen auf sächsischem Boden erklären?
Reliquienverzeichnisse von Corvey wissen von der Schenkung eines Schulterblattes des Erzmärtyrers Stephanus durch Kaiser Ludwig den Frommen. Dieser *imperator Ludwig* soll außerdem ein großes Kreuz mit Reliquien aus dem Heiligen Land dem Abt Erkenbert (1107 bis 1128!) geschenkt haben, was natürlich nicht möglich ist.[116] Ein anderes kostbares Kreuz hatte der Corveyer Kirchenschatz der Kaiserin Judith zu verdanken.[117]
Ob auch der Herforder Kirchen- und Reliquienschatz durch die Karolinger und ihre Gemahlinnen Judith und Hemma bereichert worden ist, kann leider nicht mehr überprüft werden, da diese Heiltümer gegen Ende des 17. Jh. untergegangen sind.[118]
Doch hat Ludwig der Fromme nach Ausweis der Vita Waltgeri (Kap. 23 bis 26) *das Kloster zu Ehren der Gottesmutter und Jungfrau Maria zwischen den Flüssen Werre und Aa, wo der heilige Leib der Jungfrau Pusinna ruht (monasterium inter fluvios Uuerna et Hardna in honore sanctae dei genitricis et perpetue virginis Mariae, ubi requiescit corpus sacra virginis Pusinne)*[119], durch eine großzügige Zustiftung auf eine gesicherte

Bildnismünze
Kaiser Ludwigs des Frommen
(814 bis 840)

Grundlage gestellt und in seinen königlichen Schutz genommen: *Zu eben dieser Zeit weihte Kaiser Ludwig der Fromme Neu-Corbie und bereicherte es durch zahlreiche Güterschenkungen. Da begab sich der selige Waltger ... im Pilgergewand nach der Pfalz des Kaisers Ludwig ... Der König erbarmte sich des demütig Bittenden (=Waltger) und stellte die Tochter, das heißt die herfordische Kirche, als eine seiner königlichen Herrschaft anvertraute, durch eine Urkunde unter seinen Schutz. Und wie er Neu-Corbie nach dem Beispiel von Alt-Corbie ausgestattet hatte, so richtete er diese nach dem Recht von Soissons in Gallien ein. Und von der Menge, die er dem Kloster Corvey an Grundbesitz und Höfen verliehen hatte, schenkte er ihr ein Drittel aus Liebe zu der seligen und hochgerühmten Gottesmutter Maria und bekräftigte dies durch gegenseitig verpflichtende Urkunden und Besiegelung.* [120]
Waltger starb schon am 16. November 825, die Weihe der Kirche soll nach der Inschrift unter seinem Bildnis im Lehnssaal der Abtei im Jahre 832 vorgenommen worden sein, und die Schenkungsurkunde der königlichen Eigenkirchen St. Dionysius in Rheine, St. Petronilla in Wettringen und St. Brictius in Stockum-Schöppingen mit den zugehörigen Villikationen wurde vom Kaiser gar erst am 7. Juni 838 in der Pfalz zu Nymegen ausgestellt, doch muß man annehmen, daß die Weichen für die Gewährung des Königsschutzes und für die Güterschenkung des Kaisers bereits im Jahre 819 mit dem Eintritt der Tochter Welfs in die Kaiserfamilie gestellt worden sein dürften, wie man noch sehen wird. Albert K. Hömberg [121] hat als erster erkannt, daß die Gründung Herfords in zwei Abschnitten zu zwei verschiedenen Zeitpunkten erfolgt ist, nämlich die Erstgründung durch Waltger und die Zustiftung durch Ludwig den Frommen. [122] Für Hömberg kommen allerdings in erster Linie Adalhard und Wala, die Vettern Karls des Großen, als Gründer von Herford in Frage, wofür er auch die Gründe anführt:

»1. Die Biographie Walas, verfaßt von seinem Schüler Paschasius Radbertus, die den Brüdern die Gründung von Klöstern für beide Geschlechter in Sachsen zuschreibt, was nur auf Corvey und Herford bezogen werden kann. [123]

2. Die Translatio s. Pusinnae, welche die Gründung von Corvey und Herford ausdrücklich den beiden Brüdern zuschreibt.

3. Die urkundliche Überlieferung, die zumindest im 10. Jahrhundert sowohl Corvey als auch Herford als Gründungen der Karolinger bezeichnet.
Die Richtigkeit dieser Überlieferungen wird erhärtet.

4. durch die ungemein reichen Schenkungen, die Ludwig der Fromme und seine Nachkommen sowohl Corvey als auch Herford zukommen ließen und die keinerlei Zweifel lassen, daß beide Klöster von den Karolingern als Stiftungen ihres Geschlechts betrachtet wurden, durch die Annahme einer bloßen Unterstellung einer fremden Gründung unter Königsschutz dagegen nicht erhärtet werden können.
5. Durch die offensichtlich ungemein engen Beziehungen, die im 9. bis 10. Jahrhundert zwischen Corvey und Herford bestanden und die ganz unerklärlich wären, wenn Herford seine Gründung einem ganz anderen Kreise verdankte als Corvey.
6. Durch die Tatsache, daß Herford nach dem Zeugnis der Urkunden wie auch der Vita Waltgeri nach dem Vorbild von Soissons eingerichtet wurde, was sich daraus erklärt, daß das Kloster Soissons zur Zeit der Gründung Herfords unter der Leitung der Theodrada, der Schwester Adalhards und Walas, stand.«[124]

Wenn auch die Ausführungen Hömbergs über die Person des Herforder Erstgründers Waltger inzwischen durch neuere Forschungen überholt sind,[125] so können doch die Argumente, die er für die enge Verbundenheit Herfords mit Corvey anführt, im großen und ganzen übernommen werden, da dem zeitgenössischen *Epitaphium Arsenii* des Paschasius Radbertus, das die Hauptquelle für die Biographie Walas ist, der höchste Quellenwert zukommt.[126]

Herford und Soissons

Es gibt aber noch ein weiteres eindrucksvolles Zeugnis für die gemeinsame Geschichte Corveys und Herfords durch die Jahrhunderte: Kaiser Friedrich I. Barbarossa nahm am 18. Mai 1152 auf Bitten des Abtes Wibald das Kloster Corvey in seinen Schutz und gewährte ihm eine umfassende Bestätigung der von seinen Vorgängern verliehenen Rechte.[127] Diese Urkunde ist gleichzeitig eine Bestätigungsurkunde für Herford und seinen Besitz. Unter den Zeugen (Königen von Dänemark, Erzbischöfen, Bischöfen und Äbten) treten an ganz ungewöhnlicher Stelle am Schluß der Urkunde Herzog Heinrich der Löwe (1129 bis 1195), sein Onkel Welf VI. (1115 bis 1191) sowie die Markgrafen Conrad der Große von Meißen (1098 bis 1157) und Albrecht der Bär (1100 bis 1191) mit ihren Söhnen auf. Sie sind die Nachkommen und Rechtsnachfolger der Gründerfamilien von Corvey und Herford, der Egbertiner, Welfen und Billunger, und aus der Familie der Grafen von Northeim, der Hochvögte von Corvey.[128]

Der Gang Waltgers zu Ludwig dem Frommen und die ihm vorgetragene Bitte, Herford seinem königlichen Schutz zu unterstellen, mußte den Kaiser zu Überlegungen veranlassen, wie dieser Wunsch am besten und wirkungsvollsten zu erfüllen sei. Es war für ihn naheliegend, mit dieser Aufgabe bewährte Organisatoren zu betrauen. Wer anders als seine Verwandten, die Brüder Adalhard († 826) und Wala († 836), der eine Abt von Corbie und gleichzeitig Abt der sächsischen Neugründung Corvey, der andere der Sohn einer Dame aus hohem sächsischem Adel und einer der hervorragendsten Verwaltungsbeamten des Karolingerreiches,[129] konnten dafür in Frage kommen. Wie für die Übertragung der Verfassung von Corbie auf die namensgleiche Gründung in Sachsen der beide Klöster in Personalunion regierende Abt Adalhard der beste Garant sein konnte, so mußte dies gleichermaßen die Äbtissin des Klosters Notre-Dame in Soissons sein, nach dessen Vorbild bekanntlich das ebenfalls unter dem Marien-Patrozinium stehende Frauenkloster oder -stift in Herford eingerichtet worden ist. Äbtissin von Notre-Dame war zur Zeit der Gründung Corveys niemand anderes als Adalhards und Walas Schwester Theodrada († 846).[130] Sie war vor ihrem Eintritt ins Kloster verheiratet gewesen und hatte eine Tochter Emme (Imma)[131], die um 856 ebenfalls als Äbtissin von Notre-Dame de Soissons nachzuweisen ist.[132]

Wenn Wala, sicherlich in Absprache und Übereinstimmung mit Ludwig dem Frommen und der Kaiserin Judith, die Verfassung des von seiner Schwester geleiteten Klosters Notre-Dame in Soissons als für Herford geeignet angesehen und auserwählt hatte, dann war es — wie im Falle Corbie und seines Bruders Adalhard — nur folgerichtig, die Äbtissin von Notre-Dame, nämlich seine Schwester Theodrada, gleichzeitig auch mit der Leitung von Herford zu beauftragen. Hierfür brachte sie die besten Voraussetzungen mit: Sie hatte schon einige Jahre, wohl seit 810, einer Abtei vorgestanden, sie war mit den Karolingern verwandt, und ihre Mutter gehörte dem sächsischen Adel an. Sie dürfte sogar der Bestimmung Waltgers (Vita Waltgeri, Kap. 21) entsprochen haben, wonach eine geeignete Dame aus seiner Verwandschaft (*idonea persona cognatione sue*) der verstorbenen Äbtissin (Suala?) im Amte folgen sollte.[133]

In der bisherigen Forschung hat man die Äbtissin Theodrada von Notre-Dame de Soissons und die Äbtissin Tetta von Herford für zwei verschiedene Personen gehalten. Josef Semmler ist der Ansicht, letztere sei augenscheinlich aus dem Konvent von Notre-Dame de Soissons hervorgegangen und setzt Tetta von Herford und Theodrada von Notre-Dame de Soissons mit der zum 17. Dezember in das Totenbuch von Neuenheerse eingetragenen *Tetta abb(atiss)a* und der zum 30. Dezember dort eingetragenen *Dedrat abb(atiss)a* gleich.[134] Beide können aber nicht mit der Herforder oder Soissonser Äbtissin identifiziert werden, da das Stift Neuenheerse erst im Jahre 868 gegründet wurde und folglich ein Totenbuch erst mit diesem Jahr angelegt werden konnte.[135] Sowohl die Regeln der Germanistik als auch die Chronologie stehen einer Gleichsetzung von Theodrada mit Tetta nicht im Wege: Die Schenkungsurkunde Ludwigs des Frommen für Herford unter der Äbtissin Tetta vom 7. Juni 838 wurde acht Jahre vor dem Tod der Theodrada von Notre-Dame de Soissons im Jahre 846 ausgestellt.[136]

Die Gedenkstiftung Ludwigs des Deutschen

Die Nennung Waltgers im Verbrüderungsbuch der Reichenau in unmittelbarer Nachbarschaft der Welfenfamilie kann wohl nur mit der Annahme einer engeren Verwandtschaft zwischen ihnen erklärt werden. Es war jedoch schwierig, Anhaltspunkte für die Richtigkeit dieser an und für sich naheliegenden Hypothese zu finden. Bei einer genauen Durchsicht der für Herford ausgestellten Kaiser- und Königsurkunden stößt man auf die dort am 8. Dezember 851 oder 852 von König Ludwig dem Deutschen gemachte Schenkung von bestimmten, ihm gehörenden Gütern in Kilver im Graingau, die ein Graf Hrodradus zu Lehen gehabt hatte, und von weiteren Gütern in Laer und Erpen im Süderberggau.[137]

Die Fuldaer Annalen nennen die Gründe, die den König bewogen haben, nach Sachsen zu reisen: Er mußte eine erbrechtliche Entscheidung über den Besitz aus dem Eigentum des Großvaters und Vaters treffen.[138] Der Vater des Königs war Ludwig der Fromme († 840) und sein Großvater Karl der Große († 814). Beide konnten durch die Eroberung Sachsens über umfangreichen Besitz aus Konfiskationen verfügen, mit dem dann ja auch die Klöster Corvey und Herford ausgestattet worden sind. Aber in der Urkunde von 851 (852?) werden ausdrücklich die Güter angesprochen, die ein Graf Hrodrad als Lehen besessen hatte, unter den Erben vielleicht strittig waren und die nun Ludwig der Deutsche an Herford schenkte.

Graf Hrodrad — nur dieses eine Mal in Sachsen genannt — war aber weder der Vater noch der Großvater des Königs. Er war vielmehr der Großvater von Ludwigs Gemahlin Hemma († 876) und auch der seiner Stiefmutter Judith († 843). In der Geschichte ist er unter dem Namen Ruthard[139] zusammen mit dem Grafen Warin als einer der berühmten Statthalter Alemanniens zur Zeit König Pippins bekannt.[140] Nach den Forschungen Fleckensteins war er ein Vorfahre der Welfen, höchstwahrscheinlich im Mannesstamm. Für eine agnatische Verbindung dürfte die Schenkung der Hrodrad-Lehen an Herford der von Fleckenstein noch vermißte Beweis sein.[141]

Karl Hauck hat die maßgebliche Beteiligung des Abtes Fulrad von St. Denis an der Sachsenmisssion seit dem Jahre 777 deutlich machen können.[142] Ist es da abwegig, auch eine enge Mitarbeit Ruthards bei der Bewältigung dieser Aufgabe und bei der Einrichtung einer Verwaltung im eroberten Sachsen nach karolingischem, in Alemannien und anderen Reichsteilen bereits erfolgreich erprobtem Vorbild zu unterstellen? Wie eng Fulrad und Ruthard im Königsdienst und bei der Administration Alemanniens zusammengearbeitet haben, hat Michael Borgolte eindrucksvoll dargelegt.[143] Der Kaiser wird auf sie auch bei der Administration Sachsens kaum verzichtet haben, und er hat ihnen wie in Alemannien wohl auch ermöglicht, Güter oder Lehen aus Fiskalbesitz zu erwerben.

Dem Aufenthalt Ludwigs des Deutschen in Herford im Jahre 851 oder 852 verdankte das Kloster offensichtlich noch eine Stiftung ganz anderer Art. Mit den Almosen, die die Abtei am Gedenktag ihres Gründers Waltger in seiner Kapelle auszuteilen hatte (5 Brote und 5 Käse, große Semmeln und einen friesischen Käse)[144] werden neben der Gabe von zehn Pfund Wachs für die Kerzen der hl. Pusinna, der Herforder Reliquien-

heiligen aus dem Westfrankenreich und den zweieinhalb Pfund Wachs für fünf Kerzen, die die Äbtissin dem Heiligen Grab zu spenden hatte, auch die drei Pfund Wachs — dreimal im Jahr — des Königs Ludwig (*3 libras* (cere) *ad candelas regis Ludewici ter in anno)* aufgeführt, jedoch ohne Angabe des Verwendungszwecks.[145]
Wären die von Ludwig dem Deutschen gestifteten Kerzen für den der Gottesmutter geweihten Hochaltar der Münsterkirche oder für den Cosmas- und Damian-Altar auf dem Jungfernchor[146] oder in der Hofkapelle der Äbtissin[147] bestimmt gewesen, hätte dies — wie im Falle der Kerzen für die Festbeleuchtung an Weihnachten, für die Krippe, für das Heilige Grab und für die Gedenkstätte *(memoria)* der hl. Pusinna[148] — sicherlich in dem vorgenannten Register gestanden. Auch von einer Aufstellung der Kerzen in der Waltger-Kapelle am Grabe des Stiftsgründers in Verbindung mit der Almosenspende an seinem Gedenktag verlautet nichts. Es muß aber eine besondere Gedenkstätte in der Münsterkirche gegeben haben, die dreimal jährlich mit den Kerzen König Ludwigs zu versorgen und zu schmücken war.
Aus dem engeren Familienkreis des Königs kennt man ganz ähnliche Gedenkstiftungen: Aus Liebe zu ihrem am 6. Januar 866 verstorbenen Gemahl Rudolf, dem Bruder der Königin Hemma und der Kaiserin Judith, hat seine Witwe Roduna eine Lampe zu seinem Totengedächtnis an seinem Grabe im Kloster St. Riquier anbringen lassen.[149] Demselben Kloster schenkte Karl der Kahle am 15. Januar 870 Güterbesitz für die Lichter zum Seelenheil seiner Gemahlin Irmintrud, seines Sohnes Karlmann und seiner anderen Söhne.[150] Hat König Ludwig der Deutsche mit der Stiftung der Kerzen in der Herforder Münsterkirche für ein ähnliches Totengedächtnis sorgen wollen und wenn ja, für wen? Diese Fragen lassen sich beantworten, auch wenn wir bei ihrer Beantwortung auf eine frühneuzeitliche Überlieferung zurückgreifen müssen, weil sie die einzige ist.

Waltger und Welf

In seinem um 1475 geschriebenen Westfalenbuch *De laude antiquae Saxoniae nunc Westphaliae dictae* schreibt der Verfasser Werner Rolevinck (1425 bis 1502) im 8. Kapitel des 3. Buches: *In Herford ruhen der hl. Waltger, Corelphus und die Jungfrau Pusinna, in Durrenberch der hl. Oswald, König von England* . . .[151]
Waltger, Pusinna und Oswald begegnen uns auf Schritt und Tritt in der gesamten Herforder Archiv-Überlieferung, Corelphus dagegen nie. Corelphus kennen auch sämtliche hagiographischen Werke nicht, so daß man zu der Erkenntnis und Feststellung kommen muß: Einen hl. Corelphus gibt es nicht und hat es auch nie gegeben!
Wer aber ist dann der in Herford ruhende Corelphus? Die Verbundenheit Ludwig des Frommen und Ludwigs des Deutschen mit Herford, das im Jahre 851 (852) auch einen Teil der sächsischen Lehen des Grafen Ruthard erhielt, läßt nur eine Antwort zu: Corelphus ist niemand anderes als Welf, der Vater der Kaiserin Judith und der Königin Hemma, der in der ersten Herforder Stiftskirche zwischen 819, dem Jahr der Heirat Judiths mit dem Kaiser, und 825, dem Jahr des Eintrags seiner Familie in das Reichenauer Verbrüderungsbuch, seine letzte Ruhestätte gefunden hatte.[152]

Guuelphus, die latinisierte Form des Namens Welf, konnte im Laufe der Jahrhunderte leicht zu Corelphus werden, wenn in Betracht gezogen wird, daß Inschriften auf Grabplatten am Boden von Kirchen durch Begehung der Kirchenbesucher je nach ihrer Lage mehr oder weniger schnell unleserlich werden konnten. Das Grab Welfs ist vielleicht in Herford dann in Vergessenheit geraten, als die karolingerzeitliche Stiftskirche unter den Ottonen-Kaisern einem Neubau weichen mußte. Seit dieser Zeit hat man in Herford möglicherweise nicht mehr gewußt, welchem Totengedächtnis die Kerzen König Ludwigs hatten dienen sollen.

Die Bestattung Welfs in der Herforder Stiftskirche ist ein weiteres Indiz für die Verwandtschaft Waltgers mit den Welfen. Da Waltgers Vater Dedda hieß und Welfs Vater Ruthard, kann ihre Verwandschaft nur über Welfs Gemahlin Eigilwi-Heilwig gelaufen sein, die nach Thegan *nobilissimi generis Saxonici*[153] war. Sieht man in ihr eine Schwester Waltgers, wären ihre Eltern ebenfalls Dedda und Ecwi gewesen. Wenn man weiter Ecwi und den von Karl dem Großen nach seiner Heirat mit der karolingerblütigen Ida zum Herzog *(dux)* zwischen Rhein und Weser eingesetzten Ecbert[154] als Geschwister ansetzt, würde die von der Translatio S. Pusinnae[155] bezeugte Verwandschaft im 3. und 4. Grad (*tertio quartoque cognationis gradu*) zwischen Haduwy, Äbtissin von Herford (858 bis 887), der Enkelin Ecberts, und Kaiser Karl dem Kahlen (823 bis 877), dem Urenkel Ecwis, endlich auch bewiesen werden können.[156] Seiner Verwandten, der Äbtissin Haduwy von Herford, hat Karl der Kahle schon deshalb ihre Bitte um Reliquien nicht abschlagen können, weil sie ja für das Grabkloster seines Großvaters Welf bestimmt waren.[157]

Welfs Witwe, die Sächsin Heilwig, fand ihr Grab nicht an der Seite ihres Gemahls in Herford. Sie trat in das karolingische Apanagekloster Chelles unweit Paris im Westreich ihres Enkels Karls des Kahlen ein und wurde dort Äbtissin. Sie lebte noch im Jahr 843. In dem von der Angelsächsin Balthilde — sie war von einer Gefangenen zur Gemahlin des Merowingerkönigs Chlodwig II. (639 bis 657) aufgestiegen — vor 646 wiederbegründeten irofränkischen Musterkloster Chelles-sur-Cher hatten nicht wenige Angelsächsinnen ihre Erziehung und Ausbildung erhalten. Diese Tradition war möglicherweise für Heilwig ausschlaggebend gewesen, gerade in diesem Kloster ihren Lebensabend zu verbringen, war doch ihr Vater Dedda nach unserer Auffassung ein Angelsachse gewesen.[158]

Die Oswald-Reliquien

Zu fragen ist jetzt noch nach dem Verbleib der Reliquien des hl. Königs Oswald, die Waltger aus Northumbrien geholt und in Kirchdornberg bis zur Fertigstellung der Stiftskirche in Herford provisorisch hatte aufbewahren lassen. Für Werner Rolevinck lagen die Reliquien auch im 15. Jh. noch dort. Vielleicht waren Partikel davon tatsächlich im Altar der Dornberger Peterskirche zurückgeblieben.

Vom Helm und vom Schwert Königs Oswald hat sich im Verlauf der Jahrhunderte jede Spur verloren. Die eigentlichen Reliquien wurden dagegen in einem kostbaren Reliquiar geborgen, das in einem Verzeichnis des Herforder Münsterkirchenschatzes von 1669 nach der Monstranz mit den Peters-Reliquien an zweiter Stelle genannt wird. *Sancti Osuualdi linker Arm in Silber ein gefaßet, woruf gegraben »Sancti Osuualdi Regis et martiris brachium«, mit unten und oben versetzten allerhandt Steinen, warin aber doch 2 Finger ermangeln und ein Finger dabei gelegen.* [160] Vom wirklichen Aussehen des Reliquiars kann man sich leider kein Bild mehr machen. Es wurde im Jahre 1685 mit dem gesamten Herforder Kirchenschatz eingeschmolzen. Das Gold und Silber ließ das Stiftskapitel dann fünf Jahre später von den Juden Hertz Levi und Levi Samuel schätzen und an letzteren verkaufen.

Andere Partikel der Oswald-Reliquien müssen nach Hildesheim gelangt sein, mit dem Herford bekanntlich in der Reichenauer Gebetsverbrüderung stand.[161] Im 12. / 13. Jh. wurde in Hildesheim das erhalten gebliebene Oswald-Kopf- oder Kuppelreliquiar in der Form eines Oktogons geschaffen. Auf den Platten der Wandungen sind hier abwechselnd vier gravierte und vier niellierte Königsbilder zu sehen: Oswald, Edward, Alfred, Athelwold, Knut, Aethelbert, Edmund und Sigismund. Die umlaufende Inschrift am Gesims lautet: *REX PIVS OSWALDVS SESE DEDIT ET SVA CHRISTO LICTORIQUE CAPVT IN AVRO CONDITVR ISTO (König Oswald der Fromme gab sich und das Seinige Christo, bog dem Henker sein Haupt, das hier in Gold geborgen).* [162]

Im Austausch müssen aus Hildesheim gleichzeitig Reliquien des im Jahre 1131 heiliggesprochenen Hildesheimer Bischofs Godehard (960 / 61 bis 1038) nach Herford geschenkt worden sein.[163] Das Verzeichnis des Herforder Münsterkirchenschatzes führt an fünfter Stelle auf: *Ein Stück gleich einem Portall formirt, darauf eine güldene Plate mit der Überschrift S. GODEHARD. S. MARIA. ET S. PUSINNA. Oben creutzweis auch eine Plate mit 5 Brustbildern, jegen über eine gleichförmige Plate mit einem Agnus Dei. Sonsten unter der güldenen Platen wie auch jegenüber mit Silber beschlagen, mit diesen eingegrabenen Buchstaben »HIC DATVS ORNATVS LICET EXIGVVS SIT TIBI GRATVS« (Dies geschenkte Ornat — wenn auch klein — möge dir wert und teuer sein).*

Selbstverständlich war auch das Herforder Mutterkloster Notre-Dame de Soissons im Besitz von Oswald-Reliquien. Die Acta Sanctorum der Bollandisten berichten: *Der Leib dieses Heiligen wurde nach Gallien übertragen und in der Abtei Notre-Dame in Soissons niedergelegt (Corpus hujus Sancti translatum fuisse in Galliam et in abbatia Dominae Nostrae Suessionensis depositum).* [164]

Die Oswald-Reliquien im Fraumünster-Stift in Zürich[165] dürften durch eine der Töchter König Ludwigs des Deutschen und der Königin Hemma dorthin gekommen sein. Hildegard (828 bis 856), die älteste Tochter, war von 853 bis 856, und Bertha, die jüngste Tochter des Königspaares, ab 856 Äbtissin dieses Stifts. Ihrer Schwester Irmengard († 866) hat sehr wahrscheinlich das Damenstift Buchau im Federsee in Oberschwaben die Oswald-Reliquien und -Verehrung zu verdanken. Hier war die St. Oswalds-Pfründe mit der Custodie-Pfründe vereinigt und ihr Inhaber verpflichtet, einmal wöchentlich eine Messe am Oswald-Altar zu lesen. Dieser Altar stand in der Oswald-Kapelle und ist seit 1334 bezeugt.[166]

Die Oswald-Verehrung der Welfen

Der interessanteste Ort der Oswald-Verehrung im deutschen Sprachraum ist jedoch die oberschwäbische Abtei Weingarten, das Hauskloster der Welfen, in dem die Oswald-Verehrung durch Judith († 1094), Tochter des Grafen Balduin IV. von Flandern und seiner zweiten Gemahlin aus dem normannischen Herzogshaus, begründet worden sein soll.[167] Nach dem Tod ihres ersten Gemahls, des Grafen Tostig von Northumbrien im Jahre 1066, heiratete die um 1032 geborene Judith in zweiter Ehe den Bayernherzog Welf IV. († 1101).

Der sächsische Annalist weiß von großen Reichtümern, die Judith aus England mit auf das Festland gebracht haben soll: *Die genannte Judith brachte eine unglaubliche Menge Geld aus England mit. (Hec Iuditha dicta fuit, maximamque pecuniam et vix credibilem de Anglia secum adduxit).*[168] Die mitgebrachten Schätze beschreibt Hans Swarzenzki so: »Das Fuldaer Evangeliar gibt auf Folio 89^{V} eine Liste ihres bedeutenden Schatzes ... Besonders erwähnt sie hier außer den drei Evangelienbüchern 29 teilweise goldgestickte und mit Juwelen bestickte Ornate, zwei goldene, mit Edelsteinen besetzte Kreuze, drei vergoldete Altäre, drei schwere silberne Leuchter und vier goldene Reliquienschreine. Man darf annehmen, daß einer dieser Schreine Reliquien des hl. Oswalds, König von Northumbrien, enthielt, dessen Haupt nach seinem Tode in die Hände des in Durham beigesetzten St. Cuthbert gelegt worden war. Die erwähnten Beziehungen Earl Tostigs und Judiths zu Durham und dem Kulte St. Cuthberts erklären den Reliquienbesitz. Durch Judiths zweite Heirat 1071 mit Herzog Welf IV. von Bayern kam dieser Reliquienbesitz mit ihrem Schatz flämischer und angelsächsischer Kunst an das Kloster Weingarten, die Familienstiftung ihres welfischen Gemahls ... Und als ihre besondere Stiftung ist hier die kostbarste Reliquie — preciosissimus thesaurus — der Abtei erwähnt, die Reliquie des Heiligen Blutes. Die Verehrung St. Oswalds als Patron Weingartens wird durch die Judith-Stiftung verständlich.«[169] Wohl werden in dieser Aufstellung die Kostbarkeiten, die Judith aus England mitbringen konnte, recht genau beschrieben. Doch werden gerade die Oswald-Reliquien nicht ausdrücklich genannt. Sind sie vielleicht durch die viel kostbarere Heilig-Blut-Reliquie in den Hintergrund gedrängt worden? Wohl kaum!

Oswald-Reliquien müssen vielmehr schon kurze Zeit nach ihrer Translation in die Hände der mit dem Gründer von Herford verwandten Welfen gelangt sein. Sie haben dann nicht nur ihrem auf den Martinsberg in Altdorf verlegten Hauskloster den heiligen König zum Mitpatron neben dem hl. Martin gegeben, sie haben ihn sogar zum speziellen Patron ihrer dortigen Grablege erkoren. Die dem hl. Oswald geweihte »Stifter-Kapell« im Westen der Altdorfer Klosterkirche zwischen den beiden Türmen nennt Bucelin in der Legende zu einer seiner Tafeln *die Grabkapelle der Gründer (Sacellum sepulturae Fundatorum).*[170] Wie das Grab des alten Welf in Herford standen somit auch die Gräber seiner Nachkommen im schwäbischen Altdorf-Weingarten unter dem Schutz des heiligen Märtyrerkönigs aus Northumbrien.

Eine Annahme, daß die Grablege der Welfen im Kloster Weingarten erst nach der Heirat Judiths von Flandern mit Welf IV. im Jahre 1071 das Oswald-Patrozinium erhalten haben

könnte, ist nicht vertretbar. Die Stifterkapelle wird ihr Patrozinium schon mit der Vollendung der Klosterkirche bei ihrer Weihe bekommen haben, und das war in jedem Fall vor der Ankunft Judiths in Schwaben.
Mit der Gründung des welfischen Hausklosters Altdorf-Weingarten[171] in der ersten Hälfte des 10. Jh. durch Heinrich mit dem goldenen Wagen[172] begann auch die Ausbreitung der Oswald-Verehrung in Württemberg, Baden, Bayern, Vorarlberg und vor allem in Südtirol. Überall, wo dort ein Oswald-Patrozinium auftaucht, dürfte auch welfischer Allodial- oder Lehnbesitz vorhanden gewesen sein.[173]
In Herford wurde die Kloster- oder Stiftskirche, die heute Münsterkirche heißt, seit der Übertragung der hl. Pusinna aus dem Westfrankenreich Karls des Kahlen um das Jahr 860 häufig Pusinnen-Kirche genannt. Das große Siegel der Fürstabtei läßt aber erkennen, daß Pusinna die Gottesmutter mit dem segnenden Christuskind auf dem Arm vom ersten Patroziniums-Platz nicht hat verdrängen können.

Verwandtschaftstafel
Lindolfinger — Karolinger — Welfen

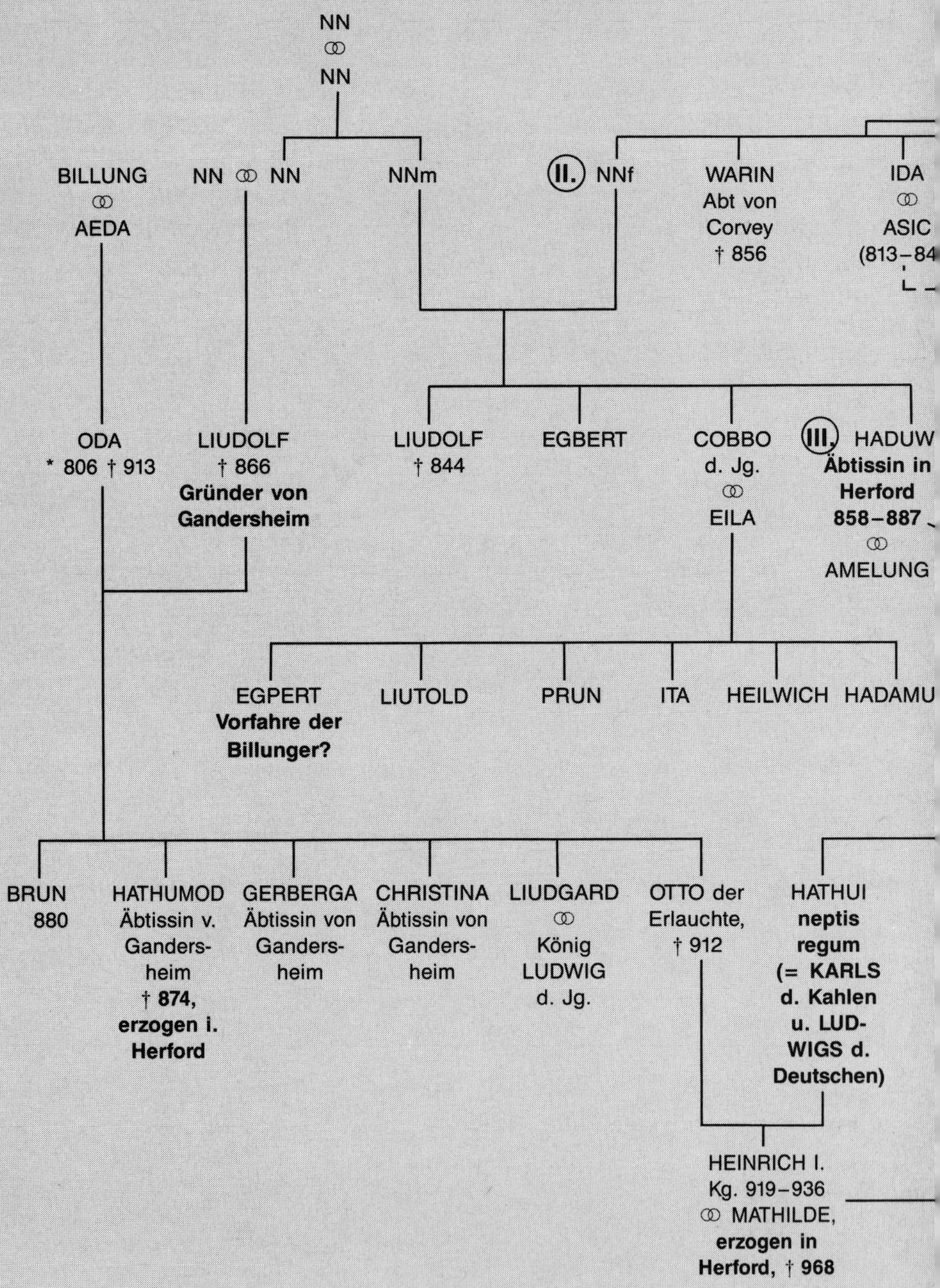

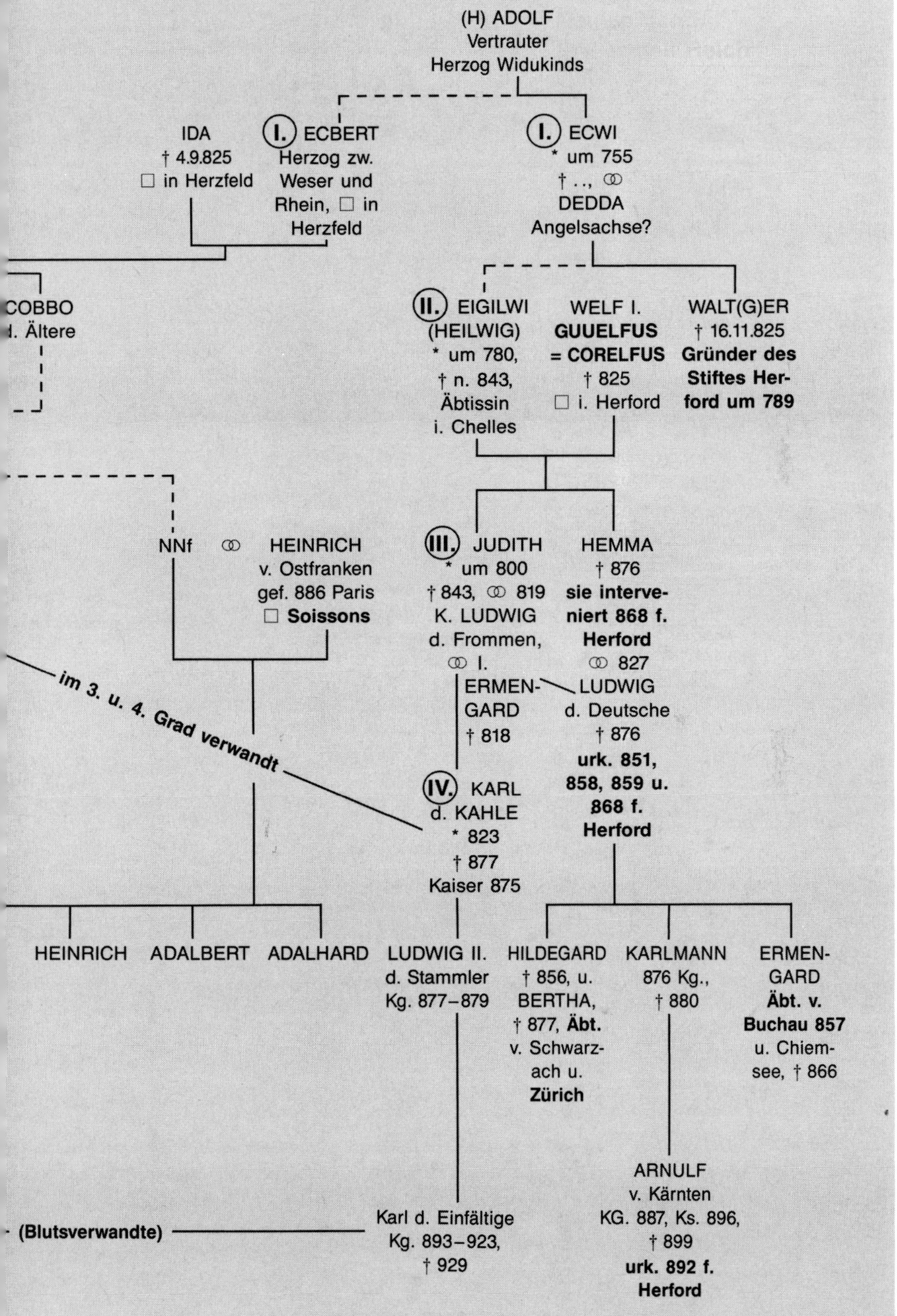
(H) ADOLF
Vertrauter
Herzog Widukinds
IDA
† 4.9.825
□ in Herzfeld
I.
ECBERT
Herzog zw.
Weser und
Rhein, □ in
Herzfeld
I.
ECWI
* um 755
† .., ⚭
DEDDA
Angelsachse?
COBBO
d. Ältere
II.
EIGILWI
(HEILWIG)
* um 780,
† n. 843,
Äbtissin
i. Chelles
WELF I.
GUUELFUS
= CORELFUS
† 825
□ i. Herford
WALT(G)ER
† 16.11.825
Gründer des
Stiftes Her-
ford um 789
NNf ⚭ HEINRICH
v. Ostfranken
gef. 886 Paris
□ **Soissons**
III.
JUDITH
* um 800
† 843, ⚭ 819
K. LUDWIG
d. Frommen,
⚭ I.
ERMEN-
GARD
† 818
HEMMA
† 876
sie interve-
niert 868 f.
Herford
⚭ 827
LUDWIG
d. Deutsche
† 876
urk. 851,
858, 859 u.
868 f.
Herford
im 3. u. 4. Grad verwandt
IV.
KARL
d. KAHLE
* 823
† 877
Kaiser 875
HEINRICH
ADALBERT
ADALHARD
LUDWIG II.
d. Stammler
Kg. 877–879
HILDEGARD
† 856, u.
BERTHA,
† 877, **Äbt.**
v. Schwarz-
ach u.
Zürich
KARLMANN
876 Kg.,
† 880
ERMEN-
GARD
Äbt. v.
Buchau 857
u. Chiem-
see, † 866
ARNULF
v. Kärnten
KG. 887, Ks. 896,
† 899
urk. 892 f.
Herford
(Blutsverwandte)
Karl d. Einfältige
Kg. 893–923,
† 929

Anhang

Münzen, Maße und Gewichte

Vergleichende Zeittafel zur Geschichte Herfords

Anmerkungen

Die Autorinnen und Autoren

Register

Münzen, Maße und Gewichte[1]

1. Münzen[2]

Münzrelation in Herford vom 14. bis 16. Jh.

1327	1 Geldmark = 1 Silbermark = 8 Gulden
1344–1349	2 Mark Herforder Pfennige = 1 Silbermark
1378 (?)	1 Gulden = 5 1/2 Schillinge 2 Kölner Weißpfennige
	1 Kölner Weißpfennig = 3 Pfennige 1 Heller
1393	48 Mark = 56 Rheinische Goldgulden
1440	1 Goldgulden = 1 1/2 Mark = 18 Schillinge
1450–1460	1 Goldgulden = 1 2/3 Mark = 20 Schillinge
1460–1470	1 Goldgulden = 1 5/6 Mark = 22 Schillinge
1470–1485	1 Goldgulden = 2 1/3 Mark = 28 Schillinge
1485–1495	1 Goldgulden = 3 Mark
1495	1 Goldgulden = 46 Stüber = 552 Pfennige
1495–1505	1 Goldgulden = 4 Mark = 2 Schillinge
	12 Mark = 3 Gulden weniger 6 schwere Schillinge
	3 schwere Schillinge = 6 leichte Schillinge
1505	1 Goldgulden = 5 Mark 5 Schillinge
1506	1 Goldgulden = 5 Mark 6 Schillinge
1507	1 Goldgulden = 6 Mark 9 Schillinge
1508	1 Goldgulden = 6 Mark 2 Schillinge
1509	(keine Angabe)
1510	1 Goldgulden = 6 Mark 10 Schillinge
1511	1 Goldgulden = 7 Mark
1512	1 Goldgulden = 7 Mark 10 Schillinge 1/2 Müter
	verändert sich im gleichen Jahr auf:
	1 Goldgulden = 8 Mark
1513	1 Goldgulden = 8 Mark 9 Müter
1514	1 Goldgulden = 9 Mark 9 Müter
1515	1 Goldgulden = 9 Mark
1516	1 Goldgulden = 9 Mark 3 Schillinge
1517	1 Goldgulden = 9 Mark oder 9 Mark 4 Schillinge
1518	1 Goldgulden = 9 Mark 4 Schillinge bis 10 Mark
1519–1522	1 Goldgulden = 10 Mark

1524	1 Goldgulden = 10 1/2 Mark
1525	1 Goldgulden = 10 1/2 Mark 2 Schillinge
1526–1527	1 Goldgulden = 11 Mark 3 Schillinge
1527	1 Goldgulden = 12 Mark
1528–1529	1 Goldgulden = 12 Mark
1530	1 Goldgulden = 12 Mark 3 Schillinge
1531	1 Goldgulden = 12 1/2 Mark
1532	1 Goldgulden = 12 1/2 Mark 3 Schillinge
1533	1 Goldgulden = 13 Mark
1534	1 Goldgulden = 13 Mark 3 Schillinge
1535	1 Goldgulden = 13 1/2 Mark; verändert sich auf:
	1 Goldgulden = 12 Mark
1536	1 Goldgulden = 12 Mark 3 Schillinge
1537	1 Goldgulden = 12 1/2 Mark
1538	1 Goldgulden = 13 Mark 3 Schillinge
1540	1 (Gold-)Gulden = 22 Schillinge
	1 Gulden (Courant) = 16 Schillinge
	1 Krone = 29 Schillinge (?)
1559	1 (Reichs-)Taler = 18 Mark zu 12 Schillinge

Sonstige Münz- und Geldverhältnisse in Herford am Anfang des 16. Jh.[3]

5 Goldgulden = 7 brabantische Gulden
48 Hornsche Gulden = 21 Goldgulden weniger 1 Hornschen Gulden
1 brabantischer Gulden = 20 Stüber
1 Hornscher Gulden = 17 Stüber
1 Goldgulden + 1 Hornscher Gulden = 40 brabantische Stüber
1 Taler = 16 oder 18 Mark
= 6 Schreckenberger + 2 Mattier oder 24 Groschen
1 Goldgulden = 5–7 Schreckenberger = 18 böhmische Groschen = 23 oder 24 Groschen

In Herford waren auch der Deventer, der bergische und der Philipsgulden gängig.

Münzrelationen in Herford im 17. Jh.[4]

1608	1 (Reichs-)Taler = 18 Mark = 216 Schillinge
1612	(ebenso 1622 und 1626; zu 1612: siehe folgender Abschnitt)
1630	1 (Reichs-)Taler = 36 Mariengroschen
	1 Mariengroschen = 6 Herforder Schillinge
1632–1653	1 (Reichs-)Taler = 18 Mark = 36 (Marien-)Groschen = 108 Körtling = 216 Schillinge = 432 Pfennige
	1 Mark = 2 Groschen = 6 Körtlinge = 12 Schillinge = 24 Pfennige
	1 Groschen = 3 Körtlinge = 6 Schillinge = 12 Pfennige
	1 Körtling = 2 Schillinge = 4 Pfennige
	1 Schilling = 2 Pfennige
	1 Königstaler = 1 1/9 Taler oder 1 Taler 4 Groschen
	1 Dukat = 2 Taler

Münzrelationen 1612[5]

1 Reichstaler	= 4 1/2 Kopfstücke
1 Reichstaler	= 28 Fürstengroschen
1 Reichstaler	= 36 gute Mariengroschen
1 Reichstaler	= 42 alte und neue Mariengroschen
1 Königs- oder Dicktaler	= 5 Kopfstücke oder 40 gute Mariengroschen
1 Körtling herfordisch	= 2 Schillinge
1 Miserippe (Körtling oder Dreier)	= 2 Schillinge herfordisch
1 Apfelgroschen	= 3 Kreuzer
1 Fürstengroschen	= 7 1/2 Schillinge herfordisch
1 Mariengroschen	= 6 Schillinge herfordisch
1 guter Mariengroschen	= 6 Schillinge herfordisch
1 alter/neuer Mariengroschen	= 5 Schillinge herfordisch
1 Groschen	= 9 Pfennige
1 Schilling herfordisch	= 6 Pfennige
1 guter Marienmattier	= 3 Schilling (nach dem alten Wert)
1 Gösler (Goslarer)	= 2 Müter

Münzrelationen in der Mitte des 18. Jh. in Ravensberg

Der Mindener Kriegs- und Dömanenrat E.A.F. Culemann notierte in seinen »Ravensbergischen Merckwürdigkeiten« (1747)[6]:

»Allerhand MüntzSorten sind gänge und gebe, nur Creutzer, Batzen, Petermängen und Spanisch Geld ausgenommen: ein Louis d'or gilt 4 Taler 33 Mariengroschen, ein Ducate 2 Taler 27 Mariengroschen, ein Taler 36 Mariengroschen, ein Gulde 24 Mariengroschen, ein Mariengroschen 8 schwere oder 12 leichte Pfennige, ein Goldflorin heutiges Tages 1 Taler 12 Mariengroschen.«

Münzrelationen am Ende des 18. Jh. in Ravensberg[7]

1 Pistole	= 5 Taler 15 Mariengroschen
1 Dukat	= 3 Taler
1 Taler	= 24 Gutegroschen oder 36 Mariengroschen
1 Gulden	= 16 Gutegroschen oder 24 Mariengroschen
1 Ortstaler	= 6 Gutegroschen oder 9 Mariengroschen
1 Guter Groschen	= 12 Pfennige
1 Mariengroschen	= 8 Pfennige
1 Gösken	= 6 Pfennig
1 Matier	= 4 Pfennig

2. Maße

Hohlmaße und Getreidemaße[8]

1 Malter	= 1/3 Molt = 4 Mütte (modius, Scheffel) zu je 4 Vierteln (12. Jh.)
1 Malder	= 3 Scheffel
1 Malter (oder Molt !?)	= 12 Scheffel (1540) Der Malter wird mit dem Gewicht zweier Menschen gleichgesetzt.
1 Berg	= 20 Karratas (Wagenladungen) Garben (12. Jh.)
1 Wagenladung	= 10 Stiegen Garben (200 Stück)
1 Berg	= 8 Scheffel und 16 Molt Hafer

Ravensbergische und Herforder Getreidemaße 1714
(im Verhältnis zum Berliner Scheffel)[9]

Ravensbergischer Streichscheffel (und Ledebur-Scheffel):

1 Rav. Malter	= 12 Rav. Scheffel
1 Rav. Malter	= 9 Berliner Scheffel
4 Rav. Scheffel	= 3 Berliner Scheffel
4 Rav. Becher	= 3 Berliner Metzen

Ravensbergischer Hafer-Scheffel:

1 Rav. Hafer-Malter	= 8 Berliner Hafer-Scheffel 4 Metzen
4 Rav. Hafer-Scheffel	= 2 Berliner Hafer-Scheffel 12 Metzen
4 Rav. Hafer-Becher	= 2 3/4 Berliner Hafer-Metzen

Herforder Scheffel:

1 Herf. Malter	= 9 Berliner Scheffel 7 1/2 Metzen
8 Herf. Scheffel	= 6 Berliner Scheffel 5 Metzen
1 Herf. Becher	= 101/128 Berliner Metzen

Herforder Hafer-Scheffel:

1 Herf. Hafer-Malter	= 8 Berliner Hafer-Scheffel 10 Metzen
8 Herf. Hafer-Scheffel	= 5 Berliner Hafer-Scheffel 12 Metzen
1 Herf. Hafer-Becher	= 23/32 Berliner Hafer-Metzen

E.A.F. Culemann notierte zu den Maßen in seinen »Ravensbergischen Merckwürdigkeiten« (1747)[10]:
»Nach Königl. Verordnung wird kein anderes als berlinische EllenMaß und Gewicht geduldet, jedoch werden noch heimlich der Ravensbergische Hauff- oder HaberScheffel, so 5 Metzen kleiner wie der Berlinische, der Herfordische so 4 1/2 M. kleiner, der Lippische HaberScheffel, so 1 M. kleiner, der Osnabrücksche HaberScheffel, so 8 M. kleiner ist, gebraucht.«

Hohlmaße um 1770[11]

1 Last	= 60 Scheffel	1 Scheffel	= 4 Spint
1 Fuder Korn	= 40 Scheffel	1 Spint	= 4 Becher
1 Winspel (Wispel)	= 24 Scheffel	1 Becher	= 4 Metzen
1 Mold	= 10 Scheffel		

1 Ravensberger Scheffel = 0,7328 hl; dies entspricht: 56,7 kg Weizen; 53,3 kg Roggen; 43,3 kg Gerste; 32,0 kg Hafer

1 Ravensberger Scheffel = 41,3 Liter

Flüssigkeitshohlmaße in Herford (1629)[12]

27 Quart (Wein) = 13 1/2 Maß (Wein)

Weinmaße in Ravensberg um 1770[13]

1 Fuder	= 6 Ahm (Ohm)
1 Ahm	= 6 Anker
1 Anker	= 30 Kannen
1 Kanne	= 4 Ort (Nösel)

Längenmaße[14]

1 Stück Leinen	= 20 Ellen
1 Elle	= 2 Fuß
1 Fuß	= 12 Zoll
1 Elle	= 0,6669 m. In Herford war eine Elle 66,5 cm, (um 1600); 91 cm im Kr. Herford (um 1800) und in Ravensberg zwischen 55,3 cm und 69,0 cm lang.
1 Haspel	= 1,40 m lang.

1 Ruthe = 12 Fuß = 144 Zoll = 1728 Linien = 376,8 cm
1 Fuß = 12 Zoll = 144 Linien = 31,4 cm
1 Zoll = 12 Linien = 2,616 cm
1 Linie = 2,181 mm

Flächenmaße[15]

1 Hufe	= 7,5 Hektar = 30 Morgen = 75 000 m^2
1 Potten	= 10 217,391 m^2
1 Hektar	= 4 Morgen = 10 000 m^2
1 Morgen	= 180 Quadratruten = 2 500 m^2
1 Quadratrute	= 14,18 m^2
1 Scheffelsaat	= 120 Quadratruten = 1 702 m^2
1 Scheffelsaat	= 4 Spint = 16 Becher = 1 702 m^2
1 Spint	= 4 Becher = 426 m^2
1 Becher	= 106 m^2

3. Gewichte[16]

bis 1858: 1 Zentner = 5 Stein = 110 Pfund = 51,448 kg
1 Pfund = 32 Lot = 128 Quentchen = 467,711 gr

(Olaf Schirmeister und Joachim Wibbing)

Vergleichende Zeittafel zur Geschichte Herfords

Herford

8./9. Jahrhundert

777

785

789 Der sächsische Edle Waltger gründet in Müdehorst ein Kloster für Töchter sächsischen Adels und stattet es mit Eigengut aus (*Vita Waltgeri*).

799

um 800 Verlegung des 789 in Müdehorst gegründeten Klosters nach Herford.

805

822

823 Kaiser Ludwig d. Fromme überträgt dem Kloster Herford ursprünglich für das Kloster Corvey bestimmte Besitzungen. Er wandelt das Herforder »Privatkloster« zu einem Reichskloster um, das die Verfassung des Stiftes Soissons (Frankreich, merowingischer Königssitz) übernimmt.

858/868 König Ludwig d. Deutsche stattet das Reichskloster Herford mit Gütern aus.

860 Die Gebeine der hl. Pusinna aus Binson-sur-Marne (Frankreich) werden in das Herforder Münster überführt.

879

10./11. Jahrhundert

909 Herzog Heinrich v. Sachsen wirbt in Herford um Mathilde, Tochter des Grafen Dietrich und Ur-Ur-Urenkelin Widukinds.

926 Die Ungarn fallen in Herford ein.

927 König Heinrich I. bestätigt auf Veranlassung seiner Gemahlin Mathilde nach dem Ungarneinfall die Privilegien des Reichsklosters Herford.

939

968

973 Kaiser Otto d. Gr. bestätigt der Herforder Äbtissin Imma das Münz-, Markt- und Zollrecht.

1009

	Minden-Ravensberg/ Westfalen	Deutschland/ Deutsches Reich
8./9. Jahrhundert		
777	König Karl der Große hält Reichstag in Paderborn.	
785		Taufe Widukinds in der Pfalz Attigny.
789		
799	König Karl der Große kommt mit Papst Leo III. in Paderborn zusammen.	
800		König Karl der Große wird in Rom durch Papst Leo III. zum Kaiser gekrönt.
805	Gründung der Bistümer Minden, Münster und Paderborn	
822	Eine Mönchszelle wird von Hethis an die Weser verlegt und in das Kloster Corvey umgewandelt.	
823		
858/868		
860	Gründung des Stiftes Freckenhorst.	
879		König Ludwig III. der Jüngere nimmt die Kirchen in Wildeshausen und Enger in seinen Schutz.
10./11. Jahrhundert		
909		
926		
927		
939	Gründung des Stiftes Schildesche.	
968	Das Stift Enger wird dem Erzbistum Magdeburg inkorporiert.	Das Erzbistum Magdeburg wird als Ausgangspunkt der deutschen Ostkolonisation gegründet.
973		Otto der Große wird im Dom von Magdeburg beigesetzt.
1009	Meinwerk wird Bischof von Paderborn.	In Goslar findet die erste Reichsversammlung statt.

Herford

1011 Gründung eines Stiftes für Töchter niederen Adels auf dem Berge vor Herford durch die Äbtissin Godesdiu.

zw. 1020-1027 Der isländische Häuptling Gizur schickt seinen Sohn Isleif († 1080) zur Ausbildung nach Herford.

1040 König Heinrich III. weilt in Herford und bestätigt dort den Reichsklöstern Herford und Corvey Privilegien, Schenkungen und Zehntrechte.

1077

1096

1096-1099

12. Jahrhundert

um 1100 Herforder Kaufleute lassen die Nikolaikirche am Alten Markt erbauen.

1122

1147/52 Dem Reichsstift Herford werden von den Hohenstaufenkaisern Konrad III. und Friedrich I. Barbarossa Besitzrechte bestätigt. Das Stift wird unter den unmittelbaren königlichen Schutz gestellt.

1155 Papst Hadrian stellt das Reichsstift Herford unter seinen unmittelbaren Schutz.

1168

1179

1180

ab 1180 Die Reichsstifte Herford und Corvey geraten zunehmend unter den Einfluß der Erzbischöfe von Köln.

13. Jahrhundert

um 1200

1218 Fürstentag in Herford: Die Anhänger des verstorbenen Welfenkaisers Ottos IV. huldigen dem Staufer Friedrich II.

um 1220 Mit dem Bau der Münsterkirche wird begonnen (1. sakraler Hallengroßbau in Westfalen).

1220 Als 2. Stadt in Westfalen führt Herford eine Ratsverfassung ein.

um1220-30

	Minden-Ravensberg/ Westfalen	Deutschland/ Deutsches Reich
1011		
zw. 1020-1027		
1040		
1077		König Heinrich IV. zieht nach Canossa.
1096	Kölner Juden erscheinen in Westfalen (Dortmund).	
1096-1099		1. Kreuzzug nach Jerusalem.
12. Jahrhundert		
um 1100		
1122		Im Wormser Konkordat wird der Investiturstreit beigelegt.
1147/52		
1155		
1168	Herzog Heinrich der Löwe heiratet Mathilde von England im Mindener Dom.	
1179	Herzog Heinrich der Löwe schickt ein Heer nach Westfalen.	
1180		Auf dem Reichstag von Gelnhausen wird Herzog Heinrich der Löwe geächtet; das Herzogtum Westfalen fällt an das Erzbistum Köln.
ab 1180		
13. Jahrhundert		
um 1200		Das Nibelungenlied und die Handschrift der »Carmina Burana« entstehen.
1218		Otto IV. stirbt in Harzburg.
um 1220		
1220		Friedrich II. wird in Rom zum Kaiser gekrönt.
um1220-30		Aufzeichnung des Gewohnheitsrechts im »Sachsenspiegel« durch Eike von Repkow.

Herford

1224 Die Neustadt wird gegründet.
König Heinrich weilt in Begleitung des Erzbischofs Engelbert von Köln in Herford.

1226

1228/29

1244

1247

um 1250 Vollendung der Stadtbefestigung (Stadtmauer ca. 8 – 10 m hoch und 1 m dick).

1255 Eintritt in den rheinischen Städtebund.
Erweiterung der Landwehr.

1256 Erwerb des Burggerichts.
Einführung des Bürgermeisteramtes als eine der ersten deutschen Städte.

1276

1288

14. Jahrhundert

1306 Früheste urkundliche Erwähnung eines Juden in Herford.

1307 Eintritt in das Landfriedensbündnis des Erzbischofs von Köln.

1346

1348

1350 Die Pest wütet in Herford.

1356

1358

1372/76 Bündnis mit den Grafen v. Ravensberg (1372) und den Grafen v. Pyrmont (1376).

1375 Das Herforder Rechtsbuch entsteht.

1377 Kaiser Karl IV. besucht Herford.

1382 Übertragung der Reichsvogtei Herford an die Herzöge von Jülich-Berg.

1385

15. Jahrhundert

1414-1418

1428 Kirchliche Anerkennung des Herforder Fraterhauses.

1430/35 König Sigismund verhängt über Herford die Reichsacht, aus der er sie 1435 entläßt.

	Minden-Ravensberg/ Westfalen	Deutschland/ Deutsches Reich
1224		
1226	Teilung der Grafschaft Ravensberg.	Lübeck wird Reichsstadt.
1228/29		Fünfter Kreuzzug unter Kaiser Friedrich II.
1244	Aufstand gegen den Kölner Erzbischof Konrad von Hochstaden.	Früheste urkundliche Erwähnung Berlins als Stadt.
1247	Simon I. zur Lippe wird Bischof von Paderborn.	
um 1250		Die Ebstorfer Weltkarte entsteht.
um 1255		
1256		
1276	Die Grafen von der Mark und andere westfälische Territorialherren erheben sich gegen den Erzbischof von Köln.	
1288		In der Schlacht von Worringen verliert Kur-Köln.
14. Jahrhundert		
1306		
1307		
1346	Die Grafschaften Ravensberg und Jülich-Berg werden vereinigt.	Wahl Karls IV. zum deutschen König.
1348		König Karl IV. gründet die erste deutsche Universität in Prag.
1350	Judenverfolgungen in Westfalen.	
1356		Die »Goldene Bulle« regelt die Königswahl bis 1806.
1358		Die Hanse bezeichnet sich erstmals als Bund »van der dudeschen hense«.
1372/76		
1375		
1377		
1382		
1385	Großer Westfälischer Landfriede.	
15. Jahrhundert		
1414-1418		Konstanzer Konzil: Johann Hus wird verbrannt.
1428		
1430/35		Kaiserkrönung Sigismunds in Rom (1433). Mit dem »Ewigen Frieden« zu Brest endet der Krieg des Deutschen Ordens gegen Polen (1435).

Herford

1433 Vergleich zwischen der Stadt Herford und der Äbtissin über die Ratswahl und Rechnungslegung: Die Äbtissin genehmigt die Erweiterung des Stadtrates auf 40 Mitglieder.

1444

um 1445

1450

1472 Das Patronatsrecht über die Stadt Herford geht vom Erzbischof von Köln auf den Herzog von Jülich über.

1474/75

1475 Kaiser Friedrich III. erteilt der Stadt Herford ein Privileg zur Besteuerung von Geistlichen, die zuvor weltliche Häuser bewohnt hatten.

1478

1485

16. Jahrhundert

1501

1517

1521

1530-1548 Einführung der Reformation in Herford; 1530: Johanneskirche, 1532: Münsterkirche, 1548: Marienkirche. Wegbereiter der Reformation in Herford waren die Fraterherren, die auch mit M. Luther korrespondierten, sowie die Augustiner-Eremiten.

1534

1536-1541 Fehde der Stadt Herford mit dem Raubritter Johann von Exter (Ahmser Fehde).

1546 Durch einen Brand werden Teile der Altstadt zerstört; auch die Nikolaikirche fällt ihm zum Opfer.

1547/59 Die Herforder Äbtissin Anna II. von Limburg überträgt ihre Rechte in der Stadt an Herzog Wilhelm von Jülich-Kleve (Jülichsche Zession). Erst 1559 huldigt die Stadt dem Herzog als neuen Schutzherrn.

1555

1583

	Minden-Ravensberg/ Westfalen	Deutschland/ Deutsches Reich
1433		
1444	Die Soester Fehde beginnt (bis 1449).	
um 1445		Johannes Gensfleisch zur Laden, genannt Gutenberg, erfindet die Buchdruckerkunst.
1450	Die Münstersche Stiftsfehde entsteht (bis 1456).	
1472		
1474/75		Herzog Karl der Kühne von Burgund belagert die Stadt Neuss.
1475		
1478	Werner Rolevincks »De laude antiquae Saxoniae nunc Westphaliae dictae« erscheint.	
1485	Erster Buchdruck in Münster durch Johannes Limburg.	
16. Jahrhundert		
1501	Corvey schließt sich der Bursfelder Kongregation an.	
1517		Beginn der Reformation mit dem Anschlag der 95 Thesen durch Luther.
1521	Kleve-Mark wird mit Jülich-Berg-Ravensberg vereinigt. Die Reformation dringt in Minden ein.	
1530-1548		
1534	Die Täufer errichten ihre Herrschaft in Münster.	
1536-1541		Dritter Krieg Karls V. gegen Franz I. (1536-38). 1541 Tod des deutschen Arztes und Philosophen Paracelsus (PH. A. Th. Bombastus von Hohenheim).
1546		
1547/59		
1555		Der Augsburger Religionsfriede regelt die Konfessionszugehörigkeit.
1583	Truchsessische Fehde: Die Reformation in Kur-Köln scheitert.	

Herford

1585

1590 Die Äbtissin Magdalena I., Gräfin von der Lippe erlaubt dem Bürgermeister Anton Brutlach in der seit 1530 verschlossenen Jakobikirche wieder Gottesdienst abhalten zu lassen.

17. Jahrhundert

1614

1618

1623-1625 Die mit Spanien verbündeten Pfalz-Neuburger quartieren sich in Herford ein; am 1. Juni 1625 rücken Truppen des Feldmarschalls Tilly nach.

1628 Erlaß einer Stadtordnung.

1629

1631

1633 Nacheinander besetzen katholisch-ligistische und protestantische schwedisch-braunschweigische Kriegsvölker Herford.

1635 Die Stadt Herford bekennt sich zum »Prager Frieden«.

ab 1636 Unter braunschweigischem Protektorat.

1638 Ein Brand äschert über 300 Wohnhäuser (ohne Nebengebäude) ein; die Radewiger Jakobikirche brennt dabei bis auf die Gewölbe nieder.

1647 Brandenburgische Truppen überfallen die Stadt (20. August), die sich schließlich laut Vertrag vom 27. November bereit erklärt, dem Großen Kurfürsten zu huldigen. (Weitere Huldigungen am 9. Februar 1650 und am 26. September 1652).

1648

1667 30. April: Inthronisation der Prinzessin Elisabeth von der Pfalz als Fürstäbtissin von Herford.

1620-1672 Die Äbtissin Elisabeth II. nimmt auf Vermittlung Anna Maria Schurmanns aus Holland die Labadisten in Herford auf, die nach Beschwerden der Stadt beim Kaiserlichen Reichskammergericht (!) nach Altona weiterziehen.

1672

1673 Truppen des Münsterschen Bischofs Christoph Bernhard v. Galen besetzen Herford. Bei ihrem Abzug (18. April 1673) nehmen sie u.a. die Reliquien Herzog Widukinds als Beutegut mit, die der Bischof später zurückschicken läßt.

1672-1678

1683

1687 Der Stadtrat erläßt eine Kleiderordnung.

	Minden-Ravensberg/ Westfalen	Deutschland/ Deutsches Reich
1585	Dietrich IV. von Fürstenberg wird Bischof von Paderborn.	
1590		
17. Jahrhundert		
1614	Vertrag von Xanten: Pfalz-Neuburg erhält Jülich und Berg; Brandenburg dagegen Kleve, Mark und Ravensberg.	
1618		Der 30jährige Krieg beginnt.
1623-1625		
1628		
1629		Im Restitutionsedikt werden geistliche Güter zurückgegeben.
1631		Friedrich von Spee verfaßt die »Cautio Criminalis« gegen das Verfahren bei Hexenprozessen.
1633		
1635		
ab 1636		
1638		
1647	Erbvergleich zwischen Brandenburg-Preußen und Pfalz-Neuburg.	
1648		Der Westfälische Friede beendet den 30jährigen Krieg. Stift und Stadt Minden fallen an Kur-Brandenburg.
1667		
1620-1672		
1672	Der Religionsvertrag fixiert den Konfessionsstand von 1609 (Mark).	
1673		
1672-1678		»Holländischer Krieg« Ludwigs XIV. im Bündnis mit England und Schweden gegen die Niederlande, das Deutsche Reich, Spanien und Brandenburg.
1683		Die Türken belagern Wien.
1687		

Herford

18. Jahrhundert

bis 1750 Die Auswirkungen des 30-jährigen Krieges und die merkantilistische Wirtschaftspolitik Brandenburg-Preußens führen zur Verarmung der Stadt, die zu einem Ackerbürgerstädtchen herabsinkt.

1701-1714

1710

1713

1714

1719-1728

1756

1757 Mehrere Male besetzen französische Truppen Herford; am 9. Juli zieht Marschall de Contades ein. Nach dem Sieg der alliierten Truppen über die Franzosen bei Minden (1759) (»Schlacht bei Minden«), rückt Feldmarschall Herzog Ferdinand von Braunschweig in Herford ein.

1780

1788/89 Die letzte Fürstäbtissin, Prinzessin Friederike von Preußen, wird durch eine Königlich Preußische Immediat-Kommission wegen eines gefälschten Testaments entmündigt und die Finanzverwaltung der Abtei durch die Kommission übernommen.

1789

1795

19. Jahrhundert

1801 Kaufmann Schrewe richtet in den Gebäuden des ehemaligen Franziskanerklosters eine Maschinenspinnerei nach englischen Vorbild ein.

1802 Eine Königlich Preußische Kommission inventarisiert die abteilichen Güter und Einkünfte.

1803 Einrichtung des Landarmenhauses auf dem Gelände des ehemaligen Fraterhauses. Gründung der Herforder Sterbekasse.

1807

1808 Die Stadt Herford huldigt Jérome König von Westfalen.
Am 23. Januar stirbt die letzte Äbtissin von Herford, Prinzessin Friederike von Preußen.

	Minden-Ravensberg/ Westfalen	Deutschland/ Deutsches Reich
18. Jahrhundert		
bis 1750		
1701-1714		Der spanische Erbfolgekrieg erfaßt Europa.
1710		Gründung der Meißener Porzellanmanufaktur.
1713		Friedrich Wilhelm I., der »Soldatenkönig«, wird König in Preußen.
1714		Ende der Hexenprozesse in Preußen.
1719-1728	Clemens August von Bayern wird Bischof von Paderborn, Münster, Hildesheim, Osnabrück und Erzbischof von Köln.	
1756		Der Siebenjährige Krieg beginnt.
1757		
1780	Eröffnung der Universität Münster.	
1788/89		
1789		Die Französische Revolution entwickelt sich in Paris.
1795		Preußen schließt mit Frankreich den Sonderfrieden von Basel. Eine Demarkationslinie zerschneidet das Herzogtum Westfalen.
19. Jahrhundert		
1801		
1802		
1803		Im Reichsdeputationshauptschluß werden die geistlichen Länder säkularisiert.
1807		Preußen verliert im Frieden von Tilsit seine linkselbischen Gebiete.
1808		Freiherr vom Stein erläßt die Städteordnung.

Herford

1813 Herford fällt wieder an Preußen.

1814/15

1815/16

1816 Das Herforder Landwehr-Bataillon kehrt zurück.
Errichtung eines Inquisitoriats sowie eines Land- und Stadtgerichts.
Am 6. Juni wird die Aufhebung des Herforder Kalands angeordnet.

1824

1826 Herford zählt 6546 Einwohner und 1038 Gebäude.

1831 Die erste Ordnung des Stadtarchivs ist am 30. August abgeschlossen.

1833 Die Magistratsverfassung tritt in Kraft.

1834

1837 Am 19. November erhält die Maschinenspinnerei von Schönfeld Gaslicht-Beleuchtung.

1842 Am 1. April gründen die Kaufleute F.A. Menge und W. Böckelmann die erste Zigarrenfabrik in Herford.

1843 Einrichtung einer »Kinderbewahranstalt« in der Herforder Neustadt.
Abraham Ruben gründet in der Lübberstraße eine Leinenhandlung.

1847 In Herford hält die erste Lokomotive (28. September).
Gründung der Herforder Kreissparkasse.

1848 Levi Elsbach richtet in der Brüderstraße ein Mode- und Manufakturwarengeschäft ein.

1852 Die neue Synagoge wird eingeweiht (13. August).
Gründung des Vereins für Leinen aus reinem Handgespinnst für Herford, Umgegend und Lippe.

1853 Die Spinnerei Schönfeld, Stallforth & Co. beschäftigt 21, die Zigarrenfabrik Böckelmann & Menge 14 Kinder.

1854 Einführung der öffentlichen Beleuchtung.

1858 Bau des Kreiskrankenhauses in Herford.

1864

1866

	Minden-Ravensberg/ Westfalen	Deutschland/ Deutsches Reich
1813		In der Völkerschlacht bei Leipzig wird Napoleon besiegt.
1814/15		Der Wiener Kongreß stellt die »alte« Ordnung wieder her.
1815/16	Die preußischen Provinzen Westfalen, Niederrhein und Jülich – Kleve – Berg werden eingerichtet.	
1816		
1824	Einführung der Provinzialstände.	
1826		
1831		
1833		
1834		Fast alle deutsche Staaten schließen sich zum Deutschen Zollverein zusammen.
1837		
1842		
1843	Gründung der Cöln-Mindischen Eisenbahngesellschaft; Fertigstellung der Eisenbahnlinie im Jahre 1847.	
1847		
1848		Die Revolution erfaßt Europa.
1852		
1853		
1854	Die Ravensberger Spinnerei in Bielefeld nimmt die Produktion auf.	
1858		
1864		Nach dem deutsch-dänischen Krieg tritt Dänemark Schleswig-Holstein und Lauenburg an Österreich und Preußen ab.
1866		Durch den deutschen Krieg gewinnt Preußen die Vorherrschaft gegenüber Österreich.

Herford

1869 Herford zählt mit Militärpersonen rund 11 000 Einwohner.

1870/71

1873 Gründung des Vereins »Krokodil«.

1874 Das Herforder »Bürgerverein-Theater« wird eingeweiht.

1877 Eröffnung des Ev. Waisenhauses.

1878 Am 17. Juni wird auf Anregung des Gewerbevereins der »Verein gegen Bettelei« gegründet.

1881 Die Herford-Detmolder Eisenbahn nimmt ihren Betrieb auf.

1882 Bau eines Gasometers und Erweiterungen des Gasleitungsnetzes.

1884 Leprince & Sieveke schaffen als erste Herforder Fabrik einen Gasmotor an.

1885 Der Direktor des Königlichen Kunstgewerbemuseums in Berlin nimmt am 3. Juni den »Dionysius-Schatz« in Empfang.

1886 Auf dem Bügel in Herford entsteht die neue Maschinenweberei und -färberei der Firma Ed. Michaelsen.
Kapellmeister Düngel gründet ein städtisches Orchester.

1887 Die mechanische Weberei von Michaelsen & Co. sowie die Fabrik von Weinberg & Meyer erhalten als erste in der Stadt elektrische Beleuchtung.
Vor dem Deichtor wird für Schlittschuhläufer eine Eisbahn eingerichtet.

1888

1890 Im Juni feiert das Herforder Gymnasium sein 350-jähriges Bestehen.
Gründung der »Herberge zur Heimat« in der Waisenhausstraße am 1. April.
Inbetriebnahme des städtischen Schlachthofes.

1893 Gründung des Bau- und Sparvereins.

1895 Juni: Westfälischer Städtetag in Herford.

1896 Inbetriebnahme des städtischen Wasserwerkes.

1897 Eröffnung des städtischen »Brausebades«.

20. Jahrhundert

1900-1914 In Herford entstehen 1 333 Neubauten (Wohnhäuser und Fabriken); weitere 2 636 Neben-, An- und Reparaturbauten werden verzeichnet.

1902 Die Herforder Kleinbahn nimmt ihren Betrieb auf.

1911 Herford wird kreisfrei.
Es existieren 219 Vereine mit insgesamt 32 000 Mitgliedern.

1914

1914-1917 Bau des neuen Rathauses und der Markthallen auf dem Gelände der ehemaligen Abtei.
Einrichtung einer Garnison und eines Feldlazaretts (1914/1915).

1918

	Minden-Ravensberg/ Westfalen	Deutschland/ Deutsches Reich
1869		
1870/71		Nach dem deutsch-französischen Krieg wird das Deutsche Reich gegründet. Wilhelm I. wird Deutscher Kaiser.
1873		
1874		
1877		
1878		
1881		
1882		
1884		
1885		
1886		
1887		
1888		Dreikaiserjahr: Wilhelm II. folgt als Deutscher Kaiser.
1890		
1893		
1895		
1896		
1897		
20. Jahrhundert		
1900-1914		
1902		
1911		
1914		Der 1. Weltkrieg beginnt.
1914-1917		
1918		Die Novemberrevolution beendet den 1. Weltkrieg. Der Kaiser dankt ab.

Herford

1919 Bei den am 19. Januar durchgeführten Wahlen zur verfassungsgebenden »Deutschen Nationalversammlung« geben 19798 Herforder ihre Stimme ab (= 86,2% der Wahlberechtigten) — Es bekamen die SPD 8637 Stimmen, DNVP 1705 Stimmen, Zentrum 673 Stimmen, DVP 3323 Stimmen, DDP 2723 Stimmen, USPD 4 Stimmen.

1921 Am 18. Februar wird die »Gemeinnützige Siedlung Herford GmbH« gegründet.

1923 1100 Jahr Feier der Stadt Herford.

1927-1930 Errichtung von 456 neuen Gebäuden in Herford.

1929

1932 4200 Arbeitslose sind registriert.

1933 Bei der Reichstagswahl gewinnt die NSDAP in Herford mit 11023 Stimmen. 12./13. Dezember: Beginn des Boykotts gegen jüdische Geschäfte.

1934 Am 31. Januar findet in der Herforder Münsterkirche ein Festgottesdienst zum Jahrestag der nationalsozialistischen Machtergreifung statt.

1938 In der »Reichskristallnacht« wird auch die Herforder Synagoge zerstört.

1939

1940-1945 Fliegerangriffe auf Herford; am 31. März 1945 wird der letzte Fliegeralarm ausgelöst. Am Ende des Krieges sind 480 Gebäude völlig zerstört oder schwer beschädigt, 2380 mittel oder leicht beschädigt. 137 Tote sind zu beklagen.

1945 3./4. April: Die Amerikaner besetzen die Stadt;
16. – 20. Mai: Das britische Oberkommando wird nach Herford verlegt.

1946 Am 24. Januar findet die erste Ratssitzung des kommissarisch gebildeten Stadtparlaments statt.
Am 9. Februar überschwemmt eine Flutwelle die Innenstadt. Das Wasser erreicht stellenweise eine Höhe von 1,50 m.

1947

1950 Am 1. Oktober erfolgt die Gründung der »Städtebund-Symphoniker« (jetzt: »Nordwestdeutsche Philharmonie).

1951 Bebauung des Meierfeldes.

1956 Der »Radewiger Kurpark« entsteht.

1969 Eingliederung der Stadt Herford in den Kreis Herford.

1988 Bei Pflasterarbeiten zwischen dem Rathaus und der Münsterkirche werden u.a. Mauerreste ehemaliger Abteigebäude aus karolingischer und ottonischer Zeit entdeckt.
Mit dem Aufbau eines Kommunalarchivs wird begonnen.

1989 Herford feiert sein 1200jähriges Bestehen.

	Minden-Ravensberg/ Westfalen	Deutschland/ Deutsches Reich
1919		
1921		
1923		Französische und belgische Truppen besetzen das Ruhrgebiet.
1927-1930		
1929		Die Weltwirtschaftskrise erschüttert die Volkswirtschaften.
1932		
1933		Die Nationalsozialisten übernehmen die Macht.
1934		
1938		
1939		Der 2. Weltkrieg beginnt.
1940-1945		
1945		
1946	Das Land Nordrhein-Westfalen wird gebildet.	
1947	Angliederung Lippes an das Land Nordrhein-Westfalen.	
1950	Die Landesverfassung von Nordrhein-Westfalen wird angenommen.	
1951		
1956		
1969		
1988		
1989		

Anmerkungen

Abkürzungen

Abb.	Abbildung(en)
Abt.	Abteilung
AEMH	Archiv der Evangelischen Münsterkirchengemeinde Herford
Anm.	Anmerkung
Ann. regn. Franc	Annales regni Francorum
Art.	Artikel
Aufl.	Auflage
Bd., Bde.	Band, Bände
Bearb., bearb.	Bearbeiter, bearbeitet
begr.	begründet
Bekl.	Beklagter
bes.	besonders
Bl.	Blatt
cap.	capitulum
Cod.	Codex
DA	Deutsches Archiv
ders.	derselbe
dies.	dieselbe
Diss.	Dissertation
Ebd.	Ebenda
Ed.	Edition
f., (ff.)	folgende Seite (folgenden Seiten)
Fasc.	Fasciculus
FHH	Freie und Hansestadt Herford
FrühMAStud	Frühmittelalterliche Studien
FüHe	Fürstabtei Herford
HJb	Herforder Jahrbuch
hl.	heilig
Hrsg., hrsg.	Herausgeber, herausgegeben
HUB	Herforder Urkundenbuch
JBHVR	Jahresbericht des Historischen Vereins der Grafschaft Ravensberg
JBWKg	Jahrbuch für Westfälische Kirchengeschichte
Jg.	Jahrgang
KAH	Kommunalarchiv Herford
kan.	kanonisch
Kap.	Kapitel
KDK	Kriegs- und Domänenkammer
Kl.	Kläger

Kr.	Kreis
KU	Kaiserurkunden
LKA EKvW	Landeskirchenarchiv der Evangelischen Kirche von Westfalen
MG	Monumenta Germaniae
MGH	Monumenta Germaniae Historica
– DLdD	Diplome Ludwigs des Deutschen
– DH I	Diplome Heinrichs I.
– DO I	Diplome Ottos I.
– DO II	Diplome Ottos II.
– DO III	Diplome Ottos III.
– DH II	Diplome Heinrichs II.
– DF I	Diplome Friedrichs I.
– DK III	Diplome Konrads III.
– Epp.	Epistolae
– Poet. lat.	Poetae latini
– rer. germ.	rerum germanicum
– SS	Scriptores
Msc.	Manuskript
N.F.	Neue Folge
Nr.	Nummer
o.J.	ohne Jahresangabe
o.S.	ohne Seitenangabe
pag.	pagina
PH	Pädagogische Hochschule
RKG	Reichskammergericht
S.	Seite
StAD	NWStaatsarchiv Detmold
StadtA	Stadtarchiv
StAM	NWStaatsarchiv Münster
Sp.	Spalte
SS / St	Sankt
T.	Teil
Tab.	Tabelle(n)
Tom.	Tomus
u.	und
u.a.	und andere
VBStH	Verwaltungsbericht(e) der Stadt Herford
vgl.	vergleiche
VSWG	Vierteljahresschrift für Sozial- und Wirtschaftsgeschichte
WUB	Westfälisches Urkundenbuch
WZ	Westfälische Zeitschrift (Zeitschrift für Vaterländische Geschichte und Alterthumskunde)
z.B.	zum Beispiel
zit.	zitiert

Anmerkungen zum Beitrag von Christoph Birnbaum

Von der Stadt zum Stadtteil: Die Altstadt

1 W. Sombart, Der Moderne Kapitalismus, 4. Aufl., Berlin 1924, Bd. 1, S. 124.
2 G. Schierholz, Herford. Ein Heimatbuch, Herford 1946, S. 18. Vgl. auch W. Brünger, Herford. Eine siedlungsgeographische Untersuchung (Beiträge zur westfälischen Landeskunde, 3), Emsdetten 1936, S. 83; G. Schierholz, Das Herforder Verkehrskreuz, in: Herforder Heimatblatt, 27 (1958), Nr. 4, S. 16.
3 J. Normann, Herforder Chronik. Sagen und Geschichtsbilder aus der Vergangenheit von Stift und Stadt, Herford 1910, S. 158 f.
4 H. Stoob, Vom Städtewesen im oberen Weserlande, in: Kunst und Kultur im Weserraum 800–1600 (3), Corvey 1966, S. 203–213, hier S. 212.
5 Ebd. S. 130.
6 R. Pape, Der Gründungsversuch des Stifts Herford in Oldenhervorde, in: HJb 11–14 (1971 / 73), S. 7–32.
7 C. Haase, Die Entstehung der westfälischen Städte, Münster 1964, S. 25.
8 Vgl. W. Görich, Ausgrabungen auf dem Alten Markt, in: Herforder Heimatblatt, 9 (1930), Nr. 9, , S. 36; W. Görich, Die Ausgrabungen auf dem Alten Markt, in: Herforder Heimatblatt 10 (1931), S. 13 f.
9 Vgl. O. Gaul, Die frühen Herforder Kirchenbauten des 9. bis 12. Jh., in: HJb 6 (1965), S. 1–29; U. Lobbedey, Zur Baugeschichte der Herforder Nikolaikirchc, in: HJb 10 (1969), S. 7–16.
10 Vgl. E. Sandow, Die Marktkirche St. Nicolai in Herford und ihre Funktion, in: HJb 2 (1961), S. 27–59, hier S. 47.
11 WUB IV, Nr. 642.
12 Herforder Kirchenordnung von 1532, in: Normann (wie Anm. 3), S. 553–586, hier S. 575.
13 Zit. nach K. Meyer, Beiträge zur Verfassungs- und Verwaltungsgeschichte Herfords unter dem Großen Kurfürsten Friedrich Wilhelm und Friedrich III., Diss., Göttingen 1908, S. 113.
14 Vgl. J. Normann (Hrsg.), Rechtsbuch der Stadt Herford aus dem 14. Jh., Herford 1905, S. 79; Schierholz (wie Anm. 2), S. 44; Th. Ilgen, Zur Herforder Stadt- und Gerichtsverfassung, in: WZ 49 (1891), S. 1–53.
15 Vgl. Schuldentilgungsplan der Stadt, gedr. 1824, in: KAH, Stadt Herford, B 374.
16 »Wöchentliche Mindensche Anzeigen No. 26 v. 24. Juni 1765«, KAH, Stadt Herford, B 902.
17 Bericht des Magistrats an die Kriegs- und Domänenkammer in Minden vom 20. November 1786, KAH, Stadt Herford, B 912, Bl. 220.
18 Schierholz (wie Anm. 2), S. 116.
19 Vgl. hierzu G. Schierholz, Grundeigentümer Herfords, Bd. 1 (Haus Nr. 1–434), Bd. 2 (435–858 Nachträge aus den Grundbüchern des Amtsgerichts Herford 1727–1900, ausgezogen von G. Schierholz u. eingetragen von H. Holtmann), Msc. in KAH, Stadt Herford; ders., Beiträge zur Geschichte der Herforder Häuser, in: Herforder Heimatblatt 17 (1938), Nr. 10 / 11 / 12; 22 (1943), Nr. 1 / 2 sowie KAH, Stadt Herford, B 140, Bl. 28–49 (Feuerversicherung, 1775), B 583 (Jahresabschluß Stadtkämmerei 1773); Adressbücher der Stadt Herford (1864 ff.).
20 Sandow (wie Anm. 10), S. 34 f.
21 C.L. Storch, Chronica, oder: Kurtzgefaßte Nachrichten von der Stadt Herford, Bielefeld 1746.
22 E. Schönfeld, Herford als Garn- und Leinenmarkt, 1670–1870, in: 15. JBHVR (1901), S. 113 ff. u. 160 ff.
23 Sandow (wie Anm. 10), S. 37 ff.
24 L. Quentin, Zu den brennenden Fragen unserer Städtischen Verwaltung, Herford 1876, S. 5–8; dort auch alle weiteren Zitate. Zu Herford im 19. Jh. vgl. bes. F. Böckelmann, Geschichte der Stadt Herford im Lichte der deutschen Vergangenheit, Bielefeld / Leipzig 1934, S. 71 ff.

Anmerkungen zum Beitrag von Jens Jürgen Schulz †

Häuser und ihre Geschichte: Die Radewig

1 H. Stoob, Doppelstädte, Gründungsstädte und Wüstungen im engrischen Westfalen, in: Ostwestfälisch-weserländische Forschungen zur geschichtlichen Landeskunde, hrsg. von H. Stoob, Münster 1970, S. 124.
2 WUB 4, S. 970, Nr. 2106.
3 R. Wilmans, Die Kaiserurkunden der Provinz Westfalen, Münster 1881, S. 89, Nr. 90.
4 G. Engel, Politische Geschichte Westfalens, 4. Aufl., Köln-Berlin 1980.
5 L. Schütte, Wik — eine Siedlungsbezeichnung in historischen und sprachlichen Bezügen (Städteforschung A / 2), Köln-Wien 1976.
6 WUB 3, S. 894, Nr. 1705.
7 WUB 4, S. 290, Nr. 458.
8 WUB 4, S. 363, Nr. 641.
9 F. Kaspar, Bauen und Wohnen in einer alten Hansestadt. Zur Nutzung von Wohnbauten zwischen dem 16. und 19. Jh. am Beispiel Lemgos, in: Denkmalpflege und Forschungen in Westfalen 9 (1985), S. 130.
10 Ebd.
11 Ebd., S. 210.
12 Ebd., S. 181.
13 Ebd.
14 Ebd., S. 138.
15 G. Schierholz, Herforder Straßennamen, Brücken, Festungswerke und Höfe, in: Herforder Heimatblatt 17 (1938), Nr. 6 und 7.
16 W. Brünger, Herford. Eine siedlungsgeographische Untersuchung, Emsdetten 1936, S. 86.
17 J. Normann, Herforder Chronik. Ein Beitrag zur Heimatkunde, Herford 1910, S. 167.
18 Ebd.
19 Ebd., S. 610.
20 Kaspar (wie Anm. 9), S. 176.
21 Ebd., S. 78.
22 Ebd., S. 89.
23 Ebd., S. 78.
24 Ebd., S. 170–174.
25 C. Schwettmann, Geschichte der Kirche und Gemeinde St. Jacobi auf der Radewig in Herford, 2. Aufl., Herford 1884, S. 43.
26 Normann (wie Anm. 17), S. 194.
27 Kaspar (wie Anm. 9), S. 84.
28 O. Gaul, Herforder Fachwerkbauten, in: HJb 7 (1966), S. 65.
29 R. Pape, Das alte Herford. Bilder aus vier Jahrhunderten, Herford 1971, S. 92.
30 Normann (wie Anm. 17), S. 252.
31 Schwettmann (wie Anm. 25), S. 27.
32 Normann (wie Anm. 17), S. 616.
33 Ebd., S. 319.
34 Ebd., S. 325.
35 Schwettmann (wie Anm. 25), S. 30.
36 Ebd., S. 103.
37 R. Pape, Die Jakobiten, Anton Brudtlacht und das Radewiger Kohlfest , in: HJb 9 (1968), S. 12.
38 Kaspar (wie Anm. 9), S. 99.
39 Ebd., S. 170.
40 Normann (wie Anm. 17), S. 313.
41 Gaul (wie Anm. 28), S. 65.
42 Ebd.
43 Normann (wie Anm. 17), S. 612–613.
44 J. Kretzschmar, Zur Geschichte Herfords im 30jährigen Kriege, in: WZ 58 (1900), S. 1 ff.; darin: Plan der Stadt Herford vom Jahre 1638.
45 C. Schwettmann, Beiträge zur Geschichte der Abtei und Stadt Herford, Herford 1889, S. 72.
46 Schwettmann (wie Anm. 45), S. 74.
47 Gaul (wie Anm. 28), S. 65.
48 Kapar (wie Anm. 9), S. 70.
49 Westfälischer Städteatlas, Herford (Lieferung I, Nr. 8) bearb. u. hrsg. von H. Stoob, Dortmund 1975.

50 R. Pape, Der Rote Wik in Herford, in: HJb 7 (1966), S. 46.
51 Schwettmann (wie Anm. 25), S. 21.
52 Ebd., S. 50–52.
53 Normann (wie Anm. 17), S. 279.
54 Pape (wie Anm. 50), S. 47.
55 Kretzschmar (wie Anm. 44), Plan der Stadt Herford von 1638.
56 Ebd.
57 Schwettmann (wie Anm. 45), S. 23.
58 Stoob (wie Anm. 49).
59 K.-D. Steinmann, Kurze Geschichte des Hauses Löhrstraße 5, in: Der Remensnider 13 (1985), S. 91.
60 Normann (wie Anm. 17), S. 391.
61 Schwettmann (wie Anm. 25), S. 109.
62 Ebd., S. 109.
63 Normann (wie Anm. 17), S. 162.
64 Ebd., S. 471.
65 Ebd., S. 165.
66 Ebd., S. 166.

Anmerkungen zum Beitrag von Jutta Brandtmann

Klöster, Bürger und Gewerbe: Die Neustadt

1 HUB, S. 1, Nr. 2.
2 R. Pape, Sancta Herfordia, Herford 1979, S. 32.
3 R. Stupperich, Das Fraterhaus zu Herford, T. 2 (Quellen zur Geschichte der Devotio moderna in Westfalen 3), Münster 1984, S. 12.
4 Zur Geschichte der Süstern vgl. auch G. Rehm, Die Schwestern vom gemeinsamen Leben im nordwestlichen Deutschland. Untersuchungen zur Geschichte der Devotio moderna und des weiblichen Religiosentums (Berliner Historische Studien), Berlin 1986.
5 Urkunden des Fraterhauses in: W. Leesch, Das Fraterhaus zu Herford, T. 1 (Quellen zur Geschichte der Devotio moderna in Westfalen 1), Münster 1974, S. 39 ff.
6 StAM, Urkunden Süsternhaus Herford, Findbuch A 237.
7 Gedächtnisbuch des Fraterhauses, in: Leesch (wie Anm. 5), S. 202.
8 G. Schierholz, Geschichte der Herforder Industrie, Herford 1952, S. 98.
9 Briefwechsel des Fraterhauses mit Luther u.a. in: Stupperich (wie Anm. 3).
10 F. Ch. Borgmeier, Religions- und Kirchengeschichte der Stadt Herford, Herford um 1725 (Manuskript im Archiv Neustädter St. Johannis Kirchengemeinde), Kap. 2, § 2. Borgmeier war Mitglied des Fraterhauses und ab 23. Februar 1724 Pfarrer an der Münsterkirche.
11 Ebd., Kap. 3, § 7.
12 Ebd., Kap. 3, § 14.
13 Gedächtnisbuch des Fraterhauses, in: Leesch (wie Anm. 5), S. 174. Dort weist der Pater des Hauses an anderer Stelle zurück, daß das Haus gegründet worden sei, um *»gebrechliche Bürgerkinder«*, wie die Stadt Herford fälschlich vorgebe, zu unterhalten. (Ebd., S. 185).
14 Gildebücher der Stadt Herford, KAH, Stadt Herford, A VII, Nr. 105.
13 H. Richter, Die St. Johanniskirche in Herford, Herford 1910, S. 17 und S. 63.
16 Ebd., S. 16.
17 J. Normann, Herforder Chronik. Sagen und Geschichtsbilder aus der Vergangenheit von Stift und Stadt, Herford 1910, S. 466 f.
18 Ebd., S. 482.
19 Leesch (wie Anm. 5), S. 17.
20 Herforder Kreisblatt vom 23. Dezember 1848.
21 Schierholz (wie Anm. 8), S. 40 f.
22 Adreßbücher der Stadt Herford 1864 ff.
23 Vgl. hierzu Schierholz (wie Anm. 8).
24 Spurensuche — Das andere Herford. Stadtführung durch die Herforder Geschichte 1900–1950, Herford o.J..
25 VBStH 1952–56, S. 132.
26 Stadtverwaltung Herford (Hrsg.), 15 Jahre danach. Ein Dokumentarbericht. Herford 1960, S. 47.

Anmerkungen zum Beitrag von Michael Goerke

Herford in der Mitte des 19. Jahrhunderts

1 Das Westphälische Dampfboot. Eine Monatsschrift. Redigiert von O. Lüning. 3. Jg., Paderborn 1847 (Nachdruck Glashütten/Ts. 1972), S. 538–542.

2 So stiegen in ausgewählten Städten der Provinz Westfalen die Jahresdurchschnittspreise für einen Scheffel Roggen innerhalb dieses Zeitraums von ca. 61 Silbergroschen (1845) auf 94 3/4 Sgr. (1847), fielen dann allerdings bereits 1848 rapide auf 38 1/4 Sgr. Die Durchschnittspreise für einen Scheffel Kartoffeln verdoppelte sich fast von 19 Sgr. (1845) auf 35 1/2 Sgr.; auch bei Kartoffeln war 1848 der Scheffel mit ca. 18 Sgr. wieder erheblich billiger. Diese Jahresdurchschnittspreise hatten in Herford fast identische Werte (Roggen: 59–92 1/4–36; Kartoffeln: 19 1/2–33 1/2–17 1/2).
Im monatlichen Verlauf sah diese Preisentwicklung allerdings noch dramatischer aus: Von 105 Sgr. bei Roggen und 35 Sgr. bei Kartoffeln im Januar stiegen die Preise weiter auf Höchststände im Mai mit 165 bzw. 55 Sgr. Sie hatten auch noch im Juni Werte von 142 1/2 und 45 Sgr., sanken dann weiter, erreichten aber erst im November ihren niedrigsten Stand mit 47 1/2 Sgr. für Roggen und 15 Sgr. für Kartoffeln.
Angaben für Herford: KAH, Stadt Herford, B 641; für Westfalen: K. Obermann, Wirtschafts- und sozialpolitische Aspekte der Krise von 1845–1847 in Deutschland, insbesondere in Preußen, in: Jahrbuch für Geschichte 7 (1972), S. 141–174, hier S. 150 f.

3 Vgl. H.-U. Wehler, Deutsche Gesellschaftsgeschichte, Bd. 2, München 1987, S. 293 (aus: Tabellen und amtliche Nachrichten über den Preußischen Staat für das Jahr 1849, Bd. 4, Berlin 1853, S. 429–459).

4 Erlaubt auch die Form der Klassenbesteuerung nach »leicht erkennbaren Merkmalen« keine detaillierte Interpretation, so garantieren doch die zahlreichen Ausführungsbestimmungen der Verwaltung die Vergleichbarkeit zwischen den Städten. Leider sind geeignete Angaben für frühere Jahre nicht überliefert; auch wurde die Klassensteuer erst seit der zweiten Hälfte der 1840er Jahre in diesen Städten erhoben (seit 1844 in Herford, seit 1846 in Bielefeld, in Minden und Paderborn erst ab 1848).
Tab. aus: StAD, M1 I, St 67. Zur Klassenbesteuerung vgl. F.G. Schimmelfennig, Die Preußischen direkten Steuern, 2. Theil. Potsdam, 3. Aufl., 1843; R. Grabower, Preußens Steuern vor und nach den Befreiungskriegen. Berlin 1932; W. Leesch, Geschichte der Steuerverfassung und -verwaltung in Westfalen seit 1815, in: WZ 131/132 (1983), S. 413–493 u. WZ 133 (1984), S. 233–336.

5 Für Bielefeld weist Ditt daraufhin, daß dort 1852 anläßlich der Gewerbezählung 13,8% aller Einwohner als von Almosen lebend festgestellt wurden: K. Ditt, Industrialisierung, Arbeiterschaft und Arbeiterbewegung in Bielefeld. Dortmund 1982; S. 32 Anm. 118.
Folgende Zahlen liegen für die Herforder Innenstadt vor, sie beziehen sich jeweils auf das Jahresende: 1845 ca. 10% (KAH, Stadt Herford, B 311), 1846, 1847 und 1851 ca. 9% (KAH, Stadt Herford, B 82, B 84, B 838), 1866 knapp 10% (StAD, M1 I, St 307).

6 Quelle: KAH, Stadt Herford, B 312 und StAD, M1 I, St 119. Die Angaben beruhten zumeist auf Selbsteinschätzungen. Die jährlichen Erträge aus Grundbesitz und Kapitalvermögen werden in den Listen auf 4% veranschlagt, die Einkommen aus Erwerbstätigkeit setzen sich aus *dem Betrieb von Gewerben oder gewinnbringender Beschäftigung*, Gehalt und Pensionen zusammen; Abweichungen zwischen der Summe dieser zwei Spalten und dem gesamten Jahreseinkommen sind durch Abzüge von Schulden oder Belastungen verursacht.

7 Angabe nach Ditt (wie Anm. 5), S. 33 f. u. 85; vgl. auch StAD, M1 I, St 137.

8 Zur Gewerbebesteuerung vgl. die Literaturangaben in Anm. 4; Zitate: Schimmelfennig, Steuern, S. 35 u. 40.

9 Die Angaben der gewerbesteuerveranlagten Betriebe sind Durchschnittszahlen für jeweils drei aufeinanderfolgende Jahre (1842–1844, 1845–1847, etc.), sie spiegeln folglich den Zeitraum von 1842 bis 1865; die Buchstaben in Klammern verweisen auf die Veranlagungsklassen.
Quellen: StAD, M1 I, St 554 f. (Bielefeld); StAD, M1 I, St 548 f. (Herford); StAD, M1 I, St 537 f. (Minden); StAD, M1 I, St 576 f. (Paderborn); StAD, M1 I, L 165, L 166, L 167, L 170 sowie Preußische Statistik, Bde. 5, 10 (Einwohnerzahlen, sie berücksichtigen ab 1849 auch die Militärbevölkerung).

10 Die Zahlen der Kategorien A und B, ab 1831 auch die Summe aller Gewerbesteuerpflichtigen, jeweils am Jahresende (alle Bestandsangaben: KAH, Stadt Herford): 53, 4 (1820, B 6); 47, 14 (1822, B 700); 46, 23 (1825, B 281); 47, 30 (1828, B 702); 36, 59, 225 (1831, B 41); 33, 73, 247 (1834, B 282); 37, 73, 283 (1837, B 705); 39, 72, 296 (1840, B 284).

11 KAH, Stadt Herford, A VI 7.

12 Zur Entwicklung Ravensbergs vgl. W. Mager, Protoindustrialisierung und agrarisch-heimgewerbliche Verflechtung in Ravensberg während der Frühen Neuzeit, S. 435–441, in: Geschichte und Gesellschaft 8 (1982), S. 435–474; zur Veränderung des Garnmarktes in Herford vgl. E. Schönfeld, Herford als Garn- und Leinenmarkt in zwei Jh. (1670–1870), in: 43. JBHVR (1929), S. 1–172, hier S. 111–114.
Die Herforder Leingarnhändler gaben ungebleichtes Garn nach Elberfeld oder Holland, wo es nach erfolgter

Bleiche etwa zwei Monate später verkauft wurde. Leinwandhändler hatten dagegen vom Ankauf bis zum Verkauf der Ware mit Zeitspannen bis zu zwei Jahren zu rechnen, das dafür nötige Kapital stand keinem Herforder Kaufmann bis im 18. Jh. zur Verfügung (Schönfeld, S. 47 f. u. 60–63). Ob Ursache oder Folge der Konzentration auf den Garnhandel: diese relative Kapitalschwäche war einer der gravierenden ›Startnachteile‹ Herfords vor der Industrialisierung.

13 Vgl. H.H. Blotevogel, Zentrale Orte und Raumbeziehungen in Westfalen vor der Industrialisierung (1780–1850). Münster 1975, bes. S. 177–196; Karten nach Vorlagen auf S. 94, 195.

14 StAD, M1 I, U 222.

15 Quellengrundlage ist eine zu Zwecken der Klassensteuerveranlagung von 1846 im Herbst 1845 angefertigte »Populations-Liste der Stadt Herford pro 1845« (KAH, Stadt Herford, B 370), die bis auf die Personen in Haushalten von Militärpersonen jeden Einwohner der Innenstadt mit Namen, »Stand und Gewerbe«, Alter, Hausnummer sowie außerdem die zu den Haushalten gehörenden Pferde, Kühe sowie Schafe und Ziegen aufführt; vereinzelt kommen weitere Angaben u.a. über Lohnhöhe, Armengeldempfang oder letzten Aufenthaltsort hinzu.
Dieser Liste sind für 1845 Gebäudewerte aus einer Katasterfortschreibung (Urkataster von 1830, Fortschreibungsprotokolle im Katasteramt Herford; Beschreibung der Häuserklassifikaton: StAD, M5 C, 54) und Gewerbebetrieb aus den Gewerbesteuer-Hebelisten 1845/46 (KAH, Stadt Herford, B 90, B 133) hinzugefügt worden.
Da die Einwohnerliste zu Steuerzwecken angelegt wurde, verzeichnet sie die einzelnen Personen als Klassensteuerveranlagte; es ist daher nicht immer erkennbar, wann in der Personenabfolge ein neuer Haushalt beginnt.(Nicht verwandte Haushaltsmitglieder wurden separat besteuert, somit von der vorangehenden »Familie« getrennt verzeichnet.) Daher habe ich in Zweifelsfällen (Gehört beispielsweise eine separat besteuerte Witwe noch zum vorangehenden Haushalt?) auch die Salzcontributionsliste vom Frühjahr 1845 berücksichtigt (KAH, Stadt Herford, B 396; zur Vermeidung von Salzschmuggel aus den nicht preußischen Gebieten waren die Einwohner zu gewissen Mindestabnahmemengen pro Jahr verpflichtet). Die in dieser Liste verzeichneten Haushalte verstehe ich als Einheiten gemeinsamer Konsumtion.
Die Bearbeitung der beträchtlichen Datenmengen geschah mit Hilfe der EDV; aus diesem Datenbankbestand ist auch eine alphabetisch sortierte Liste der 1845 verzeichneten Einwohner erstellt worden. Sie steht im Stadtarchiv Herford Benutzern als Hilfsmittel zur Verfügung.

16 Die Überschrift führt die alten Hausnummern auf und ist durch die zwei Straßennamen ergänzt. Im Jahr 1845 hätte das Bild vermutlich ähnlich ausgesehen, lediglich in Mitte der Nordseite wäre der zerfallene ›Spielturm‹ (»zu 633« überschrieben), die ehemalige Marktkirche St. Nicolai und anstelle des Eckhauses Nr. 627b ein anderes Haus zu sehen gewesen, da es nach einem Brand neugebaut wurde.
Bereits 1842 hatte der Besitzer des Hauses Nr. 633, der Kaufmann Daniel Ganz, den Plan geäußert, sein Haus mit dem ›Spielturm‹ zu vereinigen und eine einheitliche Fassade auszuführen. Nach Abriß des Turmes 1849 und Übertragung des Grundstückes auf seinen Namen im Jahre 1851 wird er dieses Vorhaben in die Tat umgesetzt haben; so jedenfalls legt es das Aquarell nahe. Vgl. dazu E. Sandow, Die Marktkirche St. Nicolai in Herford und ihre Funktion, in: HJb 2 (1961), S. 27–59; zu Abriß und Umbauplänen: S. 39 f.
Für Haus Nr. 627b (Höpker-Aschoff) verzeichnen die Fortschreibungsprotokolle (Katasteramt Herford) im Jahr 1858 den Fortfall infolge eines Brandes vom 21. September 1857 sowie im Jahr 1861 den Zugang eines Neubaus von 1859.

17 Das auf dem Aquarell befindliche Haus des Höpker-Aschoff (627b) wurde zwar in der zweiten Stufe mit 72 Talern besteuert, aber auch 1845 hatte der Apotheker für sein Wohnhaus einen Steuerbetrag von 42 Talern (vierte Stufe) zu entrichten.

18 Die Gebäudesteuereinschätzungen der Urkatasteraufnahme von 1830, durch die jährlichen Fortschreibungsprotokolle bis zum Zeitpunkt 1845 ergänzt (vgl. Anm. 15), wurden mit Hilfe der Urvermessungs-Handrisse im Katasteramt Herford auf der Kartenbasis des Westfälischen Städteatlas lagerichtig eingetragen; Westfälischer Städteatlas, Herford (Lieferung I, Nr. 8), bearb. u. hrsg. von H. Stoob, Dortmund 1975.

19 Innenstadtbevölkerung zum Zeitpunkt der Volkszählung; Ende 1831: 4881, Ende 1846: 5834 (KAH, Stadt Herford, A VI, 7).

20 Die Zahlen beziehen sich in allen vier Fällen auf das innerstädtische Wohngebiet ohne die Feldmarken; StAD, M5 C, 58 (Bielfeld), 61 (Minden), 65 (Paderborn).

20a Die Gebäudezahlen der Tab. unterscheiden sich von den vorherigen Angaben über die ›besteuerten Wohnhäuser‹. Hier sind die bewohnten aber steuerfreien Gebäude miteinbezogen worden, die von Militärangehörigen bewohnten ›Wohnhäuser‹ jedoch unberücksichtigt geblieben.

21 Mangels geeigneter Quellen, die Angaben über die Einkommens- und Besitzverhältnisse der Gesamtbevölkerung um 1845 machen, und wegen des zeitlichen Abstandes zur Einkommenssteuerliste von 1852 habe ich diese Haushalte im wesentlichen nach den Berufsangaben der Einwohnerliste zusammengestellt. Daher sind in dieser Gruppe nicht sämtliche Oberschichthaushalte erfaßt; neben den fehlenden Offizieren werden die von Kapital- und Grundbesitz lebenden Haushalte unterrepräsentiert sein: Einige alleinstehende Frauen als Haushaltsvorstand, deren ›Stand und Gewerbe‹ in der Einwohnerliste mit »Fräulein« oder »Witwe« beschrieben ist sowie die Haushaltsvorstände mit der Angabe »Ökonom« (Landwirt) konnten in der Regel nicht schichtspezifisch zugeordnet werden.
Diese Gruppenbildung berücksichtigt auch nicht die reichen Handwerker, die in der Einkommenssteuerveranlagung von 1852 aufgeführt worden sind; Kriterium waren also weniger die tatsächlichen Einkommensverhältnisse sondern eher der soziale Status der Personen, soweit er aus den Berufsangaben hervorgeht.

22 Auch die Gruppe der Armengeldempfänger ist nicht vollständig, da die Klassensteuerliste für 1846 nicht zur Verfügung steht. Von den insgesamt 467 Personen, die wegen Unterstützungsbedürftigkeit von der Klassensteuer befreit waren, konnten aber immerhin 298, also ca. 2 / 3 in der Einwohnerliste lokalisiert werden. Die Identifikation erfolgte aufgrund von Angaben in der Einwohnerliste (»Armgeld«) und einer Korrespondenz zur Klassensteuerveranlagung, wo der Bürgermeister der Stadt auf eine Frage der Mindener Regierung antwortete: *Fortlaufende Unterstützung erhalten sie nicht aus Armenmitteln, wohl aber alljährlich in den 5 bis 6 Wintermonaten, wo der Nothstand sich mehrt und kein Tagelohn zu verdienen ist. Sämtliche Personen sind übrigens armuthshalber unpfändbar.* (KAH, Stadt Herford, B 311) Somit sind in der lokalisierten Gruppe alle Unterstützungsbedürftigen dürftigen erfaßt, über deren Steuerbefreiung Zweifel bestanden oder über die infolge Umzugs diese Angaben erstmalig gemacht wurden.
Zur Einkommenssituation von Handarbeitern und Handwerksgesellen (mit eigenem Haushalt) geht Obermann für die Jahre von 1846 bis zur Revolution von einem Tagelohn von 10 Silbergroschen bzw. zwei Talern pro Woche als Norm aus. *Diesen Tagelohn hatten Tagelöhner, Maurer- und Zimmergesellen und auch andere Handwerksgesellen.* Durch Feiertags- und Witterungsausfall bedeutete dies nicht über 100 Taler jährlich. Dies entspricht den Angaben für Herford in: KAH, Stadt Herford, B 78, B 79, B 311 (Klassensteuerveranlagungen für 1844, 1845, 1846). Vgl. K. Obermann, Zur Klassenstruktur und zur sozialen Lage der Bevölkerung in Preußen 1846 bis 1849. Die Einkommensverhältnisse in Gewerbe und Industrie, in: Jahrbuch für Wirtschaftsgeschichte, 1973 / III, S. 143–174, Zitat: S. 154.

23 Die Gruppe der großen Kaufleute (22 Haushalte) ist aus den Kaufleuten der gewerbetreibenden Oberschicht (Gewerbesteuerbetrag: 30 Taler und mehr) gebildet, die beiden Fabrikbesitzer rechnen nicht dazu, ebenso nicht der Gastwirt Engelbrecht, der in der Gruppe der Gast- und Schankwirte (19 Haushalte) kartiert worden ist. Zur Gruppe der kleinen Kaufleute (60 Haushalte) gehören alle restlichen Gewerbesteuerpflichtigen der Kategorien A und B (›mit kaufmännischen Rechten‹ / ›ohne kaufmännische Rechte‹).

24 KAH, Stadt Herford, B 90.

25 Vgl. dazu F. Lenger, Zwischen Kleinbürgertum und Proletariat, Göttingen 1986. Er betont in seiner Arbeit über Düsseldorf zur Jahrhundertmitte die dortige »Dominanz des Klein- und Alleinmeisters ... in der Nähe des Existenzminimums«, die sich keineswegs auf die große Zahl der Schneider, Schuhmacher und Schreiner beschränkte (S. 63 f.).

26 Man vergleiche nur einmal die erstaunliche Ähnlichkeit der Karte ›Wohnlage und Vermögensstatus im Jahr 1501‹ von Höxter, deren Grundmuster der Karte 1 (Gebäudewerte Herfords 1845) gleicht: H. Rüthing, Höxter um 1500. Paderborn 1986, S. 17 sowie zum Bild der Stadt: S. 42–51.

Anmerkungen zum Beitrag von Michael Oldemeier

Das Wachstum der Stadt Herford im 19. und 20. Jahrhundert

1 Der vorliegende Aufsatz ist eine überarbeitete und gekürzte Fassung der Staatsexamensarbeit des Verfassers zum Thema: »Zur Entwicklung der Stadt Herford im 19. und 20. Jh. mit besonderer Berücksichtigung der Zeit von 1870–1918. Demographische, ökonomische und topographische Aspekte«, Universität Bielefeld 1987. Einzelne Aspekte sind dort ausführlicher dargestellt und belegt. Ein Exemplar der Arbeit befindet sich im KAH Herford.
Zur Geschichte der Verstädterung in Deutschland seien aus der Fülle der Literatur nur einige zentrale Titel genannt. J. Kocka, G.A. Ritter (Hrsg.), Deutsche Sozialgeschichte. Dokumente und Skizzen. Bd. 2: 1870–1914. München 1977; H. Matzerath, Urbanisierung in Preußen 1815–1914, Stuttgart 1985; J. Reulecke, Geschichte der Urbanisierung in Deutschland, Frankfurt / Main 1985; ders. (Hrsg.), Die deutsche Stadt im Industriezeitalter. Beiträge zur modernen deutschen Stadtgeschichte. Wuppertal 1978; H.J. Teuteberg (Hrsg.), Urbanisierung im 19. und 20. Jh., Historische und geographische Aspekte, Köln 1983.

2 Zu den Bevölkerungszahlen vgl. VBStH 1875 ff. sowie G. Hohorst u.a. (Hrsg.), Sozialgeschichtliches Arbeitsbuch II: Materialien zur Statistik des Kaiserreichs 1870–1914, München 1975.

3 Vgl. dazu St. Reekers, Die Gebietsentwicklung der Kreise und Gemeinden Westfalens, Münster 1977.

4 Der Wandel der Bevölkerungsweise wurde durch eine Vielzahl von sozialen und ökonomischen Faktoren beeinflußt, deren Auswirkungen bis heute nur ansatzweise geklärt sind (Einkommensniveau, Lockerung traditioneller, auch religiöser Bindungen, wobei Kinderreichtum in der Industriegesellschaft vor allem Konsumverzicht und nicht länger einen Zuwachs an familiären Arbeitskräften bedeutet). Die Geburtenziffern sanken seit der Jahrhundertwende in Herford langsamer als in Großstädten wie Berlin, aber schneller als im agrarisch strukturierten Kreisgebiet: Dies ist ein Indiz dafür, daß der Rückgang der Geburtenzahlen tatsächlich im Zusammenhang mit einer neuen, urbanen Lebensweise interpretiert werden muß.

5 Die Tab. stammt aus dem Buch von H. Vark, Wirtschaftsstruktur und Siedlung in Ostwestfalen, Jena 1938, S. 117.
6 Vgl. zur vorindustriell-heimgewerblichen Produktion im Herforder Raum: E. Schönfeld, Herford als Garn- und Leinenmarkt in zwei Jahrhunderten (1670–1870), in: 43. JBHVR (1929), S. 1–172; J. Mooser, Der Weg vom proto-industriellen zum fabrik-industriellen Gewerbe in Ravensberg, 1830–1914, in: K. Düwell, W. Köllmann (Hrsg.), Rheinland-Westfalen im Industriezeitalter, Bd. 1: Von der Entstehung der Provinzen bis zur Reichsgründung, Wuppertal 1983, S. 73–95.
7 Dieses interessante Detail entstammt dem materialreichen Buch von G. Voß, Herfords Bekleidungs- und Wäscheindustrie im Wandel der Zeit, Herford 1984, das die Geschichte dieser Branche im hiesigen Raum detailliert schildert. Zur Industrialisierung in Herford vgl. allgemein G. Schierholz, Geschichte der Herforder Industrie, Herford 1952; K. Hass, Aus der Wirtschaft des Kreises Herford, in: W. Knackstedt (Hrsg.), Chronik des Kreises Herford, Herford 1983, S. 191–221. H.J. Teuteberg, Vom Agrar- zum Industriestaat (1850–1914), in: W. Kohl (Hrsg.), Westfälische Geschichte, Bd. 3: Das 19. und 20. Jh. Wirtschaft und Gesellschaft, Düsseldorf 1984, S. 163–311.
8 Vgl. VBStH 1855/56, S. 1.
9 KAH, Kreis Herford, A 1343. Verzeichnis der gewerblichen Anlagen 1885.
10 KAH, Kreis Herford, A 1309. Jahresbericht der Stadt Herford an den Landrat des Kreises über die Lage der Industrie vom 20. Oktober 1898. Vgl. allgemein W. Ruppert, Die Fabrik. Geschichte von Arbeit und Industrialisierung in Deutschland, München 1983.
11 KAH, Kreis Herford, A 1503. Schreiben des Regierungspräsidenten in Minden an den Herforder Landrat vom 27. September 1905. Es bleibt unverständlich, weshalb die Planung einer »autogerechten« Stadt nach dem Zweiten Weltkrieg nicht an dieses langfristige Konzept angeknüpft wurde. Vgl. allgemein zur Geschichte der Stadtplanung in Herford: Stadt Herford, Flächennutzungsplan 1972, Herford 1972.
12 Vgl. zu den Zahlen H. Silbergleit, Preußens Städte, Berlin 1908, S. 175. H. Matzerath, Urbanisierung in Preußen, Stuttgart 1985, S. 279 sowie die VBStH aus den entsprechenden Jahren.
13 Stadt Herford, Verwaltung der Stadt Herford im letzten Viertel des 19. Jh., Herford 1900, S. 27. Die Benennung der Straßen und Numerierung der Häuser in den Feldmarken erfolgte um 1910.
14 VBStH 1900–05, S. 44.
15 Vgl. die VBStH aus den entsprechenden Jahren.
16 VBStH 1878–81, S. 66.
17 Vgl. R. Fricke, Die Entstehung und frühe Entwicklung der Herforder Arbeiterbewegung im 19. Jh., Staatsexamensarbeit Universität Bielefeld 1982, S. 40. Ein Exemplar dieser Arbeit befindet sich im StadtA Herford.
18 Vgl. die VBStH aus den entsprechenden Jahren. Der Anstieg der Zahl der versicherten Industriearbeiter in der ersten Hälfte der 1880er Jahre resultierte vor allem daraus, daß nach dem Krankenversicherungsgesetz von 1883 die Mehrheit der gewerblichen Arbeiter (aber längst nicht alle!) kassenpflichtig waren.
19 Vgl. Voß (wie Anm. 7), S. 73.
20 KAH, Kreis Herford, A 1301. Schreiben des Landrats des Kreises Herford an den Regierungspräsidenten in Minden vom 29. August 1913.
21 Vgl. KAH, Kreis Herford, A 1301. Vgl. auch KAH, Kreis Herford, A 204; Schreiben des Landrats des Kreises Herford an den Regierungspräsidenten in Minden vom 11. April 1908.
22 VBStH 1887–90, S. 48.
23 VBStH 1890–95, S. 251.
24 VBStH 1900–05, S. 55.
25 VBStH 1890–95, S. 47.
26 VBStH 1876/77, S. 30.
27 Vgl. VBStH 1927–33, S. 88 ff. und VBStH 1935/36, S. 10. Die Zahl der Arbeitslosen sank bis 1935 auf 2000. Ende der dreißiger Jahre herrschte in Herford ein Arbeitskräftemangel.
28 Tab. aus VBStH 1935/36, S. 10.
29 Tab. aus Vark (wie Anm. 5), S. 132.
30 Vgl. Vark (wie Anm. 5), S. 137.
31 Vgl. zur Besiedlung der Herforder Feldmarken W. Brünger, Herford. Eine siedlungsgeographische Untersuchung, Emsdetten 1936.
32 Vgl. zur Tab.: KAH, Stadt Herford, A 35/2/3; Statistische Halbjahresberichte der Stadt Herford Jan.–Juni/Juli–Dezember 1921; Januar–Juni 1922; Januar–Dezember 1926. Bis 1925 konnte in Herford Wohnraum beschlagnahmt werden.
33 W. Messerschmidt, Herford (Deutschlands Städtebau), 1. Aufl., Berlin 1920, S. 1.
34 Vgl. die VBStH der entsprechenden Jahre. Für die Jahre 1910–1925 ließ sich außer den Krafträdern nur die Gesamtzahl der Kraftwagen ermitteln.
35 VBStH 1927–33, S. 42.
36 Vgl. zur Tab. St. Reekers, Westfalens Bevölkerung 1818–1955, Münster 1956, S. 266 u. S. 274.
37 Vgl. Hass (wie Anm. 7), S. 213.

Anmerkungen zum Beitrag von Dieter Begemann

Eine rote Hochburg mit »möglichst viel Sonnenseite«: Die »Siedlung«

1 VBStH 1913 / 14.
2 VBStH 1895–1900.
3 VBStH 1910 / 11.
4 G. Hohorst, J. Kocka, A. Ritter, Sozialgeschichtliches Arbeitsbuch, Materialien zur Statistik des Kaiserreichs 1870 / 1914, München 1975, S. 112.
5 VBStH 1895–1900.
6 Herforder Monatsblätter, Nr. 2, Januar 1919.
7 Ebd.
8 VBStH 1913 / 14.
9 VBStH 1918–27.
10 Herforder Monatsblätter, Nr. 2, Januar 1919.
11 Ebd.
12 Ebd.
13 VBStH 1918–27, S. 53.
14 Herforder Monatsblätter, Nr. 4, Februar 1919.
15 Ebd.
16 Ebd.
17 Ebd.
18 Ebd.
19 V. Lampugnani, Architektur und Städtebau des 20. Jhs., Stuttgart 1980, S. 173.
20 Atlas zur Baukunst, München 1974, S. 91.
21 W. Messerschmidt, Herford (Deutschlands Städtebau), 1. Aufl. Berlin-Halensee 1920.
22 Ebd.
23 Ebd.
24 Ebd.
25 Ebd.
26 KAH, Stadt Herford, 23 / 1 / 201.
27 Ebd.
28 KAH, Stadt Herford, V 5.
29 Informationen von Herrn E. Schürstedt und Herrn E. Wellhöner.
30 Ebd.
31 KAH, Stadt Herford, V 11.
32 VBStH 1918–27.
33 Ebd.
34 Ebd.
35 KAH, Stadt Herford, V 11.
36 VBStH 1918–27.
37 KAH, Stadt Herford, V 11.
38 VBStH 1918–27.
39 Dokument aus Privatbesitz H. Rullkötter.
40 Information von Herrn K. Stüwe.
41 KAH, Stadt Herford, V 5.
42 KAH, Stadt Herford, 23 / 1 / 201.
43 Information von Herrn G. Blume und Herrn K. Stüwe.
44 D. Petzina, W. Abelshauser, A. Faust, Sozialgeschichtliches Arbeitsbuch, Bd. 3, Materialien zur Statistik des Deutschen Reiches 1914–1945, München 1978, S. 117.
45 VBStH 1918–27.
46 Interview mit Frau I. Wischniewski, Juni 1988.
47 Information von Herrn K. Stüwe.
48 Information von Herrn W. Tappe und Herrn E. Schürstedt.
49 Protokoll des SPD-Ortsvereins Herford-Siedlung vom 12. Mai 1957.
50 Interview mit Frau I. Wischniewski, Juni 1988.
51 VBStH 1927–33.
52 Interview mit Frau I. Wischniewski, Juni 1988.
53 VBStH 1918–27.

54 Herforder Kreisblatt vom 12. November 1932.
55 LKA EKvW, 2, Nr. 2519.
56 Information von Frau I. Bokelbrink.
57 StAD, M 4 A, Nr. 36.
58 Ebd.
59 Ebd.
60 Ebd.
61 Information von Herrn H. Huber.
62 StAD, M 4 A, Nr. 36.
63 Information von Herrn H. Finke.
64 Ebd.
65 StAD, M 4 A, Nr. 36.
66 StAD, M 4 A, Nr. 24.
67 Herforder Kreisblatt vom 30. April 1933.
68 VBStH 1927–33.
69 Herforder Zeitung für Stadt und Land vom 2. Mai 1933.
70 Interview mit Frau I. Wischniewski, Juni 1988.
71 Herforder Kreisblatt vom 2. Mai 1933.
72 Herforder Kreisblatt vom 13. November 1933.
73 Ebd.
74 Information von Frau W. Karnahl.
75 StAM, Akten der Generalstaatsanwaltschaft Hamm, Nr. 3839.
76 Ebd.
77 Ebd.
78 Ebd.
79 StAD, M 4 A, Nr. 24.
80 StAM, Akten der Generalstaatsanwaltschaft Hamm, Nr. 3839.
81 Ebd.
82 Gedenkblatt der VVN-Ortsgruppe Herford, 1948.
83 Herforder Kreisblatt vom 28. September 1937.
84 Information von Herrn E. Wellhöner.
85 Stadt Herford, 15 Jahre danach. Ein Dokumentarbericht. Herford 1960, S.19 f.
86 Ebd.
87 Ebd.

Anmerkungen zum Beitrag von Wolfgang Günther

Zwischen Kirche und Kasernen: Der Stiftberg

1 StAD, M 1 BA, Nr. 1223.
2 W. Brünger, Herford. Eine siedlungsgeographische Untersuchung, Emsdetten 1936, S. 73–75.
3 StAD, D 32 A, Nr. 7755–7766.
4 StAD, M 1 I U, Nr. 235.
5 StAD, M 1 I Pla, Nr. 19.
6 StAD, M 1 I W, Nr. 19; M 1 U, Nr. 235.
7 Sonderbeilage »Die Soldatenstadt Herford« der Neuen Westfälischen Volkszeitung vom 4. Oktober 1935.
8 StAD, M 1 I D, Nr. 2279.
9 Wie Anm. 7.
10 Deutschlandberichte der Sozialdemokratischen Partei Deutschlands (Sopade), Jg. 1934, S. 788.
11 Wie Anm. 7.
12 StAD, M 1 W, Nr. 235.
13 LKA EKvW, 2 neu Herford-Stiftberg, Nr. 3, Bd. 1.
14 Neue Westfälische Volkszeitung vom 8. bzw. 16. November 1935.
15 LKA EKvW, 5.1, Nr. 434, Fasc. 2.
16 Vgl. auch das Interview mit Pfarrer i.R. Brasse.

17 Bad Oeynhausen war zudem der letzte Standort des Hauptquartiers der 21. Armeegruppe unter Montgomery gewesen. Vgl. dazu: J. Foscheroth / R. Steininger, Britische Deutschland- und Besatzungspolitik 1945–1949, *1885*, u. W. Först, Geschichte Nordrhein-Westfalens 1945–1949, Düsseldorf 1986, S. 143.
18 LKA EKvW, 4.13, Abt. 7, Nr. 2.
19 Wie Anm. 18.
20 StAD, D 1, Nr. 10734.
21 LKA EKvW, 2 neu Herford-Stiftberg, Nr. 3, Bd. 2.
22 Da die Kirchengemeinde Stiftberg zudem auch an die Vermögensordnung der westfälischen Landeskirche gebunden war, hatte sie zu dem Zeitpunkt auch keine Möglichkeit, die Grundstücke wesentlich billiger zu verkaufen.
23 StAD, M 1 II A, Nr. 2809.

Anmerkungen zum Beitrag von Ulrich Möller

Links und rechts des Bahndammes: Produktionsstätten und Kunstdenkmäler

1 Adreßbuch der Stadt Herford von 1864.
2 Im Vermessungsamt des Kreises Herford.
3 Nach G. Schierholz, Geschichte der Herforder Industrie, Herford 1952, S. 165 sowie Adreßbuch (wie Anm. 1).
4 In: Die Polizeiverordnungen und Ortsstatute der Stadt Herford, Herford 1910, S. 395 ff.
5 VBStH 1876 / 77, S. 101.
6 VBStH 1887–90, S. 13.
7 Trotz anderer Angaben im Adreßbuch der Stadt Herford von 1876 befand sich letztere Firma bereits seit ihrem Gründungsjahr an dieser Adresse (nach der entsprechenden Flurkarte des Jahres 1867 im Vermessungsamt des Kreises Herford).
8 Siehe dazu G. Voß, Herfords Bekleidungs- und Wäscheindustrie im Wandel der Zeit, Herford 1984, S. 15 ff.
9 Adreßbuch der Stadt Herford von 1891 sowie die von 1864–1886.
10 Stand 1885. KAH, Kreis Herford, A 1343: Verzeichnis der gewerblichen Anlagen.
11 Zur Situation um 1893 siehe den »Plan der Stadt Herford« dieses Jahres im KAH.
12 Nach R. Slotta, Einführung in die Industriearchäologie, Darmstadt 1982, S. 1–143.
13 Siehe dazu B. Hey, Industriearchitektur und historische Aussage, in: Industriearchitektur in Bielefeld, Bielefeld 1986, S. 34–41.
14 Zum Denkmalschutz in Herford siehe: Untere Denkmalbehörde der Stadt Herford — Denkmalschutz, Denkmalpflege, Stadtbildpflege. Entwicklungsbericht 1980–1987, Herford 1988.
15 Daten und Zahlen aus Voß (wie Anm. 8), Schierholz (wie Anm. 3), aus verschiedenen Firmenselbstdarstellungen und aus verschiedenen Akten im KAH. Zu architektur- und kunsthistorischen Aspekten wurden Akten der Unteren Denkmalbehörde der Stadt Herford herangezogen.
16 Segmentbogenfenster sind Fenster mit oberem Abschluß in Form eines Kreissegments. Lisenen sind flach vortretende senkrechte Mauerstreifen. Ein Sohlbankgesims ist ein aus der Mauer hervortretender, waagerechter Streifen unterhalb der Fenster.
17 Zur Geschichte der Firma Elsbach siehe E.A. Marsden, Elsbach. Die Geschichte einer Familie und eines Unternehmens in Herford, in : HJb 17 / 18 (1976 / 77), S. 69–86.
18 Polizeiverordnung betreffend Wohnviertel vom 31. März 1908, in: Die Polizeiverordnungen und Ortsstatute der Stadt Herford, (wie Anm.4), S. 165–168.
19 Zwerchhäuser sind geschoßhohe Dachhäuschen in der Hausflucht quer zum Hauptfirst.
20 Ein Attikaband ist ein umlaufender, hervortretender Mauerstreifen unterhalb der Dachzone. Die Attika ist eine niedrige Wand zur Verdeckung des Dachansatzes.
21 Polizeiverordnung über die Einteilung des Stadtgebietes in verschiedene Baubezirke vom 11. April 1914, abgedruckt in: Herforder Kreisblatt vom 18. April 1914.
22 Ein Mittelrisalit ist ein mittig aus der Wandflucht eines Bauwerkes vorspringender Gebäudeteil. Dorische Säulenform bezeichnet eine schlichte, schmucklose (z.B. ohne Basis) Säule, benannt nach dem dorischen Stil des antiken Griechenlands.
23 Der Obergaden ist die Fensterzone des erhöhten Mittelschiffs.

Anmerkungen zum Beitrag von Ulrich Möller, Wolfgang Silger und Thomas Stern

Bauerschaften — Industriegebiete 3 Beispiele: Elverdissen – Herringhausen – Eickum

1 Fortschreibung des Einwohnermeldeamtes Herford vom 31. Dezember 1988.
2 Erläuterungsbericht zum Flächennutzungsplan der Stadt Herford, 1987; vgl. auch den Beitrag von Möller zu Herringhausen in diesem Kapitel.
3 Siehe Karte, S. 193.
4 Siehe Beitrag von W. Silger zu Eickum in diesem Kapitel.
5 Zu liefern waren: 27 Scheffel Braugerste, 5 Scheffel Hafer, 3 Scheffel Roggen, 1 Schwein, 1 Schaf, 2 Hähne und 4 Fuder Holz.
6 Reynerus de Vorencampe, Frederic de Arnholte, Reyneke de Arnholte und auch ein Herforder Bürgermeister, Hermann Kotfles (auch Kotfleisch geschrieben). Letzterer unterstützte auch die Lehren Martin Luthers. Vgl. R. Pape: Sancta Herfordia, Herford 1979, S. 173.
7 Aquarell von Meister Simon, 1600 (Städtisches Museum Herford). »Der Schnatgang« gilt als die älteste bekannte Darstellung der Stadt Herford.
8 Zur Entwicklung der Bevölkerungszahlen im 19. und 20. Jh. siehe den Beitrag von W. Silger zu Eickum in diesem Kapitel, Abb. S. 208.
9 An der Kreuzung Werler Straße / Elverdisser Straße, siehe Abb. S. 193.
10 Vgl. M. Oldemeiers Beitrag »Wachstum« in diesem Buch.
11 H. Böckelmann, Die Geschichte der Zigarrenfabrik Böckelmann & Co., Herford (nach Aufzeichnungen von F.W. Richard Böckelmann), in: FHH 5 (1987), S. 115–143.
12 Vgl. G. Voß, Herfords Bekleidungs- und Wäscheindustrie im Wandel der Zeit, Herford 1984, S. 262–264.
13 Statistisches Jahrbuch des Kreises Herford, 1967–1968.
14 Fortschreibung des Einwohnermeldeamtes Herford vom 31. Dezember 1988.
15 Erläuterungsbericht zum Flächennutzungsplan der Stadt Herford, 1987.
16 Statistisches Jahrbuch des Kreises Herford, 1967–1968.
17 Wie Anm. 16; außerdem: Gemeindestatistiken des Landes NRW, Bevölkerungsentwicklung 1871–1961, Düsseldorf 1964 u. M. Vahle, Von Hetheredinchusen bis Herringhausen, Herringhausen 1951, S. 47.
18 Statistisches Jahrbuch des Kreises Herford, 1967–1968. In diesem Bd. sind die letzten Zahlen für Gesamt-Herringhausen enthalten. Zur Entwicklung der Bevölkerungszahlen im 19. und 20. Jh. vgl. Abb. S. 208.
19 Akten des Amtes für Stadtentwicklung und Wirtschaftsförderung der Stadt Herford. (Akten im Amt).
20 Herford 1950–1990, Strukturgutachten — Stadtentwicklungsplanung, Herford 1971, S. 111 ff.
21 Im Planungsamt der Stadt Herford.
22 Für die Nutzungsvorschriften der einzelnen Flächen sind verschiedene Paragraphen der Bau-Nutzungsverordnung von 1962 maßgebend.
23 Siehe dazu H. Riepenhausen, die bäuerliche Siedlung des Ravensberger Landes bis 1770, Münster 1938, S. 115 ff.
24 Zahlen aus: Kulturlandschaftskarte Herringhausens nach dem Urkataster von 1825 / 26 in der Bearbeitung von R. Schluckebier, StAD, D 75 G Nr. 29 sowie KAH, Kr. Herford, B 7.
25 Nach R. Krull, Das Amt Enger im 19. Jh., in: Wittekindsland, Heft 1 (Juni 1987), S. 68. Grundsätzlich zur sozialen Gliederung im frühen 19. Jh.: W. Mager, Spenge vom frühen 18. bis zur Mitte des 19. Jh., in: ders. (Hrsg.), Geschichte der Stadt Spenge, Spenge 1983, S. 142 ff.
26 Zahlen aus: Hof- und Besitzstandskarte Herringhausens nach dem Urkataster von 1825 / 26 in der Bearbeitung von R. Schluckebier, Stadt A. Bielefeld Nr. 244. Schluckebier führt hier 61 Höfe auf, davon nur 4 mit 3 Morgen und weniger Besitz; die Zahlen Krulls (wie Anm. 25) für 1830 scheinen aus verschiedenen Gründen verläßlicher.
27 Das Urbar der Grafschaft Ravensberg von 1556, Bd. 1 (1960), S. 215 ff.
28 Zur Schenkungsurkunde von 1151 siehe den Beitrag von W. Silger zu Eickum in diesem Kapitel.
29 StAM, KDK Minden III, Nr. 245; KDK Minden IV, Nr. 484.
30 Der Hof Brand wird nicht in der Schenkungsurkunde von 1151 erwähnt, ist aber nach Griese ebenfalls in das 12. Jh. zu datieren. Zur Geschichte einzelner Höfe (mit detaillierten Quellenangaben) vgl. G.H. Griese, Die Wittekindstadt Enger und die Dörfer und Bauernhöfe in den Kirchspielen Enger und Hiddenhausen, Bünde 1934, S. 43 ff. u. Vahle (wie Anm. 17), S. 22 ff.
31 R. Wilmans, Additamenta zum Westfälischen Urkundenbuch, 117 II; deutsche Übersetzung in: Beiträge zur Heimatkunde der Stadt Löhne 1 (1974), S. 63 f.; Regest: G. Engel, Ravensberger Regesten, S. 185 f., Nr. 132.
32 (wie Anm. 23) S. 50.
33 A. Schüttler, Rödinghausen im Ravensberger Land. Ökologisch-ökonomische Strukturen und Wandlungen, Rödinghausen o.J., S. 34.
34 Riepenhausen (wie Anm. 23), S. 58.
35 Wilmans (wie Anm. 31).

36 StAM, KDK Minden III 987, ohne Seitenangabe.
37 StAM, KDK Minden III 990, ohne Seitenangabe.
38 Ebd., handschriftlicher Nachtrag.
39 J. Brünger, Die Wirtschafts-, Siedlungs- und Sozialstruktur der Gemeinde Eickum (Kreis Herford). Examensarbeit PH Bielefeld 1967, S. 36–42.
40 Fortschreibung des Einwohnermeldeamtes der Stadt Herford / Kommunales Rechenzentrum vom 31. Dezember 1988.

Anmerkungen zum Beitrag von Theodor Helmert-Corvey und Beate Wagner

Gruppen und Interessen: Von der Gilde zum Sportverein

1 K. Tucholsky, Das Mitglied, in: ders., Gesammelte Werke in 10 Bänden, hrsg. von M. Gerold-Tucholsky und F.J. Raddatz, Reinbek bei Hamburg 1975 (1960), Bd. 4, S. 455 f.; zuerst veröffentlicht unter dem Pseudonym »Theobald Tiger« in: Die Weltbühne Nr. 22, S. 865 vom 1. Juni 1926, weiterhin in der Buchveröffentlichung »Mit 5 PS«.
2 Herforder Wegweiser, München 1985, S. 71–74.
3 Siehe hierzu den Beitrag von J. Brandtmann (Bildung und Freizeit) weiter unten in diesem Buch; vgl. auch StAD, D 23 Herford, Nr. 1159 (Nr. 2).
4 P. Pophal, F. Reinshagen, Festschrift zur hundertsten Wiederkehr des Tages der Verleihung der Rechtsfähigkeit an die Gesellschaft »Weinklub« zu Herford am 9. November 1867, Herford o.J. (1967).
5 H. Heuermann, Die Entwicklung von Turnen und Sport im Kreis Herford unter besonderer Berücksichtigung der Geschichte und Struktur des Herforder Turnvereins, Bochum 1979 (Masch. Staatsexamensarbeit), S. 67 ff.
6 KAH, Kr. Herford, A 401.
7 A. Fischer-Riepe, NS-Machtergreifung und Herrschaftsstabilisierung in der Stadt Herford 1932 bis 1939, Bielefeld 1976 (Masch. Staatsexamensarbeit); zum jüdischen Verein in Herford vgl. StAD, M 4 A, Nr. 27.
8 StAD, D 23 Herford, Nr. 1160 (Nr. 38, 52–54, 56–60, 62, 63, 123).
9 H. Barmeyer, Zum Wandel des Verhältnisses von Staat und Gesellschaft im 19. Jh., in: Westfälische Forschungen 29 (1978 / 79), S. 119–145, S. 127.
10 Th. Nipperdey, Verein als soziale Struktur im späten 18. und frühen 19. Jh. Eine Fallstudie zur Modernisierung 1, in: H. Heimpel (Hrsg.), Geschichtswissenschaft und Vereinswesen im 19. Jh., Göttingen 1972; wieder abgedruckt in: Th. Nipperdey, Gesellschaft, Kultur, Theorie, (Kritische Studien zur Geschichtswissenschaft 18) Göttingen 1976, S. 174–205, hier S. 178 ff.
11 F. Balser, Sozial-Demokratie 1848 / 49–1863. Die erste deutsche Arbeiterorganisation »Allgemeine Arbeiterverbrüderung« nach der Revolution (Industrielle Welt 2), 2 Bde., Stuttgart 1962, Bd. 2, S. 544.
12 W. Knackstedt (Hrsg.), Chronik des Kreises Herford, Herford 1983, S. 121 ff., 124 ff.
13 Heuermann (wie Anm. 5), S. 67 ff.
14 Festschrift und Chronik der Schützengesellschaft, zusammengestellt von C. Schwettmann, Herford 1892, S. 22 f.; vgl. zum Herforder Schützenwesen: R. Pape, Über die Anfänge des Herforder Schützenwesens, in: 150 Jahre Schützengesellschaft 1832 bis 1982, Herford 1982, S. 81–90.
15 L. v. Wiese, Art. »Gebilde, soziale«, in: Handwörterbuch der Sozialwissenschaften 4 (1965), S. 221–226, hier S. 224; ders., System der Allgemeinen Soziologie als Lehre von den sozialen Prozessen und sozialen Gebilden der Menschen (Beziehungslehre), 4. Aufl., 1966, S. 448 ff., hier S. 496 f.; vgl. auch O.G. Oexle, Soziale Gruppen in der Europäischen Geschichte, in: MPG Spiegel. Aktuelle Informationen für Mitarbeiter und Freunde der Max-Planck-Gesellschaft 3 (1988), S. 24–29, hier S. 26; ders., Gruppenbindung und Gruppenverhalten bei Menschen und Tieren. Beobachtungen zur Geschichte der mittelalterlichen Gilden, in: Saeculum 36 (1985), S. 28–45, hier S. 33 ff.
16 P. Pophal, Zur 100jährigen Gründungsfeier der Gesellschaft »Weinklub«, Herford 1931 (Masch.), S. 16 f.; StAD, D 1, Nr. 6283.
17 Statuten des Verschönerungs-Vereins in Herford, Herford 1870; KAH, Stadt Herford, B 1022, 1026, C 380.
18 Statuten des »Krokodil« zu Herford 1898; Festprogramm der 20jährigen Jubelfeier des Herforder Krokodils am Sonntag, den 4. Juni 1893, Herford 1893.

19 L. Lappe, Heimatkundliche Vereine, Bibliotheken und Archive in unserer Heimat, in: L. Schoneweg (Hrsg.), Minden-Ravensberg, ein Heimatbuch, Bielefeld 1929, S. 447–460.
20 Siehe hierzu den Beitrag von C. Laue (Bildung und Freizeit) in diesem Buch.
21 K. Storck, Die Gründung des »Herforder Vereins für Altertümer und ein Städtisches Museum«, 1882, in: HJb 23 (1982), S. 11 ff.
22 StAD, D 23 Herford, Nr. 1159 (Nr. 1–35), Nr. 1160 (Nr. 36–137), Nr. 1161 (Nr. 138–232), Nr. 1162 (Nr. 233–303).
23 E. Schoneweg, Der Herforder Leinenverein. Ein Beitrag zur Ravensberger Volkskunde, in: Gedenkblätter zur 1 100-Jahrfeier der Stadt Herford 1923, S. 19–22; E. Schönfeld, Herford als Garn- und Leinenmarkt in zwei Jahrhunderten (1670–1870), Diss. Göttingen 1929, S. 152–160; KAH, Kr. Herford, A 1312; StAD, M 1 I St, Nr. 607; M 1 I, Nr. 508 u. 509, M 9 Herford, Nr. 30; Knackstedt (wie Anm. 12), S. 120; W. Vollmer, Herford. Tausend Jahre Geschichte, Wirtschaft und Kultur, Herford 1956, S. 166.
24 Statuten des Kaufmännischen Vereins Herford, Herford 1890; StAD, D 23 Herford, Nr. 1159 (Nr. 9).
25 Festschrift 60 Jahre Landwirtschaftlicher Lokalverein Herford, Herford 1930.
26 H. Hüffmann, Zur Geschichte der politischen Parteien im Kreise Herford, in: 150 Jahre Landkreis Herford, Herford 1966, S. 58–73; R. Keller, Die konservative Partei in Minden-Ravensberg, in: 26. JBHVR (1912), S. 1–97; H. Budde, Geschichte der Konservativen Partei in Ravensberg, Siegen 1901; R. Pape, Sancta Herfordia. Geschichte Herfords von den Anfängen bis zur Gegenwart, Herford 1979, S. 264–268; E. Höner, Die Geschichte der christlich-konservativen Partei in Minden-Ravensberg von 1866–1896, Bielefeld 1923.
27 Tab. aus: K. Ditt, Die politische Arbeiterbewegung in Ostwestfalen zwischen der Reichsgründung und dem Beginn der Weimarer Republik, in: K. Düwell, W. Köllmann (Hrsg.), Rheinland-Westfalen im Industriezeitalter, Bd. 2: Von der Reichsgründung bis zur Weimarer Republik, Wuppertal 1984, S. 234–256, hier S. 239, der Tab. liegen an Quellen zugrunde: Statistik des Deutschen Reiches, Bd. 14, Heft 3, Abt. 2, S. 24 f., 112; Bd. 37, T. 1, Hefte 6, S. 16 f., 52 f.; Bd. 53, T. 1, Heft 3, S. 14 f.; Monatshefte zur Statistik des Deutschen Reiches, 1885, Heft 1, S. 118 f.; 1887, Heft 4, S. 14 f.; 1890, Heft 4, S. 36 f.; zur Sozialdemokratie in Herford: R. Fricke, Entstehung und frühe Entwicklung der Herforder Arbeiterbewegung im 19. Jh., Bielefeld 1982 (Masch. Staatsexamensarbeit), S.27–76; C. Schreck, Aus der Geschichte der Arbeiterbewegung in Minden-Ravensberg, in: Minden-Ravensberger 1929, S. 410–415; B. Brücher, G. Hartmann, Hebt unsere Fahnen in den Wind! Bilder aus der Geschichte der Sozialistischen Arbeiterjugendbewegung in Ostwestfalen und Lippe, Bonn 1983.
28 Fricke (wie Anm. 27), S. 66.
29 StAM, Oberpräsisdium, Nr. 5362.
30 J. Paschen, Demokratische Vereine und Preußischer Staat, München 1977, S. 21.
31 J.A. Klocke, Wirtschaftliche Entwicklungen und soziale Lage der Unterschichten in Ostwestfalen von 1833 bis 1850, Bochum 1972; F. Marchand, Über die gesundheitlichen Zustände im Ravensberger Lande vor etwa 160 Jahren, ein Vergleich mit der Gegenwart, in: Westfälisches Ärzteblatt, Nr. 11 (1952), S. 223–225.
32 So Nipperdey (wie Anm. 10), S. 178 ff. Im selben Sinne die Veröffentlichungen von O. Dann, die Anfänge politischer Vereinsbildung in Deutschland, in: U. Engelhardt, V. Selling, H. Stuke (Hrsg.), Soziale Bewegung und politische Verfassung, Beiträge zur Geschichte der modernen Welt, 1976, S. 197–232; ders., Einleitung des Herausgebers: Die Lesegesellschaften und die Herausbildung einer modernen bürgerlichen Gesellschaft in Europa, in: ders. (Hrsg.), Lesegesellschaften und bürgerliche Emanzipation, München 1981, S. 9–28; ders. (Hrsg.), Vereinswesen und bürgerliche Gesellschaft in Deutschland (Historische Zeitschrift Beiheft 9), München 1984; zuletzt noch: H.U. Wehler, Deutsche Gesellschaftsgeschichte Bd. 1, München 1987, S. 318; kritisch dazu: O.G. Oexle, Die mittelalterlichen Gilden: Ihre Selbstdeutung und ihr Beitrag zur Formung sozialer Strukturen, in: Soziale Ordnungen im Selbstverständnis des Mittelalters 1 (Miscellania Medievalia 12 / 1) 1979, S. 203–226, hier S. 222 f.; ders., Die mittelalterliche Zunft als Forschungsproblem. Ein Beitrag zur Wissenschaftsgeschichte der Moderne, in: Blätter für Deutsche Landesgeschichte 118 (1982), S. 1–44, hier S. 40–44; ders., Rechtsgeschichte und Geschichtswissenschaft, in: D. Simon (Hrsg.), Akten des 26. Deutschen Rechtshistorikertages (Ius commune, Veröffentlichung des Max-Planck-Instituts für Europäische Rechtsgeschichte Sonderhefte: Studien zur Europäischen Rechtsgeschichte 30), Frankfurt a.M. 1987, S. 77–107, hier S. 90; ders., O. v. Gierkes »Rechtsgeschichte der deutschen Genossenschaft«. Ein Versuch wissenschaftsgeschichtlicher Rekapitulation, in: N. Hammerstein (Hrsg.), Deutsche Geschichtswissenschaft um 1900, Stuttgart 1988, S. 193–217, hier S. 215 ff.
33 Oexle, Zunft (wie Anm. 32), S. 44.
34 O. v. Gierke, Rechtsgeschichte der deutschen Genossenschaft (Das deutsche Genossenschaftsrecht 1), Berlin 1868 (Nachdruck 1954).
35 Zu Gierke vgl. G. Dilcher, Die genossenschaftliche Struktur von Gilden und Zünften, in: B. Schwineköper (Hrsg.), Gilden und Zünfte. Kaufmännische und gewerbliche Genossenschaften im frühen und hohen Mittelalter (Vorträge und Forschung 29), Sigmaringen 1985, S. 71–111, hier S. 76 ff.; zuletzt: Oexle, Gierke (wie Anm. 32).
36 Gierke (wie Anm. 34), S. 638.
37 Ebd., S. 652.
38 Treffend hier die Definition: »›totale‹ soziale Phänomene« von M. Mauss, Essai sur le don (1923 / 24), wieder abgedruckt in: Ders., Sociologie et anthropologie, 6. Aufl., Paris 1978, S. 143–279, S. 187 u. 274; vgl. Oexle, Selbstdeutung (wie Anm. 32), S. 205 f.
39 So E.J. Hobsbawn, Sozialrebellen. Archaische Sozialbewegungen im 19. und 20. Jh., Neuwied 1962 (Soziologische Texte 14), S. 197 ff.; vgl. O.G. Oexle, Gilden als soziale Gruppen in der Karolingerzeit, in: H. Jankuhn u.a. (Hrsg.), Das Handwerk in Vor- und Frühgeschichtlicher Zeit 1 (Abhandlungen der Akademie der Wissen-

schaften Göttingen, Phil.-Hist. Kl., 3. Folge 122) Göttingen 1981, S. 284–354, S. 300; ders., Conjuratio und Gilde im frühen Mittelalter. Ein Beitrag zum Problem der sozialgeschichtlichen Kontinuität im frühen Mittelalter. Ein Beitrag zum Problem der sozialgeschichtlichen Kontinuität zwischen Antike und Mittelalter, in: Schwineköper (wie Anm. 32), S. 151–214, S. 158 f.; ders., Rechtsgeschichte (wie Anm. 32), S. 92 f.

40 Dazu P. Michaud-Quantin, Universitas. Expressions du mouvement communautaire dans le Moyen-Age latin (L'Eglise et l'Etat au Moyen-Age 13); Paris 1970, Oexle, Gilden (wie Anm. 39), S. 292 f; ders., Rechtsgeschichte (wie Anm. 32), S. 94; weiterhin: R. Schmidt-Wiegand, Die Bezeichnungen Zunft und Gilde in ihrem historischen und wortgeographischen Zusammenhang, in: Schwineköper (wie Anm. 35), S. 31–52.

41 Zur Gilde siehe die Forschungen von Oexle (wie Anm. 15, 32, 39); ders., Coniuratio et Ghilde dans l'antiquité et dans le Haut-Moyen-Age, in: Francia 10 (1982), S. 1–19; ders., Liturgische Memoria und historische Erinnerung. Zur Frage nach dem Gruppenbewußtsein und dem Wissen der eigenen Geschichte in den mittelalterlichen Gilden, in: N. Kamp und J. Wollasch (Hrsg.), Tradition als historische Kraft, Berlin-New York 1982, S. 323–340; ders., Alteuropäische Voraussetzungen des Bildungsbürgertums — Universitäten, Gelehrte und Studierte, in: W. Conze und J. Kocka (Hrsg.), Bildungsbürgertum im 19. Jh., Bd. 1 (Industrielle Welt 38), Stuttgart 1985, S. 29–78.

42 Oexle, Gilden (wie Anm. 32), S. 289 f., 296.

43 J. Normann, Herforder Chronik, Herford 1910, S. 145; A. Cohausz, Herford als Reichsstadt und papstunmittelbares Stift am Ausgang des Mittelalters, in: 42. JBHVR (1928), S. 1–106, hier S. 47 f.; F. Böckelmann, Geschichte der Stadt Herford im Lichte der deutschen Vergangenheit, Bielefeld, Leipzig 1934, S. 52 f.; G. Schierholz, Herford. Ein Heimatbuch, Herford 1946, S. 49 f., 85; Knackstedt (wie Anm. 12), S. 83; Vollmer (wie Anm. 23), S. 57 ff.; Pape (wie Anm. 26), S. 122 ff.

44 HUB, S. 16, Nr. 17.

45 Dazu W. Reininghaus, Westfälische Nachbarschaften als soziale Gruppen des Gildetypus, in: Westfälische Forschungen 31 (1981), S. 124–131.

46 Th. Helmert-Corvey (Hrsg.), Das Herforder Rechtsbuch. Faksimile-Ausgabe und Kommentar der Pergamenthandschrift aus dem späten 14. Jh., Bielefeld 1989. Vgl. auch R. Pape, Herforder Gildebriefe des 14. bis 17. Jh., in: Ravensberger Heimat 1969, S. 13–14, 18–19; Pape (wie Anm. 26), S. 119 f.

48 HUB, S. 74 f. Nr. 97.

49 HUB, S. 79, Nr. 104; ganze Passagen des Gildebriefes sind im Abdruck ausgelassen worden, vgl. daher das Original im KAH, Stadt Herford oder die Abschrift des 17. Jh. im StAM, RKG, H 1138, Bd. 3, Bl. 360–361^{v}.

50 HUB, S. 81 f., Nr. 110.

51 KAH, Stadt Herford Urkunde zu 1468 Dezember 24.

52 HUB, S. 125 f., Nr. 160.

53 HUB, S. 43 f., Nr. 52.

54 HUB, S. 44 f., Nr. 53.

55 HUB, S. 139 f., Nr. 179.

56 HUB, S. 269 ff., Nr. 312.

57 HUB, S. 295 ff., Nr. 331.

58 StAM, RKG, H 1138, Bd. 3, Bl. 367^{v}–370.

59 StAM, RKG, H 1138, Bd. 3, Bl. 68–71^{v}, 237–241^{v}. Bd. 2, Bl. 189–192^{v}, 268^{v}–272.

60 StAM, FüHe, Urkunden zu 1535 März 28 und 1547 September 29, StAM Süsternhaus Herford, Urkunde Nr. 22 zu 1527 August 29; Das Fraterhaus zu Herford, bearb. von W. Leesch, Teil 1: Inventar, Urkunden, Amtsbücher, (Quellen zur Geschichte der Devotio Moderna in Westfalen 1; Veröffentlichung der Historischen Kommission Westfalens 35), Münster 1974, S. 133, Pr. 33.

61 StAM, FüHe, Urkunde zu 1563 Juli 2 u. später.

62 Deutsches Zentralarchiv, Abt. Merseburg, Rep. 34 Nr. 98 g, Bestätigung von 1676 ebd.; Abschriften beider Privilegien im KAH, Stadt Herford, A VII 91 und StAM, KDK Minden Nr. 1447, pag. 110–114.

63 HUB, S. 123 ff., Nr. 159.

64 KAH, Stadt Herford, A VII 125a; Auszüge der Amtsartikel des combinierten Weisgerber- und Riemenschneider-Amts von 1544, in: KAH, Stadt Herford, A VII 124.

65 KAH, Stadt Herford, Urkunde Nr. 531.

66 Dazu die Bemerkungen von Oexle, Liturgische Memoria (wie Anm. 41), S. 324 f.; ders., Gilden (wie Anm. 39), S. 301.

67 Amtsbuch des Tuchhändleramtes (Städt. Museum Herford), Protokollbuch des Bäckeramtes, 5 Bde. (KAH, Stadt Herford, A VII 126); Bäcker-Amtsbuch (KAH, Stadt Herford, B 985); Rechnungen des Kramer-Amts (KAH, Stadt Herford, A VII 105); Teilabdruck in: Bielefeld, Der Gasthof zur Krone an der Brüderstraße. Das alte Herforder Kramer-Amt, in: Herforder Heimatblatt 7 (1928), S. 13–14, 18–19, 22–23, 27–28; zu den Amtsbüchern der Knochenhauer und Riemenschneider siehe Hinweise in KAH, Stadt Herford, A VII 91, pag. 26.

68 HUB, S. 202, Nr. 225.

69 StAM, Minden-Ravensberg, Konsistorium II 14; Normann (wie Anm. 43), S. 178.

70 Normann (wie Anm. 43), S. 178.

71 Eine Gründungsurkunde ist nicht erhalten; die Erneuerungsurkunde datiert vom 22. April 1486 (KAH, Stadt Herford, Urkunde Nr. 253); zu Kalanden vgl. Th. Helmert (-Corvey), Kalendae, Kalenden, Kalande, in: Archiv für Diplomatik 26 (1980), S. 1–55; zum Herforder Kaland vgl. Normann (wie Anm. 43), S. 248 f.

72 L. Brentano, Zur Geschichte der englischen Gewerkvereine (Die Arbeitergilden der Gegenwart 1), Leipzig 1871, S. XII; eine erste Fassung in englischer Sprache; ders., On the History and Development of Gilds, in: Smith (Hrsg.), English Gilds and the Origins of Trade-Unions, o.J. (1870), S: XLIX–CXCIX; zu Brentano siehe Oexle, Gilden (wie Anm. 39), S. 239 ff.; ders., Zunft (wie Anm. 32), S. 27 f. Anm. 154; ders., Gruppenbindung (wie Anm. 15), S. 35 f.

73 Ergänzend für den theoretischen Rahmen die Gegenüberstellung von M. Weber: »Anstalt« und »Verein«, in: M. Weber, Wirtschaft und Gesellschaft. Grundriß der verstehenden Soziologie, Tübingen 1972, S. 28; ders., Gesammelte Aufsätze zur Soziologie- und Sozialpolitik, Tübingen 1924, S. 442 ff. (»Soziologie des Vereinswesens« — Rede auf dem ersten Deutschen Soziologentag in Frankfurt 1910); zu Weber in diesem Zusammenhang siehe Oexle, Soziale Gruppen (wie Anm. 15), S. 29.

74 B. Kötting, hier zit. nach Oexle, Soziale Gruppen (wie Anm. 15), S. 28.

75 So Oexle, Soziale Gruppen (wie Anm. 15), S. 28.

76 Hierzu: W. Reininghaus, Die Gesellenvereinigungen am Ende des Alten Reiches. Die Bilanz von 300 Jahren Sozialdisziplinierung, in: U. Engelhardt (Hrsg.), Handwerker in der Industrialisierung — Lage, Kultur und Politik vom späten 18. bis frühen 20. Jh. (Industrielle Welt 37), Stuttgart 1984, S. 219–241, hier S. 225–229; ders., Gesellenvereinigungen als Problem der Kontinuität in der Deutschen Sozialgeschichte, in: 2. Internationale Handwerksgeschichtliches Symposion in Veszprem 1982, Budapest 1983, S. 265–272, hier S. 268 f.; ders., Die Entstehung der Gesellengilden im Spätmittelalter (Beihefte zur VSWG 71), Wiesbaden 1981, S. 234 f.

77 E. Le Roy Ladurié, Karneval in Romans, Stuttgart 1982, S. 301.

78 Dazu: K. Großmann, Die geistlichen Brüderschaften in der Grafschaft Ravensberg, in: Ravensberger Blätter 22 (1922), S. 34.

79 StAM, FüHe, Urkunde zu 1339 Mai 9.

80 AEMH, A 1, Bd. 1, Urkunde zu 1438 April 4.

81 Normann (wie Anm. 43), S. 253 f.

82 Cohausz (wie Anm. 43), S. 34 f. Anm. 5.

83 HUB, Nr. 155, 184, 194, 199, 164; KAH, Stadt Herford, Urkunde Nr. 176, 196, 197, 250, 264, 269, 273, 274, 280, 282, 285, 287, 289–295, 297, 298, 301–303, 305, 306, 309, 330, 331, 334, 336, 337, 340, 341, 357, 359, Urkunden zu 1500 nach September 29, 1521 Oktober 18, 1537 November 12, 1579 September 28 (bisher: Städtisches Museum Herford, Urkunden); StAM, FüHe, Urkunde zu 1521 Januar 14; als Lehnsträger der Abtei: StAM, FüHe, Lehnsregistratur Nr. 22, 228a.

84 KAH, Stadt Herford, Urkunde Nr. 257; vgl. auch Urkunden 258, 259, 263, 268, Urkunden betreffend den Kaland; StAM, FüHe, Urkunde zu 1497 Oktober 10; Leesch (wie Anm. 60), S. 155 ff.

85 KAH, Stadt Herford, Urkunde Nr. 255, 564; Urkunden betreffend den Kaland; StAM, FüHe, Urkunde zu 1658 Dezember 12; St. Johann und Dionys Herford, Urkunde zu 1507 September 14, Akte Nr. 56.

86 Cohausz (wie Anm. 43), S. 34 f. Anm. 5.

87 KAH, Stadt Herford, Urkunde Nr. 321.

88 KAH, Stadt Herford, Urkunde zu 1534 November 18; Abschriften: KAH, Stadt Herford, A I, 156 Bl. 123a u. b, sowie StAM, FüHe, Akte Nr. 117.

89 Cohausz (wie Anm. 43), S. 81 f. Anm. 5.

90 Vgl. die umfangreiche archivalische Überlieferung zum Kaland: KAH, Stadt Herford, Urkunde Nr. 627; Urkunden betreffend den Kaland Nr. 1–9, A X, 75–79, B 1015; ergänzend: AEMH, F-Vikarien und Kaland, Heft 3–5.

91 KAH, Stadt Herford, Urkunden betreffend den Kaland, Nr. 9, Bl. 1.

92 StAM, RKG, H 2072.

93 K. Löhmann, Die Herforder Kleiderordnung vom Jahre 1687, in: Ravensberger Blätter, Juli 1952, S. 9; vgl. auch L. Siebert, Die Herforder Rangordnung von 1628, in: Kiepenkerl — Jahrbuch 1951.

94 Vgl. dazu D. Peitsch, Zunftgesetzgebung und Zunftverwaltung Brandenburg-Preußens in der frühen Neuzeit, Frankfurt-Berlin-New York 1985.

95 K.-H. Schloßstein, Die westfälischen Fabrikengerichtsdeputionen — Vorbild, Werdegang und Scheitern, (Rechtshistorische Reihe 20) Frankfurt/Main-Bern 1982, S. 41.

96 Dazu: W. Reininghaus, Zur Gewerbe- und Zunftpolitik Brandenburg-Preußens in der Grafschaft Mark (1650–1806), in: 3. Internationales Handwerkgeschichtliches Symposium, Veszprem 18.–24. Oktober 1987, Budapest 1987, S. 113–123, hier S. 113 ff.

97 Vgl. Handel und Handwerk als Privilegien der Minden-Ravensbergischen Städte im 15., 16. und 17. Jh., in: Heimatblätter für den Kreis Lübbecke, Nr. 12 vom Dezember 1931, S. 1–2; H. Piesch, Das Ravensberger Zunftwesen im Zeitalter der Aufklärung, in: 60. JBHVR (1958), S. 56–92, hier S. 64 ff.

98 StAM, KDK Minden, Nr. 1268; vgl. auch KAH, Stadt Herford, A VII 102.

99 KAH, Stadt Herford, A VII 101.

100 Schloßstein (wie Anm. 95), S. 42 ff.; Piesch (wie Anm. 97), S. 71 ff.; G. Deters, Handwerkgerichtsbarkeit zwischen Absolutismus und Liberalismus. Zur Geschichte der genossenschaftlichen Jurisdiktion in Westfalen im 18. und 19. Jh. (Münstersche Beiträge zur Rechtswissenschaft 26), Berlin 1987 S. 22 ff.

101 Die Gildestatuten finden sich in: KAH, Stadt Herford, A VII 91, 127 sowie StAM, KDK Minden, Nr. 1269, 1447; Abdruck in: Bielefeld (wie Anm. 67); vgl. auch H. Wellhausen, Da stellten die Herforder Möbel her . . ., in: Ravensberger Heimat Nr. 7 vom Juli 1961; über eine angebliche Leinenhändlergilde von 1743 vgl. Schönfeld (wie Anm. 23), S. 66 ff.

102 KAH, Stadt Herford, A VII 91; StAM, KDK Minden, Nr. 91.

103 Weitere Gildelisten: KAH, Stadt Herford, A VII 99, 144 (Tafel in der Armenklosterkirche, auf der sämtliche Gilden verzeichnet waren, nach 1645); StAM, RKG, H 2072 (1645), KDK Minden Nr. 1269 (1748); H. Potthoff, Ältere Zünfte in Minden und Ravensberg, in: Ravensberger Blätter 10 (1910), S. 22–23 (1634); K. Meyer, Beiträge zur Verfassungs- und Verwaltungsgeschichte Herfords unter dem Kurfürsten Friedrich Wilhelm und Friedrich III., Diss. Göttingen 1908, S. 11 Anm. 3 (1650).

104 Zur Gerichtsbarkeit siehe Deters (wie Anm. 100).

105 Wehler (wie Anm. 32), S. 192.

106 Schöne Zeugnisse finden sich im Städt. Museum Herford, vgl. R. Pape, Das Städtische Museum Herford. Ein Führer durch seine Sammlungen, 2. Aufl., Herford 1976, S. 26–28; vgl. auch M. Pieper-Lippe, Auf den Spuren westfälischer Handwerksgeschichte in Herford, in: Westfalenspiegel 16 (1967), Heft 12, S. 17–19; dies., Ravensbergische Zunftsiegel, in: Ravensberger Blätter 21 (1961), S. 294–296.

107 Kleinhändler: StAM, FüHe, Urkunde zu 1612 April 7; Schuhmacher- und Leineweberamt: AEMH, E 1, zu 1690 Dezember 9; der Ankauf der Ämter und Gildenstühle durch die Kirchengemeinde erfolgte 1832, vgl. AEMH, A I, Nr. 66; Abb. des Leineweberstuhls im Herforder Münster siehe Pape (wie Anm. 26), S. 121.

108 Vgl. Bielefeld (wie Anm. 67); Normann (wie Anm. 43), S. 130, 458.

109 StAM, RKG, H 447.

110 StAM, RKG, H 1139–1141.

111 StAM, RKG, H 1138; vgl. auch KAH, Stadt Herford, Urkunde Nr. 542, 543.

112 StAM, Grafschaft Ravensberg, Landstände, Nr. 100.

113 KAH, Stadt Herford, Urkunden Nr. 530, 532, 542, A VII 90, 108–113, 116; StAM, St. Johann und Dionys Herford, Akten Nr. 76.

114 Dazu Wehler (wie Anm. 32), S. 90–94; noch 1795 lehnte die Herforder Gerbergilde die Aufnahme eines Lehrburschen wegen »Unehrlichkeit« ab, vgl. KAH, Stadt Herford, A VII 125.

115 Auch die Gilden sind auf dem Herforder Kapitalmarkt tätig gewesen, vgl. KAH, Stadt Herford, Urkunden Nr. 361, 423, 446, 540; sie treten sogar als Lehnsträger der Fürstabtei auf: StAM, FüHe, Lehnsregistratur, Nr. 53, 70, 90, 108, 167.

116 StAM, St. Johannes u. Dionys Herford, Urkunde Nr. 502 von 1666 September 29; KAH, Stadt Herford, Urkunden 551, 552, 555, 579 (als Zeugen), 590 (als Bürger), 592.

117 Eine Liste der Beisitzer aus dem Jahre 1748 in: StAM, KDK Minden, Nr. 1269.

118 Deter (wie Anm. 100), S. 54 ff.

119 KAH, Stadt Herford, A VII 91, 106, 107; StAM, KDK Minden, Nr. 1447; Bielefeld (wie Anm. 67); Jahrmarktsfreiheit in Herford, in: Herforder Kreisblatt vom 4. Februar 1950; Piesch (wie Anm. 97), S. 383 ff.

120 KAH, Stadt Herford, A VII 91; StAM, KDK Minden, Nr. 1447; Piesch (wie Anm. 97), S. 75.

121 KAH, Stadt Herford, A VII 151; StAM, KDK Minden, Nr. 1448.

122 KAH, Stadt Herford, A VII 91; StAM, KDK Minden, Nr. 1273, 1447.

123 StAM, KDK Minden, Nr. 1275.

124 KAH, Stadt Herford, A VII 140; StAM, KDK Minden, Nr. 1447; vgl. M. Krieg, Die erste Organisierung der Tabakindustrie in Minden-Ravensberg im Zeichen der Neuregelung des Innungswesens im 18. Jh., in: Ravensberger Blätter 28 (1928), S. 13–14, 21–23, gleichlautend in: Mindener Heimatblätter 5 (1927), Nr. 22 und 23; K. Grossmann, Wie man vor 200 Jahren Tabakspinnermeister wurde, in: Der Minden-Ravensberger 36, 1964 (1963), S. 63–64; Piesch (wie Anm. 97), S. 74 f.

125 KAH, Stadt Herford, A VII 91, 92; Piesch (wie Anm. 97), S. 73 f.

126 Müller: KAH, Stadt Herford, A VII 129; Schmiede: KAH, Stadt Herford, A VII 144; Kupferschmiede: StAM, KDK Minden, Nr. 172.

127 KAH, Stadt Herford, A VII 128, pag. 92.

128 Reininghaus (wie Anm. 96), S. 117.

129 Deter (wie Anm. 100), S. 101; H. Schmidt, Minden-Ravensberg unter französisch-westfälischer Herrschaft, Diss. Frankfurt 1933, S. 45 f.; Piesch (wie Anm. 97), S. 88 f.; Knackstedt (wie Anm. 12), S. 115 f.

130 Oexle, Zunft (wie Anm. 32), S. 19.

131 Ebd., S. 17.

132 Ebd., S. 18.

133 Wehler (wie Anm. 32), S. 405 f.

134 Oexle, Zunft (wie Anm. 32), S. 20 ff.; Oexle, Soziale Gruppen (wie Anm. 15), S. 28; Wehler (wie Anm. 32), S. 218 ff., 305 ff.; Deter (wie Anm. 100), S. 62 ff.; allgemein siehe: R. Koselleck, Preußen zwischen Reform und Revolution. Allgemeines Landrecht, Verwaltung und soziale Bewegung von 1791–1848, (Industrielle Welt 7), 3. Aufl., Stuttgart 1981.

135 KAH, Stadt Herford, A VII 91, 117; StAM, KDK Minden, Nr. 1273.

136 StAM, Königreich Westfalen — Spezialliquidationskommission Minden, Nr. G 2-2; Königreich Westfalen — Unterpräfektur Bielefeld C 1, Nr. 70; Königreich Westfalen — Mairie Herford, H 24; Oberpräsident B, Nr. 113; Schmidt (wie Anm. 129), S. 45 f.

137 KAH, Stadt Herford, A VII 89; Kr. Herford, A 1311, 2010, B 113; StAM Königreich Westfalen — Generaldirektor der Domänen, Gewässer und Forsten, A IX, Nr. 89, Königreich Westfalen — Amortisationskasse in Kassel, A XV, Nr. 23, 24; StAD, M 1 III C, Nr. 120.

138 StAM, KDK Minden, Nr. 3907; vgl. auch AEMH, A I, Bd. 34.
139 StAM, Königreich Westfalen, A 2, Nr. 71; A 5, Nr. 87.
140 StAM, Regierungskommission Bielefeld, Nr. 160.
141 KAH, Stadt Herford, B 203.
142 StAM, Regierungskommission Bielefeld, Nr. 160; Schulkollegium Münster, Nr. 4197.
143 AEMH, A I, Bd. 42, 58.
144 Überblick bei Wehler (wie Anm. 32), S. 317–331.
145 Zitat ohne weiteren Nachweis bei Wehler (wie Anm. 32), S. 320.
146 Dann, Anfänge (wie Anm. 32), S. 197, 201.
147 Vgl. den Forschungsbericht von M. Agethen, Aufklärungsgesellschaften, Freimaurerei, Geheimgesellschaften, in: Zeitschrift für die historische Forschung 14 (1987), S. 439 ff.
148 Zur Gewerbefreiheit vgl. Wehler (wie Anm. 32), S. 428–445; B. Vogel, Staatliche Gewerbeform und Handwerk in Preußen 1810–1820, in: Engelhardt (wie Anm. 76), S. 184–208.
149 Oexle, Soziale Gruppen (wie Anm. 15), S. 28.
150 E. Böndel, Winterhilfe vor hundert Jahren. Der »patriotische Hülfsverein« in Herford vom Jahre 1817, in: Herforder Heimatblatt 14 (1935), S. 7.
151 KAH, Stadt Herford, A X 7.
152 Wehler (wie Anm. 32), S. 319.
153 Zitat ohne weiteren Nachweis bei Wehler (wie Anm. 32), S. 318.
154 Dazu H.-U. Wehler, Deutsche Gesellschaftsgeschichte Bd. 2, München 1987, S. 734.
155 Wehler (wie Anm. 154), S. 731.
156 Zu den Gesellengilden siehe die Forschungen von Reininghaus (wie Anm. 76); ders., Die Migration der Handwerksgesellen in der Zeit der Entstehung ihrer Gilden (14. / 15. Jh.), in: VSWG 68 (1981), S. 1–21; ders., Vereinigung der Handwerksgesellen in Hessen-Kassel vom 16. bis zum 19. Jh., in: Hessisches Jahrbuch für Landesgeschichte 31 (1981), S. 97–148; ders., Quellen zur Geschichte der Handwerksgesellen im spätmittelalterlichen Basel, Basel 1982 (Quellen und Forschungen zur Basler Geschichte 10); ders., Das »ganze Haus« und die Gesellengilden. Über die Beziehungen zwischen Meistern und Gesellen im Spätmittelalter, in: R.S. Elkar (Hrsg.), Deutsches Handwerk im Spätmittelalter und früher Neuzeit (Göttinger Beiträge zur Wirtschafts- und Sozialgeschichte 9), Göttingen 1983, S. 55–70.
157 Dazu Deter (wie Anm. 100), S. 74–76.
158 Beispiele im Städtischen Museum Herford (wie Anm. 106).
159 Dazu die Bemerkungen von Reininghaus, Sozialdisziplinierung (wie Anm. 76), S. 225–229.
160 Hierzu siehe Reininghaus, Sozialdisziplinierung (wie Anm. 76), S. 229–234.
161 G. Oestreich, Strukturprobleme des europäischen Absolutismus, in: VSWG 55 (1968), S. 329–347.
162 KAH, Stadt Herford, Urkunde Nr. 474.
163 KAH, Stadt Herford, A VII 90; vgl. Salinus, »Instruktion der Herforder Bäckerknechte« vor 300 Jahren, in: Herforder Heimatblatt 10 (1931), S. 39 f., 43 f.; W. Reininghaus, Die Unterstützungskassen der Handwerksgesellen und Fabrikarbeiter in Westfalen und Lippe (1800–1850), in: Westfälische Forschungen 35 (1985), S. 131–163, S. 132 Anm. 9.
164 Deter (wie Anm. 100), S. 76.
165 Zur Geschichte der Gesellen im 18. Jh. vgl. M. Stürmer (Hrsg.), Herbst des alten Handwerks. Meister, Gesellen und Obrigkeit im 18. Jh., München 1986; A. Grießinger, Das symbolische Kapital der Ehre. Streikbewegungen und kollektives Bewußtsein deutscher Handwerksgesellen im 18. Jh., Frankfurt 1981; Schloßstein (wie Anm. 95), S. 43 f.; Deter (wie Anm. 100), S. 77. Umfassend der Tagungsband »Handwerker in der Industrialisierung«, hrsg. von Engelhardt (wie Anm. 76).
166 Dazu Deter (wie Anm. 100), S. 89 ff.
167 KAH, Stadt Herford, A VII 95a.
168 KAH, Stadt Herford, A VII 91.
169 Der Vorgang in KAH, Stadt Herford, A VII 95; dazu W. Reininghaus, Quellen zur Handwerksgeschichte unter besonderer Berücksichtigung des östlichen Westfalens, in: Archivpflege in Westfalen und Lippe 18 (1983), S. 8–13, hier S. 11.
170 KAH, Stadt Herford, A VII 95a.
171 KAH, Stadt Herford, A VII 100.
172 Dazu Wehler (wie Anm. 32), S. 94; Koselleck (wie Anm. 134), S. 117 ff.
173 Beispiele über Löhne für Herforder Handwerker siehe: StAM, KDK Minden, Nr. 365, 366.
174 Zitat nach Koselleck (wie Anm. 134), S. 120.
175 Dazu Reininghaus, Sozialdisziplinierung (wie Anm. 76), S. 230 f.; Deter (wie Anm. 100), S. 94 f.
176 KAH, Stadt Herford, A VII 100; vgl. Reininghaus, Sozialdisziplinierung (wie Anm. 76), S. 231; Deter (wie Anm. 100), S. 95.
177 Reininghaus, Entstehung der Gesellengilden (wie Anm. 76), S. 236.
178 Deter (wie Anm. 100), S. 99 ff.
179 Dazu StAM, KDK Minden, Nr. 359.
180 KAH, Stadt Herford, A VII 92; vgl. Reininghaus, Unterstützungskassen (wie Anm. 163), S. 133 f.; Grießinger (wie Anm. 165), S. 278.

181 Reininghaus, Unterstützungskassen (wie Anm. 163), S. 134.
182 KAH, Stadt Herford, A VII 92, 93, 100; B 1146; vgl. Reininghaus, Unterstützungskassen (wie Anm. 163), S. 134.
183 Reininghaus, Sozialdisziplinierung (wie Anm. 76), S. 234–238; vgl. auch U. Frevert, Krankheit als politisches Problem 1770–1880. Soziale Unterschichten in Preußen zwischen medizinischer Polizei und staatlicher Sozialversicherung, (Kritische Studien zur Geschichtswissenschaft 62), Göttingen 1984, S. 245–254.
184 KAH, Stadt Herford, A VII 95a; vgl. Reininghaus, Sozialdisziplinierung (wie Anm. 76), S. 235.
185 Frevert (wie Anm. 183), S. 248.
186 Die Schuhmacher, Schmiede und Schneider unterhielten eigene Sterbekassen: KAH, Stadt Herford, A VII 97; vgl. auch: Handwerkersterbekasse in Herford vor 200 Jahren (von einem Herforder), in: Herforder Heimatblatt 8 (1929) Nr. 9, S. 33–34, Nr. 10, S. 38.
187 AEMH, A 1, Bd. 26–28, 41.
188 So Reininghaus, Sozialdisziplinierung (wie Anm. 76), S. 138; Reininghaus, Entstehung der Gesellengilden (wie Anm. 76), S. 140 f.
189 Vgl. Reininghaus, Unterstützungskassen (wie Anm. 163), S. 137 ff., 147 ff., 155–160; auch die Sterbekasse der Tischlerzunft sollte 1825 / 26 reaktiviert werden: KAH, Stadt Herford, A VII 89. Weitere Beispiele aus anderen Regionen: W. Reininghaus, Die Gesellenladen und Unterstützungskassen der Fabrikarbeiter bis 1870 in der Grafschaft Mark, in: Der Märker 29 (1980), S. 46–55; ders., Die Statuten der Iserlohner »Kranken-Unterstüzungs-Kasse von 1833 und 1841 als Quelle der Sozialgeschichte, in: Der Märker 31 (1982), S. 11–15.
190 Wegener, Das Alte stürzt, in: Ravensberger Blätter 15 (1915), S. 66–67; A. Wilhelm, Über alte Zunftgebräuche, in: Ravensberger Blätter 3 (1903), S. 56.
191 Wehler (wie Anm. 32), S. 192; vgl. auch Deter (wie Anm. 100), S. 117–155. Über die Innungen des 19. Jh., siehe Quellen zur Geschichte des Handwerks. Ein Bestandsaufnahme für die Kreishandwerkerschaften in Westfalen und Lippe, bearb. von W. Reininghaus, (Veröffentlichungen der Stiftung westfälisches Wirtschaftsarchiv 14), Dortmund 1984, S. 141–151; KAH, Stadt Herford, A VII 94, 123, 146, 148; C 1158 / 1171; Kr. Herford, A 1313 / 14, 1318, 2010; B 113; StAD, M 1 I U, Nr. 923 / 29, 963–978; M 1 B A, Nr. 447–451, 462, 467, 470, 472, 473, 485, 488, 493, 494, 506, 509, 510, 515.
192 Wehler (wie Anm. 154), S. 731 ff.
193 Ebd., S. 670 ff.
194 Dazu Wehler (wie Anm. 154), passim, vor allem S. 250 ff., 270 ff., 565 ff., 670.; Koselleck (wie Anm. 134), S. 605 ff.
195 Reininghaus, Sozialdisziplinierung (wie Anm. 76), S. 241.
196 So Oexle, Soziale Gruppen (wie Anm. 15), S. 27; Oexle, Gruppenbindung (wie Anm. 15), S. 29 Anm. 10; Reininghaus, Sozialdisziplinierung (wie Anm. 76), S. 240 f.; Reininghaus, Entstehung der Gesellengilden (wie Anm. 76), S. 241 ff.; Reininghaus, Unterstützungskassen (wie Anm. 136), S. 160 ff.; J. Kocka, Lohnarbeiter und Klassenbildung, Berlin-Bonn 1983, S. 96 ff., 167 ff; ders., Craft Traditions and the Labour Movement in Nineteenth-Century Germany, in: The Power of the Past. Essays for Eric Hobsbawm, Cambridge 1984, S. 94–117; U. Engelhardt, »Nur vereinigt sind wir stark«. Die Anfänge der deutschen Gewerkschaftsbewegung 1862 / 63–1869 / 7 (Industrielle Welt 23), 2 Bde., Stuttgart 1977; U. Thamer, Emanzipation und Tradition. Zur Ideen- und Sozialgeschichte von Liberalismus und Handwerk in der ersten Hälfte des 19. Jh., in: W. Schieder (Hrsg.), Liberalismus in der Geschichte des Deutschen Vormärz, Göttingen 1983, S. 55–73; ders., Arbeit und Solidarität. Formen und Entwicklungen der Handwerkermentalität im 18. und 19. Jh. in Frankreich und Deutschland, in: Engelhardt (wie Anm. 76), S. 469–496; N. Schulte-Beerbühl, Kontinuität und Wandel der Londoner Gesellenorganisation im 18. Jh., in: Engelhardt (wie Anm. 76), S. 242–261.
197 Vgl. für Herford: Fricke (wie Anm. 27), S. 44 f.
198 KAH, Stadt Herford, B 713, 933, 1246; C 88; Kr. Herford, A 2009; B 112; StAD, M 1 IU, Nr. 1403, 1404, 1406, M 1 II A, Nr. 340, 341; M 1 BA, Nr. 1238; Herfordischer Sterbekassen-Plan, Herford 1823; Statut für den Herforder-Sterbekassen-Verein, Herford 1858.
199 StAD, M 1 IU, Nr. 1405; vgl. auch Wegener (wie Anm. 190).
200 W. Reininghaus, Das erste staatlich beaufsichtigte System von Krankenkassen: Preußen 1845–1869. Das Beispiel der Regierungsbezirke Arnsberg und Minden, in: Zeitschrift für Sozialreform 29 (1983), S. 271–269; Frevert (wie Anm. 193), S. 232–242; KAH, Stadt Herford, B 712; Kr. Herford, A 1836, 1162; StAD M 1 PR, Nr. 411; M 1 IU, Nr. 1385–1390, 1402, 1407–1414.
201 StAD, D 23 Herford, Nr. 1159 (Nr.8).
202 StAD, D 23 Herford, Nr. 1159 (Nr. 14).
203 Vgl. Satzungen der Hilfs- und Unterstützungskasse Westfälisches Textilwerk Adolf Ahlers, Herford-Elverdissen e.V. 1938, in: StAD, D 26, Nr. 4079.
204 StAD, D 23 Herford (wie Anm. 22).

Anmerkungen zum Beitrag von Stefan Birnbaum

Im Namen der Bürger: Stadtrat und Behörden

1 Vgl. M. Weber, Die Stadt. Begriff und Kategorien (1921), in: C. Haase (Hrsg.), Die Stadt im Mittelalter, Bd. 1, Darmstadt 1978, S. 41–66.

2 Vgl. dazu: J.J. Hesse (Hrsg.), Erneuerung der Politik von unten? in: Stadtpolitik und kommunale Selbstverwaltung im Umbruch, Opladen 1986, S. 11–26; ebd.: D. Fürst, H. Ganseforth, Stadtpolitik aus regionaler Perspektive, S. 201–213.

3 Vgl. K. Meyer, Beiträge zur Verfassungs- und Verwaltungsgeschichte Herfords unter den Kurfürsten Friedrich Wilhelm und Friedrich III., Diss. Göttingen 1908, S. 100; K. Meyer, Herford im Jahre 1650, in: 22. JBHVR (1908), 1–46; J. Kretzschmar, Zur Geschichte Herfords im 30jährigen Kriege, in: WZ 58 (1900), S. 1 ff. Für die folgenden Abschnitte ebenfalls wichtig ist: J. Normann, Herforder Chronik, Herford 1910, S. 289–357.

4 C. Haase, Die Entstehung der westfälischen Städte, Münster 1964, S. 16; für die folgenden Ausführungen auch S. 64–73.

5 O.G. Oexle, Die mittelalterlichen Gilden: Ihre Selbstdeutung und ihr Beitrag zur Formung sozialer Strukturen, in: Soziale Ordnungen im Selbstverständnis des Mittelalters 1 (Miscellania Medicvalia 12 / 1), 1979, S. 203–226, S. 225; vgl. auch E. Ennen, Die europäische Stadt des Mittelalters, Göttingen 1975, S. 165 ff. u. O. Brunner, Sozialgeschichte Europas im Mittelalter, Göttingen 1978, S. 44 ff.; vgl. auch den Beitrag zu den Gilden von Th. Helmert-Corvey in diesem Buch.

6 Zit. nach W. Knackstedt (Hrsg.), Chronik des Kreises Herford 1983, S. 80. Zu den Details des im Mittelalter entwickelten Stadtrechts vgl.: A.V.W. Rose, Zur Geschichte der Stadt Herford, Westfälische Provinzialblätter I, 4 (1830), S. 3–34. III, 1 (1843), S. 113–156. IV, 1 (1847), S. 97–144; Th. Ilgen, Zur Herforder Stadt- und Gerichtsverfassung, in: WZ 49 (1891), S. 1–53; A. Cohausz, Herford als Reichsstadt und papstunmittelbares Stift am Ausgang des Mittelalters, in: 42. JBHVR (1928), S. 1–106; F. Korte, Die staatsrechtliche Stellung von Stift und Stadt Herford vom 14. bis zum 17. Jh., in: 58. JBHVR (1955), S. 1–172; F. Böckelmann, Geschichte der Stadt Herford im Lichte der deutschen Vergangenheit, Bielefeld / Leipzig 1934, S. 38–55; G. Schierholz, Herford. Ein Heimatbuch, Herford 1946, S. 34–51; R. Pape, Sancta Herfordia, Herford 1979, S. 74 ff.

7 Knackstedt (wie Anm. 6), S. 80.

8 Pape (wie Anm. 6), S. 75.

9 Haase (wie Anm. 4), S. 66.

10 Th. Helmert-Corvey (Hrsg.): Das Herforder Rechtsbuch. Faksimile-Ausgabe und Kommentar der Pergamenthandschrift aus dem späten 14. Jh., Bielefeld 1989.

11 Vgl. Meyer (wie Anm. 3), S. 31–40.

12 Ebd., S. 39.

13 Oexle (wie Anm. 5), S. 222.

14 Vgl. dazu: C. Haase, Die mittelalterliche Stadt als Festung, in: ders. (wie Anm. 1), S. 400 ff.; J. Le Goff, Das Hochmittelalter (Fischer, Weltgeschichte Bd. 11), Frankfurt 1974, S. 215 ff. u. Ennen (wie Anm. 5), S. 211 f.

15 Vgl. Korte (wie Anm. 6), S. 44 und S. 94 ff.

16 Vgl. Meyer (wie Anm. 3), S. 21.

17 Zum folgenden vgl.: Meyer (wie Anm. 3), passim; Korte (wie Anm. 6), S. 122 ff.

18 Knackstedt (wie Anm. 6), S. 98.

19 Meyer (wie Anm. 3), S. 43 f. u. Th. Benecke, Herford als Garnisonsstadt, KAH, Stadt Herford, A 110 / 1, S. 2 ff.

20 Zur Verwaltungsreform 1721 siehe KAH, Stadt Herford, B 822, S. 106 mit dem dort aufgeführten Schema für den Jahresabschluß der Stadtkämmerei.

21 Zur Neuordnung der Finanzen durch die preußische Obrigkeit vgl. das »Königlich preußische Commercienreglement vor die Graffschaft Ravensberg« (26. April 1719) mit der »Steuer- und Consumptionsordnung der Grafschaft Ravensberg«, KAH, Stadt Herford, B 823.

22 Vgl. zu den folgenden Ausführungen: Knackstedt (wie Anm. 6), S. 114 f., vor allem aber H. Schmidt, Minden-Ravensberg unter französisch-westfälischer Herrschaft, Phil. Diss. Frankfurt 1973.

23 Das rathäusliche Reglement vom 30. Juni 1721 wurde am 15. August 1808 vom Unterpräfekten Delius in Herford aufgelöst; laut Dekret vom 11. Januar 1808 kam es zur Ernennung der Munizipalräte auf Vorschlag des »Departements-Collegiums«. (Gesetzessammlung Bl. 189 ff., KAH).

24 Schmidt (wie Anm. 22), S. 20.

25 Knackstedt (wie Anm. 6), S. 116.

26 Brief Diederichs an den königlichen Landrat Haß vom 12. Februar 1818 (KAH, Stadt Herford, A 1 065 Bl. 20 ff.); vgl. auch Akte B 773 Bl. 165, in der über die eigenmächtige Auflösung des Stadtrates berichtet wird.

27 Siehe KAH, Stadt Herford, A 1 065, Bl. 36 f.

28 Ebd., Bl. 28.
29 KAH, Stadt Herford, B 521, Bl. 149–160.
30 Vgl. HJb 10 (1969), S. 74.
31 M. Ragati, Verwaltungsgeschichte des Kreises Herford, in: Knackstedt (wie Anm. 6), S. 156. Zum Hintergrund der folgenden Ausführungen zum 19. / 20. Jh. siehe auch W. Leesch, Geschichte der Verwaltung des Kreises Herford, 150 Jahre Landkreis Herford, Herford 1966, S. 9–57 sowie die VBStH 1853 ff.
32 Ragati (wie Anm. 31), S. 159.
33 Vgl. zu diesem Thema auch: G. Voß, Wahlmethoden und Wahlkämpfe um 1900, in: FHH 5 (1987), S. 75–91.
34 R. Kohl, Herford 1848 (Sonderveröffentlichungen des historischen Vereins für die Grafschaft Ravensberg 3), Herford 1930, S. 10.
35 Vgl. VBStH 1865, S. 3, 29 f.
36 Vgl. VBStH 1877–90, S. 6 ff.
37 Siehe Anstellungsvertrag von 1855 (KAH, Stadt Herford, B 963); Stosser erhielt ein jährliches Gehalt von 800 Kuranttalern — solange sein ebenfalls noch zu alimentierende Vorgänger Rose lebte.
38 Vgl. insgesamt dazu: Verwaltung der Stadt Herford im letzten Viertel des 19. Jh., Herford 1899.
39 Dazu allgem. Leesch (wie Anm. 31); besonders auf die Polizei bezogen: Kreispolizeibehörde Herford (Hrsg.), Chronik der Polizei im Kreis Herford, Herford 1987.
40 Zur Finanzfrage vgl. die VBStH 1876 ff.; L. Quentin, Zu den brennenden Fragen der städtischen Verwaltung, Herford 1876.
41 Verwaltung (wie Anm. 38), S. 4.
42 Quentin (wie Anm. 40), S. 3.
43 Vgl. Chronik der Polizei (wie Anm. 39), S. 14; KAH, Stadt Herford, C3, Bl. 47, 50, 69, 79; C 4, Bl. 154–163.
44 Hinsichtlich der Überwachung z.B. »notorischer Sozialdemokraten« vgl. die im KAH, Stadt Herforder Bestand C 1 und 2 gesammelten »Geheimakten« mit dem Schriftverkehr zwischen der Stadt und verschiedenen Behörden von 1885 bis 1913.
45 Zu Schönfeld vgl.: G. Voß, Egelbert Schönfeld (1832–1913). Anwalt des Volkes und der Bürgerinteressen, in: FHH 4 (1986), 17–54 sowie auch den Nachruf anläßlich seines Todes (Herforder Kreisblatt vom 8. Dezember 1913). Über seine Wahl 1903, vgl. KAH, Stadt Herford, C 6, Bl. 113–115. Siehe auch den Beitrag »Sportvereine«, (Schönfeld sollte Mitgliedschaft entzogen werden).
46 KAH, Stadt Herford, C 682, Bl. 30 f.
47 Vgl. dazu KAH, Stadt Herford, C 5, Bl. 107.
48 Vgl. die Materialien zur Revolution 1918 / 19 im KAH sowie den Beitrag von D. Begemann, Novemberrevolution 1918 in: Stadtführung durch die Herforder Geschichte, Spurensuche — Das andere Herford. 1900–1950, Herford o.J.
49 Siehe den VBStH 1916–1927 (mit den genauen Zahlen über die Sitzverteilung in der Stadtverordnetenversammlung S. 12 ff.).
50 Politik in der Gemeinde (Informationen zur politischen Bildung Nr. 197), Bonn 1983, S. 5.
51 S. VBStH 1933 / 34, S. 13; Herforder Kreisblatt vom 26. Juli 1933.
52 Vgl. Protokolle der Gemeinderatssitzungen 1934–1937 (KAH, Stadt Herford), zum Beispiel für den 19. Januar 1934.
53 Vgl. Herforder Kreisblatt vom 29. Juli 1933.
54 KAH, Stadt Herford, Ratsprotokoll vom 9. Dezember 1935.
55 S. VBStH 1933 / 34, S. 13 f.; Herforder Kreisblatt vom 31. März 1934; VBStH 1934 / 35, S. 14.
56 VBStH 1934 / 35, S. 16.
57 W. Först, Kleine Geschichte Nordrhein-Westfalens, Düsseldorf 1986, S. 103.
58 Politik (wie Anm. 50), S. 8.
59 Vgl. H. Bieber, Die Kämmerer im Rathaus — ratlos?, Die Zeit, vom 18. März 1983, S. 5.
60 Politik (wie Anm. 50), S. 8.

Anmerkungen zum Beitrag von
Christine und Lutz Brade, Heinz-Joachim Buß, Britta Jünemann und Heinrich Rüthing

Religion prägt das Leben: Die Erben der »Sancta Herfordia«

1 Synodalbericht der Münsterkirchengemeinde für das Jahr 1971. Alle Synodalberichte, auf die im folgenden Bezug genommen wird, sind im Büro der Münsterkirchengemeinde, Waisenhausstr., gesammelt.
2 Ebd.
3 Synodalbericht der Münsterkirchengemeinde für das Jahr 1965 / 66.
4 Synodalbericht der Münsterkirchengemeinde für das Jahr 1964.
5 Ebd.
6 Synodalbericht der Münsterkirchengemeinde für das Jahr 1946.
7 Ebd. Der Gottesdienst des 4. Pfarrbezirks mußte wegen der totalen Zerstörung des Lutherhauses in dem kleinen Tagesraum der Firma Steffen, Wellbrockerweg, stattfinden. Viele Gemeindeglieder wanderten daher in die Gottesdienste der Nachbargemeinden ab.
8 Der Bericht wurde aufgenommen in den Synodalbericht der Münsterkirchengemeinde für das Jahr 1946.
9 Ebd.
10 Synodalbericht der Münsterkirchengemeinde für das Jahr 1947.
11 Bericht im Herforder Kreisblatt vom 31. Januar 1934.
12 Herforder Kreisblatt vom 31. März 1934.
13 Herforder Kreisblatt vom 27. Dezember 1933.
14 Bericht über die Veranstaltung im Herforder Kreisblatt vom 27. Dezember 1933, bezeichnenderweise unter der Überschrift: »Die NSDAP feierte Weihnachten«.
15 Vgl. die gesammelten Berichte über die Lutherfeierlichkeiten, AEMH L3, Heft 5.
16 Herforder Evangelischer Gemeindebote vom 12. November 1933, S. 183.
17 Herforder Evangelischer Gemeindebote vom 5. Januar 1933 (»Martin Luther und das deutsche Volkstum«), S. 178, vom 22. Oktober 1933 (»Luther, der Deutsche«), S. 169 f. u. vom 19. Oktober 1933 (»Luther, der Mann«), S. 173 f.
18 AEMH, L3, Heft 5, hier sind auch weitere Veranstaltungen im Rahmen der Lutherfeierlichkeiten dokumentiert.
19 Synodalbericht der Münsterkirchengemeinde für die Jahre 1935 und 1936.
20 Synodalbericht der Münsterkirchengemeinde für das Jahr 1939.
21 Vgl. den Synodalbericht der Münsterkirchengemeinde für das Jahr 1940.
22 Synodalbericht der Münsterkirchengemeinde für das Jahr 1941.
23 Synodalbericht der Münsterkirchengemeinde für das Jahr 1942.
24 Vgl. den »Bericht über die Wirkungen des Fliegerangriffs vom 5. Oktober 1944 auf Herford, soweit sie die evangelisch-lutherische Münstergemeinde berühren« im Synodalbericht der Münsterkirchengemeinde für das Jahr 1944 als Anlage aufgenommen.
25 AEMH, L3, Heft 2.
26 Ebd.
27 Brief des Presbyteriums der Münstergemeinde vom 28. Juni 1929, AEMH, L3, Heft 2.
28 K. Scholder, Die Kirchen und das Dritte Reich, Bd. 1: Vorgeschichte und Zeit der Illusionen 1918–1934, Frankfurt a.M. / Berlin 1986, S. 6 f.
29 Herforder Evangelischer Gemeindebote, Sondernr. vom 18. / 19. Oktober 1913.
30 Ebd.
31 Brief des Landrates von Herford vom 30. März 1917, im AEMH.
32 Beilage zum Herforder Kreisblatt vom 20. Juni 1925. Ankündigung der Polizeiverwaltung der Stadt Herford und des Amtes Herford-Hiddenhausen vom 19. Juni 1925.
33 Brief des Presbyteriums der Münstergemeinde an den Regierungspräsidenten in Minden vom 23. Juni 1925, AEMH, L3, Heft 4.
34 Brief des Presbyteriums der Münstergemeinde vom 25. Mai 1926 an Polizei und Amt Herford-Hiddenhausen, AEMH, 12, Heft 4. Vgl. auch den Synodalbericht der Münsterkirchengemeinde für das Jahr 1926: »Da die Klagen über die immer mehr um sich greifende Tanzsucht sich häuften, wandte sich das hiesige Presbyterium an die hiesige Polizei und an das Amt Herford-Hiddenhausen mit der Bitte, wenigstens in der Passionszeit die Tanzlustbarkeiten einzuschränken. Beide Stellen haben zugesagt, nach Möglichkeit Abhilfe zu schaffen.«
35 Pfarrer Wöhrmann hatte die Gaststätte einrichten lassen. Vgl. die Akte zur »Alkoholfreien Gaststätte« im AEMH.
36 Gesuch von A. Vögerding, Vorsitzender des Blaukreuzvereins Herford, an das Presbyterium der Münsterkirchengemeinde vom 2. Dezember 1931, im AEMH.
37 Brief von A. Vögerding an das Presbyterium der Münsterkirchengemeinde vom 16. Januar 1932, AEMH.
38 Herforder Kreisblatt vom 22. Dezember 1925.
39 Siehe die Ausführungen zu den Gilden von Th. Helmert-Corvey in diesem Buch.

40 Die Darstellung stützt sich vornehmlich auf folgende ungedruckte und gedruckte Quellenbestände: StAM, FüHe, Urkunden und Akten; KAH, Stadt Herford, Urkunden und Akten; AEMH, Urkunden und Akten. — WUB 4, Münster 1874/94, Bd. 9, Münster 1972 ff.; HUB; F. Darpe (Bearb.), Einkünfte- und Lehns-Register der Fürstabtei Herford sowie Heberollen des Stiftes auf dem Berge bei Herford (Codex traditionum Westfalicarum IV), Münster 1892; W. Leesch (Bearb.), Das Fraterhaus zu Herford Teil 1: Inventar, Urkunden, Amtsbücher (Quellen zur Geschichte der Devotio Moderna in Westfalen 1; Veröffentlichungen der Historischen Kommission Westfalens 35), Münster 1974. Die für den Text zentrale Urkunde von 1490 liegt in zwei Abschriften vor: StAM, FüHe, Urk. 1091; AEMH, A. 1, Bd. 1 f. 24r–25r. — An Literatur war wichtig: L. Hölscher, Geschichte des Gymnasiums in Herford I (Programm des evangelischen Friedrich-Gymnasiums zu Herford, Ostern 1869), Herford 1869, S. 3–22; A. Cohausz, Herford als Reichsstadt und papstunmittelbares Stift am Ausgang des Mittelalters, in: 42. JBHVR (1928), S. 1–106; R. Pape, Sancta Herfordia. Geschichte Herfords von den Anfängen bis zur Gegenwart, Herford 1979.

41 Vgl. Leesch (wie Anm. 40), S. 14.

42 Vgl. Cohausz (wie Anm. 40), S. 33 f.

43 Vgl. Pape (wie Anm. 40), S. 161 f.

44 Vgl. Cohausz (wie Anm. 42), S. 35 ff. u. S. 48.

45 Vgl. H. Hamelmann, Ecclesia Hervordiensis descripta ab Hermano Hamelmanno, in: K. Löffler (Hrsg.), Hermann Hamelmanns Geschichtliche Werke, Bd. 2: Reformationsgeschichte Westfalens, kritische Neuausgabe Münster 1913, S. 308; R. Stupperich, Der innere Gang der Reformation in Westfalen, in: JBWKg 76 (1983), S. 17.

46 Vgl. A.E. Berger, Die Sturmtruppen der Reformation (Sammlung literarischer Kunst-und Kulturdenkmäler in Entwicklungsreihen. Reihe Reformation, 2), Darmstadt 1964 (Nachdruck der Ausgabe Leipzig 1931), S. 6 u. S. 36; vgl. auch J. Dolch, Lehrplan des Abendlandes, Darmstadt 1982, S. 196 u. T. Legge, Flug- und Streitschriften der Reformationszeit in Westfalen (1523–1583), in: Reformationsgeschichtliche Studien und Texte, Heft 58/59 (1933), S. XI ff.

47 Hamelmann (wie Anm. 45), S. 308 f.: »*Montanus coepit cum aliis viris doctis, Gerhardo Wilskampio, Gerhardo Deckero et aliis disputare et conferre, ut simul illos in suam perduceret ... sententiam. Accensi cives cogitarunt de reformatione.*« Zur Korrespondenz vgl. Briefsammlung bei R. Stupperich (Hrsg.), Das Fraterhaus zu Herford, Teil 2. Statuten, Bekenntnisse, Briefwechsel (Quellen zur Geschichte der Devotio moderna in Westfalen), Münster 1984, S. 219–262.

48 Vgl. Stupperich (wie Anm. 45), S. 17.

49 Vgl. J.H. Hagedorn, Entwurf Vom Zustande der Religion Bei der Reformation, II. Stück, Bielefeld 1748, S. 76 f. u. Hamelmann, S. 310 »... *suasu Rodolphi Molleri deposuit cucullam d. Dreierus ... Interim alii ... exuerunt vestem monachalem* ...« Weiter heißt es bei ihm, daß die Äbtissin Möller beim Bischof von Paderborn verklagt habe »... *quod aliquas consiones Germanicas in supremo templo ... incepisset.*«

50 Ebd.: »*Hoc com viderent veteris oppidi incolae, coeperunt quoque mutationem religionis urgere.*«

51 Vgl. Aus der Niederschrift des Offizials der Fürstäbtissin, abgedruckt bei A. Cohausz, Anmerkungen zum Herforder Bildersturm, in: Paderbornensis Ecclesia. Festschrift für Lorenz Kardinal Jäger zum 80. Geburtstag, Paderborn 1972, S. 212 f.: »... *dat hilge sacrament wech genomen, luchter, kerssen und anders uth kerken genomen ... tafeln und ander cirat loslagen und verstort* ...«

52 Vgl. dazu den Disput zwischen Luther und der Herforder Kirchenleitung um die Säkularisierung des Fraterhauses bei Stupperich (wie Anm. 47), Briefe Nr. 24 und Nr. 26–36, S. 219–232.

53 Die ablehnende Stellungnahme Luthers und anderer bekannter zeitgenössischer Reformatoren gibt darüber ein beredtes Zeugnis. Vgl. Luthers Bericht an das Fraterhaus über seine Intervention beim Herforder Magistrat vom 31. Januar 1532, abgedruckt bei Stupperich (wie Anm. 47), S. 222 »... *scripsi ad Senatum vestrae civitatis, rogans, ut collegium vestrum velit tueri et defendere ab inquietudine vestra ... quam vobis isti clamatores inferunt.*« Vgl. auch Luther an Xantis, in: Stupperich (wie Anm. 47), S. 244: »*Quare non solum miror, sed etiam doleo, vobis adhuc fieri negotium ab istis hypocritis novis evangelii, dui cum ipsi nihil faciant vel ad scholas vel ad ecclesiam, tantum in hoc volunt videri verbo affecti, si omnia destruant et nihil aedificent.*« Am 6. April 1532 schreibt Bugenhagen an das Fraterhaus »*Nam isti vestra singularitas malo exemplo posset esse aliis, qui sub praetextu pietatis nihil aliud quaerunt, quam ut sint omnibus dissimiles et occultam impietatem aliquo quasi pietatis fuco tegant.*« Abgedruckt als Brief Nr. 36 bei Stupperich (wie Anm. 47), S. 229.
Hierüber schreibt auch ein gewisser Gottfried von Halle an den Buchhändler Bernhard Becker, abgedruckt in: Stupperich (wie Anm. 47), S. 182: »... *tam proterve debachatur ... ab iis, quos dominus Urbanus vocat Pseudo-Lutheranos.*«

54 Vgl. L. Hölscher, Reformationsgeschichte der Stadt Herford, Gütersloh 1888, S. 44 ff. (Text der Kirchenordnung)

55 Die Auseinandersetzung um das Fraterhaus reflektiert der bei Stupperich (wie Anm. 47), abgedruckte Briefwechsel, besonders die Briefe Nr. 51–58, S. 246–262.

56 Hamelmann (wie Anm. 45), S. 319 »*Erant ... novem praecipui ... qui reformarent monasteria et istorum bona disponerent ad legitimum usum.*«

57 Vgl. Brief Luthers und Melanchthons an die Klosterherren zu Herford, Wittenberg, den 22. April 1532, in: Stupperich (wie Anm. 47), S. 227 »... *Ihr wollet ansehen, daß die Zeit selbst wird Rat schaffen.*« Doch auch Wilskamp bittet Luther um Erklärung dieser Worte in seinem Brief vom 9. Oktober 1534, in: Stupperich (wie Anm. 47), S. 243: »... *beger yck, gy uns doch juwen verstant van den scholen, ..., wyllen schryven und wat de sproke, den gy gesath hebben: De tydt wert wol radth vynden, schal to beduden hebn.*«

58 Vgl. A.V. W. Rose, Zur Geschichte der Stadt Herford, in: Westfälische Provinzialblätter, Bd. 4, Heft 1, 1847, S. 114 u. dazu den offenbar vorausgegangenen Vorschlag Deterdings, Dokument Nr. 58 »*Copie novarum propositionum domini Judoci praedicatoris parochie novi oppidi adversus fratres super nonnullas resolutiones*« vom 8. September 1542, abgedruckt bei Stupperich (wie Anm. 47), S. 261 f. »*wen de man wert recht gefunden in der lere ... so mach de Pastor des kerspels dem erwelden dat gotlike wordt ... in dem Huse bevelen ... So de fratres de Personen hebben, de duchtich sint tho sulckem ampte, so mothen se dem pastore in der kerspelskerken behulplick syn, ... hyrinne hebben pastor, fratres und gemeyne kerspel eynen guden frede ... so de fratres hir inne sick schicken, lathen wy se löß und kenne se nicht anders als gude Christen und unse leven broder*«.

59 Vgl. R. Stupperich, Das Fraterhaus und die Reformatoren, in: JbWKg 64 (1971), S. 14.

60 Vgl. H. Richter, Die St. Johanniskirche in Herford, Herford 1910, S. 10 f. u. Hamelmann (wie Anm. 45), S. 309 »*... neapolitani parochiani Gorgonio Hoyero ... afferent claves templi et ipsi interdicerent ministerium eiusque in locum*«.

61 Vgl. H. Hencke, Evangelisches Kirchenbuch für die Stadt Herford, Herford 1950, S. 8; H. Sander, Die Kirchengemeinde Stift Berg, Herford 1925, S. 54.

62 Vgl. C. Schwettmann, Geschichte der Kirche und Gemeinde St. Jacobi auf der Radewig in Herford, Herford 1884, S. 30 f.; Hagedorn (wie Anm. 49), S. 109.

63 Vgl. L. Hölscher, Zur Geschichte der Stadt Herford im 17. Jh., in: Programm des evangelischen Friedrichsgymnasiums zu Herford, Ostern 1875, S. 4.

64 Vgl. Rose (wie Anm. 58), S. 124; C. Schwettmann, Geschichte der Jacobikirche in Herford. Festschrift zur 300jährigen Jubelfeier des Kirchweihfestes am 4. Dezember 1890, Herford 1890, S. 10.

65 Vgl. Rose (wie Anm. 58), S. 124; Hencke (wie Anm. 61), S. 8.

66 Rose (wie Anm. 58), S. 125.

67 Vgl. O. Wöhrmann, Elisabeth von der Pfalz, Fürstäbtissin zu Herford 1667–1680, Herford 1921, S. 53.

68 Ebd., S. 54; ders., Matthias Rothe, Herford 1919, S. 5.

69 Vgl. Hölscher (wie Anm. 63), S. 5.

70 Vgl. Rose (wie Anm. 58), S. 126 ff.

71 Ebd.

72 Vgl. H. Rothert, Die Minden-Ravensbergische Kirchengeschichte, Bd. 2, Münster 1928, S. 126 ff.; M. Goebel, Geschichte des christlichen Lebens in der rheinisch-westfälischen evangelischen Kirche, Bd. 2, Koblenz 1852, S. 291 ff.; vgl. ebenso Wöhrmann (wie Anm. 30), S. 54.

73 Vgl. Hölscher (wie Anm. 63), S. 15 f.; Hencke (wie Anm. 61), S. 15.

74 Vgl. Schwengberg, Festschrift zur Weihe der evangelischen Petrikirche zu Herford, Herford 1902, S. 10 ff.

75 Ebd., S. 12 f.

76 Ebd., S. 14.

77 Ebd., S. 16.

78 Vgl. Wöhrmann (wie Anm. 68), S. 6 ff. u. S. 18.

79 Vgl. Rothert (wie Anm. 72), Bd. 2, S. 153 ff.

80 Vgl. Niemann, Pastor Gottreich Ehrenhold Hartog, ein Zeuge des Evangeliums in dürrer Zeit, Herford 1914, S. 13 ff. u. S. 16 f.; vgl. ebenso Rothert (wie Anm. 72), Bd. 2, S. 147.

81 Vgl. Pape (wie Anm. 43), S. 253 ff.

82 Vgl. Niemann (wie Anm. 80), S. 20.

83 Aus dem Brief einer ehemaligen Herforder Bürgerin, Juli 1987.

84 Herforder Kreisblatt vom 10. November 1938.

85 StAD, M 1 I P, Nr. 1106.

86 StAD, M 1 I P, Nr. 1106.

87 Freie Presse vom 30. Juli 1947.

88 StAD, M 1 I P, Nr. 1106.

89 StAD, M 1 I P, Nr. 1400.

90 Vgl. D. Aschoff, Kölnische Juden in Westfalen, in: Köln-Westfalen 1180–1980. Landesgeschichte zwischen Rhein und Weser. Katalog der Ausstellung, Münster 1980, S. 276–280.

91 Vgl. Westfalia Judaica (WJ), Urkunden und Regesten zur Geschichte der Juden in Westfalen und Lippe, 1. Bd., hrsg. von B. Brilling u. H. Richtering, Stuttgart 1967, Nr. 51, S. 72; Nr. 52, S. 72 f.; Nr. 66, S. 82 f.; Nr. 69, S. 83 f.; Nr. 101, S. 108.

92 Vgl. WJ I, Nr. 78, S. 91 f.

93 StAM, Msc. I, Nr. 178, S. 92; zur Pestepidemie in Westfalen 1348–1350, vgl. D. Aschoff, Das Pestjahr 1350 und die Juden in Westfalen, in: WZ 129 (1979), S 57–67.

94 StAM, Fürstabtei Herford, Urkunde Nr. 422.

95 HUB, S. 84 ff., Nr. 16.

96 M. Krieg, Die Juden in der Stadt Minden bis zum Stadtreglement von 1723, in: WZ 83 (1937), S. 134.

97 H. Holeczek, Die Judenemanzipation in Preußen, in: B. Martin / E. Schulin (Hrsg.), Die Juden als Minderheit in der Geschichte, 3. Aufl., München 1985, S. 152.

98 KAH, Stadt Herford, Akte 204.

99 StAD, M 1 I L, Nr. 263.

100 Zum Herforder Synagogenbau vgl. H. Hammer-Schenk, Die Architektur der Synagoge von 1780 bis 1933, in: H.P. Schwarz (Hrsg.), Die Architektur der Synagoge, Frankfurt / M., Stuttgart 1988, S. 157–286, hier S. 252 f.
101 Vgl. Herforder Kreisblatt vom 28. November 1882 u. 11. Dezember 1882; den Artikeln sind die folgenden Zitate entnommen.
102 Vgl. zu den folgenden Angaben C. u. L. Brade, Die Verfolgung und Vernichtung jüdischer Bürger am Beispiel der protestantischen Kleinstadt Herford, in: J. Meynert / A. Klönne (Hrsg.), Verdrängte Geschichte. Verfolgung und Vernichtung in Ostwestfalen 1933–1945, Bielefeld 1986, S. 95–119.
103 KAH, Kr. Herford, ohne Bestandsnummer.

Anmerkungen zum Beitrag von Hartmut Braun

Eine Generation formt die nächste: Erziehung und Schule

1 Kirchenordnung der ehrbaren Stadt Herford, übersetzt in: HJb 21 / 22 (1980 / 81), S. 22 ff., hier S. 39 f.
2 Ebd., S. 41 ff.
3 Ebd., S. 40.
4 Der bisherige Forschungsstand zur Geschichte der Lateinschule wird zusammengefaßt in: W. Holtschmidt, Geschichte der Schule 1540–1840, in: In alter Gebundenheit zu neuer Freiheit. 425 Jahre Gymnasium Fridericianum, Herford 1965; dort sind auch zahlreiche Quellen abgedruckt.
5 Einige Chronisten der Schule datieren die Gründung bereits in die ersten Jahrzehnte des Bestehens des Frauenklosters um 800; auch die Ausbildung isländischer Bischöfe um 1000 wird als Hinweis auf die Existenz der Schule gewertet. Das Vorhandensein eines spezialisierten Lehrerstandes wird jedoch erstmals 1279 bzw. 1285 belegt, vgl. Holtschmidt (wie Anm. 4), S. 8.
6 Vgl. die Auszüge aus Matrikeln der Universitäten Bologna, Köln, Erfurt, Leipzig, Wittenberg, Helmstedt, Altdorf, Tübingen, Gießen, Duisburg sowie der gehobenen Gymnasien in Bremen, Hamburg in den Ravensberger Blättern 1910, 1912, 1928, 1931, 1936.
7 Zur Dwergschen Stiftung vgl. L. Hölscher, Geschichte des Gymnasiums in Herford 1, in: Programm des Friedrichs-Gymnasiums 1869, S. 13 ff.
8 Schulordnung um 1643, zit. nach Holtschmidt (wie Anm. 4), S. 22.
9 R. Kohl, Gymnasialschüler zu Herford 1738–1779, in: Herforder Heimatblatt 5 (1926), Nr. 4–7) eigene Berechnungen.
10 Holtschmidt (wie Anm. 4), S. 23.
11 Schulordnung um 1643, zit. nach Holtschmidt (wie Anm. 4), S. 23.
12 Ebd.
13 F. Uhlenbruch, Herforder Musikleben bis zur Mitte des 18. Jh., Herford 1926, S. 24.
14 Zit. nach Holtschmidt (wie Anm. 4), S. 55 f.
15 Abgedruckt in: Mindensche Beyträge zum Nutzen und Vergnügen, 42. Woche 1777.
16 Zit. nach Holtschmidt (wie Anm. 4), S. 41.
17 G.W.C. Consbruchs Autobiographie, in: Weddigens Westfälischer Nationalkalender 1801, zit. nach Herforder Heimatblätter 6 (1927), Nr. 8.
18 Kohl (wie Anm. 9), eigene Berechnungen.
19 Holtschmidt (wie Anm. 4), S. 49.
20 Ebd., S. 55.
21 Vgl. M. Kraul, Das deutsche Gymnasium 1780–1980, Frankfurt / M. 1984, vor allem S. 22 ff.
22 Ein anderes Reformkonzept dieser Zeit sah vor, die drei Ravensberger Gymnasien (Minden, Herford, Bielefeld) mit Sitz in Herford zu verschmelzen.
23 VBStH 1900–05, S. 353.
24 Quentins Beurteilung in: KAH, Stadt Herford, A 35 / 23, S. 11.
25 Abiturstatistik in: VBStH 1900–05, S. 348 f.
26 Bericht über die Verwaltung der Stadt Herford 1875–1900, Herford 1900, S. 16.

27 Sportunterricht war am Gymnasium 1844, unter Mithilfe Herforder Reserveoffiziere, eingeführt worden; er fand zunächst auf dem Lübberbruch statt u. bestand u.a. aus Exerzier-und Marschierübungen, vgl. B. Otto: Aus der Geschichte des Friedrichs-Gymnasiums von 1840 bis in die Gegenwart, in: In alter Gebundenheit (wie Anm. 4), S. 88 f., hier S. 94.
28 Die wichtigsten Gutachten in: Neugestaltung des höheren Schulwesens in Herford, Vorlage des Magistrats, November 1928.
29 L. Quentin, Zu den brennenden Fragen unserer städtischen Verwaltung Herford 1876. KAH, Stadt Herford. A 35/23.
30 Kleine, Eine Beurtheilung der vom Bürgermeister Quentin in seiner Schrift: »Zu brennenden Fragen unserer städtischen Verwaltung«, Herford im Juli 1876, für nöthig erachteten Reorganisation des Herforder Schulwesens, Herford 1876. Budde und andere, Zu den brennenden Fragen des Bürgermeisters Quentin ..., Herford 1876.
31 Quentin (wie Anm. 29), S. 14 f.
32 Kleine (wie Anm. 30), S. 7.
33 VBStH 1865, S. 20 ff.
34 Ebd., S. 25.
35 Zit. nach F. Pahmeyer, Lebensbilder Herfordischer Elementar- und Landschullehrer, Herford 1934, S. 69.
36 C. Schwettmann, Das Herforder Volksschulwesen, in: Festschrift für den 21. Westf. Provinzial-Lehrertag, Herford 1897, S. 9–53.
37 Pahmeyer (wie Anm. 35), S. 24 ff.
38 Schwettmann (wie Anm. 36), S. 20.
39 KAH, Stadt Herford, B 883.
40 Pahmeyer (wie Anm. 35), S. 26 f.
41 Schwettmann (wie Anm. 36), S. 19 ff.
42 Pahmeyer (wie Anm. 35), S. 30.
43 Zur Interessenlage der »armen« Familien vgl. Kleine (wie Anm. 30), S. 7.
44 VBStH 1852–55.
45 Budde u.a. (wie Anm. 30), S. 6.
46 Zur Pflege- und Erziehungsanstalt vgl. B. Brackhane: Dechant Johann Bernhard Heising, in: FHH 2 (1983), S. 61 ff., Zitat S. 68.
47 KAH, Stadt Herford, A 6072.
48 KAH, Stadt Herford, A 6064.
49 VBStH 1884–87, S. 101.
50 Schwettmann (wie Anm. 36), S. 29.
51 VBStH 1865, S. 22.
52 VBStH 1900–05, S. 374 ff.; vgl. auch: 50 Jahre Mittel- und Realschule Herford, Herford 1964 (Festschrift).
53 Zur Entwicklung der Fortbildungsschulen vgl. H. Decius (Hrsg.), Festschrift zur Feier des 25jährigen Bestehens der städtischen gewerblichen Fortbildungsschule zu Herford, Herford 1903; Festschrift zum 75jährigen Jubiläum der städt. Gewerblichen Berufsschule Herford 1878–1953, Herford 1953.
54 E. Schönfeld, Herford als Garn- und Leinenmarkt in zwei Jh. (1670–1870), in: 63. JBHVR (1929), S. 145 ff.
55 KAH, Stadt Herford, A 6072.
56 KAH, Stadt Herford, B 668; VBStH, 1856/57.
57 25 Jahre Fortbildungsschule (wie Anm. 53).
58 Festschrift zum 75jährigen Jubiläum (wie Anm. 53), S. 17 ff.
59 Vgl. C. Severings Autobiographie: Mein Lebensweg, Bd. 1, Köln 1950.
60 Zu den Anfängen der Landwirtschaftsschule vgl. G. Fischenberg, Die Geschichte der Schule, in: Ravensberger Gymnasium Herford 1868–1968, Herford 1968, S. 13 ff.
61 Zit. nach K. Weddigen, Ein Herforder Beitrag zur Frauenzimmerbildung, in: HJb 9 (1968), S. 75 ff., hier S. 79.
62 Kirchenordnung (wie Anm. 1), S. 45.
63 Weddigen (wie Anm. 61), S. 78.
64 Ebd., zit. nach S. 79.
65 Vgl. Festschrift Königin-Mathilde-Gymnasium 1833–1983, Herford 1983, S. 14.
66 VBStH 1890–95, S. 212 ff.
67 Festschrift zum 75jährigen (wie Anm. 53), S. 19 ff.
68 Zur Entwicklung der Kleinkinderschulen vgl. VBStH, aber auch: M. König, Die Herforder Kindergärten, in: FHH 1 (1982), S. 113 ff.
69 VBStH 1917–26, S. 202 ff.
70 Ebd., S. 203.
71 125 Jahre CVJM Herford-Laar, Festschrift Herford 1982.
72 Vgl. VBStH 1927 ff., Stichwort Jugendpflege.

Anmerkungen zum Beitrag von Manfred Heggemann und Christoph Laue

Bildung und Freizeit: Vereine und Institutionen im kulturellen Wandel

1 O. Lewe, Die schönsten Städte von Flensburg bis Mainz im großen ADAC Städteführer, in: Der Remensnider 17 (1989), S. 11.
2 Das Westphälische Dampfboot. Eine Montatsschrift. Redigiert von O. Lüning, Glashütten / Ts. (Nachdruck 1972).
3 150 Jahre Herforder Schützengesellschaft 1832–1982 — Vergangenheit und Gegenwart. Festschrift zur 150jährigen Jubiläumsfeier 1982, S. 126.
4 Vgl. hierzu die Beiträge von B. Wagner u. Th. Helmert-Corvey in diesem Buch.
5 Vgl. dazu R. Pape, Über das Alt-Herforder Schützenwesen, in: 125 Jahre Herforder Schützengesellschaft, Herford 1957.
6 Festschrift zur 60jährigen Jubelfeier des Herforder Schützenfestes am 24. und 25. Juli 1892, S. 2.
7 Festschrift zur 75jährigen Jubelfeier der Herforder Schützengesellschaft am 20., 21., 22. u. 28. Juli 1907, S. 8.
8 Festschrift 60 J. (wie Anm. 6), S. 4.
9 Festschrift 75 J. (wie Anm. 7), S. 21.
10 Statuten vom 11. Juli 1852.
11 Vgl. Mindener Sonntagsblatt vom 5. August 1832, in: H. Heuermann, Die Entwicklung von Turnen und Sport im Kreis Herford unter besonderer Berücksichtigung der Geschichte und Struktur der Herforder Turnvereine. Hausarbeit der Ersten Staatsprüfung für das Lehramt an Gymnasien, Bochum 1979.
12 Festschrift 60 J. (wie Anm. 6), S. 36 ff.
13 Ebd., S. 13.
14 Ebd., S. 15.
15 VBStH 1875 ff.
16 Pape, Schützenwesen (wie Anm. 5), S. 81.
17 Festschrift 150 J. (wie Anm. 3), S. 30.
18 Pape, Schützenwesen (wie Anm. 5), S. 84.
19 Denkschrift über die Neugestaltung des Stadtgartens und Schützenhofes in Herford, Oktober 1955.
20 100 Jahre Turngemeinde Herford, Festschrift der Turngemeinde Herford von 1860 zur 100-Jahrfeier im November 1960, Herford 1960, S. 15.
21 Satzung der Turngemeinde Herford von 1901.
22 Heuermann (wie Anm. 11), S. 147 f.
23 Jahresbericht der TGH 1904, S. 10.
24 VBStH 1900–05, S. 141.
25 Ebd.
26 Handbuch des Herforder Sports, Herford 1982, S. 69.
27 Jubiläumsbericht der Turngemeinde Herford 1860–1910, S. 19.
28 VBStH 1884–87.
29 VBStH 1915 / 16.
30 Deutsches Archiv für Leibesübungen 8 (1928).
31 Ebd.
32 50 Jahre Dienst an der Deutschen Jugend, Festschrift zum 50jährigen Bestehen der Spielvereinigung-Union 08 Herford, Herford 1958, S. 47.
33 75 Jahre Tennis-Club Herford von 1900, Herford 1975.
34 70 Jahre SC Herford, Herford 1977.
35 Der Historische Arbeitskreis — Arbeit und Leben DGB / VHS — hat in entsprechenden Interviews Informationen über den Herforder Arbeitersport gesichert und das bislang unveröffentlichte Manuskript für diese Arbeit zur Verfügung gestellt.
36 Herforder Kreisblatt vom 22. März 1933.
37 Herforder Kreisblatt vom 26. April 1933.
38 Herforder Kreisblatt vom 9. Mai 1933.
39 Herforder Kreisblatt vom 18. April 1933.
40 Herforder Kreisblatt vom 28. April 1933.
41 125 Jahre Turngemeinde, Festschrift der Turngemeinde von 1860 zum 125. Stiftungsfest im Oktober 1985, S. 13.
42 Handbuch wie Anm. 26), S. 43.
43 Festschrift VFL-Herford, Festwoche vom 15.–21. August 1949.
44 VBStH 1948–52; 1952–56; 1956–60.
45 Sportstättenatlas, hrsg. vom Landesamt für Datenverarbeitung u. Statistik Nordrhein-Westfalen (1984).
46 F. Uhlenbruch, Herforder Musikleben bis zur Mitte des 18. Jh., Herford 1926.

47 Festschrift Herforder Musikfest zur Feier des 100jährigen Bestehens des Musik-Vereins Herford am 14., 15. und 16. Mai 1920, S. 19.
48 Ebd., S. 21.
49 Ebd., S. 23.
50 Festschrift 50 Jahre »Liedertafel«, 1887, S. 1.
51 Ebd., S. 19.
52 Ebd., S. 5.
53 Festschrift »Großes Musikfest zur fünfzigjährigen Jubelfeier des Herforder Musikvereins, veranstaltet Sonntag, den 8. Mai 1892«, S. 7.
54 Wie Anm. 53, S. 13.
55 VBStH 1875–85, S. 27.
56 Herforder Musikfest zur Feier des 100jährigen Bestehens des Musikvereins, S. 40.
57 VBStH 1875–85, S. 27.
58 Herforder Musikfest (wie Anm. 56), S. 40.
59 VBStH 1885–1900, S. 41.
60 Herforder Musikfest (wie Anm. 56), S. 45.
61 VBStH 1895–1900, S. 100.
62 VBStH 1900–05, S. 131.
63 O. Lewe, Das Herforder Kantatefest, in: HJb 19/20 (1978/79), S. 123 f.
64 Neue Westfälische Volkszeitung vom 30. Mai 1929.
65 VBStH 1916–27, S. 196.
66 Herforder Kreisblatt vom 30. Mai 1929.
67 VBStH 1916–27, S. 197.
68 KAH, Stadt Herford, 40/2/35.
69 VBStH 1945/46, S. 14.
70 VBStH 1948–52, S. 23.
71 KAH, Stadt Herford, 40/2/35.
72 20 Jahre Nordwestdeutsche Philharmonie 1950–1970, Herford 1970, S. 21.
73 Zu den Theaterverhältnissen und zur Theatergeschichte in Westfalen vgl. die Veröffentlichungen von H. Stolz, Die Entwicklung der Bühnenverhältnisse Westfalens von 1700–1850. Phil. Diss. Münster 1909: H. Scherer, Das Theaterleben in Münster in der zweiten Hälfte des 19. Jh. Mit Ausblicken auf das westfälische und lippische Theater dieser Zeit, Emsdetten 1935.
Angaben zum Auftreten von Theatergesellschaften in Herford machen: A. Mämpel, Wandernde Theaterunternehmer und Schauspieldirektoren in Westfalen, in: Heimat und Reich 1939, S. 35–37; ders., Herford als Theaterstadt. Blick in die westfälische Theatergeschichte, in: Westfalenspiegel 12 (1963), Heft 8, S. 5–7.
L. Blanke: Aus der Gründungszeit des Herforder Bürgervereintheaters; dies., Aus der Theatersaison des Jahres 1880. Beide Aufsätze in FHH, 1 (1982), S. 33–37, 41–50.
74 Zum Niveau des Theaterspiels im 18. und 19. Jh., aber auch zur sozialen Lage der Schauspieltruppen in Westfalen bzw. ganz Deutschland vgl. Stolz (wie Anm. 73), S. 4 ff.; Mämpel (wie Anm. 73), aber auch moderne literatur- wie theatergeschichtliche Darstellungen wie z.B. H. Rischbieter / J. Berg (Hrsg.), Welttheater: Theatergeschichte, Autoren, Stücke, Inszenierungen, Braunschweig 1985, S. 124 ff. und 168 ff.
75 Vgl. F. Böckelmann: Geschichte der Stadt Herford im Lichte der deutschen Vergangenheit. Bielefeld, Leipzig 1934, S. 73. Blanke (wie Anm. 73), S. 34.
76 Vgl. Mämpel (wie Anm. 73), S. 5.
77 Ebd., S. 36 f.
78 Vgl. A.L. Franke, Theater in Herford, in: Westphalia 1840, S. 142f., 167. (Ähnliche Beiträge von Franke finden sich in den Westphalia-Jahrgängen 1843 und 1846).
79 Vgl. Mämpel (wie Anm. 73), S. 5 f.
80 Vgl. den Aufsatz von F. Bokelmann zur Geschichte des Herforder Theaters, Msc. im Stadtarchiv Herford, S. 2, ebenfalls: A.W.: Das wissen die Wenigsten: Schon Henny Porten spielte einst am Werrestrand, in: Freie Presse vom 9. August 1948. Bei dem Aufsatz von Bokelmann handelt es sich um einen geschichtlichen Rückblick, den der Verfasser kurz vor seinem Tod im Januar 1941 auf Bitten des Oberbürgermeisters Kleim anfertigte. Dem Oberbürgermeister lag eine Anfrage einer Berliner Behörde vor, die eine Veröffentlichung, ein Handbuch über Theaterbauten, vorbereitete.
81 Vgl. Bokelmann (wie Anm. 80), S. 9; die VBStH von 1913/14, S. 75.
82 Vgl. hierzu die Darstellungen bei Bokelmann (wie Anm. 80), S. 4 ff. u. im unter Anm. 8 zitierten Zeitungsartikel einerseits und die eher ernüchternden Angaben in den VBStH z.B. von 1890–95, S. 59 andererseits.
83 Vgl. Blanke (wie Anm. 73), S. 35 f.
84 Vgl. dazu Bokelmann (wie Anm. 80), S. 2; Blanke (wie Anm. 73), S. 35.
85 Vgl. Bokelmann (wie Anm. 80), S. 7; VBStH 1905–10, S. 134.
86 Vgl. Bokelmann (wie Anm. 80), S. 7 ff.; VBStH 1910/11, S. 109, VBStH 1911/12, S. 124; VBStH 1913/14, S. 75.
87 Vgl. z.B. VBStH 1900–05, S. 127.
88 Vgl. Bokelmann (wie Anm. 80), S. 4 ff.; A.W. (wie Anm. 80).

89 Vgl. die regelmäßigen Angaben in den VBStH. Einen guten Überblick über das Repertoire einer Theatersaison gibt L. Blanke in ihrem Aufsatz »Aus der Theatersaison des Jahres 1880« (wie Anm. 73).
90 Zum Auftritt des Millowitsch-Theaters in Herford vgl. Ankündigungen, Zeitungsanzeigen und Rezensionen aus dem Herforder Kreisblatt vom November 1906 (Historische Sammlung im Stadtarchiv Herford).
91 Vgl. Bokelmann (wie Anm. 80), S. 6.
92 Vgl. Herforder Kreisblatt vom 4. Januar 1883.
93 Vgl. z.B. VBStH 1884–87, S. 40; VBStH 1890–95, S. 59.
94 Vgl. VBStH 1905–10, S. 134.
95 Ebd., S. 134.
96 Vgl. VBStH 1900–05, S. 127.
97 Ebd.
98 Ebd., S. 128.
99 Vgl. hierzu und zum Folgenden die VBStH 1895–1900, S. 97.
100 Vgl. z.B. VBStH 1911 / 12, S. 124.
101 Vgl. VBStH 1911 / 12, S. 124; VBStH 1912 / 13, S. 84; VBStH 1913 / 14, S. 75. Zum Theaterneubau auch Bokelmann (wie Anm. 80), S. 8 f.
102 Vgl. A.W. (wie Anm. 80) u. Bokelmann (wie Anm. 80), S. 9 ff.
103 Vgl. VBStH 1916–27, S. 195–197; VBStH 1927–33, S. 130 f.
104 Ebd.
105 Vgl. Bokelmann (wie Anm. 80), S. 12 u. VBStH 1927–33, S. 131.
106 Die Verträge liegen im Wortlaut vor. Vgl. hierzu Akten im KAH, Stadt Herford, Vertragssammlung, Nr. 148, 155, 168.
107 Vgl. die Unterlagen zum Streit im KAH, Stadt Herford, 40 / 2 / 29, Bd. 1.
108 Ebd.
109 Ebd.
110 Vgl. VBStH 1927–33, S. 130.
111 Vgl. das Interview M. Möller in diesem Buch.
112 Wie Anm. 109.
113 Vgl. zu derartigen Initiativen z.B. im Herforder Heimatverein: F. Böckelmann, Rückblick auf den Werdegang des Herforder Heimatvereins 1882–1932, in: Herforder Heimatblatt 11 (1932), Nr. 8 / 9.
114 Vgl. hierzu ein Interview mit W. Wiedemann, in: Herforder Zeitzeugen 1900–1950. Arbeit und Leben — DGB / VHS (Hrsg.), Herford 1986, S. 65 u. 72 f.
115 Wie Anm. 109.
116 Vgl. KAH, Stadt Herford, 40 / 2 / 29, Bd. 2.
117 Ebd.
118 Vgl. VBStH 1935 / 36, S. 11 / 12.
119 Wie Anm. 116
120 Wie Anm. 116. Zu den allgemeinen Hintergründen vgl. auch B. Drewniak: Das Theater im NS-Staat. Düsseldorf 1983, S. 13 ff.
121 Wie Anm. 116.
122 Wie Anm. 116. (handschriftliche Verwaltungsnotiz auf einem Schriftstück, in dem es um einen möglichen Beitritt Herfords in die »Gesellschaft für Volksbildung« geht).
123 Vgl. die VBStH 1933 / 34, S. 11.
124 Vgl. die VBStH der folgenden Jahre.
125 Vgl. z.B. die VBStH 1936 / 37, S. 11; VBStH 1939 / 40, S. 14.
126 Vgl. hierzu Drewniak (wie Anm. 120), S. 211 ff. oder auch W. Beutin u.a., Deutsche Literaturgeschichte von den Anfängen bis zur Gegenwart, Stuttgart 1979, S. 307 ff.
127 Die im folgenden Abschnitt dargestellten Zusammenhänge und Ergebnisse fußen zum Teil auf Dokumenten, Rezensionen und Zeitungsartikeln aus dem privaten Besitz von H. Albers, dessen Vater W. Albers Mitglied des Ensembles des »Neuen Theaters Herford« war. Für die großzügige Bereitstellung des Materials sei H. Albers an dieser Stelle ausdrücklich gedankt.
128 Vgl. die VBStH 1945 / 46, S. 14.
129 Wie Anm. 116.
130 Ebd.
131 Vgl. Frankfurter Hefte Nr. 8 (November 1946). (Zit. nach Zeitungsartikel in Sammlung Albers).
132 Vgl. Anfragen, Antworten und Beratungen über diese Frage in: KAH, Stadt Herford, 40 / 2 / 29, Bd. 2.
133 Rezension zu »Der verkaufte Großvater«, in: Sammlung Albers.
134 Programmzettel in Sammlung Albers.
135 Sonderseite der Westfalen-Zeitung vom 19. September 1947 über das Neue Theater.
136 »Maria Stuart der größte Erfolg«, Zeitungsnachricht in Sammlung Albers.
137 Ebd., Artikel unter der Überschrift: »Drei Jahre ›Neues Theater Herford‹«.
138 Denkschrift des »Neuen Theaters Herford« an Öffentlichkeit und Kulturpolitiker vom Februar 1950, in: KAH, Stadt Herford, 40 / 2 / 35.
139 Vgl. VBStH 1948–52, S. 22.

140 Vgl. KAH, Stadt Herford, 40 / 2 / 29, Bd. 2 sowie 40 / 2 / 35.
141 Vgl. entsprechende Kulturausschußunterlagen und -protokolle (z.B. vom 18. August 1948), in: KAH, Stadt Herford, 40 / 2 / 35.
142 Die Schwierigkeiten führten im Verlaufe des Jahres 1947, vor allem gegen Ende, zu verschiedenen Krisengesprächen.
143 Das Problem spitzte sich 1949 zu. Der Oberbürgermeister Höcker sprach sich stets für die Zuschüsse aus. Seine Begründung in einer Kulturausschußsitzung vom 6. Juli 1949: . . . *daß andere Städte Zuschüsse in Höhe von 2 bis 3 Mark pro Kopf der Bevölkerung für kulturelle Zwecke leisteten, während die Stadt Herford nur 0,60 DM pro Kopf im Haushaltsplan für 1949 bereitgestellt habe.*
144 Vgl. Protokoll der Sitzung des städtischen Kulturausschusses vom 31. Januar 1949, in: KAH, Stadt Herford, 40 / 2 / 35.
145 Ebd.
146 Die Bestrebungen setzten 1948 ein: KAH, Stadt Herford, 40 / 2 / 35.
147 Vgl. Protokoll der Sitzung des Verwaltungsausschusses vom 7. Februar 1949: KAH, Stadt Herford, 40 / 2 / 35.
148 Bericht über die Verhandlungen im Kulturausschuß vom 5. April 1950. Protokoll, in: KAH, Stadt Herford, 40 / 2 / 35.
149 Denkschrift des »Neuen Theaters Herford« (wie Anm. 138).
150 Vgl. die VBStH von 1948–52, S. 23.
151 Vgl. dazu Protokoll des Kulturausschusses vom 5. April 1950.
152 Vgl. die VBStH z.B. von 1952–56, S. 65.
153 Vgl. 30 Jahre Theater-Verkehrs- und Werbeamt der Stadt Herford. Ein chronologischer Rückblick in: KAH, Stadt Herford, Akte des Hauptausschusses der Stadt Herford.
154 Ebd. und VBStH 1956–60, S. 77.
155 Vgl. die VBStH 1961–64, S. 79.
156 Zur Einschätzung des Neubaus vgl. H. Gelderblom, Das neue Stadttheater in Herford, in: Der Minden-Ravensberger 1964, Heft 36, S. 70–71.
157 H.H. Heitbrink, Kultur in Herford, in: Westfalenspiegel 24 (1975), Heft 6, S. 21.
158 Vgl. die VBStH 1961–64, S. 81. Ähnlich 30 Jahre Theater-, Verkehrs- und Werbeamt (wie Anm. 153).
159 Vgl. entsprechende Übersichten in den VBStH.
160 Vgl. hierzu die Beratungen im Kulturausschuß der Stadt Herford im Herbst 1988 (Berichterstattung z.B. Neue Westfälische vom 11. November 1988).
161 Vgl. Angaben in den VBStH der 80er Jahre.
162 Programmzettel zur Inszenierung »Kabale und Liebe«, Herbst 1946 (Sammlung Albers).
163 R. Pape, 100 Jahre Städtisches Museum Herford, T. 1 in: FHH 1 (1982), S. 9 ff. T. 2, FHH 2 (1983), S. 81 ff.; K. Stork, Hundert Jahre Herforder Verein für Heimatkunde 1882–1982, in: HJb 23 (1982). FHH 1 (1982), S. 9 ff., 2 (1983), S.. 81 ff., HJb 23 (1982). Vgl. beide Beiträge auch allg. zur Museumsgeschichte.
164 Den gegenwärtigen Stand der Konzeption verdeutlicht der Museumsführer von 1976: R. Pape, Das städtische Museum Herford, Ein Führer durch seine Sammlungen, Herford 1976; vgl. auch dort den Kurzüberblick über die Museumsgeschichte.
165 C. Schwettmann, Die Hauptereignisse meines Lebens und die Feier meines 50jährigen Dienstjubiläums in: HJb 5 (1964), S. 44; K. Stork, Aus der Geschichte des Herforder Heimatvereins, T. 1, in: HJb 5 (1964), S. 76 ff.; Stork (wie Anm. 163), S. 12. Zur Tätigkeit des Gewerbevereins vgl. u.a. die VBStH.
166 Allgemein zu den ersten Jahren von Verein und Museum: KAH, Stadt Herford, C 87.
167 K. Stork, Aus der Geschichte des Herforder Heimatvereins, T. 2, in: HJb 15 / 16 (1974 / 75), S. 140 f.
168 VBStH 1881–1884, S. 27 f.; Stork (wie Anm. 165), S. 82.
169 Vgl. Neue Westfälische (Herford) vom 6. u. 8. Februar 1988; Herforder Kreisblatt vom 6. Februar 1988.
170 VBStH 1910 / 11, S. 196.
171 J. Normann, Jubiläumsbericht des Herforder Heimatvereins, Herford 1907, vor allem S. 4.
172 KAH, Stadt Herford, 10 / 0 / 197 HJb 23 (1982), S. 35. Stork (wie Anm. 163), S. 35.
173 Zit. nach Stork (wie Anm. 163), S. 46.
174 Ebd., S. 51.
175 KAH, Stadt Herford, 10 / 0 / 197, 10 / 0 / 192 (dort vor allem Eingabe Böckelmanns an den Regierungspräsidenten 1924).
176 Stork (wie Anm. 163), S. 49, Herforder Heimatblatt 5 (1926), KAH, Stadt Herford, 10 / 0 / 197 (Zuschuß von 500 RM), 10 / 0 / 192 (Brief an die Stadt: Museum ohne erhebliche Kosten errichtet).
177 In: KAH, Stadt Herford, 10 / 0 / 192 (Denkschrift vom 2. Mai 1930).
178 Stork (wie Anm. 163), S. 60 f.; KAH, Stadt Herford 10 / 0 / 192 (Dankesbrief an Oberbürgermeister); Herforder Kreisblatt vom 16. November 1931.
179 Vgl. Neue Westfälische Volkszeitung vom 20. Januar 1933 und vom 7. Januar 1933.
180 Zit. KAH, Stadt Herford, 40 / 2 / 1 (August 1933).
181 Zit. KAH, Stadt Herford, I 51, 1 (Brief Budde an Oberbürgermeister wegen Stadtbild).
182 Herforder Kreisblatt vom 14. Juli 1937.
183 Zit. KAH, Stadt Herford, 40 / 2 / 1 (Schierholz am 15. November 1937).

184 KAH, Stadt Herford, 10/0/196 (Fragebogen von 1939).
185 Stork (wie Anm. 163), S. 60.
186 Ebd., S. 65 f.; KAH, Stadt Herford, 10/0/192 (Einladungsliste).
187 VBStH 1941–45, S. 14; KAH, Stadt Herford, 10/0/997 und 10/0/193 (Zusammenarbeit mit HJ).
188 KAH, Stadt Herford, 10/0/198. Weitere wichtige Aspekte der Zusammenarbeit von Stadt, Heimatverein u. Museum in den Akten 40/2/1 und 10/0/198.
189 Stork (wie Anm. 163), S. 66; KAH, Stadt Herford, 10/0/196 (Bombenkriegsvorbereitungen 1938).
190 KAH, Stadt Herford, 10/0/194-1 (Schreiben Schierholz vom 3. Mai 1945); Stork (wie Anm. 163), S. 76.
191 KAH, Stadt Herford, 10/0/194, 40/2/35 (Kulturausschuß im Museum).
192 Stork (wie Anm. 163), S. 78. in: KAH, Stadt Herford, 40/2/35, Vorlage auf Kulturausschuß 13. Julie 1951, Korrespondenz, dazu in 40/2/78.
193 KAH, Stadt Herford, 40/2/48.
194 Ebd., sowie Akten 20/4/32, Kulturausschußprotokolle in 40/2/35; Stork (wie Anm. 163), S. 79 f.
195 KAH, Stadt Herford, 20/4/32.
196 KAH, Stadt Herford, 40/2/48 (Brief HVH an Stadt vom 29. August 1952).
197 KAH, Stadt Herford, 40/2/48 (Handschriftlicher Aktenvermerk).
198 KAH, Stadt Herford, 20/4/32 (Satzung vom 29. Oktober 1954), 10/0/194-2 (Umbenennung).
199 KAH, Stadt Herford, 40/2/48 (Schreiben Schierholz vom 7. Mai 1951), 40/2/35 (Allgemeine Forderung schon 21. August 1950), 40/2/48 (Vereinigung westf. Museen).
200 Zit. KAH, Stadt Herford, 40/2/48 (Kulturausschuß am 10. März 1952), vgl. auch 40/2/35.
201 Herforder Kreisblatt vom 21. September 1955; Herforder Anzeiger vom 18. Juli 1956. (Pape selbst widerspricht sich in den Museumsführern. 1963 gibt er das richtige Datum 1957, 1976 das falsche Datum 1955 als das Ernennungsdatum zum hauptamtlichen Leiter an).
202 Stork (wie Anm. 163), S. 92.
203 Pape (wie Anm. 163), T. 2, S. 98.
204 Ebd.
205 KAH, Stadt Herford, 10/0/194-2.
206 Vgl. KAH, Stadt Herford, 40/2/43 (Allgemein zur Aufbauphase, Kostenvoranschlag zur Renovierung 1957). HJb 23 (1982), S. 94. Beschreibung der schlechten Zustände in Herforder Kreisblatt vom 22. Januar 1960 und Die Welt vom 29. Juni 1959. Stork (wie Anm. 163), S. 94.
207 Stork (wie Anm. 163), S. 94.
208 KAH, Stadt Herford, 40/2/1. Pape, Museumsführer 1976, S. 9; Pape (wie Anm. 163), T. 2, S. 97 ff.
209 KAH, Stadt Herford, 40/2/1. Zur erschienenen Literatur vgl. Literaturverzeichnis, in: R. Pape, Sancta Herfordia, Herford 1976. Besonders hervorzuheben ist die Reihe der HJb.
210 VBStH 1956–76 (Zahlenangaben).
211 Vgl. Haushaltspläne der Stadt Herford.
212 So finden sich in zahlreichen der oben benutzten Archivalien gescheiterte Pläne des Leiters, nicht bewilligte Finanzanträge etc. Auch in der Zeitschrift des Heimatvereins ›Remensnider‹ finden sich keine Auseinandersetzungen über die Inhalte des Museums.
Das noch gültige Museumkonzept wurde von Pape allein erstellt, vgl. Stork (wie Anm. 167), S. 9 ff.
213 Besucherangaben in den VBStH 1977–84. Dort auch Tätigkeitsberichte. Ab 1984 liegen keine Tätigkeitsberichte über das Museum in den VBStH mehr vor, was den weiteren Rückzug zeigt.
214 Herforder Kreisblatt vom 9. April 1986 (Pape zu stadtgeschichtlichen Vorhaben), vom 14. März 1987 (Zukunftspläne), vom 16. September 1987 (Rücktritt), zu den weiteren Umständen vgl. Herford am Sonntag vom 20. September 1987 und Herforder Kreisblatt vom 28. September 1988.
215 Studie: Das Archivwesen im Kreis und in der Stadt Herford, hrsg. von den Kulturämtern der Stadt und des Kreises Herford 1987, S. 3.
216 Vgl. dazu die Bestandsübersichten und Karteien im Lesesaal des Archivs. Größere Lücken in der Überlieferung entstanden durch die Umlagerung von Teilen des Archivs (vgl. unten) u. im Jahre 1945, vgl. VBStH 1941–45, S. 22 (Unterlagen der Polizei sind in Verlust geraten).
217 Findbücher dazu auch im Städt. Museum, Arbeitsbibliothek.
218 KAH, Stadt Herford, A 1155, A 1156, A 10020, B 319, B 522.
219 KAH, Stadt Herford, B 822, Bl. 106.
220 Remensnider 14 (1986), S. 13 (ohne Quellenangabe), Normann (wie Anm. 171), berichtet dagegen von einem 1646 angelegten Urkundenverzeichnis, S. 5.
221 Zit. StAM, Regierung Minden, IL Nr. 117, Bd. 1 (Bericht Graf Reisach). In den Akten des KAH, Stadt Herford finden sich Berichte zum schlechten Zustand des Archivs: B 554 (Archiv 1777 vom Einsturz bedroht), B 570 (Einrichtung Archivraum 1800), B 521 (Bericht über Stand des Archivs 1821).
222 Allgemein zum Archivwesen seinerzeit: KAH, Stadt Herford, B 522. Veröffentlichungen Roses in: Westfälische Provinzialblätter, Minden 1843–1847 (Beiträge zur Geschichte der Stadt Herford). Lob für Rose in: KAH, Stadt Herford, B 472 (1833). Rose ordnete auch das Mindener Archiv und fertigte Abschriften für Herford an (im KAH noch unbearbeitet). ›Repertorium der im KAH vorhandenen Urkunden der älteren Zeit, chronologisch geordnet; aufgestellt in den Jahren 1827–1829 durch den Bürgermeister Rose‹ (im KAH, Stadt Herford, Ga 16, Städt. Museum, Arbeitsbibliothek).

223 Siehe z.B. KAH, Stadt Herford, A 1 009.
224 VBStH 1890–95, S. 20 (unzureichende Räume), 1895–1900, S. 27 (völlig verwahrlost), VBStH 1897/98, S. 10, 1898/99, S. 14 und in weiteren Verwaltungsberichten. Antrag auf Einstellung einer Hilfskraft 1894: KAH, Stadt Herford, C 126. Vgl. auch Remensnider 14 (1986), S. 13 und Jubiläumsbericht (wie Anm. 171), S. 5 ff.
225 Beschluß schon 1891; KAH, Stadt Herford, B 522, Bl. 119.
226 VBStH 1900–05, S. 36. Entstehende Kosten im Fall der Rückforderung: VBStH 1905–10, S. 44.
227 Zit. nach Normann (wie Anm. 171), S. 6.
228 Ebd., S. 7.
229 KAH, Stadt Herford, C 550, Bl.. 42 f. (1908).
230 Vgl. KAH, Stadt Herford, 10/0/197.
231 Ab 1933 wieder zahlreiche Vorgänge zum Archivwesen in städtischen Akten: KAH, Stadt Herford, 40/2/1 (Aufforderung zur Intensivierung 1934, Verbot der Archivbenutzung durch Juden 1938). VBStH 1938/39, S. 21 (Archiveinrichtung), VBStH 1939/40, S. 13 (Häuserforschung), VBStH 1940/41, S. 13 (Hauseigentümerverzeichnis).
232 KAH, Stadt Herford, 10/0/198 (Urkundenbuch: Wiedervorlage nach Beendigung des Krieges), 10/0/196 (Bestellung des Archivpflegers Franz, 1938, kurz nach Kriegsbeginn gefallen), 10/0/198 (Luftschutz 1942).
233 KAH, Stadt Herford, 10/0/198 (1942), 40/2/1 (1945, Prüfung erforderlich), 10/0/198 (erneute Ernennung 1946).
234 KAH, Stadt Herford, 10/0/176 (1946: Der Heimatverein verwaltet das Archiv).
235 Vgl. Anm. 37 und 38 zum Museum.
236 KAH, Stadt Herford, 40/2/35 (Besprechungen des Kulturausschusses zu diesem Thema 1954–1956). UB.
237 W. Vollmer, Herford — Tausend Jahre Geschichte Wirtschaft und Kultur, Herford 1956. Zu den Schwierigkeiten vgl. KAH, Stadt Herford, 40/2/35. VBStH 1952–56, S. 67.
238 VBStH 1961–64, S. 85; Pape (wie Anm. 163), T. 2, S. 105; Stork (wie Anm. 163), S. 95. Neue Westfälische vom 7. Mai 1964. Schriftwechsel Heimatverein/Stadt (9. März 1963) in: KAH, Stadt Herford, Historische Sammlung Archiv.
239 Zit. Schreiben Heimatverein an Stadt Herford vom 9. März 1963, S. 3 f., KAH, Stadt Herford, Hist. Sammlung Archiv.
240 Remensnider 14 (1986), S. 13. Erlaß Benutzungsordnung am 29. Januar 1965 (noch heute gültig).
241 Ergebnisse im KAH, Stadt Herford.
242 FHH 2 (1983), S. 107. Vgl. auch Einleitung zum Findbuch Bestand B (von F.W. Claßen).
243 Findbuch im KAH, Stadt Herford; dort auch Überlieferungsgeschichte.
244 Zum Fortgang der Erschließung vgl. Einleitung im Findbuch, Bestand B; VBStH 1974–1978, S. 179 ff.; 1979–1983, S. 125 ff.
245 Stellenneubesetzungen vgl. Neue Westfälische vom 13. Januar 1988 und vom 6. Februar 1988, Herforder Kreisblatt vom 6. Februar 1988. Einen ersten Überblick über die im Stadtarchiv vorhandenen Bestände aus der Zeit nach 1890 bietet eine ständig aktualisierte Kurzübersicht. Der Bearbeitungsstand dieser Bestände ist sehr unterschiedlich.
246 Erste Forderung nach einem Kommunalarchiv: Herforder Kreisblatt vom 17. August 1979; vgl. auch Remensnider 14 (1986), S. 15. Neue Westfälische (Herford) vom 27. Februar 1986, Herforder Kreisblatt vom 12.–14. Juni 1986, Neue Westfälische vom 5. November 1987 (Einigkeit von Kreis und Stadt) und 19. Juli 1988 (Vertragsunterzeichnung).
247 R. Kohl, Herford 1848, Herford 1930, S. 19.
248 R. Kohl, Stadtgeschichtliches aus der Herforder »Westphalia«, in: Herforder Heimatblatt 8 (1929), Nr. 7.
249 Ebd.
250 KAH, Kr. Herford, A 412.
251 Herforder Kreisblatt 110/1848 und 128/1848, in Kohl (wie Anm. 247), S. 31 f.
252 Herforder Kreisblatt vom 29. November 1848.
253 Kohl (wie Anm. 247), S. 78 f.
254 H. Hüffmann, Zur Geschichte der politischen Parteien im Kreise Herford im 19. Jh., in: 150 Jahre Landkreis Herford, Anm. 46.
255 VBStH 1881–84.
256 VBStH 1884–87.
257 VBStH 1887–90.
258 VBStH 1895–1900.
259 VBStH 1900–05.
260 Vgl. Volkswacht vom 14. September 1892, in: Hüffmann (wie Anm. 254), S. 73 Anm. 106.
261 KAH, Kr. Herford, A 155.
262 KAH, Kr. Herford, A 412.
263 G. Schierholz, Geschichte der Herforder Industrie, Herford 1952.
264 Wie Anm. 262.
265 Wie Anm. 262.
266 Die Beschwerdestelle intervenierte mehrmals in dieser Sache beim Landrat.
267 KAH, Kr. Herford, A 412.

268 VBStH 1941–45, (vorgelegt 1951).
269 VBStH 1945/46.
270 VBStH 1946/47.
271 VBStH 1948–52.

Anmerkungen zum Beitrag von Bernd Wagner

Das Bemühen um Sicherheit: Krankheit, Not und Alter

1 Vgl. E. Keyser, Westfälisches Städtebuch, S. 180; G. Schierholz, Geschichte der Herforder Industrie, S. 23 ff. Zur strukturellen u. agrarischen Krise vgl. J. Mooser, Ländliche Klassengesellschaft 1770–1848. Bauern u. Unterschichten, Landwirtschaft u. Gewerbe im östlichen Westfalen, Göttingen 1984.
2 VBStH 1864/65; vgl. weiter die VBStH bis 1913.
3 VBStH 1855/56.
4 VBStH 1878–81, S. 32 f.
5 VBStH 1886/87, S. 59 f.; VBStH 1900–05, S. 234 f.
6 Vgl. VBStH 1855 ff.; Schultz-Hencke, Der Regierungs-Bezirk Minden. Eine medicinische Studie 1875, insbesondere S. 83 ff. An Magen- u. Darmkrankheiten wurden am häufigsten Darmkatarrhe, Dyspepsien, durch Kotsteine hervorgerufene Blinddarmentzündungen und chronische Gastritis genannt. Bei den durch Trinkwasser übertragbaren Infektionskrankheiten sind vor allem Cholera und Typhus zu nennen.
7 Sanitätsberichte der Stadt Herford (im folgenden zit.: Sanitätsberichte) 1858, in: StAD, M1 IM, Nr. 76. Der zeitgenössischen Auffassung folgend, wurde hier Typhus als Folge schlechter Wohnverhältnisse, vor allem verdorbener Luft, fälschlicherweise genannt. Was die Ärzte aber implizit erkannten, war, daß die durch Armut hervorgerufene schlechte Konstitution die Disposition zu (Infektions-)Krankheiten erhöhen konnte.
8 VBStH 1864/65.
9 VBStH 1878–81, S. 61; VBStH 1880–83, S. 99 ff. 1879 betrug der Anteil aller Erkrankungen der Atmungsorgane an der Gesamtsterblichkeit Herfords sogar 49,4%; allein der Anteil der Lungenschwindsucht (Tuberkulose) betrug in diesem Jahr 29%.
10 Sanitätsberichte 1887 u. 1888, in: StAD, M1 IM, Nr. 104, 105.
11 Sanitätsberichte 1893, in: StAD, M1 IM, Nr. 112; mit dem historischen Begriff der »Skrophulose« bzw. »Skrofeln« wurde die Disposition zur Tuberkulose umschrieben.
12 VBStH 1900–05, S. 415.
13 Sanitätsberichte 1893, in: StAD, M1 IM, Nr. 112; VBStH 1890–95, S. 240; VBStH 1900–05, S. 415.
14 Allgemeines Landrecht für die preußischen Staaten (1794), § 1, 9–15, 2. Teil, 19. Titel.
15 Vgl. C. Sachße, F. Tenstedt, Geschichte der Armenfürsorge in Deutschland. Vom Spätmittelalter bis zum Ersten Weltkrieg, Stuttgart 1980.
16 M. Fürst, Stellung u. Aufgaben des Arztes in der öffentlichen Armenpflege, Jena 1903, S. 37 f.
17 Georg Wilhelm Consbruch wurde am 4. Dezember 1764 in Herford geboren. Er promovierte 1787 zum Doktor der Medizin. Nach einer etwa zweijährigen Tätigkeit in Herford ließ er sich 1790 in Bielefeld nieder, wo er als approbierter Arzt praktizierte. Er starb am 8. Oktober 1837. Weitere biographische Daten bei G. Lohmann, Georg Wilhelm Consbruch, in: Ravensberger Blätter 37 (1937), S. 69.
18 Vgl. G.W. Consbruch, Medicinische Ephemeriden nebst einer medicinischen Topographie der Grafschaft Ravensberg, Chemnitz 1793, S. 71 ff.
19 Vgl. St. Reekers, Die Manufakturen in den Zucht- und Fabrikenhäusern in Westfalen im 18. Jh., in: Westfälische Forschungen 31 (1981), S. 34–72, hier S. 52 ff.
20 Vgl. VBStH 1855 ff.; der Umrechnungsfaktor für die bis 1870 in Taler angegebenen Beträge ist: 1 Taler = 3 Mark. In der Tab. wurden die Beträge auf volle Mark gerundet.
21 Zum Elberfelder System vgl. J. Reulecke, Formen bürgerlich-sozialen Engagements in Deutschland u. England im 19. Jh., in: J. Kocka (Hrsg.), Arbeiter u. Bürger im 19. Jh. Varianten ihres Verhältnisses im europäischen Vergleich, München 1986, S. 261–286.

22 VBStH 1883/84, S. 52; vergleichbare Äußerungen sind bis ins frühe 20. Jh. zu finden. Vgl. auch: H. Dießenbacher, Der Armenbesucher. Missionar im eigenen Land, in: C. Sachße, F. Tennstedt (Hrsg.), Soziale Sicherheit u. soziale Disziplinierung. Beiträge zu einer historischen Theorie der Sozialpolitik, Frankfurt 1986, S. 209–244.
23 VBStH 1878–81, S. 32.
24 VBStH 1864.
25 VBStH 1870 ff. (Rubrik: »Öffentliche Wohlthätigkeit«).
26 VBStH 1900–05, S. 244.
27 VBStH 1890–95, S. 119 f.
28 Ebd., S. 122.
29 VBStH 1870 ff., passim.
30 VBStH 1877/78, S. 35 f.
31 VBStH 1878–81, S. 34; pejorative Beschreibungen wandernder u. bettelnder Gesellen ziehen sich seit den 1870er Jahren wie ein roter Faden durch die Verwaltungsberichte.
32 VBStH 1883/84, S. 54 f.
33 Ebd.
34 Ebd.
35 Ebd.
36 Ebd., S. 53; VBStH 1890–95, S. 121 f.
37 Ebd., S. 53.
38 VBStH 1900–05, S. 265.
39 Ebd.
40 Knapp u. präzise zur kommunalen Reaktion auf Arbeitslosigkeit im Kaiserreich: F. Tennstedt, Sozialgeschichte der Sozialpolitik in Deutschland, Göttingen 1981, S. 201 ff.; hier auch das Zitat Wilhelms II., S. 204.
41 Zur Kinderarbeit die Biographie von C. Severing, Mein Lebensweg, Bd. 1, Köln 1950, S. 6; auch Tennstedt (wie Anm. 40), S. 103 ff., 190 ff.
42 VBStH 1856/57.
43 VBStH 1876/77, S. 45; VBStH 1878–81, S. 34. Zu den »bürgerlichen Tugenden« P. Münch (Hrsg.), Ordnung, Fleiß u. Sparsamkeit. Texte u. Dokumente zur Entstehung der »bürgerlichen Tugenden«, München 1984.
44 VBStH 1878–81, S. 34 f.
45 VBStH 1890–95, S. 121.
46 VBStH 1877/78, S. 37. Die Kritik an der Pädagogik des Waisenhauses müßte sich in Herforder Tageszeitungen finden lassen. Diese waren aber bei der Vorbereitung zu diesem Aufsatz noch nicht einsehbar.
47 Vgl. die Bilanzen des Evangelischen Waisenhauses, in: VBStH 1878–81 ff. »Rentner« meint hier nicht (wie es in der Umgangssprache üblich geworden ist), Menschen, die von den Versicherungsanstalten eine Rente beziehen, sondern Personen, die von den Zinsen ihres Vermögens leben können, ohne einer »Beschäftigung« nachgehen zu müssen.
48 VBStH 1900–05, S. 241.
49 125 Jahre Stiftung »Haus Bethlehem« in Herford — 50 Jahre Thuiner Franziskanerinnen in Herford (Festschrift), Herford 1977, S. 7.
50 Ebd.; Revisionsbericht vom 29. Dezember 1893, in: StAD, M1 IM, Nr. 978.
51 Revisionsbericht, (wie Anm. 50); . VBStH 1890–95, S. 125; VBStH 1900–05, S. 246.
52 VBStH 1900/05, S. 236; fast gleichlautend seit den 1870er Jahren.
53 VBStH 1856/57, S. 256.
54 VBStH 1878–81, S. 35; VBStH 1883/84, S. 52.
55 So wurden schon gegen Ende der 1870er Jahre für »gewöhnliche« Wohnungen eine Jahresmiete von 100–300 Mark gefordert. Vgl. VBStH 1877/78; 1890–95, S. 133. Zum hohen Anteil von Witwen unter den öffentlichen Unterstützungsempfängern vgl. U. Frevert, Krankheit als politisches Problem 1770–1880. Soziale Unterschichten in Preußen zwischen medizinischer Polizei u. staatlicher Sozialversicherung, Göttingen 1984, S. 91 f.; zur Invaliden- u. Rentenversicherung vgl. Tennstedt (wie Anm. 40), S. 181 ff.
56 VBStH 1876/77, S. 45.
57 VBStH 1877/78, S. 34; VBStH 1878–81, S. 33.
58 VBStH 1878–81, S. 36; VBStH 1883/84, S. 59. In dem diesem Aufsatz zugrunde liegenden Verwaltungsberichten fehlt jegliche Information über die innere Organisation der beiden Frauenasyle. Archivalien des Herforder Stadtarchivs, die eventuell über die Ursache der unterschiedlichen Unterstützungsleistungen hätten Auskunft geben können, konnten nicht eingesehen werden.
59 VBStH 1883/84, S. 56. Die Einrichtung des Pflegehauses kostete das Evangelische Waisenhaus letztlich fast 14000 Mark.
60 VBStH 1883/84, S. 57.
61 Ebd., S. 53.
62 VBStH 1900–05, S. 242.
63 Ebd., S. 252.
64 »Regulativ, die sanitäts-polizeilichen Vorschriften bei den am häufigsten vorkommenden Krankheiten enthaltend«, in: Gesetz-Sammlung für die Königlichen Preußischen Staaten, 1835, § 6.4.

65 Schultz-Hencke (wie Anm. 6), S. 275, 304. In diesem Bericht wird fälschlicherweise das Jahr 1861 als Gründungsdatum genannt. Zur Aufbauphase des Herforder Krankenhauses vgl. B. Rausch, Gründung, Bau u. Anfänge des Friedrich-Wilhelms-Hospitals zu Herford 1854–1861, in: FHH 2 (1983), S. 51–59.
66 Sanitätsberichte 1865, in: StAD, M1 IM, Nr. 83.
67 Rausch (wie Anm. 65), S. 56.
68 Krankenordnung des Friedrich-Wilhelm-Hospitals, Rausch (wie Anm. 65), S. 57 f.
69 VBStH 1876/77, S. 44 f.; vgl. auch Schultz-Hencke (wie Anm. 6), S. 274 u. Tab. »Krankenhäuser«; B. Wagner, Das Bielefelder Krankenhaus im 19. Jh.; Universität Bielefeld 1988.
70 VBStH 1877/78, S. 33.
71 VBStH 1878–83.
72 VBStH 1856/57. Die Gesellenkrankenkassen gingen auf bereits bestehende Gesellenladen zurück.
73 Vgl. W. Reininghaus, Das erste staatlich beaufsichtigte System von Krankenkassen: Preußen 1845–69. Das Beispiel der Regierungsbezirke Arnsberg u. Minden, in: Zeitschrift für Sozialreform 29 (1983), S. 271–296; vgl. auch Wagner (wie Anm. 69).
74 Siehe Gesetz über die Verpflichtung zur Armenpflege vom 31. Dezember 1842, in: Gesetz-Sammlung für die Königliche Preußischen Staaten 1843.
75 VBStH 1880/81, S. 33.
76 VBStH 1890–95, S. 119.
77 VBStH 1890 ff.
78 VBStH 1900–05, S. 245 f.; vgl. Kreiskrankenhaus Herford (Broschüre zur Einweihung des Kreiskrankenhauses 1973).
79 Vgl. VBStH 1883/84, S. 60; VBStH 1886/87, S. 69; VBStH 1900–05, S. 256.
80 Zwar waren schon im 19. Jh. »besondere Zimmer« für zahlungsfähige Patienten eingerichtet worden, jedoch wurden diese nur spärlich in Anspruch genommen; vgl. Wagner (wie Anm. 69), S. 131 ff.

Anmerkungen zum Beitrag von Regine Krull und Heidrun Winkler

Der Herforder Untergrund: Kanalisation, Wasser, Gas und Strom

1 Für Anregungen, konstruktive Kritik und viele Tips danken wir F.W. Claßen, ehemaliger Mitarbeiter des Stadtarchivs Herford, R. Gießelmann, Ch. Mörstedt und W. Peters.
2 VBStH 1855/56.
3 W. Messerschmidt, Herford, (Deutschlands Städtebau), 1. Aufl., Berlin 1920, ohne Seitenangabe.
4 Einwohnerzahlen ohne Militär, in: R. Pape, Sancta Herfordia. Geschichte Herfords von den Anfängen bis zur Gegenwart, Herford 1979, S. 353.
5 Herford, XIX. Städtetag, S. 17.
6 VBStH 1890–95, S. 26; VBStH 1895–1900, S. 35.
7 G. Rath, Die Hygiene der Stadt im 19. Jh., in: W. Artelt (Hrsg.), Städte-, Wohnungs- und Kleiderhygiene des 19. Jhs. in Deutschland, Stuttgart 1969, S. 70–83, hier S. 76.
8 J. v. Simson, Die Flußverunreinigungsfrage im 19. Jh., in: VSWG 65 (1978), Heft 3, S. 370–390; ders., Kanalisation und Städtehygiene im 19. Jh., Düsseldorf 1983.
9 Der Regierungs-Bezirk Minden. Eine medicinische Studie nebst Verwaltungsbericht über das Sanitäts- und Veterinärwesen für das Jahr 1875 von Dr. Schultz-Hencke, Minden 1877.
10 W. Knackstedt, Geschichte des Kreises Herford, in: ders. (Hrsg.), Chronik des Kreises Herford, Herford 1983, S. 27–148, hier S. 117.
11 H. Croon, Staat und Städte in den westlichen Provinzen Preußens 1817–1875. Ein Beitrag zum Entstehen des Preußischen Fluchtliniengesetzes von 1875, in: G. Fehl, J. Rodriguez-Lores (Hrsg.), Stadterweiterungen 1800–1875. Von den Anfängen des modernen Städtebaus in Deutschland, Hamburg 1983, S. 55–79.
12 H. Croon, Die Einwirkung der Industrialisierung auf die Gemeindevertretungen, in: W.G. Hoffmann (Hrsg.), Beiträge zur Soziologie der industriellen Gesellschaft, Dortmund 1952, S. 57–68; W. Hofmann, Die Bielefelder Stadtverordneten. Ein Beitrag zur bürgerlichen Selbstverwaltung und zum sozialen Wandel 1850–1914, Lübeck 1964; H. Heffter, Die deutsche Selbstverwaltung im 19. Jh. Geschichte der Ideen und Institutionen, Stuttgart 1950.

13 L. Quentin, Zu den brennenden Fragen unserer Stadt, Herford 1876, S. 3–4.
14 VBStH 1875, S. 2; VBStH 1905–10, S. 7–8.
15 Vgl. Schultz-Hencke (wie Anm. 9), S. 182–187.
16 J. Normann, Herforder Chronik. Sagen und Geschichtsbilder aus der Vergangenheit von Stift und Stadt, Herford 1910, S. 157–160.
17 Schultz-Hencke (wie Anm. 9), S. 182–187. 1897 hielten von 3286 Haushalten in Stadt und Feldmark 2481 Vieh, nach Pape (wie Anm. 4),) S. 273.
18 Herforder Kreisblatt vom 19. November 1864.
19 VBStH 1862/63; VBStH 1865, S. 15 ff.
20 VBStH 1856/57.
21 VBStH 1862/63, VBStH 1865, S. 14.
22 VBStH 1875, S. 61. Ortsstatut vom 25. März 1876 und 2. Juli 1895, in: Quentin, VBStH 1875–1900, S.5.
23 Quentin (wie Anm. 13), S. 26.
24 VBStH 1876/77, S. 37–38.
25 VBStH 1875, S. 115.
26 VBStH 1862/63.
27 VBStH 1875, S. 64 f.
28 VBStH 1876/77, S. 38; VBStH 1877/78, S. 30–31.
29 VBStH 1875, S. 115.
30 Schultz-Hencke (wie Anm. 9), S. 185.
31 VBStH 1876/77, S. 38; VBStH 1875, S. 115.
32 VBStH 1881–84, S. 47; s. auch VBStH 1878–81, S. 29.
33 Generalbericht über das öffentliche Gesundheitswesen des Regierungsbezirkes Minden für die Jahre 1886–1888, erstattet von Dr. Otto Rapmund, Minden 1892, S. 129.
34 VBStH 1887–90, S. 38; VBStH 1890–95, S. 241.
35 VBStH 1887–90, S. 41.
36 Quentin, VBStH 1875–1900, S. 5.
37 VBStH 1877/78, S. 29; VBStH 1881–84, S. 44.
38 Landgericht Bielefeld am 18. Dezember 1885, Oberlandesgericht Hamm am 17. März 1886, Reichsgericht am 27. Oktober 1886, in: Generalbericht über das öffentliche Gesundheitswesen des Regierungsbezirkes Minden für die Jahre 1889–91, erstattet von Dr. Otto Rapmund, Minden 1894, S. 140.
39 VBStH 1887–90, S. 41.
40 Ebd., S. 40.
41 VBStH 1889–91, S. 122.
42 Rapmund (wie Anm. 38), S. 140.
43 Ebd.
44 Ebd.
45 VBStH 1887–91, S. 41.
46 Heimatkunde des Kreises Herford, bearb. von H. Stallmann, A. Meiners, Herford 1909, S. 13. Rapmund (wie Anm. 38), S. 143.
47 VBStH 1890–95, S. 244.
48 Kreis-Ausschuß Herford an den Bielefelder Magistrat vom 22. Februar 1893, in: Akten des Magistrats der Stadt Bielefeld betr. Kanalisation, Verhandlungen 1884–93, StadtA Bielefeld, unverzeichnet.
49 Auszug aus einem Bericht des Magistrats in Herford an den Königlichen Regierungspräsidenten in Minden, ohne Datum, in: StadtA Bielefeld, Kanalisation, Verhandlungen 1884–93.
50 Vgl. H. Winkler, Wasserversorgung und Abwasserbeseitigung als Probleme der Bielefelder Stadtpolitik in der zweiten Hälfte des 19. Jh., Bielefeld 1986 (Examensarbeit; Kopie im StadtA Bielefeld), bes. S. 68 ff.
51 Rapmund (wie Anm. 33), S. 127.
52 VBStH 1877/78, S. 27–28.
53 VBStH 1876/77, S. 38.
54 VBStH 1881–84, S. 43.
55 Ortstatut vom 24. Juni und 2. Juli 1886, Genehmigung vom 2. Oktober 1886, Rapmund (wie Anm. 33), S. 128; VBStH 1887–90, S. 68.
56 VBStH 1890–95, S. 97. Die allgemeine Kanalanschlußpflicht trat 1894 in Kraft. Vgl. Quentin, VBStH 1875–1900, S. 7.
57 Normann (wie Anm. 16), S. 213–215.
58 VBStH 1877/78, S. 70–71.
59 VBStH 1887–90, S. 41.
60 General-Verwaltungs-Bericht über das Medicinal- und Sanitätswesen des Reg.-Bez. Minden für das Jahr 1880 von Dr. Schultz-Hencke, Reg.- und Medizinalrath, Minden 1882, S. 35.
61 VBStH 1887–90, S. 39.
62 VBStH 1892/93, S. 82.
63 Ebd., S. 83.
64 Messerschmidt (wie Anm. 3), S. 62.

65 VBStH 1896/97, S. 44; vgl. auch VBStH 1890–95, S. 165.
66 W. Krabbe, Die Entfaltung der städtischen Leistungsverwaltung in den deutschen Städten des späten 19. Jh., in: H. Teuteberg (Hrsg.), Urbanisierung im 19. und 20. Jh., Köln 1983.
67 H. Silbergleit, Preußens Städte, Berlin 1908, S. 237.
68 VBStH 1893/94, S. 49.
69 Album von Herford. Zweiter Teil: Kleine Chronik, Führer und Geschäfts-Empfehlungen, Herford 1894, ohne Seitenangaben.
70 VBStH 1896/97, S. 43–48.
71 Polizeiverordnung vom 23. April 1909; Ortsstatut vom 15. Mai 1912.
72 VBStH 1905–10, S. 227.
73 Messerschmidt (wie Anm. 3), S. 63.
74 VBStH 1881–84, S. 103.
75 Quentin, VBStH 1875–1900, S. 6, 29; Rapmund (wie Anm. 33), S. 233.
76 VBStH 1890–95, S. 244.
77 Quentin, VBStH 1875–1900, S. 10; VBStH 1905–10, S. 259.
78 VBStH 1905–10, S. 50.
79 P. Gleichmann, Die Verhäuslichung körperlicher Verrichtungen, in: ders. (Hrsg.), Materialien zu Norbert Elias Zivilisationstheorie, Frankfurt/M. 1979, S. 254–279.
80 J. Reulecke, Geschichte der Urbanisierung in Deutschland, Frankfurt 1985, S. 56.
81 H.D. Brunckhorst, Kommunalisierung im 19. Jh., dargestellt am Beispiel der Gaswirtschaft in Deutschland, München 1978, S. 18.
82 Messerschmidt (wie Anm. 3), 2. Aufl., Berlin 1928, S. 58.
83 Herforder Kreisblatt vom 3. Januar 1863.
84 Brunckhorst (wie Anm. 81), S. 195 f.
85 Messerschmidt (wie Anm. 82), S. 58.
86 VBStH 1862/63.
87 Herforder Kreisblatt vom 15. Januar 1862.
88 Herforder Kreisblatt vom 22. Januar 1862.
89 StAD, M1 IE 1559.
90 Ebd.
91 W. Schivelbusch, Lichtblicke. Zur Geschichte der künstlichen Helligkeit im 19. Jh., Frankfurt 1986, S. 42.
92 Herforder Kreisblatt vom 14. Januar 1863.
93 Ebd.
94 Herforder Kreisblatt vom 10. September 1864.
95 Ebd.
96 KAH, Stadt Herford, B 942.
97 Ebd.
98 Vgl. W.R. Krabbe, Munizipalsozialismus und Interventionsstaat, in: Geschichte in Wissenschaft und Unterricht 1979, S. 265–282; ders., Kommunalpolitik und Industrialisierung, Stuttgart 1985.
99 Messerschmidt (wie Anm. 82), S. 58.
100 Beschwerde der Anlieger der Chaussee Herford-Bünde wegen des schlechten Zustandes der Straße; Antrag auf Beleuchtung der Steintorstraße bei der Teppichfabrik, KAH, Stadt Herford C 700.
101 KAH, Stadt Herford, B 821.
102 KAH, Stadt Herford, C 700.
103 Ebd.
104 Herforder Kreisblatt vom 19. Oktober 1864.
105 KAH, Stadt Herford, C 700.
106 Ebd.
107 Ebd.
108 Schreiben des Polizeiinspektors vom 24./31. August 1891, KAH, Stadt Herford, C 701.
109 Geschäftsbericht des 1. Betriebsjahres 1864, KAH, Stadt Herford, B 942.
110 Messerschmidt (wie Anm. 82), S. 58; VBStH Herford 1881–84 bis 1895–1900.
111 VBStH 1881–84; VBStH 1895–1900.
112 VBStH 1881–84.
113 KAH, Stadt Herford, C 700, Bl. 48.
114 Messerschmidt (wie Anm. 82), S. 61; VBStH.
115 VBStH Herford 1887–90; VBStH 1895–1900.
116 VBStH 1900–05.
117 W. Schinkel, Die wirtschaftliche Entwicklung von Stadt und Land Herford, Bünde 1926, S. 149.
118 VBStH 1900–1905.
119 StAD, M1 IE 1559.
120 Ebd.
121 Messerschmidt (wie Anm. 82), S. 59.
122 Ebd.

123 VBStH.
124 100 Jahre Gas in Herford, Bericht über die Entwicklung der Gasversorgung in Herford von 1864 bis 1964, maschinenschriftlich verfaßtes Manuskript von Stadtwerke-Direktor Grothaus 1964, im KAH.
125 Reulecke (wie Anm. 80), S. 125 f.
126 Vgl. zur Erzeugung, Verteilung und Anwendung der Elektrizität: H. Lindner, Strom-, Kulturgeschichte der Naturwissenschaften und der Technik, Hamburg 1985, S. 11.
127 VBStH 1895–1900.
128 Ebd.
129 VBStH 1900–05.
130 Ebd., S. 280.
131 VBStH 1895–1900, S. 208.
132 KAH, Stadt Herford, C 541.
133 VBStH 1900–05, S. 287.
134 VBStH 1905–10, S. 231.
135 Ebd., S. 289.
136 Ebd., S. 233.
137 Ebd., S. 236.
138 VBStH 1916–27, S. 96.
139 VBStH.
140 VBStH 1916–27, S. 102.
141 Vgl. auch R. Krull, K. Stockhecke, R. Uffmann, Einmal 3. Klasse nach Enger. Die Geschichte der Herforder Kleinbahnen 1900–66, Katalog zur Wanderausstellung im Kreis Herford, Bielefeld 1987.
142 Knackstedt, (wie Anm. 10) 1983, S. 25 f.
143 Reulecke (wie Anm. 80), S. 165 ff.

Anmerkungen zum Beitrag von Hans Jürgen Warnecke

789 und wie alles begann

1 StAM, Königreich Westphalen A 5, 83; Zur Antoniuskapelle siehe den Beitrag zu den Gilden von Th. Helmert-Corvey in diesem Buch.
2 StAM, FüHe, Akten 425a.
3 StAM, FüHe, Urkunden, Nr. 1639.
4 W. Buchholz, Die Verwandtschaft der letzten acht Herforder Äbtissinnen mit gemeinsamen Vorfahren aller zehn im Jahre 1988 amitierenden Monarchen Europas, in: Archiv für Sippenforschung, 54. Jg., Heft 111 (Oktober 1988), S. 499–508.
5 Die Vorgeschichte der Gründung des Stiftes Herford demnächst in ›Studien zur Germania Sacra‹, hrsg. v. Max-Planck-Institut für Geschichte, Göttingen (H. Warnecke, Wodan und die Heeresfurt. Die Vorgeschichte der Gründung des Stiftes Herford und der Kirche in Dornberg).
6 StAM, FüHe, Urkunden, Nr. 1156a (Abschrift), Originalurkunde im Bestand StAM, SS. Johannes et Dionysius, Herford, Urkunden, Nr. 235.
7 StAM, FüHe, Urkunden, Nr. 1242.
8 StAM, FüHe, Urkunden, Nr. 22 (DK III 179).
9 StAM, FüHe, Urkunden, Nr. 24.
10 StAM, FüHe, Urkunden, Nr. 420, Notariatsinstrument des 17. Jh., auch StAM, Grafschaft Ravensberg, Urkunden, Nr. 141.
11 StAM, Reichskammergericht (RKG) F 648, Kaiserl. Fiskal, Speyer, Kl. . /. 1. Äbtissin zu Herford, 2. Stadt Herford, Bekl., betr. reichsrechtl. Stellung der Stadt Herford, RKG 1549, 4 Bde, urkundl. Beilagen 1256 ff., mit Zeugenverhör.
12 A. Cohausz, Der hl. Walther von Herford, in : Festgabe für A. Fuchs zum 70. Geburtstag, hrsg. von W. Tack, Paderborn 1950, S. 389–420, bes. S. 419. Cohausz bringt die Jahreszahl 832 mit der Weihe der Münsterkirche in Herford durch Bischof Badurad von Paderborn in Verbindung.
13 StAM, FüHe, Urkunden, Nr. 1 (Kaiserurkunden (KU) Nr. 10), auch R. Wilmans, Die Kaiserurkunden der Provinz Westfalen I (1867), Nr. 17 vom 7. Juni 838.

14 StAM, FüHe, Urkunden, Nr. 24, auch StAM, Manuskripte (Msc.) VII 5208, vom 17. Mai 1155.

15 StAM, FüHe, Urkunden, Nr. 2 (KU 15) (DLdD 61 vom 8. Dezember 851 (852?).
StAM, FüHe, Urkunden, Nr. 2a (Msc. VII 5208, Bl. 17–18, und DLdD 178 (unecht).
StAM, FüHe, Urkunden, Nr. 3 (DLdD 93 vom 13. Juni 858).
StAM, FüHe, Urkunden, Nr. 4 (DLdD 95 vom 25. April 859).
StAM, FüHe, Urkunden, Nr. 5 (DLdD 128 vom 1. Juli 868).

16 StAM, Msc. VII 5208, Bl. 26–29, vom 27. Juli 989.

17 Kopie des 13. Jhs., auch StAM, Msc. VII 5208, Bl. 19–21 (DA 3 vom 11. Dezember 887 (verunechtet), ferner StAM, Msc. VII 3301 f. (DA 105 vom 3. November 892: Kaiser Arnulf bestätigt dem Nonnenkloster Herford die von seinen Vorfahren verliehenen Privilegien und verleiht den Nonnen das Wahlrecht).

18 StAM, FüHe, Urkunden, Nr. 1156a, vom 13.. März 1497.

19 StAM, FüHe, Urkunden, Nr. 36; Wilmans (wie Anm. 13), Bd. IV, Nr. 162 vom 7. Mai 1228.

20 StAM, FüHe, Urkunden, Nr. 16 (KU 79), (DK II 10 vom 10. Januar 1025), Kaiser Konrad II. bestätigt auf Intervention seiner Gemahlin Gisela und der Erzbischöfe Aribo von Mainz und Pilgrim von Köln die Privilegien K. Ludwigs für Corvey und Herford und Eximierung des Klosters von der Gerichtsbarkeit.
Möglicherweise kommt auch König Konrad III. als dargestellte Persönlichkeit in Frage, da er im März 1147 (StAM, FüHe, Urkunden, Nr. 22; DK III 179) auf Bitten des Abtes Wibald von Corvey die Privilegien des Klosters Herford, dem die Äbtissin Judith damals vorstand, dessen Reichsunmittelbarkeit und Besitz, nämlich der Kirchen in Bünde, Rheine, Wettringen, Schöppingen, Lengerich, Lienen, Rödinghausen, Schabehard, Ummeln, Burde (= Steinhagen) und Beck, endlich auch die Exemtion von jeder außervogteilichen Gerichtsbarkeit bestätigt.
Da Heinrich Tegeder und die RKG-Akte den auf dem Wandbild dargestellten Herrscher als ›*Conradus primus Imperator*‹ bezeichnen, Konrad I. und auch Konrad III. aber nicht Kaiser waren und auch Konrad I. nicht für Herford urkundete, ist eine sichere Identifizierung dieses Konrad nicht möglich.

21 Dieser nicht existente Papst Johannes soll angeblich am 29. Dezember 1046 für Herford geurkundet haben (StAM, FüHe, Urkunden, Nr. 19, Kopie von 1348).

22 StAM, FüHe, Urkunden, Nr. 15 (KU 61), auch Msc. VII 5208, Bl. 19 u. DH II 10 vom 12. August 1002.

23 StAM, FüHe, Urkunden, Nr. 6, Kopie von 1348 nach dem Corveyer Original (StAM, Fürstabtei Corvey, Urkunden, Nr. 21 von Juli–August 888) und StAM, Msc. VII 5208, Bl. 34–36: Bischof Liutbert von Mainz und die übrigen Bischöfe der Synode zu Mainz bestätigen die kaiserlichen und päpstlichen Privilegien und Freiheiten unter spezieller Anführung der Gerechtsame der Klöster Corvey und Herford auf Bitten des Abtes Bovo von Corvey.
K. Honselmann, Die Urkunde Erzbischof Liudberts von Mainz für Corvey-Herford von 888, in: WZ 89 (1932), S. 130–139; H. Büttner, Erzbischof Liudbert von Mainz und die Rechtsstellung der Klöster (Corvey und Herford, vorzüglich nach den Rechtsvorstellungen Gregors des Großen und Nicolaus I.), in: Landschaft und Geschichte. Festschrift für F. Petri zu seinem 65. Geburtstag am 22. Februar 1968. Hrsg. von G. Droege, P. Schöller, R. Schützeichel und M. Zender, Bonn 1970, S. 104–115. (Der Text der Urkunde von 888 wurde weitgehend nach dem Privileg Papst Nicolaus I. für Corbie von 863, J.E 2717, gestaltet. Die Wichtigkeit der Urkunde von 888 für Herford kommt in der Darstellung des Papstes Nicolaus I. im Lehnssaal der Fürstabtei zum Ausdruck).
G. Althoff, Über die von Erzbischof Liutbert auf die Reichenau übersandten Namen, in: FrühMAStud 14 (1980), S. 219–242.

24 StAM, Msc. VII 5208.

25 Die unterschiedlichen Beurteilungen der Vita Waltgeri bei H. Richtering, Kartenerläuterung zu ›Stifte und Klöster im Weserraum bis in das 16. Jh.‹, in: Ostwestfälisch-weserländische Forschungen zur geschichtlichen Landeskunde, Reihe I, Heft 15, 1970, S. 391.

26 F. Flaskamp, Der Bonifatiusbrief von Herford (Die Eingliederung der Sachsen in das Frankenreich 1970), in: Archiv für Kultur und Geschichte 44 (1962), S. 315–334, S. 366–388, bes. S. 387.

27 Westfälisches Urkundenbuch (WUB) 4, Nr. 891 (1262 Februar 2). Hiernach ist Nr. 892 (*Rationes pro privilegiis*) datiert.

28 Auszüge aus der Vita Waltgeri sind auch in einer Handschrift des Herforder Fraterhauses aus der Zeit um 1536 (StAM, Msc. VII 3307, S. 49–51) u. in der mehrfach genannten RKG-Akte (wie Anm. 11) mit den Kapiteln 1–17 in einer Abschrift aus dem Jahre 1627 überliefert.

29 Vita Hathumodae, in: Monumenta Germaniae Historica (MGH), Scriptores (SS) IV (Ed. Pertz), pag. 165–189. H. Goetting, Die Anfänge des Reichsstifts Gandersheim, in: Braunschweig. Jahrbuch 31 (1950), S. 5–52.

30 Es ist auffällig, daß König Heinrich I. und die drei Ottonen, die besonders mit Herford verbunden waren, im Wandbilder-Zyklus der Abtei fehlen. Die Ottonen-Urkunden für Herford, alle im Staatsarchiv Münster, sind: DH I 13 vom 18. März 927 (StAM, FüHe 7, KU 32) u. DH I 41 vom 12. Oktober 935 (StAM, FüHe 8, KU 34); DO I 24 vom 2. April 940 (StAM, FüHe 9, KU 37) u. DO I 153 vom 1. Juli 952 (StAM, FüHe 10, Kopie des 18. Jh.), DO I 430 vom 9. April 973 (StAM, FüHe 11, KU 48), DO II 234 vom 15. Oktober 980 (StAM, FüHe 12, KU 52),
DO III 168 vom 10. Juli 995 (StAM, FüHe 13, KU 56) u. DO III 179 vom 26. Oktober 995 (StAM, FüHe 14, KU 58). Nicht zu vergessen ist auch das berühmte Diplom (DO II 21) vom 14. April 972, mit dem Kaiser Otto II. seiner Gemahlin Theophanu u.a. auch den kaiserlichen Hof *Herford* schenkt (Die Heiratsurkunde der Kaiserin Theophanu 972 April 14 Rom. Ausstellung des niedersächs. Staatsarchivs Wolfenbüttel (Veröffentlichungen der niedersächs. Archivverwaltung, Beiheft 16, Göttingen 1972, 96 S., 21 Abb.).

31 W. Wattenbach — R. Holtzmann — F. Schmale, Deutschlands Geschichtsquellen im Mittelalter 1 (Nachdruck 1967), S. 39 ff. M. Lintzel, Die Mathildenviten und das Wahrheitsproblem in der Überlieferung der Ottonenzeit (Ders., Ausgewählte Schriften 2) 1961, S. 407–418.
32 Wilmans (wie Anm. 13), I (1867), S. 275–318.
33 Ebd., S. 285 ff., 312.
34 Ebd., S. 313.
35 Ebd., S. 309 f.
36 U. Stutz, Art. Eigenkirche, Eigenkloster, in: Realencyklopädie für protestantische Theologie und Kirche, hrsg. von A. Hauck, 23 (1913), S. 364–377.
37 N. Eickermann, Über die Grabschrift Widukinds (Denkmalpflege u. Forschung in Westfalen 1: Die Ausgrabungen in der Stiftskirche zu Enger 1), 1979, S. 48–68, bes. S. 56–58.
38 StAM, Msc. VII 5208.
39 K. Honselmann, Die Herforder Marien-Vision, in: WZ 131 / 132 (1981 / 82), S. 243–256.
40 Msc. GB f°, Bl. 120 ff.
41 Honselmann (wie Anm. 39), S. 247, mit Wortlaut des lat. Textes in Anm. 19.
42 Ebd., S. 253–256.
43 StAM, Msc. VII 5208.
44 Zum Todesjahr vgl. Liber de rebus Memorabilioribus sive Chronicon Henrici de Herfordia, hrsg. von A. Potthast, Göttingen 1859, S. 50.
Der Sterbetag Waltgers, der auch sein Gedenktag war, wurde durch die Jahrhunderte festlich begangen. Mit ihm verbundene Almosenstiftungen hielten die Erinnerung an den Gründer wach. Von einer heiligmäßigen Verehrung Waltgers kann keine Rede sein. Waltger mit dem auszeichnenden Titel ›confessor‹ zu belegen, ist nicht gerechtfertigt.
45 L. Weinrich, Wala, Graf, Mönch und Rebell, in: Histor. Studien 386 (1963), S. 88 f. und Anm. 139.
46 Das Wunder mit der fast obszönen Beschreibung erinnert sehr an die Legende der Hrothsvit von Gandersheim († 996) über den hl. Gangolf (P. v. Winterfeld, Roswithae Opera, MG SS rer. germ. 1902, (Nachdruck 1965), S. 35–51).
47 StAM, Msc. VII 3321b, Bl. 13b.
48 E.E. Stengel, Urkundenbuch des Klosters Fulda I, 1958, Nr. 491 und 505 (780–802?).
49 Zum Petrus-Patrozinium des von König Oswald fertiggestellten Münsters in York und des seinem Bruder Oswiu nahestehenden Klosters Whitby vgl. K.H. Krüger, Königsgrabkirchen der Franken, Angelsachsen und Langobarden bis zur Mitte des 8. Jh., München 1971, S. 297 ff. und 306 ff., bes. S. 311–313.
50 H. Thümmler, Neue Funde zur mittelalterlichen Baukunst Westfalens, in: Westfalen 31 (1953), S. 287; E. Forwick, Waltger von Dornberg, in: 72. JBHVR (1979 / 80), S. 7–54, hier Anm. 24 zu Kapitel 13.
51 G. Engel, Um die Vita Waltgeri, in: Ravensberger Blätter 8 (Dezember 1954), S. 77–82.
52 C. Dahm, Die Anfänge des Stiftes Herford und die Fundamente von Müdehorst, in: HJb 7 (1966), S. 7–17, bes. S. 12 f.; H.M. Taylor — J. Taylor, Anglo-Saxon Architecture 1, Cambridge 1965, S. 234–238.
53 StAM, FüHe, Lehen, Akten Nr. 210: Hofesakte Meyer zu Müdehorst. Pertinentien des Hofes vom 2.11.1750: Sadigland: Hellwegskamp, Gehölz: Auf dem Hellwege.
54 W. Kohl, Bemerkungen zur Typologie sächsischer Frauenklöster in karolingischer Zeit (Untersuchungen zu Kloster und Stift), in: Veröffentlichungen des Max-Planck-Instituts für Geschichte 68, (Studien zur Germania Sacra 14) Göttingen 1980, S. 112–139.
Beispiele: Liesborn (Kreis Warendorf) an der Liese, Metelen (Kreis Steinfurt) an der Vechte, Nottuln (Kreis Coesfeld) am Nonnenbach, Vreden (Kreis Borken) an der Berkel, Borghorst (Kreis Steinfurt) am Klünderbach, Langenhorst (Kreis Steinfurt) an der Vechte, Gandersheim an der Gande.
55 H. Jellinghaus, Die westf. Ortsnamen nach ihren Grundwörtern, 1923, S. 88 ff.
56 F. Langenbeck, Die Tung- und Hurst-Namen im Oberrheinland, in: Alemannisches Jahrbuch 1958, S. 51–108, bes. S. 86 f.
57 C. Tesdorpf, Zusammenhänge zwischen Flurnamen und Siedlungsgeschichte, untersucht am Beispiel der »hurst«-Flurnamen des Nordosthegaus, in: Zeitschrift für die Geschichte des Oberrheins 120 (N.F. 81) (1972), S. 53–89, bes. S. 62.
58 Potthast (wie Anm. 44).
59 R. Pape, Sancta Herfordia. Geschichte Herfords von den Anfängen bis zur Gegenwart, 1979, S. 13.
60 Mit dem starken Turm kann im Wortsinn ein Turm oder turmartiges Steinwerk gemeint sein, wie es noch heute auf zahlreichen westfälischen, lippischen und niedersächsischen Meyer- und Schultenhöfen anzutreffen ist. Möglicherweise war es aber auch ein befestigtes Gebäude, das in der sogenannten *Schwedenschanze*, einem quadratischen Wall auf der Höhe des Bußberges in Dornberg gestanden haben könnte.
61 Wieselgren 408, vgl. Handwörterbuch des deutschen Aberglaubens 7 (1935 / 36), Sp. 697.
62 J. Grimm, Deutsche Mythologie 2 (1854), S. 631; H. Pfannenschmid, Germanische Erntefeste im heidnischen und christlichen Cultus, 1878, S. 38.
Der Wasservogel müßte sich mit Hilfe dieser lateinischen Bezeichnung jetzt eindeutig bestimmen lassen. 63
64 J. de Vries, Altgermanische Religionsgeschichte. Grundriß der germanischen Philologie, begr. von H. Paul, 12.2, 1957, S. 64; K. Hauck, Die Veränderung der Missionsgeschichte durch die Entdeckung der Ikonologie der germanischen Bilddenkmäler, erhellt am Beispiel der Propagierung der Kampfhilfen des Mars-Wodan in Altuppsala

im 7. Jh., in: Westfalen 58 (1980), S. 227–307, bes. S. 231–241, 259 u. 267; H. Drescher u. K. Hauck, Götterthrone des heidnischen Nordens, in: FrühMAStud 16 (1982), S. 259 mit Anm. 86 u. Angabe weiterer Literatur.

65 Eine Entsprechung findet dieses Vorgehen bei der Inbesitznahme der Insel Reichenau im Bodensee durch Pirmin: *Sanctus Pirminus abbas vel chorepiscopus a Berhtoldo et Nebi principibus ad Karolum ductus, Augiaeque insulae ab eo praefectus serpentes inde fugavit et coenobialem inibi vitam instituit annus tres* (Herimanni Augiensis Chronicon ad a. 724, in: MGH SS 5, S. 98, ed. G.H. Pertz, 1864, S. 67–133. Die Dämonisierung der Schlange wurde wesentlich gefördert durch die Bibel, hier besonders 1. Mose 3, u. 14, Mose 21, und 7 sowie die Offenbarung des Johannes 12,: *»und es ward ausgeworfen der große Drache, die alte Schlange, die da heißt Teufel und Satanas, der die ganze Welt verführt . . . «* und 20,5,2: *»Und er griff den Drachen, die alte Schlange, welcher ist der Teufel und Satan und band ihn 1 000 Jahre.«*

Zu den Metamorphosen Odin-Wodans vgl. auch K. Hauck, Metamorphosen Odins nach dem Wissen von Snorri und von Amulettbildern der Völkerwanderungszeit, in: Festschrift für S. Gutenbrunner 1972, S. 47–70; ders. Die Spannung zwischen Zauber- und Erfahrungsmedizin erhellt an Rezepten aus zwei Jahrtausenden, in: FrühMAStud 11 (1977), S. 474–510, bes. S. 507; ders. Text und Bild einer oralen Kultur. Antworten auf die zeugniskritische Frage nach der Erreichbarkeit mündlicher Überlieferung im frühen Mittelalter, in: FrühMAStud 17 (1983), S. 510–599, bes. S. 534 f. u. 562 f.

K. Hauck, Varianten des göttlichen Erscheinungsbildes im kultischen Vollzug, erhellt mit einer ikonographischen Formenkunde des heidnischen Altares, in: FrühMAStud 18 (1984), S. 266–313.

66 Gregorii I. papae registrum epistolarum, T. II, hrsg. von P.E.L.M. Hartmann (MGH Epps. 2) 1957, Nr. XI, 56, S. 330 f. Zum hier behandelten Thema vgl. auch W. Kohl, Freckenhorst, eine Kultstätte des germanischen Gottes Frikko im östlichen Münsterland, in: Natur, Religion, Sprache, Universität. Universitätsvorträge Münster 1982 / 83, S. 47–67; ders., Ein theophorer Ortsname im Münsterland, in: Gießener Flurnamen-Kolloquium 1. bis 4. Oktober 1984, hrsg. von R. Schützeichel, 1985, S. 183–189.

67 J. Wallace-Hadrill, Charlemagne and England, in: Karl der Große. Lebenswerk und Nachleben, hrsg. von W. Braunfels 1: Persönlichkeit und Geschichte, 1973, S. 683–698.

68 Cartulum Saxonicum 1,2,14, Ed. W. de G. Birch, London 1885, pag. 302.

69 »Wodan dagegen stellen sie bewaffnet dar, wie wir den Mars (*Wodanem vero sculpunt armatum, sicut nostri Martem solent*), in: Magistri Adami Bremensis Gesta Hammaburgensis ecclesiae pontificum, MGH SS rer. germ., hrsg. von B. Schmeidler, 1917, IV cap. 25 ff., S. 257, Z. 14 ff., S. 259, Z. 7.

70 Der rex felix Offa von Mercia schmückte die Tumba des hl. Oswald mit Silber, Edelsteinen und Gold: Alcuin, De sanctis Euboricensis ecclesiae (MGH Poet. lat. 1, pag. 177, 356–360 u. pag. 178, 388–391). Krüger (wie Anm. 49), S. 317–323.

71 Der angelsächsische König trug noch immer den Goldhelm, als Otto der Große schon eine Krone trug. Auch wurde er mit einem Helm und nicht mit einer Krone investiert (vgl. Percy E. Schramm, Die Krönung bei den Westfranken und Angelsachsen von 878 bis um 1 000, in: Zeitschrift für Rechtsgeschichte 54, Kanon. Abt. 23, 1934, S. 117–242, bes. 163 f., 217 u. 226; ders., Herrschaftszeichen und Staatssymbolik, Bd. II, Stuttgart 1955, S. 389–393 (Schriften der Monumenta Germaniae historica 13!II). Zu Schwertern in Kronschätzen vgl. ebd., S. 489–491.

72 K. Honselmann, Reliquientranslationen nach Sachsen, in: Das erste Jahrtausend. Kunst und Kultur im werdenden Abendland an Rhein und Ruhr. Textband I, 1962, S. 159–193, bes. S. 171 f.

73 Wilmans (wie Anm. 13); Honselmann (wie Anm 72), S. 178–180.

H. Beumann, Pusinna, Liudtrud und Mauritius, in: Ostwestfälisch-weserländische Forschungen zur geschichtl. Landeskunde, Reihe I, Heft 15 (1970), S. 18–29.

74 StAM, FüHe, Urkunden, Nr. 473 von 1389 Oktober 22, Nr. 795 von 1445 Februar 3, Nr. 1195 von 1500 Juli 28.

75 StAM, FüHe, Akten, Nr. 131: Benefizium Sancti Oswaldi Regis.

76 K. Leyser, Die Ottonen und Wessex, in: FrühMAStud 17 (1983), S. 73–97, bes. S. 78.

77 Stammtafel bei R. Wenskus, Sächsischer Stammesadel und fränkischer Reichsadel, in: Abhandlungen der Akademie der Wissenschaften 93 (1976), S. 58.

78 Ein Teil der Oswald-Reliquien mag in Kirchdornberg verblieben sein. Dazu vgl. W. Rolevinck, De laude antiquae Saxoniae nunc Westphaliae dictae (Ein Buch zum Lobe Westfalens, des alten Sachsenlandes), hrsg. von H. Bücker [mit deutscher Übersetzung], Münster 1953, S. 190 / 191.

79 Zu Wodan: Reallexikon der germanischen Altertumskunde, hrsg. von J. Hoops, 4. (1918 / 19), S. 559–563.

Zu Oswald: Handwörterbuch des deutschen Aberglaubens 9, hrsg. von E. Hoffmann-Krayer (†), unter Mitarbeit von H. Bächthold-Stäubli, Nachträge. 1938–1941, Sp. 54–56; A. Masser u. M. Siller, Der Kult des hl. Oswald in Tirol und die Hirschjagd der Burgkapelle von Hocheppan, in: Der Schlern. Monatszeitschrift Südtiroler Landeskunde 57 (1983), S. 55–91, bes. S. 64 mit Anm. 110.

80 Der ›Speerwaltende‹ und ›Heerwaltende‹ sind Umschreibungen Wodans.

81 J. Prinz, Marklo, in: Westfalen 58 (1980), S. 3–23, bes. S. 19 f.

82 M. Balzer, Widukind, Sachsenherzog — und Mönch auf der Reichenau ?, in: Stadt Enger, Beiträge zur Stadtgeschichte 3 (1983), S. 13.

83 Reg. Imp. 268i (MGH Epp. 3, Nr. 76, S. 607).

U. Lobbedey, Vorbericht über die Grabung in der Stiftskirche zu Enger (Denkmalpflege und Forschung in Westfalen 1), hrsg. im Auftrag des Landschaftsverbandes Westfalen-Lippe vom West. Landes-amt für Denkmalpflege, 1979, S. 15.

84 StAM, Msc. VII 3336; MGH SS 15, S. 1045 ff.
R. Köhne, Der heidnische Flurumgang in der Prozessionsordnung der Vita Marcsuidis, in: 68. JBHVR (1972), S. 4349; es heißt dort, daß für den zweiten Pfingsttag das Umhertragen des Patrons (Johannes der Täufer) der Klosterkirche durch die Parochialdistrikte anstatt des heidnischen Flurumganges (*pro gentilico ambarvali*) erfolgen solle, damit *wegen dieses Umganges die Saaten der Felder reichlicher gedeihen und die Unbilden der Witterung weichen werden.*
85 H.-D. Kahl, Randbemerkungen zur Christianisierung der Sachsen. Vorchristlich-christliche Frühgeschichte in Niedersachen, S. 118–135, jetzt auch in: Die Eingliederung der Sachsen in das Frankenreich (1970), S. 502–526.
86 Wie Anm. 71.
87 Krüger (wie Anm. 49), S. 316–323, bes. S. 319 ff.
88 StAM, FüHe, Urkunden.
89 Libri confraternitatum sancti Galli, Augiensis, Fabariensis, hrsg. von P. Piper (MGH), Berlin 1884.
Liber Viventium Fabariensis. Faksimile — Ed., hrsg. von A. Bruckner u. H.R. Sennhauser, Basel 1973.
90 Liber memorialis von Remiremont, bearb. von E. Hlawitschka, K. Schmid und G. Tellenbach (MG Libri Memoriales I), Berlin-Zürich 1969/70; F.-J. Jakobi, Diptychen als frühe Form der Gedenk-Aufzeichnungen. Zum Herrscher-Diptychon im Liber memorialis von Remiremont (Zu Balthilde, Gründerin von Chelles, und Karl d. Kahlen S. 201–205), in: FrühMAStud 20 (1986), S. 186–212; K. Schmidt, Unerforschte Quellen aus quellenarmer Zeit. Zur amicitia zwischen Heinrich I. und dem westfränkischen König Robert im Jahre 923, in: Francia 12 (1985), S. 119–147, bes. S. 124 u. 128 (hrsg. vom Deutschen Historischen Institut Paris).
91 J. Autenrieth, Das St. Galler Verbrüderungsbuch. Möglichkeiten und Grenzen paläographischer Bestimmung, in: FrühMAStud 9 (1975), S. 215–225.
92 Das Verbrüderungsbuch der Abtei Reichenau, hrsg. von J. Autenrieth, D. Geuenich und K. Schmid (MGH Libri Memoriales et Necrologia Nova Series 1), Hannover 1979; K. Schmid, Zum Quellenwert der Verbrüderungsbücher von St. Gallen und Reichenau, in: Deutsches Archiv für die Erforschung des Mittelalters (DA) 41 (1985), S. 345–389.
93 K. Schmid, Wege zur Erschließung des Verbrüderungsbuches, in: Das Verbrüderungsbuch der Abtei Reichenau. Einleitung, Register, Faksimile, hrsg. von Autenrieth, Geuenich u. Schmid (wie Anm. 92), S. LX–CI, und Literaturverzeichnis S. CII–CXIX. (Hier Hinweise auf zahlreiche kommentierte und datierte Einträge in den verschiedenen Verbrüderungsbüchern).
94 K. Schmid, Religiöses und sippengebundenes Gemeinschaftsbewußtsein in frühmittelalterlichen Gedenkbucheinträgen, in: DA 21 (1965), S. 18–81, bes. S. 19–42; ders., Die Nachfahren Widukinds, in: DA 20 (1964), S. 1–47, bes. S. 21 f.
95 Cod. aug. col. 338 quer (Piper wie Anm. 89, S. 251).
96 Wie Anm. 94.
97 G. Althoff, Das Nekrolog von Borghorst, Münster 1978, S. 48 u. 182.
98 J. Evelt, Necrologium Herisiense, in: WZ 36 (1878), S. 29–61, bes. S. 61: 30 Dezember: *Obiit Dedrat abbatissa.*
99 G. Althoff, Adels- und Königsfamilien im Spiegel ihrer Memorialüberlieferung. Studien zum Totengedenken der Billunger und Ottonen, in: Mittelalterschriften 47 (1984), S. 350 u. Anm. 40; ders., Unerkannte Zeugnisse vom Totengedenken der Liudolfinger, in: DA 32 (1976), S. 370–404.
100 Honselmann (wie Anm. 39), S. 247 f.
101 W. Grosse, Das Kloster Wendhausen, sein Stiftergeschlecht und seine Klausnerin, in: Sachsen und Anhalt 16 (1940), S.45–46, bes. aber S. 47 f., 50 f. u. 57 f.
102 J. Prinz, Ein unbekanntes Aktenstück zum Ehestreit König Lothars II., in: DA 11 (1955), S. 249–263.
103 StAM, FüHe, Urkunden Nr. 144, 161, 271 u. 293 von 1316, 1322, 1343 u. 1350.
104 Krüger (wie Anm. 49), S. 293 f.
105 B. Bischoff, Das karolingische Kalendar der Palimpsesthandschrift Ambros. M 12 sup., in: Colligere fragmenta. Festschrift für A. Dold zum 70. Geburtstag am 7. Juli 1952, S. 247–260; J. Prinz, Der Karolingische Kalender der Handschrift Ambros. M 12 sup., in: Festschrift für H. Heimpel zum 70. Geburtstag am 19. September 1971, 3. Bd., S. 290–327; Memoria. Der Geschichtliche Zeugniswert des liturgischen Gedenkens im Mittelalter, hrsg. von K. Schmid und J. Wollasch, Münschen 1984, S. 441 ff.; E. Freise, Kalendarische und annalistische Grundformen der Memoria:
S. 511 ff.: 3. Der Memorialcodex des Klosters Selsey (680/685) im Bericht des Beda Venerabilis (Memoria König Oswalds), S. 523–527: 1. Das Kalendar des Hartbert von Lobbes (864–879).
106 Unter Erzbischof Egbert erlebte York eine kulturelle Hochblüte. Vgl. K.H. Krüger, Königskonversionen im 8. Jh., in: FrühMAStud 7 (1973), S. 178–183: Angelsächsische Könige als Mönche und Romfahrer.
107 C. Plummer, Beda, Historia ecclesiastica gentis Anglorum, Tom. posterior, Oxford 1896, S. XIV–XV.
108 In Spalte B stehen die Namen der Bischöfe, in Spalte C die der Äbte, darunter der mit der Gründung von Corvey und Herford oft in Verbindung gebrachte Uualah, in Spalte D die von Priestern sowie in Spalte A von Tafel 99 die Namen von elf Grafen. Vgl. K. Schmid, Probleme einer Neuedition des Reichenauer Verbrüderungsbuches, in: Die Abtei Reichenau. Neue Beiträge zur Geschichte und Kultur des Inselklosters, hrsg. von H. Maurer, Sigmaringen 1974, S. 35–67, bes. S. 54–59.
109 Wie Anm. 93.

110 Der Name Judith ist sicherlich nicht identisch mit dem der Heldin des Buches Judith der Apokryphen, die im 7. Jh. v. Chr. den assyrischen Feldherrn Holofernes bei der Belagerung ihrer Vaterstadt Bethulia durch eine List getötet hat. Eher ist an einen germanischen Personennamen zu denken. Vgl. H. Kaufmann, Ergänzungsband zu E. Förstemann, Personennamen, München-Hildesheim 1968, S. 110, Sp. 490 ff.: ›Eutha‹.
111 J. Fleckenstein, Über die Herkunft der Welfen und ihre Anfänge in Süddeutschland, in: Studien und Vorarbeiten zur Geschichte des großfränkischen und frühdeutschen Adels, hrsg. von G. Tellenbach, Freiburg 1957, S. 71–136.
112 Texteinschub bei Fleckenstein: vgl. Thegan, cap. 26, MG SS II S. 596.
113 Fleckenstein (wie Anm. 111), S. 115, Anm. 244.
114 StAM, FüHe, Urkunden.
115 Auf Hemmas ausdrückliche Bitte wurde die Urkunde DLdD 128 vom 1. Juli 868 für Herford ausgestellt (*per interpellationem Hemme dilecte coniugis nostrae*).
116 Erkenbert ist viel eher der bekannte Sachsen-Bischof dieses Namens, der ein Zeitgenosse Ludwigs des Frommen war. Vgl. K. Nass, Untersuchungen zur Geschichte des Bonifatiusstifts Hameln (Veröffentlichungen des Max-Planck-Instituts für Geschichte, 83, Studien zur Germania Sacra), Göttingen 1986, S. 64–72: Bischof Erkenbert.
117 K.H. Krüger, Die Corveyer Patrone und ihre Altäre nach den Schriftzeugnissen, in: Westfalen 55 (1977), S. 309–355, bes. S. 323, 325 und 339.
Nach StAM, Msc. I 247, fol. 416 ff., wird unter den im Jahre 1505 am Veitstage zur Schau gestellten Reliquiaren an erster Stelle — vor dem Adalhard-Armreliquiar, dem *Corpus sancti Viti* und dem Silberschrein des Abtes Warin mit seinen Reliquienpartikeln — des Reliquienkreuz der Kaiserin Judith aufgeführt (*ex pervetusto quodam libello germanico conscripto: Primo igitur monstrabatur sancta crux, quam imperatrix Juditha Corbeiae donarat, in illa autem cruce sequentes reliquiae continebantur: De cruce Domini, De veste Beatae Virg., De clavis, De virga Aronis, De sancto Petro, De sancto Stephano, De sancto Bartholomaeo, De sancto Dionisio, De sancto Benedicto, De sancto Merentio, De sancta Agatha et aliorum sanctorum, quorum nomina scripta sunt in coelis*).
Das große Kreuz, das Abt Erkenbert angeblich von Kaiser Ludwig erhalten haben soll, wird an letzter Stelle (Bl. 424 nach Nr. 21) des Corveyer Heiltumschatzes genannt.
118 Vgl. demnächst H.J. Warnecke, Bestand und Untergang des Herforder Münsterschatzes, in: WZ.
119 DLdD 128 vom 1. Juli 868.
120 StAM, Msc. VII 5208. Übersetzung von E. Forwick in: 72. JBHVR (1979/80), S. 7–54.
121 A.K. Hömberg, Unbekannte Klausen und Klöster Westfalens, in: Dona Westfalica. G. Schreiber zum 80. Geburtstag, Münster 1963, S. 124–126.
122 K. Hauck, die fränkisch-deutsche Monarchie und der Weserraum, in: Kunst und Kulur im Weserraum 800–1600. Ausstellung des Landes Nordrhein-Westfalen, Corvey 1966, Katalog I, S. 97–121, bes. S. 106–108.
123 P. Radbertus, Epitaphium Arsenii I 12, pag. 41, Vita Walae, pag. 538: *utriusque sexus a fundamento coenobia favente Domino construxerunt*; I 15, pag. 43, Vita Walae, pag. 539: *coedificaverint coenobia utriusque sexus*. Weinrich (wie Anm. 45), S. 42 f.
124 Hömberg (wie Anm. 121), S. 125, Anm. 107.
125 Cohausz (wie Anm. 12).
Engel (wie Anm. 51); K. Honselmann, Der Brief Gregors III. an Bonifatius über die Sachsenmission, in: Historisches Jahrbuch 76 (1957), S. 83–106; Dahm (wie Anm. 52).
126 Wie Anm. 124.
127 DF I 11 in: MGH, Die Urkunden der deutschen Könige und Kaiser, 10. Bd., 1. Teil. Die Urkunden Friedrichs I. 1152–1158, bearb. von H. Appelt, Hannover 1975.
128 K.-H. Lange, Der Herrschaftsbereich der Grafen von Northeim 950–1144 (Studien und Vorarbeiten zum Historischen Atlas Niedersachsens 24), Göttingen 1969, S. 39–45 u. Exkurs III, S. 125–131.
H.H. Kaminsky, Studien zur Reichsabtei Corvey in der Salierzeit (Veröffentlichungen der Historischen Kommission Westfalens X. — Abhandlungen zur Corveyer Geschichtsschreibung 4), Köln-Graz 1972, S. 167, 171, 217–221; F.-J. Jakobi, Wibald von Stablo und Corvey (1098–1158), benediktinischer Abt in der frühen Stauferzeit (Veröffentlichungen der Historischen Kommission für Westfalen X. — Abhandlungen zur Corveyer Geschichtsschreibung 5 (1979), S. 47, 159–163.
129 Wie Anm. 45.
130 Ebd., S. 14, 43, 90 f. u. Stammtafel.
131 Ihren Namen tragen auch Hemma, die Schwester der Kaiserin Judith u. mehrere Herforder Äbtissinnen, darunter die Nachfolgerin der Äbtissin Hatheburg. Vgl. Honselmann (wie Anm. 39).
132 L.H. Cottineau OSB, Repertoire Topo-Bibliographique des Abbayes et Prieures, Macon 1935, Bd. 2, Sp. 3052.
133 Zur Verwandtschaft Theodradas und Walas ist der sächsische Graf Bernhard zu zählen, den Karl der Große im Frühjahr 811 zusammen mit dem Grafen Egbert und anderen Bevollmächtigten zum Dänenkönig Hemming zur Beeidung des Friedensschlusses geschickt hat, und der auf Bitten des mit ihm von Kindheit an besonders befreundeten Wala Ludwig dem Frommen die villa Höxter mit einem Salhof und der gesamten Mark für die Neugründung des Klosters Corvey verkauft hat. Graf Bernhard und seine Frau Christina waren kinderlos. Von sei-

nem Bruder, dem Grafen Adalhard, wird der Name Adalhard in die Familie des Babenbergers Heinrich von Ostfranken († vor 886 in Paris) gelangt sein.
Vgl. hierzu: Ann. regn. Franc. zum Jahr 811, S. 134 u. Nass, (wie Anm. 116). Radbertus, Epitaphium Arsenii (wie Anm. 123).

134 J. Semmler, Corvey und Herford in der benediktinischen Reformbewegung, in: FrühMAStud 4 (1970), S. 289–319, bes. S. 299, Anm. 93 u. S. 317 f.

135 J. Evelt, Necrologium Herisiense, in: WZ 36 II (1878), S. 29–61, hier S. 61; E.F. Mooyer, Miscellen zur Geschichte Herfords, in: WZ 4 (1841), S. 98–114; Necrologium Herisiense, in: Kunst und Kultur im Weserraum (wie Anm. 122), Bd. 2, Nr. 612; Cohausz (wie Anm. 12).

136 Wilmans (wie Anm. 13).

137 DLdD 61.

138 Ann. Fuldenses, SS I, 368: *Juberant etiam et aliae causae ad seipsum specialiter aspicientes possessiones videlicet ab avita vel paterna proprietate iure hereditario sibi derelictae, quas oportiut ab iniquis pervasoribus iusto repeticione legitimo domino restitui ...*

139 Zu Ruthard und den verschiedenen Varianten seines Namens vgl. M. Borgolte, Die Grafen Alemanniens in merowingischer und karolingischer Zeit. Eine Prosopographie. Sigmaringen 1986, S. 229–236: Artikel ›Ruthard‹ mit Angabe der Quellen und der gesamten Literatur.
Zur Schreibweise ›Hrodrad‹ ist zu bemerken, daß die Nennung in DLdD 61 von 851 (852?) mindestens 60 Jahre nach dem Tod des Grafen Ruthard erfolgt ist. Die zeitliche Distanz mag der Vertauschung von ›r‹ und ›a‹ bei den eigentlich verschiedenen Namen Hrod-hard und Hrod-rad Vorschub geleistet haben. (Hierzu vgl. auch H.A. Kastrup, Zur Erwähnung Bielefelds in einer Corveyer Traditionsnotiz aus dem 9. Jh., in: 75. JBHVR (1984/85), S. 7–65, bes. S. 41–43).

140 Fleckenstein (wie Anm. 111), S. 97 ff.; ders., Fulrad von Saint-Denis und der fränkische Ausgriff in den süddeutschen Raum, ebd. S. 20 ff.

141 Fleckenstein (wie Anm. 111), S. 102 u. Anm. 167.

142 K. Hauck, Paderborn, das Zentrum von Karls Sachsen-Mission 777, in: Adel und Kirche. G. Tellenbach zum 65. Geburtstag dargebracht von Freunden und Schülern, Freiburg 1968, S. 92–140.

143 Borgolte (wie Anm. 139).

144 F.Darpe (Bearb.), Codex Traditionum Westfalicarum IV, Einkünfte- und Lehnsregister der Fürstabtei Herford, Münster 1892, S. 154.

145 StAM, Msc. VII 3321a.

146 StAM, FüHe, Urkunden, Nr. 161.

147 StAM, FüHe, Urkunden, Nr. 144, 271 und 293.

148 K. Honselmann, Berichte des 9. Jh. über Wunder am Grabe der hl. Pusinna in Herford, in: Dona Westfalica. G. Schreiber zum 80. Geburtstag, Münster 1963, S. 128–136.

149 Tellenbach, Exkurs über die ältesten Welfen im West- und Ostfrankenreich, in: Studien und Vorarbeiten (wie Anm. 111), S. 335–340, bes. S. 335.

150 J.F. Böhmer, Die Urkunden sämtlicher Karolinger in kurzen Auszügen, Frankfurt a.M. 1833, Nr. 1763.

151 Rolevinck (wie Anm. 78), S. 190/191.

152 Fleckenstein (wie Anm. 111), S. 109, hat die Bestattungsorte der frühen Welfen zusammengestellt u. über Welf geschrieben: ›... vom alten Welf fehlt jede Nachricht, seine Gattin Heilwig ruht in Chelles, einem bekannten Karolingerkloster ...‹

153 Thegan cap. 26, in: MGH SS II, S. 596.

154 Ann. regni Franc. ad 809 und 811 (MGH SS rer. germ., ed. F. Kurze, 1895, S. 129 f. und S. 134.
A.K. Hömberg, Geschichte der Komitate des Werler Grafenhauses, in: WZ 100 (1950), S. 118 ff.
Die lateinische Bezeichnung *dux* steht sicher für ›Heerführer‹ (= *princeps militiae*) u. nicht für ›Herzog‹.

155 Wilmans (wie Anm. 13), S. 541–546: Translatio S. Pusinnae; Honselmann (wie Anm. 72), S. 178–180. B. de Gaiffier, La plus ancienne vie de sainte Pusinne de Binson honoree en Westphalie, in: Analecta Bollandiana 76 (1958), S. 188–223; Beumann (wie Anm. 73), S. 17–29.

156 E. Hlawitschka, Zur Herkunft der Liudolfinger und zu einigen Corveyer Geschichtsquellen, in: Rheinische Vierteljahresblätter 38 (1974), S. 92–165, bes. S. 148–154.
Hlawitschka versucht die Verwandtschaft ganz anders zu erklären. Abweichend von ihm u. außerdem richtiger hat W. Metz die Verwandtschaft der Egbertiner mit den Karolingern gesehen. Auch für Metz lief die Verwandtschaft Haduwys von Herford mit Karl dem Kahlen über Karls Mutter Judith. Vgl. W. Metz, Heinrich mit dem goldenen Wagen, in: Blätter für deutsche Landesgeschichte 107 (1971), S. 136 ff., bes. S. 143 ff.

157 Zum Namen Welf vgl. H. Kaufmann, Ergänzungsband zu E. Förstemann, Personennamen, München-Hildesheim 1968, S. 211, Sp. 937 f.: ›*Hwelp*, germ. *'hwelpa* — das Heulende, Winselnde ..., Junges von Säugetieren, besonders von Hunden ...‹; Schmid, Welfisches Selbstverständnis, in: Adel und Kirche (wie Anm. 142), S. 396, sagt zu diesem Namen: ›Bemerkenswert scharf blieb im Bewußtsein haften, daß der Welfenname anfänglich allen abscheulich schien (*in principio omnibus fuit abhominabile*) und erst in diesem Geschlecht gewissermaßen annehmbar geworden sei (*postremo factum est in hac prosapia quasi naturale et acceptabile*)‹.
Die ›Abscheulichkeit‹ des Namens Welf ist wohl darauf zurückzuführen, daß er mit *hvelpi*, dem Totenhund, in Verbindung gebracht wurde, der auf den nordischen Bildsteinen häufig zusammen mit Odin-Wodan, auf dem

Totenpferd Sleipnir reitend, dargestellt ist. Vgl. G.W. Weber, Odins Wagen, in: FrühMAStud 7 (1973), S. 94 f. u. Abb. 59 u. 61.

158 F. Prinz, Zum fränkischen und irischen Anteil an der Bekehrung der Angelsachsen, in: Zeitschrift für Kirchengeschichte 95 (1984), 4. Folge 33, Stuttgart, S. 315–336, bes. S. 327 f. Hier geht Prinz auch auf die merowingisch-angelsächsischen Beziehungen des irofränkischen Großklosters Corbie in der Picardie, des Mutterklosters von Corvey, ein. Die Königin Bathilde († 680) gilt auch als Wiederbegründerin von Corbie im Jahre 662 — Sie starb in Chelles u. wurde auch dort beigesetzt: L.H. Cottineau (wie Anm. 132), Macon 1935, Bd. 1, Art. Corbie Sp. 868–870, Art. Corvey Sp. 884–886, Art. Chelles Sp. 753–755 u. C.R. Brühl, Königspfalz und Bischofsstadt in fränkischer Zeit, in: Rheinische Vierteljahresblätter 23 (1958), S. 208–220: Soissons, S. 220–222: Chelles.

159 Rolevinck (wie Anm. 78), S. 190 / 191.

160 StAM, FüHe, Akten.

161 Wie Anm. 94.

162 V.H. Elbern, H. Reuther, Der Hildesheimer Domschatz, Hildesheim 1969, S. 35 f., Nr. 23, Abb. 20–22.

163 Ein solcher Reliquien- und Kultaustausch ist auch für die Damenstifte Neuenheerse und Borghorst bezeugt. Mit Urkunde vom 3. Februar 1446 (StAM, Stift Neuenheerse, Urk. Nr. 139) ordnete die beide Stifte in Personalunion regierende Äbtissin Ermgard von Solms an, den Tag (15. September) des Borghorster Stiftsheiligen Nikomedes auch in Neuenheerse festlich zu begehen. Gleichzeitig wurde der Tag der dortigen Stiftsheiligen Saturnia im Stift Borghorst zum Festtag erhoben.

164 Acta Sanctorum, Tom II. Aug., Antwerpen 1735, Artikel »Oswald« zum 5. August, S. 83–103, bes. S. 89.

165 R. Folz, Saint Oswald Roi de Northumbrie. Etude d‘hagiographic royale, in: Analecta Bollandiana 98 (1980), S. 49–74, hier S. 68.

166 J.E. Schöttle, Geschichte von Stadt und Stift Buchau samt dem stiftischen Dorf Kappel, Waldsee 1884, S. 130 f. u. 349 f.

167 H. Cleve, E. Hlawitschka, Zur Herkunft der Herzogin Judith von Bayern († 1094), in: Festschrift für A. Kraus zum 60. Geburtstag (Münchner Historische Studien, Abt. Bayerische Geschichte 10, hrsg. von P. Fried und W. Ziegler, Kallmünz 1982, S. 15–32.)

168 Annalisto Saxo ad 1066, in: MGH SS VI, S. 694 f.

169 H. Swarzenski, Englisches und flämisches Kunstgut in der romanischen Buchmalerei Weingartens, in: Festschrift zur 900-Jahr-Feier des Klosters, 1056–1956, Weingarten 1956, S. 333–340, bes. S. 334 f.

170 K. Hecht, Die mittelalterlichen Bauten des Klosters, in: Festschrift zur 900-Jahr-Feier ... (wie Anm. 169), S. 254–327, bes. S. 286 und 289.

171 G. Tellenbach, Vom karolingischen Reichsadel zum deutschen Reichsfürstenstand, in: Adel und Bauerntum im deutschen Mittelalter, hrsg. von Th. Mayer, Leipzig 1943, S. 28 f.:
Die Hauskirchen und Hausklöster, die als Grablege der verstorbenen Familienangehörigen dienten, in denen für das Seelenheil der Vorfahren Messen gefeiert und Gebete gesprochen wurden, waren an die Stelle der heidnischen Heiligtümer getreten, in denen die Familienhäupter priesterlich gewaltet hatten. Solche Eigenkirchen trugen also dazu bei, dem Adel auch im christlichen Kult eine besondere Stellung und allgemein eine höhere Weihe zu geben.

172 Metz (wie Anm. 156); Schmid (wie Anm. 157), S. 389–416. O.G. Oexle, Die »sächsische Welfenquelle« als Zeugnis der welfischen Hausüberlieferung, in: DA 24 (1968), S. 435–497.

173 A. Dreher, Zur Gütergeschichte des Klosters (Weingarten), in: Festschrift zur 900-Jahr-Feier ... (wie Anm. 169), S. 138–158.

Anmerkungen zum Beitrag von Olaf Schirmeister und Joachim Wibbing

Münzen, Maße und Gewichte

1 Soweit möglich, wurden die Jahreszahlen hinzugefügt.
2 R. Kohl, Zwei Aktenstücke zur Herforder Geldgeschichte, in: Blätter für Münzfreunde 64 (1929), Nr. 5 (fortlaufende Nr. 591), S. 449–452; W.G. Rödel, Das Großpriorat Deutschland des Johanniter-Ordens im Übergang vom Mittelalter zur Reformation, Köln 1966, S. 374 u. 377 (zum Jahr 1495 und 1540).
3 W. Leesch, Das Fraterhaus zu Herford, Teil 1: Inventar, Urkunden, Amtsbücher (Quellen zur Geschichte der Devotio Moderna in Westfalen 1; Veröffentlichungen der Historischen Kommission Westfalens 35), Münster 1974, S. 209 f., Anm. 102.
4 Leesch (wie Anm. 3), S. 226 f.
5 Kohl (wie Anm. 2), S. 451 f.
6 E.A.F. Culemann, Geographische Beschreibung der Grafschaft Ravensberg. Eingeleitet und hrsg. von G. Engel, in: 54 JBHVR (1947/48), S. 85–187, hier S. 92.
7 Ravensberger Münzen, Maße und Gewichte im 18. Jh., in: Historische Blätter, Jg. 1907, Nr. 5.
8 Aus dem ältesten Heberegister des Stiftes Herford, in: Herforder Kreisblatt vom 14. August 1935; 1951: Das Jahr der Jubiläen, in: Kiepenkerl-Jahrbuch, Jg. 1951, S. 34 f. Bei der Überprüfung anhand von F. Darpe, Einkünfte- und Lehnsregister der Fürstabtei Herford (Codex Traditionum Westfalicarum IV), Münster 1892, ließen sich die Angaben zu den Hohlmaßen nicht verifizieren! Rödel (wie Anm. 2), S. 374.
9 Bibliothek des Städtischen Museums Herford, Reduktionstabelle von 1714. Zur Unterschiedlichkeit des Scheffels vgl. W. Dammeyer, Der Grundbesitz des Mindener Domkapitels (Mindener Jahrbuch, N.F., Heft 6), Minden 1957 S. 123, Anm. 23.
10 Wie Anm. 6, S. 92.
11 Wie Anm. 7. Vgl. auch R. Botzet, Ereygnisse, Merckwürdigkeiten und Begehbenheyten aus Rödinghausen, Rödinghausen 1988, S. 271. Messen und Wiegen — Ausstellungskatalog des Westfälischen Landesmuseums Münster, Münster 1977, S. 99.
12 Erster Bericht des Herforder Altertums-Vereins, [Herford] 1905, S. 6.
13 Wie Anm. 7.
14 Wie Anm. 7; Botzet (wie Anm. 11), S. 271; E. Handke, Friedrich der Große und seine besonderen Beziehungen zur Neumark und dem Minden-Ravensberger Land. Zur Ausstellung der Bundesarbeitsgemeinschaft Landsberg (Warthe), Stadt und Land mit ihren Herforder Paten 1988, S. 125.
15 Botzet (wie Anm. 11), S. 271.
16 Ebd., S. 271.

Die Autorinnen und Autoren

Dieter Begemann, geb. 1953 in Schötmar, Ausbildung zum Starkstromelektriker und Datenverarbeitungskaufmann, 1979 Abitur am Westfalen-Kolleg-Bielefeld, Studium der Geschichte und Volkswirtschaft in Bielefeld; Tätigkeit als pädagogischer Mitarbeiter bei der Arbeitsgemeinschaft »Arbeit und Leben DGB / VHS« im Kreis Herford.

Christoph Birnbaum, geb. 1960 in Herford, Studium der Geschichte, Anglistik und Pädagogik in Bonn, Staatsexamen 1987; Redakteur bei der Tageszeitung »Neue Westfälische« in Bielefeld.

Stefan Birnbaum, geb. 1957 in Herford, Studium der Anglistik, Geschichte und Politikwissenschaft in Bielefeld, Münster und an der University of California; seit 1984 Studienrat an der Wilhelm-Normann-Kollegschule in Herford.

Christine Brade, geb. 1944 in Cattenstedt, Studium der Musikwissenschaft in Berlin und Göttingen, Studium der Geschichte und Religionslehre in Göttingen, Promotion in Musikwissenschaft; z.Z. Lehrende am Oberstufenkolleg der Universität Bielefeld.

Lutz Brade, geb. 1938 in Wroclaw (früher Breslau), Studium der Theologie in Bethel und Göttingen, Studium der Geschichte in Göttingen, Promotion in Kirchengeschichte; z.Z. Lehrer an einem Bielefelder Gymnasium.

Jutta Brandtmann, geb. 1956 in Herford, Studium der Geschichte, Sportwissenschaft, Pädagogik und Publizistik in Göttingen; nach dem ersten Staatsexamen 1981 Redaktionsvolontariat und Redakteurstätigkeit bei der Tageszeitung »Neue Westfälische« in Bielefeld und Herford; Zweites Staatsexamen 1987; danach Tätigkeit als freie Journalistin.

Hartmut Braun, geb. 1950 in Hiddenhausen, nach dem Abitur am Ravensberger Gymnasium in Herford Studium der Geschichte und Sozialwissenschaft in Marburg, 1976 Staatsexamen; Ausbildung zum Redakteur, seit 1977 tätig bei der Tageszeitung »Neue Westfälische«.

Heinz-Joachim Buß, geb. 1958 in Bünde, Studium der Anglistik und Geschichtswissenschaft in Bielefeld; Thema der historischen Staatsexamensarbeit: »Die städtische Reformation in der Landschaft Westfalen, aufgezeigt an den Beispielen Herford und Lemgo«; z.Z. Studienreferendar am Städtischen Gymnasium Löhne.

Michael Goerke, geb. 1954 in Berlin, Studium der Geschichte, Mathematik und Philosophie in Berlin, Heidelberg und Bielefeld; 1986 bis 1987 am Max-Planck-Institut für Geschichte in Göttingen. Seit 1988 wissenschaftlicher Angestellter an der Fakultät für Geschichtswissenschaft und Philosophie in Bielefeld, z.Z. Arbeit an einer Promotion über verwandschaftliche Netzwerke in Spenge in der Mitte des 19. Jahrhunderts.

Wolfgang Günther, geb. 1959 in Herford, 1982 Fachprüfung als Dipl.-Archivar an der Archivschule Marburg; 1982 bis 1987 am Nordrhein-Westfälischen Staatsarchiv Detmold; seit 1988 am Landeskirchlichen Archiv der Ev. Kirche von Westfalen (stellv. Leiter).

Sabine Hartmann, geb. 1959 in Siegen, Studium der Sozialarbeit in Siegen; Tätigkeit in verschiedenen Bereichen der Kinder- und Jugendarbeit.

Manfred Heggemann, geb. 1952 in Bad Rothenfelde, Studium der Germanistik, Geschichte und Sozialwissenschaften in Münster; seit 1979 im Schuldienst, z.Z. Lehrer am Widukind-Gymnasium Enger.

Theodor Helmert-Corvey, geb. 1952 in Ennigerloh, Studium der Geschichte und Sozialwissenschaften in Münster, Promotion 1980 in mittelalterlicher Geschichte; 1978 bis 1980 Ausbildung für den höheren Archivdienst, 1980 bis 1988 am Nordrhein-Westfälischen Staatsarchiv Detmold, seit 1988 Leiter des Städtischen Museums und Stadtarchivs Herford, seit 1989 Leiter des Kommunalarchivs Herford (Stadtarchiv und Kreisarchiv Herford).

Britta Jünnemann, geb. 1962 in Burgsteinfurt, Studium der Geschichte, Evangelischen Theologie und Anglistik in Münster und Bielefeld.

Helga Kohne, geb. 1938 in Glogau, Studium der Sozialpädagogik in Reutlingen und Bielefeld. Seit 1979 Tätigkeit in der Erwachsenenbildung — seit 1980 Pädagogische Leiterin und Geschäftsführerin der Arbeitsgemeinschaft »Arbeit und Leben DGB / VHS« im Kreis Herford. Schwerpunkt der Arbeit sind politische Bildung und Geschichte.

Uta Kreikenbohm, geb. 1959 in Bevern, Studium der Neueren Geschichte, Politikwissenschaft und Publizistik in Münster (M.A.); danach als Historikerin angestellt bei der Kreisverwaltung Herford, z.Z. als Redakteurin in Herford tätig.

Regine Krull, geb. 1958 in Bielefeld, Studium der Geschichtswissenschaft und Biologie in Bielefeld; seit 1988 Leiterin des Widukind-Museums in Enger.

Christoph Laue, geb. 1957 in Hanau / M., Studium der Geschichte, Publizistik, Germanistik und Politikwissenschaften in Münster; Magister Artium mit einer Arbeit zu Tradition und Politik in der Jugendbewegung der Weimarer Republik; Tätigkeit im Archiv und Dokumentationsbereich beim Südwestfunk Baden-Baden; Museums- und Archivkonzeption in Gronau / Westf., Ausbildung zum Kommunalarchivar; seit 1988 Stadtarchivar in Herford.

Ulrich Möller, geb. 1956 in Herford, Abitur am Friedrichs-Gymnasium, nach Zivildienst und Berufstätigkeit Studium der Literaturwissenschaft, Geschichte, Germanistik und Ur- und Frühgeschichte in Münster und Bielefeld (M.A.).

Michael Oldemeier, geb. 1959 in Herford, Studium der Geschichte und Anglistik in Bielefeld; während des Studiums 1983 / 84 einjähriger Aufenthalt in Leeds (Yorkshire), 1987 / 88 in Glasgow (Schottland); z.Z. Studienreferendar im Seminar Detmold.

Heinrich Rüthing, geb. 1937 in Paderborn, lehrt an der Universität Bielefeld mittelalterliche Geschichte.

Olaf Schirmeister, geb. 1957 in Minden, 1978 bis 1986 Studium der Germanistik und Geschichtswissenschaft in Bielefeld, Forschungsschwerpunkte: Kirchen-, Wirtschafts- und Kulturgeschichte des Mittelalters und der Frühen Neuzeit; Publikationen zur Ordensgeschichte — u.a. über die Johanniter und Franziskaner in Herford; Bearbeitung einer Bibliographie zur Geschichte der Stadt und des Kreises Herford.

Thomas Schuler, geb. 1944 in Ravensburg, Studium der Geschichte, Katholischen Theologie, Kunstgeschichte und Anglistik in Rom, Münster und Tübingen; 1973 bis 1976 Assistent und Referendar an Gymnasien in Manchester, Reutlingen und Urach; 1976 bis 1987 Assistent an der Fakultät für Geschichtswissenschaft der Universität Bielefeld, dort Promotion; Forschungsschwerpunkt: Sozialgeschichte des Mittelalters und der Frühen Neuzeit; seit 1987 Leiter des im Aufbau befindlichen Tübinger Stadtmuseums.

Jens Jürgen Schulz, geb. 1926 in Herford, auf der Radewig aufgewachsen, 1947 Abitur am Rats-Gymnasium Bielefeld; Industrie-Kaufmann der Süßwaren-Branche; Absolvent der Funkkollegien Geschichte 1979 / 80 und Recht 1982 / 83; mit Eintritt in den Ruhestand 1984 Aufnahme des Studiums der Geschichtswissenschaft in Bielefeld († 18. Februar 1989).

Wolfgang Silger, geb. 1956 in Herford, seit 1972 bei der Kreisverwaltung Herford, Verwaltungslehre, 1982 Übernahme in den gehobenen Dienst; 1982/83 Ausbildung zum Archivar, z.Z. im Kommunalarchiv Herford tätig.

Thomas Stern, geb. 1958 in Herford, Studium der Vorderasiatischen Archäologie, der Keilschrift und der Urgeschichte in Münster und Freiburg; ab 1980 Ausgrabungen im Nahen Osten.

Halit Ünal, geb. 1951 in der Türkei; seit 1971 in der Bundesrepublik Deutschland; seit 1977 Sozialberater bei der Arbeiterwohlfahrt; Veröffentlichungen: »Der Weg ins Ungewisse«, in: Ansprüche, Suhrkamp Frankfurt 1985. »In der Fremde verloren«, in: Namenzauber, Suhrkamp Frankfurt 1986. »Sieh Mich An« (Gedichtband), Ortadoğu Verlag Oberhausen 1988. Gedichte und Kurzgeschichten in Anthologien im Scherz Verlag, bei Rowohlt und DTV.

Beate Wagner, geb. 1954 in Duisburg, Studium der Geschichte, Sozialwissenschaften und Pädagogik in Marburg und Bielefeld, 1983 zweite Staatsprüfung für das Lehramt am Gymnasium; zwischen 1983 und 1988 verschiedene Tätigkeiten als wissenschaftliche Hilfskraft, Lehrerin und in der Erwachsenenbildung; seit 1988 hauptamtliche pädagogische Mitarbeiterin der Bildungswerke der Arbeiterwohlfahrt im Bezirk östliches Westfalen.

Bernd Wagner, geb. 1955 in Brackwede, Studium der Geschichte und Soziologie in Bielefeld und an der University of Connecticut; arbeitet z.Z. an der Promotion zum Thema »Sozialgeschichte des Krankenhauses im Zeitalter der Industrialisierung (1830 bis 1914). Rheinland und Westfalen im Vergleich«.

Hans Jürgen Warnecke, geb. 1934 in Ochtrup, Lehre als Weberei-Facharbeiter und Industrie-Kaufmann mit Prüfungen vor der Industrie- und Handelskammer Münster; Studium an der FH Reutlingen (Württ.), Examen als Textilingenieur (grad.) und Textilkaufmann 1960; anschließend in verschiedenen Unternehmen der Textil- und Bekleidungsindustrie als Assistent, Disponent und Einkäufer. Ab 1978 Archivar im Nordrhein-Westfälischen Staatsarchiv Münster mit gleichzeitigem Studium der Geschichte, Volkskunde und Kunstgeschichte in Münster. Mitglied der Volkskundlichen Kommission für Westfalen. Beiträge zur Orts-, Wirtschafts-, Schul- und Kunstgeschichte, zur Frühgeschichte westfälischer Damenstifte, Volkskunde und Genealogie in wissenschaftlichen Zeit- und Festschriften.

Joachim Wibbing, geb. 1956 in Bielefeld, Vorbereitungsdienst im Hauptstaatsarchiv Düsseldorf und an der Archivschule Marburg 1976 bis 1979 mit Staatsprüfung für den gehobenen Archivdienst; ab 1979 Studium der Geschichtswissenschaft und Latinistik in Bielefeld mit Schwerpunkt Mittelalter; Arbeiten zur Wirtschaftsgeschichte des Stiftes Schildesche und zum »Historischen Lehrpfad Bielefeld«.

Heidrun Winkler, geb. 1960 in Lippstadt, Studium der Geschichtswissenschaft und Philosophie in Hamburg und Bielefeld; seit 1988 Assistentin für Datenverarbeitung in Sindelfingen.

Register

Vorbemerkung: Herford und seine Topographie fanden im Register keine Aufnahme, weil diese Stichworte das ganze Buch durchziehen.

Personenregister

Sachregister

Ortsregister

PLAN DER
Schale
Septentrio